2024전면개정판

토지경제학

이정전

LAND Economics

박영사

2024전면개정판 머리말

1988년 『토지경제론』이라는 이름으로 이 책이 처음 세상에 나왔으니 이제 36년이 되었다. 그 이후 시대가 지남에 따라 토지이용 양태와 국가의 토지정책이 여러 차례의 변천을 겪음에 따라 이 책도 여러 차례 개정을 거쳐 오늘에 이르게 되었다. 이전의 개정판이 2015년에 나왔으므로, 이 책은 그 이후 2024년까지의 토지이용 양태와 토지정책을 포함하고 있다.

70, 80년대 고도성장기 이후 우리나라 국토이용 정책 및 제도가 큰 굴곡을 겪게 되는데, 그 중요한 계기로 1998년 IMF 외환위기와 2008년 미국 금융시장 붕괴에 이은 세계 경제위기를 꼽지 않을 수 없다. IMF 외환위기 이후 자본시장의 개방과 규제 완화는 토지 및 부동산시장에도 큰 영향을 주었다. 그중의 하나가 토지 및 부동산에 대한 간접투자의 활성화와 이를 바탕으로 한 파생금융상품의 보급이다. 토지나 부동산의 최대 약점으로 늘 환금성 부족이 꼽혔지만, 간접투자와 파생금융상품의 활성화가 이 약점을 가볍게 해주었다. 이 결과 흩어진 소규모 목돈이 토지 및 부동산을 매개로 큰 규모의 자본으로 집중되면서 부동산시장과 자본시장이 더 긴밀하게 통합되어 왔다. 규모가 커지고 집중될수록 자본의 위력은 더 커진다. 그만큼 투자의 위험도 커진다.

어떻든 이제는 경제학의 전통적인 수요-공급의 틀만으로 토지 및 부동산시장의 내부만 들여다보는 것은 별 큰 의미가 없어 보인다. 2008년 미국 금융시장의 붕괴를 경제학자들이 전혀 예측하지 못했다는 사실이 이를 웅변으로 증명하고 있다. 이제는 토지 및 부동산을 새로운 시각에서 보아야 한다. 특히 자본의 운동법칙의 시각에서 보아야 한다. 자본의 흐름은 단순한 경제 논리에 따르지 않기 때문에 토지 및 부동산의 문제를 이해함에 있어서도 경제논리 이상의 것이 필요하다. 아마도 앞으로는 더욱더 그럴 것이다. 전면개정판을 내면서 바로 이런 점을 좀 더 강하게 부각시켜 보려고 노력하였다.

사실, 70, 80년대 고도성장기 이후 우리나라의 토지 및 부동산시장 그 자체의 모습도 많이 변했다. IMF 외환위기 이전에는 부동산가격이 줄곧 상승세를 탔던 반면 2000년대, 특히 2008년 세계 경제위기 이후에는 부동산가격의 하락 내지는 답보가 계속되고 있다. 어떤 전문가는 부동산가격 하락이 대세를 이루는 시대(대세 하락기)가 왔다고 말하기도 한다. 이명박 정부와 박근혜 정부가 부동산경기를 살리기 위해서 온갖 정책을 폈음에도 불구하고 좀처럼 그 약발이 나타나지 않았다는 점을 보면 대세 하락기라는 말이 잘 맞는 것 같다. 최근 부동산시장에 구매자들이 몰리면서 거래가 크게 늘었다고 한다. 과거의 경험에 비추어 보면, 거래가 활발할 때는 으레 가격도 크게 오르기 마련이다. 하지만, 최근에는 거래가 크게 늘어났음에도 불구하고 부동산가격의 상승은 소폭에 그쳤다. 이런 현상도 전에 볼 수 없었던 일이다. 부동산시장이 상승세를 탈 기미를 보이고 있다는 말도 나오고 있지만 아직은 두고 볼 일이다.

결국 지난 반세기 우리는 부동산시장 과열과 극심한 침체를 모두 겪었으니 온탕과 냉탕을 모두 경험한 셈이다. 얼핏 생각하기에 침체기에는 과열기와 정반대의 문제가 발생할 것 같다. 그러나 반드시 그렇지도 않다. 예를 들어서, 부동산가격 상승기에 전·월세 가격이 급등하는 문제가 있었다면, 대세 하락기에는 그런 일이 없어야 마땅해 보인다. 하지만, 실제에 있어서는 대세 하락기에도 전대미문의 전세대란이 터졌다. 가계부채 문제만 해도 그렇다. 부동산가격 상승기에는 부동산을 담보로 한 금융기관의 가계대출이 크게 늘어난다면, 대세 하락기에는 당연히 그런 가계대출이 줄어들어야 한다. 그러나 실제로는 경제학자들을 비롯하여 많은 전문가들이 우려할 정도로 오히려 가계부채가 한때 급격히 늘어났다. 어떻든 이런 부동산시장의 변모도 자세히 뜯어보아야 한다.

근래 피케티(Thomas Piketty)의 『21세기 자본』이 학계와 경제계에서 큰 주목을 받고 있다. 이 책은 자본주의 사회, 특히 빠른 소득수준 향상을 이루어온 선진국에서 빈부격차가 날로 심해지는 현상에 초점을 맞추고 그 원인을 파헤쳐본 역작이다. 피케티에 의하면, 한 나라 경제의 자본 총량(정확하게 말하면, 국민소득 대비 국민자본의 비율)의 증가가 빈부격차의 급격한 확대 경향을 설명하는 주된 요인이라고 보았다. 그 자본 총량 중에서 비농업용 토지의 가치 및 부동산 가치가 큰 비중을 차지한다. 그렇다면, 비농업용 토지 및 부동산 가치의 증가가 오늘날 선진국이나 우리나라 빈부격차의 한 원인인 셈이다. 사실, 경제학이라는 학문을 열었던 초기의 경제학자(고전학파)들은 토지에 귀속되는 소득이 자본주의 경제에서 빈부격차를 확대하는 주된 원인이라고 보았다.

근래 우리나라에서도 소득 불평등이나 빈부격차의 확대가 심각한 사회문제로 떠오르고 있다. 이것이 우리 경제의 발목을 잡고 있다는 지적이 수없이 많이 나왔다. 2014년 말 국제경제학회와 2015년 2월 한국경제학회의 학술대회에서도 소득 불평등에 대한 우려의 목소리가 나왔다. 이제까지 대부분의 경제학자들은 소득 불평등의 문제를 외면한 채 국토의 효율적 이용만을 강조해왔다. 그러나 우리의 현실은 빈부격차나 소득 불평등의 차원에서도 국토이용 문제와 부동산 문제를 심도 있게 살펴볼 것을 요구하고 있다. 그래서 이 전면개정판에서도 소득 불평등의 문제를 좀 더 깊게 살펴보려고 노력하였다.

그동안 부동산시장에 많은 변화가 있었고 정부의 부동산정책과 제도에도 많은 변화가 있었다. 이에 따라 여러 차례 개정이 거듭되면서 오늘에 이르게 되었다. 그 오랜 세월 이 책의 출간을 맡아준 박영사에 감사드린다. 이 책의 개정을 채근해 주신 조성호 이사님께도 감사드리고 그동안 이 책의 편집을 맡아주신 탁종민 과장님과 관계자 여러분께도 고마움의 인사를 드리고 싶다. 더불어 부동산 관련 최신 자료들을 보내주신 토지주택연구원의 김미숙 박사에게도 고마움의 뜻을 전하고 싶다.

2024년 8월
지은이 이정전

차 례

04

토지의 특성과 그 정책적 시사점

05

수요-공급 이론과 지가

06

거품이론과 부동산가격

07

고전적 지대이론

08

마셜의 지대이론과 현대의 지대이론

09

부동산 문제에 대한 정부의 개입: 명분, 수단 그리고 한계

10

토지정책의 수단

11

토지이용규제와 토지이용의 효율

12

토지이용규제와 보상의 문제

13

토지세 이론

14

경제적 타당성 분석

15

과거 우리나라 토지정책의 역사

01

무엇이 왜 문제인가?

주요용어

- 자본이득
- 불로소득
- 거품
- 가수요
- 실수요
- 재산효과(wealth effect)
- 연소득대비 주택가격 비율(PIR)
- 금전적 외부효과
- 난개발
- 선계획-후개발 원칙
- 전세대란
- 가계부채
- 수도권 비대화(수도권 집중)
- 외부효과
- 개발영향부담금 (development impact fee)
- 혼잡요금
- 과밀부담금
- 규모의 경제
- 집적의 이익

01 무엇이 왜 문제인가?

1 미친 부동산?

일상 생활용품의 경우 대체로 그 가격이 갑자기 크게 오르락내리락하지는 않는다. 평상시에 라면 가격이 갑자기 두 배로 올랐다가 절반으로 뚝 떨어지는 일은 거의 없다. 가전제품의 가격 역시 단시간에 크게 요동치는 일 별로 없이 대체로 지속적 하향세를 보여 왔다. 농산품 가격이 오르락내리락한다고 하지만, 이는 대체로 철에 따라 그렇고 어느 정도 통제가 가능하다. 하지만, 주가는 다르다. 평상시에도 짧은 기간에 큰 폭의 등락을 거듭하며 그때마다 수많은 사람이 울고 웃는다. 금리도 오르락내리락 요동치는 경우가 적지 않고 환율도 그렇다. 대개 투기의 대상이 되는 것들, 달리 말해서 '돈 놓고 돈 먹기'의 대상이 되는 것들의 가격은 평상시에도 큰 변동을 보이는 편이다.

토지를 포함한 부동산의 가격도 그렇다. 과거 일본과 미국에서 부동산가격이 한동안 하늘 높은 줄 모르고 치솟다가 어느 날 갑자기 푹 꺼졌고, 이것이 결국 일본의 "잃어버린 20년"과 2008년 미국 금융시장 붕괴의 원인이 되었다. 주가나 부동산가격은 한 나라 경제의 파국을 몰고 올만큼 파괴력을 가진 불안정한 가격이다. 부동산가격이 올라가도 문제요, 올라가지 않아도 문제다. 오르락내리락하는 부동산가격의 장난에 정부의 정책도 춤을 추기 마련이다. 지난 반세기를 돌아보면, 우리나라 경우도, 부동산가격이 큰 폭의 변동을 보였다. 부동산투기 열풍으로 온 나라가 시끄러운 적이 한두 번이 아니다. 한동안 부동산가격이 너무 오르다 보니 대한민국의 평균 봉급쟁이가 평소 월급을 아껴 저축한 돈을 끌어모아 본들 $110m^2$(33평)형 집을 사려면 평균 18년 걸리며 서울에서는 30년 걸리는 지경에 이르기도 했다.[1] 그래서 많은 사람이 우리나라 부동산가격을 "미친 가격"이라고 불렀고 이것을 잡아야 한다는 여론이 들끓었다. 그러니 정부도 부동산투기를 잡고 부동산가격을 안정시키기 위해서 온갖 대책을 쏟아내지 않을 수 없었다.

그런데도 2008년 미국 금융시장 붕괴 이전까지 유독 경제학자들만은 매우 오랫동안 부동산가격의 폭등에 대하여 특별한 관심을 보이지 않았을 뿐만 아니라 정부의 부동산 가격 안정화 대책들을 몹시 못마땅하게 생각하면서 끊임없이 시비를 걸었다. 부동산가격처럼 일반인의 시각과 경제학자의 시각이 크게 엇갈리는 경우는 별로 없을 것이다. 경제학자들은 부동산의 가격이든, 아이스크림의 가격이든, 이쑤시개의 가격이든, 이 모두가 똑같은 원리, 즉 이른바 수요-공급이론에 의해서 시장에서 자연스럽게 결정된다고 본다.

나아가서 이들은 시장에서 자연스럽게 결정된 것은 올바르다고 생각한다. 따라서 시장에서 결정된 가격에 대하여 시비를 거는 것을 매우 못마땅하게 여길 수밖에 없다. 이런 연유로 경제학자들은 부동산가격의 폭등 역시 매우 자연스럽게 보게 되며, 이것을 특별 취급할 필요성도 느끼지 못하였다. 다만, 부동산가격이 너무 오를 경우, 이들은 공급을 늘리라고 요구하며, 부동산가격이 지나치게 떨어질 경우, 수요를 늘리라고 주문한다. 이렇게 단순하게 생각하다 보니 이들은 일본의 "잃어버린 20년"과 미국 금융시장 붕괴를 전혀 예측할 수 없었다. 예측하지 못했다는 사실은 주가나 부동산가격의 경우 통상의 수요-공급이론으로 설명하기 곤란한 부분이 상당히 많음을 의미한다. 사실 엄밀히 말하면, 극소수의 경제학자들이 2008년 미국 금융시장의 붕괴를 예측하고 경고한 바 있다. 다만, 학계의 이단아 취급받다 보니 이들의 경고가 묵살됐을 뿐이다. 하지만, 이들이 구닥다리 경제학의 틀에 얽매이지 않았던 덕분에 미국 금융시장의 붕괴와 세계 경제위기를 정확하게 예측할 수 있었다고 말하기도 한다.

어떻든, 토지를 포함한 부동산의 가격 폭등으로 온 나라가 벌집 쑤신 듯이 시끄럽더니 2000년대 들어와서는 마치 언제 그랬냐는 듯이 상황이 크게 바뀌었다. 특히 2008년 미국 금융시장 붕괴에 이은 세계 경제위기 이후 부동산가격 하락과 부동산경기의 침체가 지속되었다. 어느 부동산 전문가는 "대한민국은 이미 부동산 대세 상승기에서 대세 하락기로 접어든 상태다."라고 단정 짓기도 했다.[2] 일반서민에게 대세 상승기가 악몽 같은 시대였다면, 대세 하락기는 축복의 시대가 되어야 하겠지만, 전세대란·가계부채 증가 등 상식적으로 이해할 수 없는 일들이 줄줄이 나타났다. 그래서 부동산 시장이 미쳤다는 말이 나오게 되었다. 어떻든, 부동산경기 침체가 의외로 오래 지속되다 보니 업계가 몸달아 했다. 부동산 시장을 살려야 한다는 목소리가 업계를 중심으로 점차 거세게 달아올랐고 여기에 부동산 가격 오르기를 간절히 원하는 사람들이 가세하였다. 그러자 이제까지 부동산가격을 끌어내리기에 급급했던 정부가 돌연 태도를 바꾸어 이번에는 부동산가격 밀어 올리기에 급급하게 되었다. '서민 주거 안정'이라는 명분을 앞세워 각종 부동산경기 살리기 대책들을 내놓았지만, 말이 그렇지, 사실은 부동산가격 띄우기를 위한 대책들이었다. 과거에 정부가 열심히 밀어붙이던 부동산 가격 안정화 대책(주로 투기 억제대책)들도 줄줄이 폐기되었다. 아마도 우리나라 부동산정책처럼 변덕이 심했던 정책도 별로 없을 것이다. 언제 또 바뀔지 모르니 정부의 부동산정책을 소개하거나 평가하기조차 민망할 지경이었다.

그렇다면, 토지를 포함한 부동산의 가격은 왜 그처럼 불안정하면서 엄청난 파괴력을 가지는가? 바로 이것을 이해하는 것이, 부동산 문제의 본질을 이해하는 한 가지 길이다. 2008년 이후 수년간 부동산가격이 하락 국면 혹은 침체 국면에 있었다고는 하지만, 2008년 이전 부동산가격 폭등의 망령이 오랫동안 우리 사회를 맴돌고 있었다. 그러므로 오늘날 우리가 당면하고 있는 부동산 문제를 근본적으로 이해하기 위해서는 과거와의 연속선상에서 장기적 안목을 가지고 토지를 포함한 부동산 시장을 살펴볼 필요가 있다.

세 차례의 지가 폭등기

토지는 대표적인 부동산이다. 보통, 토지라고 하면 지표의 딱딱한 부분을 의미한다. 이것이 '좁은 의미'의 토지다. 그러나 토지라는 말이 넓은 의미로 사용되기도 한다. 토지의 소유권이 토지의 상하에 미친다고 보는 『민법』에 의하면,

지하와 (좁은 의미의) 토지에 부착된 자연물, 건축물, 시설물 등이 모두 토지의 범위 속에 포함된다. 이런 '넓은 의미'의 토지는 사실상 부동산과 같은 개념이다.[3] 때로는 토지가 자연환경을 의미하기도 한다. 이때의 토지는 '아주 넓은 의미'의 토지라고 할 수 있다. 하지만, 정부 정책의 차원에서 보면 '아주 넓은 의미'의 토지에서 자연환경 부분은 주로 환경정책을 전담하는 부서가 맡고 '좁은 의미'의 토지를 포함하여 부동산은 국토정책을 전담하는 부서가 맡고 있다. 그러나 많은 경우 토지정책과 부동산정책이 잘 구분되지 않는다.

많은 우여곡절이 있었지만, 지난 반세기 우리나라 정부의 부동산정책 기조는 부동산투기 억제와 부동산가격의 안정화였다. 그중에서도 지가안정이 단연 큰 비중을 차지하였다. 지가 상승이 부동산가격의 상승을 주도하였다고 보았기 때문이다. 2000년대 이전에만 해도 지가폭등이 우리 사회의 가장 큰 골칫거리였다. 1996년 국토연구원이 펴낸 『국토 50년』은 우리나라에서 가장 심각한 토지문제로 지속적 지가 상승을 단연 첫 번째로 꼽았다.[4] "정부의 토지정책들은 지가의 빠른 상승 그 자체를 바람직하지 못한 것으로 보고, 지가 상승을 인위적으로 통제하려는 데 목표를 두고 있는 것들이 대부분이다."[5] 사실 2000년대 이전 우리나라 지가 추세에서 우리의 눈을 휘둥그레지게 만드는 것은 세계에서 그 유례를 찾기 어려울 정도의 높은 지가상승률이다.

2000년대 이전에 세 차례의 지가 폭등기가 있었다. 그 첫 번째는 경제개발이 본격화된 1964부터 1971년 사이(박정희 정부 초기, 이른바 경제개발 시동기)였다. 이 기간은 연평균 50%의 지가상승률을 보였다(<그림 1-1> 참조). 특히 1969년의 지가상승률은 물경 80%에 이르렀다. 이 시기의 특징은 경제성장률이 높았던 해에 특히 지가상승률도 따라서 높았다는 것이다. 이론상으로 보면, 경제성장률이 높으면 토지에 대한 수요가 증가하므로 자연히 땅값도 올라간다. 연평균 50%라는 경이적인 지가상승률은 이 기간에 경부고속도로의 건설이라든가 서울 강남지역 개발계획의 발표 등과 같은 수요 유발 요인에 그 원인이 있었던 것으로 분석되고 있다. 그리고 60년대 중반 이후에는 통화팽창과 외자도입 등으로 인해서 많은 유동성 자금이 부동산 시장으로 흘러 들어가면서 부동산 가격상승에 일조하였다.

두 번째 지가 폭등기는 1975-79년(박정희 정부 말기)에 찾아왔는데, 이 시기 지가상승률은 연평균 30.6%에 이르렀다. 이 시기에 두드러진 점은 물가상승률이 매우 높았다는 것이다. 물론, 이 시기의 경제성장률도 세계적으로 가장 높은 수준을 유지하였다. 그러나 앞선 지가 폭등기와는 달리 이 시기에는 대체로 보아 물가상승률과 지가상승률이 같이 움직이면서 나란히 무척 높은 수준을 유지하였다. 물가상승률이 높아지면 1, 2년 후 지가상승률도 높아지는 양태를 보였다. 물가수준이 높아진다는 것은 토지에서 생산된 상품의 가격이 높아진다는 뜻이다. 그러면 돈으로 나타낸 토지의 생산성도 높아지므로 땅값도 높아질 수밖에 없다. 그런 높은 물가상승률의 원인으로는 고도성장에 따른 소득증대, 통화의 지나친 팽창, 중동지역의 건설경기로 벌어들인 외화의 대량 국내 유입 등이 꼽혔다.

1988년부터 1990년까지의 기간(올림픽-노태우 정부 초반기)은 세 번째 지가 폭등기였다. 앞선 두 차례의 지가 폭등기는 높은 경제성장률과 물가상승이 지가상승의 주된 원인이었던 것으로 보이는데, 이 기간에는 물가상승률은 상대적으로 낮아졌지만, 지가상승률만은 유독 연평균 26.7%의 높은 수준을 유지하였다. 88올림픽 때까지 연 12% 이상 세계적으로 높은 수준이었던 경제성장률도 1988년 이후 10% 이하로 떨어졌다. 그런데도 유독 땅값만 고공행진을 했다는 것은, 경제성장이나 물가상승과 같은 시장의 근본요인 이외의 무언가 다른 요인이 작용하였으리라는 의심을 낳았는데, 86년부터 4년간 지속된 경상수지 흑자로부터 발생한 통화팽창이 토지투기를 촉발해 지가를 폭등시켰다는 설이 나오면서 단연 부동산투기에 혐의가 집중되었다.

그렇다고 부동산투기가 그 이전에는 없었다는 것은 아니다. <그림 1-1>에서 보듯이 1990년 이전까지 30년 가까이 우리나라 땅값은 줄기차게 올라만 갔지 한 번도 떨어진 적이 없었다. 이같이 오랜 세월 지가가 줄곧 올라가기만 하다 보니 "땅값은 떨어지지 않는다."는 믿음이 국민의 마음속에 굳게 자리 잡기에 이르렀다. 땅값이 비싸다는 것은 토지의 자산가치가 크다는 뜻이며, 땅값이 많이 오른다는 것은 땅을 샀다가 팔았을 때 큰 매매차익(자본이득)이 생긴다는 뜻이다. 땅값이 떨어지지 않는다는 것은 그 자본이득이 확실히 보장된다는 뜻이다. 따라서 땅값은 떨어지지 않는다는 믿음이 우리 사회에 퍼지면서 토지 및 부동산을 재산증식 수단으로 이용하는 풍조가 우리 사회에 만연하게 되었다. 다만, 세 번째 지가 폭등기에 부동산투기 열풍이 더욱더 극성을 부렸고, 드디어 부동산가격 급등에 대한 국민의 분노가 폭발하였을 뿐이다. 이 국민의 분노가 결국 토지공개념이 본격적으로 논의되는 계기를 형성하였다.[6]

우리나라에서 지가를 중심으로 부동산가격 앙등이 오랫동안 지속되어 온 배경에는 투기가 크게 작용하였다는 점에 대해서는 많은 부동산 전문가들이 대체로 인정한다. 지가 상승이 장기간 지속되면, 가격상승이 투기를 부추기고, 투기가 다시 가격을 밀어 올리는 악순환이 형성된다. 이런 악순환으로 인한 부동산 가격상승을 흔히 '거품'이라고 한다. 순전히 자본이득만을 노린 부동산 구매를 가수요라고 하며, 실제 이용을 목적으로 한 구매를 실수요라고 부르는데, 보통 거품이란 가수요로 인한 부동산가격의 상승분을 의미한다.

현장에서 활동하는 부동산 전문가들이 부동산투기를 부동산가격 폭등의 원인으로 지목하고 이미 우리나라 부동산가격에 거품이 많이 끼었음을 경고하였지만, 정작 경제학자 대부분은 고개를 갸우뚱하였다. 오직 소수의 경제학자만 부동산 전문가들의 견해에 동조하였다. 그러다 보니 그 세 번째 지가 폭등기에 부동산거품에 대한 열띤 논쟁이 달아올랐다. 사실, 부동산거품은 경제학적으로 설명하기 곤란한 현상이다. 2008년 미국 금융시장이 갑자기 무너지고 이어서 세계 경제 위기가 덮치면서 이를 예측하지 못한 경제학자들의 무능에 대한 질타가 쏟아져 나오자 그제야 고지식한 일부 경제학자들도 부동산투기의 위력과 거품의 파괴력을 인정하기에 이르렀다.[7]

[표 1-1]은 세 차례의 지가 폭등기를 포함하여 90년대 이전의 경제성장률, 물가상승률, 지가상승률을 비교하고 있는데, 전반적으로 지가 상승 추세는 경제성장률 및 물가상승률 등 다른 어떤 경제지표에 비해서도 빨랐다. 비교적 지가가 안정되었던 1990년대 이후 지가상승률과 비교해 보면, 이 지가 폭등기의 지가상승률이 얼마나 높았는지를 실감할 수 있다. 땅값이 한창 비싸던 1989년 우리나라 땅값의 총액은 그 해 국민총생산(GNP)의 9.3배에 해당한다.[8] 즉, 우리나라 전 국토의 땅값이 국민총생산의 아홉 배가 넘는다는 얘기다. 미국, 영국, 프

랑스 등 우리나라보다 땅덩어리가 훨씬 큰 선진국에서도 지가총액이 국민총생산을 초과하는 경우는 매우 드물다. 세계적으로 땅값 비싸기로 유명한 일본의 경우, 지가가 한창 높았던 1990년 지가총액이 일본 국민총생산의 5.8배 정도였다.[9] 1974년부터 1995년 사이에 일본의 땅값은 2.6배 뛰었고 동경의 땅값은 2.9배 정도 뛰었다고 하는데, 비슷한 시기에 우리나라에서는 GNP와 소비자물가가 각각 약 7배씩 증가하였음에 반해서 지가는 17배 넘게 뛰었으니 일본의 지가 상승은 우리나라에 비하면 아무 것도 아닌 셈이다.[10]

[표 1-2]는 우리나라의 지가 상승이 서울과 대도시에 국한된 현상이 아니라 전국적인 현상임을 보여주고 있다. 특정한 기간을 제외하고는 전국 지가상승률이 서울과 대도시의 지가상승률보다 그리 낮지 않다. 어떻든, 이같이 지가가 빠른 속도로 높아진 결과 1976년부터 2003년까지 27년 동안 우리나라 땅값은 무려 11.2배나 뛰었다. 같은 기간에 소비자물가 지수는 6.4배, 주가지수는 7.8배 상승하는 데 그쳤다. 전체적으로 땅값 상승률이 물가상승률의 거의 두 배에 육박할 정도로 높았다([표 1-3] 참조).

그림 1-1 **1975-2003 전국 지가상승률 추세**

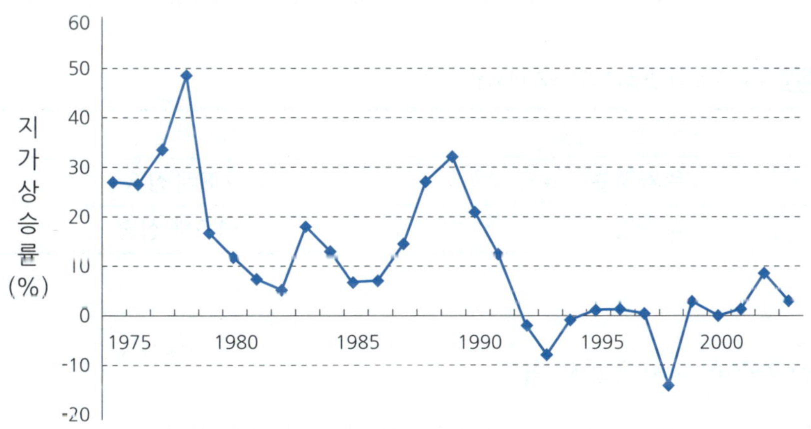

자료: 통계청

표 1-1 지가상승기의 지가상승률, 경제성장률, 물가상승률 비교

(단위: %)

기간	GNP	도매물가	토지가격		
			전국평균	주요도시	서울
1963~'69	9.9	11.2	-	49.3	55.1
1970~'78	9.1	15.1	33.7	27.7	27.5
1979~'89	7.9	7.4	14.4	17.3	16.5
1990~'95	6.6	2.8	3.2	4.3	4.2

주1: 주요 도시는 1974년 이전에는 전국 12개 도시, 그 이후에는 6대 광역시임.
주2: 단위는 연평균 증가율임.

자료: 정희남.김창현(1997), 「거시경제정책이 토지시장에 미치는 영향」, 국토연구원, 63쪽.

표 1-2 연도별 지가 상승률(연평균)

(단위: %)

	1974~'79	1980~'87	1988	1989	1990	1991
전국	30.1	10.5	27.5	32.0	20.6	12.8
서울	38.2	14.7	28.1	33.5	32.1	11.2
대도시	36.4	13.1	29.5	32.0	27.0	13.5

주1: 대도시는 서울을 포함한 6대 도시를 말함.

자료: 손재영 편(1993), 「토지시장의 분석과 정책과제」, 한국개발연구원, 188쪽.

표 1-3 주요 지수의 변동(1976~2003년)

소비자 물가지수	6.4배 상승
주가지수	7.8배 상승
지가지수	11.2배 상승

부동산 가격 하락 시대의 서곡(?)

줄곧 치솟던 땅값이 1990년대에 들어와서 눈에 띄게 진정되었다. 1990년 전국 지가상승률이 20%대로 떨어지고, 1991에는 10%대로 떨어지더니 1992에는 <그림 1-1>에서 보듯이 지가가 처음으로 하락하는 기현상이 나타났다. 1992년

에는 전국 지가가 전년 대비 1.3% 떨어졌고, 1993에는 7.3% 떨어졌으며, 1994년에는 거의 전년 수준을 유지하였다. 이 시기에 집값도 약간 하락하였다. 이런 결과에 대하여 정부는 토지공개념법에 입각한 강력한 투기 억제 노력의 덕분이라고 자평하였다.[11] 그러나 이 지가안정이 정부의 투기 억제정책 덕분이라는 주장은 상당히 과장된 것처럼 보인다. 종전에 연 10%를 웃돌던 경제성장률이 1992년 이후에는 5%대로 곤두박질쳤고, 물가상승률 역시 과거 어느 때 보다 낮은 수준을 유지하고 있었다. 경제성장률과 물가상승률이 지가 상승의 주된 요인(소위 시장근본요인)이라는 점에 비추어 볼 때 1992년 이후의 지가안정은 저성장과 저물가와 같은 경제적 요인만으로도 상당한 정도 설명이 가능하다. 달리 말하면 토지공개념법이 아니었더라도 지가 상승은 상당한 정도로 잦아들 수밖에 없는 경제적 여건의 변화가 있었다는 것이다.

한동안 안정세를 유지하던 부동산가격이 1998년 IMF 외환위기가 터지자 폭락하였다. 지가는 전년 대비 13.6%나 떨어졌고 주택가격도 12.4% 떨어졌다. 이때에는 우리나라 경제성장률도 마이너스를 기록하던 때이었으니 이런 부동산가격 하락은 이상할 게 없다. 90년부터 우리나라의 경상수지 적자가 시작되어 97년까지 적자 누적되었다. 경상수지 적자가 누적된다는 것은 해외에서 벌어들이는 돈보다 해외로 빠져나가는 돈이 더 많다는 뜻이요, 부동산 시장으로 흘러 들어갈 돈도 그만큼 적음을 의미한다. 따라서 그런 경상수지 악화가 지가 하락에 적지 않은 영향을 미쳤다는 설명에 상당한 설득력이 있다.

2000년 경기가 회복세를 보이면서 부동산가격 역시 회복세를 보이더니 2002년에는 다시 부동산가격이 뛰기 시작하였다. [표 1-4]를 보면, 2002년 전국의 지가는 전년 대비 9% 상승하였으며, 서울의 지가는 15.8% 뛰었다. 지난 세 차례에 걸친, 지가 폭등기의 지가상승률이 워낙 높아서 2002년의 9%의 지가상승률이 대수롭지 않아 보이지만 물가상승률보다 현저하게 높은 수준이다. 2002년 이후 2007년까지 땅값이 계속 오르면서 연간 대략 4%~5%의 상승률을 보였는데, 이는 여전히 소비자물가 상승률보다 높은 수준이었다. 서울의 지가는 전국 평균에 비해 비교적 크게 오르는 추세를 보였다. 2003년 1월 1일 기준으로 전국의 지가총액은 국내총생산(GDP)의 3.6배인 약 2,368조 원으로서 외국에 비하여 여전히 상당히 높은 수준이다.

2002년 전국의 아파트 가격은 전년 대비 22.8% 올랐으며, 특히 서울의 아파트 가격은 30.8%나 뛰었다. 주택가격은 2004년 일시 하락하였지만, 전반적으로 상승추세를 보였으며, 한두 해를 빼고는 주택가격 상승률이 지가 상승률보다 높았다. 특히 서울 강남지역의 아파트 가격은 크게 오르락내리락하였다. 2000부터 2007년까지의 부동산 가격상승은 대체로 아파트 가격이 주도하였다고 볼 수 있다. 특히 서울 특정 지역의 부동산가격이 크게 오르면서 또다시 여론이 비등하였다.

2002년 이후 부동산가격이 크게 오르게 된 이유로는 여러 가지가 꼽혔다. 그중에서도 1997-98년 IMF 외환위기를 벗어나기 위한 각종 무리한 경기부양책과 규제 완화의 후유증이라는 설명이 가장 유력하다. 신도시 개발, 행정복합도시 건설 등 각종 대형 개발사업들이 특정 지역의 땅값을 크게 높였고 이것이 전국으로 파급되었다는 설명도 여기에 곁들여진다.

표 1-4 1999~2007년 부동산가격상승률 추이

(단위: %)

	1999	2000	2001	2002	2003	2004	2005	2006	2007
전국 지가	2.9	0.7	1.3	9.0	3.4	3.9	5.0	5.6	3.9
서울 지가	2.7	0.1	1.9	15.8	5.2	4.1	6.6	9.2	5.9
전국 주택가격	3.4	0.4	9.9	16.4	5.7	-2.1	4.1	11.6	3.1
서울 아파트 가격	12.5	4.2	19.3	30.8	10.2	-1.0	9.1	24.2	3.5
소비자물가	0.8	2.3	4.1	2.7	3.6	3.6	2.8	2.2	2.5

자료: 국토해양부, 「국토계획 및 이용에 관한 연차보고서」(2007); 손낙구, 『부동산계급사회』

2008년 미국 금융시장 붕괴로 촉발된 세계 경제 위기는 우리 경제에도 큰 타격을 주었다. 이를 계기로 우리나라 부동산가격의 추세도 과거와는 사뭇 다른 모습을 보였다. 과거에도 부동산가격이 간혹 하락하는 경우가 있었지만, 하락 폭이 그리 크지 않았고 하락 기간도 짧았다. 부동산가격 하락은 예외적이었고, 대부분 부동산가격은 늘 오름세를 탔다. 상승 폭도 매우 컸고 상승 기간도 상당히 길었다. 그래서 2008년 이전의 시기는 부동산가격상승 기조가 대세를 이루었던 시기라고 할 수 있다. 그러나 2008년 이후에는 과거와 전혀 다른 양상을 보이면서 부동산가격 하락이 대세를 이루는 시기, 이른바 "부동산가격 하락기"에 접어들었다는 주장이 나왔다.[12]

우선, 주택가격을 주도하는 아파트 가격의 추세부터 살펴보자. <그림 1-2>는 물가를 고려한 아파트의 실질가격 추이를 보여주고 있다. 이것을 보면, 2008년 세계 경제 위기 직후 아파트 가격이 큰 폭으로 떨어진 이후 대체로 하락세를 타고 있음을 읽을 수 있다. 특히 서울의 경우 그 하락세가 매우 뚜렷하였다. 반면에 전국 아파트가격 지수는 약간의 등락과 함께 완만한 하락세를 보였는데, 그 이유는 주택구매 수요(혹은 투기수요)가 수도권에서 지방으로 확산하면서 부산, 대구 등 지방 대도시의 아파트 가격이 일시적 오름세를 보였기 때문이었다는 설이 유력하다.[13] 이렇게 주택가격이 전반적인 하락세를 보이는 가운데 지역에 따라서는 가격 하락폭이 충격적이었다. 예를 들어서 2006년 14억 원을 기록한 서울의 대표적 재건축단지 아파트의 가격이 2013년에는 8억 원대로 폭삭 주저앉았고, 2006년 18억 원을 넘어섰던 성남시의 대표적 고급아파트의 가격이 2012년 말에는 10억 원 이하로 뚝 떨어졌다. 이런 특정 지역의 주택가격 폭락이 부동산 시장 전체를 어둡게 보이게 만들었다.

그림 1-2 전국 및 서울의 아파트 실질가격 추이(1986~2013년)

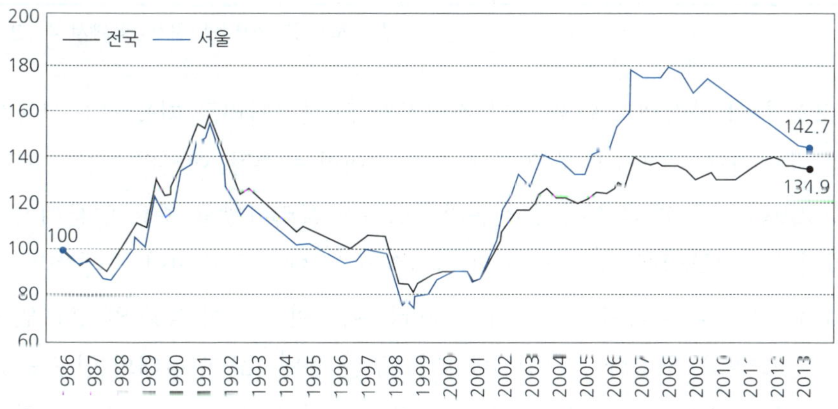

지가의 경우, 2004년 이후 큰 변동은 없었다고 할 수 있다. [표 1-5]를 보면, 1999년 이후 줄곧 오르던 땅값이 2008년에 0.32% 떨어졌다. 그 이듬해 약간 회복했다고는 하지만, 2013년까지 땅값은 거의 오르지 않았다. 2013년 전국 땅값이 10년 전인 2004년에 비해서 불과 1.3% 오르는 데 그쳤다. 비록 2008년 이후에도 공업지역과 녹지지역의 땅값은 아주 완만한 상승세를 이어갔다고는 하지만 주거지역과 상업지역 땅값은 2008년에 1% 정도 비교적 큰 폭으로 떨어졌다가 그 이후 아주 완만한 상승세를 보였다. 이같이 지가가 큰 변동을 보이지 않는 가운데 부동산경기와 더 밀접한 관계가 있는 주택가격의 하락세가 뚜렷한데다가 전에 없이 오랜 기간 지속되다 보니 2008년 이후의 시기를 부동산가격 하락의 시기로 인식하게 되었다.

표 1-5 2004~2013년 지가지수와 전년 대비 지가변동률

(단위: %)

	2004	2007	2008	2009	2011	2012	2013
지가지수변동률	100	115.2	99.7	100.6	100.9	100.2	101.3
전국	3.86	3.87	-0.32	0.96	1.17	0.96	1.14
주거지역	3.03	4.04	-0.92	1.08	1.08	0.72	1.20
상업지역	2.63	3.54	-1.14	0.37	0.76	0.95	1.18
공업지역	2.80	4.55	0.08	0.73	1.31	1.10	1.14
녹지지역	6.73	4.36	1.09	1.38	1.62	1.29	0.95

주: 국토교통부 2014년 「지가동향」에서 정리한 것임.

그러자 이 하락세가 언제 끝날 것인지가 큰 관심거리로 떠올랐다. 부동산가격이 이제 바닥을 쳤기 때문에 곧 상승할 것이라는 주장, 이른바 "집값 바닥론"이 2009년 이후 매년 부동산 전문가들로부터 흘러나왔고 주요 언론매체들이 재빨리 이를 보도하였다. 그러나 2014년까지 그 예상은 번번이 빗나갔다. 그러면서 부동산가격 하락이 앞으로의 대세라는 이론이 꾸준히 힘을 얻었다. 인구가 계속 줄고 있고, 노령화가 진행됨에 따라 주된 주택수요 연령대의 인구도 급속히 감소하고 있으며, 경제는 이미 저 성장기에 접어들었고, 주택을 보유함으로 인한 금전적 순이익(이른바 "초과수익률")도 낮은 수준을 유지하였다. 이런 각종 구조적인 요인들이 작용하고 있으므로 앞으로 부동산가격의 지속적 하락은 불가피하다는 것이 이 대세론의 요지였다.[14]

2014년부터 부동산 시장은 아주 완만한 상승세를 보였다. 2014년 7월 이전에는 하락세를 보이던 전국 실질 지가지수 변동률이 7월 이후에는 매달 전월 대비 0.1%에서 1.0% 정도였다.[15] 국토교통부는 2015년 1월 1일 기준 전국 표준지 50만 필지의 공시지가가 2014년에 비해 평균 4.14% 올라 2008년 이후 최고 상승률을 기록했다고 밝혔다. 표준공시지가는 정부가 50만 표본 필지를 조사해서 매년 발표하는 땅값으로 전국 3,178만 필지의 개별 공시지가 산정과 국세, 지방세 등 세금 부과 기준이 된다. 표준지 공시지가는 글로벌 금융위기 여파로 2009년 1.4% 떨어진 이후 6년 연속 오르고 있다. 표준지 공시지가가 이같이 높아진 데에는 공공 기관 이전의 본격화로 토지 수요가 늘고 수도권에 집중됐던 개발사업이 지방으로 퍼져나간 결과라고 전문가들은 평가한다. 서울, 경기, 인천의 수도권 땅값은 3.5% 정도 올라 전국 평균을 밑돈 반면 지방 시, 군 지역은 6.0%의 상승률을 기록한 것이, 이를 증명한다. 세종시의 지가는 전년 대비 15.5%나 올랐다. 전국에서 가장 땅값이 비싼 곳은 서울 중구 명동으로서 평당(3.3 평방미터) 2억 6,600만 원이었고, 가장 싼 곳은 경북 김천시의 한 자연림으로 평당 145원이었다.

[표 1-6]을 보면, 2014년부터 2022년까지 연도별 전국 지가상승률은 대체로 2%~4.5%의 낮은 수준이었고, 같은 기간 연도별 물가상승률은 한두 해를 빼고는 대체로 1%~5%의 수준을 유지하였다. 경제성장률 역시 한두 해를 제외하고는 대체로 2.2%~4.1%의 낮은 수준을 유지하였는데, 이는 대체로 세계경제성장률과 비슷한 수준이었다. [표 1-7]을 보면, 지역별로도 지가상승률에 큰 차이가 있었다고 볼 수 없다. 연도별 지가상승률이 서울의 경우 2.66%~6.11%이었고, 대도시의 경우 2.42%~5.48%이었는데, 지방의 경우에는 2.06%~3.97%로 큰 차이가 없었다. 약간 과장하면, 2014년 이후 전국의 땅값이 대체로 낮은 수준으로 고르게 높아졌다고 할 수 있다.

표 1-6 2014 이후 사이 전국 지가상승률, 물가상승률, 경제성장률

(단위: %)

연도	2014	'15	'16	'17	'18	'19	'20	'21	'22
지가	1.96	2.47	2.70	3.88	4.58	3.92	3.68	4.18	2.73
물가	1.28	0.71	0.97	1.94	1.48	0.38	0.54	2.50	5.08
한국성장률	3.2	2.8	2.9	3.2	2.9	2.2	-0.7	4.1	2.6
세계성장률	3.1	3.1	2.8	3.4	3.3	2.6	-3.3	5.8	-

자료: 지가상승률, 한국부동산원; 물가상승률, 통계청; 경제성장률, 한국은행

표 1-7 2014년 이후 지역별 지가상승률

(단위: %)

	'14	'15	'16	'17	'18	'19	'20	'21	'22
서울	2.66	2.69	2.97	4.32	6.11	5.29	4.80	5.32	3.06
수도권	1.91	2.19	2.53	3.82	5.14	4.74	4.36	4.78	3.03
대도시	2.42	2.77	3.02	4.37	5.48	4.71	4.45	4.84	2.86
지방	2.06	2.77	2.99	3.97	3.65	2.51	2.52	3.17	2.24

자료: 한국부동산원

이같이 땅값 상승률이 낮은 수준으로 안정화되면, 주택가격상승률 역시 낮은 수준으로 안정화되었다. 하지만, 외국에 비해서 우리나라의 땅값이 워낙 높다 보니, "집을 사려면 26년 동안 소득을 모아야 한다."는 말이 나왔는데, 이웃 나라 일본은 이 돈을 모으는 데 10년이 걸린다고 한다. 이런 현실을 요약한 지표로 연 소득 대비 주택가격 비율(PIR: Price-Income Ratio)이 있는데, 이 비율은 주택가격을 가구소득으로 나눈 값이다. PIR이 10이라면 주택가격이 연 소득의 10배라는 뜻인데, 연간 평균 가계 소득을 10년 모아야 주택 하나를 매입할 수 있다는 의미다. 외국에 비해서 우리나라의 땅값이 높으므로 우리나라의 PIR은 다른 나라에 비해서 높을 수밖에 없다. 2023년 국토교통부 「주거실태조사보고서」에 따르면 PIR이 서울의 경우 8.3, 런던 8.5, 뉴욕 6.1, 싱가포르 5.0, 도쿄 4.9이다.

주택가격이 2014년 이후 아주 완만한 상승세를 보였던 반면, 전세가는 계속 높은 상승세를 유지하였다. 2014년 이후 주택시장에서 나타나고 있는 한 가지

이상한(?) 현상은 거래량과 주택가격 사이의 관계가 흐려지고 있다는 것이다. 과거에는 거래량이 늘어나면 가격도 올라가는 경향이 뚜렷하였다. 그래서 이것이 통념처럼 되었지만, 2014년 이후에는 이런 통념이 무색해졌다. 국토교통부의 자료에 따르면 2014년 연간 주택거래량은 100만 건으로 2006년 이후 최고 수준을 기록했으나 같은 기간 주택가격 상승률은 1.7%로 2006년의 11.5%에 턱없이 못 미쳤다.

거래량은 폭발적으로 증가하였는데 왜 가격은 이같이 소폭 상승에 그쳤을까? 두 가지 설명이 가능하다. 그 하나는, 최근 매매 시장을 주도하는 주인공이 주로 실수요자라는 것이다. 특히 전세난에 지친 세입자들이 대거 주택매입 쪽으로 돌아섰던 것으로 알려져 있다. 2014년 말 기준 전국 아파트 매매가격 대비 전세금 비율(전세가율)이 사상 처음으로 70%를 돌파할 만큼 매매가격과 전세금 사이의 격차가 좁혀지자 주택을 매입하려는 세입자가 많아졌다. 2008년 이전에는 집값이 앞으로 더욱더 오르리라는 기대감이 부동산 시장에 충만하였다. 이럴 때는 자연히 가수요가 판치게 되고 따라서 거래량이 늘어남에 따라 집값도 올라가기 마련이다. 그러나 2014년 이후에는 상황이 많이 달라졌다.

또 다른 설명은, 주택재고량이 대폭 증가한 결과, 전체 재고량에 비해 주택거래량, 달리 말하면 주택거래율이 사실상 늘어나지 않았다는 것이다. 최근 10년간 전체 주택 수가 20% 가까이 늘어났기 때문에 2014년 거래량이 과거만큼 강력한 가격상승 요인이 되지 못하였다는 것이다. 한국감정원의 자료를 보면, 실제로 주택거래량이 2015년 이후 꾸준히 감소하는 추세를 보였는데, 이 결과 2019년의 전국 주택매매 거래량은 세계 경제위기 때인 2008년의 주택매매 거래량보다 적었다.[16]

2 부동산가격이 올라가도 문제, 떨어져도 문제

자본의 생산성 하락과 생산비의 상승

지난 반세기를 돌이켜 보면, 우리나라는 부동산가격 폭등기와 하락기를 모두 경험하였는데 폭등기는 폭등기대로, 하락기는 하락기대로 각각 우리 사회에 큰 상처를 남겼다. 우선, 폭등기 때의 문제부터 살펴보자. 경제학적으로 보았을 때 부동산가격 앙등을 문제 삼을 만한 강력한 이유는, 이것이 자금의 흐름을 부동산투기 쪽으로 쏠리게 함으로써 경제 전체로서 자본의 생산성을 크게 떨어뜨린다는 것이다. 세계 최고 수준의 비싼 땅값, 세계적으로 높은 지가상승률의 지속, 이 두 가지만으로도 우리나라의 땅이나 부동산은 더할 나위 없이 좋은 재산증식의 수단이 된다. 실제로 우리나라에서 부동산은 주식을 포함한 다른 어떤 투자 대상보다도 평균적으로 높았고, 확실한 자본이득을 투기자들에게 안겨주었다. 물론 투기냐 투자냐를 놓고 의견이 분분하지만, 어떻든 거액의 유동성 자금이 자본이득을 찾아 부동산 시장으로 흘러 들어간 것은 사실이다.

물론, 다른 나라에도 자본이득을 노린 부동산투기는 있다. 다만, 우리나라의 경우 그 규모가 문제다. 1, 2조 원 정도라면 눈감아 줄만 한데 400조 원내지 800조 원이라면 우리 경제의 규모에 비추어 볼 때 보통 심각한 일이 아니다. 한 연구는 부동산투기가 기승을 부리던 2003년 4월에만 해도 부동산 시장으로 언제든지 유입될 수 있는 단기부동자금의 규모를 387조 원으로 추정하고, 주택가격의 60%까지 은행에서 대출받을 경우, 실질적으로 부동산 시장에 추가로 투입될 수 있는 자금액은 968조 원에 이른다고 주장하였다.[17]

문제는, 부동산 매입에 사용된 그 막대한 자금이 특정인들에게 엄청난 재산증식의 이익을 안기는 데에 기여할 뿐 국민경제 전체적으로 생산을 늘리거나 고용을 늘리는 데에는 별로 기여함이 없다는 점이다. 만일 그 막대한 자금이 부동산 매입에 쓰이지 않고 산업계로 직접 흘러 들어갔더라면 생산과 고용증대에 크게 기여할 수 있었다는 것이다. 이같이 부동산투기에 쓰이는 유동성 자금이 별로 생산적이지 못하다는 점은 경제학자들도 대체로 인정하였고 정부가 부동산투기 억제정책을 펴는데 좋은 명분이 되어 주었다.

설령, 그 유동성 자금이 산업계로 흘러 들어가지는 못하더라도 하다못해 가계를 통해서 소비지출에 쓰였더라도 지난 수년간 우리 경제를 침체의 나락으로 빠지게 한 소비위축은 없었을 것이라는 주장도 있다. 실제로 2001년 하반기부터 2004년 2분기까지 약 3년 동안 부동산투기나 투자로 인한 소비위축이 경제성장률을 3%가량 떨어뜨렸다는 연구 보고도 있다.[18] 그러나 부동산투기가 생산과 고용에 미치는 악영향은 비교적 분명해 보임에 반해서, 소비지출에 미치는 영향은 그리 분명해 보이지는 않는다. 이른바 재산효과(wealth effect) 혹은 부(富)의 효과도 생각해봐야 하기 때문이다. 재산효과란 부동산가격의 상승으로 부동산의 가치가 커지면, 부동산 소유자는 그만큼 부자가 된 기분에 들떠서 소비에 돈을 더 많이 쓰게 되는 효과를 말한다. 부동산투기 열풍으로 소득의 많은 부분이 부동산 매입에 쓰이는 탓으로 일단 소비지출이 위축된다고 하더라도 부동산투기 열풍에 이은 부동산 가격상승은 부의 효과를 통해서 소비지출을 늘리는 효과를 초래하게 될 것이다. 그렇다면 애당초 위축된 소비지출이 재산효과로 인한 소비지출 증대로 상쇄될 수도 있다. 과연 얼마나 상쇄될지는 단정할 수 없으나 부동산투기가 소비지출을 위축시킨다고 하더라도 결과적으로 그 정도는 그리 심하지 않을 가능성이 크다. 그러나 2008년 세계 경제위기가 이를 여실히 보여주었듯이, 부동산투기로 인한 부동산 가격거품의 형성과 붕괴는 소비지출을 위축시키는 정도가 아니라 한 나라의 경제를 송두리째 뒤흔들 수도 있다.

부동산가격의 앙등을 문제 삼는 또 다른 이유는 생산비를 높임으로써 우리 기업의 경쟁력을 떨어뜨린다는 것이다. 특히 산업계가 이런 문제점을 자주 지적한다.[19] 모든 기업 활동이 땅 위에서 벌어지니, 땅값이 높아지면 생산비도 비싸질 수밖에 없다. 높은 지가는 간접적으로 기업의 생산비를 높일 수도 있다. 주택가격이 비싸지면 생활비도 그만큼 더 들게 되니 노동자들이 더 높은 임금을 요구하게 된다. 한때, 비싼 땅값 때문에 공장이나 기업들이 자꾸 해외로 빠져나간다는 우려의 목소리가 터져 나오기도 했다. 실제로 지난 십여 년 동안 공장이나 산업시설의 해외 이전이 부쩍 늘어났다. 그러나 이런 우려는 과장되어 있을 가능성이 크다. 많은 경우 땅값이 생산비에서 차지하는 비중은 인건비에 비해서 낮다. 따라서 공장이 외국으로 빠져나가는 더 큰 이유는 국내의 고임금이나 노동시장의 경직성 때문이라고 보아야 할 것이다. 땅값은 일종의 고정비용이라서 인건비와는 달리 생산 규모가 커짐에 따라 땅값의 부담은 급속도로 감소하는 경향이 있다. 그러므로 정작 상품가격을 결정하는 생산단가에서 땅값이 차지하는 비중은 의외로 낮을 수 있다.

높은 지가는 좀 더 우회적으로 산업계의 생산비를 높이기도 한다. 지가 상승은 특히 도로, 항만, 철도, 등 사회간접자본(SOC)을 위한 부지 매입비용의 부담을 크게 함으로써 사회간접자본 확충에 걸림돌이 된다. 1973년 소양강댐을 건설할 때는 토지보상비가 전체 공사비에서 차지하는 비중이 8.4%에 불과하였지만 불과 20년이 지난 1992년 임하댐을 건설할 때는 이 비중이 61.4%로 뛰었고, 1997년에 이미 80%대에 이르렀다.[20]

지가가 국민경제에 미치는 영향을 추정한 연구에 의하면, 지가 상승률 1%의 증가는 1년 반의 시차를 두고 국민총생산(GNP)성장률을 0.17%, 국내총생산(GDP) 증가율을 0.14% 감소시키는 것으로 나타났다.[21] 하지만, 특히 우리나라나 일본의 경우에는 땅값 상승이 경제성장에 긍정적인 영향을 주는 측면도 무시할 수 없다고 말하는 경제학자들도 있다. 왜냐하면, 우리나라나 일본의 경우에는 기업들이 금융기관으로부터 기업자금을 융통할 때 토지가 매우 좋은 담보물이 되는데, 지가가 상승하면 담보물의 가치도 그만큼 올라가므로 기업들은 금융기관으로부터 더 많은 돈을 융자해서 사업 확장에 활용할 수 있기 때문이다. 그렇다고 지가 상승이 우리 기업의 국제경쟁력에 미치는 악영향이 없다는 것은 아니다. 단지 너무 부정적인 측면만 볼 필요는 없다는 점을 지적할 뿐이다.

토지를 포함한 부동산산업이 지난 수십 년 동안 우리나라의 경제를 견인해왔다는 견해도 있다. 2017년, 부동산 분야의 종사자 수는 41만 명에 이르렀고, 총매출액은 50조 원으로 우리나라 GDP의 8%를 차지하였다. 하지만, 국토연구원의 자료에 따르면, 전체 산업 산출액에서 부동산산업의 산출액이 차지하는 비중은 미국, 영국, 일본, 프랑스, 호주 등에 비하면 미미한 수준이다.[22] 이런 나라들의 경우, 전체 산업에서 부동산산업이 차지하는 비중이 2011년에 6.81%에서 8.46%에 이르렀지만, 우리나라의 경우에는 3.32%에 불과하였다.

서민의 주거 불안과 “전세대란”

서민의 처지에서 보았을 때, 부동산 가격상승의 가장 큰 문제는 역시 주거 불안이다. 주거 안정은 생활 안정의 기본이요, 생활 안정은 생산성 향상의 필요조건이다. 서울대학교 행복연구센터의 조사에 의하면, 주택소유자가 전·월세 거주자보다 더 높은 행복감을 보였으며, 삶의 만족도는 아파트 평수가 늘어날수록 증가했다.[23] 하지만, 우리나라와 같이 집값이 비싼 나라에서는 서민이 집 한 칸 장만하기가 보통 어려운 일이 아니다.

땅값이 비싸지면 주택건설비용도 올라갈 수밖에 없고 따라서 주택가격도 자연히 비싸질 수밖에 없다. 연 소득 대비 주택가격의 비율(PIR)은 집값이 일반서민들 가계에 얼마나 큰 경제적 부담인지를 보여주는 한 가지 지표이기도 한데, 2003년 이 비율이 6.2이었다. 다시 말해서 주택가격이 연간소득의 6.2배이니 6년 동안 월급을 전혀 쓰지 않고 몽땅 저축해도 집 한 칸 마련할 수 없다는 뜻이다. 더욱이나 부동산가격이 소득보다 더 빠르게 높아졌다. 그래서 PIR도 해마다 높아져서 2006년에는 전국 평균이 6.5, 서울의 경우 9.8에 이르렀으며, 특히 서울 강남지역의 경우, PIR는 12.3에 이르렀다.[24]

유엔 산하 기관인 UN HABITAT는 3 내지 5를 적정수준으로 보고 있다는데, 우리나라의 PIR은 이 수준을 훨씬 초과하고 있다. [표 1-8]을 보면, 우리나라의 PIR은 프랑스, 독일보다는 무척 높으며, 특히 미국과 영국에 비해 2배 이상인 것으로 나타났다. 심지어 땅값, 집값이 비싸기로 유명한 일본보다도 높다. PIR이 높다는 것은, 그만큼 주택 마련에 오랜 시간이 걸린다는 뜻이기도 하다. 서울에서는 검은 머리가 파뿌리 되어야 겨우 집 한 칸 장만할 수 있다.

표 1-8 주요국의 연 소득 대비 주택가격 비(PIR)

	한국 (2003)	미국 (2000)	영국 (2000)	프랑스 (1999)	독일 (1997)	일본 (2002)
PIR	6.2	3.3	3.4	5.1	5.1	5.8

자료: 이정전 외(2005), 『국가균형발전을 위한 토지정책방향연구』, 한국토지공사.

서민들에게는 부동산가격이 비싸다는 것, 그 자체도 몹시 못마땅하지만, 가만히 앉아서 꼼짝없이 당하기만 한다는 점에서 화가 날 일이다. 서민들의 뜻과는 전혀 상관없이 대한민국의 부동산가격은 오랫동안 미친 듯이 올라가기만 하였다. 아파트값이 비싸지면, 내 집 마련의 꿈이 점점 더 멀어지면서 집 없는 수많은 서민은 참담함을 느끼게 된다. 그렇다면, 누가 우리나라 부동산가격을 그

토록 잔뜩 올려놓았는지에 눈을 돌리게 되는데, 순전히 부동산투기로 돈을 벌어 보려는 투기꾼들이 그 주범으로 지목되곤 하였다. 부동산가격이 오르면, 돈 많은 사람들은 돈 벌 기회를 많이 누리게 된다. 가격이 낮을 때 부동산을 사두었다가 비쌀 때 되팔면 큰 시세차익(자본이득)을 얻을 수 있다. 그래서 부동산가격이 뛰면 돈 많은 사람들은 한철 만난 듯 신바람을 낸다. 실제로 과거 부동산투기로 떼돈을 번 사람들이 우리 주위에 즐비하였다. 부동산가격이 올라가면 이들은 가만히 앉아서 돈을 벌기 때문에 이들의 소득은 '불로소득'이라는 인식이 널리 퍼지게 된다. 부동산투기는 거액을 동원할 수 있어야 하므로 가난한 사람들보다는 돈 좀 있는 사람들이나 할 수 있는 일이다. 따라서 부동산투기로 인한 불로소득은 빈부격차를 악화시키는, 옳지 못한 소득으로 보는 국민적 정서가 자연스럽게 형성된다.

투기꾼들 때문에 부동산가격이 올라서 엉뚱한 서민들이 피해를 보듯이 특정인들이 가격을 올림으로써 제3자가 당하는 손실을 '금전적 외부효과'라고 한다. 좀 더 정확하게 말하면, 금전적 외부효과란 가격의 변동을 유발함으로써 간접적으로 제3자에게 끼친 피해나 이득을 말한다. 대체로 보면, 경제학 교과서들은 금전적 외부효과에 대하여 간단하게 언급만 할 뿐이지 이를 크게 문제 삼지 않는다. 가격변동에 각 개인이 적절히 대응할 뿐만 아니라 당연히 그래야 한다고 보기 때문이다. 가격변동에 적응하는 과정에서 개인이 당하는 고통은 따지지 않는다. 아마도 다른 대부분 상품의 경우 금전적 외부효과는 그리 크지 않을 것이다. 그러나 부동산의 경우에는 전혀 그렇지 않다. 부동산 가격상승은 비단 개인에게 큰 경제적 부담을 줄 뿐 아니라, 사회불안의 주된 요인이 되기도 한다. 이런 점에서 부동산 가격상승으로 인한 사회적 악영향이 심각하다고 볼 수 있지만, 오랫동안 주목을 받지 못했다.

주택가격이 오르면 내 집 마련의 꿈이 사라짐으로 인한 마음의 상처도 크지만, 문제는 여기에서 그치지 않는다. 주택가격이 오르면 전세와 월세도 줄줄이 뛴다. 일반 서민들은 갈수록 비싸지는 전세와 월세에 밀려서 이리저리 떠도는, 고달픈 신세가 된다. 실제로 한창 부동산투기 열풍이 극성을 부리던 1980년대 후반, 집 없이 길거리로 내몰린 서민들이 연이어 자살하자 큰 사회문제가 되었다. 1990년 봄에는 자살한 세입자의 수가 17명에 이르렀다.[25] 어느 학자는 "집을 두 채 이상 가지고 있는 사람은 천국이 따로 없다. 바로 이 나라가 그들의 낙원이다. … 집 없는 사람들에게는 지옥이 따로 없다. 바로 이 나라가 지옥인 것이다."라고 썼다.[26] 이쯤 되자 부동산투기 및 부동산가격 폭등에 대한 국민적 성토는 극에 달하게 되었다. 지가폭등과 토지투기에 관한 기사가 한참 동안 주요 언론매체와 일간신문을 연일 도배하였다.

정부도 토지투기와 지가폭등을 잡기 위한 대책 마련에 부심하였다. 결국 여론의 압박으로 "토지공개념법"이 제정되기에 이르렀다. 이 법은 토지투기를 억제하기 위한 여러 가지 정책 수단을 담고 있다. 이에 대해서는 뒤에서 자세히 언급하기로 한다. 주택가격 상승이 서민에게 악몽이라면, 주택가격의 하락은 이들에게 축복이 되어야 마땅하다. 하지만, 현실에서는 그렇지 못했다. 상식적으로 이해할 수 없는 이상한 일이 벌어졌기 때문이다. 전세가의 폭등이 그것이다. 우리나라 주택임대시장의 독특한 점 하나는, 전세라는 임대계약이다.[27] 외국에서 일반적인 임대계약 형태는 매월 일정 금액을 임대인에게 지급하는 순수월세이다. 그러나 우리나라에서는 특이하게도, 전세금을 임대인에게 임대계약 때 지불하고, 아무런 월세를 치르지 않고, 임대계약 동안 주택을 사용하다가 임대계약 만료 때 전세금을 돌려받는 이른바 전세 제도가 실행되고 있다. 전세 제도에 나타나는 이상한 현상의 하나는, 이른바 '역전세'이다. 역전세는 주택가격이 내려가면서, 전세 시세가 계약 당시보다 하락해서 집주인이 세입자에게 전세금을 돌려주기 어려워진 상황을 말한다. 집값이 전세금보다 낮아져 집주인이 집을 팔아도 전세금을 다 돌려주지 못하는 상황을 '깡통 전세'라고 하는데, 주택경기 침체기에 나타나는 현상이다.

그러면, 부동산가격이 하강 곡선을 그리고 있을 때 왜 전세가가 폭등할까? 앞으로 부동산가격이 올라가지 않는다고 예상되면, 돈을 가진 사람들은 부동산을 매입하기보다는 빌려서 쓰려고 한다. 큰돈 들여 괜히 집을 샀다가 손해 볼 수도 있기 때문이다. 그래서 부동산가격이 하강 곡선을 그리고 있을 때는 투기성 자금이 실수요 쪽으로 몰리게 되는데, 그 상당한 부분이 부동산임대 시장으로 흘러 들어간다. 그러면 임대용 부동산에 대한 수요가 늘어나면서 임대료가 오르게 되고, 이 과정에서 서민들을 상대로 한 전세가와 월세가도 따라서 줄줄이 오르게 된다. 결국, 서민들이 부동산경기 침체의 유탄을 맞게 된다. 실제로 부동산경기가 하강 곡선을 그리던 2009년과 2010년에 수도권에서 전세가와 월세가 폭등하면서 이른바 "전세 대란"이 터졌다. 아파트 전세가가 불과 2, 3개월 사이에 평균 2,000만~6,000만 원씩 올랐다. 이런 전세가 오름세는 주택가격이 계속 하락세를 보이던 박근혜 정부 때에도 지속되었다. KB국민은행 통계에 의하면, 대통령이 취임한 2013년 2월에 1억 9,457만 원이었던 수도권 아파트 평균 전세가가 2014년 9월에는 2억 2,394만 원이 되면서 약 3천만 원 올랐으니 15.1% 뛴 셈이다. 소득은 4% 늘었는데, 전세가는 그 세 배 이상 뛰었다. 그러니 전세대란이라는 말이 나오지 않을 수 없었다.

물론, 임대수요의 증가만이 전세대란의 원인은 아니다. 공급 측면의 요인도 있다. 전세 제도라는 것은 세입자와 집주인 사이의 개인적 금융거래의 한 방식이다. 달리 말하면, 전세 제도는 사금융의 일종이라는 것이다. 세입자는 집주인에게 전세금의 형태로 돈을 빌려주고 그 대신 집주인은 세입자에게 주거 서비스를 제공한다. 집주인의 처지에서 보면, 전세금을 활용해서 올린 수익이 주거 서비스 제공의 대가다. 그러나 문제는 경기침체기 혹은 초 저성장 시대에는 전세금을 활용해서 돈을 벌 기회가 별로 많지 않다는 것이다. 부동산가격이 오르지 않으니, 과거처럼 자본이득을 노리고 부동산투기를 해서 돈을 벌기도 어렵고, 초 저성장 시대에 금리도 너무 낮으니 돈놀이로 짭짤한 수입을 올리기도 어려우며, 주가도 하락세를 보이고 있으니 주식투자로 재미 보기도 어렵다. 그래서 집주인들은 전세를 놓기보다는 월세를 받는 쪽을 더 선호하게 된다. 이 결과 전세에서 월세로의 전환이 빠르게 진행되면서 전세로 나온 주택의 물량이 크게 줄어든다. 따라서 전세가가 뛰게 된다. 어떻든, 집값이 전반적으로 떨어지는데, 집 없는 서민들이 전세대란의 고통을 겪는다는 점은 아이러니가 아닐 수 없다. 그 고통이 특히 젊은 층에 집중된다. 젊을수록 전세나 월세에 더 많이 의존하기 때문이다. 2010년 기준으로 20대 세대 주의 35.1%가 전세에 살며, 30대 세대 주의 42.1%가 전세에 살고, 40대로 올라가도 31.2%가 전세에 의지하고 있었다.[28]

어떻든, 이같이 부동산가격이 오르나 내리나, 일반서민들에게 그 고통이 집중되고 보니, 자연히 이들은 시장에 문제가 있다고 느끼게 되며 시장이 공정치 못하다고 생각하게 된다. 여기에서 반시장 정서가 형성되면서 형평성이나 공정성의 차원에서 정부가 시장에 대하여 무언가 해주기를 강력하게 요구하게 된다. 물론, 부동산가격의 하락은 건설경기를 위축시킴으로써 건설업체들과 투기꾼들에게도 경제적 피해를 준다. 그래서 이들은 부동산경기를 살리라고 정부에게 온갖 압력을 넣는다. 하지만, 이들은 부동산가격이 뛸 때 이미 재미를 톡톡히 보았기 때문에 부동산경기 침체로 인한 경제적 타격을 어느 정도 비껴갈 수 있다. 그러나 서민들은 그렇지 못하다. 국민의 대다수를 차지하는 서민들은 정의, 공정성, 형평성 등의 문제에 의외로 대단히 민감하다. 이점은 부동산 시장을 형평성이나 공정성과 결부 짓기를 매우 꺼리는 경제학자들의 태도와 크게 대조된다. 경제학 원론 교과서에도 형평성이니 공정성이니 하는 말들이 거의 나오지 않는다. 그래서 일반인들은 경제학자들이 현실과 동떨어진 얘기만 한다고 느끼게 되었다.

가계대출의 급증

2000년부터 2007년까지 부동산가격의 상승은 우리 사회에 새로운 양상의 경제문제를 안겼으니, 가계부채의 문제가 그것이다. 2000년부터 가계부채가 폭발적으로 늘어나 2007년에는 국내총생산(GDP)의 76%에 이르렀다. 문제는, 가계부채가 개인의 가처분소득이나 GDP의 증가 속도보다 더 빠르게 증가하였다는 것이다. 자연히 가계부채의 부실화에 대한 우려가 나올 수밖에 없다. 이같이 가계부채가 급격히 늘어난 이유 중의 하나는, 1997년 IMF 외환위기로 큰 곤욕을 겪은 우리나라 금융기관들이 위험의 정도가 큰 기업 대출보다는 안전한 가계대출을 선호하게 되면서 대출 대상을 종래의 기업에서 가계로 늘리기 시작하였다는 데 있다.[29] 가계대출 대부분은 부동산을 담보로 한 대출이다.[30] 이런 대출의 급증 탓으로 가계부채가 눈덩이처럼 불어난다고 해도 부동산가격이 계속해서 충분히 올라가 준다면 채무자들은 언제든지 부동산을 팔아서 빚을 갚을 수 있기 때문에 큰 문제가 없다고 말할 수 있다. 그러나 부동산가격이 항상 오른다는 보장은 전혀 없다. 실제로 2008년 이후 부동산가격은 하락세를 보이지 않았던가.

부동산가격이 지나치게 떨어지면, 집을 팔아도 빚을 갚지 못하는, 이른바 "깡통 아파트"가 대량 발생하면서 금융권이 막대한 부실채권을 떠안게 된다. 이런 부실채권이 1980년대 말 일본의 금융위기를 초래한 한 원인이 되었으며, 2008년 미국 금융시장의 붕괴도 저소득계층을 상대로 한 부동산담보대출의 부실화에서부터 시작되었다.

설령, 가계부채가 부실화될 우려가 없다고 해도, 문제가 전혀 없다고 단정하기는 곤란한 측면도 있다. 일반적으로 은행의 역할은 가계의 여유자금을 기업의 생산적 투자로 이어주는 것으로 이해되고 있다. 이것이 중요한 금융의 생산적 역할이다. 그러나 우리나라뿐만 아니라 선진국에서도 전반적으로 은행의 이런 생산적 역할이 점차 줄어들고 있는 것으로 나타났다. 1870년부터 최근까지 17개 선진국 은행들의 대차대조표 관련 자료들을 분석한 결과 20세기 초 전체 은행대출의 30% 정도를 차지했던 부동산담보대출의 비중은 최근 60% 수준으로 상승하였다.[31] IMF 외환위기 이후 우리나라에서 부동산을 담보로 한 가계대출이 급격하게 증가하였다는 것은, 금융의 핵심 업무에서 생산적 역할보다는 가계를 상대로 한 돈놀이의 비중이 더 높아졌음을 의미한다.

어떻든, 2000년대 들어서 가계대출 급증에 대한 우려가 커지자 이에 대한 규제가 본격적으로 실시되기 시작하였는데, 그 주요 수단이 금융기관의 대출 규모와 가계의 차입 규모에 상한선을 설정하는 것이다. 이를테면, 대출-담보가액 비율과 부채-소득 비율에 상한선을 두는 것이다. 담보인정비율이라고 불리기도 하는 대출-담보가액 비율(Loan to Value Ratio; LTV)은 담보물의 총가치에서 대출액이 차지하는 비율을 말하며, 총부채상환비율이라고 불리기도 하는 부채-소득 비율(Debt to Income Ratio; DTI)은 차입자의 연간 총소득에서 매년 치러야 하는 원리금 합계액의 비율을 말한다. 예를 들어서 5억 원 상당의 주택을 담보로 잡고 3억 원을 대출해준다면 LTV는 60%가 되고, 연 소득 5천만 원인 사람의 대출 원리금 상환액이 연간 2천만 원이면 DTI는 40%가 되는 셈이다. 실제로 정부는 LTV와 DTI를 제한함으로써 금융기관의 과도한 주택담보대출에 제동을 걸기도 하였다. 2002년 도입된 이후 시기별로 차이가 있지만, 대략 40~60% 수준으로 관리되던 LTV를 2014년에 70%로 단일화하였다. 또한 2005년부터 수도권 주택담보대출에 지역에 따라 50~60%로 차등 적용되던 DTI는 2014년 8월부터 수도권에만 69%로 적용되는 방향으로 완화되었다.[32]

2003년 유럽중앙은행(ECB)이 발표한 보고서는 한국, 싱가포르, 홍콩의 LTV 자료를 바탕으로 이들 국가의 LTV 규제가 큰 부작용 없이 주택담보대출을 억제하는 데 효과적이었다고 평가하였다. 2011년 IMF 보고서 역시 LTV와 DTI 규제에 대하여 긍정적이었다. 이런 긍정적 평가는 LTV.DTI 규제가 부동산투기수요를 억제하는데 효과적이라는 해석을 내리게 한다.[33]

부동산가격이 계속 오름세를 타는 동안에는 부동산담보대출의 증가가 당연해 보이고 과다한 부동산담보대출을 억제하기 위한 규제 역시 그럴듯해 보인다. 그렇다면, 반대로 부동산가격이 하락세를 타는 동안에는 부동산담보대출이 감소해야 하고 따라서 가계부채도 줄어들어야 한다. 왜냐하면, 부동산가격이 하락하면, 부동산담보대출이 부실해질 가능성이 커지므로, 은행들 스스로 부동산담보대출을 꺼리기 때문이다. 그러나 실제로는 이런 상식과는 거리가 먼일들이 벌어지기도 했다. 예를 들면, 2008년 이후 부동산가격이 하락세로 돌아섰음에도 불구하고 가계부채가 줄어들기는커녕 오히려 더 늘어나는 기현상이 나타난 것이다. 2000년 말 267조 원이었던 가계부채가 2005년 말에는 522조 원으로 불어났고, 2011년 3월 말에는 801조 원에 이르렀다. 가계부채의 규모가 부동산가격이 상승곡선을 그리던 노무현 정부 5년 동안에 202조 원 증가하였는데, 부동산가격이 하강 곡선을 그리던 이명박 정부 5년 동안에는 292조 원 증가하였다. 가격상승 때보다 가격 하락 때에 가계부채가 더 늘어난 셈이다. 2005년부터 2010년 사이에 우리 국민의 가처분소득은 연평균 약 6% 증가하였음에 반해서 가계부채는 연평균 약 9% 증가하였으니 가계부채/가처분소득 비율이 2005년 129%에서 2010년에는 155%에 이르렀다. 우리나라 가계는 소득보다 훨씬 더 많은 빚을 지고 있는 셈이다.

국제적 통념에 따르면 가계부채의 총규모가 GDP의 75%를 넘으면 과다하다고 본다는데, 금융시장이 붕괴하기 직전(2007~08년), 미국의 경우 GDP 대비 가계부채의 비율이 96%~98%였고, 일본의 경우 1989~91년의 기간에 56~60%이었다.[34] 외국의 많은 연구가 부동산담보 대출의 급증이 금융위기와 밀접하게 관련되어 있음을 보였다. 우리나라의 경우 GDP 대비 가계부채의 비율이 2007년에 이미 임계치인 75%의 수준을 넘어섰고 2010년 80% 수준에 이르렀으니 걱정하지 않을 수 없었다. 그런데도 2010년 이후로도 가계부채는 꾸준히 증가하였다.

그렇다면, 상식과는 달리 부동산가격 하락의 시대에 왜 가계부채가 계속 늘어만 갔는가? 우선, 정부의 의도적 부동산경기 부양책을 그 원인으로 꼽지 않을 수 없다. 2008년 미국 금융시장 붕괴에 이은 세계 경제위기 이후 부동산가격 하락과 더불어 경기침체가 우리 경제를 엄습하자 당시 이명박 정부는 공적자금 투입, 재건축규제 완화, 수도권 분양권 전매제도 제한 폐지 등 대대적인 부동산경기 부양책을 동원하였으며, 2010년 4월에는 서울 비강남권에 대하여 DTI 상한선을 50%로 완화하였고, 그해 9월에는 서울 강남 3구를 제외한 전 지역에 DTI 규제를 한시적으로 해제하였다.[35] 하지만, "노무현 정부는 집값을 잡고 싶었는데 잡지 못했고, 이명박 정부는 집값을 띄우고 싶었는데 띄우지 못했다"는 우스갯소리가 시중에 떠돌 정도로 그런 부양책들이 부동산가격 하락의 대세를 꺾지 못하였다.[36] 결국, 박근혜 정부가 공을 떠안게 되었다.

문제를 잘 해결하기 위해서는 원인에 대한 정확한 진단이 중요하다. 부동산시장의 침체에 대한 박근혜 정부의 진단은 2013년 4.1부동산 대책 발표문에 잘 나타나 있다. "주택가격 상승기에 도입된 수요억제-공급 확대 정책 기조가 시장 위축기에도 지속됨에 따라 수급불균형으로 시장 침체가 가속되고 있다." 이런 현실 인식을 바탕으로 우선, 공급 측면 대책으로 2013년 7월 보금자리 주택 공급물량을 감축하였고(7· 24 수도권 주택공급 조절 방안), 이어 12월에는 후속 조치로 행복주택의 공급물량을 축소하였다. 정부의 수요 측면 정책에서 핵심은 경제적 여유가 없는 서민들에게 낮은 금리로 돈을 빌려주어서 집을 사도록 부추기는 것이었다. 그 대표적인 예가 2013년 8월에 발표된 '초저금리 공유형 모기지' 제도다. 여기에서 '공유'란 정부의 지원으로 돈을 빌려 주택을 매입했을 때 미래에 발생할 자본이득이나 자본손실을 금융기관과 주택매입자가 나눈다는 뜻이다. 설령, 앞으로 주택가격이 하락하여 자본손실이 발생하더라도 일정 부분을 정부가 책임져 줄 터이니 안심하고 집을 구매하라는 신호를 정부가 보낸 셈이다. 공유형 모기지 제도 이외에도 양도세 감면(4. 1 서민 주거 안정을 위한 주택시장 정상화 종합대책), 취득세 인하(8. 28 서민 중산층 주거 안정을 위한 전·월세 대책) 등 일련의 수요증대 대책이 곁들여졌다. 그런데도 부동산 시장이 좀처럼 살아날 기미를 보이지 않자. 2014년 7월에는 드디어 LTV와 DTI를 완화하기에 이르렀다.

이런 일련의 경기부양책들이 별 효과를 보지 못하는 가운데 가계부채는 계속 불어나기만 하였다. 한국은행 자료에 의하면 2014년 초에 이미 1,000조 원을 넘어섰고 7월 LTV 및 DTI 완화 이후 더욱더 늘어난 것으로 알려졌다.[37] 이에 따라 가계부채가 가처분소득의 163.8%에 이르렀다. 이는 가계부채로 인해 위기를 맞은 미국의 114.9%나 영국의 150.1%보다 높은 수치다. 이런 과도한 가계부채 누적이 '시한폭탄'인지 아니면 정부의 주장처럼 큰 문제가 없는지, 큰 논쟁거리가 되었다. 그러나 한 가지 비교적 분명한 것은, 과도한 가계부채가 경기회복의 발목을 잡는 한 요인이 되고 있었다는 것이다. 빚이 너무 많아지면 가계가 소비에 돈을 쓸 여력이 없어진다. 따라서 과다한 가계부채는 소비를 위축시키게 된다. 그러면 기업이 생산한 상품이 잘 팔리지 않으니 장사가 잘 안된다. 기업이 투자 의욕을 잃게 되고 생산이 위축되면 가계의 소득도 줄어들게 된다. 소득이 감소하면 소비도 줄어들고 빚을 더 많이 지게 된다. 말하자면 일종의 악순환(가계부채 → 소비위축 → 소득감소 → 채무부담 증가 → 소비위축)의 고리가 형성된다는 것이다. 바로 이 악순환 탓으로 2008년 세계 경제 위기 이후 경기침체가 장기에 걸쳐 지속되었다는 설명도 있다.[38]

③ 난개발 및 환경파괴

무계획적 난개발과 환경 파괴적 난개발

소득수준이 높아지면 국민의 환경 의식도 따라서 높아진다. 복원된 서울의 청계천이 자연 하천과는 아주 거리가 멀지만, 단순히 도심에 물이 흐른다는 사실만으로도 시민들이 환호하였다는 것은, 그만큼 높아진 환경 의식의 일면을 보여준다. 이미 2000년에 실시된 "토지에 관한 국민 의식 조사"에 의하면, 우리나라가 당면한 토지문제로서 난개발을 가장 심각한 문제로 꼽은 사람들이 35.4%로 가장 많았다. 땅을 지나치게 투기적으로 이용해서 문제라고 응답한 사람들이 22%로 그다음 많았고, 땅값이 너무 비싼 것이 문제라고 응답한 사람은 약 12% 정도였다([표 1-9] 참조). 특히, IMF 외환위기 이후 새롭게 부상한 토지문제로 응답자의 42.9%가 난개발을 꼽았다. 그리고 응답자의 30.2%가 토지규제완화가 문제라고 응답하였다. 미래 전망을 묻는 질문에도, 압도적 다수인 72.3%가 "난개발이 앞으로 더욱더 심해진다."라고 응답하였다.[39]

난개발이란 말 그대로 무질서하게 이루어진 개발을 뜻하는데, 크게 보아 두 가지 유형이 있다.[40] 그 한 가지는 도로, 상하수도, 학교, 공원 등 기반시설 및 공공시설을 충분히 갖추지 못한 토지개발이다. 수도권의 팽창과 함께 그동안 사회적 지탄을 많이 받았던 난개발은 사전 토지이용계획 없이 추진된 개발, 즉 '무계획적 난개발'이었다. 공공기관도 난개발을 자행한다는 비난을 받아왔지만, 무계획적 난개발은 민간 개발업체들의 소행인 경우가 많다. 민간 개발업체들이 소규모로 아파트단지를 조성하는 경우, 도로나 학교, 공공시설 등과 같은 기반시설의 설치나 이를 위한 용지확보가 의무화되지 않는다. 바로 이점을 악용하여 대규모 아파트단지를 고의로 소규모로 나누어 개발하는 민간 개발업체들이 많이 있었다. 이 결과 공공시설이나 기반시설을 갖추지 못한 소규모의 개발이 산발적으로 이루어지고 이것이 누적되면서 대규모 난개발로 발전하였다. 이런 무계획적 난개발이 대규모로 이루어지면 교통 혼잡이 가중되고, 경찰서나 소방서가 잘 갖추어 있지 못함으로 인하여 범죄와 화재가 빈발하며, 근처에 학교가 없어서 자녀들을 먼 곳의 학교로 보내야 하고, 녹지 부족으로 인해서 주거환경이 황량해지는 등 갖가지 큰 불편이 초래된다.

표 1-9 토지문제에 대한 국민 의식

응답 내용	응답 비율(%)
땅이 절대 부족하다.	7.7
땅값이 너무 비싸다.	11.9
땅을 지나치게 투기적으로 사용한다.	22.0
너무 무질서하게 개발한다(환경훼손 포함).	35.4
일부 사람들이 너무 많은 땅을 가지고 있다.	10.6
토지와 관련된 국가의 정책이 너무 허술하다.	9.2

자료: 조명래(2000), "토지에 관한 국민의식 조사", 새국토연구협의회편, 「우리나라 국토정책의 나아갈 길」.

무계획적 난개발은 각종 재해의 원인이 되기도 한다. 해마다 겪었던 수도권의 물난리나 홍수가 그 예다. 기후온난화로 인하여 게릴라성 호우가 자주 나타나면서 수도권 난개발 지역에 홍수피해가 큰 폭으로 늘어났다. 주민 생활의 불편을 해소하고 홍수피해를 막기 위해서 결국 막대한 세금을 들여 사후적으로 공공시설과 기반시설을 갖추게 되는데, 그렇다면 개발업자가 치러야 할 공공시설 및 기반시설 확보의 비용을 엉뚱한 국민이 부담하게 되는 셈이다. 사후에 땜질식으로 기반시설을 설치하게 되니 돈이 더 많이 든다. 만일, 사전에 치밀한 토지이용계획을 세우고 나서 이에 따라 아파트단지를 조성했더라면 훨씬 적은 비용으로 기반시설을 제대로 확보할 수 있었을 것이다. 그러므로 민간 개발업자들에 의한 무계획적 난개발은 2중으로 사회적 손실을 낳기 십상이다.

난개발의 또 다른 유형은 경관을 심하게 훼손한다든가, 환경을 오염시키고 생태계를 파괴하거나 우량농지를 잠식하는 '환경 파괴적 난개발'이다. 시골이나 교외에 나가 보면 산수가 수려하고 한적한 농촌 한가운데에 꼴사납게 우뚝 솟은 초고층 아파트단지들이 유난히 많이 눈에 띈다. 이같이 주변 환경과 전혀 어울리지 않는 건축물들에 수많은 사람이 눈살을 찌푸릴 만큼 우리 국민의 환경 의식도 높아졌다. 환경을 심하게 오염시킴으로 인한 사회적 손실뿐만 아니라 사람들을 불쾌하게 만드는 것도 사회적 손실이요, 아름다운 자연경관을 고층아파트가 병풍처럼 가로막음으로 인하여 일반 시민이 느끼는 답답함도 사회적 손실이다.

무계획적 난개발이나 환경 파괴적 난개발은 개념적으로만 구분될 뿐, 현실에서 볼 수 있는 대부분의 난개발에는 이 두 가지 유형이 겹친다. 어떻든 이 두 가지 유형을 포함한 난개발이 매우 오래전부터 성행하였음에도 불구하고 1990년대 후반에 와서야 각종 언론매체에 대서특필되면서 큰 사회문제로 부각하였는데, 1994년 대대적인 토지이용규제의 완화 조치가 대규모 난개발의 결정적 계기가 되었다. 개발이 가능한 토지의 공급을 크게 늘리기 위하여 정부는 농경지와 산림지 중에서 영농가치나 보전 가치가 낮은 지역을 선별하여 토지이용규제를 대폭 완화하여 주었다. 규제 완화 이전에는 전 국토의 84.5%가 보전용 토지이었고 개발용 토지는 15.5%에 불과하였으나, 규제 완화 이후에는 보전용 토지의 비중이 58.3%로 줄어든 반면, 개발 가능 토지의 비중은 41.6%로 대폭 늘어났다.[41] 이 결과 전국 곳곳에서 난개발이 극성을 부리게 되었다. 그러자 근원적인 대책을 촉구하는 목소리가 높아졌고, 이에 부응하여 2002년 정부는 국토의 난개발도 방지하면서, 국토를 친환경적으로 관리하기 위하여 "선계획-후개발" 원칙을 표방한 「국토기본법」과 「국토의 계획 및 이용에 관한 법률」을 제정하게 되었다. 물론, 법이 만들어졌다고 해서 난개발이 없어지는 것은 아니다. 아무리 좋은 법을 만들어도 느슨하게 집행되거나 악용된다면 소용이 없다.

외부효과

그렇다면 토지이용규제가 완화되면 왜 난개발이 극성을 부릴까? 무계획적 난개발이나 환경 파괴적 난개발에서 한 가지 공통적인 것은 개발업자들이 남에 대한 배려 없이 오직 자신의 이익만 염두에 두면서 토지를 이용하거나 개발한 결과 엉뚱한 불특정 다수에게 피해를 미친다는 점이다. 산수 수려한 곳이나 한적한 시골에 꼴사나운 건축물들이 많이 세워지는 이유는 개발업자들이 돈벌이에만 급급해서 제3자의 불쾌감을 무시하고 건축물을 건설하는 탓이요, 도시 인근의 강이 썩어가는 이유는 강가에 즐비한 요식업체나 러브호텔들이 수질오염으로 인한 하류 주민들의 피해를 개의치 않고 폐수를 마구 배출하는 탓이다.

이같이 엉뚱한 제3자에게 피해를 주는 현상을 설명할 때 경제학자들은 개발업체들의 이기적이고 근시안적인 손익계산을 문제 삼는다. 경제학에서 핵심이 되는 단어를 하나만 콕 집어내라고 한다면 그것은 아마도 '손익계산'이나 '수

지타산'이라는 단어일 것이다. 경제학이 전제하는 인간은 이익과 손실을 꼼꼼히 비교한 다음 최선을 찾아 선택하는 존재이며 이렇게 하는 것을 합리적이라고 말한다. 인간은 합리적으로 행동하는 존재라는 것, 이것이 경제학의 처음과 끝을 관통하는 가장 기본적인 가정이다. 경제학이 말하는 합리적 행동은 바로 그런 손익계산을 바탕으로 하는 것이다. 중요한 것은, 손익계산을 할 때 각 개인이 꼽는 이익과 손실은 주로 자신에게 귀속되는 이익과 손실이라는 점이다. 사람들 대부분은 공익이라든가 사회적 손실 따위는 크게 염두에 두지 않는다. 모든 사람이 굳이 공익이나 사회적 손실을 생각하지 않고 제각기 오직 자신의 이익과 손실만을 따져서 손익계산을 하면서 행동하더라도 그 결과는 사회적으로도 이익이라는 사고방식이 경제학의 밑바탕에 깔려 있다. 달리 말하면, 각 개인이 합리적으로 자신의 이익을 추구한 결과는 사회적으로도 합리적이라는 것이다. 이런 사고방식의 뿌리를 경제학자들은 애덤 스미스의 "보이지 않는 손"에서 찾는다.

그러나 그 예외도 있다. 즉, 각 개인이 합리적으로 행동한 결과가 반드시 사회적으로도 합리적인 것이 아닐 수도 있다는 것이다. 그 대표적인 예로 경제학자들은 환경을 오염시키거나 파괴하는 행동을 꼽는다. 인간이 합리적인 존재라는 경제학의 기본가정이 옳다면, 환경오염 업소들도 나름대로 손익계산에 따라 합리적으로 행동할 것이다. 그러나 이들이 손익계산을 할 때는 오직 자신들의 호주머니에 들어오는 수입과 호주머니에서 나가는 비용만 따질 뿐 그 호주머니와 관계없는 것들, 예컨대 환경오염으로 인해서 다른 사람들이 당하는 피해는 계산하지 않는다. 강 상류에 다닥다닥 붙어 있는 요식업소들이 마구 방출하는 폐수가 강을 오염시킨 결과 하류의 수많은 시민이 더러운 물을 마시게 되는 엄청난 피해가 발생하더라도 그 요식업소들이 이 피해에 대하여 책임을 질 필요가 없다고 하면 이들은 그 피해를 무시해 버린다. 즉, 수질오염 피해는 이들의 손익계산 밖에 있다는 것이다. 이같이 엉뚱한 제3자에게 영향을 미침에도 불구하고 그 영향을 초래한 원인자가 자신의 손익계산에서 무시해 버리기 때문에 발생하는 효과를 경제학자들은 '외부효과(外部效果, external effect)' 혹은 '외부성(externality)'이라고 부르면서 환경오염 문제는 외부효과의 문제라고 말한다.

사회적으로 보면, 환경오염으로 인한 피해도 엄연한 사회적 손실이다. 그런데도 환경을 오염시키는 업소들은 이를 무시하고 영업한다. 이들도 철저한 손익계산에 따라 영업하지만, 이들의 손익계산서에는 오직 자신들의 호주머니에 들어오는 이익과 호주머니에서 나가는 비용만이 반영될 뿐, 환경오염으로 인한 사회적 손실 따위는 반영되지 않는다. 이 사회적 손실은 이들의 호주머니와는 아무런 상관이 없다. 즉, 이들의 손익계산 내용이 사회적으로 본 손익계산 내용과 다르다는 것이다.

예를 들어서 구체적으로 살펴보자. 어떤 강 상류 지역에 매년 10억 원의 순수익을 올리는 러브호텔이 들어섰다고 하자. 경제학적으로 보면, 이 10억 원은 러브호텔이 사회에 기여하는 순편익으로 해석된다. 그러나 이 호텔에서 배출되는 폐수로 강물이 심하게 오염된 탓으로 강의 중하류에 사는 사람들에게 정화된 식수를 공급하기 위해서는 연간 15억 원어치의 비용이 추가로 소요된다고 하자. 그렇다면 결과적으로 러브호텔은 사회에 5억 원어치의 순손실을 발생시키는 셈이다. 따라서 상류 지역의 토지를 러브호텔로 이용하는 것은 사회적으로 손해가 되는 행위다. 경제학적으로 말하면, 그 토지가 효율적으로 이용되지 못한다는 뜻이다. 환경오염 문제는 개인의 손익계산이 사회적으로 판단한 손익계산과 달라지기 때문에 발생하는 문제라고 할 수 있다. 특히 토지이용의 경우 그 특성상 외부효과가 매우 빈번하게 발생할 수밖에 없는데, 이것이 정부가 국토이용에 개입하는 하나의 큰 근거가 된다.

외부효과라는 말이 나오면, '다른 사람에게 미치는 영향'이라고 막연하게 생각하기 쉬운데, 경제학에서 말하는 외부효과는 그런 막연한 개념이 아니다. 거의 모든 경제활동은 직접 혹은 간접적으로 본의 아니게 제3자에게 영향을 미치기 마련이다. 예를 들어서, 어떤 사람이 사과를 먹으면, 그가 먹은 만큼 다른 사람들이 먹을 몫이 줄어들게 되므로 그는 다른 사람에게 피해를 준다. 하지만, 이런 피해를 외부효과라고 하지 않는다. 왜냐하면, 그 사람은 그 사과에 대하여 응분의 가격을 치르는 까닭에 결과적으로 남에게 피해를 주지 않는다. 사과값을 받은 농부가 사과를 하나 더 생산하거나 매입해서 채워놓을 수 있기 때문이다. 외부효과를 이해하는 데 긴요한 것은 '외부'라는 접두어의 의미를 이해하는 것이다. 이 '외부'라는 접두어는 개인의 수지계산의 '밖'이라는 의미에서의 외부이며, 따라서 무시된다는 의미의 외부이다. 무시되는 이유는 그것에 대하여 책임을 질 필요가 없기 때문이다.

토지이용규제가 없거나 느슨할 경우, 폐수 배출 업체가 엉뚱한 제3자에게 수질오염 피해를 주더라도, 이에 대하여 책임을 질 필요가 없지만, 토지이용규제가 엄격하게 실시될 경우, 업체는 수질오염에 대하여 대가를 치러야 한다. 그러면 업체는 자신의 손익계산에서 이를 무시할 수 없게 되고 결과적으로 폐수 배출을 자제하게 될 것이다. 이같이 어떤 계기에 의해서 행위자가 종전의 외부효과를 충분히 염두에 두고 행동할 때 그 외부효과가 '내부화'되었다고 말하는데, 이는 그 외부효과가 손익계산 속에 포함되었다는 뜻이다.

제3자에게 미친 영향이 경제학에서 말하는 외부효과가 되기 위해서는 우선, 그 영향이 직접적이어야 한다. 여기에서 직접적이라는 말은 제3자의 느낌(효용)이나 생산에 직접 영향을 줌을 의미한다. 예를 들어서 폐수를 배출하여 강물을 오염시키면, 직접적으로 다른 사람들을 불쾌하게 만들거나 어부의 어획량에 타격을 입힌다. 이런 점에서 환경오염으로 인한 제3자의 피해는 부동산 가격상승으로 인한 제3자의 피해와 다르다. 부동산 가격상승이 서민에게 미치는 경제적 부담은 가격을 통한 간접적 악영향이다. 통상 경제학에서는 이를 외부효과로 인정하지 않는다. 다만, 금전적 외부효과라고 간단하게 언급하고 넘어갈 뿐이다. 때로는 제3자의 효용이나 생산에 직접 영향을 주는 외부효과를 '기술적 외부효과'라고 부르면서 이를 금전적 외부효과와 구별하기도 한다. 부동산의 경우에는, 기술적 외부효과도 빈번하지만, 금전적 외부효과도 빈번할 뿐만 아니라 무시하기에는 그 규모가 너무 크다.

경제학적으로 보았을 때 난개발의 문제는 곧 외부효과의 문제다. 이 문제를 해결하는 한 가지 효과적인 방법은, 제3자에게 미치는 악영향에 대하여 충분한 보상을 치르게 함으로써 토지 이용자나 개발자가 이 악영향을 무시하지 못하게 만드는 것이다. 다시 말해서 각 개인이 그 악영향을 자신의 손익계산에 포함하게 만든다는 것이다. 이렇게 하는 것을 경제학에서는 그 악영향을 '내부화'한다고 말한다.

예를 들어보자. 새로운 기반시설이나 추가적 기반시설이 필요한 개발사업이 시행되는 경우, 해당 개발업자에게 그 기반시설 확보에 필요한 비용을 부담시키는, 이른바 개발영향부담금(development impact fee) 제도가 있는데, 최근 미국에서 이 제도가 급속도로 퍼지고 있다고 한다.[42] 개발영향부담금 제도가 실행되면, 개발업자는 스스로 기반시설을 설치하든가 아니면 기반시설을 설치하기 위한 돈을 따로 내야 한다. 따라서 개발업자는 기반시설 설치비용을 자신의 손익계산에 포함하게 되며, 결과적으로 기반시설을 확보한 개발이 이루어지게 된다. 우리나라에는 개발영향부담금과 비슷한 취지의 제도로 기반시설부담금이라는 게 있는데, 기반시설의 건설에 드는 비용을 개발업자에게 부담시키려는 취지의 제도다. 원래 개발영향부담금 제도는 외부효과를 내부화시킴으로써 무계획적 난개발을 예방하려는 조치였으나, 환경 파괴적 난개발에도 적용될 수 있다. 즉, 개발업자가 경관 훼손, 생태계 파괴, 환경오염, 우량농지 잠식 등으로 인한 사회적 손실을 충분히 고려하여 개발행위를 수행하도록 유도하기 위한 취지로 개발영향부담금을 개발업자에게 부과할 수도 있다는 것이다.

흔히 난개발은 개발이익의 독점적 사유화를 방치하기 때문에 발생한다고 말한다. 개발업자가 기반시설의 확보를 염두에 두고 개발사업을 추진할 때(달리 말하면 기반시설 확보를 내부화시킬 경우), 개발업자는 기반시설의 확보를 위한 경비를 개발이익에서 부담하게 된다. 즉, 기반시설 확보를 위해서 개발이익의 일부를 할애해야 한다. 경관 훼손이나 생태계 파괴, 환경오염을 초래하는 개발사업을 실행할 때도, 개발이익의 일부를 할애해서 이런 사회적 손실을 보상하도록 해야 한다.

4 토지 소유의 극심한 편중과 분배 불평등의 심화

토지와 결부된 자본이득

앞에서 소개한 『국토 50년』은 극심한 토지 소유의 편중 그리고 이로 인한 소득분배의 심한 불평등을 심각한 토지문제로 꼽으면서 이에 관해서는 우리 사회에 "대체적 합의가 있다"고 기술하고 있다. 1997-98년 IMF 외환위기 이후 날이 갈수록 빈부격차가 벌어지더니 빈부격차 및 양극화가 우리 사회의 가장 심각한 문제로 떠오르기 시작하였는데, 이같이 빈부격차가 크게 벌어지게 된 가장 큰 이유 중의 하나로 과거에는 부동산투기로 인한 자본이득의 편중이 꼽혔다. 2008년 세계 경제위기 이후 부동산가격이 전반적 하락세를 보이면서 부동산투기로 인한 자본이득이 크게 줄어들었다고는 하지만, 이미 부동산가격 폭등기에 형성된 빈부격차가 시정되기는커녕 그 이후의 소득분배 불평등을 가속화 하는 원천이 되고 있다.

일반적으로 재산의 불평등은 소득의 불평등보다 훨씬 더 심한 것으로 알려져 있다. 불평등의 정도를 나타내는 지표로 '5분위 배율'이라는 것이 있다. 재산 5분위 배율은 재산이 많은 순서로 사람들을 나열했을 때, 상위 20%에 속하는 계층이 가진 재산의 평균 금액을 하위 20%에 속하는 계층이 가진 재산의 평균 금액으로 나눈 값이며, 소득 5분위 배율은 소득이 높은 순서로 나열했을 때 상위 20%에 속하는 고소득계층의 평균소득을 하위 20%에 속하는 저소득계층의 평균소득으로 나눈 값이다. 2005년 우리나라의 재산 5분위 배율은 19.5이었고 소득 5분위 배율은 5.4이었다고 한다.[43] 즉, 소득으로 따져서는 상위 20% 부자는 하위 20% 가난뱅이와 비교해서 5.4배 부유하지만, 재산으로 따지면 약 20배 부유하다는 뜻이니, 재산상의 빈부격차가 소득상의 빈부격차의 4배에 달하는 셈이다. 2014년 이후 2021년까지 불평등 추세를 나타낸 [표 1-10]을 보면, 대체로 소득 5분위 배율은 조금씩 감소하는 경향을 보였던 반면, 자산 5분위 배율은 조금씩 증가하는 경향을 보였다. 다시 말해서, 소득의 측면에서는 불평등이 약간씩 완화되는 경향이 있었으나, 재산의 측면에서는 불평등이 점점 커지는 경향이 있었다는 것이다.

표 1-10 불평등 관련 지표

연도	소득 5분위 배율	자산 5분위 배율	지니계수
2014	7.37	33.8	0.363
2015	6.91	33.6	0.352
2016	6.98	35.6	0.365
2017	6.96	35.1	0.354
2018	6.54	35.0	0.345
2019	6.25	39.1	0.339
2020	5.85	36.7	0.331
2021	5.96	-	0.333

자료: 통계청

주: 이 자료에서 소득은 가처분소득을 의미함.

불평등의 정도를 나타내는 데 가장 많이 이용되는 또 하나의 지표는 지니계수다. 지니계수는 0에서 1 사이의 숫자로, 1에 가까울수록 불평등함을 의미한다. 2004년 소득으로 계산한 우리나라 지니계수는 0.31이었는데, 재산으로 계산한 지니계수는 0.638이었다. 지니계수로 따져도 재산상의 빈부격차는 소득상의 빈부격차의 2배가 훨씬 넘는다. 통계청 자료에 따르면, 16년이 지난 2021년 우리나라의 지니계수는 0.333이었고, 5분위 배율은 5.96으로 2019년 이전에 비하면 약간 낮아졌다. 통계수치만 놓고 보면, 2014년 이후 우리 사회의 불평등 정도는 나빠지지 않은 것으로 나타난다.

프랑스의 경제학자 피케티(Thomas Piketty)는 β라는 자본계수의 개념을 도입하였는데, 자본계수란 자본을 소득으로 나눈 값으로서, 이 값이 크면 불평등이 심함을 의미한다. 선진국의 자본계수는 대략 5~6 정도인데, 우리나라의 어느 한 교수가 추정한 바에 따르면 한국의 자본계수는 7을 넘는 것으로 나타났다.[44]

그러나 이런 통계 수치들은 토지 소유가 어느 정도로 편중되어 있는지를 실감 나게 나타내주지 못한다. 대부분의 자본주의 국가에서는 사생활(프라이버시) 보호라는 명분 아래 개인별 토지 소유 양태가 베일에 가려져 있어서 토지 소유의 편중이 정확하게 어느 정도인지는 알기가 매우 어려운 경우가 많다. 우리나라의 경우 1988년 토지공개념연구위원회가 밝힌 토지 소유 양태 자료가 이 방면에서 정식으로 공개된 최초의 공식자료로 알려져 있다. 바로 이 자료가 당시 여론을 들끓게 한 기폭제가 되었고 그 힘이 결국 토지공개념법을 통과시키는 데에 결정적인 요인이 되었다.

그때 처음 밝혀진 토지 소유 양태 자료가 그 후에도 두고두고 인용되었고, 1996년에 나온『국토50년』도 이 자료를 인용하고 있다. 이 자료에 의하면 땅을 많이 가지고 있는 순서로 땅 부자를 나열했을 때 상위 5%인 54만 명이 전국 사유지의 65.2%를 소유하고 있었으니 그때 이미 토지 소유의 편중이 무척 심한 상태였다. 이런 극심한 편중 현상은 지역과 지목을 불문하고 관찰되는 현상이지만 지역적으로는 수도권 외곽, 지목으로는 임야에서 특히 심한 것으로 나타났다. 이런 극심한 토지 소유 편중도 문제이지만, 땅 부자들이 보유한 토지가 개발의 여지를 많이 가진 땅들이라는 데에도 문제가 있다.「토지공개념연구위원회 연구보고서」에 의하면, 서울시의 경우 땅 부자 상위 5%가 도시 내 전, 답, 잡종지의 대부분을 점유하고 있다. 다시 말해서 땅 부자 상위 5%의 상당수는 현재로서는 불요불급하지만, 장차 재산증식의 방편으로 이런 땅들을 보유하고 있으며, 적절한 조치가 뒤따르지 못할 때 궁극적으로 부와 소득의 분포에 상당한 부정적 영향을 가져올 가능성이 있다고 이 보고서는 우려하고 있다.[45]

토지 소유가 심하게 편중된 상황에서 땅값이 계속 상승하게 되면 엄청난 자본이득이 토지소유자에 집중될 터인데, 그 당연한 결과는 극심한 빈부격차다. 토지공개념연구위원회는 재산세 과표와 지가상승률 자료를 이용하여 민간인에게 귀속되는 자본이득의 규모를 추정하였는데, 이에 의하면 지가상승률이 현저하였던 1987년의 경우, 토지가치 상승으로 인한 자본이득이 국민총생산(GNP)의 35.7%로, 중앙정부 총세출의 약 2배에 달하는 방대한 규모이었던 것으로 나타났다.[46] 1987년의 경우, 상위 5% 땅 부자 1인당 자본이득이 3,783만 원이었다는데, 이 금액은 당시 1인당 국민소득의 약 14배가 된다. 부동산투기로 인한 자본이득은 양적으로나 질적으로 주식투기나 화투기 등으로 인한 자본이득에 비할 바가 아니었다.

이런 추정치들이 과장되었다는 비판도 있지만, 이후의 많은 연구가 토지공개념연구위원회의 추정치가 크게 과장되지 않았음을 뒷받침하였다. 언론매체에 자주 인용되었던 추정 결과에 의하면 심지어 땅값 상승으로 인한 자본이득이 1987년에는 GNP와 거의 비슷하였고, 88년에는 GNP의 약 1.5배, 89년에는 약 2배에 달하는 엄청난 규모였다.[47] 참고로, 땅값 문제로 골치를 앓던 일본에서는 1986년부터 1990년 사이의 기간 중 지가 상승으로 인한 자본이득은 같은 기간 일본 GNP의 37%에 불과하였다고 한다.[48] 토지 소유의 편중 그리고 이로 인한 자본이득의 편중은 토지공개념법 제정 이후에도 계속 심해졌던 것으로 알려져 있다. 한 연구에 의하면 2002년 토지소유자 중 상위 1%가 전체 과세 대상 토지 과표액의 45%를 점하고 있으며, 상위 10%는 무려 72%를 점하고 있는 것으로 드러났다.

보수진영은 자본이득의 추정이 과장될 여지가 많다고 반발한다. 토지든 주식이든 항상 그 일부만 매매될 뿐인데, 거래되지 않은 토지 및 주식에도 현 시가가 적용된다고 간주하고 자본이득을 추정하는 경우가 흔하기 때문이라는 것이다. 주식은 거래회수가 비교적 빈번하고 현금화가 쉽지만, 토지의 경우에는 그렇지 못하다. 매년 시장에서 거래되는 토지는 전체 토지의 극히 일부분에 불과하며, 토지를 현금화하는 데에는 통상 많은 시간이 필요하다. 이러한 연유로 토지의 경우 지가 상승으로 추정한 자본이득에는 아직 실현되지 않은 이득이 포함될 가능성이 그만큼 더 크며, 지가 상승이 자본이득으로 실현되어 재산효과를 통해서 당장 과소비를 유발한다고 보기는 어려운 측면도 있다. 이런 반론에도 불구하고 엄청난 규모의 자본이득이 부동산으로부터 발생하며 이것이 소수의 부유층에 귀속되고 따라서 분배의 불평등이 심해진다는 사실은 부인하기 어렵다. 더욱이나 자본이득을 노리고 보유한 부동산은 거래회수가 비교적 빈번한 편이라서 현금화될 가능성도 크다.

아무리 부동산 소유의 편중과 결부된 자본이득이 빈부격차를 크게 벌리는 주된 요인이라고 하더라도 그 자본이득이 열심히 노동한 대가라고 한다면, 그렇게 심각한 사회문제가 되지 않을 수도 있다. 그러나 현실은 그렇지 않다. 부동산 투기로 얻은 자본이득은 일종의 '불로소득'이라는 인식이 우리 사회에 널리 퍼져 있다. 그러므로 토지 소유 편중으로 인한 극심한 불평등이 계층 간 위화감을 조성하고 사회통합을 저해하는 중요한 요인이 된다. 그래서 많은 사람이 심한 소득 및 부의 불평등을 위험스럽게 생각한다. 심한 불평등은 결국 경제적으로도 막대한 손실을 초래한다. 해마다 벌어지는 노사갈등은 기업의 생산성을 크게 떨어뜨리며, 경제적 요인과 결부된 범죄는 우리 사회를 불안하게 만든다. 각종 범죄를 막고 사회 안정을 유지하기 위하여 우리가 치르는 막대한 치안유지 비용은 극심한 불평등에 대하여 우리 사회가 치르는 대가라고 할 수 있다. 서로 불신하고 갈등하면 결국 기업의 생산성도 떨어지고 국가의 경쟁력도 저하된다.

하지만, 부동산투기로 획득한 자본이득을 불로소득이라고 보기를 거부하는 경제학자들도 적지 않다. 우선, 시장에서 자연스럽게 결정되는 소득은 생산에 기여한 정도를 반영하므로 정당한 몫이라는 생각이 경제학자들을 지배하고 있다. 그러나 이런 생각은 잘해야 교과서에 나오는 이른바 '완전경쟁시장'에서나 통하는 것이다. 즉, 외부효과도 없고 독과점도 없으며 자유경쟁이 완전하게 보장된 시장일 때에나 통하는 얘기다. 경제학자들의 주장은 그 대부분이 바로 그런 완전경쟁시장을 전제한 것이다. 하지만, 현실의 시장, 특히 부동산 시장은 완전경쟁시장과 거리가 멀다. 그런데도 많은 경제학자가 자신의 주장을 펼 때 이런 사실을 분명히 곁들여 말해주는 겸손함을 보이지 않는다. 그러면서 완전경쟁시장에서나 통하는 주장을 거리낌 없이 줄줄이 늘어놓기 일쑤다.

대체로 경제학자들은 부도덕 냄새가 풍기는 '투기'라는 단어도 잘 쓰지 않는다. 그 대신 '투자'라는 단어를 고집한다. 부동산에 관한 경제학 교과서에는 투기라는 말이 잘 나오지 않는다.[49] 사실 경제학자들은 투기라는 것을 그리 나쁜 것으로 생각하지 않는다. 경제학 교과서도 통상 투기를 그렇게 나쁜 것으로 서술하지 않는다. 그만큼 경제학자들의 시각은 일반시민의 시각과 다르다. 토지 및 부동산과 주식 등 금융상품으로부터 얻은 자본이득은 열심히 일해서 돈을 모은 다음 이것을 수익성 높은 용도에 투자해서 얻은 소득이며 이것은 어디까지나 투자의 대가라는 것이 이들의 논리다. 운이 좋으면 높은 소득을 올릴 수도 있지만, 운이 나빠서 큰 손해를 볼 수도 있다. 하지만, 그런 요행과 위험은 부동산투자에만 있는 것이 아니다. 다른 투자에도 항상 있는 것이다. 자본이득은 그런 위험을 감수함으로 인한 대가다. 그런데도 부동산과 결부된 자본이득은 불로소득으로 보고 다른 자본이득은 정당한 것으로 보는 것은 모순이라는 것이다.

설령, 불로소득이라는 것을 인정한다고 해도 부동산투자와 결부된 자본이득 전부를 불로소득으로 간주할 수 없다는 주장도 나온다. 합리적인 사람이라면 누구나 자신의 재산을 은행예금, 주식, 토지 등 여러 가지 형태로 분산해서 운영하기 마련인데, 이때 이들은 어떤 평균적 수익률을 기대할 것이다. 예컨대 어떤 사람이 열심히 일해서 5천만 원을 벌었다고 하자. 이 사람은 이 돈을 은행에 예금해서 10%의 이자를 받을 수도 있지만, 땅을 사둘 수도 있다. 땅을 사두었더니 일 년 후 땅값이 25% 올랐다고 하자. 그러면 이 25%를 전부 투기 불로소득으로 간주하기보다는 은행예금 이자율인 10%를 초과한 부분, 즉 15%에 해당하는 부분만 투기로 인한 자본이득으로 간주하자는 것이다. 왜냐하면, 이 사람이 땅을 사지 않고 은행에 넣어두었더라도 어차피 10%에 해당하는 만큼의 돈을 벌었을 것이기 때문이다. 요컨대 지가 상승으로 인한 자본이득 전액을 불로소득으로 간주하기보다는 합리적으로 기대되는 수익률을 초과하는 부분만을 불로소득으로 간주하는 것이 더 합리적이라는 얘기다.

경제학 창시자들의 토지에 대한 시각

토지와 결부된 자본이득이 과연 불로소득이냐 아니냐를 둘러싸고 경제학자들 사이에 상당한 견해의 차이가 있는 것은 사실이다. 역사적으로 보면 자본이득뿐만 아니라 토지의 이용으로부터 획득한 순소득을 불로소득으로 간주하는 사고방식은 경제학의 창시자인 애덤 스미스(Adam Smith, 1723-90) 때부터 전해 내려오는 경제학의 오랜 전통이기도 하다. 애덤 스미스의 『국부론』이 발간된 1776년은 미국이 독립한 해이며, 경제학이 독자적 학문으로 독립한 해로 기려지고 있는데, 어떤 학자는 『국부론』이 발간된 바로 이 1776년부터 서양이 동양에 앞서기 시작하였다고 말하기도 한다. 그만큼 『국부론』이 자본주의 시장경제를 이론적으로 뒷받침하고 전파함으로써 서양사회의 발전에 엄청나게 기여하였다는 뜻이다. 지금도 영국 에든버러시(스코틀랜드의 수도)의 중심가에는 구국 선열들의 동상과 함께 애덤 스미스의 큼지막한 동상이 우뚝 서 있다. 애덤 스미스의 『국부론』으로부터 시작해서 약 100년간 학계를 지배하였던 경제학을 흔히 고전 경제학(classical economics)이라고 부른다.

현대경제학의 모태가 되는 이 고전 경제학을 만들고 전파한 학자들을 고전학파라고 부르는데, 이들은 토지의 이용에서 발생한 순소득 그 자체의 성격에 주목하였다. 그것이 과연 생산에 기여하고 국민경제에 기여한 대가인가 아닌가가 여기에서 핵심 관건이다. 소득 중에는 생산성과 직결되는 소득이 있고 생산성과 별로 관련이 없는 소득이 있다. 예를 들면, 임금은 생산에 참여한 대가로서 얻은 소득이지만, 길거리에서 우연히 주운 돈은 생산과 관련이 없는 소득이다. 이같이 생산에 기여함이 없이 획득된 소득을 흔히 불로소득이라고 한다. 부모에게 물려받은 재산 역시 불로소득이라고 할 수 있다. 고전학파 경제학자들은 토지의 이용에서 발생한 순소득(혹은 토지에 귀속되는 순소득) 역시 이런 불로소득의 성격을 가지고 있다고 보았다. 이 순소득을 토지소득이라고 하자. 지가(地價)란 이런 토지소득을 전부 합친 것, 좀 더 정확하게 말하면 토지소득을 자본화한 값을 말한다. 이에 관해서는 뒤에서 다시 자세히 살펴보겠지만, 어떻든 이 말이 옳다면, 그리고 고전학파의 생각이 옳다면, 토지소득은 불로소득이요 지가는 불로소득을 자본화한 것이 되는 셈이다. 현대의 경제학과는 달리 고전 경제학에서는 지가가 결정되는 원리 및 지가의 역할에 대한 이론이 핵심을 이루고 있는데, 고전학파는 지가에는 다른 상품의 가격과 전혀 다른 경제적 특성이 있음을 논리적으로 밝히면서, 이 이론을 체제비판의 주된 근거로 삼았다. 이들은 당시 기득권층의 주류를 이루고 있던 지주계급이 불로소득으로 살아가는 사회적 기생충이라고 맹비난하였다.

자본주의에 대한 이론적 바탕을 제시하였다는 점에서 애덤 스미스와 그의 추종자들은 오늘날의 시각에서 보면, 골수 보수주의자 혹은 극우파라고 할 수 있다. 흔히 1980년대 미국 레이건 대통령과 영국 대처 수상이 전 세계적으로 보수주의(신자유주의) 바람을 불러일으킨 장본인으로 꼽히는데, 레이건 대통령의 당선 축하 파티에 모인 미국 공화당원들은 모두 애덤 스미스의 옆얼굴이 그려진 넥타이를 매고 있었다고 한다.[50] 그런 정도로 애덤 스미스는 보수주의자의 우상이었다.

그러나 애덤 스미스가 활동하던 당시에는 그를 비롯하여 그의 추종자들 대부분은 오늘날로 치면 급진주의자 내지는 극좌파였다. 이들은 출신 지역부터가 이단적이었다. 애덤 스미스는 당시 영국에서 천대받던 스코틀랜드 출신이다. 그의 뒤를 이어 경제학의 기반을 닦은 초창기 거장으로 리카도(D. Ricardo), 맬서스(T. Malthus), 밀(J. S. Mill) 등이 늘 꼽히는데, 리카도를 제외한 나머지는 모두 스코틀랜드 출신들이다. 리카도는 영국뿐 아니라 유럽 전체에서 천대받던 유대인 출신이다. 스코틀랜드는 오래전부터 여차하면 영국에서 독립하려고 호시탐탐 기회를 노리다가, 드디어 2014년에 스코틀랜드의 독립 여부를 묻는 주민투표가 실행되었으나 부결되었다. 어떻든, 오늘날 보수주의자의 우상으로 숭배되는 경제학 창립자들이 당시에는 체제를 심하게 비판하는 극좌파 인물들이었다는 점은 하나의 아이러니다.

왜 토지와 결부된 자본이득이 불로소득인가?

그러면 고전학파는 왜 토지에서 발생하는 순소득을 불로소득으로 보았을까? 경제학적으로 보더라도 지가에는 다른 가격에서 볼 수 없는 이상한 구석이 있기 때문이다. 예를 들어서, 아이스크림에 대한 수요가 갑자기 늘어나면 아이스크림 가격이 오른다. 생산자의 시각에서 보면, 돈벌이가 더 잘 된다는 신호다. 따라서 아이스크림 가격이 올라가면 아이스크림 생산자는 더 많이 생산해서 시장에 공급하게 된다. 아이스크림뿐만이 아니다. 라면 가격이 올라가면 라면의 공급이 늘어나고, 자동차 가격이 올라가면 자동차 공급이 증가한다. 이같이 높은 가격은 결과적으로 공급증가에 대한 보상 혹은 유인책이 된다.

임금도 마찬가지다. 임금이 높아지면 더 많은 사람이 더 많이 일하려고 한다. 더 많이 일한다는 것은 노동 공급이 증가한다는 뜻이다. 노동 공급이 늘어나면 생산도 늘어난다. 이때 임금은 더 많은 노동 공급에 대한 대가이면서 생산을 촉진하는 경제적 동기 역할을 하는 셈이다. 노동자가 더 많이, 더 열심히 일하는 것은, 국민경제에 더 많이 기여함을 의미한다. 그러므로 임금은 국민경제를 위한 노동자의 기여에 대한 보상의 성격을 갖는다고 말할 수도 있다. 때로는 임금은 통상 경제학 교과서에서 설명하는 것보다 더 강력한 경제적 동기 역할을 한다. 교과서를 보면, 임금이 노동자의 생산성에 따라 일방적으로 결정되는 것처럼 서술되어 있다. 즉, 생산성이 높은 노동자에게는 높은 임금이 지급되고, 생산성이 낮은 노동자에게는 낮은 임금이 지급된다는 것이다. 교과서에 나오는 노동공급곡선은 바로 이런 생각을 바탕으로 한다. 마치 노동의 생산성이 임금을 결정할 뿐, 임금은 노동의 생산성에 아무런 영향을 미치지 않는듯한 인상을 준다.

그러나 이런 전통적 이론과는 달리, 현실에서는 임금이 생산성에 큰 영향을 미칠 수 있다. 우리나라의 모 재벌기업은 사원들에게 대한민국 최고의 임금을 지급함으로써 사원들의 자부심과 사기를 최고로 높였으며, 결국 대한민국에서 최고로 열심히 일하고 회사에 최대한 충성하게 유도하였다. 그 결과 이 재벌기업은 초일류 기업이 되었다고 한다. 이 일화는 임금이 생산성에 지대한 영향을 미칠 수 있다는 교훈을 우리에게 준다. 이같이 의도적으로 생산성을 높이기 위한 임금을 '효율임금(efficiency wage)'이라고 부르기도 한다. 만일 임금이 생산성에 영향을 미치고 생산성이 임금에 영향을 주는 식으로 임금과 생산성 사이에 상호영향 관계가 있다면, 노동의 공급곡선을 그리기가 어려워진다. 그러나 여하튼 임금과 생산성 사이에 긴밀한 관계가 있으며, 따라서 임금은 노동 공급에 대한 보상이요 노동 공급의 증대를 유도하는 경제적 동기가 된다는 점에는 변함이 없다.

이런 일련의 예에서 보듯이 일반적으로 가격은 생산과 공급을 촉진하는 역할을 하기도 한다. 이것이 가격의 중요한 경제적 기여다. 그래서 고전 경제학에 이어서 근대경제학을 창시한 마셜(A. Marshall)도 가격의 이러한 측면을 매우 강조하였고 오늘날의 경제학자들도 마찬가지다. 그러면, 지가는 어떤가? 대한민국 토지의 가격이 전반적으로 2배로 뛰었다고 해 보자. 그렇다고 대한민국 국토가 2배로 늘어나지 않는다. 땅값이 오르면 국토의 면적도 늘어난다면 얼마나 좋을 것인가. 앞에서도 언급하였듯이 1976년부터 2003년까지 대한민국의 땅값은 11.2배 뛰었지만 대한민국 국토의 면적은 거의 변함이 없었다. 만일 땅값이 다른 가격과 마찬가지로 공급을 촉진하는, 매우 중요한 사회적 기능을 조금이라도 수행하였다면 우리 국토의 면적은 열 배는 아니더라도 두 배 정도는 증가했어야만 했다. 그런데도 지난 30년간 우리 국토 면적이 눈곱만큼 늘어났을까 말까 할 정도였다면, 땅값이 올라가 봐야 무슨 소용인가? 고전학파는 바로 이점에 주목하였다.

보통 상품의 가격은 시장에서 수요와 공급의 증감을 결정하는 가장 핵심적 역할을 수행하는 경제변수인데, 땅값은 그런 가격으로서 기능을 수행하지 못하는 반신불수의 가격이다. 대한민국 지가가 올라가 봐야 토지공급량은 늘어나지 않는다. 지난 반세기, 땅값 상승으로 토지소유자들이 그토록 엄청난 자본이득을 획득하였지만, 이들은 대한민국의 국토를 눈곱만큼도 넓혀주지 못했다. 이들이 한 일이라고는 저렴할 때 땅을 사서 값이 오를 때까지 보유하고 있었을 뿐이다. 결국, 지난 반세기 우리나라의 지가 상승이 수행한 사회적 기여란 기껏 땅 투기꾼들의 배를 불려준 것밖에는 없다는 얘기가 된다. 그러므로 전반적으로 지가가 올라갔을 때 토지소유자가 획득하는 자본이득은 길을 걸어가다가 주운 돈과 기본적으로 같은 성격을 가진 것이라고 고전학파는 생각하였다. 토지와 결부된 자본이득은 공급이 고정된 자원에 결부된 특혜라고 할 수도 있다. 이같이 토지소득이나 자본이득은 국민경제에 아무런 기여 없이 획득되는 소득이라고 해서 고전학파 경제학자들이 이를 불로소득으로 낙인찍게 되었고, 오늘날에도 이들의 생각에 동조하는 경제학자들이 적지 않다.

지가 상승으로 인한 자본이득과 주가 상승으로 인한 자본이득이 뭐가 다르냐고 반문할 수도 있다.[51] 그러나 이런 식의 주장은 지가와 주식가격의 근원적 차이를 과소평가하고 있다. 돈 씀씀이 규모의 차이보다는 가격의 성격이 중요하다. 주식가격이나 환율은 오르락내리락하면서 자본공급과 외환공급을 조절하는 매우 바람직한 기능을 수행한다. 예를 들면, 주식투기로 주가가 상승하면 기업의 자본조달 비용이 절감되어 시설투자가 촉진된다. 이런 점에서 보면, 주식가격의 상승이 공익(사회적 이익)과 상충하지 않는다. 하지만 지가 상승은 이런 역할을 제대로 수행하지 못하는 가격이라는 점을 고전경제학 학자들이 지적하였고, 그래서 근대경제학(신고전경제학)을 창시한 앨프리드 마셜(Alfred Marshall)도 토지를 특별 취급하였다.

물론, 현실적으로 많은 경우 토지의 공급이 완전히 고정되어 있다고 보기는 어렵다. 예를 들어서, 건물이 꽉꽉 들어찬 서울시에도 빈터가 많이 있고, 개발

가능 녹지도 많이 있으므로 어느 정도 택지공급을 늘릴 수 있다. 그렇지만, 녹지를 택지로 바꾸기 위해서는 상당한 기간에 걸쳐 공사를 해야 하므로 택지의 공급을 늘리기가 쉽지 않다는 점을 부인하는 경제학자는 거의 없을 것이다. 그래서 땅값이 올라간다고 하더라도 이에 비례해서 토지의 공급은 신속하게 증가하지 못한다. 어떤 상품의 가격이 올라갔을 때, 공급이 신속하게 많이 늘어난다면, 해당 상품의 공급이 탄력적이라고 말하며, 그렇지 못하면 비탄력적이라고 말한다. 예를 들어서 어떤 상품의 가격이 x % 올라갔는데 공급이 x %보다 더 많이 늘어났다고 하면, 이 상품의 공급이 탄력적이라고 말하고, x % 미만 증가하였다면, 공급이 비탄력적이라고 말한다. 이때 공급변화율을 가격변화율로 나눈 값을 (공급) 탄력성이라고 하는데, 탄력성이 1보다 적으면 비탄력적, 1보다 크면 탄력적이라고 말한다. 예를 들어서, 가격이 10% 올랐는데, 공급은 5%만 증가하였다고 하면, 탄력성은 0.5(=5/10)로 계산되고, 해당 상품의 공급은 비탄력적이라고 말한다.

가격이 변함에 따라 공급이 얼마나 빨리, 얼마나 많이 증가할 것이지는, 상품에 따라 다르다. 달리 말하면, 탄력성은 상품마다 다르다는 것이다. 토지는 공급이 매우 비탄력적인 대표적인 자원이다. 토지와 같이 공급이 잘 늘어나지 않는 자원을 가진 사람은 공급의 한정성으로 인한 일종의 특혜(지대)를 누리게 된다. 그러나 공급이 매우 탄력적인 상품, 예컨대 가격이 10% 올라가는데 공급은 100% 늘어나는 상품의 경우에는 위에서 말한 지대가 잘 발생하지 않는다. 달리 말하면 공급이 제한됨으로 인한 특혜가 별로 없다는 것이다.

5 수도권의 비대화 및 지역 불균형

수도권은 초만원

특히 우리나라의 경우 국토이용과 관련하여 정부가 늘 골치 아프게 생각하는 문제는 수도권에 인구 및 경제활동이 비정상적으로 집중되는 현상, 혹은 수도권 비대화 현상이다. 수도권이란 서울과 인천을 포함한 경기도지역을 말하는

데, [표 1-11]을 보면 2000년대 초반에 이미 우리나라 공공기관의 85.4%가 수도권에 집중되어 있었으며, 제조업의 57%, 100대 기업 본사의 91%, 4년제 대학의 약 40%, 의료기관의 51.4%, 자동차의 46.1%가 수도권에 있었다. 이 결과, 국내총생산(GDP)의 47%가 수도권에서 창출되며, 우리나라 총금융예금 중에서 수도권이 차지하는 비중은 68.7%이었다. 이 결과를 보면, 정(政), 산(産), 학(學)의 거의 모든 분야에서 수도권이 다른 지역을 압도하고 있으며, 나머지 약 90%에 가까운 지역은 땅만 넓었지, 내용으로는 그야말로 빈껍데기처럼 보인다고 해도 지나친 말이 아니다.[52] 1982년 수도권정비계획법이 제정된 이래 수도권의 비대화를 막기 위한 정책을 꾸준히 실시했지만, 수도권으로 집중이 계속되면서 2012년 말에 이미 대한민국 인구의 약 절반, 정확하게 말해서 49.6%인 2,572만 명이 수도권에 살고 있었다.[53]

수도권 집중 문제는 수도권과 기타 지역 사이의 불균형 문제이기도 하다. 물론, 대도시와 중소도시 사이의 불균형 문제도 있고, 도시지역과 농촌지역 사이의 불균형도 문제도 있지만, 수도권 집중의 문제는 그런 지역 간 불균형 문제의 극단적 형태라고 할 수 있다. 어떻든, 이런 지역 간 불균형은 그 자체로도 문제이지만 그간 우리 사회의 가장 심각한 고질병인 사회적 갈등과 불신의 근본 원인이 되고 있어서 더욱더 심각하다는 주장이 끊임없이 제기되었다.[54] 특히 노무현 참여정부에 들어와서 이런 주장이 전폭적으로 수용되면서 지역 간 불균형 문제가 우리 사회의 가장 시급한 현안으로 급부상하였다. 드디어 이 문제를 근본적으로 해결한다는 명분 아래 참여정부는 수도이전을 시도하기에 이르렀다. 이런 극약처방을 내린 주된 이유는 수도권 집중 억제를 위하여 온갖 노력을 기울였지만, 백약이 무효였다는 것이다. 수도이전 시도는 결국 위헌 판결로 좌절되었다. 그런데도 참여정부는 내용을 약간 바꾸어 소위 신행정수도를 추진할 정도로 지역 불균형 완화에 온갖 공을 들였다. 그 결과 2005년에 연기·공주 지역에 행정중심복합도시 건설을 위한 특별법이 제정되기에 이르렀다. 이명박 정부에 들어와서 신행정수도의 건설에 저항하는 움직임이 있었지만, 우여곡절 끝에 2010년에 「세종특별자치시 설치 등에 관한 특별법」이 제정되면서 세종시가 현재와 같은 모습을 갖추게 되었다.

표 1-11 **수도권 중추 기능 집중도**

(단위: %)

인구(2006)		48.6
정(政)(2000)	중앙부처	100
	공공기관수(2003)	85.4
산(産)	국내총생산(2001)	47*
	제조업 업체수(2006)	57.2
	총부가가치 비중(2005)	48.6
	금융예금(2006)	68.7
학(學)	4년제 대학(2006)	38.9
	의료기관(2005)	51.4
	자동차(2006)	46.1

자료: 국도교통부, 「국토의 개발 및 이용에 관한 연차보고서 2007」,
하성규(2003), "국토의 균형발전을 위한 정책과제", 「토지연구」 제14권, 제1호(통권 제66호), 한국토지공사
* 표한 자료는 2001년을 기준으로 한 것이며, 다음 문헌에서 인용한 것임.
국가균형발전위원회(2004), 「국가균형발전 관련 국정과제회의 자료집」, 22쪽과 55쪽.

사회적 큰 논란에도 불구하고 세종시 건설과 함께 정부가 강력하게 추진하였던 수도권 집중 완화 정책에서 핵심 내용은 공공기관 지방 이전과 혁신도시의 건설이었다. 공공기관 지방 이전의 법적 근거를 마련하기 위해서 2004년 「국가균형발전특별법」이 제정되었고, 이에 따라 농촌진흥청, 한국전력공사, 한국토지주택공사, 한국도로공사, 한국개발연구원, 등 149개 공공기관의 이전이 2012년에 확정되었다. 혁신도시 건설은 지방으로 이전되는 공공기관을 중심으로 새로운 주거·교육·문화 등 정주 환경을 조성하기 위한 사업이었다.[55]

우리나라와 같이 땅덩어리가 작은 나라에서는 전 국도가 골고루 잘 이용되는 것이 여러 측면에서 바람직하다는 것은 두말할 필요가 없을 것이다. 그러나 그간 우리나라 국토이용 양태는 그런 고른 이용과는 너무나 거리가 멀었다. 이미 토지가 지나치게 고밀도로 이용되고 있는 수도권과 대도시지역에서는 땅이 없어서 쩔쩔매는 반면, 농촌이나 지방에서는 빈 땅과 빈집이 여기저기 널려 있

을 정도로 토지가 과소(過疎)하게 이용되는 기현상이 벌어지고 있었다. 이런 기현상이 토지이용의 측면에서 보았을 때 지역 불균형 문제의 한 단면이기도 하다.

극심한 수도권 및 대도시로 과잉 집중과 관련해서 경제학적으로 주목되는 문제는 혼잡 및 과밀로 인한 사회적 손실이다. 어느 지역이든 공간적으로나 환경적으로나 인구 및 경제활동을 수용하는 능력에 한계가 있기 마련이다. 이 한계를 초과해서 인구 및 경제활동이 특정 공간에 몰리면 결국 혼잡으로 인한 피해가 발생한다. 예를 들어서 도로에 적절한 수의 자동차가 진입하면 소통이 원활하지만, 지나치게 많은 수의 자동차가 몰려들면 극심한 교통 혼잡으로 모두가 꼼짝없이 큰 불편을 겪는다. 한계를 초과하여 도로에 진입한 모든 자동차는 서로에게 교통혼잡의 피해를 준다. 이렇게 각 개인이 입는 피해를 전부 합치면 무척 큰 규모의 사회적 손실이 될 것이다. 교통 혼잡으로 인한 사회적 손실이 매년 수십조 원에 이르고, 이 중 60% 이상이 수도권에서 발생하는 손실이라고 한다.[56]

비단 도로뿐만 아니라 공원, 녹지, 박물관, 도서관, 학교 등 각종 공익시설에도 수용한계가 있고 이것을 초과하면 혼잡으로 인한 사회적 손실이 발생한다. 주말이면 수도권이나 대도시의 공원과 녹지는 사람으로 북새통을 이룬다. [표 1-12]를 보면 수도권의 인구밀도는 런던권이나 파리권의 2배 이상 높으며, 수도권의 1인당 녹지 면적은 베를린이나 런던의 1/4에도 못 미친다.[57] 다들 자연을 즐기기 위해 교외로, 산으로, 바다로 나가 보지만 어디를 가나 사람에 치여서 즐거움이 반감한다. 모처럼 산과 강을 찾아가도 환경오염으로 찌들어 있고, 구석구석에 쓰레기 더미가 수북이 쌓여 있는 것을 보면, 기분 잡치기 일쑤다. 수도권에 인구와 자동차, 건물이 밀집하다 보니 온통 먼지투성이다. 예를 들면, 수도권 대기 중 미세먼지의 농도는 뉴욕권이나 런던에 비해서 2배 이상 높고 도쿄보다도 훨씬 높다. 그나마 지속적 도로 건설 덕분에 서울의 교통 혼잡도는 런던이나 도쿄에 비해서 낮은 편이었다.

수도권에 너무나 많은 인구와 경제활동이 몰리다 보니 자연히 한강의 자정능력을 초과해서 너무 많은 오염물질을 한강에 마구 버릴 수밖에 없고, 수질개선에 정부가 해마다 막대한 예산을 투입해도 한강의 수질오염은 별로 개선되지 않고 있다.[58] 수질개선을 위한 정부의 투자비 그리고 수질 악화로 인한 시민들의 피해, 이 모두가 사회적 손실이다. 2,500만이 넘는 엄청난 인구가 날로 썩어가는 팔당 상수원 하나에 의지해서 살아가고 있다는 사실 자체가 선진국에서는 상상도 할 수 없는 비극이다. 대기오염 문제도 자정능력의 초과로 인한 문제다. 자동차는 교통 혼잡의 원인이기도 하지만, 대기오염의 주범이기도 하다. 수도권과 대도시에 지나치게 많은 자동차가 몰리다 보니 자연의 자정능력을 초과해서 너무나 많은 배기가스가 배출될 수밖에 없고 그래서 수도권과 대도시의 대기오염이 수많은 시민의 건강을 심각하게 위협하고 있었다.

표 1-12 삶의 질 지표의 국제 비교

지표	수도권	외국 대도시(권)			
1인당공원면적 (m^2/인)	서울('07) 8.2	런던('04) 24.1	파리('04) 10.3	뉴욕('04) 10.3	토론토('04) 29.7
미세먼지 (μg/m^2)	서울('05) 58	런던('04) 27	파리('04) 11	뉴욕('04) 26	도쿄('04) 40
교통 혼잡도 (km/h)	서울('07) 20.8	런던('07) 26.3	파리권('02) 12.5	뉴욕('06) 19.8	도쿄권('05) 24.4
인구밀도 (명/km^2)	수도권('05) 1,920	런던권('05) 759	파리권('05) 949	뉴욕권('05) 1,077	도쿄권('05) 2,522

자료: 국토교통부, 「2013년도 국토의 개발 및 이용에 관한 연차보고서」, 76쪽.

수도권 집중의 원인

만일 수도권과 대도시에 인구와 경제활동이 그렇게 심하게 집중되지 않고 전국의 국토가 고르게 이용되었다면, 혼잡 및 과밀과 환경오염으로 인한 사회적 손실은 훨씬 더 적어졌을 것이다. 그러면 왜 인구와 경제활동이 수도권과 대도시에 지나치게 집중되는가? 경제학적으로 보면 크게 두 가지 원인을 생각할 수 있다. 지나치게 많은 수의 자동차가 도로에 진입하는 이유는 각 운전자가 자신의 이익만 생각한 결과 혼잡으로 인한 제3자의 교통혼잡 피해를 무시하기 때문이다. 다시 말해서 교통 혼잡으로 인한 제3자의 피해가 외부효과가 되기 때문이다. 수질오염의 경우에는 대체로 가해자와 피해자가 구분된다. 그러나 교통 혼잡의 경우에는 서로가 서로에게 피해를 준다는 점에서 약간 다르다. 말하자면

서로가 가해자이면서 피해자라는 것이다.

혼잡으로 인한 사회적 손실을 줄이기 위한 한 가지 방법은 혼잡의 원인자에게 이른바 혼잡요금(congestion fee)을 부과하는 것이다. 예를 들어서, 교통 혼잡으로 인한 사회적 손실(혼잡 비용)을 추정한 다음, 수용 능력을 초과하여 도로에 진입한 자동차 각각에 대하여 경제원칙에 따라 이 혼잡 비용에 상응한 대가를 치르게 한다면, 각 운전자는 자신의 이익만 생각하고 무작정 도로에 진입하는 행위를 자제할 것이다. 서울의 남산 1호 터널과 3호 터널에서 징수되던 통행료는 원래 취지로 볼 때 일종의 혼잡요금이라고 할 수 있다. 이 혼잡요금을 철저하게 부과한다면 도심이나 도로의 혼잡을 피할 수 있다고 경제학자들이 말하지만, 이들의 말처럼 적정한 혼잡요금을 제대로 계산해낼 수 있을지는 의심스럽다.

수도권과 대도시의 수용 능력을 초과해서 너무 많은 인구가 유입된 결과 과밀로 인해서 서로 간 피해를 준다면, 이때에도 인구 유입과 이를 유발하는 시설을 대상으로 그 피해에 상응하는 부담금을 부과해야 한다고 주장하는 경제학자도 있다. 이런 취지에 따라 서울의 과밀억제지역에서 신·증축되거나 용도변경되는 대형건축물(업무용, 판매용, 복합용)에 과밀부담금을 부과해 왔지만, 그 요율이 너무 낮고 적용 대상도 극히 한정되어 있어서 결과적으로 과밀 억제에 별 효과가 없었다. 혼잡요금이나 과밀부담금은 경제적 동기를 활용하는 방법인데, 요율이 충분하게 비싸지 않으면 경제적 인센티브가 약하므로 큰 효과를 기대할 수 없다. 진정 수도권의 과밀을 효과적으로 억제하기를 원한다면, 수도권이나 대도시의 수용 능력을 초과해서 인구나 경제활동이 몰려들 때, 외부효과에 상응하는 사회적 비용을 꼼꼼하게 계산하고 철저하게 징수해야 한다. 그랬더라면 아마도 오늘날과 같은 수도권과 대도시에 과잉 집중 현상은 없었을 것이고 따라서 혼잡 및 과밀과 환경오염으로 인한 사회적 손실을 미연에 방지할 수 있었을 것이다. 그렇다면, 오늘날 수도권과 대도시에 과잉 집중 현상은 경제원칙에 따라 외부효과를 철저하게 해결하지 못했던 탓이라고 말할 수 있다.

대체로 보면, 경제학자들은 경제적 동기를 활용하는 방안을 강력하게 권고하는 경향이 있다. 하지만, 현실에서는 이런 방법들이 잘 채택되지 않으며, 설령 채택된다고 하더라도 형식적으로만 실시되는 경우가 많다. 정부는 경제적 동기

방법보다는 직접 규제하는 방법들을 선호한다. 사실, 수도권 집중 및 과밀을 억제하기 위한 정부의 노력은 오래전부터 시작되었다. 그 효시는 1964년의 "대도시 인구집중 방지책"이다. 이로부터 시작된 수도권 집중 억제정책의 기조는 오늘에 이르기까지 지속되고 있다. 다만 내용만 약간씩 바뀌었을 뿐이다. 예를 들면, 수도권에 과도한 공장집중을 억제하기 위해서 1994년부터 수도권에 일정 규모 이상의 공장을 신·증축하거나 용도를 변경하는 행위를 엄격히 규제하고 있다. 이 규제를 공장총량 규제라고 한다. 대학에 관해서는 신설과 이전에 대한 입지규제와 입학정원을 총량적으로 규제하는 총량규제가 적용되고 있다. 수도권에서 대학을 신설하거나 입학정원을 늘리려면 중앙정부의 심의를 거쳐야 한다.

현재 수도권은 크게 과밀억제권역, 성장관리권역, 자연보전권역으로 구분되어 있으며, 권역별로 규제내용과 정도가 다르다. 과밀억제지역은 서울과 인천을 포함한 그 주변 지역으로서 인구나 시설의 다른 지역 이전이 적극적으로 권장되는 권역이다. 성장관리권역은 주로 서울과 인천의 북부지역으로서 과밀억제권역으로부터 이전하는 인구 및 신입을 계획적으로 유치하고 산업의 입지와 도시의 개발을 적정하게 관리할 필요가 있는 지역을 말한다. 자연보전권역은 주로 한강수계 지역으로서 한강수계의 수질 및 자연환경의 보전에 필요한 각종 환경규제가 매우 엄격하게 적용되는 지역이다. 각종 공기업을 지방으로 분산하는 정책도 함께 추진되었다.

수도권 집중 및 과밀을 억제하기 위한 정부의 각종 대책을 보면, 수도권 비대화가 나쁜 현상으로만 보인다. 하지만, 만사가 그렇듯이 나쁜 측면이 있으면 좋은 측면도 있는 법이다. 수도권과 대도시로 사람들이 몰려드는 데에는 분명한 이유가 있다. 거기에는 일자리와 재미있는 것이 많고 살기 편하다. 경제학적으로는 수도권과 대도시에 인구와 경제활동이 몰리는 이유를 크게 두 가지로 생각해볼 수 있다. 그 하나는 규모의 경제이고 다른 하나는 집적의 이익이다. 규모의 경제란 간단하게 말해서 생산 규모가 커질수록 생산단가가 저렴해지는 현상을 가리킨다. 대량으로 생산되는 상품의 경우, 올망졸망한 공장들 여러 개가 여기저기 흩어져서 생산하기보다는 이것들을 한곳에 모아서 큰 공장을 만들고 생산하는 것이 생산단가를 낮출 수 있으므로 더 이익이다. 즉, 다수의 소규모 기업들이 여러 지역에 분산되어서 각각 지역별로 수요를 충족시키기보다는 이들을 한 곳에 집중시켜서 큰 공장을 건설하고 대량으로 생산한 다음 각 지역의 수요를 한꺼번에 충족시키는 것이 더 경제적이라는 얘기다. 바로 이런 규모의 경제로 인한 비용 절감 효과가 수도권이나 대도시에 대기업들이 몰리게 되는 한 가지 이유다.

집적의 이익이란 공간적으로 가깝게 모임으로 인해서 얻는 이익을 말하는데, 이를 집적의 경제(agglomeration economy)라고 부르기도 한다. 공간적으로 가깝게 모이면 생산비를 절감하는 이익도 발생하고 고객을 공동으로 많이 유치하는 이익도 발생한다. 예를 들면, 서울 동대문을 중심으로 한 의류 제조와 판매업 지역, 서울 을지로의 공구상 지역이나 대구의 섬유산업 지역에서 보듯이 비슷한 업종의 기업이 한곳에 모이면 노동자의 고용도 쉬워지고 업자들 사이의 잦은 접촉으로 정보나 아이디어 교환도 쉬워져서 생산비를 절감할 수 있다. 비슷한 업종의 상점들이 여기저기 흩어져 있으면 고객들이 먼 곳을 왔다 갔다 하면서 발품을 많이 팔게 되지만, 이 상가들이 한 곳에 몰려 있으면, 고객들이 발품을 덜고 편하게 쇼핑을 할 수 있으므로 상가를 더 자주 찾게 되고, 고객의 수도 전반적으로 크게 늘어난다. 그러면 각 상점당 방문 고객 수도 더 많아질 것이다.

비슷한 업종의 업체들뿐만 아니라 다른 업종의 업체가 한 곳에 모여 있어도 여러 가지 이익이 발생한다. 예를 들면, 도시의 중심부에 가보면 으레 기업의 본사, 은행을 비롯한 각종 금융기관, 법률·회계업무 서비스업체, 사무용품 공급상, 인쇄업 등 공생의 관계에 있는 다양한 업종들이 한 곳에 몰려 있는 것을 쉽게 볼 수 있는데, 이 역시 집적의 이익 때문이다. 다양한 업종의 업체들이 한 곳에 몰려서 얻게 되는 이익, 즉 집적의 이익은 특히 많은 사람이 몰려 사는 대도시의 경우에 잘 발생하지만, 규모의 경제는 중·소도시나 군 지역에서도 잘 발생하는 것으로 알려져 있다.[59]

규모의 경제라든가 집적의 이익 등과 같은 경제적 이익이 있는 까닭에 수도권과 대도시에 인구와 경제활동이 몰려든다. 과밀과 혼잡에도 불구하고 계속 인구와 경제활동이 집중되는 이유는, 수도권과 대도시의 생산성이 그만큼 무척 높기 때문이다. 이 말은, 수도권과 대도시에 자리 잡고 있으면, 기업의 경쟁력도 그만큼 높아진다는 뜻이다. 우리나라 수도권과 대도시의 비대화는 결과적으로 우리 국민경제의 높은 경쟁력을 상징한다고 말할 수 있다. 그런데도 수도권과 대도시의 비대화를 억지로 막는 것은 기업의 생산성을 떨어뜨리고 나아가서 국민경제의 경쟁력을 저해하는 짓이라고 보는 경제학자와 기업가들도 많다. 이들은 수도권 집중에 대한 과도한 규제를 계속 반대하였고 수도이전이나 신행정수도 안에 극력 반대하였다.

종합적으로 볼 때, 수도권 및 대도시의 과잉 비대화로 대변되는 우리나라 지역 불균형 현상은 과밀과 혼잡으로 인한 사회적 손실이 더 크냐 아니면 규모의 경제와 집적의 이익이 더 크냐를 판단해야 하는 문제로 요약된다. 한쪽에서는 과밀과 혼잡의 사회적 손실이 도를 넘고 있다고 주장하는 반면, 다른 쪽에서는 규모의 경제와 집적의 이익이 아직도 그런 사회적 손실을 압도할 만큼 크다고 주장한다. 과연 어느 쪽이 옳은지 단정할 만한 실증적 근거가 아직까지는 그리 확고하지 못한 상황이다. 물론, 지역 불균형 문제를 이렇게 경제학적으로만 생각할 사안이 아니라는 주장도 강력하다.

미주

1 손낙구(2008), 『부동산계급사회』, 서울: 후마니타스, 92쪽.

2 선대인(2013), 『선대인, 미친 부동산을 말하다』, 서울: 웅진지식하우스, 15쪽.

3 국토해양부(2010), 「토지정책의 패러다임 재정립 방안 연구」, 13쪽.

4 국토연구원(1996), 『국토 50년』, 758쪽.

5 손재영(1993) 편, 『토지시장의 분석과 정책과제』, 한국개발연구원, 서문에서.

6 그러나 헨리 조지의 이론에 비추어 본다면, 90년대 초반쯤에 토지가격의 거품이 꺼지면서 경기가 급격하게 하락했어야 했다. 그런데 토지투기 열풍 후 경기침체까지 약 3년이라는 시차가 있고 그 정도도 그리 심하지 않았다. 전강수 · 한동근의 연구는 그 이유를 90년대 초의 소위 '3저(低)' 현상, 즉 낮은 원유가격, 낮은 국제금리, 낮은 일본 환율에서 찾고 있다. 이 3저 현상이 우리나라 경제에 크게 유리하게 작용하였고 이 결과 우리나라의 경기침체가 다소 늦게, 그것도 약하게 지나갔다는 것이다.

7 예를 들면, 조선일보의 복거일 아침 논단(2008년 10월 12일)에는 다음과 같은 말이 나온다: "미국에서나 우리나라에서나 이번 금융위기를 예측하지 못했다. 진단도 처방도 시원스럽지 못하다."

8 이근식 · 김태동(1991), 『땅』, 경실련문고1, 서울: 비봉출판사.
자료: 정회남 · 김창현(1997), 「거시경제정책이 토지시장에 미치는 영향」, 국토연구원, 82쪽.

9 좀 더 구체적으로 말하면 1974년부터 1996년 사이에 우리나라에서는 GNP와 소비자물가가 각각 7배와 7.2배 증가하였음에 반해서 지가는 17.6배 증가하였다.

10 정희남 · 김창현(1997), 『거시경제정책이 토지시장에 미치는 영향』, 국토연구원, 49쪽.

11 건설교통부(1997), 『국토이용에 관한 연차보고서』. 209-214쪽.

12 선대인(2014), 『선대인, 미친 부동산을 말하다』, 서울: 웅진지식하우스, 18쪽.

13 위에서 인용한 책, 23쪽.

14 여기에서 주택 보유로 인한 금전적 순이익이란 주택 보유에 따른 자본이득과 전세자금 운용으로 인한 이자수익에서 금리를 뺀 값을 의미한다. 다음 문헌 참조:
장민(2010), "주택담보대출의 안정성에 관한 토론", 한국경제학회, 「한국경제포럼」, 제3권 제3호(2010 가을).

15 한국감정원 부동산연구원(2015), 「한국감정원 부동산시장 분석보고서」.

16 한국감정원 부동산통계 시스템 참조.

17 최희집 · 임병준(2003),『일본 버블경제의 교훈』, 삼성경제연구소.

18 국내총생산을 기준으로 한 경제성장률임. 자세한 내용은 다음 문헌 참조:
이정전 외(2005),『국가균형발전을 위한 토지정책 방향 연구』, 한국토지공사, 제1부.

19 자세한 내용은 다음 문헌 참조: 이정전 외(2005),『국가 균형발전을 위한 토지정책 방향 연구』, 한국토지공사.

20 최지용(1996),『21세기를 대비한 물관리정책의 개선방안』, 한국환경기술개발원. 10쪽.
김선희(1997), "수자원 관리와 환경정책", 한국환경정책평가연구원의「21세기 국가발전과 환경정책」Workshop.

21 손재영(1993), "지가와 거시경제변수 간의 인과관계에 관한 실증분석", 손재영 편「토지시장의 분석과 정책과제」, 한국개발연구원. 34쪽.

22 김현아(2018), "부동산서비스산업진흥법 제정이 부동산시장에 미치는 영향 및 향후 과제", 부동산포커스, vol. 98, 2016년 7월, 한국감정원 부동산연구원.

23 강원택, 외 4명(2014),『당신은 중산층입니까?』서울: 21세기 북스.

24 김영도(2014), "LTV, DTI 규제의 경제적 효과에 대한 고찰", 부동산포커스 vol. 76, 2014년 9월.

25 손낙구(2008),『부동산계급사회』, 서울: 후마니타스, 28쪽.

26 이근식 · 김태동(1991),『땅』, 경실련 문고 1, 서울: 비봉출판사.

27 이창무(2014), "주택시장의 전월세 전환율 결정 구조에 관한 고찰", 부동산포커스 vol. 76, 2014년.

28 선대인(2014), 선대인,『미친 부동산을 말하다』, 서울: 웅진하우스.

29 허석균(2010), "금융 안정성 측면에서 바라본 주택담보대출", 한국경제학회,「한국경제포럼」, 제3권 제3호(2010 가을).

30 가계대출에서 주택담보대출이 차지하는 비중은 2003년 말 60.5%에서 꾸준히 상승하여 2014년 9월 말에는 69.7%에 이르렀다.

31 다음 문헌에서 인용한 것임:
안일섭(2014), "주택담보대출이 더 늘어날 수밖에 없는 사연", 한겨레신문 2014. 10. 27.

32 김영도(2014), "LTV, DTI 규제의 경제적 효과에 대한 고찰" 부동산포커스 vol. 76, 2014년 9월.

33 위에서 인용한 문헌.

34 한국은행(2012),「부채경제학과 한국의 가계 및 정부부채」.

35 다음 문헌 참조: 선대인(2014),『선대인, 미친 부동산을 말하다』, 서울: 웅진지식하우스,

39쪽.
허석균(2010), “금융 안정성 측면에서 바라본 주택담보대출, 한국경제학회, 「한국경제 포럼」, 제3권 제3호(2010 가을).

36 선대인(2014), 『선대인, 미친 부동산을 말하다』, 서울: 웅진지식하우스, 40쪽.

37 한국감정원 부동산연구원(2014), 「한국감정원부동산시장 분석보고서」.

38 한국은행(2012), 「부채경제학과 한국의 가계 및 정부부채」, 9쪽.

39 조명래(2000), “토지에 관한 국민의식 조사”, 『우리나라 국토관리정책의 나아갈 길』, 새국토연구협의회.

40 서순탁(2000), “수도권 준농림지역 난개발 실태와 대책”, 「국토」 통권 226호, 국토연구원.

41 이렇게 토지이용규제가 완화된 지역이 이른바 준농림지역이었다. 자세한 내용은 다음 문헌 참조:
서순탁(2000), “수도권 준농림지역 난개발 실태와 대책”, 「국토」 226권, 국토연구원.

42 Lee, Y. S.(2001), “Local Government Choice of Financial Instrument for Growth Management: A New Perspective on Motivation and Economic Efficiency”, Ph.D Dissertation, Cornell University.

43 손낙구(2008), 『부동산계급사회』, 서울: 후마니타스, 198쪽.

44 이정우(2016), “한국경제와 부동산: 불평등의 뿌리”, 부동산 포커스 vol. 92, 2016년 1월.

45 토지공개념연구위원회(1989), 「토지공개념연구위원회 연구보고서」, 37쪽.

46 위에서 인용한 보고서, 239쪽.

47 박원암(1993), “지가, 환율과 거품”, 손재영 편 「토지시장의 분석과 정책과제」, 한국개발연구원. 33쪽.

48 『일본경제백서 1992』. 다음 문헌에서 재인용:
박원암(1993), “지가, 환율과 거품”, 손재영 편 「토지시장의 분석과 정책과제」, 한국개발연구원, 54쪽 각주.

49 다음 문헌 참고: 김경환 손재영(2010), 『부동산경제학』, 서울: 건국대학교 출판사.

50 토드 부크홀즈(1994), 『죽은 경제학자의 살아있는 아이디어』(이승환 옮김), 서울: 김영사.

51 다음 문헌 참조: 김정호(1997), “토지규제완화의 논리,” 「토지연구」, 한국토지공사, 53쪽.

52 국토해양부, 「국토의 개발 및 이용에 관한 연차보고서 2007」.

53 국토교통부, 「2013년도 국토의 개발 및 이용에 관한 연차보고서」, 64쪽.

54 박양호(2003), “국토의 ‘위대한’ 균형을 위한 정책과제”, 「국토」 통권 255호, 국토연구원.

55 국토해양부(2013), 「2013년도 국토의 계획 및 이용에 관한 연차보고서」, 87-90쪽.

56 교통혼잡으로 인한 사회적 손실이 2009년 총 27조 7천억 원으로 추정되었고 이 중 수도권에서만 16조 9천억 원으로 전체의 61%에 달했다고 한다. 국토교통부, 「2013년도 국토의 개발 및 이용에 관한 연차보고서」, 65쪽.

57 국토해양부(2007), 「국토의 계획 및 이용에 관한 연차보고서」.

58 이정전 외(2005), 「국가균형발전을 위한 토지정책 방향 연구」, 한국토지공사, 제1부 18쪽.

59 김경환 · 서승환(2002), 『도시경제』, 서울: 홍문사, 15쪽.

02

토지정책의 목표

1. 효율과 형평
   효율적 토지이용 / 국토이용에서 나오는 이익의 공평한 분배 /
   형평과 효율의 충돌 그리고 절충방안
2. 토지정책에 관한 경제학의 관점
   형평의 문제에 대한 보수적 시각과 진보적 시각 /
   토지문제에 관한 사회적 인식의 변천과 토지경제학

주요용어

- 국토의 효율적 이용
- 환경가치
- 가격과 가치의 괴리
- 형평성
- 토지세
- 토지시장
- 사회적 가치
- 임대문화
- 거품
- 신고전경제학
- 시장의 실패

02 토지정책의 목표

1 효율과 형평

효율적 토지이용

앞장에서 살펴본 바와 같이 지가폭등, 난개발, 토지 소유 편중, 지역 간 불균형 등 국토이용에 관하여 여러 가지 사회문제가 제기되고 있지만, 그것들이 왜 문제이고 어느 정도로 심각한가에 대해서는 전문가들 사이에 의견이 분분하다. 특히 경제학자들의 견해가 다른 분야 전문가들의 견해나 일반 국민의 정서와 크게 달라지는 경우가 많다. 경제학자들은 효율을 최고로 중요하게 생각한다. 경제학은 효율을 다루는 학문이다. 보통 효율이라고 하면 많이 생산하는 것 혹은 높은 경제성장률 달성을 생각하는데, 정확하게 말하면 최소의 희생으로 최대의 효과를 달성함을 뜻한다. 좀 더 구체적으로 말하면, 효율이란 국민의 복지가 최대한 많이 달성되도록 한정된 자원을 최대한 잘 이용하는 것을 의미하며, 국토의 효율적 이용이란 국민의 복지가 최대한 달성되도록 전 국토가 잘 이용됨을 의미한다. 토지를 비롯한 한정된 자원을 잘 이용해야만 더 높은 경제성장을 이룰 수 있고, 또 그래야 국민의 소득수준이 높아질 수 있다. 그러므로 효율은 경제성장과 소득수준 향상의 토대를 이룬다.

우리의 국토는 매우 좁다. 그러므로 효율적 이용이 더욱더 절실해진다. 현재 우리나라에는 약 3,800만 필지의 땅 조각이 있다고 하는데, 국토가 효율적으로 이용되기 위해서는 이 3,800만 필지의 땅 조각 각각이 '최선의 용도'에 이용되어야 한다. 최선의 용도란 장기적 안목에서 보았을 때 최소의 비용으로 사회적 가치를 최대한 많이 창출하는 용도를 말한다. 국토의 효율적 이용과 관련해서 특히 강조해둘 것은 '장기적인 안목'이라는 말과 '사회적 가치'라는 말이다. 토지이용의 경우에는 단기적인 이익과 장기적인 이익이 달라지고, 개인의 시각에서 본 최선의 용도와 사회 전체의 시각에서 본 최선의 용도가 달라지는 현상이 빈번히 발생한다.

예를 들어 보자. 소득수준이 점점 더 높아짐에 따라 대량생산 상품에서 사람들이 느끼는 효용 못지않게 깨끗한 물, 신선한 공기, 아름다운 경치 등에서 느끼는 효용도 커지는 경향이 있다. 따라서 앞으로는 깨끗하고 자연스럽고 쾌적한 환경에 대한 수요가 점점 더 커질 것이다. 달리 말하면 소득수준의 향상에 따라 사람들이 느끼는 환경의 가치가 다른 것에 비해서 상대적으로 점점 더 커진다는 것이다. 지금 당장은 야산을 헐어서 공장을 짓는 것이 좋아 보이지만, 앞으로 2, 30년을 내다보면 야산을 자연 상태로 보전하는 것이 국민에게 더 큰 이익을 가져다줄 수도 있다. 요컨대, 최선의 용도는 장기적으로 생각해서 결정되어야 한다는 것이다. 국토는 없어지지 않는다. 우리가 죽을 때까지 이용해야 하고 우리 후손도 이용해야 한다. 우리가 국토를 어떻게 이용하느냐에 따라 우리 후손의 복지도 큰 영향을 받는다. 그래서 국토의 이용은 백년지계(百年之計)라고 말한다. 국토의 이용은 백 년을 내다보고 결정해야 한다는 뜻이다.

국토의 효율적 이용과 관련하여 가장 큰 논쟁거리의 하나는 약 3,800만 필지에 달하는 땅 조각 각각의 용도를 어떻게 결정할 것이냐이다. 토지의 사유화가 공식적으로 인정되는 자본주의 사회에서는 법이 정한 큰 테두리 안에서 토지소유자들이 개별적으로 자신이 소유한 토지의 용도를 결정한다. 이 경우 각 개인은 시장의 상황에 맞추어 자신에게 가장 이익이 되는 용도를 찾는다. 그러므로 토지소유자들에게 토지의 용도를 자유롭게 결정하게 내버려 둔다는 것은 결과적으로 국토 각 필지의 용도가 시장에 의해서 결정되도록 내버려 둔다는 것을 의미한다. "보이지 않는 손"의 논리를 굳게 믿는 경제학자들, 특히 시장주의자들은 이렇게 하는 것이 기본적으로 국토를 효율적으로 이용하는 길이라고 힘

주어 말한다.

물론, 이런 주장은 토지시장이 독과점도 없고 외부효과도 없는 완전경쟁시장임을 전제한다. 그러나 현실의 시장은 이런 완전경쟁시장과 거리가 멀고, 따라서 시장에 의해서 결정된 토지의 용도가 사회적으로 보았을 때 최선의 용도가 아닌 경우가 빈번할 수밖에 없다. 토지의 용도를 시장에 맡길 경우, 토지소유자는 돈벌이가 가장 잘 되는 용도로 자신이 소유한 토지를 이용하려고 할 것이다. 그러므로 시장을 통해서 국토의 이용을 결정한다는 것은 곧 돈벌이가 가장 잘 되는 용도로 국토의 각 필지가 이용되도록 내버려 둔다는 뜻이기도 하다. 그러나 돈벌이가 잘 되는 용도가 최선의 용도가 아닌 경우가 너무나 많다. 바로 이점이 토지의 가장 큰 특징이라고 할 수 있고 또한 이점을 분명하게 이해하는 것이 국토의 효율적 이용에 매우 중요하다.

그러면 왜 토지이용의 경우 돈벌이가 가장 잘 되는 용도가 최선의 용도와 달라지는가. 독과점, 정보의 왜곡, 등 여러 가지 요인이 있겠지만, 가장 빈번히 꼽히는 요인은 외부효과이다. 예를 들어서, 어떤 필지의 토지를 공장으로 이용하면 연간 10억 원의 순이익을 올릴 수 있지만, 그 공장에서 배출되는 매연과 폐수로 인해서 연간 20억 원의 피해(외부효과)가 발생한다고 하자. 그렇다면, 국민 전체에게는 얻는 것보다 잃는 것이 더 많다. 따라서 토지소유자의 처지에서는 공장으로 이용하는 것이, 가장 돈벌이가 잘 되는 용도라고 하더라도 사회적으로 볼 때는 이것이 최선의 용도라고 볼 수 없다.

반대의 경우를 살펴보자. 예를 들어서 어떤 임야가 내뿜는 싱그러운 공기, 건강에 좋은 자연수, 아름다운 자연경관 등의 가치가 총 연간 20억 원어치인데, 이 임야를 갈아엎어서 공장을 만들면 연간 10억 원의 소득을 올릴 수 있다고 하자. 임야의 주인은 그 20억 원에 해당하는 환경가치에 대하여 아무런 금전적 대가를 받지 못하므로 틈만 나면 그 임야를 공장용지로 바꾸려고 할 것이다. 그러나 사회적으로 보면, 그 공장용지는 최선의 용도가 아니다. 토지소유자 각 개인은 돈벌이가 잘 되는 용도로 자신의 토지를 이용하려고 하는데, 이때 돈으로 잘 계산되지 않는 것들은 대부분 개인의 손익계산에서 빼버린다. 즉, 무시해 버린다. 싱그러운 공기, 건강에 좋은 자연수, 아름다운 자연경관 등 환경의 가치는 대부분 금전으로 환산하기 매우 어려운 비금전적 가치다. 더욱이나 그 가치를 장기적 안목에서 계산해 보아야 하는데, 개인에게 이것은 더욱더 어렵다. 한 가지 분명한 것은, 위에서 언급하였듯이 환경의 가치가 앞으로 점점 더 커진다는 것이다. 이 비금전적 가치가 충분히 클 경우, 돈을 많이 버는 용도가 최선의 용도가 되지 않는다. 그러므로 '최선의 용도'란 사회적 관점에서 그리고 장기적 관점에서 보았을 때 순 가치를 가장 많이 창출하는 용도라는 뜻이지 돈벌이가 가장 잘 되는 용도라는 뜻이 아니다.

그런데도 현실에서 토지를 소유한 개인은 사회적 관점이나 장기적 관점에는 아랑곳하지 않고 오직 개인적 관점과 단기적 관점에서 토지의 용도를 결정하는 경향이 있다. 그러므로 토지소유자 개인은 사회적 가치를 많이 창출하는 용도보다는 돈벌이가 좋은 용도로 자신의 토지를 이용하려고 한다. 돈벌이가 잘 되는 토지는 가격이 비싸기 마련이요, 가격이 비싼 토지는 돈벌이가 잘 된다는 뜻이기도 하다. 하지만 돈벌이가 잘 되는 용도, 즉 가격이 비싼 용도가 곧 사회적 가치를 많이 창출하는 용도가 되는 것은 아니다. 가격과 가치는 다르다. 특히, 토지의 경우에는 가격과 가치의 괴리가 심하다. 그러므로 토지이용을 시장에 맡길 경우, 각 필지의 토지가 최선의 용도로 이용되지 못할 수 있다. 이럴 경우, 경제학자들은 "시장이 실패한다."고 말한다. 경제학적으로 보았을 때 부동산시장에 정부가 깊숙이 개입하는 가장 큰 명분 중의 하나는 바로 이 "시장의 실패"다.

물론, 시장주의자들도 토지이용의 경우 외부효과가 많이 발생할 수 있음을 인정한다. 그래서 나쁜 외부효과를 억제하고 좋은 외부효과를 권장하는 방향으로 정부가 어느 정도 개입해야 할 필요성도 인정한다. 다만, 이들은 정부개입의 필요성이 그리 크지 않다고 본다. 이렇게 생각하는 데에는 크게 두 가지 이유가 있다. 그 하나는, 설령 외부효과가 있더라도 이해관계자들이 타협을 통해서 자발적으로 해결할 가능성을 간과해서는 안 된다는 것이다. 예를 들어서 어느 지역에 매연 공장이 들어올 때 마을 주민들이 반대하면, 공장 주인이 매연을 최소로 억제하기 위한 처리시설을 설치하는 한편 주민들에게 일자리를 제공하는 선에서 공장 측과 주민 측 사이의 타협이 이루어질 수 있다. 이럴 경우, 정부는 개입할 필요가 없다. 굳이 개입한다고 하더라도 이해당사자들이 잘 타협하도록 도와주면 그만이다.

더욱더 중요한 것은, 정부가 개입하더라도, 외부효과의 문제가 말끔히 해결되지 않을 수도 있다는 점이다. 통상 정부의 개입에는 많은 돈이 소요된다. 국민은 정부가 공짜인 것처럼 생각하고 정부에게 이것저것 요구하지만, 정부의 활동에는 돈이 필요하다. 공무원의 월급이나 정부가 사용하는 각종 장비와 시설 등이 모두 국민의 세금으로 충당된다. 더구나 공무원은 열심히 국민에게 봉사하려는 인센티브를 갖지 않을 수도 있다. 실제로 국민의 세금을 마구 낭비하는 사례가 빈번하다고 알려져 있다. 그래서 정부가 외부효과에 손을 대더라도 매우 비능률적으로 처리하는 경우가 적지 않다. 설령 외부효과가 발생한다고 하더라도 이로 인한 피해보다 정부개입에 뒤따르는 비용이 더 크다고 하면, 배보다 배꼽이 더 커지는 격이니 정부개입의 명분이 없어진다. 시장주의자들은 이점을 매우 강조한다.

각 개인이 어느 정도 미래를 내다보고 토지의 용도를 결정하느냐에 대해서는 경제학자들 사이에도 상당한 견해의 차이가 있다. 시장주의자들은 각 개인도 장기적으로 미래를 내다보고 토지의 용도를 합리적으로 결정한다고 본다. 설령, 다소 그렇지 못한 점이 있더라도 정부가 개인보다 낫다는 보장은 없다고 본다. 그러나 이런 주장은 과학적 근거가 별로 없다. 경제학의 창시자인 애덤 스미스는 철학자이자 심리학자이기도 하였는데, 그조차 각 개인이 근시안적으로 행동하는 경향이 있음을 크게 우려하였다. 오늘날의 두뇌 과학자나 신경심리학자들은 사람들 대부분 근시안적으로 행동하는 경향이 있음을 보일 뿐만 아니라 두뇌 구조상 그럴 수밖에 없는 이유까지 자세히 밝히고 있다.[1] 토지의 용도를 제대로 결정하는 일은 매우 어렵고 복잡한 문제다. 이런 문제를 다룸에 있어서 각 개인의 능력에는 엄연한 한계가 있다. 이뿐이 아니다. 과학자들의 연구에 의하면, 사람들 대부분은 자신의 이해관계가 걸린 문제에 관해서조차 복잡하게 생각하는 것을 싫어한다. 단순하게 생각하다 보니 잘못된 결정을 내리는 일이 잦다. 그래서 여러 사람의 생각과 지혜를 모아야 한다고 말한다. 상식적으로 생각해 보아도 한 사람의 지혜보다는 100사람의 지혜가 더 옳을 가능성이 크고, 토지소유자 한 사람이 수집한 정보보다는 100명 전문가의 공동연구가 미래를 더 정확하게 예측하고 사회적 이익을 더 잘 반영할 가능성이 크다.

요컨대, 각 개인이 멋대로 결정한 토지 용도는 최선의 용도가 아닐 가능성이 크고, 개인들이 결정한 결과는 국토의 비효율적 이용을 낳을 가능성이 크다는 것이다. 따라서 국토의 효율적 이용에 있어서 가장 중요한 과제는 오직 돈만을 생각하고 토지를 이용하려는 각 개인의 성향을 억제하고 사회적인 관점에서 가치가 최대한 창출되는 용도로 토지가 이용되도록 여건을 조성하는 일이다. 국토 이용의 경우에는 개인의 이익과 사회 전체의 이익이 엇갈리는 경우가 많고, 이런 연유로 정부가 토지이용에 깊숙이 개입하는 것이 선진국의 관례이기도 하다.

국토이용에서 발생하는 이익의 공평한 분배

경제학이 효율을 다루는 학문이라고는 하지만, 일반시민의 처지에서 보면, 효율보다 근원적으로 더 소중한 가치는 평등 내지는 형평성이다. 누구나 모든 국민이 고르게 잘 사는 것이 바람직하다고 보며, 마땅히 그래야 한다고 생각한다. 아무리 효율을 중시하는 경제학자도 모든 국민이 골고루 잘 사는 것에 반대하지 않을 것이다. 그러므로 토지이용과 관련된 또 하나의 중요한 고려사항은 국토이용으로부터 발생하는 이익을 고르게 분배하는 문제, 즉 형평의 문제 혹은 공평의 문제다. 토지의 소유가 특정인들에게 집중되어 있으면 토지이용으로부터 발생하는 이익 역시 그 특정인들에게 집중되면서 심한 빈부격차를 낳게 된다. 이 결과는 모든 국민이 고르게 사는 것과는 거리가 멀다. 토지 소유의 편중이 가져오는 극심한 불평등이 사회적 통합을 저해하고 전반적으로 사회의 활력을 떨어뜨림으로써 결국 경제적으로도 큰 손실을 초래한다는 점은 이미 앞에서 강조하였다.

토지 소유의 편중에 대하여 많은 사람이 강한 거부감을 가지게 만드는 또 한 가지 중요한 요인은, 대한민국 국토는 그 어느 누군가 만든 것이 아니라 하늘이 대한민국 국민에게 내린 무상공여물이며 따라서 이에 대하여 모든 국민이 동등한 권리를 가지고 있다는 국민적 정서다.[2] "주지하는 바와 같이 토지는 원래 자연형태로 존재하는 것이며, 누구에게도 소유권이 귀속될 수 없는 유한한 공동자원이다"라는 어느 도시계획가의 말은 이런 국민적 정서를 잘 반영하고 있다.[3]

대한민국 사람 그 누구도 대한민국 금수강산이 이 세상에 존재하도록 만드는 데에 털끝만치도 기여한 바가 없다. 다른 것과 달리 토지는 인간의 노력에 따라 만들어진 것이 아니라 자연적으로 인간에게 주어진 것, 달리 말하면 인류에게 내려진 대자연의 은총이다. 그러므로 모든 인간은 그런 대자연의 은총을 똑같이 누릴 자격을 가지고 있다는 원초적인 생각이 국민의 마음속에 깊이 뿌리박고 있다.[4] 재산권에 대한 역사적, 철학적 논쟁에 비추어 볼 때, 어떤 것이 내 것임을 입증하는 가장 강력한 근거는 그것이 내 노력의 산물임을 보이는 것이다. 하지만 이 세상에는 토지를 만든 사람은 없다. 기껏해야 토지의 생산성을 높였을 뿐이다. 그렇다면 생산성이 높아진 부분에 대해서만 권리를 주장할 수 있지 토지 그 자체에 대한 배타적 소유권을 요구할 수는 없다.

그런데도 땅을 가진 사람들은 마치 그 땅을 자기가 만들기나 한 것처럼 강하게 소유권을 주장한다. 1989년 압도적 여론의 지지를 받아 채택된 토지공개념 제도의 일부로 개인이나 법인이 소유할 수 있는 택지의 규모를 법적으로 제한하는 소위 택지소유상한제가 도입되었을 때 지주 계층의 강력한 반발이 있었고 드디어 위헌시비까지 일어났다. 이때 원로경제학자이기도 했던 당시 부총리는 "인간이 스스로 만들어낸 것에 대한 사유재산권은 최대한 보장되어야 하나, 토지란 인간이 만들어 낸 것이 아닌 까닭에, 그에 대한 제한이 자유시장경제와 배치되는 것은 아니다"라고 한 영국의 사상가이자 고전 경제학의 완성자이기도 한 밀(J. S. Mill)의 말을 인용하면서 위헌론을 반박하였다.[5] 그런데도 1997년 심한 경기 불황과 IMF 외환위기 이후 경기를 활성화한다는 명목으로 택지소유상한제가 폐지되었다. 어떻든 토지가 대자연의 무상 공여물이라고 생각하는 사람들의 시각에서 보면, 마치 공기가 우리에게 공짜로 주어졌듯이 사회 전체적으로 보면 토지 역시 우리에게 공짜로 주어졌음에도 불구하고 한쪽에서는 땅이 없어서 이리저리 쫓겨 다니는 사람이 우글거리는가 하면, 다른 한쪽에서는 순전히 땅 투기로 돈을 엄청 많이 벌어서 떵떵거리며 사는 사람이 존재하는 현상은, 그 이유야 어떻든 결과적으로는 참으로 이해하기 힘들다.

형평과 효율의 충돌 그리고 절충방안

그러나 이런 식의 주장은 철학적으로는 그럴듯하지만, 효율을 중시하는 경제학의 시각에서 보면 빵점짜리다. 물론, 사회 전체의 시각에서 보면 대한민국의 땅덩어리는 분명히 우리에게 공짜로 떨어진 것이다. 그렇다고 해서 대한민국의 땅을 대한민국 국민 모두 똑같이 한 조각씩 나누어 가진다면 과연 국토가 효율적으로 이용될 수 있을 것인가? 유능한 사람은 자신의 토지를 잘 이용하겠지만, 무능한 사람은 자신의 땅을 엉망으로 만들 것이다. 개인의 능력도 중요하지만, 더욱더 중요한 것은 규모의 경제다. 대한민국 땅을 대한민국 국민에게 똑같이 나누어 주어봐야 한 사람당 700평도 안 되는데, 요것밖에 안 되는 땅에 기계와 전문경영 기법을 도입하여 농사를 짓는다는 것은 우스운 일이다. 적어도 수십만 평 되어야 기계화와 전문경영을 통해서 생산단가를 크게 낮출 수 있다. 이같이 한 사람이 관리할 수 있는 땅의 규모가 클수록 생산단가가 낮아지고 생산성이 높아지는 경우가 무척 많다. 그러므로 토지 소유의 형평성만 강조하다 보면, 토지이용의 효율을 희생하게 되고 경제성장도 잘 이루어질 수 없다.

물론, 토지 소유의 형평성보다는 토지이용에서 얻는 과실을 공평하게 나누는 것, 즉 분배에 있어서 형평성이 더 중요하다고 주장할 수도 있다. 하지만, 토지이용으로부터의 과실을 똑같이 나누어 가진다면 누가 토지를 더 잘 이용하려고 노력할 것인가. 토지를 더 잘 이용하려는 동기가 없다면 국토의 효율적 이용도 기대할 수 없다. 그러므로 우리의 한정된 국토를 효율적으로 이용하고 그럼으로써 좀 더 높은 경제성장률을 달성하기 위해서는 남보다 토지를 더 잘 이용할 수 있는 유능한 사람이 남보다 더 많은 몫을 챙길 수 있게 함으로써 강한 의욕을 가지게 해야 하며, 유능한 사람이 더 많은 땅을 가질 수 있도록 허용함으로써 규모의 경제를 최대한 살려야 한다는 것이 경제학자들(특히 시장주의자들)의 지론이다. 그래서 시장주의자들은 토지 소유의 편중을 크게 문제 삼지 않을 뿐만 아니라, 문제 삼는 것조차도 꺼리기도 한다. 효율을 최우선으로 고려하기 때문이다.

여기에서 효율과 형평의 충돌을 보게 된다. 모든 국민이 고르게 살게 하기 위해서는 토지 소유의 편중을 막아야 하겠지만, 한정된 국토를 효율적으로 이용하기 위해서는 소수의 유능한 사람들에게 토지를 몰아주어야 한다. 이 두 가지 서로 충돌되는 가치를 어떻게 다룰 것인가. 현실에서는 이 두 가지 서로 충돌하는 가치 중 하나를 택하기보다는 적절히 절충하는 방안들이 실시된다. 가장 원론적인 방법은 토지를 잘 이용할 수 있는 사람들에게 토지를 몰아주되, 이들이 토지를 잘 이용함으로써 올린 수익 일부를 세금으로 징수해서 토지를 가지지 못한 사람들이나 못사는 사람들에게 나누어주는 방법이다. 이것이 각종 토지세를 부과하는 중요한 목적 중의 하나이다. 대부분의 자본주의국가에서 토지세가 징수되고 있다는 사실은 이런 식의 소득재분배에 대하여 상당한 정도의 국민적 합의가 있음을 의미한다.

그러나 이 절충안에 있어서 가장 큰 난점은 세율의 결정이다. 세율이 약간만 높아도 조세저항이 강하게 일어난다. 토지를 가진 사람들은 대체로 사회적으로 영향력이 큰 사람들이므로 더욱더 그렇다. 이들의 조세저항은 정권의 안위를 좌우할 만큼 크다. 노무현 정부가 종합부동산세를 신설하여 부동산 보유에 높은 세금을 부과하였을 때 부동산 부자들이 얼마나 세차게 반발하였으며 이들을 옹호하는 보수 성향 일간 신문들이 얼마나 집요하게 노무현 정부를 성토하였는지를 보면 조세저항의 강도를 능히 짐작할 수 있다. 사실, 대부분 국가에서 토지세의 실효세율이 1%에도 미치지 못하며 우리나라의 경우에는 이보다 훨씬 낮음에도 불구하고 토지소유자들은 토지세에 거세게 반발한다. 여기에 시장주의자들은 토지세 부과가 빈부격차를 완화하는데 별 효과가 없다는 논리로 은근히 토지소유자들을 지원하였다.[6] 이에 관해서는 뒤에서 다시 살펴보기로 하겠으나, 어떻든 자본주의 사회에서는 조세저항이 너무 크기 때문에 토지세를 통한 소득재분배 효과는 사실상 미미해질 수밖에 없다고 보아야 한다.

이같이 세금을 징수하는 방법 대신에 토지이용에서 나오는 수익을 정부가 직접 걷어서 국민에게 나누어주는 방법도 생각해볼 수 있다. 실제로, 미국 알래스카주에서는 이와 비슷한 방법을 실행하고 있다. 즉, 알래스카주에서 나오는 석유의 판매수익을 알래스카 정부가 직접 챙겨서 알래스카 주민들에게 배당금 형식으로 나누어주고 있다. 알래스카주에서 나오는 석유는 석유회사의 소유가 아니라 알래스카 주민 전체의 소유라고 생각하고 있기 때문이다. 호주의 일부 지방에서도 자연 자원 이용으로부터 얻는 수익을 지방정부가 직접 챙겨서 주민

들에게 배당금 형식으로 나누어주고 있다.[7]

우리나라 삼성그룹 총수였던 이건희 회장의 연봉은 비밀이므로 잘 알려지지 않았으나, 소유 주식으로 그가 2014년에 배당받은 금액만 해도 1,758억 원에 이른다고 알려져 있다.[8] 왜 그가 이런 어마어마한 금액을 배당받았을까? 회사의 주주이었기 때문이다. 자본주의 사회에서 회사의 주주는 곧 회사의 주인이다. 회사의 주인이기 때문에 그와 같은 엄청난 배당금을 받을 수 있었다. 헌법에 따르면, 대한민국의 주인은 국민 각 개인이다. 달리 말하면, 국민 각 개인은 '대한민국 주식회사'의 주주다. 그렇다면 대한민국 국민 각자는 회사의 주주처럼 국가로부터 배당금을 받을 권리를 가진다고 할 수 있다. 그 배당금의 재원은 대한민국 국민 모두의 소유인 토지 및 자연 자원의 이용에서 마련할 수 있다. 이 배당금을 '기본소득'이라고 부르기도 한다. 헌법에 따르면, 대한민국 국민 각자는 기본생계를 보장받을 권리가 있는데, 기본소득이 바로 이 기본생계를 마련해주기 위한 소득이라고 할 수 있다.

엄밀히 말하면, 토지가 사유화되어야만 국토가 효율적으로 이용되는 것은 아니다. 유능한 토지이용자들을 찾아내서 이들에게 충분한 보수를 주고 토지를 이용하게 만들기만 하면 된다. 가령, 대한민국의 국토가 모두 국유화되었다고 하자. 필지별로 유능한 토지이용자를 찾아내는 한 가지 방법은 각 필지의 토지 이용권을 놓고 경매하는 것이다. 예를 들어서 서울 명동 한복판의 땅을 이용할 권리를 경매에 부치면, 이 땅을 가장 잘 이용할 수 있는 사람이 최고가격을 부를 것이다. 바로 그 사람에게 토지 이용권을 주면 된다. 이같이 대한민국 3,800만 필지의 땅 조각 각각에 대하여 최고의 가격을 부르는 사람에게 토지 이용권을 주면, 결국 그 모든 땅을 최고로 유능한 사람들이 이용하는 결과를 낳게 되고, 결과적으로 국토가 효율적으로 이용될 수 있다. 어쩌면 이렇게 이용권을 경매에 부치는 방식이 유능한 토지이용자를 더 잘 찾아낼 수 있을지도 모른다. 또한 이 방식은 토지 이용권만 부여하고 소유권은 부여하지 않기 때문에 자본이득을 노린 투기꾼들, 다시 말해서 가수요를 차단하는데 더 효과적일 수도 있다. 물론, 경매에 부치는 방식이 말 같이 그리 쉬운 일은 아니다. 그 나름대로 많은 문제점을 안고 있을 수도 있다. 어떤 제도든지 그 나름대로 문제를 안고 있다. 과연 어떤 방법이 국토의 효율적 이용을 가장 잘 담보하는지는 면밀하게 연구해 보아야 한다. 다만, 여기에서 강조해두려는 것은 토지의 사유화만이 국토를 효율적으로 이용하는 길이라는 고정관념에서 벗어나야 한다는 점이다. 헨리 조지는 다음과 같이 말한다.

> 토지를 경작하게 하고 또 이 토지의 생산성을 높이기 위해서 굳이 "이 토지는 당신의 것이다"라고 말할 필요가 없다. 단지 "이 토지로부터 당신이 생산한 것은 바로 당신의 것이다"라고 말하는 것으로 충분하다.[9]

시장주의자들은 토지가 철저하게 사유화되어야 한다고 주장하지만, 옳고 그름을 떠나서 이런 주장은 시대의 흐름을 읽지 못한 주장이기도 하다.[10] 어느 저명한 학사는 부동산 소유를 기피하는 시대가 곧 올 것이라고 주장한다.[11] 부동산, 특히 토지의 큰 단점은 환금성이 떨어진다는 것이다. 토지를 매입해서 보유하고 있으면 많은 돈이 땅에 잠기게 된다. 토지를 파는 데에는 통상 많은 시간이 걸리기 때문에 토지를 팔아 급전을 마련하기 쉽지 않다. 점차 경쟁이 심해지고 상황이 수시로 변하는 이 세상에서 살아남기 위해서는 신속한 변신이 필요하다. 아이스크림 장사하다가 수지가 안 맞으면 빨리 옷 장사로 바꾸고, 옷 장사가 신통치 못하면 얼른 술장사로 바꾸어야 한다. 부동산 소유는 이런 변신에 큰 걸림돌이 된다. 그래서 근래 미국에서도 기업들이 부동산을 소유하기보다는 임대하는 경향이 늘고 있다고 한다. 토지를 매입하면 막대한 자금이 땅에 묶여 버리지만, 토지를 빌려서 사용할 경우, 여유자금을 가질 수 있을 뿐만 아니라 사업이 잘 안되더라도 빌린 땅을 원주인에게 돌려주고 간단하게 손을 털고 나올 수 있다.

미국에서는 부동산뿐만 아니라 각종 가재도구를 빌려 쓰는 일이 흔하다. 부자들은 자동차를 빌려 쓰기를 좋아한다. 빌려 쓰면, 원하는 모양과 색깔의 차를 골라가며 매일같이 바꾸어 타는 즐거움을 누릴 수 있다. 잠깐 이용하고 버릴 어린애 옷이나 장난감을 굳이 돈 주고 살 필요가 없다. 빌려 쓰면 그뿐이다. 일수일에 한 번 쓸 청소기를 굳이 돈 주고 사서 일주일 내내 비좁은 집안 구석에 처박아두는 것은 낭비다. 그래서 미국에서는 임대제도가 잘 발달해 있다. 웬만하면 냉장고도 빌려 쓰고 집도 빌려 쓴다. 이혼율이 높은 미국에서는 계약 결혼이 성행하고 있다는데, 어떻게 보면 이것도 배우자를 빌리는 임대제도의 일종이라고 할 수 있다. 이렇게 임대문화의 시대가 온다면, 토지 역시 소유할 필요가 없는 때가 올 것이다. 토지 사유화가 오히려 국토의 효율적 이용에 걸림돌이 되는 시대가 열리고 있다는 것이다.

2 토지정책에 대한 경제학의 관점

형평의 문제에 대한 보수적 시각과 진보적 시각

대체로 보면, 경제학자들은 형평의 문제나 소득분배의 문제는 잘 다루지 않는다. 이들은 물리학이나 화학처럼 경제학도 일종의 과학이며 과학이어야 한다고 믿는다. 과학자로서 경제학자는 객관적이고 가치판단에 중립적이어야 하는데, 형평성이나 공평성은 결국 사람을 비교하는 문제로 귀착되며, 따라서 가치판단의 문제가 되기 때문에 과학의 범위를 벗어난다는 것이 경제학자들의 생각이다. 효율의 문제는 수학으로 풀 수 있지만, 형평성이나 공평성의 문제는 수학으로 풀 수 있는 문제도 아니다.

이런 식의 태도에 대하여 철학자들(예컨대 과학 철학자들)은 눈 가리고 아웅 하는 태도라고 비난한다. 모든 학문은 문제의식으로부터 시작하는데 무엇을 문제로 삼아 연구할 것인지를 판단하고 결정하는 그 자체도 가치판단이다. 예컨대, 경제학이 형평의 문제를 제쳐두고 효율의 문제만을 다루어야 한다고 판단하는 그 자체가 매우 중대한 가치판단이라는 것이다. 두뇌과학과 신경심리학이 고도로 발달한 오늘날 과학 철학자들은 대체로 객관성이나 가치중립성을 잘 인정하지 않는 분위기다. 현실을 관찰하는 것부터 가치판단의 영향을 받는다. 예컨대, 우리가 무엇을 중요하게 생각하느냐에 따라서 현실에서 우리가 보는 것의 내용도 달라진다. 개 눈에는 뭐만 보인다고 말하지만, 이런 점에서는 인간도 예외가 아니라는 것이다.

하지만, 경제학자 중에도 형평이나 공평의 문제로 고민하는 학자들도 적지 않다. 이들은 형평의 문제와 효율의 문제가 결코 분리될 수 없다고 본다. 설령 토지 사유화가 일시적으로 국토의 효율적 이용에 도움이 된다고 하더라도 시장을 통해서 토지 소유의 극심한 편중을 초래함으로써 빈부격차가 크게 벌어지게 되면, 수많은 사람이 열심히 일할 의욕을 잃게 된다. 빈부격차가 심해질 경우, 중산층 이하의 사람들은 열심히 일해봐야 가난뱅이 신세를 면하기 어려워지기 때문이다. 그렇다면, 시장주의자들이 그토록 강조하는 인센티브도 약해지고 사회가 활력을 잃으면서 국가 경쟁력도 떨어지게 되고 국토의 효율적 이용도 좌절된다. 극심한 빈부격차로 인한 사회갈등과 사회불안 그 자체도 문제이지만 해마다 반복되는 노사갈등에서 보듯이 엄청난 경제적 손실을 낳는 문제도 간과할 수 없다. 그러므로 효율과 형평을 떼어놓고 얘기하기 곤란하다. 어차피 가치판단을 회피할 수 없다면 가치판단을 제대로 함으로써 효율과 형평의 문제를 정면으로 돌파해야 한다고 생각하는 경제학자들도 있다. 요컨대, 형평의 측면을 무시하고는 효율 그 자체도 제대로 다룰 수 없다는 것이다.

이런 주장에 대하여 시장주의자는 우선순위의 논리를 내세운다. 자원의 효율적 이용을 통하여 더 큰 경제성장을 이루면 형평의 문제도 그만큼 풀기 쉬어진다는 것이다. 달리 말하면, 파이를 크게 하는 것이 우선적 과제이며, 그것을 어떻게 나누어 먹느냐의 문제(분배의 문제)는 그다음 문제요 정치권에서 다룰 문제라는 것이다. 하지만, 정치권이 분배의 문제를 효과적으로 잘 해결한다는 보장은 없다. 왜 그럴까? 부유층이나 부동산 소유계층이 정치적으로도 더 큰 영향력을 행사하므로 파이를 나누어 먹는 문제도 이들이 좌지우지하는 경향이 있기 때문이다.

파이를 나누어 먹는 문제를 정치권이 효과적으로 잘 해결한다면, 어째서 우리나라나 미국 등 선진국에서 날이 갈수록 빈부격차가 더 크게 벌어지는가? 결국, 정치권에도 문제가 있다는 증거다. 파이를 크게 키워봐야 그 대부분을 기득권자들이 차지하고 서민들에게는 부스러기만 떨어지는 것이 현실이다. 물론 모두가 더 많이 먹게 되는 것은 사실이지만 빈부격차가 날로 벌어지게 된다. 이같이 모두 노력해서 효율을 달성해 봐야 그 성과물을 고르게 나누어 먹는 문제를 정치권이나 시장이 효과적으로 해결하지 못한다면, 형평의 문제는 나중으로 돌리고 우선 효율부터 달성하고 보자는 주장은 설득력을 잃는다. 그래서 효율과 형평을 함께 다루어야 한다는 목소리가 높아지면서 시장주의자들은 현실 문제에 대하여 너무 무책임하다는 비난을 받는다. 토지의 경우 효율의 문제와 형평의 문제가 다른 어떤 경우보다 훨씬 더 밀접하게 연결되어 있다. 그래서 토지문제에 관해서는 진보성향의 경제학자와 보수 성향의 경제학자가 더 날카롭게 대립한다.

우선, 지가폭등의 문제부터 짚어보자. 비록 비싼 땅값 및 지속적 지가 상승 현상이 첫손가락에 꼽히는 토지문제이기는 하지만, 도대체 이것이 왜 문제가 되는지 분명치 않다는 것이 시장주의자들의 첫 번째 지적이다. 우리나라와 같이 비좁은 국토에 많은 인구가 몰려 살고 있고 경제활동이 활발한 나라에서 땅값이 비싸지 않다면 그건 아주 이상한 일이다. 오히려 비싼 땅값을 당연한 것으로 받아들이고 비좁은 국토를 아껴 쓰고 더욱더 효율적으로 이용할 수밖에 없다. 우리나라의 비싼 땅값은 우리의 현실을 인정하고 이에 맞게 토지를 아껴 쓰라는 신호이다. 그런데도 땅값을 인위적으로 낮은 수준으로 묶어두려는 것은 낭비적 토지이용을 조장함으로써 오히려 더 큰 문제를 불러올 우려가 있다는 것이다. 시장주의자들은 땅값 상승이 여러 가지 부작용을 초래한다고 해서 땅값을 억지로 끌어내리는 것은 쉬운 일도 아니려니와 바람직한 일도 아니라고 주장한다. 그래서 이들은 부동산가격에 관한 정부의 갖가지 강력한 대책에 강한 거부감을 보인다.

그러나 이러한 주장은 어디까지나 땅값이 교과서에서 말하듯이 정상적으로 결정되었다고 가정했을 때나 통하는 주장이다. 만일 투기로 인해서 땅값에 거품이 잔뜩 끼어 있다고 하면 이 문제를 수수방관할 수 없다. 거품은 토지를 생산적 용도가 아닌, 재산증식 수단으로 이용하려는 수요(소위 가수요) 때문에 발생한다. 그러지 않아도 국토가 비좁은 판에 토지를 특정 개인의 재산증식 용도로 지나치게 많이 이용하는 것은 경제적으로 용납하기 어려울 뿐만 아니라 사회적으로도 용납하기 어렵다. 거품 탓으로 나타나는 땅값 상승은 특정인들의 자본이득을 크게 함으로써 분배의 불평등을 악화시킨다. 따라서 거품이 많이 끼어 있어서 우리나라의 땅값이 높다고 하면, 높은 땅값 및 지속적 지가 상승 현상은 효율의 측면에서나 형평의 측면 모두에서 문제가 된다.

토지 소유의 편중 현상과 마찬가지로 수도권 집중 현상이나 지역 불균형 현상 역시 형평의 차원에서는 아주 심각한 문제임이 틀림없으나 효율의 차원에서는 긍정적인 측면과 부정적인 측면이 엇갈린다. 규모의 경제 및 집적의 이익은 토지의 생산성을 높이므로, 효율의 차원에서 긍정적이지만, 빈부격차와 혼잡 그리고 과밀은 토지의 생산성을 떨어뜨리므로 효율의 차원에서도 부정적이기 때문이다. 그러므로 토지 소유의 편중 및 지역 불균형을 어느 정도 심각한 문제로 받아들일 것인가는 상반된 그 두 측면 중에서 어느 측면이 더 강하다고 보느냐에 달려 있다. 부정적 측면을 더 강하게 의식하다 보면, 토지 소유편중이나 지역 간 불균형의 시정을 강하게 요구하게 되지만, 긍정적 측면을 더 강하게 의식하면, 토지 소유의 편중이나 지역 간 불균형을 묵과하는 태도를 보이게 된다.

난개발은 효율의 측면에서 심각한 문제라는 데에 경제학자들 대부분이 동의한다. 이렇게 보면, 흔히 거론되는 4가지 토지문제 중에서 효율의 측면에서 명백하게 문제시되는 현상은 난개발이라고 할 수 있다. 난개발이 유발하는 나쁜 외부효과는 토지의 생산성을 떨어뜨리는 중요한 요인이다. 그래서 나쁜 외부효과가 발생하면 이것이 금방 인근 지역의 땅값 하락으로 나타난다. 그렇다고 난개발이 오직 효율의 측면에서만 문제가 되고 형평의 측면에서는 문제가 없다는 것은 아니다. 예를 들면, 무계획적 난개발이 기반시설 설치비용을 엉뚱한 제3자에게 뒤집어씌울 경우, 심각한 형평성의 문제를 불러올 수도 있다. 환경이 오염될 경우, 그 피해가 주로 저소득계층에 집중된다는 연구 결과가 많이 나와 있는데, 그렇다면 환경 파괴적 난개발 역시 심각한 형평성의 문제를 초래할 수 있다.[12]

토지문제에 대한 사회적 인식의 변천과 토지경제학

비록 오늘날의 경제학이 효율의 문제를 전문적으로 다루는 학문이라고는 하지만, 아이러니하게도 경제학이란 학문을 창시한 초창기의 경제학들은 토지이용의 효율성 문제보다는 토지 소유 및 이용과 결부된 소득분배의 측면에 조섬을 맞추었다. 애덤 스미스가 살던 당시만 하더라도 농업이 영국경제에서 기간산업이었고 따라서 토지의 주 용도도 농업이었기 때문에 각 토지의 최적 용도를 결정하는 문제, 즉 토지이용의 효율성 문제는 경제학자들의 특별한 관심을 끌 만한 심각한 문제가 아니었을 것이다.

지금도 어느 정도 그렇지만 예전에는 토지 소유는 사회적 신분을 나타내는 상징이요, 부자와 보통 사람을 가르는 기준이었을 뿐만 아니라 부자를 더욱 부유하게 만들고 가난한 사람들을 더욱더 가난하게 만드는 요인으로 인식되었다. 고전경제학은 이러한 인식에 이론적 근거를 제공하였다. 비록 현대경제학의 모태라고는 하지만 고전경제학은 다른 자원과 구별되는 토지의 특수성을 분명하게 인식하였고 그래서 토지를 특별 취급하는 경향이 있었다. 고전경제학은 토지만이 가지는 특수성에 바탕을 두고 토지에 귀속되는 순소득(토지소득)의 성격을 규명하였으며, 이것이 국민경제에 어떤 영향을 미치는가에 각별한 관심을 쏟았다.

"지주는 심지는 않고 거두기를 좋아한다."라고 애덤 스미스가 말하였다지만, 대체로 고전경제학 학자들은 지주계급을 사회의 기생충 계급으로 매도하는 데에 서슴지 않았다.[13] 자본주의 초기에만 하더라도 자본가계급과 지주계급이 상당한 정도로 분리되어 있었다. 사실 애덤 스미스나 리카도의 경제이론은 당시 급부상하던 자본가계급의 이익을 대변하는 이론이었다. 고전경제학을 학문적 반석 위에 올려놓은 리카도는 여기에서 한 걸음 더 나아가 지주 계층의 소득이 다른 계층의 희생 위에 이루어지며 그래서 결국 토지 소유를 독점하고 있는 지주 계층의 존재가 자본주의 경제발전의 근원적 장애가 됨을 논리적으로 명쾌하게 설명하였다. 이같이 고전경제학에서는 경제 전체의 움직임과 연결해서 토지문제를 다루었고, 그러다 보니 토지문제를 경제학의 핵심 주제로 다루게 되었다.

경제학자들이 토지의 효율적 이용에 본격적으로 관심을 가지기 시작한 것은, 서구에서 산업이 고도화되고 자본주의 폐해가 극심했던 19세기 후반, 경제학계에 소위 신고전경제학(Neoclassical economics)이라는 새로운 바람이 불면서부터다. 이 신고전경제학의 학풍에서 볼 수 있는, 표면상 두드러진 변화의 하나는 근대수학을 이용해서 경제 현상을 정밀하게 분석하는 방법론상의 변화다. 그래서 이 신고전경제학 형성기에 이르러서 경제학이 인문학(art)의 한 분야로부터 정밀과학(science)으로 변신했다는 평가를 받게 되었다.[14] 내용상 중요한 변화는 인간 욕망(효용)의 중요성이 크게 강조되었다는 점이다. 사람은 다양한 욕망을 품고 있는데, 그 욕망을 어떻게 잘 충족시킬 것인가. 신고전경제학은 바로 이 문제에 초점을 둔 경제학이다. 고전경제학을 밀어낸 신고전경제학의 경제이론이 오늘날 경제학의 주된 내용이 되고는 있지만, 토지에 관해서만은 아직도 고전경제학 사고방식과 신고전경제학 사고방식이 팽팽한 대립을 이루고 있다. 대체로 보면, 토지문제에 관해서는 진보성향의 경제학자들이 고전경제학의 전통을 이어받고 있는 반면에, 보수 성향 경제학자들은 신고전경제학의 전통 속에 있다. 따라서 이 두 사고방식의 차이점을 잘 이해하는 것이 토지문제를 더 깊이 이해하는 길이기도 하다.

고전경제학과 달리 이 신고전경제학은 토지의 특수성 및 그 중요성을 격하하는 경향을 보이게 되는데 이런 변화는 경제문제에 대한 인식의 대전환과 맥을 같이 한다. 신고전경제학은 인간의 욕망은 무한함에 반해서 인간이 이용할 수 있는 자원의 양이 무한하지 않고 한정되어 있다는 점을 유난히 의식하고 강조한다. 자원이 한정된 상황에서는 무조건 많이 생산하는 것이 능사가 아니라 사람들의 수요를 고려해서 이들의 욕망이 최대한 달성되도록 한정된 자원을 잘 이용하는 것, 즉 자원의 효율적 이용이 긴요하며, 생산한 것을 누가 더 차지하고 누가 덜 차지하는가는 그다음의 문제라는 사고방식이 하나의 기본 경제 사조로 신고전경제학 속에 자리 잡게 된다. 토지는 효율적으로 이용되어야 할 수많은 자원 중의 하나로 격하되었다.

오늘날 원론 수준의 경제학 교과서는 토지문제에 관해서는 대체로 간략하게 언급하고 넘어가는 정도이고, 구체적인 내용은 토지경제학이라는 경제학의 한 전문 분야에서 다루어진다. 다만, 토지를 경제의 주된 변수로 취급하는 고전경제학의 전통은 헨리 조지(Henry George; 1839-1889) 및 그의 추종자들(소위 조지스트; Georgist)을 통하여 명맥을 유지하고 있는 정도이다. 이같이 토지와 결부된 소득분배의 측면이 뒷전으로 밀려나고 그 대신 토지이용의 효율성이 전면으로 부상하기 시작한 데에는 산업이 고도화됨에 따라 농업의 비중이 크게 줄어들었으며, 토지의 용도가 급속도로 다양해졌다는 경제적 여건의 변화가 큰 몫을 하였다. 토지의 용도가 엄청나게 다양해지면 각 토지를 최선의 용도로 이용하는 문제는 그만큼 어렵고 중요할 수밖에 없고 따라서 토지 용도의 결정을 시장에 맡겨야 한다는 말이 자연히 강한 설득력을 가진다.

하지만 근래에 와서 토지의 특수성과 정부개입의 필요성을 새삼스럽게 절감하게 하는 여러 가지 사회적 여건의 변화가 일어났다. 가장 두드러진 변화로는 경제 규모의 급속한 팽창, 인구의 증가, 그리고 급속한 도시화 등의 현상을 꼽을 수 있을 것이다. 이러한 변화들은 단순히 토지의 용도를 다양화시킬 뿐만 아니라 토지 용도들 사이의 경쟁을 점점 더 심하게 만들었다. 예를 들어서, 주거용 토지 옆에 지하철역이 들어서면 그 주거용 토지는 갑자기 쓸모가 커지지만 만일 쓰레기 매립장이나 화장터가 들어서는 날이면 그 주거용 토지의 가치는 크게 떨어지게 된다. 그러므로 토지를 효율적으로 이용하기 위해서라도 토지용도 사이의 복잡한 관계를 충분히 고려할 필요성이 절실해진다. 그런데도 토지의 용도가 시장에서 결정되도록 내버려 두면, 다른 용도에 미치는 좋고 나쁜 영향이 충분히 고려되지 못한 결과 외부효과가 심각해지는 사태가 너무나 흔하게 발생한다. 다시 말해서 시장의 실패가 두드러지게 나타난다. 그래서 토지는 역시 시장에서 자유롭게 거래되고 이용되게 내버려 두어서는 곤란하다는 주장이 경제학 안에서도 힘을 얻고 있다.

이런 주장에 힘을 실어주는 또 하나의 큰 변화는 깨끗하고, 아름답고, 쾌적한 자연환경에 대한 수요의 급증이다. 개인의 경제활동이 시장에서 자유스럽게 수행되도록 내버려 두면 자연히 환경파괴와 환경오염이 심해진다는 것은 이미 경제학자들이 밝혀낸 일이다. 그래서 환경오염 및 환경파괴를 통제하고 자연환경에 대한 수요에 효과적으로 대처하기 위해서는 정부의 개입이 필요하다는 주장이 설득력을 얻게 된다. 이런, 저런 주장들을 등에 업고 다른 어떤 자원에 대해서보다도 토지에 대해서는 정부가 직접, 간접적으로 폭넓게 그리고 깊숙이 개입하는 것이 세계 여러 나라의 실정이다.[15]

정부의 적극적 개입을 요구하는 또 다른 큰 변화가 발생하였다. 도시화와 산업화가 고도로 진척되면서 토지에 대한 수요가 늘어나고 이 결과 지가가 올라가면, 토지가 좋은 투자 대상이 된다. 지가 상승 그리고 높은 지가는 토지를 좋은 담보물로 만든다. 토지를 많이 보유하고 있으면 금융기관으로부터 돈을 빌리기도 좋아진다. 기업에게나 개인에게나 토지는 실용의 목적뿐만 아니라 재산 보유의 중요한 수단이 되며 나아가서 재산증식의 좋은 수단이 된다. 그러므로 개인뿐만 아니라 기업도 토지를 많이 보유하게 되며 이 결과 이제는 자본가와 지주가 점차 겹치는 현상이 두드러지게 나타난다. 막대한 자금이 토지시장으로 흘러들어가면서 소위 토지 자본이 형성된다. 자본이득에 대한 기대가 증가하면서 투기성 토지거래의 규모와 빈도도 증가한다.

이같이 토지가 금융자산이 되고 자본이득을 통한 재산증식의 한 중요한 수단이 되면서 막대한 유동성 자금이 토지시장과 금융시장 사이를 오락가락하게 되고, 토지시장과 금융시장이 한 덩어리가 된다. 이제 토지시장에서 수요와 공급만을 들여다보는 것은, 큰 의미가 없어진다. 경제 전체의 움직임과 관련하여 토지문제를 보아야 한다. 이제 땅값은 '미시적' 요인만이 아니라 통화량, 이자율, 성장률, 물가 등 '거시적' 요인까지 한꺼번에 살펴보지 않으면 설명할 수 없는 차원의 변수로 변했다. 이같이 토지문제가 거시경제 변수가 되었다는 것은 농업사회가 아닌 고도산업사회에서도 토지문제가 한 나라 경제의 움직임에 큰 영향을 주는 중대한 문제가 되었음을 의미한다.

물론 오래전부터 우리나라를 비롯한 여러 나라의 정부는 토지 및 부동산을 경기정책의 한 수단으로 자주 이용하였다. 부동산산업이 생산이나 고용에 미치는 영향이 적지 않았기 때문이다. 예를 들면, 경기가 나쁠 때는, 부동산 세금을 포함한 부동산 관련 규제를 완화함으로써 경기를 진작시키고, 반대로 경기가 과열되면 부동산 시장을 옥죄었다. 가깝게는 IMF 경제위기 때 김대중 정부는 부동산규제를 대폭 완화하였던 사례가 있었고 이명박 정부에 들어와서도 경기 활성화 차원에서 부동산규제를 완화하였으며, 이런 기조가 박근혜 정부로 승계되었다.

그러나 토지시장과 금융시장이 점점 더 커지고 더욱더 밀접하게 연결되면서 이제 토지를 포함한 부동산은 단순히 경기조정의 정도가 아니라 경제위기 관리 차원의 큰 변수가 되었다. 1980년대 일본 경제위기와 2008년 미국발 세계 경제위기는 이제 부동산이 한 국가의 경제위기뿐만 아니라 세계 경제의 위기를 초래하는 주요 변수가 될 수 있음을 여실히 보여주었다. 과거 오래전부터 헨리 조지를 비롯한 조지스트들은 경기변동이 토지투기 및 지가 상승과 밀접한 관계가 있다는 주장을 집요하게 제기하였지만, 귀담아듣는 경제학자가 별로 없었다. 하지만, 일본의 부동산 시장 붕괴와 미국발 경제위기는 그런 주장을 더욱더 실감나게 하고 있다. 어떻든 금융자산으로서 토지가 경제 전체에 미치는 심각한 영향 그리고 재산증식을 위한 토지투기의 부작용은 단순히 경기조정의 차원을 넘어 경제위기 관리의 차원에서 정부가 토지문제에 더욱더 폭넓게 개입하는 또 다른 좋은 구실이 되었다. 그런데도 토지문제를 이런 거시경제변수와 직접 연결해서 분석하는 태세가 아직 제대로 갖추어지지 못한 상태다.[16]

한때 토지경제학 학도의 필독 교과서를 저술했던 바로우(Barlowe, R.)는 토지경제학을 "토지를 중심으로 한 인간과 인간 사이의 경제적 관계를 다루는 학문 분야"라고 매우 추상적으로 정의하고 있지만,[17] 그 내용을 보면 토지경제학은 토지이용에 관한 시장의 역할과 한계 그리고 이를 보완하기 위한 정부의 공적 개입의 범위와 역할 및 그 효과를 다루는 경제학의 한 분야라고 할 수 있다. 경제학의 다른 어떤 분야보다도 토지경제학은 정부의 역할 그리고 이를 뒷받침하는 제도적 측면에 대한 논의에 큰 비중을 두는 편이다.

부동산에 관한 교과서들이 대체로 부동산의 특징에 대한 설명으로부터 시작하듯이, 토지경제학에서는 토지의 특징에 대한 설명이 그 서두를 장식한다. 토지가 다른 것과 구별되는 특수성을 가지지 않는다면 경제학에서 굳이 토지를 별도로 다룰 필요가 없고 또한 토지경제학이라는 분야가 독립되어 있을 필요가 없을 것이다. 토지의 특수성을 얼마나 인정하느냐에 따라 토지정책의 내용이 크게 달라질 수 있다. 시장주의자들의 주장처럼 토지가 다른 자원과 구별되는 특수성을 별로 가지고 있지 않다면, 국토의 이용 문제는 시장에서 결정되게 내버려 두면 된다. 정부의 역할은 단지 부동산시장이 잘 돌아가도록 도와주고 시장에서 발생하는 사소한 부작용을 사후적으로 교통정리 해주는 것으로 끝난다. 현실적으로 보면, 우리나라를 포함한 자본주의 국가에서는 국토이용의 많은 부분이 시장에서 결정된다. 다시 말해서 기본적으로 국토이용이 시장에서의 수요와 공급에 따라 결정된다는 것이다. 수요와 공급에 대한 이론은 경제학의 핵심 이론이다. 그러므로 수요-공급의 원리가 구체적으로 시장에서 어떻게 국토이용을 결정하는가에 대한 설명이 토지경제학의 주요 부분을 차지할 수밖에 없다.

그러나 토지의 여러 가지 특성 탓으로 국토이용을 시장에 맡길 경우, 여러 가지 문제가 발생한다. 다시 말해서 시장이 실패하는 일이 발생한다. 따라서 시장의 실패가 토지경제학의 주요 내용이 된다. 실제로 시장의 실패를 빌미로 선진국 정부는 우리나라보다 훨씬 더 폭넓게 국토이용에 개입하고 있다. 정부가 토지문제에 개입하는 방법은 대단히 다양하다. 정부가 직접 토지시장에서 대규모로 토지를 사고팔기도 하고, 각종 규제를 만들어 집행하기도 하며, 여러 가지 방법으로 토지시장을 간접적으로 조정하기도 한다. 정부 개입의 정도가 매우 크므로 이와 관련된 제도 또한 매우 복잡하게 발달하였다. 따라서 토지문제에 대한 정부의 다양한 개입 방법 그리고 이를 뒷받침하는 각종 제도에 대한 고찰이 토지경제학의 중요한 한 부분이 된다.

정부가 토지문제에 깊숙이 개입하는 데에는 크게 두 가지 명분이 있다. 그 하나는, 정부의 개입을 통해서 국토의 효율적 이용을 달성하자는 것이고, 또 다른 명분은, 토지 소유의 편중을 완화하거나 토지이용으로부터 얻는 이익의 불공평한 분배를 시정하는 것이다. 그러므로 국토이용의 경우 정부는 효율과 형평 양쪽의 측면에서 개입의 명분을 가진다.

물론 토지문제에 대한 정부의 개입에도 심각한 문제가 있는 것이 사실이다. 토지는 흔히 막대한 이권과 결부되어 있으므로, 정부의 토지이용에 대한 깊숙한 개입은 개발도상국이나 선진국을 막론하고 각종 부정, 부패의 온상을 제공하였다는 뼈아픈 교훈을 남겼다. 설령 토지이용을 시장에 맡길 경우, 여러 가지 문제가 발생한다고 하더라도 토지문제에 대한 정부의 개입이 자동적으로 정당화되는 것은 아니다. 정부 개입으로 인한 사회적 손실이 시장에 내버려 두었을 때의 사회적 손실보다 오히려 더 클 수도 얼마든지 있음을 흔히 간과하기 쉽다. 그러므로 토지문제에 대한 정부 개입의 명분과 문제점 그리고 한계에 대한 고찰도 토지경제학의 중요한 내용이 된다.

이같이 시장도 문제 덩어리이고 정부의 개입도 많은 문제를 안고 있다면, 어떻게 할 것인가? 2008년 미국 금융시장의 붕괴와 이에 이은 세계 경제 위기로 자본주의 시장에 대한 신뢰가 산산이 부서지면서 이 문제가 다시 급부상하게 되었다. 원론적으로 말하면, 시장의 역할과 정부의 역할을 재정립하고 이 둘 사이의 적정 균형을 찾는 것이다. 그러자면, 시장의 역할과 정부의 역할에 대한 구체적이고 정확한 이해가 선행되어야 한다.[18]

미주

1 Smith, Adam(1790), The Theory of Moral Sentiments(6th edition), Sao Paulo: MetaLibri, 이에 대한 자세한 내용은 다음 문헌 참조:
Maital, S. (2007), ed. Recent Developments in Behavioral Economics, Cheltonham. U.K.: Edward Elgar Publishing, Inc.

2 다음 문헌 참조: 전강수 외(2008), 『부동산 신화는 없다』, 서울: 후마니타스.

3 권원용(1993), "토지이용규제 체계의 개선 방향", 손재영 편 『토지시장의 분석과 정책과제』, 한국개발원. 213쪽.

4 김윤상, 『알기 쉬운 토지공개념』, 경북대학교 출판부.

5 이 인용문은 다음 문헌에서 재인용한 것임: 국토연구원(1996), 『국토 50년』, 829쪽.

6 다음 문헌 참조: 곽태원(2008), "토지보유세의 정상화를 위해서: 종합부동산세를 중심으로", 한국경제포럼(2008년 가을호).

7 하승수(2015), 『나는 국가로부터 배당받을 권리가 있다』, 대구시: 노서출판 한티재.

8 위에서 인용한 하승수(2015)의 책 참조.

9 George, Henry(1879), Progress and Poverty, New York: The Modern Library, p.398.

10 김정호(2006), 『땅은 사유재산이다』, 경기도 파주시: 나남출판사.

11 제러미 리프킨(2000), 『소유의 종말』, 서울: 민음사.

12 이에 대한 자세한 논의는 다음 문헌 참조: 이정전(2000), 『환경경제학』, 서울: 박영사.

13 Smith, Adam(1837), An Inquiry into the Nature and Causes of the Wealth of the Nation(E. Cannon editted), New York: Random House, Inc., p.49.

14 Stigler, George J. (1941), Production and Distribution Theories, New York: The MacMillan Co., p.1.

15 Goldberg, M. and P. Chinloy(1984), Urban Land Economics, New York: John Wiley and Sons. 221쪽.

16 Gaffney, M. (1994), "Land as a distictive factor of production", in Tideman, N. (1994) ed., Land and Taxation, London: Shepheard-Walwyn Ltd. pp.39-41.

17 Barlowe, R. (1978), Land Resource Economics, Englewood Prentice-Hall, Inc. 4쪽.

18 이에 대한 자세한 논의는 다음 문헌 참조: 이정전(2015), 『왜 우리는 정부에게 배신당할까?』, 서울: 민음사 출판그룹, 반비.

03

토지문제에 대한 4가지 패러다임

1. 왜 의견 충돌이 발생하는가?

2. 시장주의

   가치관: 효율 그리고 개인의 자유 / 현실에 관한 인식과 방법론: 개인의 합리성과 시장의 원리 / 토지에 관한 시장주의 주장

3. 계획주의

   가치관: 공익과 사익의 조화 / 현실에 관한 인식과 방법론 / 토지에 관한 계획주의 입장

4. 조지스트 패러다임

   가치관: 평등과 협동 / 현실에 관한 인식 / 토지보유세의 대폭 강화

5. 마르크스주의

   마르크스주의 가치관 / 현실 인식 / 토지에 대한 마르크스주의 주장

주요용어

- 시장주의
- 계획주의
- 조지스트 패러다임
- 마르크스주의
- 도구적 합리성
- 합리적 선호(선호의 완비성, 선호의 이행성)
- 집단적 합리성
- 무임승차
- 죄수의 딜레마
- 집단행동의 문제
- 내쉬전략
- 반복게임
- 시장의 원리
- 정부의 실패
- 떼 짓기
- 계획고권
- 정보의 비대칭성

03 토지문제에 대한 4가지 패러다임

1 왜 의견 충돌이 발생하는가?

우리 사회에서 토지를 포함한 부동산 문제처럼 온갖 서로 엇갈린 주장들이 난무하는 사회문제는 아마도 별로 없을 것이다. 특히 전문가들의 엇갈린 주장들은 일반시민들과 정책당국자들조차 어리둥절하게 만들 뿐만 아니라, 전문가 집단을 통째로 불신하게 만들기도 한다. 그러나 여러 가지 의견들이 심하게 충돌할 경우, 대체로 보면 이들 각각에 충분히 일리가 있음이 보통이다. 각 주장이 당면한 문제의 어느 한 측면만 주목하거나 어느 한 측면만 특히 중요하게 생각하는 경우가 대부분이기 때문이다. 그러므로 대립하는 주장들의 겉과 속을 잘 정리하고 이해하면 당면한 문제를 좀 더 폭넓게 그리고 더 깊게 이해하게 된다. 그럴수록 중지를 모으기 쉽고 이를 바탕으로 좋은 해결방안을 만들어낼 수 있다. 부동산 문제도 마찬가지다.

어떤 사회문제를 놓고 전문가들의 견해가 중구난방일 때, 언뜻 보면 각 전문가가 제멋대로 자기 주관에 따라 한 마디씩 내뱉는 것 같이 보인다. 그러나 자세히 살펴보면 사실은 그 견해들 대부분 오랜 세월 인류사회에 전해 내려오는 사상적 큰 흐름을 대변하고 있음을 알 수 있다. 부동산에 관련된 사상의 큰 흐름은 대략 4가닥으로 정리해볼 수 있다: 시장주의, 계획주의, 조지스트 패러다임, 그리고 마르크스주의. 이 4가지 사상은 부동산뿐만 아니라 경제문제를 보는 4가지 기본적인 시각이 될 수도 있다.

부동산 전문가나 경제학자들의 의견을 들어보면 대략 이 4가지 중의 그 어느 하나에 동조하거나 이들을 적절히 절충하고 있다고 할 수 있다. 거의 모든 의견 충돌에는 공통적으로 '의견 충돌 유발 요인'들이 작용하는데, 대략 세 가지로 나누어볼 수 있다. 탐험가 집단을 예로 들어 보자. 우선, 이 집단 구성원들은 지금 자신들이 어디에 있는지를 놓고 의견 충돌을 벌일 수 있다. 설령, 어디에 있는지에 모두 동의하였더라도 그다음에는 어디로 갈 것인가를 놓고 싸울 수도 있다. 어디에 있는지 그리고 어디로 갈 것인지에 대하여 모두 동의하였다고 하더라도 목적지까지 어떻게 갈 것인지를 놓고 다툴 수도 있다.

부동산 문제를 비롯한 사회문제에 대해서도 비슷한 얘기를 할 수 있다. 사람들이 의견의 차이로 다투게 되는 첫 번째 이유는 현실에 대한 인식의 차이다. 예를 들면, 우리나라 부동산가격에 거품이 많이 끼어 있는지 아닌지, 투기용 토지 수요가 어느 정도 되는지, 자본이득이 어느 정도 발생하는지, 등 현실을 파악하는 문제를 놓고 사람에 따라 큰 인식의 차이가 있을 수 있다. 한쪽에서는 투기가 극심하다고 말하고 다른 쪽에서는 일시적이라고 말한다. 한쪽에서는 투기 탓으로 부동산가격이 비싸다고 주장하고 다른 쪽에서는 그렇지 않다고 주장한다. 이런 현실 인식의 차이가 논쟁의 발단이 되는 예는 비일비재하다.

사실, 현실을 정확하게 파악한다는 것은 여간 어려운 일이 아니다. 과연 우리 경제가 상승 국면에 있는지 혹은 하강 국면에 있는지를 놓고 내로라하는 경제전문가들조차도 서로 치열한 논쟁을 벌이는 일이 다반사이다. 현실 파악을 정확하게 하지 못해서 그릇된 정책을 쓰고 그래서 경제를 망치는 일이 과거에 허다했다. 예를 들면, 2008년 미국 금융시장이 붕괴하기 1년 전부터 이상 징후가 곳곳에서 나타났지만, 경제전문가들과 미국 정부는 대수롭지 않은 것이라며 일축했다. 그러다 보니 대비책을 마련할 생각도 하지 못하는 동안 최악의 사태가 터져버렸다. 그만큼 정확한 현실 파악은 매우 어려우면서도 또한 엄청나게 중요한 일이라는 것은 두말하면 잔소리다.

하지만 현실에 대한 인식을 전적으로 같이한다고 해서, 의견 충돌이 항상 해소되는 것은 아니다. 사람에 따라 가치관이 다르고 중요하다고 여기는 것이 다를 수가 있기 때문이다. 예를 들어서 토지로부터의 자본이득이 상당히 많이 발생한다는 데에는 견해가 일치하더라도 이것을 나쁘게 보는 사람과 좋게 보는 사람은 대판 말다툼하기 십상이다. 대체로 보면, 평등을 대단히 소중하게 생각하는 사람들은 토지로 인한 자본이득의 사유화를 반대하고 이것의 사회적 환수를 강하게 요구하는 경향을 보이며, 반대로 토지이용의 효율을 중시하는 사람들은 재산권의 보호를 매우 중요하게 생각하며, 따라서 자본이득의 사회적 환수에 강한 거부감을 보이는 경향이 있다.

실제에 있어서는 현실에 대한 인식의 차이보다는 오히려 가치관의 차이가 더 심각한 의견 충돌을 낳는 경향이 있다. 가치관의 차이가 현실에 대한 인식의 차이를 낳는 요인이 되기도 하기 때문이다. 사람들은 일상 살아가면서 아침부터 밤까지 수많은 것을, 보고 듣는다. 정보가 홍수를 이룬다. 막말로 개 눈에는 뭐만 보인다고, 심리학이나 인지과학에 따르면, 현실에 대한 수많은 정보에 접할 때 사람들은 자기 자신의 가치관과 철학에 잘 들어맞는 정보만 받아들이고 그렇지 않은 정보는 무시하거나 대수롭지 않게 생각하는 고질적 습성을 가지고 있다고 한다. 예를 들면, 시장주의자들은 그들의 가치관과 이론에 잘 들어맞는 현상은 의미 있게 받아들이는 반면에, 그렇지 않은 현상은 무시하거나, 아니면 예외적인 것으로 치부하고 큰 의미를 두지 않는 경향이 있다. 자본주의 시장경제에 비판적인 전문가들 역시 같은 오류에 쉽게 빠진다. 그러므로 가치관과 철학의 차이로 인한 의견 충돌은 그만큼 타협의 여지도 적어진다.

하지만 설령, 현실에 대한 인식도 똑같고, 가치관도 같더라도 여전히 의견 충돌의 여지는 남는다. 사람에 따라 논리가 다르고 목적을 달성하는 방법에 대하여 생각이 다를 수도 있기 때문이다. 예를 들어서, 불평등의 해소가 우리 사회의 안정을 위해서 무엇보다도 중요하다는 데에 뜻을 같이하고, 또한 불로소득 형태의 개발이익이 심각한 규모로 발생하고 있다는 데에 의견을 같이한다고 하자. 하지만 이 문제에 대한 처방을 놓고, 조세를 통한 개발이익의 환수를 강력하게 주장하는 사람과 개발이익을 원천적으로 봉쇄하기 위해서는 정부가 온갖 개발사업을 주도해야 한다고 주장하는 사람이 서로 만나면 침을 튀기며 입씨름하게 된다. 이럴 경우, 쟁점이 되는 부분은, 예컨대 A이면 B이고 B이면 C이므로 이래야 한다는 식의 논리와 X면 Y이고 Y이면 Z이므로 저래야 한다는 식의 논리 사이의 충돌이다. 어떤 사람은 토지문제를 시장에 맡겨서 해결해야 한다는 논리를 내세우는가 하면, 어떤 사람은 정부가 장기적이고 치밀한 계획을 세우고, 이에 따라 토지문제를 풀어나가야 한다는 논리를 내세운다.

위에서 소개한 부동산 관련 4가지 패러다임에 관해서 우선 주목되는 현실 인식의 차이는 사람이 과연 합리적인 존재라고 보느냐 아니냐이다. 가치관의 차원에서는 개인주의적 가치관을 중시하느냐 공동체적 가치관을 중시하느냐, 그리고 효율을 중시하느냐 형평을 중시하느냐가 의견 충돌의 주요 요인이 된다. 방법론적 논리의 차원에서는 시장의 논리를 지지하느냐 공권력에 입각한 계획의 논리를 지지하느냐에 따라 전문가들의 입장이 크게 엇갈린다. 물론, 설명의 편의상 의견 충돌을 낳는 세 가지 요인을 따로따로 분리해서 살펴보았지만, 현실에 있어서는 대개 그 세 가지 요인들이 복합적으로 작용하기 때문에 어떤 한 가지 측면만으로 설명하기는 어렵다.

2 시장주의

가치관: 효율 그리고 개인의 자유

간단히 말해서 시장주의란 시장을 이상적 사회모형으로 보고 시장원리를 사회의 구성 및 운영의 주된 원리로 삼고자 하는 사상이다.[1] 물론, 시장주의가 말하는 시장은 자본주의 시장이다. 대체로 보아 시장주의는 경제성장 내지는 물질적 풍요를 매우 중요하게 생각하며, 분배에 앞서 효율을 더 강조하는 경향이 있다. 우선 파이를 크게 키우는 것이 급선무이며, 그 파이를 나누어 먹는 일은 그 다음 문제라고 본다. 그 파이를 어떻게 나누어 먹을 것인가는 파이의 생산에 얼마나 많이 기여하였는가에 따라 이루어져야 한다. 많이 기여한 사람은 많이 가져가고, 조금 기여한 사람은 조금 가져가야 한다. 시장주의가 이같이 시장을 이상적인 사회모형으로 생각하는 첫 번째 이유는, 시장이 우리의 한정된 자원을 효율적으로 이용하도록 유도함으로써 결과적으로 다른 어떤 체제보다도 인류에게 최대한 물질적 풍요를 안겨주는 탁월한 제도라고 믿기 때문이다. 시장주의자의 이런 믿음이나 시장주의자의 주장들은 대부분 자유경쟁이 잘 보장된 시장, 이른바 완전경쟁시장을 전제한 것이다. 물론, 현실의 시장은 완전경쟁시장과 거리가 멀다는 점을 시장주의자도 알고 있다. 그렇다면, 어떻게 할 것인가? 시장주의자는 현실의 시장을 완전경쟁시장으로 끌어올리도록 최대한 노력해야 한다고 주장한다.

시장주의는 개인의 자유를 으뜸으로 꼽는다. 시장주의는 시장이 개인에게 선택의 자유를 풍부하게 제공하고 그럼으로써 개인의 자유 신장에 도움이 된다고 믿는다. 정말이지 자본주의 시장에 나가보면 별별 것이 다 있다. 그야말로 없는 게 없다. 확실히 사람들은 시장에서 풍부한 선택의 자유를 만끽한다. 예컨대 같은 구두라도 온갖 다양한 모양과 색깔로 소비자들의 다양한 구미를 최대한 충족해 준다. 빨간 구두를 원하는 사람에게는 빨간 구두를, 하얀 구두를 원하는 사람에게는 하얀 구두를 공급해준다. 대다수가 까만색 구두를 신는다고 해서 노란색 구두를 원하는 소수에게 결코 까만색 구두를 강요하지 않는다. 시장에 다수의 판매자가 경쟁하는 덕분에 각 소비자는 마음에 들지 않는 가게에 억지로 드나들 필요가 없다. 그렇다면, 정치권은 어떤가. 국회의원 선거 때 투표장에 가봐야 표를 찍어줄 만한 후보자가 전혀 없는 때도 있고, 설령 내가 정말 원하는 후보가 있어서 표를 던진들 그가 당선된다는 보장도 없다. 내가 아주 싫어하는 후보가 당선되는 날이면, 그의 거드름 피는 꼴을 4년 내내 참고 견디어야 한다. 시장에서는 이같이 싫어하는 것을 억지로 강요당하는 일은 있을 수 없다. 원하는 게 있으면 사면되고, 싫은 것은 사지 않으면 그뿐이다.

시장주의자는 시장이 비교적 공평한 제도라고 생각한다. 우선, 시장은 사람을 차별대우하지 않는다. 라면을 살 때 경상도 사람이라고 비싼 가격을 부르고 전라도 사람이라고 싼 가격을 부르지 않는다. 시장은 능력 있는 사람에게 능력에 맞게 대우한다. 유능하고 부지런한 사람은 시장에서 돈을 많이 번다. 기본적으로 시장은 평준화시키는 경향이 있다. 돈 많이 버는 직장은 그만큼 사람을 바쁘고 고달프게 만들며, 보수가 적은 직장은 그만큼 사람을 덜 고달프게 만들거나 여가를 많이 가질 수 있게 해준다.

대체로 보아 시장주의자는 만장일치로 합의된 것 이외에는 공익의 개념을 잘 인정하지 않는다. 그래서 시장주의는 공익의 이름 아래 개인의 이익을 희생시키는 행위나 정책에 매우 강한 거부반응을 보인다. 설령 공익이 존재한다고 해도 굳이 정부가 나서야 한다고 보지 않는다. 시장주의는 정부의 팽창을 극히 경계하며, "정부의 실패"를 강조한다.[2] 비록 시장에 문제가 있다고 해도 이것이 자연스럽게 정부개입을 정당화하는 것은 아니라고 시장주의자는 강조한다. 정부의 실패로 인한 사회적 해악이 시장의 실패로 인한 사회적 손실보다 더 클 수가 있기 때문이다.

현실에 대한 인식과 방법론: 개인의 합리성과 시장의 원리

대체로 보아 시장주의자는 인간이 합리적으로 자신의 이익을 추구하는 존재라고 굳게 믿는다. 여기에서 말하는 '합리적'이란 주어진 목표(즉, 개인의 이익)를 가장 잘 달성하는 수단을 안다는 뜻이다. 이런 합리성을 철학에서는 도구적 합리성이라고 한다. 인간이 합리적 존재라는 가정은 경제학의 가장 기본적인 가정이요, 처음과 끝을 관통하는 가정이다. 사실은 인간이 그리 합리적이지 못하다는 증거를 첨단 과학자들이 수없이 많이 제시하고 있음에도 불구하고 경제학자들이 끝까지 고집하는 가정이기도 하다. 인간의 합리성을 바탕으로 하는 경제학이 시장주의의 이론적 배경을 형성한다. 개인이 합리적임을 믿는 까닭에 시장주의는 개인의 자율적 선택을 최대한 존중할 것을 요구한다. 각 개인이 자유스럽게 사익을 추구하게 내버려 두면 "보이지 않는 손"에 의해서 전체의 이익도 증진된다고 보기 때문이다. 시장주의는 개인의 이기심을 정당화하고 이를 사회발전의 밑거름으로 삼는 사상이라고 할 수 있다.

이같이 개인의 합리성을 굳게 믿다 보니, 시장주의자는 시장에서 자연스럽게 형성되는 가격을 정당하게 생각하는 경향이 있다. 부동산가격을 비롯한 모든 상품의 가격은 구매자와 판매자들이 합리적 판단 아래 자유스럽게 거래한 결과로 시장에서 자연스럽게 형성된 지표이다. 달리 말하면 시장에서 자연스럽게 형성된 가격은 경제주체들의 합리적 선택의 결과라는 것이다. 그런 것을 놓고 너무 비싸니 아니니 하면서, 시비를 거는 것은 인간의 합리성과 자유에 대한 도전이라고 시장주의자는 생각한다. 물론, 현실의 시장에서는 가격이 왜곡됨으로써 해당 상품으로부터 국민이 누리는 순이익이 극대화되지 않을 수도 있다. 가격을 왜곡하는 중요한 요인은 각종 독점적 요소들이다. 독점이 문제가 되는 이유는 국민의 이익이 아닌, 특정인의 이익을 위해서 가격이 조작된다는 점이다. 그런데 시장주의는 그 독점적 요소가 주로 정부의 과도한 시장개입에 기인한다고 본다. 그래서 시장주의는 특히 정부와 결탁한 독점적 영향력을 배격하면서 정부의 역할을 최소화하는 '작은 정부' 혹은 '최소 정부'를 강력하게 지지한다. 그러나 시장주의자는 말로는 독점을 질타하면서 실제로는 우리나라의 재벌이나 대기업의 독점적 영향력에 대하여 대단히 관대하다는 비판도 받는다. 이들은 독점적 요소로 인한 사회적 해악보다는 대기업의 높은 생산성으로 인한 경제적 이익이 더 크다고 믿는 경향이 있다. 그래서 재벌을 포함한 우리나라 대기업이 토지투기로 엄청난 이익을 보고 있음에도 불구하고 이를 질타하는 시장주의자는 보기 힘들다.

어느 사회나 산적한 사회적 문제들을 안고 있다. 시장주의는 시장의 원리를 최대한 활용해서 사회적 문제들을 해결할 것을 촉구한다. 흔히 말하는 시장원리의 핵심적 내용은 크게 세 가지이다. 그 첫째는 거래를 통한 상호이익 증진의 원리이다. 모든 사람이 자유롭게 거래하도록 여건을 조성해주면, 모두에게 이익이 되는 결과를 얻게 된다. 시장에서 거래했다는 것은 거래 당사자 모두에게 이익이 있었다는 얘기다. 사람들은 제각기 자기 이익만 생각하고 시장에 나가지만, 결과적으로 모두의 이익이 증진된다. 100만 명이 시장에서 거래했으면 100만 명 모두의 이익이 증진된다. 시장이란 자유스러운 거래를 통해서 상호이익을 도모하는 장소 혹은 방식이라고 말할 수 있다. 비단 경제문제뿐만 아니라 다른 사회문제도 이해당사자들 사이의 자발적 타협을 바탕으로 모두에게 이익이 되는 방향으로 해결해야 한다는 것이 시장주의의 핵심 주장이다.

시장원리의 두 번째 핵심은 경쟁의 원리다. 시장주의가 말하는 시장은 자유경쟁시장이다. 경쟁이 있어야 발전이 있게 되는데, 시장에서는 자유경쟁 덕분에 사람들이 열심히 일하게 되며, 좋은 상품과 서비스를 제공하려고 노력한다. 결과적으로 좋은 상품과 서비스가 생산된다. 시장은 바로 그런 자유경쟁을 바탕으로 한 제도이다. 시장주의자는 이 경쟁의 원리를 최대한 살려야 한다고 주장한다. 그래서 공무원 사회뿐만 아니라 대학 사회에도 경쟁의 원리를 도입할 것을 촉구한다. 불로소득이니 특혜니, 부당이득이니 하는 것들이 대부분 경쟁이 제대로 이루어지지 않을 때 생기는 병폐들이다. 경쟁이 제대로 되어야만 시장에서 가격이 가격으로서의 구실을 하게 되며 그래서 결과적으로 한정된 인적·물적 자원들이 적재적소에서 잘 이용될 수 있다고 시장주의자는 말한다.

시장원리의 세 번째 핵심은 경제적 동기의 원리다. 어느 사회나 그 사회가 잘 굴러가기 위해서는 상벌체계가 잘 확립되어 있어야 한다. 즉, 사회적으로 바람직한 행위에 대해서는 반드시 응분의 상을 주고 반대로 사회적으로 바람직하지 않은 행위에 대해서는 정확하게 징벌을 내리는 신상필벌(信賞必罰)의 풍조가 확립되어 있어야만 사회가 제대로 잘 돌아갈 수 있다는 것이다. 시장도 결국 상벌체계의 일종이다. 시장에서는 고객의 욕구를 잘 만족시키는 상품을 생산하는 기업은 돈을 많이 벌게 되며, 반대로 그렇게 하지 못하는 기업은 도산한다. 돈을 번다는 것이 무엇인가? 사회가 시장을 통해서 상을 준다는 뜻이다. 도산한다는 것은 사회가 시장을 통해서 벌을 내린다는 것이다. 바로 이런 상과 벌 탓으로 기업은 값싸고 질 좋고, 고객의 마음에 쏙 드는 상품을 생산하려는 강력한 동기를 갖게 된다. 노동자들도 열심히 일하면 이에 상응해서 높은 보수를 받으며, 게으름 피우면 실업의 벌을 받는다. 시장은 이같이 돈으로 상과 벌을 준다는 데에 그 특징이 있다. 이 상과 벌이 곧 모든 경제활동을 조절하는 경제적 동기가 된다.

시장주의는 시장이 탁월한 정보 제공, 수집, 처리 장치임을 강조한다. 시장에서는 단순히 많은 정보가 수집되고 전달될 뿐만 아니라, 유용한 정보가 자연스럽게 노출된다. 누가 라면을 좋아하고, 누가 개고기를 좋아하며, 누가 음란 비디오를 좋아하는지, 시장에 가보면 훤하게 알 수 있다. 사람들은 시장에서 그들의 자유로운 선택을 통해서 자신의 선호를 스스로 노출하며, 이 정보는 필요로 하는 사람들, 예컨대 돈벌이에 여념이 없는 사람들에게 즉각 전달되고 효과적으로 처리된다. 문제를 잘 해결하기 위해서는 우선 정확하고 풍부한 정보의 확보가 필수적이다. 다른 문제도 아닌, 사회문제에 관해서는 특히 더 그렇다. 이런 점에서 보면, 시장처럼 사회문제를 효과적으로 잘 해결해줄 수 있는 잠재력을 가진 제도적 장치는 이 세상에 없다고 시장주의자는 말한다.

그래서 설령 어떤 사회문제에 대해서는 어쩔 수 없이 정부가 주도하여 해결한다고 하더라도 시장주의는 시장의 원리를 최대한 활용할 것을 요구한다. 예를 들면, 정부가 환경문제를 다룰 때도, 경제적 동기의 원리를 최대한 활용해서, 환경을 파괴하는 행위에 대해서는 파괴의 정도에 비례해서 엄격하게 금전적 불이익을 주고, 반대로 환경을 개선하는 행위에 대해서는 개선의 정도에 비례해서 금전적 이익을 주는 정책을 펴라고 주문한다. 시장주의는 자본주의 경제가 정상적으로 작동하게 해주는 가장 중요한 제도적 요소는 사유재산권 제도라고 본다. 사유재산권이 잘 보장되면, 제도나 법률 등 시장경제가 원활히 작동하는데 필요한 나머지 것들은 자연스럽게 뒤따르게 된다고 본다.[3]

토지에 관한 시장주의 주장

토지 및 부동산에 관한 시장주의의 가장 큰 특징은 철저하게 개인의 시각에서 토지문제나 부동산 문제를 본다는 것이다. 정작 토지를 이용하는 사람은 어차피 각 개인이다. 그렇다면 사회 전체의 입장은 별 의미가 없다. 오직 개인의 입장만이 큰 의미가 있다. 각 개인의 시각에서 토지를 보면, 부동산 전문가들이 흔히 강조하는 토지의 특성들이 대부분 부정된다. 예를 들면, 토지의 특성으로 부동산 전문가들은 공급의 고정성 혹은 부증성을 첫 번째로 꼽는다. 우리나라의 국토 면적은 99,500km^{2}로 고정되어 있고, 제주도의 면적은 1,845km^{2}로 고정되어 있다는 식이다. 우리 국민 전체의 시각이나 제주도민 전체의 시각에서 보면 분명히 그렇다.

하지만, 각 개인의 시각에서 보면, 공급이 고정되어 있다고 볼 수 없다. 돈만 있으면 각 개인은 토지를 얼마든지 다른 사람으로부터 공급받을 수 있다. 돈이 없어서 그렇지, 땅이 없어서 못사는 일은 없다. 토지이용규제만 풀리면 농지가 대량 상업용이나 공업용으로 전용될 수 있다. 2012년 말 현재 우리나라 국토의 64.1%가 산림지요, 20.0% 정도가 농경지이고, 공장용지를 비롯한 도시용 토지는 7%에 불과하였다.[4] 만일 농지가 자유롭게 전용될 수만 있다면, 공장을 짓고 싶어 하는 개인은 돈만 마련하면 공장용지를 거의 무한정 공급받을 수 있다. 시장주의는 토지공급의 고정성을 부정할 뿐만 아니라 한 걸음 더 나아가 토지나 부동산이 그런 특성을 가지지 않도록 해야 한다고 주장한다. 즉, 각 개인이 원하면 얼마든지 땅을 살 수 있도록 공급이 신축성 있게 늘어날 수 있게 해야만 한다는 것이다. 그래야 남보다 땅을 더 잘 이용할 능력을 갖춘 사람들이 더 많은 땅을 가지게 될 것이며 결과적으로 국토가 효율적으로 이용될 수 있다고 보기 때문이다.

토지는 자연적으로 인간에게 주어졌으므로 모든 인간은 그런 대자연의 은총을 똑같이 누릴 자격을 가지고 있다는 식의 주장을 시장주의자는 배격한다. 그런 주장이 국토의 효율적 이용에 도움이 되지 않기 때문이다. 현실적으로 많은 토지소유자가 열심히 일해서 번 돈으로 땅을 사서 보유하게 되었다고 생각한다. 이들에게 토지는 하늘이 내려준 공짜가 아니다. 토지에 대한 개인의 소유권을 확고하게 보장해주어야만 토지를 더 잘 이용하려는 동기가 형성되며, 모든 토지소유자가 이런 경제적 동기를 가질 때 대한민국의 토지가 보다 더 효율적으로 이용될 수 있다고 시장주의는 주장한다. 어느 시장주의자는 "땅은 사유재산이다."라고 주장하지만, 그 속내를 들여다보면 사실은 "땅은 사유재산이어야 한다."고 말하고 있을 뿐이다.[5]

우리 국토를 효율적으로 이용을 위해서는 어떻게 해야 할 것인가? 토지이용을 최대한 시장에 맡겨야 한다는 것이 시장주의자의 지론이다. 우리나라의 3,800만 필지 각각이 최선의 용도에 이용될 때 비로소 우리 국토가 효율적으로 이용되었다고 할 수 있는데, 그러기 위해서는 각 필지를 가장 잘 이용할 수 있는 사람에게 이용권을 주면 그만이다. 그러면 그런 사람을 어떻게 알아낼 수 있을까? 3,800만 필지 각각에 가장 높은 가격을 치를 능력이 있는 사람을 찾아내면 된다. 토지에 대한 시장이 형성되면, 각 필지 별로 최고의 가격을 부르는 사람이 나타나게 되고 이용권이 자연히 이런 사람들에게 배정된다. 그러므로 국토의 효율적 이용을 위해서는 시장에서 토지가 자유롭게 거래되게 허용함으로써 토지의 용도가 시장에서 결정되도록 내버려 두어야 한다는 것이 시장주의자의 결론이다.

그러나 그렇게 하면 투기 때문에 부동산가격이 너무 비싸진다고 우려하지만, 투기가 왜 나쁘냐고 시장주의자는 반문한다. 시장주의자는 투기를 좋게 본다.

기본적으로 투기가 가격을 안정시키는 기능을 수행한다고 생각하기 때문이다. 농산물을 예로 들어보자. 가을 추수 때 쌀이 시장에 쏟아져 나오면 쌀값이 떨어지기 마련이다. 이대로 내버려 두면 쌀값은 폭락한다. 그런데 투기꾼들이 시세차익을 노리고 쌀을 대량 매입하기 시작하면 쌀값 하락세가 멈추게 된다. 결과적으로 폭락이 예방된다. 이듬해 늦봄에 시장에서 쌀이 슬슬 바닥나기 시작하면 쌀값은 올라간다. 이대로 내버려 두면 쌀값은 폭등한다. 그러나 쌀값이 적당히 올라갔을 때 투기꾼들이 미리 사재기해 두었던 쌀을 시장에 솔솔 풀기 시작하면 쌀값 상승세가 꺾인다. 결과적으로 폭등이 예방된다. 투기의 이런 가격 안정화 기능은 경제학 원론 교과서에도 나오는 얘기다. 시장주의는 지가 앙등이나 토지투기를 심각한 문제라고 보기를 거부한다. 따라서 지가 억제 및 토지투기 근절이 토지정책의 주된 목표가 될 수 없다고 주장한다.

투기가 부동산가격을 높여서 거품이 끼게 만든다는 주장에 대하여 시장주의자는 강하게 반박한다. 부동산가격 상승이 부동산투기를 조장하는 것은 사실이지만, 부동산투기 때문에 부동산가격이 정상 수준 이상으로 터무니없이 높아지지는 않는다는 것이다. 사람들이 부동산을 사는 근본적인 이유는 결국 부동산의 생산성이나 유용성 때문이다. 아무런 소용이 없는 토지나 건축물은 아무도 사려고 하지 않으며, 따라서 이런 것에 대해서는 투기 수요도 없다. 부동산투기도 결국은 부동산의 생산성 내지는 유용성 때문에 존재한다. 성공한 부동산투기는 거의 예외 없이 목 좋거나 장래성이 큰 부동산에 집중된다. 예컨대 미래 개발 가능성이 높은 토지에는 거의 예외 없이 투기꾼들이 몰려든다. 이런 사실들은 부동산투기의 원천이 부동산의 생산성 내지는 유용성임을 반증한다는 점을 시장주의자는 강조한다.

부동산투기로 인한 부동산가격의 앙등이 진정 걱정된다면, 부동산의 공급을 늘리면 그만이다. 인구에 비해 땅덩어리가 좁아서 땅값이 비쌀 수밖에 없는 면도 있지만, 정부의 각종 토지이용규제도 지가 상승에 큰 몫을 하고 있다고 시장주의자는 진단한다. 각종 규제가 토지공급의 발목을 묶고 있으니 땅값이 비쌀 수밖에 없다는 것이다. 많은 경우 '쓸데없는' 규제들이 우리나라 부동산가격을 '쓸데없이' 비싸게 만들었다는 것이다. 그래서 시장주의자는 토지이용의 효율을 위해서나 지가 안정화를 위해서나 정부의 쓸데없는 각종 규제를 과감하게 푸는 것이 급선무라고 주장한다.

많은 사람이 부동산투기로 인한 불로소득을 우려하고 있지만, 시장주의에 의하면 정부의 각종 쓸데없는 규제가 바로 그런 불로소득의 근본 원인이다. 예를 들면, 도시용 토지의 가격은 농지가격의 10배, 20배가 될 정도로 큰 차이가 나는데, 이런 큰 차이는 농지의 자유로운 전용을 가로막는 정부의 토지 관련 규제 탓이다. 그런 규제 덕분에 도시용 토지를 소유한 사람들은 가만히 앉아서 큰 특혜를 누리게 된다. 이런 특혜야말로 우리 사회에서 없어져야 할 불로소득이라고 시장주의자는 말한다.

사실, 시장주의자는 특혜라는 말은 잘 써도 불로소득이라는 말은 잘 쓰지 않는다. 흔히 말하는 불로소득의 개념이 매우 애매모호해서 자세히 뜯어보면 불로소득인지 아닌지 똑 부러지게 말하기 어려운 경우도 많다. 설령 불로소득이라는 게 있으며, 마땅히 사회적으로 환수해야 한다고 하자. 문제는, 그런 불로소득이 부동산에만 국한된 것이 아니라는 점이다. 주가가 많이 오르면 주식 투자한 사람은 가만히 앉아서 돈을 벌고, 외환시세가 올라도 외환을 가진 사람은 돈을 벌며, 배추 가격이 크게 오르면 배추 중간상은 큰 재미를 보는데, 이들의 추가 소득을 모두 불로소득으로 본다면, 사회적으로 환수해야 할 불로소득이 끝도 없이 많다. 2000년대에 들어와서 정부가 금리를 많이 내렸다. 뒤에서 다시 자세히 살펴보겠지만, 이자율이 떨어지면 부동산가격이 올라간다. 그렇다면 정부의 금리인하 조치는 불로소득을 양산하는 셈이다. 가격상승으로 인한 소득을 불로소득이라고 보고 이것을 국가가 환수한다면, 반대로 가격이 하락할 때, 해당 개인이 당하는 손실에 대해서는 국가가 보상해주어야 마땅하다. 시장주의자는 이런저런 예를 들어가며, 불로소득의 사회적 환수에 대하여 비판적인 주장을 편다.

시장주의는 지역 간 불균형이나 수도권 비대화가 심각한 토지문제라고 생각하지 않는 경향이 있다. 규모의 경제라든가 집적의 이익 탓으로 지역 불균형이나 수도권 비대화는 지극히 자연스럽게 발생하는 현상이라고 본다. 시장주의는 여기에서 한술 더 뜬다. 지역 불균형이나 수도권 비대화는 각 개인이나 기업의 합리적 선택의 결과이다. 누가 강제해서 개인이나 기업이 특정 지역에 몰린 것이 아니고 어디까지나 개인의 자유의사에 의해서 그렇게 된 것이다. 국가균형발전의 명분 아래 개인과 기업을 강제로 지방에 분산시키는 정책은 개인의 신성한 자유를 침해하며 인간의 존엄성을 모독하는 조치라며 시장주의자들은 강하게 반발한다.

③ 계획주의

가치관: 공익과 사익의 조화

계획주의는 사회의 운영이나 사회문제의 해결에 있어서 공적 계획, 특히 정부의 계획적 개입의 필요성 및 중요성을 강조하는 사상이다. 계획주의의 큰 특징은 공익정신이다. 공익이란 불특정 다수의 이익일 수도 있고 국민이 합의한 사회적 기본가치일 수도 있다. 다수 이익을 보호하는 것이 "최대 다수의 최대행복"을 달성하는 길이다. 이런 의미에서 2,500만 시민의 건강을 위해서 팔당 상수원을 오염시키는 개인의 경제활동을 강력하게 규제하는 것은 공익의 이름으로 정당화된다. 그렇다고 계획주의가 공익만을 고집하는 것은 아니다. 계획주의는 사익과 공익의 조화를 추구한다. 다만, 공익을 위해서는 어느 정도 사익의 희생이 필요하고, 사유재산권에 대한 공적 제한도 필요하다는 시각을 취한다. 사유재산권이 가장 잘 보장된다는 미국에서도 정부의 토지이용규제로 인한 개인의 손실을 보상하지 않는 경우가 많다.

사회계약이론에 의하면 국민이 합의한 것은 중요한 공익적 가치를 가진다. 예를 들면, 우리 국민 모두 골고루 잘 사는 것에 반대할 사람은 없을 것이다. 우리의 미래세대도 현세대 못지않게 잘 살아야 한다는 데에 이의를 제기하는 사람도 없을 것이다. 그래서 형평은 사회적 기본가치다. 자본주의 시장경제는 빈부격차를 심화시키는 경향이 있는데, 그렇다면 형평의 차원에서 정부가 계획적으로 가난한 사람들의 이익을 대변하며, 계획을 통해서 빈부격차의 완화를 위해 노력해야 한다. 바로 이런 형평성의 제고가 정부 개입의 중요한 명분이 된다. 형평 이외에도 자유, 정의, 국가의 위신 등 여러 가지 사회적 기본가치들이 있을 수 있다. 계획주의는 공익의 명분 아래 상충하는 여러 가치들 사이의 조화를 지향하며, 특히 효율과 형평의 조화를 강조한다.

계획주의자는 시장이 매우 공평한 제도라는 시장주의자의 주장을 단연 부정한다. 우선, 시장은 돈 없는 사람은 철저하게 배제한다. 돈 없는 사람들은 시장에서 사람대우도 받지 못한다. 시장은 가난한 사람들의 절실한 욕구는 묵살하면서, 부자들의 하찮은 욕구는 지극정성으로 떠받든다. 예를 들면, 가난한 사람들은 우유 한 잔도 못 먹는 판인데, 부잣집 마나님은 피부에 좋다면서 우유로 목욕한다. 시장에서 자연스럽게 형성된 가격을 정부가 통제하는 경우가 무척 많은 것이 사실인데, 이때 정부가 흔히 내거는 명분은 공익이다. 설령 개인들이 합리적으로 행동한다고 하더라도 시장에서 자연스럽게 형성된 가격은 공익을 제대로 반영하지 못할 수도 있다. 누구나 시장에서는 사익만을 생각한다. 국민경제를 염려해서 혹은 실업문제를 염려해서 일부러 시장에 나가서 물건을 사주는 사람은 별로 없다. 시장에서는 모두 자신의 이익만을 생각하고 선택하는 까닭에, 그 결과로 시장에서 형성된 가격도 사익을 주로 반영할 수밖에 없고, 이 과정에서 공익이 도외시될 가능성이 크다.

예를 들어보자. 한강 오염의 주범은 축산폐수라고 알려져 있다. 그렇다면 삼겹살 소비자들은 자신의 소비행위가 한강 오염의 한 원인이 된다는 점을 인식하고 삼겹살 구매를 적절히 자제해야 한다. 그래야 생산자도 삼겹살 생산을 적절히 줄일 것이며, 또한 그래야 하천오염도 적정수준으로 떨어진다. 하지만, 소비자들은 자기 자신의 즐거움만 생각하고 삼겹살을 구매한다. 자신의 소비가 한강의 오염을 더 심하게 한다고 생각하지 못한 채, 삼겹살을 맛있게 사 먹는다. 결과적으로 삼겹살 가격에는 한강의 오염 탓으로 2,500만 시민이 겪을 피해가 반영되지 못한다. 달리 말하면, 삼겹살 가격이 너무 싸서 소비자들이 과다 소비한 결과 한강의 오염은 점점 더 심해진다는 것이다. 이럴 때 정부가 나서서, 예컨대 환경세를 도입한다든가, 또는 기타의 방법으로 삼겹살의 가격을 적정수준으로 인상함으로써 공익을 대변해야 한다는 주장이 나온다.

현실에 대한 인식과 방법론

(1) 인간은 과연 합리적인가?

우선, 시장주의와는 대조적으로 계획주의는 개인의 합리성에 대하여 상당히 유보적이다. 개인이 합리적으로 생각하고 행동하지 못할 경우가 많다고 보기 때문이다. 시장주의자를 포함한 경제학자들은 인간이 합리적이라고 굳게 믿고 있지만, 그것은 어디까지나 믿음에 불과할 뿐 과학적 근거를 가진 것이 아니다. 심리학이나 인지과학의 전문가들은 인간이 그리 합리적인 동물이 아니라는 실증적 증거들을 수없이 많이 제시하고 있다.[6] 우리 인간의 두뇌는 이미 석기시대에 거의 완성되었다. 말하자면, 우리 인간은 석기시대의 두뇌를 가지고 현대의 복잡한 시대를 살아가고 있는 셈이다. 그러니 합리적이지 못한 행동을 수없이 많이 저지르면서 그때마다 후회하기를 반복한다.

그렇다면 계획주의는 어떤 근거로 개인의 합리성을 의심하는가? 합리적으로 행동하기 위해서는 선호부터가 합리적이어야 한다고 경제학은 가르치고 있다. 우선, 좋고 싫음이 분명해야 하는데, 이것을 완비성(completeness) 조건이라고 한다. 이것이 좋은지 저것이 좋은지 몰라 쩔쩔맨다면 합리적으로 행동할 수 없을 것이다. 그리고 선호에 일관성이 있어야 하는데, 이것을 이행성(transitivity) 조건이라고 한다. 예를 들어서, 라면보다는 햄버거를 더 좋아하고, 햄버거보다는 짜장면이 더 좋아한다고 하면, 라면을 제일 싫어하고 짜장면을 제일 좋아하는 것처럼 보인다. 그런데 짜장면보다는 라면이 더 좋다고 선호를 표명한다면, 이 사람은 과연 어떤 것을 가장 좋아하고, 어떤 것을 가장 싫어하는지 도대체 알 수가 없다. 이런 일관성이 없는 이상한 선호를 가진 사람은 합리적으로 행동할 수 없으며 남에게 이용당하기 딱 좋다.[7] 경제학자들은 완비성 조건과 이행성 조건을 충족시키는 선호를 "합리적 선호" 혹은 "잘 정돈된 선호(well-ordered preference)"라고 부르기도 한다. 그러나 사실 우리 주위를 둘러보면 합리적이라고 생각하기 곤란한 이상한 선호를 가진 사람들이 적지 않다. 담배나 술을 끊는다고 작심했다가 사흘도 못 돼서 다시 담배를 피우고, 술을 마시고 나서는 후회하고, 그러기를 반복하는 사람들이 얼마나 많은가. 진탕 놀다가 학기말 시험을 잡치고 나서 후회하는 일을 4년 내내 반복하는 대학생들이 얼마나 많은가. 오죽

하면 작심삼일이라는 말이 있을까. 다이어트와 폭식을 번갈아 하는 뚱보 여인도 있고, 두 남자를 놓고 고민만 하다가 둘 다 놓치는 아가씨도 있다.

사람이 합리적으로 행동하는 데에는 합리적 선호만으로 충분하지 않다. 통상 합리성이라는 말은 목적의식이 뚜렷하고 이것을 달성하는 최선의 수단을 알고 있음을 의미한다. 그렇다면, 늘 뚜렷한 목적의식을 가지고 행동하는 사람들이 우리 주위에 과연 얼마나 될까? 대학 입시 때 어느 학과를 지원할지 몰라 우왕좌왕하는 사람들이 얼마나 많은가. 결혼해야 할지 말지, 애를 낳아야 할지 말지, 결정하지 못하고 우물쭈물 세월을 보내는 사람들이 얼마나 많은가. 설령, 목적이 뚜렷해도 최선의 방법을 알기 어려운 경우도 너무 많다. 가장 좋은 방법을 알기 위해서는 현실에 대한 정확한 정보를 바탕으로 올바른 신념을 가져야 한다. 설령, 부동산투기로 돈을 벌어보기로 작정했다고 하더라도 잘못된 판단으로 돈을 날리기 십상이다. 특히 부동산의 경우 충분한 정보를 확보하기 무척 어렵다. 먼 미래가 걸려 있고 복잡한 요인들이 많이 작용하고 있어서 불확실한 것이 너무 많기 때문이다. 불확실할 경우, 남의 눈치를 보기 쉽다. 그래서 부동산투기의 경우, 특히 군중심리에 휩쓸리거나 떼 짓기(herd behavior)가 빈번한데, 이것을 합리적인 행동이라고 보기 어렵다.

더욱더 큰 문제는, 있는 정보마저도 특정인들이 독점하고 있다는 것이다. 정보를 많이 가진 사람은 정보를 덜 가진 사람을 이용해서 큰돈을 벌 수 있다. 앞으로 5년 후 어느 지역에 지하철이 지나간다는 정보를 재빠르게 입수한 사람이 이것을 모르는 사람으로부터 값싸게 토지를 매입해서 큰돈을 버는 일은, 우리 주위에서 흔히 목격하는 현상이다. 이같이 어떤 대상에 대한 정보가 거래 당사자 한쪽에 치우쳐 있는 현상을 경제학에서는 '정보의 비대칭성'으로 표현한다. 부동산 시장에서는 정보의 비대칭성 문제가 심각하다.

이러한 여러 가지 이유로 계획주의자는 사람들이 그렇게 합리적으로 선택하고 행동한다고 보지 않는다. 만일 비합리적 선호나 잘못된 신념 탓으로 개인이 합리적으로 선택하지도 못하고, 합리적으로 행동하지도 못한다면 정부가 나서서 개인들을 도와주어야 한다. 예를 들면, 초등교육이 자신에게나 주변 사람들에게 의외의 큰 이익을 준다는 것을 깨닫지 못하고 교육받기를 게을리하는 사람이 있다고 하자. 이럴 때 정부가 나서서 의무교육 제도를 실행함으로써 피교육자와 그 주변 사람에게 더 큰 이익을 줄 수 있다.

(2) 합리적 개인, 비합리적 집단: 죄수의 딜레마

사실 계획주의가 더 크게 문제 삼는 것은 개인의 문제보다는 집단의 문제다. 아무리 개인들이 합리적이라고 해도 그런 사람들로 구성된 집단도 합리적으로 선택하고 행동한다는 보장은 전혀 없다. 그래서 집단행동의 문제가 발생한다. 공짜로 즐기려는 욕심에 이끌려 각 개인이 이기적으로 행동하다 보면 모두에게 큰 이익을 안기는 집단행동이 좌절되는 일이 우리 주위에서도 흔히 나타난다. 예를 들어서, 매년 홍수피해가 발생하는 어떤 마을에서 홍수 대책으로 제방을 쌓기로 했다고 하자. 이때, ① 마을 사람 모두가 일치단결해서 제방 쌓기에 다 함께 열심히 일하면(즉, 모두가 협조적이면) 모두에게 이익이지만, ② 특정인은 놀고(즉, 비협조적이고) 나머지 사람들만 열심히 일한다면 그 특정인은 무임승차의 이익을 얻어서 최고로 좋고, ③ 반대로 특정인만 열심히 일하고(즉, 협조적이고) 다른 사람들은 가만히 앉아 놀기만 한다면 그 특정인은 큰 손해를 보며, ④ 그렇다고 모두 남이 해주기만을 바라고 가만히 앉아 있으면(즉, 모두가 비협조적이면) 제방을 쌓지 못하므로 모두 손해만 보게 된다. 이런 상황을 죄수의 딜레마 상황이라고 한다.

마을 전체의 시각에서 보면, 제방 쌓는 것이 최선이지만, 개인의 시각에서 보면 무임승차 하는 것(나는 놀고 다른 사람들만 열심히 제방을 쌓은 것)이 최선이다. 집단 전체의 시각에서 본 최선이 개인의 시각에서 본 최선과 달라진다. 마을 사람들이 모두 합리적이라면 저마다 꽁무니를 뺄 것이다. 왜냐하면 그러는 것이 각자에게 최선이기 때문이다. 이렇게 제각기 무임승차 이익만 생각하고 아무도 제방 쌓기에 협조하지 않는다면 결국 제방 쌓기에 실패하여 모두가 망하는 꼴을 당하게 된다. 즉, 집단이 최선에 이르지 못하게 된다. 이 제방 쌓기의 예에서 보듯이 집단 구성원들이 자신의 이익만 챙긴 결과 오히려 각 개인이 손해를 보는 현상을 흔히 '죄수의 딜레마' 문제라고 한다. 일반적으로, 집단 구성원의 단합이 꼭 필요한 상황에서 구성원들의 협동이 잘 이루어지지 않은 탓으로 집단이 원하는 최선의 결과를 이루지 못하는 문제를 집단행동의 문제라고 한다. 죄수의 딜레마는 집단행동 문제의 전형이다.

죄수의 딜레마 상황은 우리 주위에서 아주 흔하게 나타나는 현상이다. 우리의 가정을 보자. 두 부부가 서로 협조적이면 행복한 보금자리를 꾸려나갈 수 있다. 그러나 두 부부 중에서 한 사람은 가정에 헌신적인데, 다른 한 사람은 개판을 치면, 한 사람은 죽도록 고생하고, 다른 한 사람은 편안히 즐기기만 한다. 협조적인 사람은 비협조적인 사람에게 이용만 당하는 꼴이다. 만일 두 사람 모두 비협조적이면 가정은 파탄나고 모두에게 최악의 상황이 초래된다. 죄수의 딜레마 상황은 이렇게 가정에서도 전개된다. 다만, 이런 죄수의 딜레마 상황에 각자가 어떻게 대처하느냐에 따라 행복한 가정이 유지될 수도 있고 가정이 파탄날 수도 있다. 각자가 어떻게 대처할 것인지는 그 사람이 어떤 사람인가에 달려 있다. 만일 모두가 이기적이라면 결국 집단행동에 실패하면서 죄수의 딜레마에 떨어지는 반면, 이타적이라면 설령 죄수의 딜레마 상황에 있어도 집단행동을 통해서 모두 이익을 얻을 수 있게 된다. 예를 들어서 부부 각각이 자기 이익만 계산하면 이혼하기 쉽고, 상대방을 서로 배려하면 행복한 결혼생활을 하게 된다.

각 개인의 합리적 행동이 집단행동을 망침으로써 오히려 자신들도 손해를 보는 현상이 왜 발생할까? 죄수의 딜레마 상황에서 합리적인 사람은 우선 다른 사람들이 어떻게 행동할 것인지를 생각해 보고, 이에 따라 최선의 행동을 선택한다. 이것을 내쉬(Nash)전략이라고 한다. 우선, 다른 모든 사람이 열심히 일해준다고(협조적이라고) 하자. 만일 나도 함께 열심히 일하면(협조적이면) 나에게도 이익이 오지만, 협조하지 않고 가만히 있으면, 가만히 앉아서 이익을 얻으니 최고로 좋다. 따라서 협조하지 않는 것이 합리적이다. 이번에는 다른 사람들 모두 논다고(비협조적이라고) 가정하자. 이때 나만 일한다면(협조적이라면) 남을 위해서 나만 일방적으로 희생당하는 꼴이니 최악이다. 다른 사람들 모두 논다고 할 때, 나도 같이 논다면(비협조적이면) 비록 손해를 보지만 최악은 아니다. 따라서 다른 사람들이 비협조적으로 나오면 나도 비협조적으로 행동하는 것이 합리적이다. 결과적으로 죄수의 딜레마 상황에서는 다른 사람들이 어떻게 행동하든 나는 비협조적으로 행동해야 한다. 그러는 것이 합리적이다.

그러나 나만 합리적인 사람이 아니다. 다른 사람들 모두 합리적이다. 따라서 다른 사람들도 나와 똑같이 생각하고 똑같이 비협조적으로 행동할 것이다. 결과적으로 모든 사람이 제각기 비협조적으로 행동하게 된다. 하지만 한 가지 분명한 것은, 이렇게 모두가 비협조적으로 행동한 결과는 모두가 협조한 결과보다 모두에게 더 손해라는 것이다. 그런데도 모든 사람이 제각기 합리적으로 자신의 이익을 추구하다 보면 최선의 결과가 아닌, 모두가 손해를 보는 결과를 낳고 만다. 이것이 바로 죄수의 딜레마 문제다.

이런 결과를 수학적으로 증명한 유명한 경제학자이자 수학자가 바로 2015년 5월에 타계한 내쉬(John Nash)다. 그가 증명한 집단행동의 논리는, 각 개인이 이기적으로 행동하더라도 그 결과는 모두에게 최선이라는 '보이지 않는 손'의 논리에 정면으로 배치되는 주장이라서 경제학자들이 달갑게 여기지 않은 것은 당연하다. 그래서 반론을 펴는 경제학자들이 나타났다. 우리 주위에서 흔히 보듯이 성공적인 집단행동이 일나는지 가능하다고 이들은 주장한다. 즉, 서로 자주 접촉하는 사람들 사이에서는(경제학적으로 말하면, 반복게임에서는) 죄수의 딜레마 상황에서도 협소가 잘 이루어진다는 것이다. 하지만, 경제학자들의 이런 반론은 사람의 수가 적고 모든 사람이 늘 먼 미래까지 잘 내다보고 행동하는, 그런 특수한 상황에서나 통하는 얘기일 뿐이다. 이해관계자의 수가 많고 이들이 근시안적으로 행동하는 통상적 상황에서는 죄수의 딜레마가 빈번히 나타난다. 튼튼한 국방, 빈틈없는 치안, 쾌적한 생활환경, 정확한 일기예보, 도로, 제방, 신호등 등 소위 공공재나 준공공재의 공급이 걸려 있는 상황에서 특히 그렇다.

이런 공공재나 준공공재는 우리가 일상 살아가는데 꼭 있어야 하는 것들이지만, 이런 것들을 잘 확보하기 위해서는 집단적 협동이 필수적이다. 그러나 죄수의 딜레마 문제 탓으로, 개인들의 자율적 결정과 행동에 맡겨서는 이런 것들이 잘 확보되지 않는다. 그래서 수많은 공공재와 준공공재가 시장에서는 잘 공급되지 않는다. 즉, "시장이 실패"한다. 합리적이고 이기적인 각 개인은 다른 사람들이 해주기를 바라면서 자신은 슬쩍 빠지려고만 한다. 계획주의는 비록 개인들이 합리적이라고 해도 이들이 집단적으로도 합리적으로 행동하는 것은 아니라는 현실 인식을 바탕으로 한다. 이런 점에서 계획주의의 현실 인식은 시장주의의 현실 인식과 대조된다시장주의와는 달리, 계획주의는 시장에서 자연스럽게 형성된 가격에 절대적 권위를 부여하지 않는다. 만일 개인이나 집단이 합리적으로 행동하지 못한다면, 시장에서 자연스럽게 형성되는 가격도 합리적이라고 볼 수 없다. 달리 말하면 시장에서 자연스럽게 형성되는 가격에 비합리적인 요소가 배어 있다는 것이다. 공공재나 준공공재의 적정 공급에 시장이 실패하며, 시장에서 형성된 가격에 비합리적 요소가 끼어 있다면, 정부가 개입해서 무언가 해주어야 필요성이 있다. 왜 정부가 필요한가를 물을 때 "죄수의 딜레마를 해결하기 위해서"라고 대답하는 학자들이 많다. 계획주의는 효과적인 계획을 통해서만이 우리 사회에 만연한 죄수의 딜레마, 나아가서 집단행동의 문제를 극복할 수 있다고 주장한다. 이런 점에서 계획주의는 집단적 합리성을 추구한다고 볼 수 있다. 계획주의가 강조하는 계획에는 죄수의 딜레마를 효과적으로 해결하기 위한 절차와 방법들이 담겨 있다.

계획주의는 '보이지 않는 손'을 크게 신뢰하지 않는다. 설령 신뢰할 수 있다손 치더라도 '보이지 않는 손'은 너무 느려서 탈이다. 예를 들어서 불황이 닥쳐서 대량 해고로 수많은 사람이 실업자로 전락하였다고 하자. 물론, 2, 3년이나 4, 5년 참고 기다리면 시장주의자의 말대로 '보이지 않는 손'에 의해서 실업이 서서히 해소될 것이다. 하지만, 2, 3년이나 4, 5년 참고 기다리다 보면 수많은 사람이 굶어 죽거나 폐인이 되어 버린다. 그런 다음에 실업문제가 해결된다면 무슨 소용인가. 큰 희생을 당하기 전에 정부가 계획적으로 고용증대 정책을 펼 것을 계획주의자는 주문한다. 계획주의는 시장의 원리에 대하여 비판적이다. 시장주의에 의하면 시장에서의 자유로운 거래가 모두에게 이익이 되는 결과를 초래한다고 하지만, 실제에 있어서는 전혀 그렇지 않은 일이 빈번히 일어난다. 2,500만 수도권 인구의 상수원인 팔당 주변에 즐비한 음식점과 러브호텔을 예로 들어보자. 이들 업소의 주인들은 돈 벌어 좋고, 고객은 서비스를 받아 좋다. 그야말로 상호이익이 증진된다. 하지만 그 수많은 업소에서 흘러나오는 폐수는 상수원을 오염시킨다. 한쪽에서는 상호이익이 잘 증진되지만 다른 한쪽에서는 2,500만의 인구가 구정물을 마셔야 하는 날벼락을 앉아서 당한다. 무심코 던진 돌에 개구리가 맞아 죽는 격이다. 이같이 개인들 사이의 자유로운 거래가 모두에게 이익을 주지 않는 일이 시장과 그 주변에서 비일비재로 일어난다. 이것이 외부효과의 문제인데, 계획주의는 이런 문제가 날이 갈수록 기승을 부린다고 본다. 이런 문제를 해결하기 위해서 정부의 계획적 개입이 필요하다고 계획주의자는 강조한다.

토지에 관한 계획주의 입장

계획주의는 토지이용을 시장에 맡겨서는 국토이용의 효율을 이룰 수 없다는 확고한 믿음을 출발점으로 삼는다. 개인에게 토지를 마음대로 이용하게 내버려 두면, 토지소유자들은 돈이 잘 벌리는 용도(즉, 상품을 생산하는 용도)로만 이용하려고 하지, 사회적 가치를 많이 창출하는 용도로 이용하려고 하지 않는다. 예를 들면, 깨끗한 공기와 물, 아름다운 자연경관, 생태계 유지 등 공익적 가치를 위해서 토지를 자연 상태로 보전해 봐야, 토지소유자들에게 돈벌이가 되지 않는다. 그래서 토지의 용도를 토지소유자들이 마음대로 결정하게 내버려 두면, 공익적 가치를 창출하는 용도로 이용되는 토지가 점점 더 줄어들게 된다. 국토이용의 효율을 달성하기 위해서는 돈벌이에 이용되는 토지와 공익적 가치를 창출하는 토지가 적정비율로 확보되어야 한다. 계획주의자는 국토이용 계획에 의해서 그 적정비율을 달성해야 한다고 주장한다.

돈벌이가 잘 되는 용도로 이용되는 토지의 가격은 높다. 그러나 가격이 높다는 것이 가치가 많이 창출됨을 의미하는 것은 아니다. 특히 토지의 경우 가격과 가치가 크게 달라지는 경우가 많다. 국토의 효율적 이용을 위해서는 대한민국에 있는 모든 필지의 용도가 가격이 아닌, 가치에 따라서 결정되어야 한다. 그래야 공익적 가치를 공급하는 토지가 충분히 확보될 수 있다. 국토이용계획은 가치와 가격의 괴리를 극복하기 위한 수단이다. 미래에 대한 좋은 정보를 저렴한 비용으로 만들어내는 것이, 시장의 가장 중요한 기능 가운데 하나라고 시장주의자들이 말하지만, 시장은 개인의 돈벌이에 관한 정보만 주로 공급할 뿐 사회적으로 최선의 용도가 무엇인지에 대해서는 별로 많은 정보를 제공하지 않는다.

계획주의는 토지가 다른 자원과 구별되는 특성을 가진다는 인식 아래, 토지를 특별 취급하는 경향이 있다. 우선, 토지는 그 특성상 남에게 피해를 주지 않고 이용하기 매우 어려운 자원이다. 내 땅이라고 내 마음대로 공장을 지으면 주변의 불특정 다수에게 소음 피해와 대기오염피해를 입히게 된다. 내 땅이라고 내 마음대로 집을 짓다가는 이웃집의 조망이나 일조량을 가로막음으로 인해서 상당한 피해를 주게 된다. 서울 복판의 북한산 주위에 병풍처럼 둘러서 있는 고층아파트 단지나 한강 주변에 병풍처럼 서 있는 고층아파트 단지는 일반시민들이 북한산이나 한강을 보고 즐길 기회를 박탈함으로써 불특정 다수에게 상당한 피해를 준다. 이런 불특정 다수의 피해를 막기 위해서 토지의 계획적 이용이 꼭 필요하다고 계획주의는 주장한다. 계획주의는 앞장에서 거론된 여러 가지 토지문제 중에서 특히 난개발의 문제를 심각하게 보는 경향이 있다. 난개발이야말로 각 개인이 공익을 무시한 채 개인의 이익만을 추구한 전형적인 결과다.

외부효과를 포함한 난개발의 문제를 해결하는 방법에 관해서도 계획주의는 시장주의와 견해를 크게 달리한다. 경제학자나 시장주의자는 환경세나 부과금과 같은 경제적 동기 방법을 통해서 환경오염행위를 통제할 것을 권고한다. 그러나 계획주의자는 이런 권고가 현실감 없는 공리공담인 경우가 많다고 본다. 우선, 경제적 동기를 최대한 살려서 환경세나 부과금을 부과하자면 돈이 무척 많이 든다. 환경오염행위를 일일이 적발하고 피해의 정도를 제대로 파악하는 데는 엄청난 인력과 장비가 필요하다. 환경세나 부과금의 부과 및 징수에 드는 행정비도 적지 않다. 즉, 경제적 동기 방법에는 통상 막대한 거래비용이 소요되는데 시장주의자는 이를 너무 과소평가한다. 계획주의자는 경제적 동기 방법보다는 계획적 토지이용 및 토지이용규제를 더 선호하는 경향이 있다. 많은 경우 토지이용계획이나 토지이용규제가 훨씬 더 저렴하면서도 효과적인 방법이라고 계획주의자는 주장한다. 실제로, 선진국들 대부분은 경제적 동기 방법보다는 계획이나 규제를 더 빈번히 이용한다.

시장주의와는 달리 계획주의는 부동산투기나 지가 앙등을 심각한 사회문제로 받아들인다. 그러나 부동산세의 강화나 개발이익의 사회적 환수만으로 토지문제가 말끔히 해소된다고 보지는 않는다. 이런 점에서 계획주의는 뒤에서 설명하게 될 조지스트 패러다임과 구별된다고 할 수 있다. 높은 부동산세를 징수하고 개발이익을 잘 환수했다고 해서 난개발 및 환경파괴의 문제가 근원적으로 사라지는 것은 아니다. 토지세를 잘못 부과하다가는 오히려 난개발을 부추길 수도 있다. 이에 관해서는 뒤에서 다시 살펴보기로 한다. 어떻든, 계획주의자는 계획에 입각한 토지이용만이 난개발과 환경파괴를 효과적으로 해결할 뿐만 아니라 부동산투기나 지가 앙등을 잡는 데에도 보탬이 될 수 있다고 역설한다. 녹지나 공원, 공공시설을 위한 토지 등을 충분히 확보하고 건물들 사이의 적절한 거리 그리고 건물들과 자연과의 조화를 잘 구현하는 토지이용계획에 따라 토지를 개발한다면, 마치 개발이익을 사회적으로 환수한 것과 똑같은 결과를 얻을 수 있으며 토지투기도 어느 정도 차단할 수 있을 것이다. 물론 계획은 강력한 공권력의 뒷받침을 받아야 하며, 계획에 부합한 개인의 토지이용만이 허용되어야 한다. 토지에 관한 한 계획주의의 기본 입장은 "계획 없이 이용 없다."는 말로 요약된다. 토지이용에 관한 한 계획이 개인적 결정에 우선한다는 뜻에서 "계획고권"이라는 말을 쓰는 선분가도 있다.

개인의 합리성을 굳게 믿는 시장주의가 토지이용 문제를 각 개인의 시각에서 보는 한편, 집단적 합리성을 추구하는 계획주의는 사회 전체의 시각에서 토지이용 문제를 바라본다. 대한민국 국민 전체의 시각에서 보면 대한민국 국토는 우리가 만들어낸 것이 아니다. 그저 선조로부터 대대로 물려받은 선물이요 우리 민족의 터전이며 우리 미래세대에게 물려주어야 할 유산이다. 토지는 영속성을 가지기 때문에 현세대가 국토를 어떻게 이용하느냐에 따라 미래세대의 이익이 크게 손상될 수도 있다. 토지이용을 시장에 맡기면 미래세대의 이익이 무시되기 십상이다. 혹시 미래세대의 이익을 고려하는 토지이용자가 있다고 하더라도, 자신의 직계자손의 이익까지만 챙기지 남의 자손 이익까지 생각하면서 토지이용을 선택하는 사람은 별로 없을 것이다. 이같이 시장에서는 모두 자기 자신의 이익만 생각하고 토지를 거래하기 때문에 시장에서 결정된 지가에는 미래세대의 이익이 충분히 반영되지 못한다. 그렇다면, 미래세대의 이익을 누가 대변할 것인가? 정부가 해주어야 한다고 많은 학자가 주장한다. 이런 주장에 부응하여 계획주의자는 잘 짜인 계획을 통해서 미래세대의 이익을 보호해야 한다고 주장한다. 그래서 토지 얘기만 나오면 시장주의자와는 달리 계획주의자는 "백년대계"라는 말을 유난히 자주 꺼낸다.

4 조지스트 패러다임

가치관: 평등과 협동

조지스트는 헨리 조지(Henry George; 1839-1897)의 사상을 신봉하고 이를 현실에 전파하려고 노력하는 사람들을 지칭한다. 헨리 조지는 마르크스와 같은 시대에 살았던 미국의 경제학자이자 위대한 사상가다. 아마도 역사상 헨리 조지처럼 대중의 큰 인기를 끌었던 경제학자는 없을 것이다. 지금까지 수많은 경제학자가 수많은 경제학책을 써냈지만, 헨리 조지가 쓴 불후의 명저, 『진보와 빈곤』만큼 전 세계적으로 오랜 세월에 걸쳐 많이 팔린 저서는 없을 것이다. 135년 전(1879년)에 발간된 이 책은 이미 그 당시에 세계 8개국 언어로 번역되어 오늘날까지 수백만 부가 팔렸다고 한다.[8] 그래서 『진보와 빈곤』은 경제학의 베스트셀러 중의 베스트셀러로 꼽히고 있다.[9] 물리학자인 아인슈타인과 중국의 손문을 비롯한 세계 저명인사들이 이 책을 읽고 크게 감명받았다고 한다. 그러나 경제학자들 대부분이 잘 모르는 책이기도 하다.

시장주의자가 효율과 형평을 분리해서 생각하면서 효율에 압도적인 비중을 두는 경향이 있는 반면에, 헨리 조지의 정신을 이어받은 조지스트는 효율이 형평을 바탕으로 이루어지는 것이라고 본다. 불평등은 사회갈등과 분쟁의 주된 원인이요, 사회의 활력을 없애는 요인이기도 하다. 헨리 조지에 의하면, 사회갈등과 분쟁은 인간의 소중한 정신력을 비생산적인 일에 소모하게 하여, 더 살기 좋은 사회의 건설을 좌절시키는 주된 요인이다. 헨리 조지는 이것이 인류 역사의 교훈임을 누누이 강조하였다. 역사를 보면 수많은 나라들이 명멸했는데, 새로운 나라가 등장할 때는 으레 온 나라에 활기가 넘친다. 그러나 세월이 흘러 빈부격차가 벌어지면서 사회적 갈등이 끓어오르기 시작하면, 그 나라는 점차 활력을 잃게 되고 드디어 멸망한다. 헨리 조지는 평등한 상태에서 사회구성원들 사이의 협동이 곧 사회발전의 원동력이요 진보의 원동력이었다고 갈파하였다. 그렇다고 그가 사회주의자는 아니었다. 조지스트 역시 사유재산권을 존중하고 시장의 원리를 신봉한다. 조지스트 관심의 초점은 시장의 원리가 좀 더 잘 작동할 수 있는 풍토의 조성이다. 그러한 풍토에서 핵심은 시장에 나온 사람들 사이의 공정한 거래다. 이같이 사유재산권을 존중하고 시장의 원리를 인정한다는 점에서 조지스트 사상은 시장주의와 일맥상통한다. 조지스트들은 자신들이야말로 진정한 시장주의자라고 말하기도 한다. 조지스트는 기본적으로 신고전경제학의 사고방식을 가지고 있으면서 토지에 관해서만은 고전경제학의 사고방식을 견지하는 전문가들이라고 할 수 있다.

그런데도 많은 사람이 조지스트 사상과 시장주의가 정반대의 시각을 가진, 상반된 사상으로 생각한다. 아마도 토지문제를 놓고 이 두 패러다임에 속한 학자들이 격렬한 논쟁을 벌이기 때문일 것이다. 토지문제에 대한 이론은 헨리 조지 사상에 있어서 핵심이요 사실상 처음과 끝을 장식한다. 헨리 조지에 의하면, 토지의 사유화는 불공정한 시장거래의 주된 원인이요 불평등의 주된 원인이다. 토지 사유화는 진보의 원리가 작동하지 못하게 하는 주범이요 나아가서 나라를 망치는 주범이다. 그러므로 인류사회가 진보와 번영을 이루기 위해서는 토지 사유화로 인한 폐해를 차단하는 것이 가장 긴요하다는 것이 헨리 조지가 전달하려고 하는 주된 메시지이다. 헨리 조지의 이런 생각은 조지스트에게 그대로 전승되었다.

현실에 대한 인식

(1) 투기-지가 상승의 악순환과 경기변동

토지에 관한 조지스트 접근방법의 가장 큰 특징은 토지문제를 토지시장에 국한하지 않고 경제 전체의 흐름과 밀접하게 연결해서 파악한다는 점일 것이다. 조지스트는 토지문제를 단순한 토지이용 효율의 문제가 아니라 경기변동에 직결된 문제요, 사회정의에 관련된 문제라고 본다. 시장주의자가 주로 수요-공급의 논리로 토지문제를 다루지만, 조지스트는 경제성장, 실업, 물가 등의 거시경제적 변수와 토지이용을 한데 묶어서 다루고 있다. 조지시트가 이같이 큰 틀에서 토지문제를 보게 된 연유는 토지가 상품의 생산에 이용될 수도 있지만, 또한 재산 보유나 재산증식의 유용한 수단이 된다는 측면에 특별히 주목했기 때문이다. 토지는 귀금속, 주식, 채권, 은행예금 등 다른 투자 대상들의 좋은 대체재가 된다. 특히 과거 우리나라와 같이 부동산가격이 오랫동안 계속 뛰었던 나라에서는 토지를 포함한 부동산은 큰 자본이득을 가져다준다. 바로 이런 측면이 현실을 보는 조지스트 시각의 출발점이다. 자본이득이 충분히 크면 부동산이 좋은 투자 대상이 되면서 막대한 자금이 금융권으로부터 부동산 시장으로 흘러 들어간다. 반대로 자본이득이 떨어지면 부동산에 투입되었던 자금이 금융권을 통해서 산업부문으로 흘러 들어간다. 이같이 부동산의 자본이득은 부동산 시장과 금융권을 연결하는 고리의 역할을 한다.

시장주의는 토지에 대한 투기를 넓은 의미에서 상품에 대한 투기의 일종으로 보는 경향이 있다. 그러나 헨리 조지는 일찍이 토지투기와 상품투기를 엄격히 구별할 것을 요구하였다. 상품에 대한 투기는 해당 상품의 가격을 상승시킴으로써 상품공급을 증대시킨다. 이 공급증대는 다시 상품투기를 억제하는 요인으로 작용하므로 상품투기에는 내재적 한계가 있기 마련이다. 그러나 토지의 공급은 한정되어 있으므로 토지투기의 경우에는 상품투기의 경우에서처럼 자동제어 장치가 없다. 그러므로 토지투기의 경우에는 자기 상승이 투기를 조장하고 투기는 지가 상승을 더욱더 부채질하는 악순환의 반복이 가능해진다. 조지스트는 이런 악순환의 결과 토지를 포함한 부동산가격에 거품이 잔뜩 끼게 된다고 주장한다. 시장주의자와는 달리 조지스트는 부동산 시장에서 자연스럽게 형성된 부동산가격을 정당한 가격으로 인정하지 않는다. 달리 말하면 가격이 왜곡되었다고 본다는 것이다. 이 왜곡을 교정해야 하며, 그래야만 시장이 제대로 작동할 수 있다는 것이, 조지스트 주장의 핵심이다.

투기와 지가 사이의 악순환 논리를 연장하여 헨리 조지는 자본주의 경제가 주기적으로 시달려 온 경제 불황의 원인도 근본적으로 따져보면 바로 지가 상승, 특히 토지투기 탓의 지가 상승 때문이라는 독특한 경기변동론을 제시하였다. 미국의 경우를 보면, 호황이 절정으로 치달을 때는 투기성 지가 상승 역시 현저하였고 이어서 생산위축의 조짐이 나타남이 상례였는데, 일반적으로 이 생산위축 조짐은 지가 상승이 유난히 높은 지역의 수요 감퇴로부터 시작하였다는 것이 헨리 조지가 관찰한 결과다. 이런 헨리 조지의 관찰을 방대한 자료를 바탕으로 실증적으로 뒷받침한 연구가 있다. 해리슨(F. Harrison)의 연구가 그것이다. 국민소득에 관한 깊은 연구로 노벨경제학상을 받았던 쿠즈네츠(Simon Kuznets)

에 의하면, 미국경제는 대략 18~20년을 주기로 경기순환을 보였는데, 미국의 경기변동 추세를 분석해본 결과 해리슨이 발견한 규칙적인 현상은, 지가가 최고로 비싸진 1~3년 후 불황이 도래하며, 이 불황에 앞서 건축경기가 퇴조한다는 것이다. 미국의 지가 변동이 약 18년을 주기로 한다는 점도 발견하였다.[10] 토지투기자들의 평균 토지 보유 기간이 15~19년이기 때문에 지가 변동도 이같이 18년 주기를 이룬다고 해리슨은 풀이하고 이에 관한 많은 실증적 자료를 제시하였다. 건축경기도 대략 18년을 주기로 변동함을 해리슨은 확인할 수 있었다. 그러면, 지가와 경기변동 사이의 이런 규칙적 현상을 어떻게 설명할 것인가?

해리슨이 발굴한 많은 자료나 사례는 지가-건축경기-경제 불황 사이의 관계를 가장 잘 설명하는 변수는 역시 토지투기임을 보였다. 경기변동과 토지투기에 관한 해리슨의 주장은 다음 세 가지 내용을 핵심으로 한다. 첫째, 토지투기로 인한 지가급등이 곧바로 경제위기를 유발하는 것이 아니라 먼저 건설경기를 위축시킨다. 즉, 건설경기는 토지투기의 경제적 해악을 국민경제 전체에 전파하는 선날 장치라는 것이다. 둘째, 토지투기로 인한 지가급등은 국민경제의 가용자금을 토지시장에 집중시킴으로써 기업들의 자금 확보를 어렵게 한다. 이 결과 금리가 상승하고 이어서 투자가 위축된다. 셋째, 토지투기로 인한 지가급등은 주택가격 및 전세가와 건물임대료를 비싸게 함으로써 노동자 계층의 가계를 압박한다. 이 결과 한편으로는 국민의 절대다수를 차지하는 노동자 계층의 소비가 위축되며, 다른 한편으로는 노동조합이 임금 상승을 요구하면서 생산비 상승을 유발하게 된다. 해리슨의 자료에 의하면, 지가-건축경기-경제 불황으로 이어지는 이런 현상은 비단 미국뿐 아니고 세계 곳곳에서 관측된다. 사실 해리슨의 이 세 가지 주장은 그동안 여러 차례의 지가 파동을 겪어온 우리에게는 이미 익숙한 주장들이다. 토지투기와 지가급등의 조짐이 나타날 때쯤이면 으레 이런 세 가지 주장을 내용으로 하는 경고성 발언들이 언론매체에 뻔질나게 등장하기 시작한다. 시장주의자를 포함한 많은 경제학자가 조지스트의 이론을 무시하지만, 일반대중 그리고 이들을 대변하는 언론 매체에게는 오히려 조지스트의 이론이 더 큰 설득력으로 다가온다. 어떻든 토지투기와 지가급등 문제가 언론매체에 등장할 때마다 해리슨이 세 가지 주장에 입각한 정부의 '특단'의 조치들이 튀어나왔다. 이것이 우리나라 토지정책의 산 역사이기도 하다.

우리나라에서도 헨리 조지 이론에 따라 경기변동을 설명하려는 시도가 나타나서 관심을 끈 바 있다. 전강수 · 한동근의 연구가 그것이다.[11] IMF의 구제금융조치를 초래한 1997-8년의 금융위기는 불황과 실업의 엄청난 고통을 국민에게 안겨주기도 하였지만, 청천벽력처럼 기습적으로 밀어닥쳤다는 점에서 국민에게 주는 충격은 더 컸다. IMF 외환위기의 원인에 대한 사후 설명은 구구하다. 하지만 대부분의 설명은 관치경제, 과잉설비, 금융부실, 재벌의 중복투자, 등 귀에 익은 주제를 중심으로 전개된다. 그런 가운데 전강수 · 한동근의 연구는 IMF 외환위기의 근본적 원인을 토지투기 및 지가 파동에 두고 있다는 점에서 이색적이다. 이들의 연구는 IMF 외환위기 이전에도, 지가 상승기 직후에는 늘 경제 불황이 찾아왔다는 얘기로부터 시작한다. 우리나라는 1971년부터 1996년 사이에 5차례의 경제 불황을 겪었다고 한다.[12] 이 중 2차 불황은 1차 석유파동에 의해서 발생한 것이기 때문에 예외로 치고, IMF 외환위기의 근본적 원인을 토지투기 및 지가 파동에 두고 있다는 점에서 이색적이다. 나머지 4차례의 불황은 모두 토지에 대한 투기성 지가급등 직후에 발생하였다는 것이다. IMF 외환위기 때에도 그랬다. 92년과 93년에 마이너스를 기록하던 지가상승률이 94년부터 회복세로 돌아서면서 IMF 외환위기 직전까지 내리 3년 땅값이 오름세를 탔다. 전강수 · 한동근의 연구는 우리나라뿐만 아니라 태국, 인도네시아, 일본 등 우리나라와 흡사한 경제위기를 겪은 나라들은 모두 위기 이전에 심한 토지투기의 진통을 겪었다는 공통점이 있음을 지적하고 있다. 요컨대, 금융시스템의 취약성 그리고 이로 인한 자본의 비효율적 이용, 바로 이런 것이 누적된 결과가 IMF 외환위기로 나타났으며, 그 중심에 투기-지가 상승 악순환의 고리가 있었다는 것이다.

(2) 신용과 거품의 확대재생산

조지스트의 이론에서 또 하나 돋보이는 내용은 토지투기와 지가 상승 사이의 연결고리로 금융기관의 신용 창출을 지적하면서, 여기에 초점을 맞추어 경기변동을 설명하고 있다는 점이다. 시장주의자가 토지의 효율적 이용에만 집착하는 반면, 조지스트는 국민경제의 한정된 자본의 효율적 이용에 주목한다. 조지스트는 특히 80년대 후반부터 시작한 지가폭등이 금융기관의 부동산담보대출을 대폭 증가시킴으로써 거품의 확대재생산을 발동시켰다고 주장한다. 토지가 재산 보유 및 재산증식의 좋은 수단이 된다는 것은 토지가 좋은 담보물이 된다는 뜻이다. 지가가 상승할 때는, 금융기관이 보더라도 토지는 무척 매력적인 담보물이 될 뿐만 아니라 좋은 투자 대상이다. 우리나라나 일본의 금융기관 대출 중에서 토지 담보대출이 차지하는 비중이 무척 크다는 것은, 이미 잘 알려진 사실이다. 개인이나 기업이 토지를 담보로 잡힐 때, 평상시 은행은 시가의 70% 정도만 담보가치로 보고 이 값의 70% 정도의 금액을 대출해주기 때문에 개인이나 기업은 땅값의 약 50% 정도를 은행으로부터 대출받는 것이 보통이다. 땅값이 오르면 토지의 담보가치가 높아지므로 개인이나 기업은 금융기관으로부터 더 많은 돈을 대출받을 수 있다. 즉, 땅값의 상승은 직접적으로 금융기관의 대출 규모를 늘린다.

그러나 땅값의 상승은 다른 경로로 금융기관의 대출 규모를 크게 할 수도 있다. 특히 지가가 계속 높아질 때는 더욱더 그렇다. 땅값이 오른다는 보장이 있을 때는, 금융기관은 땅값의 50%보다도 더 많은 금액을 개인이나 기업에 대출해 주는 것이, 더 많은 수입을 올리는 길이다. 땅값 상승이 매년 반복되면 금융기관은 땅값 대비 대출금의 비율을 점점 더 높이게 되며 이 결과 똑같은 토지에 대한 대출 규모도 점점 더 커진다. 심하면 땅값의 100%에 해당하는 만큼 대출해주는 사태도 발생한다. 이같이 땅값 상승은 금융기관의 대출 규모를 2중으로 크게 한다.

개인이나 기업이 금융기관으로부터 대출받으면, 이 돈을 시설확장에 투자하거나 부동산 매입에 투자하게 된다. 그러면 토지 수요가 증가하고, 이 결과 땅값이 뛴다. 땅값이 뛰면 위에서 설명한 바와 같이 금융기관의 대출 규모는 2중으로 늘어난다. 대출 규모의 증대는 개인이나 기업의 투자를 증가시켜서 또다시 땅값을 올린다. 이렇게 지가 상승 → 금융기관의 대출 규모 증가 → 개인과 기업의 토지 수요 증가 → 지가 상승 → …의 순환과정이 연속적으로 이어지면서 땅값 거품의 확대재생산 과정이 반복된다. 금융기관을 중심으로 한 바로 이런 거품의 확대재생산 현상이 80년대 후반 일본에서 실제로 일어났었던 현상이다. 지가가 떨어지면 이와는 반대로 지가 하락 → 금융기관 대출 감소 → 지가 하락 …의 악순환이 반복되면서 거품의 붕괴과정이 벌어진다. 이 과정에서 주택개발업자, 부동산업자 등 토지 관련 기업들이 연쇄적으로 도산하며, 다른 한편으로는 토지를 담보로 한 금융기관의 막대한 대출이 부실채권으로 전락함으로써 수많은 금융기관이 도산하거나 경영 위기에 빠진다. 이렇게 되면 기업의 돈줄은 더욱더 막힌다. 바로 이런 거품붕괴 과정이 일본경제를 10년 이상의 장기 경기 침체의 나락으로 떨어뜨린 원인이었음은 이미 잘 알려져 있다.

전강수·한동근의 최근 연구는 일본뿐 아니라 우리나라에서도 지가와 국내 신용 창출 규모 사이에 서로 영향을 주고받는 관계가 있음을 확인하였다.[13] 이들에 의하면, 국내 총신용이 10% 증가하면 전국의 평균지가가 3% 높아진다. 달리 말하면, 국내 총신용의 지가 탄력성이 0.3이라는 것이다. 반대로 지가가 국내 총신용 규모에 영향을 주기도 한다. 다른 조건이 일정할 때, 지가가 10% 상승하면 국내 총신용이 약 2.6% 증가하며, 반대로 지가가 10% 하락하면 국내 총신용이 약 7.3% 감소한다는 것이다.

토지보유세의 대폭 강화

조지스트는 시장의 원리와 사유재산권을 적극적으로 옹호하면서도, 토지의 사유화는 배격한다. 하지만, 이미 사유화되어 있는 토지에 대하여 사유재산권을 박탈하는 것에는 반대한다. 헨리 조지 역시 사유화된 토지를 몰수해서 국유화하는 것은 결코 최선책이 될 수 없다고 주장하였다. 그런 조치는 토지에 대한 모든 사람의 동등한 권리를 표방한다는 대의명분에 부합할지 모르나, 우선 토지몰수는 사회정의에 저촉될 우려가 있고, 국유화는 사회에 필요 없이 큰 충격을 줄 우려가 있으며, 또한 필요 없이 정부의 기능을 확장할 우려가 있다는 것이다. 여기에서 시장주의자들처럼 헨리 조지가 정부의 비대화를 경계하였다는 점을 눈여겨볼 필요가 있다.

그러면 우선 헨리 조지와 그의 추종자들이 왜 토지의 사유화를 극력 배격하였는지, 그 이유부터 짚어보자. 위에서 살펴보았듯이 토지의 사유화는 토지투기와 지가 앙등의 원인이요 나아가서 경제 불황과 실업의 원인이기도 하지만 더 근본적으로 보면 토지의 사유화는 시장의 기본질서를 파괴하는 요인이 된다는 것이 헨리 조지의 확고한 생각이었다. 우선 상식적으로 생각해 보자. 마치 공기를 가진 사람과 껌을 가진 사람 사이의 흥정에서 공기를 가진 사람이 절대적 우위를 차지하듯이(공기가 없으면 모두 죽지만 껌은 없어도 상관없다), 토지를 가진 사람과 토지를 가지지 못한 사람 사이의 흥정에서도 토지소유자가 상대적으로 유리하다. 따라서 공정한 거래가 이루어질 수 없다는 것이다. 공정한 거래가 보장되지 않는다면 시장도 본연의 기능을 수행하지 못한다. 노동의 산물에 대한 사유권 인정은 모든 사람을 평등한 관계에 놓지만, 토지에 대한 사유권 인정은 사실상 인간의 평등을 부인하는 것이라고 헨리 조지는 역설하면서, 이것은 역사적으로도 증명됨을 보였다.[14] 헨리 조지에 따르면, 토지의 사유화는 인류사회의 진보의 원리인 "평등한 상태의 협동적 결합"을 어렵게 함으로써 궁극적으로 한 사회를 망하게 하는 씨앗이 된다.

이같이 토지의 사유화에 반대하면서 동시에 토지에 대한 사유재산권을 인정한다면, 어떻게 하자는 것인가? 토지에 대한 사유재산권을 표면상 인정하되 토지지대를 몰수하는 것이다. 헨리 조지의 말로는 "진실로 필요한 것은 토지의 몰수가 아닌, 지대의 몰수"이다. 여기에서 말하는 토지지대는 토지이용으로부터 얻는 순소득을 의미하는데, 고전학파나 헨리 조지는 이 순소득을 불로소득(잉여)으로 보았다. 이 토지지대를 몰수하기 위한 현실적 방안으로 헨리 조지는 토지단일세 제도를 제안하였다. 토지단일세 제도는 토지세를 제외한 다른 모든 조세를 없애고 정부의 재정은 오직 토지세만으로 충당하는 제도를 말한다. 이때의 토지세는 토지지대를 100% 환수하는 조세로서 주로 토지보유세나 지대세를 말한다. 토지지대를 몰수하면, 토지를 이용해봐야 아무런 이익도 얻지 못하는 것으로 생각하기 쉽다. 사실은 그렇지 않다. 토지세의 부과 대상은 토지이용으로부터 획득되는 순소득이다. 즉, 총소득에서 인건비, 자재비, 이자, 생산성 상승에 대한 정당한 보상, 토지경영에 대한 정당한 보수 등 일체의 세 경비를 제하고 남은 순소득으로서 고전경제학이 말하는 잉여 부분이나. 그야말로 순전히 토지소유권에 대한 대가를 말한다. 과연 그런 잉여가 존재하는지, 존재한다면 왜 존재하며 그 크기가 어느 정도인지에 관해서는 뒤에서 다시 자세히 살펴보기로 한다.

토지세만으로 충분한 재원을 마련할 수 없다는 반론이 제기되었지만, 거의 모든 생산성 및 소득의 증가는 땅값에 반영된다는 점을 생각하면 토지소득을

100% 환수하는 토지세의 세수는 결코 적지 않을 것이다. 설령, 세수가 충분치 않다고 해도 토지세 세수를 현저하게 초과한 정부의 지출은 정당하지 않다고 헨리 조지는 주장하였다. 이런 점에서 그가 "큰 정부" 옹호자가 아니었다고 볼 수 있다. 흔히 토지 사유화는 토지의 최적 이용이나 토지의 생산성 제고를 위해 꼭 필요하다고 말한다. 그러나 토지의 생산성을 높이는 데 필요한 것은 토지에 대한 사유권 인정이 아니라 생산성 향상의 과실에 대한 권리를 확고히 보장하는 것이다. 이런 맥락에서 오늘날의 조지스트는 토지보유세를 대폭 강화하는 반면, 다른 조세들의 대폭 감면을 요구한다. 예를 들면, 조지스트는 건물에 대한 조세에 반대한다. 건물에 과세하는 것은 건축 활동을 위축시킴으로써 장기적으로는 건물의 가격을 높인다고 보기 때문이다. 조지스트는 토지에 대한 양도소득세, 거래세, 취득세 등에도 반대한다. 뒤에서 자세히 살펴보겠지만, 양도소득세는 장기적으로는 전가되며, 거래세나 취득세는 토지거래를 위축시킨다고 보기 때문이다. 토지거래가 위축되면 건축 활동도 위축된다. 지가앙등과 토지투기를 원천 봉쇄하기 위해서 조지스트는 토지보유세와 더불어 개발이익환수제도 및 개발부담금제도 등 경제적인 수단을 강력하게 실시할 것을 주문한다.

5 마르크스주의

마르크스주의 가치관

마르크스는 인간다움이라든가 인간다운 삶을 유난히 강조하였다. 요컨대 자본주의는 인간을 인간답지 못하게 만든다는 것이 그의 지론이다. 마르크스에게 큰 학문적 영향을 미친 독일 철학자들은 동물과 구별되는 인간만의 고유한 본성을 유난히 강하게 의식하였다. 동물은 오직 개체의식만 가지고 있다. 이기심이나 자기중심주의는 동물적 속성이다. 그러므로 오직 자기만 생각하는 이기적 인간은 동물과 별로 다를 바 없다는 것이다. 인간만이 가진 바람직한 인간 고유의 본성(human essence)을 마르크스는 인간 잠재력이라고 표현하였다. 이 잠재력이 더 충실히 구현될수록 더 인간화되었다고 말할 수 있고, 반대로 이 잠재력의 발휘가 저해될수록 비인간화되었다고 볼 수 있다.

마르크스주의자는 소외라는 말을 자주 했는데, 쉽게 말해서 소외란 제도적 요인으로 인해서 인간 고유의 잠재력이 발휘되지 못한 결과 인간성을 상실한 상황을 의미한다. 마르크스는 체제나 제도가 달라짐에 따라 이 인간 본성이 발휘되는 정도가 달라진다는 점을 역설하였다. 자본주의 체제는 한정된 자원을 더 효율적으로 이용하게 함으로써 인류에게 전대미문의 물질적 풍요를 가져다준 것은 사실이지만, 또한 이에 대한 혹독한 대가를 치르고 있음도 사실이다. 이 세상에는 공짜는 없다. 마르크스주의자가 말하는 그 대가가 바로 인간성 상실이다. 점차 고도화되는 자본주의는 오히려 인간의 잠재력 발휘를 저해할 뿐 아니라 비인간화를 더 심하게 하는 체제로 바뀐다는 것이 마르크스의 자본주의 비판에 있어서 요체다.

예를 들면, 자본주의 체제는 사람을 이기적으로 행동하게 할 뿐만 아니라 이기적으로 행동하지 않고는 못 배기게 만든다. 시장은 이기적으로 행동하는 장소이다. 시장에서는 누구나 자기 이익만 챙긴다. 사실 자본주의 사회에서는 장바닥에서나 직장에서나 이타적으로 행동해봐야 손해 보기 일쑤다. 달리 말하면, 자본주의 체제는 인간을 동물처럼 생각하고 동물처럼 행동하게 함으로써 인간의 잠재력 발휘를 저해한다는 것이다. 시장원리의 핵심은 경쟁이다. 남이야 어떻든 자기 이익만 부지런히 챙기는 사람은 돈도 잘 벌고 떵떵거리며 잘 사는 반면에 남을 잘 배려하고 도덕적으로 행동하는 사람은 시장의 치열한 경쟁에서 배겨나기 매우 어렵다. 그래서 이런 시장의 압력에 끊임없이 시달리다 보면 사람들이 더욱더 이기적으로 변하고, 도덕적으로 무디어지며, 결국 상품의 노예, 돈의 노예로 전락하는 것이 자본주의 사회의 현실이다. 게다가 자본주의 사회에는 이기심이나 이기주의를 정당화하는 강력한 세력이 존재한다. 자본가와 시장주의자가 바로 그들이다. 이들의 주장은 정교한 경제학 이론으로 잘 무장되어 있다. 경제학의 "보이지 않는 손"의 논리는 은근히 이기심, 이기주의를 정당화한다. 이기주의를 정당화하는 것, 그 자체가 사람들을 이기적이고 비협조적으로 만든다. 이를 증명하는 실험 결과도 있다.[15]

개인의 자유를 으뜸으로 생각하는 시장주의자는 자본주의 시장이 개인에게 자유를 풍부하게 제공하며 개인의 자유를 가장 잘 보장해주는 제도라고 자랑한다. 하지만, 이들은 자유에도 여러 가지 종류가 있음을 간과하고 있다. 값진 자유가 있는가 하면 피상적 자유가 있다. 값진 자유란 개인의 잠재력 발휘에 도움이 되는 자유를 말한다. 마르크스주의에 의하면, 자본주의 시장이 풍부하게 제공하는 자유는 알맹이가 없는 피상적 자유에 불과하다. 사실, 시장에 나가보면 별별 것이 다 있다. 그야말로 없는 게 없다. 시장주의자의 주장대로 확실히 사람들은 시장에서 풍부한 선택의 자유를 만끽한다. 그러나 상품에 대한 폭넓은 선택의 자유는 인간 잠재력의 개발이나 발휘에 결정적 요소는 아니다. 사람들은 대부분 자신이 좋아하는 일에 몰두할 때 가장 행복하고 그 일을 성취하였을 때 가장 큰 보람을 느끼며, 진정 인간으로서 존재감을 느끼고, 삶의 의미를 느낀다. 보람 있는 일이 곧 잠재력 발휘의 가장 큰 계기요, 행복의 원천이다. 마음에 드는 옷이나 가전제품을 샀을 때도 보람을 느낄 수 있겠지만 그로 인한 행복감은 대체로 일시적이며 깊지 못하다. 보람 있는 일에 몰두하다가 목적을 달성했을 때의 뿌듯함과는 차원이 다르다. 그렇다면, 사람들이 원하는 일을 자유롭게 선택하고 마음껏 잠재력을 발휘할 수 있게 해주는 자유야말로 진정한 자유라고 할 수 있다.

하지만, 자본주의 체제는 이런 진정한 자유를 충분히 제공하지 못하는 나쁜 체제라고 마르크스주의자는 외친다. 자본주의 사회에서 노동자 대부분은 기업에 고용되어 있지만, 결국 이들은 기업에게 돈 벌어 주는 도구 역할을 한다. 달리 말하면 임금노동이나 하면서 나날을 보낸다. 이들은 좋든 싫든 그저 회사가 시키는 일만 묵묵히 할 뿐이다. 회사가 시키는 일의 내용이나 일 시키는 방법에 대하여 불평하면, 직장에서 쫓겨난다. 직장은 민주주의와는 거리가 먼 곳이다. 임금노동은 상품화된 노동이다. 상품화된 노동은 대체로 고되고 기계적이며 깊은 보람을 느끼지 못하는 노동이다. 그러니 직장인들 대부분은 잠재력 발휘와 큰 관계가 없는 일에 정신력과 체력을 소모한다. 자영업을 하는 기업인들이라고 해서 상황이 크게 달라지지 않는다. 많은 기업인이 돈벌이 스트레스에 시달리다 보니 이들 역시 잠재력 개발이나 잠재력 발휘의 기회를 많이 가질 수 없다. 직장인들이나 기업인들은 일터에서 푹푹 쌓인 스트레스를 상품시장이 제공하는 각종 향락과 소비재를 만끽하면서 해소하려고 애를 쓴다. 예를 들면, 음주문화, 노래방, 성행위, 전자오락, 도박, 식도락, 심지어 마약이나 환각제 등에서 낙을 찾으려 하고, 옷치장, 보석, 몸매 가꾸기, 집치장, 자동차치장 등 잠재력 개발이나 발휘에 큰 도움이 되지 않는 일에서 즐거움을 느껴보려고 한다. 그러다 보니 자본주의 사회의 많은 사람이 돈의 노예, 상품의 노예로 전락하고 있다. 돈에 죽고 돈에 살다 보니 '나'라는 것이 없어진다. 노예가 되는 자유가 무슨 자유인가.

그렇다고 마르크스주의가 자본주의를 전면 부정하는 것은 아니다. 다만, 자본주의가 그 역사적 사명을 다하였다고 본다. 이제 인간의 잠재력 발휘에 더 도움이 될 수 있도록 자본주의를 발전적으로 극복해야 한다는 것이다. 마르크스는 사회구성원의 참여를 바탕으로 민주적으로 운영되는 중앙계획을 통해서 사회구성원 각자의 생산적 활동을 전반적으로 조정해야 한다고 주장하였다. 하지만, 마르크스는 그의 그러한 제안을 현실에 옮길 구체적인 제도나 방안을 제시하지 못한 채 짧은 인생을 마쳤다.

민주적 중앙계획을 강조한다는 점에서 마르크스주의는 계획주의와 일맥상통하는 면이 있다. 그러나 계획주의는 자본주의 시장을 전적으로 인정함에 반해서 마르크스주의는 그렇지 않다는 점에서 다르다. 물론, 마르크스주의가 모든 종류의 시장을 거부하지는 않는다. 인류 역사 이래 시장은 인류와 함께 늘 있었다. 마르크스주의가 거부하는 시장은 토지를 비롯한 생산수단의 사유화를 허용하는 시장, 즉 자본주의 시장이다.

마르크스주의는 소득분배의 형평성이나 분배의 정의에 관해서는 강한 주장을 별로 하지 않았다. 많은 사람이 마르크스가 나름대로 어떤 뚜렷한 정의관에 따라 자본주의에 대하여 신랄한 비판을 가했다고 생각한다. 그러나 정확하게 말하면, 마르크스는 자본주의 사회가 정의롭지 못한 사회임을 강하게 암시는 했을망정 노골적으로 이를 표현하기를 삼갔다. 마르크스가 자본주의를 신랄하게 비판한 까닭은 정의롭지 못해서가 아니다. 빈부격차가 심해서도 아니다. 마르크스는 소득분배의 불평등이나 빈부격차가 자본주의의 근본적인 문제라고 생각하지 않았다. 소득분배가 골고루 잘 된다고 해서 자본주의가 안고 있는 근본적인 문제가 해소되는 것은 아니라고 주장하였다. 자본주의는 여러 가지 근본적인 모순을 안고 있는데, 노동이 상품화되고 자본가계급이 존재하는 한 이 모순이 없어지지 않는다는 것이다.

현실 인식

(1) "보이지 않는 주먹"

마르크스는 인간이 합리적임을 부정하지 않았다. 마르크스나 헨리 조지 모두 인간에 대하여 대단히 긍정적이었으며 인간의 잠재력을 무한히 신뢰하였다. 사람이 합리적으로 행동하기 위해서는 우선 현실을 올바르게 인식해야 한다. 그런데 마르크스에 의하면 자본주의 사회에는 국민 대다수가 현실을 직시하지 못하게 하는 여러 가지 방해 요소들이 있다. 소위 "이데올로기 산업"이 존재한다. 예를 들면, 각종 교육기관, 언론매체, 종교단체, 그리고 홍보 관련 각종 정부 기관들이 그것이다. 각종 교육기관은 은연중에 자본주의를 정당화하며 자본주의 폐해를 은폐하고 현실을 호도한다. 보수언론 매체는 현실을 왜곡 보도하는 데 중요한 역할을 한다. 종교는 사람들이 현재의 비인간적 처사를 참고 견디게 만들려고 하며, 비참한 생활에 위로를 줌으로써 한편으로는 자본주의 체제를 간접적으로 두둔하고 다른 한편으로는 인간의 상황에 대한 근본적인 개선이 아닌 다른 곳으로 사람들의 관심을 돌린다.

마르크스가 주로 문제 삼은 것은 집단의 비합리성이다. 자본주의 모순에 대한 마르크스의 설명은 집단의 비합리성에 바탕을 두고 있다. 마르크스에 의하면, 자본주의 시장의 가장 큰 특징은 불안정성이다. 그래서 경제위기가 주기적으로 도래한다. 경제위기가 왔을 때 개별 자본가들은 나름대로 합리적 방식으로 이에 대처하지만, 경제 전체의 시각에서 보면 장기적으로는 손해 되는 방식이다. 예를 들어, 경기침체가 오면, 기업들은 저마다 생산과 고용을 줄이고 몸을 움츠린다. 그러면 경기침체가 더 오래 지속되면서 사태가 더욱더 심각해진다. 이것이 자본주의의 발전적 해체를 불가피하게 하는 이유라고 마르크스주의자는 말한다.

이같이 집단의 비합리성을 강조한다는 점에서 마르크스주의는 계획주의와 일맥상통하는 면이 있다. 부동산 시장에서 거품이 형성되고 붕괴하는 과정도 집단적 비합리성으로 설명될 수 있다. 시장주의자들의 주장처럼 부동산 시장에서 각 투기꾼이 합리적으로 투기한다고 하지만, 이들의 투기가 합쳐서 부동산가격을 올리면 더 많은 투기꾼이 시장에 몰려들게 되고 그러면 가격은 더 오르면서 거품이 형성된다. 이같이 개별 투기꾼들의 투기가 합쳐져서 부동산가격을 합리적 수준 이상으로 올리더라도 이들의 투기를 자연스럽게 제어하는 장치가 시장에 내장되어 있지 않다는 것이 마르크스주의자의 주장이다.

마르크스주의는 시장주의가 주장하는 시장의 원리에 대단히 비판적이다. 이런 점에서 마르크스주의 패러다임은 조지스트 패러다임이나 시장주의 패러다임과 근본적인 차이를 보인다. 외부효과에 관한 정부의 역할을 강조한다는 점에서 마르크스주의는 계획주의에 동조하지만, 문제가 그 정도로 끝나지 않는다고 주장한다. 사실, 외부효과의 문제는 경제학자나 시장주의자도 인정하는 시장의 실패 현상이다. 마르크스주의자는 이보다 더 근본적인 문제가 있다고 주장한다. 마르크스주의는 '시장의 힘'이 자본주의 사회를 지배하며 보통 사람들의 일상생활을 옥죄고 있다고 본다. 경기가 나빠져서 기업이 도산하고 실업자가 양산될 때 국민이나 정부 모두 경기가 살아나기를 절실히 원하지만, 경기란 사람 뜻대로 움직여주는 것이 아님을 깨닫는 순간 많은 사람이 심한 무력감을 느끼게 된다. 예를 들어서 1997-98 IMF 외환위기 때 수많은 기업이 도산하고 수많은 노동자가 길거리로 내몰렸을 때, 이들은 속수무책으로 앉아서 당할 수밖에 없었다. 도산과 실업의 고통을 당한 사람들 대부분은 하루아침에 날벼락을 당하는 기분이었을 것이다. 이들에게 시장은 '보이지 않는 손'이 아니라 '보이지 않는 주먹'으로 느껴졌을 것이다. 시장은 분명히 인간이 만든 것임에도 불구하고 그 냉엄함 앞에 인간이 무릎을 꿇게 된다. 경쟁의 원리나 경제적 동기의 원리에 관해서도 마르크스주의는 무척 비판적이다. 마르크스가 자본주의를 비판한 가장 큰 이유는 자본주의 시장경제가 돈과 경쟁심으로 사람을 움직이는 체재라고 보았기 때문이다. 돈은 사람을 치사하고 더럽고 비참하게 만들며, 경쟁심은 인간관계를 파괴한다는 마르크스의 주장은 사실 많은 보통 사람의 마음속에 있는 느낌을 대변한 것에 불과하다.

(2) 올바른 가격: 사회구성원 모두를 잘 살게 만드는 가격

계획주의처럼 마르크스주의도 가격과 가치를 철저하게 구별하는데, 마르크스가 말하는 가치에서 핵심은 인간의 땀과 노력이다. 예를 들어서 화장품 한 통 생산하는데 평균 만원이라고 하자. 이 생산비 만원은 그 화장품 생산에 얼마나 많은 땀과 노력이 투입되었는지를 개략적으로 반영한다고 할 수 있다. 그 화장품이 시장에서 생산비보다 훨씬 높은 가격에 팔리면 회사가 큰 이윤을 남기게 된다. 화장품의 공급은 많이 늘어날 것이고, 그러면 시장가격은 하락할 것이다. 가격이 너무 하락하여 생산비를 크게 밑돈다고 하면, 공급 역시 대폭 감소할 것이다. 그러면 시장에서 가격은 다시 올라갈 것이다. 시장에서 화장품의 공급이 얼마나 늘어나고 얼마나 감소하느냐는 시장가격이 그 생산비로부터 얼마나 벌어지느냐에 달려 있다. 정상적인 시장에서는 화장품의 시장가격이 생산비를 크게 벗어나지 못한다. 시장에서 관측되는 상품의 가격은 부단히 오르락내리락하는데, 마르크스는 그 가격이 제멋대로 변동하는 것이 아니라 어떤 기준을 중심으로 변동한다고 보았다. 마치 물체에 무게중심이 있듯이 가격에도 무게중심이 있다는 것이다. 이 보이지 않는 무게중심이 마르크스가 말하는 가치에 해당하는 것으로서 상품생산에 투입된 인간의 땀과 노력을 반영한 것이다.

부동산 시장이 정상적이라면 아파트 가격에도 이런 무게중심이 있을 것이다. 아파트를 한 채 짓는데 한 평당 800만 원의 생산비가 들었다고 하자. 이 800만 원은 그 아파트 건설에 사람들이 얼마나 많은 땀을 흘렸고 노력을 기울였는가를 개략적으로 반영한다. 그러나 정작 그 아파트가 시장에서 거래될 때는, 이보다 훨씬 높은 가격이 형성되어서, 예컨대 시세가 평당 1,500만 원이라고 하자. 왜 이렇게 비싸졌을까? 수요-공급이론에 의하면, 아파트에 살고 싶은 욕망을 가진 사람들 그리고 아파트로 자본이득을 얻고 싶은 욕망을 가진 사람들이 경쟁하다 보니 그렇게 비싸졌다고 할 수 있다. 생산비를 초과한 부분은 대체로 인간의 욕망 탓으로 부풀려진 부분이다.

마르크스는 인간의 욕망이 매우 가변적이며 쉽게 조작된다고 보았다. 마르크스의 이런 통찰력은 오늘날 심리학이나 인지과학이 풍부한 자료를 바탕으로 증명한 것이다. 각종 광고나 상술은 인간의 욕망을 조작하는 수단이다. 마르크스는 그와 같이 가변적이고 쉽게 조작되는 것은 참된 가치를 구성하지 못한다고 보았다. 아파트생산비를 초과한 부분, 즉 평당 700만 원은 바로 가변적이고 조작할 수 있는, 인간의 욕망 탓으로 인위적으로 부풀려진 부분이므로 참된 가치를 형성하지 못한다는 것이다. 더욱이나, 그렇게 인위적으로 부풀려진 가격(평당 1,500만 원)은 다수의 서민에게 엄청난 고통을 주면서 특정인들에게 불로소득의 특혜를 주는 가격이다. 달리 말하면, 그 특정인에게 땀 흘려 노력한 것보다 더 많은 보상을 준다. 오직 땀 흘려 노력한 부분에 대해서만 보상하는 가격이 올바른 가격임을 마르크스주의자는 강조한다.

토지에 대한 마르크스주의 주장

조지스트사상 그리고 마르크스주의 모두 토지의 사유화를 극력 반대한다. 하지만, 마르크스주의는 토지의 사유화보다 더 근원적인 문제가 있다고 본다. 마르크스주의에 의하면, 자본주의는 모순으로 차 있는데 모든 모순의 근원은 노동의 상품화와 토지를 비롯한 생산수단의 사유화이다. 따라서 토지의 사유화를 완전히 없애더라도, 자본주의 사회가 안고 있는 많은 문제 중에서 한 가지 문제가 해결될 뿐이지, 자본주의가 안고 있는 근원적 모순이 해결되지는 않는다고 본다. 노동의 상품화와 다른 생산수단의 사유화가 인정되는 한 자본주의의 근원적인 문제는 여전히 남는다.

마르크스주의는 우선 토지를 보는 시각에서부터 조지스트 사상과 크게 다르다. 조지스트는 생산요소를 노동, 자본, 토지의 세 가지로 분류하면서 자본과 토지를 별개의 것으로 본다. 그러나 이런 분류는 잘못된 것이다. 마르크스주의는 생산요소를 크게 노동과 자본으로 분류하고 토지를 자본의 범주에 포함한다. 실제로 기업의 행태를 보자. 일단 상품생산으로 돈을 좀 벌면 기업은 이 돈으로 토지를 많이 사눈다. 토지는 은행의 융자를 받는데 요긴하게 쓰이기도 하고, 땅값이 많이 오를 때 팔아서 막대한 자본이득을 챙기는 좋은 수단이 되기도 한다. 그래서 기업은 상품생산으로부터의 통상적인 이윤뿐만 아니라 토지로부터의 자본이득까지 고려한 "결합 이윤"을 추구한다. 그러므로 상품생산으로부터의 이윤이 저조하더라도 땅값만 잘 올라가 주면 기업은 얼마든지 버틸 수 있다. 마르크스주의자는 자본축적의 논리가 토지에도 그대로 적용된다고 주장한다. 지가가 계속 올라가는 상황에서 토지는 자본축적의 좋은 수단이 된다. 사실, 과거 수많은 부실기업이 시장에서 쫓겨나지 않고 떵떵거릴 수 있었던 이유는 우리나라의 지속적 지가 상승 때문이었다. 지속적 지가 상승이 기업의 부실 경영을 키우는 요인이 되었으며, 장기적으로는 우리 경제의 경쟁력을 약하게 하는 한 요인이 되었다.

마르크스주의는 토지를 자본의 한 부분으로 간주하기 때문에 지주계급을 자본가계급의 범주에 속하는 것으로 본다. 마르크스주의 시각에서는 토지소유자와 자본가는 한통속이어서 구별이 잘 안 된다. 이들의 용어로는 지주계급은 내포계급에 속하며 자본분파이다. 따라서 토지소유자는 자본가계급의 의식과 원칙의 지배를 받는다. 헨리 조지가 생각한 자본주의 사회의 갈등 구조와 마르크스가 생각한 갈등 구조가 다르다. 헨리 조지는 자본가와 노동자의 연합전선이 지주계급에 대항하는 갈등 구조를 상정하는 반면에, 마르크스는 자본가계급과 노동자계급의 갈등 구조를 상정하였다. 지대로서의 토지소득을 몰수하다시피 하는 고율의 토지세를 부과하는 조지스트 방안에 대하여 마르크스주의는 긍정적이지만 그렇다고 적극적으로 지지하지는 않았다. 마르크스주의자는 생산수단 사유화의 철폐라는 큰 틀 안에서 토지 사유화의 철폐를 일관성 있게 요구한다.

토지에 대한 사유재산권이 잘 보장되어야만 토지의 효율적 이용이 가능해진다는 시장주의 주장을 마르크스주의는 부정한다. 토지가 국유화 혹은 공유화되어 있어도 얼마든지 효율적으로 개발되고 이용될 수 있다고 본다. 국유화 혹은 공유화된 토지가 효율적으로 잘 이용되는 사례는 매우 많다. 예를 들어 세계 금융의 중심지로 알려진 미국 뉴욕의 맨해튼 일대의 토지는 시유지이지만, 매우 효율적으로 개발되고 이용되고 있다. 싱가포르에서는 토지 대부분이 국유화되어 있고, 토지의 사유재산권에 엄격한 제약이 가해지고 있지만, 국민의 주거생활은 안정되어 있으며, 선진국 수준의 높은 생활 수준을 누리고 있다. 싱가포르는 관광의 세계적 명소가 될 정도로 토지이용이 잘 이루어지고 있는 나라다. 요컨대, 문제는 국가가 어떻게 토지를 잘 관리하는가이지 사유화의 여부가 아니라는 점이다.

물론, 이용할 수 있는 국토 대부분이 사유화되어 있는 상황에서 전 국토의 국유화는 현실적으로 불가능하다고 말할 수도 있다. 그러나 장기에 걸친 점진적 국유화는 얼마든지 가능할 수도 있다. 예를 들면 그동안 큰 사회문제가 되었던 개발제한구역(그린벨트) 안의 사유지를 장기에 걸쳐 정부가 서서히 매입하는 방안을 생각해볼 수 있다. 스웨덴에서 성공적으로 활용되었던 토지은행제도나 토지비축제도를 점차 확대해 나가는 것도 한 가지 방법이 될 수 있다. 이에 관해서는 뒤에서 다시 자세히 살펴보기로 한다.

미주

1 김균(1998), "하이에크와 신자유주의," 한국사회과학연구협의회 주최 1998 학술 심포지움.

2 정부의 실패에 대한 자세한 논의는 다음 문헌 참조:
이정전(2005), 『경제학에서 본 정치와 정부』, 서울: 박영사.

3 유철규(2002), "신자유주의", 김수행 · 신정완 편 『현대 마르크스경제학의 쟁점들』, 서울대학교 출판부.

4 국토교통부(2013), 「2013년도 국토의 계획 및 이용에 관한 연차보고서」, 23쪽.

5 김정호(2006), 『땅은 사유재산이다』, 경기도 파주시: 나남출판사.

6 이에 대한 자세한 내용은 다음 문헌 참조: 이준구(2000), 『인간 시장』, 서울: 법문사.

7 일관성이 부족한 선호를 가진 사람이 왜 남에게 이용을 잘 당하는가에 대해서는 소위 "돈 펌푸(money pump) 이론이 있는데, 이에 대해서는 다음 문헌 참조:
이정전(2005), 『경제학에서 본 정치와 정부』, 서울: 박영사, 제6장.

8 우리나라에서도 경북대학교의 김윤상교수가 이 책을 번역하여 출간한 바 있다.

9 Gilder, G. (1981), Wealth and Poverty, New York: Basic Books. p.42.

10 이에 대한 구체적 자료는 다음 문헌 참조: Harrison, F. (1983), The Power in the Land, London: Shepheard-Walwyn Ltd. p.64.

11 전강수 · 한동근(1998), "한국의 토지문제와 경제위기", 한국경제학회 주최 제8회 국제학술대회 발표 논문(8월 18일).

12 1차 불황은 1971년 초반에서 72년 초반까지; 2차 불황은 1974년 초부터 75년 초반까지; 3차 불황은 1979년 초부터 80년 후반까지; 4차 불황은 1984년 초부터 85년 후반까지; 5차 불황은 1992년 초부터 93년 초까지. 통계청의 발표로는 총 6차례의 불황이 있었다고 하지만, 이 연구에서는 1988년부터 89년까지의 불황은 사실상 불황으로 볼 수 없다고 간주하여 이를 제외하였다.

13 전강수 · 한동근(2003), "지가와 신용: 한국과 일본의 비교분석", 한국경제학회, 「경제학연구」 제51집 제5호.

14 뉴질랜드에 정착한 초기 백인 개척자들은 원주민으로부터 토지를 매입하는 데 많은 애를 먹었다고 한다. 부족 전체의 동의로 각 개인의 토지에 대한 권리는 사고팔 수 있어도, 태어나지 않은 미래세대들의 토지에 대한 권리는 그들 마음대로 할 수 없다고 버텼기 때문이다.

15 이에 대한 자세한 논의는 다음 문헌 참조:
이정전(2002), 『시장은 정말 우리를 행복하게 하는가』, 서울: 한길사.

04

토지의 특성과 그 정책적 시사점

1. 토지 용도의 다양성
   토지 관련법에 규정된 용도 / 토지 용도에 관한 경제학의 분류 / 생산요소용 토지 대 재산용 토지 / 소비재용 토지와 정부의 역할
2. 공급의 고정성(固定性)
   지가의 경제적 역할 / 소모적 경쟁과 지대소득
3. 토지의 영속성(혹은 내구성)
   토지가치와 지가 / 영속성과 토지이용의 효율
4. 토지의 비이동성 및 이질성
   비이동성과 불완전경쟁시장 / 비이동성과 이질성
5. 토지의 공공성

주요용어

- 토지용도의 다양성
- 공급 고정성(부증성)
- 영속성(내구성)
- 비이동성(이질성)
- 가치의 공공성
- 지목
- 도시지역
- 농림지역
- 자연환경보전지역
- 관리지역
- 생산요소용 토지
- 재산용 토지
- 소비재용 토지
- 현장자원
- 환경가치: 직접사용가치
- 간접사용가치
- 선택가치
- 비사용가치(존재가치)
- 수요의 가격탄력성
- 수요의 소득탄력성
- 공공재
- 불가역성
- 지대소득
- 토지가치
- 자본화 공식
- 공시지가
- 개발권
- 공공가치
- 우발이익
- 개발이익
- 토지개량공사
- 건부감가
- 건부증가
- 결정의 불가역성

04 토지의 특성과 그 정책적 시사점

1 토지 용도의 다양성

토지 관련법에 규정된 용도

토지의 가장 두드러진 특성은 그 용도가 무척 다양하다는 것이다. 금방 생각나는 용도라면 논, 밭, 집터, 운동장, 공원 등이 있지만 이 밖에도 수없이 많다. 지적법을 보면, 농경지, 산림지, 대지, 공장용지, 공공용지 등 총 24가지 지목(地目)이 있다. 따라서 우리나라의 모든 토지는 이 24가지 중에서 하나의 지목을 가지게 된다. 거의 모든 인간 활동이 토지 위에서 벌어지고 있으니 토지의 용도는 인간 활동의 종류만큼이나 다양할 수밖에 없다. 토지의 용도는 매우 다양할 뿐만 아니라 그 용도가 자주 바뀌기도 한다. 예컨대, 농지가 주거용 토지로 바뀌고 주거용 토지가 상업용 토지로 바뀌는 예는 우리 주위에서 흔히 볼 수 있다. 특히 임야가 농토나 주거용 토지, 혹은 공장용지로 잘 바뀐다. 그래서 특히 임야가 토지투기의 좋은 대상이 된다. 2008년 세계 경제위기 때도 주거 용지나 상업용지의 가격은 크게 떨어졌어도 임야 가격은 하락하지 않았을 뿐만 아니라, 다른 용지보다도 대체로 높은 가격상승률을 유지하였다([표 1-5] 참조).

[표 4-1]은 지적법이 분류하고 있는 토지 용도들을 보이고 있는데, 전 국토의 약 64.1%가 임야이고, 농경지가 20.6%로서 이 둘을 합친 것이 전 국토의 84.7%를 차지한다. 통상 우리가 집터라고 말하는 대지(垈地)는 전 국토의 2.8%에 불과하다. 1992년부터 2012년까지 20년 동안에 농경지와 임야는 각각 6.8%

와 2.2%씩 줄어든 반면, 공업용지는 181%나 대폭 증가하였고 대지도 41.3% 증가하였다. 한 가지 눈에 띄는 것은, 도로가 차지하는 면적이 대지의 면적보다 더 넓어서 전 국토의 3%를 차지하고 있다는 것이다. 도로 면적의 증가 폭은 대지 면적의 증가 폭을 훨씬 상회하는 57.6%였다. 그동안 너무나 많은 도로가 건설되는 통에 경제성도 떨어지고 환경파괴가 매우 심하다는 지적이 꾸준히 제기되어 왔다. 2005년에는 사후적으로 경제적 타당성이 없다고 판정된 도로 건설 사업에 대한 비난이 한창이었는데, 2006년 이후에도 도로 면적은 대지면적보다도 더 빠른 속도로 증가하였다.

국토이용에 관한 기본법인 「국토계획 및 이용에 관한 법」은 전국을 4가지 용도의 지역으로 나누고 있는데, 도시지역, 농림지역, 관리지역, 자연환경보전지역이 그것이다. 도시지역은 인구와 산업이 밀집되어 있거나 밀집이 예상되기 때문에 체계적인 개발, 정비, 관리가 필요한 지역으로서 다시 크게 주거용, 상업용, 공업용, 녹지용의 4가지 용도로 나뉜다. 관리지역은 종전 준도시지역과 준농림지역을 통합한 것으로, 도시지역의 인구와 산업을 수용하기 위하여 도시지역에 준하여 체계적으로 관리하고 보전하게끔 지정된 지역이다. 관리지역은 다시 계획관리지역, 생산관리지역, 보전관리지역으로 세분된다. 농림지역은 농림업의 진흥과 산림의 보전을 위하여 지정된 지역이며, 자연환경보전지역은 자연환경 · 수자원 · 해안 · 생태계 · 상수원 및 문화재의 보존과 수산자원의 보호 · 육성 등을 위하여 지정한 지역이다. 2013년 현재 총지정 면적의 46.6%가 농림지역으로서 가장 넓으며, 그다음이 관리지역으로서 25.4%이고, 도시지역은 16.6% 정도이다([표 4-2] 참조). 2006년에 비하면, 도시지역과 관리지역은 각각 3.2%, 4.3%씩 늘어난 반면, 농림지역과 자연환경보전지역은 각각 3.0%와 1.0%씩 감소하였다.

[표 4-2]는 2013년의 국토 용도와 2021년의 국토 용도를 비교하고 있는데, 도시지역과 관리지역이 약간 증가함에 따라 농림지역과 자연환경보전지역이 약간 감소하였을 뿐, 이 기간에 전반적으로 국토 용도에 큰 변화가 없었음을 보여주고 있다. [표 4-3]은 2021년 국토이용 현황을 보이고 있는데, 우리 국토의 63.2%가 임야이다. 대지의 면적은 3.3%로 도로의 면적보다 약간 작다.

「국토계획 및 이용에 관한 법」에 따라 지정된 지역 안에 있는 토지의 소유자는 지정목적에 적합하게 토지를 이용하여야 할 의무가 있다. 대체로 보면, 지적법의 토지이용 분류 방식은 토지이용 현황을 손쉽게 파악하는 데에 중점을 두는 방식이고 국토계획 및 이용에 관한 법의 분류 방식은 토지이용의 효과적 규제에 중점을 둔 것이다.

표 4-1 주요 지목별 토지이용 면적

(단위: km^2, %)

지목	1992	2006	2012	'92대비 증감
농경지	22,185(22.4)	21,125.6(21.2)	20,666.6(20.6)	-6.8%
산림지(임야)	65,688.9(66.3)	64,730.6(64.9)	64,216.4(64.1)	-2.2%
대지(垈地)	2,000.2(2.0)	2,574.5(2.6)	2,826.6(2.8)	41.3%
공장용지	289.6(0.3)	643.9(0.6)	813.8(0.8)	181.0%
공공용지	2,198.9(2.2)	3,015.1(3.0)	3,398.6(3.4)	54.6%
학교용지	195.8	267.7	292.5	49.4%
도로	1,888.3	2,625.9	2,976.5(3.0)	57.6%
철도용지	114.8	121.5	129.6	12.9%
하천	2,863.0(2.9)	2,823.9(2.8)	2,842.2(2.8)	-0.7%
기타	3,669.7(3.7)	4,764.4(4.8)	5,423.9(5.4)	47.8%
전국	99,010.3(100)	99,678.1(100)	100,188.0(100)	

자료: 국토교통부(2013),「국토의 계획 및 이용에 관한 연차보고서」.
주1: ( ) 안의 숫자는 전국 면적에 대한 비율임.
주2: 대지란 영구적 건축물 부지와 이의 부속 시설물의 부지 및 정원과 도시계획사업 기타 법령에 따른 택지조성사업으로 공사가 완료된 건축 예정지를 말함.
주3: 하천이란 자연유수가 예상되는 토지를 말함.

표 4-2 「국토계획 및 이용에 관한 법」에 의한 국토의 용도; 면적(비율)

(단위: km^2, %)

	2013년	2021년
도시지역 주거지역(전용주거, 일반주거, 준주거) 상업지역(중심상업, 일반상업, 근린상업, 유통상업) 공업지역(전용공업, 일반공업, 준공업) 녹지지역(보전녹지, 자연녹지, 생산녹지)	17,587(16.6)	17,787(16.7)
관리지역 보전관리 생산관리 계획관리	27,022(25.4)	27,359(25.8)
농림지역	49,488(46.6)	49,201(46.3)
자연환경보호지역	12,079(11.4)	11,861(11.2)

주) 시·도별 중복지정 면적 포함.

자료 : 국토교통부, 「국토의 계획 및 이용에 관한 연차보고서」, 2013년, 2021년

표 4-3 2021년 국토이용 현황

(단위: $km^{2)}$)

용도	면적	(비율)
전	7,528	(7.5)
답	11,043	(11.0)
임야	63,488	(63.2)
대지	3,291	(3.3)
도로	3,422	(3.4)
하천	2,866	(2.9)
기타	8,794	(8.8)

주) 기타에는 과수원, 목장 용지, 학교 용지, 공장용지 등이 포함됨.

자료: 국토교통부

토지 용도에 관한 경제학의 분류

토지 용도에 관한 경제학의 분류는 국토이용의 효율에 초점을 맞추고 있는데, 크게 세 가지다. 토지는 무엇을 생산하는 데 이용할 수도 있고, 재산으로 보유할 수도 있으며, 그냥 자연 상태로 놔두고 즐길 수도 있다. 그래서 경제학은 토지를 유용성에 따라 크게 생산요소용 토지, 재산용 토지, 소비재용 토지로 구분한다.

토지는 식량 생산을 위한 자연적 생산력을 가지고 있으며, 또한 우리의 의, 식, 주를 해결하기 위한 여러 가지 천연 원자재를 공급하며, 주거 공간과 활동공간을 제공한다. 인간이 필요한 여러 가지 재화와 용역을 생산하는 데에 토지가 자원으로 이용될 때 이 토지를 생산요소용 토지라고 말한다. 예를 들면, 논이나 밭과 같이 농작물을 생산하는 데에 쓰이는 농경지, 집 짓기에 쓰이는 대지, 상품의 생산에 쓰이는 공장용지, 자동차 통행을 위한 도로, 주차 공간으로 이용되는 주차장 등이 모두 생산요소용 토지로 분류된다. 생산요소로 이용될 경우, 생산성이 중요한데, 이 생산성을 좌우하는 요인도 다양하다. 농업용 토지의 경우에는 비옥도가 매우 중요하지만, 집 지을 때는 비옥도는 필요 없고 그 대신 면적과 위치가 중요하다. 은행이나 상점의 경우에는 위치가 특히 중요하다. 좋은 위치의 토지는 높은 수익을 가져오기 때문이다.

이같이 토지가 상품이나 서비스를 생산하기 위한 용도로만 쓰이는 것은 아니다. 물가가 뛸 때는 현금을 가지고 있다가는 손해를 보기 때문에 부자들은 토지와 같은 실물을 가지고 싶어 한다. 대체로 보면, 부자들은 주식, 귀금속, 외환, 고가의 그림, 골동품 등 여러 가지 형태로 각자 자신의 재산을 분산시켜 놓으려고 한다. 이 경우 토지는 개인이 선택할 수 있는 재산 보유의 한 형태가 된다. 토지는 돈을 빌릴 때 담보물로 요긴하게 쓰이기도 하며, 지가상승률이 높을 때는 자본이득의 원천이 된다. 바로 이런 여러 가지 재산상의 이익 때문에 개인이나 기업이나 토지를 보유하려고 하는데 이런 용도의 토지가 재산용 토지다. 다시 말해서 재산 보유나 재산증식의 수단으로 이용되는 토지를 재산용 토지라고 한다.

어떤 토지는 생산에 이용되지 않지만 자연 상태로 존재하면서 직접적으로 많은 사람에게 큰 혜택을 베풀기도 한다. 설악산이나 한라산은 존재하는 그 자체로서 수많은 사람의 눈을 즐겁게 하며, 심신을 맑게 해 준다. 아파트단지 인근에 조성된 소나무 숲 공원을 거니는 사람들은 싱그러운 산소를 마음껏 즐기게 된다. 즐긴다는 것은 경제학적으로 말하면 소비한다는 뜻이다. 그래서 소나무 숲 공원이나, 설악산, 생태계 등과 같이 존재하는 그 자체로서 각종 혜택을 제공하는 토지를 경제학에서는 소비재용 토지라고 한다. 불모지와 황무지를 포함해서 지표수, 삼림, 동·식물군, 빼어난 자연경관, 등 어떤 인공적인 노력이 가해짐이 없이 자연 상태로 존재하면서도 직·간접적으로 여러 가지 사회적 이익을 발생시키는 토지는 현장에 가기만 하면 즐길 수 있다고 해서 특별히 현장자원(in situ resources)이라고 부르기도 한다.[1] 소비재용 토지의 주종은 현장자원이다. 반면에 농경지, 상업용지, 공업용지, 택지 등에서 보듯이, 일단 자연적으로 주어진 토지에 노동과 자본을 투입하여 인위적으로 변형시킴으로써 각종 사회적 이익을 얻을 수 있는데, 이런 토지와 같이 인위적 노력을 투입함으로써 각종 사회적 이익을 얻을 수 있는 자원을 통틀어 상품자원이라고 부른다.

소비재용 토지가 제공하는 사회적 이익(편익)은 주로 환경을 보전함에 따른 이익, 즉 환경가치다. 환경가치는 사용 가치(use value)와 비사용가치(non-use value)로 나뉘며, 사용 가치는 다시 직접사용가치, 간접사용가치, 그리고 선택가치(option value)로 나뉜다.[2] 직접사용가치란 말 그대로 소비재용 토지가 우리에게 직접 제공하는 이익을 말한다. 예를 들어서 임야나 산림으로부터 목재를 얻을 수 있으며, 열매나 송진, 약재, 약초 등 부산물을 채취할 수 있고, 이밖에 관광·위락의 이익, 동·식물유전자, 자연과학 교육의 산 자료, 주거 공간 등을 얻을 수 있다. 간접사용가치는 토양을 비옥하게 하는 등 생태계의 영양분 순환을 유지하는 기능, 수자원 함양 기능, 대기 정화 기능, 수질정화 기능, 토양침식 방지 기능 및 홍수피해 방지 기능 등과 같이 소비재용 토지가 가지는 특수한 기능을 통해서 간접적으로 얻는 이익을 말한다.

선택가치란 환경보전 덕분에 미래에 환경을 이용할 수 있는 기회가 보유됨으로 인한 이익을 말한다. 예를 들어서 바다의 비경으로 유명한 전라남도의 홍도를 공업단지로 바꾸어 버린다고 하자. 그러면 직장생활에 너무 바빠서 홍도를 구경할 기회를 잡지 못했던 사람들이나 혹은 또다시 가보고 싶어 했던 사람들은 크게 아쉬워하면서 공업단지 조성에 반대할 것이다. 이런 사람들은 공업단지 조성 반대운동에 돈을 낼 용의도 있을 것이다. 이때 이들의 지불 용의액은 미래 언제인가 홍도에 가서 즐길 기회를 계속 보유하기 위해서 기꺼이 치를 지불 용의액이다. 바로 이 지불 용의액이 선택가치를 반영한다. 말하자면, 선택가치란 미래에 이용할 수 없게 될지도 모르는 것에 대해서 미래에 이용할 기회를 보장받기 위해서 치르는 보험금과 같은 것이다.

한편, 비사용가치란 주로 존재가치(existence value)를 의미한다. 존재가치란 현재 또는 미래에 사용할 수 있느냐 아니냐에 상관없이 단순히 존재한다는 것을 아는 것만으로도 흡족하게 느끼는 가치를 말한다. 많은 사람이 지구상의 희귀한 동식물들이 계속 존재해야 한다고 생각한다. 이런 사람들이 그 동식물들의 존재에 대해서 치르려는 용의액이 바로 존재가치를 반영하는 가치이다. 예를 들면, 사람들 대부분은 열대지방의 각종 독사나 악어 등 흉측하게 생긴 각종 동물은 만지거나 가지고 노는 것은 고사하고 쳐다보는 것조차 질색한다. 미래에도 그럴 것이다. 따라서 그런 것들은 직접 사용 가치도 없고 선택가치도 거의 없다. 그렇다고 해도 그런 동물들이 이 지구상에서 없어지는 것에 대해서는 많은 사람이 매우 유감스럽게 여길 것이다. 바로 이 유감스러운 감정이 존재가치로 나타난다. 얼른 생각하면 존재가치는 별로 크지 않을 것 같은데, 열대림이나 멸종위기 동식물의 경제적 가치의 상당한 부분이 존재가치라는 것이 조사를 통해서 밝혀지고 있다.[3]

생산요소용 토지 대 재산용 토지

국토를 효율적으로 이용하기 위한 첫걸음은 대한민국 3,800만 필지의 땅 조각을 우선 위에서 설명한 세 가지 용도에 적정비율로 안배하는 것이다. 그러나 말이 그렇지 이는 무척 어려운 일이며 또한 많은 사회적 반발을 불러일으키는 일이기도 하다. 시장주의자는 생산요소용 토지가 크게 부족하다고 늘 주장하며, 그래서 우리나라의 땅값이나 아파트값이 비싸다고 말한다. 투기와 거품을 우려하는 전문가들은 토지를 순전히 재테크의 수단으로만 여기는 사람들 탓으로 너무 많은 토지가 재산증식 수단으로 이용되고 있다고 개탄한다. 환경운동가들은 소비재용 토지가 너무 많이 파괴되고 있다고 걱정하면서 이를 지키기 위해서 열심히 뛴다.

지난 반세기에 걸친 토지이용 양태의 변화를 돌이켜 볼 때 가장 두드러진 현상은 생산요소용 토지가 급격하게 증가하였다는 것이다. 생산요소용 토지에 대한 수요를 흔히 실수요라고 부르기도 한다. 우리나라처럼 빠른 경제성장이 장기간 지속되는 나라에서는 실수요가 계속 증가할 수밖에 없다. 한동안 경제성장률이 세계적으로 가장 높은 수준이었으므로 실수요도 급격히 늘어났다. 이 결과 생산요소용 토지의 비중이 급격하게 높아졌다. 경제성장이 본격적으로 이루어지기 직전인 1960년 우리나라의 공업용지 면적은 39km^{2}에 불과하였고 도시화율도 39.2%이었으나 30년 후인 1991년에는 공업용지 면적이 그 12배인 475km^{2}로 늘어났고 도시화율도 거의 80%에 이르게 되었다.[4] 2012년 말에 이미 공업용지(공장용지) 면적은 813.8km^{2}로 늘어났고 도시화율은 91%에 이르게 되었다.[5]

도시화와 산업화는 토지의 용도를 더욱더 다양하게 만든다. 용도가 다양한 만큼 자연히 어떤 주어진 토지를 둘러싼 여러 가지 용도들 사이의 경합 관계가 복잡해질 수밖에 없다. 그럴수록 정부의 계획에 의해서 토지의 용도를 결정하기가 점점 더 복잡해지고 어려워진다. 전국에 흩어진 개별 토지의 용도를 결정하기 위해서는 각 토지의 위치 및 특성, 생산성, 토지 용도들 사이의 경합 및 보완 관계 등 토지이용의 효율에 관계되는 모든 소상한 자료와 정보를 파악하고 있어야 하는데 이런 일들은 정부 단독으로는 거의 불가능한 일이다. 단순히 불가능할 뿐만 아니라 섣불리 정부가 손댔다가는 일을 오히려 망치기 십상이다. 따라서 토지 용도가 다양하다는 것은 토지 용도의 결정이 기본적으로 시장에서 거래를 통해서(다시 말해서 시장을 통해서) 이루어져야 함을 시사한다. 대체로 보면, 토지이용의 효율성을 중요하게 생각하는 사람들은 토지의 여러 가지 특성 중에서 특히 토지 용도의 다양성을 강조하면서 토지이용 문제를 되도록 시장에 맡기고 정부는 토지시장이 원활하게 돌아가도록 뒷바라지나 잘할 것을 주문하는 경향이 있다.

그러나 토지이용 문제를 그렇게 간단하게 시장에서 결정되도록 내버려 두고 수수방관할 수 없게 하는 사건들이 빈번히 일어나고 있는 것도 사실이다. 산업화와 도시화는 단순히 토지의 용도를 다양하게 만들 뿐만 아니라 인구 및 경제활동이 특정 지역에 과도하게 편중되는 현상을 낳는다. 이 결과 과밀과 혼잡이 발생한다. 이것도 문제지만 토지에 대한 수요가 특정 지역에 몰림으로써 땅값이 큰 폭으로 상승하는 것도 문제다. 땅값이 크게 올라가면 자본이득을 겨냥한 재산용 토지에 대한 수요가 덩달아 늘어나는데, 이 수요를 흔히 가수요라고 부르기도 한다. 지가가 올라가면 가수요가 증가하고 가수요가 증가하면 다시 지가가 올라가는 악순환이 나타나면서 지나치게 많은 자본이 재산용 토지의 매입에 투입될 우려가 있다. 재산용 토지에 대한 수요가 지나치게 늘어난다는 것은 지나치게 많은 은행의 돈이 부동산 시장으로 흘러 들어감을 의미한다. 재산용 토지에 대한 수요는 부동산 시장과 금융시장을 밀접하게 연결하는 고리가 된다. 가수요-지가의 악순환이 반복되면서 부동산가격에 거품이 끼기 시작하면 부동산 시장과 금융시장은 더욱더 밀착된다. 그러다가 거품이 꺼지면 부동산 시장이 붕괴하면서 곧바로 금융시장도 붕괴하고 경제 전체가 폭삭 주저앉는다. 이것이 1980년대 말 일본과 2008년 미국에서 실제로 벌어진 대사건이다. 이 대사건은 경제위기의 관리 차원에서 토지를 포함한 부동산에 대하여 정부가 적극적으로 개입할 필요성을 한층 더 절실하게 하였다.

설령, 재산용 토지에 대한 수요의 증가가 경제위기를 몰고 오지는 않는다고 해도 조지스트들의 우려가 말끔히 씻어지지는 않는다. 경제 전체의 생산성이나 경쟁력이 저하되고 불평등이 심해짐으로써 사회 전체가 활기를 잃을 뿐만 아니라, 사회적 갈등이 심해지는 문제가 그런 우려 중의 하나다. 부동산을 이용한 자본이득의 추구에 너무 많은 돈이 쏠리면, 생산 부문에 투입될 자본이 줄어들면서 기업들이 신용경색의 고통을 겪게 된다. 지나치게 많은 토지나 부동산이 담보물로 이용되는 것도 문제다. 우리나라에서나 일본에서 토지는 금융기관의 대출 때 가장 중요한 담보물로 이용되고 있다.[6] 미국에서도 땅을 소유하고 있으면 유리한 신용등급을 받게 되고 저렴한 금리로 돈을 빌리게 된다. 그래서 미국의 어떤 경제전문가는 "신용의 기반은 한계생산성이 아니라, 담보물의 안정성이다"라고 말하기도 한다.[7]

경제가 잘 돌아가기 위해서는 자금이 원활하게 돌아야 하는데, 토지는 신용 창출을 위한 좋은 담보물이 되기 때문에 경제를 활성화하는 요소가 된다는 긍정적 주장도 있다. 그러나 순전히 효율성의 측면에서만 보더라도 담보물로서의 토지의 비중이 지나치게 커지는 것은 바람직하지 못하다. 모든 자원은 생산성에 따라 용도에 배분되어야 경제적 효율을 이룰 수 있다는 것은 경제학의 상식이다. 은행의 돈도 그 예외가 될 수는 없다. 자본주의 경제야말로 자본에 의해서 움직이는 경제이므로, 자본의 용도별 배분이 철저하게 생산성에 따라서 이루어져야 할 것이다. 그러나 신용등급이 생산성이 아니라 토지 소유 여부에 따라 결정된다면 능력 있는 사람보다는 땅을 많이 가진 사람이 은행 돈을 더 많이 쓰게 되니 이것 자체가 또 하나의 부실을 초래하는 요인이 된다. 금융기관이 자본을 철저하게 생산성이나 능력에 따라 배분한다면 경제기반도 그만큼 건실해질 것이니 쉽게 무너지지 않을 것이다.

생산요소용 토지와 재산용 토지 사이의 가장 큰 차이점은, 지가가 올라가면 생산요소용 토지에 대한 수요는 감소하는 반면, 재산용 토지에 대한 수요는 오히려 증가하는 경향이 있다는 점이다. 지가가 올라가면 시세차익도 커지므로 재산으로 토지의 수익성이 높아지기 때문이다. 토지뿐만 아니라 아파트를 비롯한 부동산 대부분이 그렇다. 부동산가격이 올라가면 실수요는 감소하고 가수요는 증가하는 경향이 나타날 수도 있다.

지가의 변동에 수요가 변하는 정도도 다르다. 대체로 보면, 재산용 토지에 대한 수요는 지가의 변동에 따라 대단히 민감하게 변하지만, 생산요소용 토지에 대한 수요는 지가의 변동에 그렇게 민감하게 변하지 않는 경향이 있다. 지가가 많이 올라가더라도 실수요는 큰 폭으로 감소하지 않지만, 가수요는 상당히 많이 변한다는 것이다. 가격의 변동에 수요가 반응하는 정도를 수요의 가격 탄력성이라고 부르는데, 다음과 같이 수요의 변화율을 가격의 변화율로 나눈 값으로 정의된다.

$$\text{수요의 가격 탄력성} = \frac{\text{수요의 변화율(\%)}}{\text{가격의 변화율(\%)}}$$

예를 들어서 가격이 10% 올라갔는데 수요는 20% 변했다고 하면 가격탄력성은 2로 계산되며, 이 경우 수요가 가격에 대단히 민감하게 반응한 것으로 볼 수 있다. 만일 가격이 10% 올라갔는데 수요는 5% 변했다고 하면 가격탄력성은 0.5로 계산되며, 수요가 가격의 변화에 비교적 둔감한 것으로 볼 수 있다. 가격탄력성이 1보다 크면 수요가 탄력적이라고 말하며, 1보다 적으면 비탄력적이라고 말한다.

상품마다 가격탄력성이 다른데, 그 크기에 영향을 주는 한 가지 주요 요인은 대체품의 존재 여부이다. 비슷한 대체품이 풍부한 상품의 수요는 탄력적이지만, 대체품이 적은 상품의 수요는 비탄력적일 가능성이 크다. 대체품이 풍부하면 소비자들에게 선택의 여지가 많으므로 가격 변동에 쉽게 대응할 수 있다. 닭고기를 예로 들어보자. 닭고기에 대한 대체품은 오리고기, 소고기, 돼지고기, 생선 등 다양하게 많다. 그러므로 닭고기 가격이 조금만 비싸져도 소비자들이 얼른 이런 대체품으로 옮겨가면서 결과적으로 닭고기에 대한 수요가 급감한다. 재산용 토지에 대한 대체재 역시 비교적 풍부하다. 각종 증권, 은행예금, 회사의 주식, 외환, 귀금속, 골동품, 등이 모두가 재산 보유 및 재산증식의 좋은 대안들이다. 따라서 땅값이 떨어지면, 재산용 토지를 보유했던 사람들은 땅을 얼른 팔아 주식을 사든가, 기업에 투자하든가, 은행에 예치하든가 아니면 다른 재산증식 수단들을 확보하려고 할 것이다. 그러므로 장기적으로 보면, 재산용 토지에 대한 수요는 대단히 탄력적일 가능성이 크다. 달리 말하면, 지가가 조금만 변동해도 가수요가 큰 폭으로 변하면서 상당히 큰 규모의 유동성 자금이 토지시장을 들락날락하게 된다는 것이다.

그러나 생산요소용 땅이 부족할 때는, 이 부족을 메워줄 대안을 찾기가 쉽지 않다. 농토가 부족하면 농토를 집약적으로 이용하는 것이 고작이고, 건물 지을 땅이 부족하면 건물을 높이 지어서 부족을 메우는 것이 고작이다. 이같이 선택의 여지가 적을 때에는 땅값이 비싸지더라도 토지 이용자는 이를 감수하는 외에 별 뾰족한 대안이 없다. 따라서 생산요소용 토지에 대한 수요는 지가에 따라 민감하게 변하지 않는 경향이 있다. 달리 말하면 실수요는 비탄력적이다. 물론, 현실에 있어서는 똑같은 토지가 생산요소로 이용되면서 동시에 재산증식용으로 이용되는 경우가 많다. 재산용 토지와 생산요소용 토지가 겹친다는 것이다. 그러나 문제는, 실수요가 변하지 않더라도 가수요가 일어나서 실수요에 추가되면 땅값이 올라가면서 생산요소용 토지의 가격도 덩달아 올라가기 때문에 실수요가 위축될 수밖에 없다는 것이다. 땅값이 너무 비싸 기업해 먹기 힘들다는 불평이 여기저기에서 터져 나온다. 가수요로 촉발된 불똥이 실수요에 떨어지는 꼴이다. 그러므로 토지이용의 결정을 시장에 맡기면 지나치게 많은 토지가 재산 보유 및 재산증식용으로 이용되고 이 결과 생산요소용으로 이용될 토지의 양이 위축된다는 것이 조지스트들이 특히 강조하는 사항이다.

소비재용 토지와 정부의 역할

(1) 소비재용 토지의 공공재적 특성

토지이용의 결정을 시장에 맡길 경우, 죠지스트의 우려에 더해서 계획주의자의 우려가 추가된다. 소비재용 토지가 크게 줄어들 우려가 있기 때문이다. 소비재용 토지가 다른 두 가지 용도의 토지와 구별되는 가장 중요한 차이점은, 돈벌이 대상이 되기 어렵다는 것이다. 이 차이점은 국토정책에 매우 중요하다. 토지를 생산요소로 이용하거나 재산으로 이용하면 돈을 벌 수 있다. 그리고 그 돈은 토지소유자나 이용자 각 개인의 호주머니로 들어간다. 그러므로 토지를 생산요소로 이용하거나 재산으로 이용하려는 경제적 동기가 강할 수밖에 없고, 이런 용도로 토지를 이용하려는 토지매입이 성행한다. 그래서 시장에서 실수요와 함께 가수요가 크게 일어날 수 있다.

이에 반해서 소비재용 토지에 대한 수요는 시장에서 잘 일어나지 않는다. 소비재용 토지에서 발생하는 이익은 대부분 잘 금전화되지 않을 뿐만 아니라 설령 금전화되더라도 그 이익이 불특정 다수에게 분산되어 버리므로 토지소유자 개인의 호주머니로 들어가지도 않는다. 1990년대부터 2000년대에 걸쳐 우리 사회에 큰 논란거리였던 새만금 간척사업을 예로 들어보자. 원래 이 사업의 목적은 새만금 갯벌을 매립해서 쌀 생산을 위한 농경지를 조성하는 것이었다. 이 사업에 반대하는 측은 아시아 최대의 이 갯벌을 자연 상태로 유지하는 것이 쌀농사를 짓는 것보다 훨씬 더 큰 금전적, 비금전적 이익을 낳는다고 주장하였다. 갯벌에서 얻을 수 있는 수산물의 경제적 이익은 둘째로 치자. 넓은 갯벌은 즐거운 놀이 공간이 될 뿐만 아니라 매우 훌륭한 관광자원이 된다. 소득수준이 높은 서구에서는 넓은 갯벌이 관광명소다. 갯벌은 인근 하천의 오염된 강물을 정화해서 바다로 흘려보내는 자연 수질정화 기능도 가지고 있다. 자연 상태로서 갯벌이 가져다주는 이런 다양한 이익은 토지소유자 개인만 즐기는 것이 아니라 그곳을 찾는 불특정 다수 모두가 고르게 즐기게 된다. 하지만, 갯벌이 일단 농경지나 도시용 토지로 바뀌면 그 용도로부터 발생하는 경제적 이익은 곧장 토지소유자 개인들의 호주머니로 들어간다. 결국, 새만금 간척사업을 둘러싼 논쟁은 갯벌을 생산요소용 토지로 바꿈으로써 그 경제적 이익을 토지소유자들에게 몰아줄 것인가, 아니면 소비재용 토지로 내버려 둠으로써 불특정 다수에게 많은 이익을 나누어줄 것인가, 이 둘 중 하나를 선택하는 문제로 요약할 수도 있다.

소비재용 토지가 베푸는 아름다운 경관, 공기정화 기능, 수자원 함양 기능, 수질정화 기능, 다양한 생태계 보전 기능 등으로 인한 이익은 공익적 가치라서 어느 개인이 독차지할 수 있는 것이 아니다. 지리산에 가면 누구나 그 삼림이 뿜어내는 싱그러운 공기를 즐길 수 있을 뿐만 아니라, 다른 사람들보다 더 많이 차지하려고 굳이 애를 쓸 필요가 없다. 남과 다툴 필요 없이 누구나 마음껏 즐길 수 있기 때문이다. 이같이 특정 재화를 놓고 소비자들이 서로 더 많이 즐기려고 다투지 않아도 모두가 마음껏 즐길 수 있을 경우 경제학에서는 이 재화가 비경합성을 가진다고 말한다. 지리산이 뿜어내는 신선한 공기는 비경합성을 가진다. 서울의 북한산이나 관악산의 아름다운 경관도 비경합성을 가진다. 누구나 북한산이나 관악산에 가기만 하면 남과 상관없이 그 경관을 한껏 즐길 수 있기 때문이다. 남이 북한산이나 관악산의 경관을 더 많이 차지할까 봐 걱정할 필요가 없다.

그러나 예컨대 옷이나 빵, 컴퓨터 등 시장에서 흔히 거래되는 상품의 경우에는 어떤 특정인이 많이 차지하면 다른 사람들에게 돌아갈 몫이 감소한다. 예를 들어서 라면이 만 봉지 생산되었다고 하자. 어떤 사람이 이 중에 1,000봉지를 차지하면, 나머지 사람들이 먹을 수 있는 양이 9,000봉지로 감소한다. 누가 더 많이 차지하면 그만큼 다른 사람이 차지할 수 있는 양이 줄어든다. 그러므로 소비자들은 만 개의 라면을 놓고 서로 경합 관계에 놓인다. 이같이 어떤 재화에 대하여 특정인의 소비가 다른 사람들의 소비(정확하게 말하면 소비로 인한 즐거움)에 직접적으로 영향을 미칠 때 이 재화는 경합성을 가진다고 말한다. 하지만, 소비재용 토지가 제공하는 공익적 가치는 이런 경합성을 가지지 않는다.

지리산 신선한 공기나 서울 북한산의 경관은 비경합성 이외에 또 다른 중요한 특성을 가지고 있다. 즉, 어떤 특정인을 제외하고 나머지 사람들만 즐길 수 있게 공급하기 매우 어렵다는 것이다. 예를 들어서 납세의무를 지키지 않는 사람들을 빼고 나머지 사람들만 지리산의 깨끗한 공기나 북한산의 경관을 즐기게 하기는 매우 어렵다. 또한 그러는 것이 경제적으로 옳지도 않다. 이같이 특정인을 배제하고 나머지 사람들만 즐길 수 있게 공급하기 어려운 현상을 경제학에서는 비배제성이라고 한다. 경제학적으로 말하면 지리산의 공기나 북한산의 경관은 비배제성을 가진 재화다. 반면에, 시장에서 거래되는 상품들은 특정인, 이를테면, 돈을 내지 않는 사람들을 제외하고 돈을 내는 사람들에게만 선별적으로 공급할 수 있다. 이럴 경우, 배제성을 가진다고 말하는데, 돈을 내는 사람들에게만 선별적으로 공급할 수 있는 상품은 돈벌이의 대상이 된다.

이같이 두 가지 특성, 즉 비경합성과 비배제성을 모두 갖춘 재화를 흔히 공공재(public goods)라고 부르며, 반대로 경합성과 배제성을 가진 재화를 사적재(private goods) 혹은 민간재라고 부른다. 시장에서 거래되는 재화 대부분은 사적재다. 소비재용 토지가 제공하는 사회적 이익은 대부분 공공재의 성격을 가진다. 소비재용 토지뿐만 아니라 공공재의 성격을 가진 것들은 돈벌이의 대상이 잘 되지 못한다. 제대로 돈을 벌자면 돈을 내는 사람에게만 혜택을 제공하고 돈을 내지 않는 사람은 배제할 수 있어야 하는데 공공재는 특성상 그럴 수가 없기 때문이다. 예를 들어서 돈을 내는 사람만 골라서 지리산 공기를 마시게 하고 돈을 내지 않는 사람들에게는 못 마시게 할 효과적인 방법이 별로 없다. 그러므로 아무도 지리산의 깨끗하고 싱그러운 공기를 팔아서 큰돈 벌 생각을 하지 못한다. 이런 연유로 공공재는 시장에서 잘 공급되지 않는데, 경제학자들은 이럴 때 시장이 공공재의 적절한 공급에 실패한다고 말한다. 외부효과와 더불어 공공재가 대표적인 시장의 실패 사례로 흔히 꼽히고 있는데, 사실 대부분 경우 외부효과와 공공재는 같은 범주의 문제다. 왜냐하면, 대부분의 외부효과가 공공재의 성격을 가지기 때문이다. 예를 들어서, 만일 어떤 공장이 대기오염물질의 배출을 자제해 준다면, 주변의 공기가 깨끗해지면서 인근 주민들이 큰 혜택을 보게 된다. 이때 깨끗한 공기의 혜택은 일종의 (좋은) 외부효과인데, 깨끗한 공기는 공공재의 성격을 가진다.

(2) 가치와 가격의 괴리

공공재적 성격 탓으로 소비재용 토지에 대해서는 시장수요도 크지 않고 따라서 가격도 낮을 수밖에 없는데, 그렇다고 해서 가치도 적은 것은 아니다. 설악산 높은 곳의 땅값은 아주 저렴하겠지만, 그 환경가치 혹은 공익적 가치는 매우 크다. 새만금 갯벌은 엄청나게 큰 환경가치를 가지지만 가격은 없다. 그러나 일단 새만금 갯벌을 메워서 농지를 조성하면 이 농지에 가격이 형성되는데, 이 가격은 그 토지의 가치를 비교적 정확하게 반영한다. 문제는, 갯벌로서의 가치가 더 크냐 농지로서의 가격이 더 크냐이다. 어떻든 가치와 가격이 크게 다르며 가격이 가치를 반영하지 못한다는 것, 이것이 소비재용 토지의 두드러진 특성이라고 할 수 있다.

현실적으로 보면 소비재용 토지에서 가장 큰 비중을 차지하는 토지는 산지나 임야다. 가격으로 치면 도시에서 멀리 떨어진 임야는 상당히 싸지만, 여러 가지 공익적 기능을 가지기 때문에 그 가치는 매우 크다. 그러나 이 공익적 기능은 공공재적인 성격을 가진 것이라서 임야 주인의 처지에서 보면 대수롭지 않다. 따라서 임야의 주인은 자신의 땅을 임야로 내버려 두지 않으려고 한다. 달리 말하면 자신의 땅을 소비재용 토지로 남겨두려고 하지 않는다. 때가 오면 임야를 택지로 바꿈으로써 자신의 땅에 높은 가격이 붙게 하려고 끊임없이 노력한다. 자본주의 시장경제는 사람들이 가치보다는 가격을 중요하게 생각하게 만든다. 이것이 시장의 힘이다. 산지가 아무리 가치가 크다고 한들 가격이 낮으면 소용이 없다. 개인의 시각에서 보면, 상가와 같이 가격이 높은 것이 제일이다. 바로 이런 시장의 힘 때문에 장기적으로는 생산요소용 토지나 재산용 토지는 점차 증가함에 반해서 필연적으로 소비재용 토지는 점차 감소하면서 너무 적어지게 된다. 앞에서도 강조하였듯이 국토의 효율적 이용을 위해서는 가격이 아닌, 가치를 최대한 창출하는 용도로 모든 토지가 이용되어야 한다. 그런데도 시장에서는 토지의 용도가 가치가 아닌, 가격의 신호에 따라 결정된다. 이 결과 세 가지 용도 사이의 적절한 균형이 깨짐으로써 국토의 효율적 이용에 시장이 실패하게 된다.

문제는 소득수준이 높아짐에 따라 이 소비재용 토지의 가치가 빠른 속도로 증가하면서 가치와 가격의 괴리가 점점 더 벌어질 가능성이 크다는 것이다. 여기에는 크게 두 가지 요인이 복합적으로 작용한다. 그 하나는 수요 측면의 요인이고 다른 하나는 공급 측면의 요인이다. 우선 수요의 측면부터 살펴보자. 춥고 배고플 때는 아무도 깨끗한 공기나 아름다운 경관을 찾지 않지만, 등 따스하고, 배부르면 이런 것들을 찾게 되는 것이 인지상정이다. 지난 2, 30여 년간 보아 왔듯이 국민의 소득수준이 높아짐에 따라서 소비재용 토지가 제공하는 공익적 기능에 국민이 부여하는 가치가 대단히 빠른 속도로 높아진다. 달리 말하면, 소득수준이 높아짐에 따라 소비재용 토지가 주는 환경가치나 공익가치에 대한 수요가 빠르게 증가한다는 것이다. 소비재에 대한 수요가 어느 정도로 소득수준 향상에 민감할까? 수요의 가격 탄력성과 비슷한 개념으로 수요의 소득 탄력성이라는 개념이 있다. 소득 탄력성은 다음과 같이 소득수준의 변화가 수요를 변화시키는 정도를 나타낸다.

$$\text{수요의 소득 탄력성} = \frac{\text{수요의 변화율(\%)}}{\text{소득의 변화율(\%)}}$$

만일 소득수준이 10% 올라갔는데 수요가 20% 증가하였다고 하면 소득 탄력성은 2로 계산된다. 소비재용 토지, 그중에서도 현장자원에 대한 수요는 상당히 소득 탄력적인 것으로 알려져 있다. 현장자원에 대한 수요의 대부분은 관광수요다. 경제적으로 여유가 생기면 사람들은 으레 놀러 다니기를 좋아한다. 따라서 관광수요는 매우 소득 탄력적이다. 국내의 많은 문헌과 자료들이 이를 증명하고 있다. 예를 들면 정부의 한 보고서는 우리나라 국민관광은 70년대 이후 국민소득 수준이 높아지면서 급증하여 계속 증가일로에 있음을 지적하고 있다. 1971년부터 1981년까지 10년의 기간은 우리나라의 경제성장률이 최고로 높은 수준을 유지하던 시절이었다. 이 기간에 관광객의 수는 연평균 약 14.2%의 증가율을 보였는데, 이 증가율은 같은 기간의 우리나라 1인당 GNP 성장률, 약 8%를

훨씬 웃도는 높은 증가율이다.[8]

이와 더불어 관광행태의 변화도 주목할 만하다. 관광하려는 동기로 1976년에는 피로나 스트레스 해소가 63.6%로 비중이 높았으나 1981년에는 이 비율이 12.7%로 줄어든 반면, 자연 명소 방문 및 자연경관 탐방의 비중이 45.4%로 크게 늘었다. 관광 계절의 선택에서도, 1976년에는 가을 관광 및 여름 피서가 큰 비중을 차지하였음에 반해서 1981년부터는 계절에 큰 관계없이 사시사철 국민이 관광을 즐기는 것으로 나타났다. 이러한 여러 가지 자료들은 현장자원에 대한 수요가 평균적으로 매우 소득 탄력적이며, 앞으로 소득수준이 향상됨에 따라 소비재용 토지에 대한 수요가 아주 빠르게 증가하면서 그 가치도 빠르게 높아지리라는 전망을 강력하게 뒷받침한다.

기술 진보도 직접적으로 현장자원에 대한 수요를 증가시킨다. 예를 들면 교통시설의 기술 진보 그리고 등산 장구, 스키 장구 등 여가시설의 급속한 개선 덕분에 더 많은 사람이 자연경관과 같은 현장자원에 더 쉽게 접근하게 되고 더 많이 즐기게 되었다. 반면에, 생산요소용 토지에서 생산되는 것들은 대체로 소득 비탄력적인 것으로 알려져 있다. 예를 들어서 월급이 두 배로 올랐다고 해서 하루에 세 끼 먹다가 여섯 끼 먹는 일은 없을 것이다. 일부 사치품을 제외하면 공산품에 대한 수요도 대체로 비탄력적인 것으로 알려져 있다. 그렇다고 하면, 앞으로 소득수준이 계속 높아 가면 생산요소용 토지에 대한 수요보다 소비재용 토지에 대한 수요가 상대적으로 더 많이 증가한다고 할 수 있다.

그러면 이번에는 공급 측면을 짚어보자. 지난 반세기의 눈부신 기술 진보는 농산품과 공산품의 공급을 현저하게 증가시켜 왔고 또 앞으로도 계속 그럴 추세에 있다. 농업기술의 진보는 토지 단위당 농산물 수확량을, 그리고 광·공업 기술의 발달은 주어진 토지로부터의 각종 원자재의 공급량 및 상품생산량을 대폭 늘어나게 했으며, 건축 기술의 발달은 한정된 면적의 토지로부터 이용할 수 있는 주거 그리고 상·공업 활동공간을 비약적으로 증가시켜 주었다. 이같이 주어진 토지로부터의 생산량이 많아진다는 것은 토지 단위당 생산성이 높아짐을 의미한다. 그만큼 생산요소용 토지가 덜 필요해지고 있음을 의미한다. 뒤집어 말하면, 생산요소용 토지의 공급량이 사실상 증가하고 있나는 듯이다. 이에 반해서 많은 경우 현장자원의 총부존량은 자연조건에 의해 극히 한정되어 있으며, 오늘날의 기술 수준으로서도 그 공급량을 증가시키기 매우 어렵다. 예를 들어서 한라산이 몹시 붐빈다고 해서 한라산을 다른 곳에 하나 더 만들 수도 없고 낙동강이 오염되었다고 해서 다른 곳에 낙동강을 하나 더 만들 수도 없다. 우리에게 관광의 혜택을 제공할 수 있는 자연경관의 총부존량은 국토 전체로서 절대적으로 한정되어 있다고 보아야 할 것이다. 그러므로 많은 명승지가 개발에 밀려 없어지면 우리나라 전체로서 자연경관의 부존량은 그만큼 줄어든다.

이상에서 살펴본 수요 측면과 공급 측면을 종합해 보면, 앞으로 소득수준이 계속 올라가고 기술 진보가 계속되는 한 소비재용 토지는 상대적으로 희소해지는 반면 생산요소용 토지는 상대적으로 풍부해진다는 예측이 나온다. 그렇다면, 앞으로 소비재용 토지로부터 얻는 공익의 가치(환경가치)가 생산요소용 토지로부터 얻는 생산물의 가치에 비해서 상대적으로 더 빠르게 커진다는 결론에 이르게 된다. 달리 말하면, 앞으로 소득수준이 점차 높아지고 기술 진보가 계속됨에 따라 국민이 다른 용도의 토지보다 소비재용 토지를 상대적으로 점점 더 많이 원하게 된다는 것이다.

그렇다면, 정부의 토지정책도 소비재용 토지를 더 많이 확보하는 데에 역점을 두어야 할 것이다. 그런데도 토지 용도의 결정에 관한 시장주의자들의 연구 대부분은 미래에 대한 수요 전망을 생략하고 현재의 수요에 치중하여, 생산요소용 토지가 부족하므로 농지나 녹지에 대한 규제를 풀어서 생산요소용 토지의 공급을 대폭 늘려야 한다고 주장한다.[9] 설령, 미래에 소비재용 토지에 대한 수요가 대폭 늘어난 결과 녹지가 크게 부족해지더라도 그때 가서 상업용 토지나 공장용 토지를 녹지로 바꾸면 되지 않느냐고 반문한다. 그러나 이런 주장은 토지의 경우 용도변경에 돈이 무척 많이 든다는 사실을 경시한 것이다. 녹지를 밀어서 아파트단지를 건설하기는 쉬워도, 아파트단지를 헐어서 녹지를 조성하는 데에는 막대한 돈이 투입되어야 한다.

소비재용 토지는 공공재적 특성 이외에 불가역성을 가진다. 풍부한 환경가치를 지닌 산지가 일단 개발되면 다시 원상 복구하기 무척 어렵다. 예컨대 설악산을 부수어서 공업단지를 조성하는 것은 항상 가능하지만 일단 조성된 공업단지를 다시 설악산으로 원상 복구하는 것은 사실상 불가능하다고 보아야 한다. 설악산이 없어진 것을, 훗날 크게 후회해도 이미 어쩔 수 없다. 일상생활에서도 돌이킬 수 없는 상태에 이르는 결정은 되도록 보류하거나 더 조심하는 것이 상례이다. 이런 점은 소비재용 토지를 생산요소용 토지를 전용하는 정책적 결정에서도 마찬가지이다. 예를 들어 자연경관의 파괴를 수반하는 다목적댐의 건설은 파괴되는 자연경관의 현 가치뿐 아니라 결정의 불가역성으로 인한 위험부담을 충분히 능가하는 편익이 보장되어야 그 타당성이 인정된다.

재산용 토지 및 토지투기에 대한 정부의 제재가 격렬한 시비 대상이 됨에 반해서 공공재의 특성을 가진 소비재용 토지에 관해서는 경제학자들도 정부의 적극적 개입의 필요성을 대체로 인정하는 분위기다. 요컨대, 전통적으로 보면 토지 용도의 다양성이라는 특성은 기본적으로 토지이용 문제를 시장을 통해서 결정해야 할 강력한 근거가 되어 왔으나, 최근에는 정부의 계획에 의한 토지이용 결정의 필요성을 정당화하는 근거가 되기도 한다는 것이다.

2 공급의 고정성(固定性)

지가의 경제적 역할

토지의 여러 가지 특성 중에서 가장 자주 지적되는 특성은 아마도 공급의 고정성 혹은 부증성일 것이다. 예를 들면, 2012년 말 현재 우리나라의 국토 면적은 100,148km^{2}로, 제주도의 면적은 1,845km^{2}로 거의 고정되어 있다.[10] 물론 수면매립이나 간척사업 등으로 국토 면적을 어느 정도 넓힐 수는 있다고는 하지만 이런 증가는 자연적 조건에 의해서 크게 제약된다.[11] 토지와는 달리 농기구나 공장, 댐, 건물, 기계 등 소위 자본재는 인간이 만든 것이며, 따라서 그 공급량은 대체로 인간의 노력에 따라 얼마든지 변할 수 있다.

거의 모든 경제학 교과서가 토지에 관해서만은 <그림 4-1>에서 보듯이 으레 공급곡선을 수식으로 나타내고 있다. 공급곡선이 수직선이라는 것은 가격이 아무리 변하더라도 공급량이 늘지도 줄지도 않는다는 뜻이다. 수요곡선이 그림에서와 같이 우하향하는 선분 D와 같다고 하자. 그러면 수직선인 공급곡선 S와 수요곡선 D의 교차점 E에서 지가는 p로 결정되며 이때 토지공급량은 q이다. 그러나 지가가 0일 때에도 토지공급량은 q이다. 만일 지가가 0에서 p로 올랐다면 사각형 0pEq의 넓이는 자본이득에 해당한다. 토지에 대한 수요가 증가한 결과 수요곡선이 선분D'와 같이 위로 이동했다고 하자. 지가는 p'로 뛰지만, 토지공급량은 여전히 q이다. 단지 사각형 pp'E'E에 해당하는 자본이득만 추가될 뿐이다. 이 자본이득은 생산 촉진이나 공급증대에 이바지하지 않고 획득된 소득이다. 경제학적으로 이 소득은 불로소득이다. 그래서 토지공급의 고정성을 강하게 의식하는 경제학자들(고전경제학의 전통을 이어받은 경제학자들)은 이 불로소득에 무거운 세금을 부과하여 사회적으로 환수할 것을 강하게 요구한다. 왜냐하면, 이 불로소득에 세금을 무겁게 부과해도 토지공급량에 아무런 악영향을 미치지 않기 때문이다. 다른 상품에 세금을 무겁게 부과하면 해당 상품의 생산이 줄고 공급도 줄기 마련이다. 말하자면 악영향이 발생한다. 그러나 땅값이 아무리 비싸도 대한민국의 땅이 늘지 않듯이 불로소득에 아무리 무거운 세금을 부과해봐야 대한민국의 땅이 감소하지 않을 것이니 경제에 아무런 악영향이 발생하지 않을 것이다.

물론, 토지공급의 고정성을 토지의 특성으로 인정하지 않는 경제학자들도 많다. 그러나 토지공급에는 많은 시간과 돈이 필요하므로 땅값이 많이 올라가더라도 공급이 금방 늘어나지 못한다. 그래서 비록 고정성(혹은 부증성)을 부인하더라도 지가 변동에 토지공급이 매우 느리게 반응한다는 것, 달리 말하면 토지공급이 매우 비탄력적이라는 점에 대해서는 경제학자들 대부분이 동의한다. 중요한 것은, 공급의 증가 속도 그 자체가 아니다. 공급의 증가 속도가 수요의 증가 속도에 비해서 얼마나 더 느리냐이다.

수요를 결정하는 요인이 주로 인간의 욕구나 심리적인 요인들이라서 수요는 다분히 즉흥적이요 즉각적이다. 부동산 경우도 그렇다. 따라서 수요의 증가는 대체로 대단히 신속하다. 설령 부동산의 공급이 신축적이라고 하더라도 토끼처럼 뛰는 수요를 단시간 안에 따라잡지 못한다면, 그동안 높은 가격이 유지되면서 자본이득(불로소득)을 낳는다. 이 자본이득은 다시 수요를 재빨리 밀어 올림으로써 가격상승을 부추기고 가격상승은 다시 수요를 밀어 올린다. 그래서 공급이 계획대로 늘어나더라도, 그사이에 이런 가격-투기의 악순환이 여러 차례 반복될 수 있다. 설령 2, 3년 후에 공급이 늘어나도 이미 불어날 대로 불어난 수요의 한 부분만을 충족시키게 되니 시장에서 높은 가격은 그대로 유지된다. 그러므로 시장주의자들의 주문에 따라 단순히 공급을 늘리는 처방만으로는 부동산가격의 폭등을 막을 수 없다. 공급의 증가 속도가 수요의 증가 속도보다 현저하게 느리다는 것, 그래서 결과적으로 지가 변동에 토지공급이 느리게 반응한다는 것은 지가가 가격으로서의 중요한 기능, 즉 인센티브 기능을 제대로 수행하지 못하는 반신불수라는 뜻이다.

그림 4-1 토지에 대한 수요와 공급의 균형과 지가의 결정

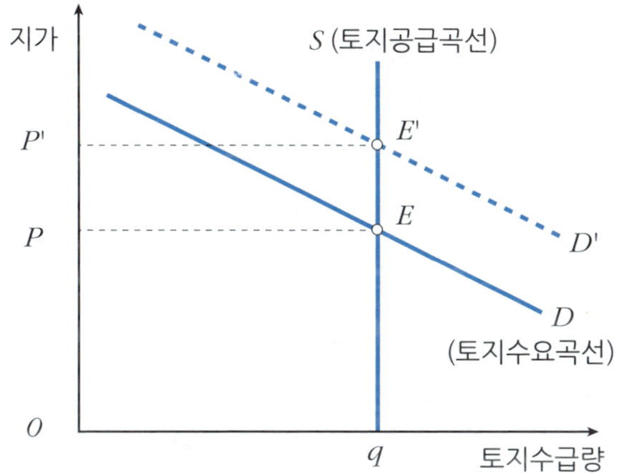

토지의 공급이 대체로 고정되어 있다고 하면 시장주의가 주장하는 투기의 가격 안정화 기능도 작동하지 않게 된다. 만일 토지의 공급이 고정되어 있다고 하면, <그림 4-1>에서 보듯이 땅값은 전적으로 토지에 대한 수요의 많고 적음에 따라 결정될 것이다. 이런 경우, 투기-지가 상승의 악순환이 가능해진다. 투기(가수요)로 땅값이 올라가더라도 더 많은 토지가 신속하게 공급된다면 땅값이 다시 가라앉을 수 있다. 하지만, 토지의 공급이 고정되어 있으므로 땅값을 다시 떨어

뜨리는 힘이 작용하지 않는다. 따라서 투기 수요가 죽지 않는다. 땅값이 오르면 투기는 오히려 더욱더 기승을 부리게 된다. 일단 투기로 땅값이 오르면 투기 수요가 나타나고 이것이 다시 땅값을 올리며, 그러면 다시 투기 수요가 나타난다. 이렇게 해서 지가 상승이 투기를 유발하고 투기는 다시 지가 상승을 유발하는 악순환이 가능해지는데 이런 악순환을 가능하게 하는 결정적인 요인이 바로 토지공급의 고정성이다. 그러므로 공급 고정성을 토지의 중요한 특성으로 보는 학자들은 지가와 토지투기의 악순환을 강조하는 경향이 있다.

소모적 경쟁과 지대소득

공급의 고정성은 시장경제의 최대장점인 경쟁의 의미를 퇴색시킨다. 경쟁은 특혜 및 특권을 없애거나 분산하는 긍정적 역할을 한다. 예를 들어서 과거 변호사나 의사가 특별히 돈을 많이 벌었던 이유는 그 수가 법적으로 엄격히 제한되어 있었기 때문이라고 하는데, 그렇다면 일정한 자격요건을 가진 사람은 누구나 자유롭게 변호사 개업을 할 수 있고 의료서비스를 제공할 수 있게 장벽을 터놓으면 자연히 변호사나 의사가 누리는 경제적 특혜는 경쟁으로 소멸한다는 것이 소위 수요·공급의 논리다. 독·과점기업이 큰 이윤을 올리는 이유는 경쟁이 제한되어 있기 때문이다. 그러므로 경쟁의 도입은 그런 독·과점 이윤의 소멸을 가져온다. 그래서 시장에서 완전 자유경쟁이 보장되면 모든 비정상 이윤은 소멸한다는 것이 경제학 교과서에 나오는 기초이론이다.

그러나 공급이 고정된 경우, 그런 이론이 통하지 않는다. 공급이 고정된 자원에 대하여 경쟁이 일어나면 이 자원의 소유자에게 돌아가는 경제적 이익만 불어날 뿐이다. 예를 들어서, 특출한 재능을 가진 야구선수를 서로 데려가려고 야구구단들이 경쟁한 결과는 뻔하다. 이 선수의 몸값이 천정부지로 올라간다. 외국에서 한류의 열풍을 몰고 다니는 인기배우 B씨가 고소득을 올리는 이유는 간단하다. B씨의 수려한 외모와 연기력에 필적할 경쟁자가 적기 때문이다. 외모에 있어서나 연기력에 있어서 B씨와 똑같이 생긴 사람들이 어디를 가나 곳곳에 널려 있다고 하면 B씨에 대한 경쟁이 그렇게 심해질 수가 없을 것이며 결과적으로 B씨가 그렇게 많은 돈을 벌 수도 없을 것이다. 물론, 유명 운동선수나 예능인의 고소득은 장기적으로 그런 재능 있는 사람들이 많이 나타나게 만드는 자극제가 된다. 이런 점에서 생산적인 면도 있다. 그러나 우리 현실에서는 소모적 경쟁도 많이 있으며, 더욱이나 우려되는 것은 소득수준이 높아지고 경쟁이 점차 치열해짐에 따라 소모적 경쟁이 점점 더 늘어나고 있으며, 따라서 사회적 낭비의 규모도 점점 더 커지는 경향이 있다는 점이다.

예를 하나 들어보자. 유산을 둘러싼 친척들 사이의 싸움 얘기를 점점 더 자주 듣게 되는데, 이 싸움은 전형적인 소모적 경쟁이다. 왜 그럴까? 100억의 재산을 가진 어떤 노인에게 5명의 아들이 있는데, 오직 한 사람만이 유산을 받게 되어 있다고 하자. 이들은 모두 100억 원의 유산을 받으려고 경쟁하는 과정에서 부모의 환심을 사기 위하여 경쟁적으로 돈을 쓴다고 하자. 이들 각자는 90억 원을 쓰더라도 100억 원을 따면 10억 원 수지맞는 장사로 생각한다고 하자. 그러면 각각 90억 원을 쓰게 된다. 하지만, 결국 한 아들만 유산을 받게 된다. 이 아들은 10억 원을 벌지만, 나머지들은 각각 90억 원을 날리게 된다. 결과적으로 보면, 단순히 노인으로부터 자식에게 100억 원이 이전되는데 총 450억 원의 돈이 뿌려진 셈이다. 아들들이 치열하게 경쟁한다고 해도 유산의 총액이 100억 원 이상으로 늘어나지 않는다. 경쟁 과정에 소모되는 비용만 늘어날 뿐이다. 이 사례에서 자식들 사이의 경쟁이 이룬 것은 아무것도 없다. 이런 경쟁은 소모적 경쟁일 뿐이다. 물론 자식들이 좀 더 합리적이라면, 확률을 계산하면서 경쟁한다고 경제학자들은 말할 것이다. 아들이 5명이므로 상속받을 확률은 1/5, 따라서 기대소득은 20(=100/5)억 원이다. 그러므로 아들들이 합리적이라면 각자 20억 원 이상의 돈은 쓰지 않을 것이다. 그래서 각자 20억 원의 돈만 쓴다고 해도, 결과적으로 부모로부터 자식에게 100억 원이 넘어가는 데에 총 100원의 돈이 뿌려지는 꼴이다. 여전히 소모적 경쟁임에는 변함이 없다. 다시 말해서 사람들이 모두 합리적으로 행동하고 경쟁한다고 해서 그 결과도 합리적이라는 보장은 전혀 없다는 것이다.[12] 가장 좋은 방법은, 아예 경쟁하지 않기로 합의하는 것이다. 주사위를 던져서 상속자를 미리 정하고 나머지는 떡고물이나 받기로 합의하는 것도 좋은 방법이다. 이랬다면, 상속받기 위해서 경쟁할 필요도 없고 공연히 돈을 뿌릴 필요도 없다.

토지 경우도 마찬가지다. 한정된 토지를 놓고 경쟁이 벌어지면 당연히 토지소유자의 경제적 이익은 불어난다. 경쟁이 심하면 심할수록 토지소유자의 이익은 비례해서 커진다. 이럴 경우, 경쟁의 심화는 특혜나 특권을 소멸시키기는커녕 오히려 부풀기만 한다. 이같이 공급이 원활하지 못한 자원의 경우, 수요는 늘어나는데 공급이 즉시 증가해주지 않으면 당연히 가격이 뛰면서 이 가격을 받는 사람은 일종의 횡재를 하게 된다. 이런 성격의 소득을 경제학에서는 지대라고 한다. 옛날부터 토지는 공급이 한정된 대표적인 자원으로 꼽혔다. 그래서 옛날에는 지대라는 용어는 주로 토지에 국한해서 사용하였고 따라서 고전경제학 학자들은 토지를 특별 취급하였다. 하지만, 현대경제학은 지대가 토지에만 국한되어 발생하는 소득이 아니고, 일시적으로 공급이 고정된 다른 자원에서도 발생하는 소득이라고 정의하고 있다. 이에 대해서는 뒤에서 다시 설명하기로 한다.

3 토지의 영속성(혹은 내구성)

토지가치와 지가

토지는 물리적으로 영속성을 갖는다. 경제학적으로 말하면, 토지는 장기에 걸쳐 각종 재화와 용역을 제공할 수 있는 내구성을 갖는다. 컴퓨터, 공장, 기계, 기차, 선박 등, 사람이 만든 생산수단을 보통 자본재라고 하는데, 이런 자본재도 내구성을 갖지만, 자연적으로 손상되어 어느 시점에 이르면 유용성을 상실한다. 이렇게 한시적으로만 내구성을 갖는다는 점에서 자본재는 토지와 다르다. 토지는 물리적으로 내구성을 가질 뿐만 아니라 가치의 면에서도 기계나 컴퓨터 등 보통 자본재에 비해서 월등하게 내구성이 강하다. 자본재는 이용하는 그 순간부터 그 가치가 푹푹 떨어진다. 예컨대, 자동차를 일 년만 쓰면 그 가치가 반 이하로 뚝 떨어진다. 더욱이나 요새 같이 기술 진보가 빠르고 새로운 모델이 물밀듯이 시장에 쏟아져 나오는 상황에서는 자본재의 경제적 내구연한은 더욱더 짧아진다. 이제 컴퓨터는 쓰든 안 쓰든 2년만 지나면 고물이 되어 버린다. 그러나 토지의 가치는 자본재처럼 그렇게 푹푹 떨어지지 않는다. 우리나라의 경우 떨어지기는커녕 상당히 오랜 기간에 걸쳐 계속해서 상승해 왔다.

토지의 영속성 때문에 발생하는 가장 큰 난점은 그 가치를 정확하게 추정하기가 무척 어렵게 된다는 것이다. 예를 들어서 어느 지역에 1,000평의 땅이 있는데, 오직 생산요소로만 이용된다고 하자. 그러면 이 땅이 얼마나 가치 있는 것인지를 알기 위해서는 매년 이 땅으로부터 얻을 수 있는 순소득을 알아야 한다. 이 순소득은 농사를 지었을 때의 순소득일 수도 있고, 주차장으로 이용하였을 때의 순소득일 수도 있으며, 남에게 빌려주었을 때의 임대료 소득일 수도 있다. 어떤 용도로 이용되느냐에 따라 순소득의 크기도 달라지기 때문에 그 토지의 가치를 추정하기 위해서는 우선 먼 미래를 내다본 최선의 용도가 과연 어떤 것인지 알아야 한다. 예를 들어서 앞으로 50년을 내다볼 때 호텔 건설에 이용하는 것이 좋을지, 농사를 짓는 것이 좋을지, 혹은 자연 상태로 내버려 두는 것이 좋을지를 판단해야 하는데 이것이 결코 쉽지 않다. 미래는 온갖 불확실성으로 싸여있기 때문이다. 개인의 시각이 아니라 사회적 시각에서 볼 때는 더욱더 어렵다. 개인의 시각에서 보면 호텔 용지로 이용하는 것이 최고로 좋을 것 같지만, 사회적으로 보면 자연 상태로 내버려 두는 것이 최선일 수도 있다.

설령 최선의 용도가 결정되었다고 하더라도 그다음에는 매년 발생하는 순소득의 크기를 알아야 하는데 이것 역시 어려운 일이다. 어떻든 매년 발생하는 순소득의 크기를 알았다고 하자. 그러면 미래 각 시점에서 얻을 것으로 기대되는 순소득의 현재가치를 전부 합친 값이 곧 토지의 가치가 된다. 예를 들어서 1년 후에 발생하는 순소득을 y_1, 2년 후에 발생하는 순소득을 y_2, ⋯, n년 후에 발생하는 순소득은 y_n 이며, 이자율이 r% 이고, 부동산거래자들이 이 이자율을 이용해서 미래의 순소득을 할인한다고 하자. 그러면 일 년 후에 발생하는 순소득의 현재가치는 $y_1/(1+r)$이고, 2년 후에 발생할 순소득의 현재가치는 $y_2/(1+r)^2$ 이며, n년 후에 발생할 순소득의 현재가치는 $y_n/(1+r)^n$ 이다. 토지의 가치를 V라고 하자. 그러면 다음 식에서 보듯이 토지의 가치는 매년 발생하는 토지 순소득의 현재가치들을 모두 합친 값이다.

$$V = \frac{y_1}{(1+r)} + \frac{y_2}{(1+r)^2} + \cdots + \frac{y_n}{(1+r)^n} + \cdots$$

이 공식을 자본화 공식이라고 하며, 이에 따라 계산된 값을 토지의 자본화가치(資本化價値, capitalized value of land) 혹은 그냥 토지가치라고 한다. 일찍이 17세기에 중상주의 학자였던 윌리엄 페티(William Petty)가 이런 자본화 공식을 이용하여 토지가치를 설명하였다고 한다. 그러나 미래의 각 시점에서 발생할 것으로 예상되는 토지 순소득을 정확하게 알아내는 것은 사실상 불가능하다. 그러므로 현실적으로는 과거의 소득 추세와 간단한 몇 가지 지표를 이용해서 순소득을 대략 추정한 다음 이것이 미래에도 계속 유지된다고 가정하는 관행이 많이 이용된다. 그 값을 y라고 하자. 그러면 위의 공식은 다음과 같이 간단해진다.

$$V = \frac{y}{r}$$

예를 들어서 어떤 땅에서 매년 기대되는 순소득이 천만 원이고 할인율이 10%라고 하면 이 토지의 가치는 1억(=1000/0.1) 원으로 평가된다. 만일 할인율이 5%라고 하면 토지가치는 2억 원으로 곱절이 된다. 이같이 토지가치는 이자율에 반비례한다. 즉, 이자율이 올라가면 토지가치는 떨어지고 반대로 이자율이 내려가면 토지가치는 증가한다. 이 자본화 공식에서 보듯이 토지가치의 추정은 미래의 순소득뿐만 아니라 미래의 금리에 대한 예측을 바탕으로 하는 까닭에 미래를 어떻게 보느냐에 따라 크게 달라질 수 있는, 매우 불확실한 값이다. 실제 시장에서 토지에 대한 수요와 공급은 각 개인이 나름대로 생각하는 토지가치를 합친 것인데, 각 개인의 생각 자체가 불확실한 것이므로 결과적으로 시장에서 자연스럽게 형성된 토지의 가격 역시 잘못된 생각에 따라 결정될 가능성도 클 수밖에 없다.

흔히 위의 자본화 공식을 이용해서 구한 토지가치를 지가로 간주하기도 한다. 그러나 엄밀히 말해서 토지가치가 곧 지가가 되는 것은 아니다. 시장에서 수요와 공급에 따라 실제로 형성되는 지가는 위의 자본화 공식에 따라 추정된 토지가치와 같아질 수도 있고 그렇지 않을 수도 있다. 위의 자본화 공식에 따라 결정된 토지가치는 주로 생산요소용 토지의 가치다. 그러나 실제 시장에서는 생산요소용 토지에 대한 수요(실수요)뿐만 아니라 재산용 토지에 대한 수요(가수요)도 있는데, 지가는 이 두 가지를 합친 수요와 공급이 균형을 이루는 수준에서 결정된다. 따라서 지가는 토지가치와 달라질 수 있다. 이에 대해서는 뒤에서 다시 설명하기로 한다. 이같이 지가가 시장에서 수요와 공급에 따라 결정된 값이라고는 하지만, 사람들 대부분 땅값을 잘 모른다. 심지어 자기 집안이 소유한 토지의 가격도 잘 모른다. 바로 이 점이 다른 상품의 가격과 구별되는 지가의 큰 특징이다. 다른 보통 상품의 경우에는 가격을 잘 모르는 경우가 별로 없다. 사람들 대부분 라면이나 빵, 우유, 자장면, 등의 가격을 대충 알고 있다. 설령 모른다고 해도 가게에 나가보면 금방 알 수 있다. 하지만, 토지의 경우에는 사정이 다르다. 물론, 인터넷을 검색해 보면 각 지역의 지가 현황이 뜨지만, 그것이 시장에서 실제로 형성되는 가격이라는 보장은 없다.

무슨 자원이든지 그것이 효율적으로 이용되기 위해서는 가장 잘 이용할 수 있는 사람의 손에 들어가야 하는데, 그러자면 그 자원이 시장에서 원활하게 거래되어야 한다. 그러기 위해서는 가격이 분명해야 하고 잘 알려져 있어야 한다. 토지 역시 마찬가지다. 땅값은 토지거래에 있어서 가장 중요한 정보인데 이것이 분명하지 않은 경우, 거래가 원활하게 이루어질 수 없다. 여기저기 가격을 비교해야 하고 오랜 기간 흥정해야 한다. 이것이 토지시장은 매우 불완전하게 만드는 한 요인이 된다. 그래서 토지시장의 활성화 차원에서 정부의 개입이 필요하다는 말이 나오게 된다. 실제로 우리 정부는 해마다 수백억 원의 예산을 투입해서 전국에 걸쳐 지가를 추정하여 발표한다.[13] 이 지가를 흔히 공시지가라고 부른다. 정부는 이 공시지가를 바탕으로 토지를 매입하며, 각종 세금을 부과한다. 토지는 좋은 담보물이기 때문에 금융기관이나 기업들도 공시지가를 많이 참고한다. 그러나 공시지가는 시세의 50%~90% 정도를 반영한다고 한다.[14] 이같이 차이가 나기 때문에 실제 거래가격을 알아내는 선분식이 인기를 끌고 있고 지가 추정을 전담하는 공공기관도 있다. 라면의 가격이나 커피의 가격을 알기 위해서 정부가 돈을 뭉텅 쓴다면 그야말로 코미디 감이지만 땅값을 제대로 알기 위해서는 많은 돈과 시간을 들여야 하는 것이 우리의 현실이다. 어쨌든 토지의 경우 가격이 분명치 않고 그래서 정부가 개입할 필요가 발생하는데 이런 이상한 현상은 토지의 영속성(내구성)이 빚어낸 결과다.

토지의 영속성은 지가라는 개념에 상당한 혼란을 초래한다. 예를 들어서 싱가포르나 이스라엘과 같이 국토 대부분이 국유화되어 있는 나라에서는 우리가 보통 생각하는 지가의 개념이 널리 통용되지 않을 것이다. 모든 토지가 국유화되어 있는 탓에 개인은 단지 토지를 빌려 쓰기만 한다면 이들이 볼 때 지가란 임대료를 의미한다. 이때의 임대료는 토지를 이용할 권리에 대하여 매년 치르는 가격을 말한다. 위의 자본화 공식에서 y가 임대료인데, 이 임대료도 엄연히 가격으로서 역할을 한다. 임대료가 올라가면 토지에 대한 수요가 감소하고 임대료가 하락하면 토지에 대한 수요가 늘어날 것이다. 어느 지역에 1,000필지의 국유지가 있다고 하자. 이 땅을 효율적으로 이용하기 위해서는 이 1,000필지 각각이 최선의 용도에 이용되어야 하는데, 한 가지 방법은 각 필지를 경쟁 입찰에 붙인 다음 최고의 임대료를 제시하는 사람에게 빌려주는 것이다. 이때 임대료는 각 필지의 용도를 결정하는 가격의 기능을 훌륭히 수행한다. 그래서 부동산 관련 교과서를 보면, 지가라는 용어가 사실은 임대료 혹은 지대를 의미하는 때도 적지 않다.[15]

토지의 사유가 보편화된 국가라고 해도 지가가 토지가치와 같을 경우, 지가(V)와 임대료(y) 사이에는 1대 1의 상관관계가 있으므로 위의 자본화 공식을 이용해서 둘 중의 하나만 알면 나머지는 자동적으로 알게 된다. 예를 들어서 지가만 알면 여기에 할인율 r를 곱해서 임대료를 알아낼 수 있고, 임대료만 알면 이것을 할인율로 나누어서 지가를 금방 알아낼 수 있다. 따라서 이럴 경우, 지가와 임대료는 사실상 같은 개념이라고 할 수 있다. 개인이 국가로부터 토지를 장기 임대하는 경우가 흔한 서구에서는 지가와 임대료를 동일시해도 큰 상관이 없을 것이다. 하지만 토지나 주택이 재산증식 수단으로 많이 애용되는 나라에서는 사정이 달라진다. 이 경우 임대료를 자본화한 값이 곧 지가가 되는 것은 아니기 때문이다. 재산용 토지나 투기 대상으로서 토지에 있어서 중요한 것은 임대료가 아니라 땅 자체를 사고팔았을 때, 주고받는 절대 금액, 즉 보통 말하는 땅값의 크기이다. 우리나라의 경우에는 지가와 임대료를 명확하게 구분해야 한다.

영속성과 토지이용의 효율

대체로 보면 각 개인은 먼 미래를 내다보지 못할 뿐만 아니라 예측하기를 싫어한다. 2008년 미국 금융시장의 붕괴와 이에 이은 세계 경제 위기의 원인을 체계적으로 설명한 공로로 노벨경제학상을 수상한 쉴러(R. Shiller)는 심지어 부동산이나 증권투자 전문가 중에도 그런 사람들이 적지 않다고 말한다.[16] 애덤 스미스도 분명하게 지적하였듯이 사람들이 대체로 근시안적이기 때문에 되도록 가까운 시일 안에 많은 수익을 올리고 싶어 한다. 그러므로 토지이용이 시장에서 결정되게 내버려 두면 너무나 많은 토지가 매우 근시안적으로 이용됨으로써 결과적으로 많은 사회적 손실을 초래할 우려가 있다. 따라서 장기적인 안목에서 국토가 효율적으로 이용되게 하기 위해서는 정부가 백년대계에 따라 토지이용의 결정에 중요한 역할을 해 주어야 한다는 주장에 설득력이 있다.

하지만, 여기에도 문제가 있다. 정부가 작성하는 국토이용계획이 과연 최선인가에 대해서도 많은 이견이 제시될 수 있지만, 그 계획을 실천하는 과정에서도 많은 부작용이 발생한다. 토지가치 계산이 미래에 대한 예측을 내포한다는 것은 미래 어떤 시점에서 일어나리라고 예상되는 변화가 미래의 지가에 영향을 미칠 뿐만 아니라, 현재의 지가에도 곧장 영향을 주게 됨을 의미한다. 예를 들어, 어느 지역에 5년 후 지하철이 들어선다고 하면 땅값이 5년 후에 올라가는 것이 아니라 지금부터 당장 올라감이 보통이다. 그러므로 지하철이 들어선다는 소문을 듣고 돈 좀 벌어보려는 욕심으로 현장에 달려가 보면 이미 땅값은 올라갈 대로 올라가 버리는 현상을 흔히 보게 된다.

이러한 현상에 대하여 어느 학자는 "미래의 그림자가 현재에 드리운다."라고 표현했지만, 토지의 경우에는 이런 현상이 빈번히 발생하면서 때로는 여러 가지 문제를 초래한다.[17] 예를 들어 정부가 어느 지역에 지하철을 건설하려는 개발계획을 세워 놓으면, 어느새 이에 대한 정보가 새어 나가 해당 지역에 토지투기를 불러일으키면서 투기꾼들이 엄청난 불로소득을 얻는다. 반면에 막상 공사를 시작하려고 정부 기관이 현장에 달려가 보면, 이미 땅값이 너무 올라가 있어서 애당초에 계획했던 예산으로는 도저히 건설에 착수할 엄두도 내지 못한다. 그래서 부득이 공사를 연기해야만 하는 사태가 흔히 발생하였다. 심지어 개발계획의 작성에 참여했던 사람들이 몰래 부동산투기를 해서 막대한 이익을 챙기기도 한다. 이럴 경우, 정부의 국토이용계획이 부정부패의 온상이 되는 셈이다. 이런 현상 역시 토지의 영속성과 관련되는 것이다. 특히 우리나라의 경우 사회에 만연된 토지 관련 부정부패가 토지에 대한 사유재산권의 정당성뿐만 아니라 다른 재산권의 정당성도 크게 훼손시키고 있으며, 나아가서 자본주의 시장경제를 불신하는 사회적 풍조를 조성하는 데에 일조하였다.

4 토지의 비이동성 및 이질성

비이동성과 불완전경쟁시장

토지는 옮길 수 없는 대표적인 자원이다. 수도권에 토지가 아무리 부족하고 땅값이 비싸다고 해도 시골에 지천으로 널려 있는 빈 땅을 수도권으로 옮겨올 수는 없다. 이같이 땅은 옮길 수 없으므로 여러 가지 문제가 발생한다. 우선, 외부효과를 피할 수 없다는 점이 꼽힌다. 햇볕을 가로막는 큰 건물이 앞에 들어서면 뒤에 있는 건물의 주인은 자신의 땅과 건물을 파내서 다른 곳으로 옮겨가고 싶은 마음이 굴뚝같겠지만 그럴 수 없으니 꼼짝없이 당할 수밖에 없다. 자연히 분쟁이 발생하기 쉽다. 이와 비슷한 문제가 우리 주위에서 늘 일어난다. 마을 옆에 있는 공업단지가 주민에게 대기오염 피해를 준다면 주민들은 꼼짝없이 당할 수밖에 없다. 피해당하지 않으려면, 주민들이 이사 가야 한다. 1980년대 초 울산 공업단지가 주변 시민들에게 대규모로 대기오염 피해를 주는 사건이 벌어졌을 때 정부가 마련한 대책은 인근 주민의 단계적 이주였다. 비이동성이라는 특성 때문에 토지의 경우 불특정 다수에게 현저한 영향을 미치지 않고 조용히 이용하기가 그만큼 더 힘들어진다. 아무리 내 땅이라고 해도 이것을 화장터로 이용한다면 이웃 주민뿐만 아니라 지나가는 사람들에게까지 심한 혐오감을 주고 때로는 큰 재산상의 피해를 주게 된다. 그래서 "내가 내 땅을 이용하는데 남이 무슨 상관이냐"라고 말하기가 참으로 곤란하다. 그러므로 토지문제를 다룰 때는 외부효과가 가장 중요한 고려사항 중의 하나가 된다.

비이동성은 또 다른 문제를 낳는다. 어떤 토지가 바람직한 좋은 특성을 가지고 있을 때, 그것을 원하는 사람은 그 땅 근처로 가야 한다. 농사짓는 사람은 비옥하고 경작하기 좋은 땅을 찾아가야 하고, 장사하는 사람은 목 좋은 곳을 찾아가야 하며, 자녀를 가진 가정주부는 학군이 좋은 곳을 찾아가야 한다. 이런 까닭에 각 지점별로 그 지점의 특성에 알맞은 활동들이 모이면서 토지이용 행위가 국지화된다. 따라서 토지시장도 지역별로 국지화된다. 예컨대, 온천수를 이용하는 경제활동은 온천지역에 국한되고, 어로 활동은 바닷가나 강가에 집중될 수밖에 없다. 토지는 라면이나 옷처럼 전국에 걸쳐 대량으로 거래되는 상품이 아니다. 어느 지역에 라면이 부족해서 가격이 오르면 다른 지역의 라면이 유입되면서 부족이 완화된다. 이 결과 전국에 걸쳐 대체로 일물일가의 법칙이 성립한다. 그러나 토지의 경우에는 그렇지 못하다. 특정 지역의 토지에 대한 수요가 공급을 크게 초과해서 가격이 뛰더라도 다른 곳의 토지를 옮겨올 수 없으므로 높은 가격은 지속된다.

토지시장이 지역별로 국지화된다는 것은 시장의 규모가 작음을 의미하며, 수요자나 공급자의 수가 적을 가능성이 크다는 것을 의미한다. 이럴 경우, 대체로 소수의 사람, 특히 소수의 토지소유자가 큰 영향력을 행사하게 된다. 경쟁자의 수가 적기 때문이다. 대부분 경제이론은 완전경쟁시장을 전제로 하는데, 완전경쟁시장이란 다수의 수요자와 다수의 공급자가 있어서 그 누구도 시장에서 형성될 가격에 마음대로 영향력을 행사할 수 없는 시장을 말한다. 하지만 어느 시장에서 수요자나 공급자의 수가 적을 경우, 시장에서 형성될 가격에 큰 영향력을 행사하는 사람이 존재하게 된다. 이런 시장을 불완전경쟁시장이라고 한다. 예를 들면, 우리나라의 자동차시장은 소수의 대기업이 분할하고 있다. 이 경우 이들이 합심해서 마음만 먹으면 대한민국의 자동차 가격을 자신들에게 유리하게 조작할 수 있게 된다. 그래서 담합이 법으로 금지되어 있다.

토지시장은 대표적인 불완전경쟁시장이다. 어느 기업이 공장을 확장하기 위해서 토지를 매입한다고 하자. 새로 매입할 토지가 멀리 떨어져 있을수록 관리하기도 어렵고 교통비가 많이 든다. 그래서 이 기업은 현 공장 부지와 가장 가까운 토지부터 매입하려고 할 것이다. 다시 말해서 기업이 공간을 늘린다는 것은 대부분 경우 바로 주변에 산재한 토지 조각을 주워 모으는 일이 된다. 그렇다면, 매입 대상이 될 토지의 수는 빤하게 정해져 있고, 토지소유주도 소수의 몇 사람으로 국한된다. 결국 기업주는 소수의 토지소유주와 협상해야 한다. 이 중 한 사람이라도 전략적 버티기를 할 경우, 큰 대가를 치러야 한다. 실제로 이런 일이 비일비재로 일어난다. 대도시 시내를 지나가다 보면 도로가 이상하게 꺾이거나, 빌딩 숲속에 오두막집이 있다거나, 건물이 이상하게 뒤틀려 있는 꼴을 보게 되는데, 특정인의 전략적 버티기가 그 원인인 경우가 많다고 한다. 문제는 그런 특정인의 전략적 버티기가 종종 도시개발을 비효율적으로 이루어지게 만들고 그럼으로써 일반시민에게 그 비용을 전가하게 된다는 것이다. 어떻든 소수 이해관계자만이 있고, 게다가 전략적 버티기까지 가능한 시장은 불완전경쟁시장일 가능성이 큰데, 토지시장이 바로 그런 시장이다. 이 경우 그 시장에서 가격이 어떻게 결정되고 어느 수준이 될 것인지에 대해서는 현대의 경제학이 대답하기 어려운 부분이 상당히 많이 있게 된다.

평상시 토지는 소량만이 거래되는 특성을 가진다. 이같이 시장이 국지화되고 소규모일 경우, 큰 자금력을 배경으로 한 가수요가 조금만 증가하더라도 지가가 폭등하는 현상이 일어날 수가 있다.[18] 작은 냄비가 더 빨리 끓는 법이다. 지가를 비롯한 시장 상황에 대한 정보의 불완전성이 이런 특성과 상승작용을 일으키면, 지가는 더욱더 널뛰기를 자주 하게 된다.

비이동성과 이질성

이동시킬 수 없다는 것은 위치를 바꿀 수 없음을 의미한다. 최소한 위치상으로만 보더라도 각 지점의 토지는 다른 지점의 토지와 다르다. 위치가 좋은 토지가 있는가 하면, 그렇지 않은 토지가 있다. 그렇다고 위치가 나쁜 토지를 위치가 좋은 곳에 옮길 수는 없다. 그래서 토지가치의 결정에서 위치가 매우 중요한 요인이 된다. 실제로 위치에 따라 토지의 가치가 천차만별이다. 좋은 위치에 있는 토지는 한정되어 있다. 따라서 목 좋은 토지의 소유자들은 그만큼 독점적인 영향력을 행사하면서 높은 가격을 부르게 된다.

엄밀히 말해서 이 세상에는 모든 면에서 똑같은 토지란 있을 수 없다. 서울의 명동 안에 있는 토지도 지점에 따라 각기 다른 특성을 가진다. 그러므로 모든 토지는 최소한 지점에 따라 특성화된 이질적 자원이라고 할 수 있다. 현실의 토지시장에서는 이런 이질성으로 인해 토지소유자가 상당한 정도의 독점력을 발휘하는 예를 흔히 볼 수 있다. 그래서 토지 및 부동산의 가장 큰 특징으로 이런 이질성을 꼽는 교과서도 있다.[19] 이런 이질성이 시장에서 독과점을 낳는 주된 요인이 되기도 하지만, 또한 비용 증가의 원인이 되기도 한다. 예를 들어서, 나사못이나 벽돌 등은 개당 정해진 가격에 얼마든지 구매할 수 있다. 1,000개를 살 때나 만 개를 살 때나 개당 가격은 일정하다는 것이다. 달리 말하면 이런 것들의 공급곡선은 수평선에 가깝다.

그러나 토지의 경우에는 그렇지 않을 가능성이 크다. 토지가 이질적인 자원이라면, 합리적인 토지이용자는 생산성이 높은 토지부터 먼저 이용하고 나서 점차 생산성이 낮은 토지로 옮겨갈 것이다. 다른 조건이 같다면 생산성이 낮은 토지를 이용하면 생산비가 올라간다. 토지 때문에 생산비가 비싸진다는 것은 결국 토지에 더 비싼 대가를 치른다는 뜻이다. 그러므로 토지이용자들이 더 많은 토지를 매입할수록 점점 더 비싼 대가를 치를 가능성이 크다. 다시 말해서 토지를 대량으로 매입하는 업체의 시각에서 보면, 사실상 우상향하는 토지 공급곡선에 직면하게 된다는 것이다. 물론, 생산성이 낮은 토지는 저렴하다. 그러나 평소 은밀히 조금씩 토지를 매입해두지 않는 한 사업을 확장하기 위해서 인근 토지를 대량 매입하는 업체들이 막상 토지소유자들과 거래할 경우, 생산성이 낮은 토지라고 해서 반드시 낮은 값을 치른다는 보장은 없다. 논리는 약간 다르지만, 차액지대설로 유명한 리카도(David Ricardo)도 비슷한 주장을 폈다. 즉, 인구가 늘어나고 경제활동이 확산함에 따라 점차 생산성이 낮은 토지가 개발되고, 이에 따라 땅값은 점차 높아진다는 것이다.

통상 경제학자들이 수요 공급의 틀을 이용해서 어떤 상품의 가격 결정을 설명할 때는 해당 상품 각각의 질은 서로 비슷하다고 가정한다. 그러나 토지나 부동산의 경우에는 그렇지 않다. 이같이 이질성을 특징으로 하는 상품을 수요·공급의 틀 속에 억지로 꾸겨 넣어서 가격을 설명하려면 여러 가지 무리가 따른다. 그래서 어떤 학자는 토지의 이러한 이질성이 경제학 분석에 있어서 가장 어려운

점이라고 말하고 있다.[20]

5 토지의 공공성

역사적으로 보면, 한 사회의 흥망성쇠가 땅값에 아주 잘 투영된다. 탄광촌을 예로 들어보자. 금광이 터져서 사람들이 몰려오고 온 마을이 흥청대면 땅값은 금방 올라간다. 그러다가 광산이 문을 닫고 사람들이 썰물처럼 빠져나가고 온 마을이 썰렁해지는 날이면 땅값 역시 푹 꺼진다. 비단 탄광촌만이 아니라 도시나 나라의 경우도 그렇다. 근대경제학의 창시자 마셜(A. Marshall)은 토지의 가치를 결정하는 요인으로 ① 토지의 생산력, ② 공공서비스, ③ 주변 토지의 용도로 인한 영향을 꼽았다. 토지의 생산력에도 자연적 생산력과 인공적으로 조성한 생산력이 있을 수 있다. 예를 들면, 세계에서 가장 비옥한 토지라고 하면 미국 아이오아(Iowa)주와 그 주변 토지가 꼽히는데 이 토지의 비옥도는 자연적으로 형성된 것이라고 한다. 비록 자연적으로는 매우 척박한 토지라고 하더라도 수리시설 및 배수시설을 설치하고 퇴비로 지력을 높이는 등 인위적인 노력에 따라서 토지의 생산력을 높일 수 있다. 어떻든 생산력이 높은 토지는 높은 가치를 가질 것은 분명하다.

그러나 오늘날 농토를 제외한 토지 대부분 그 가치는 공공서비스의 영향을 많이 받는다. 특히 도로, 수도, 전기, 쓰레기 청소 서비스, 지하철, 버스, 소방서, 파출소, 학교, 관공서, 공원 등 기본 공공서비스 및 공공시설들의 공급 여부에 따라 토지의 가치가 거의 결정된다는 것은 상식이다. 그래서 경제학에서는 이런 공공서비스 및 공공시설의 사회적 가치를 추정할 때 곧잘 땅값을 근거로 삼는다. 예를 들어서 어느 지역에 도로를 건설한다고 하자. 이 도로를 건설하기 전에 과연 이 도로가 경제적 타당성을 갖는 지를 검증해야 한다. 그러자면, 이 도로가 과연 어떤 사회적 편익을 얼마나 발생시키는 지를 판별해내고 그다음에는 그 금전적 가치를 추정해야 하는 난제를 풀어야 한다. 이때, 흔히 쓰이는 편법은 이 도로가 건설되는 경우 도로 주변의 땅값이 얼마나 올라갈 것인가를 추정하고,

이 추정치를 사회적 편익으로 간주하는 것이다. 왜냐하면, 만일 그 도로가 어떤 사회적 편익을 발생시킨다면 사람들은 이 편익을 누리기 위해서 도로 주변의 땅으로 몰려들 것이고 따라서 도로 주변 토지에 대한 수요가 발생하면서 땅값이 올라갈 것이기 때문이다. 도로 주변의 땅값이 올라간다면 그 이유는 바로 그 도로로 인한 어떤 사회적 편익이 있기 때문이다. 만일 그 도로가 전혀 쓸데없는 도로였다고 하면, 아무리 그 도로를 잘 건설해봐야 주변의 땅값은 오르지 않을 것이다.

기본 공공서비스나 공공시설이 공급되지 않는 토지의 가치는 극히 낮다. 길도 없고 전기 및 수도도 들어가지 않는 깊은 두메산골의 땅은 지금도 헐값이다. 비록 기본 공공서비스나 공공시설들이 공급되지 않아도 단순히 앞으로 공급된다는 소문만으로도 땅값은 치솟는다. 반대로, 아무리 땅값이 비싼 토지라도 기본 공공서비스의 공급이나 공공시설들이 없어진다고 하면 단순히 그 소문만으로도 그 땅값은 하루아침에 폭락하고 만다. 우리나라에서 제일 땅값이 비싼 곳은 잘 알려진 대로 서울 명동 한복판의 땅이다. 이곳의 땅값은 실거래가격이 아닌, 공시지가만으로도 억대에 달하지만, 전기도 안 들어오고 수돗물도 끊긴다고 하면, 그 땅값은 단박에 곤두박질칠 것이다. 그 정도로 땅값에는 사회적 요인의 영향이 압도적이다. 물론, 병원, 상가, 은행 등 민간부문의 서비스도 땅값에 영향을 주지만 이런 것들은 기본 공공서비스 및 공공시설이 들어서고 난 다음에 따라 들어오는 것이다. 길도 없고 전기도 없고 물도 없고 쓰레기도 치워주지 않는 곳에 상가나 은행이 들어설 리도 없지만 설령 들어서 봐야 장사가 안돼서 곧 문을 닫게 될 것이다.

요컨대, 기본 공공서비스와 공공시설들이 하루도 빼지 않고 공급되어야 땅값이 유지가 되는데, 이런 기본 공공서비스와 공공시설의 공급에는 통상 막대한 비용이 소요된다. 그 비용이 엄청나서 개별 기업들이 감히 엄두도 못낼 때가 많다. 그래서 이런 기본 공공서비스와 공공시설 공급 비용의 대부분은 일반 국민의 세금으로 충당된다. 결국 국민이 바친 세금이 땅값을 높은 수준으로 밀어 올린다. 더욱이나, 세금을 바치는 국민의 대부분은 토지를 가지고 있지도 않다. 어떻든, 마셜은 이같이 지가가 사회 전체의 노력 덕분에 창출된 가치라고 해서 이를 특별히 공공가치(public value)라고 불렀다.

일반적으로 많은 노력과 비용을 들인 물건은 비싸고 반대로 노력과 비용을 덜 들인 물건은 싼 법이다. 즉, 비용과 가치 사이에는 밀접한 상관관계가 있다. 그러나 토지의 경우에는 반드시 그렇지는 않다. 오히려, 토지의 경우에는 비용과 가치가 별 관계가 없다고 말하는 것이 더 정확할 것이다. 예를 들어, 똑같은 비용을 투입하여 두 지점의 토지를 택지로 조성하였다고 하더라도, 한쪽 택지의 부근에는 지하철이 지나가고 다른 쪽의 택지 근처에는 쓰레기 매립장이 들어선다고 하면, 이 두 택지의 땅값은 엄청나게 달라질 것이 불을 보듯 뻔하다. 지하철이 지나가는 택지의 소유자는 아무런 개인적 노력이나 비용을 들이지 않고도 많은 경제적 이익을 얻게 될 것이다. 이러한 경제적 이익도 공공가치인데, 이를 우발이익(windfall) 혹은 개발이익이라고 부르기도 한다.

많은 학자가 토지의 가치 혹은 지가의 대부분은 공공가치라고 주장해 왔다. 시장에서 토지가 자유스럽게 거래되도록 방임할 경우, 이 공공가치는 대부분 개인의 손에 들어갈 것이다. 사회적 차원에서 보면, 개인에게 귀속되는 이 공공가치는 불로소득이나 마찬가지다. 어느 나라에서나 토지의 소유는 극히 편중되어 있는데, 이런 상태에서 토지와 결부된 공공가치가 개인에게 귀속된다면 빈부격차는 더욱더 심해질 우려가 있다. 비록 그렇지 않다고 해도 문제는 있다. 아무리 통계상으로는 소득이 평등하게 분배되어 있어도 어떤 소득은 열심히 일한 대가이고 어떤 소득은 불로소득이라면 그런 소득분배 양태는 결코 공평한 분배 양태라고 보기는 어려울 것이다. 그래서 토지의 완전 사유를 반대하는 사람들이나 토지와 결부된 빈부격차 문제를 심각한 사회문제로 의식하는 사람들은 이 공공가치를 제도적으로 엄격하게 환수할 것을 촉구하는 경향이 있다.

물론 실제에 있어서는 토지가치 모두가 공공가치는 아닐 것이다. 상식적으로 생각하면, 토지소유자 혹은 토지 이용자가 토지의 이용 가치를 높이기 위해서 토지에 투입한 투자에 상응해서 토지가치도 당연히 커질 것이다. 토지경제학에는 토지개량공사(land improvements)라는 말이 유난히 많이 나오는데 이 말은 토지의 생산성을 높이고 토지의 가치를 높이기 위해서 토지에 노동과 자본을 투입하는 행위를 지칭한다. 뒤에서 다시 자세히 설명되겠지만, 우리가 이용하는 토지는 대부분 자연 상태의 토지가 아니라 토지개량공사를 통해서 인공적으로 '가공된' 토지이다. 그러나 개인이 수행하는 토지개량공사가 반드시 해당 토지의 가치를 높이는 것은 아니다. 오히려 그 반대가 되는 경우도 매우 흔하다. 이런 점에서 토지는 특수성을 가진다고 볼 수도 있다. 예를 들면, 부동산투자 지침서에는 '건부감가(建附減價)'라는 말이 있다. 건물이 있는 토지는 가치가 떨어진다는 뜻인데, 다른 조건이 같다면, 건물이 세워진 대지는 건물이 없는 대지보다 가격이 낮아지는 경우가 흔히 있다. 건부감가 되는 이유는 건물이 부착된 토지를 다른 용도의 토지로 전용하려면 이 건물을 철거하는 데 돈이 많이 들기 때문이다. 따라서 다른 조건이 똑같다면 차라리 아무런 비용도 투입하지 않은 나대지가 더 값이 나가게 될 것이다. 물론, 건부증가(建附增價)의 경우도 얼마든지 있을 수 있다. 요컨대, 토지의 경우에는 그 생산성을 높이기 위한 개인의 노력과 토지가치 그리고 비용과 토지가치 사이에 별 상관관계가 없는 사례가 아주 많다는 것이다.

미주

1 상품자원(commodity resources)으로서의 토지와 현장자원(in situ resources)으로서의 토지에 관한 자세한 논의는 다음 문헌 참조: Krutilla, J. V. and A. C. Fisher(1975), The Economics of Natural Environments, Baltimore: The Johns Hopkins University Press.

2 Pearce, D. (1991), "An economic approach to saving the tropical forests", in D. Helm editted, Economic Policy towards the Environment, Oxford: Blackwell Publishers, 1991. p.243.

3 위에서 인용한 책, p.244.

4 국토연구원(1996), 『국토 50년』, 서울: 서울프레스, 33쪽.

5 국토교통부, 『2013년 국토의 계획 및 이용에 관한 연차보고서』.

6 정희남 · 김창현(1997), 『거시경제정책이 토지시장에 미치는 영향』, 국토연구원, 61쪽.

7 Gaffney, M. (1994), "Land as a Distinctive Factor of Production", in N. Tideman editted, Land and Taxation, London: Shepheard-Walwyn Ltd., p.72.

8 국제관광공사, 「관광 동향에 관한 연차보고서 1982」. 재정경제원, 「한국경제지표 1982」.

9 김정호(1995), 『한국의 토지이용규제』, 서울: 한국경제연구원.

10 국토교통부, 「2013년 국토의 계획 및 이용에 관한 연차보고서」.

11 1960년의 국토 면적이 98,431km^{2}이었으니, 35년 사이에 국토 면적은 약 1,061km^2 정도, 백분율로 따지면 약 1% 정도 증가하였다.

12 이에 대한 자세한 내용은 다음 문헌 참조: 이정전(2005), 『경제학에서 본 정치와 정부』, 서울: 박영사.

13 건설교통부(1998), 「1998년도 지가공시에 관한 연차보고서」, 59쪽.

14 국토해양부(2010), 「토지정책의 패러다임 재정립 방안 연구」, 289쪽.

15 예를 들면, Sullivan교수의 Urban Economics에서 말하는 지가란 곧 지대를 의미한다. Sullivan, A. M. (1990), Urban Economics, Homewood, Ill.: Richard D. Irwin, Inc. p.158.

16 Shiller, R. J. (1990) Speculative Prices and Popular Models, in J. of Economic Perspective, vol.4, no.2, Spring.

17 Griffin, J. M. and H. B. Steele(1980), Energy Economics and Policy, New York: Academic Press. pp.73-77.

18 이진순(1993), “한국의 지가: 토지투기와 시장실패”, 손재영 편, 『토지시장의 분석과 정책과제』, 한국개발연구원. 107쪽.

19 김경환·서승환(2010), 『부동산경제학』, 건국대학교 출판사, 83쪽.

20 이진순(1993), “한국의 지가: 토지투기와 시장실패”, 손재영 편, 『토지시장의 분석과 과제』, 한국개발연구원. 80쪽.

05

수요-공급 이론과 지가

1. 지가의 성격
   지가(부동산가격)에 관한 세 가지 이론 / 생산성 이론과 지가의 역할
2. 토지에 대한 수요
   토지의 생산성 / 한계생산가치와 토지에 대한 수요곡선 /
   한계생산이론과 자원의 효율적 이용
3. 토지의 공급
   토지개발 / 시간비용 / 토지공급곡선
4. 지가의 결정 및 지가 변동의 요인
   균형지가와 그 의미 / 지가 변동 요인
5. 지가의 역할과 토지의 효율적 이용
   자원의 효율적 이용 유도 / 통상적 수요-공급이론의 한계

주요용어

- 완전경쟁시장
- 고전경제학
- 신고전경제학
- 생산비가치설
- 파생적 수요(유도수요)
- 생산함수
- 평균생산
- 원단위
- 한계생산
- 한계생산가치
- 수확체감의 법칙
- 대체효과
- 토지수요곡선
- 토지공급곡선
- 파레토개선
- 파레토효율
- 한계생산이론
- 한계생산균등의 법칙
- 기회비용
- 소지(raw land)
- 개량공사
- 토지개발비
- 시간비용
- 대기비용
- 성숙비용
- 평균비용
- 한계비용
- 균형지가
- 한계기술대체율

05 수요-공급 이론과 지가

1 지가의 성격

지가(부동산가격)에 대한 세 가지 이론

앞장까지의 결론은, 전 국토 중에서 소비재용 토지를 적정 수준으로 확보하고 유지하는 문제 그리고 재산용 토지에 대한 수요를 적정 수준으로 억제하는 문제는 상당한 정도 정부가 담당해 주어야 하지만, 생산요소용 토지의 경우에는 그 구체적인 용도의 결정을 기본적으로 시장에 맡겨야 한다는 것이다. 다만, 다양한 용도들 사이의 충돌을 정부가 적절히 교통 정리한다는 조건이 붙는다. 그렇다면, 통상적인 시장의 수요-공급 원리가 적용될 수 있는 토지는 주로 생산요소용 토지라고 보아야 한다. 소비재용 토지는 시장에서 잘 거래되지 않으므로 시장 그 자체도 잘 형성되지 않고 가격도 잘 형성되지 않는다. 가치는 있으되 가격은 없는 경우가 많다. 따라서 내버려 두면 소비재용 토지가 지나치게 줄어들 우려가 있다. 반면에 시장에 내버려 두면 재산용 토지에 대한 수요가 과다해지고 땅값에 거품이 많이 끼기 쉽다. 일본과 미국에서 보았듯이 그 거품이 한껏 끓어올랐다가 푹 꺼지는 날이면 부동산시장만 주저앉는 것이 아니라 한 나라의 경제가 무너지기도 한다. 요컨대, 토지의 종류에 따라 시장의 기능이 다르며, 따라서 정부의 역할이 달라져야 한다는 것이다. 총론적으로는 사람들 대부분이 이에 동의하겠지만, 시장의 역할과 정부의 역할이 구체적으로 어떠해야 하는가에 관해서는 사안별로 학자들 사이의 논쟁이 치열하다.

토지의 특수성을 둘러싼 논쟁은 지가의 성격에 관한 논쟁으로 이어진다. 지가의 성격에 관한 견해는 크게 세 가닥으로 정리해볼 수 있다. 그 첫째는, 지가가 기본적으로 토지의 생산성을 반영하며, 가격으로서 의미 있는 기능을 수행한다고 보는 이론이다. 이 이론을 '생산성 이론' 혹은 '한계생산이론'이라고 하는데, 이 이론에 따르면, 땅을 팔거나 빌려주는 사람이 받게 되는 땅값은 대체로 생산에 기여한 정도를 반영한 정당한 대가이며, 불로소득이 아니라는 것이다.

그 둘째는, 통상 '고전적 지대이론' 혹은 잉여이론으로 알려진 이론인데, 지가는 잉여의 성격을 가진 불로소득이며, 가격으로서 마땅한 기능을 충분히 수행하지 못하는 반신불수의 가격이라고 보는 이론이다. 달리 말하면, 지가는 지대의 성격을 가진 것인데, 지대의 개념에 관해서는 뒤에서 다시 자세히 설명하기로 한다. 어떻든 이 이론에 의하면 지가는 토지의 생산성과 관계없이 결정되는 불로소득이다.

그 셋째는 이른바 '거품이론'인데, 지가에는 토지의 속성상 거품이 끼기 쉬우며, 이 거품이 경제를 불안정하게 만드는 중요한 요인이 된다고 보는 이론이다. 생산성 이론이나 고전적 지대이론이 기존의 수요-공급의 틀을 이용하여 지가를 설명함에 반해서, 거품이론은 대체로 그런 틀에 구애됨이 없이 첨단과학의 통찰력을 바탕으로 지가를 설명한다는 점에서 다르다고 할 수 있다. 고전적 지대이론은 고전경제학의 핵심 이론이고, 한계생산이론은 19세기 초반 신고전경제학이 개발한 이론이지만, 거품이론은 두뇌 과학이나 심리학의 영향을 많이 받은 이론으로서 특히 2008년 세계 경제 위기 이후 주목받게 된 이론이다.

그 어느 이론이 옳다고 보느냐에 따라 부동산에 대한 정책도 크게 달라질 것이다. 만일 거품이론이 옳다면, 2008년 이전에 그랬듯이 투기 억제가 토지정책의 근간이 되어야 하고, 고전적 지대이론이 옳다면 불로소득을 환수하는 정책이 요구되며, 한계생산이론이 옳다면 토지이용 문제는 시장에 맡기고 정부의 개입은 최소화되어야 한다. 현실적으로는 그 세 가지 이론이 모두 옳을 수도 있다. 이럴 경우, 시장에서 형성되는 지가에는 생산성을 반영하는 부분도 있고 지대의 부분도 섞여 있으며 여기에 거품도 끼어 있게 된다. 어떻든, 땅값이라는 것이 어떤 성격의 가격인지를 알기 위해서는 그 세 가지 이론들 각각을 면밀하게 살펴보아야 한다. 이하에서는 우선 생산성 이론을 살펴보고, 이어서 거품이론과 고전적 지대이론을 차례로 살펴보기로 한다. 다만, 미리 말해둘 것은, 그 세 가지 이론이 토지뿐만 아니라 부동산에도 그대로 적용될 수 있는 이론이라는 점이다. 토지는 대표적인 부동산이기 때문이다. 따라서 부동산의 가격에도 거품, 불로소득, 그리고 생산성, 이 세 가지가 뒤엉켜 있을 수 있다.

생산성 이론과 지가의 역할

생산성 이론의 큰 특징은, 토지를 특수한 자원으로 인정하지 않고, 단지 n 가지 자원 중의 하나에 불과한 것으로 보면서 통상적인 수요-공급의 원리에 따라 지가를 설명한다는 점이다. 우선, 생산성 이론에서 말하는 토지는 주로 생산 요소용 토지라는 점에 유의해야 한다. 사람들이 토지를 원하는 제1차적 이유는, 각종 상품을 생산하는 데에 그것이 유용하기 때문이다. 물론, 토지투기자들은 생산력이 아닌, 자본이득 때문에 토지를 원한다고 할 수 있다. 하지만, 생산력을 전혀 가지지 않은 토지는 재산으로서의 가치도 없을 것이며, 따라서 토지투기의 대상이 되지도 않을 것이다. 소비재용 토지와는 달리 생산요소용 토지의 가치는 대체로 시장에서 돈으로 잘 환산된다. 따라서 정부가 외부효과만 잘 통제해주면 지가가 생산요소용 토지의 가치를 잘 반영한다고 할 수 있다. 즉, 가격과 가치가 상당한 정도 일치한다는 것이다. 그러므로 시장에 맡기더라도 가치가 최대한 창출되도록 생산요소용 토지가 이용된다고 할 수 있다. 이때 지가가 중추적인 역할을 한다.

지가를 포함한 모든 상품의 가격은 두 가지 중요한 측면을 가진다. 그 하나는 모든 개별 경제행위자의 경제적 결정을 주도하는 객관적 지표의 측면이다. 사람들은 시장에서 무엇을 얼마만큼 살 것인지를 결정할 때 가격을 주로 참고한다. 가격은 모든 수요자와 공급자의 경제적 결정에 있어서 핵심 지표가 된다. 생산요소용 토지의 경우, 각 수요자는 땅값을 보고 얼마만큼의 토지를 구매할 것인가를 결정하며, 각 공급자 역시 땅값을 보고 얼마만큼의 토지를 판매할 것인가를 결정한다. 올바른 가격은 수요자와 공급자에게 올바른 선택을 하게 도와준다. 이같이 가격이 각 경제행위자의 경제적 결정을 주도하는 능동적 역할을 하지만, 그러면서도 가격은 또한 개별 경제행위자의 경제적 결정을 취합해서 요약한다는 측면도 가진다. 개별 경제주체들이 어떤 경제적 결정을 내리느냐에 따라 결과적으로 시장에서 형성되는 가격의 수준이 달라진다. 토지수요자들이 갑자기 토지 사재기를 시작한다든가 또는 토지공급자들이 토지공급을 갑자기 늘리면 땅값이 상승하거나 하락한다. 즉, 가격은 개별 경제행위자의 경제적 결정을 종합하여 반영하는 수동적 측면도 가지고 있다는 것이다. 요컨대, 전체적으로 보면 상품의 가격과 개별 경제행위자들의 경제적 결정 사이에는 서로 영향을 주고받는 하나의 순환 고리가 형성되어 있다는 것이다. 이 순환 고리가 수요-공급 원리의 중추가 된다.

수요-공급 원리에 입각한 경제학의 설명은 보통 두 가지 중요한 사항을 전제한다는 점을 항상 염두에 두어야 한다. 그 하나는 인간 행태에 관한 전제이고 다른 하나는 상황에 대한 전제이다. 우선, 경제학은 모든 경제행위자가 합리적으로 생각하고 선택하는 존재라고 가정한다. 즉, 추구하는 목적이 분명하며 이것을 위한 최선의 수단을 안다는 것이다. 이때 목적이란 소비자의 경우에는 상품의 소비로부터 얻는 즐거움(효용)을 극대화하는 것이고 기업의 경우에는 이윤을 극대화하는 것이다. 이것은 경제학의 기본 가정이다.

다음으로, 경제학은 보통 소비자와 기업을 포함한 경제주체들이 완전경쟁시장의 상황에 있다고 전제한다. 완전경쟁시장에서는 다수의 소비자와 다수의 기업이 경쟁하고 있으므로 각 소비자와 기업은 시장에서 형성된 가격을 주어진 것으로 볼뿐, 조작의 대상으로 보지 않는다. 즉, 생산요소의 가격이나 생산물의 가격을 객관적으로 주어진 여건으로 간주한다는 것이다. 수학적으로 말하면 가격은 주어진 상수다. 이런 완전경쟁시장의 개념은 경제학의 핵심 개념이며, 거의 모든 중요한 경제학 이론이 완전경쟁시장을 전제한다. 물론, 현실의 부동산시장은 완전경쟁시장과는 거리가 멀다. 그러므로 부동산 문제에 관한 경제학자들의 주장을 가감해서 들어야 하지만, 수요-공급 원리에 입각한 생산성 이론이 부동산시장의 한 측면을 잘 설명해주고 있는 것만은 분명하다.

그러면 지가를 예로 삼아 가격이 수행하는 역할을 구체적으로 살펴보기로 하자. 일단 시장에서 형성된 땅값은 토지수요자들과 토지공급자들에게 신호의 역할을 한다. 생산요소용 토지의 경우, 수요자와 공급자 모두 기업인 경우가 보통이다. 합리적인 토지수요자는 토지를 이용해서 얻는 것과 지가를 비교해 보고 어떤 땅을 얼마만큼 구매할 것인가를 결정할 것이다. 예컨대 땅값이 평당 만 원이라고 하자. 이 토지를 이용했을 때 기대되는 순수익이 평당 만 원을 넘는다면 토지수요자들은 땅을 살 것이며, 그렇지 않으면 사지 않을 것이다. 순수익이 만 원을 초과하는 한 토지수요자는 더 많은 토지를 구매하려고 할 것이다. 이런 손익계산에 따라 결정된 개별 토지수요자의 토지구매량을 전부 합치면 경제 전체의 토지수요량, 즉 시장수요량이 될 것이다. 단, 이때의 토지수요량은 지가가 평당 만원일 때의 시장수요량이다.

한편, 평당 만 원이라는 신호는 모든 개별 토지공급자에게도 전달된다. 합리적인 토지공급자의 손익계산에서 지가는 이익이고 토지공급에 투입된 비용은 손실이다. 공급 비용이 평당 만 원보다 적으면 토지를 공급할 것이요, 그렇지 않으면 공급하지 않을 것이다. 이런 손익계산에 따라 결정된 개별 토지공급자의 토지공급량을 전부 합친 것이 곧 시장에서의 토지공급량이 될 것이다. 단, 이 시장공급량은 평당 만 원의 신호 아래에서 결정된 공급량임은 물론이다. 이같이 일단 주어진 가격에 대응해서 개별 경제주체들의 매입량과 공급량이 결정되고 이것들이 모여서 시장수요와 시장공급이 된다. 만일 평당 만 원이라는 지가의 신호 아래에서 결정된 시장수요가 시장공급을 초과했다면, 이 가격이 너무 저렴하였음을 의미하므로 자연히 땅값을 밀어 올리는 힘이 시장에서 작용할 것이다.

이 결과 땅값이 평당 만 5천 원으로 뛴다고 가정하자. 결국 토지시장에 종전의 평당 만 원이라는 신호 대신 평당 만 5천 원이라는 신호가 새로 켜지는 셈이다. 그러면 모든 토지수요자와 토지공급자는 이 새로운 신호를 지표로 삼아 손익계산을 다시 하게 되며, 이 결과 각자의 수요량과 공급량을 다시 조정하게 된다. 즉, 각 수요자는 만원이 아닌, 만 5천 원에 맞추어 토지매입량을 결정할 터인데 가격이 비싸졌으므로 매입량을 줄일 것이다. 각 토지공급자 역시 각자의 공급량을 재조정하는데, 대체로 보아 더 많이 공급하게 될 것이다. 이같이 만 5천 원이라는 새로운 지표에 따라 각 개별 토지수요자들이 결정한 수요량을 전부 합친 시장수요와 개별 토지공급자들이 결정한 공급량을 전부 합친 시장공급이 다시 시장에서 맞부딪치게 될 것이다. 만일 이때 시장공급이 시장수요를 초과한다면, 즉 초과공급이 나타난다면 그 만 5천 원이라는 지가는 지나치게 상향 조정된 것이므로 떨어지는 방향으로 재조정될 것이다. 이렇게 해서 지가가 떨어지면 개별 경제 주체는 새롭게 결정된 땅값을 지표로 삼아 위에서 설명한 조정 과정을 다시 반복하게 된다. 하지만, 만일 시장가격이 만 5천 원일 때 시장 수요와 시장공급이 일치하면 더 이상 지가는 변동하지 않으면서 만 5천 원의 수준을 계속 유지하게 될 것이다. 이때 이 만 5천 원의 지가는 수요와 공급의 균형을 잡아준다고 해서 '균형지가'라고 부른다. <그림 5-1>은 이러한 순환과정을 그림으로 나타낸 것이다.

그림 5-1 지가의 결정 과정과 그 역할

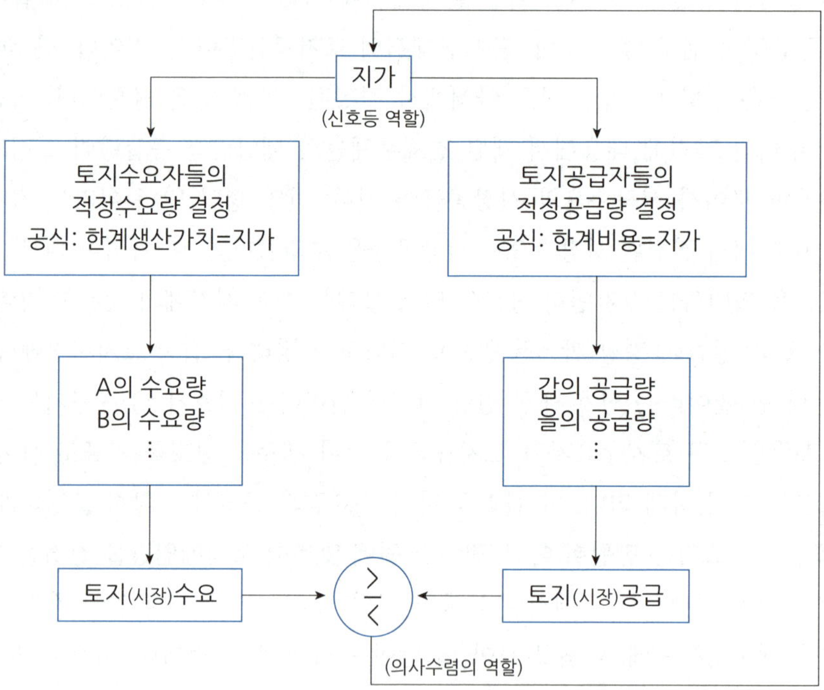

이같이 지가를 비롯한 가격은 각 수요자와 공급자의 손익계산에서 핵심 지표가 되는데, 그러면 구체적으로 이들이 어떻게 손익계산을 하는지가 수요-공급 이론의 핵심이 된다. 다시 말해서, 개별 행위자의 구체적 손익계산 방법이 수요-공급이론의 핵심 내용이 된다는 것이다.

2 토지에 대한 수요

토지의 생산성

19세기 후반 고전경제학을 밀어내고 등장한 신고전경제학은 모든 자원의 이용 문제를 사회 전체의 관점이 아닌, 개별 이용자의 관점에서 풀어 가는 접근방법을 택한다. 개별 이용자의 시각에서 보았을 때 토지를 비롯한 각종 생산요소에 관련된 첫 번째 관심 사항은 그것을 이용하면 과연 얼마나 많이 생산할 수 있으며 결과적으로 얼마나 많은 돈을 벌 수 있느냐이다. 간단히 말하면, 그 생산요소가 생산에 얼마나 기여 하는가이다. 생산에 기여하는 정도를 통상 생산성이라고 한다. 제4장에서 토지가치 추정을 위한 자본화 공식을 소개하였는데 경제학의 통상적 수요-공급의 원리가 토지에도 그대로 적용될 수 있다고 하면, 이 공식에서 말하는 순소득은 이 생산성을 반영한 값이다. 가장 흔히 쓰이는 생산성 지표는 평균생산이다. 평균생산은 생산량을 생산요소 투입량으로 나눈 값이다. 예를 들어서 N 단위의 토지를 이용해서 어떤 상품을 Q만큼 생산했다면, 토지의 평균생산은 생산량을 토지투입량으로 나눈 값, 즉 Q/N으로 정의된다. 평균생산이 크면 통상 생산성이 높다고 말한다.

토지의 평균생산의 역(즉, N/Q)을 보통 토지 원 단위라고 하는데, 상품 한 단위를 생산하는데 소요되는 토지의 양을 나타낸다. 토지 원 단위는 미래의 토지 수요를 예측하는데 많이 쓰인다. 예를 들어서 10년 후의 쌀 생산 목표가 100만 톤으로 정해졌다고 하자. 이 목표를 달성하기 위해서 얼마만큼의 논이 필요한가? 10년 후 쌀 1톤 생산에 필요한 논 면적, 즉 논의 원 단위를 추정해서 이것을 100만 톤에 곱하면 알 수 있다. 미래의 토지 원 단위를 추정하기 어려울 때는,

현재의 토지 원 단위가 미래에도 적용된다고 가정하고 여기에 추정된 미래의 생산량을 곱해서 토지수요량을 예측하기도 한다.

그러나 미래의 토지 수요를 예측하는 일은 보통 부동산 관련 경제전문가나 정책입안자들의 주된 관심사다. 이윤을 추구하는 개별 토지이용자의 주된 관심사는 적정 매입량인데, 이것을 결정할 때 핵심 변수는 토지를 한 단위 더 매입함에 따라 생산이 얼마만큼씩 증가하느냐이다. 이 증가분을 토지의 한계생산이라고 한다. 일반적으로 어떤 생산요소의 한계생산은 다른 생산요소의 투입량을 변화시키지 않고 그 생산요소의 투입량만 한 단위 증가시켰을 때 기대되는 생산의 증가분을 말한다. 예를 들어서, 노동투입량이나 다른 생산요소의 투입량을 일정하게 묶어두고 토지의 투입량만 한 평(3.3m^2) 늘렸더니 사과 생산이 50개 많아졌다면, 토지의 한계생산은 50개가 된다. 만일 사과의 가격이 1,000원이라면 토지투입량을 1평 늘린 결과 수입은 50,000(=50x1000)원 늘어난 셈이다. 이같이 한계생산에 생산물의 가격을 곱한 값을 한계생산가치라고 하는데, 이 경우 토지의 한계생산가치는 5만 원이다. 토지의 한계생산을 MP_L, 생산물의 가격을 P라고 표시하면 토지의 한계생산가치 VMP_L은 다음과 같이 정의된다.

$$VMP_L = P \cdot MP_L$$

토지의 한계생산은 생산에 대한 토지의 기여도를 물량으로 나타낸 것이고, 토지의 한계생산가치는 이것을 금전으로 나타낸 것이다. 적정 토지매입량을 결정하기 위하여 개별 토지이용자가 손익계산을 할 때는 바로 이 한계생산가치와 지가를 비교하게 된다. 토지의 한계생산가치가 지가보다 크다면, 수입이 비용보다 더 많다는 뜻이니, 투입량을 늘리는 것이 이익이다. 토지투입량을 계속 한 단위씩 더 늘릴 때마다 예상되는 한계생산가치가 지가보다 크다면, 투입량을 계속 늘려갈 것이다. 그러나 토지투입량을 이렇게 계속 늘릴 수는 없다. 왜냐하면, 너무 많이 투입하면 한계생산이 감소하고 따라서 한계생산가치가 점차 떨어지는 경향이 있기 때문이다. 편의상 1,000평을 토지의 한 단위로 잡아보자. 노동이 100단위, 농기구, 기계 등 자본이 500단위 주어져 있는데, 토지투입량을 한 단위씩(1,000평씩) 증가시킴에 따라 토지의 한계생산이 <그림 5-2>의 막대 기둥의 넓이와 같다고 하자. 그림의 왼쪽으로부터 첫 번째 막대 기둥의 넓이는 그 주어진 노동과 자본에 한 단위의 토지를 투입한다고 했을 때의 생산량을 나타내고 있다. 왼쪽으로부터 두 번째 막대 기둥의 넓이는 토지를 한 단위 더 투입할 경우의 추가생산량, 즉 추가된 토지 한 단위의 한계생산을 나타내고 있다. 결과적으로 총 2,000평의 토지가 투입되는 셈인데, 이때의 총생산량은 왼쪽에서 첫 번째 막대 기둥의 넓이와 두 번째 막대 기둥의 넓이를 합친 만큼이다. 왼쪽에서 세 번째 막대 기둥의 넓이는 이 2,000평에 또 토지를 한 단위 더 추가했을 때의 한계생산이다. 세 번째 단위가 추가되어 3,000평이 경작되었을 경우 총생산은 그 세 막대 기둥의 넓이를 전부 합친 것이다. 똑같은 이치로 7번째 막대 기둥의 넓이는 총 6,000평의 토지에 또 한 단위의 토지를 추가한다고 했을 때의 한계생산을 나타낸다. 총 7,000평의 토지가 경작되었을 경우 총생산은 7 개의 막대 기둥의 넓이를 전부 합친 것이다. 생산요소 각 단위와 결부된 한계생산을 전부 합친 것이 총생산이다.

그림 5-2 토지의 한계생산과 수확체감의 법칙

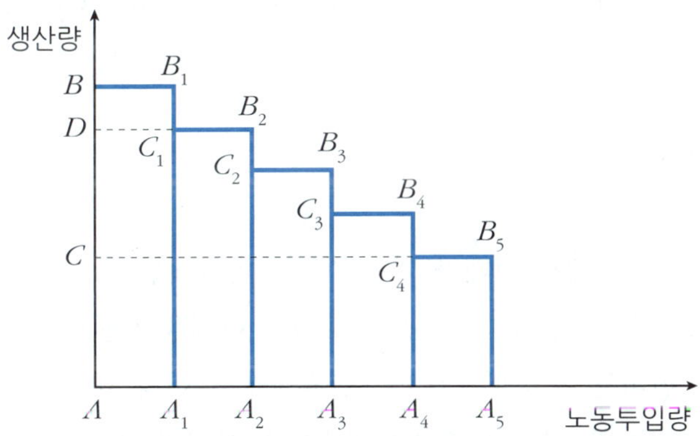

이 그림에서 보듯이 토지의 투입량을 늘려감에 따라 막대 기둥의 크기가 점차 감소한다. 그 이유는 무엇일까? 가장 평범한 설명은 초기 신고전학파의 한 사람인 클라크(J. B. Clark)가 100여 년 전에 제시한 것이다. 예컨대 첫 1,000평은 노동 100단위와 자본 500단위의 지원을 받지만, 여기에 1,000평이 더 투입되면 토지 한 단위당 노동과 자본의 양이 절반으로 떨어져서 그만큼 다른 생산요소의 지원이 감소하기 때문이라는 것이다. 만일 이 두 번째 1,000평의 토지가 투입됨과 동시에 노동과 자본의 투입량도 2배로 늘려주었다면 추가생산량이 감소하지 않았을 것이다.[1] <그림 5-2>에서 보듯이 토지의 투입량이 한 단위씩 증가함에 따라 막대 기둥의 크기 즉 추가생산량(한계생산)이 점차 감소하는 현상을 수확체감의 현상 혹은 수확체감의 법칙이라고 말한다. 어떤 특정 생산요소를 다른 생산요소에 비해서 지나치게 많이 이용하면, 이 다른 생산요소들이 그 특정 생산요소를 적절히 뒷받침해 주지 못하기 때문에 수확체감이 발생한다고 말할 수도 있다.

이같이 한계생산과 한계생산가치는 상수가 아니라 해당 생산요소의 투입량이 증가함에 따라 변하는 변수다. 생산요소를 많이 투입하면 생산량도 늘어나는 것은 당연하므로 이 둘 사이의 관계를 함수로 나타낼 수 있을 것이다. 이 관계를 생산함수라고 하는데, 수학적으로 한계생산은 생산함수로부터 도출된다. 예를 들어 어떤 상품을 노동, 자본, 토지의 3가지 생산요소를 이용해서 생산한다고 할 때, 이들 각각의 투입량을 L, K, N이라고 표시하고 생산량을 Q라고 하면, 다음과 같이 생산함수를 나타낼 수 있다.

$$Q = F(L, K, N)$$

이 생산함수의 구체적 형태가 기술적으로 파악되면 각 생산요소의 생산에 대한 기여도를 측정할 수 있다. 예컨대 토지의 한계생산은 이 생산함수를 토지 투입량 N으로 편미분 했을 때 1차 편도함수 $\partial F/\partial N$ 이다. 이 토지의 한계생산을 MP_N 이라고 표시하면, 이 역시 토지투입량뿐만 아니라 다른 생산요소 투입량의 함수가 된다. 즉,

$$MP_N = f(L, K, N)$$

따라서 토지의 한계생산가치 VMP_N 도 노동, 자본, 토지의 투입량에 따라 변하는 변수가 될 것이다.

<그림 5-2>에서는 1,000평을 토지 한 단위로 크게 잡았지만, 단위를 아주 작게 잡으면 막대 기둥이 아주 가늘어지면서 한계생산이 변하는 모습이 <그림 5-3>의 실선과 같이 완만한 곡선으로 나타나게 될 것이다. 이 곡선의 높이가 곧 한계생산을 나타낸다. 따라서 이 곡선은 토지의 투입량이 증가함에 따라 토지의 한계생산이 어떻게 변하는가를 보이는 곡선, 즉 한계생산 곡선이다. 총생산은 한계생산을 모두 합친 것이므로 한계생산이 <그림 5-3>에서와 같은 곡선으로 나타날 경우, 곡선 아랫부분의 넓이가 곧 총생산을 나타낸다. 예컨대 N 단위의 토지를 이용했을 때의 총생산은 점 0으로부터 점 N까지 곡선 아랫부분의 넓이에 해당한다. <그림 5-3>에서 점선으로 나타낸 곡선은 한계생산가치를 나타내는 곡선이다. 생산물의 가격이 일정하다면 한계생산가치를 나타내는 곡선도 한계생산 곡선과 비슷한 모양을 보일 것이다.

그림 5-3 토지의 한계생산 곡선

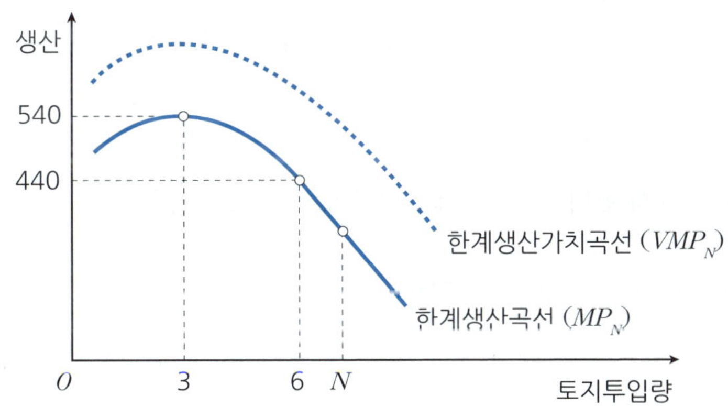

<그림 5-3>에서는 토지투입량을 증가시킴에 따라 처음에는 한계생산이 오

히려 증가하는 현상도 나타날 수 있음을 나타내고 있다. 수확체감 현상의 이유에 대한 클라크의 설명에 비추어보면 이런 현상은 잘 이해할 수 없는 현상이다. 오늘날의 경제학은 수확체감의 현상이 발생하는 이유를 기본적으로 생산요소들 사이의 대체가 원활하지 못한 탓으로 본다. 대체로 보면, 신고전경제학의 전통을 이어받은 현대의 경제학은 생산요소들 사이에 원활한 대체 관계가 존재한다고 보는 경향이 있다. 토지와 노동 사이에 원활한 대체 관계가 있다고 하자. 그렇다면, 토지가 부족하다면 노동을 늘려주면 되고, 노동이 부족하다면 토지를 늘려주면 그만이다. 만일 토지가 노동으로 대체될 수 없다고 하면 토지를 특수한 자원으로 취급할 수 있지만, 원활한 대체 관계가 있다면, 굳이 토지를 특별하게 취급할 필요가 없다는 것이 현대 경제학의 기본 입장이다.

어떻든 현실적으로는 생산요소들 사이에는 상당한 정도 대체가 가능하다. 예를 들면, 땅이 풍부한 미국에서는 토지를 많이 이용해서 농사를 짓는다. 반면에 땅이 부족한 우리나라에서는 노동을 많이 이용해서 농사를 짓는데, 이는 노동이 토지를 많이 대체하고 있다는 뜻이다. 일정한 면적의 토지에 노동의 투입량만 계속 증가시키는 것은 결국 점차 토지를 노동으로 대체함을 뜻하는데, 이경우 생산량이 얼마나 늘어나느냐는 노동이 토지를 얼마나 잘 대체하느냐에 달려있다. 토지 면적에 비해서 인력이 너무 적을 경우, 인력을 늘리면 생산이 빠르게 증가할 수 있다. 그렇다면 노동이 토지를 잘 대체한다고 볼 수 있고, 이때 노동의 한계생산이 점점 더 커질 수도 있다. 즉, 수확체증의 현상이 나타날 수도 있다는 것이다. 하지만, 어느 정도를 넘어서, 계속 노동투입량만 늘리면, 노동의 한계생산이 감소하게 된다. 즉 수확체감의 현상이 나타나게 된다.

한계생산가치와 토지에 대한 수요곡선

수확체감 현상은 각 생산요소를 적정수준보다 더 많이 고용하지 말 것을 요구한다. 이 요구에 부응하기 위해서는 생산요소의 투입량을 한 단위씩 증가시킬 때마다 이에 따른 손실과 이익을 잘 비교해야 한다. 예컨대, 시장에서 임금이 3만 원이고 노동의 한계생산가치가 5만 원이라고 하자. 이때, 노동을 한 단위 더 고용하면 2만 원의 순이익을 올릴 수 있다. 이윤을 추구하는 기업의 시각에서 보면, 어떤 생산요소를 고용할 때 그 한계생산가치가 생산요소의 가격보다 더 크면 그 차액만큼 순이익을 얻게 된다. 하지만 수확체감의 현상 때문에 특정 생산요소를 너무 많이 고용하면, 한계생산가치가 생산요소의 가격 이하로 떨어지게 된다. 이래서는 기업은 손해를 보기 때문에, 한계생산가치가 생산요소의 가격 이하로 떨어지지 않을 때까지만 고용을 늘린다. 따라서 이윤을 극대화하기 위한 생산요소 고용량은 다음과 같은 등식이 성립하는 수준에서 결정된다.

(마지막 단위의) 한계생산가치 = 생산요소의 가격

신고전경제학 그리고 이 전통을 이어받은 현대 경제학은 이런 논리를 토지에도 그대로 적용한다. 만일 지가가 평당 만 원이라고 하면 토지 한 평의 한계생산가치가 만 원어치 되는 수준에서 이윤을 극대화하는 토지투입량이 결정된다. 그런데 지가가 갑자기 평당 8천 원으로 떨어졌다고 하자. 그러면 한계생산가치가 지가보다 더 커지게 된다. 이 경우, 토지를 한 단위 더 투입하면 한계생산가치와 지가의 차액만큼 추가이윤이 발생한다. 따라서 토지투입량을 늘리는 것이 이익이다. 일반적으로 한계생산가치가 지가보다 더 클 경우, 위의 등식이 성립하도록 토지의 한계생산가치를 지가 수준으로 떨어트려야 한다. 수확체감의 법칙에 의하면, 한계생산가치와 토지투입량 사이에는 반비례의 관계가 성립하므로 한계생산가치를 떨어뜨리기 위해서는 토지투입량을 증가시켜야 한다. 따라서 합리적인 토지 이용자는 지가가 떨어지면 토지매입량을 증가시킨다고 예측할 수 있다.

지가가 변함에 따라 토지매입량이 어떻게 바뀌는가를 알기 위해서는 토지의 한계생산가치가 지가와 일치하는 토지투입량의 값을 추정하면 된다. 토지의 한계생산가치가 <그림 5 4>와 같이 변한다고 하자. 이 그림에서 지가가 p_0이었을 때, L_0만큼의 토지를 매입하면 토지의 한계생산가치가 p_0과 같아진다. 점 E_0이 그런 지가와 토지매입량의 조합을 나타낸다. 지가가 p_1이었을 때는 L_1만큼의 토지를 매입하면 한계생산가치가 p_1과 일치한다. 그림에서 E_1이 이 조합을 나타낸다. 그러므로 E_0와 E_1과 같이 지가와 한계생산가치가 일치하는 조합을 찾아내서 연결하면 지가가 변함에 따라 토지매입량이 어떻게 변하는지를 보여주는 곡선이 나타난다. 이것이 곧 토지에 대한 수요곡선이 된다. <그림 5-4>에 나타낸 곡선이 그런 토지 수요곡선이다. 수확체감의 법칙은 지가가 하락함에 따라 토지투입량이 증가할 것임을 시사한다. 즉, <그림 5-4>에서 보듯이 토지 수요곡선 역시 다른 상품의 수요곡선과 마찬가지로 가격과 수요량 사이의 반비례 관계, 즉 지가가 떨어지면 토지수요량은 증가하는 관계를 보이는, 우하향하는 꼴을 취하게 된다는 것이다.

그림 5-4 토지에 대한 수요곡선

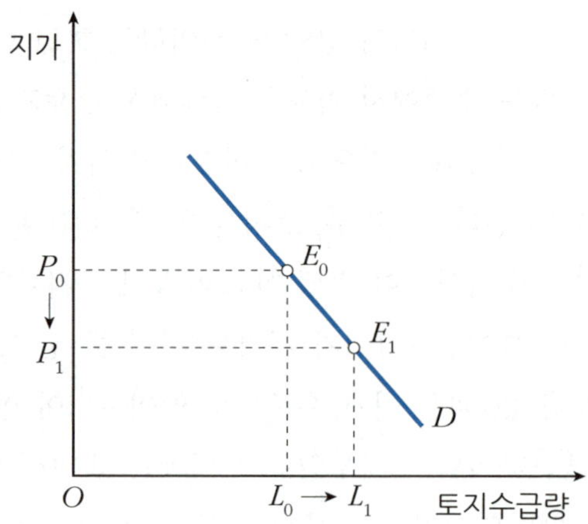

이렇게 해서 구한 토지 수요곡선은 어떤 개별 생산자의 생산요소용 토지에 대한 수요곡선이다. 우리가 보통 말하는 수요곡선이란 개별 생산자의 수요를 전부 합친 시장 전체의 수요, 즉 시장수요와 가격 사이의 관계를 나타내는 곡선이다. 예를 들면 땅값이 평당 만 원일 때 모든 생산자의 토지 수요를 전부 합친 값, 평당 8천 원일 때 모든 생산자의 토지 수요를 전부 합친 값, 등 각각의 지가에 대응한 모든 생산자의 토지 수요를 합친 값이 곧 시장에서 토지 수요곡선을 나타낸다. 예를 들어 기업 A와 기업 B의 두 수요자만 존재하고 이들 각각의 토지 수요곡선이 <그림 5-5> 왼쪽의 두 그림과 같다고 하면, 시장수요곡선은 맨 오른쪽 그림의 곡선과 같이 유도될 것이다. 예컨대, 지가가 P_2일 때 기업 A의 수요는 X_2이고 기업 B의 수요는 X_3이므로 시장수요는 $X_2 + X_3$, 즉, X만큼이 될 것이다. 이같이 시장수요가 개별수요를 합쳐서 구해지므로 수요자의 숫자가 늘어나면 시장수요도 커지게 된다.

그림 5-5 개별수요와 시장수요

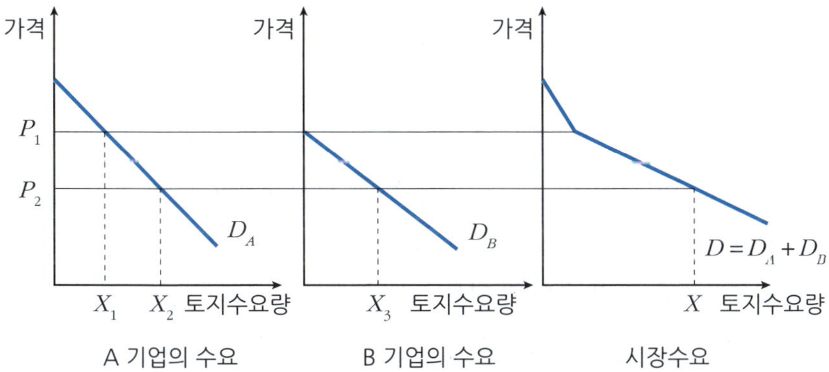

이상에서는 지가의 변동이 다른 생산요소의 투입량에 미치는 영향을 명시적으로 고려하지 않았다. 그러나 사실 땅값이 변할 때 토지뿐만 아니라 다른 생산요소의 투입량도 덩달아 변할 가능성이 크다. 그러면 토지의 한계생산가치도 변하게 된다. 토지의 한계생산가치는 토지투입량에 따라 달라질 뿐만 아니라 다른 생산요소의 투입량에 따라 달라지기 때문이다. 이같이 지가의 변동이 다른 생산요소의 투입량에 영향을 미친다면 얘기는 좀 복잡해지기는 하지만 결론에는 큰 변함이 없다. 다시 말해서 생산요소용 토지의 경우에는 지가가 떨어지면 수요자들은 토지매입량을 늘리고 반대로 지가가 올라가면 토지매입량을 줄인다는 것이다.

그러면 지가의 변동이 다른 생산요소의 투입량에 어떤 영향을 줄 것인가? 아마도 두 가지 영향을 생각할 수 있을 것이다. 그 하나는 소위 대체효과이다. 예를 들어서, 다른 생산요소의 가격은 변하지 않았는데 땅값만 올랐다고 하자. 이는 토지에 비해서 다른 생산요소가 상대적으로 저렴해졌음을 의미한다. 그렇다면 이윤을 추구하는 생산자는 비용을 최소화하기 위해서 상대적으로 저렴해진 다른 생산요소들을 더 많이 사용할 것이다. 따라서 일단은 다른 생산요소의 투입량이 증가할 것이다. 즉, 상대적으로 싼 생산요소가 상대적으로 비싼 생산요소를 대체하는 효과가 발생한다는 것이다.

반대로 땅값이 하락하면, 대체효과 때문에 일단은 다른 생산요소의 투입량이 줄어들 것이다. 그러나 지가의 변동이 대체효과만을 불러오지 않고 일종의 소득효과도 수반한다. 예컨대 땅값이 비싸지면 생산자들은 그만큼 자금압박을 더 많이 받게 될 것이고, 반대로 땅값이 떨어지면 기업은 그만큼 여유자금을 가지게 될 것이다. 예를 들어보자. 토지매입에 지출되는 총금액은 땅값에 토지매입량을 곱한 값이므로 만일 땅값이 10% 떨어졌는데 토지매입량을 5%밖에 늘지 않으면, 결과적으로 이 생산자가 토지매입에 쓰는 총금액은 오히려 줄어든다. 그러면 남은 여유자금은 자연히 다른 생산요소의 매입에 쓰일 것이니 땅값의 하락이 토지뿐만 아니라 다른 생산요소의 매입량을 증가시키는 방향으로 작용할 수도 있다. 즉, 지가 하락이 토지소유자의 실질 소득을 늘림으로써 다른 생산요소의 투입량을 늘릴 수도 있다. 반대로 땅값이 뛰면 그만큼 기업의 가용자금이 감소하므로 다른 생산요소의 투입량도 줄일 것이다. 그러므로 지가 변동으로 인해서 결과적으로 다른 생산요소의 매입량이 어떻게 변할 것인지는 이같이 실질 가용자금의 변동에 따라 다른 생산요소의 투입량을 변화시키는 효과, 즉 일종의 소득효과가 위에서 말한 대체효과를 얼마나 압도할 것인가에 달려 있다. 예를 들어서 땅값이 떨어졌을 때 대체효과가 매우 크다고 하면 다른 생산요소의 투입량은 감소할 것이고 대체효과가 그리 크지 않다면 다른 생산요소의 투입량은 증가할 것이다.

땅값이 떨어졌을 때, 토지 이외의 다른 생산요소들의 투입량도 증가한다고 하자. 노동과 자본 등 다른 생산요소의 투입량이 증가한다는 것은 토지와 협력하는 다른 생산요소의 양이 많아진다는 뜻이니 토지의 생산성도 그만큼 높아질 것이다. 다시 말해서 다른 생산요소들의 투입량이 증가한다면 그렇지 않았을 때와 비교해서 토지의 한계생산가치가 더 커진다는 것이다. 그러므로 땅값이 떨어졌을 때 토지 이외의 다른 생산요소들의 투입량이 증가한다면 그렇지 않았을 때와 비교해서 생산자들은 토지를 그만큼 더 많이 매입할 것이다. 지가의 하락이 개별 생산자들의 토지매입량을 증가시킨다는 주장은 여전히 성립한다. 물론 지가가 하락했을 때 다른 생산요소의 투입량이 감소할 수도 있다. 그러나 토지 이외의 다른 생산요소들이 정상적인 재화라면, 땅값 하락으로 다른 생산요소들의 매입량을 줄이는 대체효과와 실질 여유자금 증가로 다른 생산요소들의 고용량을 늘리는 효과는 상당 부분이 서로 상쇄될 것이므로 대체로 보아 지가의 변동이 다른 생산요소 투입량에 미치는 효과는 아마도 그리 크지 않을 것이다. 그러니 다른 생산요소 투입량의 감소가 토지의 한계생산가치에 미치는 효과는 더욱 더 미미할 것이다. 따라서 이때에도 지가의 하락이 개별 생산자의 토지매입량을 증가시킨다는 주장은 여전히 성립한다. 이같이 지가 변동은 직접적으로 토지투입량을 변화시킬 뿐만 아니라 간접적으로 다른 생산요소의 투입량을 변화시킴으로써 다시 토지투입량을 변화시키는 매우 복잡한 과정을 수반하지만 어떻든 결과적으로 개별 생산자들의 토지에 대한 수요는 토지의 한계생산가치가 지가와 일치하는 수준에서 결정되며, 토지에 대한 수요곡선은 토지의 한계생산가치를 반영한다는 결론에는 변화가 없다.

한계생산이론과 자원의 효율적 이용

한계생산가치는 한계생산에 생산물의 가격을 곱한 것이므로, 생산물의 가격이 올라가면, 한계생산가치도 더 커진다. 예를 들면, 밀의 가격이 올라가면 밀밭의 한계생산가치도 더 커진다. 그러면 밀밭에 대한 수요도 늘어난다. 밀의 가격은 밀가루로 만든 상품, 예컨대 빵, 짜장면, 우동 등이 소비자들에게 주는 즐거움을 반영한다. 정확하게 말하면 밀의 가격은 밀이 인간의 욕망을 충족시켜주는 능력, 즉, 효용에 의해서 결정된다. 그러므로 밀밭의 가치는 궁극적으로 밀의 효용에 의해서 결정된다. 일반적으로 말하면 토지를 포함한 생산요소의 가치는 생산물의 효용에 의해서 결정된다. 이것이 초기 신고전경제학이 제시한 효용가치설의 핵심이다.

경제학에서 오스트리아학파의 시조로 꼽히는 멩거(K. Menger, 1840-1921)는 종전에 소비재에만 적용되던 효용가치설을 생산요소의 가치 결정에 확대 적용하였다. 즉, 궁극적으로 생산요소의 가치는 이 생산요소가 생산한 생산물이 우리의 욕망을 얼마나 많이 충족시키느냐에 달려 있으므로 생산물의 가치로부터 파생된 가치라는 것이다. 흔히 인구가 증가하기 때문에 토지에 대한 수요가 발생한다고도 한다. 그러나 인구증가 그 자체가 토지에 대한 수요를 직접적으로 증가시킨다기보다는 인구증가로 인한 주택, 식량, 의복, 건물 등 토지를 이용해서 생산되는 각종 재화에 대한 수요의 증가 탓으로 토지에 대한 수요가 증가한다고 보는 것이 더 정확할 것이다. 즉 토지에 대한 수요는 토지가 생산하는 재화에 대한 수요로부터 파생한다. 그래서 토지와 같은 생산요소에 대한 수요를 보통 파생적 수요 혹은 유도수요라고 한다.

한계생산 및 한계생산가치의 개념은 기업의 이윤을 극대화하기 위한 생산요소 고용량 결정에 매우 중요한 개념이지만 또한 국민경제 차원에서 생산요소의 효율적 이용을 판단하는 데에도 매우 유용한 개념이다. 국민경제의 차원에서 한정된 생산요소가 효율적으로 이용되기 위해서는 그 생산요소가 모든 용도에서 똑같이 값지게 이용되어야 한다. 예컨대 톤당 10,000원을 들여서 만든 석유가 A 용도에서는 20,000원 이상의 순수익을 올리고 B 용도에서는 5,000원어치 이하의 순수익을 올리고 있다고 하면 그 석유가 한쪽에서는 값지게 쓰이고 다른 쪽에서는 헤프게 쓰이고 있는 셈이다. 이럴 경우, B 용도에서 물 한 톤을 뽑아서 A 용도로 옮기면 B 용도의 이익이 5,000원어치 감소하지만, A 용도의 이익이 20,000원어치 증가하므로 전체적으로는 이익이 15,000어치 증가한다. 즉, 단순히 석유를 재분배하는 것만으로도 전체의 생산을 늘릴 수 있다는 것이다. 그러므로 생산성이 높은 용도에서는 더 많은 석유를 공급하고 생산성이 낮은 용도에서는 석유를 덜 이용하게 하는 것이, 전체적으로 한정된 석유를 효율적으로 이용하는 길이다. 그러면 얼마만큼씩 빼고 더할 것인가? B 용도의 석유 이용량을 줄이고 A 용도의 석유 이용량을 늘리면 수확체감 현상 때문에 B 용도에서 한계생산가치는 올라가고 A 용도에서 한계생산가치는 떨어지게 될 것이다. 결국 두 용도에서 석유의 한계생산가치가 일치할 때까지, 다시 말해서 두 용도에서 석유가 똑같이 값지게 이용될 때까지 B 용도에서 석유를 뽑아서 A 용도로 돌려야 한다.

이런 원리는 석유뿐만 아니라 토지를 비롯한 모든 생산요소에 적용된다. 즉, 한정된 생산요소가 국민경제 전체적으로 효율적으로 이용되게 하기 위해서는 모든 용도에서 한계생산가치가 균일해지도록 그 생산요소를 각 용도에 배분해야 한다. 예를 들어, 질이 같은 일정량의 노동이 있다고 하면, 모든 용도에서 노동의 한계생산가치가 균등해지도록 각 용도에 노동을 배분하는 것이 그 한정된 노동으로부터의 총생산을 극대화하는 길이다. 이같이 자원의 용도별 배분량을 재조정함으로써 종전보다 더 많이 생산할 여지가 있거나 혹은 종전보다 자원을 절약할 여지가 있을 때 경제학에서는 파레토개선의 여지가 있다고 말하며, 이런 개선의 여지가 없을 때 효율적이라고 말한다. 경제학에서 말하는 '효율적'이라는 용어는 바로 파레토개선의 여지가 없는 상황을 일컫는다. 그래서 경제학에서는 '효율적'이라는 말 대신 '파레토 효율적'이라는 말을 쓰기도 한다.

이와 관련하여 경제학의 매우 중요한 주장은, 자유스러운 경쟁이 보장되는 시장에서는 생산요소의 가격을 매개로 각 생산요소의 한계생산가치가 모든 용도에 걸쳐 같아지게 됨으로써 결국 모든 생산요소의 최적 배분이 자연스럽게 이루어지며, 결과적으로 파레토 효율적인 상황에 이르게 된다는 것이다. 예를 들어서 어떤 생산요소의 시장가격이 한 단위당 5만 원이라고 하자. 이 생산요소를 A 용도에 이용하려는 사람은 그 한계생산가치가 5만 원이 될 때까지만 구매량을 늘릴 것이요, B 용도에 이용하려는 사람도 한계생산가치가 5만 원이 될 때까지만 고용하려고 할 것이며, 다른 모든 용도에서도 한계생산가치가 5만 원이 되는 수준까지만 이 생산요소가 이용될 것이다. 결국 모든 용도에서 한계생산가치가 5만 원과 같아질 것이므로, 모든 용도에 걸쳐서 한계생산가치가 똑같아진다. 결과적으로 보면 시장은 가격이라는 신호를 통해서 한계생산가치가 모든 용도에 걸쳐서 같아지도록 생산요소를 각 용도에 배분한 셈이다. 이같이 가격이 자원의 최적 배분을 달성하는 데 중심적 역할을 한다는 것이 오늘날 경제학의 핵심적 주장이다. 한계생산가치에 입각한 자원의 효율적 이용에 대한 이론, 즉 한계생산이론은 이미 19세기 후반 초기 신고전경제학 학자들이 이루어 놓은 업적인데, 이 이론을 발전시킴에 있어서 이들이 구사한 용어나 서술 방법은 학자에 따라 약간씩 다르기는 하지만 거의 똑같이 다음과 같은 내용을 제각기 나름대로 주장하였다.

① 생산요소의 가치는 한계생산가치에 의해서 결정되며, 따라서 어떤 생산요소에 대하여 이용자가 부르는 가격은 이 생산요소의 한계생산가치이다.
② 생산요소는 모든 용도에서의 한계생산가치가 균일화되도록 각 용도에 배분될 때, 이 주어진 생산요소로부터 사회적 총생산이 극대화된다.

이 두 번째 주장을 '한계생산균등의 원칙'이라고 부른다. 초기에 한계생산이론을 개발한 학자들은 이 한계생산균등의 원칙이 토지에도 예외 없이 적용됨을 강조하였다. 즉, 똑같은 토지라면 모든 용도에서 토지의 한계생산가치가 균등해지도록 각 용도에 토지가 배분되어야 한다는 것이다. 따라서 어떤 토지 한 단위를 A 용도에 이용하기 위해서는 그 토지가 다른 용도에 이용되었을 때의 한계생산가치보다 더 생산적으로 이용할 수 있어야 정당화될 수 있을 있다. 왜냐하면 그 한 단위를 A 용도에 이용하면 다른 용도에서 얻을 수 있었던 이익 즉 한계생산가치를 포기해야 하기 때문이다. 다른 최선의 용도에서 얻을 수 있었던 이익을 보통 기회비용이라고도 하는데, 그러면 구체적으로 각 토지 이용자는 이 기회비용을 어떻게 알 수 있을 것인가? 완전경쟁시장에서는 지가는 토지의 한계생산가치를 반영하므로 이 지가가 곧 기회비용을 반영한 지표이다.

그러나 현실에서는 여러 가지 규제들 탓으로 한계생산균등의 원칙이 지켜지지 않는 탓에, 자원이 효율적으로 이용되지 못하는 사태가 빈번히 발생한다는 것이 시장주의자들이 늘 하는 불평이다. 예를 들어서, 농지의 생산성은 매우 낮고, 공업용지의 생산성은 매우 높은 것이 엄연한 우리의 현실인데, 이럴 경우, 농지를 최대한 공업용지로 바꾸어 주는 것이 국토를 효율적으로 이용하는 길이다. 그런데도 그런 전용을 금지하는 토지이용규제(예컨대, 지역·지구제) 탓으로 국토가 효율적으로 이용되지 못하고 있다는 것이다. 물론, 일리가 있는 주장이기는 하지만 과장되어 있을 가능성도 크다. 대체로 보면 시장주의자들은 너무 금전적 가치에 집착하거나 비금전적 가치를 지나치게 가볍게 생각하는 경향이 있다. 순전히 금전적 가치만 놓고 보면 농지의 생산성은 공업용지의 생산성보다 매우 낮다. 그러나 농지는 경관 가치라든가 환경가치, 홍수 예방 가치 등 돈으로 나타내기 어려운 많은 공익적 가치를 창출하는 반면, 공업용지는 환경오염과 같은 나쁜 외부효과를 많이 낳는다. 이런 비금전적 가치까지 고려하면 농지의 생산성이 반드시 공업용지의 생산성보다 현저하게 낮다고 말하기 어렵다. 국토의 효율적 이용에서 중요한 것은 가치이지 가격이 아니다.

한계생산균등의 원칙이라고 해서 생산요소로 이용되는 토지에만 적용되는 것은 아니다. 앞에서도 말했듯이 한계생산가치란 생산에 이용되는 자원이 가져다주는 생산물의 효용을 반영하는 가치이므로 그 자원이 간접적으로 발생시킨 가치라고 할 수 있다. 그러나 어떤 자원은 생산과정을 거치지 않고 직접 효용을 제공할 수도 있다. 소비재용 토지는 직접 효용을 발생시키는 자원이다. 초기 신고전경제학 학사들도 이런 토지를 눈여겨보았다.[2] 이같이 직접적으로 발생시킨 효용을 반영하는 가치도 한계생산균등 원칙의 취지에 따라 생산요소가 발생시킨 가치와 같아지도록 토지이용이 조정되어야 할 것이다.

3 토지의 공급

토지개발

토지의 공급은 양면성을 지니고 있다. 즉, 경제 전체의 차원에서 보면 토지의 공급량은 물리적으로 한정되어 있다. 그러나 개별 토지이용자가 보기에, 토지는 돈만 주면 얼마든지 구매할 수 있는 자원이다. 즉, 토지의 공급이 가변적이다.[3] 용도의 측면에서도 토지의 공급은 가변적이다. 이를테면, 농업용 토지의 경우 그 가격이 높아지면 황무지나 목초지 등이 농업용으로 개간되면서 농업용 토지의 공급이 증가한다. 흔히 토지는 대자연이 인간에게 무상으로 제공한 선물이라고는 하지만, 엄밀히 말하면 거의 모든 용도의 토지는 대자연이 인간에게 무상으로 제공한 자연 상태로서의 토지가 아니다. 자연 상태의 토지가 어떤 특정 용도에 알맞게 이용될 수 있도록 경제적 가치를 가지기 위해서는 '가공'의 과정을 거쳐야 한다. 임야를 농경지로 가꾸어 공급하기 위해서는 나무를 베고 장애물을 치워 버리며 배수로를 내고 길을 내고 땅을 고르고 말뚝을 박는 등 많은 노력과 비용을 투입해야 한다. 하다못해 자연경관을 위한 토지도 산책로를 만들고 안내판을 설치하며 휴게소를 세우는 등의 형태로 인력과 비용이 투입되어야 얻을 수 있다. 자연 상태의 토지나 인위적 가공 이전 상태의 토지를 흔히 소지(素地: raw land)라고 부르며, 소지를 가공하는 행위를 개량공사 혹은 개량이라고 한다. 관개시설, 배수로, 건축물 등이 토지의 개량공사물로 자주 꼽힌다.

그러므로 엄밀히 말해서 우리가 보통 말하는 토지란 사실은 노동과 자본을 투입해서 이용 가치가 높은 용도를 위해 '생산'한 토지다. 이런 의미에서 토지의 공급도 다른 보통 재화의 공급처럼 '생산비'와 관계된 개념이다. 우리가 보통 말하는 상품의 공급곡선이란 그 상품을 공급하는 데에 투입된 비용을 나타내는 곡선이다. 다만, 토지의 경우에는 관례상 '생산'이란 말을 쓰지 않고 보통 '개발'이란 특수한 용어를 많이 쓰며, 따라서 '토지생산비'라는 말 대신 '토지개발비'라는 말을 많이 쓴다는 점이 좀 특이할 뿐이다. 보통 토지개발비 중에는 가장 큰 비중을 차지하는 비용은 소지 매입에 쓰인 비용이다. 소유자들로부터 소지를 매입하기 위해서는 충분히 좋은 값으로 보상해 주어야 하는데, 보상비는 통상 매입량에 따라 달라진다. 매입량이 적을 때는 비교적 팔기를 덜 꺼리는 소유자들을 상대하게 될 것이므로 비교적 낮은 값으로 사들일 수 있을 것이다. 그러나 매입량이 점점 많아짐에 따라 팔기를 꺼리는 정도가 큰 소유자들로부터 매입하게 될 것이므로 점차 비싼 값으로 보상해 주어야 할 것이다.

이같이 토지매입량이 증가함에 따라 소유자들이 팔기를 꺼리는 정도가 점차 심해지는 이유는 여러 가지다. 토지에 대한 애착심이 커지는 탓이기도 하고, 남아 있는 토지의 수익률이 점차 높아지기 때문이기도 하다. 어느 지역의 밭을 매입해서 아파트단지로 개발한다고 할 때 아파트단지로 개발되는 땅의 면적이 크면 클수록 남아 있는 밭의 면적은 적어질 것이며 이에 따라 밭작물의 공급도 감소할 것이다. 그러면 밭작물의 가격은 상승할 것이며 자연히 남은 밭의 평당 가격도 올라갈 것이다. 설령, 밭작물의 가격이 변하지 않는다고 하더라도 남은 밭의 가격은 올라갈 가능성이 크다. 아파트단지로 전용되지 않고 남은 밭은 아파트단지로 전용된 밭에서 종전에 생산되던 밭작물의 생산량까지 떠맡아 생산해야 한다. 그러면 종전보다 적어진 면적의 토지에서 종전보다 더 많은 노동과 자본을 투입해서 생산해야 한다. 다시 말해서 아파트단지로 전용되지 않은 토지는 종전보다 더 집약적으로 이용될 것이며 따라서 그 한계생산가치도 종전보다 더 커질 것이다. 이러한 여러 가지 요인들의 복합적 작용 탓으로 단위당 소지 매입비는 대체로 보아 <그림 5-6>의 곡선 C처럼 매입량이 증가함에 따라 처음에는 완만하게 증가하다가 매입량이 어느 수준, 예컨대 그림에서 Y를 넘어서면 점차 매우 가파르게 상승하며, 매입량이 무척 클 때는 급속도로 높아지는 추세를 보일 것이다.

그림 5-6 토지매입량과 토지매입비 사이의 관계

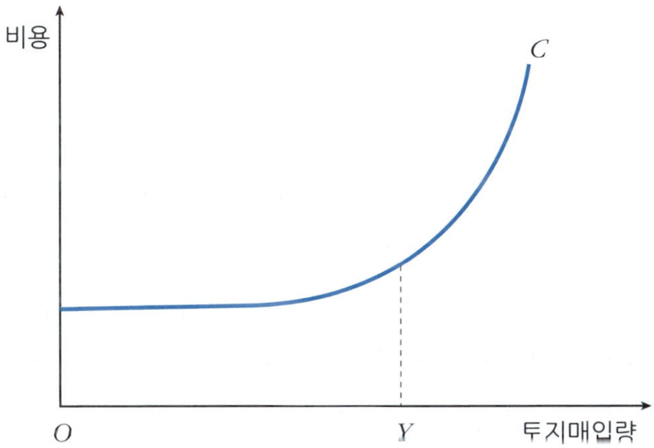

토지개발비에 있어서 또 하나의 중요한 항목은 토지개량공사비--달리 말하면 가공비--이다. 도로, 관개시설, 상하수도 시설 등의 설치와 같은 토지개량공사에는 흔히 규모의 경제가 있으므로, 토지 단위당 개량공사비는 토지개발 규모가 커질수록 감소하는 경향이 있는 것으로 알려져 있다. 그러나 다른 한편으로는 단위당 개량공사비를 상승시키는 요인들도 얼마든지 있다. 통상 개량공사란 황무지나 임야를 농경지로, 혹은 농경지를 공업용지로, 혹은 공업용지를 택지나 상공업용지 등 수익성이 더 높은 토지로 가공하여 전환하는 작업이다. 그러므로 대체로 보면, 가공하여 바꾸기 쉬운 토지부터, 다시 말해서 개량공사비가 적게 드는 토지부터 가공하게 됨이 보통이다. 택지개발의 경우 근처의 공터나 임야부터 매입하고, 그다음에는 농경지를 매입하며, 근처의 농경지도 다 없어지면 인근의 상공업용지를 매입하게 될 것이다. 이같이 가공이 쉬운 토지부터 차례로 개발하게 되므로, 비록 부분적으로는 규모의 경제 때문에 단위당 토지개량공사비가 하락한다고는 하더라도 궁극적으로는 상승하는 추세를 보일 것이다. 대체로 보면, 개발 면적을 늘림에 따라 추가로 개발된 토지는 그 자체가 열등한 토지일 가능성이 크다. 농업용 토지의 경우 비옥도가 떨어지는 토지, 도시용 토지의 경우 교통이 불편한 토지가 열등한 토지이다. 추가로 개발된 토지가 열등한 토지라는 것은 그만큼 그 토지가 제공할 용역 당 개발비용이 비싸다는 것을 의미한다. 그러므로 토지의 지점별 질의 차이를 고려해서 조정한 토지 단위당 개량공사비는 <그림 5-6>의 곡선 C와 같은 모양으로 증가할 것이다.

시간비용

토지를 개발하기 위해서는 개발 대상 토지를 물색하고 개발계획을 작성하여야 하는데, 어느 규모 이상의 토지개발에 대해서는 정부나 관계기관에 개발계획을 제출하고 허락을 얻게 되어 있다. 적절한 토지의 물색, 개발계획의 작성, 개발허가 취득 등에 쓰이는 비용도 토지개발비용의 한 몫을 차지한다. 이러한 비용들 이외에 또 한 가지 빼놓을 수 없는 비용은 소위 시간비용(time cost)이다. 시간비용에도 크게 두 가지가 있는데, 그중 하나는 이른바 대기비용(waiting cost)이다. 토지개발 과정은 대체로 장기에 걸쳐 진행되는데, 이 기간에 투자비가 땅에 잠기게 된다. 토지개발자는 토지개발에 투입될 노동과 자본에 대한 경비가 지출되는 시점부터 개발된 토지가 팔리거나 혹은 실제로 이용되어서 투자비를 회수할 수 있을 때까지 별 수익 없이 기다려야 한다. 이 기다림으로 인해서 토지개발자가 부담해야 할 여러 가지 비용들을 총칭해서 대기비용이라고 부르는데,

투자비에 대한 이자와 각종 세금이 그 대표적인 예이다. 토지개발자가 돈을 빌려서 토지개발에 투자할 경우, 돈 빌리는 데에 실제로 소요된 모든 비용이 대기비용에 포함된다. 토지개발자가 자기자본으로 토지를 개발하는 경우는, 이 자기자본을 다른 용도에 투자했을 때 얻을 수 있었던 자본소득을 포기해야 하므로 이 기회비용을 대기비용 계정에 달아놓아야 함은 물론이다.

이 대기비용과 매우 흡사한 개념으로서 소위 성숙비용(ripening cost)이라는 것이 있다. 성숙비용이란 이미 개발한 토지가 보다 더 높은 가격을 받을 수 있는 여건이 무르익을 것을 기대하고 계속 토지를 보유함으로 인해서 부담하게 되는 비용 혹은 보다 더 높은 경제적 이용 가치를 가진 토지로 '성숙'할 때까지 기다림으로 인해서 치러야 하는 비용을 말한다. 예를 들어서 개발업자가 농경지를 매입해서 택지로 개발해놓고 팔려고 하는 순간 불황이 닥쳐서 잘 팔리지 않는다고 하자. 그렇다고 싸게 팔면 큰 손실이 발생한다. 이럴 경우, 개발업자들은 다시 경기가 좋아질 때까지 개발된 택지를 팔지 않고 기다리게 된다. 이같이 여건이 성숙할 때까지 개발된 토지를 더 오랜 기간 보유해야 하는 경우 이자도 계속 내야하고 개발된 택지를 사후 관리해야 하는 등 추가 비용을 감수해야 한다. 세금도 더 내야 한다. 택지에 대한 세금은 농경지에 대한 세금보다 더 무거우므로 택지를 팔지 않고 보유하고 있으면 개발업자는 각종 세금 탓으로, 부담이 더 커진다. 이런 추가 비용이 곧 성숙비용이다. 어떻게 보면, 개발업자는 투기하고 있다고 볼 수도 있다. 그렇다면 성숙비용은 다분히 투기에 필요한 비용이라고 할 수 있다. 성숙비용이나 대기비용은 개발된 토지가 매각될 때 구매자에게 전가될 것이다.

어떤 특정 용도의 토지에 대한 수요가 충분히 커지면 다른 용도로 이용되고 있는 토지를 그 용도에 맞게 개발하는 사태가 발생하게 된다. 주택가를 상업용 토지로 재개발하는 경우가 그 한 예이다. 이 경우 이미 이용되고 있는 토지의 개량공사물--주로 건물--을 철거해야 하는데, 이럴 때는 단순히 철거비만 토지개발비에 포함할 것이 아니라 철거될 개량공사물의 경제적 가치, 즉 철거하지 않았을 때 얻게 될 경제적 가치까지 고려해야 할 것이다. 이에 관해서는 뒤에서 다시 설명하기로 한다.

토지공급곡선

토지개발비는 이상에서 설명한 여러 가지 항목의 비용들을 합산한 총비용이다. 토지공급량이 증가함에 따라 총비용(토지개발비) 역시 증가할 것이다. 따라서 무작정 많이 공급할 수는 없다. 과연 얼마만큼을 공급할 것인가를 결정하는데 중요한 고려사항은 공급량을 한 단위씩 증가시킴에 따라 비용이 얼마만큼 추가되느냐이다. 이 추가되는 비용을 한계비용이라고 한다. 예를 들어서 라면을 10봉지 생산할 때 총비용이 5,000원인데 11봉지 생산할 때 총비용이 5,400원이라고 한다면 한 단위 더 생산함으로 인해서 추가되는 생산비는 400원이므로 한계비용은 400원이다. 참고로, 총비용을 공급량(생산량)으로 나눈 값을 평균비용이라고 한다.

한계비용이나 평균비용은 공급량이 변함에 따라 변하는 변수다. 일선 현장에서 기업의 행태를 다루는 전문가들은 생산량이 증가하더라도 한계비용과 평균비용이 대체로 일정하다고 주장한다. 하지만, 경제학 교과서에서는 생산량을 점차 늘림에 따라 처음에는 감소하다가 생산량이 어느 수준을 넘으면 점점 더 커지는, 한계비용과 평균비용의 모양을 흔히 보게 된다. <그림 5-7>은 경제학 교과서에 나타나는 전형적인 한계비용곡선과 평균비용 곡선을 재현하고 있는데, 실선으로 나타낸 곡선이 한계비용을 나타내는 곡선이고 점선으로 나타낸 곡선이 평균비용을 나타내는 곡선이다.

그렇다면, 기업은 공급량을 어떻게 결정하는가? 기업이 이윤 극대화를 추구한다고 가정하고 있으므로 공급량도 이윤을 극대화하는 수준에서 결정된다. 이윤이란 총수입에서 총비용을 뺀 나머지이다. 총수입은 공급되는 상품의 가격에 판매량을 곱한 액수이다. 완전경쟁시장에서 이 가격은 각 기업에게 주어진 객관적인 지표다. 기업의 손익계산에서 상품의 가격은 수입으로 잡히고 한계비용은 손실로 처리된다. 상품의 가격이 만 원이라면, 기업이 그 상품을 한 단위씩 더 공급해서 팔 때마다 만 원씩 추가 수입을 올릴 수 있지만 한계비용만큼씩 대가를 치러야 한다. 만일 한계비용이 만원보다 적다고 하면 기업은 한 단위 더 생산해서 팔 때마다 만 원에서 한계비용을 뺀 만큼씩 이윤이 계속 불어나게 될 것이다. 완전경쟁시장에서 가격은 일정하게 주어지지만, 공급량을 어느 수준 이상으로 늘리면 기업이 치러야 할 한계비용은 점차 상승한다. 따라서 공급량을 계속 늘리다 보면 추가되는 이윤은 점차 감소한다. 가격이 한계비용보다 더 크다면, 기업은 생산을 계속 늘리겠지만, 생산량이 지나치게 많아지면 한계비용이 가격을 초과하면서 이윤이 오히려 감소하는 단계에 이르게 된다. 그러므로 이윤을 극대화하기 위해서는 기업은 한계비용이 가격과 일치하는 수준까지만 생산량을 늘려야 한다. 즉, 이윤을 극대화하기 위해서는 다음 조건식이 충족되도록 생산량을 결정해야 한다.

가격 = 한계비용

기업이 가격과 한계비용이 일치하도록 생산량을 결정한다는 것은 가격이 변함에 따라 기업이 한계비용곡선을 따라서 생산량을 변경시킴을 의미하며, 이는 한계비용곡선이 곧 기업의 공급곡선이 됨을 시사한다. 예를 들어서 토지를 공급하는 어떤 기업의 한계비용이 <그림 5-8>의 곡선 MC와 같다고 하자. 지금 이 토지 한 단위(예컨대 한 평)의 가격이 만 원이라고 하면, 공급량이 Q_1일 때 한계비용이 만원이 되면서 가격과 같아지므로 이윤을 극대화하는 토지공급량은 바로 Q_1이 된다. 가격이 7,000원으로 떨어지면 공급량이 Q_3일 때 한계비용과 가격이 같아지므로 Q_3가 기업의 토지공급량이 된다. 이같이 각 가격에 대응해서 이윤을 극대화하는 토지공급량은 한계비용곡선을 따라서 결정된다. 그러므로 바로 이 한계비용곡선이 개별 토지개발자의 토지공급곡선이 된다.[4]

우리가 보통 말하는 토지의 공급곡선, 즉 토지의 시장공급곡선은 수요곡선의 경우와 마찬가지로 개별 토지개발자들의 공급곡선들을 수평으로 합친 것이다. 예를 들어서, 2개의 토지개발기업만이 존재하며 이들의 토지공급곡선이 <그림 5-9>의 왼쪽 두 그림의 곡선 S_a, S_b와 같다고 하자. 개별 토지공급곡선의 모양은 토지개발기업의 조직, 능력, 여건 등에 따라서 달라질 것이다. 시장공급곡선은 이 그림의 맨 오른쪽에 보인 곡선 S와 같이 곡선 S_a와 S_b를 수평으로 합쳐서 얻는다. 예를 들면 가격이 P_1일 때, 시장공급량 X는 X_a와 X_b의 합이다. 이같이 시장공급곡선은 개별 기업의 공급곡선을 수평으로 합쳐서 구한다. 각 개별 기업의 공급곡선이 한계비용곡선을 반영한 것이므로 시장 공급곡선 역시 한계비용을 반영한다. 다시 말해서 시장공급곡선은 해당 상품을 한 단위 더 생산하기 위해서 사회 전체가 치러야 하는 추가 비용을 나타낸다.

그림 5-7 평균비용과 한계비용

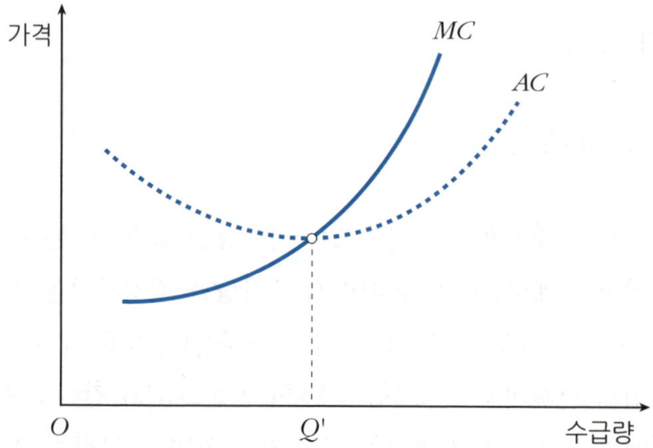

그림 5-8 이윤 극대화 공급량의 결정

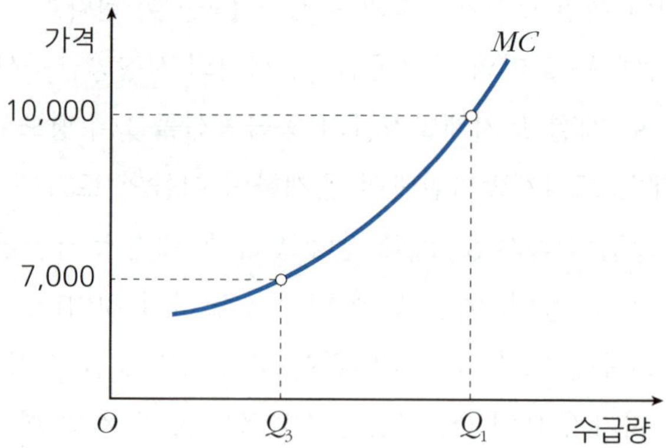

그림 5-9 토지의 개별공급곡선과 시장공급곡선

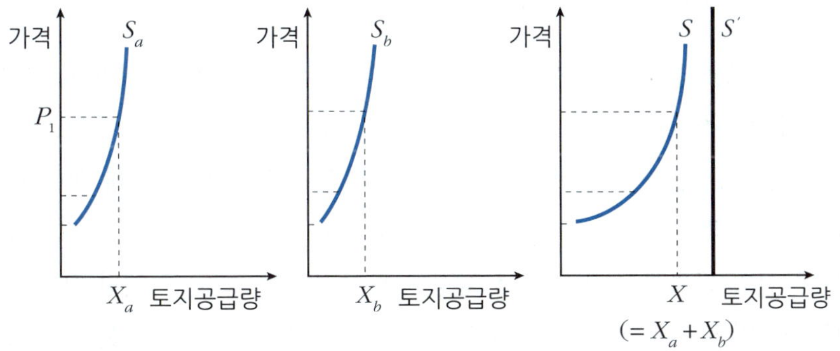

이 그림에서 보듯이 토지의 공급곡선은 대체로 처음에는 완만하게 상승하다가 공급량이 어느 수준을 넘어서면 급상승하는 모양을 취하게 될 것이다. 맨 오른쪽 그림의 수직선 S'는 경제 전체에서 자연적으로 정해진 총공급을 나타내는 공급곡선이다. 흔히 경제학 교과서는 토지의 공급곡선을 이같이 수직선으로 나타내는 경향이 있으나 앞에서 설명하였듯이 특정 용도에 이용되는 토지는 가공된 토지라는 점을 생각하면 토지의 공급곡선은 그런 수직선이 아니라 곡선 S와 같이 우상향하는 모양을 갖는 곡선이 될 것이다. 토지공급곡선이 곡선 S와 같이 우상향한다는 것은 지가가 높아짐에 따라 토지공급이 증가함을 의미한다. 하지만, 대부분 경우 토지의 공급, 특히 생산요소용 토지의 공급은 지가 변동에 그리 민감하게 변하지는 않는 것으로 알려져 있다. 달리 말하면 토지공급은 비교적 비탄력적이라는 것이다. 토지공급이 어느 정도로 탄력적인가 혹은 비탄력적인가는 위에서 설명한 토지개발비의 구성 요소들과 관련된 다양한 요인에 의해서 영향을 받으며 토지 용도에 따라 달라짐이 물론이다.

토지의 특성상 토지시장은 용도별로 그리고 지역별로 분화되어 있음이 일반적이다. 그러므로 토지에 대한 수요와 공급도, 예컨대 농업용 토지의 수요와 공급 또는 상업용 토지의 수요와 공급 등과 같이 용도별로 그리고 지역별로 발생하면서 토지시장을 형성하게 된다. 토지의 시장수요곡선이나 시장공급곡선 역시 이러한 용도별로 그리고 지역별로 분화된 토지시장을 배경으로 한다.

4 지가의 결정 및 지가 변동의 요인

균형지가와 그 의미

토지의 효율적 이용 문제란 요컨대 한정된 토지를 다양한 용도에 사회적으로 적정량만큼씩 배분하는 문제이다. 시장에서는 각 용도에 배당될 토지의 면적이 수요와 공급이 균형을 이루는 수준에서 결정된다. 특정 용도에 대한 토지 수요와 공급이 각각 <그림 5-10>의 실선으로 나타낸 곡선 D 및 곡선 S와 같다면 이 두 곡선이 교차하는 점 E에서 결정된 토지거래량 X^*가 곧 해당 용도에 배정될 토지의 면적이며, 가격 P^*는 수요와 공급이 균형을 이루게 하는 토지의 균형가격이다. 지가가 P^*보다 낮으면 수요가 공급을 초과하므로 가격이 오르게 되며 지가가 P^*보다 높으면 공급이 수요를 초과하므로 가격이 하락할 것이다. 따라서 수요와 공급이 곡선 D와 S로 주어지면 가격이 P^*일 때만 수요와 공급이 일치하면서 지가가 안정된다. 만일 수요나 공급이 변하면 다른 가격에서 수요와 공급이 일치하게 되면서 새로운 균형가격이 형성될 것이다. 이 균형가격에는 단순히 수요와 공급을 일치시킨다는 것, 그 이상의 매우 중요한 의미가 있다. 토지를 포함한 생산요소의 균형가격은 해당 생산요소가 창출하는 사회적 순이익을 최대한 크게 만드는 가격이기 때문이다.

그림 5-10 토지수요와 공급의 균형과 지가결정

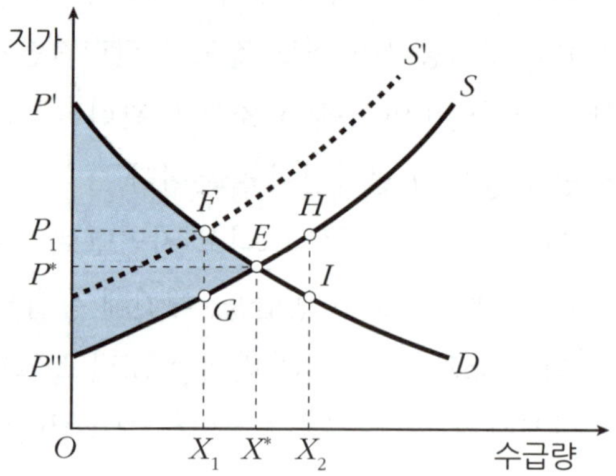

토지 공급곡선은 토지공급에 투입된 사회적 희생(사회적 비용)을 반영하며, 토지 수요곡선은 토지의 이용으로부터 얻는 사회적 편익을 반영한다. 토지 수요곡선은 앞에서 설명하였듯이 토지의 한계생산가치를 반영한 것이다. 한계생산가치를 나타내는 곡선의 아랫부분의 넓이는 한계생산가치를 전부 더한 값이므로 토지이용으로부터 얻는 사회적 총가치, 경제학적으로 표현하면 사회적 총편익을 반영한다. 예를 들어, <그림 5-10>에서 토지가 X_1만큼 공급된다고 하자. 이와 결부된 사회적 총편익은 $OP'FX_1$의 넓이에 해당한다. 한편, 토지공급곡선은 토지공급에 필요한 한계비용을 반영하는 곡선이므로 토지 수요곡선의 경우와 같은 논리로 토지공급곡선 아래의 넓이는 토지공급과 결부된 사회적 희생의 총량, 즉 사회적 총비용을 나타낸다. 그래서 예컨대 X_1만큼의 토지를 공급하는 경우, 사회가 치러야 하는 총비용은 $OP''GX_1$의 넓이에 해당한다. 그러므로 X_1만큼의 토지를 공급하는 경우의 사회적 순이익 혹은 순편익은 $OP'FX_1$의 넓이에서 $OP''GX_1$의 넓이를 뺀 나머지 즉 $P''P'FG$의 넓이에 해당한다. 그러면 균형가격 P^*에서는 사회적 순이익이 얼마만큼 될 것인가? 이 가격에서는 X^* 만큼의 토지가 거래될 것이며, 이때의 사회적 총편익은 $OP'EX^*$의 넓이에 해당하고 사회적 총비용은 $OP''EX^*$의 넓이에 해당하므로 사회적 순이익은 결국 $P''P'E$의 넓이에 해당할 것이다. 물론 이때 순편익은 X_1만큼의 토지가 거래되었을 때의 순편익보다 더 클 뿐만 아니라 다른 어떤 양의 토지가 거래될 때보다 더 크다. 예컨대 X^*를 초과해서 공급되는 토지는 사회적 이익보다는 사회적 손실을 더 많이 초래하게 되며, 따라서 X^* 보다 더 많은 토지가 거래될 때는 사회적 순편익이 점차 감소한다. 그러므로 균형가격 P^*에서 토지와 결부된 사회적 순편익이 극대화된다는 것을 알 수 있다. 수요와 공급이 균형을 이루는 수준에서 결정된 토지의 양(X^*)은 곧 해당 용도에 대한 사회적 최적 배분량이 되며, 또 이때의 가격(P^*)은 해당 토지의 사회적 가치(사회적 순편익)를 최대한 달성하도록 각 용도에 토지 이용량을 배정하는 가격이기도 하다.

그러나 이런 주장은 완전경쟁시장일 때에만 성립한다는 점을 잊지 말아야 한다. 특히 토지에 관해서는 이런 주장을 삼가야 한다. 현실적으로 토지시장은 국지화된 시장이요 독과점이 성행하는 시장이기 때문이다. 독과점시장의 특징은 의도적으로 공급량을 줄이거나 제한함으로써 시장에서 높은 가격이 형성되도록 한 다음 독점이윤을 취득한다는 것이다. 독과점시장에서 형성되는 가격은 완전경쟁시장에서 형성되는 가격보다 높으므로 자연히 토지이용으로부터 발생하는 사회적 순이익도 적어질 수밖에 없다. 예를 들어서, <그림 5-10>에서 P_1이 독과점 가격이라고 하면, 사회적 순이익은 $P''P'FG$의 넓이에 해당한다. 이 순이익은 완전경쟁시장일 때의 사회적 순이익을 나타내는 $P''P'E$의 넓이보다 작다. 설령, 토지시장이 완전경쟁시장에 가깝다고 해도 시장에서 자연스럽게 형성되는 지가가 반드시 사회적 순편익을 극대화해주는 것도 아니다. 아마도 그럴 가능성이 가장 희박한 상품이 토지일 것이다. 왜냐하면, 토지의 경우에는 외부효과가 아주 빈번하게 나타나기 때문이다.

지가 변동 요인

지가는 수요곡선과 공급곡선이 만나는 점에서 결정되기 때문에 만일 수요곡선과 공급곡선에 아무런 변동이 없으면 지가도 변동하지 않고 계속 유지될 것이다. 그러나 흔히 보듯이 지가는 오르락내리락한다. 지가의 변동을 설명할 때 경제학자들은 늘 수요 측면의 요인과 공급 측면의 요인을 따져본다. 예를 들면, 수요곡선과 공급곡선이 <그림 5-11>과 <그림 5-12>에서 실선으로 나타낸 곡선 D와 곡선 S와 같다고 하면 지가는 P_0로 결정된다. 수요곡선과 공급곡선이 계속 이 상태로 머물러 있다면 지가도 P_0에서 계속 머물러 있을 것이다. 그러나 어떤 요인에 의해서 수요곡선이 점선으로 나타낸 곡선 D'와 같이 위쪽으로 이동했다면 지가는 P_0가 아니라 곡선 D'와 곡선 S가 교차하는 P_1로 올라가게 되고 이에 따라 토지거래량도 증가할 것이다. 만일 <그림 5-12>에서 보듯이 수요곡선에는 변동이 없는데 공급곡선이 아래로 이동하였다고 하면 지가는 종전의 수요곡선 D와 점선으로 나타낸 새로운 공급곡선 S'가 교차하는 P_1로 하락하고 토지거래량도 이에 따라 늘어난다.

그림 5-11 토지 수요곡선의 상방 이동과 지가 상승 효과

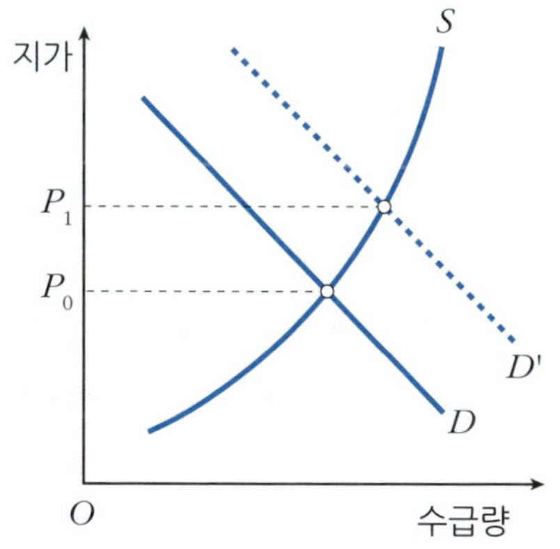

그림 5-12 토지 공급곡선의 하방 이동과 지가 하락 효과

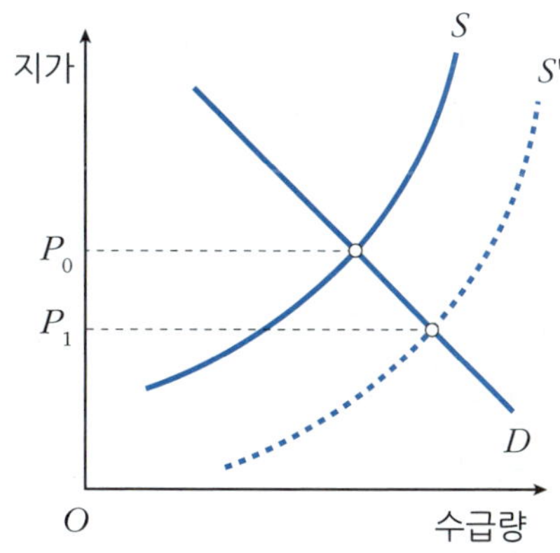

이같이 수요곡선과 공급곡선이 이동함에 따라 지가도 변동하게 된다. 중요한 것은 과연 어떤 요인들이 수요곡선과 공급곡선을 이처럼 이동시키고 지가에 변동을 초래하는가이다. 우선 수요의 측면부터 살펴보자. 시장수요곡선은 개별수요곡선을 합친 것이다. 그러므로 개별 토지수요자의 수가 많아지면 시장수요가 늘어날 것이다. 예를 들어 토지수요자가 3명만 있었는데 어떤 요인으로 인해서 5명으로 늘었다고 하면 5명의 개별수요곡선을 합친 것은 3명의 개별수요곡선을 합친 것보다 클 터이니 5명이 있을 때의 수요곡선은 3명이 있을 때의 수요곡선보다 더 위(혹은 더 오른쪽)에 위치하게 될 것이다. 앞에서 보았듯이 생산요소용 토지에 대한 수요곡선은 기본적으로 토지의 한계생산가치를 반영한다. 따라서 토지의 한계생산가치를 직접적으로 변동시키는 요인이 수요곡선을 이동시키는 요인이 되는데 토지에서 생산되는 생산물의 가격이 그 대표적인 요인이다. 토지 생산물의 가격이 올라가면 토지의 한계생산가치가 커지며, 그만큼 토지의 수익성이 높아진다. 그러니 사람들은 토지를 더 많이 사려고 할 것이며 따라서 토지에 대한 수요곡선이 오른쪽으로 이동할 것이고 그러면 공급곡선이 변하지 않는다면 땅값은 올라갈 것이다.

토지 이외의 다른 생산요소의 가격 변동도 토지 수요곡선을 이동시키는 중

요한 요인이 된다. 엄밀히 말하면, 토지에 대한 수요곡선은 지가 이외의 다른 모든 가격이 이미 주어져 있다고 보고 지가의 변동에 따른 토지구매량의 변동을 나타내는 곡선이다. 예를 들어서 주택건설에 이용되는 토지에 대한 수요곡선은 임금, 금리, 건설될 주택의 가격, 등이 이미 정해져 있고 변하지 않는다고 가정했을 때 토지의 가격이 변함에 따른 구매량의 변화를 나타낸다. 그러므로 주택가격이 평당 500만 원이라고 할 때의 토지 수요곡선과 평당 600만 원이라고 했을 때의 토지 수요곡선이 다르고, 임금이 시간당 2만 원일 때의 토지 수요곡선과 3만 원일 때의 토지 수요곡선이 다를 것이다. 왜냐하면 임금이 2만 원이었다가 3만 원으로 오르면 노동의 고용이 감소하게 되니 토지의 한계생산가치가 달라지면서 토지 수요곡선도 이동하게 된다. 이자율의 변동은 자본 이용량의 변동을 초래하므로 토지의 한계생산가치가 달라지면서 토지 수요곡선도 이동한다. 구체적으로 토지 수요곡선이 어떤 쪽으로 이동할 것인지는 상황에 따라 달라지기 때문에 일률적으로 말할 수는 없다.

물론 이런 직접적 요인들의 뒤에는 여러 가지 굵직한 배경적인 요인들이 도사리고 있다. 인구증가 및 인구밀도 증가 그리고 전반적 소득수준의 향상 등이 그런 큼지막한 배경적 요인들이다. 인구증가나 인구밀도의 증가는 주택, 식량, 각종 공산품 등에 대한 수요를 증가시킬 것이다. 그러면 이런 것들을 생산하려는 기업이 많아지면서 이들이 각각 필요한 토지를 매입하려 할 것이니 개별 토지수요자들의 숫자가 늘어날 것이다. 이 결과 토지에 대한 수요곡선이 전반적으로 오른쪽으로 이동할 것이다. 이뿐만 아니라 주택, 식량, 공산품에 대한 수요가 증가하면 이들의 가격이 올라가서 토지의 한계생산가치가 커지기 때문에 토지에 대한 수요곡선이 오른쪽으로 이동할 수도 있다. 전반적 소득수준의 향상도 인구증가나 마찬가지로 주택, 식량, 공산품 등 토지 생산물에 대한 수요를 증가시키기 때문에 개별 토지수요자들의 수를 증가시키거나 혹은 토지 생산물의 가격을 높임으로써 수요곡선을 오른쪽으로 이동시키는 경향을 보일 것이다.

이렇게 보면 인구가 계속 증가하고 도시화가 빠른 속도로 진척되며 소득수준이 계속 증가해 온 우리나라에서 땅값이 비싸지는 것은 당연한 현상이다. 이때 지가 상승은 토지가 상대적으로 부족해지고 있으니, 이를 아껴 쓸 필요가 있음을 알려주는 자연스러운 신호이기도 하다. 그런데도 지가 상승을 억지로 억제하는 것은 자칫 그런 신호를 왜곡시켜서 한정된 국토를 잘못 이용하게 할 수도 있다. 이런 점에서 보면 지가안정(지가 상승 억제)을 주요 목표로 삼고 있는 정부의 토지정책이 경제학적으로는 좀 이상하게 보일 수도 있다. 그러나 이런 정책은 시장에서 결정되는 지가가 독과점, 외부효과, 거품 등의 요인으로 정상적이 아니라는 인식, 혹은 결과적으로 국민의 복지를 극대화하는 가격이 아니라는 인식을 밑바탕에 깔고 있다.

어떻든, 지가안정이 중요한 정책목표로 잡혀 있는 현실적 상황에서 이를 위한 방법으로는 토지 수요곡선을 아래쪽으로 이동시키거나(즉, 토지 수요를 억제하거나) 혹은 토지공급곡선을 오른쪽으로 이동시키는(즉, 토지공급을 늘리는) 방법이 있을 수 있다. <그림 5-13>에서 보듯이 토지 수요곡선이 실선으로 나타낸 곡선 *D*이었는데, 어떤 요인으로 오른쪽으로 이동하여 점선으로 나타낸 곡선 *D'*와 같이 되었다면, 일단은 땅값이 P_0에서 P_1으로 올라가게 된다. 그러나 예컨대 정부의 공급증대 정책으로 토지공급곡선이 오른쪽으로 이동하여 점선으로 나타낸 곡선 *S'*와 같이 되었다면, 땅값은 다시 종전의 P_0의 수준으로 떨어질 것이다. 다시 말해서, 수요가 늘어난 만큼 공급을 늘려주면 지가는 상승하지 않을 수도 있다.

그림 5-13 지가의 안정화

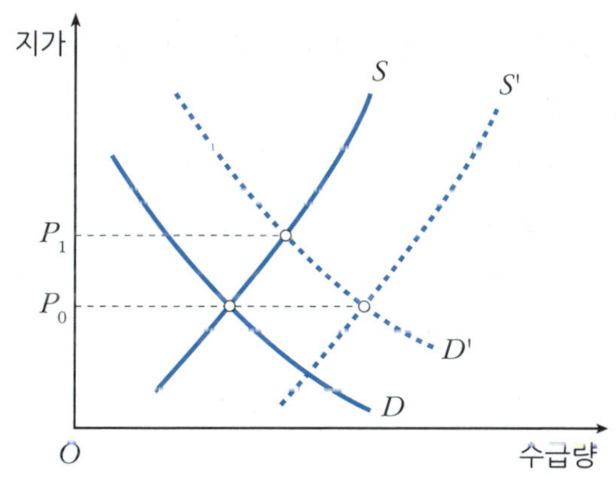

그러면 토지공급곡선을 이같이 이동시키는 요인들은 어떤 것들인가? 토지수요곡선의 경우와 마찬가지로 토지공급자의 수가 늘거나 줄면 토지공급곡선 역시 오른쪽 혹은 왼쪽으로 이동한다. 토지공급곡선은 토지공급의 한계비용을 반영하는 곡선인 까닭에 이 한계비용에 영향을 주는 요인들이 토지공급곡선을 이동시키는 요인이 될 것이다. 가장 두드러진 요인이라면 토지공급에 이용되는 생산요소들의 가격, 예컨대 임금, 이자, 원자재가격 등의 변동을 생각할 수 있을 것이다. 임금이 떨어지면 토지공급 비용이 싸지기 때문에 토지공급곡선이 아래쪽으로(혹은 오른쪽으로) 이동한다. 반대로 이자율이 높아지면 토지공급 비용이 비싸지므로, 토지공급곡선은 위쪽으로 이동할 것이다.

이같이 토지에 대한 수요와 토지의 공급이 지가를 결정하므로, 지가를 안정시키는 방법은 크게 수요를 통제하는 방법과 공급을 늘리는 방법이 있다. 그렇다면, 이 두 가지 방법 중에서 과연 어느 방법이 더 좋을까? 이 문제를 놓고 전문가들이 두 패로 갈리어 격렬한 논쟁을 벌이는 일이 잦다. 대체로 보면, 경제학자들은 인위적으로 수요를 통제하는 방법이 탐탁스럽지도 못할 뿐만 아니라 효과적이지도 못하다고 생각하는 경향이 있다. 이들은 토지 수요를 억제하는 방법보다는 토지공급을 늘리는 방법이 더 자연스러운 방법이라고 본다. 그래서 땅값이 올라갈 때마다 특히 시장주의자들이 토지공급 증대를 강력하게 촉구한다. 토지공급을 늘리는 방법에도 여러 가지가 있다. 가장 직접적인 방법은 토지개발을 촉진함으로써 공급량을 늘리는 것이다. 이렇게 토지공급을 늘리는 정책을 시행하면, 토지공급곡선이 <그림 5-12>의 점선으로 나타낸 곡선 S'처럼 오른쪽으로 이동한다. 토지 수요곡선이 곡선 D'와 같다고 하면, 공급을 늘리는 정책은 지가를 종전의 P_1에서 P_0로 떨어뜨린다.

토지이용규제의 완화도 시장주의자들이 자주 요구하는 방법이다. 예를 들어서 토지이용규제를 완화하여 임야나 농지를 다른 용도로 전용하기 쉽게 함으로써 간접적으로 택지공급을 늘릴 수도 있다. 이밖에 다른 방법도 있다. 도로, 지하철, 운하 등 교통시설의 건설은 교통 불편으로 이용할 수 없었던 토지의 경제적 이용을 가능하게 한다. 따라서 이런 교통시설에 대한 투자는 토지공급자의 수를 늘리고 토지공급 비용을 절감시키기 때문에 토지공급곡선을 오른쪽으로 이동시킨다. 그래서 교통투자를 통해서 교통비 및 운송비를 절감시키는 것이 특히 도시지역의 지가를 안정시키는 매우 효과적인 방법이라는 주장에 강한 설득력이 있다.[5] 세계 여러 나라들 도시의 땅값이 현저하게 다른 이유를 가장 잘 설명할 수 있는 요인은 도시교통에 대한 투자의 차이라는 주장도 있는데, 이 주장에 따르면 미국 도시들의 땅값이 다른 나라 도시들의 땅값보다 싼 한 가지 이유가 미국 정부의 방대한 교통투자 때문이라는 것이다.[6]

그러나 토지공급을 늘리는 방법은 돈이 많이 들고 시간이 오래 걸린다는 흠을 안고 있다. 토지개발에 1, 2년 내지 3, 4년 걸리기 일쑤다. 그러므로 지가 상승의 기미가 보일 때 공급을 서둘러 봐야 그때는 이미 늦는 경우가 많다. 그렇다고 2, 3년 전에 미래의 지가동향을 예측해서 대처한다는 것은 매우 어렵다. 이론적으로는 교통투자가 사실상 토지공급을 증가시킴으로써 지가를 안정시킨다고는 하지만, 현실에서는 그렇지 않은 경우가 더 많다. 지하철의 개통이나 버스노선의 개설이 오히려 교통수요를 유발해서, 근처의 땅값을 대폭 올리는 현상을 우리 주위에서 흔히 보게 된다. 문제는, 토지공급은 더딘데, 토지 수요는 빠르게 증가하는 경향이 있다는 것이다. 특히, 땅값이 올라갈 기미가 보이면 토지 수요는 재빨리 반응한다. 가수요가 따라붙으면, 땅값은 빠른 속도로 뛴다. 이것이 과거에 수없이 보아 왔던 우리의 산 경험이다. 공급은 거북이걸음이고, 수요는 토끼걸음이다 보니, 공급이 수요를 따라가지 못하는 사태가 빈번히 발생하면서 시장주의자들이 강조하는 공급증대 방법은 뒷북치기 일쑤였다. 공급증대 정책만으로는 지가를 안정시키기 매우 어려운 것이 우리의 현실이었다. 이런 연유로 지가안정을 위해서는 토지 수요를 통제하는 방법을 잘 동원해야 한다는 주장이 현실적으로 강력한 설득력을 가진다.

5 지가의 역할과 토지의 효율적 이용

자원의 효율적 이용 유도

토지에 대한 용도별 수요와 공급을 맞추는 것으로 지가의 역할이 끝나지 않는다. 각 용도별로 토지와 다른 생산요소들 사이에 균형이 잘 맞아야 한다. 생산요소들 사이에 원활한 대체 관계가 있다면, 생산요소들의 배합 비율을 바꿈으로써 어떤 주어진 생산 목표를 여러 가지 방법으로 달성할 수 있다. 경제학 교과서에는 이런 여러 가지 방법들의 묶음을 이른바 '등생산곡선'으로 표현하고 있는데, 어떻든 생산목표가 정해져 있을 때 노동보다는 토지를 많이 이용해서 이 목표를 달성할 수도 있고 반대로 토지보다는 노동을 많이 이용해서 달성할 수도 있다. 여러 가지 방법으로 상품을 생산하다 보면, 어떤 상품의 생산에서는 노동에 비해서 토지 이용량이 너무 많아서 토지의 생산성이 낮아지고, 다른 상품의 생산에서는 그 반대가 될 수도 있다. 이럴 경우, 단순히 상품별로 토지투입량과 노동투입량 사이의 비율을 적절히 재조정하는 것만으로 더 많은 생산을 올릴 수 있다. 이같이 생산을 늘릴 여지가 있었다는 것은 예산의 낭비가 있었음을 의미한다. 이윤을 극대화하려면, 우선 이런 낭비를 없애면서 생산비를 최소화해야 한다. 그러기 위해서는 모든 용도에 걸쳐 토지와 다른 생산요소들을 적정비율로 배합해야 한다.

물론, 생산요소의 종류가 이루 헤아릴 수 없을 만큼 많으므로 이것이 말같이 쉽지는 않지만, 설명의 편의상 토지, 노동, 자본 등 세 가지 생산요소만 있으며, 각 상품생산 별로 이들 각각의 생산성에 대한 구체적 정보가 있다고 가정하자. 그렇다면, 다음 두 가지 조건이 충족되어야 한다. ① 모든 용도에 걸쳐 토지와 노동이 적정비율로 배합되어야 하고, ② 모든 용도에 걸쳐 노동과 자본이 적정비율로 배합되어야 한다. 어떻게 해야 이 두 가지 종류의 적정비율을 달성할 수 있을 것인가? 앞에서 설명한 한계생산균등의 원칙과 비슷한 논리가 적용된다. 즉, 그 어떤 생산요소이든지 간에 어느 두 생산요소의 생산성 비율이 모든 용도에 걸쳐 균일화되어야 한다는 것이다. 달리 말하면, '상대적 생산성'이 모든 용도에 걸쳐 균등해야 한다는 것이다. 만일 노동 대비 토지의 상대적 생산성이 사과 생산에서 높고 빵 생산에서 낮다면, 생산성이 낮은 용도로부터 생산성이 높은 용도로 토지와 노동을 옮기는 것이 주어진 자원으로부터 더 많이 생산하는 방법이다. 예를 들어서, 사과 생산과 빵 생산에 토지와 노동을 대략 배정해놓고 나서 보니, 사과 생산에 있어서는 토지의 한계생산이 500, 노동의 한계생산이 200이고, 빵 생산에서는 토지의 한계생산과 노동의 한계생산 모두 똑같이 800이

라고 하자. 즉,

사과 생산: 토지의 한계생산 = 500, 노동의 한계생산 = 200
→ 생산성 비율 = 2 : 1

빵 생산 : 토지의 한계생산 = 800, 노동의 한계생산 = 800
→ 생산성 비율 = 1 : 1

사과 생산에서는 토지생산성이 노동생산성의 2배이고 빵 생산에 있어서는 토지생산성과 노동생산성이 같다. 그렇다면, 빵 생산에 비해서 사과의 생산에서 토지의 상대적 생산성이 2배로 높다는 것을 의미한다. 이럴 경우, 빵 생산에서 토지 한 단위를 뽑아서 사과 생산 쪽으로 옮기고, 그 대신 사과 생산에서 노동 한 단위 뽑아서 빵 생산으로 옮기면 주어진 토지와 노동으로부터 더 많은 사과와 빵을 생산할 수 있다. 빵 생산에서 토지를 한 단위 빼고 그 대신 노동을 한 단위 보충해 주면 빵 생산량에는 변함이 없다. 그러나 사과 생산에 토지를 한 단위 더 투입하면 사과 생산이 500만큼 증가하는 반면 노동 한 단위를 빼면 사과 생산이 200만큼 감소하므로 결과적으로 사과의 생산은 300단위 늘어난다. 단순히 토지와 노동의 배합 비율을 재조정하는 것만으로 빵 생산을 줄이지 않고도 사과를 300단위 더 생산할 수 있으니 그 주어진 토지와 노동을 더 효율적으로 이용했다고 볼 수 있다. 다시 말해서 파레토개선이 이루어진 것이다.

두 생산요소 간 생산성 비율, 정확하게 말해서 한계생산의 비율을 한계기술대체율이라고 하는데, 어떤 특정 생산요소의 투입량을 한 단위 줄임으로 인한 생산의 감소를 메우기 위해서 보충되어야 할 다른 생산요소의 양을 나타낸다. 토지와 노동 사이의 한계기술대체율은 노동의 한계생산을 토지의 한계생산으로 나눈 값이다. 파레토개선의 여지가 없도록 생산요소들을 각 용도에 배정하기 위해서는(다시 말해서 효율적으로 생산요소들을 이용하기 위해서는) 어느 생산요소든 두 생산요소 간 한계기술대체율이 모든 용도(모든 상품의 생산)에 걸쳐 균일하게 되도록 배정해야 한다. 이것을 한계기술대체율 균등의 원칙이라고 한다. 예를 들어서, 상품 A, 상품 B, 상품 C 등 n 가지 상품이 있고 이들의 생산에 투입될 토지, 노동, 자본의 한계생산을 각각 MP_N, MP_L, MP_K라고 표기하면, 모든 상품의 생산에 걸쳐 다음 두 조건식이 성립하도록 생산요소들을 배합해야 한다.

(조건식1) A상품의 MP_N/MP_L = B상품의 MP_N/MP_L = C상품의 MP_N/MP_L = ⋯

(조건식2) A상품의 MP_N/MP_K = B상품의 MP_N/MP_K = C상품의 MP_N/MP_K = ⋯

첫 번째 조건식은 각 상품생산별 토지 배분량과 노동 배분량 사이의 적정비율을 결정하며 두 번째 조건식은 각 상품생산별 토지 배분량과 자본 배분량 사이의 적정비율을 결정하므로 이 두 조건식을 풀면 각 상품생산별로 토지투입량, 노동투입량, 자본투입량(토지:노동:자본)의 적정비율이 결정된다. 이 두 조건식이 성립하지 않는 상태는 각 용도에서의 토지와 노동의 배분이 잘못 되어 있는 상태이며, 따라서 이를 재조정하는 것만으로 주어진 토지, 노동, 자본으로부터 상품 A, B, C 등을 더 많이 생산할 수 있는 상태이다.

그러나 모든 상품의 생산에서 모든 생산요소들의 한계생산을 알아낸다는 것은 사실상 불가능하며 정부도 할 수 없는 일이다. 그러면 어떻게 할 것인가? 경제학자의 대답은 간단하다. 시장에 맡기라는 것이다. 자유로운 경쟁이 보장되는 가운데 시장이 원활하게 움직이도록 정부가 여건만 잘 조성해 주면 한계기술대체율 균등의 원칙이 자연적으로 충족되는 방향으로 모든 생산요소들이 각 용도에 배분된다고 보기 때문이다. 모든 시장이 완전경쟁시장이라고 하면, 모든 기업은 시장에서 형성된 가격에 맞추어 생산요소의 투입량을 결정할 것이다. 만일 토지의 평당 가격이 5만 원이고, 노동 한 단위의 임금이 2만 5천 원이라고 하면, 토지 한 단위 가격이 노동 한 단위 가격보다 2배 비싸다는 뜻이니 모든 기업이 일제히 이 2대 1의 비율에 맞추어 토지의 한계생산이 노동의 한계생산의 2배가 되도록 토지투입량과 노동투입량을 결정하게 될 것이다. 결과적으로 모든 상품의 생산에 있어서 한계기술대체율이 균등해진다.

시장에서 모든 생산자의 결정에 있어서 중요한 것은 이런 가격의 비율인데,

완전경쟁시장에서는 모든 생산자가 똑같은 가격의 지배를 받는다. 토지, 노동, 자본의 가격을 각각 w_N, w_L, w_K로 표기하고, 상품 A와 B의 가격을 각각 P_A, P_B라고 표기하자. 앞에서 설명하였듯이 이윤 극대화를 추구하는 생산자는 각 생산요소의 한계생산가치가 그 생산요소의 가격과 같아지는 수준까지만 해당 생산요소를 매입한다. 그러므로 상품 A의 생산자는 토지, 노동, 자본의 투입량을 다음 등식으로부터 결정하게 된다.

$$P_A \cdot MP_N = w_N$$
$$P_A \cdot MP_L = w_L$$
$$P_A \cdot MP_K = w_K$$

이 세 등식에서 $\mathrm{P_A}$, $\mathrm{P_B}$, $\mathrm{w_N}$, $\mathrm{w_L}$, $\mathrm{w_K}$ 모두 상수라는 점을 고려하면, 이 연립방정식의 첫 번째 방정식과 두 번째 방정식을 정리하면 다음과 같은 관계식이 성립함을 알 수 있다:

$$P_A \cdot MP_N / P_A \cdot MP_L = \text{A 상품 생산의 한계기술대체율 } (= MP_N / MP_L)$$
$$= w_N / w_L$$

즉, 상품 A의 생산에서 노동과 토지 사이의 한계기술대체율이 지가-임금의 비율(w_N / w_L)과 같아진다. 상품 B를 생산하는 기업도 이윤을 극대화하기 위해서 다음 등식에 따라 토지, 노동, 자본의 구매량을 결정할 것이다:

$$P_B \cdot MP_N = w_N$$
$$P_B \cdot MP_L = w_L$$
$$P_B \cdot MP_K = w_K$$

위에서와 같이 이 연립방정식의 첫 번째 방정식과 두 번째 방정식을 정리하면 다음과 같은 관계식을 얻을 수 있다:

$$P_B \cdot MP_N / P_B \cdot MP_L = \text{B 상품 생산의 한계기술대체율 } (= MP_N / MP_L)$$
$$= w_N / w_L$$

그러므로 상품 B의 생산에서도 노동과 토지 사이의 한계기술대체율이 지가-임금(w_N / w_l)의 비율과 같아진다. 지가-임금의 비율은 모든 생산자에 걸쳐 똑같으므로 결국 상품 A와 B의 생산자뿐만 아니라 대한민국 모든 생산자의 한계기술대체율이 지가-임금 비율과 같아지면서 균일화된다. 따라서 위에서 설명한 조건식 1이 충족된다.

같은 방법으로 위의 두 짝의 연립방정식 체계에서 토지와 자본에 관한 식을 정리하면 토지와 자본 사이의 한계기술대체율이 모든 생산자에 걸쳐 지가-자본가격의 비율과 같아지므로 결국 가격의 신호에 따라 조건식 2가 충족된다는 것을 알 수 있다. 그러므로 결과적으로 국민경제 전체로서도 토지 및 이와 결부된 생산요소의 효율적 이용을 위한 두 조건식이 충족된다. 요컨대, 각 생산자가 개별적으로 각 생산요소의 한계생산가치를 시장가격과 같아지도록 생산요소의 투입량을 결정한다는 것은, 각자의 이윤을 극대화하기 위한 조건이지만, 이는 동시에 국민경제 전체로서 자원 이용의 효율성을 이루기 위한 조건을 자연적으로 충족시키는 결과는 낳는다는 것이다.

통상적 수요-공급이론의 한계

하지만, 문제는 이런 생산성 이론이 탁상공론에 불과할 수도 있다는 것이다. 경제학의 통상적 수요-공급이론이 전제하는 두 가지 기본적인 가정 모두가 현실에서는 통하지 않기 때문이다. 토지시장의 경우에는 특히 더 그렇다. 우선, 합리성의 가정부터 살펴보자. 경제학이 가정하듯이 사람들이 과연 그렇게 합리적으로 생각하고 행동하는가? 과학자들, 특히 첨단 분야의 과학자들은 그렇지 않다는 증거를 수없이 많이 제시하고 있다. 이에 관한 책들이 오래전부터 서점가에서 베스트 셀러의 자리를 차지하고 있다. 특히 부동산 시장을 비롯한 금융시장에서 비합리적인 행위가 많이 목격되고 있다는데, 2013년 노벨경제학상을 수상한 쉴러(R. J. Shiller)가 이에 관한 증언을 많이 하고 있다.[7] 많은 사람의 그런 비합리적인 행위가 1980년대 후반 우리나라에서, 1990년대 초반 일본에서, 그리고 2008년 이전 미국에서 부동산가격 폭등을 초래하였다. 이 부동산가격 폭등이 일본의 "잃어버린 20년" 그리고 2008년 미국 금융시장의 붕괴와 이에 이은 세계 경제위기를 몰고 온 한 요인으로 꼽히고 있다. 그러므로 사람들이 왜 그리고 어떻게 비합리적으로 행동하는지를 잘 아는 것이 부동산시장, 나아가서 경제 전체의 움직임을 좀 더 잘 이해하는 길이기도 하지만, 개인적으로는 돈을 잘 버는 길이기도 하다. 성공적 투기로 세계 최고의 부자가 된 버핏(Warren Buffet)은 인간의 비합리성을 정확하게 파악하고 이를 사업에 활용한 대표적인 인물로 꼽힌다.

완전경쟁시장의 가정은 어떤가? 앞에서 수차 강조하였듯이, 최소한 토지시장은 완전경쟁시장과 거리가 멀 뿐만 아니라 시장의 실패가 유난히 심한 곳이다. 설령, 다른 모든 시장이 완전경쟁시장이라고 해도 만일 토지시장이 완전경쟁시장이 아니라고 하면 시장에서 결정된 각종 생산요소 투입량이 사회적 순이익을 극대화하는 최적 투입량이라고 볼 수 없다. 다시 말해서 토지시장 하나만 삐딱해도 자원의 효율적 이용이 담보되지 않는다는 것이다. 시장주의자들도 이 점을 부인하지는 않는다. 다만, 토지시장의 불완전성으로 인한 왜곡이 대국적으로 볼 때 용인할 수 없을 정도는 아니라고 보거나 어차피 최선은 불가능하므로 차선을 추구해야 하는데 이런 의미에서 시장에 맡기는 것이 차선책이라고 주장할 뿐이다. 물론, 그 왜곡이 어느 정도로 사소한지에 관한 구체적인 계량적 증거는 없다. 설령, 토지시장이 완전경쟁시장에 가깝다고 하더라도 통상적인 경제학의 수요-공급이론은 잘해야 생산요소용 토지에나 적용될 수 있는 이론이다. 그러므로 재산용 토지에 대한 수요가 상당한 정도로 존재한다면, 지가에 거품이 끼어 있을 가능성이 크다. 그런 가격은 토지를 비롯한 자원의 효율적 이용을 끌어내지 못하며, 통상적 경제학의 수요-공급이론으로 설명하기도 어렵다.

설령, 인간이 대체로 합리적으로 행동하며, 부동산시장이 완전경쟁시장에 가깝다고 하더라도 수요-공급이론의 핵심을 이루는 한계생산이론을 토지에 그대로 적용하기에는 껄끄러운 부분이 너무 많다. 한계생산은 다른 생산요소들의 투입량을 일정하게 묶어두고 특정 생산요소의 투입량만 한 단위씩 증가시켰을 때 생산의 증가분을 의미하는데, 많은 경우 토지의 투입량을 그렇게 신축성 있게 바꾸기가 어렵다. 생산량 증감에 따라 자유롭게 투입량을 조절할 수 없는 생산요소를 고정 생산요소라고 하는데, 흔히 경제학 원론 교과서는 토지를 대표적인 고정생산요소로 예시한다. 그렇다면, 한계생산이나 한계생산가치의 개념에 따라 토지의 가격을 설명하기도 곤란하다.

원래 한계생산이론은 임금, 이자, 등 시장에서 결정되는 모든 종류의 소득을 정당화하기 위한 이론이었다. 즉, 완전경쟁시장에서 결정되는 모든 생산요소의 가격은 생산에 기여한 정도(생산성)를 반영한 것이기 때문에 정당하다는 것이다. 초기 신고전학파 경제학자들은 이 한계생산이론을 바탕으로 지주들에게 귀속되는 소득도 정당한 소득이라고 주장하였다. 그러나 토지에는 한계생산이론을 적용하기 어렵다면 이런 주장이 설득력을 가질 수 없다. 그렇기는 하지만, 지가를 설명할 때, 한계생산이론을 완전히 빼버리기도 어렵다. 그렇다면, 지가는 어떻게 결정되며 어떤 성격의 가격인가? 한계생산이론으로 설명할 수 있는 부분이 있고 그렇지 못한 부분이 있다고 보는 것이 더 정확할 것이다. 다음 장에서 차례로 소개할 '거품이론'과 '지대이론'은 한계생산이론이 설명하지 못하는 부분을 설명하기 위한 이론들이다.

미주

1 Clark, J. B. (1899), The Distribution of Wealth, New York: The MacMillan Co.

2 Walras가 그중의 한 명이다. 그는 택지, 공원, 사냥터 등을 그 예로 꼽았다. 이에 대한 구체적 설명은 다음 문헌 참조: Walras, L. (1954), Elements of Pure Economics(translated by W. Jaffe), London: George Allen & Urwin Ltd. pp.214-217.

3 그래서 어떤 학자는 토지의 공급을 개념상 물리적 공급과 경제적 공급으로 구분하기도 했다. Barlowe, R. (1978), Land Resource Economics(3rd ed.) Englewood Cliffs: Prentice-Hall, Inc. pp.21-22.

4 물론 이론상으로는 평균가변비용 이하에서는 토지공급이 이루어지지 않을 것이다.

5 Echenique, M. (1982), "Transportation investment and urban land values: Emerging empirical evidence", in M. Cullen and S. Woolery editted World Congress on Land Policy 1980; Proceedings, Lexington: Lexington Books. pp. 255-274.

6 Doebele, W. (1982), "Comments on Echenique", in M. Cullen and S. Woolery editted, World Congress on Land Policy 1980; Proceedings, Lexington: Lexington Books.

7 Shiller, R. J. (2012), Finance and the Good Society, Princeton: Princeton University Press.

06

거품이론과 부동산가격

1. 부동산가격을 둘러싼 논쟁
    거품의 개념 / 경제학으로 설명하기 곤란한 경제 현상 /
    공급증대가 과연 부동산가격을 낮출 수 있을까? / 부동산투기 행태 /
    미래에 대한 합리적 예측
2. 부동산 가격 결정 일반식
    부동산 시장의 균형 / 시장근본 가치와 부동산가격 /
    거품을 발생시키지 않는 투기 / 거품의 형성 /
    부동산 가격 결정에 대한 일반 방정식 / 거품 논쟁
3. 부동산 거품 붕괴와 세계 경제위기
    일본의 "잃어버린 20년" / 미국발 경제위기
4. 금융위기
    천국에서 지옥으로 / 민스키의 금융 불안정 가설과 후기 케인스 학파의 내수 부족 이론 / 소로스의 상호작용 이론 / 행태경제학 이론과 혼돈 이론(Chaos Theory)

주요용어

- 거품의 개념
- 튤립거품
- 수요의 법칙
- 시장의 자기조절기능
- 부족의 착각
- 시장근본요인
- 시장근본가치
- 개발가치
- 합리적 기대(형성)가설
- 수요관리
- 적응적 기대(형성)가설
- 떼 짓기 행태(herding behavior)
- 기대의 자기실현
- 정보의 비대칭성
- 부동산가격결정 특수식
- 부동산가격결정 일반식
- 비우량담보대출 (sub-prime mortgage)
- 파생금융상품
- 담보인정비율(LTV)
- 총부채상환비율(DTI)

06 거품이론과 부동산가격

1 부동산가격을 둘러싼 논쟁

거품의 개념

2008년 세계 경제위기 이전에만 해도 모두 우리나라의 부동산가격이 터무니없이 높다고 난리를 쳤다. '미친 가격'이라고 말하기도 하였다. 2008년 세계 경제위기 이후 우리나라 부동산가격이 크게 떨어졌다고는 하지만, 그 이전에 워낙 많이 뛰었던 탓에 아직도 대다수 서민에게 내 집 마련은 그림의 떡이다. 그래서 앞으로도 더 떨어져 주어야 한다는 주장이 수그러들지 않았는데, 정부는 부동산경기 살리기 차원에서 부동산가격 띄우기에 열을 올렸으니 서민들이 어리둥절할 수밖에 없다. 그러면 우리나라 부동산가격이 왜 그렇게 비쌌던가? 제1, 2장에서 살펴보았듯이 일반시민들의 생각과는 달리 이에 대한 전문가들의 견해는 의외로 분분하지만, 많은 전문가가 그 이유를 거품의 탓으로 돌렸다. 그리고 부동산투기가 거품의 원인이라고 주장하였다. 특히 조지스트가 이런 식의 주장을 강하게 폈다. 요컨대, 부동산투기로 인해서 너무나 많은 토지가 재산증식용으로 보유되고 있어서 우리나라 부동산가격이 그렇게 미친 듯이 비싸졌으며 이 결과 망국적인 빈부격차가 나타나게 되었다는 것이다. 이런 주장은 재산용 토지가 나라의 기틀을 위협할 정도로 과다하므로, 이를 최소한으로 줄여야 한다는 주장으로 이어졌다. 2008년 미국발 세계 경제위기는 조지스트의 이런 주장에 큰 힘을 실어주고 있다.

부동산가격이 비싼 원인을 어떻게 볼 것인지는 정책적으로도 매우 중요하다. 부동산 문제에 대한 처방이 크게 달라질 수 있기 때문이다. 부동산가격에 거품이 잔뜩 끼어 있다고 생각하는 전문가들은 우선 거품부터 빼고 봐야 한다고 주장하였다. 그리고 거품은 부동산투기 때문에 발생하는 것이므로 투기 심리를 확실하게 잡는 것이, 급선무라는 주장을 빼놓지 않았다. 투기를 잡자는 주장은 가수요를 억제하자는 주장이다. 가수요도 수요의 한 부분이다. 그러므로 거품부터 빼고 보아야 한다는 주장을 경제학적으로 해석한다면 효과적인 수요억제 정책 혹은 수요관리가 부동산 정책의 기조가 되어야 한다는 뜻으로 풀이된다.

하지만, 정부에 의한 수요관리 정책에 대하여 시장주의자는 대체로 강한 거부감을 표명하였다. 수요는 인간의 욕망(선호)을 반영한 것이요, 이 욕망의 충족이 모든 경제활동의 근본 목적이라고 보는 시장주의자들은 수요억제 그 자체를 바람직하게 생각하지 않는 경향이 있다. 옛날 케인스 경제정책을 둘러싼 경제학계의 대논쟁에서도 정부의 인위적 수요관리에 대한 공방이 핵심 중의 하나였다. 케인스 경제학은 경제 안정화를 위한 정부의 적극적 개입을 역설하였는데, 개입의 주된 내용이 바로 수요관리였기 때문이다. 2008년 세계 경제위기 전까지만 해도 시장주의자는 대체로 거품의 존재를 강력하게 부인하였는데, 설령 거품이 존재하더라도 정부의 각종 부동산규제를 완화해서 공급을 늘리는 것이 급선무라고 주장하였다. 그러나 거품부터 빼야 한다고 주장하는 전문가들은, 곳곳에 거품이 부글부글 끓어오르고 있는 마당에 이것을 내버려 두고 공급을 늘려봤자 거품 묻은 부동산만 퍼뜨리는 격이니 공급증대는 오히려 거품만 키우게 될 뿐이라고 반박하였다.

도대체 어느 쪽이 옳은가? 팽팽하게 대립하는 양쪽의 주장 모두에서 핵심은 '거품'이다. 한쪽에서는 부동산가격에 거품이 없다고 하고, 다른 쪽에서는 거품 투성이라고 한다. 만일 거품투성이라는 주장이 옳다면, 우리나라의 부동산가격은 경제학 교과서에 나오는 통상적 수요-공급이론으로 설명하기 곤란한 현상이 되어 버린다. 통상적 수요-공급이론으로 이해하기 어려우므로 많은 경제학자가 부동산거품을 부정하거나 혹은 예외적인 것으로 여기는지도 모른다. 거품을 설명하자면 통상적 수요-공급이론의 범위를 뛰어넘어야 한다. 사실, 거품이라는 것이 구체적으로 무엇인지도 좀 애매하다. 갑자기 부동산가격이 많이 오르면 으레 거품 얘기가 나온다. 부동산가격의 변동이 심하지 않으면 거품이 없었다고 말하기도 한다. 하지만, 이렇게 가격변동 폭만 가지고 거품을 얘기할 수는 없다. 거품이 어떤 것인지 우선 감을 잡기 위해서 다음 에피소드를 읽어보자.

어느 의욕적인 기업이 막대한 연구비를 투입해서 새로운 화장품을 개발하였다. 값싸고 질 좋은 상품은 시장에서 반드시 응분의 보상을 받는다는 경제학 교수의 가르침을 믿고, 생산비에 적정 마진을 더해서 이 화장품에 개당 만 원의 가격표를 붙여 시중에 내놓았다. 그렇저렇 팔리기는 하였지만, 기대한 만큼 잘 팔리지는 않았다. 어느 날 한 경영학 교수가 귀띔하였다. 장사 잘하려면, 소비자의 심리를 잘 이용해야 한다고. 이 조언을 듣고 이 기업은 화장품을 모두 회수하여 포장만 살짝 바꾼 다음 가격에 0을 하나 더 붙여서 10만 원의 가격표를 달아 다시 시장에 내놓았다. 그랬더니 날개 돋친 듯이 마구 팔렸고 주문이 폭주하였다.

살다 보면 누구나 이와 비슷한 얘기를 가끔 듣게 될 것이다. 이 화장품에 대한 수요가 갑자기 늘어난 이유는 실용성보다는 비싼 가격에 많은 소비자가 매료되었기 때문이다. 어느 날 이들 모두가 들뜬 기분을 가라앉히고, 실용성을 강하게 의식하면서 화장품의 질만 따지는 순간, 그리고 그 화장품의 원가가 만 원밖에 안 된다는 사실을 아는 순간, 그 화장품 가격은 만 원 수준으로 곤두박이칠 것이다. 화장품 가격이 거품과 같이 부풀었다가 어느 순간 푹 꺼지게 된다. 거품이란 원래 그런 허망한 것이다. 화장품 가격 10만 원 중에서 9만 원에 해당하는 부분이 바로 '거품'과 같은 부분이다. 그러나 소비자들이 질보다는 비싼 가격 그 자체에 홀려서 계속 기분만 내려 든다면, 거품이 낀 10만 원의 높은 가격은 계속 유지될 것이다.

경제학으로 설명하기 곤란한 경제 현상

이 화장품 가격이 10만 원이 된 내막을 듣고 나면 아마도 일반 시민 대부분은 어처구니없어 할 것이다. 분개하는 사람도 있을 것이다. 그리고 정부의 무슨 조치가 필요하다고 주장할 것이다. 이 화장품의 가격은 사기와 다름이 없으니 원가를 공개하게 하고 이를 바탕으로 정부가 강력한 가격 규제를 해야 한다는 주장도 나옴직하고, 이 화장품에 무거운 세금을 부과해서 기업의 폭리를 환수해야 한다는 주장도 나옴직하다. 이런 식의 주장들은 부동산에 대해서도 귀가 따갑게 듣는 주장들이다. 경제학 원론 교과서에 따르면, 가격이 내려가면 수요가 늘고, 가격이 올라가면 수요가 감소하게 되어 있다. 이것을 수요의 법칙이라고 하며 경제학의 기본 법칙 중의 하나다. 우리 일상생활에서 보는 상품 대부분에 이 수요의 법칙이 적용된다고 말할 수 있다. 이 법칙이 성립해야만 시장에서 수요량과 공급량을 일치시키는 안정적 가격이 형성될 수 있다. 시장에서 가격이 오르락내리락하면서 수요와 공급이 균형을 이루게 되는 과정을 '시장의 자기조절 기능'이라고 하는데, 수요의 법칙이 성립해야 이 기능이 확실하게 보장된다. 수요의 법칙이 성립한 결과 시장의 자기조절 기능이 잘 작동하는 시장은 '정상적인 시장'이다. 그러나 이 화장품의 경우에서 보듯이 만일 가격이 비싸지는데 수요가 줄지 않고 오히려 증가한다면 시장의 자기조절 기능이 보장되지 않으므로 안정적인 가격이 형성되기 어렵다. 이런 시장은 정상적인 시장이 아니라고 할 수 있다.

수요의 법칙은 경제학의 기본가정으로부터 논리적으로 얻어낸 법칙이다. 사람들이 상품을 사는 이유는 그 상품의 이용으로부터 얻는 어떤 이익, 즉 유용성 때문이다. 바로 여기에 경제학의 중요한 가정이 끼어드는데, 상품의 가격 그 자체는 해당 상품의 이용으로부터 우리가 느끼는 즐거움(효용)이나 상품의 성능에 영향을 주지 않는다는 가정이다. 가격을 올린다고 해서 사람들이 자장면을 더 맛있어 하지 않으며, 똑같은 휘발유인데 리터당 1,000원일 때는 1리터로 10km 달리고, 1,500원일 때는 12km 달린다는 것 역시 생각할 수 없다. 이같이 상품의 가격이 직접적으로 상품의 이용이나 보유로부터 얻는 이익에 영향을 주지 않는다고 하면, 대체로 수요의 법칙이 성립하게 된다. 그래서 비싸다고 해서 더 많이 사려는 현상은 잘 일어나지 않는다. <그림 6-1>에 나타낸 곡선 D는 경제학 원론 교과서에서 흔히 보는 수요곡선이다. 이런 우하향하는 수요곡선은 위에서 말한 경제학의 기본가정을 전제하고 수학적으로 유도한 곡선이다.

그러나 위 화장품의 예에서는 비싸다는 사실 그 자체가 화장품 구입자들을 즐겁게 해주며, 그 화장품을 매입하는 주요 동기가 된다. 즉, 높은 가격이 효용의 원천이 된다. 그러므로 이들은 거금 10만 원을 지출하였다. 말하자면, 비싼 맛에 화장품을 매입하였다는 것이다. 우리 주위에서 보면, 별 필요도 없는 물건을 그저 싼 맛에 사기도 하고, 반대로 비싼 맛에 사는 경우도 그리 드물지만은 않다. 사람들이 명품을 사는 이유가 그 상품의 유용성 때문만은 아니다. 남에게 과시하고 싶은 욕망이나 남의 부러움을 사고 싶은 욕망이 작용한 탓이 크다고 심리학자들은 말한다. 보통의 경우에는 가격이 올라가면 사람들이 부담스러워하고 매입을 꺼리지만, 명품의 경우에는 가격이 올라가면 사람들은 오히려 더 좋아하고 더 사고 싶어 한다. 그 가격 자체가 이익의 중요한 한 부분이 된다고 말할 수 있다. 어떻든 이럴 경우, 결과적으로 시장에서 형성되는 이 상품의 가격은 경제학의 수요-공급 논리로 설명하기 매우 어려워진다.

그림 6-1 수요곡선

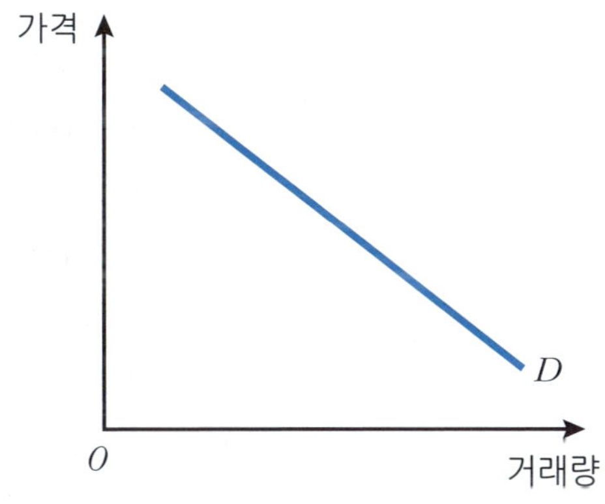

공급증대가 과연 부동산가격을 낮출 수 있을까?

경제학적으로 이 화장품의 예는 비정상적인 현상이요, 따라서 수요-공급의 논리를 적용하기 곤란하다면, 부동산에 대해서도 역시 같은 말을 할 수 있다. 왜냐하면, 부동산도 위에서 예로 든 화장품과 비슷한 성격을 갖는 상품이기 때문이다. 가격이 비쌀수록 사람들이 그 화장품을 좋아하고 더 사고 싶어 하듯이 부동산 경우에도 가격이 비쌀수록 사람들이 더 좋아하고 더 사고 싶어 하는 경향을 과거 흔히 볼 수 있었다. 예를 들면, 과거 서울 강남지역의 부동산가격은 계속 오르는데도, 돈 있는 사람들은 이 지역 부동산을 더 사고 싶어서 안달복달하였다.

경제학의 기본가정과는 달리 상품의 가격 그 자체가 효용이나 이익의 중요한 한 부분이 된다는 점에서 부동산과 위에서 예로 든 화장품은 공통점을 가진다. 다만, 화장품과 부동산이 다른 점이 있다면 화장품의 경우에는 비싼 가격이 직접 매입자를 즐겁게 해주는 데 반해서 부동산의 경우에는 재산증식을 통해서 간접적으로 매입자를 즐겁게 해준다는 것이다. 과거 나대지나 임야를 사서 내버려 두었다가 높은 가격에 되팔아서 큰 자본이득을 챙긴 사람들의 영웅담이 우리 주위에 무성하였는데, 이들은 가격상승으로 톡톡히 재미를 본 사람들이다. 수많은 사람이 우리나라에서는 부동산가격이 계속 올라가게 되어 있으므로 돈만 있으면 부동산을 사놓는 것이 최선의 치부책이라고 믿고 있었다. 오죽하면 "부동산 불패"라는 말이 있었고, 서울 강남의 부동산가격은 절대 하락하지 않는다는 "강남 불패"의 신화가 나돌았겠는가. 자본이득은 우리나라에서 고소득계층만이 아니라 중산층에 이르기까지 많은 사람이 눈독 들이는 이익이면서 동시에 사회적으로 큰 물의를 크게 일으키는 이익이기도 하였다. 자본이득은 엄연한 현실이었다.

부동산가격이 올라가서 여론이 시끄러워질 때마다 경제학자들이 줄기차게 외치는 주장이 있다. 부동산의 공급을 늘리라는 것이다. 각종 규제를 완화해서 토지공급을 늘리고 아파트를 더 많이 건설하라는 것이다. 전형적인 수요-공급의 논리다. 그러나 이런 논리는 부동산 시장이 정상적일 경우에나 통하는 것이다. 수요의 법칙이 성립하는 정상적인 상황에서는, 공급을 늘리면 가격은 내려가게 되어 있다. 하지만, 정상적인 시장이 아니라면, 공급을 늘린다고 해서 반드시 가격이 내려간다는 보장이 없다. 가격이 비싸짐에 따라 수요가 증가하는 상황은 수요-공급 논리를 적용할 수 있는 정상적인 상황이 아니다. 공급을 늘려서 부동산 가격을 안정시키자는 주장은 경제학 상식이 적용되지 않는 문제를 경제학 상식으로 풀어보자는 얘기다. 공급증대 정책은 투기꾼들이 보유하고 있는 유동성 자금의 총규모가 아주 작을 때에나 통할 수 있다. 다시 말해서 가수요의 비중이 매우 적을 때에나 통하는 논리라는 것이다. 물론, 부동산에 대한 수요가 모두 가수요는 아니다. 실수요가 있고 여기에 가수요가 덧붙여진다. 실수요에는 수요의 법칙이 적용되지만, 가수요에는 그렇지 않다. 문제는 이 가수요의 크기나 비중이다. 예를 들어서 부동산투기를 노리는 유동성 자금의 총규모가 1조 원 정도밖에 안 되므로 가수요의 크기가 1조 원 미만이라면, 5억 원짜리 아파트 2천 채 정도 지으면 이 수요를 거뜬히 충족시킬 수 있다. 여기에 더해서, 2천 채를 더 지으면 실수요를 충족시키게 되니 아파트값은 떨어질 것이다. 공급증대 정책이 성공할 수 있다.

그러나 재산증식을 노리는 유동성 자금의 총규모가 1조 원이 아니라, 500조 원에 이른다고 하면 얘기가 달라진다. 2005년 우리나라 유동성 자금의 규모는 약 800조 원으로 추산되었다.[1] 2007년에는 그 규모가 1,000조 원에 달한다는 얘기도 있었다. 이 중의 상당 부분이 부동산 시장을 넘나드는 것으로 알려져 있었다. 우리나라 부동산투기 열풍의 진원지는 마땅한 투자처를 찾지 못한 과다한 유동성 자금이라는 진단도 있었다. 과거 수년간 계속된 무역수지 흑자로 해마다 막대한 수익금이 국내로 유입되어 소수 부자들 손에 집중되면서 유동성 자금의 규모가 눈덩이처럼 불어나고 있었다. 벌어 놓은 돈은 너무 많은데 쓸 데가 마땅하지 않다는 것이, 우리나라 부자들의 큰 걱정거리였다고 한다.

이렇게 투기성 자금이 천문학적 규모일 경우에는 아파트공급 물량을 최대한으로 늘린다고 해도 투기수요의 극히 일부분만 충족시킬 수 있을 뿐이다. 예컨대 500조 원 규모의 가수요를 충족시키기 위해서는 5억 원짜리 아파트를 100만 채 지어야 한다. 가수요의 대부분 수도권에 집중되어 있는데, 1, 2년 사이에 수도권에 아파트를 100만 채 짓는다는 것은 거의 불가능하다. 공급을 늘려봐야 가수요의 극히 일부분만을 충족시킨다면, 부동산가격을 떨어뜨리지도 못하면서 일부 투기꾼들의 투기 욕구를 충족시키는 정도로 끝날 우려가 있다. 오히려 두기에 성공한 사람의 수를 늘림으로써 투기를 더욱더 부추길 우려도 있었다. 실제로 우리 사회에 부동산투기 성공담이 널리 퍼져 있었고, 이것이 부동산투기 열풍을 불러일으키는 주된 요인이 되고 있었다. 요컨대, 공급증대 정책은 투기에 성공한 사람의 수를 늘림으로써 오히려 투기를 조장할 수 있었다는 것이다. 과거의 오랜 실제 경험이 이를 뒷받침하고 있다. 그만큼 부동산시장에는 비합리적 행위가 성행한다는 증거다. 과거 정부는 아파트공급을 계속 크게 늘렸지만, 늘릴 때마다 아파트 가격은 내리기는커녕 올라가기만 했다. 성공한 투기꾼들의 무용담이 급속도로 퍼지면서 투기판도 커지기 때문이다. 공급을 늘린다는 계획만 발표되어도 아파트 가격이 뛰었다. 2000년대 후반 판교신도시 건설 때도 그랬고 은평뉴타운 건설 때도 그랬다.

설령, 공급증대가 가격을 떨어뜨릴 수 있다고 해 보자. 상당한 가수요가 존재하는 상황에서는 공급증대는 가수요를 충족시키는 조치가 된다. 그렇다면, 과연 가수요는 사회적으로 바람직한 수요인가, 의문이 제기된다. 위 화장품의 예에서 가격이 비싸진 이유는 공급이 부족해서가 아니다. 명품이나 특정 사치품의 경우 사람들은 왜 비쌀수록 더 좋아하는가. 경제학 원론 교과서에도 과시효과 혹은 전시효과 탓이라고 쓰여 있다.[2] 만 원에서 10만 원까지 화장품 가격이 올라간 이유는 과시욕을 충족시키고 싶어 하는 수요 때문이다. 그렇다면, 이렇게 이상한 요인으로 비싸진 가격을 떨어뜨리기 위해서 굳이 공급을 증대시키는 것이 과연 바람직한가라는 의문이 제기된다. 만일 그런 과시욕은 사회적으로 바람직하지 않은 욕망이라고 한다면, 그리고 현 화장품 공급량의 상당한 부분이 그런 과시욕을 충족시키기 위한 것이라면, 그 화장품의 공급을 늘리기보다는 오히려 줄이는 것이 타당하다는 주장도 성립한다.

물론, 화장품 가격이 만 원에서 10만 원까지 뻥 튀겨진 이유가 개인의 과시욕 때문만은 아닐 수도 있다. 예를 들어서 10만 원에 상응하는 만큼 그 화장품의 질이 좋을 것이라고 소비자들이 잘못 생각하고 샀을 수도 있다. 그렇다면, 공급을 늘려서 화장품 가격을 잡기보다는 소비자들에게 충분한 정보를 제공하는 것이 더 바람직할 수도 있다. 이런 얘기는 부동산에 관해서도 그대로 적용된다. 부동산투기 그리고 이로 인한 자본이득이 사회적으로 바람직하지 못하다는 공감대가 폭넓게 형성되어 있다. 생산 부문, 특히 고용효과가 높은 중소기업으로 자금이 원활하게 공급되어야 경제가 활기를 띠게 된다는 점에서 보면, 막대한 자금이 부동산투기와 같은 비생산적인 용도로 흘러 들어가는 것은 결코 바람직하지 못하다. 만일 자본이득을 위해서 부동산을 구매하려는 욕망이 사회적으로 바람직하지 않다면, 부동산공급 증대로 그런 욕망을 충족시켜주는 것이 옳은 일인가를 묻지 않을 수 없다.

물론, 부동산공급이 필요 없다는 얘기는 아니다. 무작정 공급증대정책을 취하기에 앞서 우선 부동산시장을 정상화할 필요도 있다. 부동산시장의 과열부터 식히고 투기 심리를 뿌리 뽑은 연후 시장이 정상화된 다음 공급증대 정책을 시행하는 것이 더 바람직하다는 것이다.

부동산투기 행태

이같이 가격 그 자체가 부동산 매입 및 보유로부터 얻는 이익의 한 부분이 되고 따라서 가격상승이 부동산 매입의 주된 동기가 되는 현상은 우리나라에만 나타난 현상은 결코 아니다. 잘 알려져 있듯이 과거 1980년대 말까지 일본 열도는 토지투기의 열풍에 휩싸여 있었다. 우리나라에 "강남 불패"의 신화가 있듯이 당시 일본에는 토지에 관해서 세 가지 신화가 널리 퍼져 있었다. 그중의 하나는 "토지는 항상 부족하다."라는 신화였고, 다른 하나는 "지가는 오르기만 한다."라는 신화였다.[3]

광활한 국토에 시장의 논리가 비교적 잘 통한다는 미국을 예로 들어보자. 2000년에 들어와서 미국 대도시에서도 부동산투기 붐이 일어났다. 미국 예일대 경제학자인 쉴러(R. J. Shiller)는 부동산에 관한 많은 연구로 노벨경제학상을 받았고 2008년 미국 금융시장 붕괴를 예견한 극소수 경제학자의 한 사람으로 꼽히는데, 그의 연구는 이런 부동산투기 붐의 원인을 밝히는 과정에서 부동산 가격상승이 일반시민들의 부동산 매입의 중요한 동기이었음을 보였다. 이 연구는 미국의 4개 대도시에서 최근 부동산을 매입한 사람들을 상대로 설문조사를 한 결과를 보고하고 있다. 이것을 보면, 지속적인 부동산 가격상승을 경험하는 도시의 응답자의 75%가 주택가격의 상승이 주택매입의 주요 동기이었음을 인정하였다. 그러나 부동산가격상승을 경험하지 않은 도시의 응답자 중에서는 주택가격상승을 노리고 주택을 매입하였다는 응답자의 비율이 극히 낮았다.[4] 만일 우리나라에서 이런 조사를 하였다면, 부동산가격상승을 노리고 부동산을 매입하는 사람의 비율이 미국의 경우보다 현저하게 높았을 것이다.

사실, 쉴러의 설문조사 결과는 그리 대단한 것이 아니라고 할 수도 있다. 단지 일반시민들이 짐작하는 바를 확인시켜줄 뿐이다. 그러나 쉴러의 연구가 밝혀낸 또 한 가지 중요한 사실은, 부동산의 경우에는 많은 사람이 경제 상식에 어긋나는 '이상한 착각'에 빠진다는 것이다. 어떤 상품의 가격이 갑자기 올라갔다고 하자. 시장의 자동조절 기능에 대한 설명으로 도배된 경제학 원론 교과서를 읽은 사람이라면 누구나 시장에서 이 상품이 부족하다는 것, 달리 말하면 공급이 달린다는 것을 직감할 것이다. 그러면 가격상승의 신호를 받아 곧 공급이 증가하여 수요를 따라잡으면서 가격이 다시 하락하거나 혹은 그렇지는 않더라도 수긋해지리라는 것도 쉽게 짐작할 것이다.

그러나 쉴러의 연구에 의하면 부동산시장에서는 다수의 구매자가 이렇게 생각하지 않는다. 부동산시장에서는 일단 부족이 관측되면, 공급증가로 부족이 완화되면서 가격이 곧 안정된다고 생각하지 않으며, 오히려 앞으로도 부족으로 인한 오름세가 계속된다고 생각한다는 것이다. 다시 말해서, 이 부족이 시장의 자동조절기능에 의해서 해소된다고 기대하지 않는다는 것이다. 경제학자들과는 달리 일반인들은 부동산공급이 신속하지 않다는 것을 굳게 믿는다. 다시 말해서 공급의 고정성(부증성)을 굳게 믿고 있다는 것이다. 어떻든, 경제 상식에 어긋나지만, 현실에서는 널리 퍼져 있는 이런 이상한 생각을 쉴러는 "부족의 착각(shortage illusion)"이라고 불렀다.

과거 일본 열도를 휩쓴 "토지는 항상 부족하다."라는 신화와 "지가는 오르기만 한다."라는 신화도 이런 부족의 착각이 현실임을 잘 확인해 주는 신화다. 쉴러의 연구에 따르면, 부동산 가격상승을 경험하는 도시의 응답자들 대부분 주택가격은 절대 하락하지 않는다는 신념을 가지고 있었으며, 따라서 투자의 위험(risk)을 거의 느끼지 않았다. 그리고 이런 부족의 착각은 거의 모든 부동산 시장에서 나타나는 특징이라는 것이다. 단지, 최근에 부동산가격상승의 경험이 없는 지역의 부동산시장에서는 부족의 착각이 현저하게 적게 나타날 뿐이다. 예를 들면, 최근 부동산가격상승을 겪고 있는 도시의 응답자들 71%~73%가 부족의 착각에 빠져 있었으며, 최근 부동산가격상승이 멈추어진 도시에서도 응답자의 61%가 부족의 착각을 하고 있었다. 부동산가격상승의 경험이 없는 도시의 응답자 중에서 경제 상식에 맞는 대답을 하는 응답자의 비율은 35%에 불과하였다.

쉴러가 원래 의도하였던 연구목적은 일반시민들이 마음속에 나름대로 지니고 있었던 경제이론이 경제학자들의 이론과 얼마나 다른가를 알아보는 것이었다. 잘 알려져 있듯이, 경제학자들은 언제나 수요와 공급 그리고 이 두 가지의 밑바탕을 이루는 요인들을 바탕으로 경제 현상을 설명하고 예측한다. 수요와 공급 그리고 이 두 가지의 밑바탕을 이루는 요인들을 흔히 시장근본요인(market fundamentals)이라고 부르며, 시장근본요인에 의해서 결정된 가격을 시장근본가치라고 부른다. 경제학자들은 이 시장근본요인에 대한 계량적 자료를 근거로 경제 현상을 파악하고 예측한다. 부동산거래 동향과 부동산가격도 중요한 경제 현상이다. 그러나 쉴러의 조사 결과에 의하면, 일반시민 중에서 시장근본요인에 대한 통계치를 바탕으로 현황을 파악하고 미래를 예측하면서 부동산을 매입하는 사람은 아주 소수에 불과하였다. 대체로 일반시민들은 시장근본요인에 대해서 별로 관심이 없다. 다만, 가격변동에 대해서는 관심이 많으며 가격변동에 대한 최근의 경험이 이들의 선택에 큰 영향을 준다.

더욱 놀라운 것은, 주식이나 부동산 투자전문가들의 행태도 일반시민들의 행태와 기본적으로 크게 다르지 않다는 점이다. 예를 들면, 과거 미국과 일본이 경험한 주가 폭락 사태에 대하여 투자전문가들의 약 70% 이상이 그 원인을 이윤이나 이자 등 시장근본요인으로 설명하기보다는 투자심리로 설명하였다. 미래의 주가 동향을 예측할 때 무엇을 근거로 삼느냐는 질문에 "직감(intuition)"이니 "느낌(gut feeling)"이라는 응답의 빈도가 매우 높았다. 한 가지 재미있는 것은, 그런데도 많은 투자전문가가 미래의 장세에 대한 자신들의 예측에 상당한 자신감을 보였다는 점이다. 이 자신감은 그만큼 과거에 많이 성공했던 덕분에 얻게 된 감정일 것이다.

미래에 대한 합리적 예측

사람들이 미래를 어떻게 예측하는가에 대해서 경제학자들은 여러 가지 설명을 제시한다. 예를 들어서 내년의 물가상승률이 몇 %가 되겠느냐고 물으면 아마도 많은 사람이 최근의 물가상승률을 바탕으로 대답할 것이다. 이같이 과거로부터 현재에 이르는 추세를 바탕으로 미래를 예측하되, 예측치가 실제 값과 다를 경우, 그 차이를 참조하여 예측치를 적절히 수정하면서 미래를 예측하는 방법을 '적응적 기대 형성'이라고 부르며, 사람들이 이렇게 적응적 기대 형성에 따라 미래를 예측한다는 이론을 '적응적 기대(형성)가설'이라고 부른다.[5] 그러나 최근의 추세가 미래에도 계속된다는 보장은 전혀 없으며, 설령 예측치와 실제 값 사이의 오차를 고려해서 예측치를 수정한다고 하더라도 미래를 올바로 예측한다는 보장은 없다.

그래서 합리적인 사람은 최근의 추세뿐만 아니라 구득 가능한 범위 안에서 관련된 모든 정보를 최대한 많이 동원하여 가장 적절한 방법으로 미래를 예측한다는 이론이 등장하게 되는데, 이 이론을 합리적 기대(형성)가설이라고 부른다. 사람들이 합리적으로 미래를 예측한다고 해서 미래에 대해 완전한 예견능력을 갖는다는 말은 아니다. 사람들은 실수를 통해서 배우는 존재이므로, 한두 번 실수할 수는 있어도, 실수를 거듭하지는 않는다고 말할 뿐이다. 합리적으로 미래를 예측한다고 해서 모든 사람이 미래를 똑같이 예측한다는 것도 아니다. 사람마다 미래에 대한 예측치가 달라질 수 있다. 각자 이용하는 정보의 종류나 질과 양이 다르기 때문이다. 하지만, 합리적 기대가설의 주창자들은 사람들의 다양한 예측치들이 대체로 정규분포를 이루며, 이 예측치들의 평균값은 경제이론이 예측하는 값에 근접하는 경향이 있다고 말한다. 어떻든, 합리적 기대가설이 등장하면서 적응적 기대가설은 점차 경제학에서 밀려나게 되었다. 그러나 쉴러의 연구가 확인한 부족의 착각이 사실이라면, 최소한 부동산에 관한 한 사람들은 합리적 기대가설보다는 적응적 기대가설에 좀 더 가깝게 행동하는 것으로 이해된다. 다만, 부동산의 경우에는 주위 다른 사람들의 태도에 대한 정보가 상당히 중요한 역할을 하는 것으로 보인다.

쉴러의 조사가 밝힌 바에 의하면, 주식이나 부동산에 투자할 때 투자가들은 다른 사람들이 어떻게 행동하는지에 대단히 민감하다. 다른 사람들의 눈치를 많이 보면서 행동한다는 것이다. 이런 행태에 대한 가장 고전적이면서 가장 많이 인용되는 이론은, 아마도 케인스(J. M. Keynes)가 그의 명저 『일반이론』에서 주식시장을 설명할 때 이용했던 소위 '미인투표이론'일 것이다. 그에 의하면, 투표로 미인을 뽑는 미인선발대회에서 투표자는 자신이 가장 미인이라고 생각하는 여인에게 투표하기보다는 가장 많은 사람이 미인이라고 생각할 것으로 여겨지는 여인에게 투표한다. 그래서 대체로 투표자의 평균 선호에 가장 가까운 여인이 미인으로 최종 선발되는 경향이 있다. 요컨대, 각 투표자의 결정은 다른 투표자들이 어떻게 생각하고 있는가에 크게 의존하게 된다는 것이다.

일상생활에서도 소수의 사람이 어떤 특정 행동을 하면, 다른 사람들이 우르르 따라 행동하는 현상을 자주 보게 된다. 예를 들어서 극장이나 백화점에서 어떤 사람이 "불이야!"라고 소리치며 문 쪽으로 뛰어가면, 정말 불이 났는지 확인할 겨를도 없이 주위에 있던 사람들도 무작정 문 쪽으로 우르르 몰려간다. 이런 현상을 학자들은 "떼 짓기 행태(herd behavior)"라는 말로 설명하는데, 이런 행태는 부동산이나 주식시장에서도 자주 관측되는 행태다.[6] 부동산가격이 올라가서 극소수의 사람들이 부동산투기로 재미를 보고, 이들의 성공담이 퍼지면서 자극받은 사람들이 부동산을 사재기 시작하면, 이 냄새를 맡고 어느새 다른 수많은 사람이 벌 떼처럼 사재기에 뛰어든다. 이런 과정을 거쳐 소위 부동산투기 붐이 조성되는 현상이 과거에 TV나 신문에 자주 보도되었다.

그러면 왜 부동산시장에서는 사람들이 떼 짓기를 일삼는가? 그 가장 큰 이유는 정보 부족이다. 잘 모를 때에는 무작정 다른 사람을 따라 행동하기 쉽다. 백화점에서 어떤 사람이 "불이야!" 소리치고 문 쪽으로 뛸 때, 사태를 잘 알고 있는 사람은 무작정 다른 사람들을 뒤따라가는 미련한 짓을 하지 않을 것이다. 물론, 정보가 부족하다고 하더라도 큰 비용을 들이지 않고 손쉽게 추가적인 정보를 얼마든지 얻을 수 있다고 하면 합리적인 사람들은 모든 구득 가능한 정보를 바탕으로 미래를 예측하고 행동할 것이다. 하지만, 부동산 시장의 경우에는 유용한 정보의 수집에 돈과 시간이 너무나 많이 드는 까닭에, 현재까지의 부동산 가격추세와 금리 동향에 대한 간단한 정보 이상으로 더 많은 정보를 수집하는 것이 오히려 미련한 짓일 수도 있다. 즉, 적응적 기대가설이 요구하는 것보다 더 많은 정보를 수집하는 것은 비합리적일 수도 있다는 것이다. 부동산의 경우에는 모든 사람에게 충분한 정보가 제공되지 못할 뿐만 아니라, 이미 있는 정보마저도 특정인에게 편중되는 "정보의 비대칭성"이 심하다. 주식시장과는 달리 부동산의 경우에는 최소한 5년부터 10년을 내다봐야 하는데, 이럴 경우 불확실한 것이 너무도 많아진다.

예를 들어보자. 어느 지역에 10년 후 지하철역이 들어선다는 정보가 있다고 하자. 설령 이 정보가 확실하더라도, 10년 후 이 지역의 개발이익의 크기는 너무나 많은 변수의 영향을 받는다. 예를 들어서 질서 있게 개발되느냐 무질서하게 개발되느냐, 공업지역이 되느냐 상업지역이 되느냐 주거지역이 되느냐, 또는 이들이 혼재한다면 어떤 비율로 혼재하느냐, 녹지공간은 충분히 확보되는가, 공공시설이 충분히 갖추어지느냐, 어떤 공공시설이 들어서느냐, 등등 이루다 열거할 수 없는 수많은 요인이 미래 개발이익의 크기를 좌우한다. 어디 그뿐인가. 10년 후 우리 경제가 호황일지 불황일지, 수출이 호조를 이룰지 부진할지, 금리는 어떨지, 미국과 중국의 경제는 어떨지 등 이루 말할 수 없는 다른 복잡한 요인들이 도사리고 있다. 이런 요인들 대부분은 투기전문가를 포함한 개인이 예측할 수 있는 범위를 크게 벗어나는 것들이다. 어느 지역의 개발이익은 고사하고 당장 내 집의 가치도 예측하기 어려운 판이다. 언제 내 집 주위에 이상한 시설이나 이상한 아파트가 들어서서 내 집의 가치를 떨어뜨릴지, 또는 좋은 공공시설이 들어서서 내 집의 가치가 풀쩍 뛸지 알 수 없다.

부동산의 경우에는 미래를 예측하기 어려운 탓에 불확실성이 크기도 하지만, 그 가격이나 가치가 다른 사람 행동의 영향을 크게 받는다는 점이 불확실성을 키우는 또 하나의 요인이 된다. 부동산을 둘러싼 불확실성은 전문가들도 감히 점치기 어려운 것들인데, 정확하게 예측한답시고 얻을 수 있는 모든 정보를 수집·처리하려고 덤벼들다가는 배보다 배꼽이 더 커질 수도 있다. 돈과 시간이 너무 많이 들기 때문이다. 부동산의 경우에는 가장 간단하고 기본적인 정보조차도 얻기 어려운 경우가 많다. 예를 들면, 어떤 시장에서나 가장 중요한 정보는 가격인데, 앞에서도 설명하였듯이(제4장 참조) 땅값은 잘 알려지지 않은 경우가 많다.

땅값을 알아야 사든 말든 혹은 팔든 말든 어떤 결정을 할 수가 있다. 우리나라에 약 3,800만 필지의 땅 조각이 있다고 하지만 이들의 대부분 가격이 잘 알려지지 않는다. 설령 가격이 알려져 있다고 하더라도 그것이 가치를 정확하게 반영하지 못하는 경우가 부동산의 경우에는 너무나 많다. 그러므로 부동산시장에서는 적응적 기대가설에 따라 미래를 예측하고 다른 사람들의 눈치를 보면서 행동하는 것이, 개인의 처지에서는 합리적일 수도 있다. 그렇다고 이 결과가 사회적으로도 합리적이라는 것은 아니다.

쉴러의 연구는 부동산이나 주식에 관한 한, 일반시민들이 가지고 있는 그들 나름대로 행동 지침이 경제학 이론에 입각한 행동 지침, 즉 합리적 사고에 따른 행동 지침과는 거리가 멀다는 것을 확인해주고 있다. 그래서 결국 부동산시장에서 실제로 벌어지는 현상이 경제학 이론이 얘기하는 바와 현저하게 달라질 수밖에 없다. 이같이 경제학이 현실과 거리가 먼 얘기를 하는 현상은 비단 부동산시장에만 국한된 것이 절대 아니다. 좀 극단적인 예를 들면, 경제적으로 볼 때 대통령선거나 국회의원 선거에서 유권자들이 투표하는 행위는 비합리적 행위라고 할 수 있다. 투표하기 위해서는 시간도 들고 돈도 들지만, 대부분 보통 사람의 경우 투표함으로 인한 이익은 거의 없다고 보아야 한다. 투표자 한 사람의 표가 자신이 지지하는 사람을 당선시킬 확률은 그가 투표장에 갔다가 오는 도중 사고로 죽을 확률보다 훨씬 낮으며, 설령 자신이 지지하던 사람이 당선되었다고 해도, 어떤 가시적 이익이 떨어진다는 보장도 없다. 따라서 경제학 이론에 따르면, 투표하지 않는 것이 합리적일지도 모른다. 그러나 실제로 대통령선거나 국회의원 선거에서 유권자의 70% 이상이 투표한다. 그렇다면 유권자의 70% 이상이 바보이거나, 아니면 경제이론이 현실과 맞지 않는다는 얘기가 된다.

그래서 쉴러는 경제이론이 일반시민들 마음속에 담긴 나름대로 이론에 관하여 통찰력을 가지지 않고는 더 이상 앞으로 나아갈 수 없다고 결론을 내리고 있는데, 이런 결론에 공감하는 경제학자들이 점점 더 늘어가고 있다. 부동산 문제에 관한 진단과 처방 역시 경제학의 공리공담에만 의존할 것이 아니라, 부동산시장에서 실제로 사람들이 어떻게 생각하고 행동하는지에 관한 관찰을 비탕으로 한, 살아있는 이론에서 나와야 한다는 것이다.

② 부동산가격 결정 일반식

부동산 시장의 균형

(1) 합리적 손익계산

경제학의 기본가정에 따라 부동산거래자들도 합리적으로 행동한다고 가정하자. 합리적으로 행동하기 위해서는 우선 손익계산을 철저히 잘해야 한다. 그래야 어떻게 하는 것이 최선인지를 알 수가 있다. 부동산거래자들도 손익계산을 잘해야 한다. 부동산시장의 수요와 공급은 부동산거래자들의 손익계산을 바탕으로 형성된다. 수요는 이익의 측면을 반영하고 공급은 비용의 측면을 반영하므로 시장에서 수요와 공급이 일치하는 수준에서 가격이 결정된다는 것은 결국 이익의 측면과 비용의 측면이 균형을 이루는 수준에서 가격이 결정됨을 의미한다.

부동산 매입의 이익에는 크게 두 가지 종류가 있을 수 있다. 그 하나는 부동산을 잘 이용함으로 인해서 얻게 되는 순소득이다. 예를 들면, 땅을 사서 농사를 잘 지으면 높은 농업소득을 올릴 수 있고, 상가를 지어 잘 임대하면 높은 임대소득을 올릴 수 있으며, 주택을 잘 짓고 여기에 살면 편안해지는 이익을 얻는다. 이런 실용적 이익에서 부동산 이용과 관리에 드는 경비를 제한 순소득을 '부동산 이용 수익'이라고 부르기로 하자. 부동산 매입의 또 다른 이익은 부동산가격의 상승에 따른 재산증식의 이익, 즉 자본이득이다. 주택가격이 급등하였던 중국의 상하이에서는 새집을 대량 매입하여 임대하지 않고 빈집으로 보유하고 있다가 가격이 충분히 오른 후에 매각하여 자본이득을 챙기는 사람들이 많았다고 한다. 이럴 때는, 부동산 이용 수익은 거의 없고 오직 재산증식의 이익, 즉 자본이득만 있는 셈이다.

부동산취득에 따른 이익 = 부동산 이용 수익 + 자본이득

그러면, 부동산 매입과 결부된 손실은 무엇인가? 부동산의 특징은 고가(高價) 상품이라서 매입에 많은 돈이 필요하다는 것이다. 억대에서 수십 억대의 거금이 필요한 경우가 많다. 이렇게 큰돈을 들여서 부동산을 매입하면, 그 돈을 은행에

넣거나 다른 사람들에게 빌려주었을 때 얻을 수 있는 이자소득을 포기해야 한다. 예를 들어서 1억 원짜리 땅이 있다고 하자. 이자율이 5%라고 할 때 1억 원을 은행에 넣어 놓으면 500만 원의 수익을 올릴 수 있다. 그런데도 그 땅을 산다면 은행으로부터 얻을 수 있는 500만 원을 포기해야 한다. 물론, 그 1억 원을 은행에 예치하지 않고 다른 용도로 활용할 수도 있다. 주식을 매입할 수도 있고 유망해 보이는 사업에 투자할 수도 있다. 그런데도 굳이 토지를 매입한다면, 주식매입이나 다른 사업으로부터 기대할 수 있는 투자수익을 포기해야 한다. 이자소득이나 투자수익은 부동산 매입 탓으로 인해서 포기해야 할 이익이요, 따라서 부동산을 살 때 반드시 고려해야 할 손실이다. 이 이자소득이나 투자수익과 같이 포기된 이익을 기회비용이라고 한다.

기회비용: 어떤 행위를 선택함으로 인해서 포기되는 여러 가지 행위들이 초래할 이익 중에서 가장 큰 이익

평균적으로 보아 은행 금리가 기회비용을 가장 잘 반영하는 대표적인 지표라고 가정하자. 여기에서 말하는 은행 금리는 명목금리가 아니라 물가상승률을 뺀 실질금리라는 점에 유의해야 한다. 2000년대에 들어와서 우리나라의 금리는 무척 낮아졌다. 과거 1970년대나 80년대에 우리나라의 은행 금리는 굉장히 높았다. 그러나 그때는 물가상승률도 매우 높았다. 따라서 한창 금리가 높았다고 하는 7, 80년대에도 물가상승률을 고려한 실질금리는 사실상 대단히 낮았다. 이같이 과거에도 실질금리가 낮았으므로, 2000년대에 우리나라 부동산가격이 크게 높아진 이유가 저금리 탓이라는 주장은 약간 과장된 주장이다. 어쨌든, 금리가 기회비용을 잘 반영한다고 하면, 합리적인 부동산의 매입자는 부동산으로부터의 이익과 이자소득을 비교해 보고, 매입할지 말지와 매입 규모를 결정할 것이다. 부동산으로부터의 이익이 이자소득보다 더 크다면, 부동산을 매입할 것이고 그 반대면 매입하지 않을 것이다.

(2) 시장의 자기조절 기능과 균형가격

예를 들어서, 현재의 부동산가격 아래에서 부동산수익이 기회비용인 이자소득보다 더 크다고 해 보자. 즉, 다음과 같은 부등식이 성립한다고 해 보자.

부동산이용수익 + 자본이득 > 이자소득 ……(6-1)

이럴 경우, 합리적인 투자가들은 은행에 돈을 예치하거나 다른 사업에 투자하기보다는 저마다 부동산 매입에 투자할 것이다. 돈이 부동산 매입에 몰리면, 일단은 부동산에 대한 수요가 증가하면서 부동산가격이 오를 것이다. 그러나 부동산의 수요와 공급이 완전히 시장에 의해서 결정된다면, 부동산가격의 상승에 부응해서 토지개발과 주택건설이 활발해지면서 부동산공급이 늘어날 것이다. 그러면 토지임대료와 주택임대료가 떨어지면서 결국 부동산 이용 수익도 감소할 것이다. 부동산시장이 정상적이라면 장기적으로는 부동산가격이 안정화되고 부동산가격 상승률도 낮은 수준으로 떨어지면서 자본이득도 점차 감소할 것이다. 이같이 장기적으로는, 시장에서 위 부등식(6-1)의 부등호 왼쪽 값을 떨어뜨리는 힘이 작용할 뿐만 아니라, 오른쪽 값(즉, 이자소득)을 올리는 힘도 작용할 것이다. 돈이 금융권에서 빠져나와 부동산시장으로 계속 이동하면, 장기적으로는 이자율도 올라갈 것이다. 국민경제의 한정된 자금이 부동산시장으로 쏠리면, 산업계가 금융권으로부터 끌어 쓸 자금이 부족해지기 때문이다. 이자율이 올라간다는 것은 기회비용이 커진다는 뜻이기도 하다.

정상적인 시장에서는 장기적으로 위의 부등식 왼편의 값(부동산수익)을 떨어뜨리고 오른편의 값(이자소득)을 밀어 올려서, 이 두 값 사이의 차이를 점차 감소시키는 힘, 즉 시장의 자기조절 기능이 작용하게 된다. 경제학자들은 시장 메커니즘에 이런 자기조절 기능이 내장되어 있다고 굳게 믿는 경향이 있다. 어떻든 시장의 자기조절 기능 덕분에 장기적으로는 부동산과 결부된 이익의 측면과 손실의 측면이 일치하는 상황이 오게 될 것이다. 물론, 시장이 과민 반응한 탓으로 부동산 이용 수익이나 자본이득이 너무 급속하게 떨어지고, 은행 금리가 지나치게 오르면 위 부등식의 부등호 방향이 정반대로 바뀌면서 다음 부등식이 성립하는 상황이 일어날 수도 있다.

부동산이용수익 + 자본이득 < 이자소득 ……(6-2)

그러나 이런 상황이 오래 지속될 수는 없다. 왜냐하면, 이럴 때 합리적인 부동산거래자들은 부동산에 투자하기보다는 돈을 은행에 넣거나 아니면 주식을 매입하거나 산업 활동에 투입하는 등 다른 곳에 투자하려고 할 것이기 때문이다. 그러면 돈이 점차 부동산시장으로부터 빠져나오면서 토지개발과 주택건설도 둔화할 것이다. 공급이 둔화하면, 부동산 이용 수익은 점차 올라가고 부동산가격도 점차 올라갈 것이다.

다른 한편으로는, 부동산시장에서 빠져나온 돈이 금융권에 몰리면서 금리도 점차 떨어질 것이다. 그래서 장기적으로는 부동산수익은 다시 점차 커지고, 이자소득은 점차 감소하게 된다. 이같이 자본 및 자원이 자유스럽게 이동한 결과, 시장의 자기조절 기능에 따라 이익의 측면과 손실의 측면 사이의 격차가 줄어들면서, 드디어 다음과 같이 이 두 측면이 같아지는 균형의 상황으로 시장이 옮겨간다.

부동산이용수익 + 자본이득 = 이자소득 ……(6-3)

이 등식에서 자본이득은 부동산가격에 그 상승률을 곱한 값이다. 예를 들어서 연간 지가상승률이 5%라고 하자. 그러면 평당 100만 원 하는 땅은 1년 후 105만 원이 되면서 5만 원(=100x0.05)의 자본이득을 낳는다. 위에서 설명하였듯이 기회비용으로서의 이자소득은 부동산가격에 이자율을 곱한 값이다. 따라서 위의 등식은 다음과 같이 고쳐 쓸 수 있다.

부동산이용수익 + 부동산가격상승률 · 부동산가격 ……(6-4)
= 이자율 · 부동산가격

부동산시장이 균형 상태에 있다면, 이 방정식이 충족되어야 한다. 이 방정식을 간단한 수식으로 나타내보자. 어떤 시점에서 부동산의 가격을 P, 은행 금리를 r이라고 표시하자. 그러면 부동산을 매입해서 보유할 경우, 포기해야 할 이자소득의 크기는 연간 r·P이다. 즉, 기회비용은 r·P이다. 한편, 연간 기대되는 부동산 이용 수익을 y, 그리고 연간 부동산 가격 상승률을 a% 라고 하자. 이 부동산 가격 상승률도 물가상승률을 뺀 실질 상승률이다. 그렇다면 연간 실질 자본이득의 크기는 a·P가 된다. 따라서 부동산을 보유함으로 인한 이익의 크기는 ($y + a \cdot P$)이 될 것이다. 이런 부호를 이용하면, 위의 방정식은 다음과 같이 고쳐 쓸 수 있다.

$$y + a \cdot P = r \cdot P \quad \cdots\cdots(6\text{-}4')$$

부동산은 고가상품이기 때문에 부동산시장에서 거래되는 금액도 천문학적 규모일 수밖에 없다. 엄청난 액수의 돈이 부동산시장과 금융시장을 오락가락하면서 위의 등식이 성립하는 방향으로 부동산 가격(P), 이자율(r), 부동산 이용 수익(y), 부동산가격상승률(a) 등의 변수들이 상하로 조정된다. 이같이 자본 및 자원이 부동산시장과 금융권을 자유스럽게 이동한 결과 시장의 자기조절 기능에 따라 이익의 측면과 손실의 측면 사이의 격차가 감소하면서, 드디어 등식(6-3) 혹은 (6-4)와 같이 이 두 측면이 같아지는 균형의 상황으로 옮겨간다. 결국 부동산가격 P는 부동산시장과 금융시장이 균형을 이루는 상태에서 결정될 것이다.

대한민국의 땅값 역시 이렇게 결정될 것이다. 그러므로 단순히 부동산시장이나 토지시장의 거래상황만 쳐다봐서는 부동산가격의 움직임이나 땅값의 움직임을 잘 설명하거나 이해할 수가 없다. 경제 전체의 상황, 특히 경제성장과 경제 전반에 걸친 자본의 흐름을 잘 알아야 한다. 바로 이런 점이 부동산의 큰 특징이다. 부동산이 아닌 보통 상품, 예컨대 껌이나 이쑤시개의 가격을 이해하고 예측하는 데에 굳이 경제 전반에 걸친 자금의 흐름이나 금융권의 상황을 소상히 알 필요는 없다. 그저 껌이나 이쑤시개에 대한 수요와 공급만 잘 파악하면 그만이다. 다만, 공급이 일시적으로 제한되는 특수한 농산품의 경우에는, 가격 상승률이라든가 투기적 자본의 영향을 받는 현상이 나타날 수 있으나, 드문 편이다. 이런 현상이 보통 상품의 경우에는 극히 예외적으로만 나타나지만, 부동산의 경우에는 비일비재로 나타난다.

시장근본 가치와 부동산가격

앞의 등식(6-4')은 부동산가격상승률 a가 은행 금리 r보다 낮음을 전제한다. 만일 부동산가격상승률 a가 r보다 더 크면, 부동산 보유로부터의 이익이 손실을 항상 초과한다. 즉, 부등식(6-1)이 항상 성립한다. 그러면 부동산가격은 일정한 수준에 머물지 않고 계속 상승기류를 타고 올라간다. 이 상황은 부동산의 가격이 안정되지 않는 불균형의 상황이다. 그러므로 부동산가격이 안정적으로 결정되기 위해서는 a<r이어야 한다. 부동산가격이 안정화된 결과 a=0이라고 하자. 그러면 등식(6-4')은 다음과 같이 단순화된다:

$$\text{부동산가격} = \frac{\text{부동산이용수익}}{\text{이자율}} \qquad \cdots\cdots(6\text{-}5)$$

혹은

$$P = \frac{y}{r} \qquad \cdots\cdots(6\text{-}5')$$

이 식은 이미 제4장에서 본 것이다. 이 식에 의하면, 부동산가격 P는 부동산 이용 수익을 이자율로 나눈 값이 된다. 이 값은 곧 부동산 이용 수익을 자본화(capitalization)한 값이다. 토지의 경우, 이 값이 '토지가치'다. 부동산가격이 안정화되었을 경우, 더 정확하게 말하면, a=0일 경우 부동산가격은 부동산 이용 수익을 자본화한 값과 같아진다. 예를 들어서 금리가 5%라고 하자. 그러면 다음과 같은 농지와 상가의 가격은 위 공식을 이용해서 금방 계산해낼 수 있다.

① 연간 평당 1만 원의 수익을 올리는 농지;
농지의 평당 가격 = 1/0.05만 원 = 20만 원
② 연간 500만 원의 임대료를 내는 상가아파트;
상가아파트의 가격 = 500/0.05만 원 = 1억 원

부동산 이용 수익 y는 부동산의 생산성을 반영한다. 생산성이 높은 토지는 토지소유자에게 높은 수익을 가져다준다. 인구 밀집 지역에 가까운 공장은 공장 주인에게 높은 이윤을 가져다주고, 장사가 잘되는 지역의 상가는 상가 주인에게 높은 이문을 가져다준다. 바로 이 부동산 이용 수익의 획득을 주목적으로 삼는 부동산 매입이 실수요가 된다. 토지를 포함한 부동산 이용 수익 y의 구체적인 값은 시장에서 부동산에 대한 수요와 공급에 따라 결정된다. 공급은 일정한데 실수요가 늘어나면 부동산 이용 수익은 높아지며, 실수요가 일정한데 공급이 늘어나면 부동산 이용 수익은 떨어질 것이다. 부동산가격은 이 부동산 이용 수익을 이자율로 나눈 값이므로, 비록 부동산 이용 수익이 일정하더라도 이자율이 떨어지면 부동산가격은 올라가고, 이자율이 올라가면 부동산가격은 하락할 것이다.

예를 들어서 금리가 5%에서 4%로 떨어졌다고 하자. 그러면 다음과 같은 계산을 통해 연간 평당 1만 원의 수익을 올리는 농지의 평당 가격은 20만 원에서 25만 원으로 올라간다는 것을 알 수 있다.

[1만 원/0.05 = 20만 원] → [1만 원/0.04 = 25만 원]

그리고 연간 500만 원의 임대료를 내는 상가 아파트의 가격은 다음과 같은 계산을 통해 1억 원에서 1억 2,500만 원으로 올라간다는 것을 알 수 있다.

[500만 원/0.05 = 1억 원] → [500만 원/0.04 = 1억 2,500만 원]

2000년대에 들어와서 우리나라의 은행 금리는 크게 낮아졌다. 따라서 이것만 봐도 우리나라 부동산가격이 전반적으로 오를 것임을 쉽게 짐작할 수 있다. 물론, 은행 금리 하나만으로 부동산가격을 설명할 수는 없다. 부동산 이용 수익을 결정하는 실수요와 부동산의 공급 그리고 이에 영향을 미치는 주요 변수들, 예컨대 지형, 지력, 경제성장률, 도시화, 부동산 관련 법규와 제도 등이 금리와 함께 부동산가격을 결정하는 시장근본요인들이 된다.

물론, 시장근본요인들이나 시장근본 가치가 과연 구체적으로 무엇을 의미하는가에 관해서는 이론상 여러 가지 다른 견해들이 있을 수 있으나, 쉽게 말하면 부동산의 시장근본 가치는 부동산의 '실용가치'라고 할 수 있다. 만일 부동산 가격 상승률이 매우 낮다면 사람들은 자본이득을 노리고 부동산을 매입하는 일은 없을 것이다. 이런 상황에서 결정되는 부동산가격이 시장근본 가치에 가깝다고 할 수 있다. 혹은 일단 구매한 부동산을 되팔지 않고 영원히 소유한다고 했을 때, 매년 발생할 것으로 기대되는 순소득(토지이용 수익)을 자본화한 값(즉 토지가치)이 시장의 근본요인에 의해서 결정되는 가격, 곧 시장근본 가치라고 할 수도 있다.[7] 국토 대부분이 국유화되어 있는 나라에서는 임대료를 자본화한 값이 시장근본 가치이며, 이것이 지가가 될 것이다. 현실적으로 보면, 전세가나 임대 수입 등이 시장근본 가치를 가장 잘 반영한다고 보는 학자도 있다. 왜냐하면, 대체로 전세수요나 임대수요는 부동산 이용 수익을 주된 목적으로 삼는 수요라고 할 수 있기 때문이다.

거품을 발생시키지 않는 투기

(1) 투기와 개발 가치

흔히, 투기가 일어나면 시장에서 형성되는 부동산가격이 시장근본 가치를 뛰어넘게 된다고 말한다. 시장근본 가치를 초과한 부분을 흔히 거품이라고도 한다. 2008년 미국 금융시장 붕괴 이전에는 시장주의자는 이런 거품을 잘 인정하지 않았다. 시장가격이 시장근본 가치를 초과할 수 없다고 보았기 때문이다. 설령, 초과하는 일이 있다고 해도 그것은 일시적이라고 보았다. 부동산투기가 있고 그래서 부동산가격이 오른다고 하더라도 그것은 어차피 올라갈 부동산가격을 미리 앞당긴 것에 불과하다고 주장하였다. 예를 들어보자. 어느 농촌지역에 10년 후 지하철이 통과하고 지하철역이 들어서게 된다고 하자. 지하철역이 들어서면 인근 지역은 크게 개발되고 땅값도 많이 오른다. 그러면, 이 지역의 땅값이 지하철역이 들어서는 10년 후에 갑자기 뛰느냐 하면, 전혀 그렇지 않다. 땅값은 지하철이 건설된다는 소문이 돌자마자 지금부터 오르기 시작한다. 이 농촌지역 농지의 평당 수익이 지금은 y 원이지만, 10년 후 도시화 이후 기대되는 평당 수익은 y'원이며, 은행 금리가 r%라고 하자. 개발되지 않는다고 했을 때의 토지

가치를 P, 개발된다고 했을 때의 토지가치를 P'라고 하자. 위에서 설명한 공식에 의하면,

$$P = y/(1+r) + \cdots y/(1+r)^9 + \{y/(1+r)^{10} + y/(1+r)^{11} + \cdots\}$$

$$P' = y/(1+r) + \cdots y/(1+r)^9 + \{y'/(1+r)^{10} + y'/(1+r)^{11} + \cdots\}$$

$$= y/(1+r) + \cdots y/(1+r)^9 + (y'/r)/(1+r)^9.$$

여기에서 y'/r은 10년 후 매년 발생할 것으로 예상되는 부동산 이용 수익을 자본화한 값이다. 이 값을 개발 가치(development value)라고 부르며, $(y'/r)/(1+r)^9$는 이 개발 가치의 현재 값이다. 따라서 개발한다고 했을 때의 토지가치 속에는 개발 가치의 현가가 포함된다. 거품이 없다고 가정하면, 지가는 토지가치와 일치하므로, 개발되지 않는다고 했을 때의 현재 땅값은 P이고, 개발된다고 했을 때의 현재 땅값은 P'이다. P'에는 개발 가치가 포함되므로 P'는 P보다 더 높다. 즉, $y'>y$이므로 $P'>P$ 이다. 다시 말해서, 개발된다고 했을 때의 현재의 땅값은 개발되지 않는다고 했을 때의 현재의 땅값보다 더 높아진다. 얼마나 높아질까? $(P'-P)$를 구해보면 다음과 같다.

$$P'-P = (y'-y)/(1+r)^{10} + (y'-y)/(1+r)^{11} + \cdots = (y'-y)/r(1+r)^9.$$

예를 들어보자. 지금의 평당 수익 y는 1만 원이고, 10년 후 개발될 때 평당 수익 y'는 10만 원이며, 은행 금리가 5%라고 하자. 즉, y = 1만 원, y' = 10만 원, r = 0.05. 그러면 개발이 없다고 했을 때 현재의 지가 P는 평당 20만 원(=1만 원/0.05)이고, 지하철이 건설되는 10년 후의 지가 P'는 평당 200만 원(= 10만 원/0.05)이 되며, 이것의 현재가치는 평당 130만 원이 된다. 즉, P' = 평당 130만 원, P = 20만 원이므로, 땅값 상승분의 현재가치는 110만 원이 된다.

$$P'-P = (y'-y)/r(1+r)^9 = 110\text{만 원}$$

지하철은 10년 후에 들어선다는데, 조용한 농촌지역의 땅값이 지금 당장 20만 원에서 130만 원으로 느닷없이 뛴다면 아마도 부동산투기가 작용하였을 것으로 생각하기 쉽다. 그러나 부동산투기가 이루어 놓은 것은 어차피 10년 후에 올라갈 땅값을 앞당겨 올려놓은 것뿐이다. 부동산투기가 없었다고 하더라도 10년 후 이 지역의 땅값은 평당 200만 원 수준으로 오르게 되어 있다. 이 200만 원은 시장근본 가치다. 이렇게 보면 투기가 항상 거품을 발생시키는 것이 아님을 알 수 있다.

(2) 도시화는 땅값을 두 번 올린다

좀 더 구체적으로, 전통적인 수요-공급의 틀을 이용하여 투기 탓으로 땅값이 뛰는 현상을 설명해 보자. 토지투기는 주로 지가 상승을 노리는 행위이기 때문에 도시화가 진척되거나 특히 장차 도시화가 일어나리라고 예상되는 지역에서 자연히 성행하게 된다. 위에서 든 농촌지역 지하철의 예에서는 지하철 건설계획이 어느 날 갑자기 공표되어 모두가 미래의 개발을 확실히 알고 있다고 가정하였다. 이 경우, 지금 당장 땅값이 껑충 뛰고 그 이후 개발이 이루어질 때까지 서서히 땅값이 올라간다. 그러나 실제로는 정부의 개발계획이나 도시화 계획이 사전에 잘 알려지지 않은 경우도 많다. 개발계획이나 도시화 계획에 대한 내부 정보에 밝은 사람들이나 땅을 잘 보는 전문 투기꾼들을 중심의 소수만이 미래의 개발이나 도시화의 냄새 맡고 있을 뿐이다. 이런 경우에는 부동산투기는 대체로 2단계를 거쳐 땅값을 올리는 것으로 알려져 있다.

<그림 6-2>의 왼쪽에서 선분 *dd*는 앞으로 도시화가 예상되는 지역에서 투기가 없었다고 가정했을 때 이 지역의 토지에 대한 수요를 나타내는 곡선이다. 즉, 실수요 곡선이다. 투기행위는 도시화가 실제로 이루어지기 훨씬 이전에 일어나는 것이 보통이라고 할 수 있다. 소수의 투기꾼이 미래 도시화의 냄새를 맡고 은밀히 토지를 매입한다고 하자. 선분 *d'd'*는 원래의 실수요에 이 투기자들의 수요가 가세한 총수요곡선이다. 부동산투기자는 통상의 실수요자보다도 높은 가격을 부른다. 왜냐하면, 이들은 보통 사람보다 미래의 토지가치를 더 잘 예측하기 때문이다.[8] 대체로 보면, 부동산투기자는 많은 자산을 가지고 있거나, 또는 큰돈을 쉽게 빌릴 수 있는 사람들이다. 이런 사람들은 미래의 소득을 다른 사

람들보다 비교적 낮은 할인율로 할인하는 사람들이라고 할 수 있다.[9] 돈을 많이 가진 사람은 낮은 금리를 받고도 돈을 빌려줄 여유가 있지만, 그렇지 못한 사람은 높은 금리를 받지 않으면 돈을 잘 빌려주지 않는다. 토지가치는 미래의 토지 이용 수익을 자본화한 값이기 때문에 할인율(이자율)이 낮으면 토지가치는 커진다. 그러므로 부동산투기자가 할인율을 낮게 잡는다는 것은 곧 토지가치를 높게 본다는 뜻이기도 하다.

한편, 선분 *ss*는 공급곡선이다. 도시화가 이루어지기 훨씬 이전의 상태에서는 특히 도시 변두리의 비도시용 토지들은 경제성이 비교적 낮은 용도(주로 농업용)로 이용되기 때문에 현재의 지가보다도 조금만 높아도 쉽게 팔릴 가능성이 크다고 하면, 이 곡선의 기울기는 비교적 완만할 것이다. 공급곡선의 기울기가 완만하다는 것은 수요가 늘어나도 공급이 충분히 좇아가기 때문에 가격이 그리 많이 오르지 않음을 뜻하기도 한다. 결과적으로 투기자들의 사재기 과정에서 지가는 예컨대 <그림 6-2>의 p_2까지 상승할 것이다. 공급곡선의 기울기가 완만하므로 웬만큼 투기가 이루어져도 땅값이 그리 많이 뛰지 않으며, 따라서 처음에는 투기 바람이 잘 눈에 띄지 않게 진행될 수도 있다.

그림 6-2 도시화 훨씬 이전의 수요·공급

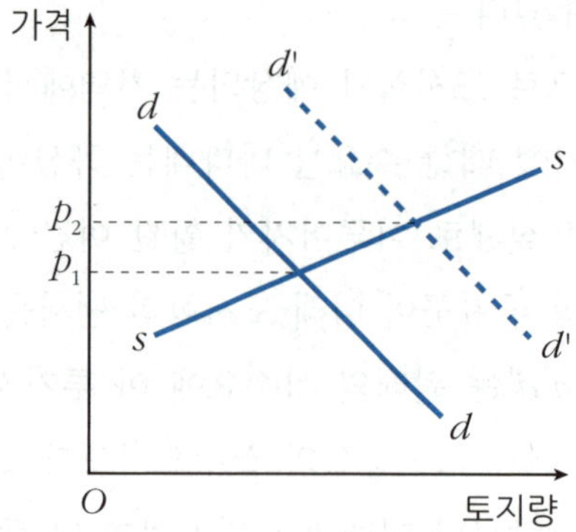

그림 6-3 도시화 임박한 수요·공급

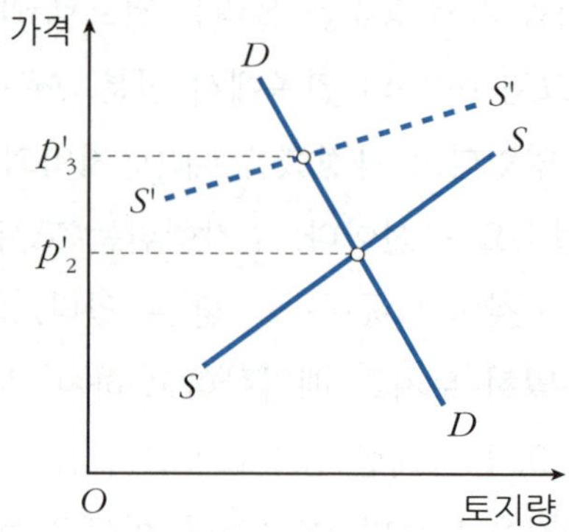

<그림 6-3>은 해당 지역의 도시화가 임박한 때의 상황을 그리고 있다. 도시화가 임박하면, 비도시용 토지를 도시용으로 전환하려는 사람, 즉 토지개발자의 수요가 많이 늘어날 것이다. 다시 말해서 개발수요가 활발해진다는 것이다. 이 개발수요는 공장용지, 상업용지, 아파트 건설 용지 등 주로 생산요소로서 토지에 대한 수요다. <그림 6-3>에서 선분 *DD*는 이 실수요를 반영한 곡선이며, 도시화가 이루어졌을 경우 토지의 개발 가치를 반영한 곡선이다. 생산요소용 토지의 큰 특징은 대체재가 적다는 것이다. 그러므로 생산요소용 토지에 대한 수요는 비탄력적이다.[10] 수요가 비탄력적일 경우, 대체로 <그림 6-3>에서 보듯이 수요곡선의 기울기가 매우 가파르다.

공급 측면을 보자. 선분 *SS*는 투기적 사재기가 없었다고 가정했을 때의 공급곡선이다. 그러나 도시화가 임박했을 때는 상당히 많은 토지가 이미 투기자의 손에 들어간 상태이다. 투기자는 이미 사재기할 때부터 미래의 높은 가격을 기대하였으므로, 상당히 높은 가격이 형성되지 않으면, 토지공급을 꺼릴 것이다. 또한 이들은 대체로 낮은 할인율 적용하기 때문에 때가 무르익을 때까지 기다릴 여유도 있다. 따라서 지가가 충분히 올라가야만 이들은 자신이 보유한 토지를 공급할 것이다. <그림 6-3>에서 선분 *S'S'*는 투기적 사재기가 있었을 때의 공급곡선이다. 그래서 이 그림에서 보듯이 공급곡선 *S'S'*는 공급곡선 *SS*보다 훨씬 위쪽에 있을 것이다. 수요곡선의 기울기가 매우 가파르므로(수요가 매우 비탄력적이므로) 투기자들의 기다리고 버티기 전략은 시장에서 <그림 6-3>의 p_3'처럼 큰 폭의 지가 상승을 낳을 것이다.

전체적으로 보면, 지가는 초기에 p_2 수준으로 높아졌다가 도시화가 임박해서 p_3'까지 뛰는 모습을 보이게 된다. 결국, 토지투기가 하는 역할은 어차피 실현될 미래의 토지가치를 앞당기는 것뿐인데, 다만 빨리 앞당기느냐 서서히 앞당기느냐의 차이가 있을 뿐이다. 만일 토지개발자가 개발 가치 이상의 가격으로 토지를 매입하지 않는다고 하면, 이상에서 살펴본 바와 같이 토지투기가 2단계에 걸쳐 지가를 높인다고 하더라도, 결과적으로 시장에서 형성되는 지가는 거품을 내포하지 않게 된다. 이것이 투기로 인한 부동산 가격의 상승에 대한 시장주의자의 주된 논리이다.

대체로 보면, 거품을 부정하는 학자들은 거품을 비합리적 행동의 결과라고 보는 경향이 있다. 사람들이 합리적으로 행동한다면 거품은 존재할 수 없다는 것이다. 만일 실제 땅값이 시장근본 가치보다 현저하게 높다고 하면(즉, 거품이 존재한다고 하면) 합리적인 사람들은 저마다 토지를 팔아서 거품을 챙기려고 할 것이므로 매물이 시장에 쏟아져 나온다. 그러다 보면 땅값이 가라앉으면서 거품도 걷힐 것이다. 반대로 실제 가격이 시장근본 가치보다 낮다고 하면, 합리적인 사람들은 땅값이 장차 시장근본 가치 수준으로 올라갈 것을 기대할 것이다. 따라서 저마다 토지를 사서 보유하려고 할 것이므로 토지에 대한 수요가 늘어나서 지가가 오르면서 시장근본 가치에 접근할 것이다. 사람들이 대체로 합리적이라고 하면, 설령 거품이 존재하더라도 그것은 일시적일 뿐이다. 그래서 대체로 토지투기 탓의 지가 상승은 국지적 효과에 불과하며, 토지투기가 전반적 지가 상승에 미치는 영향은 그리 크지 않다는 주장이 나온다. 토지투기가 장기에 걸쳐 지가 상승을 부추긴다는 증거는 전혀 없다고 주장하는 학자도 있다.[11]

거품의 형성

그러나 투기가 있다고 하더라도 시장가격이 시장근본 가치를 초과하지 않는다는 위의 주장은 몇 가지 문제점을 안고 있다. 우선, 부동산매입자들이 개발 가치나 시장근본 가치를 잘 알고 있음을 전제한다. 토지가 아닌, 보통 상품의 경우에는 현재 가격이 적정한지 아닌지를 어느 정도 안다고 할 수 있다. 적정수준을 현저히 초과하면 사람들이 아예 구매하지 않으므로 가격이 적정수준을 현저히 초과하기 어렵다. 그러나 부동산이라면 얘기가 달라진다. 자본화 공식이 보여주듯이 부동산의 가치에는 미래가 담겨 있다. 부동산에 관한 미래는 너무나 많은 불확실성을 안고 있다. 위에서 예로 든 농촌지역에 10년 후 지하철이 통과할 경우, 어느 정도의 개발 가치가 발생할지는 이 지역이 어떤 식으로 개발되느냐에 따라 크게 달라질 것이다. 10년 후의 구체적 개발 양태를 예측하기는 참으로 어렵고 따라서 그 개발 가치를 예측하기도 무척 어렵다. 요컨대, 부동산의 경우에는 너무나 많은 불확실성 탓으로 현재 형성되고 있는 가격이 시장근본 가치인지 아닌지를 잘 알기가 무척 어렵다는 것이다. 그러므로 실제로는 평당 10만 원어치밖에 가치가 없는 토지에 대하여 훨씬 더 많은 돈을 치르는 사람들도 얼마든지 있게 된다. 과거 30년간 우리나라 부동산가격에 거품이 끼었는지 아닌지, 끼었다면 어느 정도인지에 대해서 부동산 전문가조차도 아직 확실한 대답을 못내놓고 있는 판이다.

설령, 사람들이 미래를 예측한다고 해도 중요한 것은, 사람들이 부동산의 가치나 개발 가치를 어떤 식으로 예측하느냐이다. 만일 합리적 기대가설이 요구하듯이 사람들이 합리적으로 예측한다면, 이들의 예측치는 대체로 시장근본 가치를 중심으로 정규분포를 이룰 것이고, 실제 시장에서 형성되는 지가는 시장근본 가치에 근접하게 된다고 볼 수도 있다. 그러나 쉴러가 확인한 바와 같이 부동산 시장에서 사람들이 합리적 기대가 아닌, 적응적 기대에 가까운 방법으로 미래를 예측한다고 하면 얘기가 달라질 수 있다. 도시화가 예상되는 농촌지역에서 소수의 투기꾼이 미래의 개발 가치를 노리고 땅 사재기를 시작하면 땅값은 서서히 오른다. 이럴 때, 땅값이 서서히 시장근본 가치에 접근함에 따라 지가상승률이 점차 둔해지다가 드디어는 멈추게 된다고 생각하는 것이 합리적 기대가설이 말하는 합리적 예측이다. 쉴러의 연구에 의하면, 부동산거래자 대부분은 이런 식으로 예측하지 않는다. 이들은 부족의 착각에 빠져서 최근에 경험하는 지가상승률이 미래에도 계속된다고 믿는 경향이 있다. 실제로 2008년 미국의 금융위기가 터지기 불과 몇 년 전에도 투기에 가담했던 사람들이나 부동산중개업자 그리고 금융기관도 과거의 부동산가격 상승추세가 마치 미래에도 영원히 계속되리라고 생각하고 행동했다. 한창 부동산가격이 오르던 2004년에 미국 최고의 부동산 전문가가 쓴 투자지침서에도 전국적으로 집값이 하락할 가능성을 전혀 언급하지 않았다.[12] 그러나 이 책이 나온 지 불과 3년도 되지 않아 미국 전국의 집값은 곤두박질치기 시작하였다. 과거의 가격상승 추세가 미래에도 계속된다고 예측한다면, 실제 부동산시장에서 거래자들은 시장근본 가치보다 더 많은 돈을 치를 가능성이 크다고 할 수 있다.

설령, 사람들이 시장근본 가치를 안다고 하더라도 부동산가격은 절대 내려기지 않는다는 믿음을 많은 사람이 공유하는 경우, 결과적으로 시장에서 형성되는 가격은 시장근본 가치를 현저히 초과할 가능성이 있다. 시장에서 최종 결정되는 상품의 가격은 수요의 크기에 좌우되는데, 수요의 크기는 개별 수요자의 지불용의액의 크기뿐만 아니라 수요자의 수에 따라 크게 달라진다. 어떤 상품을 천 명이 구매하려고 할 때의 가격과 만 명이 구매하려고 할 때의 가격은 천양지차일 것이다. 구매자의 수가 크게 늘어서 시장가격이 시장근본 가치를 초과하였다고 하자. 이럴 경우, 불확실성이 판치고 있는 부동산시장에서 시장가격이 이제 곧 시장근본 가치로 복귀할 것이라고 단언하는 사람이 현실적으로 과연 얼마나 많을 것인가. 한 가지 분명한 것은, 시장가격이 시장근본 가치를 초과하였을 때 이미 자본이득이 발생하였고 이것을 투기자들이 챙겼다는 것이다. 다시 말해서 투기에 성공한 사람들이 있다는 것이다. 흔히 볼 수 있듯이 이들의 성공담이 소문을 타고 시장에서 퍼지기 시작한다. 쉴러가 밝혔듯이 남의 눈치 보기 그리고 떼 짓기(herding)가 부동산시장의 특징이다. 투기 성공담은 떼 짓기의 기폭제가 된다. 실제로 소수의 땅 투기 성공사례를 듣고 수많은 사람이 덩달아 투기에 뛰어드는 예가 우리 주위에서 자주 목격되었다. 미래를 예측하기 어려운 경우에는 다른 사람들의 눈치를 보다가 우르르 따라 행동하는, 떼 짓기 행태가 흔하다. 이 같이 사람들이 다른 사람들의 눈치를 보며 떼 짓기 한다면 부동산가격은 더 높은 수준에서 결정될 것이다.

많은 사람이 가격상승을 기대하고 시장에 나간 결과, 수요자의 수가 많이 늘어나고, 그래서 그런 기대가 현실화하여 가격이 실제로 올라가는 현상을 기대의 자기실현(self-fulfilling)이라고 한다. 이같이 기대가 스스로 현실화하여 가격이 높아졌을 때 그 높아진 부분을 거품이라고 부르는 학자도 있다.[13] 부동산이나 주식의 가격이 올라갈 것이라는 소문이 돌면, 이 소문이 곧장 그대로 실현되는 현상을 우리 주위에서 흔히 볼 수 있다.

물론, 상품의 가격에 항상 거품이 끼는 것은 아니다. 거품이 발생하기 위한 조건으로 보통 세 가지가 꼽힌다. 그 첫째는 내구성 혹은 영속성이다. 내구성을 가진 재화는 대체로 재산 보유나 재산증식의 좋은 수단이 될 수 있기 때문이다. 두 번째 조건은 희소성 내지는 공급의 고정성이다. 가격의 변화에 대응해서 공급이 신축성 있게 변할 때는, 거품이 잘 일어나지 않는다. 설령, 거품이 끼더라도 공급 증가로 금방 사라지게 된다. 세 번째 조건은 공감대이다. 아무도 앞으로 땅값이 오른다고 생각해주지 않는다면 거품이 발생할 수가 없다. 소수의 사람만이 땅값이 오른다고 생각하더라도 거품이 발생할 가능성은 적다. 그러나 땅값이 오른다는 공감대가 폭넓게 퍼질수록 거품이 발생할 가능성 역시 커질 것이다. 이런 조건들에 비추어 보면 토지의 경우에는 거품이 발생할 가능성이 다른 자산에 비해서 월등히 크다.

부동산가격 결정에 대한 일반 방정식

그러면, 부동산결정 방정식 (6-4')로 돌아가 보자.

$$y + a \cdot P = r \cdot P \quad \cdots\cdots(6\text{-}4')$$

앞에서는 부동산가격 상승률 a가 0이라고 가정했지만, 만일 a가 오랜 기간 0보다 상당히 커서 많은 사람이 앞으로도 계속 0보다 클 것이라고 믿는다고 하자. 이런 상황에서는 y와는 관계없이 오직 부동산가격의 상승에 따른 자본이득만을 노린 가수요가 나타나게 된다. 이 가수요는 가격 상승률이 높을수록 커지는 경향이 강한 수요다. 물론, 현실에서는 가수요와 실수요가 잘 구분이 되지 않는다. 대체로 보아 이 둘이 뒤엉켜 있다고 보아야 한다. 예를 들어서, 비록 전세수요나 임대수요가 대체로 실수요라고 하지만, 자본이득을 노리고 매입한 아파트를 전세 놓거나 타인에게 임대하는 경우, 실수요와 가수요의 구분이 모호해진다. 구분이 잘 안된다고, 가수요가 없는 것은 아니다. 구분이 잘 안되더라도, 가수요가 상당한 정도로 존재할 수 있다.

부동산시장에서 부동산거래자들이 계속해서 부동산가격상승률 a가 0보다 현저하게 더 크다고 믿고 행동하는 상황에도 두 가지 경우가 있을 수 있다. 우선, 부동산가격상승률이 은행 금리보다 높을 경우, 즉, $a>r$인 경우는 불균형의 상황이므로 부동산가격이 일정 수준으로 결정되지 않는다는 것은 위에서 이미 언급하였다.

부동산가격상승률이 은행 금리보다 낮다고 하더라도, 즉, $0<a<r$ 이라고 하더라도, 부동산 이용 수익이 충분히 커서, $y+a \cdot P>r \cdot P$이면, 투자가들은 돈을 은행에 넣어두기보다는 부동산에 투자하려 할 것이다. 그러는 것이 합리적이다.

그러나 부동산에 투입되는 자금이 충분히 많아지면, 부동산 이용 수익이 점차 감소한다. 이 결과 부동산 이용 수익이 금리 수익($r \cdot P$)과 같아졌다고 하자. 그러면, 위의 등식(6-4')이 성립하게 된다. 이 등식을 정리하면, 다음과 같은 부동산 가격 결정에 대한 '일반식'을 얻게 된다:

$$P = \frac{y}{(r-a)} \qquad \cdots\cdots(6\text{-}6)$$

즉, 부동산가격은 부동산 이용 수익 y를 이자율 r과 부동산 가격 상승률 a의 차이로 나눈 값이 된다. 이 식을 부동산 가격 결정에 대한 '일반식'이라고 부르는 까닭은, 위에서 설명한 식(6-5)에서 결정되는 부동산가격이 이 일반식에서 a가 0이라고 했을 때, 결정되는 '특수한' 가격이기 때문이다. 어떻든 이 일반식에 따르면, 부동산가격은 단순히 부동산 이용 수익을 은행 금리 r로 나눈 값이 아니라, 은행 금리에서 부동산가격상승률을 뺀 나머지 즉 $(r-a)$로 나눈 값이다.

예를 들어서 금리가 5%이고, 부동산 가격 상승률이 3%라고 하자. 그러면, 위 공식에 따라 계산하면, 연간 평당 1만 원의 수익을 올리는 농지의 평당 가격, 50만 원은 다음과 같이 계산된다:

농지의 평당 가격 = 1만 원/(0.05-0.03) = 50만 원

이 농지의 시장근본 가치는 20만 원(= 1만 원/0.05)이므로 농지의 평당 가격이 시장근본 가치를 훨씬 웃돌게 되는데, 이 차이는 농지의 평당 가격상승, 달리 말하면 농지의 재산 가치 상승 탓이다.

마찬가지 방법으로 연간 500만 원의 임대료를 내는 상가 아파트의 가격, 2억 5,000만 원은 다음과 같이 계산된다.

상가의 가격 = 500만 원/(0.05-0.03) = 2억 5천만 원

이 상가 아파트의 시장근본 가치는 1억 원(= 500만 원/0.05)으로 계산된다.

이런 예에서 보듯이 부동산 가격 상승률이 0보다 현저하게 크면, 부동산가격이 시장근본 가치보다 더 커진다. 즉,

$$P = \frac{y}{(r-a)} > \frac{y}{r} = \text{시장근본가치}$$

위의 일반식에 의해서 결정되는 부동산가격과 앞의 등식(6-5), 즉 [부동산가격 = 부동산 이용 수익/이자율] 등식에서 결정되는 부동산가격과 위의 일반식에서 결정되는 부동산가격 사이의 차이를 거품이라고 할 수 있다. 시장근본요인들에 의해서 설명되지 않으면서, 가격이 오른 유일한 이유가 투자가들이 장차 가격이 오를 것을 기대하였기 때문이라면 거품이 있다고 보아야 한다고 많은 학자가 주장한다.[14] 이런 주장에 따르면, 거품은 부동산 가격 상승률이 0보다 클 때, 즉 a>0일 때 발생하는 현상이라고 할 수도 있다.

거품: 부동산가격에서 시장근본 가치를 초과한 부분

부동산 가격 결정 일반식에 의해서 결정되는 부동산가격이 시장근본 가치를 초과하는 한 가지 이유는 부동산가격 상승(a)에 대한 사람들의 믿음 때문인데, 이 믿음은 통상 경제학자들이 말하는 시장근본요인의 범위를 벗어나는 요인이다. 다시 말해서 통상적 수요-공급이론에서 다루지 않는 변수다. 따라서 일반식에 의해서 결정되는 가격은 정상적인 경제이론으로 설명하기 매우 곤란한 현상이다. 이 말은 거품이 정상적인 경제학의 수요-공급이 논리로 설명하기 곤란한 개념임을 시사한다. 과거 많은 사람이 우리나라 부동산가격을 "미친 가격"이라고 말했는데, 미친 가격이란 어떤 정상적인 수준을 크게 초과한 가격이라는 뜻이다. 이때 정상적인 수준은 시장근본 가치에 해당하는 부분이요, 통상적인 수요-공급의 논리로 설명이 가능한 부분이다.

거품 논쟁

경제성장률이나 물가상승률을 훨씬 상회하는 높은 지가상승률, 그것도 세계적으로 유례를 찾아보기 힘든 높은 지가상승률이 우리나라에서 상당히 오랜 기간 지속되었다는 사실은 우리나라의 지가에 거품이 상당히 많이 끼어 있다는 주장을 내세우기에 충분하다. 1980년대 후반 우리나라를 휩쓴 부동산가격 폭등을 거품으로 표현하게 만들면서 당시 우리나라 땅값의 3분지 2는 거품이라는 주장도 나왔다.[15]

우리나라 과거 땅값에 거품이 많이 끼어 있었다는 주장을 펼 때 흔히 인용되는 통계자료는 국민총생산에 대한 지가총액의 비율이다.[16] [표 6-1]을 보면, 한때 우리나라 전 국토의 땅값이 국민총생산의 약 아홉 배가 넘은 적도 있었지만, 평균적으로 보면 국민총생산의 약 7배 정도였다. 시장주의자들의 주장대로 우리나라 지가에 거품이 없다고 해 보자. 그렇다면, 앞의 공식(6-5)에 의하면 지가에 이자율을 곱한 값은 토지이용 수익이다. 토지이용 수익은 대략 토지를 빌려서 사용한다고 했을 때의 임대료에 해당하는데, 이것을 흔히 토지지대라고도 한다. 지가에 거품이 없다면 지가에 이자율을 곱한 값은 토지지대를 나타낸다. 계산을 간단하게 만들기 위하여, 70년대와 80년대의 실질 이자율을 10%라고 해 보자. 지가총액이 국민총생산의 7배(다시 말해서 7 · GNP)라면, 총 토지지대 소득은 국민총생산에 0.7을 곱한 값이라는 계산이 나온다. 다시 말해서 국민소득의 70%가 토지지대라는 얘기가 된다.

표 6-1 각국의 지가총액 대비 GNP 비율

연도	한국	일본	프랑스	독일	영국	미국
1975	9.65			1.0	0.6	0.9
1977	5.69	2.3	0.9	1.1	0.9	1.0
1985	6.10	2.9				1.1
1990	7.54	5.8	1.0			
1992	7.54	4.4			1.3	0.7

자료: 정회남 · 김창현(1997), 「거시경제정책이 토지시장에 미치는 영향」, 국토연구원, 82쪽.

[표 6-1]을 보면, 선진국의 경우 국민총생산에 대한 지가총액의 비율은 대략 1 안팎이었다. 이 말은 똑같은 10%의 이자율을 선진국에 적용한다고 하더라도 선진국에서 토지지대 소득의 총규모는 국민소득의 10%밖에 되지 않는다는 얘기다. 물론 지대소득이 통계로 잘 파악되지 않는다는 속성이 있어서 국민소득에서 차지하는 비중은 잘 알기 어렵지만, 비공식소득까지 합쳐서 대략 국민소득의 20%를 크게 넘지 않는다는 것이 통설이다. 그렇다면, 우리나라 국민소득의 70% 이상이 지대소득이라는 것은 상식적으로 이해할 수 없다. 우리나라 땅값에 상당한 규모의 거품이 끼어 있지 않고는 70%라는 숫자는 나올 수가 없는 숫자이다. 이런 점으로 미루어 보아 우리나라 땅값에 분명히 엄청난 거품이 끼어 있다고 볼 수밖에 없다는 것이 거품이론은 강력하게 제기하는 학자들의 주장이다.[17] 실제로 지가 자료와 총통화량, 이자율 등 기타의 여러 가지 자료를 이용해서 우리나라 지가의 거품에 대한 실증분석을 시도해본 한 연구는 이런 거품이론이 통계적으로 의미가 있음을 시사하고 있다. 이 연구는 거품의 존재를 확고하게 증명하지는 못했다고 하더라도 최소한도 거품이 없었다는 가설만은 통계적으로 뒷받침할 수 없다는 결론을 얻었다.[18]

이 밖에도 우리나라 지가의 거품에 관한 연구가 다수 있는데, 한 가지 흥미로운 점은 우리나라의 지가 동향에 관한 연구들 대부분은 거품의 존재를 암묵적 또는 명시적으로 인정하고 있다는 점이다.[19] 우리나라 부동산이 생산비를 엄청나게 초과하는 고가이다 보니 시장주의자들 중에도 우리나라 부동산가격의 거품을 인정하는 학자도 있다.[20] 그러나 대체로 시장주의자들은 거품을 대수롭지 않게 보는 경향이 있다. 우리나라 부동산가격이 거품을 현저하게 많이 포함하고 있다면 언젠가는 꺼져야 하는데, 그 오랜 세월 한 번도 거품이 꺼진 적이 없었다. 이런 사실에 비추어 보면, 과연 우리나라 부동산가격에 거품이 끼었는지 의심스러워하는 전문가도 있다. 물론, 1992년에 와서 처음으로 지가가 하락하는 사태가 발생하였고 IMF 경제위기 때 그리고 2008 세계 경제위기 때 지가가 하락하였지만, 거품붕괴를 얘기할 정도의 하락은 아니었다.

그러나 사실은 1990년대 초반의 지가 하락은 일본이 경험한 바와 같은 대규모 거품붕괴로 이어질 뻔했지만 실제로는 그리지 않았다는 주장이 나왔다. 그 이유는 90년대의 금융 자유화로 인한 외자 유입의 증가 때문이라는 것이다. 잘 알려져 있듯이 1991부터 IMF 사태가 일어나기 직전까지 종합금융회사를 비롯한 우리나라의 금융기관들이 대거 해외자금 차입에 나섰다. 이 결과 1991년부터 1996년 사이에 국내 예수금은 123% 증가하였으나, 해외 차입은 181%나 증가하였다. 이 덕분에 90년대 민간대출의 증가율이 비교적 높은 수준을 유지하였다. 바로 이것이 지가의 급락을 방지하였다는 것이다.[21]

부동산의 공급은 빠르게 증가하지 못하는 속성을 가지고 있지만, 투기성 자금이 부동산으로 유입되면 수요는 금방 늘어난다. 공급은 거북이걸음이요 투기수요는 토끼걸음이다. 그러니 부동산가격은 올라갈 수밖에 없다. 문제는, 부동산가격의 상승이 투기를 부채질하면서 부동산에 대한 수요를 더욱더 부풀린다는 것이다. 투기가 가격상승을 낳고, 가격상승이 투기를 유발하며, 이 투기가 다시 가격상승을 유발하는 식으로 악순환이 시장에서 연출되면서 부동산가격이 거품처럼 부풀어 오른다.

이럴 때는 정부가 나서서 투기수요를 잡는 것이 시급한데도 경제학자들은 늘 공급을 늘리라고 주문하였다. 물론, 공급을 늘리면 부동산가격의 상승을 어느 정도 잡을 수는 있다. 하지만, 투기수요는 아주 빠르게 늘어나는 속성을 가지고 있어서 공급이 이것을 도저히 따라가지 못한다. 그러니 부동산가격이 오른다는 신념이 국민의 마음속에 자리 잡는 한 공급이 늘어나더라도 부동산가격은 일시적으로만 안정될 뿐, 시간이 지나면 다시 오름세를 탔다. 공급의 증가가 투기수요의 한 부분만을 잠재우기 때문이다. 결국 부동산공급은 시장에서 늘 뒷북만 치는 까닭에 부동산가격은 뛰다가 주춤하고 그러다가 다시 뛰기를 반복하였다. 그런 가운데 부동산가격에 거품은 계속 쌓여 갔다는 것이다. 비록 거품붕괴 사태는 없었어도 과잉 부동산투기 그리고 이로 인한 부동산가격 앙등은 직접적으로 우리 경제의 기반을 허약하게 만드는 중요한 요인이요, 빈부격차와 사회갈등을 통해서 간접적으로 우리 경제의 경쟁력을 떨어뜨렸다는 진단과 우려는 우리 사회에 상당히 널리 퍼져 있었다. 2008년 직후의 미국발 경제위기는 이런 진단과 우려에 큰 힘을 실어주었다.

2008년 세계 경제 위기 이후에는 과거와는 전혀 다른 심리가 국민을 사로잡았다. 즉, 부동산가격은 오르지 않는다는 심리다. 세계적인 경기침체가 7년간 지속되는 상황에서 유독 우리 경제만 앞으로 좋아진다고 생각하기 어려웠다. 날로 심해지는 빈부격차로 인해서 내수가 침체하여 있으니 미래의 경기 전망이 낙관적일 수 없었다. 이런 상황에서는 정부가 아무리 부동산경기를 살리기 위해서 애를 써도 별 효과가 없었다. 설령 부동산경기가 살아난다고 해도 그 파급효과는 그리 크지 못할 가능성이 컸다.

지가가 큰 폭으로 하락하였던 2008년 이후 2022년까지 전국 연 지가상승률은 대체로 2~4.6% 수준을 유지하였고, 2012년 이후 2022년까지 경제성장률 역시 2.4~3% 수준을 유지하였다. 이같이 지가상승률과 경제성장률이 대체로 낮은 수준을 유지하면서 GNP 대비 지가총액의 비율은 2022년에 96.3%로 낮아졌다. 대체로 보면, 미국, 프랑스, 캐나다. 덴마크, 핀란드, 호주 등 비교적 부유한 나라들의 GNP 대비 지가총액의 비율은 100%를 초과하는 반면, 중국, 칠레, 브라질, 이집트 등의 GNP 대비 지가총액의 비율은 낮은 편이다. 유럽에도 아주 부유한 나라가 있고 그렇지 못한 나라도 있는데, 유럽연합 전체의 GNP 대비 지가총액의 비율은 54% 수준이었다.

표 6-2 2022년 세계 각국의 GNP 대비 지가총액

단위: (%)

나라	비율	나라	비율
한국	96.3	캐나다	136.3
프랑스	134.9	칠레	57.2
독일	45.5	중국	65.1
그리스	31.3	체코	244.4
이탈리아	32.3	덴마크	150.7
미국[주)]	193.3	이집트	13.0
호주	100.5	핀란드	105.0
오스트리아	25.7	인도	103.7
브라질	42.4	유럽연합	54.0

주: 미국의 수치는 2020년의 것임

자료: CEIC Data

③ 부동산 거품붕괴와 세계 경제위기

일본의 "잃어버린 20년"

(1) 거품의 형성

이론적으로는 거품이 어떤 것인지 말할 수 있지만, 실제에 있어서는 부동산 가격에서 어느 정도가 거품인지를 알아내기는 매우 어려운 것이 사실이다. 그러다 보니 거품의 존재를 부정하는 주장이 끊임없이 제기된다. 하지만, 거품을 분리해내기 어렵다고 해서 거품이 없다고 말할 수는 없다. 거품의 존재를 부정하는 시장주의의 주장에도 불구하고 거품과 같은 현상들이 우리나라뿐만 아니라 세계 곳곳의 현장에서 관측되었다.

거품을 실감하게 하는 가장 유명한 역사적 에피소드는 아마도 17세기 네덜란드의 "튤립거품"(Tulip bubble)일 것이다. 당시 네덜란드의 막대한 무역수지 흑자로 부자들이 크게 늘었는데, 이들 사이에 예쁜 튤립 기르기가 큰 인기를 끌면서 튤립가격이 오르기 시작하였다. 그러자 무역흑자로 형성된 유동성 자본이 튤립 시장으로 흘러 들어가면서 튤립이 투기의 대상이 되었다. 튤립 구근(球根) 한 개의 가격이 천정부지로 올라가서, 한때 집 한 채 가격보다 더 비쌌었다고 하니 당시의 투기 열풍이 어느 정도이었는지 짐작할 만하다. 주먹보다도 자그마한 튤립 뿌리 한 덩어리의 가격이 집 한 채의 가격보다 비싸다고 하면 보통 사람은 누구나 '미친 가격'이라고 말하면서 분명히 누가 장난쳤다고 생각할 것이다.

굳이 멀리 갈 필요도 없이, 비근한 예를 일본에서 볼 수 있다. 일본의 땅값은 세계적으로 높고, 1990년대 초반까지 일본의 지가는 꾸준히 급등을 거듭하였다는 것은 잘 알려져 있다. 이 결과, 1991년 일본 지가의 총액은 미국 지가의 총액의 약 5배에 달했다. 다시 말해서 일본국토의 1/5만 팔아도 미국 전체의 땅을 몽땅 살 수 있다는 얘기다. 60만 평도 채 안 되는 동경 일본 왕궁의 땅값이 미국 캘리포니아 전체의 땅값과 맞먹으며, 캐나다 전체의 땅값과 거의 비슷하였다. 일본의 지가 동향에 대한 이해는 비슷한 여건에 있었던 우리나라의 지가 동향을 이해하는 데 큰 도움이 된다.

일본의 높은 지가는 시장근본요인으로 일부 설명이 가능하다. 주거 가능 면적당 일본의 인구밀도는 미국의 그것에 비해 약 30배에 이르며 주거 가능 토지 단위당 일본의 GNP는 미국의 그것에 비해 약 21배에 이른다. 1985년 일본의 GNP 대비 지가총액은 미국의 그것에 비해 2.88배에 이었다가 1987년에는 4.3배에 달했다([표 6-1] 참조). 이런 높은 지가의 뒤에는 낮은 금리도 큰 몫을 하였던 것으로 분석되고 있다. 막대한 무역흑자, 엔화의 급격한 절상, 통화팽창 등에 이은 1985-6년의 급격한 금리하락은 곧장 일본 땅값을 두 곱 올렸다. 이 밖에도 토지공급을 제약하고 토지이용의 비효율을 초래한 일본의 토지이용규제 그리고 낮은 토지세 세율도 대도시 지가 폭등에 큰 몫을 하였다는 연구도 있다.[22] 1988년 일본의 토지에 대한 재산세 평균 세율은 0.39%로서 미국의 평균 재산세 세율 1.73%의 1/4도 되지 않을 정도로 낮았다. 조세 부과를 목적으로 하는 토지 감정가격이 실세에 비해 낮으므로 실효세율은 이보다 더 낮을 것이다. 그래서 일본의 투자가들은 빌린 돈으로 토지를 매입하고 보유하는 경우가 많았던 것으로 알려졌다.

이런 시장근본요인들(낮은 금리, 높은 생산성, 낮은 토지세, 토지이용의 비효율성 등)을 보면 일본의 지가가 무척 높은 것은 당연해 보인다. 그러나 문제는, 이것만으로는 일본의 높은 지가를 설명하기에 크게 미흡하다는 것이다. 예를 들어서, 1950년대 중반부터 1980년대 중반에 이르기까지 일본 지가상승률은 임대료 상승률의 11배에 이른다.[23] 지가가 토지가치(임대료를 자본화한 값)보다 훨씬 더 크다는 사실을 밝혀낸 연구가 나왔다.[24] 임대료를 자본화한 값은 시장근본 가치를 가장 잘 반영하는 값이라고 할 수 있는데, 만일 거품이 없다면 어떻게 지가가 토지가치를 현저하게 웃돌 수가 있는가. 어떻든 많은 연구가 1950년대부터 1980년대까지 일본의 지가가 시장근본요인으로 설명할 수 있는 범위를 크게 벗어났음을 보였다. 달리 말하면, 일본의 지가에는 거품이 많이 끼어 있었다는 것이다.

과거 30여 년 동안 일본도 우리나라처럼 서너 차례의 지가폭등 파동을 겪었다. 그 첫 번째 지가 파동은 1960년을 전후한 기간이다. 이때 일본은 고도 경제성장을 구가하던 시기라서 공업용지에 대한 수요가 폭증하면서 공업용지를 중심으로 한 지가폭등이 전개되었다. 두 번째 지가 파동은 1970년대 전반에 왔다.

이때에는 수출이 대폭 늘어나면서, 일본에 대량의 외화가 유입되어 일본 금융시장에 과잉유동성이 형성되었다. 이 유동성 자금이 토지시장에 유입되면서 지가폭등 파장을 유발하였는데, 이때에는 주택지 가격이 지가폭등을 선도하였으며, 또한 토지투기의 요인이 상당한 정도로 작용하였던 것으로 알려졌다.[25] 이 두 번째 지가 파동이 가라앉은 후 80년대 중반까지 일본경제는 안정적인 성장을 이루어 왔다. 그러다가 80년대 후반부터 대외경상수지 흑자 규모가 급격하게 커지기 시작하면서 소위 엔고 사태가 발생하였고, 이를 막기 위한 일본 정부의 외환시장개입과 금리 인하 정책으로 일본의 금융시장에는 또다시 막대한 유동성 자금이 형성되었다. 이때에도 일부 유동성 자금이 투기성을 띠면서 토지시장으로 흘러 들어갔고, 결과적으로 세 번째 지가폭등 파동이 시작되었다. [표 6-3]을 보면, 1987년부터 동경과 오사카 등 대도시를 중심으로 본격적으로 상승하기 시작한 일본의 지가는 1991년까지 매년 평균 20%에 가까운 상승률을 보였다. 이 세 번째 지가 파동에서는 상업용지의 지가 상승이 선도적 역할을 하고 뒤이어 주거 용지 가격이 상승하는 양태를 띠고 있다는 데에 특징이 있다. 이러한 대도시 중심의 지가폭등은 곧이어 전국으로 번져나가면서 일본 열도에 '땅값은 떨어지지 않는다.'라는 토지 신화를 낳았다.

표 6-3 토지 용도 및 지역별 일본의 지가지수 추이 (1982 = 100)

연 도	주거 용지		상업 용지	
	동경권	오사카	동경권	오사카
1982	100.0	100.0	100.0	100.0
1983	102.2	103.6	105.5	103.9
1984	103.9	106.7	113.1	109.1
1985	107.1	109.5	127.2	116.7
1986	130.1	113.2	188.6	132.1
1987	219.3	134.3	303.8	181.3
1988	220.2	178.2	312.9	245.8
1989	234.7	278.1	327.9	359.7
1990	250.2	296.2	341.3	388.8
1991	227.4	228.4	317.8	313.0
1992	194.2	189.3	257.4	237.2
1993	179.1	176.4	210.3	191.9
1994	173.9	173.0	177.9	162.5
1995	165.1	165.6	147.3	136.8

자료: 손경환(1997), "일본의 지가 하락과 대책", 『토지연구』 제8권 제2호, 한국토지공사. 74쪽.

이러한 토지 신화를 배경으로 토지와 주식이 소위 재텍크의 중심에 위치하게 되었는데, 특히 80년대 후반부터 시작한 일본의 지가폭등 파동에서 주목되는 현상은 토지가 금융자산이 되면서 거품의 확대재생산을 발동시켰다는 점이다. 일본에서나 우리나라에서나 금융기관에서 돈을 빌릴 때 토지는 매우 유용한 담보물이다. 개인이나 기업이 토지를 담보로 잡힐 때, 평상시에는 은행이 시가의 70% 정도만 담보가치로 보고 이 값의 70% 정도의 금액을 대출해주기 때문에 개인이나 기업은 땅값의 약 50% 정도를 은행으로부터 대출받는 것이 보통이다. 다시 말해서 LTV가 50% 정도라는 것이다. 그러므로 땅값이 오르면 토지의 담보가치가 높아지기 때문에 개인이나 기업은 금융기관으로부터 더 많은 돈을 대출받을 수 있다. 즉, 땅값의 상승은 직접적으로 금융기관의 대출 규모를 증대시킨다. 그러나 땅값의 상승은 다른 경로로 금융기관이 대출 규모를 증대시킬 수도 있다. 특히 토지 신화가 뿌리내리고 있을 때는, 더욱더 그렇다. 땅값이 오른다는 보장이 있을 때는 금융기관은 땅값의 50%보다 더 많은 금액을 개인이나 기업에 대출해주는 것이 더 많은 수입을 올리는 길이다. 땅값 상승이 매년 반복되면 금융기관은 토지 신화를 더욱더 신봉하게 되므로 땅값 대비 대출금의 비율은 점점 더 높아지게 되며 이 결과 똑같은 토지에 대한 대출 규모도 점점 더 커진다. 심하면 땅값의 100%에 해당하는 만큼 대출해주는 사태도 발생한다. 이같이 땅값 상승은 금융기관의 대출 규모를 2중으로 늘린다.

개인이나 기업이 금융기관으로부터 대출받으면, 이 돈을 시설확장에 투자하거나 부동산매입에 투자하게 된다. 그러면 토지 수요가 증가하고, 이 결과 땅값이 뛴다. 땅값이 뛰면 위에서 설명한 바와 같이 금융기관의 대출 규모는 2중으로 커진다. 대출 규모의 증대는 개인이나 기업의 투지 수요를 증가시켜서 또다시 땅값을 올린다. 이렇게 땅값 상승 → 담보물의 가치증가 → 금융기관의 대출 규모 증가 → 개인과 기업의 토지 수요 증가 → 땅값 상승 → … 의 순환과정이 연속적으로 이어지면서 일종의 거품 확대재생산 과정이 반복된다. 어떻게 보면 이상한 현상이지만, 금융기관을 중심으로 한, 바로 이런 거품의 확대재생산 현상이 80년대 후반 일본에서 실제로 일어났었던 현상이었다.

(2) 거품의 붕괴

거품이란 속성상 언젠가는 허망하게 꺼지게 되어 있다. 거품이란 말 그대로 허망한 것이다. 거품의 붕괴는 은행의 예금인출사태와 같은 사태를 몰고 온다. 부동산 시장에 참가했던 투자가들 사이에 지가가 곧 떨어진다는 공감대가 폭넓게 형성되는 순간 투자가들은 저마다 땅을 내놓고 토지시장에서 손을 털려고 하므로, 토지시장에는 급매물이 쏟아지면서 땅값은 순식간에 폭락하게 된다. 즉, 거품이 꺼지는 것이다. 땅값이 곧 떨어진다는 공감대는 시장근본 가치 그 자체에 대한 악재가 발표되거나, 시장거래에 대한 정부의 강력한 규제가 발동되거나, 경기 불황 조짐이 나타나는 등의 경우에 형성된다. 문제는, 거품이 단순히 꺼지는 것으로 끝나지 않는다는 것이다. 1990년대 이웃 나라 일본에서 실감 나게 보았듯이, 거품붕괴와 함께 경제 전체가 불황의 늪으로 빠지는 수가 있다. 일본과 같은 경제 대국의 장기불황은 다른 나라의 경제에도 심대한 악영향을 미치게 된다. 결국 일본의 장기경제침체가 1997년에 시작된 아시아의 금융위기를 초래한 한 원인이 되었다.[26] 위에서 살펴보았듯이 일본은 우리나라와 매우 유사한 토지투기 열풍을 겪은 나라이다. 따라서 일본의 거품붕괴 경험도 잠깐 살펴볼 필요가 있다.

지가폭등이 사회문제로 비화하자, 일본 정부는 토지 신화에 대한 맹목적 믿음과 투기적 거래를 지가폭등의 원인으로 규정하고 이를 억제하기 위한 다각적인 대책을 고려하기 시작하였다. 그 한 축이 금융긴축이었고 다른 한 축이 토지세제의 강화와 부동산융자 규모의 규제이었다. 금융긴축 정책의 결과 일본의 금리는 5~6% 수준으로 뛰었으니 1985년도 수준으로 원상 복귀한 셈이다. 지가세가 신설되었고, 고정자산세가 강화되었으며 토지거래에 따른 양도이익에 대한 과세도 강화되었다. 이러한 일련의 강력한 조치 덕분에 일본의 지가는 1991년을 고비로 일제히 하락세를 보이기 시작하였다. 단순한 하락이 아니라 [표 6-2]와 [표 6-3]에서 보는 바와 같이 마치 거품의 붕괴가 어떤 것인가를 실감 나게 보이기나 하는 듯이 지가 하락이 매우 급속도로 진전되었다. 1995년의 상업지역의 지가 수준이 10년 전의 지가를 밑도는 지역마저 속출하였다. 이 지가 하락은 충격적이었다. 왜냐하면, 지난 반세기 일본의 지가는 떨어진 적이 거의 없었기 때문이다. 1970년대 초반 오일쇼크로 일본 지가가 잠시 약 5%~8% 떨어진 것이 단 하나의 지가 하락 기록이었다.

1990년대 지가 급락에는 큰 폭의 금리 인상이 주된 원인으로 지목되었다. 하지만, 그 이후 금리가 다시 1980년대 수준으로 하락했음에도 불구하고 한번 가라앉은 일본의 지가는 장기간에 걸쳐 좀처럼 올라가지 않았다.[27] 만일 일본의 지가에 거품이 없다고 하면 일본의 지가는 일본 토지의 생산성을 반영한 값이다. 그러나 지난 반세기 계속 올라가기만 하던 토지의 생산성이 어느 날 갑자기 곤두박질쳤다가 그런 상태로 계속 처박혀 있다는 것은 믿기가 어렵다. 장기침체에도 불구하고 일본의 높은 생산성은 전 세계가 알아주는 것이었다. 결국 1990년대 일본 지가의 급락은 거품이 꺼진 것으로 보아야 한다는 주장이 지배적이었다.

[표 6-3]을 보면, 1990년을 고비로 지가가 지속적 하락세를 보였는데, 이 지가 하락과 함께 경제성장률, 소비성향, 가동률, 실업률 등 주요 경제지표가 일세

히 하락세를 보여서, 거품붕괴가 경기침체의 기폭제가 되었음을 읽을 수 있다. 특히 거품붕괴 이후 경제성장률이 눈에 띄게 떨어졌고, 드디어 1998년에는 마이너스를 기록하게 되었다.

표 6-4 일본의 거품붕괴와 주요 경제지표들

(단위: %)

연도	지가변동률	GDP성장률	소비성향	가동률지수	실업률
1985	2.2	5.2	77.5	96.1	2.6
1986	7.6	2.6	77.4	91.7	2.8
1987	25.0	4.1	76.4	91.8	2.8
1988	7.9	6.2	75.7	97.1	2.5
1989	17.0	4.8	75.1	99.0	2.3
1990	10.7	5.1	75.3	100.0	2.1
1991	-5.6	4.0	74.5	98.0	2.1
1992	-8.7	1.1	74.5	89.9	2.2
1993	-4.7	0.1	74.3	84.3	2.5
1994	-1.6	0.5	73.4	84.2	2.9
1995	-2.6	1.5	72.5	86.1	3.2
1996	-1.6	3.9	72.0	86.9	3.4
1997	-1.4	2.5	72.0	89.8	3.4
1998	-3.8	-2.8	71.3	83.3	4.1

주: 가동률 지수는 1990년을 100으로 삼은 것임.

자료: 다음 문헌에서 재인용한 것임: Edelstein, R. H. and J. Paul(2000), Japanese Land Prices: Explaining the Boom-Bust Cycle, in Koichi Mera edited Asia's Financial Crisis and the Role of Real Estate.

지가를 포함한 부동산가격의 하락이 경제에 영향을 미치는 경로는 다양하다. 그중에서 잘 알려진 영향은 재산효과다. 1990년 이전 부동산가격 상승기에는 이런 재산효과가 부동산가격의 거품을 키우는데 적지 않은 역할을 하였을 것으로 추정된다. 반대로 부동산가격이 내려가면, 부동산 소유자는 소득이 감소한 것처럼 생각하고 소비지출을 줄인다. 이런 재산효과는 특히 주식의 경우에 현저하게 나타나는 것으로 알려져 있다. 하지만, 일본의 경우 소득, 주가, 지가 등이 소비지출에 미치는 효과를 분석해본 연구에 의하면 지가가 소비지출에 미치는 효과는 주가의 효과보다 통계적으로 더 유의한 것으로 나타났다.[28] [표 6-4]에서 보는 바와 같이 거품붕괴가 시작된 1991년부터 소비성향이 감소한 데에는 이 재산효과가 상당한 정도로 작용하였던 것으로 분석되고 있다. 비록 거품이 붕괴하였어도 이 표에서 보듯이 미미하게나마 경제성장이 지속되었던 탓으로 1인당 소득은 약간씩이라도 계속 늘어났으므로 소비지출의 절대적 수준은 감소하지 않았다. 다만, 소비지출의 증가율이 거품붕괴 이전에 비해서 현저하게 떨어졌다.

이런 소비지출 증가율의 둔화는 기업에 적지 않은 악영향을 미친다. 거품붕괴 이후 일본에서 도산하는 기업의 수가 급속하게 증가하였는데 가장 빈번히 지적되는 도산의 이유는 판매 부진이었다. 판매가 부진하면 기업의 투자도 위축될 수밖에 없다. 따라서 거품붕괴 이후 민간부문의 투자율도 크게 떨어졌다. 지가의 하락은 주택개발업자, 부동산업자 등 토지 관련 기업들의 수익을 떨어뜨림으로써 부동산경기의 위축을 초래한다. 일본의 경우, 그런 지가의 급락은 한편으로는 토지 관련 기업들의 연쇄도산을 초래하였으며, 다른 한편으로는 일본 금융기관의 경영을 크게 악화시킴으로써 수많은 금융기관의 도산 내지는 경영 위기를 초래하였다. 지가가 하락하면 금융기관들이 보유하고 있던 부동산 담보물의 가치도 하락하기 때문에 토지를 담보로 한 금융기관의 대출이 하루아침에 부실채권으로 전락한다. 주택금융회사의 전체 대출금에서 76%가 부실채권으로 전락하였던 것으로 알려졌다.[29]

설령 이런 부실채권의 증가가 직접 도산으로 연결되지 않는다고 하더라도 금융기관의 자기자본비율이 떨어지므로 금융기관들은 자기자본비율 기준을 유지하기 위해서 대출 규모를 대폭 축소하지 않을 수 없게 되었다. 이 결과 금융시장에서 신용경색 현상이 나타났고 시중의 유동성 자금이 크게 위축되어 기업의 설비투자 자금조달이 큰 곤란을 겪게 되었다. 금융 부문이 신용 창출을 제대로 하지 못하면 결국 경제 전체에 걸쳐 경제활동이 위축될 수밖에 없다. 그래서 [표 6-4]에서 보듯이 거품붕괴와 함께 가동률도 크게 떨어졌다. 가동률이 낮다는 것은 기업의 생산능력이 최대한 달성되지 못함을 뜻하며, 그만큼 생산의 측면에서 손실이 있었음을 뜻한다. 그런 저조한 가동률로 인한 생산의 손실은 1992년부터 1996년까지 4년 동안에만 일본 국내총생산의 80%~100%에 이르는 것으로 나타났다.[30] 물론, 거품붕괴로 유발된 일본 장기침체의 사회적 손실이 이런 생산 감소에 그치지 않는다. 실업의 양산도 심각한 사회적 손실이 아닐 수 없다. [표 6-4]에서 보는 실업률은 일본의 기준에 따라 추정된 것이다. 일본의 기준은 매우 관대한 것으로 알려져 있다. 만일 미국의 기준에 따라 추정하였다면, 실업률은 그 2배가 되었을 거라고 한다. 그렇다면, 거품붕괴 이후 일본의 실업률은 거의 8~9%에 이르는 심각한 수준이라는 얘기다.

이렇게 거품붕괴로 유발된 일본의 경기침체는 일본 정부의 막대한 공적자금 투입과 저금리정책으로도 막을 수 없는 지경에 이르렀다. 한 가지 눈길을 끄는 것은, 거품붕괴가 도도하게 진행되고 주요 경제지표가 일제히 악화일로에 있음에도 불구하고 일본 정부는 일본경제가 일시적 조정 국면에 처해 있으며 거품붕괴로 일본경제가 큰 타격을 받는 일은 없을 것이라고, 1992년 경제백서를 통해서 큰소리쳤다는 것이다. 물론, 그런 큰 소리와 함께 일본 정부는 각종 통계분석과 회귀분석을 이용한 정교한 일본경제 진단서를 첨부하는 것을 잊지 않았다. 하지만, 그런 큰 소리에도 불구하고 결국 전 세계가 걱정할 정도로 일본의 경기침체가 20년 이상 지속되었다. 이를 놓고 일본인들은 "잃어버린 20년"이라고 불렀다.

미국발 경제위기

(1) 비우량 주택담보대출(Sub-prime mortgage)

이런 일본의 쓰라린 경험이 불과 10여 년 후 미국에서 그대로 재현되었다. 다만, 더 큰 규모로, 더 복잡하고 더 사악한 모습으로 나타났을 뿐이다. 2014년 금융권에 대한 우리나라의 가계부채 규모가 1,000조 원을 넘어서면서 곳곳에서 우려의 목소리가 나오고 있는 우리의 실정에서 미국의 거품붕괴 경험은 우리에게도 큰 교훈이 될 수 있었다.

2008년 미국의 금융위기 및 경제위기는 주택담보대출로부터 시작하였다.[31] 소위 IT 열풍이 꺼지면서 경기가 급속히 가라앉기 시작하자 미국에서는 2000

년대 초반 저금리정책이 실시되었다. 미국 연방준비위원회(FBR)는 2004년까지 13차례에 걸쳐 금리를 1% 수준까지 내렸다. 일본의 경우처럼 미국 경우도, 저금리가 부동산 가격상승의 일차적 원인이 되었다. 이자율이 낮아지자 주택을 매입하려는 사람들이 큰 폭으로 늘어나기 시작하였다. 미국에서 보통 사람이 주택을 마련하는 전형적인 방법은 매입하려는 주택을 담보로 잡혀서 금융기관으로부터 돈을 빌린 다음 연차적으로 원금과 이자를 상환하는 방법이다. 원래 이런 주택담보 제도는 제2차 대전이 끝나자 세계 각지에서 귀국하는 미국 제대군인들의 주택 마련을 도와주기 위한 취지로 출발하여 차츰 서민들의 주택매입도 손쉽게 하는 제도로 정착되었다.

금리가 낮아지면 그만큼 서민들의 주택매입으로 인한 금전적 부담이 줄어든다. 2000년대 초반부터 미국에서 주택수요가 늘어나면서 시장에서도 주택가격이 서서히 오르기 시작하였고, 투기수요가 시장에 가세하면서 주택가격은 더욱 더 오르게 되었다. 이렇게 되면서 애당초 좋은 의도로 시작된 주택담보대출 제도가 서서히 변질되었다. 저금리와 주택가격 상승의 결과 돈을 빌려서 주택을 매입하려는 사람들이 큰 폭으로 늘어나면서 이들을 금융기관, 좀 더 정확하게 말하면 주택담보대출 회사(소위 모기지 업체)에 연결해 주고 수수료를 받아 챙기는 소위 모기지 중개업자들이 대폭 늘어났다. 이들은 주택을 담보로 돈을 빌리려는 사람들의 조건을 파악하고 이에 알맞은 금융기관을 알선해 주는 사람들로서 대부분 소규모 업체들이다. 원래 이들은 주택매입자들의 신용도를 잘 파악해서 필요한 서류를 금융기관에 제출함으로써 신용도가 낮은 사람들을 사전에 걸러내는데 협조해야 하는데도, 그러지 않았을 뿐만 아니라 그럴 필요도 없었다. 신용도가 낮은 사람들을 알선해주어도 금융기관이 잘 받아주었기 때문이다. 금융기관의 처지에서 보면, 주택가격이 계속 상승하는 상황에서는 주택담보대출이 안전할 뿐만 아니라 채무자로부터 계속 높은 금리를 받아낼 수 있으니 마다할 이유가 없다. 신용도가 낮은 사람들에게는 보통 사람보다 더 높은 대출 금리를 적용하기 때문에 주택담보대출 회사는 나름대로 더 높은 수익을 올릴 수 있고 모기지 중개업자는 더 많은 중개료를 챙길 수 있으니 이들 사이의 관계는 그야말로 '누이 좋고 매부 좋은' 관계가 되었다.

신용등급에 따라 미국의 주택담보대출에는 3가지가 있는데, 가장 신용도가 낮은 사람들, 이른바 '서브프라임 등급'(은행의 고객 분류 등급 중 비우량 대출자)을 상대로 한 대출이 바로 문제의 비우량대출 혹은 서브프라임 모기지(Sub-prime Mortgage)다.[32] 신용도가 서브프라임 등급에 속한 사람들은 대체로 저소득계층의 사람들이다. 이들에 대한 대출은 상대적으로 더 위험하므로 더 높은 금리가 적용된다. 비록 이자율이 높더라도 주택가격의 상승률이 충분히 크면, 돈을 빌리는 사람이나 돈을 빌려주는 기관 모두 이익을 본다. 저금리 그리고 주택가격의 지속적 상승은 서브프라임 모기지의 규모를 급속도로 증가시켰다. 대출신청자의 소득액을 불리거나 자격을 허위로 작성하여 서브프라임 모기지를 신청하는 사례도 많이 늘어났다. 이 결과 서브프라임 대출의 규모가 2006년 말에는 1조 4천억 달러에 이르렀다.[33] 2007년 우리나라 국내총생산이 0.9조 달러임에 비추어 보면 미국 서브프라임 모기지의 규모가 어마어마한 것임을 알 수 있고, 또한 그만큼 미국의 주택경기가 큰 성황을 이루었음을 미루어 짐작할 수 있다.

과거에는 대출금을 확실히 돌려받을 수 있다는 완벽한 보장이 있을 때만 금융기관이 대출해주었지만 그런 관례나 규제도 느슨해졌다. 하지만, 이런 과정에서 채무자의 채무 불이행에 대한 불안이 점점 더 가시화되었다. 이 위험을 완화하기 위해서 주택담보대출 회사는 채무자들에게 돈을 빌려주는 대가로 이들로부터 채권을 받은 다음 이 채권들을 모아서 자산유동회사(SPC)에게 팔아넘겼다. 이들이 팔아넘긴 채권에 대해서는 신용보증 회사가 보증을 서주기 때문에 자산유동회사도 비교적 안심하고 매입할 수 있었을 것이다. 주택가격의 지속적 상승은 주택담보대출의 안전성을 높이기 때문에 보증 서줄 충분한 이유가 된다. 어떻든, 자산유동회사들은 매입한 채권을 묶어서 이를 증권으로 만든 다음 다시 투자은행에 팔아넘겼다. 이 증권을 주택담보대출증권(MBS; Mortgage Backed Securities)이라고 한다. 투자은행이란 예금업무를 취급하는 보통 은행과는 달리 주식 및 채권의 인수와 판매, 기업에 대한 직접투자, 기업 인수나 합병 등을 전문으로 하는, 그야말로 투자 전문 금융기관이다. 속칭 모노라인(monoline)이 그런 회사다. 모노라인이란 소정의 수수료(보증료)를 받고 채권의 원금과 이자의 지급을 보증해주는 채권보증업체를 지칭한다. 이런 투자 은행들은 매입한 주택담보대출 증권을 묶은 다음 일반 투자가들도 참여할 수 있는 펀드로 만들어 판매하였다. 흔히 말하는 부채담보부증권(CDO; Collateral Debt Obligation)은 주택담보대출 증권을 담보로 투자은행이 발행하는 2차 증권이다. 이 주택담보대출 증권이나 부채담보부증권을 흔히 파생금융상품이라고 부른다.

주택가격이 계속 상승세를 탈 경우, 서브프라임 모기지도 비교적 안전하므로 주택담보대출 회사나 펀드에 가입한 일반 투자가들도 안심하고 높은 소득을 올릴 수 있었다. 이들뿐만 아니라 집을 가진 사람들도 큰 이익을 볼 수 있었다. 주택가격이 계속 올라가면, 주택의 담보가치도 그만큼 올라가기 때문에 이미 담보대출을 받은 사람들도 집값의 나머지 부분에 대하여 '추가 대출'을 받을 수 있었기 때문이다.[34] 미국 주택시장이 호황을 누리며 가격이 상승하는 기간에 주택담보대출을 받은 수많은 사람이 저마다 이 추가 대출받아 자동차도 사고 가전제품도 사면서 흥청망청 돈을 썼다. 부동산시장은 날로 번창하였고 이에 따라 주택가격은 빠른 속도로 높아졌다. 이 추가 대출의 증가가 부동산투기 열풍에 기름을 붓는 요인이 되었다. 파생금융상품이 잘 팔릴수록 모기지 중개인이 알선하는 대출 계약은 증가했으며, 투자 은행들의 대출 기준은 더욱 완화되는 현상이 나타났다. 집값이 계속 오르리라고 믿고 수많은 미국인이 흥청망청 호화로운 소비를 즐겼으며, 모기지 중개인은 열심히 주택대출 신청자들을 끌어모았고, 투자은행들은 파생금융상품을 계속 찍어댔다. 금융기관들끼리 채권을 발행하고 매매하는 금융시장도 만들어졌다. 이 뒤 배경에는 대형 은행들이 있었다.

(2) 미국 금융시장의 파탄과 세계 경제위기

일본에서처럼 미국에서도 한때 부동산가격의 상승은 투기를 낳고, 투기는 다시 부동산가격의 상승을 불러오는 악순환이 반복되면서 부동산가격은 급등하였다. 그러자 경기는 차츰 과열 조짐을 보였고, 자연히 거품에 대한 우려가 나오기 시작하였다. 앞에서 인용한 쉴러의 연구도 그 원인을 확인하기 위한 것이었다. 그러나 문제는, 어떤 요인으로 일단 부동산가격이 오른 다음 이것이 수년간 지속되면, 사람들이 부속의 착각에 빠져 앞으로도 부동산가격이 계속 오른다고 믿는다는 것이다. 이 결과, 부동산에 대하여 시장근본 가치보다 더 많은 돈을 치르려고 하는 수요자의 수가 부쩍 늘어나면서 부동산투기 붐이 조성된다. 2005년에 들어와서도 부동산투기 붐이 계속되면서 부동산가격이 이자율을 포함한 시장근본요인으로 설명할 수 있는 범위를 이미 크게 뛰어넘었다는 진단이 나왔다. 다시 말해서 미국 대도시 부동산가격에 거품이 상당히 끼었다는 것이다.

2005년 후반에 들어 이 거품이 꺼질 조짐이 슬며시 나타나면서, 일부 부동산 전문가들이 걱정스럽게 추이를 살피고 있었다. 마침내 미국 부동산경기는 2005년 상반기에 정점에 도달했다. 이제 내리막길이 기다리고 있었다. 주택가격이 고공행진을 하고 주택시장이 과열되는 기미를 보이자 일본에서처럼 드디어 미국 정부가 개입하기에 이르렀다. 미 연방준비위원회는 2004년 6월 이후 무려 17차례에 걸쳐 금리를 인상한 결과 1%까지 떨어졌던 금리가 2006년 말에는 5.25%까지 올랐다. 결국 2000년대에 미국의 금융정책은 냉탕과 온탕을 왔다 갔다 한 꼴이 되고 말았다. 어떻든 금리 인상에 이어 주택가격이 일단 가라앉으면, 이제까지와는 정반대로 모든 악재가 확대재생산 되는 과정이 시작된다. 우선, 주택담보대출을 받은 사람들, 특히 서브프라임 모기지로 대출받은 수많은 사람이 높아진 금리로 인한 부담을 견디지 못하고 채무 불이행 상태에 빠지게 되었다. 서브프라임 등급에 속한 사람들은 원래 채무이행 능력이 부족한 사람들이었던데다가, 서브프라임 담보대출은 낮은 고정금리로부터 시작해서 2년이 지나면 높은 변동금리도 바뀌게 되어 있었다. 금리가 오르면 채무자의 금전적 부담이 부쩍 커질 것은 뻔하다. 여기에 주택가격조차 하락하기 시작하면 주택의 담보가치도 떨어지면서 담보 초과 상태, 즉 갚아야 할 대출 잔고가 집값보다 더 커지는, 초과담보 상태에 빠지게 된다. 말하자면, '깡통 아파트', '깡통 주택'이 대량 발생한다는 것이다. 2007년에 이르러 초과 담보 상태에 있는 채무자의 수가 900만 명에 달한다는 보고가 나왔다.[35]

주택가격의 거품이 빠지면서 서브프라임 모기지로 대출받은 수많은 채무자가 무더기로 대출금을 갚지 못하는 상황이 도래하면서부터 미국발 금융위기는 본격적으로 시작되었다. 미국 도시 곳곳에서 주택이 압류되는 사태가 벌어졌다. 사실, 이런 사태가 2006년부터 본격화되었고 경고등이 켜졌음에도 불구하고 미국 정부나 금융당국은 큰 관심을 기울이지 않았다. 왜 그랬을까? 피해자들의 대부분이 흑인이나 히스패닉 계통의 저소득자들이었기 때문이라는 지적이 나왔다. 어떻든, 2007년 당시 집권당이었던 공화당 지지층 그리고 백인 중산층 주택에 대한 압류가 급격히 증가하자 그제야 정부가 주목하기 시작하였고 주류 언론들도 이를 보도하기 시작하였다.[36] 2007년 말이 되자 거의 200만 명이 집을 잃었고 400만 명 이상이 압류의 위기에 처했다.

미국의 주택가격은 하락을 거듭하였다. 주택가격의 급속한 하락은 주택의 담보가치가 급격하게 떨어짐을 의미하며, 따라서 대출금을 회수할 가능성도 크게 낮아진다. 이같이 대출금을 회수하기 어려워진다는 것은 주택담보대출을 기반으로 하는 채권이나 증권의 부실을 의미한다. 특히 똑같은 담보물에 대하여 추가 대출을 담당하는 은행이 부실을 고스란히 떠안고 맨 먼저 주저앉게 된다. 주택을 담보로 돈을 빌린 채무자의 무더기 채무 불이행 사태 그리고 주택가격 하락으로 인한 채권 및 증권의 부실화는 곧 크고 작은 금융기관들의 줄도산을 낳았다. 미국의 주가는 계속 곤두박질쳤나. 미국의 금융위기는 단순히 미국만의 문제가 아니었다. 미국발 금융위기가 전 세계로 퍼져나갔다. 미국의 주가가 폭락하면서 우리나라를 비롯한 세계 여러 나라들의 주가도 크게 떨어졌다. 미국 주택담보대출에 바탕을 둔 파생금융상품이 세계 여러 나라로 퍼져나갔다. 중국도 그런 파생금융상품을 상당히 많이 보유하고 있었다.[37] 파산하지 않는 금융기관들은 막대한 부실채권을 안고 있었으므로 기업에 대한 대출을 꺼리게 되었다. 그래서 돈줄이 막히는 금융경색이 발생하였다. 미국의 투자은행이나 투자가들은 외국의 투자금을 회수하여 현금화하려고 하였고, 그러자 세계 각국에서 신용경색이 발생하였다. 경제성장과 고용이 위축되면서 드디어 미국과 세계 여러 나라들은 길고 긴 불황의 터널로 빠져들게 되었다. 사실, 2008년 미국 경제위기의 근원은 부동산거품의 붕괴에 있었다. 금융시장은 단지 확성기 역할을 하였을 뿐이다.[38] 많은 전문가가 미국 금융제도에 문제가 있었다고 진단하였고 이 진단이 어느 정도 사실인 것으로 드러났지만, 사실 미국의 금융제도는 미국이 자랑하며 다른 나라에 적극적으로 권고했던 선진 제도였다. 1990년대 금융 파탄으로 일본이 앓아누웠을 때 미국은 일본의 금융계를 비웃었다. 그리고 시장의 원리에 충실한 미국식 금융제도를 도입하라고 집요하게 압력을 넣었다.

미국의 경제위기가 파생금융상품의 무분별한 남발 탓이라는 주장도 많이 나온다. 하지만 대부분의 파생금융상품은 소비자들(투자가들)의 다양한 구미에 최대한 잘 맞도록 미국 최고의 재테크 고수들이 고도의 수학적 계산과 첨단 금융공학을 이용해서 치밀하게 만들어냈을 뿐만 아니라 여러 차례의 모의실험을 통과한 후에 시판되었다. 이 파생금융상품이 금융시장을 획기적으로 발전시켰다고 호평하는 전문가들이 아직도 많이 있다.

문제는, 그 파생금융상품을 떠받치고 있는 기반이 모래성과 같이 취약하였다는 것이다. 즉, 거품이 잔뜩 낀 부동산 위에 세워진 상품들이었다. 아무리 미국의 금융제도가 우수하고 파생금융상품 그 자체가 수학적으로 치밀하게 재단되었고, 그리고 용의주도하게 잘 관리되었던들, 거품 위에 세워진 것은 쉽게 무너질 뿐만 아니라 그야말로 허망하게 무너진다. 부동산거품 붕괴가 원인이었다는 점에서 2008년 미국의 경제위기는 "잃어버린 20년"을 가져온 일본의 1990년대 경제 파탄을 빼닮았다. 그래서 일본의 부동산거품 붕괴의 내막을 소상히 알고 있었던 일부 경제전문가들은 일찍부터 미국의 부동산시장을 심상치 않게 바라보았다.

4 금융위기

천국에서 지옥으로

사실, 2008년 이전에도 세계적인 금융위기가 여러 차례 있었다. 금융위기의 양태에도 여러 가지가 있는데, 주식시장이 직접 금융시장과 연동되어 경제를 뒤흔드는 금융위기가 있고, 부동산시장이 큰 규모로 이 두 시장에 물려가면서 경제를 뒤흔드는 금융위기가 있다. 특히 신자유주의 바람이 불기 시작하던 1970년대 후반 이후의 금융위기 중에는 부동산시장이 원인이 된 경우가 많았다. 대체로 보면, 부동산시장이 크게 연루되지 않은 금융위기는 짧고 격렬했던 반면, 부동산시장이 대규모로 연루될 경우, 경제위기가 오래 지속되는 경향을 보였다. 이런 차이는 대체로 부동산공급이 신축적으로 변하지 못하는 데에 기인한다. 이것만 보아도 부동산 전문가가 지적하는 부동산공급의 고정성(부증성)이 현실적으로 무시할 수 없는 부동산의 특성임을 알 수 있다.

그동안 세계적 금융위기가 잦았다고는 하지만, 2008년 미국 금융시장의 붕괴 그리고 이에 이은 세계 경제의 위기는 세계 대공황 이래 가장 큰 시장의 실패로 기록되고 있다. 그런데도 2006년 9월 싱가포르에서 열린 세계은행-IMF 연례 회의에서도 아무도 2008년 세계 경제위기를 전혀 예측하지 못했다.[39] 손꼽히는 국제금융기관의 최고위층 경제학자들, 그 동료들, 그리고 고액 연봉 경제학자들조차도 세계 경제위기를 전혀 예측하지 못했다. 왜 그랬을까? 이들이 어리석었거나 독단에 빠졌거나 제도적 이해관계에 눈이 멀었다고 말할 수도 있다. 하지만, 그토록 풍부한 정보를 가지고 있었던 최고 전문가들이 앞을 내다보지 못했던 또 하나의 중요한 이유는, 세계 경제위기가 오기 전만 해도 세계 경제가 정말 놀라울 정도로 양호한 상태에 있었기 때문이다. 사실, 파탄이 오기 직전에만 해도 자본주의에 대한 장밋빛 환상이 그 어느 때보다 높이 날아올랐다. 그러니 미국 금융시장의 갑작스러운 붕괴는 더욱더 큰 충격으로 다가올 수밖에 없었다.

우선, 미국 금융 전문가들부터 망신살이 뻗졌다. 미국이 그토록 자랑하던 금융시장이 하루아침에 허무하게 무너졌으니 미국의 체면이 말이 아니다. 자본주의 시장을 가장 낙관하던 경제학자들도 아연실색할 수밖에 없었고, 자연히 그 원인의 규명에 관심을 쏟을 수밖에 없었다. 하지만, 미국 금융시장의 붕괴와 미국발 세계 경제위기에 대한 해명은 중구난방이다. 중국의 과잉 저축에서부터 미 연방은행의 정책 과오, 부패한 정치 로비, 등을 탓하는 목소리도 나왔다. 미국 연방준비위원회 의장은 흔히 경제 대통령이라고 불리기도 하는데, 오랫동안 그 의장을 맡았던 그린스펀(A. Greenspun)은 "전염성 탐욕"이 그 근원적 원인이라고 한마디로 요약하였고, 많은 학자가 이에 끄덕였다.

시장의 원리를 그토록 강조하는 시장주의자들이나 보수 성향 경제학자들의 반응은 어떠했을까? 대체로 이들은 시장에 내재한 구조적 요인들을 외면한 채 무능한 정부와 중앙은행의 쓸데없는 개입만을 탓하기 바빴다. 예를 들면, 정치적 이유로 정부와 중앙은행이 지나친 저금리정책을 장기간 유지하는 경우가 많은데, 이것이 경제위기를 초래하는 주된 원인이 되었다는 것이다. 정치권은 저금리정책이 고용증대와 경제 활성화에 보탬이 되기를 기대한다. 그러니 장기에 걸친 초저금리 정책은 투자를 크게 늘리게 되고 이 과정에서 자연히 생산성이 낮은 사업들이 대량으로 실행에 옮겨진다. 이런 상태가 계속되면, 자금 수요 역시 늘어나면서 결국 시장에서 금리가 오르게 되고 기업의 자금 사정이 차츰 나빠진다. 어느 순간 저금리 시절에 흥청거리던 기업들이 하나둘 문을 닫기 시작한다. 그러면 그 파급효과가 경제 전체로 미치면서 기업들의 줄도산이 이어진다. 경제위기가 이렇게 해서 오게 된다는 것이다. 자유방임을 강조하는 이 이론은 오래전부터 오스트리아학파가 강력하게 주장하였지만, 세계 대공황과 2008년 세계 경제위기를 겪은 이후 세계의 그 어느 정부도 이 이론을 진지하게 받아들인 적이 없었다.

민스키의 금융 불안정 가설과 후기 케인스 학파의 내수 부족 이론

2008년 세계 경제위기 이후 새삼 주목받은 이론은 1960년대에 발표된 민스키(Hyman Minsky)의 금융 불안정 가설이다. 이 이론에서 핵심 개념은 흔히 말하는 레버리지(leverage)로서, 구체적으로 말하면 자산 대비 부채의 비율이다. 경기가 좋을 때는, 기업들은 금융기관으로부터 돈을 많이 빌림으로써 자산 대비 부채의 비율을 높이고, 반대로 경기가 좋지 않을 때는, 이 비율을 낮추는 것이 정상이다. 경제가 안정되기 위해서는(경제학적으로 말해서, 경제가 신속하게 균형을 찾기 위해서는) 경제 전체에 걸쳐 이 레버리지가 상황에 맞게 적정 수준을 유지해야 한다. 그러나 문제는 이 레버리지가 적절히 조절되지 못하면, 바로 이것이 경제위기를 초래하는 원인이 된다는 것이다.

경제 여건이 오랜 기간 좋은 상태를 유지하면, 투자도 늘어나고 이에 부응해서 금융기관도 대출을 늘리게 된다. 자금에 대한 수요가 계속 늘어나면 금융기관은 저질 자산을 담보로 잡고 신용도가 낮은 사람들에게 대출해 주는 새로운 방법을 찾아낸다. 좋게 말하면 금융혁신이 일어나고 나쁘게 말하면 부실 대출이 늘어나면서 레버리지가 과다하게 높아지기 시작한다. 하지만, 이런 과정은 지속될 수 없다. 어느 순간부터 금융기관들이 담보로 잡았던 자산들의 가치가 상승세를 멈추거나 하락하기 시작하고 부실채권이 나타나기 시작한다. 이때부터 금융기관들은 경쟁적으로 채권 회수와 자산매각을 서두른다.

하지만, 이 결과 매물이 갑자기 시장에 쏟아지면서 자산의 가격이 급락하고 금융기관의 손실이 불어난다. 금융기관의 지급 능력이 의문시되고 예금자들이 저마다 현금인출을 서두른다. 인출사태에 대비하기 위해서 금융기관들은 더 헐값에 더 많은 자산을 판매하기 시작하고, 그럴수록 자산의 가격은 더 하락한다. 이런 악순환이 반복되면서 드디어 정부가 개입하지 않으면 전체 금융권이 무너질 위험에 빠진다. 민스키에 의하면, 이런 악순환을 촉발하는 어떤 결정적 계기가 존재한다. 즉, 어느 순간부터 금융기관들이나 채권자들이 자신들의 대출 결정이나 자산가치에 대한 애당초의 생각이 위험할 정도로 너무 낙관적이었다고 갑자기 느끼기 시작한다는 것이다. 이 결정적인 순간을 '민스키 계기(Minsky Moment)'라고도 한다. 미국의 경우, 2007~2009년 금융경색이 대략 민스키 계기에 해당한다고 볼 수 있다.

그러나 금융기관의 대출 증기로 인한 신용팽창만으로는 금융위기를 충분히 설명할 수 없다. 장기적으로 보면, 좀 더 근원적인 문제가 있다는 것이, 소위 후기 케인스 학파나 신 마르크스주의사들의 지적이다. 설령, 신용이 크게 팽창되었다고 해도 일반 서민들의 호주머니가 실질적으로 계속 두둑해진다면, 시장에서 물건이 잘 팔리기 때문에 완전고용 상태가 유지될 수 있다. 하지만, 많은 경제학자가 지적하였듯이 장기적으로 시장은 빈부격차를 크게 벌리는 경향이 있다. 지금 우리나라에서 보듯이 소득분배의 불평등이 심해지면, 서민들은 계속 빚을 지게 되지만 여기에도 한계가 있다. 서민들은 더 이상 빚에 의존할 수 없는 상황으로 몰리게 되고, 드디어 서민 계층이 대량으로 부도를 내게 되면 금융권도 무너지게 된다. 그러므로 빈부격차가 계속 확대되는 경제는 내수 부족으로 인한 경기침체 그리고 부채누증으로 인한 금융위기 사이를 오락가락하게 된다는 것이다. 크룩만(Paul Krugman), 라이시(Robert Reich), 스티글리츠(Joseph Stiglitz) 등 진보 진영 이론 대부분이 이런 생각을 바탕으로 하고 있다.

소로스의 상호작용 이론

평생 금융시장에서 큰손으로 활약했던 소로스(George Soros)도 자신의 현장 경험을 바탕으로 금융위기에 대한 나름대로 이론을 제시하였는데, 이 이론에서 핵심 개념은 현실 인식과 실제 현실 사이의 상호작용이다. 즉, 현실에 대한 인간의 인식이 현실에 영향을 주고 현실은 다시 인간의 현실 인식에 영향을 주면서 악순환이 형성된다는 것이다. 예를 들어서, 2008년 이전 선진국에서 그랬듯이, 주택가격이 상당 기간 오름세를 탄다고 해 보자. 그러면 주택시장의 미래에 대한 장밋빛 환상이 널리 퍼진다. 앞으로도 주택가격이 계속 오른다고 생각하면 투기자들은 자본이득을 노리고 저마다 주택을 매입하려고 한다. 은행의 처지에서 보더라도 담보물로서 주택이 매력적으로 보이게 되므로 선뜻 주택을 담보로 잡고 대출해 준다. 그러면 주택 수요가 더욱더 증가하면서 주택가격은 계속 오르게 된다. 결국, 주택시장에 대한 투기자 자신들의 낙관적 생각이 옳은 것으로 판명된다. 기대가 현실화한다는 것이다. 그러면 투기자들은 더욱더 자신감을 가지고 더 많은 주택과 더 비싼 주택을 매입하려고 한다. 따라서 담보대출과 주택 수요가 다시 늘어나면서 주택가격이 상승세를 탄다. 투기자들은 자신들의 기대가 맞아떨어졌음을 또다시 확인하게 되고, 이것이 시장에서 가격을 더욱더 밀어올리게 된다. 이런 식으로 주택시장에 대한 기대가 실제 주택시장을 바꾸게 되고 이것이 다시 기대에 영향을 미치면서 악순환이 반복된다.

그러나 기대가 항상 실현되는 것은 아니다. 현실이 기대를 따라가지 못하는 순간이 오게 되는데, 이 시점이 소로스가 말하는 '진실의 계기(the Moment of Truth)'다. 투기자들이 이 진실의 계기에 직면하여 아차 하는 순간부터 금융시장은 민스키가 서술한 과정을 밟으면서 붕괴의 늪으로 빠져든다. 조지 소로스는 자신이 직접 눈으로 목격한 금융시장의 떼 짓기 현상을 바탕으로 이 과정을 좀 더 구체적으로 설명하였다. 소로스에 의하면, 가장 냉정해야 하고 계산적이어야 하는 주식시장이나 부동산 시장에서도 떼 짓기가 유난히 심하다. 우리 주위에서도 흔히 보는 일이지만, 주식투기로 특정인들이 재미를 봤다는 소문이 퍼지면 많은 사람이 별생각 없이 주식시장으로 우르르 몰려가고 이 결과 주가가 뛴다. 반대로 특정인들이 이상한 징후를 느끼고 손을 털면, 많은 사람이 경쟁적으로 주식을 내다 판다. 이 결과 주가는 더욱더 급락한다. 이 떼 짓기 탓으로 주가나 부동산가격이 계속 치솟거나 혹은 반대로 계속 추락하는, 이른바 쏠림 현상이 나타난다는 것이다. 달리 말하면, 떼 짓기 때문에 균형 상태로부터 멀어지는 관성이 작용한다는 것이다. 소로스는 금융시장에서 반복되는 주가의 급락과 급등이 상당한 정도로 떼 짓기 탓이라고 말한다.[40] 현실 인식과 실제 현실 사이의 상호작용 그리고 떼 짓기에 더해서 소로스는 한 가지 요인을 더 추가하였다. 업계의 정치적 압력이 그것이다. 시장에서의 악순환이 정치권과 맞물리면서 증폭될 수도 있다는 것이다. 2008년 금융 붕괴 이전 금융에 대한 미국 정부의 규제완화가 그 사례다. 엄청난 부를 축적한 금융 부문이 탐욕에 빠져서 각종 금융규제의 완화를 정부에 요구하게 되며, 금융기관과 한통속이 된 관료는 결국 금융규제를 완화하게 되는데, 이것이 오히려 악순환을 키우고 진실의 계기를 늦추게 된다는 것이다.

2008년 미국 금융시장이 무너졌을 때, 평소 그토록 시장을 옹호하고, 시장예찬론을 지지하며, 정부의 개입을 극구 반대하던 업계가 이번에는 정부의 적극적 개입을 세차게 요구하면서 정부에 압력을 넣었고, 결국 미국 정부가 천문학적 액수의 돈을 퍼부어 도산 위기의 금융기관을 살려낼 수밖에 없었다. 금융 부문의 부실은 제조업 부문의 부실보다 훨씬 더 큰 파장을 몰고 올 우려가 있다. 실제로 2008년 금융위기 때에 미국 정부는 세계적 자동차회사인 GM을 살리기 위해서 500억 달러에 못 미치는 공적 자금을 투입하였지만, 보험회사인 AIG를 살리기 위해서는 그 3배가 훌쩍 넘는 1,800억 달러를 투입하였다.

현실 인식과 실제 현실 사이의 상호작용을 핵심 개념을 삼았다고 해서 소로스의 이론을 상호작용 이론(Theory of Reflexivity)이라고 부르기도 하는데, 사실이 상호작용의 개념이나 떼 짓기의 개념은 이미 케인스도 언급한 것이다. 다만, 케인스 이후의 학자들이 그런 개념들을 이용하여 근래 미국이 경험하였던 금융위기를 새롭게 해석했다고 볼 수 있다. 소로스에 의하면, 금융시장에는 잘못된 계산들이 성행하며 이것들이 떼 짓기를 타고 서로 상승작용을 일으키면서 금융시장의 과열과 붕괴를 초래한다.

행태경제학 이론과 혼돈 이론(Chaos Theory)

2008년 미국 금융시장 붕괴를 경제학계가 전혀 예상하지 못했다는 이유로 경제학자들에게 비난이 쏟아졌지만, 사실 극소수의 경제학자들이 경고의 목소리를 낸 바 있었다. 다만, 이들이 이단시 되었고 이들의 경고가 묵살되었을 뿐이다. 쉴러(R. Shiller)가 그중의 한 사람이다. 인간의 합리성을 전제하는 경제학의 기본가정에 매몰되어 기존 경제학자들이 현실을 직시하지 못하는 동안 쉴러는 여러 가지 착각, 주먹구구식 계산, 떼 짓기 등 금융시장에 만연한 비합리적 행동에 주목하였다. 그리고 이런 여러 가지 유형의 비합리적 행동들이 금융 불안정을 낳는 주된 원인이라는 생각을 이론적으로 구체화하였고 대중화하였다. 근래 행태경제학의 급부상과 더불어 금융시장의 비합리적 행태를 파헤친 연구들이 봇물처럼 쏟아져 나오면서 소위 행태재무학(Behavioral Finance)이라는 분야가 새로 등장하였다.

상당히 오래전부터 금융 전문직은 미국에서 가장 높은 소득을 올리는 인기 직종이 되었는데, 미국 금융시장 붕괴를 둘러싼 미스터리 중의 하나는, 미국 최고의 엘리트들이 금융가에 포진되어 있었다는 것이다. 이들은 금융자산의 운용과 금융시장의 움직임에 관한 세계 최고 수준의 이론으로 무장하고 있었다. 이 이론은 고도의 수학과 최첨단 컴퓨터 기법을 이용해서 개발되었으며 흔히 말하는 '효율적 시장 가설'의 범주에 속하는 이론이다. 이 이론의 개발 기여한 학자는 노벨경제학상을 받기까지 하였다.[41] 이 이론에 따르면, 1987년 주가 대폭락이나 1998년 대형금융사고 등으로 인하여 경제위기가 터질 확률은 우주가 생성된 이후 150억 년 동안 한 번 있을까 말까 한 정도의 매우 희귀한 사건이다. 그러나 2008년 세계 경제 위기를 전후해서 그런 희귀한 사건이 실제로 서너 차례나 터졌다. 무언가 그 이론에 결정적 하자가 있다고 보지 않을 수 없다. 실제로 혼돈 이론(Chaos Theory)의 창시자요 20세기의 위대한 수학자의 한 사람으로 꼽히는 맨델부로트(Benoit Mandelbrot)는 효율적 시장가설 및 합리적 기대 가설에 의존하는 정통 통계모형들이 참일 수 없다는 것을 수학적으로 확실하게 보여주었다.[42] 그의 주장을 대중화한 한 학자는 금융상품의 가격이 정규분포를 이루지 않으며, 금융시장은 정통 경제이론이 시사하는 것보다 훨씬 더 위험하다는 것을 증명하였다. 요컨대, 금융권, 규제당국, 신용평가 기관 등이 이용하고 있는 정통 위험관리 이론은 심각한 하자를 내포하고 있으므로, 그런 이론에 의지하다가는 금융권 전체를 붕괴시키는 재앙을 초래하기 십상이라는 것이다.

민스키의 금융 불안정 가설을 비롯하여, 행태재무학의 이론에 이르기까지 실로 다양한 이론들이 세계 경제위기를 이해하는 데 큰 도움을 주고 있음에도 불구하고 주류경제학은 아직도 이런 이론들을 공식적으로 받아들이기를 꺼린다. 왜 그럴까? 대답은 간단하다. 주류경제학의 전통적 패러다임이 감당하기에는 이런 이론들에 담겨 있는 핵심 내용들이 너무 도전적이기 때문이다. 물론, 지난 100여 년 동안 경제학은 현실을 더 잘 설명하기 위해서 노력한 결과 많은 발전을 거듭해왔다. 현실의 시장과 교과서의 시장이 다르게 움직인다는 사실을 인정하고 이를 극복하려고 노력하는 과정에서 독과점, 공공재, 외부효과, 정보의 비대칭성 등에 대한 새로운 이론들이 개발되었다.[43] 그런데도 2008년 세계 경제위기 때 여실히 드러났듯이 아직도 경제학이 현실을 제대로 설명하지도, 예측하지도 못하고 있다. 그 한 가지 이유는, 현실의 시장이 교과서의 시장과 다르게 움직인다는 것을 인정하면서도 정작 그 시장 안에서 활동하는 현실의 인간이 경제학 교과서의 인간과 다르게 행동한다는 사실을 주류경제학이 아직도 잘 인정하지 않고 있기 때문이다. 경제학은 여전히 그 해묵은 가정, 즉 사람들이 합리적으로 자신의 이익을 추구한다는 고정관념에서 벗어나지 못하고 있다. 쉴러를 비롯한 행태경제학자들이나 다른 경제학자들이 세계 경제위기를 예상하거나 설명할 수 있었던 이유는 이들이 그런 고정관념에 얽매이지 않고 현실을 직시할 수 있었기 때문이다.

부록

거품방정식

그러면 왜 거품의 존재를 확인하기 어려운가? 보통 상품의 가격은 잘 알려진 대로 수요와 공급이 일치하는 수준에서 결정된다. 수요함수와 공급함수를 일치시키는 가격을 찾으면 이것이 곧 추정하려는 가격이 된다. 수학적으로 말하면, 방정식이 하나이고 가격이라는 미지수가 하나뿐이므로 이 방정식을 풀어서 미지수의 값을 구할 수 있다. 이 방정식을 구성하는 세 요소, 즉 수요, 공급, 가격 모두 실측이 가능한 변수들이다.

그러나 거품이 낀 가격의 추정은 그렇게 간단하지 않다. '장래 가격에 관한 다른 투자가들의 예상'이라는 변수가 하나 더 추가되기도 하지만, 더욱더 큰 어려움은 이 변수가 실측하기 매우 곤란하다는 점이다. 앞에서 말했듯이 가격이 오르리라는 예상이 실현될 때 거품이 발생하기 쉽다. 거품이 발생한다는 것은 미래가격에 대한 예상이 실제로 형성될 가격에 영향을 줌을 의미한다. 하지만 미래가격에 대한 예상이 아무것도 없는 데서 뜬금없이 형성되는 것이 아니라 실제로 나타난 가격을 바탕으로 형성되는 것이다. 그러므로 실제 가격이 미래가격에 대한 예상에 영향을 미친다. 그래서 결국 거품이 존재할 경우, 실제 가격이 미래가격에 대한 예상에 영향을 미치고 이것이 다시 실제 가격에 영향을 미치는 순환 관계가 형성된다. 이같이 순환 관계에 있는 두 변수가 개입될 경우, 하나의 방정식으로 두 변수의 값을 알아낼 수는 없다. 미래가격에 대한 예상은 실측하기 무척 어려운 변수이기도 하다. 어떻든 마치 방정식은 하나이고 미지수는 두 개일 때는 여러 개의 해가 존재하듯이, 거품이 존재할 경우에도 가격에 대한 하나의 값을 찾아낼 수는 없고 단지 여러 짝의 해, 좀 더 정확하게 말하면 시간이 변함에 따라 가격이 변하는 여러 가지 경로를 알아낼 수 있을 뿐이다. 이런 여러 가지 경로 중에서 현 상황을 가장 잘 반영하는 경로가 있을 것이다.

어떻든 수요와 공급이 균형을 이루는 상태에서는 토지 소유로부터 기대되는 미래수익(달리 말하면, 미래에 토지를 팔았을 때 얻는 총수입)의 현재가치가 현재의 지가보다 크지도 작지도 않아야 한다. 만일 미래수익 기댓값의 현재가치가 현 지가보다 더 크다면 사람들은 토지를 더 많이 보유하려고 할 것이다. 반대로 미래 수익 기댓값의 현재가치가 현 지가보다 낮다고 하면 사람들은 토지를 보유하지 않고 팔려고 할 것이다.

어떤 시점 t에서의 지가를 P_t, 토지지대를 R_t, 할인율을 r이라고 표기하자. 다음 시기, 즉 $(t+1)$에서의 지가는 P_{t+1}로 표기되고 토지지대는 R_{t+1}로 표기되는데, 다음 시기에서 이 지가와 지대가 실현된다고 하면 $(P_{t+1} + R_{t+1})$는 곧 다음 시기에 토지를 팔았다고 했을 때 예상되는 총수입이 될 것이다. 만일 다음 시기에 예상되는 이 수익의 현재가치, 즉 $(P_{t+1} + R_{t+1})/(1+r)$ 가 P_t보다도 크다고 하면 토지매입이 수지맞는 투자가 되며 그 반대라면 손해 보는 투자가 된다. 그러나 $(P_{t+1} + R_{t+1})$은 미래에 실현되는 값이므로 현재에는 아무도 정확하게 알 수 없다. 다만 사람들은 이것의 기대치를 가지고 있을 뿐이다. $(P_{t+1} + R_{t+1})$에 대한 기대치를 $E(P_{t+1} + R_{t+1})$라고 표기하기로 하자.[44] 그러면 수요와 공급이 균형을 이루는 상황에서 토지의 현 지가와 미래 지가 사이에는 다음과 같은 관계식이 성립할 것이다:

$$P_t = E(P_{t+1} + R_{t+1})/(1+r) \quad \cdots\cdots(6A\text{-}1)$$

이 식을 보면 어느 한 시점의 지가는 다음 시점의 지가에 대한 기대치에 의존하기 때문에 다음과 같이 한 시점의 지가와 다음 시점의 지가가 계속 연결된다.

$$P_{t+1} = E(P_{t+2} + R_{t+2})/(1+r)$$
$$\uparrow$$
$$P_{t+2} = E(P_{t+3} + R_{t+3})/(1+r)$$
$$\uparrow$$
$$P_{t+3} = E(P_{t+4} + R_{t+4})/(1+r)$$
$$\uparrow$$
$$P_{t+4} = E(P_{t+5} + R_{t+5})/(1+r)$$
$$\vdots$$

그러므로 화살표가 나타내는 대로 계속 대입하고 정리하면 다음과 같은 관계식을 얻게 된다.

$$P_t = \sum_{i=1}^{\infty} E(R_{t+i})/(1+r)^i \qquad \cdots\cdots(6A\text{-}2)$$

이 식에서 P_t 는 미래의 토지지대를 자본화한 값이니 내용상 시장근본 가치에 해당한다. 시장근본 가치를 따로 P_t^*라고 표기하기로 하자. 이 시장근본 가치는 식(6A-1)에서 유도한 것이니 당연히 식(6A-1)을 만족시키는 값이다. 하지만 이 시장근본 가치만이 식(6A-1)을 충족시키는 값은 아니다. 식(6A-1)은 다음과 같이 고쳐 쓸 수도 있다:

$$E(P_{t+1}+R_{t+1})=(1+r)P_t$$

이 식이 의미하는 것은 기대값 E(·)가 매기마다 P_t의 r%씩 증가함을 의미한다. 다시 말해서 괄호 안에 있는 값의 기대치가 r%씩만 증가하면 식(6A-1)이 충족된다는 것이다. 그렇다면 굳이 식(6A-2)의 시장근본 가치만이 식(6A-1)을 충족하는 것은 아니다. 예를 들어 이 시장근본가치에 B_t라는 값을 더한 가격을 P_t라고 표기하자. 즉,

$$P_t=P_t^*+B_t \qquad \cdots\cdots(6A\text{-}3)$$

만일 이 B_t가에 대한 기대치가 다음 식과 같이 r%씩 증가한다면 식(6A-3)의 P_t도 식(6A-1)을 충족시킨다.[45]

$$E(B_{t+1})=(1+r)B_t \rightarrow B_t=E(B_{t+1})/(1+r)$$

여기에서 B_t 가 바로 P_t 에 낀 거품이다. 만일 이 거품이 실제로 존재한다면

앞의 식과 같이 거품에 대한 기댓값 역시 r%의 이자율로 증가해야 한다. 실제 지가에 거품이 끼어있는가 아닌가를 실증하기 위해서는 P_t가 식(6A-2)와 같이 변하는가 혹은 식(6A-3)과 같이 변하는가를 검증해야 한다. 그러나 앞에서도 언급하였듯이 그동안의 실증 연구들은 아직 거품의 존재 여부에 대하여 한목소리를 내지 못하고 있다. 심지어 거품이 합리적인가 아닌가, 다시 말해서 사람들이 합리적으로 행동할 때도 거품이 발생하는가 아닌가에 대하여도 학자들 사이에 견해의 차이가 있다.

많은 경제학자가 거품은 일시적 현상이며 사람들이 합리적으로 기대하는 상황에서는 거품은 사라진다고 주장한다. 그러므로 만일 땅값에 거품이 끼어있다고 주장한다면 이런 주장은 합리적 투자행위를 부정하는 셈이다. 이렇게 현실적으로도 거품을 설명하기 곤란하지만, 논리적으로도 거품을 설명하기 어려운 면도 있다. 거품이란 항상 0보다 큰 값일 수밖에 없나. 위에서 살펴보았듯이 거품에 대한 기댓값은 성격상 이자율만큼씩 복리로 증가하게 되어 있는데, 만일 한 번 거품이 0보다 적어졌다고 하면 거품은 계속 0보다 적어질 것이며 결국 지가마저 0보다 적어지게 될 것이다. 왜냐하면 지가는 시장근본 가치와 거품을 합친 값이므로 거품의 부(負)의 값이 시장근본 가치보다 더 커지면 지가는 0보다 적어질 것이기 때문이다. 그러나 지가가 0보다 적을 수는 없다. 따라서 거품도 0보다 적을 수는 없다. 하지만 거품이 0보다 적을 수는 없다면 거품은 항상 존재하며 시장이 형성될 때부터 존재했다는 말인데 이것은 비현실적이다.

어떻든 여러 연구가 거품이 없다는 가설을 부정할만한 증거를 찾을 수 없음을 시사한다. 그러나 거품의 존재를 강력하게 시사하는 실증 연구들도 다수 있음은 물론이나. 예를 들면, 독일의 초(超) 인플레이션(hyperinflation)을 실증 분석한 한 연구는 통화량이 물가수준에 대응해서 신축성 있게 조절되는 경우(즉, 내생적으로 결정되는 경우), 물가에 거품이 끼기 어렵지만, 그렇지 않은 경우(즉, 외생적으로 결정되는 경우), 거품이 존재할 수 있다는 결론을 내리고 있다.[46] 한 가지 재미있는 것은 똑같은 학자가 거품에 대한 자신의 주장을 번복하는 듯한 인상을 주는 두 가지 연구 결과를 내놓았다는 것이다. 이 학자는 첫 번째 연구에서는 사람들이 합리적 기대 하에서 거래한다면 거품이 존재할 수 없음을 논리적으로 설명하였다.[47] 설령 거품이 존재한다고 하더라도 합리적 기대를 하는 사람들은 그런 토지시장에 참여하지 않는다는 것이다. 지가에 거품이 많이 꼈다는 것은 이미 투기자들이 한탕 재미를 보고 떠나기 시작한다는 징후이기 때문에 뒤늦게 투기에 끼어들었다가는 오히려 손해만 볼뿐이다. 소위 투기의 막차를 타다가 손해를 보는 사례는 80년대 후반 우리나라에서 한창 투기붐이 불 때 우리 주위에 흔히 있었던 일이다. 그러나 세대 간 중첩모형을 이용하여 장기적인 경제성장의 문제를 고려한 두 번째 연구에서는 합리적 기대 하에서도 거품이 존재할 수 있음을 시사하고 있다.[48] 거품은 생산적 저축을 빼돌리며 거품에 이용된 돈은 자본을 증식시키지 않기 때문에 결국 거품은 생산적 저축을 감축시킴으로써 한편으로는 자본의 생산성(한계생산)을 떨어뜨리고 다른 한편으로는 이자율을 높이는 경제적 효과를 동반한다. 그러므로 거품이 없을 때의 이자율 및 성장률은 거품이 있을 때의 이자율 및 성장률과 다를 터이니 이 차이를 추정함으로써 거품의 존재를 규명할 수 있다고 이 학자는 주장하였다.

어떻든, 이 학자가 보여준 것은, 이자율이 경제성장률보다 낮을 경우, 합리적인 거품이 존재할 수 있다는 것이다. 경제성장률을 밑돌 정도로 이자율이 낮다면 은행에 저축하는 것보다는 토지에 투자하는 것이 더 이익일 것이다. 그래서 토지에 투자가 몰릴 경우, 지가에 거품이 일어날 가능성이 클 것이다. 요컨대, 사람들이 합리적으로 기대하고 투자한다고 하더라도 국민경제의 상황에 따라 거품이 얼마든지 있을 수 있다는 것이다.

미주

1 이정전 · 서순탁 · 변창흠 · 김홍상(2006), 『토지문제의 올바른 이해』, 서울: 박영사.

2 이준구 · 이창용(1997), 『경제학원론』, 서울: 법문사, 52쪽.

3 두 번째 신화는 "토지정책은 유해무익하다"는 신화이다. 자세한 내용은 다음 문헌 참조: 華山謙(1981), 『現代の 土地神話』, 東京: 朝日新聞社.

4 Shiller, R. J.(1990), Speculative Prices and Popular Models, J. of Economic Perspectives, Vol.4, no. 2, Spring.

5 이지순(1993), 『거시경제학』, 서울: 법문사, 제17장.

6 herd behavior를 "양몰이"라고 부르기도 한다.

7 Flood, R. P. and R. J. Hodrick(1990), "On testing for speculative bubbles", Journal of Economic Perspectives, Vol. 4, No. 2. p.89.

8 Neutze, M. (1970), "The price of land for urban development", The Economic Record, Vol. 48, No.121(Sept.). pp.313-328.

9 위에서 인용한 문헌, pp.313-328.

10 대체로 보면, 거품을 부정하는 학자들은 거품을 비합리적 행동의 결과라고 보는 경향이 있다. 이 최종생산물의 생산비에서 생산요소로서의 토지가 차지하는 비율이 예컨대 1/3 정도 이하로 적으면 이 유도된 수요는 비탄력적일 가능성이 크다. 그뿐 아니라 특히 건물의 경우와 같이 최종생산물 자체의 수요가 바탄력적이면, 토지에 대한 수요도 비탄력적일 가능성이 크다. 이에 대한 구체적 논의는 다음 문헌 참조. Neutze, M. (1970), "The price of land for urban development", The Economic Record, Vol. 46.

11 다음 문헌 참조: Hallett, G. (1979), Urban Land Economics, London: MacMillan Press Ltd. p.80.

12 조지 에커로프 · 로버트 쉴러(2009), 『야성적 충동』(김태훈 옮김), 서울: 랜덤 하우스 코리아.

13 West, K. D. (1987), "A Specification Test for Speculative Bubbles", The Quarterly Journal of Economics(Aug.).

14 다음 문헌 참조: Stone, D and W. T. Ziemba(1993), "Land and Stock Prices in Japan" in J. of Economic Perspectives, vol.7, no. 3, Summer.

15 김경환 · 서승환(1994), 『도시경제론』, 서울: 홍문사, 196쪽.

16 위에서 인용한 책

17 정회남(1998), "IMF 구제금융 시대의 토지정책 방향", 『토지연구』, 한국토지공사, 13쪽.

18 이진순(1993), "한국의 지가: 토지투기와 시장실패", 손재영편 『토지시장의 분석과 정책과제』, 한국개발원, 88-91쪽.

19 이진순(1997), "한국의 토지시장과 거품지가", 『토지연구』(3, 4월호), 17-18쪽.

20 박원암(1993), "지가, 환율과 거품", 손재영편 『토지시장의 분석과 정책과제』, 한국개발연구원. 59쪽.

21 김경한 · 이한식(2000), "부동산 가격거품의 검정", 「대한부동산학회지」, 제18권, 59-81쪽.

22 전강수 · 한동근(2003), "지가와 신용: 한국과 일본의 비교분석", 한국경제학회, 「경제학연구」, 제51권, 제4호.

23 Edelstein, R. H. and J. Paul(2000), Japanese Land Prices: Explaining the Boom-Bust Cycle, in Koichi Mera edited Asia's Financial Crisis and the Role of Real Estate.

24 Stone, D and W. T. Ziemba(1993), J. of Economic Perspectives, vol.7, no. 3, Summer.

25 이 기간에 지가상승률은 소득상승률보다 높은 반면, 주택임대료 상승률은 소득상승률보다 낮았다.

26 손경환(1997), "일본의 지가 하락과 대책", 『토지연구』 제8권 제2호, 한국토지공사. 74쪽.

27 Edelstein, R. H. and J. Paul(2000), Japanese Land Prices: Explaining the Boom-Bust Cycle, in Koichi Mera edited Asia's Financial Crisis and the Role of Real Estate.

28 Stone, D and W. T. Ziemba(1993), J. of Economic Perspectives, vol.7, no. 3, Summer.

29 Edelstein, R. H. and J. Paul(2000), Japanese Land Prices: Explaining the Boom-Bust Cycle, in Koichi Mera edited Asia's Financial Crisis and the Role of Real Estate.

30 이에 관한 자세한 논의는 다음 문헌 참조: 손경환(1997), "일본의 지가 하락과 대책", 『토지연구』 제8권 제2호, 한국토지공사. 86쪽.

31 이에 관한 자세한 논의는 다음 문헌 참조: 이정우(2009), "시장만능주의와 금융위기" , 『위기의 부동산』(이정전 · 김윤상 · 이정우 외), 서울: 후마니타스.

32 신용도가 높은 사람들(프라임 등급)을 상대로 한 프라임(Prime) 모기지가 있고, 신용도가 중간인 사람들을 상대로 한 알트-A 모기지가 있다.

33 미국 주택담보대출에서 서브프라임 모기지가 차지하는 비중이 2002년 말 2.3%에서 13.5%로 급상승하였다고 한다. 20%에 이른다는 설도 있다. 다음 문헌 참조: 부르스 핸더슨과 조지아 가이스, 『서브프라임 크라이시스』(김정환 옮김), 랜덤하우스, 2008, 88쪽.

34 이 추가대출을 홈 이퀴티 론(home equity loan)이라고 한다.

35 부르스 핸더슨과 조지아 가이스, 『서브프라임 크라이시스』(김정환 옮김), 랜덤하우스, 2008, 126쪽.

36 데이비드 하비(2012), 『자본이라는 수수께끼』(이강국 옮김), 경기도 파주시: 창비, 14쪽.

37 패니매와 프레디 맥은 미국 중앙정부의 지원 아래 주택담보대출 및 이에 관련된 파생금융상품을 취급하는 일종의 공기업이다.

38 김수현, "공존을 위한 부동산 정책의 길", 『위기의 부동산』(이정전 · 김윤상 · 이정우 외), 서울: 후마니타스.

39 Kaletsky, Anatol(2010), Capitalism 4.0, New York: Public Affairs, chapter 1.

40 Skidelsky, R. (2009), Keynes, New York: Public Affairs, chapter. 2.

41 데이비드 하비(2012), 『자본이라는 수수께끼』(이강국 옮김), 경기도 파주시: 창비, 20쪽.

42 Kaletsky, Anatol(2010), Capitalism 4.0, New York: Public Affairs, chapter 9.

43 최정규(2011), "행동경제학", <시식의 지평> 10호, 2011.

44 원래는 E를 E_t로 나타내야 하지만 설명의 편의상 첨자 t를 생략하기로 한다. 단, 다음 관계가 성립함을 가정한다: $E_t[E_{t+1}(\cdot)] = E_t(\cdot)$.

45 즉, B_t [$= E(B_{t+1})/(1+r)$]를 식(6A-1)에 추가하고 정리하면 다음과 같은 관계식을 얻는다.
$P_t = E(P_{t+1} + R_{t+1} + B_{t+1})/(1+r)$
이 식 역시 $E(\cdot)$가 r%씩 증가함을 보인다.

46 이에 대한 구체적 내용은 다음 문헌 참조. Flood, R. P. and R. J. Hodrick(1990), "On testing for speculative bubbles", Journal of Economic Perspectives, Vol. 4, No. 2. p.93.

47 이에 관해서는 다음 문헌 참조: Tirole, J. (1982), "On the Possibility of Speculation under Rational Expectations", Econometrica, vol. 50, No. 5(Sept.)

48 다음 문헌 참조: Tirole, J. (1985), "Asset Bubbles and Overlapping Generations", Econometrica, Vol.53, No.5(Sept.)

07

고전적 지대이론

1. 지가(지대)를 둘러싼 대논쟁
   지대의 개념 / 맬서스와 리카도의 대논쟁
2. 리카도의 차액지대설
   지대는 잉여에 불과하다 / 자본주의 위기의 근원
3. 마르크스의 지대론
   지대의 기본적 성격 / 차액지대 I, 차액지대 II, 절대지대
4. 고전적 지대론의 응용
   접근성과 입찰지대곡선 / 도시구조와 지대 /
   교통·운송의 발달과 교외화 현상 /
   개발과 환경보존의 조화

주요용어

- 토지지대
- 대지지대
- 계약지대
- 입찰지대곡선
- 용도전환점
- 교외화 현상
- 차액지대설
- 집약적 한계
- 조방적 한계
- 차액지대 Ⅰ
- 차액지대 Ⅱ
- 비교우위설
- 절대지대
- 이윤율 저하
- 장기 정체
- 근본계급과정
- 내포계급과정
- 필요노동
- 잉여노동
- 잉여가치

07 고전적 지대이론

1 지가(지대)를 둘러싼 대논쟁

지대의 개념

땅값은 토지 이외의 다른 생산요소에 대한 대가를 지불하고 남은 잉여일 뿐이라는 주장, 달리 말하면 지가는 지대(rent)의 성격을 가진 불로소득이라는 요지의 지대이론은 경제학이라는 학문의 출범과 함께 등장한, 무척 역사가 오랜 이론이다. 지가는 잉여이므로, 이윤이 많이 나면 많이 주고 이윤이 없으면 주지 않아도 그만인 그런 성격의 대가이지, 생산성이 높다고 해서 많이 주고 생산성이 낮다고 해서 적게 주는 그런 대가가 아니다. 다시 말해서 생산성을 반영한 대가가 아니라는 것이다. 이 지대이론에서 핵심이 되는 지대의 개념을 잘 이해하는 것이 토지문제에 관한 고전경제학의 주장들을 이해하는 첩경이요, 오늘날까지 토지문제를 둘러싸고 벌어지는 격렬한 논쟁의 속내를 이해하는 좋은 길잡이기도 하다.

지대란 쉽게 말해서 공연히 치른 돈, 혹은 굳이 지급하지 않았어도 아무런 지장이 없는 돈을 말한다. 예를 들어보자. 인기 여배우이면서 광고모델이기도 한 K양이 왜 그렇게 높은 소득을 올릴까? 우선, K양이 다른 보통 여자들에서 볼 수 없는 뛰어난 미모와 매력을 가졌기 때문이다. K양과 똑같이 예쁘고 매력적인 여자들이 서울 거리 어디를 가더라도, 발에 차일 정도로 즐비하다고 하면, 그녀가 그렇게 큰 인기를 누리고 높은 소득을 올릴 리가 없다. 경제학적으로 말하면, K

양이 갖춘 미모와 매력의 공급이 극히 한정된 까닭에 높은 소득을 올릴 수 있다는 것이다. 이같이 희소하면서 공급이 한정되어 있거나 잘 증가하지 않는 특성이나 자원을 가진 사람은 일종의 특권을 누리게 되는데, 이 특권과 결부된 소득이 엄밀한 의미의 지대다. 다시 말해서 공급의 고정성 내지는 비탄력성 때문에 누리게 되는 소득을 경제학에서는 포괄적으로 지대라고 부른다는 것이다.

물론, 공급이 한정되어 있다고 해서 무조건 지대를 누리는 것은 아니다. 아무리 K양이 빼어난 미모와 매력을 가지고 있은들 아무도 알아주지 않는다면 소용이 없다. 지대를 누리기 위해서는 충분히 큰 수요가 있어야 한다. K양이 높은 소득을 올리는 이유는 그녀의 인기가 너무 높아서 수많은 연예기획사가 그녀를 놓고 치열하게 경쟁한 결과 그녀의 몸값이 크게 치솟았기 때문이다. 이런 연유로 K양이 연간 20억 원의 순소득을 올린다고 하자. 그렇다면, 모든 연예기획사가 일치단결해서 대표를 선출한 다음, K양과 단독으로 계약할 권리를 가지게 한다고 하자. 그러고 나서 그녀를 고용해서 번 수익을 서로 나누어 가지기로 굳게 약속했다고 하면 어떻게 될 것인가? 이 대표가 그녀에게 연 1억 원의 순소득을 제시했다고 하자. 이 제의를 받아들이지 않으면 K양은 연예계를 영원히 떠나 다른 분야에 종사해야 한다. 만일 이 1억 원이라도 받고 연예 활동을 계속하는 것이 더 낫다고 판단하고 그녀가 이 제의를 받아들인다면, 그녀가 과거에 받았던 20억 원 중에서 1억 원을 제외한 나머지 19억 원은 지대에 해당한다. 이 19억 원은 연예계가 일치단결했더라면 주지 않았어도 될 돈인데 서로 경쟁하다 보니 공연히 치르게 된 돈이기 때문이다. 지대란 이런 성격의 소득이다.

그러나 연예기획사들의 이런 소모적 경쟁을 막기는 현실적으로 어렵다. 따라서 K양은 계속 20억 원의 높은 소득을 누리게 될 것이다. 그런데, 정부가 K양의 소득에 19억 2천만 원의 세금을 부과했다고 하자. 그런데도 K양이 배우로서 연예 활동을 계속한다고 하자. K양의 연예 서비스 공급은 계속되고, 그녀의 팬들은 전과 다름없이 여전히 그녀의 연예 활동을 즐길 수 있다. 세금을 징수하기 전이나 후나 아무런 변화가 없다. 다시 말해서 8천 만만 받았어도 K양은 연예 활동을 계속한다는 것이다. 그렇다면 그녀가 올린 20억 원 중에서 19억 2천만 원은 주지 않았어도 상관이 없었던 돈이다. 다시 말하면 공연히 준 돈이다. 이번에는 정부가 K양에게 19억 5천만 원의 세금을 부과했다고 하자. K양의 손에 떨어지는 소득은 5천만 원에 불과하다. 그러자 K양이 배우 생활을 집어치우고 어느 회사에 비서로 취직했다고 하자. 그렇다면 K양의 팬들은 더 이상 그녀의 연예 활동을 즐길 수 없게 된다. K양의 연예 서비스 공급이 감소하거나 중단되었다는 것은 정부가 너무 많은 세금을 징수했다는 뜻이다. K양이 연예 활동을 계속하도록 만들기 위해서 반드시 치러야 하는 최소한의 금액은 아마도 5천만 원에서 8천만 원 사이가 될 것이다. 이 최소한도의 금액을 전용비용(transfer costs)이라고 부른다. K양의 처지에서 보면, 이 전용비용은 꼭 받아야 할 금액이므로 이를 전용수입(transfer earnings)이라고 부르기도 한다.[1] 바로 이 전용비용(전용수입)을 초과한 부분을 지대라고 한다. 경제학 교과서는 경제활동을 계속하도록 유도하기 위해서 꼭 치러야 하는 최소한도의 수준을 초과한 소득을 지대라고 정의하고 있다. 뒤에서 다시 설명하겠지만, 이렇게 정의된 지대를 '경제지대'라고 부르기도 한다(제8장 참조). 이 지대는 지불하지 않아도 되는 대가이므로 고전경제학이 말하는 잉여의 성격을 가진 것이라고 할 수 있다.

물론, K양이 누리는 고소득이 전부 지대라고 말할 수는 없다. 그 일부만 지대일 뿐이다. 하지만, 유명 연예인이나 스포츠 스타, 탁월한 경영 능력을 소유한 CEO, 특수한 재능의 소유자, 고위 공직자 등이 누리는 고소득의 상당한 부분이 경제지대일 가능성이 크다. 원래 지대란 토지와 결부된 소득을 의미하였다. 다시 말해서 토지를 이용한 대가로서 토지에 귀속되는 혹은 귀속되어야 할 순소득을 토지지대 혹은 그냥 지대라고 불렀다. 그러나 애덤 스미스는 토지 이외의 자원에서도 지대가 발생할 수 있음을 보였다. 왜냐하면 토지와 비슷한 성격의 자원이 다수 존재하기 때문이다. 그래서 여러 가지 유형의 지대의 개념이 나타나게 된다. 그러나 경제학에서 말하는 엄밀한 의미의 지대는 경제지대다.

애덤 스미스는 『국부론』에서 지대에 관하여 상황하게 서술하고 있는데, 그의 생각을 이론적으로 정교하게 증명하고 정리한 경제학자가 바로 리카도(David Ricardo)다. 그에 의하면 토지지대는 일종의 잉여이며, 생산에 아무런 기여도 하지 않으면서 가만히 앉아서 얻는 불로소득이다.[2] 그러므로 애덤 스미스나 리카도의 이론에서는 토지지대는 곧 현대 경제학이 말하는 경제지대이므로 고전경제학의 틀 안에서는 토지지대라는 용어와 지대라는 용어를 굳이 구분할 필요가 없어 보인다. 어떻든 토지지대가 경제지대라는 리카도의 주장이 옳다고 하면, 토지지대나 지가를 과표로 삼아 토지세를 부과함으로써 토지에 귀속되는 순소득을 사회적으로 환수하더라도 토지의 공급이나 토지이용 양태에 아무런 영향을 주지 않으면서 많은 세수를 올릴 수 있다. 설령 토지지대의 전액을 환수하는 무거운 세금을 징수한다고 해도 대한민국 국토가 줄어드는 것도 아니요, 토지이용을 왜곡하지도 않는다. 그렇다면 토지지대를 환수하는 토지세는 매우 바람직한 조세가 된다.

토지지대에 관한 리카도의 이론은 오늘날 '차액지대설'로 불리고 있는데, 이 차액지대설이 큰 주목을 받게 된 결정적 계기는 땅값의 성격을 둘러싼 대논쟁이었다. 경제학이라는 학문이 본격적으로 출범한 이래 근 250년 동안 특정 경제문제를 놓고 경제학자들이 패가 갈려 격렬한 대논쟁을 벌인 적이 여러 번 있었는데, 경제학 역사에 기록된 유명한 대논쟁 중의 하나가 바로 맬서스-리카도 논쟁이다. 이 논쟁의 발단은 역사적 대사건이었는데, 나폴레옹의 대륙봉쇄령과 영국의 곡물조례 제정이 바로 그것이다.

맬서스와 리카도의 대논쟁

유럽대륙을 평정한 나폴레옹은 영국마저 굴복시키기 위하여 1804년 프랑스 황제에 오른 그 이듬해에 영국침입을 강행하였다. 그러나 트라팔가 해전에서 패배하면서 유럽통일의 꿈은 수포로 돌아갔다. 그래서 궁여지책으로 생각해낸 조치가 영국을 경제적으로 말려 죽이는 작전이었다. 나폴레옹 정부는 스페인으로부터 러시아에 이르는 모든 유럽대륙 국가가 영국과의 무역을 금지하는 경제봉쇄 조치를 내렸다. 이것이 바로 1806년 베를린 칙령에 따른 나폴레옹의 대륙봉쇄령이다. 공업국이었던 영국은 주로 유럽대륙으로부터 식량을 수입하면서 먹고 살았으니 대륙봉쇄령은 영국에 큰 타격이 아닐 수 없었다. 곡물 수입이 끊기면서 당장 영국의 곡물 가격이 폭등하였다. 그러자 종래에는 경작되지 않던 척박한 토지가 대량 곡물 생산에 동원되기 시작하였다. 척박한 토지에서 농산물을 생산하다 보니, 수확량도 떨어지고 생산비도 비싸진다. 비록 국내에서 식량을 조달하더라도 영국의 곡물 가격은 대륙봉쇄령 이전보다 현저하게 높아질 수밖에 없다. 곡물 가격이 높아지면 자연히 임금도 높아진다. 임금이 높아지면 수출도 부진해지고 기업의 이윤도 감소한다. 결국 나폴레옹의 대륙봉쇄령은 이렇게 영국경제에 큰 타격을 끼쳤고, 노동자 계층과 자본가 계층 모두에게 큰 시련을 내렸다.

역사란 늘 그렇듯이 다수의 불행 뒤에는 소수의 행복이 있다. 당시 영국에서도 그랬다. 온 국민이 고통을 겪는 가운데 뒤로 돌아앉아 웃으면서 열심히 돈을 세는 사람들이 있었으니, 바로 지주들을 중심으로 한 기득권 계층이 그들이었다. 대륙봉쇄령으로 인한 곡물 가격의 폭등은 농지에 대한 수요를 대폭 증가시켰다. 종전에는 경제성이 없던 땅이나 문 닫은 공장의 땅들이 대거 농지로 전용되었다. 이런 땅의 소유자들은 갑자기 높은 임대료(토지지대)를 받게 되었다. 물론, 기존 농경지의 토지지대도 크게 올랐다. 그래서 대륙봉쇄령 이후 당시 영국의 지주들은 곡물 가격 폭등에 이은 토지지대 상승으로 돈방석에 앉게 되었다. 토지지대가 오른다는 것은 곧 땅값도 비례해서 오른다는 뜻이다. 그러므로 대륙봉쇄령은 영국의 땅값을 크게 올림으로써 지주들이 소유한 재산의 가치도 크게 불려주는 결과를 낳았다.

그러나 나폴레옹의 대륙지배는 오래가지 못했다. 대륙봉쇄령을 어기고 몰래 영국에 곡물을 수출했던 러시아를 응징하기 위해서 나폴레옹이 러시아원정을 강행했지만, 오히려 크게 패하고 말았고 이것이 화근이 되어 드디어 나폴레옹은 권좌에서 쫓겨났다. 영국은 이제 대륙봉쇄령 이전의 상태로 돌아가게 되었다. 곡물 수입이 자유로워지게 되면 곡물 가격은 다시 옛날 수준으로 떨어질 것이고 노동자들은 값싸게 식량을 사 먹을 수 있게 되었으며 자본가들 역시 임금 압박의 부담에서 벗어나게 되었다. 이 결과 경세 사정도 호전될 수 있었다. 그러나 세상이란 참으로 우스운 것이어서 영국 국민에게 그렇게 큰 시련을 주었던 대륙봉쇄령의 자동 소멸을 정치권이 거부하고 나섰다. 하기는 나폴레옹의 덕을 톡톡히 본 기득권 계층이 대륙봉쇄령의 자동 소멸을 가만히 앉아 보고만 있을 턱이 없었다. 드디어 영국 정부 스스로가 자기 나라에 대륙봉쇄령을 내리는 코미디 같은 일이 벌어졌다. 곡물조례가 바로 그것이다. 곡물조례란 대륙으로부터 영국으로 곡물 수입을 금지하기 위한 법이다. 당시 의회를 장악하고 있는 지주 계층은 이 법의 통과를 강력하게 추진하였다.

아무리 악법이라도 이것을 추진할 때는 이를 정당화하는 명분을 내걸기 마련이다. 언제나 그렇듯이 지배계층의 기득권 수호를 위한 조치를 정당화하는 데에는 당대 최고의 지성인들이 동원되기 마련이다. 우리나라의 경우, 과거 이승만 정권의 독재, 그리고 그 이후 군사 정권들의 독재를 앞장서서 정당화했던 인물들, 모두 당대 우리나라 최고의 일류대학을 나온 최고의 지성인들이 아니었던가. 영국 곡물조례의 경우에도 그랬다. 곡물조례를 옹호하고 나선 당대 지성인 중 대표적인 인물이 바로 『인구론』으로 유명한 맬서스였다. 맬서스는 영국뿐만 아니라 유럽대륙에도 잘 알려진 명사였다. 맬서스를 비롯하여 곡물조례를 옹호하는 진영의 주장은, 영국의 곡물 가격이 너무 비싸서 도저히 국제경쟁력이 없으므로 곡물 수입을 자유화하면 영국의 농업은 망하게 되고 농민들이 막대한 피해를 보게 된다는 것이다. 이들은 국내 농업을 보호하고 농민을 살려야 한다는 명분을 앞세웠다. 표면상 농민 보호를 앞세운 이런 명분은 정치적으로 대단히 강력한 호소력을 가졌다.

그러면 영국의 곡물 가격은 왜 비싼가? 곡물조례를 두둔하는 진영의 대답은 영국의 지가가 높기 때문이라는 것이다. 영국에서는 땅값(토지지대)이 비싼 까닭에 곡물 생산비가 비싸고 그래서 영국의 곡물이 비쌀 수밖에 없다. 이런 주장은 땅값이 비싸지면 생산비도 비싸지고 따라서 상품의 가격도 비싸진다는 논리를 바탕으로 한다. 이런 논리는 우리의 상식에 부합한다. 예를 들어, 서울 강남 번화가의 음식값이나 커피값은 서울 변두리보다 상당히 비싼데, 왜 그런가를 묻는다면 아마도 사람들 대부분은 번화가의 땅값이 변두리보다 현저하게 비싸기 때문이라고 대답할 것이다. 보통 사람들이 생각하기에는 대답이 너무 뻔하다.

하지만, 이런 상식을 무색하게 하는 강력한 반론이 제기되었다. 이 반론을 주도한 경제학자가 바로 리카도였다. 그래서 경제학 역사에 길이 남는 리카도와 맬서스 사이의 대논쟁이 시작되었다. 리카도의 반론은 영국의 곡물 가격이 왜 비싸졌으며 영국의 땅값이 왜 비싸졌는가에 대한 물음으로부터 시작된다. 영국의 곡물 가격이 비싸진 이유는 영국의 땅값이 비싸기 때문이 아니라 대륙봉쇄령으로 곡물 수입이 많이 감소했기 때문이다. 역사적으로 보면 그렇지 않은가. 영국의 땅값이 비싸진 이유는 영국의 곡물 값이 비싸기 때문이다. 그러므로 곡물 수입을 자유화하면 영국의 곡물 가격은 하락할 것이고 이에 따라 영국의 땅값도 떨어질 것이다. 땅값의 상승은 곡물 가격상승의 결과이지 그 원인이 아니라는 것이 리카도 논리의 핵심이다. 서울 강남 부촌의 땅값이 비싼 이유는 그곳에서 고급아파트가 잘 팔리고 그곳에서 생산되거나 공급되는 비싼 상품들이 잘 팔리기 때문이지 그 역은 아니라는 것이다. 리카도에 의하면, 일반적으로 지대는 토지에서 생산된 상품의 가격이 비싼 까닭에 발생하는 결과에 불과하다. 그러므로 지대가 높거나 낮다고 해서 토지생산물의 생산비가 비싸지거나 싸지는 것이 아니며, 따라서 토지생산물의 가격도 비싸지거나 싸지는 것이 아니다. 하지만, 리카도의 이런 주장이 정치권에서는 먹혀들지 않았고 결국 곡물조례가 국회를 통과하고 말았다. 그러나 당시 경제학계는 리카도의 주장을 정론(正論)으로 받아들였다.

2 리카도의 차액지대설

지대는 잉여에 불과하다

애덤 스미스는 경제학이라는 학문을 연 인물이고, 리카도는 이것을 이어받아 이론적 반석 위에 올려놓은 인물이라고 할 수 있다. 그런데도 현대 경제학자들은 애덤 스미스를 할아버지처럼 떠받들면서, 리카도에 대해서는 별로 고운 시선을 보내고 있지 않다. 리카도의 경제이론에는 현대 경제학자들이 몹시 못마땅하게 생각하는 여러 가지 내용들이 섞여 있다. 그 하나는 노동가치설이고 또 다른 하나는 잉여이론이다. 리카도에 의하면 지주들이 받는 소득(지대소득)은 일종의 잉여로서 생산에 아무런 기여도 하지 않으면서 가만히 앉아서 얻은 불로소득이다. 현대의 많은 경제학자는 이런 주장을 잘 인정하지 않을 뿐만 아니라 매우 못마땅하게 생각한다. 노동가치설이나 잉여이론 모두 애덤 스미스가 이미 얘기했던 것들이다. 다만, 애덤 스미스는 엉성하게 얘기했고, 그래서 리카도가 정밀하게 발전시켰을 뿐이다. 그런데도 리카도만 욕을 뒤집어쓰고 있다. 결국, 노동가치설과 잉여이론은 마르크스경제학으로 흘러 들어가 그 중추를 이루게 되었다.

그러면 이론가의 이론가라고 추앙받는 리카도가 왜 지대소득이 잉여이며 불로소득이라고 주장했을까? 대륙봉쇄령의 전말을 보면 쉽게 알 수 있다. 대륙봉쇄령 이후 영국의 지주 계층에게 떨어진 막대한 경제적 이익은 영국의 국민총생산이 늘어난 탓도 아니요, 지주들이 열심히 일한 탓도 아니다. 순전히 나폴레옹 때문에 영국의 곡물 가격이 올라가고 지가가 올라갔기 때문이다. 말하자면, 지주 계층은 가만히 앉아 있다가 어느 날 느닷없이 돈방석이 앉은 꼴이다. 물론, 리카도는 치밀한 이론가였으므로 이렇게 엉성하게 설명하지 않았다. 매우 정교한 이론에 의존해서 지대소득이 잉여임을 증명하였다.

이 이론의 감을 잡기 위해서 다음과 같은 가상적 상황을 생각해 보자. 토지의 유일한 용도는 쌀 생산이며, 쌀 생산에는 경기도 땅이 제일 비옥하고 그다음 전라도 땅이 비옥하며, 경상도 땅이 가장 나쁘다고 가정하자. 더 비옥하다는 것은 면적 당 수확량이 더 많다는 것을 의미한다. 달리 말하면 단위당 생산비가 더 저렴하다는 뜻이다. 그래서 예컨대 쌀 한 가마당 생산비가 경기도에서는 5만 원이고 전라도에서는 6만 원, 그리고 경상도에서는 8만 원이라고 하자. 그렇다면, 우선 가장 기름진 경기도 땅부터 이용하고 이것이 모자라게 되면 전라도 땅도 이용하고 그래도 모자라면 경상도 땅을 이용하는 것이 합리적이다. 이같이 좋은 토지부터 이용할 때 맨 나중에 이용되는 토지는 가장 열악한 토지라고 할 수 있는데 이 토지를 조방적 한계라고 한다. 점점 더 많은 토지가 이용된다는 것은 조방적 한계가 넓어진다는 뜻이다.

인구가 적어서 경기도에서 생산되는 쌀만으로 대한민국 국민이 충분히 먹고 살 수 있다고 하면, 경기도 땅만 경작되고 다른 지역의 땅은 경작되지 않을 것이다. 경기도의 토지도 남아돌아 갈 정도로 비옥한 땅이 풍부한 상황에서는 경기도의 땅을 포함한 모든 땅에서 지대가 발생하지 않는다. 만일 경기도에 땅을 가진 어떤 지주가 지대를 요구하면 그 땅을 경작하던 영농자는 경기도의 다른 노는 땅을 찾아 떠나가 버릴 것이다. 경기도 안에도 노는 땅이 많은데 누가 지대를 요구하는 땅을 경작하려고 할 것인가. 토지는 경작하지 않고 내버려 두면 황폐화하기 때문에 토지소유주는 자신의 땅을 놀리느니 지대를 받지 않더라도 누가 와서 경작해주기를 원한다. 그래서 애덤 스미스는 그런 토지를 이용하겠다는 사람이 나서면 토지소유자는 이를 허락하는 것이 통례라고 『국부론』에 적고 있다.[3] 애덤 스미스나 리카도를 포함한 고전경제학 학자들은 상품의 가격이 생산비에 의해서 결정된다고 보았으므로 경기도의 토지만 경작되는 경우 대한민국의 쌀값은 경기도 땅에서의 쌀 생산비인 가마당 5만 원의 수준으로 낙착된다. 토지지대가 0이므로 쌀 한 가마를 팔았을 때 받게 되는 5만 원은 몽땅 임금이나 원료비, 이자, 이윤 등으로 분배되며, 지주에게 돌아가는 몫은 없다.

인구가 점점 더 증가해서 경기도의 땅을 모두 경작해도 쌀이 부족해지면, 하는 수 없이 전라도의 땅도 쌀 생산에 동원되어야 한다. 그러나 전라도 땅은 경기도 땅에 비해서 척박하므로 쌀 생산단가가 비싸진다. 따라서 쌀 가격도 그만큼 높아져야만 한다. 전라도 땅의 쌀 생산비는 가마당 6만 원이므로, 전국의 쌀 가격은 5만 원에서 6만 원으로 뛰면, 전라도 땅이 영농에 이용된다. 그만큼 쌀값이 오르지 않으면 전라도의 땅이 쌀 생산에 이용될 수 없다. 즉, 경기도의 쌀만으로는 모자라서 전라도의 토지가 쌀 생산에 이용되는 순간 대한민국의 쌀 가격은 가마당 6만 원이 된다는 것이다. 비록 쌀 가격은 6만 원으로 뛰지만, 경기도 땅의 쌀 생산비는 여전히 가마당 5만 원이다. 그러므로 쌀값 6만 원과 생산비 5만 원의 차액인 1만 원은 순전히 경기도 땅이 전라도 땅보다 비옥한 탓으로 발생하는 추가 수입이라고 볼 수 있다. 결국, 이 추가 수입은 지주가 차지하게 된다.

이 추가 수입 때문에 농부들은 전라도 땅보다는 비옥한 경기도 땅을 더 원할 것이다. 농부들의 이런 심리가 농부들 사이의 경쟁을 유발하게 된다. 예를 들어서, 어떤 농부가 경기도 땅 지주에게 그 추가 수입 1만 원 중에서 반을 받치겠다고 제의하면, 이보다 높은, 예컨대 7할을 받치겠다고 제의하는 농부가 나타날 것이다. 7할을 받쳐도 3천 원을 농부가 차지할 수 있으니 전라도 땅을 경작하는 것보다 이익이다. 하지만, 곧 8할을 받치겠다는 농부가 나타나게 되고 이어서 9할을 받치겠다는 농부가 나타날 것이다. 이런 식으로 농부들이 경쟁하다 보면 1만 원의 추가 수입은 전부 지주의 손으로 들어가게 된다는 것이다. 따라서 이 추가 수입, 즉 가격과 생산비의 차액이 바로 리카도가 말하는 경기도 땅의 토지지대가 된다. 그러므로 경기도 땅만으로는 모자라서 덜 비옥한 전라도 땅이 이용되는 순간 경기도 땅에 비로소 지대가 붙게 되는데, 쌀 한 가마 생산하는 땅의 지대는 0원에서 1만 원으로 뛴다. 이 지대는 쌀 가격에서 경기도의 쌀 생산비를 뺀 나머지다. 즉 잉여다. 물론 전라도 땅은 지대를 요구할 수 없다. 쌀 가격과 쌀 생산비가 같아서 잉여가 없기 때문이다.

인구가 더욱더 증가한 탓으로 전라도 땅만으로는 부족해서 경상도 땅도 이용해야 하는 상황이 오게 되면, 이때 비로소 전라도 땅도 지대를 요구하게 되고 경기도의 지대는 더욱더 오르게 된다. 경기도 땅과 전라도 땅의 지대는 각각 얼마가 될 것인가? 지대는 쌀 가격에서 생산비를 뺀 나머지이기 때문에 우선 전국의 쌀 가격이 결정되어야 한다. 리카도에 의하면 전국의 쌀 가격은 "가장 불리한 상황에서" 생산될 때 소요되는 생산비(리카도의 표현으로는 노동투입량)에 의해서 결정된다.[4] 달리 말하면 조방적 한계에서의 생산비가 전국의 쌀값을 결정한다는 것이다. 조방적 한계인 경상도 땅의 쌀 생산비는 8만 원이다. 그러므로 경상도 땅이 조방적 한계가 되는 순간 전국의 쌀값은 8만 원으로 뛰게 된다. 이 정도로 쌀값이 뛰지 않는다면 경상도 땅은 경작될 수 없다. 전국의 쌀값이 8만 원으로 오르더라도 경기도 땅과 전라도 땅에서 쌀 생산비는 여전히 각각 5만 원과 6만 원이므로 경기도와 전라도에서는 쌀 가격이 쌀 생산비를 한 가마당 각각 3만 원과 2만 원씩 초과하게 된다. 바로 이 초과분, 달리 말하면 쌀 가격에서 각 토지의 쌀 생산비를 뺀 나머지(잉여)가 경기도 땅과 전라도 땅의 지대가 된다. 그래서 경기도에서 쌀 한 가마 생산하는 땅의 지대는 3만 원이 되고, 전라도에서는 2만 원이 된다. 예컨대 쌀 열 가마를 생산할만한 면적의 토지에 대한 지대는 경기도에서 30만 원이고 전라도에서는 20만 원이 될 것이다.

이렇게 리카도의 이론에서 지대가 결정되는 과정을 유심히 보면, 경기도의 땅만 경작될 때는 지대가 발생하지 않았지만, 전라도 땅이 쌀 생산에 동원되는 순간 경기도 땅의 지주는 지대를 받게 되고, 경상도의 땅도 경작에 동원되는 순간 경기도 땅의 소유자는 가만히 앉아서 더 많은 지대를 얻으며, 전라도의 지주도 지대를 받게 된다. 경기도 땅과 전라도 땅에 귀속되는 지대의 크기는 순전히 조방적 한계가 어디인가에 달려 있다. 조방적 한계 안의 토지에 귀속되는 지대의 크기는 이같이 전국의 쌀 가격이 결정된 다음에야 알 수 있는데, 이 쌀 가격은 조방적 한계에서의 생산비에 의해서 결정된다. 조방적 한계가 넓어지면 쌀 가격이 올라가고 그러면 지대도 덩달아 올라간다. 쌀 가격이 높아지는 이유는 곡물 수요가 증가함에 따라 점점 더 척박한 토지를 이용해야 하기 때문이지 결코 지대나 땅값이 비싸기 때문이 아니다. 리카도에 의하면 지대는 토지생산물의 가격과 생산비의 차액이며, 지대의 크기는 이 차이에 의해서 결정된다. 그래서 리카도의 지대이론이 차액지대설이라고 불리게 되었다. 요컨대, ① 지대는 다른 생산요소에게 그들의 몫(한계생산가치)을 지불하고 남은 잉여이며, ② 지대는 토지생산성의 차이를 반영한 소득이라는 것이다. 이 두 주장 중에서 특히 지대가 잉여라는 주장은 고전경제학에서 폭넓게 수용된 주장이다.[5] (리카도의 지대이론에 대한 보다 더 자세한 설명은 7장의 부록 참조)

애덤 스미스나 리카도에 의하면, 조방적 한계의 토지에는 지대가 발생하지 않는다. 지대가 없는 토지를 무지대토지(無地代土地)라고도 한다. 무지대토지에서는 생산에 종사하는 사람이 지대를 내지 않으므로, 무지대토지의 생산비에는 지대가 포함되지 않는다. 바로 그 무지대토지의 생산비가 곧 전국에서 통용되는 상품가격을 결정한다. 이 가격에는 지대가 포함되지 않으므로 지대(지가)가 오르든 내리든 토지생산물의 가격에는 아무런 영향이 없게 된다.

여기에서 제기되는 한 가지 중요한 질문은, 인구가 늘어나고 식량에 대한 수요가 증가하면 왜 조방적 한계가 넓어지는가이다. 왜 가장 비옥한 경기도 토지만 계속 이용하지 않고 덜 비옥한 전라도 땅과 경상도 땅을 이용해야만 하는가. 그 이유는 앞에서 언급한 수확체감의 현상 때문이다. 한정된 토지에 더 많은 노동력, 더 많은 비료, 더 많은 농기구를 투입해서 생산할 때(다시 말해서 토지를 더 집약적으로 이용할 때)는, 추가되는 생산량이 점차 감소한다. 만일 수확체감 현상이 나타나지 않는다고 하면 토지 부족 문제는 사라진다. 예컨대 지금보다 열 배 더 많은 수확량이 필요하다고 하면 가장 비옥한 토지에 노동투입량을 열 배로 늘리면 되고, 만일 지금보다 백 배 더 많은 수확량이 필요하다고 하면 노동투입량을 백배로 늘려주면 그만이기 때문이다. 즉, 그 한정된 비옥한 토지만을 이용해서 얼마든지 수확량을 뽑아낼 수 있으므로 덜 비옥한 토지를 이용할 필요가 없다는 결론이 나온다.

그러나 현실에서는 수확체감의 법칙이 작용한다. 물론, 어느 정도까지는 기존의 비옥한 토지를 최대한 이용해서 늘어나는 수요에 대처할 수 있지만, 생산성이 너무 떨어져서 더 이상 집약적으로 생산하는 것이 경제적으로 손해가 되는 한계가 오게 된다. 이 한계를 '집약적 한계'라고 한다. 이 한계 때문에 가장 비옥한 토지만 이용해서 무한정 농산물을 생산해낼 수 없다. 그래서 하는 수 없이 덜 비옥한 토지도 경작해야 한다. 다시 말해서 조방적 한계가 확장된다. 그러다 보면 생산비가 비싸져서 곡물 가격이 점차 상승하고 지대도 덩달아 점차 증가한다. 요컨대, 곡물 가격이 상승하는 이유는 수확체감 현상 탓으로 집약적 및 조방적 한계에서의 생산비가 상승하기 때문이지 결코 지대가 비싸지기 때문이 아니라는 것이다.

이같이 리카도의 이론에서는 지대는 단순히 잉여이므로, 토지생산물의 가격이 높으면 지대도 높아지며, 생산물의 가격이 낮아지면 지대도 낮아진다. 생산물의 가격이 크게 떨어지면 지대는 영이 될 수도 있다. 그러나 생산물의 가격이 아무리 많이 하락하더라도, 임금이나 이자마저도 영으로 떨어질 수는 없다. 임금과 이자가 0으로 떨어지면 생산 그 자체가 중단된다. 이런 점에서 지대는 다른 생산요소에 대한 대가와 성격을 근본적으로 달리한다. 리카도는 다음과 같이 자신의 주장을 요약하였다.

> 지대의 증가는 항상 국부가 증대된 결과이며 또한 늘어난 인구를 위한 식량 공급이 어려워짐으로 인한 결과다. 그것은 하나의 증상이지 절대로 부의 원인이 될 수는 없다. … 지대는 조금도 가격의 구성 요인이 되지 않으며 또 될 수도 없다.[6]

자본주의 위기의 근원

보통 경제학이라고 하면 자본주의 체제를 옹호하는 이론이요 자본주의의 장래에 대하여 낙관적인 시각을 가지고 있는 학문으로 알려져 있다. 그러나 아이러니하게도 경제학의 아버지라고 불리는 애덤 스미스나 그의 뒤를 이어 경제학의 이론적 기초를 닦은 리카도 등 초기의 정통 경제학자들은 자본주의의 미래를 무척 어둡게 보았다. 리카도는 그 누구보다도 자본주의의 쇠락을 논리적으로 잘 설명하였기 때문에 그의 시각은 더 비관적으로 비친다. 이런 연유로 경제학이란 학문이 "음울한 과학(dismal science)"이라는 별명을 얻었는데 이런 별명을 얻게 만든 장본인이 바로 리카도이다.

리카도는 친구인 맬서스의 『인구론』을 기둥으로 삼아 자신의 웅대한 경제이론을 구축하였다. 리카도는 노동자의 임금이 궁극적으로 두 가지 요인의 상호작용에 의해서 결정된다고 보았다. 그 하나는 노동의 수요와 공급이고 다른 하나는 노동자의 평균 최저생계비다. 노동자의 평균 최저생계비는 다분히 사회관습에 의해서 결정되는데, 리카도는 이것을 노동의 자연 가격이라고 불렀다.[7] 이에 대응하는 개념으로 노동자에게 실제로 지출되는 임금을 그는 노동의 시장가격이라고 불렀다. 이 임금은 노동에 대한 수요와 공급에 따라 결정된다. 노동의 시장가격이 자연 가격을 초과하게 되면 노동자의 생활이 풍족해져서 인구가 늘어나고 노동력이 늘어나므로, 노동의 시장가격은 하락하게 된다. 만일 이 시장가격이 자연 가격 이하로 지나치게 떨어지면 노동자의 생활은 비참해져서 인구가 줄고 따라서 노동 공급은 감소한다. 그 결과 노동의 시장가격은 다시 상승한다. 리카도는 결국 이런 과정을 거쳐 노동의 시장가격은 항상 노동의 자연 가격 수준에서 장기균형을 이룬다고 보았다. 다시 말해서 장기적으로 임금은 생계비 수준을 넘지 못한다는 것이다.

애덤 스미스나 리카도 모두 자본주의 장래를 비관적으로 만드는 주요인을 이윤율 저하 경향에서 찾고 있다. 이 두 학자 모두 자본축적이 경제성장의 원동력이며, 자본축적은 오직 이윤의 재투자를 통해서만 이루어진다고 보았다. 이윤은 자본주의 경제를 움직이는 원동력이라는 것이다. 애덤 스미스와 리카도의 경제 무대에서는 자본가는 한편으로는 소득이 높은 곳으로 자본을 이동시킴으로써 자원의 효율적 배분을 주도하며 또 다른 한편으로는 저축과 투자를 주도함으로써 경제성장을 이끌어 가는 주역으로 등장하는 반면, 지주계급은 지대를 받아 흥청망청 소비만 하는 기생충 계층으로 매도된다. 그리고 노동자는 최저생계비 수준의 임금을 받아 근근이 생계를 유지하는 수동적 역할만을 수행할 뿐이다.

신생국이나 경제성장 초기 단계의 사회에서는 보통 노동의 생산성이 높고 생산비가 저렴하다. 따라서 이윤율이 높고 자본도 많이 축적된다. 축적된 자본이 재투자되면 노동에 대한 수요가 늘어나면서 임금수준이 높아진다. 그러나 임금의 상승은 인구증가를 유발한다. 인구증가는 두 가지 중요한 효과를 낳는다. 그 하나는, 이 임금수준을 다시 생계비 수준으로 끌어내리는 효과이고, 또 다른 효과는 식량 수요의 증가이다. 늘어나는 식량 수요를 충족시키기 위해서는 이미 경작되고 있는 토지를 더 집약적으로 이용해야 하지만, 수확체감 현상 때문에 궁극적으로는 덜 비옥한 토지를 경작에 동원해야 한다. 이렇게 되면, 생산비가 비싸진다. 리카도의 지대이론에 의하면, 조방적 한계의 확장은 생산비를 올리면서 지대를 높인다. 임금은 생계비 수준에서 고정된다고 하더라도 생산비가 비싸지고 지대가 높아진다면 결국 이윤이 감소할 수밖에 없다.

비록 이윤이 감소하더라도 이것이 재투자되면 투자총액은 늘어난다. 그러면 노동에 대한 수요가 늘어나면서 위에서 설명한 인과 과정(노동수요증가→임금상승→인구증가→식량수요증가→토지의 집약적·조방적 한계 확대→생산비 상승)이 반복될 것이다. 이 결과 지대는 더욱더 증가하는 반면 이윤은 감소한다. 그러나 줄어든 이윤이 재투자되면 투자총액은 조금이라도 늘어난다. 그러면 노동에 대한 수요가 또 늘어나면서 위의 과정이 반복된다. 하지만 그 과정이 반복될 때마다 이윤은 더욱더 떨어지게 된다. 이같이 인구의 계속적 증가 그리고 토지이용의 조방적 한계의 확장으로 인한 생산비의 지속적 상승과 지대의 지속적 증가는 장기적으로 이윤율 하락을 지속화시킴으로써 자본가의 투자 의욕을 꺾을 것이며 드디어는 더 이상 자본축적이 없는 상황으로 경제를 몰고 갈 것이다.[8] 이윤율이 0으로 떨어지면 드디어 경제성장은 멈추고 노동수요의 증가도 없고 인구도 더 이상 늘어날 수 없는 한계상황, 즉 장기정체 상황에 이르게 될 것이다. 그러나 이런 단계가 오기 훨씬 이전에 매우 낮은 이윤율 때문에 자본축적은 멈추고, 그리고 임금을 지불하고 남은 국민총생산 대부분이 토지소유자와 세금 징수자의 소유가 되어 버린다고 리카도는 주장하였다.

물론 자본축적이 저조하고 경제성장이 멈춘다고 해서 자본주의 경제가 곧장 결딴나는 것은 아니다. 이론상 자본축적이 없이 단순재생산이 지속되는 자본주의가 불가능한 것은 아니다. 그러나 자본주의 속성상 축적 없는 단순재생산은 현실적으로 용납되지 않는다. 어쩌면, 경제성장이 없는 상태를 가장 용납하지 못하는 체제가 자본주의라고 말 할 수도 있다.

우선, 거시적으로 보면, 경제성장이 자본주의 사회에 내재한 구조적 불평등과 모순을 은폐하고 이데올로기적으로 자본주의를 정당화함에 있어서 매우 유용한 구실이 되고 있다. 경제성장을 통해서 앞으로 언제인가는 누구나 잘살게 된다는 희망을 품게 함으로써 한편으로는 소외계층의 불평을 무마하며, 다른 한편으로는 일부 자본가계급의 엄청난 사치와 낭비를 선망의 대상으로 미화시킨다. 또한 경제성장은 자본가들 사이의 치열한 경쟁과 이로 인한 갈등을 완화하는 데 크게 도움이 된다. 경제성장이 계속되는 한 각 자본가는 자신의 이윤추구를 위해서 다른 자본가를 짓밟아야 할 절박성이 그만큼 약해지기 때문이다. 그런데 만일 이윤율이 떨어져서 자본축적이 저조해지고 경제성장이 멈춘다면, 자본주의에 대한 그러한 정당화 구실이 없어지면서 계급 갈등은 심해지고 또 자본가들 사이의 분열도 심해질 것이다. 이렇게 되면, 국가는 체제 유지를 위한 각종 억압적 기제를 동원하면서 돌파구 마련에 부심하게 되며, 이 과정에서 엄청난 사회적 희생과 경제적 낭비가 발생하게 된다는 것은 여러 자본주의 국가가 수없이 경험해온 바이다.

이같이 장기적으로 이윤율이 하락하면서 자본주의가 위기에 직면하게 된다면, 이에 대한 돌파구는 없는 것일까? 리카도가 제시한 돌파구는 자유무역이다. 대륙봉쇄령 이전에 영국이 공산품을 수출하고 곡물을 수입했던 이유는 영국이 곡물 생산보다는 공산품 생산에 비교우위를 가지고 있었기 때문이었다. 다시 말해서 영국은 대륙의 국가들에 비해서 더 값싸고 질 좋은 공산품을 대량 생산해서 수출할 수 있었다. 세계 여러 나라들이 각각 비교우위를 가지는 상품생산에 전문화한 다음 서로 자유롭게 무역한다면, 모든 당사국이 이익을 얻고 경제성장을 이룰 수 있음을 리카도가 이론적으로 증명해 보였다. 그의 이 주장이 오늘날의 경제학 교과서에 빠짐없이 소개되는 유명한 '비교우위설'이다. 자유무역을 통해서 영국은 토지 부족을 완화하고 식량부족을 해소할 수 있었을 뿐만 아니라 이윤율의 하락추세를 막고 경제성장률을 높일 수 있었다. 대륙봉쇄령이나 곡물조례는 자유무역에 역행하는 짓이요 따라서 영국에게 손해일 뿐만 아니라 다른 나라도 손해다. 더욱이나 대륙봉쇄령과 곡물조례는 자본가 계층과 노동자 계층의 희생 위에 기득권 계층의 경제적 지위를 높임으로써 사회적 갈등을 증폭시켰음을 리카도는 통탄하였다. 이런 자본주의 위기에 대한 돌파구로서 리카도 자신은 자유무역을 강력하게 권장하는 반면에, 또 다른 돌파구로서 헨리 조지는 토지단일세를 주장함으로써 오늘날까지 큰 영향력을 행사하고 있다. 헨리 조지의 사상은 기본적으로 리카도의 지대이론에 입각하고 있다.

3 마르크스의 지대론

지대의 기본적 성격

마르크스는 『자본론』 제3권에서 많은 지면을 할애하여 지대에 관해서 매우 자세히 논하고 있다. 지대에 대한 그의 이론이 기본적으로 리카도의 차액지대설을 발전시킨 것이라고 하지만, 그는 나름대로 독창적인 지대이론을 폈다. 후에 근대경제학의 아버지로 추앙되는 마셜(A. Marshall)이 지대에 관하여 제시한 중요한 아이디어의 원형들을 마르크스의 지대이론에서 엿볼 수 있다. 다만, 마셜이나 초기 신고전경제학 학자들과는 달리 마르크스는 애덤 스미스와 리카도의 전통을 이어받아, 자본주의 경제 전체의 움직임, 이를테면 그가 말하는 가치의 법칙이나 독점화 경향과 결부해서 지대를 설명함으로써 지대의 문제가 자본주의 사회 전반에 관련된 근원적이고 중요한 문제임을 보여주고 있다.[9]

통상 경제학(주류경제학)이 지가나 지대를 하나의 가격으로 간주하고 가격의 측면에서 다루지만, 마르크스는 이를 소득의 측면에 치중하여 다루고 있다. 경제학은 모든 생산요소의 가격이 기본적으로 똑같은 원리, 즉 수요-공급의 원리에 의해서 결정된다고 본다. 그러나 마르크스는 임금이나 이자, 이윤, 지대가 마치 껌이나 양말 따위의 가격과 기본적으로 같은 방식으로 결정된다고 보는 주류경제학의 사고방식을 전면 거부한다. 일반 상품의 가격과는 달리 임금, 이자, 이윤, 지대는 단순히 시장의 수요-공급의 법칙에 의해서만 결정되기에는 너무나 많은 복잡한 요인들의 영향을 받을 뿐만 아니라, 또한 필연적으로 그럴 수밖에 없음을 마르크스는 강조한다. 우선, 이 네 가지 소득의 배후에는 사회를 움직이는 거대한 이해관계가 도사리고 있으며, 따라서 정부 정책의 입김이 강하게 작용하는 것이 엄연한 현실이다. 소득분배에 대한 마르크스의 이론은 이런 현실 인식에서 출발한다.

애덤 스미스와 리카도가 그랬듯이 마르크스도 지대가 기본적으로 잉여의 성격을 가진 것이라고 보았다. 아주 미개한 원시사회를 제외하고는 대개 어느 사회나 구성원의 생존에 필요한 최저생계 수준보다 더 많이 생산한다. 이같이 더 많이 생산된 것을 잉여생산물이라고 하며 이것을 가치로 나타낸 것을 잉여가치라고 한다. 마르크스는 최저생계 유지에 필요한 생산물의 생산에 투입되는 노동을 필요노동, 잉여생산물의 생산에 투입되는 노동을 잉여노동이라고 불렀다. 노동자는 필요노동뿐만 아니라 잉여노동도 수행한다. 특히 고도로 산업화된 사회에서는 막대한 잉여생산물이 생산되며, 따라서 막대한 잉여가치가 창출된다. 이는 노동자들이 엄청나게 많은 잉여노동을 수행함을 뜻한다. 이 잉여가치가 생산되고 점유되며 다시 분배되는 과정에 대한 설명이 곧 마르크스 소득분배이론의 요체라고 할 수 있는데, 이 과정은 크게 두 부분으로 나뉜다. 즉, 잉여가치가 창출되고 점유되는 과정이 그 하나이고, 이 잉여가치가 분배되는 과정이 또 다른 하나이다. 앞의 과정을 근본계급 과정이라고 하고 뒤의 과정을 내포 계급 과정이라고 하며, 내포 계급 과정에서 잉여를 분배받는 사람들의 집단들을 내포 계급이라고 한다.[10] 마르크스에 의하면, 이 두 계급 과정은 어느 사회에서나 존재하는데, 그 두 계급 과정이 어떤 형태를 띠느냐에 따라 계급구조가 달라지며 이에 따라 사회구조도 달라진다.[11]

예를 들면, 봉건사회는 노동자(직접노동자)들이 자신들의 노동시간 일부를 지주나 영주를 위한 노역에 바치고 나머지 노동시간을 자신들의 생계를 위해 할당하는 형태를 취한다. 자본주의에서는 주로 자본가가 생산을 주도하기 때문에 노동자들이 얼마나 많은 잉여노동을 수행할 것인지를 자본가가 결정한다. 자본가는 생산물 판매대금의 일부를 임금으로 지불하고 나머지를 가져간다. 경제학의 창시자인 애덤 스미스부터 리카도 그리고 밀에 이르기까지 고전경제학 학자들은 대체로 노동자가 최저생계비에 해당하는 만큼만 임금으로 받는다고 생각하였고, 마르크스 역시 이렇게 생각하였다. 따라서 잉여가치 전부를 자본가가 점유하게 되는데, 이들은 생산과정에서 간접적으로 기여한 사람들에게 이 잉여가치를 재분배한다. 이 잉여가치의 일부를 재분배받는 무리를 자본분파라고 부른다. 자본주의에서는 자본분파가 내포계급에 해당한다. 지주는 이 자본분파에 속한다. 따라서 마르크스에 의하면 지주에게 지불되는 지대 혹은 지가는 잉여가치로부터 나온다. 모든 지대는 잉여노동의 산물인 잉여가치의 한 부분이므로, 지대가 존재하기 위해서는 우선 노동자들이 잉여노동을 수행해주어야 한다.

마르크스에 의하면, 토지 자체는 노동의 산물이 아니기 때문에 원래 지가는 0이어야 한다. 그런데도 토지소유권이 인정되고 있는 상황에서는 지대는 자본화되어 지가를 형성한다. 마르크스는 토지소유권이 지대의 근본 원인이라고 보았다.[12] 지대의 크기는 주로 사회발전의 정도에 의해 결정되는 것이지, 지주의 행위와는 별 관계가 없다. 사회가 발전함에 따라 토지의 생산성이 높아지면 지주의 소득원인 지대는 증대한다. 마르크스에 의하면 자본주의에서는 장기적으로 점차 이윤율이 하락하면서 이자율도 하락하는 경향을 보인다. 이렇게 되면 지대나 토지생산성은 하나도 늘어나지 않았는데도 땅값은 상승하는 이상한 현상이 연출된다. 결국 사회의 다른 계층의 희생 위에 지주만 이득을 보는 셈이다. 지대가 자본주의 경제의 원활한 움직임에 큰 저해 요인이 된다는 점에 관해서도 마르크스는 리카도와 기본적으로 인식을 같이한다.

차액지대 I, 차액지대 II, 절대지대

마르크스 역시 지대의 개념을 토지에만 국한하지 않았다. 예를 들어서, 수력과 같은 자연력을 이용한 발전소가 석유와 같은 인공에너지를 이용한 발전소보다 전기를 훨씬 더 저렴하게 생산한다고 하자. 그렇다면, 똑같은 상품을 생산할 때 수력발전 전기를 이용하면 원가를 많이 줄일 수 있다. 그래서 상품 하나당 2천 원이 절감된다고 하자. 마르크스는 이 2천 원을 잉여이윤(surplus profit)라고 불렀는데, 어떻든 그 2천 원은 저렴한 수력발전 전기를 이용하는 대가로 수력발전소 주인에게 주어질 것이다. 바로 이런 성격의 대가를 마르크스는 차액지대 I

이라고 정의하였다. 여기에서 말하는 자연력이란 리카도가 말하는 토지의 자연적 생산력을 포함한다. 즉, 다른 토지보다 더 비옥한 토지는 더 많은 자연력을 가진 토지라고 볼 수 있으니 이와 결부된 잉여이윤이 차액지대 I이며, 리카도가 말하는 지대에 해당한다. 그렇다고 잉여이윤이 자연력에만 나타나는 현상은 아니다. 예를 들면, 상품을 더 저렴하게 생산하는 새로운 기술을 개발한 기업은 다른 기업보다 더 많은 이윤을 얻을 것이다. 이러한 이윤도 일종의 잉여이윤이라고 할 수 있다. 하지만, 다른 기업들이 점차 이 새로운 기술을 모방하게 되므로 시간이 지남에 따라 보통 이런 잉여이윤은 흩어져 없어진다. 반면에, 자연력과 결부된 잉여이윤은 그렇게 쉽사리 사라지지 않는다는 특성을 가진다.

마르크스는 자연적 비옥도의 차이뿐만 아니라 위치의 좋고 나쁨도 차액지대의 원인이 된다고 보았다. 그는 전반적 사회발전에 따른 교통·통신의 발달이 지대에도 큰 영향을 미치는데, 지역 간 지대의 차이를 줄일 수도 있고 늘릴 수도 있다고 보았다. 예를 들어서 교통의 발달은 한편으로는 이동을 쉽게 함으로써 인구와 경제활동의 분산을 촉진하므로, 인구 및 경제활동 밀집 지역에 대한 접근성에 있어서 지역 간 격차를 줄인다. 따라서 지역 간 지대의 차이를 줄이는 효과를 수반하게 된다. 그러나 교통의 발달은 사람과 기업이 한곳에 모이기 쉽게 한다. 여러 종류의 기업이 한 곳에 몰려 있으면 전체적으로 기업의 생산비가 절감되는 효과, 즉 집적의 이익이 발생한다. 집적의 이익을 누리는 지역은 그렇지 않은 지역에 비해서 더 높은 지대를 요구하게 될 것이니, 교통·통신의 발달은 지역 간 지대의 차이를 크게 하는 효과를 낳게 된다. 실제에 있어서는 이 두 가지 상반된 효과(지역 간 지대의 차이를 좁히는 효과와 크게 하는 효과) 중에서 어느 것이 더 큰지는 상황에 따라 다를 것이므로 전문가들의 많은 연구가 필요하다.

소비재용 토지를 제외한 대부분 토지는 자연 상태의 토지가 아니라 생산성을 높이기 위해서 인공적 노력이 가해진 토지다. 농지의 생산력을 높이기 위해서는 관개수로, 배수 시설, 전기시설, 토지개량 등 많은 인공적 노력이 필요하다. 마르크스는 이렇게 인위적 노력이 가해진 토지에서 올린 순소득을 전부 지대라고 보지는 않았다. 매우 이질적인 두 가지 요소가 뒤엉켜 있기 때문이다. 이런 경우, 인위적 노력이 가해지지 않은 자연 상태 토지의 생산력에 귀속되는 부분과 그 인위적 노력에 결부된 부분을 구분해야 한다고 보고, 마르크스는 앞부분을 차액지대 I, 뒷부분을 차액지대 II라고 불렀다.

마르크스는 차액지대 II에 관해서 매우 장황하게 설명하고 있는데, 그 요지만 이해하기 위해서 간단한 가상의 예를 들어보자. 세 필지의 토지 A, B, C가 있는데, A는 자연적으로 아주 비옥한 땅이라서 평당 50만 원의 순소득을 올리며, B와 C는 각각 평당 20만 원의 순소득밖에 올리지 못하는 열등한 토지라고 하자. B와 C가 조방적 한계의 토지라고 하면, A의 소유자는 평당 30만 원의 지대를 요구하게 될 것이다. 리카도의 지대론에 의하면 B와 C에서는 지대가 발생하지 않는다. 그런데 B에 토지개량공사를 함으로써 평당 50만 원의 순소득을 올리는 좋은 토지가 되었다고 하자. 이제 B와 A 모두 생산성이 똑같은 토지가 되었으므로 C가 조방적 한계의 토지라면, B의 소유자도 평당 30만 원의 지대를 요구하게 될 것이다. 그러나 B의 소유자가 누리게 되는 30만 원의 지대는 엄밀히 말해서 토지의 자연적 생산성에 대한 대가가 아니라 인위적으로 생산성을 높인 투자에 대한 대가다. 그러므로 A의 소유자가 누리는 지대와는 본질적으로 다르다. A의 소유자에게 귀속되는 지대는 차액지대 I에 해당하고, B의 소유자에게 귀속되는 순소득이 차액지대 II에 해당한다.

개량공사를 한다는 것은 주어진 토지에 더 많은 노동과 자본을 투입하여 그 생산성을 높인다는 뜻이다. 이것은 또한 그 토지를 더 집약적으로 이용함을 의미한다. 그러므로 차액지대 II는 토지의 집약적 이용과 관련된 지대라고 할 수 있다. 대체로 보면, 열등한 토지를 이용하기보다는 비옥한 토지를 좀 더 집약적으로 이용하는 것이 이익이다. 그러나 비옥한 토지를 무한정 집약적으로 이용할 수는 없다. 수확체감의 법칙 탓으로 주어진 토지에 더 많은 노동과 자본을 투입할수록 점점 더 한계생산이 감소하기 때문이다. 집약적 이용 덕분에 비옥한 토지의 생산량이 더 많아지지만, 평당 순소득은 낮아진다. 비옥한 토지를 더 이상 집약적으로 이용하는 것이 수지가 맞지 않을 때 비로소 열등한 토지를 이용하게 된다. 예를 들어서 A와 B의 토지를 계속 집약적으로 이용한 결과 평당 순소득이 20만 원 밑으로 떨어진다고 하면 더 이상 A와 B를 집약적으로 이용하지 말고 C를 경작해서 평당 20만 원의 순소득을 올리는 것이 이익이다.

리카도에 의하면 조방적 한계의 토지에서는 지대가 발생하지 않는다. 그러나 마르크스는 조방적 한계의 토지에서도 얼마든지 지대가 발생할 수 있음을 보였다. 현재 평당 20만 원의 순소득을 올리는 C는 너무 척박해서 개량공사를 해봐야 평당 수확량이 많이 늘어나지 않으므로 개량공사비를 빼면 순소득이 평당 10만 원에 불과하다고 하자. 똑같은 금액의 돈을 A나 B의 개량공사에 투자하면 순소득이 평당 15만 원이 된다고 하자. 수요 증가 탓으로 식량을 더 많이 생산하지 않으면 안 된다고 하면, C를 더 집약적으로 이용하기보다는 A나 B를 더 집약적으로 이용하는 것이 이익이다. 그렇다면, C는 여전히 조방적 한계로 남을 것이며, A나 B가 더 집약적으로 이용될 것이다. 결과적으로 보면, C에서는 평당 20만 원의 순소득을 올리고 있고, A나 B에서는 평당 15만 원의 순소득을 올린다. 이 경우 C의 소유자는 5만 원에 상응하는 지대를 요구하게 된다. 이 요구를 거부하는 농부는 평당 15만 원의 순소득을 올리는 A나 B로 쫓겨나게 된다. 차액지대 II는 토지의 생산성을 높이기 위해서 투자된 자본에 대한 대가요, 따라서 이자의 성격이 강하다. 이같이 차액지대 I과 차액지대 II를 명확하게 구분함으로써 마르크스는 오랫동안 내려온 지대와 이자 사이의 혼동을 명쾌하게 정리하였다.

마르크스는 차액지대 I 및 차액지대 II와 성격을 달리하는 또 다른 유형의 지대가 있다고 보았다. 절대지대가 바로 그것인데, 쉽게 말해서 독점적 토지소유권에 기인한 지대를 말한다. 예를 들어서, 특별히 비옥하지 않기 때문에 간신히 생산비만은 건질 수 있는 토지가 있다고 하자. 이런 토지를 한계점의 토지라고 한다. 이런 토지의 소유자는 직접 경작할 마음만 있으면 그렇게 할 것이다. 경작해서 손해날 일은 없기 때문이다. 비록 지대에 해당하는 순소득을 올리지는 못해도 최소한도 토지소유자의 품값에 해당하는 만큼의 대가는 얻을 수 있다. 하지만, 직접 경작할 의사가 전혀 없다고 하자. 그렇다고 땅 주인이 자신의 토지를 남에게 무상으로 임대하지는 않는다고 마르크스는 단언한다. 자본주의 사회에서는 특히 더 그렇다. 토지를 경작하지 않고 놀리면 황폐화하기 때문에 한계점의 토지소유자들은 무상으로 자신의 토지를 임대하게 되며, 그래서 무 지대 토지가 존재하게 된다고 애덤 스미스와 리카도가 주장하였지만, 현실은 전혀 그렇지 않다. 물론, 무 지대 토지가 존재할 수는 있지만, 그것은 극히 예외적일 뿐이다. 왜냐하면 토지뿐만 아니라 다른 어떠한 재산이든지 사유재산권 제도에서는 소유자가 소유권을 행사하게 되어 있으며, 따라서 토지를 다른 사람에게 임대할 때는 임대료를 받는 것이 제도화되어 있기 때문이다. 이 임대료에 해당하는 것이 바로 절대지대다. 한계점에 있는 토지의 경우에는 토지생산물의 가격이 절대지대를 치를 수 있을 만큼 높아야 비로소 임대하려는 사람이 나타나게 될 것이다.

토지소유권은 사회가 인위적으로 만든 것이기 때문에 절대지대는 말하자면, 존재하도록 제도적으로 만들어진 지대라고 볼 수 있다. 차액지대와는 달리 절대지대는 토지이용 양태에 영향을 미치는 요인이 된다. 마르크스에 의하면, 절대지대 탓으로 많은 한계점에 있는 토지가 경작에 동원되지 못하게 된다. 달리 말하면, 토지소유권 제도라는 인위적인 제도가 한정된 토지의 최대한 활용을 저해하는 요인으로 작용할 수 있다는 것이다. 토지를 빌리는 모든 토지이용자는 지주에게 이 절대지대를 꼭 치러야 하므로 자연히 절대지대는 생산비에 포함될 것이며, 따라서 생산물의 가격 인상을 통해서 절대지대가 치러진다. 그래서 마르크스는 차액지대와 달리 절대지대는 토지생산물의 가격에 영향을 준다고 주장하였다. 최열등 토지에 대해서는 차액지대는 치르지 않지만, 절대지대를 치러야 하며, 이보다 더 질이 좋은 토지에 대해서는 차액지대도 지불하고 절대지대도 치르게 될 것이다. 이같이 차액지대의 개념과 절대지대의 개념을 구분함으로써 마르크스는 지대의 역할에 대한 해묵은 논쟁을 정리하려고 하였다. 뒤에서 다시 언급하겠지만, 오늘날의 경제학은 토지에 귀속되는 소득 중에서 어떤 부분은 리카도 차액지대의 성격을 가지며, 또 어떤 부분은 절대지대처럼 생산비의 구성요소가 된다고 가르치고 있다.

4 고전적 지대론의 응용

접근성과 입찰지대곡선

앞에서 언급하였듯이 리카도가 개발하고 마르크스가 발전시킨 '잉여로서 지대'의 개념에 대하여 특히 초기 신고전경제학 학자들은 강력하게 반발하면서 대안으로 '한계생산이론'을 개발하였다. 이 한계생산이론은 현대 경제학에서 핵심 이론으로 자리 잡고 있다. 그러나 아이러니하게도 초기 신고전경제학 학자들이 거부한 잉여로서 지대의 개념을 현대 경제학들 다수가 현실에 폭넓게 응용하고 있다. 도시구조 및 토지이용 양태에 관한 연구가 그 대표적인 예가 될 것이다.

마르크스가 강조하였듯이 산업화와 도시화가 심화하면서, 위치, 특히 중심지로부터의 거리가 입지 결정에 점점 더 중요해졌다. 도시지역에 있는 토지의 지대나 지가는 토지 그 자체의 생산성보다는 도심에의 접근성이나 도시의 특성과 결부되어 발생하는 경우가 많다. 인구와 경제활동이 도심지역에 가까울수록 밀집되어 있고 변두리 쪽으로 나갈수록 낮아지는 전형적인 도시구조 그리고 이와 결부되어 나타나는 토지이용 양태는 매우 오래전부터 경제학자들의 관심을 끌어왔다. 리카도와 거의 같은 시대에 살았던 독일의 경제학자 본 튀넨(von Thünen)은 이런 현상에 주목하고 『고립국』이라는 저서에서 교통·운송비의 개념에 바탕을 두고 그러한 도시구조를 설명하기 위한 실마리를 풀어나갔다.[13]

우선, 도심지가 하나밖에 없으며, 도시에서 생산되는 모든 재화나 용역은 일단 이 도심지에 모였다가 다시 배분되는 매우 단순한 도시를 상정해 보자. 도시의 특정 지점에서 생산된 재화는 일단 도심지로 운반해야 팔 수 있는데, 이때 소요되는 운송비는 도심지로부터 거리가 멀수록 비싸질 것이다. 토지이용에 대한 대가를 제외한 생산비(평균비용)가 이 도시의 모든 지점에서 똑같다고 가정하면, 재화의 판매 수입에서 생산비와 운송비를 빼고 남은 순소득은 도심에 가까울수록 커질 것이다. 그러므로 기업은 더 많은 순소득을 올리기 위하여 저마다 도심지에 가까운 곳에서 생산하려고 할 것이다. 이 순소득은 토지 이외의 모든 생산요소에 대한 응분의 보수 그리고 기업가의 노력에 대한 응분의 보수를 지불하고 남은 잉여이다. 도심에 가깝다는 이점을 가진 토지의 양은 물리적으로 한정되어 있으므로 이 토지를 둘러싼 경쟁은 결국 이 순소득의 전부를 해당 토지의 소유자에게 바치게 할 것이다. 토지이용자의 처지에서 보면, 이 순소득은 해당 토지에 대한 최대 지불용의액이 될 것이다. 이 순소득이 바로 도심에 가까움으로 인한 비교우위와 결부된 지대이다. 뒤에서 다시 소개하게 될 마셜은 이 지대를 위치지대라고 표현하였고, 요즈음에는 입지지대라고 부르기도 한다.[14]

이 위치지대를 수학적으로 나타내 보자. 도시에서 생산되는 재화 A의 가격을 p, 토지이용에 대한 대가를 제외한 평균비용을 C, 생산량을 q라고 표시해 보자. 그리고 단위당 운송비를 도심으로부터의 거리의 함수라고 보아 $f(d)$라고 표시하면, 지대 R도 거리 d의 함수가 될 것이다. 이 함수를 $R(d)$라고 표기하자. 그러면 이 지대는 총수익에서 생산비와 운송비를 뺀 잉여이므로, 다음과 같은 방정식으로 나타낼 수 있을 것이다.

$$R(d) = q \cdot [p - C - f(d)]$$

이 식에서 p, C, q의 값이 정해지면, d의 값이 커짐에 따라 $f(d)$의 값은 커질 것이므로 지대 R의 값은 적어질 것이다. 즉, 위치지대와 거리는 반비례하게 된다는 것이다. 따라서 이 식을 그래프로 옮겨 보면 <그림 7-1>의 실선으로 그린 곡선과 같이 오른쪽으로 갈수록 아래로 처지는 곡선, 즉 우하향하는 곡선으로 나타날 것이다. 도심에서는 운송비를 치를 필요가 없으므로 위의 지대방정식에서 $f(d)$는 영이 된다. 따라서 도심에서의 지대는 $q(p-c)$가 될 것이다. 이 값이 곧 <그림 7-1>에서 실선으로 그린 곡선과 수직축이 만나는 절편의 값이다. 이 곡선과 수평축과의 절편 d_o는 운송비가 너무 비싸서 순수익이 영이 되는 지점, 따라서 위치지대도 영이 되는 생산의 한계점을 나타낸다. 이 한계점을 한계입지라고도 한다. 이 곡선은 도심에서부터 이 한계점 사이에서 거리가 달라짐에 따라 각 지점에 대한 토지이용자의 최대 지불용의액, 즉 위치지대가 어떻게 달라지는가를 보인다. 이 곡선은 모든 토지를 경매에 부친다고 했을 때 토지이용자가 부를 수 있는 최고가격을 반영한다고 볼 수 있다. 이런 의미에서 이 곡선을 입찰지대곡선(bid-rent curve)이라고 부르기도 한다.[15] 그림의 실선은 재화 A의 입찰지대곡선이다.

그림 7-1 **상품생산의 입찰지대 곡선**

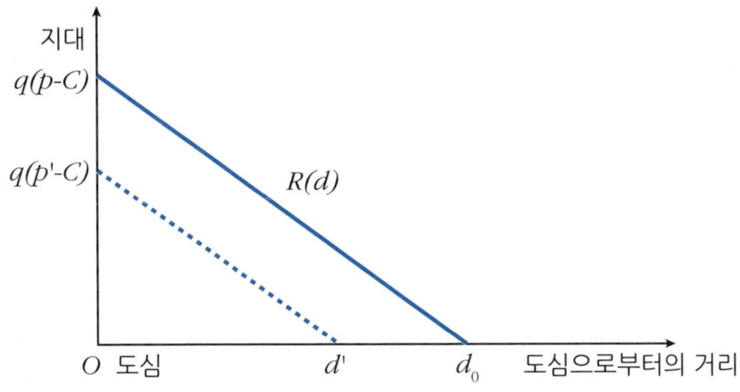

이런 식의 논리를 다른 재화에 적용하면, 도시 안에서 벌어지는 모든 경제활동별로 입찰지대 곡선을 유도할 수 있을 것이다. 물론 경제활동의 종류에 따라 이와 결부된 입찰지대 곡선의 모양은 달라질 것이다. 어떤 입찰지대 곡선은 다른 입찰지대 곡선보다 더 위쪽에 있고, 또 어떤 입찰지대 곡선의 기울기는 다른 입찰지대 곡선의 기울기보다 더 가파를 것이다. 입찰지대 곡선의 높이, 다시 말해서 각 지점별 지대(지가)의 크기는 주로 재화의 가격에 의해서 결정될 것이며, 이 가격은 해당 재화에 대한 수요와 공급이 일치하는 수준에서 결정된다. 이와 함께 재화 A가 생산되는 공간적 범위도 결정된다. 예를 들어서, 도심으로부터 d_0까지의 토지가 재화 A의 생산에 이용된 결과 그 공급이 수요를 현저하게 초과하였다고 하자. 그러면 재화 A의 가격은 하락할 것이다. 그래서 가격이 종전의 p에서 p'로 떨어졌다고 가정하자. 그러면 각 지점의 토지에 귀속되는 순수익이 감소할 것이므로 토지이용자들의 토지에 대한 최대 지불용의액도 전반적으로 적어질 것이며, 도심에서의 지대는 $q(p'-C)$로 떨어질 것이다. 따라서 입찰지대 곡선도 아래쪽으로 평행 이동할 것이다. <그림 7-1>의 점선으로 나타낸 곡선은 재화 A의 가격이 p'일 때의 입찰지대 곡선이며, 가격이 p일 때의 입찰지대 곡선보다 아래쪽에 위치하게 될 것이다. 종전에는 d_0 지점이 생산의 한계점이었지만 이제는 d'지점 밖의 토지는 재화 A의 생산에 이용되지 못할 것이며, 따라서 재화 A의 공급도 줄어들 것이다. 결국 최종적으로 나타나는 입찰지대 곡선의 높이는 재화 A에 대한 수요와 공급이 균형을 이루는 수준에서 결정될 것이다.[16]

입찰지대 곡선의 기울기는 도심에 더 가까워짐에 따라 순소득이 증가하는 정도를 나타낸다. 기울기가 가파르다는 것은 도심에 가까움으로 인해서 얻는 순소득이 증가하는 정도가 매우 크다는 것을 의미한다. 이 말은 도심에서 멀어짐으로 인한 불이익이 급속도로 커짐을 의미한다. 따라서 입찰지대 곡선의 기울기가 가파르다는 것은, 그만큼 도심에 자리 잡으려는 성향(도심 지향성)이 강하다는 것을 나타낸다고 할 수 있다. 도심 지향성의 정도는 업종에 따라 다르다. 금융기관이나 법률서비스 업종들이 도심에 몰려 있는 이유는 도심에 가까울수록 경제적 이익이 급속도로 증가하기 때문이다. 이들은 위치에 대단히 민감한 업종들이라고 할 수 있다. 따라서 업종별로 입찰지대 곡선을 도출해 보면, 도심 지향성이 강한 업종들의 입찰지대 곡선의 기울기는 가파르고 약한 업종들의 입찰지대 곡선의 기울기는 완만할 것이다.

도시 전체의 시각에서 보면, 입찰지대 곡선의 기울기는 도시 활동의 집중화 및 분산화를 나타내는 척도라고 할 수도 있다. 서울 대도시권이 급속도로 발전하던 시기(1956년과 1989년 사이)의 입찰지대 곡선의 기울기 변화를 추정해본 한 연구에 의하면, 1970년 이전까지는 시간이 지남에 따라 전반적으로 입찰지대 곡선의 기울기가 점차 커지는 경향이 있었던 반면, 1970년 이후에는 기울기가 대체로 완만해지는 경향을 보였다.[17] 따라서 서울 대도시권의 경우 1970년을 분기점으로 대체로 그 이전까지는 집중화의 경향이 강했고 그 이후에는 분산화의 경향이 강했다고 말할 수 있다.

도시구조와 지대

그러면 이런 위치지대의 논리가 기업에만 적용되는가? 알론소(William Alonso)는 일반 소비자들의 주거 선택 행위에도 경제학의 소비자행태이론을 적용하여 입찰지대 곡선을 유도할 수 있으며 또한 이를 바탕으로 도시의 주거 양태를 설명하고 예측할 수 있다고 주장하였다. 1960년대에 발표된 그의 이론이 지금은 많이 인용되고 있지만, 당시로서는 너무 획기적이고 파격적 이어서 오랫동안 외면당하였다.

여기에서는 설명의 편의상 지대를 제외한 주택건설 및 유지비용이 도시의 모든 지점에 걸쳐 똑같으며 또한 모든 직장과 상가가 도심에 집중되어 있다고 가정해 보자. 어디에 살 것인가를 결정할 때 각 가계가 주로 염두에 두는 것은 교통비와 시간인데, 시간을 돈으로 환산하여 교통비에 포함할 수 있다고 하자. 그러면 각 가계는 직장 출퇴근 및 쇼핑에 들어가는 교통비를 최대한 절약하려고 할 것이다. 다른 조건이 같다면 각 가계는 도심에 가까운 지점의 주택을 선호하게 될 것이다. 예를 들어 가계당 교통비가 도심으로부터의 거리에 따라 <그림 7-2> 왼편 그림의 곡선 AA'와 같이 증가한다고 가정하자. 수직축에서 OA의 길이는 이 도시에 있어서 주택당 평균 주택건설비 및 유지비의 수준에 해당한다. 도심에서 멀어짐에 따라 교통비가 곡선 AA'처럼 계속 증가한다면, 교통비가 너무 비싸서 아무도 집을 짓고 살려고 하지 않는 어떤 한계가 있을 것이다. 이 한계가 곧 해당 도시의 주거한계가 되는데, <그림 7-2>에서는 d_0지점이 이에 해당한다. 이 주거한계의 주택에 사는 사람은 OA만큼의 주택건설 및 유지비용과 AB만큼의 교통비를 지출하게 되는데, 이 교통비는 택지에 대한 지대를 도저히 짜낼 여유를 남기지 않는 최대한의 금액이다.

이에 비해서 주거한계 안쪽에 사는 사람들은 AB보다 적은 교통비를 지출하게 될 것이며, 이 절약되는 만큼이 곧 해당 택지에 대한 지대로 지급될 것이다. 모든 가계가 저마다 도심 가까이 살고 싶어서 경쟁하기 때문이다. 그래서 예를 들면 도심에 사는 가계는 주거한계에 사는 가계에 비해서 AB만큼 교통비를 절약할 수 있으므로 도심의 택지에 대해서 최대한 AB만큼의 지대를 치를 용의가 있을 것이며, d_1 지점에 사는 가계는 주거한계의 가계에 비해 FB만큼의 교통비를 절약할 수 있으므로 d_1 지점의 택지에 대하여 최대한 FB만큼의 지대를 치르려는 마음을 가질 것이다. <그림 7-2>의 오른편 그림에 있는 곡선 $R(d)$는 도심에서부터 d_0 지점 사이의 각 지점의 택지에 대한 가계의 최대한 지불용의액을 나타내는 곡선, 즉 입찰지대 곡선이다.

그림 7-2 택지의 입찰지대 곡선 도출

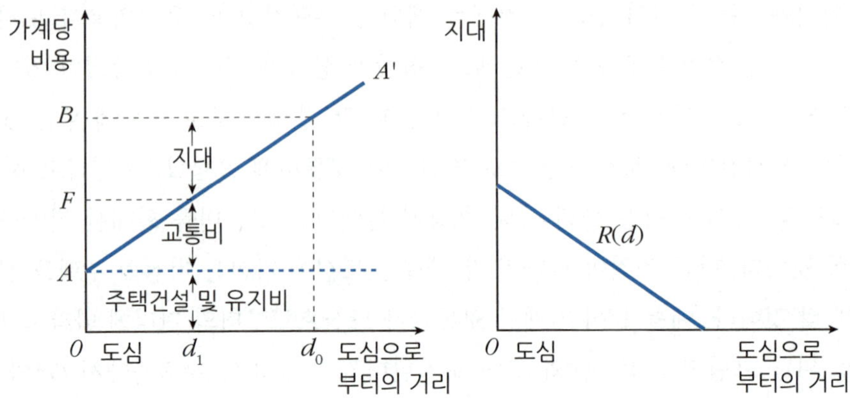

이상에서 설명한 요령으로 도시 내에서 일어나는 모든 유형의 경제활동 각각에 대하여 입찰지대 곡선을 구할 수 있을 것이다. 도시의 경제활동이 *A, B, C*의 세 가지 유형으로 구분된다면, 세 가지 입찰지대 곡선을 구할 수 있을 것이다. 그 결과 <그림 7-3>에 보듯이 곡선 *AA*'가 A형 경제활동의 입찰지대 곡선이며, 곡선 *BB*'가 *B*형 경제활동의 입찰지대 곡선이고, 곡선 *CC*'가 *C*형 경제활동의 입찰지대 곡선이라고 하자. 도심과 d_1 지점 사이에서는 *A*형 경제활동의 입찰지대 곡선이 다른 두 유형의 입찰지대 곡선보다 더 위에 위치하면서 그 기울기가 매우 가파르다. 이는 *A*형 경제활동이 도시 중심부의 토지에 대하여 다른 두 유형보다 더 많은 지대를 치를 용의가 있으며, 또한 도심에 가까이 위치하려는 성향도 더 강함을 의미한다. 따라서 경쟁한다면, *A*형 경제활동이 다른 두 유형을 제치고 이 지역의 토지를 독점적으로 이용할 것이다. 대체로 보면, 각 기업의 본사, 은행을 비롯한 각종 금융기관, 법률 및 회계업무 등 기업들 사이의 빈번하고 긴밀한 접촉이 매우 중요한 소위 '중심 업무 기능'들이 *A*형 경제활동의 범주에 속한다. 실제로 각 도시의 중심부에 가보면 이런 중심 업무 기능들이 집중되어 있음을 목격할 수 있다.

그러나 d_1 지점부터 d_2 지점 사이의 지역에 있어서는 *B*형 경제활동이 다른 두 유형보다 더 많은 지대를 치를 수 있으므로, 이들을 제치고 이 지역을 집중적으로 이용하게 될 것이다. 사무용품 공급상, 인쇄업, 건물 청소 및 관리업, 부품 공급업, 전화 교환 등과 같이 중심 업무 기능 부문에 일상적인 서비스를 제공하는 소위 '보조 서비스'기능들이 B형 경제활동의 범주에 속한다. 실제로 도시 중심부에 인접한 외곽지역에 가보면 이런 보조 서비스 기능들을 많이 보게 된다. 한편, d_2 지점의 바깥쪽에는 토지이용에 대한 지불용의액이 비교적 적고 도심에 가까이 있으려는 성향도 비교적 약한 *C*형 경제활동들이 들어설 것이다. 주거 활동이 그 한 예다. 그래서 주거지역은 도시 중심부에서 약간 떨어진 지역에 포진하게 된다. 그러므로 결과적으로 도시의 중앙 부분에서는 중심 업무 기능, 그 외곽지역에서는 보조 서비스 기능, 그리고 변두리 지역에는 주거지역이 주로 관찰될 것이다. 결과적으로, 도시 전체에 걸쳐 실제로 관측되는 입찰지대 곡선은 <그림 7-3>에서 점 *A*, *E*, *F*, *C'*를 연결하는 꺾은 금 곡선이 될 것이다. 점 *E*와 *F*에 상응하는 지점에서는 토지의 용도가 바뀌는 까닭에 이들을 용도 전환점이라고 부른다. 실제로 관측되는 이 꺾은 금 곡선, 즉 도시 전체의 입찰지대 곡선을 보면 해당 도시에서 지점별로 지대나 지가가 어떻게 변하는가를 파악할 수 있다.

그림 7-3 토지용도 사이의 경합과 도시 형태

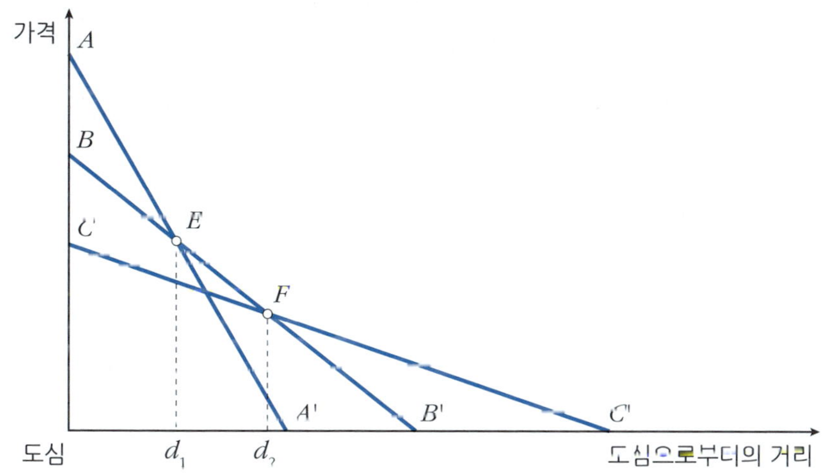

물론, 현실의 도시구조는 위에서 설명한 것과 사뭇 다를 수 있다. 구체적으로 어떻게 다를까? <그림 7-4>는 서울시의 입찰지대 곡선을 추정해본 한 실증연구의 결과를 소개하고 있다.[18] 이것을 보면, 서울시의 경우, 도심으로부터 거리가 멀어짐에 따라 지가가 급락하다가 대략 4km 지점부터 8km 지점 근처까지는 다시 지가가 상승하고 8km 지점 밖에서는 지가가 완만하게 하락하는 것을 볼 수가 있다. 이런 입찰지대 곡선은 도심으로부터 약 8km 떨어진 지점의 부근에 일종의 부도심이 형성되고 있음을 시사한다. 실제로 서울에는 여러 곳에 부도심이 형성되어 있으며, 이 부도심에서 높은 지가가 형성되고 부도심에서 멀어짐에 따라 지가가 하락한다. 서울시 전체의 입찰지대 곡선은 상업지역만 따로 분리하여 추정해본 입찰지대 곡선과 매우 흡사한 모양을 하고 있다. 이것은 상업지역의 땅값이 서울시 지가 분포의 양태를 주도하고 있음을 의미한다.

물론, 도심이나 부도심에의 접근성만으로 서울시의 지가를 전부 설명하기는 어려울 수도 있다. 위에서 설명한 입찰지대 곡선의 논리에 따르면, 인구밀도나 경제활동의 밀도가 높은 지역의 지가는 높고 그렇지 않은 지역의 지가는 낮을 것으로 생각된다. 하지만, 서울시의 경우 주거지역만을 분리해서 추정해본 입찰지대 곡선을 보면, 땅값과 인구밀도 사이에는 역의 관계가 있다는 점이 이채롭다. 즉, 약간의 예외는 있지만, 서울시 주거지역의 경우 대체로 인구밀도가 높은 지점의 땅값은 낮고, 반대로 인구밀도가 낮은 지역의 땅값은 높다는 것이다. 선진국에서는 이런 현상이 그리 놀랄 일은 아니다. 소득수준이 높은 나라에서는 자동차들이 복작대고 사람들이 바글바글한 곳보다는 조용하고 한적한 전원형 주거지를 사람들이 더 선호하고 따라서 이런 곳의 땅값이 더 비싼 경우가 흔하다.

그림 7-4 서울시의 입찰지대 곡선(1996)

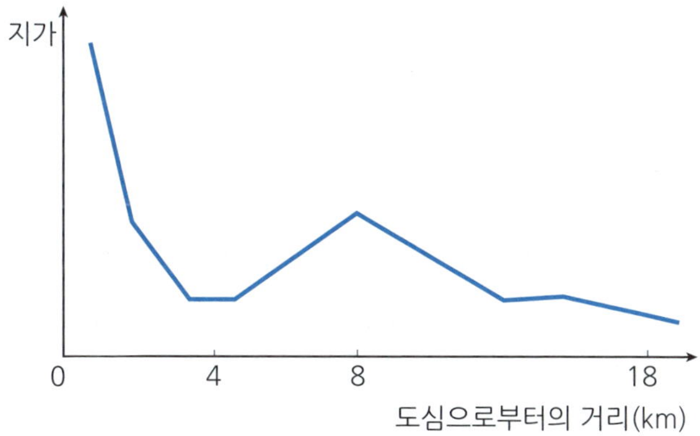

서울시의 입찰지대 곡선과 관련하여 또 한 가지 특이한 현상은 지가가 비교적 높은 중심부 근처에 저밀도로 이용되고 있는 곳이 많고 지가가 비교적 낮은 변두리의 토지가 매우 고밀도로 이용되고 있다는 점이다. 예를 들면, 서울 을지로3가와 종로3가로부터 을지로5가와 동대문 부근에 걸친 넓은 지역은 도심에 인접해 있음에도 불구하고 경제활동 밀도가 매우 낮은 공간이 이곳저곳에 산재해 있다. 어느 학자는 이런 현상이 토지가 비효율적으로 이용되고 있다는 증거라고 주장한다.[19] 경제학 상식에 의하면, 땅값이 비싼 곳은 고밀도로 이용되고 땅값이 저렴한 곳은 저밀도로 이용되어야 한다. 그러나 서울시의 토지이용 양태는 반드시 그렇지도 않다는 것을 보여주고 있다. 사실, 경제학 상식에 어긋나는 듯한 현상이 현실에서는 많이 나타난다. 예를 들면, 특히 대도시 외곽지역의 농경지 한가운데 아파트촌이 형성되어 있는 현상이 자주 나타나는데, 토지투기가 그 원인인 경우가 많다.[20] 토지이용으로부터의 순소득보다는 땅값이 올랐을 때의 자본이득을 노리는 토지소유자는 자신의 토지에 굳이 많은 노동과 자본을 투자하여 고밀도로 이용할 필요성을 별로 느끼지 못할 것이다. 그러므로 오히려 지가가 낮고 장차 지가 상승의 가능성이 적은 지역이 토지가 더 집약적으로 이용되는 경향이 얼마든지 나타날 수 있다.

교통 · 운송의 발달과 교외화 현상

교통 · 운송비가 입찰지대 곡선에 영향을 주는 중요한 요인이라면, 교통 · 운송의 기술 진보는 도시구조에 큰 영향을 미칠 수 있다. 알론소에 의하면 이러한 기술 진보는 이동을 편하고, 값싸게 해주므로 도심으로부터 거리가 멀어짐으로 인한 경제적 불이익(교통 · 운송비)이 늘어나는 정도를 줄여준다.[21] 따라서 그러한 기술 진보는 입찰지대 곡선의 기울기를 완만하게 만든다.[22] 예를 들어서 교통 · 운송의 기술 진보가 있기 전 입찰지대 곡선이 <그림 7-5>의 곡선 *AB*와 같았다고 하면, 교통 · 운송의 기술 진보는 입찰지대 곡선을 점선으로 나타낸 곡선 *A'B* 쪽으로 이동시킬 것이다. 그러므로 교통 · 운송의 기술 진보는 일단 모든 지점에서 지대를 전반적으로 하락시킬 것으로 예상된다.

그러나 기술 진보로 인한 영향이 이에 그치지 않는다고 알론소는 말한다. 일단 지가가 전반적으로 하락하면 각 생산자는 종전보다 더 많은 토지를 이용해서 생산하려고 하며, 각 가계는 종전보다 더 널찍한 택지를 원하게 될 것이다. 결과적으로 전반적으로 토지 수요가 늘어나면서 입찰지대 곡선도 위쪽으로 평행 이동할 것이다. <그림 7-5>에서 입찰지대 곡선이 *A"B"*의 위치로 이동하였다고 하자. 이 결과를 보면 증대된 토지 수요의 일부가 도시 변두리 지역으로 넘치면서 주거한계가 넓어지며, *M* 지점 밖의 지가는 그러한 교통 · 운송의 기술 진보가 있기 전보다 오히려 더 비싸진다. 오늘날 도시화 과정에서 매우 중요하게 지목되는 교외화 현상은 바로 이러한 교통 · 운송의 발달, 특히 자동차의 발달로 설명할 수 있다.

그림 7-5 교통 · 운송 기술 진보가 토지이용에 미치는 효과

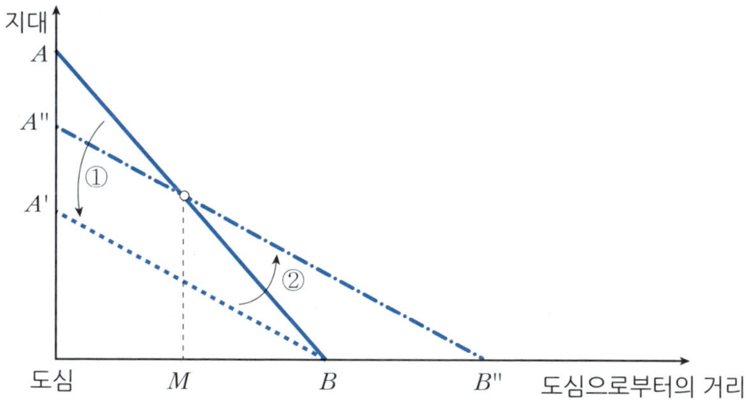

도로나 교통시설에 대한 정부의 투자도 비슷한 효과를 낳는다. 예를 들어서 정부가 막대한 돈을 투입하여 영동고속도로를 건설하였다고 하자. 그러면, 예컨대 수도권으로 반입되는 강원도 고랭지 채소의 운송비가 크게 절감될 것이고, 이에 따라 고랭지 채소밭에 귀속되는 순소득이 더 커질 것이다. 그러면 채소밭의 소유자는 더 많은 지대를 요구하게 될 것이다. 결과적으로 고랭지 채소밭의 땅값이 비싸질 것이다. <그림 7-6>에서 실선으로 나타낸 것이 고속도로 건설 전의 입찰지대 곡선이고 점선으로 나타낸 것이 고속도로 건설 후의 입찰지대 곡선이다. 고속도로 건설로 인해서 그림에서 보듯이 입찰지대 곡선이 수직축의 절편을 중심으로 오른쪽으로 이동하게 된다. 고속도로가 국민의 세금으로 건설된 것이라고 하면, 고속도로의 건설은 결국 국민의 세금으로 강원도에 땅을 가진 사람들의 재산을 불리는 일만 한 것처럼 보인다.

그러나 사실은 그렇지만도 않다. 고속도로의 건설은 크게 두 가지 효과를 초래하게 된다. 우선, 땅값이 비싸짐에 따라 기존 고랭지 채소밭이 더 집약적으로 이용되면서 면적 당 채소 생산이 늘어날 것이다. 다른 한편으로는 채소밭이 늘어날 것이다. 즉, 채소 생산의 조방적 한계가 <그림 7-6>에서 보듯이 u_0에서 u_1으로 넓어진다. 이 두 가지 효과로 채소의 생산이 현저하게 증가하면 채소가격

이 하락할 것이며, 채소밭의 지대도 감소할 것이다. 그러면 입찰지대 곡선이 전반적으로 아래쪽으로 평행 이동할 것이다. <그림 7-6>에서 보듯이 입찰지대 곡선이 실선과 교차하는 곡선 R_2와 같이 되었다고 하자. 그렇다고 하면 고속도로 건설로 인한 사회적 이익의 일부는 고랭지채소밭 소유자의 지대로 흡수되고 다른 일부는 낮은 채소가격의 형태로 소비자에게 돌아가는 셈이다. 다시 말해서 고속도로 건설로 인한 사회적 이익을 토지소유자와 소비자가 공유한다는 것이다.

만일 채소가격이 대폭 하락하지 않는다면 고속도로 건설로 인한 사회적 이익이 대부분이 지주들에게 떨어지게 될 것이다. 리카도와 헨리 조지의 논리에 따르면 지주에게 떨어지는 이 이익은 불로소득이다. 고속도로 건설 덕분에 가만히 앉아서 자본이득을 취하게 되기 때문이다. 따라서 이 불로소득을 세금으로 환수해야 한다는 주장이 강력한 설득력을 가지게 된다. 그래서 실제로 공공투자로 인한 지대의 증가분을 사회적으로 환수하는 조치가 채택되고 있다. 이를테면 개발이익환수 제도가 그런 취지의 제도다. 요컨대, 국민의 세금을 재원으로 하는 공공투자는 그 이익이 전 국민에게 골고루 퍼질 때만 정당하다는 얘기가 된다. 그래서 많은 경우 지방도로는 지방정부의 재원으로 건설되고 국가 도로는 중앙정부 재원으로 건설된다.

그림 7-6 공공투자가 지가에 미치는 영향

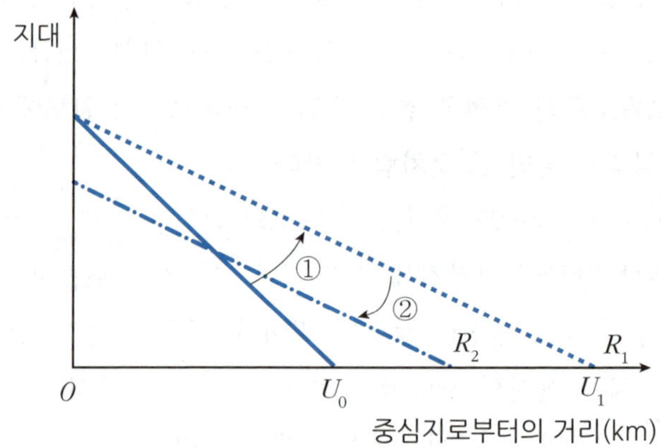

개발과 환경보존의 조화

소득수준과 교육 수준이 높아짐에 따라 환경 의식도 급속도로 높아지고 있다. 이 결과 소비재용 토지, 특히 현장자원의 유지 및 확충에 큰 관심이 쏠리고 있고 이를 위한 정책도 많이 나오고 있다. 이때에도, 입찰지대 곡선에 대한 이론이 응용될 수 있다. 도시별로 소비재용 토지를 얼마만큼 확보할 것인가를 결정하기 위해서는 우선 소비재용 토지의 가치를 추정하여야 한다. 지난 30여 년에 걸쳐 소비재용 토지의 주종인 현장자원의 가치를 추정하는 기법이 많이 개발되었다. 소비재용 토지는 시장에서 잘 거래되지 않으므로 그 가치는 대부분 시장에서 자연스럽게 형성되는 것이 아니라 사회적으로 인정한 가치이다. 이 가치는 소비재용 토지를 개발하지 않고 보존했을 때 사회에 귀속되는 가치이므로 이를 보존가치라고 부르기로 하자. 각 지점별로 토지 단위당(예컨대 평당) 보존가치를 추정해본 결과 <그림 7-7>의 굵은 점선으로 나타낸 U_0와 같다고 하고, 이 곡선을 보존가치 곡선이라고 하자.[23]

만일 정부가 개입하지 않고 내버려 둔다고 하면 소비재용 토지는 점차 경제적 이익을 창출하는 생산요소용 토지로 전용될 것이다. 다시 말해서 소비재용 토지가 경제적 이익을 가져다주는 토지, 즉 생산요소용 토지로 개발된다는 것이다. 소비재용 토지가 전부 생산요소용 토지로 이용될 수 있다고 하면, 그 토지를 생산요소로 이용하려는 사람들 사이에 경쟁이 벌어질 것이고, 따라서 시장에서 입찰지대 곡선이 형성될 것이다. 그 입찰지대 곡선이 <그림 7-7>에서 굵은 실선으로 나타낸 곡선 V_o와 같다고 하고, 곡선 U_o와 곡선 V_o가 지점 C에서 교차한다고 하자. 그러면, 이 교차점을 중심으로 그 안쪽에서는 지대가 보존가치보다 크고, 그 바깥쪽에서는 그 반대일 것이다. 따라서 지점 C가 용도 전환점이 된다. C 지점까지의 토지는 상업용, 공업용, 주거용 등 생산요소용 토지로 이용될 것이며, C 지점 밖의 토지는 소비재용 토지로 남게 될 것이다.

그림 7-7 개발과 보존의 조화

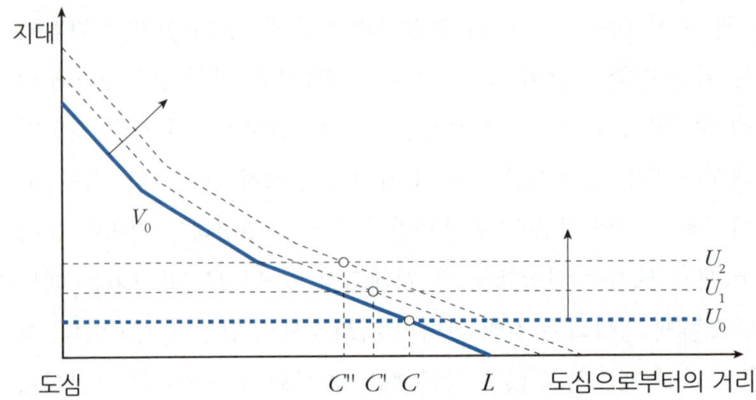

하지만, 문제는 이 용도 전환점이 일정하게 고정된 것이 아니라 시간이 변함에 따라 바뀐다는 것이다. 도시화가 진척됨에 따라 지대가 점차 커질 것이며 따라서 입찰지대 곡선은 위쪽으로(<그림 7-7>에서 화살표로 표시한 방향으로) 이동할 것이다. 그러나 이에 못지않게 도시화가 진척되고 소득수준이 향상됨에 따라 소비재용 토지, 특히 현장자원의 사회적 가치도 점차 커질 것이며, 따라서 보존가치 곡선도 <그림 7-7>에서 보듯이 역시 위쪽으로 이동할 것이다. 따라서 시간이 지남에 따라 생산요소용 토지와 소비재용 토지 사이의 적정 균형을 나타내는 용도 전환점도 위쪽으로 이동하게 될 것이다. 다만 이 결과 생산요소용 토지와 소비재용 토지 사이의 적정비율이 어느 방향으로 변하느냐가 관심거리인데, 제3장에서 자세히 살펴보았듯이 미래에 소득수준과 교육 수준이 전반적으로 높아진다고 하면, 입찰지대 곡선보다는 보존가치 곡선이 더 빠르게 상승한다고 기대할 만한 여러 가지 근거가 있다. 그래서 <그림 7-7>에서 보듯이 보존가치 곡선이 상승하는 속도가 입찰지대 곡선이 상승하는 속도보다 더 빠르다고 하자. 그러면 용도 전환점은 그림에서 보듯이 점차 왼쪽으로 이동한다. 이는 생산요소용 토지에 비해서 소비재용 토지를 상대적으로 더 많이 확보해야 함을 의미한다. 마치 이런 논리를 증명이라도 하듯이 최근 우리나라에서도 시가지나 주택단지 근처에 녹지를 더 많이 조성하거나 확보하려는 노력이 눈에 띄게 늘어나고 있다.

장기적으로 국토를 효율적으로 이용하기 위해서는 미래의 소비재용 토지의 보존 가치를 정확하게 추정함으로써 생산요소용 토지의 지대와 균형을 잘 맞추어야 한다. 이것이 바로 정부가 해야 할 일이다. 이와 관련하여 또 한 가지 중요한 것은 보존 가치에 비해서 시장에서 형성되는 지대가 상대적으로 과대 평가될 우려가 있다는 점이다. 대체로 보면, 소비재용 토지를 생산요소용으로 개발하는 것은 비교적 쉽지만, 일단 개발된 토지를 원래의 소비재용 토지로 원상 복구하는 것은 대단히 어렵다. 예를 들어서 지리산의 수려한 계곡을 깔아뭉개서 상가를 조성하기는 쉬워도 그 상가를 다시 본래의 수려한 계곡으로 원상 복구하는 것은 사실상 불가능하다고 보아야 한다. 다시 말해서 거의 불가역적이라는 것이다. 더욱이나 장기적으로는 소비재용 토지의 가치가 생산요소용 토지의 가치보다 상대적으로 더 커질 가능성이 크므로, 소비재용 토지를 생산요소용 토지로 개발하지 않는 것이 훨씬 더 큰 이익을 낳을 수가 있다. 섣불리 개발했다가 훗날 크게 후회하더라도 그때는 이미 늦다. 이런 결정의 불가역성으로 인한 미래의 손실(기회비용)이 시장에서 형성되는 가격에는 잘 반영되지 않는다. 그러므로 소비재용 토지를 생산요소용 토지로 개발할 때는 이런 불가역성으로 인한 기회비용도 충분히 고려해야 한다. 일상생활에서도 보면, 크게 후회하게 될 가능성이 있을 때는 매우 신중하게 결정함이 보통이다.

부록

차액지대의 결정에 대한 보다 더 구체적 설명

리카도는 그의 『정치경제와 조세의 원리』에서 지대 결정 이론을 수확체감의 현상과 결부해 자세히 설명하고 있다. 앞에서 지적하였듯이 리카도 이론에서 비옥한 토지에 지대가 발생하는 이유 중의 하나는 수확체감 현상 때문이다. 그렇다고 리카도가 수확체감 현상을 처음으로 규명한 학자도 아니다. 리카도에 훨씬 앞서 프랑스의 중농주의 학파 학자로 알려진 튀르고(A. R. J. Tűrgot)가 수확체감 현상을 최초로 규명한 학자로 알려져 있다. 그러나 그는 이 현상을 지대 결정과 연결하지는 못하였다.[24]

리카도는 [표 7-1]과 같은 예를 들어서 수확체감의 현상을 명시적으로 지대의 결정에 연결했다. 지금 어느 지역에 비옥도가 A급, B급, C급으로 분류되는 세 가지 토지가 있으며, 이들 각 토지에 노동을 투입해서, 예컨대 쌀을 생산할 때 노동의 한계생산이 이 표에서 보듯이 감소한다고 가정하자.[25] [표 7-1]은 노동의 투여량을 한 단위씩 증가시킴에 따라 A급 토지에서는 한계생산이 처음에는 100가마로부터 시작해서 90가마, 80가마, 70가마 등으로 감소함을 보인다. [표 7-1]은 이같이 A급 토지뿐만 아니라 모든 토지에서 수확체감의 현상이 일어나고 있음을 보인다. 그렇다면 사람들은 비옥한 토지부터 경작한다고 리카도는 가정하였으므로 만일 현재로는 100가마의 쌀이 필요하다고 하면 당연히 A급 토지에만 한 단위의 노동을 투입해서 이를 공급할 것이다. 인구가 증가하여 190가마의 쌀이 필요하게 되었다면, A급 토지에 노동을 한 단위 더 투입해서 이 필요에 대응할 것이다. 즉 A급 토지를 집약적으로 이용하게 된다.

표 7-1 생산요소 투입량 증가에 따른 한계생산 변화의 가상적 예

노동의 투여량	노동의 한계생산(단위: 가마)		
	A급 토지	B급 토지	C급 토지
1 단위	100	90	80
2 단위	90	80	70
3 단위	80	70	60
4 단위	70		
⋮	⋮	⋮	⋮

인구가 더욱더 증가하여 예컨대 270가마 이상의 쌀이 필요하게 되었다고 하면 어떻게 할 것인가? [표 7-1]에 나타난 생산성 자료에 의하면, A급 토지에 노동을 한 단위 더 투입하면 쌀이 80가마 더 생산된다. 그러나 B급 토지에 노동을 한 단위 더 투입하면 90가마가 더 생산된다. 수확체감의 현상 때문에 A급 토지를 더 집약적으로 이용하는 것이 B급 토지를 이용하는 것보다 경제적으로 손해가 된다. 그렇다면 당연히 A급 토지에 노동을 투입하기보다는 B급 토지에 노동을 투입하는 것이, 더 이익이다. A급 토지에는 2단위 이상의 노동을 투입하지 않는 것이 이익이다. 즉, 이 노동 2단위가 곧 A급 토지의 집약적 한계가 된다. 이같이 수확체감 현상 때문에 덜 비옥한 B급 토지가 쌀농사에 비로소 동원되며, 리카도에 의하면 바로 이때 A급 토지에 지대가 발생하게 된다. 그러나 B급 토지는 조방적 한계가 되기 때문에 애덤 스미스나 리카도의 이론에 따르면, 지대가 발생하지 않는다. 그렇다면 B급 토지에서 생산된 90가마의 쌀은 몽땅 임금으로 지급된다.[26] B급 토지에는 노동이 1단위 투입되었다. 그러므로 결국 노동 한 단위의 임금은 곧 쌀 90가마에 해당하는 셈이다. 한편, A급 토지에는 노동을 2단위 투입하였으므로 임금 총액은 쌀로 환산해서 180(=90x2)가마이다. 결국 A급 토지에는 쌀 180가마에 상당하는 생산비를 투입하여 190(=100+90)가마를 생산하였으므로 10가마가 잉여로 남는다. A급 토지의 소유자는 이 잉여를 지대로 요구할 것이므로 리카도에 따르면, 바로 이 10가마가 곧 A급 토지의 지대가 된다.

만일 토지경작자가 지주에게 이 지대를 바치기를 거부한다면 토지는 다른 경작자에게 넘어갈 것이다. 토지경작자들 사이의 경쟁이 결국은 그 10가마를 모두 지대로 치르게 만든다. 결과적으로 지주가 아닌 토지경작자의 시각에서 보면, A급 토지를 이용하고 10가마의 지대를 바치거나, 지대를 바치지 않고 B급 토지를 이용하거나, 이익은 같다. 이같이 지대란 비옥도가 각기 다른 토지에서 순수익을 균등하게 만드는 차액이다.

쌀 수요가 더욱더 증가하여 종전의 280가마(A급 토지에서 190가마, B급 토지에서 90가마)로는 쌀이 부족하게 되었다고 하자. 노동 한 단위를 A급 토지에 더 투입해도 80가마의 쌀이 더 생산되고 B급 토지에 더 투입해도 80가마의 쌀이 더 생산된다. 따라서 어느 토지를 이용하나 상관이 없다. 그러나 A급 토지와 B급 토지에 각각 노동 한 단위씩 더 투입해서 (다시 말해서 A급 토지와 B급 토지를 더 집약적으로 이용해서) 160가마를 더 생산했는데도 쌀이 모자랄 경우는, 어떻게 할 것인가? A급 토지와 B급 토지를 더 집약적으로 이용해봐야 수확체감의 현상 때문에 노동의 한계생산이 70가마 이상은 생산되지 않는다. 그러나 C급 토지에 노동을 한 단위 투입하면 80가마가 생산된다. 그렇다면 A급 토지와 B급 토지를 집약적으로 이용하는 것보다는 조방적 한계를 넓혀서 C급 토지도 경작하는 것이 경제적으로 이익이다. 이같이 C급 토지도 경작에 동원될 때 종전에 지대를 받지 못하던 B급 토지에서도 비로소 지대가 발생하게 되며, 종전에 지대를 받던 A급 토지에서는 더 많은 지대를 치러야 한다.

이제 C급 토지가 조방적 한계이므로 C급 토지에서 생산되는 80가마는 몽땅 임금으로 지불된다. 다시 말해서 노동 한 단위의 임금이 쌀로 환산해서 80가마가 된다는 것이다. 이렇게 임금이 종전의 쌀 90가마에서 이제 80가마로 떨어지는 이유는 간단하다. 쌀 수요가 증가함에 따라 점점 더 나쁜 토지가 생산에 동원되다 보니 노동의 생산성도 떨어지기 때문이다. 노동의 생산성이 떨어진다는 것은 달리 말하면 생산비가 비싸진다는 뜻이요 생산비가 비싸진다는 것은 쌀값이 비싸진다는 뜻이기도 하다. 뒤집어 말하면, 리카도의 이론에서는 곡물에 대한 수요가 증가함에 따라 곡물 가격이 충분히 올라가 주어야만 조방적 한계가 확대될 수가 있다는 것이다. 리카도 이론에서 조방적 한계가 확대된다는 것은 덜 비옥한 토지가 경작에 동원됨을 의미한다.

어떻든 C급 토지가 경작에 동원되는 순간 노동 한 단위의 가격이 쌀로 환산해서 80가마로 떨어진다고 하면, A급 토지에서는 노동 3단위를 투입해서 쌀을 270가마 생산하므로 결국 쌀로 환산해서 240(=80x3)가마의 비용을 들여서 270가마를 생산한 셈이다. 따라서 30(=270-240)가마가 잉여로 남게 되는데 이 잉여가 곧 A급 토지의 지대가 된다. 한편, B급 토지에서는 노동 2단위를 투입해서 170(=90+80)가마를 생산하였으니, 임금 총액이 쌀로 환산해서 160(=80x2)가마이므로 10(=170-160)가마의 잉여가 B급 토지의 지대가 된다.

B급 토지만 경작될 때는, 다시 말해서 B급 토지가 조방적 한계일 때는 A급 토지의 지대는 쌀 10가마이고 B급 토지에서는 지대가 없었으나, A급 토지와 B급 토지에 있어서 수확체감의 현상 때문에 조방적 한계가 C급 토지로 확대되는 순간 A급 토지의 지대는 쌀 30가마로 인상되고 B급 토지에서도 10가마의 지대가 발생함을 볼 수 있다.

위의 예에서는 핵심만을 설명하기 위해서 지대의 크기를 쌀로 환산해서 계산해 보였지만 오늘날의 경제이론에 따라 금액으로 따져도 마찬가지 결과를 얻는다. [표 7-1]과 관련해서 지대를 설명할 때는, 지대의 크기를 쌀로 환산해서 계산하였다. 그러나 지대를 금액으로 나타내려면 생산요소의 가격을 알아야 한다. 왜냐하면 생산요소의 가격을 알아야 생산비를 계산할 수가 있기 때문이다. 오늘날의 경제이론에 의하면 상품의 가격은 그 상품 한 단위를 더 생산할 때 소요되는 생산비, 즉 한계비용과 같으며, 또한 이 한계비용은 생산요소의 가격을 한계생산으로 나눈 값과 같다. [표 7-1]에서는 노동이 유일한 가변생산요소이기 때문에 지대의 크기를 금액으로 계산하기 위해서는 노동의 가격, 즉 임금을 알아야 한다. 그러면 노동 한 단위의 가격을 100만 원이라고 가정하고 C급 토지가 조방적 한계가 되었을 때, 다시 말해서 쌀이 520가마가 생산되고 있는 상황에서 지대를 계산해 보기로 하자.

리카도의 이론에서는 전국적으로 통용되는 가격을 결정하는 한계비용은 항상 조방적 한계에서의 한계비용이다. C급 토지가 막 조방적 한계가 되었을 때 이 토지에서의 노동의 한계생산은 80가마이다. 그러므로 이 조방적 한계에서 쌀 생산과 결부된 한계비용은 100만 원을 80가마로 나눈 값, 즉 12,500원이다. 따라서 쌀을 520가마 생산할 때의 전국의 쌀값은 가마당 12,500원이다. 그 520가마 중에서 270가마는 A급 토지에 3단위의 노동을 투입해서 생산한 것이다. 쌀값이 12,500원이므로 이때 총수익은 337.5만 원(=12,500x270)이고, 임금은 노동 한 단위당 100만 원이므로 총비용은 300만 원(100만x3)이다. 따라서 337.5만 원에서 300만 원을 뺀 나머지, 즉 37.5만 원이 곧 A급 토지에서의 지대가 된다. B급 토지에서는 노동을 2단위 투입해서 170가마의 쌀을 생산하므로 총수입은 212,5만 원(170x12,500)이 되고 총비용은 200만 원(100만 원x2)이 된다. 그러므로 B급 토지의 지대는 12,500원이 된다.

미주

1 다음 문헌 참조: Mishan, E. J. (1981), Introduction to Normative Economics, New York: Oxford University Press. p.205.

Heibrun J. (1981), Urban Economics and Public Policy(2nd ed.), New York: St. Martin's Press. p.121.

2 리카도는 "지대란 토지의 생산물 중에서 토양의 원초적이고 파괴할 수 없는 힘을 이용한 대가로 토지소유자에게 지불되는 부분"이라고 정의하고 있다. 다음 문헌 참조: Ricardo, D. (1951), Principles of Political Economy and Taxation, in the Works and Correspondence of David Ricardo, Vol. I, editted by Sraffa, London: The Cambridge University Press, p.67.

3 Smith, Adam(1837), An Inquiry into the Nature and Causes of the Wealth of Nations, E. Cannon editted, New York: Random House, Inc. p.49.

4 Ricardo, D. (1951), Principles of Political Economy and Taxation, in the Works and Correspondence of David Ricardo, Vol. I, editted by Sraffa, London: The Cambridge University Press, p.73.

5 예를 들면, Jean B. Say, Nassau W. Senior, J. S. Mill, Henry Sidgewick, 등 유명한 고전 학파 경제학자들이 지대를 잉여로 파악하였다. 이에 대한 구체적 내용은 다음 문헌 참조: Keiper, Joshep S., et al. (1961), Theory and Measurement of Rent, New York: Chilton. Co. pp.53-69.

6 Ricardo, D. (1951), Principles of Political Economy and Taxation, in the Works and Correspondence of David Ricardo, Vol. I, editted by Sraffa, London: The Cambridge University Press, p.77.

7 리카도는 사회가 발전함에 따라 이 노동의 자연 가격은 상승하는 경향이 있다고 하였는데, 그 이유는 생계비의 주요 부분을 차지하는 식량의 상대가격이 수확체감현상으로 인해서 상승하는 경향 탓이라고 하였다. 구체적 내용은 다음 문헌 참조: Ricardo, D. (1951), Principles of Political Economy and Taxation, in the Works and Correspondence of David Ricardo, Vol. I, editted by Sraffa, London: The Cambridge University Press, p.97.

물론 이런 논리는 리카도에 의하면 수확체감법칙의 적용 대상인 농업 부문에 국한되지만, 완진경쟁시상을 가정하면 농업 부문에서의 이윤율 저하는 비농업 부문으로 자본 이동을 계속 유발하여 장기균형 상태에서는 모든 부문의 이윤율이 균등하게 될 것이다.

8 Ricardo, D. (1951), Principles of Political Economy and Taxation, in the Works and Correspondence of David Ricardo, Vol. I, editted by Sraffa, London: The Cambridge University Press, p.121.

9 Marx, K. (1967), Capital III(1987), New York: International Publishers, pp.614-813.

10 Wolff, R. D. and S. A. Resnick(1987), Economics: Marxian versus Neoclassical, Baltimore: Johns Hopkins University University Press. pp.143-154.

11 Marx, K. (1967), Capital III(1987), New York: International Publishers, p.209.

12 마르크스는 이런 권한을 '법적 허구(legal fiction)'에 의한 것이라고 표현하였다.
Marx, K. (1967), Capital III(1987), New York: International Publishers, p.634.

13 이에 관한 자세한 논의는 다음 문헌 참조:
이희연(2012),『경제지리학』, 서울: 범문사. 536-550쪽.
김인(1986),『현대인문지리학』, 서울: 범문사. 161-164쪽.

14 Heilbrun, James(1981), Urban Economics and Public Policy, New York: St. Martin's Press. p.117.

15 이 곡선을 청약지대 곡선이라고 부르는 학자도 있고 입지지대 곡선이라고 부르는 학자도 있다. 이희연(2012),『경제지리학』, 서울: 범문사. 538쪽.

16 Alonso, William(1964), Location and Land Use: Toward a General Theory of Land Rent, Cambridge, Mass.: Harvard University Press. pp.37-39.

17 최막중(1993), "서울대도시지역 지가구조변화의 통시적 분석," 손재영 편, 「토지시장의 분석과 정책과제」, 한국개발연구원.

18 채미옥(1997), "서울시 지가의 공간적 분포 특성과 지가 결정 요인에 관한 연구," 서울시립대학교, 박사학위논문, 74쪽.

19 최막중(1993), "서울대도시지역 지가구조 변화의 통시적 분석," 손재영 편 「토지시장의 분석과 정책과제」, 한국개발연구원.

20 이희연(2012),『경제지리학』, 서울: 범문사. 549쪽.

21 Alonso, William(1964), Location and Land Use: Toward a General Theory of Land Rent, Cambridge, Mass.: Harvard University Press. p.111.

22 교통비 변화가 지가에 미치는 영향에 대한 자세한 논의는 다음 문헌 참조:
김지현(2005),『부동산경제학의 이해』, 서울: 부연사.

23 그림에서와 같이 보존가치 곡선을 수평선으로 나타낸 것은 순전히 설명의 편의를 위한 것이지 반드시 수평선이 되라는 법은 없다.

24 Keiper, Joshep S., et al. (1961), Theory and Measurement of Rent, New York: Chilton. Co. pp.11-13.

25 리카도는 상품생산에 있어서 노동과 자본은 대체로 일정 비율로 배합된다고 가정하였다. 예컨대 한 사람당 이용할 수 있는 호미, 낫 등 도구의 양이 일정하게 정해져 있다는 것이다. 그러기 때문에 [표 3-1]에서 노동 1 단위는 사실상 노동과 자본을 일정 비율로 배합한 결합 생산요소라고 보아도 무방하다.

26 만일 자본도 투입되었다면 이 90가마는 몽땅 임금과 이자로 지급되고, 남는 것이 없다. 앞에서도 말했듯이 리카도는 노동과 자본이 대체로 일정 비율로 조합된다고 보았으므로 이 90가마는 노동과 자본을 결합한 결합 생산요소에 대한 가격이라고 볼 수 있다.

08

마셜의 지대이론과 현대의 지대이론

1. 고전적 지대론에 대한 비판
   잉여란 존재하지 않는다? / 마셜의 지대이론에 관련된 기본 개념
2. 마셜의 지대이론
   순수지대 / 준지대(Quasi-rent)의 개념 / 비농업용 토지의 지대
3. 현대의 지대이론
   파레토 지대와 리카도 지대
4. 지대의 크기 추정
   생산요소의 공급곡선과 지대 / 지대와 생산자잉여

주요용어

- 균형가격
- 가변비용
- 고정비용
- 순수지대
- 부지지대
- 위치지대
- 준지대
- 공공가치
- 생산의 완전배분
- 전용비용
- 파레토지대
- 리카도지대
- 생산자잉여

08 마셜의 지대이론과 현대의 지대이론

1 고전적 지대론에 대한 비판

잉여란 존재하지 않는다?

고전경제학에 이어 경제학계에 등장한 초기 신고전경제학 학자들은 우선 토지지대나 지가가 잉여라는 고전학파의 주장부터 반박하였다. 잉여라는 것은 지급해도 그만 안 지급해도 그만이라는 뜻인데, 초기 신고전경제학 학자들은 자유경쟁 시장에 도대체 그런 잉여는 존재하지 않는다고 강변하였고, 토지지대를 불로소득으로 간주하는 고전학파의 태도를 몹시 못마땅하게 생각하였다. 고전경제학이 옳다면, 자본주의 시장은 불로소득을 양산하는, 건전치 못한 제도로 비친다. 그래서 신고전경제학 학자들은 자유경쟁 시장에서 모든 생산요소에 대한 대가는 생산에 참여하여 기여한 정도를 반영한 것임을 증명하기 위해서 애를 썼다. 좀 더 정확하게 말하면, 완전경쟁시장에서는 한계생산가치가 균등해지도록 토지를 비롯한 모든 생산요소에 대한 대가가 결정된다는 것이다. 그러므로 생산요소의 한계생산가치가 곧 해당 생산요소의 가격이며 또한 소득이다. 마치 임금이 노동의 한계생산가치를 반영하듯이 토지지대 역시 토지의 한계생산가치를 반영할 뿐이다. 토지를 어떤 특정 용도에 이용하면 다른 용도에 이용할 수 없게 될 것이니 필연적으로 그 다른 용도에 이용되었을 경우 얻게 될 한계생산가치를 포기해야 한다. 결국 토지지대는 이 기회비용에 대한 보상이기도 하다. 그러므로 초기 신고전경제학 학자들에 따르면, 토지에 귀속되는 순소득을 통상 토지지대라고 부르고 있지만 이것은 엄밀한 의미의 지대, 즉 경제지대가 아니다.

물론, 토지이용의 경우에는 좀 복잡한 문제가 걸려 있다. 노동자를 고용하는 경우, 통상 복잡한 계약 과정을 거치지 않지만, 남의 토지를 이용하기 위해서는 좀 복잡한 계약 과정을 거치는 경우가 많다. 이 계약에 따라 치르는 금액을 흔히 '계약지대'라고 한다. 그 액수는 토지이용자와 토지소유자 사이의 협상에 따라 결정될 것이며 그 결과는 어느 정도 당사자들의 협상 수완에 달려 있다. 따라서 계약지대는 토지의 생산성(한계생산가치)과 얼마든지 다를 수 있다. 그러나 그것은 일시적이다. 만일 계약지대가 토지의 생산성을 지나치게 초과하면 그 토지이용자는 토지 이외의 다른 생산요소에 대한 대가를 삭감해야 하므로 다른 토지이용자들과 경쟁할 수 없게 될 것이다. 반대로 계약지대가 너무 저렴하면, 토지이용자는 비정상적인 이윤을 올리므로, 다른 토지이용자들이 이 토지를 이용하려고 몰려들 것이다. 요컨대 시장의 경쟁 때문에 계약지대의 크기는 토지의 생산성을 크게 벗어날 수 없다는 것이다.[1]

초기 신고전경제학 학자들은 이구동성으로 임금, 이자, 토지지대, 이 셋 모두 똑같은 수요공급의 원리에 의해서 결정되는 한계생산가치를 반영하므로, 고전경제학처럼 토지지대나 지가만 따로 분리하여 특별 취급할 필요가 없다고 주장하였다. 다음 말은 초기 신고전경제학 학자들의 생각을 잘 대변해 준다.

> 임금, 지대, 이자, 이윤 등은 단순히 어떤 특정 시장의 문제로 분해되므로, 엄밀히 말해서 구두의 가격에 대한 별도의 이론이 없고, 자동차 요금에 대한 별개 이론의 여지가 없는 것처럼 지대에 대한 별개 이론이나 임금에 대한 별개 이론의 여지는 없다. 이론이란 어떤 구체적 현상이나 집단에 고유한 별도의 요인이나 영향이 아닌, 일반화된 사실에 대한 일반화된 진리의 체계를 의미한다고 하면, 지대나 이자 혹은 임금에 대한 이론이란 있을 수 없고 소득분배에 대한 하나의 이론, 그것도 시장의 이론이 있을 뿐이다.[2]

그러나 이런 식의 주장은 한 가지 큰 부담을 안게 된다. 만일 생산요소의 가격이 한계생산가치와 같다고 하면, 각 생산요소에게 한계생산가치 만큼씩 대가를 주어야 하는데, 그랬을 때 과연 기업이 수지를 제대로 맞출 수 있느냐의 문제가 제기된다. 이러한 문제는 고전경제학에서는 발생하지 않는다. 생산에 참여한 노동과 자본에 응분의 대가를 지불하고 남은 나머지(잉여)는 토지에 귀속되는 것으로 보는 까닭에 총지출액은 항상 총수익과 일치하게 되어 있기 때문이다. 그러나 생산에 참여한 모든 생산요소의 각각에 대하여 한계생산가치 만큼씩 대가를 치른 결과 총수익이 총지출보다 적어진다면 적자가 발생할 것이니, 한계생산가치에 따른 대가 지급은 사실상 실행 불가능하다는 말을 듣게 된다. 반대로 총수익이 총지출을 초과한다면 남는 것은 무엇이고 그것은 누구에게 귀속되는가의 문제가 남게 된다.

신고전경제학 학자들은 이 문제를 최소한도 이론적으로나 수학적으로는 깨끗하게 정리하였다.[3] 앞장(제6장)에서 설명하였듯이 완전경쟁시장에서 기업은 모든 생산요소에 대하여 한계생산가치에 해당하는 대가를 치른다. 신고전경제학 학자들에 의하면, 완전경쟁시장의 또 하나의 특징은 장기적으로 모든 기업의 이윤이 0이 된다는 것이다. 더 정확하게 말하면, 치열한 경쟁으로 인해서 초과이윤(정상이윤을 초과한 이윤)이 흩어져 사라진다는 것이요, 마르크스의 표현을 빌리면 잉여이윤이 없어진다는 것이다.

예를 들어서, 특수(特需) 덕분에 어떤 특정 업종이 떼돈을 번다는 소문이 퍼지면 새로운 업체들이 우후죽순처럼 나타나면서 결국 그 특수와 결부된 특별한 이익도 흩어져 사라진다. 이런 비슷한 사례들을 우리 주위에서 종종 보게 된다. 어떤 기업이 새로운 생산방법으로 다른 기업들보다 더 많은 이윤을 올렸다면, 시간이 지남에 따라 경쟁업체들이 그 기업의 생산방법을 모방하게 된다. 이 결과 그 새로운 생산방법이 보편화되면 모든 기업의 이윤이 0으로 떨어지게 된다. 경제학적으로 말하면, 이같이 새로운 생산방법이나 특수 덕분에 특정 기업들이 비정상적으로 높은 이윤을 올리는 상황은 불균형 상태이며, 이런 비정상적 상황은 치열한 경쟁 때문에 오래 지속될 수 없다. 결국 완전경쟁시장에서는 모든 기업이 장기적으로 수지 균형을 맞추는 균형 상태에 놓이게 된다. 그러므로 모든 생산요소에 대하여 한계생산가치에 상응하는 정당한 보수를 치르더라도 완전경쟁시장에서는 잉여가 존재하지 않는다는 것이다(이에 대한 증명은 8장 부록 참조).

여기에서 한 가지 주목되는 점은, 이런 주장을 담은 초기 신고전학파의 한계생산이론이 시장에서 결정되는 모든 소득을 정당화하는 이론적 근거로 자주 원용되었다는 것이다. 한계생산가치는 생산에 기여한 정도를 반영한 응분의 대가라고 해석하였기 때문이다. 이뿐만 아니라 생산의 완전배분이론에 의하면 각 생산요소에 응분의 대가를 지불하고 나면 잉여란 존재하지 않는다. 잉여가 없으므로 착취라는 것도 있을 수 없다. 사실 초기신고전학파의 한계생산이론은 고전학파의 소득분배이론을 승계한 칼 마르크스의 노동가치설이나 헨리 조지의 지주착취설에 대한 반동으로 개발되었다는 주장도 있다.[4] 이런 주장이 얼마나 신빙성이 있는지는 확실치 않으나 최소한도 초기 신고전경제학의 태두였던 클라크(J. B. Clark)의 경우에는 그런 주장이 상당한 근거를 가진다. 미국 경제학자로서 독자적으로 한계효용 및 한계생산이론을 개발한 그는 시장에서 결정되는 모든 소득에 윤리적 의미를 부여함으로써 자본주의 체제를 정당화하였다. 그뿐만 아니라 자신의 논리를 열심히 설득하고 다녔다. 그에 의하면, 고전학파가 주장하듯이 지대는 불로소득이 아니다. 지대는 어디까지나 토지의 생산성에 대한 정당하고 참된 대가이다. 임금이 그렇고 이자도 그렇다. 이같이 그는 한계생산이론에 의존해서 종래 사회적 지탄의 대상이던 지대와 이자의 사회적 정당성을 강변하였다.

물론, 클라크의 한계생산이론은 시장에서 자유경쟁이 보장됨을 전제하고 있다. 자유경쟁이 보장되지 않는 시장에서 결정된 소득에는 사회적으로 정당화하기 힘든 요소, 예컨대 독점적 특권과 결부된 특수 이익을 내포할 수가 있다. 그러나 비록 완전경쟁시장의 상태가 현실적으로 보장되어 있다고 하더라도 그의 한계생산이론으로부터 시장의 소득분배가 정당하다는 결론으로 치닫는 것은 논리의 비약이다. 설령 한계생산가치에 상응하는 소득이 사회적으로 정당한 소득이라고 치더라도 클라크가 증명한 것은 어디까지나 각 객체로서의 생산요소에 귀속되는 소득의 사회적 정당성일 뿐 그 생산요소의 소유자 개인에게 귀속되는 소득의 사회적 정당성은 아니다. 예를 들어서, 부모로부터 물려받은 시골의 토지를 빌려주고, 지대를 받아 서울에서 빈둥빈둥 놀면서 살아가는 지주 아들의 경우를 생각해 보자. 과연 이 아들에게 귀속되는 그 지대가 정당한 소득이라고 볼 수 있는가? 설령 지대가 토지라는 객체에 귀속되는 정당한 대가임이 증명된다고 해서 토지소유자가 그 지대를 받을 자격이 있음이 증명되는 것은 아니다. 토지가 생산에 기여했다는 말이 곧 그 토지의 소유자가 생산에 기여했다는 뜻은 아니다. 소득분배에 관해서 우리가 자주 문제 삼는 것은 각 개인 혹은 각 계층에 귀착되는 소득의 정당성이다.

마셜의 지대이론에 관련된 기본 개념

토지지대에 관한 초기 신고전경제학의 이론과 고전경제학의 이론이 너무 대조적이어서 이 두 이론은 도저히 양립할 수 없을 것처럼 보인다. 이럴 경우, 그 어느 한 이론은 옳고 다른 이론은 틀렸다고 생각하기 쉽다. 마셜(A. Marshall)은 그런 식의 흑백논리를 대단히 경계한 인물이었다. 복잡한 현상의 어느 측면을 특히 더 강하게 의식하느냐에 따라 견해가 엇갈린다고 보아야 한다는 것이 그의 입장이었다. 경제학계에서는 마셜은 왈라스(Leon Walras)와 함께 근대경제학을 창시한 두 거봉으로 꼽힌다. 사실 오늘날 경제학 교과서에 흔히 보는 상품가격 결정에 대한 기초이론의 대부분은 이미 마셜이 정립한 것이다. 고전경제학을 내동댕이치다시피 하고 전혀 새로운 이론을 제시한 다른 초기 신고전경제학 학자들과는 달리 그는 역사적 연속성을 강조하면서 고전경제학과 초기 신고전경제학의 자연스런 접속에 헌신하였으며, 그의 명저 『경제학원리』는 그 산물이다. 그의 지대론 역시 기본적으로 한계생산이론을 바탕으로 고전학파 지대론를 재편성한 것이다.[5]

우선, 마셜은 토지지대가 잉여가 아니라는 초기 신고전경제학 학자들의 주장을 비판하였다. 이 비판은 마셜 나름대로 비용의 개념에 입각하고 있다. 어떤 시점에서 생산요소의 유효공급량은 제1차적으로는, 그 생산요소의 현 부존량이고 제2차적으로는 그 생산요소 소유자의 공급 용의에 달려 있다. 예를 들면 임금의 인상은 일반적으로 노동의 공급량을 즉각적으로 증가시킬 뿐만 아니라 노동의 질을 높인다. 마찬가지로, 자본 이용에 대하여 치르는 대가인 이자율의 상승은 자본의 공급량을 증가시킨다. 이렇게 생산요소의 공급량이 증가하면 해당 생산요소의 가격뿐 아니라 그 생산요소를 이용하여 생산된 상품의 가격에도 영향이 미칠 것이다. 이러한 일련의 '간접적 영향'을 수반하는 금전적 지출만이 마셜이 말하는 진정한 의미의 비용이다. 다시 말해서, 어떤 특정 생산요소에 대한 금전적 대가가 비용인가 아닌가의 여부는 그 대가가 해당 생산요소의 공급에 영향을 미치는 도구적 역할을 하는가, 아닌가에 달려 있다는 것이다.[6] 그런데 이런 비용의 개념을 설명하면서 마셜은 항상 노동과 자본만 열거하였을 뿐 토지를 제외하였다. 토지지대나 지가가 비용이 아니라고 보았기 때문이다.

이와 관련하여 마셜은 가변비용과 고정비용을 구분하였는데, 이 구분은 그의 학문적인 큰 기여 중의 하나로 평가되고 있다.[7] 가변비용이란 생산량이 변함에 따라서 고용량이 변하는 생산요소, 즉 가변생산요소에 대한 지출을 말하고, 고정비용이란 그렇지 않은 생산요소, 즉 고정생산요소에 대한 지출을 말한다. 예를 들어서, 일정 면적의 토지에 공장을 짓고 빵을 생산하는 기업이 있다고 하자. 빵을 많이 생산할수록 밀가루 투입량이 많아지겠지만 토지임대료는 빵 생산량과 상관없다. 많이 생산하든 적게 생산하든 이미 계약에 따라 정해진 토지임대료를 치러야 한다. 이런 경우 밀가루 매입비는 가변비용이고 토지임대료는 고정비용이 된다.

빵에 대한 수요가 갑자기 늘어났다고 하자. 그렇다고 당장 공장의 규모를 크게 하기는 어렵다. 그러자면 더 넓은 땅을 빌려야 하고 공장도 새로 지어야 하는데 여기에는 많은 시간과 돈이 소요되는 까닭에 갑자기 할 수 있는 일은 아니다. 이뿐만 아니라 그 수요 증가가 일시적인 현상일 수도 있다. 수요가 증가했다고 무작정 공장을 늘렸다가 만일 불황이라도 들이닥치는 날이면 공장 증축에 투자한 돈을 뽑지 못하고 심지어 도산할지도 모른다. 따라서 당장은 이 기업이 그 주어진 공장 안에서 밀가루를 더 많이 사고 더 많은 노동자를 고용해서 수요 증가에 대처하는 것이 현명하다. 이때, 밀가루 대금과 임금은 가변비용이다. 물론 수요 증가가 장기에 걸쳐 계속된다는 보장이 서면 그 기업은 더 넓은 땅을 빌려서 공장을 크게 지을 계획을 실천에 옮길 것이다.

그래서 마셜은 시간이란 요인이 경제 분석을 매우 어렵게 만드는 주요인이라고 보고 가변비용과 고정비용을 구분하였다. 어떤 비용이 가변비용이고 어떤 비용이 고정비용인지는 시간에 상대적이어서 일률적으로 말할 수 없다. 비교적 장기에 있어서는 가변비용인 것도 기간이 충분히 짧아지면 고정비용이 된다. 이를테면, 전문적 기능, 기계, 산업조직 등은 단기간에 늘리기 어렵다. 따라서 이들에 대하여 지급되는 경비는 고정비용이라고 볼 수 있다. 하지만, 장기적으로는 충분한 경제적 대가를 치르면, 이들의 이용량도 얼마든지 늘릴 수 있으므로 이들에 대하여 지급되는 경비는 장기에 있어서는 가변비용이 된다.

가변비용은 직접적으로 생산량에 영향을 준다는 점에서 생산에 직결되는 비용이라고 할 수 있다. 가변비용을 제대로 치르지 못하면 당장 생산을 제대로 할 수 없다. 밀가루를 살 돈도 없다면 빵 공장은 문을 닫아야 한다. 그러나 고정비용은 당장 생산에 심각한 지장을 주는 비용은 아니다. 토지임대료를 지출하지 않는다고 해서 당장 생산이 중단되는 것은 아니다. 일시적으로 장사가 잘 안돼서 적자가 발생하더라도 최소한도 가변비용만이라도 댈 수만 있다면 비록 고정비용을 제대로 지출하지 못한다고 하더라도 경기가 좋아질 때를 기다리고 생산을 계속하는 것이 좋을 것이다. 물론, 단기에도 고정비용을 어느 정도 탕감해 나갈 수 있을 만큼 충분히 채산성이 있어야 한다. 만일 그렇지 못하면 장기적으로는 기업가는 생산 규모를 축소하는 방향으로 사업을 조정하려는 생각을 강하게 가질 것이다. 이런 의미에서 고정비용은 간접적으로 사업에 영향을 미친다.

정의상 한계비용이란 생산을 늘렸을 때, 추가되는 비용인데 내용으로 이 비용은 가변생산요소에 치르는 비용이다. 따라서 한계비용이란 기본적으로 가변생산요소에 치르는 비용이다. 바로 이 한계비용의 개념에 따라 마셜은 토지지대나 지가가 비용이 아님을 증명하였다. 그에 의하면, 기업은 이윤 극대화를 추구하며 이를 위해서는 한계비용이 제품의 가격과 같아질 때까지 생산량을 늘린다. 달리 말하면, 한계비용이 제품의 가격과 같아지는 수준에서 이윤 극대화 생산량이 결정된다는 것이다. 이런 내용은 오늘날의 경제학 원론 교과서에 빠짐없이 나오는 것이다. 한계비용은 가변생산요소에 대한 지출이므로 여기에는 토지에 대한 토지지대는 포함되지 않는다. 이 말은, 지가나 토지지대의 많고 적음이 기업의 생산량 결정에 별 영향을 주지 않음을 의미한다. 즉, 지가나 토지지대가 높다고 해서 생산량을 줄이고, 반대로 지가나 토지지대가 낮다고 해서 생산량을 늘리지는 않는다는 것이다. 단기적으로는 토지는 고정생산요소요, 지가나 토지지대는 고정비용이므로 이윤을 극대화하는 생산비에 영향을 주지 않는다는 점을 마셜은 『경제학원리』에서 상세히 설명하고 있다.

그는 영국과 같이 대부분 토지가 사람에 의해서 정착된 사회에서는 장기적으로도 토지지대는 가격에 의해서 결정된 잉여라고 주장하였다. 그러나 장기간 미국을 여행하면서 감명받았던 마셜은 미국이 영국과 다르다는 점을 인정하였다. 과거 서부 개척 시대의 미국에서와 같이 미개간 토지가 풍부하게 존재하는 상황에서는 사회 전체의 차원에서 보더라도 토지지대 및 지가는 비용으로 작용한다는 것이다. 미개간지를 개척하려는 개척자는 개간 및 영농에 투입될 노동력과 고생, 그리고 위험에 대한 충분한 대가가 있어야 투자를 감행할 것이기 때문이다. 요컨대 영국에서는 토지지대가 경제지대의 성격을 가진 소득이지만, 미국에서는 임금과 같은 가변비용으로서의 소득에 가깝다는 것이다. 이뿐만 아니라 마셜은 마르크스에 이어 토지지대 속에 경제지대의 성격을 가진 부분과 그렇지 않은 부분이 섞여 있음을 구체적으로 밝혔다.

2 마셜의 지대이론

순수지대

마셜이 말하는 토지는 그냥 땅덩어리가 아니다. 그는 토지를 "소득을 발생시키는 모든 대자연의 무상 공여물을 포함하는 것"으로 정의하였다.[8] 이 정의에서 그가 특히 강조한 토지의 본질적 특성은 그 공급이 자연적으로 한정되어 있다는 것, 혹은 그 공급이 자연적으로 정해지므로 인위적 조작이 거의 불가능하다는 것이다. 공급량이 이미 자연적으로 주어져 있으므로 지대의 많고 적음은 이 공급량에 아무런 영향을 주지 못하므로, 임금이나 이자의 변동에서 볼 수 있는 반사적 영향을 초래하지 않으며, 따라서 어떤 경제적 동기를 형성하지도 않는다. 마셜에 의하면 바로 이러한 점이 토지지대와 다른 소득을 구별하는 중요한 기준이 된다. 이런 의미에서 농업용 토지의 지력은 토지의 본질적 속성이 아니다. 토양의 비옥도는 인위적 노력으로 얼마든지 높일 수 있다. 실제로 오래된 경작지가 가지고 있는 지력의 대부분은 토지개량공사를 통한 투자의 결과라고 마셜은 주장한다. 이같이 토지의 생산력 속에 자연적 요소와 인위적 요소가 섞여 있다고 하면 토지에 귀속되는 소득 중에는 자연적 요소에 대한 대가와 인위적 요소에 대한 대가가 혼합되어 있을 터인데, 이 인위적 요소에 대한 대가는 마셜이 말하는 진정한 의미의 지대(즉, 경제지대)가 아니다. 왜냐하면, 이 인위적 요소에 대한 대가는 이것의 공급을 증가시킬 수도 있고 감소시킬 수도 있는 대가, 즉 반사적 영향을 수반하는 대가이며 따라서 그가 말하는 진정한 비용의 범주에 속하기 때문이다.

그래서 마셜은 순전히 대자연의 무상 공여물과 결부된 잉여, 즉 "엄밀한 의미의 순수지대"를 토지에서는 찾아보기 힘들다고 말하면서 엄밀한 의미의 순수지대를 구체적으로 설명하기 위해서 토지 대신 가상의 운석(meteoric stone)을 예로 들었다. 질이 똑같은 100개의 운석이 하늘에서 일시에 소나기처럼 떨어져 특정인들이 무상으로 소유하게 되었다고 가정하자. 그리고 이 운석은 마모되지 않으며 다이아몬드보다 훨씬 강해서 여러 용도에서 무척 유용하게 이용될 수 있다고 하자. 이 한정된 운석들이 최대한 잘 이용되기 위해서는 생산성이 가장 높을 것으로 기대되는 용도부터 차례로 그 운석들을 각 용도에 배분해야 한다. 구체적으로 어떤 방법으로 배분할 것인가? 그 100개의 운석을 경매에 부치는 상황을 상정해 보자. 운석 한 개당 10만 원을 매겼더니 수요가 150개이었다고 하자. 그렇다면 50개가 모자란다. 결국 그 10만 원이 너무 쌌다는 얘기가 된다. 그러면 운석의 가격을 조금 더 올려 본다. 예컨대 12만 원으로 올렸더니 수요가 150개에서 130개로 줄었다고 하자. 그래도 수요가 공급량을 초과한다. 그래서 운석의 가격을 차츰차츰 올려본 결과 15만 원까지 올렸더니 수요가 꼭 100개이어서 공급량과 일치하였다고 하자. 그러면 그 100개의 운석을 한 개 당 15만 원 내는 사람들에게만 나누어주면 그만이다. 다시 말해서 운석의 최종가격은 15만 원으로 낙착된다.

15만 원을 내고 운석을 산 사람들은 그 운석이 최소한도 15만 원보다 더 많은 가치가 있다고 계산했기 때문에 샀을 것이다. 운석을 산 사람 중에는 그 운석을 이용해서 15만 원보다 훨씬 더 값지게 이용하는 사람도 있을 것이고 또 간신히 15만 원 정도 값지게 이용한 사람도 있을 것이다. 예를 들어서 갑과 을이 있는데, 갑은 그 운석을 이용해서 보석을 만들어 팔았더니 운석을 제외한 나머지 모든 생산요소에 각각의 한계생산가치에 상응한 대가를 지불하고도 25만 원이 남았다고 하면 이 25만 원이 바로 갑이 생각하는 운석의 경제적 가치가 된다. 운석의 가격은 15만 원이니 갑은 흔쾌히 운석을 살 것이다. 한편 을은 그 운석을 이용해서 유리 제품을 생산해서 팔았더니 모든 비용을 치르고 남은 돈이 15만 원이라고 하면 을에게는 운석이 15만 원어치의 가치를 가진 것으로 생각될 것이다. 을 역시 운석을 살 것이다. 왜냐하면, 15만 원을 주고 운석을 사더라도 생산에 참여한 사장과 회장의 인건비를 포함한 모든 비용을 지불하고도 손해를 보지는 않기 때문이다. 을의 용도처럼 운석을 간신히 시장가격만큼 값지게 이용하는 용도는 한계 용도라고 할 수 있다. 그러나 이 한계 용도에서 올린 15만 원의 소득은 운석을 제외한 다른 모든 생산요소에 대한 정당한 대가를 지불하고 남은 잉여다. 이 잉여야말로 인위적인 요소를 내포하지 않은 순전히 대자연의 혜택으로 인한 소득이며 마셜이 말하는 순수지대의 요건을 갖춘 소득이라고 할 수 있다.

운석의 공급은 이미 자연적으로 고정되어 있으므로 운석에 귀속되는 소득의 크기는 주로 운석을 이용해서 만든 상품에 대한 수요와 공급에 따라 결정된다. 예를 들어서 운석을 이용해서 만든 상품에 대한 수요가 갑자기 증가하였다고 하자. 그러면 운석을 이용해서 만든 상품의 가격이 높아지면서 운석에 대한 수요도 증가할 것이다. 이제는 종전의 15만 원에서 운석에 대한 수요가 공급을 초과할 것이다. 따라서 운석의 가격도 높아질 수밖에 없다. 그러므로 운석에 귀속되는 소득은 운석을 이용해서 만든 상품의 가격에 의해서 결정된(price-determined) 소득이다. 하지만 운석으로부터 얻는 소득의 많고 적음은 운석의 공급량에 아무런 영향을 주지 못한다. 따라서 운석에 귀속된 소득은 엄밀한 의미의 순수지대라고 마셜은 말한다.[9]

이같이 지대를 생산물의 가격에 의해서 결정된 잉여요, 비용의 성격을 갖지 않은 대가로 파악했다는 점에서 마셜의 지대론은 리카도의 지대론과 맥을 같이 한다. 그러면서도 마셜의 지대에 대한 설명은 리카도의 지대론과 여러 가지 점에서 차별성을 보이고 있는데, 우선 다음 두 가지가 우리의 시선을 끈다. 위에서 예시한 을의 용도와 같은 한계 용도는 토지로 말하면 조방적 한계에 해당하는 용도이다. 이 한계 용도에서의 운석의 가치는 15만 원이다. 다시 말해서 이 한계 용도에서 운석과 결부된 지대는 15만 원이라는 것이다. 운석의 예는 조방적 한계에서도 지대가 얼마든지 발생할 수 있음을 보인다. 또 한 가지 주목되는 것은 지대가 리카도의 주장처럼 토지의 질적 차이 때문에 발생하는 것이 아님을 밝혔다는 것이다. 위의 운석의 예에서 모든 운석은 동질적이다. 그런데도 모든 운석에서 지대가 발생할 수 있다. 토지 경우도, 마찬가지일 것이다. 모든 토지가 동질적이라도 얼마든지 지대가 발생할 수 있으며 토지에 따라 지대에 차이가 있을 수도 있다. 물론 모든 토지가 동질적이면서 또한 토지공급량이 그 수요를 충족시키고도 남을 정도로 풍부하면 지대는 발생하지 않을 것이다. 그래서 지대는 기본적으로 희소성 때문에 발생한다고 마셜은 못 박고 있다.[10]

물론, 현실에서 이용되고 있는 대부분 토지에는 생산력을 높이기 위한 인위적 노력이 가미된 것이라서 엄밀한 의미의 순수지대를 토지에서는 찾아보기 힘들다는 마셜의 말이 기본적으로 옳지만, 그렇다고 현실에서는 순수지대가 전혀 존재하지 않는다고 단정할 수는 없다. 현실에서는 인위적 노력의 비중이 매우 큰 토지가 있고 그렇지 않은 토지가 있다. 이를테면, 농지 중에는 인위적 노력이 그리 많이 투입되지 않은 토지가 다량 있을 수 있고, 공업용 토지 중에는 인위적 노력의 비중이 압도적으로 큰 토지가 많을 것이다. 그렇다면, 인위적 노력의 비중이 미미한 토지에 귀속되는 소득에는 순수지대 성격의 소득이 매우 큰 비중을 차지할 것이고 인위적 노력의 비중이 매우 큰 토지에 귀속되는 소득에는 순수지대 성격의 소득이 거의 없다고 볼 수 있다. 요컨대, 현실적으로는 순수지대 성격의 소득이 많이 있을 수 있다는 것이다.

순수지대에 관한 마셜의 장황한 설명에도 불구하고 초기 신고전경제학의 전통을 고집하는 학자들은 토지지대가 비용이 아니라 잉여라는 마셜의 주장에 계속 트집을 잡았다. 만일 토지지대나 지가가 비용이 되지 않는다고 하면, 현실적으로 지가를 비용으로 간주하고 있는 대부분 기업의 태도나 땅값이 비싸져서 사업하기 힘들다는 기업의 불평을 어떻게 설명할 것인가. 땅값이 올랐을 때 이를 감당하지 못하는 기업은 자신이 이용하던 땅을 다른 기업에게 넘겨야 한다. 그래야 토지가 효율적으로 이용될 수 있다. 마셜도 이런 점을 잘 알고 있었다. 그리고 토지의 효율적 이용에 지가가 일정 부분의 역할을 해야 한다는 점을 부정하지 않았고 한계생산이론을 부정하지도 않았다. 그러면서도 토지지대가 비용이 아니라 잉여라고 주장하는 것은 뭔가 앞뒤가 맞지 않는 것 같다. 그러나 이런 오해는 토지의 특성을 잘 이해하지 못한 탓이라고 마셜은 반박하였다.

예를 들어서, 지금 어느 지역의 토지가 밀과 보리의 경작에 모두 적합하다고 가정하자. 그런데 어떤 외생적 요인에 의해서 밀에 대한 수요가 늘어나서 밀 가격이 올랐다고 하자. 그러면 밀밭의 토지지대도 오를 것이다. 이 토지가 밀과 보리 생산에 모두 적합하므로 보리밭의 주인 역시 덩달아 더 많은 토지지대를 요구할 것이다. 보리 생산자는 이 인상된 토지지대를 치러야 하므로 보리의 생산비도 올라가고 따라서 보리 가격도 높아지게 될 것이다. 이런 경제 상식을 근대경제학의 창시자인 마셜이 몰랐을 리 없다. 그런데도, 마셜은 그런 상식적인 논리에 고개를 가로저었다. 논리에 비약이 있다는 것이다. 그리고 흔히 그렇듯이 경제학자들의 현장감 부족이 그런 논리의 비약을 낳는다고 덧붙였다.[11] 현장의 기업들을 보면, 노동자 고용에 대한 태도와 토지이용에 대한 태도가 아주 다르다. 임금이 오르면 기업은 당장 고용을 줄인다. 그러나 토지지대가 올랐다고 해서 당장 경작지나 공장 면적을 줄이지는 않는다. 개별 토지 이용자의 처지에서 볼 때, 토지는 항상 비교적 큰 규모의 필지로 공급되기 때문에 석유나 노동을 매입하듯이 필요할 때마다 조금씩 구매하기 어렵다. 토지의 공급은 장기적으로도 비탄력적이어서 개별 생산자들은 다른 생산요소에 비해서 토지는 다르다고 느낀다. 그러므로 토지의 구매나 임대는 일상적으로 조금씩 이루어지는 것이 아니라 드문드문 어떤 특정 시기에만 목돈을 치르는 형식으로 이루어짐이 보통이다. 그러므로 토지를 매입하거나 임대하는 바로 그 시점에서만 지가나 토지지대가 목돈 형식의 비용으로 느껴질 뿐이다. 달리 말하면, 지가나 토지지대는 통상 고정비용으로 여겨진다는 것이다.

이런 현실을 고려하면서, 밀밭의 토지지대 인상이 왜 보리 생산비 일부로 계산되지 않는다고 마셜이 주장했는지를 살펴보자. 우선, 밀밭의 토지지대가 올랐을 때 보리밭 주인이 당장 토지지대를 인상할 것인지도 생각해 보아야 한다. 보리밭의 토지지대는 이미 계약에 정해져 있으므로 계약이 끝날 때까지는 그 토지지대가 계속 유효하다. 설령 보리밭 주인이 당장 토지지대를 인상하더라도 경작자는 보리밭 면적을 줄이기보다는 이것을 더 집약적으로 이용하려고 한다. 밀밭 토지지대가 계속 올라가고 보리밭 주인이 계속 더 높은 토지지대를 요구하면 보리 경작자는 주어진 보리밭을 계속 더 집약적으로 경작한다. 밀밭의 토지지대 인상이 밀밭이나 보리밭의 수요와 공급에 별 영향을 주지 않는다. 마셜의 표현으로는 반사적 영향을 수반하지 않는다는 것이다. 물론, 보리의 가격이 올라갈 수는 있다. 주어진 보리밭을 더 집약적으로 이용함에 따라 수확체감의 법칙 탓으로 단위당 생산비가 올라가면 보리 가격도 비싸질 것이다. 그러나 보리 생산비가 비싸진 직접적인 원인은 보리밭을 더 집약적으로 이용했기 때문이지 밀밭의 지가가 비싸졌기 때문이 아니다. 보리 생산비가 구체적으로 어떻게 변할지는 보리 생산 토지에 있어서 집약적 한계가 어떻게 변할 것인가와 결부해서 밝힐 문제다. 그런데도, 밀밭의 지가 상승이 직접 보리 생산비에 반영되어 보리 가격에 영향을 주었다는 주장은 마셜이 볼 때 지나친 견강부회다. 마셜은 밀밭의 지가와 보리 가격 사이에는 단순한 산술적 관계가 존재하지 않는다고 주장한다.[12] 보리 가격이 과연 얼마나 올라갈 것인지는 보리에 대한 수요와 공급의 조건에 따라 매우 유동적일 것이다. 예컨대 보리에 대한 수요곡선이 매우 완만하면 보리 가격 상승폭은 매우 적을 것이고 보리수요가 매우 경직적이면 상승폭은 매우 클 수도 있다. 보리 수요가 매우 탄력적이면 보리 가격은 전혀 인상되지 않을 수도 있다. 물론, 집약적 이용에도 한계가 있다. 밀밭의 토지지대가 계속 높아지고 보리밭의 토지지대도 계속 인상된 결과 보리 생산자가 더 이상 보리밭을 집약적으로 이용할 수 없는 한계, 즉 집약적 한계에 이르면 그때 비로소 보리농사를 포기하게 되면서 보리밭이 밀밭으로 바뀌게 된다.

준지대(Quasi-rent)의 개념

고전학파나 신고전학파 모두 토지에서만 지대가 발생한다고 보지는 않았지만, 토지 이외의 자원과 결부된 지대에 대하여 체계적인 이론을 제시한 학자는 마셜이다. 오늘날 경제학 교과서에서도 자주 나타나는 '준지대'의 개념이 바로 이와 관련된 중요한 이론적 개념이다. 그는 준지대를 "생산을 위하여 사람이 만든 기계나 기구들로부터 얻는 소득"이라고 정의하였다.[13] 토지 이외의 생산요소 중 어떤 것은 일시적으로 토지와 매우 흡사한 성격을 가지는데, 마셜이 의미하는 준지대란 요컨대 일시적으로 토지의 성격을 가지는, 토지 이외의 생산요소에 귀속되는 소득을 의미한다. 일시적으로 경제지대의 성격을 가지는 소득으로 이해할 수도 있다.

기계나 기구, 또는 특수한 재능 등은 단기적으로는 고정생산요소라고 할 수 있다. 이런 고정생산요소에 귀속되는 소득은 이들을 이용해서 생산한 상품의 총 판매수익에서 가변비용을 뺀 잉여분이며, 이 소득의 많고 적음은 해당 생산요소의 공급량을 현저하게 변화시키지 못한다는 점에서 순수지대의 성격을 가진다. 따라서 이런 생산요소에 귀속되는 소득은 지대라고 할 수 있다. 그러나 이런 생산요소와 자연 상태의 토지 사이에는 두드러진 차이가 있다. 최소한 마셜이 살았던 영국과 같이 오래된 나라에 있어서는 토지는 그 공급량이 고정되어 있는 반면, 토지 이외의 고정 생산요소들은 그 공급량이 장기적으로는 얼마든지 증가할 수 있다. 기계나 기구 등에 대한 대가가 충분히 크면, 장기적으로는 이런 것의 공급이 증가할 것이다. 인간의 재능에 대해서도 같은 말을 할 수 있다. 예를 들면, 노래 잘 부르는 능력이 하루 이틀에 금방 이루어지는 것은 아니지만, 요즈음 인기가수가 돈을 많이 번다고 하니까 여기저기에서 가수 지망생들이 넘쳐 난다. 그러면 앞으로 뛰어난 가수들이 많이 출현할 것이다. 사회 전체적으로 보면, 지금 인기가수들이 누리는 엄청난 지대 소득은 장차 노래 잘 부르는 재능의 공급을 크게 늘리는 자극제가 된다. 즉, 장기적으로는 마셜이 말하는 반사적 영향을 낳게 된다는 것이다. 이같이 지금 당장은 지대처럼 보이는 소득이 장기적으로 보면 공급량에 영향을 미치는 요인으로 작용한다. 충분한 대가가 보장되지 않으면 장기적으로 고정생산요소의 공급량이 감소하면서 생산도 위축되는 반면, 충분한 수준 이상의 대가가 기대되면 이에 상응해서 현재의 고정생산요소의 공급량은 장기적으로 증가할 것이다. 이같이 자연 상태의 토지 이외의 고정생산요소에 귀속되는 소득은 단기에 있어서는 지대의 성격을 가지지만, 장기에 있어서는 해당 생산요소의 공급량 및 이와 결부된 생산량을 변화시키는 배후의 요인으로 영향력을 행사하기 때문에 비용의 성격을 가진다. 이런 이유로 토지 이외의 고정생산요소에 귀속되는 소득을 마셜은 준지대라고 불렀다. 토지에 대한 개량공사로 인하여 추가로 발생하는 소득 역시 준지대에 속하는데, 이런 의미에서 토지와 결부해서 보통 관측되는 잉여는 순수지대와 준지대를 모두 포함한다고 볼 수 있다.

그러면 이런 준지대의 크기는 어떻게 결정되는가? 단기적으로 준지대의 크기는 거의 전적으로 생산물의 가격에 의해서 결정된다. 공급량이 신축성 있게 변하는 생산요소의 가격은 그 생산요소에 대한 수요와 공급이 균형을 이루는 수준에서 결정되지만, 고정생산요소의 공급량은 고정되어 있으므로 이것에 귀속되는 준지대는 거의 전적으로 이에 대한 수요에 의해서 결정될 것이다. 수요가 크면 준지대는 클 것이고 그렇지 않으면 적을 것이다. 한편, 이 고정생산요소에 대한 수요는 이것을 이용하여 만든 생산물에 대한 수요와 공급에 달려 있다. 이 생산물에 대한 수요가 매우 커서 그 가격이 충분히 높으면, 고정생산요소에 대한 수요도 커지고 그러면 준지대도 커질 것이다. 반대로 생산물에 대한 수요가 적어서 가격이 낮으면 고정생산요소에 대한 수요도 적어지면서 준지대도 적어질 것이다. 이같이 단기적으로는 준지대의 크기는 거의 전적으로 해당 고정생산요소를 이용하여 만든 생산물의 가격에 의해서 결정된다. 그러나 준지대가 커지거나 적어진다고 해서 단기적으로는 고정생산요소의 공급이 증가하거나 감소하는 것도 아니다. 그래서 준지대도 단기적으로는 지대의 성격을 가진다는 것이다.

토지개량공사 및 기타 자본재에 투자하는 사람은 이 투자비에 대한 어떤 정상 이자를 기대하고 수행할 것이다. 그러나 일단 투자가 수행되면 여건의 변화에 따라 그 기대소득과 실제 소득 사이에는 큰 괴리가 발생할 수 있다. 만일 기대소득이 실제 소득을 현저히 초과하면 앞으로의 자본재 공급은 증가할 것이고, 그 반대면 공급은 감소할 것이다. 그러므로 성공적인 투자와 그렇지 못한 투자를 모두 합쳐서 장기적으로 그리고 평균적으로 보면 자본재 투자로부터 얻는 순수익인 준지대의 수준은 이러한 투자에 대한 적당한 동기를 제공하는 수준, 즉 정상 이자의 수준을 크게 벗어나지 않을 것이라고 마셜은 주장한다. 그렇다고 준지대가 참된 비용이 된다는 것은 아니다. 왜냐하면, 단기적으로는 준지대는 해당 자본재의 공급에 영향을 주지 못하기 때문이다. 다만, 준지대는 토지 비슷한 성격을 가지는 생산요소의 장기공급에 합리적 기대를 형성하는 근거가 될 뿐이다. 준지대에 대한 확고한 기대는 고정생산요소의 원활한 장기공급, 그리고 이를 뒷받침할 비용지출 행위의 필요조건이다. 그래서 마셜은 단기에 있어서는 준지대는 불필요한 이윤이지만 장기에 있어서는 필요한 이윤이라는 말은 옳다고 말한다.

어떻든, 준지대의 개념을 이론화함으로써 마셜은 토지 이외의 생산요소에 대하여 여러 학자가 제시하였던 다양한 지대의 개념을 준지대의 개념 속에 포함해서 정리할 수 있게 되었다. 예를 들면, 애덤 스미스는 건물에 치르는 대가를 건물지대(building rent)라고 부르면서 대지 지대와 구분하였는데, 대지 지대는 마셜이 말하는 순수지대에 가까운 개념이고 건물지대는 준지대에 해당하는 개념이라고 할 수 있다.

비농업용 토지의 지대

마셜 이전의 전통적 경제이론은 지대를 주로 농토와 결부하여 논의하는 경향을 보였다. 심지어 어떤 학자들은 농토에 적용되는 지대와 농토 이외의 토지에 적용되는 지대는 서로 성격을 달리한다고 보고 이 두 가지를 별도로 취급하기도 하였다. 그러나 마셜은 농토에 적용되는 원리가 그대로 비농업용 토지에도 적용된다고 하면서 특히 도시용 토지를 상세히 다루었다.

마셜에 의하면 토지와 결부된 지대는 크게 세 가지가 있는데, 우리가 보통 말하는 토지지대에는 이 세 가지가 섞여 있다. 그 첫째는 대자연의 무상 공여물로서 토지로부터 발생하는 지대이고, 그 둘째는 토지의 생산력을 높이기 위한 개량공사와 같이 토지보유자의 노력과 투자에 유래하는 지대, 그리고 셋째는 토지소유자의 노력과 희생 없이 주로 공공에 의해서 발생하는 지대이다. 이 첫 번째 지대는 순수지대에 해당하는 것인데 마셜은 이것을 토지의 원초적(혹은 본원적) 가치(original or inherent value)라고도 했으며, 두 번째 지대를 토지의 사적 가치, 그리고 세 번째 지대를 특히 토지의 공공가치라고도 하였다. 토지와 결부된 순수지대를 특별히 대지지대(垈地地代, ground rent) 혹은 부지지대(敷地地代, site rent)라고 부르기도 한다. 다시 말하면 대지지대나 부지지대는 아무런 인공적인 요소가 없는 자연 상태의 토지 혹은 이런 상태에 있었다고 가정했을 때의 토지를 강조하려는 취지의 토지지대라고 볼 수 있다. 실제에 있어서는 순수한 토지분과 개량 공사분을 분리하기 무척 어렵기 때문에 대지지대 혹은 부지지대란 많은 경우 이론상의 개념이라고 할 수 있다. 그렇기는 해도 이론에서 주로 논의되는 토지 관련 지대는 대체로 대지지대 혹은 부지지대이다.

산업 환경의 변화는 개별 생산자의 생산비에 영향을 주기 마련인데, 그 영향 중 가장 눈에 띄는 것은, 인접 지역의 인구증가나 공공시설의 개설로 인해서 어떤 부지에 귀속되는 가치, 즉 위치로 인한 가치라고 마셜은 말한다. 부지의 가치는 위치에 따라 달라질 것이다. 유리한 위치에 있는 기업은 덜 유리한 위치의 기업에 비해 운송비, 정보 접근 등 여러 가지 측면에서 비교우위를 누리게 될 것이다. 마셜은 농업용 토지를 기준으로 삼아 이와 비교해서 어떤 특정 부지(敷地)가 누리는 모든 측면의 비교우위를 금전화한 가치를 이 부지의 위치 가치(situation value) 혹은 위치 지대(situation rent)라고 불렀다. 어떤 부지의 가격은 이 부지의 농업용 가치와 위치 가치의 합이 될 것이다. 위치가 나쁜 채소밭은 농업용 가치만 가질 것이고, 위치가 좋은 채소밭은 농업용 가치에 일종의 프리미엄이 덧붙으므로 더 비쌀 것이다. 위치 가치의 대부분은 분명히 공공가치다. 물론 예외도 있다. 상황에 따라서는, 개인의 노력과 투자로 인해서 위치 가치가 형성될 수도 있기 때문이다. 예를 들면, 토지개발자가 땅값 상승을 노리고 자신이 소유한 토지 주변에 인구를 유치하기 위하여 모험을 무릅쓰고 토지개발에 투자할 경우, 그 의도가 실현된 결과 개발된 토지로부터 매년 취득하는 소득 중 부지지대를 초과하는 부분은 위치 지대라기 보다는 그러한 투자에 대한 이윤으로 간주하는 것이 옳을 것이다. 이러한 예외적인 상황이 있을 수도 있겠지만 부지의 가치는 부지 소유자 개인의 노력과 희생에 기인하지 않는 것이 일반적이기 때문에 지대의 범주에 속한다고 봄이 여러 가지로 타당하다고 마셜은 주장하였다.[14]

비농업용 토지의 지대 결정을 설명할 때도 마셜은 철저하게 수확체감 현상과 이로 인한 이익의 한계(집약적 한계)의 개념에 의존하고 있다. 비농업용 토지의 주된 용도는 각종 활동을 수행하기 위한 공간의 제공일 것이다. 땅이 넓으면 그만큼 활동공간도 넓어지겠지만, 그렇다고 반드시 땅이 넓어야만 더 넓은 활동

공간이 생기는 것은 아니다. 예컨대 주어진 땅에 건물의 층수를 높여도 더 많은 활동공간을 얻을 수 있기 때문이다. 그러므로 더 많은 활동공간을 확보하려는 기업은 현재 주어진 부지에서 공간을 더 많이 확보할 것인가 혹은 땅을 더 사서 공간을 더 많이 확보할 것인가를 결정해야 하는데, 이런 결정에서 중요한 변수는 물론 경제성이다. 즉, 어떤 방법이 돈은 덜 들이면서 공간 확보의 이익을 최대한 달성하는가이다. 대체로 보면 일단은 현 부지에서 공간을 최대한 확보하고 (다시 말해서 현 부지를 최대한 집약적으로 사용하고) 나서, 그래도 공간이 부족하면 더 많은 땅을 사서 공간을 더 확보하는 방법이 보편적일 것이다. 이같이 현재의 공간을 최대한 집약적으로 이용하는 경우 공간을 한 단위 더 확보함으로 인한 추가이익이 추가 비용을 간신히 초과하는 한계가 있을 터인데 이 한계를 마셜은 건축한계라고 불렀다. 이 건축한계에서 확보된 공간, 즉 마지막으로 확보된 공간은 땅값이 비쌌으므로 확보된 공간이므로, 만일 부지의 가격이 조금 더 쌌더라면 굳이 확보되지 않았을 공간이다. 설명의 편의상 마셜은 건물의 꼭대기 층이 제공하는 공간을 바로 이 건축한계에서 확보된 공간으로 삼았다. 만일 이 건물이 공장이라면 이 꼭대기 층에서 공급된 상품의 생산비는 이 상품의 판매수익으로부터 간신히 지급되므로, 지대를 짜낼 여지가 없을 것이다. 그러므로 해당 기업이 계산하는 상품의 생산비는 지대를 치를 여력이 없는 건축한계의 공간에서 생산되는 상품의 생산비다. 다시 말하면, 가격을 결정하는 수요와 공급의 작용을 가장 명쾌하게 밝힐 수 있는 건축한계와 결부된 생산비 속에는 지대가 포함되지 않으며, 따라서 부지가격은 한계비용을 좌우할 수 없다는 것이 마셜의 결론이다.

토지에 대한 경쟁 때문에 생산자들이 토지를 건축한계까지 이용하고 있는 상황에서 생산물에 대한 수요가 현저하게 늘어나고, 이것이 장기간 계속되리라고 예상되면, 현재 보유한 땅으로부터 더 많은 공간을 짜내야 하는 불편 및 비용, 즉 집약적 이용의 불편과 비용을 피하려고, 각 생산자는 좀 더 많은 땅을 확보하려고 애를 쓸 것이다. 그 결과 토지에 대한 경쟁이 심해져서 땅값은 올라갈 것이다. 장기적으로 이 비싸진 땅값을 감당할 수 없다고 생각하는 기업은 다른 지역으로 이전하고, 경쟁력이 더 높은 기업이 그 땅을 차지하게 될 것이다. 이러한 맥락에서 토지의 용도별 배분 과정에 있어서 지가의 역할에 대한 마셜의 논리는 대략 다음과 같이 요약될 수 있을 것이다. 중·장기적으로 볼 때, 개별 생산자는 토지를 제외한 다른 생산요소의 생산성을 비교하면서 이들을 토지에 집약적으로 투입한다. 그 결과로 생산된 생산물의 판매수익에서 이들 가변생산요소에 대한 비용을 치른 나머지가 잉여로 발생하며, 이 잉여가 토지에 대한 지대 지급 능력을 반영할 것이다. 모든 개별 생산자는 이런 식으로 주어진 토지에 대한 지대 지불 능력을 다양한 정도로 갖추게 된다. 전체 토지에 대한 자유경쟁의 결과 각 토지 조각들은 가장 많은 지대를 치를 수 있는 생산자에게 배분될 것이다. 그러므로 균형 상태에서 지대는 바로 토지로부터 얻을 수 있는 최대 잉여가치가 될 것이다.

이같이 각 토지는 더 높은 지대를 치르는 용도로 옮겨가면서, 토지 조각들이 배분되는 과정을 거친다. 이런 과정을 거쳐 어떤 토지가 생산성이 낮은 용도로부터 생산성이 높은 용도로 옮겨가면 이 두 용도에서 생산성 차이만큼 국민소득은 증가할 것이다. 그러나 이러한 국민소득 증대는 토지의 용도 간 이동의 결과물일 뿐이라고 마셜은 주장한다. 국민경제 전체로서 토지의 공급량은 한정되어 있으므로, 이 한정된 토지를 어떤 특정 생산자가 더 많이 이용한다는 것은, 곧 다른 생산자가 그만큼 덜 이용함을 의미한다. 토지를 매입한 개별 생산자의 처지에서 보면 토지의 양이 증가한 것처럼 보이지만 국민경제 전체로는 토지가 증가한 것이 아니다. 그러므로 토지를 둘러싸고 한쪽에서 플러스가 있었으면, 다른 한쪽에서는 마이너스가 발생하기 마련이다. 바로 이 점에서 토지는 다른 생산수단과 구별된다. 마셜이 중요하게 생각한 것은, 다른 생산요소는 대체로 공급이 얼마든지 증가할 수 있다는 것이다. 예를 들어서, 어떤 기업이 공장건물을 한 층 더 올린다거나 또는 기계나 기구를 한 단위 더 고용한다고 하더라도, 반드시 다른 기업들이 이용할 수 있는 생산요소의 양이 줄어드는 것은 아니다. 결과적으로 국민경제 전체로도 그만큼 건물의 공간 또는 기계나 기구의 양이 증가함을 의미하고 따라서 그만큼 국민소득이 증가함을 의미한다. 일반적으로 그리고 장기적으로 보면, 어떤 생산자의 소득증대가 다른 생산자의 희생을 의미하지는 않는다.

마셜은 토지생산물 가격의 상승은 토지소유자에게 귀속될 소득, 즉 토지지대를 2중으로 크게 한다고 보았다. 앞에서 설명하였듯이 지대는 토지생산물 중에서 잉여로 남는 부분이다. 그러므로 토지생산물의 가격이 상승하면 잉여도 커진다. 결과적으로 지주에게 귀속될 소득이 늘어난다. 다른 한편, 토지생산물의 가격이 높아지면 토지에 더 많은 생산요소가 투입되면서 생산 규모도 커질 것이다. 생산 규모가 커지면(다시 말해서 토지생산물의 양이 늘어나면) 잉여도 증가하게 되므로 지주에게 귀속될 소득은 또다시 늘어나게 된다. 마셜의 이런 주장이 옳다고 하면, 토지를 이용하지 않는 상품의 생산은 생각할 수 없으므로, 모든 상품 가격의 상승은 결국 토지소유자들의 경제적 지위를 2중으로 높여 주리라는 시사점을 얻는다. 이러한 점이 토지가 다른 생산수단, 특히 자본재와 구별되는 소득분배상의 또 하나의 큰 차이점이다.

마셜에 따르면, 국민 일반의 경제적 수준을 높이는 요인은 장기적으로는 항상 토지소유자의 경제적 지위를 높인다. 예를 들면, 산업 환경의 개선은 지가를 상승시키지만 많은 경우 기계나 다른 자본재의 가격은 하락시키는 경향이 있다. 산업 환경의 개선으로 소득수준이 높아지면 자본재 공급이 증가하기 때문이다. 이뿐만 아니라, 자본재는 마모나 훼손 등 자연적으로 그 가치가 감소하기도 하지만, 기술 진보 또한 자본재의 가치를 현저하게 감소시키는 경우가 허다하다. 좀 극단적인 예를 들면, 기술 진보가 특정 기계나 기구를 무용지물로 만들 수도 있다.

교통, 통신수단의 발달이 상품의 가격에 여러 가지 영향을 미치게 되는데, 그 중에서도 지가에 미치는 영향이 가장 두드러질 것이라고 마셜은 말한다. 교통, 통신시설의 개설이 지가를 상승시키는 효과는 낳는 예는 우리 주위에 너무나 흔하다. 어떤 지역에서 생산되는 상품의 판로를 확대하고, 원활하게 하는 교통의 발전은 이 지역의 땅값을 비싸게 만든다. 그러나 예외도 물론 있다. 새로운 운송수단의 개발 또는 도로의 개설 등이 어느 지역이 누리던 독점적 지위를 크게 약화하면, 이 지역의 지가는 하락할 수도 있다. 이러한 마셜의 주장으로 보아서는 교통, 통신수단의 발달은 대체로 지가를 전반적으로 높이면서, 동시에 지역 간 지가의 격차를 완화하는 방향으로 작용한다고 말할 수 있을 것이다.

③ 현대의 지대이론

파레토 지대와 리카도 지대

마셜 이후에도 여러 학자가 지대이론을 제시하였는데, 그중에서도 플럭스(A. W. Flux)와 파레토(V. Pareto)의 이론이 많이 인용된다. 마셜과 마찬가지로 플럭스 역시 지대를 잉여의 개념으로 보았다. 비록 토지지대가 토지의 한계생산가치를 반영한 것임을 증명했다고 해서 토지지대가 가지는 잉여로서의 의미를 없애지는 못한다고 주장하면서 플럭스는 초기 신고전경제학 학자들을 비판하였다.[15] 토지를 비롯한 특정 생산요소의 경우에는 경제 여건상 수요가 공급을 크게 초과한 결과 이 생산요소의 가격이 매우 높아지더라도 이 초과수요를 없애기 위한 공급증가에 상당한 시간이 소요되거나 혹은 공급증가가 사실상 불가능할 수도 있다. 바로 이러한 근본적 특징 때문에 토지에 대한 접근방법은 다른 생산요소에 대한 접근방법과 달라질 필요가 있고 따라서 지가 및 토지지대를 잉여로 간주할 필요가 있다.[16] 요컨대 그의 주장은 단기에 있어서 어떤 생산요소의 공급이 고정된 경우, 이 생산요소에 귀속되는 소득은 그 공급이 충분히 신축성 있게 증가할 수 있었다고 가정했을 때 기대되는 어떤 정상 수준을 현저하게 초과할 수가 있는데 이 초과분이 곧 잉여요, 지대라는 것이다.

이탈리아의 경제학자이자 사회학자였던 파레토는 오늘날 널리 통용되는 지대의 개념을 정립하였는데, 그의 지대에 대한 견해 역시 플럭스의 견해와 맥을 같이한다. 그는 기본적으로 지대란 경제 여건의 변화로 한 균형 상태에서 다른 균형 상태로 옮겨가는 과정에서 발생한다고 보는데, 이 과정에서 특정 생산요소의 공급이 신축성 있게 대응하지 못한 결과 이것에 귀속되는 소득이 경제 전체 자본의 평균 수익을 현저하게 초과할 수가 있다. 이때의 초과분을 그는 "획득된 지대(la rente acquise)"라고 불렀다.[17] 토지는 공간적 이동이 불가능하므로, 특정 토지에 대한 경쟁은 결국 토지생산물을 통한 간접적 형태를 취할 수밖에 없고, 또한 어떤 특정 공간의 토지공급량은 저축을 아무리 동원해도 늘릴 수 없을 수도 있으므로, 결과적으로 지대의 현상은 토지의 경우에 가장 현저하게 나타나기 마련이다. 이밖에 지대의 현상을 낳는 경제 여건에 여러 가지가 있겠지만, 파레토는 특정 산업에 대한 규제나 특혜 조치가 취해지는 경우를 꼽으면서, 이때 발생하는 지대는 일시적이라고 보았다.

이같이 플락스와 파레토가 초기 신고전경제학의 한계생산이론의 틀 안에서도 토지 혹은 토지 이외의 어떤 특정 생산요소의 경우 그 공급 여건에 따라 잉여로서의 지대가 존재함을 보였는데, 이들의 주장을 후에 다수의 경제학자가 받아들였다. 결국 리카도로 대표되는 고전경제학의 지대이론이나 초기 신고전경제학의 지대이론에 모두 일리가 있음이 인정되었고, 이를 바탕으로 그 이후 다양하게 발전되어 온 지대의 개념이 오늘날 이른바 '경제지대'라는 개념 아래 통합되고 정리되었다.

인기 연예인의 고소득처럼, 경제지대란 특정 생산요소를 '다른 용도'에 빼앗기지 않기 위해서 반드시 치러야 하는 최소한의 대가(즉, 전용 비용)를 초과한 부분을 의미한다. 오늘날 경제학에서 지대라고 하면 대체로 경제지대를 의미한다. 이같이 지대의 개념이 정리되었지만, 구체적으로 특정 생산요소가 받는 소득 중에서 경제지대가 차지하는 부분이 어느 정도인가에 관해서는 견해가 구구하다. 다른 용도에 빼앗기지 않아야 한다고 했을 때 그 '다른 용도'가 구체적으로 무엇이라고 보느냐에 따라 경제지대의 크기가 달라진다. 직접 경쟁 관계에 있는 특정 용도를 '다른 용도'로 볼 수도 있는데, 이런 시각에서 계산한 경제지대를 '파레토 지대'라고 한다. 반면에, 국가 전체의 시각에서 '다른 용도'를 정의할 수도 있는데, 이런 시각에 따라 계산한 경제지대를 '리카도 지대'라고 한다. 우선 파레토 지대부터 살펴보자.

예를 들어 어느 지역의 토지가 두 가지 용도로밖에 이용할 수 없는데, 공장으로 이용하면 평당 8만 원의 토지지대가 발생하고 밭으로 이용하면 평당 2만 원의 토지지대가 발생한다고 가정하자. 그러면 이 토지는 공장으로 이용될 것이다. 만일 공장용 토지에 귀속되는 순소득이 2만 원보다 적으면 이 토지는 밭으로 이용될 것이다. 최소한 평당 2만 원보다 더 많은 순소득을 올려야만, 공장용으로 이용될 수 있다. 그러므로 공장용 토지의 시각에서 보면, 밭이 '다른 용도'이고 밭의 토지지대 2만 원이 전용 비용이 된다. 그러면 정의에 따라 공장용으로 이용되는 토지의 경제지대는 6만 원이 되는 셈인데, 이 6만 원이 바로 파레토 지대에 해당한다. 다시 말해서 공장용 토지의 토지지대 8만 원 중에서 6만 원이 잉여의 성격을 가진 지대라는 것이다. 만일 정부가 이 파레토 지대의 전액을 세금으로 징수한다고 해도 토지 용도에는 아무런 변화가 발생하지 않을 것이며 따라서 토지의 생산량에도 아무런 변화가 없을 것이다. 왜냐하면, 지주의 처지에서 보면, 땅을 공장에 빌려주고 8만 원의 토지지대를 받아서 이 중 6만 원을 세금으로 바치든, 밭으로 이용하게 하고 2만 원의 토지지대를 받든, 마찬가지이기 때문이다. 세금이 비싸다고 해서 공장에서 토지를 회수해서 농사꾼에게 빌려줘 봐야 이득이 될 것이 하나도 없다.

파레토 지대의 성격을 좀 더 분명하게 드러내기 위해서, 위의 예에서 든 두 가지 용도에 한 가지 용도를 더 추가해 보자. 예컨대 그 땅을 은행에 빌려주면 평당 20만 원의 토지지대를 받을 수 있다고 하자. 그러면 이 은행용 토지의 파레토 지대는 얼마가 될 것인가? 차선의 용도인 공장용을 기준으로 삼으면, 은행용 토지의 전용 비용은 8만 원이므로 은행용 토지의 파레토 지대는 20만 원에서 8만 원을 제외한 12만 원으로 계산이 된다. 그러나 그 전용 비용 8만 원 속에는 6만 원의 파레토 지대가 포함되어 있다. 그러니 엄밀히 말해서 은행용 토지의 파레토 지대는 12만 원에 이 6만 원을 합친 18만 원이라고 볼 수 있다. 즉, 이렇게 세 가지 용도가 있을 때 기준이 되는 '다른 용도'는 밭이며, 밭의 순소득(토지지대)이 공장용 토지와 은행용 토지의 경제지대를 계산할 때 전용 비용이 된다는 것이다. 이렇게 보면, 토지에 귀속되는 순소득 중에는 잉여로서 지대의 성격을 가지는 부분이 있고 또 그렇지 않은 부분이 있음이 분명해진다. 지가가 토지지대를 자본화한 값이라면 당연히 지가에도 잉여의 성격을 가지는 부분과 그렇지 않은 부분이 있게 될 것이다.

정부가 파레토 지대를 전액 세금으로 징수한다면 은행용 토지에 대하여 부과될 세금은 평당 12만 원이 아니라 평당 18만 원이고 공장용 토지에 대하여 부과될 세금은 평당 6만 원이다. 중요한 것은, 이렇게 파레토 지대 전액을 세금으로 징수해도 토지이용 양태에는 변화이 없으며, 따라서 토지생산물의 양에도 아무런 변화가 없다는 점이다. 세금이 너무 비싸다고 해서 은행용 토지의 주인이 토지를 회수해서 공장에 빌려줘 봐야 공장의 토지지대 8만 원에서 파레토 지대에 해당하는 6만 원을 세금으로 떼이고 나면 남는 것은 2만 원뿐이니 그 토지를 밭으로 빌려주는 것과 차이가 없다. 다시 말해서 다른 용도로 전환해봐야 이득이 될 것이 없다는 것이다. 물론, 파레토 지대보다 더 많은 금액을 세금으로 징수한다면 토지 용도가 바뀔 수도 있다. 예를 들어서 은행용 토지의 소유자에게 파레토 지대보다 더 많은 평당 19만 원의 세금을 물린다면 그는 차라리 토지를 회수해서 밭으로 이용하는 것이 더 이익이다.

그런데 이렇게 파레토 지대를 계산할 경우, '다른 용도'의 기준이 되는 밭에서 발생하는 2만 원의 토지지대는 잉여로서의 지대를 포함하지 않는다고 암묵적으로 전제한다. 과연 이 전제가 옳은가? 파레토 지대는 공급의 비탄력성 때문에 발생하는 소득이므로, 이 질문에 대한 대답은 밭으로 이용되는 토지의 공급이 얼마나 탄력적인가에 달려 있다. 대체로 보면, 은행이나 공장으로 이용되는 토지는 어떤 특수한 요건을 갖춘 토지이기 때문에 아무 토지나 은행이나 공장으로 이용할 수는 없다. 은행이나 공장으로 이용할 수 있는 토지는 접근성이 좋다든지 주변에 사람이 많이 모인다든지 전철역이 가깝다든지 등 여러 가지 매우 까다로운 요건을 갖추어야 한다. 그러나 밭으로 이용될 토지에는 그런 까다로운 요건이 별로 요구되지 않는다. 아마도 대부분 토지는 밭으로 이용할 수 있을 것이다. 예를 들어 서울 명동 한복판의 땅도 얼마든지 밭이나 논으로 이용할 수 있다. 하지만 강원도 산골짜기에 있는 땅을 은행이나 공장으로 이용할 수는 없다. 어떻든, 대체로 보아 용도의 요건이 까다로울수록 공급의 탄력성은 떨어지고 따라서 파레토 지대를 내포할 가능성이 크다고 할 수 있을 것이며, 거의 아무 토지나 밭으로 이용될 수 있다고 하면 밭으로 이용될 토지의 공급은 매우 탄력적일 것이며 따라서 파레토 지대를 포함할 가능성은 그만큼 적다고 할 수 있다.

그러나 개별 용도의 시각이 아니라 국가 전체의 시각에서 보면 얘기가 달라질 수 있다. 가령, 전국의 토지가 거의 전부 그 세 가지 용도로 이미 이용되고 있다고 하자. 국가 전체의 시각에서 보면, 국토의 면적은 이미 정해져 있다. 더 많은 밭이 필요해도 밭의 공급이 더 이상 늘어나기 어려울 수도 있다. 국토에 귀속되는 순소득(토지지대)이 대폭 많아진다고 해서 국토 면적이 늘어나는 것도 아니요, 그 순소득이 크게 줄어든다고 해서 국토 면적이 감소하는 것도 아니다. 마셜의 표현으로는 국토에 귀속되는 순소득이 아무런 반사적 영향을 초래하지 않으며, 따라서 국토의 이용에 대하여 치르는 대가는 비용이 아니다. 약간 다른 식으로 설명한다면, 국가 전체의 시각에서 보았을 때 토지의 용도는 두 가지뿐이다. 이용하느냐 아니면 놀리느냐. 그러나 토지의 경우에는 놀리는 것이 별로 이익이 되지 않는다. 비록 밭의 경작으로부터 얻는 순소득이 0이라고 해도 일단, 경작하면 재료비, 인건비, 관리비 등 생산비를 건질 수는 있으니 손해를 보지는 않는다. 그러므로 토지지대가 0이라도 토지를 놀리지 않고 이용하는 것이 합리적이다. 달리 말하면 국토의 기회비용이 0이라는 것이다. 이렇게 국가 전체의 시각에서 보면, 모든 토지에 귀속되는 순소득은 경제지대다. 이같이 개별 용도나 개별 경제 주체의 시각이 아닌, 전국적인 시각에서 토지의 이용을 유도하는데 필요한 최소한도의 금액을 초과한 대가가 리카도 지대다. 만일 국토의 용도가 밭, 공장용, 은행용, 세 가지밖에 없다고 하면, 국가 전체의 시각에서 볼 때 밭의 평당 토지지대 2만 원도 경제지대라고 할 수 있다. 그러면 공장용 토지의 경제지대는 평당 6만 원이 아니라 8만 원이며, 은행용 토지의 경제지대도 평당 18만 원이 아니라 20만 원이다. 다시 말해서 이 모든 용도에 걸쳐 토지지대 전부가 잉여로서의 지대인 셈이다.

이제 정부가 전국의 모든 토지에 걸쳐 획일적으로 토지지대를 몽땅 세금으로 징수한다고 하자. 그러면 밭에는 평당 2만 원의 세금이 부과되니 밭의 주인은 토지지대를 몽땅 세금으로 바치게 된다. 그렇다고 밭의 주인이 자신의 토지를 그냥 놀려봐야 이득이 없다. 일단, 경작하고 재료비, 인건비, 관리비 등 생산비를 건지는 것이 합리적이다. 공장용 토지의 주인도 평당 8만 원의 토지지대를 몽땅 세금으로 바치게 되는데, 그렇다고 토지를 회수해서 다른 용도로 바꾸거나 놀린다고 해도 이득될 것이 없다. 평당 20만 원의 세금을 바치게 되는 은행용 토지의 주인도 마찬가지 상황에 놓인다. 그러므로 전국에 걸쳐 획일적으로 리카도 지대를 세금으로 환수해도 국토의 면적이나 토지이용 양태에 변화가 없다.

이같이 파레토 지대의 취지에 따라 계산된 지대의 크기와 리카도 지대의 취지에 따라 계산된 지대의 크기가 달라진다. 하지만, 전용 비용을 초과한 부분을 지대로 본다는 점에서 개념상으로는 이 두 종류의 지대는 같은 것이다. 다만, 선용 비용의 기준, 다시 말해서 무엇을 '다른 용도'로 볼 것인지에 있어서 차이가 있을 뿐이다. 개별 용도나 개별 경제 주체의 입장에서 지대를 계산한다는 점에서 파레토 지대는 신고전경제학의 전통에 충실한 개념이고, 전국적인 시각에서 지대를 계산한다는 점에서 리카도 지대는 고전경제학에 충실한 개념이라고 할 수 있다. 이같이 같으면서 약간 다르므로, 경제학 교과서에 따라 경제지대를 리카도 지대의 의미로 소개하기도 하고 파레토 지대의 의미로 소개하기도 한다.[18]

대체로 리카도 지대는 경제 전체의 차원에서 생각해야 하는 상황에 적합한 개념이라고 할 수 있다. 이를테면, 국민경제 전체에 걸쳐 획일적으로 실시되는 토지정책의 경우에는 리카도 지대의 개념이 적합할 것이다. 예를 들어서, 대한민국의 모든 토지에 획일적으로 일정 세율의 토지세를 부과한다고 하면 리카도 지대의 취지에 따라 세금의 크기를 계산해야 할 것이다. 하지만 모든 용도에 대하여 전국적으로 세금을 부과하지 않고, 어떤 특정 지역의 특정 용도의 토지에만 차별적으로 무거운 세금을 부과할 경우, 리카도 지대의 개념은 적합하지 않다. 만일 밭의 평당 토지지대 2만 원(리카도 지대)을 모두 세금으로 환수하고 다른 용도의 토지지대에 관해서는 50%의 세금을 부과하는 차별적 정책을 시행하면, 밭의 주인은 최소한 평당 3만 원을 받고 자신의 토지를 공장용이나 은행용으로 제공하는 것이 이익이다. 파레토 지대의 계산법에 따르면, 세금을 공제한 공장용 토지의 토지지대는 평당 3만 원(=6만 원x0.5)이고, 은행용 토지의 토지지대는 평당 9만 원(18만 원x0.5)이므로, 밭을 임대하는 것이 이익이다. 따라서 장기적으로 밭의 공급은 감소하고 공장용과 은행용 토지의 공급은 늘어날 것이다. 즉, 그런 차별적 토지정책은 토지이용 양태에 변화를 초래할 것이다.

파레토 지대이든, 리카도 지대이든, 현실의 토지지대 속에는 잉여로서의 지대가 상당히 많이 포함되어 있을 가능성이 크다. 이론적으로 보면, 이것을 전액 조세로 흡수해도 토지이용 양태나 국민경제의 경제활동에 별 지장을 주지 않는다. 따라서 토지지대에 대한 조세는 사회적으로 매우 바람직해 보인다. 하지만, 토지지대에 무거운 세금을 부과하는 것은 사실상 불가능하다. 토지소유자들의 강력한 저항에 직면하게 되기 때문이다.[19] 이들은 토지에 대한 중과세가 생산을 위축시키고 국민경제에 주름살을 끼친다는 반론을 앞세운다. 그러나 이런 반론은 위에서 살펴본 경제이론과는 상당한 거리가 있는 주장이다.

4 지대의 크기 추정

생산요소의 공급곡선과 지대

인기 연예인이나 스포츠 스타의 경우와 같이, 소수의 특정 인기인에 귀속되는 경제지대의 크기를 알기 위해서는 그들이 실제로 받는 소득과 전용 비용을 비교해 보아야 한다. 그러나 비교적 대량으로 고용되는 생산요소의 경우, 이를테면 수만 명의 고급인력의 경우 이들 각각에 대하여 일일이 전용 비용과 비교하면서 경제지대를 계산하는 것은 매우 어렵다. 그러면 비교적 대량으로 고용되는 생산요소의 경우에는 경제지대를 어떻게 추정할 것인가? 현실적으로는 매우 어렵지만, 이론적인 틀은 개발되어 있다. 한 가지 가장 빨리 떠오르는 방법은, 그 생산요소의 공급곡선을 이용하는 것이다. 공급곡선이란 기본적으로 한계비용 즉, 어떤 생산요소 혹은 재화를 한 단위 더 얻기 위해서 최소한도 치러야 할 금액을 반영한다. 공급곡선으로부터 지대의 크기를 알아내기 위해서는 우선 공급탄력성을 파악해야 한다. 왜냐하면, 대체로 어떤 생산요소와 결부된 경제지대의 크기는 그 생산요소의 공급이 얼마나 신축성 있게 변할 수 있는가에 달려 있기 때문이다.

보통 경제학 교과서에는 토지공급곡선이 <그림 8-1>의 맨 왼쪽 그림에서 보듯이 수직선으로 그려져 있다. 국토 전체의 시각이나 광역적인 시각에서 보면 토지의 공급량은 고정되어 있다. 토지공급곡선이 수직선이라는 것은 토지의 공급탄력성이 0이라는 뜻이요, 토지에 대한 수요가 증가할 때 이를 공급증가로 충족시키지 못하는 까닭에 땅값만 올라가게 됨을 의미한다. 공급곡선이 수직선이면 땅값은 순전히 수요의 크기에 의해서 결정된다. 그래서 수요곡선이 D_0일 때는 땅값은 P_0가 될 것이고, 수요곡선이 D_1일 때는 땅값이 P_1으로 뛸 것이다. 토지공급곡선이 이 그림에서처럼 수평축과 교차하는 수직선이라는 것은 토지를 이용함으로 인한 기회비용이 0이라는 뜻이다. 따라서 땅값이 0보다 크면 토지에 귀속되는 소득은 전액 지대가 된다. 땅값이 P_0일 때는 지대의 크기는 OP_0EX의 넓이만큼 될 것이며, 땅값이 P_1으로 뛰면 지대 역시 OP_1FX의 넓이로 불어날 것이다. 이같이 지대의 크기가 순전히 수요의 크기에 의해서 결정되므로 지대는 토지생산물의 가격에 의해서 결정된 결과에 불과하지, 토지생산물의 가격에 영향을 주지 못한다는 말이 성립하게 된다.

그림 8-1 생산요소의 공급탄력성과 지대의 크기 결정

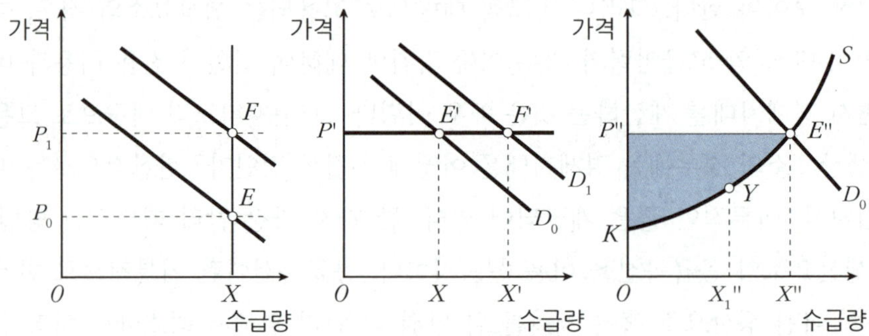

그러나 신고전경제학의 시각에 따라 개별 용도나 개별 경제 주체의 처지에서 보면, 토지공급은 고정되어 있지 않다. 돈만 있으면 토지를 얼마든지 공급받는다고 주장할 수 있다. 만일 정말 그렇다면, <그림 8-1>의 중간에 있는 그림에서 보듯이 토지공급곡선이 수평선이 될 것이다. 이같이 토지공급이 완전 탄력적이라는 것은 수요가 증가할 때 공급증가가 이를 즉시 충족하기 때문에 땅값이 올라갈 여지가 원천적으로 사라짐을 의미한다. 수요곡선이 어떻게 주어지든 상관없이 지가는 전적으로 공급조건에 의해서 결정되며 수요의 크기는 단지 토지수급의 양에만 영향을 줄 뿐이다. 이런 상황에서는 토지에 지급되는 대가는 전부 전용 수입이 되며, 따라서 잉여로서의 지대는 존재하지 않는다.

그러나 대부분 생산요소의 공급은 무한히 탄력적이지도 않고 그렇다고 완전 비탄력적이지도 않다. 물론 토지의 경우에는 공급이 상당히 비탄력적일 가능성

이 크다. <그림 8-1>의 맨 오른쪽에 있는 그림의 우상향하는 곡선 KS는 공급이 완전 탄력적이지도 않고 완전 비탄력적이지도 않을 경우의 공급곡선이다. 이런 모양의 공급곡선은 위에서 설명한 두 극단적 상황의 중간을 반영하고 있으므로, 해당 생산요소에 귀속되는 소득 일부분은 전용 비용이면서 나머지는 지대가 된다는 주장이 가능하다. 물론 생산요소에 귀속되는 소득의 총액은 해당 생산요소의 시장가격에 공급량을 곱한 만큼이니 <그림 8-1>의 맨 오른쪽의 그림에서는 생산요소의 시장가격이 P"이므로 생산요소에 귀속되는 소득의 총액은 *OP"E"X"*와 같다. 그러면 이 중에서 얼마만큼이 경제지대인가? 이 질문에 대답하기 위해서는 우선 해당 생산요소의 공급곡선이 어떤 이유로 그림과 같이 우상향하는가를 알아야 한다.

설명의 편의상 노동자의 고용을 예로 들어보자. 어떤 산업이 용접공을 1만 명 고용한다고 하자. 이 산업은 우선 구하기 쉬운 용접공부터 고용할 것이다. 가장 구하기 쉬운 용접공은 실직 상태의 용접공일 것이니 아마도 이 기업은 이들부터 고용하기 시작할 것이다. 이들은 낮은 보수를 주어도 응할 것이므로 전용 비용이 낮을 것이다. 일단 실업자들을 다 고용하고 나면 그다음에는 더 높은 보수를 주고 다른 기업이나 산업에 종사하는 용접공을 뽑아오게 될 것이다. 이들의 전용 비용은 실업자의 그것보다 높을 것이다. 용접공을 빼앗기는 처지에 있는 기업이나 산업은 비교적 능력이 부족한 노동자부터 방출할 것이다. 그러므로, 고용확장 산업이나 기업은 고용을 늘림에 따라 점차 더 비싼 임금을 치러야 한다. 따라서 점차 전용 비용도 점차 더 커진다. 그렇다면 마지막으로 뺏어온 용접공은 가장 능력이 높은 노동자일 것이며 따라서 가장 높은 보수를 주어야만 뽑아올 수 있을 것이다. 다시 말해서 전용 비용이 가장 높다는 것이다.

이같이 기업이나 산업이 노동자를 고용할 때 한 사람씩 야금야금 고용하되 그때마다 그의 능력을 시험해 보고 이에 맞추어 임금을 지급한다면, 고용확장에 따라 치러야만 하는 임금의 변화는 <그림 8-1>에서 보는 바와 같이 우상향하는 곡선의 모양을 취할 것이다. 이 우상향하는 곡선은 고용확장에 따라 추가되는 노동자의 전용 비용을 나타내는 곡선이기도 하다. 이 곡선은 처음에 고용되는 노동자의 전용 비용은 낮으며, 나중에 고용되는 노동자의 전용 비용은 커진다는 것을 보인다. 그래서 이 그림에서 보듯이 노동자를 X''만큼 고용한다면 전용 비용의 총액은 $OKE''X''$의 넓이에 해당한다. 노동자 각각을 심사해서 능력에 맞게 임금을 지급했으므로, 임금 총액은 전용 비용 총액과 일치할 것이다.

그러나 실제 시장에서는 기업이나 산업이 그 많은 노동자를 일일이 심사해서 능력에 맞게 임금을 지급하면서 고용하지 못한다. 대체로 보면, 시장에서 통용되는 임금을 제시하고 이에 응하는 사람들을 고용한다. 예를 들면, 노동에 대한 어떤 산업의 수요곡선과 공급곡선이 <그림 8-1>의 맨 오른쪽 그림의 곡선과 같다고 하면, 이 산업은 수요와 공급이 균형을 수준에서 결정되는 X''만큼의 노동자를 고용하고 P''의 임금을 모든 노동자에게 지급한다. 이 P''의 임금은 한 사람씩 단계적으로 고용한다고 했을 때 마지막으로 고용되는 노동자의 임금이자 그의 전용 비용에 해당하며 또한 가장 높은 대가이기도 하다. 왜냐하면 앞에서 설명하였듯이 마지막으로 고용되는 노동자가 가장 능력이 좋은 노동자이기 때문이다. 그러므로 한 사람씩 선별적으로 고용하지 못하고 P''의 임금을 제시하고 이에 응하는 노동자만을 고용하면 가장 유능한 한 사람(선별적으로 고용한다고 했을 때 마지막으로 고용될 사람)을 제외한 다른 노동자들은 전용 비용보다 더 높은 임금을 받게 되며, 따라서 지대를 누린다고 볼 수 있다. 그렇다면 실제로 지급된 임금 총액은 $OP''E''X''$의 넓이에 해당한다. 이 임금 총액에서 전용 비용의 총액을 제외한 나머지가 경제지대가 되는데 전용 비용의 총액은 $OKE''X''$의 넓이에 해당하므로 경제지대의 크기는 빗금 친 $KP''E''$의 넓이에 해당한다. 요컨대, 생산요소의 공급곡선이 알려지고 이 곡선이 우상향하는 꼴을 취하면, 총임금 지급액에서 공급곡선의 아랫부분의 넓이를 뺀 나머지 부분으로 경제지대의 크기를 알아낼 수 있다는 것이다. 이상의 설명에서는 이해의 편의상 노동을 예로 들어 지대를 설명하였지만, 똑같은 설명이 토지 경우도 그대로 적용됨은 물론이다. 어느 지역의 토지공급 곡선이 <그림 8-1>의 맨 오른쪽 그림의 곡선과 같이 우상향한다면 빗금 친 부분이 이 토지의 지대에 해당한다.

토지 이외의 생산요소의 경우에는 그 공급곡선이 우상향한다고 해서 무조건 지대가 발생하는 것은 아니다. 왜냐하면 생산요소의 공급곡선이 우상향하는 이유가, 생산요소들 사이의 질적 차이 이외에도 여러 가지 있을 수 있기 때문이다. 예를 들면, 생산요소의 각 개체가 모두 동질적이라고 하더라도 이 생산요소의 공급곡선이 우상향할 수가 있다. 예를 들어서, 어떤 산업이 1만 명의 노동자를 고용하는데 이들이 모두 똑같은 능력을 갖추고 있다고 하자. 대체로 보면 단순노동자들 사이에는 능력에 큰 차이가 없는 경우가 많다고 할 수 있다. 문제는, 이 1만 명이 전체 단순노동자 공급량에서 차지하는 비중의 크기다. 즉, 이 비중이 큰지 적은지에 따라 공급곡선의 모양이 달라진다는 것이다. 우선, 그 비중이 무시할 정도로 적다고 하자. 그렇다면, 이 산업은 현재 시장에서 형성된 임금을 주더라도 노동자들을 원하는 만큼 많이 고용할 수 있다. 달리 말하면, 이 산업의 시각에서 보면 노동의 공급곡선이 우상향하지 않는다는 것이다. 앞에서 설명하였듯이 이때는 지대가 발생하지 않는다.

그러나 만일 그 1만 명이 전체 노동 공급에서 차지하는 비중이 상당히 크다고 하면, 이 산업의 고용증대는 다른 산업의 고용 사정에 현저한 영향을 주게 될 것이다. 모든 노동자가 똑같은 정도로 유능하다고 가정하였으므로, 이 경우 고용확장 산업에 대한 노동의 공급조건은 노동력을 방출하는 산업이나 기업의 내부 사정과 깊은 관련이 있게 될 것이다. 특히 노동자를 뺏기는 산업의 수확체감 현상을 고려하지 않을 수 없다. 앞에서 언급하였듯이, 수확체감 현상이란 다른 생산요소의 투입량을 일정하게 묶어둔 채 어떤 특정 생산요소, 예컨대 노동의 고용량을 계속 증가시키면 결국 노동의 한계생산이 감소하는 경향을 뜻한다. 다시 말하면 고용량을 증가시킴에 따라 추가로 고용되는 노동자의 생산성(한계생산)이 점차 감소한다는 것이다. 한계생산이 감소하는 이유는 개인이 능력이 부족해서가 아니라 쉽게 말하면 능력을 제대로 발휘할 수 없기 때문이다.

어떻든 그래서 노동을 빼앗기는 산업에서 수확체감 현상이 나타날 경우, 이미 고용한 노동자를 한 사람씩 방출한다면 남아 있는 노동자의 한계생산은 방출된 노동자의 한계생산보다 더 높을 것이다. 그러므로 고용확장 산업이 고용을 증가시키기 위해서는 다른 산업에서 점점 더 생산성이 높은 노동자를 뽑아와야 하는 처지에 놓이게 되니, 점차 더 높은 임금을 지급해야 한다. 따라서 고용확장 산업의 처지에서 보면, 노동의 공급곡선은 우상향하는 모양을 취하게 된다. 그래서 생산요소의 각 개체가 모두 동질적이라고 하더라도 그 공급곡선이 우상향할 수 있다. 그러나 모든 노동자의 전용 비용은 똑같다. 왜냐하면 모든 노동자는 똑같은 능력을 소유하고 있다고 가정하였기 때문이다. 수확체감 현상 때문에 일터에서만 생산성이 다를 뿐, 직장 밖에 나오면 모두가 똑같이 유능하다. 그러므로 누구라도 똑같은 보수를 받고 다른 직장으로 옮길 수 있으니 전용 비용은 같아질 것이다. 예를 들어 1만 명이 고용되었을 때 임금이 1인당 1만 원이었다고 하면 총임금 지급액은 1억 원이 될 것이며, 모든 노동자의 전용 비용 역시 인당 1만 원이므로, 전용 비용의 총액 역시 1억 원이 되니 지대는 없다. 이같이 생산요소의 공급곡선이 우상향하더라도 지대가 발생하지 않을 수도 있다. 요컨대, 공급되는 생산요소의 각 개체가 이질적이고 이 생산요소를 고용하는 산업의 고용량이 전체 공급량에서 차지하는 비중이 매우 적을 때에만 이 생산요소의 공급곡선이 지대를 잘 반영한다고 볼 수 있다.

현실적으로는 어떤 생산요소든지, 이를 구성하는 개별단위들이 모두 질적으로 똑같은 경우란 이론적으로나 가능하지, 현실적으로는 생각하기 어렵다. 아무리 단순노동자라고 하더라도 예컨대 힘이 센 사람이 있고 그렇지 못한 사람도 있다. 특히 토지의 경우에는 개별단위들이 질적으로 같다는 것은 생각하기 어렵다. 앞에서도 말했지만, 토지는 지역별로 위치별로 그 질이 천차만별인 이질적인 생산요소다. 엄밀히 말해서 모든 면에서 똑같은 두 필지의 토지란 있을 수 없다. 토지의 경우에는 공급의 탄력성이 매우 낮고 이질적이기 때문에 토지공급곡선은 가파르게 우상향할 가능성이 다른 어떤 생산요소보다도 크다고 말할 수 있으며, 따라서 토지에 귀속되는 소득에서 지대가 차지하는 비중이 매우 클 것으로 추정할 수 있다.

지대와 생산자잉여

그러면 토지를 비롯한 생산요소의 공급곡선이 있어야만 지대의 크기를 알 수가 있는가? 꼭 그렇지만도 않다. 예를 들면, 토지를 이용해서 만든 재화의 공급곡선으로부터도 지대추정이 가능하다. 위에서 살펴본 바와 같이 생산요소의 고용량이 증가함에 따라 점점 더 많은 대가를 치러야 한다면 이 생산요소를 이용해서 생산한 재화의 공급곡선도 <그림 8-1>의 맨 오른쪽 그림에서처럼 우상향할 것이다. 생산요소가 아닌, 재화의 공급곡선으로부터 지대를 추정하기 위해서는 재화의 공급곡선의 성격을 좀 더 분명하게 알아야 한다.

재화의 공급곡선은 한계비용을 반영하는 곡선이다. 예컨대 첫 한 단위 생산하는 데에 1,000원이 소요되고 또 한 단위 더 생산하는 데에는 1,200원이 더 필요하다면, 두 단위 생산하는 데에는 총 2,200원 비용이 든다. 두 단위 생산하고 있는 상황에서 한 단위 더 생산하는 데 1,500원이 소요된다면, 총 3단위 생산하는 데 드는 비용은 3,700(=2,200+1,500)원이 될 것이다. 다시 말해서 한계비용을 모두 합친 값이 곧 최소로 요구되는 총비용을 반영하며, 그림으로 나타낸다면 공급곡선 아래의 넓이가 이 총비용에 해당한다.

어떤 재화의 수요곡선과 공급곡선이 각각 <그림 8-2>에 있는 곡선 *D*와 곡선 *S*와 같이 주어져 있다고 하자. 그러면 공급곡선의 정의에 따라, 이 재화를 R만큼 공급받기 위해서 사회가 최소한도로 치러야 하는 대가는 *OGTR*의 넓이에 해당하며, 수요와 공급이 균형을 이루는 *Q*만큼을 공급받기 위해서 치러야 하는 최소한도의 대가는 *OGEQ*의 넓이에 상응하는 금액이다. 그러나 이 재화의 시장가격은 수요와 공급이 균형을 이루는 P이므로 사회가 *Q*만큼의 공급에 대하여 실제로 치르는 금액은 *OPEQ*의 넓이에 상응한다. 따라서 그림에서 빗금 친 부분은 수요와 공급이 균형을 이루는 공급량을 사회가 획득하기 위해서 최소한도 치러야 할 금액을 초과해서 사회가 치른 금액이며, 이 금액을 보통 '생산자잉여'라고 부른다. 이같이 생산자잉여가 존재하는 이유는 재화의 공급이 비탄력적이기 때문이다. 만일 재화의 공급이 완전히 탄력적이어서 그 공급곡선이 수평선이 되면 생산자잉여는 존재하지 않을 것이다.

그림 8-2 생산자잉여와 소비자잉여

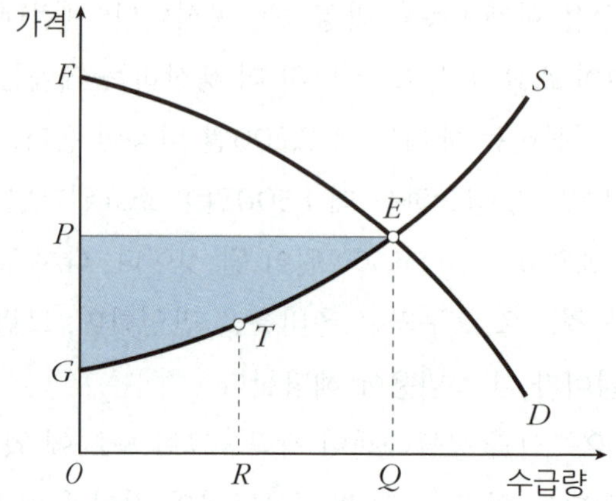

생산요소의 공급곡선이 우상향하는 곡선의 형태일 경우에는, 이 생산요소를 이용해서 생산된 재화의 공급곡선 역시 우상향하는 곡선의 형태를 취한다. 다시 말하면, 재화의 공급곡선이 우상향하는 이유가 생산요소의 공급곡선이 우상향하기 때문이라는 것이다. 위에서 설명하였듯이 생산요소의 공급곡선이 우상향하는 경우 이 생산요소는 지대를 누리게 된다. 그렇다면, 지대와 생산자잉여 사이에는 분명히 어떤 상응 관계가 있음을 짐작할 수 있다. 이 짐작은 옳다. 그래서 가끔 생산자잉여와 지대를 동일시하기도 한다.[20] 그러나 생산자잉여는 어떤 특정 상황에서만 지대의 크기를 반영하지 항상 그런 것은 아니다. 생산에는 여러 가지 생산요소들이 이용되는데, 이들의 지대가 생산자잉여 속에 뒤엉켜 있을 수도 있다. 예를 들어서 토지의 지대와 특정 전문가의 지대가 생산자잉여 속에 뒤엉켜 있다면 어디까지가 토지지대이고 어디까지가 전문가의 지대인지 알기가 어렵다. 그러므로 다른 생산요소에는 지대가 발생하지 않고 오직 한 가지 생산요소, 예컨대 토지의 지대만이 존재한다고 할 때 생산자잉여는 이 생산요소와 결부된 지대의 추정에 유용한 개념이 될 수 있다.

그러면 어떤 상황에서 생산자잉여를 토지의 지대라고 볼 수 있을까? 우선 토지를 제외한 다른 생산요소의 공급이 모두 무한히 탄력적이라고 가정해야 한다.

그래야 토지를 제외한 다른 생산요소에는 지대가 발생하지 않을 것이다. 또 한 가지 더 추가해야 할 가정은 이 토지를 이용해서 재화를 생산하는 산업의 토지 고용량이 전체 토지공급량에서 차지하는 비중이 무시할 정도로 적다는 가정이다. 이 가정이 성립하지 않는다면 앞에서 설명하였듯이 다른 산업에서 수확체감의 현상 혹은 기타의 다른 잡음이 생산자잉여 속에 끼어들기 때문에 그 생산자잉여가 순수하게 토지의 지대를 나타낸다고 말할 수 없게 된다. 그런 잡음이 없을 때, 이 그림에서 빗금 친 부분, 즉 생산자잉여는 간접적으로 이 토지의 지대를 반영한다고 말할 수 있다.[21] 하지만, 생산자잉여를 이용해서 토지의 경제지대를 추정할 때는 몇 가지 주의해야 할 사항이 있으므로 면밀한 분석이 필요하다.

우선, 토지는 비이동성 자원이라서 토지시장은 국지적 시장이므로 한 산업의 토지 이용량이 토지시장에 아무런 영향을 주지 않는다고 가정하는 것은 비현실적이다. 만일, 한 산업의 토지 고용량이 다른 산업의 토지 고용량에 상당한 적지 않은 영향을 미친다면, 앞에서 살펴보았던 것처럼 지대 이외의 다른 요인들이 생산자잉여 속에 끼어들게 된다. 앞에서는 수확체감 현상을 예로 들었으나 다른 요인도 있다. 생산요소를 이용하는 양태, 이를테면, 생산요소들 사이의 배합 비율이 산업에 따라 다른데, 이런 차이가 재화의 공급곡선을 우상향하게 만드는 또 하나의 요인으로 작용할 수 있다. 설명의 편의상, 토지를 비교적 많이 이용하는 방법, 즉 토지 집약적인 방법으로 X재를 생산하는 산업과, 노동을 비교적 많이 이용하는 방법, 즉 노동집약적인 방법으로 Y재를 생산하는 산업이 있다고 하자. 이제 어떤 요인 때문에 X재에 대한 수요만 갑자기 증가하였다고 가정해 보자. X재를 더 많이 생산하는데 필요한 생산요소는 Y재 산업으로부터 얻어 와야 할 것이며, 따라서 Y재의 생산은 감소한다. 생산기술에 있어서 급격한 변화가 없는 이상, X재 산업은 토지 집약적이므로 X재 산업이 생산을 한 단위씩 늘릴 때마다, 이 산업은 노동보다는 토지를 상대적으로 더 많이 필요로 한다. 만일 이 비율에 맞추어 Y재 산업이 토지와 노동을 방출한다면 별도의 문제가 없겠지만, Y재의 산업은 노동집약적이므로 이 산업이 생산을 한 단위씩 줄일 때마다 토지보다는 노동을 상대적으로 더 많이 방출할 것이다. 경제 전체의 생산요소 가용량은 한정되어 있으므로 X재 산업의 팽창은 노동에 비해서 토지가 상대적으로 부족하게 되는 현상을 낳게 될 것이다. 지가가 임금보다 상대적으로 더 비싸질 것이다. 그러면 토지 집약적 생산방법 때문에 X재 산업은 노동에 비해 점차 상대적으로 더 비싸지는 토지를 노동에 비해 상대적으로 더 많이 이용해야 하는 이중의 부담을 안게 되며, 따라서 X재의 평균비용은 Y재의 평균비용에 비해서 상대적으로 커질 것이다.[22] Y재의 생산은 상대적으로 싼 노동을 상대적으로 더 많이 쓰기 때문이다.

<그림 8-2>의 곡선 S가 바로 이 X재 산업의 공급곡선이라고 가정하자. 그러면 이 곡선이 우상향함으로 인해서 발생하는 생산자잉여는 토지나 노동 중 그 어느 하나에 대한 지대를 반영한다고 볼 수 없다. 이 곡선처럼 공급 비용이 상승하는 이유가 그 두 생산요소의 상대가격 변화 때문일 수도 있다. 게다가, 경제 전체로서 토지지대의 총액은 X재 산업의 공급곡선에만 나타나지도 않는다. Y재 산업의 공급곡선에도 토지지대가 반영될 것이다. 그러므로 X재의 생산을 줄이고 Y재의 생산을 늘릴 때는(이때는 지가가 하락할 것이다), 토지지대의 하락이 Y재 산업의 공급곡선에도 나타날 것이다. 그래서 생산자잉여는 진정한 의미의 잉여라고 볼 수 없다고 주장할 수 있다.[23] 요컨대, 생산자잉여로부터 토지지대를 추정할 때는 수확체감 현상이라든가 기업별 혹은 산업별 생산방법의 차이에 대한 면밀한 분석이 필요하다는 것이다.

부록

1. 지대는 토지의 한계생산을 반영한다는 주장

초기 신고전경제학 학자들이 보기에 고전학파는 토지의 공급량이 고정되어 있다는 고정관념을 가지고 있었다. 즉, 고전경제학 학자들은 생산량을 늘릴 때, 주어진 토지에 노동과 자본 등 다른 생산요소의 투입량을 증가시키는 방식만 생각하였지, 노동과 자본의 투입량을 고정해 놓고 토지의 투입량을 증가시켜서 생산량을 증가시키는 방식은 잘 생각하지 않았다는 것이다. 그러다 보니 노동이나 자본의 한계생산은 생각할 수 있어도 토지의 한계생산이라는 것은 생각할 수 없었고 따라서 토지에 귀속되는 소득은 한계생산과 관계없는 소득, 즉 잉여로 인식될 수밖에 없었다.

이것을 그림으로 설명하면 다음과 같다. 예를 들어서 토지가 Y평, 노동이 X단위 있다고 하자. <그림 8-3>은 이 Y평에 노동투입량을 한 단위씩 증가시키는 상황을 상정한 그림이다. 이 그림에서 편의상 노동의 한계생산을 점 A와 점 B를 지나는 직선으로 나타냈다. 이 Y평의 토지에 X단위의 노동을 전부 투입했을 때의 총생산은 이 한계생산을 나타내는 직선 밑의 넓이, 즉 사다리꼴 *OABX*의 넓이에 해당한다. 노동에 대한 총지출액, 즉 총임금은 노동의 총투입량 *X*에 마지막으로 투입된 노동의 한계생산을 곱한 값이다. 마지막으로 투입된 노동의 한계생산은 그림에서 *BX*의 높이이므로 총임금은 그림에서 직사각형 *OWBX*의 넓이에 해당한다. 그렇다면 총생산에서 임금을 모두 지불하고 남은 양은 그림에서 삼각형 *AWB*의 넓이에 해당한다. 임금을 지불하고 남은 양이 바로 토지에 귀속되는 소득 즉 지대이다. 여기에서 중요한 것은 일단 노동투입량이 결정되면 노동의 한계생산과 총생산의 규모가 결정되고 그다음에 총임금이 결정되며 지대는 순전히 임금을 지불하고 남은 잉여에 불과하다는 것이다. 그래서 고전학파는 지대는 잉여이며, 생산물의 가격에 영향을 주지 않는다고 생각했다.

그러나 초기 신고전경제학 학자들의 시각에서 보면, 이런 식의 생각은 잘못된 것이다. <그림 8-3>에서는 Y평의 토지에 노동의 투입량을 한 단위씩 증가시켜서 총 *X*만큼의 노동력을 투입하였지만, 이를 뒤집어 보면 <그림 8-4>에서처럼 X만큼 주어진 노동에 토지의 투입량을 한 단위씩 증가시켜 총 Y평을 투입하는 것으로 볼 수도 있다.[24] 이때에는 토지의 한계생산이 표면에 나타나게 된다. <그림 8-4>에서 점 A'와 점 B'를 지나는 곡선이 토지의 한계생산을 나타낸다고 하자. 그러면 이번에는 사각형($ORB'Y$) 부분이 토지에 지급되는 지대의 총액이 되고 삼각형($A'B'R$) 부분이 임금으로 남게 된다. 앞의 그림에서 임금 총액이 노동의 한계생산에 노동투입량을 곱한 만큼인 것처럼 <그림 8-4>에서 보면 지대 총액은 토지의 한계생산에 토지투입량을 곱한 만큼으로 결정된다. 그러나 <그림 8-3>에서나 <그림 8-4>에서 노동과 토지의 투입량은 똑같으므로 이 두 그림에서 총생산 역시 똑같을 것이다. 그러므로 <그림 8-3>에서 잉여로 결정된 지대총액은 <그림 8-4>에서 토지의 한계생산으로 결정된 지대총액과 같을 것이다. 다시 말해서 고전학파가 말하는 지대란 사실상 토지의 한계생산에 불과하다는 것이 초기 신고전학파 경제학자들의 주장이다.

<그림 8-3>과 같이 고전학파의 지대 결정 이론을 해석하면 가장 열등한 토지에서도 지대가 발생할 수 있다는 것을 쉽게 알 수 있다. 예를 들어 비옥도가 다른 3필지의 토지가 있으며 이들 토지에 있어서 노동의 한계생산이 <그림 8-5>의 세 개의 곡선과 같다고 하자. 만일 실물로 계산한 임금이 OP로 주어진다면 토지 1에서는 OX_1의 노동이 고용되고, 토지 2에서는 노동이 OX_2만큼 고용되면서, 토지 1에서는 PT_1Y_1의 넓이에 해당하는 만큼 그리고 토지 2에서는 PT_2Y_2의 넓이에 해당하는 만큼의 지대가 각각 발생할 것이다. 토지 3에서는 한계생산이 너무 낮아 노동이 한 단위도 고용되지 못할 것이며 따라서 토지 3은 경작되지 못할 것이다. 따라서 경작의 한계 즉 조방적 한계는 토지 2가 될 것이다. 그러나 토지 2에서도 지대가 발생한다. 그러므로 조방적 한계의 토지를 무지대 토지로 본 고전학파의 지대론에는 문제가 있으며, 따라서 지대는 생산비에 포함되지 않는다는 주장도 흔들리게 된다.

그림 8-3 토지투입량이 고정되었을 때의 지대

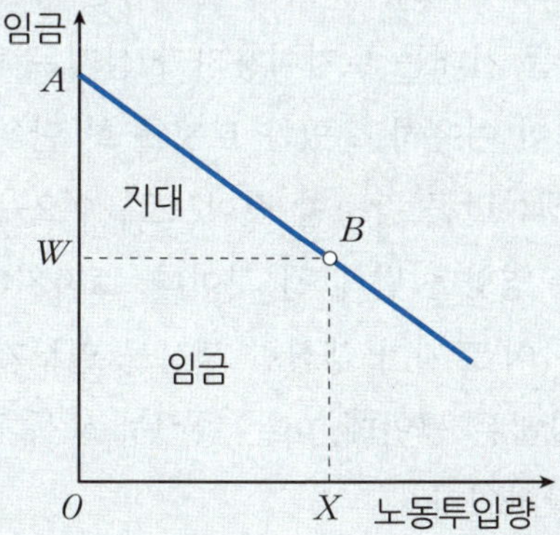

그림 8-4 노동투입량이 고정되었을 때의 지대

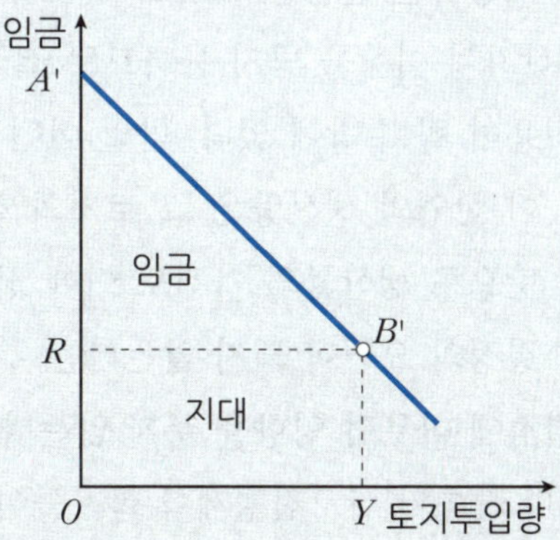

그림 8-5 조방적 한계에서의 지대

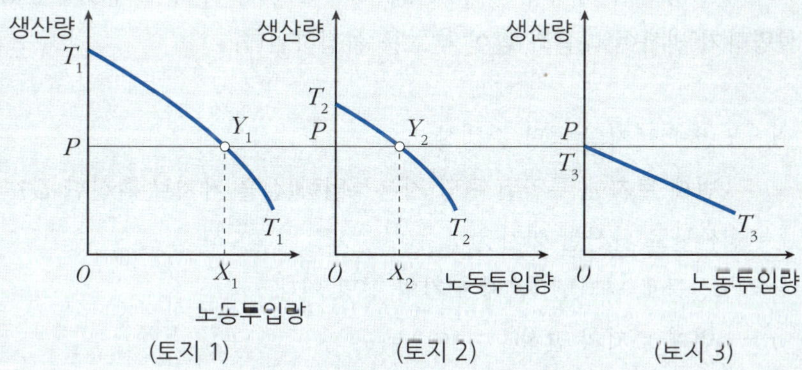

민일 지대가 토지의 한계생산을 반영한다면 마치 노동의 한계생산을 반영하는 임금이 비용이 되듯이 당연히 지대도 비용이 된다고 말할 수 있다. 어떤 생산요소, 예컨대 토지를 어떤 특정 용도에 이용하면 다른 용도에 이용할 수 없게 될

것이니 필연적으로 그 다른 용도에 이용되었을 경우 얻게 될 한계생산을 포기해야 한다. 자유경쟁 시장에서는 토지이용자는 토지의 한계생산 혹은 한계생산가치에 해당하는 만큼을 대가로 치러야 하며, 토지소유자 역시 한계생산 혹은 한계생산가치 이상을 받지 못하므로 결국 모든 지대는 토지이용자가 실지로 치르는 비용이 될 수밖에 없다. 만일 어떤 산업이 이용하고 있는 토지를 한 단위 줄이면 이 산업의 생산량은 그 토지의 한계생산만큼 감소할 것이므로, 수요-공급관계 탓으로 생산물의 가격도 이에 상응한 영향을 받게 될 것이다. 토지지대가 가격 결정의 요인이 되지 않는다는 주장은 이 토지가 생산한 생산물 일부가 가격 결정에 아무런 영향을 주지 않는다고 말하는 셈인데, 이는 명백히 상식에 어긋난다고 초기 신고전경제학 학자들이 주장하였다.

2. 리카도 지대론에 대한 왈라스의 수학적 해설

레옹 발라스(L. Walras)는 리카도의 지대론을 수학적으로 정밀하고 포괄적으로 해설한 최초의 학자로 꼽힌다.[25] 그는 어느 경제에 m필지의 토지가 있다고 상정하고 이들 각각의 지대가 그의 일반균형이론의 틀 속에서 어떻게 결정되는가를 설명하기 위하여 다음과 같이 부호를 설정하였다.

b_i = i 번째 토지의 평당 순생산

x_i = i 번째 토지에 투입된 평당 자본투입량(실물 가치로 환산한 값)

t = 생산물로 환산한 이자율

r_i = 생산물로 나타낸 i번째 토지의 평당 지대

n_i = i 번째 토지의 면적

리카도의 지대론에 의하면 각 토지에서의 지대는 다음과 같이 나타낼 수 있다.

$$r_1 = b_1 - x_1 t$$

$$r_2 = b_2 - x_2 t$$
$$\vdots \qquad \cdots\cdots(8\text{-}1)$$
$$r_m = b_m - x_m t$$

각 토지에서의 순 생산은 자본투입량의 함수이므로 발라스는 다음과 같이 생산함수를 설정하였다.

$$b_1 = F_1(x_1)$$
$$b_2 = F_2(x_2)$$
$$\vdots \qquad \cdots\cdots(8\text{-}2)$$
$$b_m = F_m(x_m)$$

어떤 시점에서 국민경제 전체의 가용 자본량은 한정되어 주어질 것인바 이를 x라고 표시하기로 한다. 주어진 면적의 토지로부터 수익을 극대화하기 위해서는 각 토지에서 자본의 한계생산이 균일하도록 자본의 배분되어야 할 것이다. 그런데 발라스에 의하면 각 생산자는 자본의 한계생산이 이자율 t와 같아지는 한계까지 투자할 것이므로 토지의 효율적 이용을 위해서는 다음과 같이 각 토지에서 자본의 한계생산과 이자율이 일치되도록 투자가 이루어질 것이다.

$$t = dF_1(x_1)/dx_1$$
$$t = dF_2(x_2)/dx_2$$
$$\vdots \qquad \cdots\cdots(8\text{-}3)$$
$$t = dF_m(x_m)/dx_m$$

끝으로, 총 가용 자본량에 대한 제약은 다음과 같다.

$$n_1 x_1 + n_2 x_2 + \ldots + n_m x_m = x \qquad \cdots\cdots(8\text{-}4)$$

이상의 방정식 체계는 변수의 수(3m+1)와 똑같은 수의 방정식으로 구성되므로, 각 변수에 대한 해를 구할 수 있는데, 발라스는 다음과 같이 이를 구하였다. 우선, 식 (8-3)의 각 방정식을 풀어서 다음과 같이 각 토지에서의 적정 투자 수준을 이자율의 함수로 나타낸다.

$$x_1 = g_1(t),\ x_2 = g_2(t),\ \ldots,\ x_m = g_m(t) \qquad \cdots\cdots(8\text{-}5)$$

이 결과를 식(8-4)에 대입하고 t에 대하여 풀면 이 값은 곧 경제 전체에서 자본의 공급과 수요를 일치시키는 균형이자율이 된다. 이 균형이자율을 식(8-5)에 대입하여 얻은 x_i의 값들은 곧 개별 토지에 있어서 적정 투자 수준이 된다. 이 적정 투자 수준의 값들을 식(8-2)에 대입하여 b_i의 값들을 구하고 이를 다시 식(8-1)에 대입하여 구한 r_i의 값이 곧 각 토지에 있어서 적정 지대 수준이 된다.

이같이 리카도의 지대론을 수학적으로 풀어놓고 보면 우선 눈에 띄는 것은, 지대 결정 과정에서 임금이나 생산물의 가격이 개입되어 있지 않다는 점이다. 고전경제학의 이론적 틀 속에서는 임금기금설에 따라 임금수준은 외생적으로 주어지며, 생산비가치설에 따라 생산물의 가격은 집약적 및 조방적 한계에서의 생산비에 의해 결정되기 때문에 임금이나 생산물의 가격이 변수로 개입될 여지가 없다. 그러나 현실적으로 관측되는 임금이 기본생계비와 현격한 차이가 있다는 점만 보더라도 임금기금설은 인정될 수 없다고 신고전경제학 학자들은 단정적으로 말하였다.

신고전경제학의 이론 틀 속에서 임금은 노동의 한계생산가치에 의해서 결정되므로. 임금과 생산물의 가격 사이에는 상호 연관성이 있다. 따라서 지대도 이자율뿐 아니라, 임금 및 생산물가격의 영향을 받는다. 요컨대, 리카도 지대론에 대한 발라스의 비판은, 지대, 임금, 생산물가격, 이자율 등 이 모든 것이 상호작용 아래 동시적으로 결정되지, 고전학파에서처럼 가용자본량 → 이자율 → 지대로 이어지면서 순차적으로 그리고 일방적으로 지대가 결정되지 않는다는 것이다. 다시 말해서 지대뿐 아니라 모든 가격이 일반균형의 틀 속에서 이해되어야 한다는 것이다. 발라스는 그의 일반균형의 틀에 맞추어 n가지 생산요소를 이용하여 어떤 특정 생산물, 예컨대 B라는 생산물을 생산하는 토지에 대하여 이 생산물의 가격을 P_b, 이 생산물 한 단위 생산에 필요한 토지의 양(면적)을 b_t, 금전으로 표시된 이 토지의 지대를 p_t, 생산물 B 한 단위 생산에 필요한 생산요소 j의 양과 이 생산요소의 가격을 각각 b_j와 p_j로 나타내고 위에서 제시한 지대결정 방정식(8-1)을 일반화시켜 보면, 다음과 같은 관계식을 얻을 수 있음을 증명하였다.

$$P_b = b_t p_t + b_1 p_1 + b_2 p_2 + \ldots + b_n p_n \qquad \cdots\cdots(8\text{-}6)$$

결국 식(8-6)은 발라스가 고전학파 지대론을 재해석하기에 앞서 그의 일반균형이론을 전개하면서 유도한 생산비 방정식, 즉 생산비는 가격과 일치해야 한다는 일반식으로 환원됨을 보임으로써 리카도의 지대 결정 방정식은 자본 이외의 생산요소 가격이 외생적으로 일정하게 주어져 있을 때 적용될 수 있는 특수한 경우라고 발라스는 주장하였다.[26]

3. 생산의 완전배분에 대한 증명

n가지 생산요소를 이용하여 가격이 P인 어떤 상품을 생산할 때 그 생산량을 Q, i 번째 생산요소의 투입량을 x_i, 그리고 이 생산요소의 한계생산을 MP_i라고 표시하자. 앞에서 이미 설명하였듯이 자유경쟁 시장에서 이윤의 극대화를 추구하는 기업은 비용 최소화를 위하여 각 생산요소의 한계생산가치가 이 생산요소의 가격과 일치하도록 각 생산요소의 적정투입량을 결정할 것이다. 즉, 생산요소의 가격을 $w_1, w_2, \ldots w_n$이라고 하면 비용 최소화 조건식은 다음과 같다.

$$P \cdot MP_1 = w_1, \quad P \cdot MP_2 = w_2, \cdots, P \cdot MP_n = w_n$$

장기에 걸쳐 시장이 균형 상태에 있으려면, 모든 기업이 똑같은 이윤을 획득하며 어떤 특정 기업이 다른 기업에 비해서 지나치게 많은 이윤을 획득해서는 안 된다. 만일 이렇게 되면 특별히 이윤을 많이 얻는 사업으로 기업이 몰리게 될 것이다. 이래서는 시장이 균형 상태에 있다고 볼 수 없다. 결국 균형 상태에서는 모든 기업은 정상이윤만 획득하게 된다는 것인데, 이 말은 달리 말하면 모든 기업이 다음과 같이 수지 균형을 맞춘다는 뜻이다.

$$P \cdot Q = w_1 \cdot x_1 + w_2 \cdot x_2 + \cdots + w_n \cdot x_n$$

이 수지 균형식에 위의 비용 최소화 조건식을 대입하면 다음과 같이 수익이 생산요소에 완전 배분됨을 보이는 식이 나온다:

$$P \cdot Q = P \cdot MP_1 \cdot x_1 + P \cdot MP_2 \cdot x_2 + \cdots + P \cdot MP_n \cdot x_n$$

생산의 완전배분 문제가 이같이 풀림으로써 초기 신고전학파의 한계생산이론은 논리적 일관성을 갖추게 되었다.[27]

초기신고전학파 학자들의 증명 중에서 수학적으로 비교적 완벽한 증명은 1894년 플락스(A. W. Flux)가 윅스티드의 증명을 논평하면서 스스로 제시한 것으로 알려져 있다. 그는 생산함수가 1차 동차함수임을 전제하였다. 생산함수가 1차 동차함수라는 것은 생산량이 생산요소 투입량에 정비례하는 생산함수를 말한다. 예를 들어 모든 생산요소의 투입량을 2배로 증가시키면 생산량도 두 배로 늘어나고 생산요소 투입량을 5배로 증가시키면 생산량도 5배로 증가하는 그런 생산함수를 말한다. 이런 경우 미적분학에 나오는 오일러의 정리에 따라 본문에서 보였듯이 각 생산요소에 한계생산가치를 지불하면 총지출과 총수익이 일치함을 수학적으로 나타내는 방정식이 유도된다.

Stigler에 따르면, 완전배분 문제를 가장 완전하게 증명한 최초의 학자는 E. Barone인 것으로 알려져 있다. (앞에서 소개한 Stigler의 책 359쪽부터 361쪽까지 참조). 그러나 Barone에 앞서 빅셀도 비슷하게 증명하였다. 그는 생산의 완전배분이 이루어지기 위해서는 최소한도 생산함수가 1차 동차함수이거나 혹은 모든 기업이 장기 평균비용을 최소화하면서 초과이윤을 얻지 않는 균형 상태에 있어야 한다고 주장하였다. 그는 기업이 규모에 따른 수확체증단계(규모의 경제단계), 규모에 따른 수확불변의 단계, 그리고 규모에 따른 수확체감의 단계(규모의 불경제단계)를 모두 차례로 거치는 생산함수를 가질 수 있다고 생각한 최초의 경제학자로 알려져 있는데, 그런 장기에 걸친 완전경쟁 상태 아래에서는 각 기업은 규모에 따른 수확불변의 단계에서 생산하게 되므로 결국 산업 전체에 걸쳐 생산의 완전배분이 지속될 수 있다고 보았다.[28]

시드니 채프먼(S. J. Champman)은 생산의 완전배분이론을 그림으로 다음과 같이 간명하면서도 정교하게 증명하였다. 어느 산업에 n개의 똑같은 기업체가 있으며 이 중 어느 대표 기업의 노동 한계생산 곡선이 <그림 8-6>과 같다고 가정하자. 이 기업은 1정보의 토지에 OL 만큼의 노동을 투입하여 $OMEL$의 넓이에 해당하는 만큼의 재화를 생산하고 있다. 따라서 산업 전체로는 $n\times OL$ 만큼의 노동을 이용하여 $n\times OMEL$ 만큼의 상품을 생산하는 셈이다. 그런데 이 산업에 기존의 기업과 똑같은 새 기업이 단지 1정보만의 토지를 가지고 이 산업에 진입한다고 가정하자. 따라서 이 새로운 상태에서 $(n+1)$ 개의 똑같은 기업으로 구성된 이 산업은 $(n+1)$ 정보의 토지에 종전과 똑같은 $n\times OL$ 만큼의 노동을 투입하여 똑같은 제품을 생산하게 되는 셈이다. 그러나 산업 전체가 이용할 수 있는 노동의 양을 $n\times OL$로 고정되어 있으므로 개별 기업의 노동 이용량은 종전의 OL에서 새로운 상태에서는 OL'로 감소할 터인데, 이 감소분을 LL'로 표시하면 $LL'=OL-n\times OL/(n+1)=OL/(n+1)$이므로 $LL'=OL'/n$. 산업 전체로 보면 변한 것은 토지가 한 단위 더 추가된 것뿐이므로, 종전 상태에서의 산업 총생산과 새로운 상태에서의 산업 총생산의 차이는 토지의 한계생산에 해당한다. 새로운 상태에서의 산업 총생산은 $(n+1)OMCL'$이므로 이 차이를 X라고 표시하면,

$$X = (n+1)OMCL' - n \times OMEL = n \times OMCL' + OMCL' - n \times OMCL' - n \times L'CEL$$
$$= OMCL' - n(L'CDL - CDE) = OMCL' - n \times (OB \times LL') + nCDE$$
$$= OBCL' + BMC - OBCL' + n \times CDE = BMC + n \times CDE$$

그림 8-6 생산의 완전배분 증명

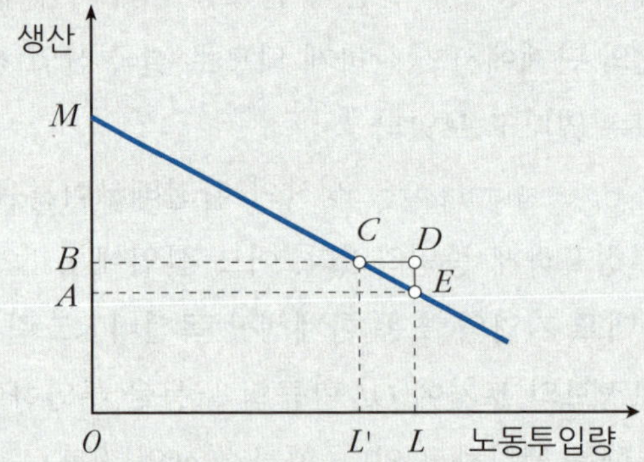

만일 이 산업이 무수히 많은 기업으로 구성되어 있다고 하면 새로운 기업이 들어옴으로 인한 각 기존기업의 노동 이용량의 감소분(LL')은 매우 적어질 것이므로 <그림 8-6>에서 CDE는 무시할 정도로 적을 것이며 따라서, BMC의 넓이는 AME의 넓이와 거의 같아질 것이다. 즉, X는 AME의 넓이와 거의 같다. 그러므로 <그림 8-6>에서 AME는 토지의 한계생산이 되며 토지 1정보당 이 한계생산을 지불하고 노동 각 단위당 그 한계생산을 치르면, 총생산은 완전배분 된다는 것을 알 수 있다.[29]

미주

1 Koo, A. Y. (1982), Land Market Distortion and Tenure Reform, Ames: Iowa State University Press, p.8.

2 Wicksteed, P. H. (1933), The Common Sense of Political Economy, London: Routledge & Kegan Paul, Ltd., p.6.

3 이 완전배분 문제는 초기 신고전학파의 여러 경제학자가 각기 나름대로 수학적으로 증명하였으나, 증명이 서툴렀고 복잡했다. 윅스티드(Wicksteed)도 생산의 완전배분을 수학적으로 증명한 학자 중의 한 사람으로 꼽히는데 그의 증명은 조잡하였을 뿐만 아니라, 표절의 시비에 휘말리기도 하였다. 예를 들면, 윅스티드는 Coordination of Laws of Distribution에서 생산함수가 1차 동차함수임을 묵시적으로 전제하고 생산의 완전배분 문제를 증명하였는데, 왈라스는 자기가 이미 증명한 것을 윅스티드가 표절하였다고 주장하였다. 그러나 시카고대학의 스티글러교수는 왈라스의 주장이 지나친 억지라고 평하였다. 이에 대한 구체적 내용은 다음 문헌 참조. Stigler, G. L. (1941), Production and Distribution Theories, New York: The MacMillan Co. p.369.

4 Landreth, H. (1976), History of Economic Theory, Boston: Houghton Mifflin Co. p.252. 윅스티드는 마르크스의 노동가치설에 대한 장문의 비판논문을 발표한 바 있고, 뵘바베르크의 마르크스 비판서는 정평이 나 있음을 참고할 필요가 있다.

5 마셜이 25세에 경제학도로 입문했을 때도 고전학파 경제학의 대가인 밀이 생존해 있었다.

6 이러한 마셜의 비용의 개념에 대한 자세한 해석은 다음 문헌 참조. Tapan, H. M. (1930), "Marshall on rent: A reply to Professor Ogilvie" The Economic Journal, vol. 40, pp.369-383.

7 물론, 가변비용과 고정비용이라는 용어는 오늘날 경제학 교과서에 나오는 용어로서 마셜이 사용한 용어는 아니다. 마셜은 가변비용을 주 비용(prime cost)이라고 불렀고 고정비용을 보조비용(supplementary cost)이라고 불렀다. 때에 따라서 마셜은 주 비용을 특별비용 혹은 직접비용이라고도 불렀고, 보조비용을 일반비용이라고도 했다.

8 Marshall, A. (1959), Principles of Economics(8th ed.), London: MacMillan & Co Ltd. p.66.

9 또한 이는 운석의 구입자가 운석에 지불한 가격으로부터 장기적으로 기대하는 이자이기도 하다고 마셜은 말한다. Marshall, A. (1959), Principles of Economics(8th ed.), London: MacMillan & Co. Ltd. p.345.

10 그래서 마셜은 "이질성이 없는 희소성은 지대를 발생시킨다."고 말하였다. Marshall, A. (1959), Principles of Economics(8th ed.), London: MacMillan & Co. Ltd. p.365.

11 앞에서 인용한 Marshall의 문헌 362쪽 참조.

12 이러한 마셜의 주장에 대하여 G. J. Stigler는 다음과 같이 논평하고 있다. "비 전문화된 토지(즉, 여러 용도에 동등하게 적합한 토지)의 경우 단순한 산술적 관계가 존재한다. 어떤 특정 용도로부터 얻는 토지지대는 다른 가능한 용도로부터 얻을 토지지대와 같아야 한다. 그렇지 않으면 분명히 소득을 극대화하지 못하게 되며 그러나 상황은 불균형 상태이다." Stigler의 다음 책 참조. Stigler, G. L. (1941), Production and Distribution Theories, New York: The MacMillan Co. pp.93-94.

13 그러나 그러한 비 전문화된 토지의 경우 토지지대가 균일화되는 단순한 산술적 관계가 있음은 마셜도 분명히 지적하였다. 마셜이 "단순한 산술적 관계가 없다"라고 했을 때의 관계란 A 용도의 토지지대와 B 용도의 토지지대 사이의 관계가 아니라 분명히 A 용도의 토지지대와 B 용도의 생산물가격 사이의 관계를 가리킨다.

14 그래서 마샬은 때로는 공공가치로서의 위치지대를 진성지대(true rent)라고도 불렀다.

15 그는 "토지에 대하여 치르는 대가가 토지의 한계생산임을 증명했다는 것이 그 대가가 갖는 잉여로서의 의미를 없애지 못한다."라고 말하였다. 다음 문헌 참조:
Flux, Arthur W(1894). "A Review of the Coordination of the Laws of Distribution", Economic Journal, Vol. IV.

16 Keiper, J. S., et al. (1961), Theory and Measurement of Rent, New York: Chilton Co. p.90.

17 Pareto, Vilfredo(1927), Manual of Political Economy(translated by A. S. Schwier), London: The MacMillan Press, Ltd. pp.247-248.

18 Wessel은 이같이 내용상 엇갈린 지대의 개념이 교과서에 소개되고 있다는 점을 자세히 지적하고 있다. 이에 대해서는 다음 문헌 참조. Wessel, R. H. (1967), "A note on economic rent", American Economic Review, Vol. LVII, No. 5 (Dec.), pp.1221-1226.

예를 들면 대표적인 경제학 교과서인 Baumol과 Blinder의 경제원론에 나온 지대의 개념은 다음 문장에서 보듯이 리카도 지대의 성격을 띤다. "Economic rent is said to be earned whenever a factor of production receives a reward that exceeds the minimum amount necessary to induce the employed quantity of the factor to be supplied"

한편, 또 하나의 대표적인 경제학 교과서인 Lipsey와 Steiner의 경제원론 책에는 분명히 파레토 지대의 내용으로 다음과 같이 경제지대를 정의하였다. "The amount that a factor must earn in its present use to prevent it from transferring to another use is called transfer earnings: any excess that it earns over this amount is called economic rent." 다음 문헌 참조:

Baumol, W. J. and A. S. Blinder(1979), Economics: Principles and Policy, New York: Harcourt Brace Jovanovich,Inc. p.537,

Lipsey, R. G. and P. O. Steiner, Economics(4th ed.), New York: Harper & Row, Publisher. p.380.

19 유정식(1997), 「정치와 경제의 분리에 관한 역사적 고찰」, 대한상공회의소 한국경제연구센터. 23쪽.

20 Boadway, R. and N. Bruce(1984), Welfare Economics, New York: Basil Blackwell Inc. p.220-223.

21 Mishan은 토지만이 고정생산요소이고 토지 이외의 생산요소 공급이 완전 탄력적인 경우에만, 생산자잉여가 지대를 반영한 진정한 의미의 잉여라고 주장하였다. 구체적인 내용은 다음 문헌 참조: Mishan, E. J. (1981), Economic Efficiency and Social Welfare, London: George Allen & Unwin, p.82.

22 Stolper, W. F. and P. A. Samuelson(1941), "Protection and Real Wages," Review of Economic Studies, vol. 9. pp.58-73.

23 Mishan, E. J. (1981), Introduction to Normative Economics, New York: Oxford University Press, p.230.

24 Wicksteed, P. H. (1933), The Common Sense of Political Economy, London: Routledge & Kegan Paul, Ltd., p.290. pp.550-574.

25 Stigler, G. L. (1941), Production and Distribution Theories, New York: The MacMillan Co. p.255.

26 Walras, L. (1954), Elements of Pure Economics(translated by W. Jaffe), London: George Allen & Unwin Ltd. pp.404-418.

스티글러 교수는 식 (5-6)의 계수 b_i와 b_i가 상수라는 점에서 이 식은 리카도의 지대방정식(5-1)을 일반화한 식이라고 볼 수 없다고 반박하였다. 다음 문헌 참조: Stigler, G. L. (1941), Production and Distribution Theories, New York: The MacMillan Co. p.260.

27 구체적 내용은 다음 문헌 참조: Flux, A. W. (1894), "A Review of the Coordination of the Laws of Distribution", Economic Journal, Vol. IV.

28 다음 문헌 참조: Wicksell, K. (1967), Lectures on Political Economy(reprint), New York: Augustus M. Kelley Publisher.

29 Ferguson, C. E.(1972), Microeconomic Theory, Homewood: Richard D. Irwin. pp.412-414.

09

부동산 문제에 대한 정부의 개입: 명분, 수단 그리고 한계

1. 불완전경쟁시장과 정부의 개입
   불완전경쟁시장 / 정보의 부족과 토지이용의 비효율 / 합리적 정보수집이 가능한가? / 독·과점적 요소와 불완전경쟁
2. 토지의 이용 및 소유에 대한 정부의 개입
   토지 보유의 유형 / 바람직한 토지보유양태
3. 토지정책 및 제도의 유형
   토지정책의 세 가지 유형 / 계획지향형 토지제도 / 시장지향형 토지제도
4. 정부개입의 한계
   정부의 실패 / 정부개입의 구체적인 문제점

주요용어

- 완전경쟁시장
- 불완전경쟁시장
- 독·과점
- 정보의 비대칭성
- 정보탐색이론
- 역선택
- 도덕적 해이
- 소비에 있어서 규모의 경제
- 사적 자유보유
- 사적 임대보유
- 공공자유보유
- 공공임대보유
- 비공식 사실보유
- 공동체소유
- 소유권-개발권 분리
- 직접 개입
- 토지관련 규제
- 간접 개입
- 계획지향적 토지제도
- 시장지향적 토지제도
- 건축부자유의 원칙
- 계획우선의 원칙
- 지역·지구제
- 개발제한구역

09 부동산 문제에 대한 정부의 개입: 명분, 수단 그리고 한계

1 불완전경쟁시장과 정부의 개입

불완전경쟁시장

선진국 어느 나라에서나 부동산 문제에 관해서만은 정부가 폭넓고 깊숙이 개입한다. 자본주의 시장이 가장 발달하였다는 미국에서도 그렇다. 그 이유는 물론 여러 가지다. 순전히 경제학적으로만 보았을 때 정부개입의 가장 큰 명분은 시장의 실패를 보완하는 것이다. 통상 외부효과 및 공공재의 문제가 시장의 실패의 대표적인 예로 꼽힌다. 그러나 이 밖에도 자원의 효율적 이용을 저해하는 요인들이 특히 부동산시장에 널려 있다. 외부효과 및 공공재의 경우 왜 시장이 실패하는지 관해서는 이미 앞에서 자세히 다루었으므로 여기에서는 일단 이런 문제가 없다고 가정하자.

시장을 통해서 국토가 효율적으로 이용되기 위해서는 그 시장이 완전경쟁시장이어야 한다는 말은 경제학 원론 교과서에 늘 나오는 말이다. 여기에서 완전경쟁시장이라는 것은 다음과 같이 매우 까다로운 요건을 갖춘 시장이다. 첫째, 그 누구도 해당 시장에서 형성될 가격을 마음대로 조작할 수 없을 만큼 다수의 공급자와 수요자가 있어야 한다. 둘째, 해당 시장에서 거래되는 자원이나 재화는 동질적이어서 구매자는 판매자를 차별할 수가 없어야 한다. 셋째, 구매자나 판매자 모두 자신이 거래하려고 하는 자원이나 재화에 대한 정확한 정보, 특히 그것의 현재 및 미래의 가격에 대한 정확한 정보를 가지고 있어야 한다. 넷째,

상품 공급자의 수가 이윤의 정도에 따라 신축성 있게 변할 수 있도록 해당 산업에 진입 및 퇴거가 자유로워야 한다. 그러기 위해서는 각 공급자는 필요한 자원들을 얼마든지 확보할 수 있고, 또 필요 없는 자원들은 즉시 방출할 수 있어야 한다.

이런 네 가지 요건 중 그 어느 하나라도 충족되지 못한 시장을 통상 불완전경쟁시장이라고 하는데, 이런 시장은 자원의 효율적 이용을 보장해 주지 못한다. 부동산시장은 이러한 완전경쟁시장의 4가지 조건, 그 어느 것도 제대로 충족시키지 못하는 전형적인 불완전경쟁시장일 가능성이 크다. 요컨대, 외부효과 및 공공재의 문제뿐만 아니라 부동산시장에는 여러 가지 시장의 실패가 나타나므로, 이를 교정하거나 보완하기 위해서 정부가 여러 가지 방법으로 개입하게 된다. 시장을 불완전하게 만드는 요인 중에서 특히 토지와 관련하여 자주 거론되는 요인은 정보의 부족과 독과점이다.

정보의 부족과 토지이용의 비효율

시장의 거래에서 가장 중요한 정보는 물론 상품의 질과 가격에 대한 정보다. 부동산의 경우 정확한 정보를 얻기 힘들다는 것도 문제이지만, 있는 정보마저도 특정인들에게 집중되어 있다는 점도 문제다. 예를 들면, 상품의 질이나 특성에 관해서는 아무래도 소비자보다는 그것을 만든 제조업체가 더 잘 알고 있다고 보아야 한다. 중고차 시장에 전시된 자동차가 평소 잘 관리된 차인지 속이 곯을 대로 곯은 차인지 구매자는 잘 알지 못한다. 구매자의 처지에서 볼 때 중고차의 참된 성능은 "감추어진 특성"이다. 아마도 그 차를 사용하던 사람이나, 중고차 거래를 전문으로 하는 업체는 그 차의 성능을 가장 잘 알 것이다. 이같이 거래 대상 상품에 대한 정보가 거래 당사자 한쪽에 치우쳐 있는 현상을 경제학에서는 정보의 비대칭성이라고 한다.

정보가 편중되는 원인에 따라 세 종류의 정보 비대칭성이 있을 수 있다. 그 첫째는 자연발생적 비대칭성으로서 말 그대로 자연적으로 발생하는 비대칭성이다. 이를테면, 각 개인의 성격에 대해서는 자기 자신이 다른 사람들보다도 더 잘 알고 있음이 보통이다.

둘째, 내생적 비대칭성으로서 시장 내부에서 조성되는 비대칭성을 말한다. 예컨대, 회사의 노동자에 관해서는 다른 어떤 사람들보다 이 회사의 직속상관이나 직장동료들이 가장 잘 알고 있을 것이다.

셋째, 인위적 비대칭성으로서 말 그대로 인위적으로 조장되는 비대칭성이다. 달리 말하면, 인위적으로 정보의 희소성을 높임으로 인한 비대칭성이다. 통상, 다른 사람들이 가지지 못한 정보를 더 많이 가지고 있다는 것은 그만큼 더 많은 영향력을 행사할 수 있고 거래나 협상에 있어서 더 유리한 입장에 설 수 있음을 의미한다. 따라서 경제적 이해가 걸린 상황에 있는 사람들은 정보를 독점하려고 하며, 알고 있는 정보를 다른 사람들과 공유하지 않는 경향이 있다. 기업은 자사 상품의 효능에 대한 구체적 정보나 생산비에 대한 정보의 공개를 매우 꺼린다. 아파트 주민들은 자신들이 거주하는 아파트의 결함을 뻔히 알고 있으면서도, 집값 하락을 우려해서 이를 애써 감추기도 한다.

이같이 정보의 비대칭성으로 인해서 상품의 참된 특성이 감추어져 있을 때, 이를 잘 알지 못하는 사람들은 잘못된 선택을 하기 십상인데, 이런 잘못된 선택을 경제학에서는 역선택(adverse selection)이라고 한다. 시장에서는 사기성이 농후한 거래가 적지 않다. 정보의 비대칭성이 심할 경우, 불량품이 양호한 상품을 시장에서 몰아낸 결과 시장에 불량품이 넘쳐나면서 역선택이 빈번히 발생하게 된다. 이런 사실을 수학적으로 증명한 논문도 있다.[1] 노벨경제학상 수상자가 발표한 이 논문의 제목이 “레몬 시장”이다. 여기에서 “레몬(lemon)”이란 겉으로만 번지르르한 불량품을 지칭하는 속어인데, 우리말로는 “개살구”라고 한다.[2] 역선택은 흔히 일어나는 현상이며, 따라서 많은 사람에게 손실을 안겨준다.

앞에서 자세히 살펴보았듯이 토지의 특성, 특히 내구성 탓으로 토지에는 불확실한 구석이 너무 많다. 우선, 가장 중요한 정보라고 할 수 있는 토지의 가치부터 알기 어렵고, 정보가 있다고 해도 통상 그 정보가 한쪽에 쏠려있다. 어떤 곳의 농토가 비옥한지, 어떤 곳의 상가가 목 좋은지, 제3자는 알기 어렵다. 이렇게 정보가 비대칭적일 경우에 나타나기 쉬운 현상은 사기다. 예를 들어서 한 봉지에 1,000원인 라면을 만 원에 팔았다면, 아마도 많은 사람이 사기였다고 말할 것이다. 라면시장에서는 이런 사기가 거의 불가능하다. 사람들 대부분 라면 한

봉지의 가격을 대충 알고 있기 때문이다. 하지만, 부동산시장에서는 1,000원짜리를 만 원에 파는 일이 흔하게 벌어질 수 있다.

1990년대 초반 미국의 극심한 경기침체를 촉발한 텍사스주 저축은행(저축대부조합)의 각종 사기극이 그 좋은 예로 많이 인용된다.[3] 가장 전형적인 사기극은 저축은행과 개발업자들 사이의 짜고 치기 고스톱이다. 예를 들어서, A, B, C, 세 사람이 한탕 벌이기로 모의했다고 하자. 우선, A가 저축은행에서 돈을 빌려서 그럴듯한 땅을 평당 5만 원에 매입한 다음 B에게 평당 10만 원에 매각한다. 그러고 나서 얼마 후 B는 이 땅을 다시 평당 20만 원에 C에게 매각한다. 결국 평당 5만 원의 지가가 10만 원을 거쳐 20만 원까지 뻥 튀겨졌지만, 겉으로 보면 아무런 하자가 없다. B나 C가 그만한 개발 가치가 있으므로 그런 높은 가격을 치렀다고 우기면 할 말이 없어진다. 심지어 감정평가사도 어쩌지 못한다. 실제로 그 사기단은 전문가의 감정평가서를 얻어서 그런 뻥 튀겨진 가격을 그럴듯하게 포장하였다.

물론, 토지매입에 필요한 자금은 은행이 빌려준다. 돈을 빌려준 은행과 최종 매입자 C는 그 토지가 개발될 가능성이 매우 크다고 선전해댄 다음 이것을 곧이곧대로 믿는 제3자에게 평당 50만 원에 매각한다. 사실은 은행이 주모자이고 개발업자 A, B, C 세 사람은 바람잡이다. 이같이 은행과 개발업자들이 담합한 사기극이 당시 미국 텍사스주에서 극성을 부렸지만, 대부분 법망을 빠져나갈 수 있었다. 그만큼 텍사스주의 금융규제가 느슨했기 때문이었다. 정확하게 말하면, 업계의 압력 탓으로 정부가 금융규제를 완화할 수밖에 없었다. 물론 사기행각이 계속될 수는 없다. 사기를 치다가 이것이 여의찮게 되면 은행은 채권자들의 돈만 챙기고 파산해버린다. 문제는, 소수의 은행 파산이 엄청난 파급효과를 낳을 수 있다는 것이다. 텍사스주에서 시작하여 1,400개가 넘는 저축은행과 1,860개 은행의 파산을 몰고 왔던 미국의 1984년~1992년 경제 불황은 부동산사기극이 만연하면서 터진 것이었다.[4]

선진국에서 주기적으로 나타나는 경기침체가 부동산 시장을 비롯한 자본시장의 사기극으로부터 시작되는 경우가 적지 않았다. 개도 돈을 물고 다니는 호황기에는 저마다 돈 벌 욕심에 들뜨기 쉬워서, 부실 투자가 자연히 성행하게 된다. 그런 부실 투자의 누적이 불황을 초래하며, 불황은 바로 그런 부실 투자를 털어내는 자연스러운 메커니즘이라는 주장은 이미 오래전부터 내려오는 경기변동 이론 중의 하나다. 부동산 시장은 그런 부실 투자의 온상이 되기 쉽다. 그래서 부동산투자가 경기변동을 설명하는 주요 변수로 자주 등장하게 된다. 그러나 어떻든 부실 투자라든가 사기가 성행할 경우, 토지를 비롯한 자원이 효율적으로 이용될 수 없다. 그래서 부동산 정보의 공개와 투명성 그리고 부동산거래의 공정성을 담보하기 위한 각종 제도적 장치가 시행되고 있다.

사실, 과거에는 부동산산업이 경기조절의 수단이 되는 경우가 많았다. 예컨대, 불경기에는 공공투자 확대 및 규제 완화를 통하여 경기부양을 도모하고, 호황기에는 공공투자 억제 및 부동한 규제를 강화하는 과정에서 부동산산업의 경기조절 역할이 컸다. 그러나 주택 보급률 100%가 달성되는 등, 주택과 도시용지의 수요와 공급 사이의 만성적 불균형 문제가 어느 정도 해소되고 부동산 재고량이 풍부해지면서, 부동산산업이 경기조절 수단으로서 역할이 계속 줄어들고 있다. 이에 따라 부동산 전통산업의 핵심 영역이었던 개발공급업, 감정평가업, 중개업 시장은 축소될 가능성이 크다는 전망도 나왔다. 예컨대, 과거에 비해 대규모 부동산 개발사업의 기회가 줄어들고 있다. 그 대신 부동산의 이용 및 관리 행위가 중요해지면서, 도시 안에서 기존 지역을 고밀도로 재활용하는 도심재생·정비 산업이 대세로 자리 잡아갈 것이라는 전망도 나오고 있다.[5]

합리적 정보수집이 가능한가?

물론, 정보의 부족과 비대칭성이 우리의 현실이지만, 그렇더라도 사람들이 적절한 양의 정보를 취득하려고 노력하며, 또한 구득 가능한 모든 정보를 가장 적절한 방법으로 활용함으로써 미래를 비교적 정확하게 예상하고 행동하기 때문에 시장에서 자원이 비교적 효율적으로 잘 이용된다고 시장주의자들이 주장한다. 이런 주장은 경제학의 전통적 정보탐색이론을 바탕으로 하는데, 정보가 좀 부족하더라도 자원의 효율적 이용에 큰 지장이 없다는 식으로 들린다. 그러나 최근 정보에 관한 많은 연구가 내린 중요한 결론 중의 하나는, 정보가 약간 부족한 상황에서 나타나는 경제 현상은 정보가 충분한 상황에서 나타나는 경제 현상과 약간 달라지는 것이 아니라 질적으로도 현저하게 달라질 수 있다는 것이다. 그건 그렇다 치고, 인간의 비합리적 행동에 관하여 심리학이나 인지과학이 쏟아내고 있는 연구들에 비추어 보면 개인들이 합리적으로 정보를 수집한다는 시장주의자의 가정은 의심스럽다.

전통적인 정보탐색이론에도 구조적인 문제가 있다. 정보탐색이론은 정보도 일종의 상품이라는 경제학의 생각을 바탕으로 하고 있다. 그러나 정보는 보통 상품과 성격이 사뭇 다르다. 보통 상품, 예컨대 사과를 사려고 하는 사람은 그 사과가 얼마나 큰 즐거움을 주는지, 다시 말해서 그 사과의 가치(효용)가 어느 정도인지를 구매 전에 이미 알고 있다. 그러므로 그 사과의 가치와 사과의 가격을 비교해서 살 것인가 말 것인가, 혹은 몇 개를 살 것인가를 합리적으로 결정할 수가 있다.

그러나 탐색을 통해 획득하게 될 정보의 가치는 사전에 알 수 없음이 보통이다. 예를 들어서 어떤 사람이 모 재벌기업에 관한 내부 정보를 팔겠다고 제의했다고 하자. 만일 그 내부 정보의 내용이 무엇인지를 잘 알고 있다면 굳이 돈을 주고 살 필요가 없다. 이미 알고 있는 정보는 사실상 정보도 아니다. 만일 그 내부 정보의 내용이 무엇인지 전혀 모른다면 그것의 가치도 알 도리가 없다. 알지 못해야 정보로서의 가치를 가진다. 하지만, 알지도 못하는 것의 가치를 어떻게 안단 말인가. 가치를 잘 알아야 얼마를 주고 살 것인지를 합리적으로 결정할 수 있다. 이같이 알면, 살 가치가 없고, 모르면 살 가치를 알 수 없는 정보의 특성 때문에 정보에 관해서 전통적인 경제 논리를 적용하려는 시도 자체가 우스운 일이 될 수도 있다. 정보탐색이론이 말하는 정보수집의 적정수준이 아예 존재하지 않을 수도 있다.[6] 이것이 바로 정보취득에 관한 "오랜 수수께끼(the old conundrum)"인데, 이에 대하여 전통적인 정보탐색이론은 시원한 대답을 내놓고 있지 못하다.[7]

물론, 정보의 가치를 항상 알 수 없다는 것은 아니다. 아주 틀에 박힌 상황, 매우 정형화된(stereotyped) 상황이 아니면, 더 많은 정보를 수집함으로써 우리가 무엇을 더 알게 될 것인지를 사전에 파악하기 어렵고, 따라서 득과 실을 계산하는 합리적 행동이 어렵다는 것을 말하고 있을 뿐이다. 과거의 경험이 별 도움이 되지 않는 새로운 상황이 우리 현실에서 자꾸 나타나고 있다. 상황이 매우 빨리 바뀌기 때문에 기존의 정보들이 쓸모없어지는 경우도 많이 발생한다.

독 · 과점적 요소와 불완전경쟁

보통 독점이란 가까운 대체재가 존재하지 않는 재화나 용역을 단 하나의 공급자가 전량 공급하는 시장 형태를 말하며, 과점이란 소수의 공급자가 시장을 지배하는 상태를 말한다. 경제학 교과서를 보면, 독 · 과점 기업은 완전경쟁시장의 경우보다 더 적은 양을 공급함으로써 완전경쟁시장의 가격보다 더 높은 가격이 시장에서 형성되도록 한다. 이 결과 독 · 과점 기업은 정상적인 이윤보다 더 많은 이익을 독점이윤의 형태로 착복한다. 그러므로 독 · 과점이 자원의 효율적 이용을 저해한다는 것이, 경제학의 지론이다. 일반 시민의 처지에서 보았을 때 독 · 과점의 가장 큰 문제는, 다수 국민의 희생 위에 특정인이나 특정 기업이 부당이익을 취득한다는 점일 것이다.

독 · 과점이 존재하는 원인은 어떤 특정 재화를 아무나 자유스럽게 생산하고 공급할 수 없게 만드는 장애요인, 즉 진입장벽이 있기 때문이다. 진입장벽에도 크게 두 가지 종류가 있을 수 있다. 그 하나는 어떤 특정 자원에 대한 독점적 소유권 내지는 이용권, 또는 정부의 인 · 허가 제도를 포함한 법제도 등 주로 인위적인 장벽이다. 예를 들면 우리나라의 경우 담배와 인삼의 제조는 법적으로 정부가 인정한 공공기관만이 할 수 있게 되어 있으며, 대규모 토지개발은 사실상 공공기관만이 수행하게 되어 있다. 비록 이런 법적 제도적 제약이 없더라도, 시장이 워낙 협소해서 소수 기업의 공급으로 시장 수요를 전부 충족시킬 수 있기 때문에 형성되는 독 · 과점도 있다. 또 다른 형태의 진입장벽은 어떤 특정 기업이 기술적 우위, 예컨대 규모의 경제를 누리고 있어서 비용의 면에서 다른 기업이 도저히 경쟁상대가 될 수 없는 경우이다. 규모의 경제가 있을 때는, 덩치가 작은 기업은 경쟁에서 덩치가 큰 기업에 밀려나게 된다. 생산 규모가 커질수록 생산단가가 싸져서 가격경쟁력이 높아지기 때문이다. 이 결과 시장에는 경쟁력 있는 소수의 기업만 살아남아 독 · 과점이 형성된다. 규모의 경제로 인한 독 · 과점은 전기, 수도, 전력 등의 분야에서 잘 나타난다. 대부분 경우 토지개발은 도로,

상·하수도, 배수로 등 공공설비의 설치를 포함하는데, 이에 대한 공사가 규모의 경제를 수반하는 경우가 흔하다. 그러므로 토지개발은 대규모로 수행되어야 경제성이 있게 된다. 그러나 과거에는 민간 기업들이 그러한 대규모 개발을 수행할 경제력을 갖추지 못하는 경우가 많았고 그래서 주로 공기업이 토지개발을 전담하였다. 물론, 요즈음에는 탄탄한 재력을 가진 민간 기업들이 적지 않지만, 그렇다고 이들에게 대규모 토지개발을 전적으로 맡기면, 독점적 영향력을 행사할 우려가 있어서 선불리 그러기도 어렵다.

독과점의 문제를 앞에서 설명한 정보의 비대칭성 문제의 일종으로 볼 수도 있다. 고객에 대한 정보가 완전하다면 기업은 굳이 사회적 적정 수준보다 더 적게 공급함으로써 시장에서 높은 가격이 형성되도록 여건을 조성할 필요가 없고 따라서 사회적 손실도 발생하지 않는다. 모든 고객에 대하여 기업이 완전한 정보를 가지고 있다고 하면, 돈을 많이 치를만한 고객에게는 높은 가격을 부르고 돈을 적게 낼 고객에게는 낮은 가격을 부르는 것이 합리적이다. 다시 말해서 지불 용의액에 따라 모든 고객을 구분하고 각기 다른 가격을 부과하는, 차별 가격을 실시한다는 것이다. 그렇다면, 한계비용보다 더 높은 가격을 치르는 모든 소비자에게 원하는 만큼의 상품을 공급하게 된다. 이 결과는 완전경쟁시장의 공급량과 같다. 즉, 기업은 소비자 각각의 지불 용의액을 최대한 받아냄으로써 이윤을 극대화할 수 있다. 그러나 고객에 대한 정보가 불충분할 경우, 독점기업은 이같이 가격차별을 할 수 없다.[8] 따라서 모든 고객에게 단일 가격을 무차별하게 적용할 수밖에 없다. 이런 상황에서는 경제학 원론 교과서가 설명하듯이 독점기업은 인위적으로 가격을 높임으로써 독점이윤을 취득하려고 할 것이며, 이 결과는 자원의 비효율적 이용으로 인한 사회적 손실이다.[9]

앞에서 자세히 살펴보았듯이 토지라는 자원의 여러 가지 특성은 토지시장에서 토지소유자(토지공급자)가 독점적 영향력을 행사할 여지를 매우 많이 남긴다. 토지는 지점에 따른 특성을 가진 이질적 자원이며, 특성별로 이용할 수 있는 토지의 양은 한정되어 있다. 국민 모두 토지를 골고루 나누어 갖고 있지 않다면, 많은 경우 어떤 특성을 가진 토지는 그리 많지 않은 수의 사람들이 소유하게 된다. 우리나라뿐만 아니라 대부분 나라에서 토지 소유의 독점은 매우 심하다. 어떤 특성을 가진 토지의 공급은 한정되어 있어서, 수요가 매우 클 때는 그 특성을 가진 토지의 소유자들은 자연히 토지에 대한 흥정을 자신들에게 유리하게 이끌어 가는 영향력을 행사하게 될 것이다. 즉, 사회적 적정 수준 이상의 경제적 이익을 얻기 위해 공급량을 통제함으로써 가격을 인위적으로 높이는, 소위 독점적 영향력을 행사하게 된다는 것이다. 이런 독점적 영향력을 억제하기 위한 정부의 개입은 대체로 두 가지 방법으로 이루어진다. 그 하나는 독과점에 대한 규제이고 다른 하나는 공기업을 설립하여 부동산시장에 직접 개입하는 것이다.

물론, 시장주의자들은 독과점을 빌미로 한 정부의 개입에 강하게 반발한다. 우선, 정부가 적극적으로 개입해야 할 정도로 부동산시장에서 독과점이 그렇게 심한가에 의문을 제기한다. 그러면서 미국과 캐나다의 도시에 있어서 토지 소유의 독점화가 현저하다는 증거를 발견할 수 없었다는 실태조사보고서를 자주 인용한다.[10] 그러나 마셜도 강조하였듯이 미국이나 캐나다는 매우 큰 나라요 다른 나라에 비해서 미개발 토지를 풍부하게 가진 특수한 나라다. 이런 매우 예외적인 나라에 관한 연구나 자료는 자본주의 사회에서 대체로 토지 소유편중이 극심하다는 일반적인 믿음을 불식시키기에는 극히 미흡하다. 우리나라의 경우에 1989년 「토지공개념연구위원회 연구보고서」에 발표된 토지 소유 실태 자료는 토지 소유의 편중이 상상을 초월한다는 일반인의 믿음을 확인시켜 주었다. 1988년부터 1996년까지 서울시의 지가 변동 추이를 분석해본 한 연구에 의하면, 지가 상승기에는 도심지보다 외곽지역에서 지가상승률이 높았고, 지가 하락기에도 도심지보다는 외곽지역에서 지가 하락률이 높았다.[11] 다시 말해서 도심지보다는 외곽지역에서 지가변동률이 높았다는 것이다. 왜 그런가? 물론 여러 가지 원인이 있겠지만 토지 소유 구조도 그 한 원인이 된다. 대체로 보면, 도심지에서는 소수 자산가에 의한 토지 독과점이 심하고 토지거래 빈도가 적은데, 외곽지역에서는 토지가 다수에게 분산 소유되어 있고 토지거래 빈도도 상대적으로 높은 편이다. 경제이론에 의하면 독과점 정도가 높은 시장의 가격은 경쟁이 치열한 시장의 가격보다 안정적이다.

토지시장을 불완전하게 만드는 또 한 가지 요인은, 토지의 취득 및 매각이 완전경쟁시장이 요구하는 것처럼 원활하지 못하다는 것이다. 토지가 효율적으로 이용되기 위해서는 수요가 적고 수익성이 낮은 토지 용도로부터 수요가 크고 수익성이 높은 토지 용도로 토지가 원활하게 전용될 수 있어야 한다. 하지만 일단 어떤 용도로 토지가 이용되었을 때는 이미 많은 시설투자가 이루어졌음이 보통이다. 따라서 수익성이 높은 새로운 용도가 출현하더라도 이미 이용된 토지를 이 새로운 용도에 신속하게 투입하기가 매우 어렵게 된다. 새로운 용도는 그 나름대로 막대한 토지개발비용을 필요로 할 수도 있다. 토지를 소유하지 않은 사람이 이 새로운 용도에 토지를 투입할 경우, 많은 토지매입비와 토지개발비의 부담을 안게 됨이 보통이다. 현실적으로 보면, 토지의 수요와 공급은 경제적 필요에 대응해서 신속하게 이루어지지 않는다. 대부분의 토지거래는 적게는 수천만 원에서부터 많게는 수백억 원이 왔다 갔다 하는 큰 규모이므로, 거래에 시간이 걸린다. 땅 사고파는 일이 과자를 사고파는 것처럼 신속히 이루어지지 못한다. 그래서 환금성 부족이 부동산의 가장 큰 약점으로 꼽히기도 한다.

어떻든 현실의 부동산시장은 대체로 완전경쟁시장과는 한참 거리가 먼 불완전경쟁시장이다. 따라서 부동산시장의 경우, 그런 비현실적인 조건을 가정한 경제이론의 현실성이 의심스럽다. 그런데도, 경제학자들은 완전경쟁시장의 가정을 버리지 않고 있으며, 완전경쟁시장을 바탕으로 한 주장이 경제학 교과서를 도배하고 있다. 왜 그럴까? 완전경쟁시장이란 일반화된 이론을 만들기 위해서 현실시장을 추상화한 개념이다. 단순히 가정이 비현실적이라고 해서 이 가정을 바탕으로 설계된 이론으로부터 도출된 결론을 부정할 수는 없다. 중요한 것은 가정의 현실성이 아니라 이 가정으로부터 끌어낸 결론이 얼마나 현실을 잘 설명하는가이다. 아무리 가정이 비현실적이라고 하더라도 결론이 우리 현실을 잘 설명해 준다면 그만이 아닌가. 비록 완전경쟁시장이 비현실적인 개념임에도 불구하고 대부분 경제학자가 이를 받아들이는 까닭은, 완전경쟁시장에 바탕을 둔 경제이론이 현실경제를 이해하기 위한 좋은 출발점이 되고 또한 현실경제의 큰 흐름을 비교적 잘 설명하고 있다고 믿기 때문이다.

하지만, 경제학자들의 그런 믿음이 과연 옳은가? 최소한 부동산시장에 관해서만은 경제이론이 현실을 제대로 설명하지 못하는 부분이 너무 많아 보인다. 그래서 비현실적인 가정을 바탕으로 한 경제학 이론에 얽매이다 보니 결과적으로 경제학자들이 2008년 미국 금융시장 붕괴, 그리고 이에 이은 세계 경제 위기의 대참사를 전혀 예측할 수도 없었고, 사후적으로나마 제대로 설명할 수도 없었다는 비판이 나온다.

2 토지의 이용 및 소유에 대한 정부의 개입

토지 보유의 유형

시장의 원리를 맹신하는 시장주의자도 토지에 관해서만은 정부의 적극적 개입을 강하게 요구하기도 한다. 강력한 경찰력을 바탕으로 정부가 적극적으로 개입하지 않으면, 시장주의자가 신성시하는 사유재산권이 확실하게 보장되지 않을 수도 있기 때문이다. 부동산을 둘러싼 그 많은 법적 다툼들은 사유재산권 보호를 위한 정부의 개입이 얼마나 폭넓고 중요한가를 잘 보여준다. 그러나 토지에 관한 한 정부는 한편으로는 사유재산을 보호하면서도 다른 한편으로는 이것에 많은 제한을 가하는 것이 현실이다. 선진국에서는 특히 더 그렇다.

경제학적으로 결국 중요한 것은 결국 국토의 효율적 이용이다. 이런 측면에서 보면, 토지를 이용하고 있는 사람이나 기업이 그 토지를 어떤 형식으로 보유하고 있느냐가 중요하다. 우리는 사유지나 국유지만을 생각하기 쉽지만, 토지가 보유되는 양태는 의외로 다양하다. 대략 6가지 토지 보유 양태가 흔히 목격되는데, 그 첫 번째는 개인이 소유권을 가지고 토지를 보유하는 형태이다. 이를 사적 자유 보유(private freehold)라고 부르는데, 자본주의 시장 체제에서 가장 보편적인 토지 보유 양태이다.[12]

두 번째는 개인 또는 기업이 개인 토지소유자로부터 약정된 기간과 조건 아래 대여받아 토지를 보유하는 형태인데, 이를 사적 임대 보유(private leasehold)라고 한다. 세 번째는 공공 자유 보유(public freehold)로서 정부나 공공기관이 완전한 소유권을 가지고 토지를 보유하는 형태를 말하며, 국·공유지가 그 예이다. 네 번째는 공공 임대 보유(public leasehold)로서 개인 혹은 기업이 정부나 공공기관이 소유한 토지를 약정된 기간과 조건 아래 임대받아 보유하는 형태이다. 다섯 번째는 비공식 사실 보유(nonformal de factor tenure)로서 토지 원소유자의 공식적 허락 없이 토지를 점유한 형태를 말하는데, 국·공유지의 불법 무단 점유가 그 대표적인 예이다. 불법이라고는 하지만, 개인 땅을 다수의 빈민이 불법으로 무단 점유되는 사례가 허다하다. 미개발 후진국에서 많이 나타나는 양태라고 하지만, 과거 우리나라 대도시에서도 이런 불법 무단 점유가 극성을 부렸고 이것이 대규모 아파트단지 개발이나 재개발의 한 빌미가 되었다.

여섯 번째는 공동체소유(communal ownership)로서 부족이나 이웃공동체가 토지를 공동으로 소유하는 형태를 의미한다. 이 공동체소유는 인류역사상 가장 오랜 전통을 가진 토지 보유 형태로서 고대사회에서는 토지가 부족의 고유재산으로 인식되었고 오늘날에도 미개사회에는 그 잔재가 많이 남아 있다. 토지가 상품처럼 사유재산으로 인식되기 시작한 것은 봉건사회가 붕괴하고 근대산업사회가 싹트면서부터라는 것이 일반적인 견해이다.[13] 그렇다고 하면 오랜 인류 역사에 비추어 볼 때, 토지의 전면적 사유화는 그 역사가 매우 짧다고 볼 수 있고, 오히려 토지는 공유재산이라는 생각이 역사적으로 인류에게는 더 친숙하다고 말할 수 있다.

이런 여러 가지 토지 보유 양태에서 알 수 있듯이 토지의 경우 '이용'과 '소유'가 법적으로 분리된다. 땅 주인은 단순히 소유만 하고 있고 실제 이용은 다른 사람이 하는 사례가 무척 많다. 이용에도 크게 두 가지가 있다. 현재의 용도를 계속 유지할 수도 있고, 다른 용도로 바꿀 수도 있는데, 더 많은 경제적 이익을 위해서 용도를 바꾸는 것은 흔히 '개발'이라고 한다. 토지에 관해서는 소유, 이용, 개발이라는 세 가지 개념이 분리되어 있고, 이 각각에 대응해서 소유권, 이용권, 개발권이 있다. 여기에서 말하는 소유권은 사고팔거나 양도할 권리를 뜻하고, 개발권은 용도를 바꿀 권리를 뜻한다. 흔히 소유권이라고 하면 이 세 가지 권리를 모두 포괄하는 것으로 인식되고 있다. 물론, 한 사람이 그 세 가지 권리를 모두 가질 수도 있지만, 그렇지 않은 경우도 매우 많다. 임대계약을 맺고 땅을 남에게 빌려주었을 경우 법적 임대 기간에는 땅 주인은 단순히 소유권만 가지고 있으되 이 땅에 대한 이용권은 다른 사람의 수중에 있다. 땅을 빌린 사람은 비록 소유권을 가지고 있지는 않지만 빌린 땅에 대하여 일정한 권리를 가진다.

선진국에서는 중앙정부나 지방정부가 사유지의 개발권을 가지는 경우가 흔한데, 이 경우 땅 주인은 자신의 땅을 소유하고 이용만 할 뿐 마음대로 용도를 바꿀 수 없다. 다시 말해서 개발권을 행사할 수 없다. 땅 주인이 이용권과 개발권을 가지지 못할 경우, 그의 소유권은 매우 제한된 소유권이요, '좁은 의미의 소유권'이라고 할 수 있다. 어떻든 이같이 소유권, 이용권, 개발권이 분리된다는 점이 토지의 한 특징이라고 할 수 있다. 선진국에서는 정부가 개인이나 기업의 토지소유권, 이용권, 개발권 각각에 제한을 가하므로, 실제 토지 보유 양태도 그만큼 다양해진다. 그렇다면, 어떤 형태의 토지 보유 양태가 국토의 효율적 이용에 가장 도움이 되느냐가 관건이다.

토지에 대한 사유재산권이 확고하게 보장되어야만 토지의 효율적 이용이 가능해진다는 생각이 의외로 많이 퍼져 있다. 『땅은 사유재산이다』는 그런 전형적인 시장주의 생각을 담은 책이다.[14] 그러나 토지의 사유화가 곧 토지의 효율적 이용을 보장하는 것은 아니다. 만일 그렇다면 국토를 비교적 효율적으로 이용하고 있다는 평을 받는 선진국에서는 사적 사유 보유만이 존재해야 한다. 하지만, 사실은 전혀 그렇지 않다. 현실적으로 매우 다양한 토지 보유 양태가 존재한다는 사실이 토지의 사유화만이 효율에 이르는 길이 아님을 가르치고 있다.

바람직한 토지보유양태

토지 보유 양태에 따라서 공공목적을 위한 토지개발의 쉽고 어려운 정도, 도시의 팽창에 필요한 토지개발의 쉽고 어려운 정도, 그리고 토지용도 변경의 쉽고 어려운 정도가 달라진다. 현실의 필요에 부응하여 토지 용도가 쉽고 신속하게 결정돼야 하는데, 이런 점에서 보면 토지의 사적 자유 보유제도의 현실 적응성은 그리 높지 않다는 것이 많은 연구의 결론이다. 특히 규모의 경제를 위해서, 산재한 다수의 토지 조각들을 묶어서 개발해야 할 경우, 사적 자유 보유는 큰 장애요인이 되기도 한다. 대규모 개발의 경우, 관련된 모든 토지소유자의 일치된 행동이 필요한데, 사적 자유 보유 상태에서는 각 필지의 소유자들이 저마다 높은 가격을 받기 위해서 팔기를 거부하고 끝까지 버티는 사태가 빈번히 발생한다. 토지소유자들이 무수히 많을 경우, 완전경쟁시장과 비슷한 상황이 벌어지기 때문에 전략적 버티기가 별 소용이 없지만, 통상 지역별로 토지소유자들의 수가 그리 많지 않은 까닭에, 전략적 버티기가 성행하게 된다. 전략적 행위가 성행할 경우, 그 결과가 어떻게 될지 경제학 이론으로 예측하기 어렵지만, 토지의 효율적 이용이 어려워진다는 것은 분명해 보인다. 이런 전략적 버티기의 문제가 없다고 하더라도, 사적 자유 보유제도 아래에서는 토지개발 주체가 민간인이 됨이 원칙인데, 이때는 독과점의 문제가 불거지게 된다. 자유방임은 늘 독과점을 심화시켜왔다.

사적 자유 보유제도와 관련하여 또 한 가지 매우 오랫동안 자주 지적되어 온 문제는 소득의 불평등을 심하게 한다는 것이다. 전통적인 지대론은 임금과 이윤의 희생 위에 지대소득이 축적되고 부의 편중이 진행되는 과정을 그리고 있다. 물론 이에 대하여 근래에 와서는 지대소득이 국민소득에서 차지하는 비중은 그리 크지도 않을 뿐만 아니라 역사적으로 증가하지도 않았다는 실증적 반론도 있다. 그러나 지난 30여 년 선진국에서나 우리나라에서 빈부격차가 점점 더 벌어졌음이 사실로 드러났고, 토지 소유의 불평등이 그 한 요인으로 지목되고 있다. 이런 형평의 문제를 해결하기 위해 토지 보유 상한제, 토지양도에 대한 엄격한 제한, 심지어 공권력에 의한 토지의 강제적 재배분 등의 여러 가지 방법이 있지만, 그 실효에 대해서는 대체로 부정적이다.[15]

소득분배의 형평성에 관해서는 단순히 숫자로 나타낸 사회계층 간 혹은 지역 간 소득격차만이 문제가 되는 것이 아니고, 소득의 질도 큰 문제가 된다. 다시 말하면, 소득을 받는 사람의 그 소득에 대한 자격도 문제가 된다는 것이다. 아무리 숫자상으로는 소득분배의 불평등이 없다고 하더라도 소득을 배당받을 자격이 없는 사람에게 많은 소득이 분배되는 현상이 현저하게 나타나서는 그러한 소득분배가 공평하다고 볼 수 없다. 토지지대 소득의 많은 부분이 불로소득이라는 점에서 형평성의 문제가 토지의 경우 상당히 심각해진다. 토지의 사적 자유 보유 및 사적 임대 보유제도와 결부된 효율 및 형평상의 이러한 여러 가지 문제들은 토지의 사유재산권을 제한하고 공공 자유 보유 및 공공 임대 보유를 통하여 정부가 직접 개입할 명분을 제공한다. 1980년대 말 토지공개념에 대한 무성한 논의와 더불어 이러한 명분이 점차 강조되는 경향마저 보인다.[16]

과거에는 자본주의 시장을 기축으로 하는 대부분의 나라에서 공공 자유 보유 및 공공 임 보유를 통한 정부의 직접 개입은 공공목적을 위한 토지나 소비재용 토지에 국한됨이 보통이었다. 이렇게 적절히 제한된 공공 자유 보유 및 공공 임대 보유는 시장기구의 기능을 보완하여 토지이용의 효율을 높일 여지가 많다. 이론상, 공공 자유 및 임대 보유제도에서는 토지 수요의 증대, 그리고 토지용도 변경의 필요성에 비교적 쉽게 대응할 수 있는 것으로 알려져 있다. 그러나 실제에 있어서는 토지 수요의 변화에 둔감한 관료체제 때문에 그런 이론상의 장점이 상당히 희석될 수도 있다는 점을 염두에 두어야 한다.

산업화와 도시화가 빠른 속도로 진행됨에 따라 부동산시장에서 외부효과 및 공공재의 문제 그리고 시장의 불완전성이 점점 더 심해지면서 공공목적이 아닌 토지에 대해서도 공공임대보유를 적극적으로 활용할 필요성이 늘어났다. 토지가 국유화 혹은 공유화되어 있어도 얼마든지 효율적으로 개발되고 이용될 수 있으며 실제로 국·공유화된 토지가 효율적으로 잘 이용되는 사례가 매우 많다는 점은 이미 제2장에서 소개하였다. 국·공유지는 개인 땅에 비해서 비교적 계획적 이용이 쉽다. 예컨대, 국·공유지에 대하여 사전에 토지이용계획을 작성한 다음 각 필지의 땅을 경매에 부쳐 최고가격을 부르는 이용자에게 장기 임대하는 방법을 생각해 볼 수 있다. 잘 짜인 토지이용계획과 잘 관리된 임대제도를 결합한다면, 얼마든지 국토가 효율적으로 이용될 수 있다. 토지의 사적 자유 보유제도의 비효율성을 극복하기 위한 또 하나의 방안이 개발권과 소유권의 분리다. 각 토지소유자에게 소유권은 허용하되 개발권은 분리해서 공공에 귀속시킴으로써 계획적 토지이용을 유도하려는 노력이 특히 영국에서 매우 오래전부터 시도되었고, 미국에서도 광범위하게 나타나고 있다. 이 두 나라는 서구 선진국 중에서 토지에 관한 한, 사유재산권이 가장 확고한 나라로 꼽힌다.

3 토지정책 및 제도의 유형

토지정책의 세 가지 유형

순전히 경제학적으로만 본다면, 토지이용 문제를 시장에 맡기는 경우, 발생하는 문제는 외부효과 및 공공재의 문제와 토지시장의 불완전경쟁으로 인한 문제, 이 두 가지로 요약된다. 동시에 이 두 가지 문제가 토지이용의 효율성 제고라는 명분 아래 정부가 토지이용에 개입할 필요성을 낳으며, 토지이용에 각종 공적 수단을 동원하는 구실이 된다. 물론, 토지의 효율적 이용뿐만 아니라 토지이용에 있어서 형평성도 정부가 토지이용에 개입하는 중요한 명분이 된다.[17]

역사적으로 보면, 효율의 문제보다는 이 형평의 문제가 오히려 더 심각한 토지문제로 인식되는 경우가 많았다. 그러므로 형평의 측면에 초점을 둔 정부의 개입 수단들도 여러 가지로 개발되었다. 어떻든 토지이용의 효율과 형평, 이 두 가지 명분은 토지의 경우 두드러지게 드러나며, 그래서 여러 학자가 지적하였듯이 다른 어떤 자원이나 재화의 경우보다도 토지에 있어서는 정부의 공적 개입의 폭이 넓고 또 그 정도가 크다고 볼 수 있다.[18]

토지문제에 대하여 정부가 공적으로 개입하는 방법들은 매우 다양한데, 편의상 다음과 같이 세 가지 유형으로 나누어 볼 수 있다. 첫 번째 유형은 직접 개입으로서, 정부나 공공기관이 토지시장에 직접 개입하여 토지에 대한 수요자와 공급자의 역할을 적극적으로 수행하는 방법이다. 달리 말하면 직접 개입이란 정부가 땅을 사고 가공하고 판매하는 행위를 직접 수행하는 방법을 말한다. 토지시장은 토지에 대한 사유재산권을 전제로 하며, 또한 토지가 사유화된 상태에서는 토지시장이 자연적으로 형성되기 마련이기 때문에 직접 개입은 통상 특정 개인들의 토지에 대한 소유권이 일시 혹은 장기에 걸쳐 정부나 공공기관에 이전되는 과정을 포함하게 된다. 직접 개입의 구체적인 방법에는 토지은행, 토지구획정리, 공영개발, 등 여러 가지가 있고, 각 방법은 나름대로 장·단점을 가지고 있다. 이에 대해서는 다음 장에서 구체적으로 설명하기로 한다.

정부의 공적 개입의 두 번째 유형은 토지 관련 규제로서 법적·행정적 조치에 따라 개인이나 기업의 토지이용, 거래, 소유 등을 구속하거나 제한하는 방법들을 총칭한다. 토지 관련 규제는 개별 토지이용자의 토지이용 행위를 사회적으로 바람직한 방향으로 유도함을 목적으로 하는데, 법적으로 개인의 소유권을 변경시키지 않는 범위 내에서 수행된다는 점에서 직접 개입과 크게 다르다고 할 수 있다. 대체로 보면, 직접 개입은 늘어나는 토지 수요에 능동적으로 대처하기 위하여 토지공급을 원활하게 하고 지가를 안정시키는 데 주력하는 반면, 토지 관련 규제는 주로 토지이용, 거래, 소유와 결부된 바람직하지 못한 외부효과를 방지하는 데에 역점을 두는 편이다. 단순하게 표현한다면, 직접 개입은 사회적으로 바람직한 방향으로 토지이용 양태를 유도하는 적극적인 개입이고 토지 관련 규제는 사회적으로 바람직하지 못한 토지이용을 억제하는 데에 중점을 두는 소극적 개입이라고 말할 수도 있다. 우리나라의 경우에는 지가앙등과 토지투기가 사회 안정을 위협할 정도로 심각하였으므로 지가안정과 투기 억제를 위한 정책 수단으로 토지의 이용, 거래, 소유에 대한 규제가 자주 동원되었다.

정부의 공적 개입의 세 번째 유형은 간접 개입이다. 이 방법은 기본적으로는 시장기구의 기능을 통해서 간접적으로 소기의 효과를 노리는 방법을 의미하는데, 이 방법에도 크게 두 가지가 있을 수 있다. 그 하나는 토지이용에 결부된 경제적 동기를 조정하는 방법이다. 그 대표적인 것이 토지세 및 토지 관련 조세(예를 들면 일반재산세), 토지개발 및 이용에 대한 각종 금융지원 또는 보조금 등이다. 다른 하나는 주로 토지시장이 원활하게 작동하도록 여건을 조성하거나 토지시장의 원활한 기능을 저해하는 요인들을 줄이기 위한 각종 토지 행정상의 지원들이다. 예를 들면, 토지거래에 필요한 양질의 자료 및 정보 체제의 구축, 지적(地籍) 및 등기를 통한 토지소유권의 명확한 설정, 토지 관련 정부 부서 사이의 협조체제 구축 등을 꼽을 수 있다. 토지가 효율적으로 이용되기 위해서는 토지시장이 원활하게 잘 돌아가야 한다. 그러나 토지시장은 토지의 특성상 불완전경쟁의 요소를 다분히 안고 있으므로, 토지시장의 원활화를 위해서 이런 불완전경쟁의 요소를 제거하기 위한 정부의 개입이 다른 어떤 시장에서보다 더 중요하다.

토지시장을 불완전경쟁 시장으로 만드는 중요한 요인 중의 하나는 정보의 부족 내지는 정보유통의 국지화이다. 우선, 시장에서 토지거래에 필수적인 토지가치나 땅값부터 잘 알려져 있지 않다. 그러므로 정부는 토지가치 및 지가를 일아내고 이를 국민에게 알리는 데에 많은 돈을 지출해야 하며, 또 실지로 쓰고 있다. 토지거래가 원활하기 위해서는 지가 이외에도 많은 정보가 필요하다. 특히 각 지점별 토지의 물리적 특성과 소유권에 관한 정보가 토지거래에 필수적이다. 구체적으로 보면, 토지 관련 정보는 지가 정보 이외에도 지리정보, 지적정보, 등기정보, 과세정보 등이 있다.

지리정보로는 예컨대 우리나라의 경우 국립지리원에서 제작하는 지형도를 비롯하여 시·군·구의 임야도와 지적도, 기타 각급 행정부서에서 작성하는 산지 이용 기본도, 국토이용계획도, 도시계획도 등 다수의 지도가 있다. 지적에 관한 정보에는 시·군·구에서 관리하는 토지대장, 임야대장, 수치 지적도 등에 수록되어있는 정보가 있다.[19] 등기정보는 등기소에서 작성하고 관리하는 토지등기부에 등재되어있는 정보이다. 과세정보는 각 지점별 토지에 부과되거나 신고된 각종 토지세의 현황을 알리는 정보를 말한다. 정부는 이러한 각종 토지정보를 수집·정리·종합 및 공시하고 활용하는 업무를 통하여 토지시장을 활성화할 수 있다.

간접 개입 방법은 비록 토지이용에 간접적으로 영향을 준다고는 하지만, 특히 토지세 및 토지 관련 조세는 대체로 전국 혹은 넓은 지역에 걸쳐 어느 정도 획일적으로 시행되면서 그 효과가 매우 광범위하게 나타난다는 점에서 상당히 강력한 영향력을 가진 정책 수단이라고 할 수 있다. 원래 토지세 및 토지 관련 조세는 전통적으로 토지 소유 및 이용에 있어서 형평을 주된 목적으로 삼는 정책 수단이었다. 물론 최근에 와서는 토지세 및 토지 관련 조세가 어떤 방식으로 적용되느냐에 따라 토지이용 양태에도 상당히 영향을 미친다는 것이 밝혀지면서 토지이용의 효율성을 겨냥한 정책 수단이 될 수도 있다는 인식이 퍼지고 있다.

하지만 간접 개입 방법은 시장을 통해서 수행되기 때문에 그 효과가 불확실하고 광범위해서 실시 결과를 예측하고 통제하기 매우 어렵다는 문제를 안고 있다. 토지세 및 토지 관련 조세가 형평성에 치중한 정책 수단임에 반해서, 직접 개입이나 토지이용규제는 대체로 토지이용의 효율성을 겨냥한 정책 수단이다. 토지와 결부된 공공재나 외부효과는 토지의 지점별·위치별 특수성과 깊은 관련이 있는데 이런 특수성을 보다 잘 고려할 수 있다는 점에서 직접 개입이나 토지 관련 규제가 간접 개입보다 더 적합하다고 할 수 있다. 이뿐만 아니라 직접 개입이나 토지 관련 규제는 간접 개입에 비해 실시 효과가 비교적 확실하며, 실시 결과를 통제하기 쉽고, 또한 개입이나 규제의 명분이 분명한 탓으로 비교적 저항을 적게 받을 수 있다는 이점도 있다.

계획지향형 토지제도

토지문제를 둘러싸고 벌어지는 많은 논쟁을 가만히 들여다보면 주제가 굵직하고 근원적일수록 대개 그 밑바탕에는 결국 제4장에서 소개한 4가지 패러다임들이 대립하고 있음을 감지하게 된다. 위에서 정리한 세 가지 유형의 정책 수단들을 놓고도 그 4가지 패러다임은 큰 견해 차이를 보인다. 조지스트 패러다임은 간접 개입 방법의 강력한 실시를 적극적으로 지지하는 편이라고 한다면, 계획주의는 직접 개입과 토지 관련 규제의 강력하고 치밀한 실시를 적극적으로 지지한다고 볼 수 있다. 반면에 시장주의는 이런 방법들의 강력한 실시에 매우 유보적이다. 현실적으로 보면, 결국 시장과 정부의 적절한 역할 분담에 대하여 어떻게 생각하느냐가 토지정책이나 제도의 성격과 기조를 결정하는 중요한 요소다. 이런 점에서 보면 계획주의가 정부의 역할에 더 큰 비중을 두는 반면, 시장주의와 조지스트는 시장의 역할에 더 큰 비중을 둔다고 할 수 있다. 그래서 토지정책이나 제도는 크게 계획 지향적인 것과 시장 지향적인 것으로 나누어 볼 수 있다. 계획 지향적인 제도는 대체로 계획주의를 기조로 삼는 것이고, 시장 지향적 제도는 시장주의와 조지스트 주의의 주장을 기조로 삼는 것이다. 대개 현실적으로 나타나는 여러 나라의 토지정책 및 제도들은 이 상반된 두 가지 지향 중에서 어느 하나를 전적으로 수용하고 다른 것은 배제한 형태라기보다는 어느 한 주장을 기조로 삼되 다른 주장을 적절히 참고한 절충형을 취하고 있다.

북구의 여러 나라들과 독일 프랑스 등에서 주로 채택하고 있는 토지제도, 즉 서구식 토지제도는 계획지향형 토지제도에 매우 가깝다고 할 수 있다. 서구에서는, 아예 토지는 개인이 마음대로 이용할 수 없는 물건으로 인식되고 있다. 예를 들면, 독일이나 프랑스에서는 토지의 용도는 고사하고 주거용 토지 위에 지어진 집의 색조차 땅 주인 마음대로 정할 수 없을 정도로 토지이용에 엄격한 규제가 가해지고 있다. 인구, 경제, 문화가 서울 부근에 몽땅 집중된 우리나라와 달리 독일에서는 국가적 토지이용계획에 따라 잘 발달한 중소도시들이 전국에 걸쳐 계획적으로 배치되어 있다. 우리나라에서는 토지의 개인재산권에 대한 지나친 규제가 우리 경제의 발전을 저해하고 있다고 말을 많이 하지만 독일은 그렇게 토지이용을 지독하게 규제하고 있음에도 불구하고 누구나 인정하고 있듯이 세계에서 가장 잘 사는 나라 중의 하나다.

전통적으로 서구사회에서는 왕토사상, 즉 토지는 국왕의 것이며 일반인은 단지 이용권만 부여받을 뿐이라는 사상이 뿌리 깊게 내려오고 있다. 물론 프랑스혁명이 토지에 대한 사적 재산권을 확립하는 계기가 되었지만, 1919년 독일의 바이마르헌법이 제정되면서 토지에 대한 재산권의 행사에는 사회적 책임과 적절한 제한이 가해져야 한다는 인식이 정립되었고, 이후 서구에 널리 퍼지면서 현재까지 계속되고 있다.[20] 이런 인식이 구체화된 대표적인 예가 1947년에 제정된 유명한 영국의 도시-지방계획법(Town and Country Planning Act)일 것이다. 이 법은 토지에 대한 소유권과 이용권을 분리하고 시민은 단지 현재 상태로서 토지를 이용할 권리만 가질 뿐 향후 토지를 새로운 용도로 이용할 권한, 즉 토지 개발권은 공공(사회 전체)에 속해 있음을 천명하였다. 개발권은 공익을 최대한 반영하기 위하여 정부가 사전에 정밀하게 작성한 토지이용계획에 따라서 수행된다.

이같이 정부의 사전 계획에 개인의 토지 이용권을 철저하게 복속시키려는 토지관은 시민혁명의 발상지이며 자유주의 경향이 강한 프랑스뿐만 아니라 서구사회의 거의 전역에서 찾아볼 수 있다. 서구사회의 토지이용계획은 지방자치단체별로 매우 상세하게 작성되며 개별 건축물 단위의 세부적 통제가 이루어짐을 특징으로 한다. 그래서 오늘날 서구사회의 지배적인 토지관을 한마디로 정리한다면 “계획이 없으면 토지이용도 없다”는 계획 우선의 원칙 또는 “건축 부자유의 원칙”으로 요약된다. 이런 토지관은 위에서 언급한 전통적인 왕토사상에서 유래한다고 할 수도 있지만 또한 서구의 넓지 않은 땅덩어리에서 많은 인구가 오랜 세월을 살아오면서 개인 마음대로 토지를 이용하게 내버려 두면 안 되겠다는 인식이 하나의 생활철학으로 은연중에 시민들의 의식 속에 자리 잡은 결과라고 보아야 할 것이다.[21] 그러므로 서구사회에서는 토지이용에 대한 엄격한 규제에도 불구하고 토지소유자들의 반발이 거의 없고 오히려 계획을 통해서 개인들의 재산권 행사가 가능해짐을 당연시하는 분위기가 조성되고 있다고 한다. 이러한 역사적 맥락과 분위기에서 서구식 토지제도가 발달해 왔다.

시장지향형 토지제도

미국에서 주로 채택되고 있는 토지제도는 다분히 시장지향형 토지제도에 가깝다고 볼 수 있다. 미국식 토지제도는 서구와는 전혀 다른 여건에서 형성되었다. 건국 이래 매우 오랫동안 미국은 신대륙 곳곳에 널려 있는 광활한 미개간 토지를 조속히 개발해서 유럽으로부터의 이주민들을 정착시켜야 하는 상황에 놓여 있었다. 이주민들은 구대륙에서 지주들의 횡포 그리고 이들과 결탁한 정부의 압제를 견디지 못하고 고향을 떠났던 사람들이 대부분이었으므로 개인의 경제적 사회적 활동에 대한 정부의 간섭을 극도로 경계하였다. 이러한 여건에서 형성된 미국의 토지관은 자연히 토지에 대한 사적 재산권의 행사를 거의 절대적으로 보호하는 방향으로 굳어질 수밖에 없었다.

그러나 서부 개척이 완료된 이후, 최근 100여 년 동안에는 공익을 위해서 사유지에 대한 재산권의 행사를 제한하는 방향으로 미국 토지관의 기조가 바뀌었다.[22] 이같이 변화된 미국의 토지관이 구체화된 대표적인 정책 수단이 용도지역제도(zoning)라고도 하고 혹은 지역·지구제도라고도 하는 제도다. 이 제도는 우리나라 현 토지제도의 골격을 이루고 있으므로 뒤에서 다시 자세히 설명하겠지만, 간단히 말하면 공익을 위하여 국가의 경찰권(police power)을 사용하여 사유재산권의 행사에 제한을 가하는 제도적 장치다. 물론, 사유재산권 행사에 제한을 가한다고 해서 무작정 가하는 것이 아니라 어디까지나 사전에 작성된 계획에 따라 계획적으로 이루어짐이 원칙이다.

이같이 토지이용에 대한 규제가 서구에서나 미국에서나 똑같이 토지이용계획에 근거해서 시행된다면 미국식 토지관과 서구식 토지관 사이에 무슨 큰 차이가 있느냐는 반문이 제기 되겠지만, 이 두 종류의 토지관 및 토지제도 사이에는 근원적인 차이가 있다. 서구식 토지제도에서는 건축 부자유의 원칙이 시사하듯이 계획이 없으면 토지이용도 없는데 반해서 미국식 토지제도에서는 계획 및 규제가 없으면 누구나 토지를 마음대로 이용할 수 있다. 서구식 토지제도에서는 계획의 역할은 토지이용을 구체적으로 허용하는 것임에 반해서 미국식 토지제도에서 계획의 역할은 토지이용 행위를 사후적으로 선별적으로 제한하는 것이다. 말하자면 미국식 토지제도에서는 계획과 규제가 토지이용을 뒤따라가는 식이고 서구식 토지제도에서는 계획과 규제가 토지이용을 선도하는 식이라고 할 수 있다.

개인의 토지이용에 대하여 공적 규제를 강화한다는 것은 개인들의 자유스러운 토지거래 및 이용을 제한한다는 것을 의미한다. 따라서 토지이용규제의 강화는 토지의 상품성을 그만큼 떨어뜨리는 결과를 초래할 수 있다. 물론, 상품성이 떨어진다고 해서 상품으로서의 가치도 떨어지는 것은 아니다. 토지이용규제의 강화가 오히려 토지의 상품 가치를 높이는 경우도 많고 실제로 토지이용규제가 개인재산의 상품 가치를 높이거나 보호하기 위한 수단으로 이용되는 경우도 허다하다. 이런 점에서도 토지는 참으로 묘한 것이다. 서구에 비해서 토지이용규제가 느슨한 미국에서는 사유지의 상품 가치를 높이기 위해서 민간인들이 집단을 통해서 정부에게 토지이용에 대한 규제를 대폭 강화해 주기를 요구하기도 하며, 이것이 여의치 못할 경우, 민간인 집단 스스로 강화된 토지이용규제를 내규로 만들어 실시하기도 한다.

광활하고 비옥한 대평원 그리고 이곳을 누비는 카우보이로 상징되는 미국의 자연 여건은 누가 보아도 좁은 땅덩어리에서 오랫동안 많은 인구가 서로 뒤엉키면서 오밀조밀 살아온 서구의 자연 여건과는 전혀 다르다. 따라서 이 두 지역에서 형성된 토지관 그리고 이것이 구체화 된 토지제도 역시 전혀 다를 수밖에 없다. 미국과 같이 국토가 광활하고 미개발 토지가 풍부한 나라에서는 시장의 원리가 적용될 여지가 많다. 따라서 시장주의자의 주장이 설득력을 가진다. 하지만, 서구와 같이 국토 대부분이 이미 개발되어 있고 좁은 국토에 인구와 경제활동이 밀집된 상황에서는 시장의 원리가 적용될 여지도 그만큼 적다. 오히려 시장을 제약해야 할 필요성이 더 크다. 미국과 달리 서구 선진국들이 계획 지향적 토지제도를 발달시켜왔다는 사실 그리고 미국도 점차 정부의 개입을 늘려왔다는 사실은 부동산에 관한 한 시장주의가 타당하지 않다는 생활의 지혜에서 나온 결과라고 보아야 한다.

그렇다면 이 두 가지 토지제도 중에서 어떤 제도가 우리나라에 더 적합할까? 자연적 여건으로 보나 인문 사회적 여건으로 보아 우리나라는 미국과는 거리가 멀고 오히려 서구에 훨씬 더 가까운 까닭에, 서구의 토지관 및 토지제도가 우리나라에 더 적합하다고 생각하는 것이 아마도 자연스러울 것이다. 그러나 우리나라와 이웃 나라 일본이 실제로 채택해서 시행하고 있는 토지제도는 기본적으로 미국식 토지제도라고 할 수 있다.

4 정부개입의 한계

정부의 실패

우리나라의 경우, 부동산의 가격에 대한 불신과 투기에 대한 혐오 그리고 부동산을 둘러싼 불평등에 대한 반감이 사회적으로 팽배해 있음은, 옳고 그름을 떠나 엄연한 현실이다. 이런 상황에서 부동산시장에 대한 정부의 적극적 개입을 당연시하는 풍토가 자연스럽게 조성되어 있다는 점 또한 엄연한 사실이다. 이 결과 토지이용 문제에 대하여 정부가 시장을 제치고 과잉 개입할 우려가 다분히 있다. 하지만, 정부의 개입과 관련하여 우리가 흔히 가볍게 생각하고 넘겨버리기 쉬운 것은, 정부의 개입 그 자체가 때로는 엄청난 비용을 소모하는 값비싼 선택이라는 점이다. 정부개입에 들어가는 비용은 크게 두 가지로 나누어 볼 수 있다. 그 하나는 정부개입의 수단을 계획하고 집행하며 관리하는 등 정부개입의 수행에 들어가는 비용이며, 다른 하나는 정부개입이 초래하는 여러 가지 부작용과 이로 인한 사회적 손실이다. 전자는 정부예산으로 구체화하므로 눈에 띄는 비용이지만, 후자는 보통 눈에 잘 띄지 않으니 사회가 치러야 하는 비용이다.

예를 들면, 토지의 이권을 둘러싼 관료의 부정·부패도 사회가 치러야 할 비용이다. 선진국에서나 후진국에서 토지는 막대한 이권의 대상이 되는 일이 잦다. 이를테면, 토지 용도를 농업용에서 상업용으로 바꾸면 막대한 경제적 이익이 발생하는 경우가 비일비재하고, 따라서 관료에게 뇌물을 주고 용도변경을 유도하는 사례도 빈번히 발생한다. 사회 통념상 이것은 불법이지만, 유독 시장주의자들은 이것을 은근히 지지한다. 뇌물 공여가 토지의 효율적 이용을 초래한다고 보기 때문이다. 하지만, 설령 그렇다고 해도 두 가지 점에서 문제가 된다. 첫째, 뇌물을 받을 주체가 틀렸다는 점이다. 정작 뇌물을 받을 사람은 용도변경으로 피해를 보게 될 지역주민들이다. 지역주민들이 즐겨 찾던 야산의 개발을 놓고 벌어지는 사회적 갈등의 사례는 우리 주위에서도 익히 듣는 일이다. 개발로 인한 이익은 돈으로 환산되므로 비교적 분명하지만, 주민이 겪는 피해는 그렇지 않기 때문에 과소평가 되기 쉽다. 만일 개발업자가 관료가 아닌, 주민에게 뇌물을 주어야 한다면 수지가 맞지 않아서 개발을 포기하게 될 수도 있다. 둘째, 뇌물의 액수가 너무 적을 가능성이다. 소수의 관료를 대상으로 한 뇌물의 액수는 아무래도 용도변경으로 영향을 받을 다수의 지역주민을 대상으로 했을 경우의 뇌물보다 훨씬 적을 것이다. 그렇다면, 뇌물 공여자가 너무 낮은 가격을 치르는 셈이다. 그러므로 시장주의자들이 요구하는 대로 뇌물 공여를 묵인한다면, 경제적으로 타당하지 않은 용도변경이 성행하게 된다.

토지이용에 대한 정부개입은 이런 여러 가지 사회적 비용을 상쇄하고도 남을 만큼 충분히 큰 사회적 이익을 발생시킨다는 확증이 있어야만, 비로소 그 타당성을 인정받을 수 있을 것이다. 그 타당성이 입증되지 못하면, 정부의 개입은 국토의 효율적 이용에 실패하게 된다. 정부의 실패를 초래하는 요인은 아주 많다. 우선 정부개입의 가장 기본적인 한계는, 개입에 필요한 토지이용 관련 정보와 자료의 부족이다. 정보의 문제가 시장의 원활한 작동을 저해하는 요인임은 앞에서 지적한 바 있다. 물론 정부는 효율적 토지이용에 필요한 많은 유용한 자료와 정보를 가지고 있고, 따라서 원하는 개인들에게 이를 신속히 제공함으로써 토지시장의 기능을 보완할 수 있다. 사실 이러한 역할은 토지이용에 관한 정부의 중요한 역할이기도 하다.

결국, 대한민국 토지의 대부분은 개인이나 개별 기업이 이용하게 되어 있다. 대한민국에는 약 3,800여만 필지의 땅 조각이 있다는데, 지질학적으로나 지형학적으로, 위치상으로도 이들은 각기 다 다르다. 게다가 이들 각각이 이용될 수 있는 용도들도 매우 다양하다. 문제는, 그 3,800여만 필지 각각에 알맞은 용도가 무엇인지 그리고 누가 이 각각을 가장 잘 이용할 수 있는지에 관하여 정부가 일일이 알아낸다는 것은 사실상 불가능하다는 것이다. 정부뿐만 아니라 대한민국의 그 누구도 알 수 없다.

그러나 용도의 결정을 시장에 맡기면 그런 것들에 대한 정보와 자료들이 시장을 통해서 수집되고 퍼진다. 따라서 정보가 부족한 정부가 섣불리 시장에 개입했다가는 오히려 국토의 이용을 그르칠 수도 있다. 어떻든 토지 관련 정보 및 자료의 부족이 토지에 대한 정부개입의 심각한 한계라는 지적이 많다.[23] 물론, 시장을 통해서 수집되고 퍼지는 정보나 자료는 주로 개인의 돈벌이에 관한 것들이지 공익에 관한 것들은 아니다. 따라서 시장에서 유통되는 정보에 의존해서 토지의 용도를 결정하다 보면, 너무나 많은 토지가 순전히 개인의 돈벌이에만 이용된 결과 국토의 효율적 이용이 좌절될 수도 있다. 그러므로 시장의 이런 한계를 극복하기 위해서 정부가 공익에 관한 거시적인 정보와 자료를 체계적으로 수집하고 구축할 필요가 있다. 실제로 정부가 이런 일을 많이 한다.

정부개입의 구체적인 문제점

이런 정보 부족으로 인한 근원적 한계 이외에도 정책 수립 및 집행 과정에서 정부의 개입은 많은 문제점을 안고 있다. 첫째, 일반적으로 정부의 토지정책은 여러 가지 목적을 내걸게 되는데, 이 목적들을 고르게 충족시켜주는 정책 수단이 마땅치 않다. 토지정책의 기본목표를 토지이용의 효율과 형평의 두 가지로 압축시킨다고 하더라도 많은 경우 이 두 목적은 상충관계(trade-off)에 놓이게 된다. 그 어느 목적 하나를 더 달성하려면 다른 목적을 희생해야 한다. 예를 들어서 정부가 보유한 토지를 민간인에게 불하할 때, 잘게 분할해서 되도록 많은 사람에게 매각하는 방법도 있고, 큰 규모로 분할해서 소수에게 매각하는 방법이 있다. 앞의 방법은 형평의 측면에서는 바람직하지만 규모의 경제를 상실하므로, 효율의 측면에서는 바람지하지 못한 반면에, 뒤의 방법은 효율의 측면에서는 바람직하지만, 토지가 소수에게 편중되기 때문에 형평의 측면에서는 바람직하지 않다. 경지면적이 넓으면, 기계화가 가능하므로 생산비가 훨씬 절감되지만, 그 대신 토지 소유의 편중을 감수해야 한다.

효율과 형평을 한 가지 정책 수단으로 조화시키기 어려우므로, 대부분의 정부개입의 수단은 이 중 어느 한 가지에 더 치중하고 다른 것은 희생하는 경향이 있다. 일반재화와는 달리 토지에는 이해관계가 강하게 얽혀 있으므로, 형평을 위주로 한 정부개입은 강한 저항을 불러와 그 성공 가능성이 매우 낮으나, 효율을 표방하는 정부개입 수단들은 비교적 적극적으로 시행되는 경향이 있다. 왜냐하면, 토지를 더 효율적으로 이용한 다음 그 성과를 고르게 나눈다면, 반대할 사람이 없어지기 때문이다. 예를 들면, 대부분의 나라에서 토지세는 매우 미온적으로 실시되는 반면, 직접 개입이나 토지이용규제는 많이 실시되고 있다는 것만 봐도 그러한 경향이 있음을 알 수 있다.

하지만, 현실은 그리 간단치 않다. 헨리 조지가 강조하였듯이 효율과 형평은 서로 엉켜있어서 그 어느 하나를 분리해서 추구하기는 현실적으로 어렵다. 효율을 위주로 한 정부개입은 흔히 막대한 개발이익이나 우발손실을 발생시키면서 심각한 형평의 문제를 초래하는 사례가 허다하다. 이와 관련하여 한 가지 흥미로운 것은 이러한 부작용을 적절히 해결하지 못하는 정부개입은 아무리 토지이용의 효율을 높인다고 해도 소기의 목적을 충분히 달성하지 못하는 일이 흔히 나타난다는 것이다. 다시 말해서 형평의 문제가 효율을 겨냥한 정부 시책의 발목을 잡는다는 것이다. 이 가능성에는 두 가지 유형이 있을 수 있다. 그 하나는, 우발손실을 입게 될 다수의 토지소유자나 이용자가 집단의 힘으로 효율의 측면에서 사회적으로 바람직한 특정 정부의 정책을 저지하는 경우이고, 또 다른 하나는 현저한 우발이익을 기대하는 소수가 압력단체를 형성하고, 관련 관료에 대한 각종 압력과 유혹을 동원함으로써 사회적으로 비효율적인 정부의 특정 조치를 관철하는 경우다.

둘째, 토지의 다용도성과 용도 간의 복잡한 상호관련성은 정부개입의 결과를 예측하기 매우 어렵게 만들며, 때에 따라서는 의도한 결과를 발생시키지 않은 채 바람직하지 못한 부작용만을 초래할 수도 있다는 문제가 있다. 정부의 대규모 토지개발 사업은 임금과 이자를 상승시켜 민간부문에 큰 주름살을 줄 수도 있다. 토지 관련 조세의 경우에는 그 영향이 경제 여건과 결부되어 광범위하게 퍼지므로, 더욱더 그 결과를 점치기 어렵다. 예를 들면, 토지를 양도할 때 양도차익(팔 때의 가격에서 살 때의 가격을 뺀 차액)에 부과되는 양도소득세가 지가 상승과 투기를 억제하기 위한 매력적인 정책 수단으로 간주된다. 그래서 이런 취지로 양도소득세 제도가 자주 이용되어 온 것도 사실이다. 하지만, 부작용으로 인해서 그 취지가 무색해질 수 있다. 왜냐하면, 양도소득세를 피하려는 토지소유자들이 토지양도를 꺼리게 되면 토지공급이 줄어들어 오히려 땅값이 올라갈 수도 있기 때문이다. 이런 부작용을 흔히 동결 효과(혹은 가두어 잠금효과: lock-in effect)라고 한다. 이런 효과 탓으로 양도소득세는 부동산가격을 떨어뜨리기는커녕 오히려 상승을 부채질할 수도 있다.

토지이용의 효율을 겨냥한 규제가 부유층만의 지역사회를 형성하는 도구로 이용되어 인종차별 및 계층차별의 사회문제를 발생시킬 수도 있다. 예를 들면, 미국의 백인 고급주택가에서 볼 수 있듯이 특정 지역에서는 일정 규모 이상의 넓은 마당을 갖추어야만 집을 지을 수 있게 토지이용을 규제한다고 하는데, 그러면 그만큼 넓은 땅을 살 수 있는 부자들이 아니면 그 지역에 집을 지을 수 없게 된다. 이 경우 토지이용규제는 부유층을 제외한 사람들의 입주를 원천 봉쇄하는 도구로 전락한다.

셋째, 정부개입의 수단을 운용하고 관리하는 데에 꼭 필요한 세부적 내용을 결정하는 과정에서 여러 가지 복잡하고 어려운 문제가 발생한다. 특히 시장가격의 역할을 대체할 정책도구를 구체화하는 문제가 매우 어렵고도 중요하다. 예를 들어서, 토지세의 경우 세율과 과표를 결정하는 문제는 매우 어렵고도 중요한 문제이다. 토지이용의 형평에 치중하여 세율을 너무 높게 책정하고 면세범위를 좁히면 강력한 조세저항이 우려되고, 그렇다고 세율을 낮추고 면세의 범위를 넓히면 토지세 소기의 목적을 달성하지 못한 채 흐지부지될 우려가 있다. 실제로 이런 일이 자주 나타난다. 정부의 토지개발 결과로 설치될 공공시설에 대해서는 징수될 사용료나 수익자부담금을 결정해야 하는데, 뒤에서 다시 살펴보겠지만 이 문제가 결코 간단하지 않다.

한편, 토지이용규제의 경우에는 규제의 내용을 어느 정도 구체화할 것인가의 문제도 있다. 규제의 내용을 지나치게 개략적으로 정하면, 행정적으로 편하고 규제의 경직성으로 인한 문제가 덜어지는 반면, 제대로 규제의 효과를 발휘하지 못할 우려가 있다. 그렇다고 규제내용을 너무 세분화하면 규제행정의 번거로움이 가중된다. 규제내용을 너무 강하게 만들면 예컨대 불법 토지개발과 같은 탈법을 조장하게 된다.

넷째, 효과적인 정부개입을 위해서는 양적으로나 질적으로 충분한 그리고 조직적인 행정력과 법적 뒷받침이 갖추어져야 하는데, 이것을 갖추는 자체가 막대한 비용과 오랜 시간이 필요하다. 토지이용은 특히나 복잡한 문제임을 고려할 때, 이러한 법적·행정적 체계가 잘 갖추어지지 않은 상태에서의 정부개입은 그 효과도 제대로 거두지 못한 채 막대한 예산만 낭비하게 되며, 게다가 각종 부작용까지 겹친다면 결과적으로 막대한 사회적 손실만 남길 수가 있다. 이런 문제는 특히 자본과 고급인력이 부족한 개발도상국에서 더 심각한 것으로 알려져 있다. 법적·행정적 체계와 관련해서 매우 중요시되는 사항은 부동산 행정 관료의 자질이다. 토지 소유 및 이용에는 큰 이권이 걸려있는 경우가 빈번하므로, 자연히 부동산 행정 관료에 대한 이해관계자들의 압력과 유혹이 무성하기 마련이다. 따라서 정부가 개입할 때 동원하는 정책 수단의 거의 대부분, 특히 토지이용규제는 부정·부패의 온상이 될 소지를 다분히 안고 있다. 그러므로 부동산 행정 관료의 전문지식과 더불어 청렴·성실의 자질이 중요시될 수밖에 없다.

법적·행정적 체계와 관련하여 또 한 가지 자주 지적되는 심각한 문제는 부동산 관련 정부 부서 간의 협조체제 그리고 부동산 관련 법제들 사이의 체계이다. 토지이용 문제는 거의 모든 경제활동 및 사회활동과 연결되기 때문에 토지 관련 정부 부서라고 하면 사실상 정부의 거의 모든 부서를 포괄하게 된다고 해도 과언이 아닐 정도이다. 따라서 토지이용에 대한 법적·행정적 체계는 어느 나라를 막론하고 매우 방만하고 복잡해서 그 자체가 하나의 미로를 형성할 정도이다. 우리나라의 경우만 보더라도, 토지이용규제에 관련된 법제만 해도 그 수가 너무 많고 그 내용이 너무 복잡하게 얽혀서 오히려 토지의 효율적 이용을 저해시킨다는 지적이 수없이 나왔다.[24] 여러 토지 관련 정부 부서들은 토지이용에 대한 정부개입의 목적을 달리하거나, 또는 왜곡할 가능성도 있고, 이 때문에 정부 부서 간의 갈등 문제가 발생한다. 같은 부서 안에서도 토지이용 문제에 관해서 입안 및 계획부서와 집행부서가 대립하는 때도 많다. 대체로 보면, 입안 및 계획

부서는 상위부서로서 자금 동원 능력을 갖추고 있으나, 현장 감각이 부족한 경향이 있고, 집행부서는 일선 부서로서 현장 감각을 풍부하게 갖추고 있으나 자금 동원 능력이 부족한 경향이 있다. 이 때문에 정부 부서 간의 갈등 문제가 생기는 경우도 많다. 어떻든 이러한 종류의 수평적 혹은 수직적 정부 부서 간의 갈등 문제는 정부개입의 행정적 효율을 크게 떨어뜨리고, 결과적으로 토지이용의 효율을 저해하는 한 요인이 된다.

요컨대, 토지문제에 대한 정부개입은 그 자체로서 여러 가지 문제와 한계를 갖고 있는데, 대체로 보면 시장에서 제대로 해결되지 못하는 문제는 정부도 시원하게 풀어주지 못하는 경향이 있다. 특히 토지이용에 있어서 형평의 문제가 그렇다. 상당한 사회적 물의와 저항을 극복할 만한 강력한 정책적 의지와 설득력을 갖지 않고는 시장이 풀지 못하는 형평의 문제를 정부도 풀기 어려울 뿐만 아니라 정부개입 그 자체가 심각한 형평의 문제를 초래하기도 한다. 경제학적으로만 본다면, 정부개입은 시장의 결점을 보완하고 그 기능을 활성화하는 범위를 크게 벗어나지 말아야 한다는 결론에 이르게 된다. 대체로 보아 공공재의 문제나 외부효과의 문제 그리고 규모의 경제나 집적의 이익이 현저한 경우가 그 범위가 될 것이다. 그러므로 결국 토지정책의 기본과제는 시장기구를 보완하고 활성화하는 범위 내에서 토지이용의 양태를 결정하는 세 가지 중요한 요인인 시장의 기능, 토지이용 법제, 그리고 토지소유권 제도를 적절히 조화시키는 것이라고 말할 수 있을 것이다.

미주

1 Akerlof, G. A. (1970), “The market for lemons: Qualitative uncertainty and the market mechanism”, Quarterly Journal of Economics, vol.84, pp.488-500.

2 이준구 · 이창용(1999), 『경제학원론』, 서울: 범문사.

3 Akerlof, G. A. and co-authors(2005), Explorations in Pragmatic Economics, Oxford: Oxford University Press.

4 데이비드 하비(2012), 『자본이라는 수수께끼』(이강국 옮김), 경기도 파주시: 창비, 22-24쪽.

5 “부동산산업의 경제적 파급효과와 시사점”, 정희남 · 남기찬, 「부동산 포커스」, vol. 84, 2015년, 1월, 한국감정원 부동산연구원.

6 Elster, J. (1986), “Introduction” in Rational Choice(edited by J. Elster) New York: New York University Press.

7 이에 대한 자세한 논의는 다음 문헌 참조: Heap, S. H. (1989), Rationality in Economics, New York: Basil Blackwell Inc.

8 정보 부족 때문에 설령 독점기업이 가격차별을 한다고 하더라도 불완전하게 한다. 대체로 구매량에 따라 가격차별을 한다.

9 이에 대한 자세한 논의는 다음 문헌 참조:
이정전(2005), “정보와 신념, 그리고 경제적 합리성”, 「인문논총」 제53집, 서울대학교.

Stiglitz, J. E. (2004), “Information and the Change in the Paradigm in Economics”, in New Frontiers in Economics ed. by M. Szenberg & L. Ramrattan, Cambridge, U.K. : Cambridge University Press.

10 Goldberg, M., and P. Chinloy(1984), Urban Land Economics, New York: John Wiley & Sons. pp.332-334.

11 채미옥(1997), “서울시 지가의 공간적 분포특성과 지가결정 요인에 관한 연구”, 서울시립대학교 대학원 박사학위논문, 72쪽.

12 Doebele, W. A. (1983), “Concepts of urban land tenure,” in H. B. Dunkerley, ed., Urban Land Policy, New York: Oxford University Press. pp.72-73.

13 이에 대한 구체적 논의는 다음 문헌 참조: Doebele, W. A. (1983), “Concepts of urban land tenure,” in H. B. Dunkerley, ed., Urban Land Policy, New York: Oxford University Press. p.63.

김상용(1985), “토지 재산권에 대한 공적 규제의 한계”, 황명찬 편저, 『토지정책론』, 서

울: 경영문화원, 81쪽.

14 김정호(2006), 『땅은 사유재산이다』, 자유기업원.

15 그 대표적인 예로 W. A. Doebele은 인도 정부가 1976년에 실시한 도시토지법(Urban Land Act)를 꼽았다. 그 구체적 내용은 다음 문헌 참조: Doebele, W. A. (1983), "Concepts of urban land tenure," in H. B. Dunkerley, ed., Urban Land Policy, New York: Oxford University Press. p.80.

16 토지공개념에 대한 일련의 논의에 관해서는 앞에서 인용한 다음 문헌 참조:
황명찬(1985) 편, 『토지정책론』, 서울: 경영문화원, 13-129쪽.

17 국토해양부(2010), 『토지정책의 패러다임 재정립 방안 연구』.

18 Goldberg, M., and P. Chinloy(1984), Urban Land Economics, New York: John Wiley & Sons. p.221.

19 수치 지적이란 토지의 경계점을 그림으로 표시하지 않고 수학적인 좌표로 표시한 지적 자료를 의미한다. 수치 지적은 도해지적보다 훨씬 정밀하지만, 이의 작성에 많은 경비가 소요되므로 특정 지역에 국한해서 작성된다.

20 대한국토-도시계획학회(1996),『토지이용계획루』, 서울:부성각. 제1장, 108쪽.

21 위에서 인용한 문헌 제1장, 109쪽 참조.

22 대한국토-도시계획학회(1996), 『토지이용계획론』, 서울:보성각. 제1장, 112쪽.

23 다음 문헌들 참조: Harrison, F. (1983), The Power in the Land, London: Shepheard-Walwyn Ltd. pp.33-40.

Rivkin, M. D. (1983), "Intervention through Direct Participation," in H. B. Dunkerley editted Urban Land Policy, New York: Oxford University Press. p.175.

24 최상철(1984), 「대도시화에 따른 토지이용계획 및 규제의 개선방안에 관한 연구」, 국토연구원. 75-76쪽.

10

토지정책의 수단

1. 직접 개입의 수단
   토지은행(Land banking), 토지비축제도 / 도시구획정리(land readjustment) / 공영개발(公營開發)과 공공임대보유 / 공공투자 사업
2. 토지관련 규제
   지역 · 지구제 / 기타의 토지이용규제
3. 간접 개입의 수단
   토지세 / 토지가치의 평가 혹은 지가추정
4. 부동산 간접투자 시장의 활성화
   부동산 유동화와 부동산 간접투자 / 우리나라의 부동산투자회사: 리츠(Reits) / 부동산 유동화 및 부동산투자회사의 빛과 그늘

주요용어

- 토지은행
- 토지비축제도
- 공공투자사업
- 토지구획정리
- 환지
- 체비지
- 감보
- 면적주의
- 공영개발
- 공공임대료
- 토지이용규제
- 우발이익
- 우발손실
- 지구단위계획(지구상세계획)
- 지역·지구제
- 재산가치설
- 건폐율
- 용적률
- 건축규제
- 토지형질변경
- 토지구획규제
- 토지세
- 토지가치세
- 복수 세율 재산세제도
- 소득자본화 방법
- 수익환원법
- 시장비교 방법
- 매매사례비교법
- 환원율
- 대체비용방법
- 재생비용방법
- 원가법
- 공시지가

10 토지정책의 수단

1 직접 개입의 수단

토지은행(Land banking), 토지비축제도

(1) 제도의 취지와 한계

토지은행이란 미래의 용도를 위해서 정부가 미리 저렴한 가격으로 미개발 토지를 대량 매입하거나 확보하여 공공 자유 보유 또는 공공 임대 보유의 형태로 비축해두었다가, 토지 수요의 증가에 대응하여 이 비축된 토지를 수요자(주로 민간 토지개발업자)에게 판매하거나, 대여하는 제도를 말한다.[1] 이 제도를 토지비축제도라고도 하는데, 스웨덴에서 매우 오래전부터 실시해 오고 있고 오늘날에는 북구의 여러 나라와 프랑스, 캐나다 등의 여러 도시에서 성공적으로 실시하고 있는 것으로 알려져 있다.[2] 스웨덴은 20세기 초부터 토지비축을 시작한 나라로 전 국토 면적의 27%를 국·공유지로 보유하고 있다. 스웨덴의 수도인 스톡홀름시는 외곽지역에 시 행정구역의 2배에 달하는 방대한 토지를 소유하고 있으며, 시 행정구역 안 토지의 74%가 시유지라고 한다.[3]

토지은행 제도에도 일반 토지은행 제도와 사업 토지은행 제도의 두 가지가 있다. 일반 토지은행 제도는 도시성장 양태의 조정, 지가안정, 개발이익환수 등 포괄적 목적 아래 정부나 공공기관이 토지를 취득하고 비축하는 제도이며, 취득된 토지의 궁극적 용도는 사전에 지정하지 않음이 보통이다. 토지를 취득하는 방법은 여러 가지이지만 일반토지은행의 경우에는 수용(eminent domain)을 통한 취득이 흔히 이용된다. 사업 토지은행 제도는 공업용지 조성, 공공시설 용지 조성, 저소득층을 위한 택지조성, 도시재개발 등 사전에 설정된 구체적 목적을 위해 토지를 비축하는 제도를 말하며, 특별토지은행이라고도 한다. 사업 토지은행 제도에서는 대체로 토지비축 규모가 작고, 매입된 토지의 용도가 구체화 되어 있으며, 비축 기간도 비교적 짧은 편이다. 따라서 토지시장에 대한 영향력도 크지 못하다. 현실적으로 이 제도는 공공사업 추진에 필요한 비용을 절감하려는 취지가 강한 제도다.

과거의 경험에 비추어 보면, 정부의 개발계획이 사전에 누설되면서 사업 대상 지역에서 투기가 성행한 결과 땅값이 오를 대로 올라가 버려서, 막상 사업을 집행하려는 순간 정부나 공공기관이 막대한 재정적 부담에 직면하는, 난처한 경우가 많았다. 비록 투기가 없었다고 하더라도 2008년 이전에 우리나라에서 보듯이 소비자물가 상승률을 훨씬 상회할 정도로 지가상승률이 높을 경우, 공공사업을 위한 토지매입비 그 자체가 정부에게 큰 부담이 된다. 예를 들면, 2005년부터 2007년까지 지가상승률이 소비자물가 상승률 7.7%를 훨씬 상회하는 15.2%이었는데, 토지매입비(토지 보상단가) 상승률은 무려 52.5%에 달하였다.[4] 이럴 경우, 비교적 저렴할 때 그리고 저렴한 지역의 토지를 미리 확보해 놓으면 불필요한 사업비를 크게 줄일 수 있을 것이다.

이같이 여러 나라에서 토지은행 제도가 시행되고 있는데, 근래 우리나라에서도 이 제도의 도입을 요구하는 주장이 많이 나오는 이유는 이 제도가 여러 가지 장점을 갖추고 있기 때문이다. 우선, 개인들에 의한 무질서하고 무계획한 토지개발을 막을 수 있고, 공공재나 공공시설을 위한 토지를 값싸게 제때 공급할 수 있으며, 공공가치(혹은 개발이익)를 사회에 환원할 수 있으며, 토지이용규제로 인한 개인의 사유재산권 침해를 완화함으로써 토지이용의 효율을 높일 수 있다는 점, 등이 흔히 토지은행 제도의 장점으로 열거된다. 스웨덴을 비롯한 북구의 여러 나라에서는 정부가 방대한 개발 후보지를 국·공유화하여, 토지의 개발권을 실질적으로 독점함으로써 아예 개인에 의한 산발적인 토지개발을 원천 봉쇄하고 있음은 이미 잘 알려진 바이다.

그러나 토지은행 제도는 여러 가지 문제점을 안고 있다. 첫째, 이 제도를 효과적으로 운영하기 위해서는 막대한 토지매입비를 마련해야 한다. 특히, 지가를 안정시켜서 토지투기를 막을 수 있을 만큼 토지시장에 정부가 영향력을 행사할 수 있으려면 상당히 많은 토지를 매입하여 비축하고 있어야 한다. 예를 들면, 토지은행을 비교적 효과적으로 매우 오랫동안 실시하고 있는 스톡홀름시의 1970년 토지비축량은 시 전체 면적의 3배에 가까웠다.[5] 이 정도의 방대한 토지의 매입에 필요한 재정적 부담은 할부매입이나 채권발행 등으로 어느 정도 덜 수 있다고는 하지만 어떻든 토지매입비는 큰 재정적 부담이 된다는 것을 부인하기는 어렵다.

둘째, 토지를 매입해서 팔 때까지 과도기 기간에 공공 자유 보유 상태의 토지를 정부가 관리해야 하는 문제가 있다. 국·공유지에서 흔히 발생하는 문제는 빈민들의 무단 점유로 인한 불량 주택가, 이른바 빈민촌의 형성이다. 이것이 소위 비공식 사실상 보유의 전형적 형태이다. 비공식 사실상 보유는 불법적이며 사회적으로 용인되기 어렵다는 문제는 있지만, 토지이용의 효율에 있어서나 혹은 형평의 측면에서 볼 때 반드시 나쁘다고만 볼 수는 없다. 무단토지점유자들은 현재 구득 가능한 기술의 범위 내에서는 점유한 토지를 놀라울 정도로 저렴하고 효율적으로 이용한다는 긍정적인 측면도 있다.[6]

그러나 장기적으로 보면, 비공식 사실상 보유에 의한 토지이용은 비효율적일 가능성이 크다. 비공식 사실상 보유의 상태에서는 보유권의 안정성이 보장되지 않기 때문에 토지점유자는 단기적 안목에서 최소의 필요한 투자만을 수행하게 된다. 이 결과, 보유권의 안정성이 보장될 때 비하여 장기적으로는 토지를 비생산적으로 이용하는 경향이 있게 된다. 물론, 토지에 투자한 개량공사물에 대한 권리를 인정하여 무단점유자가 이주할 때 실비로 보상해줌으로써 이 문제를 어느 정도 해결할 수는 있겠지만, 이는 오히려 불법점유를 조장할 우려가 있다. 무단점유자들의 대부분이 빈민들이기 때문에 이들의 투자 능력에는 한계가 있을 것이므로 그들의 투자를 통한 토지의 효율적 이용을 기대하기 어렵다는 문제도 있다.

불법점유된 토지가 그 자체만으로는 효율적으로 이용되고 있다고 하더라도 주변 지역이나 도시 전체를 고려했을 때는 비효율적으로 이용될 수도 있다. 다시 말해서 비공식 사실상 보유에 의한 토지이용은 미시적으로는 매우 효율적이더라도 거시적으로는 비효율적일 수 있다는 것이다. 불법점유는 대체로 직장 접근성이 좋은 상·공업지역 근처에 집중되는 경향이 있다. 상·공업 중심지 주변의 토지는 대도시용으로 이용되었어야 할 토지이거나 혹은 앞으로 그렇게 될 가능성이 큰 토지이다. 이럴 경우, 비공식 사실상 보유는 비효율적인 토지이용을 초래한다. 그렇다고 해서 무단점유자를 강제로 철거시키는 것은 빈번히 이들의 집단반발을 일으킨다. 따라서 비공식 사실상 보유를 공식적으로 혹은 비공식적으로 묵인하는 경우가 잦고 실제 우리나라에서도 이런 사례가 빈번히 있었다.[7] 이런 탓으로 비공식 사실상 보유는 경제·사회 여건의 변화에 부응하여 도시 형태를 개선하는 데에 심각한 장애가 될 수도 있다. 그러나 특히 개발도상국에 있어서 국·공유지 불법점유는 저소득계층의 택지 수요를 충족시키기 위한 전형적인 수단이므로, 비공식 사실상 보유는 토지이용에 있어서 사실상의 형평성을 높인다고 볼 수 있다. 그러므로 토지은행과 결부되어 발생하는 비공식 사실상 보유를 단지 불법적이라는 이유만으로 일축해버릴 수만은 없다.

이러한 무단 점유의 문제가 없다고 하더라도 토지은행 제도에 의해서 비축된 토지를 무작정 놀려둘 수만은 없다. 비공식 사실상 보유 문제를 미리 방지하는 의미에서도 비축된 토지를 적절히 이용할 필요가 있다. 대체로 보면 경제·사회 여건의 변화에 부응하여 용도 전환이 비교적 손쉬운 농업용이나 기타 임시용도로 비축지를 임대함이 보통이다. 그러나 이 경우에는 임대관리의 번잡한 토지행정이 뒤따라야 한다. 이 임대관리와 결부된 문제는 공공 임대보유제와 관련하여 뒤에서 다시 구체적으로 설명하기로 한다.

셋째, 토지은행의 취지에 따라 투기를 억제하고 공공가치를 사회에 환원하기 위해서는 정부가 토지를 매입할 때 매입 대상 토지의 가격을 현재의 수준, 혹은 적정수준으로 묶어 둘 사전 조치가 필요한데, 이것이 쉬운 일이 아니다. 특히 개발계획에 따른 토지매입의 경우, 매입 및 개발계획이 사전에 누설되어 매입 이전에, 지가가 이미 오를 대로 올라버릴 가능성이 크고, 또한 이를 둘러싸고 온갖 부정·부패가 만연할 우려도 없지 않다. 토지 관련 행정 관료들이 충분한 자질을 갖추고 있는 덕분에, 비록 이러한 문제가 없다고 하더라도 토지투기에 대한 적절한 사전대책이 없이 정부가 토지를 대량 매입할 경우, 투기수요와 정부 수요가 토지시장에 한꺼번에 몰림으로써 지가가 전반적으로 크게 상승할 가능성도 문제점으로 지적되고 있다.[8] 가장 오랜 역사의 토지은행 제도를 자랑하는 스웨덴도 지가 상승 문제를 해결하지 못한 결과 1970년대 심각한 경제 불황을 겪었다는 지적도 있다.[9] 비축토지의 용도에 대한 계획을 분명하게 설정하지 않은 상태에서 정부가 대량으로 토지를 매입할 때는, 재정수입의 증대를 노리고 정부가 투기자의 역할을 할 가능성을 배제할 수 없다.[10]

(2) 우리나라의 토지은행 제도

뒤에서 자세히 살펴보겠지만, 우리나라의 토지이용규제는 정밀하지 못하며 토지세 제도는 턱없이 낮은 세율로 그 효과가 미약하다. 그래서 이런 제도만으로는 정부가 표방한 토지정책의 목표를 달성하는데 근본적인 한계가 있다는 지적이 빈번히 나오면서 여러 가지 보완책들이 제기되었다. 그중 하나가 토지은행 제도의 활용이다.[11] 정책적으로나 현실적으로 토지은행 제도의 필요성이 커짐에 따라 2009년 「공공토지의 비축에 관한 법률」(토지비축법)이 제정되었고, 이 해에 토지은행이 설립되었다. 이로써 우리나라에서도 공공목적의 토지비축제도가 법적 근거를 갖추게 되었다.[12] 이 법에 따르면, 이 제도의 시행에 관한 총괄적 책임은 국토해양부 장관에게 있고, 국토해양부에 설치된 공공토지비축심의위원회(비축위원회)가 토지비축에 관련된 중요 사항을 심의 · 의결하며, 토지비축에 관한 실무는 한국토지주택공사 안에 설치된 토지은행이 담당한다. 일본에서도 토지개발공사가 토지비축을 실무적으로 주도하고 있다. 우리나라와 일본과는 달리 독일, 프랑스, 스웨덴 등에서는 지방자치단체가 토지비축의 주체다.

토지비축법에 따르면, 공공 비축의 대상이 되는 토지는 크게 공공 개발용 토지, 수급 조절용 토지, 관리전환 토지, 계정 전환 토지 등이다. 공공 개발용 토지는 공익사업에 필요한 용지 일체를 의미하는데, 주로 토지보상법에 따른 방식이나 매수청구의 방식으로 토지가 취득된다. 매수청구 방식이란 재산권을 침해당하는 토지의 소유자가 정부를 상대로 매수를 청구함으로써 취득되는 것을 말한다. 수급 조절용 토지는 토지시장 안정을 위하여 비축하는 토지를 말한다. 이런 수급 조절용 토지는 매매에 따라 취득됨이 원칙이며, 한국토지주택공사가 매입을 원하는 특정 토지(다시 말해서 선매 대상이 되는 토지)에 관해서는 공사가 해당 토지를 우선 매수할 권리(선매권)를 가진다. 관리전환 토지는 국유지나 공유지로서 한국토지주택공사가 중앙정부나 지방정부로부터 위탁받아 관리하는 토지를 말하며, 계정 전입 토지는 한국토지주택공사가 보유 또는 조성 중인 토지 중에서 공익을 목적으로 토지은행 계좌로 전입되는 토지를 말한다. 이 밖에도 비축위원회가 인정한 토지, 그리고 「공유수면매립법」에 따라 조성된 매립지나 매립예정지도 비축 대상의 토지가 된다. 이같이 비축된 토지는 비축사업계획에서 정한 공급 시기, 공급기준에 따라 공익사업시행자나 실수요자에게 공급해야 하는데, 토지은행 사업으로 토지를 공급받은 자는 원칙적으로 그 토지를 지정 용도로 사용하지 않고 전매(명의변경, 매매, 기타 권리변동을 수반하는 모든 행위) 하거나, 전대할 수 없다.

이같이 법적 뒷받침을 근거로 토지은행 제도가 출범하였으나 재원 부족으로 토지비축실적이 저조하였다.[13] 그동안 비축된 토지 대부분이 공공 개발용 토지였다. 이런 점에서 우리나라의 토지은행 제도는 사실상 사업 토지은행 제도라고 할 수 있다. 법적으로는 수급 조절용 토지의 비축도 우리나라 토지은행의 한 목적이지만, 이 목적을 실질적으로 이루기 위해서는 상당한 규모의 토지비축이 필요하고 따라서 장기간에 걸쳐 막대한 자금투입이 필요하다. 정부는 매년 2조 원 규모의 토지를 비축하고 2019년까지 총 20조 원 규모의 토지비축을 목표로 삼았다. 어떻든 토지은행 제도를 대폭 확장할 필요성과 여지는 많다.

앞으로 토지은행의 비축을 위하여 적극적 매입 대상이 되는 토지로 개발제한구역(그린벨트)의 토지가 우선 꼽힌다. 개발제한구역 제도가 과도하게 사유재산권을 침해한다는 헌법재판소의 판결이 나온 이후 많은 개발제한구역을 해제하였다(제15장 참조). 하지만, 정부의 그런 조치는 장기적인 안목에서 그 공익적 가치와 사익을 엄밀히 비교 검토해서 나온 백년대계의 조치라기보다는 민원 해소와 부동산경기 살리기를 위한 임기응변이라는 비판을 많이 받고 있다. 영국을 비롯한 선진국들이 그린벨트와 유사한 토지이용규제 지역을 점차 확대하고 있다는 점에 비추어 볼 때, 이미 오래전에 지정된 우리나라의 그린벨트를 단기적 이익에 따라 해제하기보다는 불합리한 부분을 교정하면서 계속 보존할 필요가 있다. 그 한 가지 방법은 사유재산권 침해에 대한 민원이 강하게 제기되는 곳을 정부가 매입하여 미래를 위하여 비축해두는 것이다. 2000년 법 개정으로 개발제한구역의 토지소유자가 정부에게 토지매수를 청구할 권리가 제도적으로 인정되었다. 따라서 정부가 개발제한구역 토지를 비축할 법적 뒷받침도 마련된 셈이다.

토지은행의 매입 대상이 되는 또 다른 부류의 토지는 유휴지다. 우리나라도 이미 노령화·저출산 사회로 접어들고 있다. 정부의 토지정책 역시 이런 큰 추세에 맞추어 변해야 한다. 이웃 나라 일본에서는 고령화와 저출산의 여파로 전국 각지에 빈 땅, 빈집, 빈 점포가 속출하고 있으나 적절하게 관리되지 못한 탓으로 자연환경이 황폐해지고, 지역공동체가 무너지는 등 많은 사회 문제들이 나타나고 있다. 미국에서도 사정이 비슷하다. 이같이 유휴지나 빈 건물이 대거 발생하면 지방정부의 세수에도 큰 차질이 올 수밖에 없다. 그래서 이 나라들은 유휴지와 유휴시설로 인한 여러 가지 사회적, 경제적 문제를 해결하기 위한 하나의 방안으로 토지비축제도를 시행하고 있는데, 미국에서는 지방정부가 이를 주도하고 있다.[14] 이 경우 토지은행의 목적은 버려진 유휴지와 유휴 건물을 잘 관리하여 생산적으로 이용되도록 유도함으로써 주거환경을 개선하고 지역경제를 활성화하는 것이다. 앞으로 우리나라에서도 토지은행이 지방자치단체와 협력하여 유휴지 및 유휴 건물의 매입에 나설 필요가 있다.

2008년 세계 경제 위기 이래 경기침체가 계속되었는데, 많은 경제전문가가 상당 기간 저성장 기조가 시대의 큰 흐름이 될 것으로 전망하였다. 2008년 이전까지 실로 오랫동안 우리나라 국토정책은 고도성장 기조에 초점을 두었으나 이제는 이를 접고 저성장 시대에 부응하여 국토정책 기조부터 바뀌어야 한다는 주장도 나왔다. 고도성장 시대에는 기업들이 저마다 많은 땅을 확보하려고 애를 썼지만, 앞으로는 그럴 필요성이 점점 줄어들 것으로 전망되고 있다. 오히려 과거에 확보해누었던 많은 땅을 시장에 내놓아야 할 판이다. 과거 IMF 외환위기 때 보았듯이 기업들의 자체 구조조정 과정에서 많은 땅이 시장에 나올 수도 있다. 제2장에서 설명하였듯이 '소유의 시대'가 가고 '임대의 시대'가 온다면, 기업들이나 개인들은 부동산을 소유하기보다는 빌려 쓰려고 할 것이며, 수중에 있는 토지도 처분하려고 할 것이다. 이런저런 여러 가지 이유로 많은 토지가 시장에 나오겠지만, 경기침체가 계속되면, 시장을 통해서 그런 토지를 처분하기가 점점 더 어려워진다. 따라서 그런 토지들이 토지은행의 좋은 비축 대상이 된다. IMF 외환위기 때 정부가 공기업을 통해서 기업구조조정용 토지를 대량 매입한 사례도 있다.

장기 미집행 도시계획시설 부지도 앞으로 비축 대상 토지로 꼽아야 할 대상이다. 도시계획시설의 건설 예정 부지로 지정된 토지의 소유자는 사유재산권 행사에 큰 제약을 받게 된다. 계획된 시설의 건설이 조속히 이루어지지 않고 계속 미루어지면 토지소유자의 재산권 침해도 그만큼 커질 수밖에 없다. 그래서 독일, 미국, 프랑스 등 선진국에서는 3년~5년 이상 사유재산권을 침해하게 될 경우, 이런 재산권 침해를 보상하게 되어 있다. 그러나 우리나라의 경우에는 10년 이상 미집행 된 도시계획시설이 태반이다.[15] 10년 이상 장기 미집행 도시계획 시설 부지에 관해서는 매수청구권이 법적으로 인정되고 있다. 하지만, 1999년 헌법재판소의 판결이 지적하였듯이, 5년 이상 장기 미집행 도시계획시설 부지에 관해서 토지소유자의 매수청구권을 인정하지 않는 것은, 과도한 사유재산권 침해라고 할 수 있다. 그렇다면, 5년 이상 미집행 도시계획시설 부지에 관해서도 매수청구권을 부여하고 앞으로 토지은행이 이런 부지도 매입 대상으로 삼아야 한다는 주장도 나온다.[16]

개발제한구역이나 장기 미집행 도시계획시설 부지가 사유재산권을 과도하게 침해하고 있다고 하지만, 우리나라에는 이에 못지않게 개인재산권을 침해당하는 지역이 많이 있다. 군사시설 보호법에 따라 지정된 군사시설보호구역, 수도법에 따라 지정된 상수원보호구역, 자연공원법에 따라 지정된 공원구역, 전통건조물보존법에 따라 지정된 전통 건조물 보존지구, 전통사찰 보존법에 따라 지정된 전통 사찰 보존구역, 군용항공기지법에 따라 지정된 기지보호 구역, 항공법에 따라 지정된 항공구역, 해군기지법에 따라 지정된 해군기지 구역 등이 그 대표적인 예다. 장기적으로는 이런 지역의 사유재산권 침해에 대한 적절한 보상 방안을 강구할 필요가 있다는 주장도 나왔다.

토지구획정리(land readjustment)

(1) 최소의 재정부담으로 계획적 토지개발

토지구획정리 사업이란 불규칙하게 산재한 농업용 토지나 미개발 토지 조각들을 토지이용계획에 따라 엮어서 구획정리하고, 필요한 최소한도의 기반 시설을 갖춤으로써, 더 이용 가치가 높은 토지(주로 도시용 토지)로 전환하는 사업을 말한다. 이렇게 전환된 토지 일부는 매각하여 구획정리사업에 쓰인 경비를 충당하고 나머지는 원래의 토지소유주들에게 되돌려 줌으로써, 토지 원소유주들의 소유권을 존중하는 한편, 사업 주체에게는 재정부담을 주지 않으면서 토지를 개발한다는 취지를 갖는 사업이다. 말하자면, 손 안 대고 코 풀려는 취지의 사업이다. 개발된 토지를 원소유주에게 돌려주는 것을 환지(換地)라고 하는데, 원소유주의 처지에서 보면, 원래 가지고 있던 면적보다도 훨씬 적은 면적이지만, 비싸진 토지를 되돌려 받는다. 때에 따라서는, 다른 위치의 토지를 받을 수도 있다. 어떻든 토지구획정리사업에도 소유권의 상당한 변동이 뒤따른다.

이러한 취지와 내용의 토지구획정리는 원래 20세기 초 독일에서 개발되어 일본을 거쳐 우리나라 및 대만에 도입되었다고 한다.[17] 어떻든 1966년 「토지구획정리사업법」이 제정되면서 체계적인 토지구획정리사업이 시작된 이래 이 사업은 1980년대까지 우리나라에서 택지개발의 전형적인 수단이었다. 1984년까지 전국의 397 지역에 걸쳐 약 436km^{2}의 토지가 토지구획정리사업으로 개발·공급되었으며, 특히 서울시의 경우 총 93km^{2}에 달하는 주거 용지와 41km^{2}에 달하는 공공용지가 토지구획정리사업에 의해서 개발되었는데, 이 면적은 서울시의 기존 개발 면적의 약 35%에 달하는 큰 비중을 차지하였다.[18]

토지구획정리사업은 원리는 간단하지만, 그 시행은 매우 복잡한데, 우리나라에서는 토지구획정리사업법이 그 구체적인 절차나 방법을 규정하고 있다. 토지구획정리사업은 크게 계획, 개발, 환지의 3단계로 나누어진다. 우선 토지구획정리사업의 시작은 정부 혹은 토지소유자의 소청으로 이루어진다. 일본과는 달리 우리나라에서는 토지구획정리사업의 시행자는 주로 정부나 공공기관이 된다.[19] 물론 토지구획정리사업법상으로는 토지소유자와 토지소유자의 조합도 사업 주체가 되지 말라는 법은 없지만, 지방자치단체 특히 시가 우리나라 토지구획정리

사업의 대부분을 수행하였다.[20]

일단 사업실시가 결정되면, 사업시행자는 토지구획정리 기본계획을 작성하여 관계부처의 승인을 받아야 한다. 이 기본계획이 승인되면 다음 단계로 사업시행자는 구체적인 토지구획정리사업계획을 작성한다. 이 계획에 있어서 중요한 사항은 구획정리 후 토지 원소유주들에게 돌려주어야 할 토지, 즉 환지할 부분과 환지하지 않을 부분을 나누는 일이다. 환지하지 않을 토지는 크게 간선도로나 학교, 녹지 등 공공시설을 위한 토지와 사업 후 경매 처분될 토지, 즉 체비지로 구성된다. 체비지의 경매는 구획정리사업에 투입된 비용을 충당하기 위함이다. 공공용지와 체비지를 뺀 나머지 개발 토지는 적절히 분할한 다음, 토지의 원소유주들에게 나누어주게 되는데, 대체로 원래 소유하던 땅 근처의 것을 환지받게 된다. 이같이 원래 소유 토지에서 공공용지나 채비지 등을 제외하고 나머지를 환지하는 것을 감보(減步)라고 하고, 돌려받지 못하는 부분의 비율을 감보율이라고 한다.[21] 감보율은 사업에 따라 달라지는데, 대도시일수록 그리고 시 중심지에 가까울수록 높아지는 경향이 있다. 토지소유자의 소유권을 침해하지 않으면서 토지를 개발한다는 점이 토지구획정리사업의 한 가지 특징이라고는 하지만 엄밀히 말해서 토지소유자는 감보된 만큼 토지에 대한 소유권을 정부나 공공기관에 이양하는 셈이다. 1960년~1975년 사이에 서울시가 수행한 토지구획정리사업의 평균 감보율은 약 40%이었고, 체비지의 비율은 약 10%이었음을 보면, 정부나 공공기관으로 토지소유권이 넘어간 부분이 매우 컸음을 알 수 있다.[22]

구획정리계획 혹은 환지계획은 일정 기간 공람을 거쳐 정부로부터 승인을 얻은 다음 승인된 계획을 고시함으로써 실제 구획정리사업이 착수된다. 이 작업이 완료되면 마지막 단계로 계획에 따라 토지 원소유주들에게 개발된 토지를 돌려주는 환지처분, 소유권등기, 그리고 체비지의 매각처분이 있게 된다.[23] 구획정리 된 후의 토지는 구획정리 전보다 가격이 현저히 높아지기 때문에 토지소유자들은 감보를 당하더라도 경제적으로는 이익을 보게 된다. 체비지는 보통 경매에 부쳐지므로, 토지구획정리사업의 비용은 사실상 체비지 매입자가 전적으로 부담하는 셈이다.

(2) 토지구획정리 사업에 대한 평가

과거 한동안 우리나라에서 적극적으로 추진해온 토지구획정리사업은 국고의 큰 부담 없이 급증하는 토지 수요에 대응하여 대규모로 도시용 토지를 공급하였다는 긍정적인 평가를 받았다.[24] 그러나 다른 한편으로는 여러 가지 부작용을 수반하면서 사회적 물의를 일으키기도 했다. 흔히 지적되었던 우리나라 토지구획정리사업의 문제점은 대략 다음과 같다.

첫째, 구획정리사업 지역과 그 주변 지역의 지나친 지가의 상승을 초래하여 사업지역 및 그 주변 지역의 토지소유자들에게 지나친 개발이익을 허용할 우려가 있다는 것이다. 구획정리된 토지가 구획정리 전보다 얼마나 비싸질 것인가는 여러 가지 요인에 달려 있겠지만, 사업 시행자가 체비지를 얼마나 그리고 어떻게 매각하는가도 하나의 중요한 요인이 된다. 매각될 체비지의 양은 구획정리 사업에 투입된 경비를 청산하는 범위 안에서 그리고 토지시장에서 지나친 초과공급이 발생하지 않는 범위 내에서 결정되는 것이 바람직하겠지만, 때로는 도시용 토지의 지가를 낮은 수준으로 유지하기 위해서, 의도적으로 체비지를 대량 방출하는 것도 바람직하다. 그러나 환지받을 토지소유자들이 높은 지가를 원하기 때문에 이런 대량매각에 거세게 반발할 우려가 있고, 사업 시행자가 체비지 매각 수입을 늘리려고, 의도적으로 체비지 방출량을 지나치게 감축할 수도 있다. 이런 의도적인 체비지 소량 방출은 구획정리 된 토지의 지가를 지나치게 높일 가능성이 있고, 실제로 이런 사례가 빈번히 있었다.[25]

하지만, 지가 앙등을 토지구획정리사업의 탓으로만 돌릴 수는 없다. 우리나라의 경우 토지공급이 도저히 따라가지 못할 정도로 인구의 도시집중과 이에 따른 토지 수요가 너무나 빠르게 증가하였다는 점을 염두에 두어야 한다. 이런 구조적 만성 초과수요의 상황에서는 구획정리된 토지의 지가가 크게 높아질 수밖에 없었고, 구획정리사업 시행자는 많은 잉여금을 남길 수 있었다. 그 대표적인 예로, 서울시의 영동지구 토지구획정리사업에서는 환지된 토지의 지가가 사업 전에 비해 무려 350%에서 2,400%까지 뛰어서 결과적으로 토지소유자들에게 막대한 개발이익을 가져 주었다는 연구 보고가 있다. 1967년~1975년 사이 서울시에서 수행한 토지구획정리사업에서 시행 후 지가의 증가 폭이 평균 7배이었

던 것으로 알려져 있다.[26]

두 번째로 지적되었던 문제는, 공익을 충분히 고려하여 토지구획정리사업을 추진하지 못했다는 것이다. 날로 증가하는 사업비를 체비지 매각으로 충당하다 보니 체비지의 비율이 높아졌고 이 결과 학교, 공원, 도로 등 많은 사람에게 혜택이 돌아갈 공공용지를 충분히 확보하지 못했다. 토지구획정리사업으로 땅값이 크게 올라가면, 한편으로는 사업지구 안의 토지소유주들에게는 큰 이익을 안기면서, 땅을 소유하지 않은 저소득계층에게는 큰 금전적 부담(금전적 외부효과)을 입힐 수도 있다. 예를 들면, 개발된 지역과 인근 지역의 땅값이 크게 올라서 땅을 가지지 못한 저소득계층은 심지어 다른 지역으로 쫓겨날 수도 있다. 그간 실시된 토지구획정리 사업들이 막대한 개발이익을 발생시켰음을 생각해 볼 때, 사후약방문격이지만 예컨대 체비지 매각으로 얻은 잉여금 혹은 환지될 토지의 개발이익의 일부를 환수하여 토지를 갖지 않은 저소득계층을 위한 택지공급이나 주택건설 등의 방법으로 활용할 여지가 있었다. 하지만 그러지 못했다는 점은 큰 아쉬움으로 남았다.[27]

셋째, 원래 의도와는 달리 토지구획정리사업이 오히려 무질서한 토지이용을 낳을 수도 있다. 환지된 토지에서 건축은 토지소유자에게 맡겨지는데, 건축에 대한 금융지원이 원활하지 못할 경우, 환지된 토지가 이용되지 못한 채 오랜 기간 방치되거나 혹은 자의적인 분필 등 여러 가지 원인으로 무질시하게 개발될 우려가 있다. 실제로 토지구획정리사업으로 부도심이 형성된 번화가 뒷골목 곳곳에 잡초가 무성한 빈 땅을 심심치 않게 볼 수 있었다. 그러므로 토지구획정리사업이 애당초 의도대로 성공하기 위해서는 환지된 토지에서 건축행위가 질서 있게 이루어지도록 유도하는 제도적 지원이 병행되어야 했다. 예를 들면, 건축금융지원을 강화하는 방법이라든가, 환지될 부분을 줄이고 그 대신 경매에 부칠 부분을 늘려서 경매 수입의 일부를 토지소유자의 건축에 지원하는 방법, 혹은 스스로 개발할 수 있는 만큼만 환지하고 나머지는 체비지와 함께 정부가 대신 경매에 부치는 방법 등, 여러 가지 편법들이 있을 수 있었다.

넷째, 불합리한 환지로 인해 토지소유자들의 불만을 초래할 우려가 있었다. 가장 보편적인 환지 방법은 토지소유자가 원래 가지고 있었던 토지의 면적에 비례해서 구획정리된 토지를 토지소유자들에게 환지해 주는 소위 '면적주의'에 입각한 방법이다. 이 방법은 간편하기는 하지만 매우 불공평할 수도 있다. 똑같이 구획정리된 토지라고 하더라도 지형이나 상가, 공공시설 등에서 멀고 가까움에 따라 땅값에 큰 차이가 있을 수 있기 때문이다. 물론 완벽하게 공평한 환지 방법이란 있을 수 없겠지만, 이렇게 땅값에 큰 차이가 있을 때는, 면적주의보다는 토지가치를 고려한 환지 방법이 합리적일 것이다.

이상에서 열거한 여러 가지 문제점들은 대체로 토지구획정리 그 자체의 결함 탓이라고 하기보다는 그 운영상의 문제점들이므로 개선의 여지는 많이 있었을 것이다. 그런데도 그런 여러 가지 문제점들 그리고 이로 인한 사회적 물의 탓으로, 우리나라에서는 1980년대 후반부터는 토지구획정리보다 공적 개입의 정도가 한층 더 크다고 볼 수 있는 공영개발이 크게 선호되는 경향을 보였다.

공영개발(公營開發)과 공공임대보유

1980년 「택지개발촉진법」의 제정으로 본격화된 공영개발에도 여러 가지 유형이 있을 수 있는데, 정부 또는 공공기관이 법이 정하는 바에 따라 토지를 수용하고 대지를 조성한 후 건물을 지어서 실수요자들에게 분양 또는 임대하는 토지개발 방법을 보통 공영개발이라고 한다. 우리나라에서는 주로 분양하는 방법을 택하였다. 서울시의 목동(木洞) 개발이 이런 공영개발의 전형적인 예라고 할 수 있다. 때로는, 정부 혹은 공공기관이 대지만 조성하여 분양하고, 분양받은 사람이 건축하게 하는 편법도 이용되는데, 안산시의 신공업도시 개발이 그 예로 꼽힌다.[28] 토지구획정리사업의 문제점을 보완한다는 의도를 가진 공영개발의 장점은, 일단 토지소유자들로부터 토지를 매입해서 개발하기 때문에 개발이익을 정부나 공공기관이 징수함으로써 토지소유자들에게 돌아갈 불로소득을 어느 정도 차단할 수 있고, 감보율에 신경을 쓸 필요가 없으므로 공공용지를 충분히 확보할 수 있으며, 개발계획에 따라 토지개발 및 이용을 어느 정도 질서 있게 유도하기가 비교적 쉽다는 점이다. 이외에도, 개발이익이 많이 발생할 수 있는 상업용지나 기타 용지의 매각 수입을 저소득계층 택지가격에 반영함으로써 저렴한 주택을 원활하게 공급할 수 있으며, 나아가서 저소득계층의 주택 마련을 적극적으로 지원할 수 있다는 점, 등의 이점이 있다.

그러나 다른 한편으로는, 공영개발이 그 나름대로 몇 가지 문제점을 안고 있다. 우선 토지를 매입할 때, 토지소유자들에게 적정가격으로 보상해주어야 하는 어려운 문제가 있다. 이 문제가 해결된다고 하더라도 토지매입 및 토지개발에 투입되는 막대한 투자비의 조달 문제가 제기된다. 공영개발 방식이 비록 토지구획정리사업의 문제를 보완한다는 뜻을 가지지만, 토지구획정리사업이 안고 있는, 지가 상승과 이에 따른 개발이익 발생의 문제를 깨끗이 해결하지는 못한다는 문제점도 제기된다. 공영개발 방식으로 개발된 토지를 분양할 때 개인의 손에 돌아가는 개발이익을 차단하기 위해서는 분양가격을 적절하게 책정해야 하는데, 분양가격을 잘못 책정한 결과 분양하고 난 뒤 지가 및 주택가격의 앙등 탓으로 분양받은 사람들이 누리게 되는 개발이익, 그리고 공영개발 사업 주변 지역의 지가 상승으로 인한 개발이익에 대해서는 여전히 손 쓸 도리가 없다는 점은 토지구획정리사업에서와 마찬가지의 문제다. 지가 상승과 개발이익이 현저한 경우 공영개발은 토지 원소유자들의 희생 위에 엉뚱한 사람들에게 특혜를 주는 형평의 문제를 낳을 수도 있다.

이런 문제를 해결하는 하나의 방법은 개발된 토지를 분양하지 않고 임대하는 것이다. 이 방법은 특별히 공공임대보유 제도라고 부르기도 한다. 흔히 공영개발이 공공임대보유 제도를 택하고는 있지만, 엄밀히 말하면 이 두 가지는 엄연히 다른 개념이다.[29] 흔히 말하는 토지개발 방식으로서 공공임대보유 제도란 정부나 공공기관이 토지이용 계획이나 도시계획에 따라 토지를 개발하고 개발된 토지를 실수요자에게 임대하며, 임대한 후의 토지 관리까지 정부나 공공기관이 총괄하는 제도를 말하는데, 실수요자는 약정된 조건과 기간에 따라 토지 이용권 및 수익권을 가지며, 계약기간이 끝나면 이용권과 수익권은 다시 토지 소유 기관에 귀속된다. 이 제도는 영국, 스웨덴, 네덜란드, 이스라엘, 호주 등 여러 나라의 도시 그리고 홍콩, 싱가포르 등에서 시행되고 있으며, 특히 개발도상 국가에서 바람직한 제도로 많이 추천된다. 이 제도는 토지이용계획에 따라 토지를 효율적으로 이용하게 하며, 주택수요자가 땅값이 아닌 임대료만 치르므로, 주택수요자의 주거비를 절감하게 하고, 임대료를 적절히 조절함으로써 개발이익을 환수할 수 있으며, 저소득계층을 적극적으로 고려한 임대정책을 통해 토지이용의 형평을 높일 수 있다는 등, 여러 가지 장점이 있다.

그러나 사업수행에 사용된 돈을 임대료로 회수해야 하므로, 개발주체는 공영개발의 경우보다 더 큰 자금조달의 부담을 져야 한다. 이 점이 공공임대보유제의 첫 번째 큰 문제점으로 꼽힌다. 이에 더해서, 방대한 임대행정이 필요하다는 점이 또 하나의 큰 문제점으로 꼽힌다. 토지이용에 있어서 효율과 형평에 충실하기 위해서 풀어야 할 중요한 과제는 적정수준의 임대료 및 적정 임대 기간을 결정하는 일이다. 임대료 역시 가격의 일종이고 가격이란 시장에서 수요와 공급의 상호작용에 따라 결정됨이 순리이다. 공공자유보유 및 공공임대보유 상태의 토지나 건물의 실질 가치도 시간과 여건이 변함에 따라 변하기 마련인데, 이를 충분히 고려해서 정부나 공공기관이 이 가격의 역할을 하는 임대료를 적정수준으로 결정한다는 것은 결코 쉬운 일이 아니다.

예를 들어서, 정부가 저소득계층을 위한 임대주택단지를 조성하였다고 하자. 정부가 임대료 요율을 결정해야 하는데, 요율을 너무 높게 책정하면 애당초 의도한 가난한 사람들이 들어오지 못하게 되니 애당초의 목적을 달성할 수 없게 될 것이다. 그렇다고 요율을 정책적으로 지나치게 낮게 책정한다고 해서 저소득계층에 이익이 되는 것도 아니다. 임대료가 싼 만큼 수요가 몰리면서 임대료에 웃돈(프리미엄)이 붙어 뒷거래가 성행하게 될 것이다. 이 결과 먼저 임대받은 사람은 이 웃돈을 챙기고, 다른 사람에게 재임대(subletting)하는 현상이 속출하게 된다. 따라서 지나치게 저렴한 임대료는 먼저 임대받은 사람들에게만 특혜를 주는 셈이다.

웃돈을 주고 재임대받은 사람들은 공공임대 정책이 애초에 겨냥한 저소득계층보다 소득수준이 더 높은 계층일 것이므로, 애당초 공공임대 정책의 의도가 빗나가게 된다. 실제로 이런 결과가 많이 나타났다. 스웨덴의 공공임대보유 제도가 이러한 부작용을 초래하였고, 우리나라의 저소득계층을 위한 임대주택이 투기 대상이 되어 사실상 중산층을 위한 임대주택이 되어버린 사례도 있다.[30] 이뿐만 아니라, 공공 임대료가 지나치게 저렴하면 투자자금 회수도 그만큼 늦어져서 정부의 자금압박이 더욱더 커지는 문제, 그리고 먼저 임대받은 사람이 임대를 계속 연장하려고 하는 탓에, 저렴한 임대료의 혜택이 다른 저소득계층 사람들에게 골고루 돌아갈 기회가 적어진다는 문제도 있다. 임대료가 너무 싸서 투자자금 회수가 늦어지면 그만큼 후속 공공투자에도 지장을 주게 될 것이다.

공공임대보유 토지가 사적 자유 보유 토지나 사적 임대 보유 토지에 비하여 상대적으로 많아서, 토지시장 대부분을 차지할 경우, 토지를 소유한 공공기관은 독점적 위치에 있게 되므로 적정임대료를 결정하기가 더욱더 어려워진다. 때에 따라서는 공공임대보유 구역 안에 있는 토지의 용도까지 결정해야 하므로, 임대행정이 매우 복잡해지고, 따라서 토지이용의 효율이나 형평을 달성하기가 어려워질 가능성이 있다. 이러한 문제들은 토지임차권을 경매에 부침으로써 어느 정도 해결할 수는 있다.

적정 임대 기간의 결정도 적정 임대료 결정에 못지않게 어렵고 중요한 과제이다. 임대 기간이 너무 짧으면 빌린 사람들은 빌린 토지의 유용성을 높이기 위한 투자에 소홀할 가능성이 크다. 따라서 토지를 효율적으로 이용하지 못하게 될 뿐만 아니라, 계약만료에 즈음해서 건물이나 기타 시설물의 관리를 게을리하여 노후화를 촉진하는 문제가 발생한다. 그렇다고 토지 보유 및 이용권의 안정성을 위해 임대 기간을 너무 길게 책정하면 도시화나 기타 경제·사회 여건의 변화에 부응해서 토지 용도를 제때 신속히 바꾸지 못함으로 인한 토지이용의 비효율의 문제가 발생한다. 다시 말해서 임대 기간을 둘러싸고 이용권의 안정성과 적응성 사이의 상충관계로 인한 선택의 문제가 제기된다. 주택지에 관해서는 상속을 인정하는 보유 형태가 토지이용의 측면에서 효율적일 수도 있다. 상·공업용지의 경우에는 토지개량공사에 대한 투자수익을 충분히 회수할 수 있게 보장하는 범위 내에서 신축성 있게 임대 기간을 책정해야 한다.

공영개발로 조성된 토지의 도로, 상하수도, 전기시설 등의 공공서비스 요금을 책정하는 것도 골치 아픈 문제다. 정책적으로 낮게 책정할 경우, 그 낮은 만큼 해당 토지에 대한 수요가 몰리게 될 것이다. 이 수요가 지가에 반영되므로 결국 지나치게 낮은 공공서비스요금이 지가를 인위적으로 높이는 하나의 요인이 될 수도 있다. 그뿐만 아니라, 이 낮은 요금은 인구 및 경제활동의 밀도를 적정 수준 이상으로 높임으로서 지가 상승을 더욱더 부채질할 가능성도 있다. 따라서 이 경우 지가가 적정수준(즉 공공서비스요금이 적정수준이었을 때의 지가)을 초과한 만큼 자원배분에서 낭비가 발생한 것으로 볼 수 있다.[31] 공공가격들을 잘못 책정해서 발생하는 이런 여러 가지 문제들이 애당초 정부개입이 의도한 효과를 크게 떨어뜨릴 우려가 있으므로, 공공가격의 책정 문제는 신중해야 할 필요가 있는 어려운 문제이다. 끝으로 한 가지 덧붙일 것은, 공공임대보유제의 경우, 공권력의 개입 정도가 매우 크므로, 그만큼 관련 행정 관료의 높은 자질, 특히 청렴과 성실성이 더 크게 요구된다는 점이다.

공영개발의 이런 여러 가지 문제점 중에서 특히 현실적인 문제점은, 토지보상비가 급상승해서 공영개발이 재정적 어려움을 겪을 수 있다는 점이다. 이런 현실적 문제를 타개하는 한 가지 방법은 택지개발에 민간자본을 끌어들이는 것이고, 다른 하나는 토지구획정리사업의 환지 방식을 활용하는 것이다. 이미 공영개발과 토지구획정리사업을 절충한 토지개발 방식이 자주 제안되었고, 기존의 「도시계획법」의 도시계획사업에 관한 부분과 「토지구획정리사업법」 등을 통폐합한 「도시개발법」이 2000년에 제정되면서 환지 방식이 재조명되었다.[32] 물론, 두 가지 개발방식을 혼용하는데도 여러 가지 절충이 있을 수 있다. 공영개발에 토지구획정리사업의 내용을 가미할 수도 있고, 반대로 토지구획정리사업에 공영개발의 내용을 가미할 수도 있다. 예를 들면, 전자의 경우, 사업 대상 구역의 일부만을 공공 개발주체가 미리 선매 또는 수용을 통하여 취득하고, 개발 후에는 공공시설 용지나 영세민 주택 및 공공임대주택지를 충분히 확보하며, 나머지 사업 대상 구역은 개발 후 토지소유자 개인들에게 정상적으로 환지해 준다. 따라서 개발주체가 전면 매수하지 않고 계획에 필요한 토지만을 매입함으로써 개발비용을 절감할 수 있다. 환지받은 토지소유주들은 개발이익 일부를 누리므로, 공영개발의 경우에 비해서 사유재산권 침해를 덜 받는 장점이 있다. 토지구획정리사업에 공영개발의 내용을 가미할 경우, 예컨대 일정 비율의 토지를 개발주체가 토지소유자로부터 사들이고 나머지 땅에 대해서는 감보율을 적용하여 토지소유주들에게 환지하는 방식이 될 수도 있다. 또한 공공시설 부담금제와 같은 제도를 병행할 수도 있다.

오랫동안 우리나라의 택지개발은 거의 전적으로 지방자치단체나 공공기관이 수행하였다. 민간의 토지개발은 1962년 「도시계획법」에 의한 10,000m 미만의 토지형질변경사업 등 주로 소규모 개발사업만 가능하였고, 1972년에 제정된 「주택건설촉진법」으로 아파트 건설사업과 병행한 대지조성 사업이 허용되었다. 민간의 대규모 토지개발이 허용된 것은 1993년 「국토이용관리법」을 전면 개정하여 준농림지역에서 토지개발사업을 허용한 때부터였다. 이후 민간 부문도 토지개발에 참여시킬 필요가 있다는 지적이 꾸준히 제기되면서 1999년 「택지개발촉진법」의 개정으로 민간부문도 함께 개발사업에 참여하는 민관 합동 개발의 길이 열렸고, 2000년 「도시개발법」제정에 따른 도시개발사업, 2002년 「국토의 계획 및 이용에 관한 법률」제정에 따른 제2종 지구단위계획 사업 등을 통하여 민간부문도 중규모 이상의 토지 및 도시개발 사업을 수행할 수 있게 되었다. 큰 틀에서 보면, 우리나라의 택지개발은 공영개발 방식, 토지구획정리사업 방식, 이 양자를 적절히 절충한 혼용방식, 그리고 민관 합동 개발방식 등에 의해서 수행되었다고 볼 수 있다.[33]

공공투자 사업

토지은행, 토지구획정리사업, 공영개발, 등과 같이 대규모 토지공급을 주목적으로 하지 않는, 정부의 각종 공공투자 사업도 토지이용에 직접·간접적으로 큰 영향을 주는 수단이 될 수 있다. 토지이용과 관련된 중요한 공공투자 사업은 도시계획사업의 한 부분으로 도시계획시설을 설치하는 일단의 사업들이다.[34] 우리나라의 경우 도시계획사업의 종류는 도시계획법에 상세히 열거되어 있는데, 도로, 철도, 주차장 등 교통·통신 및 유통시설, 상·하수도, 공동구, 등 도시기반시설, 공원, 녹지, 학교, 도서관 등 사회복지시설, 각종 오염방지시설과 방재시설 등이 포함된다.[35] 도로나 철도의 개설에서 전형적으로 나타나듯이 공공투자 사업은 직접적으로 토지이용 양태를 변화시킬 뿐만 아니라 많은 경우 지가 상승의 중요한 요인이 된다. 공공투자 사업은 사업지역에 있는 토지의 유용성을 높이기 때문에 토지가치를 높인다. 농지의 비옥도를 높이는 사업은 농지의 생산성을 직접적으로 높임으로써 토지가치를 높인다. 농지를 택지로 개발하면 대부분 경우 해당 토지의 유용성이 더 높아지기 때문에 땅값이 몇 곱절 뛴다. 공공투자 사업은 이같이 토지의 유용성을 직접 높임으로써 토지이용 양태 및 땅값에 직접 영향을 주기도 하지만, 간접적으로 영향을 주는 경우도 무척 많다. 예를 들면 우리나라의 경우 도로 건설 및 교통시설을 위한 공공투자가 매우 많았는데, 제7장에서 설명하였듯이 이런 공공투자는 운송비를 절감시킴으로써 토지이용 양태 및 지가에 광범위한 영향을 미친다.

공공투자는 다른 방법으로 생산비에 영향을 주기도 한다. 농업용수를 공급하기 위한 공공투자, 예컨대 저수지 건설은 더 많은 물을 원활하게 공급함으로써 농산품의 생산비를 절감시켜준다. 다시 말해서 농산품의 비용곡선이 아래로 이동하게 된다는 것이다. 생산비가 절감되면 이윤이 증가한다. 그러나 이렇게 증대된 이윤은 농부들 사이의 치열한 경쟁 때문에 결국 토지소유자들에게 넘어갈 것이다. 즉, 토지지대 소득은 증가하고 땅값은 올라간다. 그러나 저수지 건설의 효과가 여기에서 그치지 않는다. 어떻든 생산비 절감으로 인한 이윤의 증대는 제1차적으로는 기존 토지의 집약적 이용을 유도하고 나아가서 종전에 경작되지 않던 한계농지도 생산에 동원됨으로써 조방적 한계가 넓어지게 될 것이다. 이 두 가지 효과는 결과적으로 농산품 생산의 증가로 이어진다. 만일 이 농산품 생산의 증가가 농산품 가격을 현저하게 떨어뜨릴 정도로 크다고 하면, 장기적으로 토지지대 소득은 감소하고 땅값은 떨어질 것이다. 그렇더라도 만일 지가가 저수지 건설 전의 수준 이하로 떨어지지 않는다면 결국 저수지 건설로 인한 사회적 편익의 일부는 토지지대 소득 증가의 형식으로 지주에게 떨어지고 나머지는 농산품 가격 하락의 형식으로 소비자들에게 떨어질 것이니, 국민의 세금으로 저수지를 건설할 명분이 선다. 농산품 생산이 증가하는 정도에 따라서는 농산품 값이 너무 하락하여, 땅값이 오히려 저수지 건설 전보다 더 낮아질 수도 있다. 이 경우에는 저수지 건설로 인한 사회적 이익이 전부 소비자에게 돌아가게 될 것이다. 하지만, 농산품 생산의 증가가 농산품 가격에 영향을 미칠 만큼 크지 않다면, 저수지 건설로 인한 사회적 편익은 고스란히 지주의 손에 들어간다. 그렇다면 국민의 세금으로 저수지를 건설하는 것은 특정인의 이익만 불리는 꼴이 되고 만다. 그래서 토지 관련 공공투자는 다수에게 고르게 충분한 혜택을 발생시킬 때만, 사회적으로 그 정당성을 인정받게 될 것이다.

토지지대가 증가하면 지가는 상승하기 마련이지만, 이 두 가지가 동시에 이루어지는 것은 아니다. 대체로 보면, 토지지대가 실제로 상승하기 훨씬 이전부터 지가가 상승함이 보통이다. 대부분 경우 공공투자로 인한 혜택 그리고 이로 인한 토지지대 상승이 사전에 충분히 예상되기 때문이다. 예를 들어, 지대가 평당 만원인 토지의 생산성이 공공투자로 인해서 두 곱으로 증가하여 토지지대도 <그림 10- 1>에서 보듯이 t_3 시점부터 두 배로 뛰었다고 가정하자. 할인율이 10%라고 하면 지가는 t_3 시점에서 갑자기 평당 20만 원으로 뛰지 않고 그림에서 보듯이 그보다 훨씬 이전인 t_1 시점부터 서서히 상승하여, 실제로 지대가 두 배로 증가하는 t_3 시점에서 20만 원 수준에 이르게 됨이 보통이다. 만일 할인율이 20%라면 지가 상승 시기는 t_2 시점으로 다소 늦추어지는 대신 그 상승률 이 매우 빨라서 할인율이 10%인 경우보다도 짧은 기간에 공공투자로 인한 혜택이 지가에 충분히 반영된다. 이같이 자본화계수(capitalization factor=할인율의 역수)를 적게 하는 정책이나 요인은 지가 상승 시기를 늦추는 대신 지가가 충분히 상승하는 기간을 단축한다.

그림 10-1 공공투자로 인한 지가의 변동

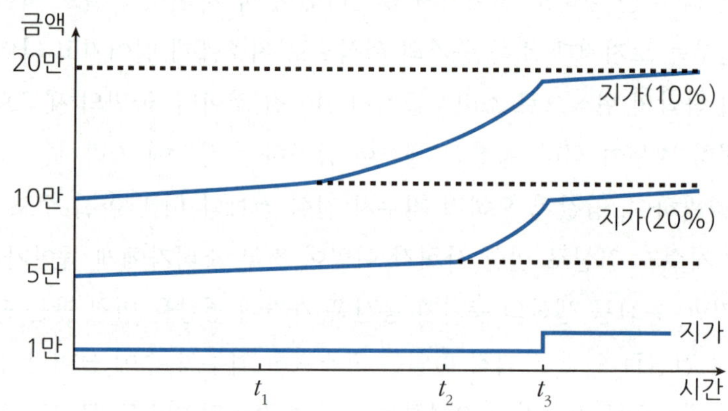

공공투자의 효과는, 이것이 없었을 경우 지가의 자연적 상승추세와 이것이 있었을 경우 지가의 실제 상승추세의 차이로 추정될 수도 있다. 이 차이는 공공투자로 인한 토지가치의 증가분이기 때문에 마셜이 말하는 공공가치이며, 해당 토지의 소유자에게는 소위 우발이익(windfall)이 된다. 반면에 공공투자로 인해 토지를 수용당하는 사람들이나 환경오염 피해를 입는 사람들은 소위 우발손실(wipe-out)을 입게 된다. 대부분의 공공투자 사업은 이같이 어떤 사람들에게는 우발이익을 안겨주고 또 어떤 사람들에게는 우발손실을 입힘으로써 소득분배에 있어서 형평의 문제를 수반하므로 이를 시정하는 조치가 뒤따른다. 그중의 한 가지는 우발이익을 환수하는 것이다.

우발이익의 환수 방법에는 여러 가지가 있다. 개발이익이나 토지가치의 증가에 부과되는 조세는 우발이익의 포괄적 환수 방법이라고 볼 수 있다. 공공투자로 설치된 도시계획시설의 사용료징수나 혹은 수익자부담금은 특히 공공투자 사업의 경우에 많이 이용되는 일종의 개별적 우발이익 환수 방법이라고 볼 수 있을 것이다. 마치 공공임대보유 제도에서 적정임대료 책정 문제가 제기되었던 것처럼 공공투자의 경우에는 적정사용료 혹은 적정수익자부담금의 결정문제가 제기된다.

소득분배의 형평에 너무 집착하여 공공투자로 설치된 공공시설의 사용료(혹은 수익자부담금)를 너무 싸게 책정하면, 그 싼 만큼 우발이익을 충분히 회수하지 못할 뿐만 아니라, 회수되지 못한 만큼 땅값은 뛰게 된다. 땅값이 뛰면 그만큼 후속 공공투자 사업의 투자비 부담은 가중될 것이다. 부적절한 사용료 및 수익자부담금은 의외로 큰 파급효과를 몰고 올 수도 있지만, 그 적정수준을 결정하는 문제는 결코 만만히 볼 수 없는 중요하면서도 어려운 문제다.

2 토지관련 규제

토지이용에 대한 직접 개입 방법은 특정 지역 특정 지점의 토지에 대하여 개별적으로 적용되며, 토지소유권 변경과정을 거쳐 시행됨이 보통이다. 그런 의미에서 직접 개입의 경우에는 공권력이 동원되는 정도가 상당히 크다고 볼 수 있다. 토지구획정리사업이나 공영개발은 어느 지역에 국한되어 실시되며 규모나 내용이 지역에 따라 달라진다. 직접 개입의 경우에는 예컨대 토지소유권자와의 흥정으로부터 시작해서 사업이 끝날 때까지 매우 복잡한 행정적 절차를 거치게 됨이 보통이다. 이에 반해서 토지 관련 규제는 직접 개입보다 더 넓은 공간적 범위에 걸쳐 비교적 획일성을 띠면서 시행된다. 따라서 직접 개입의 경우에 비해서 행정적 번잡의 정도도 비교적 적어진다.

토지 관련 규제에도 크게 세 가지 종류가 있을 수 있는데, 이용 양태를 규제할 수도 있고, 소유에 제한을 가할 수도 있으며, 거래를 제한할 수도 있다. 과거에는 농지의 소유편중을 막고 지주들의 가혹한 지대착취를 방지하기 위해서 개인이 소유할 수 있는 농지의 규모에 상한선을 두거나 택지의 소유편중을 막고 호화주택을 억제한다는 명분으로 개인이 소유할 수 있는 택지에 상한선을 두는 사례가 있었다. 기업의 토지 소유에 제한을 가하는 경우도 많이 있었다. 특히 대기업들이 생산 활동에 직접 이용되지 않는 토지를 과다하게 보유하고 있는 것으로 알려지면서 취해진, 비업무용 토지의 소유 제한 조치가 그 예다. 비업무용 토지가 주로 투기용이라는 이유로 한 때는 정부가 비업무용 토지의 매각을 강제한 적도 있었다. 토지투기를 노린 토지거래를 차단하기 위해서 토지투기가 특히 우려되는 지역의 토지를 사고팔 때는 별도로 정부의 허가를 받아야 하는 사례도 있었다.

이러한 여러 가지 토지 관련 규제 중에서 가장 대표적인 규제는 토지이용에 대한 규제라고 할 수 있다. 그 구체적인 방법은 여러 가지인데, 가장 많이 알려진 것은 전국을 여러 지역으로 나누고, 지역별로 특성에 맞는 용도를 법적으로 지정함으로써 전국을 공간적으로 구획하는 이른바 지역·지구제(zoning)다. 예를 들면, 우리나라에서는 전국을 도시지역, 농림지역, 자연환경보전지역 등으로 나누고 도시지역은 다시 주거지역, 상업지역, 공업지역, 녹지지역으로 나눈 다음, 지역별로 허용되는 토지이용 행위와 허용되지 않는 행위를 법적으로 규정하는, 이른바 용도지역·지구제가 실시되고 있다.

이런 지역·지구제 이외에도 토지이용계획이나 도시계획 등에 입각한 규제도 있으며, 이밖에 토지구획규제(subdivision regulation), 건축규제, 그리고 정부의 각종 인·허가 등이 가장 보편적으로 시행되는 규제 수단들이다. 이러한 수단 중에서 어느 수단을 기축으로 삼느냐는 나라마다 다르다. 이를테면, 미국식의 토지제도에서는 지역·지구제가 중심이 되지만, 서구식 토지제도에서는 도시계획 및 지구상세계획이 중심이 된다. 토지이용계획이나 도시계획 및 지구상세계획은 일정한 공간에서 일어나게 될 토지이용을 미리 예측하고, 이를 합리적으로 조정하고 배치하기 위한 지침들을 담는다. 대체로 보면 도시계획은 일반적인 지침을 담고, 지구상세계획은 세분된 지역의 특성에 따라 구체적인 지침을 담는다.

지역·지구제

우리나라의 토지제도는 지역·지구제를 기본골격으로 삼고 있다. 원래 이 제도는 지역별로 특성에 맞는 용도를 지정하여, 다른 용도를 배제함으로써 해당 지역의 재산 가치를 보호하기 위한 제도였다. 그러나 인구 및 경제활동이 규모가 커지고, 특정 지역에 집중됨에 따라 환경오염이나 재해, 교통 혼잡, 건물 과밀 등을 방지하려는 목적 아래, 보호되어야 할 토지 용도의 위계를 설정하기 위한 제도로 발전되었다. 이 위계의 최우선 순위는 보통 단독주택에 주어졌다. 최근에 와서는 이러한 목적 이외에 현재의 비효율적인 토지이용 상태를 개선하고 토지이용계획에서 제시한 발전 방향으로 토지이용 양태를 유도하기 위해서 현재의 토지이용 행위에 제한을 가하는 정책 수단이 활용되기에 이르렀다. 그리하여 오늘날의 지역·지구제는 ① 특히 나쁜 외부효과의 차단을 통한 토지이용의 효율성 제고, ② 집적이익의 증대, ③ 위생 및 안전상 필요한 최저기준의 설정, ④ 공공서비스를 위한 토지의 원활한 공급, ⑤ 재산권 보호 및 편익 분배의 조정 등 여러 가지 목적을 달성하기 위한 정책 수단으로 이용되며, 때로는 서소득계층을 위한 토지공급 수단으로 이용되기도 한다.

보통 지역·지구제라고 하면 구획된 공간 내에서 허용되는 토지이용 행위들을 유형별로 정의하며, 각 구획된 공간 내에서의 각종 건축물이나 시설물에 대한 구조적 제약을 설정하는 두 가지 성격의 규제를 포함하는 포괄적 의미로 쓰인다. 우리나라의 경우 전자에 관한 원칙적인 사항은 주로 국토이용관리법과 도시계획법에서 규정하며, 후자에 관한 구체적 사항은 주로 건축법, 주차장법 등에서 별도로 자세히 규정하고 있다. 지역·지구제가 효력을 가지려면, 강력한 법적·행정적 뒷받침을 갖춘 규제 수단이어야 한다. 그러나 일단 법적·행정적 뒷받침이 갖추어진 다음에는 빠르게 변하는 현실에 부합해서 이것을 신속하게 바꾸기가 쉽지 않다. 그래서 법적 규제 도구로서의 지역·지구제는 현실 여건의 변화에 대응한 신축성을 잃고 현상 유지 위주로 토지이용 행위를 속박하는 데 치우친 나머지 토지의 효율적 이용을 능동적으로 유도하지 못할 가능성이 있는데, 이 점이 가장 흔히 꼽히는 지역·지구제의 문제점이다. 도시화 그리고 이것이 구체화 되는 토지이용은 많은 변화가 복잡하게 얽히는 과정이므로, 문제의 심각성은 더욱더 커진다.

이러한 근본적인 문제와 결부되어 제기되는 구체적인 문제점들은 대략 다음과 같다. 첫째, 토지개발 및 이용이 지나치게 속박되는 지역의 지가는 떨어뜨리지만 그렇지 않은 지역의 지가를 올리는 경향이 있는데, 이 지가 상승이 광범위한 지역에 걸쳐 큰 폭으로 진행되면 토지개발비용과 건설비용을 인위적으로 크게 상승시킬 우려가 있다. 도시화가 빠른 속도로 진행될 때는, 농지나 녹지를 도시용 토지로 신속하게 바꿀 수 있게 함으로써 도시용 토지의 공급을 늘릴 필요가 있지만, 지역·지구제의 경직성 탓으로 이것이 여의치 못하게 되면 도시지역의 땅값이 크게 뛸 수도 있다. 시장주의자들은 바로 이것이 우리나라 대도시 지가앙등의 주된 원인이라고 늘 주장한다. 어떻든, 지나치게 경직되고 엄격한 지역·지구제는 한편으로는 필요한 토지의 공급을 억제하여 지가의 앙등을 초래하게 되고, 또 다른 한편으로는 토지의 불법 개발 및 이용을 조장할 우려가 있다. 이 불법행위를 일일이 감시하고 적발한다는 것 자체가 많은 행정력과 행정비용을 요구한다.

둘째, 지나치게 많은 면적이 특정 용도의 지역이나 지구로 지정될 우려가 있다. 그 원인은 재산 가치를 유지하거나 혹은 증대시키려는 토지소유자들의 집단적 압력 때문일 수도 있고, 또는 우리나라의 경우처럼 지역·지구로 지정되는 용도가 세분되지 못한 탓일 수도 있다. 어떻든 이러한 과잉 지정은 위치별 토지의 특성을 살린 토지의 효율적 이용을 저해하며, 또한 특정 용도로 지정된 토지소유자들의 재산권을 과잉보호하는 결과를 낳을 수 있다.

셋째, 지역 및 지구가 잘못 지정되거나 혹은 사회·경제적 여건에 신축성 있게 대응하지 못할 경우, 사회적으로 바람직한 토지이용이 배제되거나 혹은 제약의 정도가 적은 토지 용도가 지나치게 많아질 우려가 있다.

넷째, 지역·지구제는 심각한 형평상의 문제를 낳을 수가 있다. 지역·지구제의 실시는 어떤 지역의 지가를 상대적으로 하락시켜서 경제적 불이익을 주고 또 어떤 지역의 지가는 상대적으로 높임으로써 경제적 특혜를 줄 수 있는데, 이런 사례가 많다. 토지수용이나 환경오염과는 달리 지역·지구제의 실시로 인한 경제적 불이익에 대해서는 그 정도가 아주 현저하지 않은 이상 보상하지 않음이 상례이다. 우리나라의 경우 이러한 형평상의 문제는 특히 개발제한구역에서 심각하게 나타나고 있다. 흔히 그린벨트라고 알려진 개발제한구역 제도는 도시와 도시 사이 혹은 도시와 농촌 사이에 완충녹지대를 두어 도시의 무질서한 확산을 막고, 도시 주변의 자연경관을 보전함으로써, 도시 시민들이 도시의 소음, 교통혼잡, 도시 생활의 긴장 등으로부터 해방될 수 있도록 전원적 환경의 확보를 주목적으로 한다. 우리나라에서는 1971년 수도권 일대에 개발제한구역을 지정하면서 전국적으로 확대 실행되었다. 개발제한구역 안에서는 건축물의 건축, 공작물의 설치, 토지의 형질변경, 토지 면적의 분할 등 여러 가지 토지이용 행위들이 법에 따라 다른 어떤 지역보다도 매우 엄격하게 제한된다. 따라서 개발제한구역 주변의 개발 가능 지역의 땅값은 엄청나게 상승하는 반면, 개발제한구역 안의 땅값은 낮은 수준에 묶이기 때문에 개발제한구역 안과 밖의 땅값의 격차가 현저하게 발생하는 문제가 있었다. 이뿐만 아니라, 각종 엄격한 토지이용규제 때문에 개발제한구역 안의 주민들이 도시지역으로 빠져나가면서 부재지주가 많이 발생하였다는 연구 보고도 있는데, 그렇다면 이는 도시인구집중 방지라는 개발제한구역 설정의 취지에 어긋나는 결과라는 지적도 있다.[36] 이러한 문제는 결국 개발제한구역 설정으로 인한 경제적 불이익에 대하여 충분한 보상이 없었기 때문이기도 하다.

한편, 선진국의 경우에는, 지역·지구제가 지나치게 지역사회의 자율에 의해 유영된 결과 저소득계층이나 유색인종의 입주를 조직적으로 봉쇄하기 위한 수단으로 전락함으로써 심각한 형평상의 문제를 발생시켜서 말썽이 되고 있다. 예를 들면, 특정 지역에 한해서 호화주택의 기준에 맞지 않는 건축물의 건설을 금지하면, 결과적으로 특정 계층의 사람들만 이 지역에 입주하여 부자촌이 형성된다. 이런 식의 지역 · 지구제를 특별히 배타적 지역 · 지구제라고 부르기도 한다.

이런 현상을 두고 나타난 이론이 소위 재산가치설이다. 원래 토지이용규제는 도시계획에서 제시하는 도시개발의 목표를 실현하는 대표적 수단인데, 이 이론에 따르면, 지역 · 지구제가 중·고소득계층의 재산 가치를 보호하는 데 그 목적이 있다는 것이다. 즉, 지역 · 지구제는 당초에 내세운 공공성보다는 저소득계층을 위한 주택이나 시설들이 고급 주거지역에 침투하는 것을 방지하기 위한 배타적 규제이며, 결국 지배집단의 이데올로기를 구현하는 수단에 불과하다는 것이다.[37] 이같이 선진국의 경우 토지이용규제가 토지 및 건축물의 가치를 높이는 수단으로 자주 이용되는 반면, 우리나라의 경우에는 땅값을 떨어뜨리는 효과를 낳는 경우가 허다했고, 그래서 많은 민원의 대상이 되었다. 그만큼 우리나라의 여건은 선진국과 상당히 다르다고 할 수 있다. 그러므로 선진국의 토지제도를 섣불리 우리나라에 직수입하는 것은 많은 부작용을 동반할 수 있다.

기타의 토지이용규제

토지를 개발할 때, 개발될 필지(lot)의 크기, 배열, 가로공사, 사유지를 공유지로 전환하는 절차 등에 관하여 여러 가지 매우 구체적인 규제가 있는데, 이를 토지구획규제라고 한다. 개발 이전에 토지구획을 어떻게 하느냐에 따라 개발 후 예상되는 이웃의 주거 형태가 크게 다르게 되는데, 토지구획규제는 소지(raw land)를 택지, 혹은 기타 용도의 토지로 개발함으로 인한 나쁜(부의) 외부효과를 사전에 방지한다는 점에서 필요하다. 이뿐만 아니라 토지의 경제적 이용을 위해서도 토지구획규제는 필요하다. 일단의 소지를 개발할 때 이를 여러 필지의 토지로 잘게 쪼개면, 그만큼 많은 사람이 토지를 소유할 수 있고 또한 다양한 용도로 오밀조밀하게 이용할 수 있다는 이점이 있다. 하지만, 토지이용이 영세화되어 토지이용에 규모의 경제를 이루지 못할 우려가 있다. 그래서 필지별로 분할할 수 있는 최소의 대지 면적이 법적으로 규정된다.

부동산투자가들에게 대한 지침서에는 '면소증가(面小增價)'라는 말이 나오는데, 이 말은 필지의 면적이 작을수록 가격이 높아진다는 뜻이다. 예를 들어, 택지의 경우, 법에 규정된 최소대지면적에 미달하지 않는 이상 면적이 작은 필지일수록 단위당 가격이 비싼 경향이 있다는데, 그 이유는 면적이 작은 토지는 목돈으로서의 매입비 부담이 적어서 매입하려는 사람이 많기 때문이라고 한다. 반면에 상·공업 토지의 경우에는 '면대증가(面大增價)'라는 말이 있다. 즉, 필지의 면적이 넓을수록 단위당 가격이 높아진다는 뜻이다. 생산 규모가 어느 정도 커야만 경제성을 갖는 상·공업용의 경우에는 대지면적이 커야만 규모의 경제를 이룰 수 있기 때문이다.

지방자치제가 활성화된 외국의 경우에 토지구획규제가 갖는 또 하나의 중요한 의도는, 토지개발에 따라 지역사회가 갖추어야 할 도시기반시설 건설비용의 일부를 개발업자에게 부담시킬 권한을 지역사회가 보유하게 하는 것이다. 예를 들면, 지역사회는 토지구획규제를 근거로 토지소유자 혹은 토지개발자에게 소시를 개발할 수 있도록 허용하는 대가로 개발 대상 토지의 일부를 공공목적을 위한 토지로 지역사회에 바치게 요구할 수가 있다.

건축규제란 새로운 건축물의 건축 방법, 과정, 사용될 자재 등과 현존 건축물의 유지와 관리에 관한 일단의 구체적 규제로서, 토지개발을 규제하는 방법으로서는 가장 역사가 오래고 또한 가장 보편적인 방법이기도 하다. 건축규제의 주목적은 화재방지, 건축물의 구조적 안정성, 위생 등에 대하여 사회적으로 용인될 수 있는 최소한도의 수준을 확보하는 것인데, 최근에 와서는 미관상의 요건이 강조되는 경향이 있다고 한다. 우리나라의 경우 건축규제는 주로 건축법에 규정되어 있는데, 건폐율, 용적율, 최소대지면적, 대지 안의 공지, 건물의 높이, 각종 시설물에 대한 제한 등이 규제의 중요한 내용을 이루고 있다. 건폐율이란 대지 면적에서 건축면적(건축물의 바닥면적)이 차지하는 비율을 뜻하며, 용적률이란 대지 면적에서 건축물의 지상층 연면적이 차지하는 비율을 의미한다. 최소대지면적은 바람직한 건축 환경의 조성과 도시미관의 악화 예방을 목적으로 용도지역별로 그 규모가 달라진다. 대지 안의 공지에 대한 규제는 일조량 확보, 화재방지, 사생활 보호 등과 미관 증진을 목적으로 한다. 현재 건축법시행령이 규정하고 있는 대지 안의 공지는 '건축선으로부터 건축물의 각 부분까지 띄어야 하는 거리'와 '인접 대지 경계선으로부터 건축물의 각 부분까지 띄어야 하는 거리'의 두 가지이다.

많은 개발도상국의 토지구획규제나 건축규제는 선진국의 것을 단순 모방한 탓에, 현실 여건과 거리가 먼 규제기준을 설정하는 경우가 흔히 있다. 이 결과, 예를 들면, 사실상의 토지개발 및 건축비용이 저소득계층의 지출 능력을 크게 웃도는 문제가 발생할 수 있다. 다른 법제와 마찬가지로 토지구획규제나 건축규제 역시 일단 법제화되면, 경직화되는 경향이 있고 그래서 규제내용이 사회 여건의 변화나 기술 진보를 따라잡지 못하여, 새로운 토지개발 및 건축 기술의 확산을 늦추게 할 가능성이 항상 존재하기 마련이다. 이러한 규제내용과 현실 여건과의 괴리는 곧 토지개발 및 건축비용을 비싸게 하는 한 요인이 될 수 있다.

토지개발행위나 건축행위의 많은 부분은 정부의 승인을 거쳐 수행됨이 보통인데, 특별한 경우에는 민간인의 토지거래행위도 정부의 승인 절차를 거쳐야 한다. 우리나라의 경우 국토이용관리법에 규정된 토지거래 신고 및 허가제가 바로 토지거래행위에 대한 규제이다. 정부는 토지의 투기적 거래가 성행하거나 성행할 우려가 있고, 지가가 급격히 상승하거나 상승할 우려가 있는 지역을 거래규제지역 혹은 거래 신고지역으로 지정할 수 있는데, 토지거래허가제란 이러한 지역에서 토지를 거래할 때 거래 당사자가 거래 허가를 신청하게 하고, 지가, 토지이용 목적, 그리고 거래 면적의 타당성을 검토한 후, 타당하지 않다고 판단될 경우, 허가하지 않음으로써 거래의 효력을 발생시키지 않도록 하는 제도이다. 토기거래 신고제는 토지거래허가제를 한 단계 완화한 것으로 거래 당사자는 단지 거래 신고만 하고, 거래가 타당하지 않다고 판단되는 경우 정부는 필요한 권고를 할 뿐, 토지거래 자체는 유효하다는 점에서 토지거래허가제와 다르다.

우리나라의 토지 관련 법제상 토지거래 이외의 두 가지 매우 중요한 허가 대상 행위는 토지형질변경과 건축인데, 전자에 관해서는 도시계획법이, 그리고 후자에 관해서는 건축법이 그 구체적인 내용을 규정하고 있다. 도시계획법상 토지형질변경이란 절토(切土), 성토(盛土), 또는 정지(整地) 등으로 토지의 형상을 변경하는 행위와 공유수면의 매립을 의미한다.[38] 토지형질변경에 의한 토지개발은 도시용 토지개발에 흔히 사용되는 세 가지 방법 중 하나다.[39] 나머지 두 가지 방법은 매입에 의한 토지개발과 환지에 의한 토지개발이다. 매입 방법은 공영개발에서 주로 사용되고, 환지 방법은 토지구획정리사업에서 주로 사용된다. 토지형질변경에 의한 개발 방법은 토지소유권을 바꾸지 않는다는 점에서 매입 방법과 다르고 토지위치가 원래대로 유지된다는 점에서 소유토지의 규모와 위치를 변경하는 환지 방법과 다르다. 매입 방법과 환지 방법이 대체로 대규모 토지개발 방식임에 반해서 토지형질변경에 의한 개발방식은 대체로 소규모 개발 가능지를 대상으로 한다. 우리나라의 경우 소지의 개발이 토지구획정리나 공영개발 등을 통해 주로 정부나 공공기관이 주도하고 있음에 반해서, 민간인에 의한 소지의 개발은 대체로 토지형질변경에 국한되어 있다.

3 간접 개입의 수단

토지세

토지세에도 여러 가지 종류가 있으며, 종류에 따라 효과가 달라질 수 있다. 가장 대표적인 토지세는 토지지대 소득이나 토지가치를 과표로 삼아 부과되는 조세이며, 이를 토지가치세라고 한다. 우리나라에서도 옛날에는 토지소유주가 받는 연간 토지임대료를 과표로 삼아 토지세가 부과된 적이 있었는데, 이런 조세는 일종의 토지지대 소득에 대한 토지세라고 볼 수 있다. 그러나 2004년까지 실시되었던 종합토지세나 2005년부터 실시되고 있는 종합부동산세(토지분)는 추정된 토지가치를 과표로 한 토지세이다.

원래 토지가치세란 아무런 인공적인 요소가 투입되지 않은 자연 상태의 토지 혹은 그렇다고 가정한 상태의 토지가치를 과표로 한 토지세를 말한다. 인공구조물이 없는 자연 상태에 가까운 토지의 가치를 과표로 부과되는 토지세를 특별히 부지가치세(site value tax)라고 부르기도 한다. 부지가치세에 가까운 조세로서 옛날 한때 공한지세라는 게 있었는데, 공한지의 가치를 과표로 삼아 부과되는 조세다. 공한지는 토지투기를 위해서 놀리고 있는 토지로 알려져 있었기 때문에 투기를 억제한다는 이유로 특별히 무거운 세금이 부과되었다. 대체로 보아 토지가치세는 전국에 걸쳐 획일적으로 실시되는 일반 토지세의 성격을 많이 가지는 반면에, 공한지세는 토지투기를 억제하고 토지공급을 원활하게 한다는 특정 정책목표를 위한 특수 토지세이다. 엄밀히 말해서 인공적 요소가 전혀 투입되지 않은 토지란 거의 없다고 봐야 한다. 심지어 농토도 지력 향상을 위한 인위적 노력이 없으면 농사지을 수 없는 땅으로 변한다. 그래서 보통 말하는 토지세는 눈에 보이는 인공구조물이 없다고 가정한 상태의 토지가치를 과표로 삼는다.

이같이 토지가치 전체를 과표로 하지 않고 오직 용도 전환 및 토지개발에 따른 토지가치의 증가분을 과표로 징수되는 토지세도 있는데, 이런 토지세를 특별히 토지증가세(土地增價稅, land value increment tax)라고 부르기도 한다. 개발이익에 과세 되는 소위 개발이익세나 개발가치세도 토지증가세의 범주에 속한다고 할 수 있다. 토지양도 때에 부과되는 토지양도세 혹은 양도소득세 등도 토지의 가치증가분을 과표로 징수된다는 점에서 토지증가세의 일종이라고 할 수 있을지도 모르지만 대체로 토지양도세는 토지의 거래에 부과되며 실현된 소득에 부과됨에 반해서, 토지증가세는 양도하지 않고 보유하는 단계에서도 부과되며 또한 반드시 실현된 소득에 대해서만 부과되는 것이 아니라는 점에서 차이가 있다.

토지가치를 과표로 하지 않고 토지면적, 예컨대 경작지 면적 혹은 법적으로 정해진 수준을 초과한 면적을 과표로 삼아 부과되는 토지세도 있을 수 있다. 역사적으로 보면, 토지를 직접 과세 대상으로 삼지 않고 토지의 생산물이나 토지에 부착된 인공구조물, 예컨대 가옥이나 건물의 가치를 대상으로 삼는 조세도 소위 토지 관련세의 이름으로 토지세의 이론에서 자주 다루어지는 조세다. 이렇게 토지세에도 여러 가지 종류가 있지만, 토지세 이론이 중점적으로 다루는 토지세는 토지에 귀속되는 토지지대 소득이나 토지가치를 과표로 삼아 부과되는 토지세이다. 이런 각종 토지세의 경제적 효과에 대해서는 뒤에서 자세히 다루기로 한다.

이같이 여러 가지 토지세가 있다면 가장 바람직한 토지세는 어떤 것인가? 역사적으로 보면, 토지경제학자들이 가장 많이 추천하는 토지세는 부지가치세이다. 이 조세는 결과적으로 토지지대에 부과되는 조세이다. 앞장에서 자세히 살펴보았듯이, 토지지대는 경제적 잉여의 성격을 가지는 소득이다. 부지가치세는 그런 소득을 사회적으로 환수한다는 중요한 의미를 가진 조세다. 부지가치세는 토지세 중에서는 바람직한 조세의 요건을 가장 잘 갖춘 조세로 인정받고 있을 뿐만 아니라, 특히 일반재산세가 여러 가지 문제를 노출하면서 하나의 좋은 대안으로 떠오르게 되었다. 그러나 아무리 부지가치세가 바람직한 조세의 요건을 잘 갖추고 있다고 하더라도 하루아침에 일반재산세를 부지가치세로 대체하는 데에는 현실적인 어려움이 너무 많다. 특히 조세저항이 심각한 애로가 된다. 그래서 부지가치세나 토지가치세를 높이 평가하는 토지경제학자들은 일반재산세에서 토지분에 대한 세율은 점차 높여가고 그 대신 가옥이나 건물 등 토지 이외의 부분에 대한 세율을 점차 낮추어가는 점진적 개선안을 권고하고 있다. 이같이 부지가치세(토지가치세)의 비중을 점차 늘리고, 다른 재산세의 비중을 점진적으로 줄이는 절충적 재산세제도를 특별히 복수세율 재산세제도라고 부르기도 한다. 비록 토지경제학자들이 많이 추천했다고는 하지만 현실에 있어서는 이런 제도가 실제로 시행되는 사례는 그리 많지 않다.

토지가치의 평가 혹은 지가추정

토지시장의 거래를 원활하게 하기 위해서나 또는 정부의 각종 토지 관련 사업을 수행하는 데에는, 지가에 대한 정보가 매우 긴요하다. 위에서 설명한 각종 토지세는 대체로 토지가치를 과표로 부과되므로, 과표 산정에 지가 자료가 꼭 필요하다. 도로 건설을 포함한 각종 공공투자 사업에 필요한 토지의 매입이나, 정부 보유 토지의 매각 등 토지 관련 정부 정책의 시행도 지가 자료를 바탕으로 한다. 토지투기 예상 지역의 토지거래 규제에도 투기가격과 적정가격에 대한 정보가 중요한 자료가 된다. 토지는 좋은 담보물이므로 돈을 빌리는 기업들과 돈을 빌려주는 금융기관 혹은 사채업자들의 거래에도 지가 자료는 요긴하게 이용된다.

이같이 지가에 대한 정보가 매우 요긴하게 그리고 광범위하게 이용됨에도 불구하고 제1장에서 말했듯이 대부분 경우 땅값을 잘 알지도 못하고, 땅값은 잘 알려져 있지 않다. 대한민국의 대부분 토지에는 사실상 땅값이 형성되어 있지도 않다. 따라서 공신력 있는 기관이 땅값을 별도로 추정해서 널리 알려줄 필요가 있다. 우리나라에서는 정부가 법에 따라 전국의 땅값을 조사하고 추정해서 공시한다. 이렇게 공시된 지가를 공시지가라고 한다. 엄밀히 말하면 지가를 추정한다기보다는 토지가치를 평가한다고 표현하는 것이 좋을 것이다. 토지가치의 평가는 부동산 가치 평가의 한 부분으로 이루어지는데, 부동산 가치를 평가하는 전통적 기법으로는 보통 크게 세 가지가 자주 꼽힌다. 소득-자본화(income-capitalization) 방법, 시장 비교(market comparison) 방법, 대체비용(replacement cost) 방법이 그것이다.

(1) 소득-자본화 방법(수익환원법)

이 방법은 평가대상 부동산에 대하여 미래에 발생할 것으로 예상되는 지대소득을 추정하고 이를 자본화 공식에 따라 자본화함으로써 그 가치를 평가하는 기법이다. 다른 부동산평가기법과는 달리 미래의 여건 변화를 적극적으로 수용할 수 있다는 점이 이 방법의 장점이라고 할 수도 있으나, 동시에 단점이라고 말할 수도 있다. 왜냐하면, 많은 경우 미래의 지대소득을 정확하게 예측하기 매우 어렵기 때문이다. 그래서 실제에 있어서는 과거와 현재의 실현된 지대소득을 적절히 조정하여 부동산 가치를 평가한다.[40] 예를 들면, 도시용 토지의 경우 과거와 현재의 계약지대 혹은 임대료 소득 혹은 추정된 지대소득을 기준으로 여기에 이웃의 특성, 해당 도시의 경제적 기반, 해당 지역의 발전 가능성 등을 종합적으로 고려해서 해당 토지가치를 평가한다. 농업용 토지의 경우에는 흔히 과거 5년 혹은 10년간의 평균 수확고를 토대로 해당 토지의 비옥도 및 생산성에 관련된 물리적·생물학적 기반을 고려해서 평가한다. 예를 들어서 이렇게 추정된 토지 지대 소득이 y라고 하면, 할인율이 r%이고 지가상승률(부동산수익의 기대 상승률)이 a% 라고 할 때, 해당 토지의 가치 V는 다음과 같이 계산된다:

$$V = \frac{y}{(r-a)}$$

이같이 토지지대 소득을 실질 할인율 $(r-a)$로 나누어서 토지가치로 환원한다고 해서 소득 자본화 방법을 부동산평가업계에서는 보통 수익환원법이라고 부르고 $(r-a)$를 환원률이라고 부른다. 어떻든 이 방법에서 환원률을 어떻게 잡느냐가 큰 논쟁거리인데, 보통 부동산평가업계에서 사용하는 할인율 r은 3년 만기 회사채수익률에 위험프리미엄을 더한 값이며, a는 명목 GDP(국내총생산)의 성장률이다.[41] 만일 위험프리미엄의 값을 알기 어려운 경우에는 이를 물가상승률로 대체하기도 한다. 이렇게 하면 환원률은 사실상 회사채수익률에서 실질경제성장률을 뺀 값이 될 것이다. 물론 공공기관에서 평가할 때는 다른 방법으로 환원률을 결정할 것이다. 예를 들면, 회사채수익률 대신 국채수익률을 이용하는 것이 더 합당할 수도 있다. 어떻든 환원률에 대해서는 이견이 분분하고 계산하는 방법에도 여러 가지가 있다.[42]

(2) 시장 비교법(매매사례비교법)

소득 자본화 방법에서 사용하는 위의 공식은 제6장에서 소개한 부동산가격 결정 일반식과 같다. 결국 소득 자본화 방법은 부동산가격 결정 일반식을 응용한 방법인데. 이 방법에서 추정한 부동산 가치는 부동산시장에서 수요와 공급이 균형을 이루었다고 가정한 상태에서 형성될 가격에 대한 이론적 추정치에 불과하다. 따라서 이 방법으로 추정된 부동산 가치가 부동산시장의 실제 가격과 거리가 멀 수도 있다. 그래서 실제 시장의 수요·공급의 여건을 좀 더 충실히 고려해서 부동산 가치를 평가해 보려는 방법이 시장 비교 방법이다. 이 방법은 특히 토지의 가치를 평가하는 경우 자주 이용되는 방법이다.

엄밀히 말해서 이 세상에는 똑같은 토지란 있을 수 없으므로, 지점별·위치별로 지가는 달라져야 할 것이다. 그러나 실제에 있어서는 반드시 그렇지도 않다. 어떤 토지가 시장에서 거래되어 그 가격이 형성되면, 이와 비슷한 토지의 가격도 이 가격에 준하여 결정됨이 보통이다. 어떤 부동산을 매입할 때 충분한 정보를 가지고 있는 매입자는 비슷한 부동산의 가격보다 더 비싼 가격을 해당 부동산에 치르려고 하지 않을 것이다. 시장 비교 방법은 이런 점에 착안한 방법인데, 평가대상 부동산과 여러 가지 측면에서 흡사하여 충분히 대체될 만한 부동산들의 실제 거래사례를 수집하여 거래가격 및 거래조건을 분석하고 이를 바탕으로 평가대상 부동산의 가치를 평가하는 방법이다. 이같이 실제의 거래사례를 바탕으로 하므로 이 방법을 부동산평가업계에서는 흔히 거래사례비교법 혹은 매매사례비교법이라고 부른다. 실제 거래가격은 시장에서의 수요와 공급을 반영한 가격이기 때문에 시장 비교 방법은 비교적 실제 시장가격에 가깝게 평가할 수 있다는 장점을 가진 방법이다. 이 방법은 비교적 표준화되어 있으며, 시장 거래가 활발한 지역의 근처에 있거나 시장에서 거래될 가능성이 큰 부동산, 특히 공지나 단독주택을 평가할 때, 아주 효율적인 방법으로 알려져 있다.[43]

이 방법에서 가장 중요한 부분은 대표성이 있는 매매사례를 다수 확보하는 일이다. 따라서 평가대상이 되는 부동산과 유사하면서도 비교적 최근에 거래된 부동산의 매매사례를 수집하되 이들 중에서 대표성이 없다고 생각되는 사례를 제거해야 한다. 이를테면, 정부 기관이 매매당사자였을 경우의 거래는 일반적으로 대표성이 없는 사례로 여겨진다. 왜냐하면, 정부가 개입된 매매에는 강제성이 개재될 가능성이 있고, 광고도 제대로 되지 않아 결과적으로 가격이 왜곡되기 쉽기 때문이다. 이 밖에 가족 사이의 매매라든가, 계열기업 사이의 매매와 같이, 관련자 사이의 매매, 자선단체에 대한 매매나 급매물의 매매와 같은, 당사자 간의 편의에 의한 매매도 대표성이 없는 매매로 여겨진다. 평가자는 우선 대표성이 있는 매매사례를 놓고 평가대상 부동산 그리고 이와 비교하게 될 부동산, 즉 비교 대상이 되는 부동산을 선정한다. 그런 다음, 평가대상 부동산의 특성과 비교 대상이 되는 부동산 사이의 우열 차이를 가려내고 이를 바탕으로 평가대상 부동산의 가치를 추정한다.

이 방법을 이용하여 추정한 가치가 설령 시장의 실제 상황을 잘 반영한 가치라고 하더라도 그것이 반드시 올바른 가치라고 단정할 수는 없다. 예를 들어서 부동산투기 열풍이 거세게 불어서 실제 매매사례들이 거품을 잔뜩 품은 가격들이라고 하면, 결국 시장 비교법을 이용하여 추정한 가치 역시 거품이 잔뜩 들어간 가치가 된다. 그런 부동산 가치를 시장 거래의 지표로 인정한다는 것은 투기를 인정한다는 뜻이다. 부동산투기 억제가 정부 부동산정책의 제1차적 목적이 되어 있는 상황에서 거품이 낀 가격으로 시장에서 부동산이 거래되는 것을 용인하는 것은 앞뒤가 맞지 않는다.

설령, 투기 열풍이 없다고 해도 시장 비교법을 이용하여 추정한 부동산 가치가 사회적으로 타당한 것이라고 보기 어려운 경우가 얼마든지 있다. 국지화되어 있다는 점이 토지시장의 특징이라고 제4장에서 언급하였지만, 토지소유자가 눈에 띄게 독점력을 행사하고 있을 때는 지가 속에 독점이익이 포함된다. 이런 때 시장 비교법으로 추정된 지가가 해당 토지의 사회적 가치를 적절히 반영한 지표라고 보기 어렵다.

(3) 대체비용법(원가법 혹은 재생비용 방법)

부동산 가치를 평가하는 세 번째 방법은 대체비용(replacement cost) 방법이다. 이 방법은 원가법 혹은 재생산비용법이라고 불리기도 하는데, 평가대상 부동산과 동등한 대체품을 공급하는 데 필요한 비용, 혹은 평가대상 부동산을 다시 생산할 경우, 예상되는 비용에서 평가대상 부동산이 낡은 만큼 감가상각한 값을 바탕으로 평가하는 방법이다. 이 방법은 재화의 가치가 그 생산비에 의해서 결정된다는 고전학파의 이론에 입각한 방법으로, 만일 부동산의 시장가격이 생산비에도 미치지 못한다면 그 부동산은 공급되지 않을 것이라는 논리를 바탕으로 하고 있다. 이 방법은 부동산의 가치를 추정하는 데에 많이 이용되는 경향이 있지만, 토지의 평가에도 이용하지 말라는 법은 없다.

우리 주위에서 이용되고 있는 토지 대부분이 자연 상태의 토지가 아니라, 많은 돈을 들여서 '가공한' 토지이다. 따라서 토지공급자의 시방서(示方書)를 기초로 토지공급에 사용된 비용을 소지비(素地費), 자재비, 인건비, 기타 제경비로 나누어 추정한 다음, 합산하여 평가대상 토지의 가치를 추정할 수도 있다. 대한민국 토지 중에서 연간 거래되는 토지는 극히 일부분에 불과하다. 시장에서 잘 거래되지 않는 토지의 가치를 평가하거나 공공건물이 들어선 토지와 같이 매매가 잘 성립하지 않는 경우는, 시장 비교법을 사용하기가 곤란할 수도 있다. 이럴 때, 대체비용법이 가장 무난한 방법일 수도 있다.[44]

이상에서 소개한 세 가지 방법은 각각 일장일단이 있고 상호보완적 성격을 가진다. 따라서 그 어느 한 가지 방법이 가장 좋은 방법이라고 말하기 곤란하다. 그런데도 우리나라에서는 토지가치 평가가 시장 비교법, 한 가지에 지나치게 의존하고 있어서 문제라는 지적도 있다.[45] 가능하면, 세 가지 방법을 모두 동원해서 얻은 결과를 놓고 조정하여 최종 평가치를 유도하는 것이 바람직할 것이다. 다만, 평가대상 부동산의 성격과 종류, 측정 시기, 측정목적에 따라 어느 특정 방법이 다른 방법보다 좀 더 유용한 경우는 있을 수 있다. 예를 들면, 평가 작업을 거쳐 최종적으로 얻어내려는 평가치가 사회적 적정가격인지 혹은 시장에서 실현될 가능성이 가장 큰 가격인지에 따라 어느 방법에 더 큰 비중을 둘 것인지가 달라질 수는 있다. 만일 시장에서 실현될 가능성이 가장 큰 가격을 평가의 목표로 삼는다면, 다른 방법들보다는 매매사례비교법에 더 큰 비중을 두는 것이 좋을 것이다. 그러나 이미 실현된 가격이든 혹은 추정한 가격이든 일단 공시되면 그 가격은 모든 경제행위자의 경제적 결정을 주도하는 지표의 역할, 혹은 신호등의 역할을 한다. 1980년대 후반에서처럼 시장에서 형성된 지가에 거품이 잔뜩 껴 있을 때, 정부가 엄청난 비용을 투입해가면서 그런 가격을 알아내서 공시하는 것이 과연 타당한가의 의문이 제기될 수 있다. 그러므로 만일 그런 거품이 제거된 '참된 가격'의 추정이 평가의 목표라면, 소득 자본화 방법에 더 큰 비중을 두는 것이 합당할 것이다. 거품은 시장근본 가치를 초과한 부분이고, 시장근본 가치는 일단 매입한 토지를 되팔지 않고 영원히 소유하면서 최선의 용도로 이용했을 때 기대되는 소득을 자본화한 값으로 정의되므로 이런 정의에 가장 근접한 방법은 소득 자본화 방법이라고 볼 수 있기 때문이다.

4 부동산 간접투자 시장의 활성화

부동산 유동화와 부동산 간접투자

부동산시장이 원활하게 잘 돌아가도록 여건을 조성하는 것도 정부의 중요한 업무다. 달리 말하면, 부동산시장을 활성화한다는 것인데, 여기에는 새로운 형태의 시장을 창출하는 것도 포함된다. 시장주의자들은 흔히 자본주의 시장이 자생적으로 발생하고 발전한 것처럼 주장하고 있으나 사실은 서구의 자본주의가 절대왕정의 강력한 의지와 지원 아래 형성되고 발전하였으며, 우리나라의 자본주의도 정부 주도로 이루어졌음은 잘 알려진 일이다. 그만큼 자본주의 시장의 형성과 발전에 정부의 역할이 매우 중요하다. 특히 부동산시장에서는 더욱더 그렇다.

마치 1998년 IMF 외환위기가 우리의 경제구조를 획기적으로 바꾼 중요한 계기가 되었듯이 이 위기는 우리나라 부동산시장의 변천 과정에서 중요한 분수령이 되었다. IMF 외환위기 이전에는 우리나라 부동산시장이 늘 과열 상태에 있었으므로 정부의 부동산정책은 이 과열을 적절히 식히는 데에 초점이 맞추어져 있었다. 그러나 IMF 외환위기 이후 경기침체가 수시로 찾아왔고 그때마다 정부는 부동산경기를 살리기 위하여 온갖 노력을 기울였다. 결과적으로 우리나라 토지 및 부동산정책은 크게 두 가지 유형으로 나누어볼 수 있다. 그 하나는 가격 안정 정책이고, 다른 하나는 경기 활성화 정책이다. 과거 한때 가격 안정 정책의 핵심은 투기 억제정책이었다. 가격 안정 정책으로 수요의 측면에서는 거래규제, 조세 강화, 금융규제 등을 통한 수요억제가 주를 이루었고, 공급 측면에서는 분양을 통한 신규 공급 및 임대주택 공급의 확대가 대표적인 조치라고 할 수 있다. 재건축, 공급 측면의 각종 규제의 강화, 그리고 분양가상한제도 등도 가격 안정을 위한 주요 정책이었다.

경기 활성화 대책으로는 각종 규제의 완화와 함께 보조금과 세제 지원을 통한 수요 진작, 그리고 대규모 건설 등을 꼽을 수 있다. 1980년 택지개발촉진법이 시행되면서, 전국에 각종 택지개발과 신도시 건설이 활발하게 이루어졌다. 2013년에 제정된 도시재생특별법은 도시개발과 더불어 도시재생사업이 체계적으로 추진될 수 있도록 제도적 기반을 마련함으로써 도시재생이 부동산산업의 새로운 먹거리 사업으로 자리매김하게 되었다.[46]

토지 및 부동산이 부 축적의 좋은 수단이라고는 하지만, 여러 가지 흠을 안고 있는 것도 사실이다. 그중에서도 세 가지가 자주 꼽힌다. 첫째, 다른 자산에 비해 환금성이 떨어진다. 주식이나 외환은 즉시 현금으로 바꿀 수 있지만, 부동산을 매각하는 데에는 상당한 시간과 노력이 소요되므로 급전 마련이 어렵다. 둘째, 부동산은 대체로 억대의 고액 자산이라서 큰 목돈을 가지지 못한 일반서민들이 쉽게 접근할 수 있는 재테크 수단이 아니다. 셋째, 다른 일반 상품에 비하여 고도의 전문지식이 필요하다. 어떤 곳의 어떤 부동산이 앞으로 얼마나 많은 수익을 올릴 것인지는 사실 전문가들도 쉽게 답하지 못한다. 이 세 가지 단점이 부동산시장을 활성화하는 데 큰 걸림돌이 되는데, 이를 어느 정도 해소하는 한 가지 효과적인 방법이 이른바 부동산투자회사다.

부동산투자회사는 주식을 발행하여 다수의 투자자로부터 자금을 모으고 이를 부동산에 투자하여 수익을 창출한 다음 투자자인 주주에게 이를 배당하는 상법상의 주식회사다. 부동산에 관해서 깊은 전문지식이 없고 큰 목돈도 가지지 못한 일반 서민들도 부동산투자회사의 주식을 매입함으로써 간접적으로나마 부동산에 투자할 수 있게 된다. 투자가가 부동산을 직접 매입하는 것이 아니라 단지 지분만을 매입하는 것이므로, 필요 시 주식시장에서 그 지분을 매각함으로써 언제든지 현금을 확보할 수 있다. 부동산투자회사는 직·간접적으로 부동산 전문가들에 의해서 운영되므로 부동산에 관한 한 전문지식을 갖춘 기구라고 할 수 있다. 따라서 부동산투자회사에 투자하면 투자자 개인이 전문지식을 갖추고 수익성 높은 부동산을 찾아 뛰어다닐 필요가 없다. 이같이 부동산투자회사는 부동산의 세 가지 단점을 어느 정도 해소하는 길을 열어줌으로써 부동산시장을 활성화하는 데 큰 도움이 된다. 개별 투자가의 처지에서 보면, 부동산에 직접 투자하는 것이 아니라 간접적으로 투자하는 것이므로 부동산투자회사는 간접투자의 매체라고 할 수 있다. 여기에서 부동산 간접투자라는 것은 투자자가 직접 부동산을 취득, 매각, 임대, 관리 등을 통해 수익을 올리는 것이 아니라, 부동산에 전문적으로 투자하는 '투자기구'에 투자함으로써 부동산 투자 대상에서 발생하는 수익으로부터 간접적으로 배당받는 투자방식을 의미한다. 다시 말해서, 부동산투자회사의 지분을 매입하여 그 가치를 공유하는 것이다.

시중에서 흔히 리츠(REITs: Real Estate Investment Trusts)라고 불리는 부동산투자신탁 회사는 2001년 「부동산투자회사법」이 제정되면서 본격적으로 도입되었다.[47] 리츠는 부동산 투자회사에 투자하는 상품이라고 할 수 있는데, 소액으로도 투자가 가능하다. 리츠는 주식시장에 상장되어 있으므로 일반인들도 쉽게 사고팔 수 있다. 사실, 「부동산투자회사법」이 제정되기 훨씬 전부터 일종의 부동산투자회사가 존재하였다. 우리나라는 1998년 외환위기를 극복하는 과정에서 선진국 시장에서 이미 활성화된 많은 투자 상품을 도입하였는데, 그중 하나가 리츠 제도였다. 2000년대 들어 아시아권에서도 우리나라를 비롯하여 호주, 일본, 홍콩, 싱가포르, 말레이시아 등에서 리츠 시장이 도입되었고, 세계 여러 나라들이 리츠 제도를 도입하면서 전 세계 리츠 시장의 규모는 매우 빠르게 커지고 있다. 이같이 리츠 시장이 커진 이유 중의 하나는 그 수익률이 높았기 때문이다. 저금리 기조가 시작된 2012년 이후에도 리츠 수익률은 회사채의 2배, 예금금리의 3배 이상으로 높았다.[48]

부동산신탁제도는 부동산의 소유자가 여러 가지 사정으로 직접 재산을 관리할 수 없을 때, 부동산 전문 회사에게 그 재산의 관리, 이용, 개발, 처분에 관한 권리를 이전하고, 그에 따른 수익 일부를 되돌려 받는 제도이다. 토지신탁은 부동산신탁의 한 유형인데, 토지는 있으나 자금이 없어 건물을 짓지 못하는 경우 신탁회사가 그 토지를 수탁받아 개발 후 이익을 분배하는 제도이다. 토지신탁제도는 국토의 효율적 이용을 촉진하고 개발에 필요한 대지의 공급을 원활하게 해주는 데 그 의의가 있다.

리츠와 비슷한 것으로 부동산 펀드라는 것이 있는데, 부동산 펀드란 자산운용회사가 투자자로부터 자금을 모아 부동산에 투자하고, 그 수익을 투자자에게 배당하는 간접투자상품을 말한다. 다시 말해서, 부동산 펀드는 투자자금을 전문 자산운용회사에게 맡김으로써 부동산 관련 자산에 투자하는 상품이다. 다만, 부동산 펀드는 부동산에만 투자하는 것이 아니라는 점에서 리츠와 차이가 있다.

부동산신탁제도를 비롯한 일반적인 신탁제도는 1961년 「신탁법」의 제정으로 법적 근거가 마련되었고, 1998년 이 법의 개정 그리고 「국유재산법」과 「지방재정법」의 개정을 통하여 토지신탁제도가 확대되었다. 그리고 IMF 외환위기가 부동산신탁회사의 사업 범위를 넓히는 계기가 되었다. 외환위기 이후 경기회복 정책의 일부로 부동산금융을 활성화하기 위한 자산 유동화가 중요한 당면과제로 떠올랐는데, 1998년 「자산유동화에 관한 법률」의 제정에 따라 자산담보부증권(ABS), 주택저당채권담보부증권(MBS), 등 제6장에서 소개한 여러 가지 파생상품들이 순차적으로 도입되었다. 이에 따라 부동산투자신탁 회사의 투자 대상도 산업용 부동산뿐만 아니라 ABS, MBS, 부동산투자회사의 증권 등 다양화되었다. 이같이 우리나라의 부동산금융 분야의 급속한 발전은 주로 IMF 외환위기를 전후해서 이루어졌는데, 부동산금융은 부동산의 개발, 매입, 운영 및 관리 등을 위한 자금을 공급하는 시스템으로, 자금 공급자 및 부동산 소유자에게 투자 또는 대출의 기회를 제공하며, 거시적으로 부동산의 활용을 촉진하는데 그 의의가 있다.

부동산투자회사 제도는 1960년 미국에서 처음 도입된 것으로 알려져 있으며, 그 이후 1980년대까지 미국과 호주 등 일부 국가에서만 운영되었다. 그러나 특히 2000년대 이후 자본시장과 부동산시장의 통합이 전 세계적인 추세로 진전되면서 부동산의 유동화 및 증권화의 한 방편으로서 부동산투자회사는 아시아 및 유럽지역에서 빠른 속도로 퍼졌다.[49] 본래 부동산투자회사는 간접투자 제도의 한 유형이다. 우리나라 부동산시장은 주식시장, 채권시장 등 다른 시장에 비해 상대적으로 낙후되어 있었다. 그래서 선진국에서처럼 부동산시장을 전문화, 대형화, 선진화시키고 부동산 투자·운영 관련 전문기관과 전문 인력을 양성함으로써 국제경쟁력을 확보하기 위해서 부동산 간접투자의 활성화가 필요했고 이런 필요에 부응해서 부동산투자회사법이 제정되었다.

우리나라의 부동산투자회사: 리츠(Reits)

그러나 우리나라의 부동산투자회사 제도는 간접투자 그 자체보다 1998년 외환위기 당시 정부의 큰 골칫거리였던 기업구조조정을 지원하고자 도입되었다.[50] 외환위기 당시 대기업 집단의 보유자산 중 40% 이상이 부동산이었다. 외환위기 이후 부동산 과다 보유 기업과 금융기관들은 부채비율 감소 및 기업구조조정을 위하여 보유하고 있는 부동산을 매각하려고 하였으나, 이를 매수해줄 투자가가 쉽게 나타나지 않아서 기업의 구조조정이 지연되었다. 그런 와중에 1980년대 말 미국과 호주의 부실 금융기관 처리 과정에서 볼 수 있듯이, 부동산을 소액단위로 증권화한 후 주식시장에 상장하고 유통할 경우, 기업과 금융기관의 구조조정이 효과적으로 촉진된다는 사례가 알려지게 되었다.[51] 그래서 많은 사람으로부터 자금을 모집하여 기업의 부동산을 매입하도록 함으로써 기업이 부동산 매각대금을 자신의 구조조정에 활용하게 하는 방안이 모색되었다. 이런 연유로 2000년에 제정된 부동산투자회사법이 시행되기도 전인 2001년에 정부는 이 법을 부랴부랴 개정하면서 부실기업의 채무상환을 위한 부동산에 전문적으로 투자하는 '기업구조조정 부동산투자회사(Corporate Restructuring REITs)' 제도를 도입하게 되었다.[52] 이런 특이한 형태의 부동산투자회사를 흔히 CR-리츠라고 부른다.

이로써 우리나라에서는 간접투자 취지를 최대한 살린 '자기관리-리츠'가 나타나기 훨씬 이전에 정부 정책의 일부로 기업의 구조조정을 원활하게 하기 위한 CR-리츠가 부동산시장에서 독판치게 되었다. 리츠의 원형인 자기관리-리츠는 부동산에 투자하는 실체가 있는 상법상 주식회사다. 상근 임직원과 자산운용 전문 인력을 두고서 자산의 투자, 운용을 직접 관리한다. 반면에 CR-리츠는 실체가 없는 한시적 명목회사(paper company)로서 자산의 투자, 운용 및 일반사무 관리는 제3자(자산관리회사, 사무수탁회사)에 위탁하여 운용한다. 기업의 구조조정 지원이라는 정책 목적을 위하여 정부는 CR-리츠에게 다양한 특혜를 부여하였다. 명목회사인 CR-리츠와는 달리 자기관리 리츠는 30% 정도의 법인세를 부담해야 하므로 그만큼 수익률 면에서 불리하였다. 그래서 자기관리 리츠는 CR-리츠보다 훨씬 뒤에 우리나라 부동산시장에 등장하게 되었다.

2004년에는 「간접투자자산 운용업법」에 의한 부동산 간접투자기구(펀드)가 출시되기 시작하였고, 2005년에는 부동산투자회사의 설립요건을 대폭 완화하는 방향으로 법이 개정되면서 위탁관리-리츠가 도입되었다. 위탁관리-리츠는 일반부동산을 대상으로 한다는 점에서 자기관리 리츠와 비슷하지만, 상근이 없는 명목회사라는 점, 그리고 다른 회사(자산관리회사)에 위탁하여 운용한다는 점에서 CR-리츠와 같다. 위탁관리-리츠는 존속기간을 자산관리-리츠처럼 영속적으로 할 수도 있고 CR-리츠와 같이 한시적으로 할 수도 있다. [표 10-1]에서 보듯이 2005년 법 개정으로 크게 세 가지 유형의 부동산투자회사가 나타나게 되었다. 그 어느 유형이든 부동산투자회사는 부동산에 투자할 목적으로 설립된 회이므로 총자산의 70% 이상을 부동산에 투자하여야 한다. 설립 시 발행주식 총수의 30% 이상을 일반인의 청약에 제공하여야 하고, 부동산에 투자하여 올린 수익 중 배당가능이익의 90% 이상을 배당하여야 한다.

표 10-1 부동산투자회사의 유형

	위탁관리 리츠	기업 구조조정 리츠 (CR-리츠)	자기관리 리츠
회사 형태	명목형	명목형	실체형 (임직원 상근)
투자 대상	부동산 매입 · 운영 · 개발	기업구조조정용 부동산 매입 운영	부동산 매입 · 운영 · 개발
최저자본금	50억 원	50억 원	70억 원
자산구성	부동산 70% 이상	기업구조조정용 부동산 70% 이상	부동산 70% 이상

부동산투자회사 도입 직후인 2002년에는 4개 부동산투자회사가 운영되고 있었고 이들의 총자산규모는 5,584억 원이었는데, 2012년에는 72개로 늘었으며 이들의 총자산규모는 9조 5,291억 원에 이르렀다. 2014년 말 현재 총 98개 리츠에 운영 규모(자산규모)가 14.9조 원이었으며, 이 중 위탁관리 리츠가 56개, 기업구조조정 리츠가 31개, 자기관리 리츠가 11개이다.[53] 자산규모의 면에서 보면, 그 14.9조 원 중에서 위탁관리 리츠가 61.2%, 기업구조조정 리츠가 36.0%를 차지하고 있고, 자기관리 리츠는 2.8%를 차지하고 있을 뿐이어서 2014년까지 우리나라 리츠의 대부분 리츠의 원형이 아닌, 위탁관리 리츠나 기업구조조정 리츠다. 이들이 투자한 부동산을 분석해 보면 업무용 사무실 건물이 58.1%, 유통 판매 시설이 18.2%, 주택이 15.6%, 호텔이 4.1%, 공장이 2.2%였다. 이것을 보면, 리츠가 선호하는 투자 대상이 대형 업무용 빌딩이라는 것을 알 수 있다.[54] 2002년 이후 리츠의 평균배당률은 매년 7%~8% 이상으로서 회사채수익률이나 예금은행 수신금리에 비해서 월등히 높았다. 2002년부터 10여 년간은 평균적으로 회사채의 1.5배, 예금금리의 2배 정도의 차이를 보였으나 저금리 기조가 시작된 2012년 이후에는 회사채의 2배, 예금금리의 3배 이상으로 수익률의 차이가 더 벌어졌다.

부동산 유동화 및 부동산투자회사의 빛과 그늘

많은 전문가가 부동산투자회사 제도의 전망을 밝게 보고 있다. 우선, 이들은 부동산시장과 자본시장이 더 긴밀하게 통합되는 세계적인 추세가 우리나라에 밀려오면서 부동산 증권화 및 유동화가 더욱더 탄력받을 것으로 전망하고 있으며, 직접투자보다는 간접투자를 선호하는 거대한 외국 부동산 자본이 우리 시장을 넘보고 있으므로 이들의 투자유치를 위해서라도 리츠 시장을 좀 더 활성화할 필요가 있다고 말한다.[55] 저성장, 중·저금리, 저투자 여건 속에서 높은 수익률을 찾아다니는 유동성 자금이 상대적으로 풍부하다는 점도 부동산에 대한 직·간접투자의 전망을 밝게 하고 있다.

이와 함께 우리나라 기업과 가계가 지나치게 많은 부동산을 보유하고 있다는 점을 빼놓을 수 없다. 2006년 우리나라 전체가구의 평균 총자산은 2억 8,112만 원인데, 그중 부동산자산이 2억 1,605만 원으로 총자산의 76.8%를 차지하고 있었다. 가계 자산에서 부동산자산의 비중이 미국과 캐나다에서는 각각 36.0% 및 50%, 일본 역시 61.7% 정도인 것을 고려하여 볼 때 우리나라 가계에서 부동산자산, 특히 토지가 차지하는 비중이 월등히 높다([표 10-2] 참조). 이미 2007년에, 토지가 가계 자산에서 차지하는 비중은 약 40% 수준이었으며, 토지 신화로 유명한 일본의 약 16%와 비교해도 월등히 높은 수준이라고 할 수 있다.[56] 앞에서도 지적하였듯이 우리나라 기업의 경우, 보유자산 중에서 부동산의 비중이 매우 높다. 하지만, 부동산은 환금성이 떨어지기 때문에 부동산을 너무 많이 보유하고 있으면, 경제 상황의 변화에 신속하게 대응하기 어렵다. 그래서 2000년대 이후에 자주 보았듯이 부동산가격이 급락할 때는, 큰 집을 가지고 있으면서 현금이 없어서 생활고에 시달리는 이른바 "하우스 푸어"가 속출하였다. 이같이 가계나 기업이 과도하게 많은 부동산을 보유하고 있다는 것은 그만큼 부동산을 유동화할 필요성이 크다는 것을 의미한다.

표 10-2 가구당 평균 자산의 구성비(%)

	자산 구성비			
	한국	미국	캐나다	일본
총자산	100.0	100.0	100.0	100.0
부동산	76.8	36.0	50.0	61.7
금융자산	20.4	64.0	39.4	34.9
기타	2.7	-	10.5	3.4

자료: 국토해양부(2010), 「토지정책의 패러다임 재정립 방안 연구」, 199쪽.

정부 역시 이런 필요성에 부응하여 정책적으로 부동산투자회사 제도를 활용하였다. 예를 들면, 하우스 푸어의 문제를 해결하기 위해서 이들의 부동산을 매입한 후 임대하는, 이른바 "희망 임대주택 리츠"제도를 2014년에 시행하였으며, 2008년 이후 과도한 공급 확대와 투기수요 감소 탓으로 양산된 미분양 아파트를 부동산투자회사가 개발업체와 협의를 통해 매입한 뒤 2~3년 후 매각을 통해 수익을 내는 "수급 조절 리츠", 그리고 공공임대주택 건설 후 임대해서 수익을 올리는 "공공임대주택 리츠" 등을 추진하였다.[57] 앞으로 사회간접자본과 도시기반시설 개발에 리츠의 자금이 마중물 역할을 할 수 있게 함으로써 리츠가 공항과 터미널, 항만, 농수산유통센터 등의 경영에도 참여하게 될 것으로 예상된다. 제도 도입 이래 이런 각종 리츠는 부동산 유동화 그리고 부동산투자회사가 부동산시장을 건전한 투자시장으로 전환함으로써 부동산시장을 크게 활성화하였으며, 부실기업의 정리를 통하여 시장 안정화에 도움이 되었고, 정부의 주요 정책목적을 달성하기 위한 효과적인 정책 수단이 되어주었으며, 고용 창출에도 이바지하였다는 평가를 받고 있다.

그러나 부동산의 유동화와 부동산투자회사가 2008년 미국 금융시장의 붕괴에 이은 세계 경제위기의 근원적 원인이었으며 그로 인하여 우리 경제마저 휘청거리게 되었다는 뼈아픈 교훈을 잊을 수 없다. 그건 그렇다 치더라도 부동산투자회사 제도에 관하여 우리는 나쁜 기억을 가지고 있다. 많은 부동산투자회사가 금융시장의 말썽꾸러기인 '자산유동화회사(Special Purpose Company: SPC)'의 형태를 취하고 있기 때문이다.[58] 자산유동화회사는 특수한 목적에 사용되기 위해서 한시적으로 만들어진 명목상의 회사를 말한다. 우리말로 특수목적회사, 특수목적법인 등으로 번역되는데, 말 그대로 특수한 목적을 수행하기 위해 만들어진 회사다. 따라서 그 특수 목적을 달성하면 자동적으로 해체된다. 그래서 '한탕 치고 빠지기' 혹은 '먹고 튀기'라는 인상을 준다. 대부분 자산유동화회사가 명목상의 회사(paper company)이기 때문에 세인에게는 유령회사라는 인상을 준다. 대기업이 해외에 이 유령회사를 차려놓고 자금을 빼돌리고 있다고 알려지면서 자산유동화회사가 '비자금 은닉처' 혹은 '돈 세탁 및 탈세의 온상'인 것처럼 인식되고 있다. 실제로 국내 대기업들이 해외 조세피난처에 설립한 회사 중에 대부분이 자산유동화회사인 것으로 알려져 있다. 자산유동화회사는 수년 전 금융가를 뒤흔들었던 저축은행 비리를 통해서 세인들에게 잘 알려지게 되었는데, 그 비리에서 자산유동화회사가 핵심 역할을 했던 것으로 밝혀졌다. 제6장에서 설명하였듯이 미국의 금융시장 붕괴 때에도 자산유동화회사가 큰 몫을 했다.

그러나 원래 자산유동화회사는 부실기업의 정리나 합병을 쉽게 하기 위해서, 일시적으로 설립된 자산 유동화 전문회사를 뜻한다. 즉, 자산유동화회사는 경영난에 빠진 기업의 부실채권이나 자산을 인수한 뒤 이것을 근거로 채권(자산유동화 증권; ABS)을 발행한 다음 적당한 투자가들에게 매각하는 '중개회사' 역할을 하는 회사다. 한때 우리나라의 대재벌이었던 대우그룹이 2000년 경영난에 빠지자 채권단들이 자산유동화회사를 만들어 부실채권을 매각하는 방식으로 경영정상화를 시도한 사례가 있다. 이같이 자산유동화회사는 매각 대상인 부실자산을 근거로 채권을 발행해 신속하게 현금을 마련하는 데 이용될 뿐만 아니라 각종 개발사업에도 폭넓게 활용되고 있다. 1920년대 미국의 유전개발에 자산유동화회사가 성공적으로 활용되면서, 이것이 세계적으로 확산하는 계기가 되었다고 한다.

예를 들어서 어떤 회사가 노다지 유전을 발견하였다고 하자. 그러나 이 회사는 사업을 추진할 만한 자금력도 없고 신용도도 낮아서 은행으로부터 큰돈을 빌릴 수도 없는 중소기업이라고 하자. 이 경우, 이 중소기업은 그 유전을 근거로 자산유동화회사를 설립함으로써 자금 문제를 해결할 수 있다. 이 자산유동화회사는 유전으로부터 기대되는 미래의 수익을 담보로 잡히고 금융기관이나 투자가들의 돈을 끌어들이는 역할을 한다. 그러면, 자산유동화회사를 설립한 모기업은 손쉽게 자금을 조달해 안정적으로 사업을 추진할 수 있다. 그러나 자산유동화회사는 법적으로나 재무상으로 모기업과 관계가 없는 독립체이므로 자산유동화회사가 돈을 빌릴 경우, 이 자금은 모기업의 빚으로 잡히지 않는다. 금융기관이나 투자가는 신용도가 낮은 그 중소기업을 상대로 돈을 빌려주는 것이 아니라 수익성이 높은 유전을 보고 자산유동화회사에 돈을 빌려주기 때문에 예상대로 유전사업이 잘만 굴러가면 안심하고 일반 대출보다 높은 금리를 부과하여 큰 수익을 올릴 수 있다. 결과적으로 모두가 '윈-윈' 할 수 있는 선순환 구조가 구축된다.

이같이 돈을 빌리는 법인의 신용이나 담보 가치 대신 순전히 사업의 수익성, 다시 말해서 사업 완료 후 기대되는 현금의 흐름을 담보로 잡고 돈을 빌려주는 금융기법을 흔히 프로젝트 파이낸싱(project financing: PF)이라고 한다. 즉, 프로젝트 파이낸싱은 회사가 아니라 사업 단위로 자금을 조달하는 방식이며, 회사 차원에서 자금을 조달하는 방식을 기업금융(Corporate Financing)이라고 한다. 2000년대 초반 이 금융기법이 부동산개발 자금조달의 한 방식으로 도입된 이래 우리나라에서 자산유동화회사가 단연 가장 많이 활용되는 분야가 부동산개발 관련 PF이었다. 서울의 우면산 터널이나 천안~논산 고속도로 등과 같이 자산유동화회사 방식으로 건설된 시설이 많다. 근래에는 부동산경기가 시들해지면서 다른 사업, 이를테면 제작비가 많이 들어가는 대형 영화 제작이나 해외 자원개발, 선박 운영 등에도 자산유동화회사가 활용되고 있다.

자산유동화회사와 PF를 통한 부동산 개발 사업은 수익성만 뒷받침되면 훌륭한 사업모델이 될 수 있다. 신용도가 낮고 자본금이 적더라도 미래의 수익성만 기대된다면 PF를 통해 자금을 쉽게 끌어모을 수 있기 때문이다. 이같이 자산유동화회사가 긍정적인 기능을 하고 있으나, 문제는 자산유동화회사가 늘면서 악용하는 사례도 늘고 있다는 것이다. 수년 전 비리와 부실 경영으로 영업정지를 당했던 4개 저축은행이 그 좋은 사례다. 그 저축은행 대주주들이 차명 자산유동화회사를 설립하고 수익성 없는 사업에 무리하게 투자했다가 수천억 원에 이르는 투자자(예금자)의 돈을 날려버렸는데, 저축은행 비리 조사 결과에 의하면 사업에 대한 정확한 타당성 검증이나 실사 작업 없이 대주주들의 말 한마디로 거액이 대출되는 일이 다반사였다. 대주주들은 자산유동화회사 사업을 잘 운영하기보다는 돈을 빼돌려 이득을 얻는 것에만 몰두했고 이 결과 자산유동화회사가 대주주들의 '비자금 창구'로 이용되기도 하였다. 저축은행 비리의 '대부' 격인 부산저축은행도 무려 120개에 이르는 자산유동화회사에 4조 원이 넘는 돈을 빌려주거나 투자했다가 천문학적인 손실을 본 것으로 검찰 수사 결과 밝혀지기도 했다. 그래서 사실상 대주주 개인 명의나 차명 소유로 운영이 되는 자산유동화회사가 저축은행 부실 사태의 주범으로 꼽히게 되었다.

물론, 저축은행의 비리는 한 사례에 불과하다. 부동산개발과 관련된 자산유동화회사의 비리도 많이 있었다.[59] 자산유동화회사를 옹호하는 전문가들은 정부가 잘 감시·감독하면 쉽게 해결되는 문제라고 한다. 예를 들면, 돈을 해외로 빼돌리거나 재산 은닉을 위해 설립된 것인지, 아닌지는 조금만 들여다보면 금방 알 수 있다는 것이다. 하지만, 그 많은 자산유동화회사를 일일이 감시, 감독한다는 일이 결코 쉽지 않다. 리츠보다도 훨씬 더 적은 자본으로 자산유동화회사를 설립할 수 있다. 이 때문에 금융당국이 자산유동화회사 설립을 엄격히 제한하고, 감독을 강화해야 하며, 내부 고발자를 보호하는 등의 정책을 만들어야 한다는 목소리가 우리나라에서도 높아졌다. 비단, 자산유동화회사뿐만 아니라 부동산 유동화와 부동산투자회사를 포함한 부동산시장에 대한 규제와 감시를 더 강화할 필요가 있다는 것이다. 2008년 미국 금융시장 붕괴에서 보았듯이 부동산시장은 엄청난 폭발력을 안고 있기 때문이다.

미주

1 때에 따라서는 재개발을 목적으로 이미 개발된 토지를 매입해둘 수도 있다. 이에 관해서는 다음 문헌 참조. 박헌주(1999), “외국의 토지비축 및 운용제도” 한국토지공사, 「토지연구」; 최병선(1987), “공공의 토지비축과 공급”, 국토연구원, 국토정보다이제스트 , 제5권 제12호.

2 외국의 사례에 관해서는 다음 문헌 참조. Harrison, F. (1983), The Power in the Land, London: Shepheard-Walwyn Ltd. pp.187-190. Goldberg, M. and P. Chinloy(1984), Urban Land Economics, New York: John Wiley & Sons, p.319.

3 다음 문헌 참조: 박현주(1999), “외국의 토지비축 및 운용제도” 한국토지공사, 「토지연구」, 국토해양부(2010), 「토지정책 패러다임 재정립 방안 연구」(자료집).

4 국토해양부(2010), 「토지정책의 패러다임 재정립 방안 연구」(자료집), 73쪽.

5 Harrison, F. (1983), The Power in the Land, London: Shepheard-Walwyn Ltd. p.187.

6 Doebele, W. A. (1983), “Concepts of urban land tenure,” in H. B. Dunkerley, ed., Urban Land Policy, New York: Oxford University Press. p.75.

7 예를 들면, 1967년 국 · 공유지 무허가 판자촌을 대규모로 합법화한 사례가 있었다. 비공식 사실상 보유의 문제에 관한 외국의 사례에 대하여는 다음 문헌 참조. Shoup, D. C. (1983), “Intervention through Property Taxation and Public Ownership,” in H. B. Dunkerley, ed., Urban Land Policy, New York: Oxford University Press. p.149.

8 Shoup, D. C. (1983), “Intervention through Property Taxation and Public Ownership,” in H. B. Dunkerley, ed., Urban Land Policy, New York: Oxford University Press. p.149.

9 Harrison, F. (1983), The Power in the Land, London: Shepheard-Walwyn Ltd.

10 Rivkin은 개발도상국에서 정부 관료가 토지투기자가 되는 사례를 자세히 보고하고 있는데, 이에 관해서는 다음 문헌 참조. Rivkin, M. D. (1983), “Intervention through Direct Participation”, in H. B. Dunkerley, ed., Urban Land Policy, New York: Oxford University Press. p.186.

11 이태일(1999), “토지비축제도, 왜 필요한가”, 「토지연구」, 1999년 제1호.

12 국토교통부, 「2013년도 국토의 계획 및 이용에 관한 연차보고서」, 224쪽.

13 위에서 인용한 문헌, 227쪽.

14 국토해양부(2010), 「토지정책의 패러다임 재정립 방안 연구」, 273쪽.

15 2007년에는 10년 이상 미집행 비율이 73%에 달했다. 다음 문헌 참조: 국토해양부(2010), 「토지정책의 패러다임 재정립 방안 연구」, 250쪽.

16 국토해양부(2010), 「토지정책의 패러다임 재정립 방안 연구」, 248쪽.

17 황명찬(1985), "토지구획정리사업의 과제와 발전방향", 황명찬 편저, 『토지정책론』, 서울: 경영문화원. 367쪽.

18 이태일(1987), "토지구획정리의 발전적 재평가", 『국가발전과 공공행정』 (노융희박사 화갑기념 논문집), 서울: 박영사, 581~582쪽.

19 Doebele, W. A. (1979), "Land Readjustment as an Alternative to Taxation for the Recovery of Betterment: The Case of South Korea", in R. W. Bahl, ed., The Taxation of Urban Property in Less Developed Countries, Madison: The University of Wisconsin Press. p.166.

20 황명찬(1985), "토지구획정리사업과 공영개발", 황명찬 편저, 『토지정책론』, 서울: 경영문화원. 359쪽.

21 감보에는 연도감보(road reduction)와 공통감보(common reduction)의 두 가지가 있다. 연도감보란 접면도로의 면적 일부를 시행규칙이 정하는 바에 따라 부담하는 감보를 의미한다. 공통감보는 환지 기준 면적에 비례해서 연도부담에서 제외된 도로 면적과 신설 또는 확장되는 공원, 하천, 학교 용지 및 유보지에 충당될 면적을 부담하는 감보이다.

22 황명찬(1985), "우리나라 토지구획정리사업의 평가", 황명찬 편저, 『토지정책론』, 서울: 경영문화원.

23 그러나 조속한 비용 조달을 위해 사업의 시작과 더불어 체비지(cost equivalent land) 매각을 시작하는 편법도 흔히 이용되었다.

24 Doebele, W. A. (1979), "Land Readjustment as an Alternative to Taxation for the Recovery of Betterment: The Case of South Korea", in R. W. Bahl, ed., The Taxation of Urban Property in Less Developed Countries, Madison: The University of Wisconsin Press. p.179.

25 황명찬(1985), "토지구획정리사업의 과제와 발전방향", 황명찬 편저, 『토지정책론』, 서울: 경영문화원. 374쪽.

26 토지구획정리사업 후 지가상승에 대한 구체적 자료는 다음 두 문헌 참조: 위에서 인용한 황명찬(1985)의 논문 Doebele, W. A. (1979), "Land Readjustment as an Alternative to Taxation for the Recovery of Betterment: The Case of South Korea", in R. W. Bahl, ed., The Taxation of Urban Property in Less Developed Countries, Madison: The University of Wisconsin Press. p.181.

27 Doebele, W. A. (1979), "Land Readjustment as an Alternative to Taxation for

the Recovery of Betterment: The Case of South Korea", in R. W. Bahl, ed., The Taxation of Urban Property in Less Developed Countries, Madison: The University of Wisconsin Press. pp.183-184.

28 대한국토계획학회, 『도시의 계획과 관리』, 서울: 집문당. 136~140쪽.

29 다음 문헌 참조: 우동기(1985), "공공임대보유제의 확립방안", 황명찬 편저, 『토지정책론』, 서울: 경영문화원, 425-451쪽.

황명찬(1985), "공영개발의 의의와 필요성", 황명찬 편저, 『토지정책론』, 서울: 경영문화원, 297-303쪽.

30 Harrison, F. (1983), The Power in the Land, London: Shepheard-Walwyn Ltd. p.188.

31 Neutze, M. (1970), "The price of land for urban development", The Economic Record, Vol. 46. pp.318-322.

32 국토해양부(2010), 「토지정책의 패러다임 재정립 방안 연구」, 258쪽; 최병선(1987), 「택지개발방식의 개선 및 발전에 관한 연구」, 한국토지개발공사.

33 국토해양부(2010), 「토지정책의 패러다임 재정립 방안 연구」, 110쪽.

34 도시계획사업이란 도시계획을 수행하기 위한 사업으로 도시계획시설의 설치·정비·개량에 관한 사업, 토지구획정리사업, 재개발사업, 일단의 택지 및 공업용지 조성사업 등을 말한다.

35 공동구(共同溝)란 도로를 파헤쳐서 전기, 가스, 수도, 하수도시설 등 지하 매설물을 설치하는 시설물을 의미한다.

36 김상용(1985), "개발제한구역", 황명찬 편, 『토지정책론』, 서울: 경영문화원. 275쪽.

37 권원용(1993), "토지이용규제체계의 개선방향", 손재영 편, 『토지시장의 분석과 정책과제』, 한국개발원. 216쪽.

38 조성이 완료된 기존 대지 안에서 건축물이나 기타 공작물의 설치를 위한 토지의 굴착행위는 위에서 말한 토지형질변경에서 제외된다.

39 안건혁(1987), "토지형질변경과 소규모개발", 「국토정보다이제스트」, 제5권 제11호, 국토연구원.

40 Barlowe, R. (1978), Land Resource Economics, Englewood Cliffs: Prentice-Hall, Inc. pp.330-337.

41 이상영(1998), "부동산가격 산정 방법을 둘러싼 쟁점과 전망", 「국토」, 국토연구원. 86쪽.

42 이에 대한 구체적 내용은 다음 문헌 참조: 안정근(1990), 『현대부동산학』, 법문사.

43 안정근(1990), 『현대부동산학』, 법문사. 363쪽.

44 채미옥(1993), 「공시지가 표준지의 적정규모 추정 및 배분 방법」, 국토연구원, 35쪽.

45 위에서 인용한 채미옥 문헌, 30쪽.

46 이명범(2015), “20년 대한민국 부동산개발 역사 회고를 통한 미래 디벨로퍼 사업다각화 방안”, 부동산 포커스 vol. 84, 2015년 1월.

47 국토교통부, 「2013년도 국토의 계획 및 이용에 관한 연차보고서」, 227쪽.

48 정준모·이석희(2015), “부동산산업의 현재와 미래 발전 방향”, 부동산포커스, vol. 84, 2015년 1월.

49 국토교통부, 「2013년도 국토의 계획 및 이용에 관한 연차보고서」(자료집).

50 정희남(2008), “부동산간접투자 시장의 현황과 정책과제: 리츠제도를 중심으로”, 「국토」 2008, 3.

51 김관영(2015), “리츠시장 활성화와 사회적 역할 제고”, 한국감정원, 「부동산 포커스」 vol. 80, 2015.

52 정희남(2008), 위의 논문.

53 다음 문헌 참조: 국토교통부, 「2013년도 국토의 계획 및 이용에 관한 연차보고서」, 228쪽. 김관영(2015), “리츠시장 활성화와 사회적 역할 제고”, 한국감정원, 「부동산 포커스」 vol.80, 2015.

54 김관영(2015), “리츠시장 활성화와 사회적 역할 제고”, 한국감정원, 「부동산 포커스」 vol. 80, 2015.

55 다음 문헌 참조: 정희남(2008), “부동산간접투자 시장의 현황과 정책과제: 리츠제도를 중심으로”, 「국토」 2008, 3; 국토교통부, 「2013년도 국토의 계획 및 이용에 관한 연차보고서」.

56 국토해양부(2010), 「토지정책의 패러다임 재정립 방안 연구」, 200쪽.

57 김관영(2015), “리츠시장 활성화와 사회적 역할 제고”, 한국감정원, 「부동산 포커스」 vol. 80.

58 국토해양부(2010), 「토지정책의 패러다임 재정립 방안 연구」 2015.

59 국토해양부(2010), 「토지정책의 패러다임 재정립 방안 연구」(자료집), 418쪽.

11 토지이용규제와 토지이용의 효율

1. 나쁜 외부효과와 토지이용규제
   토지이용규제의 필요성 / 토지이용규제와 지가 /
   토지이용규제의 성과에 관한 실증적 연구 / 토지이용규제의 간접적 효과 /
   왜 환경오염을 직접 통제하지 않고, 토지이용규제를 실시하는가? /
   중위투표자의 정리와 토지이용규제의 내용
2. 토지이용규제와 공공재 및 공공서비스의 적정 공급
   토지 공공재의 과다 공급? / "발로 선택하기"

주요용어

- 성과지역·지구제
- 재정상 지역·지구제
- 토지공공재
- 계획단위개발 지역·지구제
- 지방공공재
- 중위투표자 정리
- 티보가설
- 격리현상

11 토지이용규제와 토지이용의 효율

1 나쁜 외부효과와 토지이용규제

토지이용규제의 필요성

지역·지구제를 포함하여 흔히 거론되는 토지이용규제의 명분 혹은 목적에는 여러 가지가 있겠지만, 경제학의 관점에서 요약하면 ① 토지이용과 결부된 나쁜 외부효과의 억제, ② 토지 관련 공공재의 적정 공급, ③ 공공서비스 공급비용의 절감, 이 세 가지로 압축할 수 있다.[1] 나쁜 외부효과를 부(負)의 외부효과 혹은 외부비용이라고 부르고 좋은 외부효과를 정(正)의 외부효과라고 부르기도 한다. 외부효과는 대부분 공공재적 성격을 가지며, 또한 공공재적 성격을 지닌 외부효과가 주로 사회문제가 되는데, 지역·지구제의 두 번째 목적은 내용상 토지와 관련된 좋은 외부효과의 효과적 공급을 위주로 한 것이다. 공공재에도 여러 가지가 있는데, 공공재 공급으로 인한 사회적 혜택(편익)이 공간적으로 특정 지역에 국한되는 공공재를 지방공공재(local public goods)라고 한다. 토지이용규제와 관련된 공공재는 주로 지방공공재로서 지방정부의 관할 사항이다. 세 번째 목적과 관련된 공공서비스는 굳이 순수한 공공재라고 볼 수는 없어도 공공투자의 대상이 되는 것들로서, 주로 도시계획시설에 관계된 서비스를 의미한다.

이들 세 가지 목적들은 토지이용의 효율에 관한 것들이다. 따라서 이 세 가지 목적들을 성공적으로 수행했을 때 해당 토지이용규제는 토지의 효율적 이용에 도움이 되었다고 할 수 있다. 그러면 현실적으로 토지이용규제는 이들 세 가지 목적들을 과연 얼마나 성공적으로 수행할까? 특히 도시지역은 여러 가지 다양한 외부효과가 만연하는 지역인데, 나쁜 외부효과가 만연한다는 것은 곧 토지이용이 효율적으로 이루어지지 않음을 뜻한다. 토지의 경우에는 좋든 나쁘든 외부효과를 발생시키지 않고 이용하기가 매우 어려울 정도로 외부효과가 다반사로 발생한다.

소득수준과 교육 수준이 높아감에 따라 나쁜 외부효과의 종류도 점점 더 많아지고 심각해지는 경향이 있다. 먹고살기 바빴던 옛날에는 강물이 좀 더러워도 눈살 찌푸리는 사람 별로 없었고, 앞에 선 건물이 시야를 가로막는다든가 햇볕을 가로막았다고 해서 크게 시비가 일어나지도 않았으며, 남산이나 북한산의 전망을 가로막는 고층빌딩이 시민의 신경을 별로 건드리지도 않았고, 한강 가장자리를 시멘트로 발라도 문제 삼는 사람이 극히 드물었으며, 길거리에 담배를 피우고 다녀도 아무도 상을 찡그리지 않았다. 그러나 우리 사회에서 이런 것 모두가 사회문제가 된 지 오래고, 앞으로는 더욱더 그럴 것이다. 요즈음에는 곳곳이 금연 구역이고, 길거리에서 담배 피우며 걸어 다니는 사람들을 보기 힘들다.

어떻든 나쁜 외부효과의 억제가 토지이용규제의 가장 큰 명분이 되었다. 나쁜 외부효과에도 여러 가지 종류가 있는데, 특히 토지이용규제의 대상이 되는 것은 공간적 범위가 한정된 대기오염, 수질오염, 소음공해, 교통 혼잡, 미관상 불쾌감을 유발하는 행위, 그리고 기타 서로 잘 조화되지 않는 토지이용 행위 등이다. 이러한 비교적 지역화된 나쁜 외부효과 중에는 굳이 토지이용규제가 없더라도 피해자와 그 원인자들 사이의 자발적 타협에 따라 해결될 여지가 있는 경우가 없지는 않다. 토지이용규제 그 자체가 여러 가지 사회적 부작용을 수반하므로, 사실 근래에 와서는 지역화된 나쁜 외부효과는 되도록 이해당사자들 사이의 타협에 의존해서 해결하도록 하며, 정부는 그러한 타협이 이루어지도록 여건을 조성하는 정도로 개입하는 것이 바람직하다는 견해도 매우 유력하다.[2]

그러나 토지이용규제가 대상을 삼는 외부효과들은 대부분 도시지역에서 발생하는 것이며, 따라서 원인자도 다수이고 피해자도 불특정 다수이므로, 이해당사자들의 자발적 타협에 따라 해결될 여지가 많지 않은 것들이 대부분이다. 설사 그런 타협이 가능하더라도 원인자를 규명하고 원인자와 피해자를 조직화하여 협상에 끌어들이며 그리고 타협하도록 유도하는 데 드는 비용-이러한 비용을 경제학에서는 거래비용이라고 한다-이 너무 커서 피해보상액을 현저히 초과한다면, 그러한 타협의 결과를 효율적이라고 볼 수는 없다. 그런 외부효과의 제거는 그 자체가 공공재의 성격을 갖는다. 따라서 피해자들은 제각기 타협에 드는 거래비용을 분담하지 않으면서 타협으로 인한 혜택만 누리려고 하므로, 자발적 타협에 필요한 자금을 충분히 조달하는 데에 큰 어려움이 있다. 이른바 무임승차(free-rider)의 문제가 있다는 것이다.

이같이 자발적 타협에 의한 해결이 불가능하거나 혹은 비효율적일 경우에는 공권력의 개입에 의존해서 해결할 수밖에 없는데, 토지이용규제가 그 한 가지 방법이다. 그러나 토지이용규제도 큰 비용이 드는 정책 수단이므로, 나쁜 외부효과가 있다고 해서 무조건 토지이용규제를 발동해야 하는 것은 아니다. 토지이용규제로 인한 각종 부작용까지 포함한 사회적 비용을 충분히 초과할 만큼 나쁜 외부효과가 현저하게 클 때 그 의미가 있음은 물론이다.

토지이용규제와 지가

토지이용규제는 결국 토지소유자의 토지이용 행위를 제한한다. 따라서 토지이용규제를 강화하면 땅값이 떨어지고 반대로 토지이용규제를 완화하면 땅값이 올라가는 것으로 생각하기 쉽다. 우리나라에서는 이런 생각이 대체로 옳다. 서울시의 지가 결정 요인에 대한 실증연구에 의하면, 상업지역이나 준공업지역으로 지정된 토지의 땅값은 올라가고 개발제한구역이나 녹지지역 등과 같이 토지이용규제가 강한 지역의 땅값은 하락하는 것으로 나타났다.[3]

그러나 선진국에서는 토지이용규제의 강화가 오히려 땅값을 올리는 경우가 많다. 예를 들어, 대지 면적이 최소한도 5,000평 이상이어야 하고 건폐율 10% 이하로 3층 이하의 집만 지을 수 있게 어느 지역의 토지이용규제를 강화하면 이 지역은 사실상 호화판 전원주택지가 될 터이니 땅값이 크게 오르지 않을 수 없다. 아마도 우리나라도 국민소득이 어느 수순에 이르면 이런 일이 많이 나타날 것이다. 토지이용규제의 강화는 해당 지역의 땅값뿐만 아니라 인근 지역의 땅값도 올릴 수 있다. 이럴 경우, 해당 지역의 주민들뿐만 아니라 인근 지역의 주민들도 토지이용규제의 대폭 강화를 요청하게 될 것이다. 미국에서는 이런 일이 실제로 많이 일어났다. 물론 우리나라에서도 토지이용규제의 강화가 인접한 지역의 땅값을 올리는 경우는 많다.

외부효과는 주변의 부동산 가치에 영향을 준다. 예를 들어 주택가에 공해업체가 들어서면 부동산가격이 하락하며, 전원 분위기의 고급 단독주택가 주변에 싸구려 아파트단지가 들어서면 그 고급 단독주택가의 땅값이나 집값이 하락할 것이다. 반대로 토지이용규제의 실시 덕분에 종전에 극심했던 나쁜 외부효과가 효과적으로 통제되었다고 하면, 해당 지역의 토지는 그만큼 더 값어치가 나가게 될 것이고, 그러면 이 지역의 토지에 대한 수요가 증가하여 결과적으로 땅값이 토지이용규제 전에 비하여 현저하게 상승할 수도 있다.

토지이용규제가 부동산가격에 흔적을 남기기 때문에 지가가 얼마나 변했는지를 보면 토지이용규제가 얼마나 성과가 있었는지를 알 수 있다는 주장도 나온다. 그러나 토지이용규제의 효과를 추정하는 일이 그리 간단치 않다. 실제에 있어서는 부동산가격이 교통의 편리함, 학군, 공원, 문화시설 등 수많은 요인에 의해서 복합적으로 결정되며, 이런 요인이 수시로 바뀌기 때문에 토지이용규제로 인한 성과를 지가나 부동산가격의 변화만으로 추정하기는 매우 어렵다. 비록 추정된 지가변동이 이러한 다른 요인들의 영향 없이 순전히 토지이용규제 탓이라고 하더라도 이 지가 상승이 곧 토지이용규제에 따른 효과 전부를 반영한다고 단정할 수는 없다. 예를 들어서, 어떤 공업단지가 주변 지역의 대기를 오염시키고는 있지만, 종전보다 수질오염 물질을 덜 배출하는 탓으로 다른 주변 지역으로 흘러 들어가는 강을 깨끗하게 해 주거나, 혹은 규모의 경제로 저렴한 상품을 전국에 공급한다고 하자. 만일 대기오염을 이유로 이 공단의 생산을 금지하는 토지이용규제 조치를 시행한다고 하면, 이 지역의 땅값이 올라갈 것이다. 그러나 이 땅값 상승은 이 지역의 대기가 깨끗해지는 이익만 반영할 뿐 다른 지역에 흘러갈 좋은 외부효과나 전국으로 퍼지는 긍정적 효과는 제대로 반영하지 못할 것이다.

이러한 여러 가지 문제가 있지만, 몇 가지 조건만 충족된다면, 지가 변동이 토지이용규제의 성과를 판단하는 근거이자, 또한 사실상 유일한 판단 근거가 될 수도 있다.[4] 그 몇 가지 조건이란, 우선 토지이용규제의 대상이 되는 외부효과가 국지적이며, 규제 대상 행위와 결부된 규모의 경제나 집적의 이익이 현저하지 않고, 토지소유자의 독점력도 크지 않아야 한다는 것이다. 이런 조건이 충족되면, 지가 변동이 토지이용규제의 성과를 판단하는 근거가 된다는 것이다. 물론 지가 이외에 다른 부동산의 가격을 이용할 수도 있는데 여기에는 일장일단이 있다. 대체로 보면, 지가의 자료, 특히 나대지의 지가 자료는 매우 얻기 힘들다. 반면에 토지 이외의 부동산(주로 건물) 가격에 대한 자료는 비교적 얻기 쉽다. 하지만, 이 가격에는 토지이용규제의 효과 이외의 잡음이 많이 끼어 있을 가능성이 크다. 이를테면, 주택의 가격은 건평, 방의 수, 건축자재 등 건물구조에 관련된 요인들과 학군, 공익시설, 교통망 등 외적 요인들에 의해서 복합적으로 결정된다. 그러므로 토지이용규제 이후 주택가격이 변했다고 하더라도, 여기에 이런 다른 요인들이 작용하였을 수도 있다. 그러므로 지가 대신 부동산가격에 의존해서 토지이용규제의 성과를 판단할 경우, 더 부정확할 가능성이 크다.

토지이용규제의 성과에 관한 실증적 연구

지가 변동 혹은 부동산 가격변동에 의존하여 토지이용규제의 성과 혹은 그 당위성을 판단해 보려는 실증적 연구가 그동안 많이 있었으나, 이 중 많은 연구가 토지이용규제의 성과에 관한 분명한 결론을 얻기에는 너무 부실하지만, 그런 가운데 그 성과를 입증하는 연구들도 있었다. 비록 이론적으로는 토지이용규제와 부동산가격 사이에는 분명한 인과관계가 존재하지만, 실제로는 너무나 많은 요인이 끼어들어서 이 인과관계를 흐리게 만든다. 그간의 많은 연구는 그 잡음을 통제하고 그 인과관계를 밝혀내기가 얼마나 어려운가를 단적으로 잘 보여준다.

어떻든, 그간의 실증적 연구들은 대체로 보아 두 가지 종류이다. 그 하나는 외부효과로 인해서 서로 조화되지 않는 토지용도 사이의 상충관계가 실제로 일상생활에서 현저하게 존재하는가 아닌가에 관한 연구이다. 토지이용규제는 우선 그러한 외부효과가 지역별로 광범위하고 현저하게 존재함을 전제하기 때문이다. 공권력에 의해서 이를 규제하지 않으면 건물(주로 주택)의 재산 가치를 떨어뜨리는 경제활동이 지나치게 만연하므로, 쾌적한 생활환경을 조성하고 점하여 재산 가치를 높이기 위해서도 공적 규제가 필요하다는 것이 토지이용 규제의 당위성을 주장하는 전통적인 견해이기도 하다. 그러나 불행히도 이 방면의 여러 실증 연구들은 나쁜 외부효과가 발생하는 지역의 부동산가격과 그렇지 않은 지역의 부동산가격 사이의 현저한 차이를 보여주지 못함으로써 결과적으로 토지이용규제의 정당성을 강력하게 입증할 만큼 충분한 증거를 제시하지 못했다.[5] 외부효과가 눈에 띄게 존재한다는 사례도 관측되고는 있지만, 이때도 여러 자지 부작용을 고려할 때 토지이용규제가 이를 억제하는 가장 좋은 방법이 아니라는 결론도 제시되었다.

그러나 이런 방면의 연구들은 몇 가지 근원적인 문제점을 안고 있다. 단순히 부동산가격만 보아서는 외부효과가 존재하는지 그렇지 않은지를 판단하기 매우 어렵기 때문이다. 사실은 나쁜 외부효과가 현저하게 발생하고 있더라도 해당 지역이, 예컨대 교통이 매우 편리하던가, 근처에 좋은 학교가 있던가 등, 부동산가격에 좋은 영향을 미치는 다른 요인들과 나쁜 외부효과와 상쇄되어 버릴 수도 있다. 주택가에 공해업체가 들어섰다고 해서 집값이니 땅값이 반드시 떨어지는 것도 아니다. 그 공해업체가 오염방지시설을 가동하여 외부효과를 사전에 해소했을 수도 있다. 또는 그렇지 않더라도 그 나쁜 외부효과를 공원이나 도서관 등 각종 편익 시설로 충분히 보상할 수도 있는데, 이런 사례가 미국에서는 아주 흔했다. 표면상 공식적인 토지이용규제는 없어도 지역사회가 자율적으로 나쁜 외부효과를 어떤 방법으로든 사실상 해결하였을 수도 있다. 이런 속사정을 충분히 고려하지 않은 연구들은 토지이용규제의 성과를 제대로 짚어낼 수 없었다.

토지이용규제의 효과에 대한 두 번째 부류의 실증적 연구는 이 효과를 직접 탐지하는 연구들이다. 미국에서 수행된 이런 방면의 실증적 연구들은 대체로 토지이용규제의 효과에 대하여 엇갈린 결론을 제시하고 있다. 토지이용규제에 대하여 역사적으로 고찰한 연구들은 법적 토지이용규제와 사실상의 토지이용규제를 분명히 구분하지 못했다는 비판을 받고 있다. 겉으로만 보면, 옛날 미국의 보스턴시나 오늘날 텍사스의 휴스턴시에는 법적 토지이용규제가 없다. 그런데도 과거 보스턴시는 용도별로 토지가 구획되어 있었고, 오늘날 휴스턴시는 마치 토지이용규제가 있었던 것처럼 토지이용이 잘 구획되고 있다.[6] 이러한 일련의 연구 결과들을 액면 그대로 받아들이면, 나쁜 외부효과 억제에 관한 한 토지이용규제가 절대적으로 필요한 제도가 아닌 것처럼 보인다. 그래서 토지이용규제의 필요성을 부정하는 시장주의자들이 이 두 도시를 자주 인용한다. 그러나 예컨대 휴스턴시의 경우에는 비록 공식적인 토지이용규제 법령은 없어도 사적 규약(private covenant)이 있어서 사실상 토지이용을 규제하고 있다. 따라서 보스턴시나 휴스턴시를 사례로 토지이용규제가 필요치 않다는 일방적인 결론을 내리는 것은, 무리라고 할 수 있다.

큰 도시이면서, 토지이용규제를 실시하지 않는 도시의 예를 구하기 어렵기 때문에 토지이용규제의 효과를 직접 알아보려는 또 다른 부류의 실증연구들은 규제가 강한 지역과 약한 지역의 부동산가격을 비교하는 방법을 사용한다. 이 방법을 이용한 미국의 실증연구들도 역시 엇갈린 결과를 얻었다. 어떤 연구는 토지이용규제의 강화가 해당 지역의 땅값을 올리는 결과를 얻었지만, 또 어떤 연구들은 그러한 결과를 얻지 못했다. 하지만 이 방면의 연구도 몇 가지 치명적인 약점을 안고 있음이 밝혀졌다.[7] 우선, 규제의 강하고 약함에 대한 지표를 설정하기 어렵다는 것이 이 방면의 연구가 당면하는 가장 큰 고충이다. 경제학자들이 범하기 쉬운 오류의 하나는 계량화된 지표에만 지나치게 매달린 나머지 계량화되지 않는 요인들을 간과하는 경향이 있다는 것이다.

미국에서나 우리나라에서나 토지이용규제를 강화하거나 완화하는 수단은 최소대지면적, 건폐율, 용적률 등 계량적인 지표를 조정하는 것이다. 예를 들어 최소대지면적을 크게 하거나 건폐율과 용적률이 낮추면 토지이용규제가 강화되는 것으로 볼 수 있다. 하지만 현실에 있어서는 이런 계량화된 지표가 놓치는 부분이 너무 많다. 대체로 보면 토지이용규제의 법조문에 대한 해석이나 그 시행에 있어서 규제당국이나 관련 공무원이 실제로 행사하는 재량의 폭이 매우 큰 까닭에 법조문이나 계량화된 지표만 보아서는 실질적으로 규제가 강한지 약한지를 알기가 매우 어렵다. 보통 개발업자들은 개발허가를 따내기까지 현장 조사를 포함해서 여러 차례의 심사과정을 거쳐야 하는데 이 심사과정의 종류나 회수 그리고 심사과정의 까다로움과 느슨함은 거의 전적으로 관련 공무원의 재량사항이다. 그러므로 객관적으로 나타난 계량화된 지표가 아무리 관대해도 개발허가를 얻기까지 시간이 오래 걸리게 되면 이것이 오히려 개발업자에게는 치명적이다. 설령 심사과정이 원만히 이루어진다고 하더라도 개발허가를 얻기까지 여러 가지 명목의 공과금이 부과되기는 우리나라나 미국이나 마찬가지다. 각종 수수료와 개발부담금이 그 예이다. 공무원의 재량권 남용과 결부된 부정부패도 규제의 강약과 관계가 있음은 물론이다.

이런 여러 가지 문제점들 때문에 단순히 토지이용규제가 강한 지역과 약한 지역을 비교하는 연구보다는 명백히 규제가 강화되거나 완화되었다고 판단되는 지역을 대상으로 규제 강도 변화 전과 후의 부동산가격 변동을 분석하는 연구방법이 최근에는 많이 이용되고 있다. 실제로는 규제가 강화된 지역의 부동산가격 변동을 점검하는 조사가 많았는데, 미국에서 이런 조사 결과들을 광범위하게 수집하여 정리해본 연구에 따르면, 토지이용규제의 강화가 대부분 부동산가격을 현저히 높인다는 결과를 끌어내고 있다.[8] 다만, 예외는 있지만, 미개발 토지가 많은 지역에서는 토지이용규제의 강화가 해당 지역의 땅값을 떨어뜨리는 경우도 많이 있다. 이런 현상은 지역지구제의 애당초 취지가 개인소유 주택의 재산 가치 보호에 있다는 점을 생각하면 쉽게 이해할 수 있다. 미개발 토지에는 보호되어야 할 주택이 별로 없을 뿐만 아니라 토지이용규제의 강화가 미래의 개발잠재력을 억제해버리기 때문에 자연히 땅값을 떨어뜨리는 결과를 초래하게 될 것이다.

토지이용규제의 간접적 효과

이런 결과를 보면, 토지이용규제는 나쁜 외부효과를 억제하고 그럼으로써 재산 가치를 보호하는 데에 꽤 효과가 있다는 결론을 내릴 수 있다. 하지만, 한 가지 조심할 것은, 토지이용규제가 나쁜 외부효과를 다스리고 토지의 실제 유용성 혹은 생산성을 높임으로써 지가를 상승시킬 수도 있지만, 생산성이나 유용성을 높이지 않고도 단순히 인위적으로 지가를 밀어 올릴 경우가 있다는 점이다. 대체로 보면, 토지이용규제는 어떤 특정 용도가 허용되는 공간적 범위를 제한하게 되므로, 그 특정 용도에 대한 토지공급을 인위적으로 한정하는 결과를 초래한다. 토지공급을 적정수준 이상으로 지나치게 제한하면 해당 지역의 땅값이 상승할 수도 있다. 예를 들어, 토지이용규제가 없을 때, 어느 지역의 고층주택에 대한 수요와 공급이 <그림 11-1>의 곡선 D_0, S_0와 같이 주어져 있다고 하자. 그러면 고층주택으로 이용되는 토지의 면적은 L_0가 될 것이고 고층주택으로 이용되는 토지의 지가는 P_0가 될 것이다. 그런데, 토지이용규제에 의해서 고층주택 지역을 공간적으로 제한한 결과 이 지역의 면적이 L_0로부터 L'로 감소하였다고 하자. 그러면 택지가격은 그런 규제가 없었던 상태에서 자연적으로 형성될 P_0로부터 규제 후에는 예컨대 P'까지 상승할 것이다. 이런 지가상승은 나쁜 외부효과를 통제한 결과가 아니라 순전히 제도적으로 창출된 것이라고 볼 수 있다.

그림 11-1 수요변화를 수반하지 않는 토지이용규제의 효과

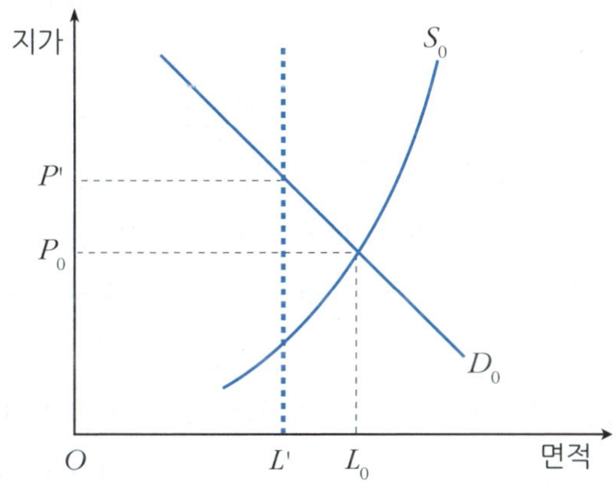

언뜻 생각할 때, 만일 충분한 면적의 토지가 확보되도록 용도를 지정해 주면 이러한 인위적 조작에 따른 지가상승의 문제는 없어질 것같이 보이지만, 사실은 문제가 그렇게 간단하지는 않다. 토지이용규제의 실시는 사람들에게 토지이용 양태에 관한 나름대로 어떤 기대를 형성하게 할 수도 있다. 예를 들어서, <그림 11-2>에서와 같이 토지이용규제의 실시 결과 시장의 수요와 공급이 균형을 이루는 수준인 L_0보다 훨씬 더 많은 L'만큼의 토지가 고층주택 용도에 지정되었

다고 하자. 그러면, 여전히 L_0만큼의 토지만 고층주택 택지로 이용되면서 택지가격은 규제 전이나 규제 후에나 변함없이 P_0의 수준으로 유지되고 따라서 표면상 이러한 과다 지정은 문제가 별로 없는 것으로 보인다. 그러나 실제에서는 반드시 그렇지도 않다.

우리의 일상생활에서 흔히 보듯이 만일 초과 지정된 토지 L_0L'가 현재 논이나 밭 등과 같이 집약도가 낮은 토지이고 또 해당 지역이 도시화가 빠른 속도로 진척되어 오던 지역이었다고 하면, 그러한 용도 지정은 가까운 장래에 이 초과 지정된 토지가 곧 개발되리라는 신호로 받아들여진다. 따라서 이 초과 지정된 토지는 투기의 대상이 되면서 투기수요가 발생하여 수요곡선이 종전의 D_0에서부터 D_1까지 위쪽으로 이동하면, 해당 지역의 땅값은 토지가 개발되기도 훨씬 이전에 이미 P'의 수준으로 오르게 된다. 이같이 초과 지정된 토지는 투기의 대상이 되기 쉬운데, 이 때문에 나타나는 지가상승이 토지이용규제의 바람직한 성과를 반영한다고 볼 수는 없을 것이다.

요컨대, 토지이용규제 이후에 관측되는 지가상승은 제도적 혹은 인위적으로 조작된 지가상승을 포함하기 때문에 나쁜 외부효과 억제로 인한 사회적 편익을 정확하게 반영한다고 볼 수는 없다. 토지이용규제로 인한 지가상승이 바람직한 성과를 반영한 것이든 혹은 아니든 이것은 토지이용규제 이후의 토지개발비용을 상승시키는 요인이 된다. 만일 지가를 높이는 토지이용규제가 새로 도입되거나. 혹은 상당히 넓은 지역에 걸쳐 강화되거나, 혹은 다른 지역이 모방하는 때에는, 이로 인한 토지개발비용 상승의 압력은 더욱더 커질 것이다.

그림 11-2 과다지정의 효과

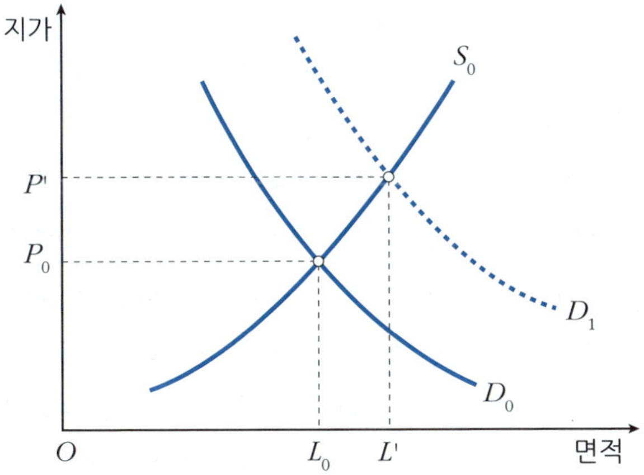

왜 환경오염을 직접 통제하지 않고, 토지이용규제를 실시하는가?

비록 외부효과에 대하여 토지이용규제의 성과가 상당히 좋다고 하더라도, 과연 토지이용규제가 나쁜 외부효과를 통제하는 가장 효과적인 방법인가에 대해서는 의문이 제기되는 것도 사실이다. 나쁜 외부효과, 예컨대 환경오염은 사회가 필요로 하는 각종 재화와 용역을 생산하는 과정에서 발생하는 부산물인데, 이 부산물의 발생량은 대체로 그 재화나 용역의 생산 규모에 비례한다. 그러므로 환경오염을 억제하면 환경이 그만큼 깨끗해지는 사회적 편익이 발생하는 반면, 재화 및 용역의 생산이 감소함으로 인한 사회적 손실, 그리고 때에 따라서는 실업으로 인한 사회적 손실이 함께 발생할 수도 있다. 환경오염을 지나치게 억제하면 이로 인한 사회적 손실이 사회적 이익보다 오히려 더 커질 수도 있다. 그러므로 나쁜 외부효과라고 해서 무조건 규제할 것이 아니라, 그 나쁜 외부효과로 인한 사회적 손실이 사회적 편익을 초과하지 않도록 사회적 적정수준까지만 수행되어야 한다.[9]

기본적으로 토지이용규제는 나쁜 외부효과를 간접적으로 통제하는 수단에 불과하다. 즉, 경제활동의 입지, 인구밀도, 건축물이나 기타 공공시설물의 위치, 구조, 성격 등 토지이용 행위에 대한 각종 제한을 통해서 간접적으로 외부효과를 통제하는 방법이지, 예컨대 환경오염 물질 배출량이나 처리량을 직접 통제하는 방법이 아니다. 통제 방법이 간접적이므로, 토지이용규제의 효과 역시 지나치게 약하거나 혹은 지나치게 강한 탓에, 매우 유동적이고 불확실한 경향을 보인다. 그래서 많은 환경경제학자가 환경세나 배출부과금과 같은 방법을 강력하게 권고한다. 그런데도 토지이용규제는 나쁜 외부효과를 억제하기 위한 가장 전통적인 수단으로 여겨지고, 아직도 많은 나라들이 이 방법에 주로 의존하고 있다.

왜 그럴까? 환경오염물질의 배출량을 직접 통제하는 정책에는 근원적인 한계가 있기 때문이다. 우선, 잘해야 그런 정책은 사후약방문격인 뒤처리 방책에 불과하다. 이미 발생한 환경오염 물질을 사후적으로 통제하고 처리하기보다는 사전에 그것의 배출을 원천적으로 봉쇄하는 것이 더 효율적일 수도 있다. 특히 우리나라에서는 그럴 가능성이 크다. 환경오염 물질 배출량의 직접 통제에는 더 심각한 현실적 문제가 있다. 이 방법이 효과를 거두자면, 사전에 환경오염업체들을 알아내야 하고 이들의 배출량과 배출 양태를 정확하게 파악하고 있어야 한다. 그래야 환경세를 부과하든가 배출부과금을 징수하든가, 할 수 있지만, 실제로는 그렇지 못한 경우가 너무 많다. 불가능하지는 않아도 돈과 시간이 엄청 많이 든다. 설령 누가 얼마만큼의 환경오염 물질을 어떻게 배출하는지를 파악했다고 해도 환경세나 배출부과금의 징수에 투입되는 인력이나 비용도 결코 만만찮다. 경제학적으로 말하면, 거래비용이 막대하다는 것이다. 그렇다면, 환경세나 배출부과금의 실시가 반드시 효과적이라고 할 수 없다. 자칫 배보다 배꼽이 더 클 수도 있다.

그래서 선진국에서는 환경세나 배출부과금을 이용하여 환경오염물질의 배출을 직접 통제하기보다는 토지이용규제를 통해서 간접적이지만 근원적으로 통제하는 방법을 선호한다. 실제로 외부효과를 충분히 고려하여 토지이용계획이나 도시계획을 사전에 치밀하게 작성하고 이에 따라 토지이용규제를 수행함으로써 나쁜 외부효과를 좀 더 효과적으로 해결하려는 시도가 많이 이루어지고 있다. 그중의 하나가 소위 성과 지역 · 지구제(performance zoning)다.[10] 전통적인 지역 · 지구제가 토지용도 및 그 집약도를 규제함에 반해서 이 제도는 나쁜 외부효과를 발생시키는 각종 토지이용 활동의 특징을 판별해 낸 다음, 이 특징에 따라 규제를 가하는 제도다.[11] 예를 들면, 통행이 원활한 고속도로 부근에서는 교통량을 비교적 많이 발생시키는 토지이용 행위(예컨대 고층 혹은 대형건물)를 관대하게 취급하고, 도로 사정이 좋지 않은 지역에서는 교통발생량이 많은 토지이용 행위를 제한하는 등의 방법으로 교통 혼잡을 줄인다든지, 혹은 환경오염 물질에 대한 자정능력이 큰 지역에서는 환경 파괴적 토지이용 행위에 비교적 관대하게 대하고, 그렇지 못한 지역에서는 토지이용 행위를 엄격히 제한함으로써 환경오염을 줄이는 등, 지역별로 그 특성에 맞게 나쁜 외부효과 발생에 대한 제한을 다르게 설정함으로써 이를 더 효과적으로 규제할 수도 있을 것이다.

물론, 토지이용규제 방법에도 여러 가지 문제는 있다. 많은 경우, 토지이용규제법은 대략적인 내용만 담고 있어서 실제 집행자에게 현실 여건에 맞는 법조문의 해석이나 예외 인정에 관하여 재량의 여지를 남기게 된다. 그러나 실제 규제의 집행자는 적정수준의 외부효과를 거시적 안목에서 의식하지 못한 채 주어진 재량권을 행사하는 경우가 많고, 이 결과 애당초의 토지이용계획이나 도시계획 의도와는 거리가 먼 상황을 초래하는 경우가 무척 빈번하게 나타난다는 연구 결과도 있다.[12] 늘 그렇듯이 집행자의 재량권이 클 때는, 으레 부정부패가 끼어들기 마련이다. 지역에 따라서 특정 이해집단, 예컨대 개발업자들이 관계 공무원과 결탁하여 해당 지역의 토지이용에 영향을 미치기도 한다. 그래서 특정 이해집단의 행태를 주요 변수로 삼아 지방의 토지이용규제의 양태를 설명하고 예측하는 이론도 있다. 어떻든, 토지이용규제가 공익을 충실히 반영하지 못할 수도 있다는 점에 유의할 필요가 있다.

중위투표자의 정리와 토지이용규제의 내용

토지이용규제의 구체적 성격이나 내용을 결정하는 주된 요인은 무엇인가? 우리나라는 미국과 마찬가지로 지역 · 지구제를 토지이용규제의 주축으로 삼고 있으므로, 미국의 경험이 앞으로 우리에게 많은 시사점을 줄 것이다. 미국에는 옛날부터 지방자치제가 잘 발달해 왔으며, 지역 · 지구제의 내용을 강화하거나 완화하는 문제를 주민투표에 따라 결정하는 경우가 흔히 있었다. 따라서 주민의 의사가 해당 지역의 토지이용규제(지역 · 지구제)의 내용을 결정하는 주된 요인이라는 이론이 강력한 설득력을 가지게 된다.[13] 전통적인 투표이론에 따르면, 주민 중에서도 이른바 중위투표자들의 의사가 결정적 요인이 된다. 중위투표자란 중위수에 해당하는 투표자를 말하는데, 예를 들어서, 5인의 투표자가 있고, 소득순으로 이들을 차례로 배열하였을 때 그 중앙에 해당하는 값이 중위수가 되며 이 중위수의 주인이 중위투표자가 된다. 5인의 소득이 각각 1억 원, 7천만 원, 5천만 원, 3천만 원, 2천만 원이라고 하면, 5천만 원이 중위수에 해당하며, 이 5천만 원의 주인이 중위투표자이다. 중위투표자를 제외한 나머지 사람들의 50%는 중위투표자보다 부자이고, 나머지 50%는 중위투표자보다 가난하다. 소득순이 아니라 정치 성향의 순으로 주민들을 차례로 배열했을 경우, 중앙에 있는 사람이 중위투표자가 될 것이다.

그렇다면, 중위투표자의 의사가 왜 결정적인가? 예를 들어서 세 사람의 유권자가 있다고 하자. 한 사람은 매우 보수적이고, 다른 한 사람은 매우 진보적이며, 나머지 한 사람은 중도적이라고 하자. 보수적인 유권자는 보수적 정책을 가장 선호하지만, 진보적 정책보다는 차라리 중도적 정책을 더 선호한다. 반대로 진보적 유권자는 진보적인 정책을 가장 선호하지만, 보수적 정책보다는 차라리 중도적 정책을 더 선호한다. 이럴 경우, 보수적 정책과 중도적 정책이 대결하면, 진보적 투표자는 중도적 정책을 지지하므로 중도적 정책이 과반수인 2표를 얻어 선거에서 이긴다. 진보적 정책과 중도적 정책이 대결하면, 보수적 투표자는 중도적 정책을 지지하므로 역시 중도적 정책이 과반수를 얻어 선거에서 이긴다. 보수적 정책과 진보적 정책을 투표에 부치면, 중도적 투표자가 어느 쪽에 붙느냐에 따라 선거 결과가 결판난다. 이 중도적 투표자가 곧 중위투표자다. 이같이 중위투표자가 선거 결과를 결정한다는 요지의 주장을 "중위투표자 정리(median voter theorem)"라고 한다. 통상 중위투표자라고 하면 소득의 면에서나 혹은 정치 성향의 면에서 중간의 위치에 있는 사람들을 지칭하는데, 때로는 중간계층 혹은 중산층을 의미하기도 한다.[14]

선거철에 늘 보는 일이지만, 거대 정당들의 선거 공약들이 내용상 비슷해지고 정당의 색깔이 애매모호해진다. 보수정당의 선거공약에 진보적 내용이 잔뜩 들어가 있고, 진보정당의 선거공약이 보수 색깔로 얼룩진다. 결과적으로 유권자들은 양당의 차이를 선명하게 구분하지 못한 채 어느 정당을 지지할지 몰라 우왕좌왕하게 된다. 이같이 선거철만 되면 정당들의 선명성이 없어지는 이유는 보수와 진보의 중간에 있는 다수 유권자의 표를 끌어모으기 위해서 각 정당이 자신의 선거공약에 전략적 물타기를 하기 때문이다. 중위투표자의 정리가 바로 이런 현상을 잘 설명해주고 있다.

이 중위투표자의 정리에 따라, 미국 지역·지구제의 내용을 설명하는 이론들이 많이 나타나고 있다. 실제로, 미국의 지역·지구제의 내용이 특별 이해집단의 영향력이나 공익에 의해서 결정된다는 증거보다는 중위투표자의 의사에 의해서 상당한 정도로 좌지우지된다는 증거가 더 많은 것으로 알려져 있다.[15] 그러면 중위투표자는 무엇을 원하는가? 지역·지구제의 원래 취지가 개인소유 주택의 재산 가치 보호에 있었다는 점에 비추어 보면, 중위투표자는 자신이 소유한 재산의 가치를 극대화하는 경향이 있다고 보는 것이 합리적일 것이다. 그렇다면, 미국과 같이 지방자치제가 잘 발달한 사회에서 지역·지구제는 결국 지역별로 중위투표자의 재산 가치를 극대화하기 위한 수단이라는 얘기가 된다. 만일 이런 주장이 옳다면, 특히 자가 주택이 압도적으로 큰 비중을 차지하는 지역에서는 자가 주택의 재산 가치를 극대화하도록 지역·지구제가 설계되었으리라고 보면 거의 틀림없을 것이다. 앞으로 우리나라에서도 지역·지구제 운용에 지역 주민들이 좀 더 활발히 참여한다면, 이런 중위투표자이론이 시사하는 방향으로 지역·지구제의 내용이 바뀔 가능성이 크다.

② 토지이용규제와 공공재 및 공공서비스의 적정 공급

토지 공공재의 과다 공급?

토지이용규제의 목적에 비추어 볼 때, 이를 통하여 직접 혹은 간접적으로 공급될 공공재 및 공공서비스에는 크게 두 가지 부류가 있을 수 있다. 첫 번째 부류는 소위 '토지 공공재'다. 여기에는 산림이나 녹지, 불모지 등 자연 상태로 존재하면서 아름다운 경관이나 국민건강 및 정서상의 각종 편익을 제공하는 자연물들, 그리고 문화유산이나 도시경관과 같이 인공적으로 조성한 인공물들이 포함된다. 두 번째 부류는 경찰서, 소방서, 상.하수도, 교통시설 등을 포함한 공공재 및 준공공재다.

첫 번째 부류의 공공재는, 이를테면 자연환경보존 지역이라든가, 산림 및 농토 보존 지역, 도시 내의 녹지지역, 풍치 및 경관지구, 개발제한구역 등과 같은 특정 지역·지구의 지정을 통해서 공급된다. 대체로 보면 이런 부류의 공공재는 그 공급자(토지이용규제 당국)의 시각에서 볼 때는 큰 비용을 들이지 않고 공급할 수 있는 성격의 것들이다. 반면에 두 번째 부류의 공공재 및 준공공재와 공공서비스는 대체로 그 공급자에게 상당히 큰 투자비의 부담을 주는 것들이다. 그래서 현실적으로는 첫 번째 부류에 대해서는 주로 사회적 적정공급량의 문제가 걸려있고, 두 번째 부류에 대해서는 주로 공급 비용의 조달 및 비용 절감의 문제가 걸려 있다.

토지는 다용도성을 특징으로 하므로, 토지 공공재를 공급하기 위한 토지는 사적재의 공급, 예컨대 주택이나 공장, 상가 등을 공급하는 용도로도 적합함이 보통이다. 토지 공공재의 공급을 주목적으로 하는 토지이용규제는 대체로 경제활동의 밀도나 건축물 및 시설물에 대한 엄격한 제한을 통해서 그런 사적재의 공급을 억제함으로써 공익을 보호한다. 예를 들면, 개발제한구역 안에도 주택과 상가가 있지만, 자연환경 보호를 위해서 그것의 증축이나 용도변경은 억제된다. 그러므로, 나쁜 외부효과의 억제를 주목적으로 하는 토지이용규제는 규제 대상 토지의 가격을 높이는 효과를 수반하는 반면, 토지 공공재의 공급을 위한 토지이용규제는 규제 대상 토지의 가격을 떨어뜨리는 효과를 수반함이 보통이다. 하지만 여기에서 특히 주의해야 할 것은, 지가가 떨어졌다는 것이 곧 가치도 떨어졌음을 의미하는 것이 아니라는 점이다. 오히려 해당 토지의 가치는 증가한다. 개발제한구역의 지정은 대상 지역의 땅값을 떨어뜨리지만, 토지의 가치를 높인다. 지가는 주로 금전적 이익만을 반영할 뿐, 공익은 잘 반영하지 않는다. 공공재 공급을 위한 토지의 사회적 이익은 대체로 금전으로 환산되지 않으며, 따라서 가격에도 잘 반영되지 않는 경향이 있다.

토지 공공재가 풍부한 비금전적 편익을 제공하며, 또한 소득수준이 높아짐에 따라 이에 대한 수요가 점차 대폭 늘어날 가능성이 있음에도 불구하고, 만일 토지의 용도 결정을 완전히 시장에 맡겨 버리면, 사회적으로 지나치게 많은 토지가 사적재의 공급에 이용되는 반면, 지나치게 적은 면적의 토지가 공공재의 공급에 이용될 우려가 있다. 이런 의미에서 토지 공공재의 원활한 공급을 위한 공적 토지이용규제의 사회적 필요성은 충분히 인정된다. 그러나 이런 필요성을 지나치게 강조하다 보면, 토지 공공재가 과다 공급됨으로 인해서 사적재 공급을 위한 토지이용이 크게 위축된다고 시장주의자들이 우려한다. 어떻든, 토지 공공재의 공급과 토지로부터 생산될 사적재의 공급이 사회적 적정 균형을 이루도록, 경제 전체의 토지를 배분하는 작업이 토지이용계획에 있어서 첫 번째 요체가 된다. 그러나 토지 공공재의 공급과 사적재 공급의 사회적 적정 균형의 차원에서 보았을 때, 토지이용규제의 실제 성과에 대해서는 견해가 상당히 엇갈리고 있다.

우선, 토지 공공재가 과다 공급되는 경향이 있다는 주장부터 살펴보자. 토지 공공재로 인한 이익이 불특정 다수에게 돌아가며 이들을 배제할 수 없으므로 이들은 비용을 부담하지 않고도 이를 누리게 된다. 따라서 이들은 토지 공공재를 공짜로 즐기기 위해서 이로부터 얻을 수 있는 혜택을 과장해서 말하려고 할 것이다. 선거철만 되면 근린공원, 가로등, 수질개선 등 공익시설을 요구하는 민원이 쏟아지는데 대부분 과장된다고 한다. 한편, 규제당국의 입장에서는 큰 비용의 부담 없이 주민의 요구를 들어줄 수 있는 경우도 적지 않다. 물론 규제 대상 지역의 토지소유자들은 땅값 하락 혹은 지가 동결로 인한 손실을 당할 수도 있지만, 공공재의 성격상 이의 공급으로 인한 수혜자들이 피해자들을 수적으로 압도하는 경우가 많다.

이러한 여러 가지 요인들의 복합적 작용으로 토지 공공재의 사회적 편익은 과장되는 반면, 공급 비용은 과소 평가되므로 토지 공공재가 과다 공급되기 쉽다는 주장이 나오게 된다. 우리나라의 경우 개발제한구역이나 자연환경 보전지역 등이 너무 넓게 지정되었다는 끈질긴 주장이 그 좋은 예가 된다. 게다가 대체로 보면, 토지이용규제를 담당하는 공공기관은 공공재의 사회적 수요에 대한 사료나 정보를 충분히 갖추고 있지 못할 뿐만 아니라 편익과 비용의 균형을 맞추어 적정수준으로 토지 공공재를 공급하려는 의지도 결여하고 있는 것으로 알려져 있다.[16] 이런 행정적인 문제점은 토지이용규제의 성과를 더욱더 부정적으로 보게 한다.

그러나 이와는 정반대로 토지 공공재가 과소 공급되고 있다는 주장도 매우 강력하다. 즉, 사적 이익을 노린 토지개발의 압력에 밀려서 토지 공공재가 점차 침식당하고 있다는 것이다. 토지 공공재에 대한 수요가 과장되는 경향이 있다고는 하지만 설령 그렇다고 해도 결국 금전적 지불 능력을 배경으로 한 수요가 아니라 막연한 수요이고, 소리만 요란할 뿐 시장에서 힘을 발휘하지 못하는 수요다. 경제학 교과서는 시장 거래가 수요자의 지불 용의액에 의해서 결정되는 것처럼 말하고 있으나 사실은 지불 용의액이 아니라 실제 지급 능력에 의해서 결정된다. 아무리 지불 용의액이 크다고 한들 호주머니에 돈이 없으면 그 지불 용의액은 무용지물이다. 사적재 공급을 위한 토지에 대한 수요는 대체로 사적 이윤추구라는 강력한 경제적 동기를 바탕으로 한 것일 뿐 아니라 지불 능력을 갖춘 것이다. 이 수요는 지가에 반영되는 가시적 수요이며, 규제당국은 이 수요를 관측할 수 있다.

하지만, 공공재에 대한 수요는 지가에 잘 반영되지 않는 비가시적 수요고, 대부분 경우 단순히 여론이라고 부를 수 있는 정도의 막연한 수요며, 널리 분산되어 있어서 시장에서 강력한 추진력의 뒷받침을 받지 못하는 수요다. 따라서 토지 공공재에 대한 수요가 증가하더라도 이것이 시장에서 지가 상승의 형식으로 감지되지 않는다. 이윤추구의 동기에 의해서 강력하게 뒷받침되는 수요는 지가 상승의 압박을 통해서 토지이용규제 당국에 분명히 감지될 뿐만 아니라 관련 관료들에게 대한 뇌물이나 이익단체들의 압력을 통해서 토지이용규제 당국에 가시화되기도 한다. 그러나 토지 공공재에 대한 수요는 그렇지 못하다. 예를 들어, 개발제한구역을 풀라는 금전적 압력이나 유혹은 무성해도 이를 더 확대하라는 금전적 유혹이나 이익단체의 압력은 생각하기 어렵다. 바로 이러한 여러 가지 요인들 탓으로, 규제당국의 강력한 정책적 의지의 뒷받침이 없으면, 토지 공공재는 과소 공급될 우려가 있다는 주장이 현실적으로 더 강한 설득력을 가진다.

물론, 토지 공공재의 수요를 강력하게 주장하는 민간압력단체들이 없지는 않다. 각종 환경운동단체나 자연보호단체들의 캠페인, 그리고 우량농지 보전 운동 등이 그 예이다. 농토는 식량 공급원의 역할만 수행하는 것이 아니라 깨끗한 공기, 농촌풍경, 수자원 함양 등을 비롯한 여러 가지 공공재를 공급하므로, 단순히 식량 생산에 필요한 만큼의 농토만 확보할 것이 아니라, 여기에 토지 공공재에 대한 수요를 합친 수요에 상응하는 만큼 농지를 확보해야 한다는 주장이 우량농지 보전론자들에 의해서 강력히 제기되고 있다. 우리나라의 농지보전 제도도 이러한 차원에서 이해할 수 있다. 한때는 농지보전의 필요성이 지나치게 강조된 나머지 농업이 환경을 크게 오염시키기는 한 요인이라는 주장이 주목받지 못한 측면도 있었다. 그러나 최근 농지, 특히 논이 수자원 함양이나 수질개선 등 친환경적 기능을 수행한다는 주장이 시민단체를 중심으로 퍼지면서 우리나라에서도 점차 힘을 얻었다. 근래 소득수준의 향상과 고령화가 진행됨에 따라 여가 시간과 환경보존에 대한 국민의 관심이 커지면서, 산지(山地)의 가치가 점점 더 커지고 있다. 과거 산지는 도시 확장을 위한 유보지 정도로 인식되었으나, 앞으로는 환경보존, 여가 공간, 국민건강 등 여러 차원에서 산지의 가치가 높아지면서, 산지의 활용이 점차 늘어날 것으로 예상된다.[17]

토지 공공재가 과소 공급되는 경향이 있다는 주장에 큰 힘을 보태주는 또 하나의 이론이 등장하여 주목받았다. 위에서 설명한 중위투표자의 정리가 그것이다. 지방정부의 주된 임무는 지방공공재를 공급하는 것이다. 따라서 적정량의 지방공공재를 공급하는 일이 지방 정부에게는 매우 긴요하면서도 또한 매우 어려운 일이다. 왜냐하면, 소득계층 별로 공공재의 적정량에 대한 의견이 많이 달라지기 때문이다. 대체로 보면, 소득수준이 높을수록 공공재에 대한 수요가 증가하는 경향이 있다. 부자들은 많은 돈과 재산을 가지고 있으므로, 방범이나 치안이 매우 절실하지만, 가난한 사람들은 털릴 돈도 재산도 없으므로, 이들의 치안에 대한 수요도 그리 크지 않을 수밖에 없다. 부자들은 공원이나 녹지, 아름다운 경관을 즐길 여유를 가지고 있지만, 가난한 사람들은 입에 풀칠하기 바빠서 그럴 여유가 없다. 부자들은 놀러 다닐 여유도 있고 갈 데도 많으므로, 길이 잘 뚫리면 신나지만, 가난한 사람들은 돈이 없어서 갈 데도 별로 없다. 이런저런 이유로 고소득계층은 지방정부가 공공재를 많이 공급해주기를 원하지만, 저소득 계층은 그렇지 못하다. 중위투표자의 정리에 의하면, 국민의 대다수를 차지하는 중하 소득계층의 목소리가 선거 결과를 좌우한다. 따라서 토지 관련 공공재의 공급양도 이들이 원하는 수준에서 결정되고, 그러다 보니 과소 공급되는 경향이 나타나게 된다는 것이다. 이를 구체적으로 살펴보자.

고소득계층이 적절하다고 생각하는 공급량을 *Gr*, 저소득계층이 적절하다고 생각하는 공급량을 *Gp*라고 하자. 그리고 이 양 계층의 중간에 낀 중간 소득계층이 적절하다고 생각하는 공급량을 *Gm*이라고 하자. 그러면, $Gr > Gm > Gp$. 각 계층은 자신들에게 가장 적절한 공급량을 가장 선호하고, 그다음에는 이것에 가장 가까운 것을 선호할 것이다. 고소득계층은 *Gp*가 너무 적다고 생각하면서 차라리 *Gm*이 더 낫다고 여길 것이고, 저소득계층은 *Gr*이 지나치게 많다고 생각하면서 차라리 *Gm*이 더 낫다고 여길 것이다. 이 경우 중간 소득계층이 곧 중위투표자에 해당한다. 이 세 가지 대안을 놓고 다수결로 집단의사를 결정한다고 해보자. *Gr*과 *Gm*을 대결시키면, 중간 소득계층과 저소득계층이 *Gm*을 지지하므로 *Gm*이 다수의 지지로 채택된다. *Gp*와 *Gm*을 대결시키면, 중간 소득계층과 고소득계층이 *Gm*을 지지할 것이므로 *Gm*이 다수의 지지로 채택된다. *Gr*과 *Gp*의 대결에서는 최종결과가 중간 소득계층이 어느 쪽을 지지하느냐에 달려 있다. 그 어느 경우든, 최종결과는 중위투표자의 선호에 따라 결정된다. 이것이 중위투표자 정리가 의미하는 바다. 좀 더 일반화해서 말하면, 지방정부의 토지 공공재에 대한 재정지출의 규모는 중위투표자의 선호에 따라 결정된다는 것이다.

이것이 구체적으로 무엇을 의미하는가? 중앙에 자리 잡고 있다고 해서 중위투표자가 반드시 한 나라나 한 지역의 평균 소득수준을 누리는 사람은 아니다. 어느 나라나 잘 사는 사람들보다는 못사는 사람들의 숫자가 훨씬 더 많은 법이다. 달리 말하면, 한 나라의 평균 소득수준을 기준으로 할 때, 저소득자의 수가 고소득자의 수보다 훨씬 많다는 것이다. 이런 상황에서는 통계적으로 중위수가 평균보다 적다. 그러므로 일반적으로 중위투표자의 소득수준은 평균 소득수준보다 더 낮다. 달리 말하면 중위투표자들은 중간 소득계층이 아니라 사실은 저소득계층에 가까운 중하위계층이라는 것이다. 소득수준이 낮으므로 공공재나 준공공재에 대한 이들의 수요도 적은 편이다. 따라서 중위투표자 정리가 옳다면, 국가 전체의 시각에서 보았을 때 토지이용규제를 통한 공공재 및 준공공재의 공급이 지나치게 적어질 가능성이 크다. 장기적인 관점에서는 특히 더 그렇다. 경제발전이 진행됨에 따라 중하위계층의 소득수준이 점차 높아지면, 지방의 공공재에 대한 수요도 장차 점차 늘어날 것이다. 그러므로 미래를 내다본다면, 토지 공공재를 지금 생각하는 것보다 훨씬 더 많이 확보해둘 필요가 있다. 토지이용은 많은 경우 불가역적이기 때문에 특히 더 그렇다. 즉, 한번 토지를 사적재용으로 전용한 다음에는 미래에 이것을 후회해도 돌이키기가 어렵다는 것이다. 요컨대, 현재의 수요를 충족시키기에만 집착하여 토지 공공재를 공급하다 보면 과소 공급될 우려가 있으므로, 장기적인 안목에서 보면 국토의 효율적 이용을 그르치게 된다는 것이다.

"발로 선택하기"

공공재 및 공공서비스에 대한 수요를 정확하게 파악하기 어렵기도 하지만, 도시화가 급속히 진행됨에 따라 지가가 크게 상승하고 각종 생산비가 비싸지면서, 공공재 및 공공서비스의 공급 비용이 빠르게 늘어나고, 이것이 심각한 문제로 다가오기에 이르렀다. 그러자 최소의 비용으로 수요를 효과적으로 충족시키려 하기보다는 비용만이라도 최소화하려는 경향이 강하게 대두되었다. 이러한 경향을 잘 반영하는 토지이용규제의 대표적인 형태가 소위 재정상 지역·지구제나 또는 계획단위개발 지역·지구제라고 볼 수 있다. 재정상 지역·지구제(fiscal zoning)란 나쁜 외부효과를 억제하거나 토지 공공재를 공급하려는 목적보다는 주로 도시에서 각종 공공재 및 공공서비스 공급 비용을 절감하거나 혹은 공급 비용을 원활하게 조달하려는 재정상의 목적을 위주로 한 지역·지구제를 가리킨다.[18]

실제 운용의 측면에서 보면, 이 재정상 지역·지구제는 지방재정에 큰 부담을 주는 토지이용, 예컨대 아파트나 다세대 주택의 건설을 억제하는 방향으로 토지이용을 규제하는 경향을 보인다. 아파트나 다세대 주택은 학교나 각종 사회복지시설에 대한 수요를 크게 늘리기 때문이다. 실제로 미국의 경우, 뉴욕시나 캘리포니아주의 여러 도시는 상·하수도, 교통시설, 그리고 각종 관공서 등 공공서비스의 공급 비용을 최소화하도록 토지이용계획을 작성하고 이에 따라 토지이용규제를 수행하고 있다고 한다.[19]

이같이 도시 공공투자 사업 비용의 조달 및 절감을 위주로 한 토지이용규제는 토지이용의 밀도(집약도), 계획지역 안에서 건축물 사이의 연계성, 그리고 토지개발의 접속성 등을 높임으로써 상당한 정도로 비용 절감 효과를 올릴 수 있는 것으로 알려져 있고, 또 그런 성과가 있음이 실증적 연구가 뒷받침하고 있기도 하다.[20] 물론, 공급 비용을 지나치게 의식한 나머지 재정상 지역·지구제가 특정 행위에 지나치게 많은 토지를 허용할 우려가 있다. 실제로 경공업, 연구단지, 혹은 고도의 서비스산업 등과 같이 담세능력이 크면서 지역사회의 공공재 및 공공서비스에 대한 수요를 많이 증가시키지 않는 경제활동에 과다하게 많은 토지를 허용하는 경향이 있는 것으로 알려져 있다.

계획단위개발 지역·지구제(planned unit development zoning)는 전통적인 지역·지구제에 많은 신축성과 독창성을 불어넣은 제도이며, 포괄적인 토지이용계획 그리고 이 계획이 규정한 지역 전체의 평균 토지이용의 집약도(혹은 밀도)를 초과하지 않는 범위 내에서 토지개발 업자와 이용자에게 토지용도, 건축물, 그리고 토지이용 밀도를 적절히 조정하고 조합할 수 있도록 허용하는 지역·지구제이다.[21] 이 제도 역시 실제에 있어서는 각종 공공재 및 공공시설을 효과적으로 배열하여 지역 전체로서 토지개발 및 이용에 필요한 비용을 최소화하는 방향으로 운용된다.[22]

더 근본적으로 볼 때, 중요한 것은 단순히 지방공공재 및 공공서비스를 값싸게 공급하는 것이 아니라 주민들의 이에 대한 욕구가 최대한 효과적으로 충족되도록 공급하는 것이다. 하나의 극단적인 예로, 학교 다니는 자녀를 갖지 않은 노인들이 주로 사는 동네에 학교를 많이 짓고, 학교에 다니는 자녀를 많이 가진 중년층 사람들이 주로 사는 동네에 노인복지시설을 많이 짓는 것은 아무리 이런 시설들의 공급 비용이 최소화된다고 하더라도 효율의 측면에서는 결코 바람직하다고 볼 수는 없을 것이다. 이 시설들을 재배치 하거나, 또는 주민들을 재배치함으로써 효율을 크게 높일 여지가 있기 때문이다. 이와 관련해서 티보(C.

Tiebout)는 한 가지 매우 흥미 있는 이론을 발표하였다. 그에 의하면, 다음과 같은 몇 가지 조건이 충족될 경우, 토지이용규제는 지방공공재 및 공공서비스 공급 비용을 최소화하면서 동시에 수요도 잘 충족시킨다는 것, 달리 말해서 토지이용규제가 지방공공재 및 공공서비스의 사회적 적정 배분을 이루는 수단이 될 수 있다는 것이다.

그 조건들은 대략 다음과 같은 것들이다. 첫째, 사람들의 다양한 취향에 부응하여 다양한 지방공공재 및 공공서비스를 다양한 양태로 공급하는 다수의 지역사회가 존재해야 한다. 지역사회마다 공공재 및 공공서비스의 양태가 제각기 다른 만큼, 재정지출 양태가 다를 것이며, 또한 거주하게 될 주민들에게 떨어질 금전적 부담의 양태도 제각기 다를 것이다. 둘째, 모든 사람이 이러한 여러 가지 측면에서 각 지역사회 사이의 차이를 충분히 알고 있어야 한다. 셋째, 모든 사람이 각각의 취향에 가장 적합한 지역사회를 선택하여 자유로이 이동할 수 있어야 한다. 사람들이 지역사회를 고를 때 중요하게 보는 사항은, 제공되는 공공재 및 공공서비스의 구체적 내용 그리고 이에 관해서 세금 혹은 사용료의 형태로 부담하게 될 비용이 될 것이다.

넷째, 각 지역사회가 제공할 수 있는 각종 공공재 및 공공서비스들을 하나의 묶음으로 볼 때, 이 묶음별로 받아들일 수 있는 인구 규모에는 어떤 적정수준이 있을 것이다. 이 적정수준은 1인당 공공재 및 공공서비스의 평균 공급 비용에 의해서 결정될 것이다. 이 1인당 평균 공급 비용은 <그림 11-3>에서 보듯이 인구가 증가함에 따라 처음에는 차츰 감소하다가, 인구 규모가 N_o의 수준을 초과하면, 지방공공재의 특성상 혼잡이 발생하여 점차 상승하게 된다. 고정생산요소가 사용될 때, 기업의 평균 비용곡선이 오목한 포물선을 그리듯이, 지방공공재나 공공서비스 공급의 경우에도 토지라는 물리적으로 한정된 생산요소가 있으므로, 1인당 평균 공급 비용도 <그림 11-3>에서 보듯이 오목한 포물선처럼 변할 것이다.

그림 11-3 C. Tiebout 모형에서 공공서비스의 공급비용곡선

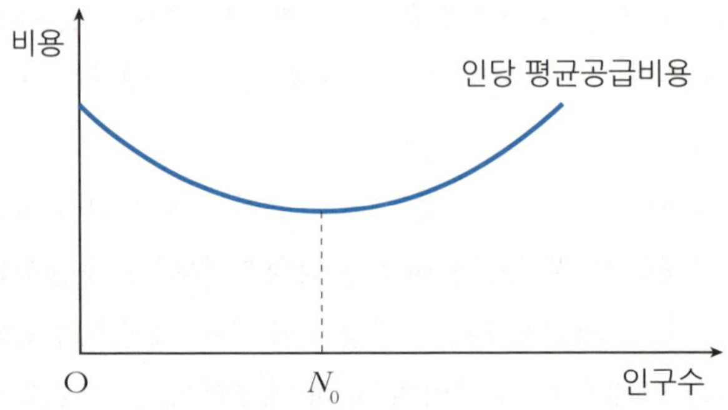

다섯째, 각 지역사회는 이 1인당 평균 공급 비용에 따라 받아들일 수 있는 인구를 결정하며, 일단 결정된 다음에는 적정인구를 유지하기 위해서 노력하고, 적절한 수단을 동원해서 통제할 것이다.

이런 조건들이 충족되면, 마치 소비자들이 사적재를 구매하기 위해서 장을 보러 가듯이 모든 주민이 지역사회 별로 다양하게 공급되는 공공재 및 공공서비스를 대상으로 장을 보게 함으로써, 이에 대한 진정한 수요가 표출되는 여건이 조성될 것이다. 이 결과는 지방공공재에 대한 주민들의 수요와 지역사회의 공급이 시장 메커니즘과 같은 과정을 통하여 연결됨으로써 지방공공재의 효율적 배분이 이루어질 수 있을 것이다. 이러한 주장이 유명한 티보 가설의 요지이다.[23] 이 가설에서 중요한 변수는 1인당 평균 공급 비용이다. 티보는 지역사회를 구성할 주민 각자에게 지방공공재 공급 비용을 균일하게 분담시키는 것을 전제로 하고, 1인당 평균 공급 비용이 최소화되는 수준에 상응하는 인구 규모, 즉 <그림 11-3>에서 N_0를 지역사회의 적정규모의 지표로 삼았다.

이 티보 모형은, 각 지역사회가 경쟁적으로 지방공공재 및 공공서비스를 되도록 저렴하게 공급함으로써 주민들을 유치한다고 가정한다. 이 결과 만일 주민들이 지나치게 많이 유치되어 적정규모를 초과하게 되면, 1인당 평균 공급 비용은 점차 증가하여 주민들의 비용부담이 커진다. 이 부담이 현저하게 커지면 일

부 주민들은 다른 지역으로 이주해 갈 것이다. 그러므로 장기적으로 그리고 거시적으로 보면, 이러한 경제적 요인은 각 지역사회의 크기를 각각 나름대로 적정수준으로 유도할 것이다. 하지만, 지역사회의 적정규모 유지를 위한 보다 더 직접적이고 노골적인, 그러나 보편적인 방법으로 티보 교수는 토지이용규제를 꼽았다. 그러나 그는 이 토지이용규제의 구체적 역할에 대해서는 언급하지 않았다.

티보 가설이 발표된 후 이를 확장한 이론들이 나왔는데, 이 이론에서는 토지이용규제가 주민이 선택할 상품으로 다루어지고 있다. 즉, 주민은 각 지역이 제공하는 다양한 토지이용규제 중에서 하나를 선택하고 이에 대한 가격으로 재산세를 치른다.[24] 이 재산세는 주민들이 소유한 재산의 가치를 과표로 삼아 징수된다. 각 지역은 재산세 수입으로 지방공공재 및 공공서비스의 공급 비용을 충당하되. 이 재산세를 부담할 능력이 있는 사람들만 입주할 수 있도록 대지의 크기, 건폐율, 용적률 등에 대한 토지이용규제를 통해서 주거지역의 성격을 한정한다. 그러면 각 지역사회는 주택과 공공재 및 공공서비스에 관한 나름대로 조합을 상품으로 내놓게 되며, 다른 한편에서 사람들은 각 지역사회가 공급하는 다양한 조합 중에서 마음에 드는 조합을 선택하여 거주하게 된다. 말하자면, 주민은 마음에 드는 지역사회 하나를 '발로 선택'하는 셈이다.

이같이 주민들이 자발적으로 각자의 취향과 경제적 능력에 따라 마음에 맞는 지역사회를 발로 선택하는 세계에서는, 각 지역사회에서 공급하는 지방공공재 및 공공서비스의 묶음별로 취향 및 소득수준이나 사회적 지위 등이 비슷한 사람들끼리 모여 사는 동질적 지역사회가 형성된다. 이 결과 비록 지방공공재 및 공공서비스의 공간적 적정 배분이 이루어지기는 하겠지만 소득수준, 사회적 지위, 인종 등의 면에서 비슷한 사람들끼리만 공간적으로 따로 몰려 살게 되는, 소위 격리(segregation) 현상이 자연적으로 발생하게 된다. 예를 들면, 부촌과 빈촌이 공간적으로 뚜렷이 갈리는 현상이 나타나는데, 이런 격리 현상은 선진국에만 있는 현상이 아니라 우리나라에서도 관측되는 현상이다.

이에 대한 한 실증연구에 의하면, 주거지 간 지방공공재의 차이가 주택가격에 반영되며, 이것을 매개로 소득계층 별 주거지 격리 현상이 발생한다.[25] 비록 토지이용규제가 이러한 격리 현상을 음으로 양으로 조장한다는 비난이 있기는 하지만, 지방공공재 및 공공서비스의 공급과 소비에 있어서 효율, 그리고 나아가서 토지이용에 있어서 효율을 위해서는 그러한 격리 현상은 어쩔 수 없다는 측면도 있다. 그래서 적어도 지방공공재 및 공공서비스의 공간적 적정 배분을 위해서는 토지이용규제가 각 지역의 여건에 맞는 다양한 지방공공재 및 공공서비스의 공급을 유도하는 한편, 이에 맞추어 격리 현상이 자연적으로 이루어지도록 유도할 수 있어야 한다는 주장도 있다.

미주

1 Erwin, D. E. et al. (1977), Land Use Control, Cambridge: Ballinger Publishing Co. pp.9-25.

2 이에 대한 구체적 내용은 다음 문헌 참조: 이정전(2000), 『환경경제학』, 서울: 박영사.

3 채미옥(1997), “서울시 지가의 공간적 분포특성과 지가결정요인에 관한 연구,” 서울시립대학교 박사학위논문, 168쪽.

4 Fischel, W. A. (1985), The Economics of zoning Laws, Baltimore: The Johns Hopkins University Press. p.242.

5 이런 실증적 연구들에 대해서는 다음 문헌 참조: Goldberg, M. and P. Chinloy(1984), Urban Land Economics, New York: John Wiley & Sons. pp.326-329.

6 Fischel, W. A. (1985), The Economics of Zoning Laws, Baltimore: The Johns Hopkins University Press. pp.231-233.

7 다음 문헌 참조: Fischel, W. A. (1995), “Zoning and Urban Environment”, in Bromley, D. W. (1995) editted, The Handbook of Environmental Economics, Cambridge: Basil Blackwell Ltd. p.63.

8 위에서 인용한 문헌, 61-88쪽.

9 이에 대한 구체적 내용은 다음 문헌 참조: 이정전(2011), 『환경경제학 이해』, 서울: 박영사.

10 성과 지역 · 지구제에 대한 자세한 논의는 다음 문헌 참조: 전경수(1986), “퍼포먼스 죠닝”, 『국토정보다이제스트』, 제5권 제8호, 국토연구원.

11 Goldberg, M. and P. Chinloy(1984), Urban Land Economics, New York: John Wiley & Sons. p.308.

12 Erwin, D. E. et al. (1977), Land Use Control, Cambridge: Ballinger Publishing Co. p.75.

13 Fischel교수가 이런 주장을 강력하게 제기하고 있다. 구체적 내용은 다음 문헌 참조: Fischel, W. A. (1995), “Zoning and Urban Environment”, in Bromley, D. W. (1995) editted, The Handbook of Environmental Economics, Cambridge: Basil Blackwell Ltd. p.66.

14 이에 관한 자세한 설명은 다음 문헌 참조: 이정전(2015), 『왜 우리는 정부에게 배신당할까?』, 민음사출판그룹 반비.

15 Fischel, W. A. (1995), “Zoning and Urban Environment”, in Bromley, D. W.

(1995) editted, The Handbook of Environmental Economics, Cambridge: Basil Blackwell Ltd. p.66.

16 이에 대한 자세한 설명은 다음 문헌 참조: 이정전(2015), 『왜 우리는 정부에게 배신당할까?』, 민음사출판그룹 반비.

17 손학기(2015), "제1차 산지 관리 기본계획의 특징 분석과 향후 발전 방향", 부동산포커스, vol. 85, 2015년 6월.

18 Goldberg, M. and P. Chinloy(1984), Urban Land Economics, New York: John Wiley & Sons. p.308.

19 Erwin, D. E. et al. (1977), Land Use Control, Cambridge: Ballinger Publishing Co. p.78.

20 위에서 인용한 문헌, p.79.

21 Goldberg, M. and P. Chinloy(1984), Urban Land Economics, New York: John Wiley & Sons. p.308.

22 Courtney, J. M. (1983), "Intervention through Land Use Regulation", in Harol B. Dunkerley, ed., Urban Land Policy, New York: Oxford University Press. p.159.

23 Tiebout, C. M. (1956), "A Pure Theory of Local Expenditure", Journal of Political Economy, Vol. 64. pp.416-424.

24 Hamilton, B. W. (1975), "Property Taxes and the Tiebout Hypothesis: Some Empirical Evidence", in E. S. Mills and W. E. Oates, ed., Fiscal Zoning and Land Use Controls, Lexington: Lexington Books. pp.13-30.

25 송명규(1992), 「지방공공재가 소득계층별 주거지 분화에 미치는 영향에 관한 연구: 서울시를 사례로」, 서울대학교 박사학위논문.

12 토지이용규제와 보상의 문제

1. 토지이용규제와 형평상의 효과
   토지이용규제와 결부된 우발이익과 우발손실 /
   토지이용의 효율을 가로 막는 형평의 문제
2. 우발손실 보상을 위한 우발이익의 환수
   수용부 지역 · 지구제 / 우발이익 ≷ 우발손실?
3. 개발권 선매제도
   개발권과 소유권의 분리와 영국의 개발허가제도 / 개발권 선매제도의 효과
4. 개발권 양도제도: 개발이익으로 손실보상
   미국에서 폭넓게 이용되고 있는 개발권 양도제도 / 제1세대 개발권 양도제도와
   제2세대 개발권 양도제도 / 적용사례들 / 개발권 양도제도의 성공을 위한 조건들 /
   개발권 발급량의 결정 및 개발권 배정 방법 / 개발권에 대한 수요 및 공급 /
   개발권 양도제도의 성과

주요용어

- 우발이익
- 우발손실
- 개발이익
- 수익자부담금
- 특별부과금
- 수용부 지역·지구제
- 개발권선매제도
- 지급능력
- 개발허가제도
- 개발권 송출지역
- 개발권 수용지역
- 개발권 양도제도
- TDR 은행
- 전환율
- 밀도보상

12 토지이용규제와 보상의 문제

1 토지이용규제와 형평상의 효과

토지이용규제와 결부된 우발이익과 우발손실

토지이용규제는 대부분 경우, 어느 지역의 지가는 높이면서 다른 지역의 지가는 낮추는 불평등한 효과를 낳는다. 예를 들어서 토지의 용도가 농업용에서 상업용을 바뀌면, 통상 해당 토지의 소유자는 땅값 상승으로 횡재하게 되는데, 이런 일은 우리 주위에 아주 흔하다. 나쁜 외부효과를 억제하기 위해서 환경오염산업이 밀집된 지역을 상대로 토지이용규제를 강화하는 경우, 환경오염행위가 위축됨으로써 이 지역의 땅값이 떨어지는 반면, 인근 지역은 환경개선 덕분에 땅값이 뛰는 혜택을 누리게 된다. 토지 공공재의 공급을 위한 토지이용규제 역시 규제 대상 토지의 땅값을 하락시키는 반면 그 공공재의 혜택을 받는 지역의 땅값을 오르게 할 것이다. 이런 지가변동은 토지의 생산성에 대한 토지소유자 개인의 노력과는 큰 관계없이 순전히 제도적으로 유발된 것이다. 이런 의미에서 그 지가 상승으로 인한 재산상의 이익을 우발이익(windfall), 지가 하락으로 인한 재산상의 손실을 우발손실(wipe-out)이라고 부르기도 한다.

정부의 각종 공공투자 사업이나 토지개발도 땅값을 올림으로써 주변 지역 토지소유주들에게 일종의 불로소득을 안겨주게 되는데, 이런 소득을 보통 개발이익이라고 부른다. 그러나 실제에 있어서는 개발이익이나 우발이익은 자수 혼동해서 사용된다. 굳이 구별한다면, 개발이익은 정부의 직접 개입이나 제3자의 토지개발행위로 인한 이익을 말하며, 우발이익과 우발손실은 부동산 소유자 개인의 노력 혹은 전반적 물가상승이 아닌, 다른 요인들로 인하여 부동산 가치가 변동함으로써 얻은 소득과 손실을 말한다.[1] 그 다른 요인 중에서 중요한 것이 토지이용규제이다. 개발이익에 대해서는 수익자부담금 혹은 공공시설 사용료 등의 형식으로 토지소유자들에게 귀속될 불로소득을 부분적으로 환수하는 제도적 장치도 있고, 토지증가세 혹은 개발이익세 등과 같이 적극적으로 환수하는 제도적 장치도 있다. 그리고 공공투자나 공공기관의 토지개발로 인해서 손해를 보는 토지소유자에게는 보상을 해줌이 관행이다. 그러나 토지이용규제의 경우에는 보통 그렇지 않다. 사유재산권 행사를 지나치게 제한한 결과 사실상 토지수용이라고 판단되지 않는 이상 토지이용규제로 인한 우발손실에 대해서는 보상을 지급하지 않고, 우발이익을 환수하지도 않음이 상례이다.[2] 그 이유는, 토지이용규제가 공익의 증진이라는 대의명분 아래 재산 가치증가를 의도적으로 노리는 지역사회의 경찰권(police power) 행사에 관한 사항이며, 많은 경우 토지이용규제는 복잡한 과정을 거쳐서 지가 변동을 유발하므로 토지이용규제와 우발손실 및 우발이익 사이의 인과관계가 간접적이고 불분명하기 때문이다.

예를 들어서 어느 지역의 토지가 아파트용과 단독주택용의 두 가지 용도에만 이용될 수 있으며, 토지이용규제가 없는 상황에서 도심으로부터 반경 10km 안은 아파트용 토지이고, 그 밖은 단독주택용 토지라고 하자. 그리고 아파트용 토지의 평당 가격은 200만 원이고 단독주택용 토지의 평당 가격은 150만 원이라고 하자. 아파트 용지는 고밀도로 이용되기 때문에 땅값이 상대적으로 비싼 것이 보통이다. 그런데 이 지역에 토지이용규제가 실시되어 반경 8km까지만 아파트 주거지역으로 지정되었다고 하자. 그러면, 이런 토지이용규제가 없었을 경우 아파트용 토지로 이용되었을 토지, 즉 8km부터 10km까지의 토지가 단독주택 주거지로 이용될 것이며, 이 지역의 땅값은 일차적으로 평당 200만 원에서 150만 원으로 떨어질 것이다. 따라서 표면상 이 부분의 토지소유자들은 50만 원만큼 손실을 보게 된다. 만일 이 토지이용규제로 인한 손실을 보상한다면, 언뜻 보아 보상액은 평당 50만 원이면 될 것같이 보인다. 그러나 얘기가 그렇게 간단하지 않다. 앞에서도 보았지만, 토지이용규제의 효과가 전 지역에 광범위하게 파급될 수 있기 때문이다.

우선 종전에 평당 200만 원 하던 아파트 지역의 땅값은 더 올라가게 될 것이다. 왜냐하면, 아파트용으로 이용할 수 있는 면적이 반경 10km로부터 8km로 감소한 결과 아파트용 토지에 대한 수요가 종전보다 더 좁은 지역에 몰리기 때문이다. 반대로 종전에 평당 150만 원 하던 단독주택용지의 땅값은 그 이하로 내려갈 것이다. 단독주택용지에 대한 수요가 종전보다 더 넓은 지역으로 분산되기 때문이다. 결과적으로 아파트용 토지의 평당 가격이 250만 원으로 비싸지는 반면에, 단독주택용 토지의 평당 가격이 120만 원으로 떨어졌다고 하자. 반경 8km 안의 아파트용 토지를 가지고 있던 사람들은 평당 50만 원의 우발이익을 얻게 된다. 반대로 8km 밖의 토지소유자는 지가 하락 탓으로 평당 30(=150-120)만 원만큼의 우발손실을 입게 될 것이다. 이 우발손실에 대해서 보상한다면, 우발이익은 어떻게 할 것인가? 참으로 대답하기 어렵다. 처음에는 200만 원에서 150만 원으로 떨어졌고, 그다음에는 150만 원에서 120만 원으로 떨어졌는데, 첫 번째 하락은 분명히 우발손실인 것 같지만, 이 두 번째 하락은 좀 다른 것 같다. 그런데도 이 두 가지를 모두 똑같은 우발손실로 간주해야 하는가?

설령 우발이익은 내버려 두고 우발손실에 대해서만 보상한다고 하자. 그러면 과연 보상액을 얼마로 할 것인가의 문제가 기다리고 있다. 이것 역시 그리 간단치 않다. 대체로 보면 토지이용규제로 인한 우발손실이나 이익의 문제는 두 인접용도 사이의 접경지대에서 가장 첨예하게 발생하게 되는데, 이 예에서는 8km에서 10km 사이의 용도 변경된 토지의 소유자들이 가장 큰 불만을 품게 된다. 상황을 정리해 보자(이에 대하여 입찰지대곡선을 이용한 자세한 그림 설명은 본 장의 부록을 참조).

	규제 이전		규제 직후		규제 이후
8km 이내(아파트 지역)	200만 원	→	200만 원	→	250만 원
8km - 10km(용도변경 지역)	200만 원	→	150만 원	→	130만 원

만일 보상해 준다면, 8km에서 10km 사이의 지역 토지소유자들에게 얼마를 보상해 주어야 할까? 원래 이들의 땅은 아파트용 땅이었는데, 규제 이후 단

독주택용 땅으로 바뀌었다. 분명히 아파트용 땅의 가격은 평당 250만 원이고 단독주택용 땅의 평당 가격은 130만 원이다. 그러니 이 차액인 평당 120(=250-130)만 원을 내라고 요구할 수 있다. 일리가 없지 않다. 그러나 이런 요구는 개구리 올챙이 시절을 생각하지 않는 요구다. 즉, 토지이용규제 이후의 상황만 본 것이지, 규제 이전을 생각하지 못한 것이다. 규제 이전에는 이 지역 땅값이 분명히 평당 200만 원이었다. 그리고 규제 이후에는 평당 130만 원이다. 따라서 평당 70(=200-130)만 원만 주면 충분하다는 주장도 나올 수 있다. 제3자의 시각에서 보면 이 주장이 그럴듯해 보인다. 과연 누구의 주장이 옳은가? 대답하기 쉽지 않다.

이같이 단순히 면적만 제한하는 토지이용규제가 아니라 최소대지면적이나 건폐율 또는 용적률 등 토지구획이나 건축물에 대한 규제의 형태를 취하는 토지이용규제의 경우에는, 지가 변동을 통한 효과가 더 복잡하고 불분명한 양상을 띠게 된다. 예를 들어서 어느 도시에서 도심으로부터 10km까지는 도심용 토지, 10km에서 20km까지는 교외 주거용 토지, 20km 밖은 농업용 토지라고 하자. 교외 주거용 토지에는 상당히 많은 자연녹지가 있었다고 가정하자. 그런데 소득 증대에 따라 녹지와 전원주택에 대한 수요가 대폭 늘어났음에도, 이 교외 주거지역의 평균 토지이용 밀도를 낮추기 위해서 교외 주거지역의 최소대지면적을 크게 늘리는 토지이용규제가 실시되었다고 가정하자. 이제는 교외 주거지역에 집을 짓자면 전보다 훨씬 더 넓은 집터를 마련해야 하므로 경제적 부담도 많이 늘어난다. 따라서 교외 주거지에 새집을 지으려던 사람들은 이미 지어진 집을 구매하려는 쪽으로 눈을 돌릴 것이다. 결과적으로 교외 주거지역 안에서 기개발지역의 토지에 대한 수요는 늘어나는 반면 미개발지에 대한 택지개발수요는 줄어들 것이다. 그러면 기개발지역의 땅값은 상승하고 미개발지역의 땅값은 떨어지게 된다. 즉, 토지이용규제가 지가에 미치는 효과가 일률적이지 않다. 만일, 지가 하락에 보상해 준다면, 지가 상승에 대해서는 자본이득을 환수해야 한다. 똑같은 토지이용규제를 놓고 누구에게는 보상하고, 누구에게는 환수해야 하는 복잡함이 따른다.

최소대지면적에 대한 토지이용규제 강화로 교외 주거지역의 토지에 대한 수요가 감소하였다고 하자. 그러나 이 지역에서 충족되지 못한 수요는 다른 지역을 옮겨가기 마련이다. 즉, 그러한 토지이용규제가 없었을 경우 이 교외 주거지역에서 집을 장만할 수 있었던 사람들의 택지 수요는 도심지역이나 농촌지역으로 넘쳐나서 이 지역들의 땅값을 높이게 된다. 분명히 교외 주거지역에 대해서만 토지이용규제를 강화했는데 엉뚱한 지역의 땅값이 들먹들먹하는 꼴이다(이에 관하여 입찰지대 곡선을 이용한 자세한 설명은 본 장의 부록 참조). 이럴 경우는, 설령 우발이익을 환수해서 우발손실을 보상하려고 해도 큰 반발에 직면하게 된다. 보통 사람들의 생각에 인과관계가 분명치 않은 탓이다. 도심지역과 농촌지역의 땅값이 올라가면, 이 양쪽 지역의 토지는 더 집약적으로, 고밀도로 이용될 것이다. 종래 농촌지역의 농업용 토지가 주거지로 바뀌면서 이 지역의 토지이용 밀도나 땅값이 인접한 교외 지역보다 오히려 더 높아질 수도 있다. 다시 말해서 토지개발이 도심지역으로부터 농촌지역으로 점진적으로 확산하는 것이 아니라 토지이용규제가 심한 교외 주거지역을 뛰어넘어 농촌지역으로 몰려가게 된다는 것이다. 그러면 소위 '개구리 뜀뛰기식 개발'과 비슷한 양상이 전개되면서 무질서한 도시 확장이 이루어지게 된다.

이같이 토지이용규제가 토지용도 별 수요의 변화를 초래하면, 지가에 미치는 영향을 확실히 점치기 어렵고, 토지이용규제와 지가 변동 그리고 이로 인한 우발이익이나 우발손실 사이의 인과관계가 상당히 흐릿해진다. 예를 또 하나 들어보자. 어느 지역에 공장과 주거지가 마구 뒤섞여 있다고 하자. 공장 인근 주거지의 땅값은 공장 매연과 소음 탓으로 매우 저렴하지만, 공장에서 약간 떨어져 있어서 나쁜 외부효과에 덜 시달리는 주거지의 땅값은 비교적 비쌀 것이다.

이 지역에 공장과 주거지를 뚜렷이 격리하는 토지이용규제가 실시되었다고 하자. 이제는 매연과 소음에 시달리지 않기 때문에 주거지의 땅값이 올라갈 것으로 기대된다. 그러나 반드시 그렇지도 않다. 여기저기 흩어져 있던 공장들을 한 곳에 몰아 놓고 나머지 지역을 분리하여 주거지로 지정하면, 지역 전체로서 공장용지의 면적은 많이 감소하는 반면, 매연과 소음에 시달리지 않는 주거지의 면적이 많이 늘어날 가능성이 크다. 주거지 면적의 증가는 주거지 땅값을 떨어뜨리는 요인이 된다. 그렇다면, 두 가지 상반된 효과가 작용한다. 공장 지역을 격리하는 토지이용규제의 결과 매연과 소음 피해가 감소함으로써 주거지의 땅값이 올라가는 효과가 그 하나요, 주거지의 공급이 현저하게 증가함으로써 땅값이 떨어지는 효과가 다른 하나다. 이 뒤의 효과가 앞의 효과를 압도한다면, 주거지의 땅값이 전반적으로 하락하는 결과가 초래된다. 그렇다면, 나쁜 외부효과를 줄이려는 토지이용규제가 땅값을 오히려 떨어뜨리는 효과를 낳은 셈이다. 요컨대, 나쁜 외부효과를 억제하는 토지이용규제가 땅값을 떨어뜨릴지, 올릴지는 해당 지역의 수요와 공급의 상황에 달려 있으므로, 일률적으로 단정하기 어렵다는 것이다. 상황에 따라서 지가가 하락할 수도 있고 상승할 수도 있다. 이럴 수도 있고 저럴 수도 있는 결과를 토지이용규제의 탓으로만 돌려서 보상과 환수를 얘기하는 것은 그리 설득력이 있어 보이지 않는다.

토지이용의 효율을 가로 막는 형평의 문제

어떻든 이상에서 본 바와 같이, 지가에 대한 토지이용규제의 영향은 일률적이지도 않으며, 어떤 사람들에게는 이익을 주는 반면 다른 사람들에게는 손실을 안기는 불평등의 문제를 수반한다. 규제의 적용 범위가 넓을수록, 그리고 규제의 강도가 높을수록, 이로부터 파급되는 이런 불평등의 문제도 더욱더 심각해질 가능성이 크다. 그렇다고 하더라도, 이런 지가 변동과 결부된 형평의 문제는, 우선은 토지를 소유한 사람들 사이의 문제이다. 만일 이러한 형평의 문제가 단순히 가진 사람들 사이의 문제로만 그친다면 사회적으로 그 심각성이 좀 덜해질지도 모른다. 그러나 토지이용규제로 인한 영향이 토지를 가지지 않은 많은 사람에게도 큰 타격을 줄 수 있다는 점에서 형평의 문제가 더욱더 심각해진다. 토지이용규제가 초래하는, 지가 상승은 직접적으로 주택가격을 높이거나, 혹은 택지개발비용을 비싸게 하여 간접적으로 주택가격의 상승을 초래한다. 이런 집값 상승은 고소득계층보다는 중·저소득계층에게 더 큰 경제적 타격을 주게 될 것이다.

또 한 가지 무시할 수 없는 것은 토지이용에 따른 비용과 편익의 소득계층간 귀속 문제이다. 토지이용규제는 계획의 수립에서부터 세부적 규제업무의 집행에 이르기까지 많은 행정력과 행정비용을 요구한다. 이 밖에도 여러 가지 비용이 발생한다. 예를 들면, 토지이용규제 관련 법규를 준수함에 따른 토지이용자들의 물적·금전적 부담, 부당한 손실을 당했다고 주장하는 사람들이 규제의 시정을 위한 투쟁에 쏟는 물적·금전적 비용, 용도변경을 위한 노력에 투입되는 토지개발자의 비용, 등 토지이용규제와 간접적으로 결부된 비용도 무시할 수 없을 것이다. 토지이용규제를 기획하고, 집행하고, 방어하는데 소요되는 여러 가지 비용들은 결국 국민이 낸 세금으로 충당되는데, 이러한 세금이 과연 누진적인가 역진적인가도 토지이용규제와 결부된 형평의 문제 중의 하나이다. 비록 세금이 누진적이어서 고소득계층이 더 많은 부담을 진다고 하더라도, 만일 토지이용규제로 인한 혜택이 훨씬 더 누진적이라면, 토지이용규제로 인한 순 혜택은 고소득계층에 더 많이 돌아가는 형평의 문제가 발생하게 된다. 예를 들어서, 성공적인 토지이용규제 덕분에 얻게 되는, 아름답고 깨끗한 자연환경이나 편리하고 쾌적한 생활환경에 대한 수요는 소득이 증가할수록 커지는 상급재(superior goods)의 성격을 강하게 가지는 것으로 알려져 있다. 그렇다면 그러한 토지이용규제는 가난한 사람들보다는 부자들에게 더 큰 혜택을 준다고 볼 수 있을 것이다. 가난한 사람에게 더 중요한 것은, 그러한 깨끗하고, 아름다운 자연환경이나 쾌적한 생활환경이 아니라 밥과 직장일 것이기 때문이다.

우발이익과 우발손실로 인한 형평의 문제는 그 자체가 사회적 문제가 되기도 하지만, 한 가지 흥미로우면서도 아주 중요한 것은, 현저한 형평의 문제가 토지이용규제의 원만하고 효과적인 집행에 심각한 장애요인이 되어, 애당초 의도한 토지이용의 효율을 크게 저해하는 경우가 흔히 발생한다는 점이다. 우발이익을 노리는 토지소유자들이나 이들을 대변하는 이익집단이 규제당국을 금전으로 회유하고 압력을 가함으로써 토지이용규제의 취지를 흐리게 하기 일쑤고, 우발손실을 당하는 토지소유자들의 거센 저항이 토지이용규제의 효과적 집행을 좌절시키는 일도 흔하다. 동산과는 달리 토지와 같이 움직일 수 없는 부동산에 떨어지는 우발손실을 토지소유자는 꼼짝없이 당할 수밖에 없으므로, 그러한 저항은 더욱더 강해질 수밖에 없다. 그러므로, 형평의 차원에서 그리고 효율의 차원에서도 토지이용규제와 결부된 우발이익과 우발손실에 대한 적절한 대책의 강구가 크게 강조된다. 달리 말하면, 다른 어떤 재화보다도 토지의 경우에는 효율의 문제와 형평의 문제가 매우 심각하게 맞물려 돌아가는 까닭에 이 두 측면을 분리해서 생각하기 어렵다는 것이다.

대체로 보면 우발이익을 환수하기 위한 제도적 장치로는 각종 토지세, 수익자부담금, 혹은 특별 부과금(special assessment) 등, 다양하게 개발되어 실시되는 편이다. 우리나라에도 과세 방법으로는 재산세, 도시계획세, 공동시설세, 양도소득세 등이 있고, 비과세 방법으로는 도시계획사업 주변 지역에 부과되는 수익자부담금, 토지구획정리사업에 적용되는 토지 감보 등이 있다. 그러나 엄밀히 말하면, 이러한 제도적 장치들은 개발이익을 환수하기 위한 것들이지 토지이용규제로 인한 우발이익을 환수하기 위한 것들이라고 보기 어렵다. 특히 비과세 방법들은 그 취지의 면에서 볼 때 개발이익의 환수보다는 개발비용을 조달하기 위한 것들이다.

이같이 개발이익의 환수는 많은 관심을 끌고 있음에 반해서 우발손실, 특히 토지이용규제와 결부된 우발손실의 보상에 대한 제도적 장치는 그리 다양화되어 있지도 않고 또한 보편화되어 있지도 않다. 토지이용규제로 인한 우발이익이 우발손실보다 클 때 이 토지이용규제는 성공적이라고 말할 수 있을 터인데, 앞에서도 살펴본 바와 같이 우발이익과 우발손실은 서로 밀접한 유기적 관계가 있다. 그러므로 이 두 가지를 하나로 묶어서 처리함으로써 형평의 문제를 해결할 필요가 있다. 실제로 여러 가지 방안들이 실시되고 있다. 그중에서도 수용부 지역·지구제, 개발권 양도제도, 계약지역·지구제(contract zoning), 개발허가제 등이 중요하게 여겨지는 방안이다.

2 우발손실 보상을 위한 우발이익의 환수

수용부 지역·지구제

수용부 지역·지구제(zoning by eminent domain) 혹은 수용에 의한 지역·지구제는, 간단히 말하면, 우발이익 환수와 우발손실 보상을 조건부로 실시되는 지역·지구제라고 할 수 있다. 이 제도는 지역·지구제 실시로 인한 우발이익과 우발손실을 판별하고 측정한 다음, 통상의 수용과정을 거쳐 공식적으로 환수된 우발이익을 직접 우발손실에 대한 보상으로 지급하는 절차를 거쳐 실시된다. 미국에서는 미네소타주를 비롯한 여러 지역에서 이 제도가 시행되는 것으로 알려져 있다.

이 수용부 지역·지구제의 실시가 당면하는 첫 번째 과업은, 토지이용규제로 인한 효과 중에서 우발이익을 낳게 하는 효과와 우발손실을 초래하게 될 효과를 추려낸 다음 그 크기를 금전화해서 추정하는 것이다. 이 과정에 있어서 첫 번째 어려운 작업은 다른 요인에 의한 효과를 제거하고 오직 토지이용규제로 인한 효과들만 짚어내는 것이다. 토지이용규제가 지가에 미치는 효과는, 크게 볼 때, 규제 대상 토지이용 밀도(집약도)의 변화로 인한 직접적인 것과 다른 지역으로 파급되는 간접적인 것으로 나누어 볼 수 있을 것이다. 예를 들면, 어떤 지역이 개발제한구역으로 묶일 경우, 이 지역의 땅값이 떨어지는 효과는 직접 효과에 해당하고 이웃 지역의 땅값이 올라가는 효과는 간접효과에 해당한다. 대체로 보면 직접 효과보다 간접효과는 매우 판단하기 어렵고, 따라서 우발이익이나 손실에서 이 간접효과가 차지하는 비중을 정확하게 알아낸다는 것 역시 매우 힘든 일이다.

우발이익과 우발손실을 금전화해서 그 크기를 추정하는 과정은 일반적인 지가의 추정에서 흔히 지적되는 문제점 외에도, 이 과정 특유의 몇 가지 문제점을 안고 있다. 우선, 토지이용규제의 법적 효력이 발동하는 시기와 우발이익 및 우발손실을 평가하는 시기 사이의 시차가 문제가 될 수 있다. 지가란 대체로 시간이 지남에 따라 여러 가지 사회·경제적 요인에 의해서 역동적으로 변하기 마련인데, 이 시차가 길어지면 그만큼 토지이용규제 이외의 요인들이 지가 변동에 끼어들 가능성이 커지며, 따라서 그만큼 평가된 우발이익 및 우발손실이 부정확해질 것이다. 이런 점을 생각하면 그 시차는 되도록 짧음이 바람직하겠지만, 그렇다고 평가를 너무 서두르다 보면 평가가 부정확할 가능성이 커진다. 토지이용규제에 뒤이어 발생할 우발이익과 손실을 판별하고 이를 금전화해서 그 크기를 추정하는 작업 그 자체가 많은 자료와 정보의 수집 그리고 이에 대한 치밀한 분석에 많은 시간이 드는 작업이기 때문이다. 비록 규제 시점과 평가 시점 사이의 시차를 짧게 하면서도 정확히 평가할 수 있다고 하더라도, 토지이용규제 계획이 사전에 누설되어 버리면, 시행되기도 전에 지가는 이미 오를 대로 올라 버리거나 혹은 내릴 대로 내려가 버려서 우발이익을 충분히 환수할 수도, 우발손실을 충분히 보상할 수도 없어지게 될 것이다.

우발이익 및 손실의 판별과 추정에 있어서 또 한 가지 문제점은 조직적 편견이 개입할 가능성이다. 대체로 보면 우발손실을 당하는 사람들은 보상지급을 쉽게 하려고 우발손실의 판별 및 추정에 필요한 정보와 자료를 적극적으로 제공하면서 규제당국에 협조하는 반면, 우발이익을 얻은 사람들은 이에 대한 정보나 자료의 노출을 극히 꺼릴 뿐 아니라 이런 정보나 자료 수집을 조직적으로 방해할 수도 있다. 이런 까닭으로 우발손실은 크게 부풀려지는 반면에, 우발이익은 현저하게 과소 평가될 가능성이 크다.

우발이익 ⪌ 우발손실?

비록 우발이익과 우발손실을 정확하게 판별하고 측정하였다고 하더라도, 수용부 지역·지구제가 당면한 또 하나의 큰 문제는 환수된 우발이익으로 우발손실을 충분히 보상해 줄 수 있느냐의 문제이다. 이 문제를 지급 능력(solvency)의 문제라고 하는데, 뒤에서 얘기할 토지세 세입의 충분성 문제, 즉 토지세 세수만으로 지방정부의 재정을 충분히 지원할 수 있느냐 아니냐의 문제와 일맥상통하는 문제이다. 이 지급 능력에 대하여 전통적으로 기조를 이루어 온 생각은, 마치 질량이 파괴될 수 없듯이 가치도 파괴되지 않는다는 주장인데, 언뜻 보아 경제학적으로는 어리숙해 보임에도 불구하고 저명한 교수의 글이나 연구보고서에서도 이런 주장을 심심치 않게 볼 수 있다.[3] 이 전통적 견해가 시사하는 것은, 비록 토지이용규제가 어떤 토지의 가치는 더 크게 하고, 또 어떤 토지의 가치는 떨어뜨리더라도, 기본적으로 가치란 파괴되지 않기 때문에 토지의 총가치에는 변함이 없다는 것이며, 따라서 수용부 지역·지구제로 인한 우발이익 총액이 우발손실의 총액과 상쇄된다는 것이다.[4] 만일 항상 이렇다고 하면, 환수된 우발이익으로 우발손실을 보상해줄 수 있으므로 수용부 지역·지구제는 지급 능력을 갖추고 있다고 말할 수 있을 것이다.

일반적으로 보면, 잘 작성된 토지이용계획을 충실하게 반영하면서, 성공적으로 실행된 토지이용규제는 토지이용의 전반적 효율을 높일 것이므로, 우발이익 총액이 우발손실 총액보다 크면 컸지, 적어지지는 않으리라고 기대할 수 있다. 이럴 경우, 수용부 지역·지구제의 지급 능력에는 큰 문제가 없을 것으로 보인다. 그러나 이론적으로 엄밀하게 따져보면 이런 기대가 당연한 것은 아니다. 왜냐하면 여러 가지 요인들이 수용부 지역·지구제의 지급 능력에 영향을 미치기 때문이다. 그중에서도 특히 토지 수요의 탄력성이 중요한 요인으로 꼽힌다. 토지이용규제가 지가에 영향을 미친다고 하더라도, 탄력성에 따라 지가가 많이 변할 수도, 적게 변할 수도 있기 때문이다.

이를 이해하기 위해서 앞에서 예로 든 아파트 지역-단독주택지역의 경우를 다시 살펴보자. 종전 도심으로부터 10km까지 아파트 지역이었으나, 용도 지정 변경 후 8km까지만 아파트 지역으로 지정되었다면, 아파트 지역의 면적은 감소하지만, 땅값은 올라간다. 그렇다면, 아파트 지역 토지의 총가치, 즉 아파트 지역의 총면적에 그 땅값을 곱한 값은 늘었을까 줄었을까? 이에 대한 대답은 아파트 지역 토지에 대한 수요의 탄력성에 달려 있다. 수요의 탄력성은 가격 변동에 수요가 얼마나 민감하게 변하는가를 나타내는 지표로서, 수요의 변동률을 가격의 변동률로 나눈 값이다.

$$\text{수요탄력성} = \frac{\text{수요변동률}}{\text{가격 변동률}}$$

탄력성이 1보다 크면 탄력적이라고 하며, 1보다 적으면 비탄력적이라고 말한다. 예를 들어, 아파트 지역의 땅값이 25% 올랐는데, 면적은 20% 감소하였다고 하면, 탄력성이 0.8(0.2/0.25)이어서 수요가 비탄력적이며, 이 아파트 지역 토지의 총가치는 더 커진다. 다시 말해서 아파트 지역의 지가 상승으로 인한 토지가치 증가 효과가 면적감소로 인한 토지가치의 감소 효과를 압도한 결과 8km 안에서는 총량적으로 우발이익이 발생한다. 일반적으로 토지에 대한 수요는 대단히 비탄력적인 것으로 알려져 있다. 특히 실수요는 더 그렇다. 요컨대, 토지에 대한 수요는 대체로 비탄력적이기 때문에 면적을 줄이는 토지이용규제는 큰 폭의 지가 상승을 초래함으로써 총량적 우발이익을 낳는다는 것이다.

아파트 지역의 면적이 감소한 만큼 단독주택지역의 면적은 증가하므로 이 지역의 땅값은 떨어질 것이다. 그렇다면, 단독주택지역에서는 우발손실이 발생할 것으로 기대되는데, 그 크기가 어느 정도일까? 이에 대한 대답 역시 탄력성에 달려 있다. 단독주택지역의 토지 수요도 비탄력적이라고 하자. 그러면, 예컨대 단독주택지역 면적의 20% 증가가 20%보다 더 큰 폭의 지가 하락을 수반하게 되므로, 지가 하락으로 인한 감소 효과가 면적증가로 인한 토지가치 증가 효과를 압도한다. 그렇다면 8km 밖에서는 총량적으로 우발손실이 발생한다. 수용부 지역·지구제가 지급 능력을 갖추기 위해서는 이 총량적 우발손실이 아파트 지역의 총량적 우발이익보다 적어야 한다. 어느 것이 더 클지 역시 탄력성과 관련된다.

만일 다른 조건은 같은데, 아파트 지역 토지에 대한 수요의 탄력성이 단독주택지역 토지에 대한 수요의 탄력성보다 작을 경우는, 총량적 우발이익이 총량적 우발손실보다 더 클 것으로 예상되므로, 수용부 지역 · 지구제를 실시하더라도 지급 능력에 문제가 없을 것이다. 생각하기는 좀 어렵지만, 단독주택지역의 토지 수요가 상당히 탄력적이라고 하자. 그렇다면, 단독주택지역 면적의 10% 증가는 10% 이하의 지가 하락을 수반한다. 즉, 면적 확대로 인한 총 토지가치 증가 효과가 지가 하락으로 인한 총 토지가치 감소 효과를 압도한다. 따라서 단독주택지역에서도 총량적 우발손실이 발생하지 않는다. 즉, 토지 수요의 탄력성 정도에 따라서는 토지이용규제가 전체적으로 우발이익만 발생시킬 뿐 우발손실을 발생시키지 않을 수도 있다는 것이다(이에 관하여 수요곡선을 이용한 자세한 설명은 이 장의 부록 참조).

수요탄력성에 의존한 이러한 논리는 용도별 토지 면적을 지정하는 토지이용규제의 경우뿐만 아니라, 토지구획이나 건축물에 대한 규제의 경우에도 그대로 적용될 수 있다. 물론, 토지 수요의 탄력성 이외에도, 예를 들면, 각 용도지역의 지가 수준 및 지가 차이, 각 용도지역의 면적, 규제로 인한 용도지역 면적의 변화폭 등 여러 가지 요인이 지급 능력을 결정하는 요인이 될 것이다. 더욱더 중요한 요인은, 우발이익 및 손실 판별 및 측정의 정확도일 것이다. 특히 앞에서 지적한 우발손실이 과장되는 경향은 지급 능력을 크게 떨어뜨릴 수가 있다. 이와 관련해서 흔히 간과하기 쉬운 또 하나의 문제점은, 우발이익 및 손실의 판별, 측정, 환수, 그리고 보상비 지급 등의 작업에 드는 행정비용이다. 만일 이 행정비용이 우발손실에 대한 보상액보다 현저히 크다고 하면 수용부 지역·지구제의 의의가 의심스럽게 된다.

이러한 여러 가지 문제점들이 있을 수는 있으나 수용부 지역·지구제는 토지이용규제로 인한 형평의 문제를 어느 정도 해소할 수 있고, 또 그렇게 함으로써 토지이용의 효율을 높일 수도 있다는 긍정적인 측면도 갖는다. 수용부 지역·지구제는 막대한 경제적 이권이 될 우발이익을 흡수하기 때문에 이 이권을 추구하려는 이해관계자들의 압력이나 금전적 회유가 크게 줄어들어서, 큰 잡음 없이 토지이용규제를 공정하게 수행할 수 있고 그럼으로써 토지이용의 효율을 높인다는 이점이 있다. 한편, 우발손실을 보상해야 하므로 토지 관련 공공재를 과다 공급하려는 규제당국의 동기를 없애줌으로써 토지 관련 공공재의 적정 공급을 유도한다는 토지이용 효율상의 이점도 인정된다.

3 개발권 선매제도

개발권과 소유권의 분리와 영국의 개발허가제도

잘 알려져 있듯이, 미국은 광활하면서도 비옥한 농지를 풍족하게 가진 나라다. 어떻게 보면, 비옥한 농지가 너무 많아서 탈이다. 그런데도, 최근 20여 년 사이에 시야가 탁 트인 공지(open space) 그리고 농지의 보전에 대한 국민의 요구가 드높고, 이 요구에 부응하려는 정부 차원의 노력 또한 대단하다고 알려져 있다. 그 비옥한 농지가 전부 경작되는 날이면 세계 농산물 시장에서 공급과잉을 발생시킴으로써 곡물 가격이 폭락해서 큰 혼란이 온다는 얘기도 있다. 이런 추측을 뒷받침이라도 하듯 미국은 우리나라 전 국토 면적의 약 3배에 이르는 방대한 면적의 곡물 생산 농지를 일부러 놀리고 있다고 한다.[5] 그것도 미국 정부의 지원 아래. 사실 미국 정부가 농민에게 금전적 혜택을 주어가면서까지 농지의 휴경을 유도하지 않더라도, 해마다 많은 농지가 도시개발로 잠식당하고 있으므로 저절로 농지는 감소하게 되어 있다. 도시개발이 농지를 잠식한다는 것은, 그만큼 농지의 시장가치가 낮다는 얘기다. 그런데도 세계에서 시장경제가 가장 잘 활성화되고 있다는 미국에서 정부가 농지 및 공지의 보전을 위해서 각종 법적 조치를 취하고 있다는 것은 좀 이상해 보인다. 왜 미국 정부가 농지 및 공지의 확보에 그렇게 애를 쓸까?

시원하게 트인 넓은 공간, 깨끗한 공기, 조용함, 전원 분위기 등은 도시 생활에 찌들대로 찌든 현대인에게는 큰 위안이요, 현대사회에서 그들의 생활의 질을 높이는 필수 요인이다. 정작, 도시민들은 농지와 공지를 보전해야 한다며 아우성치지만, 그렇다고 이것의 보전을 위해 선뜻 돈 내는 사람은 없다. 예컨대, 사회적으로는 평당 만 원하는 땅이라고 해도, 시장에서는 6천 원밖에 안 된다고 하면, 자연히 6천 원짜리 용도로 팔려나갈 수밖에 없다. 그래서 농지가 그렇게 헐값으로 다른 용도로 팔려나가지 않도록 정부가 개입해서 보전하려고 노력하게 된다. 그러나 농지나 공지를 보전할 의지는 강해도 이를 실천할 마땅한 정책적 수단이 없어서 뜻있는 정책당국자나 농민 그리고 도시 시민들이 안타까워한다. 하지만 1970년대에 들어와서 상황이 많이 달라졌다. 개발권 선매제도가 농지 및 공지 보전을 위한 정책 수단으로 미국에서 급부상하였다. 이제는 농지 및 공지 보전에 관한 한 개발권 선매제도는 특히 인구가 조밀한 미국 동북부 지역에서 가장 많이 이용되는 정책 수단으로 자리 잡았고 그 인기는 날로 높아가고 있다고 한다.[6]

보통 토지의 개발이란 지상 및 지하에서 건축공사, 토목공사, 채광행위 또는 기타 토지이용을 위한 작업의 수행, 그리고 건축물이나 토지의 용도를 변경하는 행위 등을 포괄하는 용어로서, 단순히 물리적 행위뿐 아니라 용도변경과 같은 비물리적 행위를 포함한다. 토지를 개발하는 이유는, 물론 어떤 특정 경제적 이익을 얻거나 혹은 더 많은 수익을 올리기 위함이다. 일상적으로 보면, 토지소유자는 자신의 토지를 단순히 이용하고 처분하고 임대할 권리뿐만 아니라 개발할 수 있는 권리, 즉 개발권도 당연히 가지고 있는 것으로 알고 있으며, 또 사실 과거 19세기 서구 근대 시민사회에 있어서는 개발권을 포함한 포괄적인 권리의 배타적 행사가 모든 토지소유자에게 법적으로 보장되었었다.[7]

그러나 20세기에 들어와 세계 여러 나라에서 공공복리를 증진하는 방향으로 토지이용을 유도하고 규제할 필요성이 점차 강하게 인식되면서, 개인의 토지소유권 행사에 여러 가지 제한을 가하기 시작하였고, 드디어 영국에서는 개발권과 소유권을 분리하여, 토지소유자에게는 토지를 현재의 상태로 이용할 수 있는 권한만을 부여한다. 그리고 장래의 토지개발권은 국가에 귀속시킴으로써 개인이 토지의 개발을 원하는 경우, 정부로부터 개발허가를 얻도록 강제하는 획기적인 법안이 제정된 바 있다. 1947년 영국 노동당 정부에 의해서 제정된 유명한 도시계획법(Town and County Planning Act)이 바로 그것이다. 이 법에 따라 개발허가제도(development permit system)가 도입되었다. 요즈음에는 토지소유권은 예컨대 처분권, 임대권, 지상권, 지하에 매립된 광물에 대한 채광권, 일정 높이 이상의 공간에 대한 소위 공중권(air rights) 등, 여러 가지 분리된 권리의 묶음으로 인식된다. 이런 맥락에서 개발권 역시 토지소유권으로부터 분리할 수 있는 권리로 보는 경향이 있다.

이같이 개인의 토지소유권으로부터 개발권을 분리하여 공공에 귀속시키면, 개발로 인한 이익을 정부가 흡수하게 될 뿐만 아니라 지가를 안정시키고 토지투기를 억제하는 효과가 있다. 대부분의 토지투기 및 지가 앙등은 장래에 기대되는 개발이익 탓으로 발생하는데, 개발권이 없는 토지에 대해서는 투기수요가 발생하지 않을 것이고 따라서 그런 토지의 가격은 안정될 것이다. 개발권을 갖지 않는 토지는 저렴할 수밖에 없으니 정부나 공공기관은 필요에 따라 토지를 싸게 대량 매입할 수 있고 따라서 급증하는 도시용 토지의 수요에 원활하게 대처할 수도 있을 것이며, 개발권을 정부가 보유하고 있으므로 토지이용계획에 따라 도시 형태를 조절하기 쉽다는 이점도 생각할 수 있다. 물론, 개발권을 효과적으로 행사하기 위한 능률적 도시 행정의 뒷받침이 전제되어야 한다.

하지만, 개발권의 분리는 토지를 효율적으로 이용하려는 토지소유자들의 경제적 동기를 약화하며, 특히 토지소유자들의 거센 반발이 있다는 점, 등이 심각한 문제점으로 지적된다. 사실 이러한 여러 가지 문제점들을 극복하지 못하고 영국의 개발허가제는 정권이 바뀔 때마다 수난을 겪다가 제정된 지 20년도 못돼서 결국 보수당 정권 때에 유명무실해지고 말았다.

개발권 선매제도의 효과

영국식 개발허가제도에 대한 하나의 대안은 소위 '개발권 선매제도'로서, 토지소유권은 인정하되 개발권을 정부가 토지소유자로부터 미리 매입하는 제도이다. 토지소유자는 소유권은 보유하되 개발권은 행사하지 못한다. 미국에서는 1970년대 초 뉴욕 주로부터 시작해서 1980년대에는 미국의 수도권에 이르는, 인구 조밀 지역의 거의 전역에 걸쳐 빠른 속도로 개발권 선매제도가 보급되었다.[8] 앞에서 언급하였듯이 이들 지역에서 개발권 선매제도의 목적은 우량농지 보전이다. 개발권 선매제도가 실시되기 이전에는 농지보전을 위한 대책은 대체로 두 가지였다. 그 하나는 지역·지구제의 취지에 따라 우량농지를 농업지역으로 묶어버리고, 토지이용규제를 대폭 강화해서 개발압력을 완화하는 것이었다. 그러나 이 방법은 대도시에 인접한 우량농지에 대해서는 그리 큰 효과가 없었다. 개발이익을 노리는 세력들이 정치권과 결탁하여 토지이용규제 완화를 요구하는 압력이 거셌고, 때로는 지방자치단체가 견딜 수 없을 만큼 강하기 일쑤였기 때문이다.

다른 또 한 가지 방법은 영농자들의 농지보전에 조세감면의 혜택을 주는 것이다. 하지만 이 방법 역시 거세게 밀려오는 개발압력을 막는 데에는 역부족이었다. 왜냐하면, 미국 우량농지의 약 1/5이 대도시권에 속해 있거나 인접해 있는 탓으로, 개발이익이 조세감면의 이익보다 워낙 컸기 때문이다.[9] 그러나 개발권 선매제도가 실시된 이후 장기적으로 농지를 보전하는 데에는 이 제도가 가장 효과적이라는 평가를 받게 되었다. 농지보전에 관하여 이 제도에는 여러 가지 장점이 있다.

첫째, 개발권 선매제도는 어디까지나 이해당사자들 사이의 합의에 입각한 제도이므로 우선 농민들의 호감을 살 수가 있었다. 실제로, 팔겠다고 내놓은 개발권이 지방정부가 사들일 수 있는 것보다 더 많았다. 따라서 지방정부는 소정의 심사를 거쳐 가장 적합한 우량농지만 골라서 보전할 수 있었다. 물론 적합한 우량농지를 선정하는 기준이 그리 간단하지 않다. 크게 보아 두 가지 기준이 있을 수 있다. 그 하나는 해당 농지의 비옥도 및 생산성이고 다른 하나는 해당 농지에 가해지는 개발압력의 강도이다. 비옥하고 생산성이 높은 농지는 되도록 우선 보전해야 하겠지만, 또한 개발의 압력이 강해서 보전대책이 시급한 농지도 있다. 대부분 지역에서는 이 두 가지 기준을 적절히 절충하는 방법을 택하였다.

둘째, 개발권 선매제도는 앞으로 진정으로 농업에 종사하려는 사람들이 농지를 더 손쉽게 매입할 수 있게 함으로써 농지보전의 영속성을 높인다. 왜냐하면, 개발권을 매각한 농지의 가격은 저렴한 수준으로 떨어질 뿐만 아니라 투기적 요소가 사라지므로 농지의 가격이 장기적으로 안정화되기 때문이다. 실태조사에 의하면 개발권을 판 농민의 대부분은 농업에 전념하려고 생각하는 사람이며, 이들이 은퇴한 다음에는 대부분 가족이 그 농지를 이어받기를 원했다. 결과적으로 개발권 선매제도는 농민이 신념을 가지고 농업에 전념하도록 도와주는 효과가 있었던 것으로 조사되고 있다.[10]

셋째, 개발권 선매제도는 농민들의 재정적 안정성을 높여주었다. 어차피 계속 농사에만 전념하려는 농민은 개발권을 매각함으로써 목돈을 손에 쥘 수 있다. 조사 결과에 따르면, 많은 농민이 개발권 매각대금으로 저렴한 농지를 매입하여 영농규모를 늘리거나, 시설확장에 투자하거나, 혹은 빚을 청산했던 것으로 나타났다. 농민의 손에 들어간 개발권 매각대금은 대부분 다시 그 지역사회에 뿌려져 지역경제를 활성화하는 데에도 기여하였다.

이런 여러 가지 장점에도 불구하고 개발권 선매제도는 한 가지 치명적 약점을 가지고 있다. 개발권의 매입에 필요한 막대한 자금을 정부가 마련해야 한다는 점이다. 특히 보전의 가치가 높은 대도시 근처 농지의 개발권을 매입하기 위해서는 막대한 자금이 필요하다는 것은 두말할 필요가 없다. 그래서 미국의 많은 지방정부는 그 자금원을 채권에 의존하고 있다.

물론 이 외에도 미국 개발권 선매제도는 여러 가지 문제점을 가지고 있다. 첫째, 농지보전에 있어서 집적의 이익 내지는 규모의 경제를 달성하는 데에 큰 어려움을 겪고 있다는 점이다. 농지나 공지의 보전이 제대로 되려면 보전될 농지나 공지가 일정 규모 이상으로 한 덩어리로 연결되어 있어야 한다. 예컨대 농지가 도시용 토지의 사이에 듬성듬성 끼어 있으면 농업용으로 제대로 사용되지도 못할 뿐 아니라, 개발의 압력에 견디기도 어렵다. 이 점은 생태계에서도 마찬가지이다. 예컨대 호랑이나 곰이 사는 생태계를 네 조각으로 나누어 격리하면, 호랑이나 곰이 서식하지 못하고 멸종한다. 생태계에도 집적의 이익과 규모의 경제가 존재한다. 그런데 앞에서도 지적하였듯이 미국의 개발권 선매제도는 이해당사자들의 합의를 바탕으로 하고 있다는 점에서 자발적 참여의 제도이다. 그래서 예를 들어서 서로 연결된 다수 농장, 예컨대 A 농장, B 농장, C 농장의 소유자들이 모두 자발적으로 개발권을 매각한다는 보장이 없다. 만일 B 농장의 주인은 개발권을 매각하는데 A 농장과 C 농장의 주인이 개발권을 매각하지 않는다고 하면, 상호 조화되지 않는 토지 용도가 오랜 기간 병존하는 현상이 나타나고, 결국 B 농장도 제대로 보전하기 어렵게 된다. 실제로 미국 어느 동북부 지역의 경우, 보전 대상 우량농지의 대부분이 대도시 근처에 흩어져 있어서, 이들을 한 덩어리로 묶어서 보전농지로 만들기가 매우 어렵게 되었다. 이 결과, 어느 넓은 지역에서는 쥐 뜯어 먹다가 남은 것처럼 보전 대상 우량농지가 듬성듬성 지정되어 있다. 만일 장기적으로 이것이 문제가 된다면, 적당한 시일의 경과 후 개발권을 매각하였던 토지소유자가 그 개발권을 되사서 개발할 수 있게 제도의 시행에 유연성을 부여하는 것도 생각해 볼 필요가 있다.

둘째, 개발권 선매제도의 운용에 있어서 문제점도 있다. 예를 들면, 앞에서 말한 여러 가지 기준을 실제에 적용하여 보전 대상 우량농지를 심사하고 선정하는 데에는 때에 따라 상당한 시일이 소요될 수가 있다. 예컨대 미국의 펜실베이니아주에서는 심사에 일 년 이상 걸리기도 한다. 이런 오랜 시간이 걸리는 심사과정은 개발권매각을 신청해놓은 농민에게 많은 불편을 줌으로써 큰 불평을 샀다.

개발권 선매제도를 비판하는 사람은 이 제도가 과잉 보상의 여지를 다분히 가지고 있다고 주장한다. 특히 대도시에 인접한 농지의 높은 가격은 농민 자신의 생산성 증대 노력보다는 도로, 상·하수도, 학교 등 공공투자 형태의 사회적 노력으로 인한 가치를 더 많이 반영한다. 특히 개발권의 가격에는 이런 사회적으로 창출되는 가치가 압도적으로 큰 비중을 차지한다고 보아야 할 것이다. 그렇다면 개발권을 매각한 농민은 결국 국민의 세금으로 창출된 가치를 독식하는 꼴이 된다. 하지만, 이런 비판은, 사실 개발권 선매제도에만 국한되는 것이 아니고, 앞장에서 여러 차례 강조하였듯이 자본주의 시장경제에 있어서는 개인의 노력과는 관계없이 공공의 노력에 따라 창출된 가치를 개인이 착복하는 과정, 즉 공익의 사익화 현상은 토지와 관련하여 늘 일어나는 문제이다. 개발압력이라는 것이 대부분 공익의 사익화를 노린 것이라고 해도 과언이 아닐 것이다.

이런 여러 가지 문제점에도 불구하고 개발권 선매제도는 미국에서 정치적으로도 대단히 인기 있는 제도로 알려져 있다.[11] 왜 이 제도가 그렇게 인기를 끌고 있는가를 심층 분석해본 연구도 있는데, 이 연구는 아이러니하게도 도시로부터의 개발압력이 강한 대도시 인접 지역일수록 관련된 주민들의 농지 및 공지 보전에 대한 요구가 강하고, 따라서 이런 지역에서 이 제도에 대한 지지도가 현저하게 높다는 사실에 주목하였다. 결국 많은 사람, 특히 교외 지역에 사는 사람들이 농지나 공지를 단순히 농산물을 생산하는 토지로 보지 않고, 생활 환경의 일부로, 나아가서 높은 삶의 질을 구성하는 필수요소로 보는 의식의 전환이 개발권 선매제도에 대한 높은 인기의 밑거름이 되고 있다는 결론을 내리고 있다.[12]

4 개발권 양도제도: 개발이익으로 손실보상

미국에서 폭넓게 이용되고 있는 개발권 양도제도

우리나라에서는 흔히 그린벨트로 불리는 개발제한구역을 해제하려는 시도가 1998년부터 본격적으로 벌어진 이래 이미 많이 해제되었고, 앞으로도 계속 해제될 것으로 예상된다. 그러나 같은 지역 · 지구제를 실시하고 있는 미국은 우리나라와는 달리 그린벨트와 비슷한 토지이용규제 지역을 계속 늘려가고 있다. 이 경우, 규제 지역의 토지소유자가 당하는 재산상의 손실을 국민의 세금으로 보상하지 않고 어디까지나 개발이익으로 보상함으로써 개발권 선매제도의 약점을 보완하는 방법이 미국에서 오래전부터 많이 이용되었다. 이른바 개발권 양도제도(transferable development right)가 바로 그런 방법의 하나인데, 간단히 말해서 규제 지역에 있는 토지의 소유주에게 개발권을 행사하지 못하게 하는 대신 다른 지역에서 그 개발권을 행사하게 주선해주는 제도라고 할 수 있다. 이 제도 역시 개발권 선매제도와 마찬가지로 개발권이 토지소유권으로부터 분리됨을 전제한 제도이다. 미국에서는 이 개발권 양도제도가 미래 토지이용규제의 큰 흐름이 되리라는 예상이 공공연하게 나왔고, 어떤 도시계획가는 지역·지구제가 도입된 이래 개발권 양도제도는 가장 혁신적이고 잠재력이 풍부한 토지이용규제 수단이라고 평가하고 있다. 또 어떤 도시계획가는 개발권 양도제도가 앞으로 기존의 지역·지구제를 상당한 정도 대체할 것으로 내다보았다.[13]

개발권을 토지소유권으로부터 분리하는 가장 큰 이유는, 깨끗하고 쾌적한 환경이나 아름다운 경관과 같은 토지 관련 공공재를 공급하거나, 우량농지를 보전하거나, 저소득계층의 주거 공간을 확보하는 등, 공익을 위한 토지를 확보해야 하기 때문이다. 이러한 필요성이 제대로 충족되기 위해서는 다음과 같이 몇 가지 조건이 충족되어야 한다. 첫째, 그런 특정 목적의 토지에 대하여 엄격한 토지이용규제가 있어야 한다. 어떤 지역의 토지를 예컨대 우량농지로 보전하기 위해서는 이 토지에 대하여 엄격한 규제를 가하지 않고는 보전이 매우 어렵다. 녹지나 우량농지를 잠식하는 개발압력이 워낙 거세기 때문이다.

둘째, 토지이용규제의 대상이 되는 토지소유자에게 충분한 보상이 주어져야 한다. 아무리 공익상 바람직한 정책이라도 이해관계자들의 반발이 강하면, 애당초 정책 의도가 좌절되거나 왜곡될 우려가 있다. 개발권 선매제도가 성공할 수 있었던 이유도 이해관계자들의 반발을 성공적으로 무마할 수 있었기 때문이다.

셋째, 극히 예외적인 상황이 아니면 토지이용규제로 인한 재산상의 손실을 보상하기 위한 자금이 국민의 혈세로 충당되지 않아야 한다. 개발권 선매제도는 이 조건을 충족시키지 못하였다. 흔히 보듯이, 과도한 정부 재정이 투입되어야 하는 사업은 대체로 효과적으로 수행되기 어렵다. 넷째, 필요에 따라서는 규제받고 있는 토지를 개발 용도로 손쉽게 전환할 수 있어야 한다.

흔히 말하는 전형적인 개발권 양도제도는 이 네 가지 조건들 모두를 충족하는 정책 수단이다.[14] 예를 들어서 도시지역에 인접한 어떤 우량농업 지역이 개발압력으로 잠식당할 우려가 크다고 하자. 이 지역을 앞으로도 계속 우량농업 지역으로 유지하는 한 가지 방법은 이 지역의 토지에 대하여 소유권은 인정하되 개발권을 행사하지 못하게 제한하는 것이다. 하지만 이런 방법은 당연히 토지소유자들의 강력한 반발을 사게 될 것이다. 따라서 토지소유자의 반발을 무마할 필요가 있는데, 그 한 가지 효과적인 방법은 토지소유자에게 개발권을 인정해

주되 다른 지역에서 행사하게 만드는 것이다. 말하자면 개발권이 이전되는 셈인데, 개발권의 행사가 제약되는 지역을 보전지역이라고 하고, 개발권의 실제 행사가 허용되는 지역을 개발지역이라고 한다. 보전지역의 개발권이 개발지역으로 옮겨지기 때문에 흔히 보전지역을 개발권 송출지역(sending area), 개발지역을 개발권 수용지역(receiving area)이라고 부르기도 한다.

제1세대 개발권 양도제도와 제2세대 개발권 양도제도

가장 원초적인 형태의 개발권 양도제도는 미국에서 이미 1960년대부터 실시되었다고 하니, 그 역사가 상당히 오랜 셈이다. 미국의 도시계획가들은 개발권 양도제도를 제1세대와 제2세대로 구분하기도 한다. 제1세대 개발권 양도제도는 뉴욕과 시카고 등에서 보듯이 주로 도심지의 역사적 유물을 보존하려는 목적에 따라 실시되었다. 뉴욕시는 1965년에 역사적 유물의 보존을 위한 법률을 제정하였는데, 이 법률로 개발권을 크게 제약당하는 지역의 토지소유자들이 거세게 반발하자 1967년 개발권 양도제도를 도입하여 이 문제를 해결하였다.[15] 이 제도를 적용한 유명한 사례로는 뉴욕의 역사적 상징물인 그랜드센트럴 터미널(Grand Central Station)의 보전을 꼽을 수 있다. 이 역이 위치한 토지에는 원래 용적률 1,800%의 건물을 지을 수 있었는데, 역사 유물 보존법에 따라 시 정부가 용적률을 200% 이하로 묶어버렸다. 이에 대한 보상으로 이 건물의 소유자는 다른 지역의 개발권을 부여받았다. 건물 소유자는 이 개발권을 다른 지역에서 직접 행사할 수도 있고 다른 사람에게 판매할 수도 있는데, 결국 다른 사람이 이 개발권을 사서 인근 지역에 있는 호텔을 고층화하는 데에 이용하였다. 결과적으로 시 정부는 돈 한 푼 쓰지 않고 역사적 유물을 보존할 수 있었다. 후에는 이런 뉴욕식의 개발권 양도제도가 미국의 다른 도시로 퍼져나갔다. 예를 들면 1985년에는 샌프란시스코에서도 역사적 유물을 보존하기 위하여 이 제도를 시행하기 시작하였고, 피츠버그에서는 역사적 유물이 있는 지역뿐만 아니라 비영리 예술 활동 건물이 있는 지역을 보존하기 위하여 개발권 양도제도를 시행하였다.

대체로 보면 제1세대 개발권 양도제도는 송출지역과 수용지역이 이웃해 있거나 길 하나를 두고 떨어져 있는 정도로 인접한 지역에 국한해서 적용되었다.

개발권 양도제도의 실제 운용에서 한 가지 매우 까다로운 문제는 송출지역에서 넘어오는 개발권을 수용지역에서 어느 정도의 값으로 쳐주느냐의 문제다. 소위 말해서 송출지역 개발권과 수용지역 개발권 사이의 환산 문제다. 그러나 한 도시 안에서 길 하나를 사이에 둔 송출지역과 수용지역 사이에는 개발가능성에 별 차이가 없을 것이므로, 송출지역의 개발권과 수용지역의 개발권을 1대 1로 동등하게 취급해도 상관이 없을 것이다. 대체로 보면 도시 안에서 개발의 정도는 확보할 수 있는 공간으로 측정하며 이는 보통 연면적으로 나타낸다. 예컨대 용적률 400%가 허용되는 지역에서 바닥면적 200평의 땅에 건물을 지을 경우, 확보할 수 있는 공간은 연면적으로 해서 800(=200X4)평이 된다. 만일 송출지역과 수용지역이 바로 인접해 있다면, 예컨대 송출지역에서 연면적 800평의 개발권을 수용지역에서도 똑같이 연면적 800평의 개발권으로 인정해도 무방할 것이다. 이같이 한 도시 안에서 인접한 지점에서의 개발권 환산 문제는 간단하게 해결할 수 있다.

제2세대 개발권 양도제도는 공지나 자연녹지 및 생태지역의 확보 혹은 환경적으로 취약한 지역의 보호, 경승지에 대한 조망권의 보호 등 전통적인 목적뿐만 아니라, 최근에는 중·저소득계층을 위한 주거지역의 확보 혹은 어떤 특정 형태의 주거지 확보 등 실로 다양한 목적을 명분으로 삼고 있다는 데에 그 특징이 있다.[16] 이 제2세대 개발권 양도제도의 또 하나의 특징은, 대체로 적용되는 공간적 범위가 매우 광활하며, 따라서 송출지역과 수용지역이 멀리 떨어져 있을 뿐만 아니라 자연적 여건이나 사회적 여건이 전혀 다른 잡다한 지역을 포함하는 경우가 많다는 것이다. 이럴 경우는, 송출지역과 수용지역 사이의 개발권 환산 문제가 복잡해질 가능성이 크다. 이에 대해서는 뒤에서 다시 자세히 살펴보기로 한다.

제2세대 개발권 양도제도의 취지는 간단하지만, 그 시행 절차는 다소 복잡하고 적용지역에 따라 구체적인 적용 방법도 다양하다. 전형적인 시행 절차는 대략 다음과 같다. 첫째, 토지이용규제 당국은 개발권 행사를 억제할 규제 지역(계획지역)을 선정하고, 이 구역에 대해서 종합 토지이용계획을 작성한다. 이 과정에서 특히 중요한 것은 개발행위가 제한되고 규제될 송출지역(보전지역)과 개발

잠재력을 가진 수용지역(개발지역)을 구분하는 것이다. 둘째, 보전지역 안에서의 모든 개발행위를 억제하는 법적·행정적 조치를 실행하고, 개발권을 상실하는 토지소유자들에게는 그 대신 증서를 발급한다. 이는 토지소유자가 규제당국이 지정한 다른 지역에서 개발권을 행사할 수 있음을 인정하는 증서이다.

셋째, 보전지역 토지소유자들에게 발급한 증서를 양도할 수 있게 함으로써 증서의 소지자는 개발지역에서 토지개발을 원하는 사람에게 이를 자유롭게 팔 수 있도록 여건을 조성한다. 그래서 이 증서를 양도 가능 개발권(Transferable Development Right)이라고 부르며 보통 영어 머리글자만 따서 TDR이라고 약칭한다. 물론 TDR을 소지한 사람은 이것을 팔지 않고 규제당국이 지정한 수용지역의 토지를 매입한 다음 증서에 규정된 대로 직접 개발권을 행사할 수도 있다.

넷째, 규제당국이 지정한 수용지역에 대해서는 토지이용 밀도에 관한 상한선을 설정하고 이 상한선 이상의 토지개발은 반드시 송출지역에서 나온 TDR을 소지한 사람들에게만 허락하도록 한다. 수용지역의 토지이용규제는 주로 밀도에 대한 규제가 되는데, 수용지역의 특성상 이 규제는 두 가지가 될 것이다. 즉, 송출지역의 TDR이 없는 경우의 밀도에 대한 규제가 있고, 송출지역의 TDR을 행사하는 경우 허용되는 추가밀도에 대한 규제가 있다.

적용사례들

제2세대 개발권 양도제도를 좀 더 명확하게 이해하기 위해서 실제 사례들을 살펴보기로 하자. 미국에서 이 제도가 가장 성공적으로 적용되었으며 또한 가장 모범적이라고 평가받고 있는 사례는 메릴랜드주 몽고메리(Montgomery) 군에 찾아볼 수 있다.[17] 미국의 수도 Washington D.C. 바로 북쪽에 있는 이 몽고메리 군은 Washington D.C.로부터 몰려오는 도시화 개발압력으로 비옥한 농토가 점차 잠식당하면서 우량농지가 곧 없어질 위기에 놓이게 되자 대책 마련에 부심하게 되었다. 한 가지 대안은 이 우량농지에 대한 토지이용규제를 대폭 강화해서 도시화를 사실상 불가능하게 만드는 것이다. 그러나 이 대안은 넓은 지역에 걸쳐 수많은 농민에게 일방적 희생을 강요하는 셈이니 엄청난 반발을 불러일으킬 소지를 다분히 안고 있다. 그렇다고 그 넓은 우량농지를 군이 전량 매입해서 보전하자니 경제적으로 대단히 부유하다고 알려진 몽고메리 군도 감당하기 어려울 정도로 막대한 자금이 소요된다는 문제가 있었다.

그래서 결국 몽고메리 군은 개발권 양도제도의 시행을 결정하고, 이를 위한 위원회를 설립하였다. 드디어 1980년 이 군은 서울 면적의 절반보다 조금 더 넓은 약 360km^2(약 89,000에이커)의 우량농지를 보전지역으로 지정하고 이 지역에서는 25에이커(약 3만 평) 당 1단위의 주거지만을 허용하되, 이 1단위의 주거지는 1,124평을 넘지 못하도록 건축행위를 대폭 제한하였다. 이같이 건축행위가 제한되기 전에는 5에이커(약 6천 평) 당 1단위의 주거지가 허용되었다. 따라서 보전지역의 토지소유주들에게는 5에이커당 1개의 TDR이 부여되었다. 예컨대 500에이커의 농지를 소유한 농부는 100개의 TDR을 부여받게 될 것이다. 이 TDR 하나는 군이 지정한 수용지역에서 1단위의 주거지를 건축할 권리를 소지자에게 부여한다. 따라서 100개의 TDR을 소지한 농민은 수용지역에서 100단위의 주거지를 개발할 권리를 인정받는 셈이다. TDR을 소지한 농민은 수용지역의 토지를 매입한 다음, 그 개발권을 직접 행사할 수도 있고, TDR을 매각해서 영농자금을 마련할 수도 있다. 개발권 양도제도가 시행되면서, 송출지역의 우량농지들은 개발권을 상실하였으므로 그만큼 저렴해질 수밖에 없었다. 따라서 농민은 자신의 TDR을 수용지역에서 판매하여 얻은 자금으로 이웃의 우량농지를 대량 매입하여 영농규모를 늘릴 수도 있었는데, 실제로 이런 사례가 많았다.[18]

결과적으로 몽고메리 군은 큰 재정적 부담 없이 그리고 농민들의 큰 반발 없이 넓은 면적의 우량농지를 보존하는 데 성공하였다. TDR 시장도 형성되었다. 복덕방에서도 TDR 거래를 중개하며, 은행은 TDR을 담보로 인정할 정도로 TDR 시장이 활성화되었다. 농지를 상대로 한 투기도 없어졌고 따라서 농지의 가격도 안정화되었다. 대체로 우량농지의 가격이 종전에 비해 절반 정도 떨어졌던 것으로 알려져 있다.[19] 결과적으로, 농민들은 농사를 지으면서 동시에 개발(수용)지역에서의 개발이익을 나누어 가질 수 있으니 불만이 없었고, 개발업자들은 법이 정한 수준 이상으로 원하는 만큼 추가로 개발할 수 있으니 불만이 없었다. 이같이 이해당사자들 모두를 충족시켰다는 점이 몽고메리 군의 개발권 양도제도가 성공하게 된 큰 요인이 되었다.

뉴저지(New Jersey)주 파인랜드(Pinelands) 지역을 대상으로 실시된 개발권 양도제도 역시 자주 인용되는데, 적용 대상 지역이 미국에서 최대 규모라는 점에서 유명하다. 많은 습지와 비옥한 농토가 있을 뿐만 아니라 환경적으로 취약한 희귀 동식물의 서식지가 분포되어 있어서 이 지역은 환경적으로 보전의 가치가 매우 높은 지역이지만, 인근 애틀랜틱 시티(Atlantic City)의 카지노가 개방된 이래 거센 개발압력이 이 지역으로 밀어닥치기 시작하였다. 그래서 1978년 미국 중앙정부가 이 지역을 보전지역으로 지정하였지만, 해당 지방 정부들(7개 군과 52개 시)은 구체적인 정책 수단을 가지고 있지 못했다. 이런 연유로 뉴저지주 정부가 Pinelands위원회를 결성하여 이 지역의 보전대책을 강구하면서, 자연스럽게 개발권 양도제도의 도입이 이루어지게 되었다. 워낙 적용 대상 지역이 넓다 보니 환경적으로나 경제적으로 다양한 지점이 포함될 수밖에 없다. 그래서 파인랜드 지역의 경우에는 보전지역의 토지소유주들에게 부여되는 TDR의 수량도 지점별 환경성과 개발가능성 등을 고려한 복잡한 공식에 따라 결정되었다. 예를 들면, 작물경작이 가능한 임야에 대해서는 39에이커당 2점, 미개발 습지에 대해서는 39에이커당 0.2점을 부여하였는데, 1점은 수용지역에서 4단위의 주택을 지을 권리에 해당하였다. 파인랜드 지역의 개발권 양도제도는 상당히 오랫동안 지지부진하다가 1980년대에 와서 활발해지기 시작했던 것으로 알려져 있다.[20] 이 밖에도 플로리다주의 여러 군에서 농지보전, 생태 취약 지구 보전, 무질서한 농촌지역 개발 방지 등 여러 가지 목적 아래 개발권 양도제도가 시행되었다.[21]

약간 이색적인 목적으로 개발권 양도제도를 실행하고 있는 지역으로는 미국 서부 워싱턴주의 시애틀(Seattle)과 오리건주의 포틀랜드(Portland)를 꼽을 수 있다. 1985년 시애틀시 정부는 중·소득계층 주거지의 보전을 위해서 개발권 양도제도의 시행을 결정하였다. 즉, 저소득계층이 사는 지역을 앞으로 계속 현상대로 보전하는 대신, 이 지역 주택소유자(주로, 임대아파트를 소유하고 있는 사람들)에게 TDR을 부여하였다. 수용지역은 시 정부가 지정한 시내의 고밀도 개발지역이다. 이 개발지역에서는 법적으로는 용적률이 1,500%까지는 허용되지만, 용적률 1,500%가 넘는 건물을 건설하려는 개발업자는 반드시 TDR을 매입하도록 의무화하였다. 단, TDR이 있어도 용적률 2,000%를 초과할 수는 없게 하였다.[22]

시애틀시 정부는 개발권 양도제도와 함께 소위 밀도 보상(density bonus)제도를 병행하였다. 밀도 보상이란 정부가 지정한, 특정 공익을 위한 건축행위를 하였을 경우 이에 대한 보상으로 금전 대신 개발권을 주는 제도를 말한다. 시애틀의 경우 시 정부가 지정한 중소득계층 주거지에서 중소득계층을 위한 주택을 건설 및 개·보수하거나 혹은 이에 필요한 돈을 내는 건설업자에게 소정의 개발권을 부여하였다. 이 밀도 보상을 받은 사람은 TDR을 받은 사람과 마찬가지로 시 정부가 지정한 수용지역에서 개발권을 행사할 수 있었다.

시애틀의 개발권 양도제도가 어떤 식으로 실시되었는지 살펴보기 위해서 저소득계층 주거지에 임대아파트를 소유한 어떤 한 사람의 실례를 보자. 이 사람은 이 임대아파트를 앞으로 20년간 보전하기로 법적으로 약속하고 그 대신 연면적 약 960평에 해당하는 TDR을 획득하였다. 이 960평은 그런 법적 구속이 없었을 때 그가 그의 임대아파트를 철거하고 대신 그가 원하는 건물을 짓는다고 가정했을 때 법적으로 최대한 확보할 수 있는 총연면적에서 그가 현재 소유한 임대아파트의 연면적을 뺀 나머지이다. 이 임대아파트 소유자는 이 TDR을 건설업자에게 판매하였다. 이 건설업자는 시 정부가 지정한 수용지역에 현재 법이 허용하고 있는 것보다 연면적 약 1천 평 정도 더 큰 호텔을 짓고 싶어 했다. TDR로는 960평밖에는 증축할 수 없으니, 연면적 약 40평 정도가 모자랐다. 하지만 이 건설업자는 이 40평에 상당하는 밀도 보상을 돈을 주고 얻어서 이를 채울 수가 있었다. 결국 이 건설업자는 자신이 원하는 크기의 호텔을 건설할 수 있었고, 시 정부는 시민의 혈세를 투입하지 않고도 저소득계층의 임대아파트를 보전할 수 있었을 뿐만 아니라, 중소득계층 주거지의 주거환경개선을 위한 자금도 마련하게 되었다. 시애틀과 비슷한 사례로, 오리건주 포틀랜드시의 정부가 단칸방 주거지의 유지 및 보전을 위해서 실시한 개발권 양도제도를 꼽을 수 있다.[23]

캘리포니아주 몬터레이(Monterey) 군의 개발권 양도제도 역시 눈길을 끈다. 영화를 통해서 우리나라에도 잘 알려져 있듯이, 태평양을 굽어보며 남북으로 길게 뻗어있는 1번 해안도로는 굽이굽이 절경을 끼고 있다. 누구나 이 절경을 즐길 수 있도록, 몬터레이 군은 전망이 좋은 지역에서 주택건설을 금지했다. 토지소유자에게는 그 대신 필지당 2개의 TDR을 부여하였다. 이 TDR 소지자는 군이 지정한 수용지역에서 TDR 하나당 1개의 주택을 건설할 권리를 가진다. 이 제도의 시행을 몬터레이 군이 주도하고 있지만 시행에 드는 경비는 캘리포니아주 정부가 보조해 주었다.[24]

개발권 양도제도의 성공을 위한 조건들

미국 여러 지역에서 개발권 양도제도 실시 경험은, 이 제도의 성공에 관하여 다음과 같은 교훈을 제공한다. 첫째, 수용지역이 잘 선정되어야 한다. 수용지역은 개발 적지이어야 할 뿐만 아니라, 되도록 즉시 개발이 가능해야 하며, 개발에 필요한 기반 시설과 개발계획이 잘 갖추어져야 한다. 파인랜드 지역의 개발권 양도제도가 오랫동안 지지부진했던 한 가지 이유는 수용지역에 추가될, 고밀도 개발을 뒷받침할 상·하수도, 도로 등 도시기반시설이 미비했던 탓으로 지적되었다. 도시기반시설을 제대로 갖추지 못하였다고 하면, 당연히 TDR에 대한 수요도 잘 일어나지 않을 것이다. 플로리다의 어떤 지역에서는 땅값이 너무 싼 탓으로 고밀도 개발에 대한 수요 자체가 없어서 개발권 양도제도가 실패하는 사례도 있다. 대체로 보면, 개발업자들은 수용지역을 많이 지정하고 또한 다양화해주기를 바란다. 사실 수용지역이 많아야 TDR에 대한 수요가 커진다. 물론 개발 여건을 잘 갖춘다는 것 자체가 때로는 많은 시간이 필요한 때도 있으므로, 당장 원하는 만큼 다수의 수용지역을 지정하기 어려울 수도 있다. 이럴 때는 몽고메리 군이 그랬던 것처럼 처음에는 개발 여건을 잘 갖춘 지역부터 수용지역으로 지정하고 시일이 지남에 따라 수용지역을 추가할 수도 있다.

둘째, 규제과정과 개발허가 과정이 투명해서 TDR을 매입한 개발업자가 약속된 개발권을 틀림없이 그리고 신속하게 행사할 수 있는 여건을 조성해야 한다. 이와 관련해서 한 가지 중요한 것은 제도가 단순해야 한다는 것이다. 복잡한 제도는 금물이다. 규제의 복잡성은 개발업자의 의욕에 찬물을 끼얹기 때문이다. 개발권 양도제도가 성공하려면 우선 TDR이 잘 팔려야 한다. 수용지역에서 개발업자가 TDR을 매입하려는 한 가지 이유는, TDR을 소지할 경우, 개발에 관련된 복잡하고 까다로운 정부의 심사과정을 밟을 필요 없이 즉시 개발권을 행사할 수 있다는 큰 이점이 있기 때문이다.

셋째, 송출지역과 수용지역의 토지이용규제를 엄격하고 포괄적으로 통제함으로써 TDR 매입의 이익을 확실하게 보장해야 한다. 예컨대 어떤 지점은 규제하고 어떤 지점은 개발하는 식으로 땜질식 규제가 있어서는 안 된다. 수용지역의 토지이용규제가 느슨하면 개발업자들이 굳이 TDR을 매입할 인센티브를 강하게 느끼지 않을 수가 있다. 예를 들면, TDR을 매입하지 않더라도 다른 방법으로 용적률이나 건폐율에 있어서 특혜를 받을 수 있다면 TDR의 매력이 그만큼 감소할 것이다. 플로리다주의 여러 지역에서 실시한 개발권 양도제도가 실패한 주원인도 바로 여기에 있었다고 한다.

넷째, 개발권 양도제도는 기존 토지이용규제 방식에서 상당히 변화된 제도이므로 이해관계자들을 잘 이해시키며 나아가서 최소한도 실시 초기에는 담당 관료와 전문가들이 적극적으로 뛰어야 한다. 몽고메리 군의 개발권 양도제도가 성공할 수 있었던 이유는 군 당국이 사전에 치밀하게 준비하였을 뿐만 아니라, 이해당사자들에게 개발권 양도제도의 내용을 충분히 이해시키고 또한 이들의 의사를 최대한 수용하는 노력을 아끼지 않았기 때문이다. 초기에는 담당자들이 직접 TDR 판매자와 구매자를 찾아 중개하는 궂은 일도 마다하지 않았다. 그 후로는 거의 정부의 개입 없이 시장을 통해서 개발권 양도제도가 잘 운용되고 있다고 한다.[25] 몽고메리 군의 경우, 수용지역의 도시기반시설 및 개발계획을 미리 완비함으로써 송출지역에서 나오는 TDR이 즉시 수용지역에서 수용될 수 있는 여건을 조성하였다.

다섯째, 모든 이해당사자의 이익을 증진하는 방향으로 제도가 짜이고 운용되어야 한다. 송출지역의 토지소유자, 수용지역의 개발업자, 그리고 규제당국 모두에게 이익이 되어야 성공할 가능성이 크다.

여섯째, TDR 은행의 설립이 개발권 양도제도의 활성화에 도움이 된다. 개발권 양도제도를 시행하면서, 몽고메리 군이 농민들의 요구를 받아들여 TDR 은행을 설치한 바 있다. 이 은행은 농민들이 원하면 TDR을 매입해서 보관하고 있다가 수용지역의 개발업자들에게 되파는 중개역할을 수행하였다. 그 이후 뉴저지 파인랜드 지역과 캘리포니아 몬터레이 군에도 TDR 은행이 설치되었다.[26] TDR 은행은 토지소유자와 개발업자들 모두에게 개발권 양도제도의 내용을 홍보하는 데에 유용하였으며 그럼으로써 이 제도에의 참여도를 높이는 데에 기여하였다. TDR 은행은 TDR에 대한 수요를 늘림으로써 개발권 양도제도의 활성화에 도움이 되었으며, TDR에 대한 수요와 공급을 조정함으로써 TDR의 가격을 안정화하는 데에도 도움이 되었다. 그래서 TDR 은행이 개발권 양도제도를 활성화하는 데에 하나의 주요한 요소라고 평가하는 학자도 있다. 반면에, 개발권 양도제도 자체가 치밀하게 잘 짜여 있으면 굳이 TDR 은행이 필요하지는 않다고 말하는 학자도 있다.[27]

비록 개발권 양도제도가 혁신적인 제도이고 잠재력이 풍부한 제도라고는 하지만, 한계도 있다. 특히 최근에 와서 자주 지적되는 한계는, 수용지역이 이미 상당한 정도 고밀도로 개발되어 있어서 주민들이 더 이상의 고밀도 개발을 강하게 거부할 때는, 이 제도를 적용하기 매우 곤란하다는 것이다. 사실 바로 이런 문제 때문에 개발권 양도제도에 강력한 비판을 제기하는 학자도 있다. 예를 들면, 뉴욕이나 시카고와 같은 대도시는 이미 고밀도로 개발되어 있어서 더 이상 고밀도로 개발할 여지가 별로 없는데, 개발권 양도제도의 실행이 TDR을 양산한다면 이를 소화할 방법이 막연하다는 것이다. 비록 뉴욕이나 시카고와 같이 고밀도 지역이 아니라고 하더라도 최근 부쩍 강화되고 있는 각종 환경규제 탓으로 개발의 여지가 별로 많지 않을 수도 있다. 실제로 고밀도 개발에 대한 수용지역의 반발이나 한계 때문에 개발권 양도제도가 실패한 사례가 많았다고 한다.

개발권 발급량의 결정 및 개발권 배정 방법

개발권 양도제도는 결국 개발지역에서 토지개발을 허가받은 사람들이 보전지역 토지소유자들의 개발권 상실로 인한 손실을 보상해주는 제도인데, 실제로 결정될 보상액은 제일차적으로는 개발권에 대한 당사자들 사이의 흥정 결과에 달려 있다. 다시 말하면 보전지역 토지소유자들은 개발권의 공급자가 되고, 개발지역에서 법정 상한선 이상으로 토지를 개발하려는 토지개발자는 그 수요자가 된다. 이들 사이의 수요와 공급이 균형을 이루는 수준에서 결정되는 개발권의 가격이 곧 보전지역 토지소유자들에 대한 보상 단위가 되는 셈이다. 그러므로 당초에 보전지역 토지소유자들에게 얼마나 많은 개발권을 발급해 주느냐가 어려운 문제로 등장한다. 너무 적은 수량만 발급해 주면, 개발권의 가격이 너무 높아져서 과다보상의 결과를 낳을 우려가 있고, 반대로 너무 많이 발급하면 과소 보상의 우려가 있다. 발급량을 정확하게 결정한다는 것은 불가능하겠지만, 대략 개발지역의 전체 개발 잠재력을 충분히 활용할 수 있는 범위 내에서 현저한 과소 보상이 초래되지 않도록 발급량을 결정함이 원칙일 것이다. 발급량도 중요하지만 이와 결부해서 결정되어야 할 또 한 가지 중요한 사항은 개발지역에서 개발권 당 허용되는 개발 분량, 즉 전환율(conversion factor)의 결정이다. 예를 들면, 개발지역에 있어서 200m^2의 주택 한 단위당 1개의 개발권 있어야 한다든가, 혹은 상업용 건물의 경우에는 연면적 10,000m^2당 5개의 개발권이 있어야 한다든가, 등의 전환율을 결정하는 일이다.

이러한 사항들 또는 기타의 여러 가지 사항들을 고려하여 개발권의 총발급량이 결정된 다음에는, 이를 어떻게 보전지역의 토지소유자들에게 합리적으로 나누어 주느냐의 문제를 결정해야 한다. 이 배당기준에는 여러 가지가 있겠지만 가장 손쉬운 방법은 소유토지의 면적에 비례해서 나누는 방법일 것이다. 그러나 이러한 면적 기준은 토지가치의 차이를 무시하게 되므로 불공평한 결과를 낳을 수 있다. 아무리 개발이 규제된 지역이라고 하더라도 어떤 토지는 황무지나 늪지이고, 어떤 토지는 농경지이고, 또 어떤 토지는 상업용으로 이용되고 있어서 용도에 따라 지가의 차이가 현저할 수도 있다. 예컨대 만평의 황무지 소유자가 100평의 상업용 토지를 가진 사람의 100배에 해당하는 개발권을 발급받게 하는 것은 매우 불공평할 수가 있다. 따라서 소유토지의 시장가치를 기준으로 배당하는 것이, 더 합리적으로 보이고, 또 흔히 그렇게 생각한다.

그러나 단순한 시장가치 기준에도 여전히 불공평의 여지는 남는다. 예를 들어, 어느 지역사회에서 총 3정보에 해당하는 토지가 보전지역으로 묶이게 되었는데, 이 3정보의 토지를 갑, 을, 병, 세 사람이 각각 1정보씩 소유하고 있으며, 이들이 소유한 토지 각각의 시장가치가 정보당 600만 원, 900만 원, 그리고 1,500만 원이라고 가정하자. 그러면 보전지역 전체 토지의 총가치는 3,000만 원이고, 따라서 이 총 시장가치에서 갑, 을, 병이 소유한 토지의 시장가치가 차지하는 비중은 각각 1/5(=600/3,000), 3/10(=900/3,000), 1/2(=1,500/3,000)이다.

일단 보전지역으로 지정된 토지는 정보당 500만 원에 불과한 농업용으로 이용될 수밖에 없다고 가정하자. 그러면 갑, 을, 병, 세 사람은 각각 100만 원, 400만 원, 그리고 1,000만 원씩 우발손실을 입게 된다. 이를 보상하기 위해서 총 30개의 개발권이 발급된다면, 위에서 구한 토지가치 비중에 따라 갑에게는 6(=30/5)개, 을에게는 9(=30x3/10)개, 그리고 병에게는 15(=30/2)개가 각각 배당될 것이다. 만일 시장에서 개발권이 하나에 50만 원에 팔린다면, 결국 갑은 300(=6x50)만 원, 을은 450(=9x50)만 원, 병은 750(=15x50)만 원씩 시장을 통해서 보상받는 셈이다. 이렇게 되면 갑과 을은 각각 200(=300-100)만 원과 50(=450-400)만 원씩 초과 보상을 받게 되는 반면, 병은 250(=1000-750)만 원 덜 보상받는 결과가 나온다. 이러한 불공평의 문제를 해결하는 하나의 방법은 우발손실에 비례해서 개발권을 배당하는 것이다. 위에서 계산한 대로 세 사람이 당하는 우발손실의 총액은 1,500(=100+400+1000)만 원이며, 이에 대한 갑, 을, 병 각자의 우발손실의 비율은 각각 1/15(=100/1500), 4/15(=400/1500), 그리고 2/3(=1000/1500)이고, 이 비율로 개발권을 배당하면 갑은 2(=30/15)개, 을은 8(=30x4/15)개, 병은 20(=30x2/3)개씩 배당받게 된다. 각자가 이를 시가로 팔면, 갑은 100만 원, 을은 400만 원, 병은 1,000만 원을 각각 받게 되는데 이 금액들은 그 세 사람이 입는 우발손실액과 같아진다.

시장가치를 기준으로 삼는 배당에 비하면 우발손실 가치를 기준으로 삼는 배당 방법은 최소한도 우발손실을 당하는 사람들 사이의 불공평 문제는 어느 정도 합리적으로 해소할 수 있을지 모르나, 개발권의 시장가격에 따라 이들이 전부 과다보상 받을 수도 있고 또는 과소 보상받을 수도 있음은 물론이다. 특히 이 뒤의 경우가 큰 문제로 대두된다. 이 과소 보상의 문제를 방지하기 위해서는 개발권이 활발히 거래되는 시장이 형성되어 충분히 비싼 개발권의 가격이 형성되어야 한다. 사실 이 문제가 개발권 양도제도가 안고 있는 가장 심각한 문제로 꼽히기도 한다.

개발권에 대한 수요 및 공급

개발권 가격이 충분히 비싼 수준에서 결정되기 위해서는 무엇보다도 개발권에 대한 수요가 충분히 일어나야 한다. 그러자면 토지이용규제 당국은 다음 두 가지 조건이 갖추어지도록 여러 가지 조치를 마련해야 한다. 첫째, 개발지역의 토지를 더 집약적으로 이용하려는 강한 경제적 동기가 팽배하도록 여건을 조성해야 하며, 둘째, 그러면서도 개발권의 취득이 없이는 토지개발자가 원하는 정도로 토지를 집약적으로 이용할 수 없도록 개발행위가 효과적으로 규제되고 있어야 한다. 일반적으로 땅값이 비쌀 때는 토지를 아껴 쓰려는 경제적 동기가 강하게 일어나므로, 이 첫 번째 조건은 자연적 지가 상승에 따라 무르익을 수도 있지만, 용도지역·지구제와 같은 토지이용규제를 통해서 토지공급량을 감축시키는 방법으로 인위적 지가 상승에 따라 조성될 수 있다. 두 번째 조건은 토지이용 밀도의 제한을 겨냥한 방법, 예컨대 최소 대지 면적, 건폐율, 용적률, 등에 관한 규정을 통해서 이루어질 수 있다. 말하자면, 개발권에 대한 수요는 입체적 토지이용규제를 통해서 창출할 수 있다는 얘기다.

개발권에 대한 수요의 창출을 위해서, 왜 위의 두 조건이 충족되어야 하는가를 좀 더 경제학적으로 이해하기 위해서는 등생산곡선의 개념을 이용할 필요가 있는데, 이에 대해서는 본 장의 말미에 있는 부록에서 다루기로 한다. 개발권에 대한 수요에 영향을 주는 또 하나의 요인은 앞에서 언급한 개발권 전환율이다. 개발지역에서 개발 단위당 취득해야 하는 개발권의 수를 많게 하면 그만큼 개발권에 대한 수요도 커질 것이다. 개발권은 주로 개발지역에서 주택이나 상·공업용 건물 건설에 많이 이용될 것이므로, 이러한 건물에 대한 수요가 크면 그만큼 토지를 집약적으로 이용할 필요성이 커지고, 따라서 개발권에 대한 수요도 커질 것이다.

요컨대, 개발지역의 지가, 토지이용규제의 강도, 건축수요, 그리고 개발권 전환율, 이 네 가지 요소가 개발권에 대한 수요의 주된 결정 요인이라고 볼 수 있다. 그런데, 이 네 가지의 대부분은 토지이용규제 기관이 상당한 재량권을 행사할 수 있는 범위 안에 있으므로, 필요하면 규제당국은 그 네 가지 요인에 대한 적절한 영향력을 행사할 수 있다. 즉, <그림 12-1>에서 보듯이 개발권에 대한 수요곡선을 실선으로 나타낸 곡선 D에서 점선으로 나타낸 곡선 D'로, 위로 이동시킴으로써 개발권에 대한 수요를 크게 증대시킬 수 있는 위치에 있다는 것이다.

그림 12-1 **개발권가격의 결정**

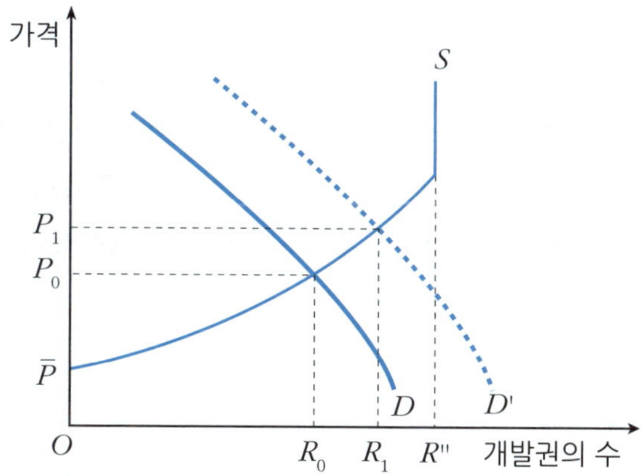

한편, 어떤 시점의 개발권 공급은 무엇보다도 발급된 개발권의 수에 달려 있을 것이다. 발급량이 많으면 대체로 공급량도 많으리라고 보아 큰 무리가 없을 것이다. 보전지역의 토지소유자들 모두가 발급받은 개발권을 일시에 방출하지는 않을 것이다. 어떤 사람은 빨리 방출하고 또 어떤 사람은 천천히 방출할 것이다. 대체로 보아 현금이 급한 사람은 빨리 방출할 것이며, 미래에 개발권의 시세가 크게 오르리라고 예상하는 사람은 늦게 방출할 가능성이 크다. 따라서 어떤 시점에서 개발권의 공급은 개발권 소유자의 현금 필요성과 그들의 미래시장에 대한 기대에 따라 크게 좌우될 것이다. 그러나 어떻든 개발권의 가격이 높으면, 더 많은 사람이 더 많은 개발권을 시장에 내놓을 것이므로 개발권의 공급곡선은 <그림 12-1>에서 실선으로 나타낸 곡선 S와 같이 우상향하는 경향을 보일 것이다. 그러나 개발권의 가격이 비싸지더라도 발급된 양 R''이상 공급될 수는 없으므로 공급곡선은 R''에서 수직선이 될 것이다. 개발권의 가격 및 개발권의 거래량은 개발권에 대한 수요와 공급이 균형을 이루는 수준에서 결정되므로, 만일 토지이용규제 당국이 개발권을 지나치게 많이 발급하면 공급이 많아져서 개발권의 가격은 지나치게 낮은 수준에서 결정될 것이다. 지나치게 낮은 개발권의 가격은 과소 보상을 의미하므로, 우발손실을 당하는 사람들이 토지이용규제에 크게 반발할 가능성이 있다. 그래서 때에 따라서는 규제당국이 개발권을 높은 가격으로 다시 매입해 주어야 하는 사태가 발생할 수도 있다.

다른 시장처럼 개발권 시장도 불완전할 수가 있다. 특히 보전지역의 면적이 작아서 발급될 개발권의 수가 적거나, 혹은 개발지역의 개발 잠재력이 적어서 토지개발자의 수가 적을 때는, 소수가 개발권 시장에서 독점력을 행사하는 심각한 문제가 발생할 수도 있음에 유의할 필요가 있다. 물론 발급될 개발권의 수가 많고, 토지개발자의 수가 많을 때도 소수에 의한 독점력 행사의 가능성이 없는 것은 아니다.

개발권 양도제도의 성과

개발권 양도제도의 주목적이 토지이용규제로 인한 재산상의 손실을 개발이익으로 보상하는 제도이므로, 이 제도의 성과는 일차적으로는 이 목적을 얼마나 충실히 달성하느냐에 따라 판정해야 할 것이다. 수용부 지역·지구제에 있어서는 우발이익과 우발손실은 비록 양적으로는 아니더라도 최소한도 개념적으로는 1대 1의 상응 관계에 있다. 그러나 흔히 생각하는 것과는 달리 개발이익과 우발손실이 양적으로나 개념적으로 1대 1의 상응 관계를 갖지 않는다. 다시 말해서 이 제도에서는 개발이익과 우발손실이 크기에 있어서 달라질 뿐만 아니라, 개발이익이 반드시 우발손실을 보상한다는 보장은 없다. 심지어 보전지역의 우발손실이 다른 지역(개발지역)에 우발손실을 입히면서 보상될 수도 있다.

예를 들어 어느 지역에 있는 개발제한구역(그린벨트)의 땅값은 평당 50만 원이고 인접 개발 가능지역의 땅값은 평당 200만 원이라고 하자. 그리고 녹지에 대한 수요가 늘어나자 정부가 개발제한구역에 인접한 개발 가능 구역 일부를 개발제한구역에 편입했다고 하자. 그러면 개발 가능 구역의 면적은 축소되고 개발제한구역의 면적은 커진다. 새로 편입된 개발제한구역의 땅값은 50만 원 이하로 떨어질 것이다. 이를 보상하기 위한 한 가지 방법은 이 구역의 토지소유자들에게 TDR을 발급하는 것이다. 면적 감소 탓으로 개발 가능 구역의 땅값이 올라갈 터인데, 일단 평당 200만 원에서 300만 원으로 올라갔다고 하자. 이렇게 땅값이 올라가면 개발 가능 구역의 개발업자들은 비싸진 땅을 새로 사서 건물을 짓느니 차라리 TDR을 매입해서 기개발지를 더 고밀도로 이용하려고 할 것이다. 이 결과 개발 가능 구역에서 토지 수요가 줄어들게 된다. 게다가 TDR에 대한 수요를 늘리기 위해서 통상 개발 가능 구역의 토지개발에 종전보다 더 엄격한 규제를 가하므로, 개발 가능 구역에서 토지 수요는 더욱더 위축된다. 이렇게 2중으로 토지 수요가 줄어드는 까닭에, 개발 가능 구역의 땅값은 300만 원 이하로 떨어지게 된다. 그래서 평당 150만 원 수준으로 떨어졌다고 하자. 그렇다면 개발제한구역 확대 지정 이전의 200만 원 이하로 땅값이 떨어진 셈이다. 우발이익이 발생하여야 할 개발 가능 구역에 오히려 우발손실이 발생한다. 이렇게 되어서는 개발 가능 구역 토지소유자들의 눈에 개발권 양도제도가 우발손실을 보상해주기 위한 우발이익 환수의 장치가 아니라, 우발손실을 발생시키면서 우발손실을 보상하는 장치로 보일 것이다.[28]

물론 반드시 이렇게 되라는 법은 없다. 만일 개발권 발급으로 인한 개발 가능 구역의 토지 수요가 약간 떨어진 결과 땅값이 예컨대 250만 원대로 유지된다면, 개발 가능 구역의 토지소유자들에게는 우발이익이 떨어지므로, 이 경우에는 우발손실이 우발이익으로 보상되었다고 주장할 수 있을 것이다. 어떻든 복잡한 시장원리의 작용 탓으로 우발이익 환수로 우발손실을 충분히 보상할 수 있을지를 미리 점치기 매우 어렵다. 심지어 한쪽의 우발손실을 다른 쪽의 우발손실로 보상할 가능성도 있다(이에 대한 자세한 설명은 본장의 부록을 참조).

개발권 양도제도는 성공적으로만 실행된다면, 토지이용규제에 따른 형평의 문제를 어느 정도 해소해 주기 때문에 당초에 의도한 토지이용규제의 목적을 효과적으로 수행하게 할 것이다. 그러나 이 제도는 개발 가능지역에서 이미 설정된 규제 상한선 이상으로 토지를 개발할 수 있음을 전제하므로, 개발 가능지역의 과밀 및 혼잡을 더 심하게 하여, 사회적 비용을 발생시키는 문제, 즉 토지이용 효율상의 문제를 던진다. 그러나 이런 문제보다 더 근본적인 문제는 개발권 시장이 과연 성공적으로 형성되어 소기의 기능을 실행할 수 있을 것인가에 달려 있다. 개발권 양도제도나 수용부 지역·지구제 또는 기타 우발손실 보상을 위한 우발이익 환수에 대한 제도적 장치는 토지이용과 결부된 형평의 문제를 해결하려는 방안들이지만, 기본적으로 땅을 가진 사람들 사이의 형평의 문제를 주로 다룰 뿐, 땅을 가진 사람들과 땅을 갖지 않은 사람들 사이에 발생하는 형평의 문제를 근본적으로 다루지 못한다는 한계를 가지고 있다. 대부분의 토지이용규제가 지가를 상승시켜서 땅을 갖지 않은 사람들에게 큰 경제적 불이익을 줄 수 있다는 점에서 이 문제는 더욱더 심각해진다.

뒤에서 다시 자세히 살펴보겠지만, 우리나라의 토지제도는 많은 문제점을 안고 있다. 우리나라의 현 토지제도는 과거 경제개발 우선주의를 뒷받침하던 제도라서 생활의 질과 환경보전이 최고로 중요하게 여겨지는 21세기에 맞지 않는 제도라고 할 수 있다. 예를 들면 개발제한구역의 해제 여부를 둘러싼 진통은 우리나라 토지제도 문제점의 한 측면을 잘 드러내고 있다. 이제 우리나라 토지제도는 더 신축성 있게 현실 여건의 변화에 부응할 수 있어야 하고, 이런 의미에서 토지소유권과 개발권의 분리는 토지문제의 돌파구를 마련하는 좋은 계기가 될 수 있다.

1. 토지이용규제와 우발이익 및 우발손실

예를 들어서 어느 지역의 토지가 아파트용과 단독주택용의 두 가지 용도에만 이용될 수 있으며, 토지이용규제가 없는 상황에서 아파트용 토지와 단독주택용 토지의 입찰지대 곡선이 <그림 12-2>에서와 같이 각각 P_m, P_s 와 같다고 가정하자. 그러면 도심지로부터 u'까지는 아파트 주거지로, u'의 밖은 단독주택 주거지로 이용될 것이다. 아파트용 토지의 땅값은 상대적으로 비싼 것이 보통이다. 왜냐하면 아파트용 토지는 고밀도로 이용되기 때문이다. 그런데 만일 이 지역에 토지이용규제가 실시되어 z'까지만 아파트 주거지역으로 지정되었다고 하면, 이런 토지이용규제가 없었을 경우 아파트용 토지로 이용되었을, z'부터 u'까지의 토지가 단독주택 주거지로 이용될 것이다. 그러면 이 지역의 땅값은 전반적으로 떨어질 것이다. 예를 들어서 z'지역의 땅값은 종전에서는 az'이었지만 이제는 bz'로 떨어진다. 따라서 표면상 이 부분의 토지소유자들은 최대 ab만큼 손실을 당하게 되는데, 언뜻 보면 이 정도의 손실은 그리 현저하지 않을 수도 있다. 하지만 토지이용규제의 효과는 이 정도에 그치지 않고 전 지역에 광범위하게 파급된다. 왜냐하면, 이러한 토지이용규제는 토지에 대한 수요의 전반적 변화를 수반하기 때문이다. 우선 아파트 지역의 땅값은 더욱더 올라가게 되고 반대로 단독주택용지의 땅값은 더욱더 하락한다. 왜냐하면 아파트용 토지에 대한 수요는 종전보다 더 좁은 지역으로 몰리게 되고 반대로 단독주택용지에 대한 수요는 종전보다 더 넓은 지역으로 분산되기 때문이다. 즉, z'부터 u'까지의 토지에서 발생하였을 아파트 토지에 대한 수요는 줄어든 아파트 지역에 몰리게 될 것이며, 따라서 이 지역의 땅값은 예컨대 <그림 12-2>에서 점선으로 나타낸 새로운 입찰지대곡선 P_m' 처럼 전반적으로 상승할 것이다. 반대로 단독주택을 위한 토지의 공급은 z'로부터 u'까지 늘었으므로, 단독주택지역의 땅값은 점선으로 나타낸 새로운 입찰지대곡선 P_s'처럼 전반적으로 하락하게 될 것이다. 이 결과 도심으로부터 z'까지의 토지소유자들은 대략 평당 aa'만큼의 지가 상승으로 인한 우발이익을 얻게 되고, 반대로 z'밖의 토지소유자들은 대략 평당 bb'만큼

지가 하락으로 인한 우발손실을 입게 될 것이다.

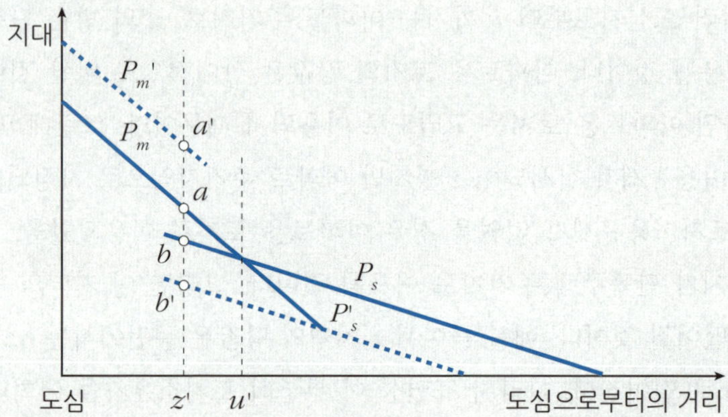

그림 12-2 용도 지정의 효과

대체로 보면 토지이용규제로 인한 우발손실이나 이익의 문제는 두 인접용도 사이의 접경지대에서 가장 첨예하게 발생하게 되는데, <그림 12-2>에서 z'부근의 단독주택 토지소유자들은 $a'b'$만큼 우발손실을 당했다고 주장할 것이다. 동등한 것은 동등하게 대우해야 한다는 원리에 의하면 이들의 주장에도 충분히 일리가 있다. 종전에는 똑같이 아파트용 토지였는데 토지이용규제 이후 거의 비슷한 토지인 z' 바로 안쪽에 있는 토지의 가격은 $a'z'$이고 z'바로 바깥쪽에 있는 토지의 가격은 $b'z'$이다. 그러나 이해당사자가 아닌 사람들은 토지이용규제 전의 상태를 기준으로 삼아 사실상의 우발손실은 ab만큼이라고 주장할 수도 있으며, 이 주장에도 또한 일리가 충분히 있다.

이와 같은 용도 지정의 형태가 아닌, 대지 면적이나 건폐율 또는 용적률 등 토지구획이나 건축물에 대한 규제의 형태를 취하는 토지이용규제의 지가 변동을 통한 효과는 더욱더 복잡하고 불분명한 양상을 띠게 된다. 예를 들어서 토지이용규제가 없었을 경우 어느 지역의 토지이용 양태가 <그림 12-3>의 실선이 나타내는 바와 같다고 가정하자. 이 그림에서 P_u, P_s, P_a는 각각 도심용 토지, 교외 주거용 토지, 농업용 토지의 입찰지대 곡선이다. 따라서 도심으로부터 z까지의 토지는 도심용으로, z'로부터 z''까지의 토지는 교외 주거용으로, 그리고 z'' 밖의 토지는 농업용으로 이용되었을 것이다. 교외 주거용 토지에 있어서 대지 면적은 대체로 200m^{2}에서 550m^{2}이었으며 이 지역에는 상당히 많은 자연녹지가 있었다고 가정하자. 그런데 토지 관련 공공재의 확보를 목적으로 이 교외 주거지의 평균밀도를 낮추기 위해서 교외 주거지의 최소 대지 면적을 600m^2~700m^{2}로 제약하는 토지이용규제가 실시되었다고 가정하자. 이렇게 되면 교외 주거지 안의 이미 개발된 토지의 땅값은 상승할 것이다. 그러나 미개발지에 대한 택지개발수요는 하락할 것이다. 땅값이 충분히 하락해주지 않으면 새로운 최소 대지 면적 규제에 부합한 주택건설의 채산성이 없어지기 때문이다. 이런 지가하락 경향이 일부 지역의 지가 상승 경향을 압도하면, 이 교외 지역의 평균지가는 예컨대 <그림 12-3>에서 점선으로 나타낸 새로운 입찰지대 곡선 P_s' 처럼 하락할 것이다.

한편, 그러한 토지이용규제가 없었을 경우 이 교외 지역에서 살 수 있었던 사람들의 택지 수요는 도심지역이나 혹은 농촌지역으로 밀려나 이 지역들의 땅값을 예컨대 새로운 입찰지대 곡선 P_u'와 P_s'처럼 평균적으로 상승시킬 것이다. 이 결과 도심지역의 토지는 더 집약적으로, 고밀도로 이용될 것이며, 종래 농토이었던 z'부터 z''까지의 토지는 주거지로 바뀌면서 이 지역의 토지이용 밀도나 땅값은 교외 지역보다 오히려 더 높아질 수도 있다.

그림 12-3 건축규제의 효과

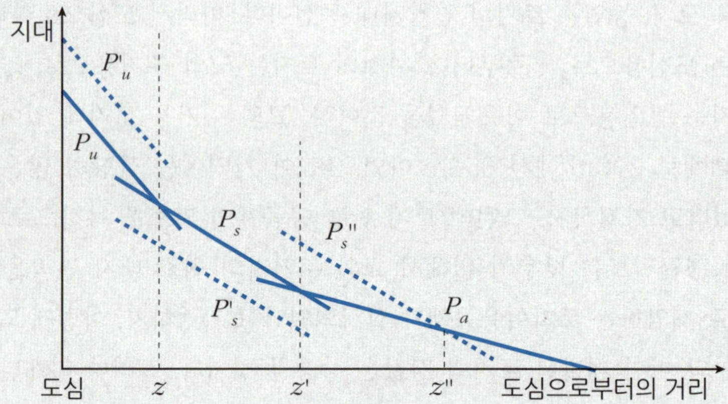

2. 수요의 탄력성과 우발이익 및 우발손실

어떤 지역에 지역·지구제가 실시된 결과, A 용도의 토지공급은 <그림 12-4>의 왼쪽 그림에서와 같이 종전의 S_a에서 S_a'로 감소하고, 동시에 B 용도의 토지공급은 <그림 12-4>의 오른쪽 그림에서처럼 종전의 S_b에서 S_b'로 증가하게 되었으며, 이 결과 A 용도지역의 지가는 P_a에서 P_a'로 올라가고 B 용도지역의 지가는 P_b에서 P_b'로 하락하였다고 가정하자. 그러면 규제 이전, A 용도지역과 B 용도지역 전체에 걸친 토지의 총가치는 $OP_aE_aS_a$ 넓이와 $OP_bE_bS_b$ 넓이를 합친 것에 해당할 것이며, 규제 후의 토지 총가치는 $OP_a'E_a'S_a'$ 넓이와 $OP_b'E_b'S_b'$ 넓이를 합친 것에 해당할 것이다. 만일 A 용도 토지에 대한 수요가 비탄력적이어서 탄력성이 1보다 작고, 반대로 B 용도 토지에 대한 수요는 탄력적이어서 탄력성이 1보다 크다고 하면 $OP_aE_aS_a$의 넓이는 $OP_a'E_a'S_a'$의 넓이보다 적고 $OP_bE_bS_b$의 넓이는 $OP_b'E_b'S_b'$의 넓이보다 적으므로 A 용도지역의 토지 총가치와 B 용도지역의 토지 총가치가 모두 증가하는 셈이다. 그렇다고 하면 이론상으로는 우발이익만 존재하고 우발손실은 존재하지도 않을 가능성도 배제할 수는 없다.

그림 12-4 토지 수요의 탄력성과 지급 능력의 문제

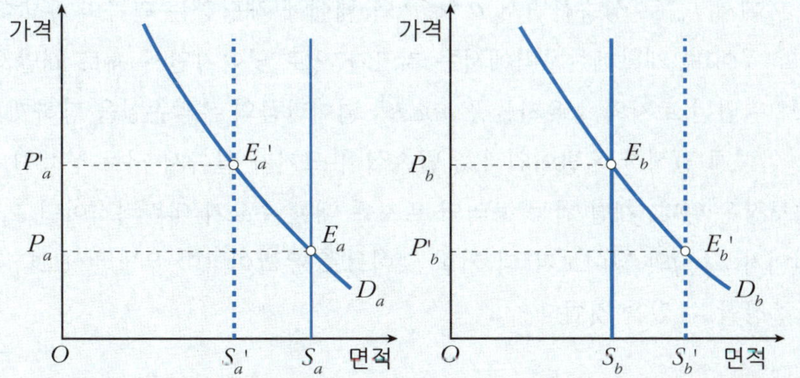

대체로 보아 토지에 대한 수요는 비탄력적이라고 한다. 그렇다면, A 용도지역의 토지 총 가치는 $OP_a'E_a'S_a'$의 넓이에서 $OP_aE_aS_a$의 넓이를 뺀 만큼 증가하고, 반대로 B 용도지역의 토지 총가치는 $OP_bE_bS_b$의 넓이에서 $OP_b'E_b'S_b'$의 넓이를 뺀 만큼 감소하기 때문에 A 용도지역에서는 우발이익이 발생하고 B 용도지역에서는 우발손실이 발생할 것이다. 그래서 예컨대 B 용도 토지의 수요탄력성은 1보다 작지만 1 에 매우 가깝고 A 용도 토지에 대한 수요탄력성은 1보다 현저하게 작다고 가정하면, <그림 12-4>에서 $OP_b'E_b'S_b'$의 넓이는 $OP_bE_bS_b$의 넓이보다 작기는 하지만 그 차이는 매우 적은 반면, $OP_a'E_a'S_a'$의 넓이는 $OP_aE_aS_a$의 넓이보다 현저하게 커지기 때문에 A 용도지역의 우발이익이 B 용도지역의 우발손실보다 커질 가능성이 크다.

3. 개발권 양도제도와 우발손실 보상

개발제한구역(그린벨트)에 인접한 개발 가능 구역의 일부를 개발제한구역에 편입해서 확대 지정했다고 가정하자. 그래서 <그림 12-5>의 왼쪽 그림에서와

같이 개발제한구역의 토지공급이 S_0에서 S_0'로 증가하고, 개발 가능 구역의 토지 공급은 오른쪽 그림처럼 S_u에서 S_u'로 감소했다면, 개발 가능 구역의 땅값은 종전의 P_u에서 P_u*로 상승하면서 $P_u{}^*egP_u$의 넓이에 해당하는 만큼의 우발이익이 발생할 것이며, 개발제한구역에서는 지가가 P_0로 낮아지면서 새로 개발제한구역으로 편입된 토지의 소유자들은 *abcd*의 넓이만큼의 우발손실을 당하게 될 것이다. 이렇게 발생한 우발이익과 우발손실이 크기가 같아서 서로 상쇄될 수 있다는 보장은 없다. 개발 가능 구역의 토지에 대한 수요가 비탄력적이면 $P_u{}^*egP_u$의 넓이가 *abcd*의 넓이보다 더 커질 것이므로 우발이익이 우발손실보다 더 크다고 주장할 수 있을 것이다.

그림 12-5 우발이익과 우발손실

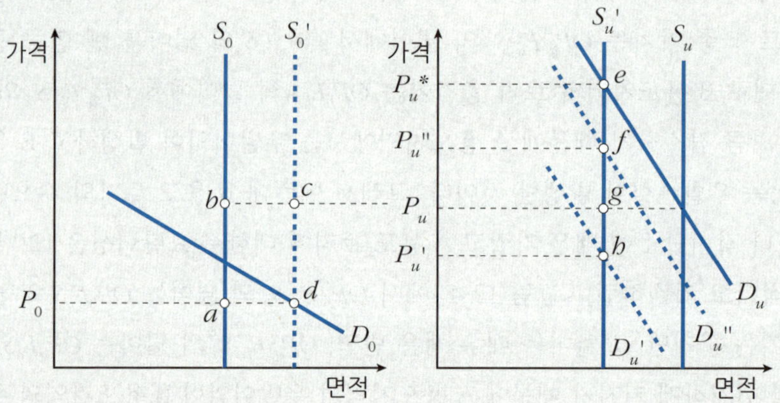

어떻든 우발손실을 보상하기 위해서 개발제한구역에 편입된 토지의 소유주들에게 TDR을 발급해 준다고 하자. 앞에서도 살펴본 바와 같이 이 우발손실에 대한 실제 보상액은 개발권에 대한 수요와 공급의 조건에 달려 있으며, 개발 가능 구역의 우발이익과 직접 관련되지는 않는다. 더구나 TDR 발급으로 인

한 파급효과는 그 우발손실과 우발이익 사이의 관계를 더욱더 모호하게 만든다. TDR이란 개발 가능 구역에서 토지 절약을 가능하게 하는 일종의 토지에 대한 대체품이므로 TDR이 발급되면 개발 가능 구역의 토지에 대한 수요의 일부가 P_u*의 높은 가격을 치르기보다는 개발권매입에 쏠리게 되므로 개발 가능 구역의 토지에 대한 수요는 감소하게 된다. 여기에다가 개발 가능 구역의 토지이용에 대한 토지이용규제가 매우 엄격하면, 이 구역 토지의 경제적 매력이 크게 줄어들기 때문에 이 구역 토지에 대한 수요는 더욱더 감퇴하는 반면, 개발권에 대한 수요는 증대하여 개발권의 가격이 높은 수준에서 결정될 것이다. 이러한 요인들이 복합적으로 작용한 결과, 예컨대 개발 가능 구역의 토지에 대한 수요곡선이 종전이 D_u에서 D_u'로 크게 하락했다고 하면, 지가는 P_u^*에서 P_u'로 하락하면서, 순전히 TDR의 발급으로 인하여 발생하는 개발 가능 구역의 우발손실은 $P_u^*ebP_u'$의 넓이에 해당한다. 개발제한구역의 확대 지정으로 인한 우발이익을 감안해도, 개발 가능 구역의 토지소유자들은 P_ugbP_u'넓이에 해당하는 만큼의 순우발손실을 당하는 셈이다.

물론 반드시 이렇게 되라는 법은 없다. 만일 개발권 발급으로 인한 개발 가능 구역의 토지 수요곡선이 <그림 12-5>에서와 같이 D_u'까지 떨어지지 않고 D_u''정도로만 떨어진다고 하면 개발 가능 구역의 토지소유자들 손에는 $P_u''fgP_u$ 넓이만큼의 우발이익이 남게 되므로 이 경우에는 우발손실이 우발이익으로 보상되었다고 주장할 수 있을 것이다.

4. 개발권에 대한 수요

각 개별기업이 당면하는 문제는 주어진 생산기술 하에서 그리고 주어진 생산물과 생산요소의 가격체계 아래에서 이윤이 극대화되도록 생산량과 생산요소의 투입량을 결정하는 문제로 요약된다. 생산량과 생산요소의 투입량에 대한 기업의 결정을 복잡하게 만드는 중요한 요인은 생산요소들 사이의 대체 관계이다. 생산요소들 사이에 대체 관계가 존재한다는 것은, 어떤 특정 생산요소가 부족하면 다른 생산요소로 보충함으로써 생산상의 차질을 막을 수 있고, 더욱 중요한 것은, 어떤 특정 생산요소가 너무 비싸면 이를 상대적으로 저렴한 다른 생산요소로 대체함으로써 똑같은 양을 더 값싸게 생산할 수 있음을 의미한다. 그러나 이런 생산요소들 사이의 대체를 통해서 구체적으로 과연 얼마만큼의 비용을 절감할 수 있는지는 기술적인 면에서 대체의 쉽고 어려움, 그리고 경제적인 면에서 대체 관계에 있는 생산요소들 사이의 상대적 가격에 달려 있다. 기술적으로 대체의 쉽고 어려운 정도는 대신 쓰일 생산요소가 얼마나 많이 필요한가에 따라 가늠된다. 예를 들어서 인건비가 비싸서 노동을 자본으로 대체한다고 하자. 노동투입량을 한 단위 줄임으로 인한 총생산의 감소분은 앞에서 정의한 바에 따라 노동의 한계생산만큼인데, 이 값이 10단위라고 하자. 다시 말해서 한계생산의 정의상 노동투입량을 한 단위 줄이면 생산이 10단위 감소한다는 것이다. 그런데 자본의 한계생산이 5단위라고 하면, 그 10단위의 생산 차질을 메우는 데는 자본이 2단위 정도 필요하다는 계산이 나온다. 다시 말해서 노동 1단위 줄이기 위해서는 자본이 2단위 필요하다는 것이다. 이같이 어떤 특정 생산요소의 투입량을 한 단위 줄임으로 인한 생산의 감소를 메우기 위해서 보충되어야 할 다른 생산요소의 양을 두 생산요소의 한계기술대체율(marginal rate of technical substitution)이라고 하는데, 이 비율은 해당 두 생산요소의 한계생산 비율로 계산된다. 예를 들어서 노동과 자본 사이의 한계기술대체율을 $MRTS_{lk}$, 노동과 자본의 한계생산을 각각 MP_l, MP_k라고 표기하면,

$$MRTS_{lk} = MP_l / MP_k$$

이 한계기술대체율 역시 어떤 일정한 상수가 아니라 특히 해당 두 생산요소의 투입비율에 따라 변하는 변수이다. 대체로 보면, 노동에 비해 자본을 상대적으로 풍부하게 쓰고 있을 때는 그렇지 않은 때에 비해서 노동의 생산성은 상대적으로 높을 것이므로, 노동을 한 단위 줄임으로 인한 생산의 결손을 자본으로 메우기 위해서는 많은 자본이 필요하게 될 것이다. 이는 달리 말하면, 노동 한

단위 더 이용함으로 인해 절약되는 자본의 양이 크다는 것을 의미하기도 한다. 즉, 노동의 자본에 대한 한계기술대체율이 높다. 그러나 자본을 점차 노동으로 대체하여감에 따라 자본에 비해 노동을 상대적으로 풍부하게 쓰는 경우, 반대로 자본의 생산성이 상대적으로 높아질 것이다. 따라서 자본을 한 단위 줄임으로 인한 생산의 손실을 노동으로 메우기 위해서는 많은 노동이 필요할 것이다. 이는 달리 말하면, 노동 한 단위 더 씀으로 인해서 절약되는 자본의 양이 적음을 의미하며, 따라서 노동의 자본에 대한 한계기술대체율이 낮음을 의미한다. 요컨대, 자본에 비해 노동을 점차 상대적으로 더 많이 이용함에 따라 노동의 자본에 대한 한계기술대체율은 점차 감소한다는 것인데, 이러한 현상을 한계기술대체율체감의 법칙이라고도 한다.

생산요소들 사이에 대체 관계가 존재한다는 것은 또한 생산요소들의 투입비율을 여러 가지로 달리하면서 똑같은 양의 생산물을 생산해낼 수 있음을 시사한다. 예를 들어서, 운동화 100켤레를 자본과 노동을 각각 2단위와 6단위씩 투입해서 생산할 수도 있고 8단위와 3단위를 써서 만들 수도 있으며 이 이외에도 무수히 많은 조합으로 생산할 수 있다고 하자. 그러면, <그림 12-6>에서 보는 것처럼 100켤레를 생산하기 위한 여러 가지 생산요소 투입량의 조합들을 연결한 곡선을 유도할 수가 있는데, 이러한 곡선을 등생산곡선 또는 등량곡선(isoquant)이라고 한다. 이 등량곡선 기울기의 절대값이 바로 한계기술대체율에 해당한다. 그림에서 보듯이 이 기울기가 곡선을 따라 서북쪽으로 올라갈수록 가팔라지면서 곡선이 원점을 향해 볼록한 이유는 한계기술대체율 체감의 법칙 탓이다.

그림 12-6 등량곡선

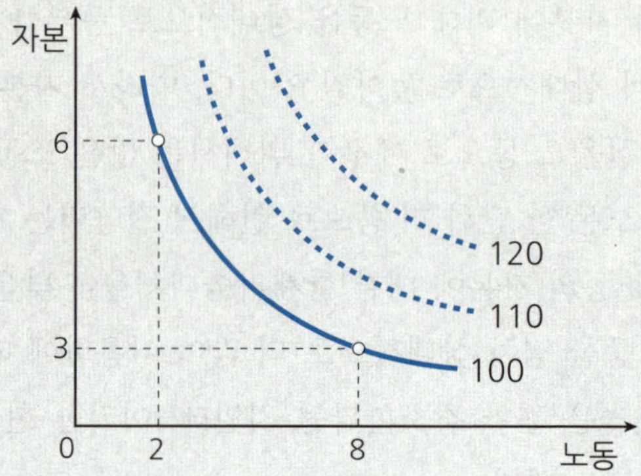

운동화 110켤레를 생산하기 위해서는 100켤레 생산할 때보다 더 많은 생산요소들이 필요할 것이므로 그림에서 보듯이 110개를 생산하기 위한 등생산곡선은 100개를 생산하기 위한 등생산곡선보다 더 동북쪽에 위치할 것이다. <그림 12-6>은 다수의 생산목표가 존재하는 경우 각 생산 목표에 대응한 등생산곡선을 보인다. 이같이 생산요소 사이에 대체 관계가 존재하는 상황에서 이윤을 극대화하기 위해서 기업이 결정해야 할 사항은 크게 두 부분으로 나뉜다. 그 첫째는 어떠한 생산 목표든, 일단 주어진 생산 목표를 최소의 비용으로 달성하도록 생산요소들을 결합하는 것이고, 둘째는 이윤을 극대화하기 위한 생산물의 생산량을 결정하는 것, 다시 말해서 이윤극대화를 위한 생산 목표를 정하는 것이다. 모든 기업은 완전경쟁시장에서 활동한다고 가정하였기 때문에 개별 기업은 모든 생산요소의 가격과 생산된 재화의 가격은 일정하게 주어져 있는 것으로 느끼게 될 것이다.

이 첫 번째 결정 사항인 비용 최소화를 위해서는 앞에서도 언급하였듯이 상대적으로 비싼 생산요소를 상대적으로 싼 생산요소로 대체하는 과정을 거치게 되는데, 이때 중요한 고려사항은 물론 앞에서 언급한 한계기술대체율이다. 예를 들어서, 노동 한 단위의 가격과 자본 한 단위의 가격이 10만 원으로 같으며, 생산 목표는 1만 개라고 하자. 이 생산 목표를 달성하기 위한 하나의 방법으로 노동과 자본을 각각 8단위와 2단위를 고용한다고 할 때 노동과 자본의 한계생산이 각각 100개와 50개라고 하자. 이같이 가격의 비율은 1대 1인데 노동의 생산성이 자본의 생산성의 두 배가 된다는 것은 가격에 비추어보아 노동이 자본에 비해서 상대적으로 너무 많이 이용되고 있음을 시사한다. 노동과 자본의 가격은 같으므로, 자본을 한 단위 줄이고 그 대신 노동을 한 단위 더 고용해도 총비용에는 변함이 없다. 그러나 자본 한 단위 덜 고용함으로 인한 생산의 감소는 50개임에 반해서 노동 한 단위 더 고용함으로 인한 생산의 증가는 100개이다. 따라서 이같이 단순히 자본을 노동으로 대체하는 것만으로도 추가 비용을 부담함이 없이 50개를 더 생산할 수 있으니, 애당초에 노동과 자본을 각각 8단위와 2단위 고용한 것은 잘못 결정된 것임을 알 수 있다. 애당초에 노동과 자본을 각각 8단위와 2단위 고용한 상태는 파레토개선의 여지를 담고 있고 따라서 그러한 생산요소의 이용은 비효율적이라고 말하게 된다.

결국, 비용 최소화를 위해서는 생산요소 중에서 어떤 두 생산요소에 대해서도 한계기술대체율이 그 두 생산요소의 가격의 비율과 일치하도록 생산요소의 투입량을 조정해야 한다. 한계기술대체율은 한계생산의 비율이므로 이 말은 결국 두 생산요소의 생산성의 비율이 가격의 비율과 같아야 함을 의미한다.

예를 들어서, 노동, 자본, 토지의 세 가지 생산요소가 있다고 할 때, 노동, 자본, 토지의 한계생산을 각각 MP_l, MP_k, MP_n 이라고 표기하고 또 이들의 가격을 각각 W_l, W_k, W_n 이라고 표기하면, 최소의 비용으로 주어진 생산 목표를 달성하도록 노동, 자본, 토지의 투입량을 결정하기 위한 조건은 다음 세 방정식이다.

$$MP_l/MP_k = W_l/W_k$$
$$MP_k/MP_n = W_k/W_n$$
$$MP_n/MP_l = W_n/W_l$$

기업은 완전경쟁시장에 있음을 전제하므로 생산요소의 가격이나 생산물의 가격은 기업에게 객관적으로 주어진 여건에 속한다. 다시 말해서 기업의 시각에서는 가격은 주어진 상수이다. 그러나 한계생산성은 기업이 각 생산요소의 투입량 조정을 통해 통제할 수 있는 변수이다. 그러므로 결국 위의 세 조건식을 충족시킨다는 것은, 기업이 조정할 수 있는 한계생산의 비율을 객관적으로 주어진 가격의 비율에 일치시키는 것이다. 말하자면, 기업은 내부의 기술적 사정을 외부의 여건에 적응시키는 셈이다. 비용 최소화를 위한 위의 조건이 성립하지 않는 상태에서는 생산요소의 투입량을 재조정함으로써 똑같은 비용으로 더 많이 생산하거나, 혹은 더 적은 비용으로 같은 양을 생산할 수 있는 여지를 가진다. 즉, 파레토개선의 여지가 있으며, 그런 상황은 비효율적이다.

그런데 중요한 것은, 주류경제학이 이러한 대체 관계가 토지와 노동 사이, 토지와 자본 사이 등 토지와 다른 생산요소들 사이에도 성립한다고 볼 뿐만 아니라 이를 무척 강조한다는 점이다. 따라서 이런 주류경제학의 사고방식에 따르면, <그림 12-7>에서 곡선 *I*와 같이 토지와 다른 생산요소 사이의 대체 관계를 나타내는 등생산곡선을 그릴 수 있을 것이다. 예를 들어서, 같은 비용을 투입하여 어떤 건물을 짓더라도 토지를 많이 이용하고 다른 생산요소를 덜 이용하든가, 혹은 토지를 덜 이용하고 다른 생산요소를 더 많이 이용하든가 등의 여러 가지 방법이 있을 수 있을 것이다. <그림 12-7>의 등생산곡선 *I*는 그 건물 한 단위를 짓는 데 이용할 수 있는 토지와 다른 생산요소의 여러 가지 조합을 나타내고 있다. 만일 지가와 다른 생산요소 가격 사이의 비율이 가격선(등비용선) *AA*의 기울기와 같이 주어지면, 그리고 토지이용에 대한 아무런 규제도 없으면, 이 등비용선과 등생산곡선이 접하는 점에서 결정되는 (L_o, S_o)의 조합이 비용 최소화의 조합으로 선택될 것이다. 대체로 토지이용규제는 지나치게 높은 토지이용 밀도를 억제하기 위해서 건물과 건물 사이의 거리, 도로와 건물 사이의 거리, 주차장, 등에 관한 규정을 설정함으로써 결국 건물당 확보해야 할 최소한도의 토지면적 확보를 강제하게 된다. 만일, 토지이용규제로 인한 건물당 최소한도의 토지면적이 L_1'라고 하면 토지개발자는 여전히 L_0만큼의 토지와 S_0만큼의 생산요소 조합인 (L_0, S_0)를 선택할 것이다. 그런데 만일 지가가 가격선(등비용선) *BB*의 기울기처럼 상승하였고, 그리고 토지이용규제가 없었다면, 토지개발자는 비용 최소화를 위해서 이 새로운 가격선과 등생산곡선이 접하는 점에서 결정되는 (L_1, S_1)의 조합을 선택할 것이다. 그러나 최소한 L_1'만큼의 토지 확보를 요구하는 토지이용규제 아래에서는 이 비용 최소화 조합을 선택할 수 없다. 즉 그러한 고밀도 토지이용은 토지이용규제에 의해서 배제된다. 그러므로 비록 땅값이 비싸서 손해를 보더라도 토지개발자는 토지이용규제를 준수하기 위해서 최소한도로 필요한 만큼의 토지만을 이용하는 (L_1', S_1')의 조합을 택할 수밖에 없고, 이로 인한 추가적 비용부담은 두 가격선 *BB*와 *B'B'*와의 거리 즉 횡축에 표시된 *BB'*에 해당한다.

토지이용규제는 이같이 토지이용자에게 경제적으로 이용하는데 필요한 양 이상으로 많은 공간을 확보할 것을 강제하므로, 허용된다면 토지이용자는 토지를 좀 더 절약해서(다시 말해서, 집약적으로 이용해서) 비용을 절약하려는 강력한 경제적 동기를 가지게 될 것인바, TDR의 취득이 그러한 경제적 욕구를 충족시키는 하나의 방편이 된다. 즉, TDR을 취득하면 토지이용규제가 요구하는 이상으로 토지를 집약적으로 이용할 수 있다. 개발비용을 절약하려는 경제적 동기가 곧 TDR에 대한 수요의 주원인이 된다는 것이다.

그림 12-7 개발권에 대한 수요의 발생 조건

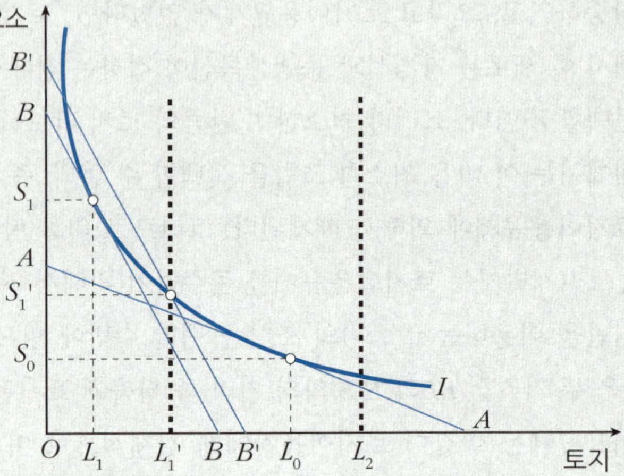

물론 지가가 비싸야만 반드시 개발권에 대한 수요가 발생하는 것은 아니다. 예컨대, <그림 12-7>의 가격선 AA에서처럼 토지가 상대적으로 저렴하더라도 토지이용규제를 크게 강화하여 최소한도 건물당 L_2만큼의 토지를 확보할 것을 강제하면, 비용 최소화 조합(L_0, S_0)은 사실상 배제되므로, 개발권을 취득하려는 경제적 동기가 형성될 수는 있다. 그러나 토지가 상대적으로 저렴하면 토지를 절약함으로 인한 경비 절감 효과도 그리 크지 않고, 따라서 토지를 집약적으로 이용하려는 욕구도 상대적으로 약할 것이다. 더구나 땅값이 상대적으로 싼 상황에서 토지개발자가 자유로이 택할 선택-땅값이 싸므로 토지를 풍부하게 이용하는 저밀도의 선택일 것이다-까지 배제하는 토지이용규제는 아마도 지나친 과잉규제가 될 것이다. 그러므로 지가 수준이 낮거나 개발지역에서의 토지이용규제가 약하면 TDR에 대한 수요도 적을 것이다.

미주

1 Hagman, D. G. and D. J. Misczyndki(1978) eds., Windfalls for Wipeouts, Chicago: American Society of Planning Officials. p.5, p.15.

2 Fischel, W. A. (1985), The Economics of Zoning Laws, Baltimore: The Johns Hopkins University Press. p.45.

3 예를 들면 Mason Gaffney 교수도 이런 생각을 가졌고 영국의 Uthwatt보고서에도 이런 생각이 표명되어 있다. 세계 제2차대전 기간 중에 영국에서는 토지문제에 관한 관심이 부쩍 커졌는데, 이에 부응하여 1942년 가을에 발표된 "The Expert Committee on Compensation and Betterment"의 보고서가 이 위원회의 위원장이었던 Uthwatt의 이름을 따서 일명 Uthwatt 보고서라고 불려지면서 유명해졌다.

4 이에 대해서는 다음 문헌 참조: Hagman, D. G. and D. J. Misczyndki(1978) eds., Windfalls for Wipeouts, Chicago: American Society of Planning Officials. p.87.

5 1988년 미국의 유휴농지의 면적은 69백만 에어커에 이르렀다. Daniels, T. L. (1991), "The Purchase of Development Rights: Preserving Agricultural Land and Open Space", in Journal of the American Planning Association, Vol.57, No.4. Autumn.

6 Freedgood, J. (1991), "PDR Programs take root in the Northeast", in Journal of Soil and Water Conservation, September-October, pp.329-331.

7 서원우(1985), "토지소유제도와 이용/개발권의 재정립", 황명찬 편, 『토지정책론』, 서울: 경영문화원. 60-77쪽.

8 1972년 뉴욕주의 서포크(Suffolk)군이 최초로 실시하였던 것으로 알려져 있다. 이어서 1977년 매릴랜드 주, 1978년 뉴저지(New Jersey)주가 이 제도를 도입하였고, 1987년 펜실베이니아 주에서도 실시되기 시작하였다. 다음 문헌 참조:

Daniels, T. L. (1991), "The Purchase of Development Rights: Preserving Agricultural Land and Open Space", in Journal of the American Planning Association, Vol.57, No.4. Autumn. p.424.

Freedgood, J. (1991), "PDR Programs take root in the Northeast", in Journal of Soil and Water Conservation, September-October, pp.329-331.

9 Daniels, T. L. (1991), "The Purchase of Development Rights: Preserving Agricultural Land and Open Space", in Journal of the American Planning Association, Vol.57, No.4. Autumn. p.421.

10 물론 개발권을 매각한 농지가 반드시 농업에만 쓰이라는 보장은 없다. 비록 도시용으로

개발되지는 못한다고 하더라도 관광·위락용으로 이용되거나 야적장으로 이용되거나, 또는 기타 다른 이상한 용도로 이용될 수도 있다. 따라서 규제당국은 사후관리를 철저히 할 필요가 있다.

11 Daniels, T. L. (1991), "The Purchase of Development Rights: Preserving Agricultural Land and Open Space", in Journal of the American Planning Association, Vol.57, No.4. Autumn. p.422.

12 Pfeffer, M. and Mark B. Lapping(1995), "Public and farmer support for purchase of development rights in the metropolitan Northeast," in Journal of Soil and Water Conservation, January/February, pp.30-33. Conservation, January/February, pp.30-33.

13 이 두 번째 평가는 미국 라트거스대학(Rutgers University)의 Jerome Rose교수가 했었던 것으로 Prentiss는 인용하고 있다. 다음 문헌 참조: Prentiss, W. (1987), "Transferable Development Credits: A Controversial Land Use Tool," California Waterfront Age, Spring, pp.32-36.

14 Washhorn, W. E. (1985), "How to Save Prime Farmland", Amirican Land Forum Magazine, Fall, pp.11~12.

15 Prentiss, W. (1987), "Transferable Development Credits: A Controversial Land Use Tool," California Waterfront Age, Spring, pp.32-36.

16 Ziegler, E. H. (1995), "The Transfer of Development Rights", Zoning & Planning Law Report, Vol.18, No.8.

17 Prentiss, W. (1987), "Transferable Development Credits: A Controversial Land Use Tool," California Waterfront Age, Spring, pp.32-36.

18 Ziegler, E. H. (1995), "The Transfer of Development Rights", Zoning and Planning Law Report, Vol.18 No.8.

19 York, M. L. (1989), et.al, Star Grant 88-053: Encouraging Compact Development in Florida, Fort Lauderdale, Florida: Florida Atlantic University/Florida International University Joint Center for Environmental and Urban Problems.

20 Prentiss, W. (1987), "Transferable Development Credits: A Controversial Land Use Tool," California Waterfrond Age, Spring, pp.32~36.

21 예를 들면, Collier 군은 생태지역 보존을 위해 1974년에 개발권 양도제도를 실시하였고, Dada 군은 1981년 개발권 양도제도를 입법화하였으며, Palm Beach 군은 1980년 개발권 양도제도를 입법화하였다. 이밖에 Alachua 군은 Gainesville 주위에 그린벨

트를 치고 개발권 양도제도를 통해서 보상하는 계획을 만들었고, Sarasota 군은 농촌 지역의 산발적 개발을 방지하기 위하여 개발권 양도제도를 도입하였다. 그 자세한 내용과 실패한 이유에 관해서는 다음 문헌 참조: York, M. L. (1989), et.al, Star Grant 88-053: Encouraging Compact Development in Florida, Fort Lauderdale, Florida: Florida Atlantic University/Florida International University Joint Center for Environmental and Urban Problems.

22 최근에는 건축규제가 이보다 더 강화되었다고 한다.

23 여기에서 단칸방주거지(single-room occupancy housing)라고 함은 단칸방에 부엌과 욕실을 공동으로 이용하는 주거시설을 말한다.

24 Prentiss, W. (1987), "Transferable Development Credits: A Controversial Land Use Tool," California Waterfront Age, Spring, pp.32-36.

25 Prentiss, W. (1987), "Transferable Development Credits: A Controversial Land Use Tool," California Waterfront Age, Spring, pp.32-36.

26 이에 관해서는 앞에서 인용한 Prentiss의 논문 참조.

27 앞의 견해는 Ziegler의 견해이고 뒤의 견해는 Pizor의 견해이다. 다음 문헌 참조:

Ziegler, E. H. (1995), "The Transfer of Development Rights",
Zoning and Planning Law Report, Vol.18 No.8
Pizor, P. J. (1986), "Making TDR work: A Study of Program Implementation",
Journal of American Planning Association, Spring.

28 이것을 영어로는 "wipe-out for wipe-out compensation"이라고 한다.

13

토지세 이론

1. 토지세의 경제적 효과에 대한 주요 논쟁점
   좋은 세금과 나쁜 세금 / 토지세의 유형
2. 토지세의 전가
   선가의 조건 / 양도소득세는 필요할 때 효과가 없고 필요 없을 때 효과가 있는 조세 / 보유세로서 토지가치세는 잘 전가되지 않는다 / 자본화 효과 때문에 토지세는 사실상 조세가 아니다? / 토지 가치세의 전가 가능성
3. 토지세는 중립적인가 아닌가?
   전통적인 견해 / 토지세는 토지개발을 촉진하는 비중립적 조세다 / 이론적으로는 비중립적, 현실적으로는 중립적
4. 토지세의 재정적 측면
   토지가치세의 세입충분성 / 복수 세율 재산세제도와 토지단일세 이론 / 헨리 조지 정리(Henry George Theorem)

주요용어

- 초과부담
- 중립적 조세
- 나쁜 조세와 좋은 조세
- 전가
- 양도소득세
- 동결효과
- 토지가치세
- 토지증가세
- 지대세
- 조세의 원칙
- 중농주의
- 토지단일세
- 자본화 효과
- 보유비용 효과
- 고정비용 효과
- 복수 세율 재산세제도
- 토지세의 비중립성
- 발생주의
- 실현주의
- 헨리 조지 정리
- 세입충분성
- 누출효과

13 토지세 이론

1 토지세의 경제적 효과에 대한 주요 논쟁점

좋은 세금과 나쁜 세금

세금을 좋아할 사람은 아무도 없다. 이 세상에 확실한 것은 죽음과 세금뿐이라는 말이 있는데, 죽음에 견줄 정도로 세금은 피하고 싶은 것이다. 경제학자들은 '세금은 필요악'이라고 말한다. 이 말은, 비록 조세가 나쁘기는 하지만 국민에게 더 큰 혜택을 제공하기 위해서 불가피하게 징수해야 한다는 뜻을 담고 있으며, 또한 정부가 국민을 위해서 세금을 효과적으로 잘 사용함을 전제한다. 경제 전체의 시각에서 엄밀하게 말하면, 조세 그 자체가 나쁜 것은 아니다. 정부가 국민에게 봉사하기 위해서 세금을 걷는다고 하면, 징수된 세금은 국민의 손에서 정부의 손으로 넘어간 다음 국민을 위해서 사용된다.

그렇다면 무엇이 문제인가? 경제학적으로 보면, 조세의 징수는 정부의 손에 돈을 쥐여 주는 효과뿐만 아니라 여기에 더해서 일차적으로 경제활동을 위축시키는 효과를 수반한다. 맥주에 세금을 부과하면 맥주의 생산이 감소하면서 그 가격이 올라가서 맥주 소비가 위축되고, 청바지에 세금을 부과하면 청바지 생산이 감소하고, 그 가격이 올라서 청바지 소비가 위축되며, 가전제품에 세금을 부과하면, 가전제품 생산이 줄어들고, 그 가격이 오르면서 가전제품 소비도 위축된다. 생산과 소비가 감소하면 그만큼 국민의 복지도 감소한다. 이것이 경제학자들이 말하는 조세 부과의 사회적 손실이다. 달리 말하면, 조세의 부과가 경제

행위를 왜곡하고 그럼으로써 필연적으로 사회적 손실을 초래한다는 것이다. 여기에서 '왜곡하다'는 말이 무엇인가? 조세가 부과되면, 납세자는 생산을 줄이던가, 소비를 줄이던가, 탈세하든가, 등 조세부담을 덜기 위해서 어떤 식으로든 조세에 대응한다. 그러므로 조세가 부과되지 않은 정상적 상황에서 볼 수 없는 행위를 하게 되니 경제행위가 왜곡된다는 것이다. 국민의 시각에서 보면, 경제행위가 왜곡됨으로 인한 사회적 손실은 정부에게 바치는 납세액에 추가해서 당하는 손실이다.

예를 들어서 국민이 정부에 1,000억 원의 세금을 바치는 과정에서 맥주, 청바지, 가전제품의 생산이 감소해서 100억 원의 사회적 손실이 발생하였다고 하자. 국민의 시각에서 보면, 일단 총 1,100억 원의 손실을 당하는 셈이다. 설령 정부가 1,000원의 세금을 걷었다가 다시 국민에게 고스란히 되돌려준다고 해도, 국민은 이미 100억 원에 해당하는 손해를 보고 들어간다. 이때 100억 원은 납세액 1,000억 원을 초과해서 국민이 추가로 부담하는 손실이라고 해서 '초과부담'이라고 부른다. 다시 말해서 초과부담이란 조세 부과가 생산 및 소비를 위축시킴으로써 발생하는 사회적 손실이다. 이 손실만큼 국민의 복지가 사라졌다는 의미에서 '사중손실(dead weight loss)'이라는 어려운 용어를 사용하는 학자도 있다. 어떻든 경제학자들은 조세 얘기가 나오면 으레 초과부담을 얘기한다.[1] 만일 조세의 징수가 납세자들의 경제행위에 아무런 영향을 주지 않는다고 하면, 초과부담도 발생하지 않을 것이다. 그래서 초과부담을 수반하는 조세를 '왜곡적 조세', 그렇지 않은 조세를 '중립적 조세'라고 구분하기도 한다. 하지만, 중립적 조세란 이론적으로만 존재하며, 현실에는 존재하지 않는다는 것이 경제학자들이나 재정학자들의 주장이다.

경제학자의 시각은 그렇다 치고, 상식의 수준에서 생각해 보자. 어떤 사회든지 그 사회가 잘 굴러가기 위해서는 사회적으로 바람직한 행위는 적극적으로 장려하고, 반대로 사회적으로 바람직하지 못한 행위는 적극적으로 억제하는 방향으로 상벌체계를 확립해야 한다는 것은 두말할 필요가 없다. 조세를 나쁘게 보는 근본적 이유는 사회적으로 바람직한 행위를 위축시키기 때문이다. 생산과 소비는 사회적으로 바람직한 행위다. 왜냐하면, 우리의 복지를 증진하기 때문이다. 그러므로 생산과 소비에 대하여 부과되는 조세는 나쁜 조세라고 말할 수 있다. 이같이 근원적으로 생각해 보면 조세는 대부분 모순을 내포한다. 예를 들어 보자. 열심히 일한다는 것은 동서고금을 막론하고 어느 사회에서나 장려되는 최고의 덕목이다. 사회가 잘 돌아가기 위해서는 모든 사람에게 열심히 일하려는 동기를 부여해야 한다. 근로소득은 개인이 열심히 일해서 번 소득이다. 소득세는 그런 소득에 부과되는 세금이다. 이유야 어떻든 간에 소득세의 징수는 결국 개인이 열심히 일해서 번 돈의 일부를 강제로 빼앗아 가는 것이다. 열심히 일하는 행위에 대해서 상금은 주지 못할망정 오히려 세금을 징수하는 것은 열심히 일하려는 동기에서 김을 빼는 일이다. 거의 모든 조세는 열심히 일하는 행위, 열심히 저축하고 투자하는 행위, 등 사회적으로 바람직한 행위의 동기를 위축시키는 효과를 수반한다. 이런 효과로 인한 사회적 손실을 경제학적으로 표현하면 초과부담이다.[2]

그렇다고 모든 세금이 다 나쁜 것은 아니다. 사회적으로 바람직하지 않은 행위에 대하여 부과되는 조세도 있기 때문이다. 사회적으로 바람직하지 못한 행위에 세금을 부과하면, 물론 이런 행위도 위축될 것이다. 사회적으로 바람직하지 못한 행위가 위축되는 것은 사회적으로 바람직하다. 따라서 사회적으로 바람직하지 못한 행위에 부과되는 조세는 좋은 조세라고 할 수 있다. 그러면, 어떤 행위들이 사회적으로 바람직하지 못한가? 명백한 범죄 행위는 나쁜 행위요, 따라서 법에 따라 규제된다. 그러나 꼭 집어서 범죄 행위라고 보기는 어렵지만, 사회적으로 크게 지탄받는 행위가 있다. 환경을 오염시키는 행위와 부동산투기가 그것이다. 따라서 환경을 오염시키는 행위와 부동산투기에 대하여 부과되는 조세는 사회적으로 바람직한 효과를 초래하는 조세요, 따라서 좋은 조세라고 할 수 있다. 예를 들어서, 환경세는 환경오염 물질을 지나치게 많이 배출함으로써 불특정 다수에게 피해를 주는 바람직하지 못한 행위를 사회적 적정수준으로 통제하기 위한 세금이다.

토지세 역시 사회적으로 바람직한 조세라고 할 수 있다. 부동산투기를 억제하고 소득 불평등을 완화할 수 있기 때문이다. 물론, 토지세를 바람직하게 보는 이유가 단지 이 때문만은 아니다. 환경세가 제안된 지는 불과 100년밖에는 되지 않지만, 토지세를 사회적으로 바람직한 조세로 권장하는 이론은 경제학이라는 학문이 출범하면서 등장한 이론이다. 토지세는 당하는 개인에게는 손해이지만 사회적으로는 바람직하다는 것이 토지경제학에서 "전통적 시각"이었다. 그만큼 경제학적 근거가 오랫동안 축적되었음을 의미한다. 물론 경제학적 근거만이 전부는 아니다. 환경세의 경우와는 달리 토지세의 경우에는 유난히 규범적 주장이 많다. 마셜(A. Marshall)의 이론을 소개할 때, 토지의 가치를 결정하는 요인으로 그가 ① 토지의 생산력, ② 공공서비스, ③ 주변 토지의 용도로 인한 영향, 등을 꼽았음을 앞에서 지적하였다.

토지의 생산력에도 자연적 생산력과 인공적으로 조성한 생산력이 있을 수 있다. 이런 맥락에서 보면, 발생원별로 토지의 가치를 다음과 같이 세 가지로 나누어볼 수 있다: ① 자연과 결부된 가치, ② 공공서비스의 공급으로 발생하는 가치, ③ 개인의 노력이 창출한 가치.[3] 이 세 가지 중에서 첫 번째와 두 번째가 통상적인 토지가치의 거의 대부분을 차지한다는 것이 마셜을 비롯한 많은 경제학자의 생각이었다. 하지만 이런 생각의 옳고그름을 떠나서, 어떻든 특정 개인이 첫 번째 가치와 두 번째 가치를 착복하는 것을 용인할 수 없다는 사회적 정서가 토지세의 징수를 정당화하는 규범적 주장의 밑바탕에 짙게 깔려 있다.

이렇게 나쁜 조세가 있고 반면에 좋은 조세도 있다면 나쁜 조세는 줄이고 좋은 조세는 늘리는 것이 상식이다. 그러는 것이 국민 모두에게 이익이 되기 때문이다. 그런데도, 우리나라의 조세 구조는 그런 상식에 많이 어긋나는 구조라는 지적이 있다. 그런 상식이 통하는 사회를 만들자면, 조세 구조를 홀딱 바꾸어야 하겠지만 조세저항이 만만치 않다. 그렇다고 내버려 둘 수는 없다. 올바른 방향을 정립하고 한 걸음씩 그쪽으로 나갈 수밖에 없다. 실제로 서구의 여러 나라에서 나쁜 조세를 좋은 조세로 대체하려는 움직임이 일어나고 있다.[4] 토지세를 포함한 부동산 조세의 문제도 우선 이런 차원에서 생각해 보아야 한다.

토지세의 유형

토지를 포함한 부동산에 대한 조세에는 이론적으로 크게 두 가지 유형이 있을 수 있다. 그 하나는 농지세, 주택세, 토지세, 상가세, 등의 형태로 부동산 유형

별로 부과되는 조세다. 다른 하나는 부동산 관련 행위별로 부과되는 조세다.[5] 크게 보면, 거래행위에 부과되는 거래세가 있고, 보유행위에 부과되는 보유세가 있다. 부동산 관련 행위를 부동산의 취득, 소유, 사용, 처분으로 더 세분화해서 이들 각각에 부과되는 조세도 생각해볼 수 있다. 이같이 세분된 행위별로 부과되는 조세가 우리나라의 현 부동산 조세의 대종을 이루고 있다. 예를 들면, 부동산 취득단계에서 취득세 및 등록세가 부과되며, 소유단계에서 보유세가 부과되고, 이용단계에서 임대소득세가 부과되며, 처분단계에서 양도소득세가 부과된다. 우리나라의 경우, 토지 보유에 관한 과세보다는 토지거래나 이전(移轉)에 관한 조세가 주종을 이루고 있는데, 보유에 관한 조세로는 종합토지세, 도시계획세 등이 있고, 이전에 관한 조세로는 양도소득세, 법인세 특별부가세, 취득세, 등록세 등이 있다. 2016년에는 토지 이전에 관한 조세가 토지 관련 과세의 약 8할을 차지하였고, 토지 보유에 관한 조세는 2할 정도에 불과했다.[6] 양도소득세는 실현된 개발이익에 대해 부과되는 반면, 종합토지세나 종합부동산세는 미실현 개발이익에 대하여 부과된다는 점에서 치이가 있으나, 불로소득이라고 여겨지는 개발이익을 사회로 환수하려는 취지를 가지고 있다는 점에서는 비슷하다.

토지세에는 과세표준(과표)을 어떻게 잡느냐에 따라서도 여러 가지 유형이 있을 수 있다. 다음과 같이 다섯 가지 과표를 생각해볼 수 있다: ① 토지의 가치, ② 토지에서 매년 발생하는 임대료(지대) 소득, ③ 토지매입 때의 지가와 매도 때 지가의 차이, ④ 토지에서 생산된 산출물의 가치, ⑤ 토지의 면적. 이 중 가장 대표적인 토지세는 토지의 가치를 과표로 삼아 부과되는 토지가치세 혹은 부지가치세(site-value tax)이다. 이때의 토지가치란 자연 상태의 토지의 가치를 말하거나, 도시용 토지의 경우에는 아무런 인공구조물이 없었다고 가정한 상태의 토지의 가치를 말한다. 비유적으로 말한다면, 불이 나서 모든 것이 완전히 잘 타버리고 아무것도 남지 않은 토지의 가치를 말한다. 그러나 현실적으로 보면 이용되고 있는 토지 대부분은 인공구조물이 부착되어 있거나, 또는 토지의 생산성을 높이기 위해서 인위적인 노력을 가한 토지인데, 이런 인공적인 부분과 자연적 부분을 과연 정확하게 분리해서 각각의 가치를 별도로 추정할 수 있느냐가 매우 어려운 문제로 남는다.

역사적으로 볼 때 가장 순수한 토지세이면서 토지세 이론이 주 대상으로 삼은 토지세는 토지지대 소득을 과표로 한 조세, 즉 지대세이다. 토지정책과 결부해서 많이 거론되었던 토지세는 토지가치의 증가분을 과표로 한 토지세인데, 이를 특별히 토지증가세(土地增價稅)라고 부른다. 토지에 대한 양도소득세 역시 토지가치의 증가분을 과표로 삼는 조세이지만, 양도소득세가 부동산을 양도할 때 부과되는데, 토지증가세는 토지의 보유에 대하여 부과된다는 점에서 다르다. 양도소득세는 양도 시에 부과되는 특수한 형태의 토지증가세라고 볼 수도 있다. 토지가치세, 지대세, 그리고 토지증가세를 통상 토지세라고 부르지만, 역사적으로 가장 많이 거론되었으면서 가장 바람직한 조세로 꼽혀온 토지세는 보유단계에서 부과되는 토지가치세나 지대세이다. 이런 의미에서 토지가치세(부지가치세)나 지대세는 '좁은 의미의 토지세' 혹은 '순수한 토지세'라고 할 수 있으며, 여기에 토지 양도소득세와 토지증가세를 포함한 것을 '넓은 의미의 토지세'라고 할 수 있다. 간혹 토지 생산물의 금액을 과표로 한 조세, 예컨대 농산물 생산액을 과표로 한 조세도 토지세의 범주에 넣어 다루기도 하지만, 그러다 보면 토지세의 범위가 너무 넓어진다. 이 세상에 직·간접적으로 토지의 생산물이 아닌 것이 거의 없기 때문이다.

토지세를 포함하여 부동산세에도 여러 가지가 있는데 이들 중에서도 나쁜 세금이 있고 좋은 세금이 있다. 생산과 소비를 위축시키는 부동산세도 많다. 예를 들면, 건물에 대하여 부과되는 조세는 건축행위를 위축시킬 수 있다. 집이 남아돌아서 걱정이라면 몰라도 그렇지 않을 때는 건물에 대한 조세는 나쁜 조세로 꼽힌다. 취득세나 등록세는 부동산거래를 위축시킨다. 토지거래가 활발해야만 토지가 생산적으로 이용될 가능성이 커진다. 토지를 잘 이용하지 못하는 사람들이 많은 토지를 보유하는 것은, 사회적으로도 손실이다. 일반적인 생각과는 달리 토지에 대한 양도소득세 역시 바람직하지 못한 부작용을 수반한다. 이에 관해서는 뒤에서 자세히 살펴보겠지만, 어떻든 부동산세 중에서도 건물에 부과되는 조세나 부동산거래에 부과되는 조세는 나쁜 조세이므로 상식에 따라 마땅히 과감하게 줄여야 한다는 주장이 나온다. 그리고 경제학자 대부분도 이런 주장에 동의한다.

토지에 관한 경제적 문제를 기본적으로 토지의 효율적 이용 문제 그리고 토지이용 및 소유로부터의 경제적 이익을 골고루 누리는 문제로 요약한다면, 토지세의 경제적 효과에 대해서도 효율과 형평의 두 가지 측면에서 살펴볼 수 있을 것이다. 요즈음에 와서는 토지세가 이 양 측면 모두에 영향을 주는 중요한 정책 도구의 하나로 인식되는 경향이 있지만, 역사적으로 보면 오늘날에 이르기까지 매우 오랫동안 토지세의 경제적 효과에 대한 논쟁은 주로 형평의 측면에 집중되었다. 물론 여기에는 그럴만한 이유가 있는데, 이 이유를 이해하는 것이 토지세의 성격을 이해하는 데에 긴요하다.

우선 효율에 관련된 문제로는 토지세의 부과가 토지이용 양태를 변화시키는지 아닌지, 여부다. 이른바 중립성의 여부이다. 형평에 관련된 문제로는 토지세가 전가되는지 아닌지, 여부의 문제가 있다. 즉, 토지세의 궁극적 담세자가 누구냐가 관심거리다. 토지세뿐만 아니라 일반적으로 조세의 얘기가 나오면 으레 초과부담 얘기가 나오고, 이어서 곧장 전가의 얘기가 나온다.

역사적으로 보면, 좁은 의미의 토지세, 즉 지대세나 토지가치세는 전가되지 않고 그 전액이 토지소유자에게 귀착된다는 견해가 지배적이었는데, 만일 그렇다면 토지세는 형평의 측면에서 사회적으로 매우 바람직한 조세로 보인다. 대체로 보아 토지를 가진 사람들은 토지를 갖지 않은 사람들보다 더 부유할 가능성이 클 뿐만 아니라, 흔히 토지를 소유한 계층은 토지를 소유하지 못한 계층에 비해 상대적으로 더욱더 부유해지는 경향이 있는 것으로 인식되고 있기 때문이다. 그러나 이보다 더 중요한 것은, 토지세의 부과 대상이 되는 토지지대 소득이나 토지가치 대부분이 불로소득일 가능성이 크다는 점이다. 많은 경제학자가 토지가치는 개인의 노력에 의하지 않은, 공공가치임을 주장하였다는 것은 이미 앞에서 여러 차례 언급한 바이다. 만일 그렇다면, 형평의 측면에서 본 토지세의 사회적 타당성은 더욱더 커질 것이다.

2 토지세의 전가

전가의 조건

다른 조세와 마찬가지로 토지세 역시 사회의 어떤 특정 계층에 경제적 불이익을 주기 마련이다. 그러므로 형평의 측면에서 제기될 논쟁점은, 과연 어떤 계층이 토지세를 실제로 부담하게 되는가이다. 대부분의 경우, 토지세의 법적 납세자는 토지소유자이므로, 경제 전체에 걸쳐 획일적으로 부과되는 토지세의 부담은 주로 토지소유자에게 떨어진다고 생각하기 쉽다. 그러나 이 문제가 그렇게 간단하지 않다. 법적 납세자가 조세부담을 다른 사람에게 떠넘기거나(즉, 전가하거나) 혹은 조세를 포탈할 수도 있으므로 법적 납세자와 궁극적 담세자가 달라지는 현상이 흔히 발생하기 때문이다. 조세의 사실상 부담이 최종적으로 어떤 사람에게 낙착되는 것을 귀착(歸着, incidence)라고 한다. 형평의 측면에서 토지세의 경제적 효과를 파악한다는 것은, 토지세의 전가 및 귀착을 파악하는 것이다.

조세가 부과될 때 그 전가 여부나 전가의 정도에 영향을 주는 중요한 요인은 도망갈 구멍이 얼마나 많이 열려 있는가이다. 세금을 맞으면 누구나 일단은 떠넘기려고 할 것이다. 하지만, 세금은 그냥 떠넘긴다고 해서 떠넘겨지는 것이 아니다. 궁극적으로 떠넘기기에 성공하는지 아닌지의 여부가 중요하다. 궁극적으로 떠넘기기에 성공하면 전가되었다고 말한다. 예를 들어서, 닭고기 생산에 높은 세율의 세금을 부과하였다고 하자. 이 세금을 회피하는 한 가지 방법은 닭고기에 대한 대체재의 생산으로 사업을 바꾸는 것이다. 이를테면, 닭고기 대신에 오리고기나 돼지고기를 생산하는 것이다. 세금 탓에 수많은 닭고기 생산 업체들이 이같이 도망을 가면, 시장에서 닭고기 공급량이 감소하고 따라서 닭고기 가격이 올라간다. 결과적으로 닭고기에 대한 무거운 세금부과는 닭고기 가격의 상승을 낳고 결국 소비자가 높은 가격을 치르게 된다. 즉, 닭고기에 대한 세금의 부담이 소비자에게 귀착된다. 이같이 소비자에게 전가되는 주된 이유는, 닭고기에 대한 대체품이 많기 때문이다. 즉, 도망갈 구멍이 많은 탓이다. 시간이 많이 주어지면, 도망갈 구멍을 찾을 여유도 많아진다. 따라서 단기적으로는 전가되지 않더라도 장기적으로는 전가될 가능성이 커진다.

대체품이 많다는 것은 수요의 탄력성이 크다는 것을 의미한다. 그러므로 수요의 탄력성이 전가의 여부나 그 정도를 결정하는 중요한 요인이 된다. 대체품이 많아서 수요의 탄력성이 큰 상품을 생산하는 기업은 이 상품에 부과된 세금을 소비자에게 쉽게 전가하지 못한다. 그랬다가는 큰코다친다. 수요가 확 줄어서 큰 손해를 볼 수가 있기 때문이다. 그러나 대체품이 별로 없어서 수요가 매우 비탄력적인 상품, 이를테면 소금에 세금을 부과하면, 소금의 공급자는 이것을 쉽게 소비자에게 전가하게 된다. 소금에는 대체품이 별로 없으므로, 세금 탓으로 가격이 비싸지더라도, 소비자들은 이를 감수할 수밖에 없기 때문이다.

양도소득세는 필요할 때 효과가 없고 필요 없을 때 효과가 있는 조세

그렇다면, 양도소득세는 어떨까? 양도소득세는 부동산 매도 때 판매가격과 매입가격의 차이, 즉 시세차익에 대하여 부과되는 조세다. 역사적으로 보면 양도소득세는 정책적인 냄새가 강한 조세다. 지가가 뛰고 부동산투기가 극성을 부릴 때마다 정부가 전가의 보도처럼 휘둘러 온 정책 수단 중의 하나가 양도소득세이다. 그러다 보니 양도소득세가 부동산투기 억제에 매우 효과적이며 따라서 매우 바람직한 조세인 것처럼 인식되었다. 하지만, 경제학적으로 보면 양도소득세는 토지투기 억제나 지가안정에 관한 한, 그 효과가 극히 의심스러운 정책 수단이다. 무거운 양도소득세를 부과하는 정부의 속셈은 토지투기의 이득(자본이득)을 세금으로 환수함으로써 투기로 돈을 벌어보겠다는 의욕을 꺾어서 부동산 가격을 가라앉히자는 것이다. 이런 정부의 속셈이 제대로 실현되기 위해서는 양도소득세가 전가되지 않는다는 근거가 있어야 한다. 달리 말해서 투기자가 꼼짝없이 양도소득세를 고스란히 부담하게 된다는 근거가 있어야 한다는 것이다.

그러나 문제는, 그렇게 된다는 보장이 없다는 것이다. 사람들이 땅을 샀을 때는 막연하나마 장래의 비용과 수익을 저울질하고 나서 적정하다고 여겨지는 가격에 샀을 것이다. 따라서 그들이 그 토지를 매각할 때도 최소한의 순이익을 고려한 어떤 기대가격을 염두에 두고 있을 것이다. 양도소득세가 부과됐을 경우 이 세금을 고스란히 부담해야 한다면 그들은 예상외의 손실을 당하게 될 것이다. 이 손실을 회피하는 한 가지 방법은 땅을 팔지 않고 그냥 보유하는 것이다.

토지투기자들은 기대가격이 실현될 때까지 일단 땅을 팔기를 보류하고 관망하는 태도를 보이게 될 것이다. 토지는 오래 보유하고 있어도 녹슬거나 파손되지 않는다. 그래서 토지는 기다리고 버티기 딱 좋은 상품이다. 우리나라의 부동산 정책은 일관성이 없다는 점도 투기자들의 버티기를 부추기는 한 요인이 된다. 투기자들은 정부 정책이 바뀌기를 잔뜩 기대하고 버틸 것이다.

어떻든, 다수의 토지소유자가 이렇게 기다리고 버틴다면 토지시장 전체로서는 공급물량이 감소한다. 이런 효과를 흔히 "동결 효과"라고 부른다. 조세의 부과가 공급을 동결한다는 뜻이다. 공급이 동결된 상황에서 수요가 늘어나면 땅값은 올라가게 된다. 땅값이 충분히 오르면 그때야 투기자들은 비싼 값에 땅을 팔기 시작한다. 결국 토지매입자가 그 높아진 땅값을 치르게 된다. 그렇다면 양도소득세는 투기자로부터 매입자에게 전가되는 셈이다. 즉, 투기자는 양도소득세의 전가에 성공한다는 것이다. 부동산투기 열풍이 심하게 불 때는, 부동산매입자가 양도소득세를 자신이 부담하겠다고 미리 자진 선언하고 투기자와 거래에 들어가기도 한다. 실제로 이런 사례를 과거에 주위에서 흔히 들을 수 있었다. 이렇게 양도소득세가 전가되면, 부동산투기에 내린 정부의 철퇴가 엉뚱하게 선의의 토지매입자에게 떨어지는 꼴이 되고 만다.

그렇다고 양도소득세가 항상 전가된다는 것은 아니다. 아마도 전가되는 정도는 시장의 상황에 따라 달라질 것이다. 특히, 앞으로 지가가 계속 오를 것으로 많은 사람이 기대하는 상황, 즉 쉴러가 말하는 "부족의 착각"이 지배하는 상황에서는 양도소득세가 완전히 전가될 가능성이 가장 크다. 이런 상황은 소비재용 토지에 대한 수요(실수요)보다는 재산으로서의 토지에 대한 수요(가수요)가 판치는 상황이요, 따라서 수요의 법칙이 잘 작동하지 않을 가능성이 큰, 비정상적 상황이다. 우리나라에서는 2008년 이전 수십 년간 이런 상황이 지속되어 왔다. 바로 그런 상황이 양도소득세를 가장 절실히 필요로 하는 상황이기도 하다. 하지만, 이같이 대다수가 땅값이 곧 뛴다고 믿는 상황에서, 무거운 양도소득세가 부과된다면 누구나 팔지 않고 버틸 것이다. 이 결과 동결 효과가 나타나면서 많은 사람이 기대한 대로 땅값은 오르게 된다. 그러면, 토지세가 전가되기 쉽다.

반대로, 대다수가 앞으로 지가가 계속 상승하리라고 예상하지 않는 상황, 특히 지가가 떨어지리라고 예상하는 상황에서는 양도소득세도 잘 전가되지 않을 것이다. 이런 상황에서는 가수요가 없을 것이므로 수요의 법칙이 잘 적용되는 정상적인 상황이다. 그러나 이런 상황은 양도소득세가 별로 필요 없는 상황이다. 이렇게 보면, 아이러니하게도 양도소득세는 꼭 필요한 상황에서는 효과가 별로 없고, 필요 없는 상황에서는 효과가 있는 이상한 조세인 것으로 보인다.

만일, 토지투기자들이 양도소득세의 부담을 토지실수요자들에게 전가한다면, 결과적으로 토지투기자들이 아무런 경제적 부담을 겪지 않은 채 땅값만 올라가게 되니, 투기자들이 철퇴를 맞는 것이 아니라, 토지실수요자와 일반 국민이 억울하게 지가 상승의 철퇴를 맞는 꼴이 된다. 그러면, 당초에 의도한 분배의 정의는커녕 오히려 분배의 불공평만 더욱더 조장하는 처사가 되고 만다. 어떤 정책이든 간에 정책의 명분이 아무리 번지르르하게 좋은들 동원된 정책 수단이 그 명분을 제대로 살리지 못해서는, 그런 정책은 쓸모가 없게 된다는 것은 두말할 필요가 없을 것이다.

다른 정책도 그렇겠지만, 특히 토지정책에 있어서는 의외의 효과나 역효과가 빈번히 끼어든다. 그래서 과연 정책 수단이 정책의 목적을 제대로 살릴 수 있는지에 대한 정밀 분석이 긴요한데, 토지세의 경우에는 전가의 여부에 대한 분석이 핵심 관건이 된다. 그런데도 그동안 우리나라의 토지세에 대한 정책은 대부분 전가의 여부에 대한 철저한 검토 없이 실시되었다는 비판을 받았다. 예를 들면, 1980년대 말 소위 토지공개념법이 많은 사회적 논란을 불러일으키면서 제정되었는데, 이 법이 노린 주요 정책 수단들이 일종의 토지세 내지는 준 토지세였다. 하지만 이것들이 과연 전가되지 않을 것인지, 전가된다면 어느 정도 전가될 것인지 등에 대하여 한 번도 제대로 진지하게 연구된 적이 없었다고 한다.[7]

역사적으로 보면, 양도소득세와 마찬가지로 토지증가세 역시 상당히 정책적 냄새를 강하게 풍기는 조세다. 19세기 말 고전학파 경제학의 완성자, 밀(J. S. Mill)은 토지가치의 증가가 사회 전반에 걸친 진보의 덕분이며, 따라서 이것을 토지소유자가 독식하게 허용해서는 안 된다는 취지에서 토지증가세를 강력하게 추천하였다.[8] 그 후 20세기 초반에 들어와서 소위 후생경제학을 새롭게 정립한 피구(A. C. Pigou)가 우발이익을 사회적으로 환수해야 한다는 명분을 앞세워 토지증가세를 추천하였다.[9] 하지만 그가 말하는 우발이익이란 상당히 제한적인 개념으로서 재산소유자가 예측하지 못한 채 발생한 실질 재산 가치의 자연적 증가분인데, 여기에서 재산소유자의 노력, 예측력, 위험부담, 혹은 재산소유자의 자본투자 등에 의한 증가분은 제외된다. 우발이익으로서 토지증가분의 판별에 관하여 피구가 제시한 중요한 고려 사항은 다음과 같다.

첫째, 일시적 우발이익은 적합한 과세 대상이라고 보기 어렵다. 토지이용규제와 관련해서 앞에서 살펴보았듯이, 어떤 토지정책은 특정 지역의 지가를 떨어뜨리면서 다른 지역의 지가를 올린다. 일시적으로 재산 일부에 발생하는 증가(增價)가 다른 시기에 재산의 다른 일부에 일시적으로 발생하는 감가(減價)와 상쇄되는 경향이 있는데, 이 증가에 과세한다면 감가에 대해서는 보상해 주어야 하는 문제가 발생할 수가 있다. 둘째, 표면상으로는 토지증가가 있었지만, 사실은 그렇지 않은 경우가 있다. 토지증가세의 과표는 시장가치의 증가분이어야 하는데, 인플레이션으로 인한 증가는 실질 구매력증가를 의미하지 않으므로 토지증가세의 대상이 될 수 없다. 이자율의 지속적 하락으로 인한 자본가치의 증가분도 마찬가지이다. 다른 모든 투자대상물의 자본가치도 비슷한 수준으로 상승할 것이기 때문이다.[10] 셋째, 재산 가치의 증가를 충분히 예측한 다음, 토지 보유에 투자했을 때 발생한 재산 가치의 실질 증가분을 전부 우발이익으로 간주할 수는 없다. 이 증가분에는 정상적인 투자수익이 포함되기 때문이다.

이러한 여러 가지 점들을 고려해볼 때, 피구가 말하는 우발이익으로서 토지증가분을 정확히 가려내 과세한다는 것은 현실적으로 불가능하다고 볼 수 있다. 따라서 조세 행정의 편의를 위해서나, 우발이익이 아닌 정당한 증가분을 다치지 않도록 과세하기 위해서는 면세의 폭을 넉넉하게 잡고, 예컨대 2배 이상의 증가분만 과세하는 식으로, 개괄적 기준을 설정할 수밖에 없다. 그러나 이렇게 하면 토지증가세를 통한 세수 규모는 보잘것없을 가능성이 크다고 피구는 결론지었다. 어떻든 피구의 주장이 시사하는 것은, 억울한 사람이 없게 토지증가세를 징수한다는 것은 현실적으로 매우 어렵다는 점이다. 1980년대 말 토지공개념법으로 탄생한 토지초과이득세 역시 피구의 취지에 따라 우발이익을 환수하기 위한 제도적 장치였다. 이 조세는 평균지가상승률보다 더 높은 상승률을 보인 토지를 대상으로 부과된 토지증가세의 일종인데, 위헌시비에 말려들어 드디어 위헌 판정이 날 만큼 엄청난 조세저항을 겪었던 점을 생각해 본다면, 피구의 주장을 충분히 이해할 수 있을 것이다.

보유세로서 토지가치세는 잘 전가되지 않는다

매우 오랫동안 경제학자들이 바람직한 조세로 꼽아온 조세는 토지지대 소득이나 토지의 가치를 과표로 삼아 똑같은 세율로 전국에 걸쳐 획일적으로 부과되는 보유세, 즉 좁은 의미의 토지세이다. 경제학자들이 그렇게 생각한 이유는 여러 가지다. 우선, 이런 토지가치세나 지대세는 전가가 어렵다. 이 조세를 회피할 방법이 마땅치 않기 때문이다. 토지의 용도를 바꾸어도 토지세를 비켜나갈 수 없다. 토지소유자가 자신이 소유한 토지를 아예 부숴 없애버린다면 토지가치세를 회피할 수 있겠지만, 토지는 파괴할 수 없는 자원이다. 양도소득세와는 달리 토지가치세의 경우 세금을 내지 않고 버티면 세월이 지남에 따라 누적된다. 버티고 기다릴수록 오히려 손해다. 따라서 남은 유일한 방법은 팔아버리는 것이다. 하지만, 땅을 사려는 사람은 토지보유세의 멍에를 의식한다. 합리적인 토지매입자는 앞으로 자신이 부담하게 될 토지가치세를 공제한 나머지만 가격으로 치르려 할 것이다. 정확하게 말하면, 앞으로 매년 치르게 될 토지보유세의 현재가치를 모두 합친 값, 달리 말하면 토지가치세를 자본화한 값만큼을 빼고 구매하려고 한다는 것이다.

예를 들어 10억 원짜리 땅이 있고, 토지가치세 세율이 1%이며, 이자율이 5%라고 하자. 그러면, 매년 부과되는 토지가치세는 1,000만 원이 되고, 미래에 매년 치를 토지가치세를 자본화한 값은 2억 원(=1,000/0.05) 원이 된다. 그러므로 합리적이라면, 토지매입자는 이 2억 원을 빼고 8억 원만 내려고 할 것이다. 결국 토지소유자는 토지가치세를 자본화한 값만큼 땅값을 덜 받게 된다. 모든 토지거래자가 이같이 합리적으로 행동하면, 토지가치세의 부과는 세금을 자본화한 만큼 땅값을 떨어뜨리는 효과를 낳는다. 이런 효과를 토지가치세의 '자본화 효과(capitalization effect)'라고 부른다. 토지가치가 토지로부터 매년 발생하는 토지지대 소득을 자본화한 값이라는 것은 17세기 중상주의 시대의 유명한 학자인 페티

(William Petty)가 밝혔다. 토지세가 부과될 경우, 매년 치를 토지세를 자본화한 값만큼 토지의 가치가 떨어지며, 결국 토지매입자는 이 토지세를 자본화한 만큼 싸게 토지를 매입하게 되는 효과가 발생함을 당시 여러 학자가 지적하였다.

이 자본화 효과를 수식으로 설명하기 위해서 매년 얻는 토지지대 소득을 y, 토지가치세 세율을 t, 이자율(할인율)을 r%, 토지가치 상승률을 a%, 토지가치(혹은 지가)를 P라고 나타내 보자. 그러면 매년 치러야 할 토지가치세 세액은 $t \cdot P$가 될 것이며, 토지가치 P는 다음과 같이 결정될 것이다:

$$P = \frac{y-tP+aP}{(1+r)} + \frac{y-tP+aP}{(1+r)^2} + \cdots = \frac{y-tP+aP}{r} = \frac{y+aP}{r} - \frac{tP}{r}$$

이 식의 끝에 있는 tP/r가 곧 토지세를 자본화한 값이다. 이 식에 의하면, 결국 땅값이 이 금액만큼 저렴해진다. 다시 말하면, 토지매입자는 토지세를 자본화한 만큼의 금액을 까고 땅을 사는 탓으로 사실상 토지세를 부담하지 않게 된다는 것이다. 이 식을 다시 정리하면 다음과 같이 토지가치세가 부과될 때 지가를 결정하는 공식을 얻는다:

$$P = \frac{y}{r-a+t}$$

이 식은 제4장의 부동산가격 결정 일반식을 확장한 것인데, 토지가치를 과표로 한 토지세의 부과는 사실상의 할인율을 세율만큼 인상하는 효과가 있다는 것을 알 수 있다. 할인율이 높아지면 땅값은 그만큼 저렴해진다. 요컨대, 토지가치세가 전가되지 않는다는 것이다.

지대세, 즉 토지지대를 과표로 한 조세를 부과해도 마찬가지 결과를 얻는다. 토지지대 소득에 대한 토지세율을 t라고 하면, 토지가치(지가) P는 지대자본화공식에 따라 다음과 같이 결정될 것이다:

$$P = \frac{y(1-t)}{(1+r)} + \frac{y(1-t)}{(1+r)^2} + \cdots = \frac{y(1-t)}{r} = \frac{y}{r} - \frac{ty}{r}$$

이 식에서 마지막 항(ty/r)이 곧 토지세를 자본화한 값에 해당한다. 이 식이 의미하는 것 역시 땅값이 토지세를 자본화한 만큼 떨어진다는 것이다. 대체로 보면 토지소유자들은 부유한 사람들이다. 그렇다면, 좁은 의미의 토지세는 부유한 사람들이 주로 부담하는 조세가 된다. 따라서 토지세는 빈부격차를 완화하는 효과를 낳는다. 바로 이점도 많은 경제학자가 토지세를 바람직한 조세로 꼽아온 또 한 가지 이유였다. 토지세는 땅값을 떨어뜨리므로 지가안정에도 기여한다. 토지세는 땅값 상승으로 재미 보려는 투기 심리에 찬물을 끼얹는다. 따라서 토지세의 부과는 투기 심리를 억제함으로써 간접적으로 지가안정에 기여한다. 이 같이 토지세는 전가되지 않는다는 주장 그리고 토지세는 중립적이라는 주장-이 주장에 대해서는 뒤에서 자세히 언급함. -은 오늘에 이르기까지 이 방면의 많은 학자가 받아들임으로써 토지세이론의 기조를 이루고 있다.[11] 그래서 이 두 주장을 골격으로 삼는 사상을 토지세에 대한 '전통적 시각'라고 총칭하기도 한다.[12]

이 두 주장이 옳다면 앞에서 설명하였듯이 좁은 의미의 토지세는 최고로 좋은 조세로 여겨진다. 그런 의미에서 토지단일세 제도, 즉 토지세를 제외한 다른 세금은 폐지하고 오직 토지세만으로 정부 재정을 운용하는 제도는 이런 전통적 시각을 가장 잘 구현하는 조세제도라고 할 수 있다. 사실 이 전통적 시각은 헨리 조지가 지지함으로써 한 때 세인의 큰 관심을 모았던 토지단일세 제도에 대한 이론적 뒷받침이 되었다. 이에 관해서는 뒤에서 다시 살펴보기로 한다.

자본화 효과 때문에 토지세는 사실상 조세가 아니다?

토지세에 대한 이런 전통적 시각과는 달리 토지가치세에 대하여 비판적인 학자들도 있다. 이들은 토지가치세의 효과가 일회성에 불과하다고 주장한다. 토지가치세가 부과된 이후에 토지를 매입하는 사람은 토지가치세를 공제한 나머지만 가격으로 치르게 된다. 위의 예에서 설명하였듯이, 토지매입자가 10억 원짜리 땅을 8억 원에 매입하면, 결국 2억 원에 상응하는 토지가치세를 원소유자가 부담하는 셈이 된다. 그러니 계산상으로만 본다면, 토지보유세가 부과된 이후에 토지를 매입하는 사람들은 이 세금을 내지 않는 것처럼 되어 버린다. 그러므로 토지가치세 부과 이후 모든 토지의 소유권이 한번 바뀌고 나면 사실상 이

무도 조세부담을 지지 않은 꼴이 되어 버린다. 팔릴 때 원소유자가 모두 부담해 버리는 까닭이다. 그래서 심지어 토지가치세는 사실상 세금도 아니라는 극언도 나온다.[13] 단지, 토지가치세의 부과가 단 한 번 지가를 떨어뜨리는 효과를 초래할 뿐이라는 것이다.

그러나 이런 식의 주장은 이미 17세기 중상주의 시대에 나왔던 케케묵은 주장이다. 오늘날 경제학에서는 토지가치세에 대하여 자본화 효과만 얘기하지 않는다. 예컨대, 토지보유세의 자본화 효과 덕분에 비록 10억 원짜리 땅을 8억 원에 싸게 샀다고 하자. 그렇더라도 토지매입자는 매년 토지세를 꼬박꼬박 내야 한다. 그렇다고 이 땅을 미래에 10억 원에 되팔게 되는 것도 아니다. 자본화 효과 탓으로 미래에 팔더라도 8억 원밖에 받을 수 없다. 토지보유세가 매년 1,000만 원이라고 하자. 과거에 어떻게 샀든 간에, 토지매입자가 현재와 미래에 당면하는 분명한 사실은 8억 원에 매입한 땅을 보유하고 있다는 것, 그리고 매년 1,000만 원의 세금을 내야 한다는 것, 그리고 판다면 8억 원을 받게 된다는 것, 이 세 가지다. 오직 그 세 가지 엄연한 사실을 바탕으로 합리적 결정을 내리고 행동해야 한다. 오늘날의 경제학 사고방식에서는 과거를 묻지 않는다. 오직 현재와 미래가 중요할 뿐이다. 그래서 경제학 사고방식이 합리적이라고 한다. 예를 들어, 10억 원을 투자하여 장사하는데, 그 10억 원을 부모로부터 공짜로 받았으면 적당히 장사하고, 내가 피땀을 흘려 번 돈이면 열심히 장사하는 태도는 경제학적으로 용납되지 않는다. 이 토지가치세의 예도 마찬가지다. 과거에 싸게 샀으니까 그 1,000만 원의 세금은 없는 것으로 치자는 식의 사고방식은 허용되지 않는다. 엄연히 있는 것을 어떻게 없는 것으로 치는가.

이 토지를 최선의 용도에 이용하면 연 3,000만 원의 소득을 올릴 수 있다고 하다. 합리적이라면 이 사람은 이 3,000만 원에서 세금 1,000만 원을 뺀 2,000만 원을 순소득으로 인식할 것이다. 그래서 결국 8억 원 투자해서 2,000만 원의 소득을 올린다고 계산할 것이다. 경제학적으로 말하면, 이 토지매입자는 연간 세금 1,000만 원을 제약조건으로 간주한다는 것이다. 즉, 토지소유자는 토지보유세의 부담을 실제로 느낀다는 것이다.

설명의 편의상 1,000만 원의 보유세가 부과되는 이 땅을 A 지역의 땅이라고 하자. 그리고 예를 들어서 이웃 B 지역에서 토지보유세가 완전히 면제되는, 8억 원짜리 땅이 매물로 나왔는데 연간 2,800만 원의 소득을 올리고 있다고 하자. 중상주의 사고방식을 가진 사람은 토지가치세를 없는 것으로 간주하므로, A 지역의 땅은 연간 3,000만 원의 소득을 올리고 B 지역의 땅은 연간 2,800만 원의 소득을 올리는 것으로 계산하고, A 지역의 땅을 더 선호할 것이다. 그러나 현대의 경제학 사고방식을 가진 사람은 똑같은 8억 원을 투자해서 A 지역의 땅을 사면 연간 2,000만 원의 소득을 올리고 B 지역의 땅을 사면 연간 2,800만 원의 소득을 올린다고 계산하므로 A 지역의 땅보다는 B 지역의 땅을 선호할 것이다. 이미 A 지역의 땅을 샀다면, 얼른 이것을 팔아서 B 지역의 땅을 살 것이다. 이같이 토지가치세를 비용으로 간주하고 이 부담을 덜기 위해서 노력하게 되는 효과를 보유비용 효과(holding-cost effect)라고 한다. 토지가치세의 부담을 벗어나는 한 가지 방법은 더 높은 수익률을 찾아 토지를 매각하는 것이다.

앞에서 조세 부과는 해당 경제활동을 위축시킨다고 말했는데, 그래서 토지세를 부과하면 건설경기가 위축된다고 우려하는 사람들이 상당히 많다. 이런 사람들이 많다 보니 그런 우려가 상식처럼 되어 버렸다. 그래서 땅을 가진 부유층이 토지세의 부과에 적극적으로 반대할 때, 바로 그런 상식에 호소한다. 그러나 이 세상에는 잘못된 상식도 무척 많다. 토지가치세에 관한 한 그런 상식과는 전혀 다른 결과가 나타난다. 앞에서 설명하였듯이 토지가치세의 부과는 일차적으로 땅값을 떨어뜨리는 효과를 낳는다. 개발업자의 시각에서 보면, 토지를 종전보다 더 싸게 매입할 수 있게 된다. 통상 토지매입비가 개발업자들에게 가장 큰 경제적 부담이 되므로, 땅값이 떨어지면 그만큼 토지개발이 수지맞는 장사가 된다. 따라서 토지가치세가 건설경기를 위축시키는 것이 아니라, 반대로 건설경기를 활발하게 만든다는 주장이 나온다. 그래서 토지가치세의 부과는 토지매입자에게 사실상의 보조금을 주는 것과 흡사한 기능을 하는 까닭에 개발업자들은 토지를 좀 더 많이 매입하려는 경제적 인센티브를 가지게 된다는 것이다. 또한 토지가치세의 부과는 보유비용 효과를 수반하는 까닭에 토지소유자에게 토지를 매각하려는 경제적 동기를 부여한다. 토지매입자와 토지보유자 사이의 이해가 이같이 서로 잘 맞아떨어지므로, 토지가치세의 부과가 오히려 토지거래를 활성화하고 토지개발을 촉진하는 효과를 낳는다는 주장이 나온다.

토지세를 토지 보유에 따른 비용으로 간주하고 부담을 느낀다고 해서 항상 토지소유자가 토지를 매각하는 것은 아니다. 토지를 매각하지 않을 경우, 토지소유자는 토지가치세를 일종의 고정비용으로 간주하고, 주어진 토지로부터 생산물을 최대한 뽑아내거나 생산 규모를 확대함으로써 토지세의 부담을 가볍게 하려고 노력하게 된다. 이런 효과를 고정비용 효과(fixed-cost effect)라고 한다. 보유비용 효과에 이런 고정비용 효과가 합쳐지면, 토지소유자는 토지를 더 집약적으로, 더 고밀도로 이용하려고 할 것이다.

그러므로 토지가치세는 단 한 번만 지가를 떨어뜨릴 뿐 더 이상 아무런 경제적 효과를 발생시키지 않는다는 주장은 그리 옳은 주장은 아니다. 근대경제학의 창시자 마셜은 토지가치세가 장기적으로는 도시개발을 너무 부추기고 고밀도 이용을 조장한 결과 오히려 난개발을 초래할 수 있음을 우려하였다. 그래서 그는 토지가치세를 실시할 때는 반드시 난개발을 방지하는 대책을 미리 마련해야 한다고 주장하였다. 이와 함께 도시에서의 쾌적한 환경을 조성하고 도심에서의 넓은 공공 공간을 확보하기 위한 정부의 적극적 재정지출도 역설하였다.[14] 대체로 보아 마셜은 토지세에 대하여 긍정적인 자세를 취하였지만, 그는 특히 자유방임 체제 아래에서의 무질서하고 과다한 토지개발을 개탄하면서, 도시 전체에 걸친 종합적 개발계획의 중요성을 강조하였다. 그는 또한 토지세 부담을 점진적으로 줄이는 대가로 토지소유권을 단계적으로 정부에 귀속시키면서 1세기 후에는 모든 토지를 국유화하는 점진적 국유화 방안을 제시하기도 했다.[15]

토지 가치세의 전가 가능성

(1) 전가되는 예외적인 상황

토지가치세가 무조건 토지소유자에게만 귀착되는 것은 아니다. 토지가치세도 부분적으로 전가될 수 있다. 셀리그만(E. R. A. Seligman)은 토지가치세의 일부가 전가될 수 있는 몇 가지 예외적인 상황을 제시하였다.[16] 아무리 토지가치를 과표로 삼는다고 하더라도 특정 용도의 토지에만 차별적으로 중과되는 조세는 그 일부가 전가된다. 예를 들어서 농업용 토지에만 특별히 무거운 세금을 부과한다고 하자. 농업의 수익성이 떨어질 것이다. 그러면 농업용 토지는 점차 다른 용도로 바뀔 것이다. 농산물 생산이 감소하면서 농산물의 가격이 뛸 것이다. 농산물 가격이 뛰면 농업용 토지의 가격도 뛴다. 장기적으로 보면, 결과적으로 농업용 토지에 부과된 조세 일부가 농지가격 인상의 형태로 전가될 수 있다. 과거에 공한지의 개발을 촉구하려는 취지에서 공한지에 무거운 세금을 부과한 적이 있었는데 이런 조세도 전가될 가능성이 크다. 공한지에 무거운 세금을 부과하면, 이것을 피하려고 토지소유자는 공한지를 빨리 개발하려고 한다. 이 결과 공한지가 급속하게 사라지면서 개발에 적합한 공한지의 가격이 오르게 된다. 결과적으로 공한지에 부과된 세금 일부가 공한지의 가격이 올라가는 형태로 전가될 수 있다. 과거 공한지에 무거운 세금을 부과한 결과 공한지 소유자들이 '눈 가리고 아웅' 식으로 개발하거나, 날림 개발을 자행하는 일이 잦았다. 이 결과는 무질서한 토지개발의 성행이었다.

미개발 토지가 풍부하고, 동시에 개발수요 역시 매우 커서, 개발이익을 노린 민간자본가의 개발투자가 활발할 경우 토지가치세는 전가될 가능성이 크다. 이 가능성은 이미 마셜도 지적한 바 있다. 특히 자연 상태 토지의 개발은 으레 막대한 투자가 소요되는데, 일단 이렇게 개발된 토지에 대한 토지가치세는 토지개발의 수익률을 떨어뜨린다. 미개발 토지의 개발이 그만큼 수지맞지 않는 장사가 된다. 따라서 미개발 토지의 개발이 위축되면서 부동산 시장에서 토지공급도 감소하므로 그만큼 땅값이 오른다. 달리 말하면, 미개발 토지가 풍부한 경우 토지가치세는 사실상 미개발 토지의 개발에 투입된 자본에 대한 세금이므로 결국 이것이 높은 지가로 전가된다는 것이다.

토지세율이 일정하지 않고 불확실하게 상승하는 경우, 토지개발자는 더 큰 자본화 효과를 기대하고 현재의 지가 아래에서 개발하기를 꺼릴 것이다. 이 결과는 건축 활동의 위축으로 인한 임대료 인상일 것이다. 다시 말해서 토지세가 전액 자본화되지 못한 채 그 일부가 임대료 상승의 형태로 건물이용자에게 전가된다는 것이다.

토지증가세도 전가될 가능성이 크다. 토지증가세는 토지가치가 현저하게 증가한 토지만을 대상으로 하는 일종의 차별과세이기 때문이다. 예를 들어서 상업용 토지가 다른 용도의 토지보다 가격상승의 가능성이 큰 토지라면, 토지증가세의 부담은 상업용 토지에 집중될 것이다. 장기적으로는 상업용 토지의 가격이 상승할 것이다. 즉 가격상승의 형태로 전가된다는 것이다. 그러므로 셀리그만의 논리대로라면 토지증가세의 부과는 일시적으로는 땅값을 떨어뜨리겠지만 장기적으로는 결국 전가 과정을 통해서 땅값을 높이는 효과를 낳는 것으로 이해된다.

1980년대 말 사회적으로 엄청나게 큰 논쟁을 불러온 가운데 입법화되었던 토지공개념법의 개발이익환수제도는 개발부담금과 토지초과이득세를 골자로 한 제도인데, 이 모두가 토지증가세의 일종이다. 개발부담금은 토지개발업자가 획득한 개발이익(개발 순이익) 일부를 환수하는 부담금이고, 토지초과이득세는 정상 지가상승률을 초과한 높은 지가상승률을 보인 토지에서 발생한 자본이득 일부를 환수하는 조세이다. 그러므로 이 개발이익환수제도에 따라 부과되는 토지초과이득세와 개발부담금은 전가될 가능성이 큰 조세 혹은 준조세다. 토지공개념법에 의해서 실시되었던 개발이익환수제도의 경우, 개발부담금의 주된 적용 대상은 도시계획사업들이고, 토지초과이득세의 주 적용 대상은 정상적 지가상승률을 초과한 높은 지가상승률을 보인 토지나 개발사업 등으로, 땅값이 급등할 우려가 있어서 개발이익환수 지역으로 지정된 지역의 토지이다. 이러한 토지들이란 대체로 보아 특히 도시용 토지로 전환되기 쉬운 비도시용 토지나 개발이 시급하게 요청될 토지들, 다시 말해서 개발수요의 압력이 크게 작용할 토지일 가능성이 크다.

(2) 예외적인 상황이 아니더라도 토지가치세가 전가된다

이같이 셀리그만이 토지가치세의 전가 가능성을 입증하였지만, 오직 예외적인 상황에서만 전가됨을 보임으로서 좁은 의미의 토지세가 전가되지 않는다는 전통적 시각에 현실성을 불어넣었다. 이런 의미에서 그의 이론은 오히려 전통적 시각을 더욱더 굳건하게 해주었다고 말할 수 있다. 그러나 펠드스타인(M. Feldstein)은 예외적인 상황이 아니더라도 전국에 걸쳐 획일적으로 부과되는 토지가치세가 전가된다는 주장을 펴서, 주목받았다. 그는 이 "놀라운" 결과를 수학적으로 분명하게 증명해 보였다.[17]

그에 의하면, 토지세에 대한 그런 전통적 시각은 토지가 재산의 한 형태라는 점을 경시하고 오직 생산요소로서의 토지만을 주된 연구 대상으로 삼은 결과물이다. 제3장과 4장에서도 강조하였듯이, 많은 경제학자가 재산용 토지를 인정하면서도 이것의 경제적 의미를 평가절하하고, 생산요소용 토지에만 주로 관심을 기울였다. 그러나 분명히 토지는 주식이나 은행예금과 함께 대표적인 자산이다. 마치 돈을 많이 가진 사람들이 자신의 부를 토지의 형태와 금융자산의 형태로 안배하듯이 국민경제 전체로서도 토지와 자본 사이의 적정 균형을 유도하는 힘이 작용한다.

토지가치세의 부과는 주식이나 증권 등 다른 금융자산에 비해서 재산으로서 토지의 상대적 가치를 떨어뜨림으로써 투자가들에게 토지보다는 금융자산을 더 많이 보유하거나 산업에 직접 투자하려는 동기를 가지게 한다. 결과적으로 산업계에 더 많은 돈이 투자될 것이다. 이 결과, 공장, 기계, 컴퓨터, 공구 등 자본재가 더 많이 생산되고 도로나 철도, 항만 등 사회간접자본도 더 많이 조성될 것이다. 경제 전체로서 토지에 비하여 자본재가 상대적으로 더 풍부해진다. 이같이 자본 내 토지의 비율이 높아진다는 것은, 토지가 더 많은 기계, 컴퓨터, 농기구, 공구 등 자본재의 도움과 더 많은 사회간접자원의 지원을 받는다는 것을 의미하는 까닭에 토지의 생산성(즉, 토지의 한계생산)이 높아짐을 뜻한다. 토지의 생산성이 높아지면, 지가는 자연히 올라가게 된다. 다른 한편, 토지시장으로부터 돈이 금융권과 산업계로 더 많이 흘러 들어가면 자본이 더 풍부해지면서 이자율이 떨어진다. 이자율이 떨어지면 지가는 올라간다. 왜냐하면, 지가는 지대를 이자율로 자본화해준 값이기 때문이다.

요컨대, 좁은 의미의 토지세는 한편으로는 토지의 생산성을 높이고 다른 한편으로는 이자율을 떨어뜨림으로써, 지가를 2중으로 높인다는 것이다. 그러므로 좁은 의미의 토지세를 부과하면 결국 지가 상승의 형태로 이것이 토지 이용자에게 전가된다. 펠드스타인이 말하는 이러한 토지세의 전가 효과는 전국적으로 실시되는 토지세의 경우에만 적용된다. 예를 들어서 어느 특정 지역에 국한해서 부과되는 토지세는 그러한 효과를 초래하지 않을 것이다. 토지세가 어느 정도 전가되는가는, 토지생산성이 얼마나 높아지며 이자율이 얼마나 떨어지는가에 달려 있다. 토지의 한계생산은 세금을 공제하지 않은 소득이기 때문에 세금을 공제하고 난 순토지지대는 과세 전에 비해서 여전히 떨어질 수도 있다. 그러나 이자율이 충분히 떨어져 주면, 비록 토지가치세로 탓으로 순지대는 감소하더라도 지가는 높아질 수 있다. 이같이 토지세가 전가된다고 해서 초과부담이 발생하는 것은 아님을 펠드스타인은 분명히 하였다. 단지 자본의 축적이 증가했을 뿐이고 자본공급 그 자체에 있어서 어떤 왜곡이 발생한 것은 아니기 때문이다.[18]

3 토지세는 중립적인가 아닌가?

전통적인 견해

애덤 스미스가 「국부론」에서 제시한 조세 4원칙 중의 하나는 조세 부과가 초래할 사회적 비용의 극소화 원칙이다.[19] 이 원칙 속에는 생산 및 소비에 있어서 사회적 손실이 극소화되도록 조세가 부과되어야 한다는 내용, 달리 말하면, 되도록 국민경제에 주름살을 주지 않도록 조세를 부과해야 한다는 내용이 담겨 있다.[20] 이 4대 원칙을 확장한 와그너의 조세 9원칙 중에는 세입 충분성의 원칙, 즉 과세 대상은 세수를 충분히 많이 발생시킬 수 있어야 한다는 원칙이 포함되어 있다.[21] 이런 여러 원칙 중, 바람직한 조세가 갖추어야 할 요건의 하나로 중립성이 꼽힌다. 하지만, 사실 이 중립성이 정확하게 무엇을 의미하는지는 학자에 따라 약간씩 다르다. 그 구체적인 내용은 본 장의 부록에서 설명하기로 하고, 여기에서는 중립적이라는 말은 토지세의 경우 부과되기 전이나 후에나 토지의 용도에는 아무런 변화가 없음을 의미하는 것으로 보기로 한다. 그렇다면, 토지세가 과연 중립적인가? 역사적으로 보면, 과거 경제학자 대부분이 좁은 의미의 토지세가 중립적이라고 보았다.[22] 즉, 좁은 의미의 토지세는 토지의 용도별 배분에 아무런 영향을 주지 않는다는 것이다. 오늘날에도 많은 토지경제학자가 이 전통적 시각을 표명하고 있음을 볼 수 있다. 지대세나 토지가치세는 사회 전체로서 토지공급량뿐만 아니라 각 용도에 배당될 공급량 역시 변화시키지 않는다는 것이다. 전국 토지에 토지가치세를 부과하든 부과하지 않든, 대한민국 국토의 면적에는 변함이 없다. 용도를 바꾼다고 해서 토지가치세를 피할 수는 없으므로 용도별 토지 이용량에도 변화가 없다.[23] 갑이라는 용도가 을이라는 용도보다 경제성이 높았다고 하자. 똑같은 요율의 토지가치세를 부과한다면 여전히 전자가 후자보다 경제성이 높다. 따라서 이 두 용도에 종전과 똑같은 면적의 토지가 공급될 것이다. 물론, 어떤 특정 용도의 토지에만 세금을 부과하거나 중과한다면 이런 토지세는 토지이용 양태를 변화시킬 것은 뻔하다. 따라서 그런 차별적 토지세는 중립적일 수 없다. 그러므로 전국에 걸쳐 무차별적으로 적용되는 토지세만이 중립적이다.

이같이 토지세가 토지 용도에 아무런 변화를 주지 않는다고 하면, 이는 토지세가 토지이용의 효율에 영향을 주지 않음을 의미한다. 달리 말하면, 토지세는 국민경제에 아무런 주름살을 미치지 않는다는 것이다. 그런 의미에서 좁은 의미의 토지세는 바람직한 조세로 여겨져 왔다. 근래에 와서 일반재산세의 문제점이 부쩍 큰 관심의 대상이 되면서, 토지세가 하나의 대안으로 강력하게 추천되는 이유도 토지세의 이러한 중립성 때문이었다.

토지세는 토지개발을 촉진하는 비중립적 조세다

이 전통적 시각에 대하여 본격적으로 이의가 제기되기 시작한 것은 불과 최근 30여 년 안팎의 일이라고 할 수 있다. 앞에서 이미 설명한 자본화 효과, 보유비용 효과, 고정비용 효과 등은 좁은 의미의 토지세가 비중립적일 가능성을 시사한다. 토지세가 토지의 집약적 이용을 조장한다는 것은 곧 토지이용 양태를 바꾼다는 것을 의미하기 때문이다. 이같이 고밀도 이용을 조장할 뿐만 아니라 장기적으로 토지세의 부과는 토지개발을 앞당기는 효과를 발생시키기도 한다.

그 이유를 구체적으로 살펴보기 위해서 간단한 예를 들어보자. 공한지가 있는데, 지금 당장 개발해서 이용할 수도 있고 내버려 두었다가 b년 후에 개발할 수도 있다고 하자. 지금 당장 개발하면 매년 평당 y만큼의 토지지대 소득을 얻을 수 있고, 내버려 두면 아무런 토지지대 소득을 발생시키지 않지만, b년이 지나서 개발하면 매년 평당 z만큼의 토지지대 소득을 올릴 수 있다고 가정하자. 현재개발과 미래개발, 이 두 용도는 상호배타적이라고 가정하자. 인구증가 및 물가상승으로 인한 토지가치의 자연적 상승률 a를 고려하면 이 두 용도에 결부된 소득의 연도별 흐름은 다음과 같을 것이다.

현재 개발 → y, $(1+a)y$, $(1+a)^2y$, $(1+a)^3y$, ⋯
미래 개발 → 0, 0, 0, ⋯ , 0, z, $(1+a)z$, $(1+a)^2z$, $(1+a)^3z$, ⋯

이 토지를 현재 개발했을 때의 토지가치를 $P_n(0)$, 미래에 개발할 때 토지가치를 $P_s(0)$, 할인율을 r%라고 표기하자. 미래에 개발한다고 했을 때 매년 발생할 것으로 기대되는 토지지대 소득을 자본화한 값, 즉 미래 개발 가치는 $z/(r-a)$가 된다. 이 미래 개발 가치를 $V(0)$라고 하자. 결국 $P_s(0)$는 이 개발 가치의 현재 값이다. 그러면 현재 개발했을 때의 토지가치와 미래에 개발한다고 했을 때의 토지가치는 다음과 같이 계산된다(할인율 r과 지가상승률 a가 매년 달라질 수도 있는데 이럴 경우의 토지가치를 계산하는 공식은 본 장의 말미에 부록으로 적어두기로 한다).

$$P_n(0) = \frac{y}{r-a} \quad \cdots\cdots(13\text{-}1)$$

$$P_s(0) = \frac{z}{(r-a)(1+r)^h} = \frac{V(0)}{(1+r)^h} \quad \cdots\cdots(13\text{-}2)$$

만일 현재 개발 때 토지가치가 미래 개발 때 토지가치보다 크다고 하면, 즉 $P_n(0) > P_s(0)$ 이라고 하면, 이 토지는 지금 당장 개발하는 것이 경제적으로 이익이다. 반대로 만일 $P_n(0) < P_s(0)$ 이라면, 내버려 두었다가 미래에 개발하는 것이 경제적으로 이익이다. 그러므로 $[P_n(0)-P_s(0)]$가 0보다 큰지 적은지에 따라 해당 토지를 현재 개발할 것인지, 미래에 개발할 것인지가 결정될 것이다.

그렇다면, 토지가치세가 부과될 때, 토지가치와 용도 결정의 기준이 어떻게 바뀔 것인가? 세율이 t%라고 하자. 토지세가 부과되었을 경우, 지금 당장 개발했을 때의 토지가치와 h년 후에 개발한다고 했을 때의 토지가치 그리고 개발 가치를 각각 $P_n(t)$, $P_s(t)$, $V(t)$라고 표기하면 이 각각은 다음과 같이 계산된다(구체적인 계산과정은 13장의 부록 참조).

$$P_n(t) = \frac{y}{r-a+t} \qquad \cdots\cdots(13\text{-}3)$$

$$P_s(t) = \frac{z}{(r-a+t)(1+r+t)^h} = \frac{V(t)}{(1+r+t)^h} \qquad \cdots\cdots(13\text{-}4)$$

토지가치세를 부과할 때의 토지가치와 부과하지 않을 때의 토지가치를 비교해 보면, 단지 분모에 세율 t가 첨가되는 것만 다르다. 예컨대, 토지가치세를 부과하지 않을 때, 현재개발의 토지가치는 토지지대 소득 y를 $(r-a)$로 나눈 값이었음에 반해서, 토지가치세를 부과할 때 현재개발의 토지가치는 y를 $(r-a+t)$로 나눈 값이다. 달리 말하면, 토지가치세의 부과는 미래의 토지지대 소득을 현재가치로 환산할 때, 적용되는 할인율이 과세 전에 비해 세율만큼 높아지므로, 사실상의 할인율이 $(r-a+t)$임을 의미한다. $P_n(0)$과 $P_n(t)$ 그리고 $P_\varepsilon(0)$와 $P_\varepsilon(t)$를 비교해 보면, 토지가치세의 부과가 토지가치를 일제히 하락시킨다는 것을 알 수 있다. 비교를 쉽게 하기 위하여, 위에 소개한 $P_n(t)$와 $P_s(t)$의 값을 구하는 공식을 여기에 다시 옮겨보기로 한다.

$$P_n(0) = \frac{y}{r-a} \rightarrow P_n(t) = \frac{y}{r-a+t}$$

$$P_s(0) = \frac{z}{(r-a)(1+r)^h} \rightarrow P_s(t) = \frac{z}{(r-a+t)(1+r+t)^h}$$

조세 부과 전과 후의 토지가치를 비교해 보면, 지금 당장 개발했을 때의 토지가치보다는 미래에 개발했을 때의 토지가치를 더욱더 큰 폭으로 떨어뜨린다는 것을 알 수 있다. 즉, $P_n(0)$과 $P_n(t)$를 비교해 보면, 분모가 $(r-a)$에서 $(r-a+t)$로 커졌음에 반해서 $P_s(0)$와 $P_s(t)$를 비교해 보면, 분모가 $(r-a)(1+r)^h$에서 $(r-a+t)(1+r+t)^h$로 커졌음을 알 수 있는데, $P_n(0)$ 값의 분모에는 세율 t가 한 번 영향을 주는데 반해서, $P_s(t)$ 값의 분모에는 t가 두 번 영향을 주면서 분모를 훨씬 더 많이 크게 만들고 있다. 이것만 보아도 토지가치세가 현재 개발 때 토지가치 $P_n(0)$보다는 미래

개발 때 토지가치 $P_s(t)$를 더욱더 많이 떨어뜨린다는 것을 알 수 있다.[24] 그래서 $P_n(0)<P_s(0)$ 이었더라도 토지세 부과로 $P_s(t)$가 더 크게 떨어지면 $P_n(t) > P_s(t)$ 이 될 수가 있다.

이같이 토지가치세의 부과 탓으로 미래에 개발하려던 토지를 지금 당장 개발하게 된다면 결국 토지의 용도가 바뀌는 셈이다. 대체로 토지가치세는 자본의 회임기간이 긴 토지 용도보다는 빠른 시기에 많은 소득을 올리는 용도를 더 선호하게 함으로써 토지이용의 밀도를 높이고 토지개발을 촉진하는 효과를 발생시키는 경향이 있다. 따라서 장기적으로 보면 토지가치세는 토지용도의 변화를 초래하는 비중립적 조세다. 이런 주장은 토지증가세의 경우에도 적용된다. 토지증가세 역시 토지개발을 촉진하는 비중립적 조세임을 알 수 있다(이에 대한 그림 설명과 수학적 증명은 본 장의 부록 참조).

토지가치세나 토지증가세의 개발 촉진 효과는 축복일 수도 있고 그렇지 못할 수도 있다. 이 두 조세의 부과는 미래 시세차익을 노린 토지 보유(전형적인 투기행위)의 수익성을 떨어뜨리기 때문에 투기 심리에 제동을 걸게 된다. 따라서 투기 억제를 원하는 사람의 시각에서는 토지가치세의 부과가 무척 바람직해 보일 것이다.

환경보전이 전 세계적으로 점차 중요해지고 있는 시대적 큰 흐름에 비추어 볼 때 토지개발의 난무를 결코 바람직하게만 볼 수는 없다. 예컨대, 때에 맞지 않는 대규모 토지개발은 건물을 비롯한 자본재의 때 이른 노폐를 촉진하여, 막대한 사회적 손실을 발생시킬 수도 있다. 토지투기가 미래의 개발을 위해서 적정량의 공한지를 묶어두는 역할을 한다면, 토지의 효율적 이용을 저해하지 않으며 나아가서 토지의 효율적 이용을 위한 하나의 방편이 될 수 있다는 주장도 가능하다.

이론적으로는 비중립적, 현실적으로는 중립적

펠드스타인의 연구에 이어서 토지이용 양태에 미치는 토지세의 영향에 대한 일련의 연구들이 나오면서 토지세의 비중립성은 이제 정설로 굳어지는 인상을 준다.[25] 그렇다고 해서 토지세의 중립성을 주장하는 전통적 시각이 완전히 무너지는 것은 아니다. 좀 더 꼼꼼히 들여다보면, 이 새로운 연구들이 주장하는 비중립적 토지세는 비중립적이 되도록 정의된 토지세에 불과하며, 현실에서 시행되고 있는 토지세는 여전히 중립적이라는 재반격도 강력하다.[26] 토지가치세가 비중립적이라는 주장은, 현재개발 토지의 가치 $P_n(t)$과 미래개발 토지의 가치 $P_s(t)$를 추정할 때, 미래에 발생할 지대소득 y와 z의 값을 미리 알고 있으며, 따라서 이미 알고 있는 이 지대소득을 자본화한 값을 과표로 삼아 세무 당국이 토지가치세를 부과한다고 가정하였다. 이런 가정 아래에서 부과된 토지가치세는 위에서 보였듯이 비중립적이다.

그러나 그런 가정은 지극히 비현실적이다. 세무 당국은 대체로 토지의 용도별 지대소득을 정확하게 알지 못한다. 어떤 공한지가 지금 당장 개발하면 매년 얼마만큼의 지대소득이 발생하는지, 혹은 h년 후에 개발하면 얼마만큼의 소득이 발생하는지, 세무 당국은 잘 모른다. 설령 몇 군데의 토지에 대해서는 토지지대 소득을 추정할 수 있다고 하더라도 대한민국 3,000여 백만 필지의 땅에 대해서는 현재와 미래의 토지지대 소득을 일일이 알아내기는 사실상 불가능하다. 단지 세무 당국이 알 수 있는 것은, 과세 대상 토지의 시장가격이며, 이 시장가격을 과표로 삼아서 토지가치세를 부과하는 것이 상례이다. 예컨대, 세무 당국이 추정한 과표로서 토지가치나 지가를 P^*라고 하자. 세율이 t라고 하면, 매년 부과되는 토지가치세는 $t \cdot P^*$이고 이것을 자본화한 값은 $t \cdot P^*/r$ 이다. 그러면 토지가치세를 부과할 경우, 과세 후 현재개발 토지의 가치 $P_n(t)$와 미래개발 토지가치 $P_s(t)$는 다음과 같이 계산될 것이다.

$$P_n(t) = \frac{y}{r-a} - \frac{t \cdot P^*}{r} \ ; \ P_s(t) = \frac{z}{(r-a)(1+r)^h} - \frac{t \cdot P^*}{r}$$

이 관계식으로부터 $[P_n(0)-P_s(0)] = [P_n(t)-P_s(t)]$임을 알 수 있다. 다시 말하면, 토지가치세의 부과는 토지의 용도별 경제적 우선순위를 변화시키지 않으며, 따라서 과세 전 최적 용도는 과세 후에도 여전히 최적 용도로 남는다. 이런 조세는 중립적이다. 실제로 세무 당국이 부과하는 토지가치세의 과표는 현재 시장에서의 거래가격을 근거로 삼는데, 현실적으로 관측되는 과표로서의 토지가치는 토지의 현재 실제 용도와 큰 관계없이 나대지 상태로 있었다고 가정하고 팔렸을 때의 가격을 기준으로 추정된다. 이같이 추정된 토지가치를 과표로 한 토지세는 중립적이다.

징수 방법에 따라 중립성 여부가 달라질 수도 있다. 징수 방법에는 크게 두 가지가 있다. 실현된 소득을 과표로 하는 징수 방법을 흔히 실현주의(realization basis)라고 하고, 앞으로 발생할 것으로 기대되는 소득을 과표로 삼는 징수 방법을 발생주의(accrual basis)라고 한다. 징수의 편의상, 그리고 무엇보다도 세수 확보의 필요에 따라 발생주의에 따라 징수하는 때도 있을 수 있겠지만, 앞에서도 잠깐 언급하였듯이, 토지공개념법에 따라 실행되었던 토지초과이득세가 미 실현된 소득을 과표로 삼는다는 이유로 위헌 판정을 받은 바 있다. 현실적으로 토지세는 대체로 실현주의에 따라 징수된다. 실현주의에 따라 징수되는 토지가치세는 중립적이다.

실현주의에 따라 h년 후 개발될 토지의 가치 $P_s(t)$를 추정해 보자. 실현주의 시각에서 보면, 일단 개발시기인 h년이 지나야만 비로소 지대소득 z의 '실현'이 관측되므로 그 이전에는 마치 z가 미래에도 영원히 실현되지 않는 것처럼 간주할 수밖에 없고, 따라서 개발 가치 V를 현가화할 때 적용되는 실질 할인율은 $(r+t)$가 아닌, r이 될 것이다. 그러므로 이같이 실현주의에 입각하게 되면 $P_n(t)$와 $P_s(t)$는 다음과 같이 추정될 것이다:

$$P_n(t) = \frac{y}{r-a+t},\ P_s(t) = \frac{z}{(r-a+t)(1+r)^h} = \frac{V(t)}{(1+r)^h}$$

이 결과를 보면, $P_n(t)>P_s(t)$의 여부는 $P_n(0)>P_s(0)$의 여부와 같으므로 토지가치세 부과 전이나 후나 토지 용도에 변함이 없게 된다. 다시 말해서 실현주의에 입각한 현실적 토지가치세는 중립적이라는 얘기다. 결론적으로 요약한다면, 비록 예외는 있으나 대체로 토지세는 이론상으로는 비중립적이지만, 실제로 징수되는 토지세는 그 자체로서는 다분히 중립적 성격을 가진다고 볼 수 있다.

만일 토지세가 토지이용 양태에 변화를 초래하는 비중립적인 조세라고 한다면, 전통적으로 인정되어온 토지세의 장점이 없어지는 것으로 보인다. 그러나 중립적이라는 것이 반드시 장점일 수만은 없다는 생각이 조세 이론에서 새로운 사조이기도 하다.[27] 오늘날 보는 바와 같이 공공재, 외부효과 등으로 인한 소위 시장의 실패 현상이 현저하게 나타나고, 이에 따라 자원배분의 왜곡이 심각해지고 있는 상황에서는, 이 왜곡을 교정하기 위한 비중립적 조세가 오히려 바람직하다는 적극적 사고방식도 있다. 이와 관련하여 한 가지 유념할 것은, 토지세가 정책목표를 달성하기 위해서는 그 세율이 충분히 높아야만 한다는 점이다. 사실 이미 수많은 나라들이 여러 가지 형태의 토지세를 실시해오고 있다.[28] 이 실시 결과를 분석한 연구들은 토지세가 토지이용에 있어서 큰 변화를 초래했다는 증거를 찾을 수가 없었다고 보고하고 있다. 그 원인은 여러 가지가 있겠지만, 가장 많이 지적되는 원인은 토지세 세율이 너무 낮든가 혹은 감·면세의 범위가 너무 넓어서 토지세가 사실상 효력을 발생할 수가 없었다는 것이다.[29] 토지세의 비중립성을 강조했던 여러 학자도 과거에 실시되었던 여러 가지 종류의 토지세들이 소기의 실효를 거두지 못하고 흐지부지되었던 큰 원인이 너무 낮은 세율 탓이었음을 지적하였다.[30]

4 토지세의 재정적 측면

토지가치세의 세입충분성

이같이 토지세가 과연 중립적인지 아닌지도 중요한 관심거리임은 틀림없지만, 또 하나의 중요한 관심거리는 과연 토지세가 충분한 세수를 가져다주느냐의 여부이다. 토지세도 엄연히 조세의 일종인 이상 세수의 문제를 간과할 수는 없다. 이 토지세 세수의 문제가 특히 중요해지는 또 하나의 이유는 종래에 큰 세원이 되어온 비토지 재산세 즉, 토지 이외의 부동산에 대한 재산세가 여러 가지 문제점을 노출하자 토지세가 이에 대한 대안으로 떠올랐기 때문이다. 예부터 자주 지적되어온 비토지 재산세의 문제점은 여러 가지다. 첫째, 재산세는 자본재의 생산 및 투자를 위축시킬 수 있다. 둘째, 조세 행정의 편의상 모든 종류의 재산에 획일적으로 부과되지 않고, 비교적 세원 포착이 쉬운 부동산에 집중 과세되므로, 재산세는 불공평하다.

셋째, 소득수준이 세금을 치를 능력을 가장 잘 반영한다고 보면, 재산이 많다고 해서, 소득수준도 높고 따라서 세금 치를 능력도 크다고 말할 수는 없다. 어떤 시점에서의 각 개인의 소득수준이 재산 소유 정도와는 큰 관계가 없을 수 있다. 따라서 재산세는 지출 능력에 비례하는 조세가 아닐 수 있다. 예를 들어 은퇴한 노인은 재산을 많이 소유하고 있더라도, 소득수준은 매우 낮을 수 있다.

넷째, 재산세는 다른 사람에게 전가된다는 점 또는 여러 가지 이유로 역진적일 수가 있다.[31] 1936년 미국의 저명한 재정학자들을 상대로 설문 조사한 결과를 보면, 대다수가 건물보다는 토지에 대해 상대적으로 높은 세율로 과세하는 것에 찬동했다는 보고도 있다.[32] 근래에 와서 그리고 그 이후 오늘날까지 토지세에 관한 관심이 크게 높아진 데에는 기존의 재산세제도가 여러 가지 문제점을 노출한 탓이기도 하다. 재산세는 경기에 민감한 편인데, 세금이 많이 걷혀야만 할 때, 오히려 적게 걷히기도 한다. 20세기 초반 미국의 대공황 때 재산세 세수의 격감으로 지방재정이 큰 타격을 받게 되자, 한때는 미국에서 재산세를 철폐하려는 움직임도 있었다고 한다.

하지만, 옛날과 달리 오늘날과 같이 정부의 역할이 대폭 늘어난 상황에서, 토지세가 과연 정부 재정, 특히 지방재정의 재원을 조달하기에 충분한 세수를 제공할 수 있을 것인가에 대한 논쟁이 제기되었다. 좀 더 구체적으로 말하면, 이러한 세입의 측면에서 볼 때 토지세가 기존의 비토지 재산세를 대체할 수 있을 만큼 시행 가능한가에 대한 논쟁이 일었다는 것이다. 토지세 중에서도 토지가치세가 가장 기본이 되는 토지세이므로, 그러한 논쟁의 주 대상은 토지가치세의 실시 가능성으로 좁혀진다. 토지세가 비중립적임을 주장하는 새로운 견해에 따르면, 토지가치세의 부과가 토지개발을 촉진하므로, 장기적으로 세수의 면에서도 토지가치세가 토지분을 제외한 재산세를 점진적으로 대체할 가능성을 가진 조세로 보인다.

어떻든 기존의 비토지 재산세의 심각한 문제점이 다수 드러남에 따라 여러 가지 대안들이 제시되었는데, 그중에서도 한때 강력하게 제안되고 또한 많은 연구의 대상이 되었던 제도는 기존의 재산세를 토지가치세로 완전히 대체하는 제도다. 달리 말하면, 기존의 재산세를 없애고 오직 토지가치세만 걷는 것이다. 편의상 이 제도를 단일 토지가치세제도(혹은 부지가치세제도)라고 하고, 토지와 건축물 모두에 세금을 부과하는 기존의 재산세제도를 일반재산세제도라고 부르기로 하자. 이 단일 토지가치세제도가 조세 행정의 측면에서 설득력을 가지려면, 이 제도의 실행 이후 세수의 감소가 없어야 한다. 이 제도를 실행하게 되면, 토지 이외의 다른 재산에 대해서는 면세하고 토지분에만 세금을 부과하게 되는데, 제도 실행 이후 지역 전체의 토지가치 총액이 많이 늘어나지 않는다면 아마도 토지가치세 세율을 종전보다 크게 올려야 할지도 모른다.

단일 토지가치세는 궁극적으로 토지지대 소득에서 지급되므로, 설령 세율을 올린다고 해도 만일 이 토지지대 소득이 새로운 조세부담을 감당할 수 있을 만큼 충분히 크다면, 단일 토지가치세제도의 실시는 가능하다고 할 수 있다. 그러므로 종전 일반재산세제도의 세수에 비해서 토지지대 소득의 총액이 얼마나 큰지가 관건이다. 만일 종전 일반재산세제도의 세수가 토지지대 소득의 총액에 비해서 매우 작다면, 이는 곧 토지지대 소득의 총액이 토지분에 대한 세금뿐 아니라 건축물분 세금까지 부담할 수 있을 만큼 충분히 크다는 것을 의미한다(제13장 부록 참조). 그렇다면, 비록 단일 토지가치세제도의 실행으로 세율이 인상되더라도 큰 무리 없이 이 제도를 실행할 수 있을 것이다. 그러므로 종전 일반재산세제도의 세수가 토지지대 소득의 총액에서 차지하는 비중이 단일 토지가치세제도의 실행 가능성 판단에서 중요한 고려사항이 되는데, 이 비중을 실제로 추정해본 한 연구에 의하면, 대체로 1보다는 작지만 크게 작지는 않은 것으로 나타났다.[33] 만일 이것이 사실이라고 하면, 단일 토지가치세제도의 실행은 토지지대 소득의 상당히 많은 부분을 세금으로 흡수함을 의미한다. 따라서 이 제도의 실행 가능성에 큰 의문을 던지게 된다.

토지가치세제도의 실행 이후 부과될 토지가치세 세율도 중요한 변수다. 만일 지역 전체의 토지가치의 총액이 무척 컸기 때문에 토지분 세금이 일반재산세 세수의 대부분을 차지했다고 하면, 단일 토지가치세제도를 실행하더라도 세율을 크게 높일 필요가 없으므로 이 제도가 원만하게 실시될 수 있다. 그러나 토지가치 총액의 비중이 아주 낮았다면, 단일 토지가치세제도의 실행 이후 세율을 크게 올려야 할지도 모른다. 그렇다면, 이 제도의 실행이 그만큼 현실성이 떨어질 수밖에 없다.

구체적으로 과연 세율을 얼마나 올려야 할지는 지역 전체의 재산 가치 총액에서 토지가치의 총액이 차지하는 비중(토지가치 총액의 비중)에 달려 있다. 좀 더 정확하게 말하면, 일반재산세제도 아래에서 지역 전체의 재산 가치 총액에서 단일 토지가치세제도 실행 이후 토지가치 총액이 차지하는 비중이 주요 고려사항이 된다는 것이다(제13장 부록 참조). 우리나라의 경우 한 연구에 따르면, 서울과 부산에 있어서 토지가치 총액의 비중이 대략 40% ~ 60%인 것으로 추정되었으며, 미국의 경우 학자에 따라 25%부터 70%까지 큰 차이를 보였다.[34] 만일 토지가치 총액의 비중이 25%라고 하면 단일 토지가치세제도의 세율이 종전 일반재산세제도의 재산세 세율의 4배가 되어야 종전과 똑같은 세수를 유지할 수 있다는 계산이 나오는데, 이는 비현실적으로 너무 높은 세율이라고 보아야 할 것이다. 특히 토지를 소유한 사람들은 대체로 지배계층에 속한 사람들이므로 토지와 관련된 조세저항은 대단히 강력할 수밖에 없고, 따라서 토지가치세의 세율이 너무 높아서는 단일 토지가치세제도를 시행하기 무척 어렵다. 어떻든, 토지가치 총액의 비중이 단일 토지가치세제도 세율의 상한선에 대하여 대략적인 감을 주기 때문에 이 제도의 실행 가능성에 대한 하나의 시금석이 될 수 있다. 그러나 토지가치 총액의 비중은 추정하기도 쉽지 않으려니와 지역마다, 토지 용도마다 다를 것이므로, 이 값에 의존하여 단일 토지가치세제도의 실시 가능성에 관한 일반화된 결론을 내리기는 어려울 것이다.

물론, 세율을 크게 높여야 한다는 것 하나만으로 토지가치세제도가 비현실적이라고 일축할 수는 없다. 토지가치세제도 실시 이후 개발이 촉진되어, 지역의 토지가치 총액이 충분히 커지면 이 제도의 실행이 얼마든지 가능하지 않겠느냐고 주장할 수도 있다. 결국, 중요한 것은 세제 변경에 따른 토지소유자의 실질 소득 수준의 변동일 것이다. 만일 토지가치세제도의 실행 결과 그들의 실질 소득(과세 후 소득)에 별 큰 변동이 없다고 하면 이 제도의 실행 가능성에 큰 문제가 없을 수도 있다. 따라서 한 가지 더 고려해야 할 사항은 토지가치세제도의 실시로 인해 지역의 토지가치가 얼마나 늘어나는가이다. 만일 토지가치세제도 실시 이후 토지지대 소득의 총액이 종전 일반재산세의 비토지 재산분에 대한 세금만큼만 증가해 준다면, 다시 말해서 토지분에 추가되는 비토지 재산세를 토지지대 소득의 증가분에서 충분히 부담할 수 있다고 하면, 토지소유자들의 실질 소득에는 별 영향이 없게 된다. 따라서 토지가치세제도는 시행 가능성을 갖는다고 말할 수 있을 것이다.

그렇다면 이 제도의 시행 이후 과연 지역 전체의 토지지대 소득 총액이 그만큼 충분히 증가할 수 있을 것인가 아닌가, 이것이 관심의 초점이 된다. 이에 대해서는 견해가 여러 가지로 엇갈리고 있다. 회의적인 견해가 있는가 하면 낙관적인 견해도 있다.[35] 비관적인 견해를 펴는 학자들은 우선 자본화 효과로 지가하락 경향을 지적한다. 물론, 비토지 재산에 대한 면세나 감세로 비토지 재산의 공급이 증가하여, 토지가 더 집약적으로 이용됨으로써 지대가 상승할 가능성을 도외시할 수는 없다. 그러나 이러한 효과가 토지세의 지가 하락 효과를 상쇄할 만큼 클 것인가는 의문시될 뿐만 아니라, 설령 그럴 가능성이 있다고 해도 지방정부가 이 가능성을 믿고 세제개편을 단행하는 것은 무모하다는 것이다. 현실적으로 부동산 세수가 엄청나게 크다는 점을 생각할 때, 이것을 몽땅 토지에만 부담시킬 경우, 토지지대 대부분을 조세로 흡수할 가능성도 있다.[36] 만일 이렇게 되면 사실상 토지를 몰수하는 것과 진배없으니 이런 결과를 초래할 토지가치세제도는 실현 가능성이 없을 뿐만 아니라 설령 실현 가능하다고 하더라도 형평의 문제가 제기된다.

토지가치세제도에 매우 긍정적인 학자들은 토지지대 소득이 충분히 증가한다는 것에 대하여 확고하다. 최소한도 종전 비토지 재산에 대한 세금이 감면되는 만큼 토지지대 소득이 증가한다는 것이다. 앞에서 인용한 펠드스타인의 이론이 이런 주장에 강력한 근거를 제공한다. 그의 이론에 의하면, 비록 비토지 재산에 대한 세금이 감면되지 않는다고 하더라도 토지가치세의 부과 그 자체만으로도 자본재에 대한 토지의 상대적 가치를 떨어뜨림으로써 사람들이 자산을 자본재의 형태로 더 많이 보유하려는 경향을 초래한다. 그러면 자본재의 생산은 증가할 것이며 경제 전체적으로 자본 대 토지의 비율은 높아진다. 이 결과 토지의 한계생산, 즉 순지대(과세 후 지대)는 증가하고 자본의 수익률, 즉 이자율은 하락할 것이다. 만일 이자율이 충분히 하락해 주면 비록 토지가치세 탓으로 순토지 지대소득이 감소하더라도 지가는 상승할 수도 있다. 이런 펠드스타인의 주장이 옳다면, 토지가치세제도의 실시 결과 토지지대 소득은 큰 폭으로 상승하여 토지 소유자의 실질 소득이 이 제도의 실행 이전보다 높아질 가능성도 무시할 수 없다. 과거 미국의 저명한 토지경제학자였던 개프니는 이 가능성에 대하여 다음과 같이 재미나게 풀이하였다.[37]

> 부지가치세가 실시되면, 종전에 지불하던 비토지재산에 대한 과세분($t_o B_o$)은 면세된다. 이 면세분은 이미 실현되었던 잉여소득의 일부이다. 마치 질량보존의 법칙에서 질량은 소멸하지 않듯이, 이미 실현되어 과세 된 소득이 면세되었다고 해서 파괴되거나 날아가 없어지지 않는다. 이 소득은 어디에선가 다시 '튀어나오기' 마련이다. 부지가치세제도 아래에서는 이 소득은 토지증가(增價)의 형태로 토지에서 다시 튀어나온다.

복수 세율 재산세제도와 토지단일세 이론

이상에서 살펴본 바와 같이 토지가치세제도의 실시 결과 토지지대 및 지가가 어떻게 그리고 얼마나 변할 것인가가 이 제도의 세입 충분성을 둘러싼 논쟁에서 하나의 핵심이었다고 볼 수 있다. 대체로 보면 토지가치세의 부과는 장기적으로 토지지대 및 지가를 높이는 결과를 낳으리라는 것에 대해서는 큰 이론이 없는 것 같다. 이 가능성은 앞에서 자세히 소개한 근대경제학의 창시자, 마셜이 이미 오래전에 상세히 설명한 바 있다. 그러나 이 효과는 장기적인 효과이며, 단기적으로는 토지가치세제도의 실시는 대체로 지가를 일단 떨어뜨리는 효과를 초래할 것으로 기대된다. 그러므로 단기적으로 세율을 크게 높이지 않는다면, 토지가치세제도의 실시 이후 세수가 줄어들 가능성이 크고, 따라서 그 실시 가능성이 의심스러워진다.

이런 의미에서 토지가치세제도와 같은 급진적인 제도보다는 기존의 일반재산세를 토지가치세로 점진적으로 대체하는 복수 세율(Two-rate) 재산세제도를 권고하는 학자들이 적지 않다.[38] 복수 세율 재산세제도란 일반재산세에서 토지분에 대한 세율은 점차 높여가고 그 대신 가옥이나 건물 등 토지 이외의 부분에 대한 세율을 점차 낮추어 가는 제도를 말한다. 근래에 와서 토지세에 대한 전통적 이론은 일반재산세에 대한 하나의 대안으로서 복수 세율 재산세제도에 대한 긍정적 평가로 이어졌다. 형평성의 측면에서 볼 때, 전통적 이론이 복수 세율 재산세제도에 제공하는 이론적 근거는 크게 두 가지다. 첫째, 조세부담이 비교적 부유한 토지 소유 계층에 귀착된다. 둘째, 과표가 되는 토지가치 대부분은 공공가치이고, 불로소득인 반면, 비토지 재산세는 그 많은 부분이 소비자 또는 건물 이용자에 전가되어 역진적이다.

물론, 순수한 토지의 가치와 이 토지에 부착된 개량공사물의 가치를 합리적으로 분리하여 평가하기 매우 어렵다는 반론이 제기될 수도 있다. 그러나 평가의 정밀함을 이루기 어렵다는 것은 비단 토지의 경우뿐 아니라 토지 이외의 재산에도 똑같이 적용된다. 그뿐만 아니라 토지분과 토지에 부착된 구조물을 분리하여 평가하는 관행은 흔히 있고 또 이러한 관행은 비단 복수 세율 재산세제도를 위해서 뿐만 아니라 다른 용도에도 필요하다. 예를 들면, 소득세 징수를 위한 계산에서도, 감가상각의 대상이 되지 않는 토지와 그 대상이 되는 자본재의 가치를 분리함이 원칙이다. 이러한 여러 점으로 볼 때 평가의 어려움만을 이유로 복수 세율 재산세제도를 반대하는 것은, 그리 타당치 못하다는 내용이 이 제도를 적극적으로 권장하는 학자들의 결론이다.[39]

복수 세율 재산세제도가 하나의 현실적 절충안이라고는 하지만, 궁극적으로는 토지가치세제도가 대안이 될 것이다. 이 토지가치세제도를 더욱더 확장한 것이 토지 단일세(single tax) 이론에 입각한 제도다. 이 이론은 다른 모든 조세를 폐지하고 오직 토지세만으로 정부의 재정을 운용하자는 내용을 핵심으로 한다. 토지 단일세 이론이라고 하면 으레 헨리 조지를 연상하지만, 그보다 100여 년 전인 18세기에 중농주의 학파가 토지 단일세를 주장하였고, 그래서 중농주의 학파의 토지세이론이 토지 단일세 이론의 효시로 알려져 있다.[40] 하지만, 사실은 이미 17세기에 존 로크(John Locke)를 비롯한 여러 학자가 토지 단일세를 역설하였으니 토지 단일세 이론은 그 역사가 매우 오래다고 할 수 있다

비록 애덤 스미스가 경제학의 시조로 꼽히고는 있으나 애덤 스미스 이전에

도 토지세에 관한 이론이 상당히 잘 발달되었다. 다만 아직 지가 및 지대의 결정에 대한 체계적인 이론이 확립되어 있지 않았기 때문에 애덤 스미스 이전의 토지세에 대한 논의들은 다분히 중구난방이었고 단편적이었다. 하지만 그런 가운데서도 케네(F. Quesnay)와 튀르고(Anne R. J. Turgot)를 비롯한 중농주의 학파의 토지세 이론이 가장 많이 알려져 있고, 또한 후세에도 많은 영향을 준 이론으로 꼽힌다. 잘 알려진 대로 중농주의 이론은 농업만이 잉여를 낳으며, 다른 모든 산업은 부의 형태만을 바꿀 뿐 경제적으로는 비생산적이며, 불임성(sterile) 산업이라는 주장을 기조로 한다. 그렇다고 농업 이외의 산업이 불필요하다는 것은, 물론 아니다. 단순히 형태를 바꾸는 것만으로도 가치를 증가시켰다고 볼 수 있으나, 이 증가한 가치는 투입된 노동의 가치와 같으며, 이 노동의 가치는 궁극적으로 이 노동에 투입된 농산물의 가치에 달려 있다. 그러므로 농업에서의 순생산은 국부의 유일한 원천이며, 모든 조세는 그 형태가 어떠하든 상관없이 궁극적으로는 이 순생산이 축적된 기금으로부터 치러지며, 또한 이 기금에 귀착된다. 이런 점에서 중농주의 학파의 토지세에 대한 이론은 모든 조세가 궁극적으로는 지주에게 귀착된다고 주장한 로크의 이론과 어느 정도 맥을 같이 한다.[41] 어떻든 중농주의 이론이 옳다면, 토지지대 소득을 과표로 한 토지세의 형태로 이 기금에 직접 과세하는 것이 다른 조세의 형태로 이 기금에 간접 과세하는 것보다 훨씬 더 타당하다는 것이 케네의 논리이다. 그뿐만 아니라 토지세는 가장 단순하고 관리하기 쉬운 조세이기도 하다.[42]

토지세가 다른 형태의 조세보다 바람직한 또 다른 이유는, 다른 형태의 조세는 불필요한 사회적 부담을 초래한다는 것이다. 예컨대, 이윤이나 임금에 대한 조세는 생산 활동을 위축함으로써, 농민뿐 아니라 노동자, 지주, 정부 모두에게 피해를 준다. 케네는 임금에 대한 세금이 마치 소나 말에 대한 세금과 같아서 결국 기업주가 부담하게 되므로 그만큼 생산비를 상승시킬 뿐이라고 말했고, 튀르고 역시 토지세 이외의 세금은 생산 감소와 생산비 상승의 2중의 악영향을 발생시킴을 지적하였다.[43] 오늘날의 용어로 다시 말하면 토지세 이외의 모든 조세는 초과부담을 수반한다는 것이다. 하지만 아이러니한 것은, 프랑스의 명재상으로 이름을 떨쳤던 튀르고도 그가 그렇게 강력하게 역설하였던 토지단일세제도를 실시해 보지 못했다는 점이다.

요컨대, 중농주의 학파는 첫째, 토지세는 전가되지 않으며 둘째, 다른 조세는 초과부담을 수반함으로써 지주뿐만 아니라 사회 전체에 더 큰 부담을 준다는 두 가지 큰 이유로 토지 단일세를 제창하였는데, 토지세에 대한 이러한 사고방식은 이후 고전학파를 거쳐 오늘날까지 면면히 이어오고 있음을 우선 주목할 필요가 있다. 달라지는 것은 단지 이런 사고방식 뒤의 논리이다.

헨리 조지 정리(Henry George Theorem)

토지세 세입충분성에 대한 논의에서는 지방재정의 세입·세출 규모가 이미 정해져서 주어진 것으로 보고, 이 규모가 적정한지 아닌지는 묻지 않은 채, 토지가치세 세수입이 과연 이 주어진 지방재정을 충분히 조달할 수 있는가 아닌가를 집중적으로 다루었다. 그러나 지방재정, 혹은 지역사회의 공공부문 규모에도 어떤 적정수준이 있을 것이다. 그뿐 아니라 토지가치세는 결국 토지지대 소득에서 나올 것이므로, 지역사회의 크기, 이 지역사회 전체에 걸친 토지지대의 총액, 이 지역사회의 지방재정 규모, 그리고 토지가치세 세입, 이 네 가지 사이에는 어떤 유기적인 관계가 있음직하다.

이에 대하여 구체적으로 살펴보기에 앞서, 우선 중앙정부 재정의 기능과 구별되는 지방정부 재정(소위 지방재정)의 기능에 대하여 몇 가지 짚고 넘어갈 필요가 있다. 흔히 중앙정부 재정의 기능으로는 크게 경제안정 기능, 소득재분배 기능, 그리고 자원배분 기능의 세 가지가 꼽힌다.[44] 경제안정 기능이란 안정적 경제성장을 유지함으로써 실업을 최소한으로 줄이고 물가를 안정시키는 기능을 의미한다. 정부 재정은 어떤 특정 계층의 소득을 감소시키면서, 다른 어떤 특정 계층의 소득을 증가시키는 경우가 허다한데, 이러한 기능이 소득재분배기능이다. 정부 재정은 민간부문에서 이용될 자원을 공공부문에 이전시키는 과정을 통해서 경제 전체에 주어진 자원의 이용 양태를 변화시키는데 이러한 기능이 자원배분 기능이다. 중앙정부의 재정지출은 이러한 세 가지 효과를 수반하며 또한 중앙정부는 의도적으로 이런 효과를 노리고 재정지출을 수행한다.

중앙정부와 마찬가지로 지방자치단체도 공공부문에 속하기 때문에 지방자치단체의 재정지출도 역시 그런 세 가지 효과를 수반할 수 있음은 물론이다. 그러나 그렇다고 해서 지방정부도 중앙정부처럼 이런 세 가지 효과를 의도적으로 노리고 재정지출을 수행하는 것이 옳은가는 깊이 생각해 볼 문제이다. 그러한 세 가지 효과를 발생시킨다는 것과 의도적으로 그런 세 가지 효과를 노린다는 것은 전혀 다른 얘기다.[45]

우선, 경제안정 효과의 경우부터 살펴보면, 이 효과를 겨냥한 지방자치단체의 재정지출은 성공할 가능성이 희박하다. 국가와 국가 사이와는 달리 지방과 지방 사이의 관계는 자원과 생산물의 자유로운 이동을 통하여 상호 열려 있음을 특징으로 한다. 그래서 어느 지역의 경제활동이 침체 상태에 있고, 실업률이 높다고 해서 이를 해결하기 위하여 해당 지방자치단체가 재정지출을 감행한다고 하더라도, 이렇게 풀린 돈의 많은 부분이 해당 지역의 생산물이나 용역의 매입에 쓰인다는 보장은 없다. 그 돈이 다른 지역으로 직접 이전되거나 혹은 다른 지역 생산물의 매입을 통해 빠져나가 버릴 수가 있다. 이러한 누출효과가 커서는 지방자치단체는 소기의 경제안정 효과를 제대로 달성할 수가 없다.

소득재분배 효과를 노린 지방재정지출은 더욱 실패할 가능성이 크다. 소득재분배 효과를 거두기 위해서는 부유층으로부터 높은 세율의 세금을 많이 걷어서, 이를 가난한 계층을 위해서 써야 하는데, 이런 소득재분배정책을 다른 지역보다도 더 적극적으로 추진하는 지역의 부유층은 과중한 조세부담을 피해 다른 지역으로 이주할 것이다. 이는 황금의 알을 낳는 거위를 죽이는 격이다. 반면에 다른 지역의 실업자나 가난한 사람들은 이 지역으로 몰려들어 이 지역의 재정을 더욱 궁핍하게 만들 것이다. 이러한 자멸 과정 탓으로, 소득재분배 효과도 지방재정으로서는 무리다.

요컨대, 경제안정화효과나 소득재분배 효과를 노린 지방재정지출은 구조적 한계 때문에 소기의 효과를 달성할 수 없게 되어 있다는 것이다. 물론 그렇다고 지방재정지출이 경제안정화효과나 소득재분배 효과를 낳지 못한다는 것은 아니다. 다만 이런 효과를 의도한 지방정부의 재정지출은 애당초의 의도를 달성하기 어렵다는 것이다. 그렇다면 굳이 지방정부가 그런 효과를 노리고 재정지출을 할 필요가 없다. 그런 효과는 중앙정부에 맡기는 것이 현명하다. 달리 말하면 경제

안정화효과나 소득재분배 효과를 노린 지방재정지출은 마치 모기를 잡기 위해서 도끼를 이용하는 격이다.

이렇게 보면, 결국 지방재정에 남겨진 주요 기능은 자원배분 기능인 셈이다. 재정의 자원배분 기능이란 구체적으로 말하면, 민간부문에서는 잘 생산되지 않지만, 국민의 복지증진에 꼭 필요한 재화나 서비스의 생산을 위하여, 자원을 조달하는 과정에서 경제 전체의 자원이용 양태를 바꾸는 것이다. 예를 들면 지방공공재의 생산이나, 나쁜 외부효과의 억제에 필요한 각종 자원을 구매하고, 이용하기 위한 재정지출은 민간부문으로부터 자원을 공공부문으로 이동시키는 결과를 초래한다. 사실 지방정부의 주된 역할은 주민들을 직접 접촉함으로써 주민들의 필요를 정확하고 꼼꼼하게 반영하고 충족시키는 일들이다. 지방공공재의 공급이나 나쁜 외부효과의 억제는 해당 주민들의 의사와 사정을 잘 알지 않고는 성공하기 어려운 사업들이다. 따라서 지방공공재의 공급, 나쁜 외부효과의 억제, 좋은 외부효과의 창출 등이 바로 지방정부의 고유 업무들이요, 지방재정이 중점을 두어야 할 일들이다. 이런 결론은 또한 지방재정의 적정규모는 기본적으로 지방공공재 공급의 적정화와 결부하여 결정되어야 할 문제임을 시사한다. 지역경제의 자원이 한정되어 있다고 하면, 지방공공재 공급의 증가는 사적재 생산의 감소를 의미한다. 그러므로 지방공공재의 공급과 사적재 공급 사이의 적정 균형의 달성이 자원배분 기능을 통한 지방재정의 중요한 역할이라고 할 수 있다.

그러나 지역경제의 차원에서는 토지 이외의 자원, 특히 노동력의 공급은 상당히 가변적이라고 볼 수 있다. 지역사회의 크기는 보통 인구 규모로 측정되는데, 인구의 증가는 한편으로는 노동력 증가를 의미하므로, 이 지역경제의 생산 규모 증가를 의미한다. 물론 노동력 증가에 비례해서 생산 규모가 증가한다는 법은 없다. 대체로 보면 수확체감 현상 덕으로 노동력이 늘어나더라도, 지역총생산의 증가율은 궁극적으로는 둔화될 것이다. 인구증가는 다른 한편으로는 사적재와 공공재에 대한 수요의 증가를 의미한다. 그러므로 지역사회가 커지면 이에 따라 민간부문과 공공부문도 팽창하게 될 터인데, 공공부문의 크기는 민간부문으로부터 징수한 조세수입에 크게 의존하므로 지방재정의 규모는 해당 지역

사회의 민간부문의 규모에 따라 결정될 가능성이 크다.

그러나 중요한 것은, 지역사회 규모의 증대에 따른 지방재정이나 민간부문 규모의 팽창 그 자체가 아니라, 1인당 사적재와 지방공공재의 소비량이다. 사적재의 경우 지역사회의 규모가 커진다는 것은 두 가지 상반된 경향을 의미한다. 한편으로는 그 지역사회의 생산량이 증가하므로 1인당 사적재 소비량이 증가하는 경향이 있으나, 다른 한편으로는 생산된 것을 나누어 가질 인구가 늘어나므로 1인당 사적재 소비량이 감소하는 경향이 있다. 그 어느 경향이 우월한가에 따라 1인당 사적재의 소비량은 증가할 수도 있고 감소할 수도 있다. 그러나 지방공공재의 1인당 소비량은 공공재의 특성 때문에 크게 변동하지 않을 것이다. 일단 어떤 수준의 지방공공재가 공급되면, 비경합성과 비배제성 탓으로, 인구가 늘어나든 감소하든 큰 상관없이 모든 사람이 그것을 똑같이 즐기게 된다. 그러므로 지역사회의 적정규모가 있다면, 이것의 결정에 있어서 하나의 중요한 고려사항은 1인당 재화 소비량, 특히 1인당 사적재 소비량이다. 우리가 더 잘 먹고 편안하게 잘 산다는 것을 경제학 용어로 요약하면 재화의 1인당 소비량이 늘어난다는 것인데, 사적재 대부분은 우리 일상생활에서 쓰이는 소비재다.

만일 1인당 사적재 소비를 최대한 달성하는 수준에서 지역사회의 적정규모를 잡는다고 하면, 지방재정의 적정규모는 해당 지역사회의 토지에 귀속될 토지지대의 총액과 일치하는 수준에서 결정된다는 주장을 끌어낼 수 있다.[46] (이에 대한 수학적 증명은 제13장 부록 참조) 이 주장을 '헨리 조지의 정리'라고 부르는데, 정책적으로 의미하는 바가 매우 크다. 즉, 다른 모든 조세를 폐지하고 이 지역의 토지 전체에 귀속될 지대를 100% 흡수하는 토지단일세에서 얻게 될 조세수입 규모가 곧 해당 지역사회에서 지방재정의 적정규모가 된다는 흥미 있는 결론으로 이어지기 때문이다. 여기에서 지방재정의 규모란 곧 지방공공재에 대한 지출의 규모를 의미한다. 따라서 헨리 조지의 정리는 지방공공재에 대한 지출 규모와 토지지대의 총액 사이의 관계를 직접적으로 설명해주는 이론이다.[47] 예를 들면, 도시 안의 지가는 변두리의 지가보다 비싼 법인데, 경계 지역(가장 먼 변두리 지역)의 지대와 비교해서 이를 초과한 경계 지역 내부 토지의 토지지대 총액은 공공재 공급을 위한 지출총액과 같아진다는 것이 헨리 조지 정리의 내용이다.

만일 인구가 적정규모가 아닐 때는 어떻게 되는가? 한 연구에 의하면, 인구가 적정규모보다 더 많을 경우, 토지지대 총액이 공공재 공급을 위한 지출총액보다 더 커지며, 인구가 적정규모보다 더 적을 때는 그 반대가 된다.[48]

부록

1. 중립성에 대한 정의

조세의 중립성이 매우 중요한 요건으로 지목되어 왔음에도 불구하고 사실 이 중립성이 정확하게 무엇을 의미하는지는 학자에 따라 다르다.[49] 예를 들면, 상대가격을 변화시키지 않는 조세, 혹은 자원배분에 영향을 주지 않는 조세 등을 중립적 조세라고 정의하는가 하면, 납세자가 구매량 혹은 판매량을 바꿈으로써 조세부담을 줄일 수 없는 조세, 혹은 더 포괄적으로 표현해서, 납세자의 경제적 결정을 변경시키지 않는 조세를 중립적 조세라고 정의하기도 한다.[50] 중립성을 더 엄밀하게 정의하기 위해서 이를 간단한 수학으로 나타내보기로 하자. 조세 부과 이전의 경제 상황을 X, 조세 부과 후의 상황을 Y라고 표시하자. 다시 말해서 조세 부과 후 경제 상황이 종전의 X로부터 Y로 표현되는 경제 상황으로 변했다는 것이다. 즉, $X \rightarrow Y$, 이 X와 Y를 구성하는 여러 가지 측면을 다음과 같이 변수로 구체화할 수 있을 것이다.

$$X = \{x_1, x_2, \cdots, x_n\} \rightarrow Y = \{y_1, y_2, \cdots, y_n\}$$

여기에서 x_i와 y_i는 각각 i번째 측면을 구체화한 변수이며, 조세 부과로 인해 종전의 x_i가 과세 후 y_i로 변했음을 나타낸다. 예컨대 이 i번째 측면이 어떤 재화의 가격일 수도 있고 또는 생산량 또는 소비량일 수도 있다. 그러면, 엄밀하게 말해서 다음 조건을 충족시키는 조세를 중립적 조세라고 할 수 있다.

$$\frac{y_1}{x_1} = \frac{y_2}{x_2} = \cdots = \frac{y_n}{x_n} = \alpha \text{ (=일정 상수)}$$

즉, 과세 후의 상황과 과세 전의 상황을 비교해볼 때 모든 측면이 일정 비율로 증가하였거나 감소하였으면 그 조세는 중립적이라는 것이다. 물론, 해당 조세와 관련된 모든 측면에 걸쳐(즉, 모든 i=1, 2, . . . n에 걸쳐) 위의 조건을 적용하여 중립성, 비중립성을 가르기는 거의 불가능할 것이다. 어쩌면 그 모든 측면에서 위의 조건을 완전히 충족시킨다는 의미의 중립적 조세란 있을 수 없을지도 모른다. 그래서 해당 조세와 직결된 몇 가지 중요한 측면만을 골라서 이에 대해서만 위의 조건을 적용함이 보통이다. 그러면 과연 어떤 측면을 중요하다고 보느냐에 따라 어느 정도 임의성이 개재하기 마련이고, 따라서 해당 조세가 중립적이냐 아니냐에 대한 견해가 엇갈릴 수도 있을 것이다.

2. 공식 (13-1), (13-2), (13-3), (13-4)의 유도 과정 설명

$P_n(0)$의 값은 다음과 같은 과정을 거쳐 계산된다.

$$P_n(0) = \frac{y}{1+r} + \frac{(1+a)y}{(1+r)^2} + \frac{(1+a)^2 y}{(1+r)^3} + \cdots$$

$$= \frac{y}{1+r}\left\{1 + \frac{1+a}{1+r} + \left(\frac{1+a}{1+r}\right)^2 + \cdots\right\}$$

$$= \frac{y}{1+r}\left\{\frac{1-[(1+a)/(1+r)]^n}{1-[(1+a)/(1+r)]}\right\} = \frac{y}{r-a} \qquad (\because n \to \infty)$$

토지가치세가 부과 때의 현재 개발용 토지가치 $P_n(t)$는 다음 요령으로 구해진다. 세율 t의 토지가치세가 부과되면, 매년 과세액은 $t \cdot P_n(t)$ 이므로 세금을 뺀 순지대소득은 $[y-t \cdot P_n(t)]$가 된다. 따라서

$$P_n(t) = \frac{y-t \cdot P_n(t)}{1+r} + \frac{(1+a)[y-t \cdot P_n(t)]}{(1+r)^2} + \frac{(1+a)^2[y-t \cdot P_n(t)]}{(1+r)^3} + \cdots$$

$$= \frac{[y-t \cdot P_n(t)]}{r-a}$$

이 식을 정리하면 13장에 적은 공식이 된다.

3. 토지개발 적정 시기에 미치는 토지(가치)세의 효과와 비중립성

토지세(토지가치세)가 토지 용도의 변경에 미치는 효과를 토지의 개발시기와 연결해서 생각해볼 수도 있다. 왜냐하면, 토지세는 지대소득에 영향을 주므로, 토지개발 시기에도 영향을 줄 수 있기 때문이다. 앞에서 말했지만, 미래개발 토지가 h년 후에 개발된다고 할 때의 토지가치 $P_s(0)$ 는 h년의 시점에서 본 개발가치 $V(0)$의 현재값이며, 이 현재값은 개발 가치를 h번 할인해서 구한다. 따라서 당연히 h의 값에 따라 $P_s(0)$의 값이 크게 달라질 터인데, 개발 가치가 정해져 있는 경우에는 $P_s(0)$의 값은 h의 값이 클수록 적어진다. h의 값이 크다는 것은 개발시기가 늦다는 것을 의미하며, 이는 토지에 잠긴 자본의 회임기간이 길어져 이자 부담이 커짐을 의미하기도 한다. 토지지대 소득 y와 z, 할인율 r, 그리고 지가 상승율 a는 사전에 이미 정해져 있다고 보자. 이런 상황에서는 어떤 토지가 미래에 개발될 것인지 혹은 현재 개발될 것인지는 개발시기 h의 값에 의해서 결정될 것이다. 토지는 일단 개발하면, 개발 전의 상태로 되돌리기 매우 어렵다. 너무 빨리 개발하면, 미래에 개발했을 때 얻을 수 있을지도 모르는 큰 소득을 놓칠 우려가 있다. 그렇다면 문제는, 해당 토지를 미래 개발할지 현재 개발할지를 결정하는 구체적인 h의 값이다. 이 결정에 있어서 분기점이 되는 어떤 h의 값, 즉 h의 임계치가 존재할 터인데, 이 임계치를 h^*라고 하면, 이 임계치는 현재 개발했을 때의 소득의 흐름 $P_n(0)$와 미래 s 시점에 개발했을 때 소득의 흐름 $P_s(0)$가 균형을 이루는 수준에서 결정될 것이다. 즉, 이 임계치를 $h^*(0)$라고 표기하면, 정의상 이 값은 $P_n(0)=P_s(0)$의 조건식을 충족시키는 h의 값이므로 이 값은 다음과 같은 공식을 풀어서 쉽게 계산해낼 수 있다.[51]

$$h^*(0) = \frac{\log(z/y)}{\log(1+r)} \qquad \cdots\cdots(\text{식}1)$$

세금이 부과될 때, 소득의 흐름 $P_n(t)$와 $P_s(t)$가 계산되면, $P_n(t)=P_s(t)$ 라는 조건식으로부터 토지세 부과 시 개발시기의 임계치인 $h^*(t)$를 구하면 다음과 같다.

$$h^*(t) = \frac{\log(z/y)}{\log(1+r+t)} \quad \cdots\cdots(식2)$$

이 과세 후 임계치를 앞에서 구한 과세 전 임계치와 비교해 보면, 다른 점은 분모에 t가 들어가 있다는 것뿐이다. 따라서 $h^*(t) < h^*(0)$ 임을 알 수 있다. 이 말은 토지세가 부과되면, 토지세 부과 전보다 개발시기가 좀 더 빨라야만, 수지맞게 된다는 뜻이다. 구체적으로 말하면, 과세 전에는 개발 시기가 $h^*(0)$가 더 빠른 경우에만 미래개발이 경제성이 있어서 해당 토지가 미래 개발용으로 보유될 가치가 있었지만, 과세 후에는 개발시기가 $h^*(t)$보다 빠른 경우에만 해당 토지가 미래 개발용으로서 경제성을 가진다는 것이다. 개발시기가 $h^*(t)$와 $h^*(0)$ 사이인 토지는 과세 전에는 미래 개발용으로 보유되겠지만 과세 후에는 미래 개발용으로서의 가치가 없어지므로, 현재 개발용으로 전환된다. 특히 토지세의 부과는 그만큼 토지투기를 억제하는 효과를 가진다고 말할 수 있게 된다. 토지세(토지가치세)의 부과는 토지 용도의 경제적 우선순위에 변화를 초래하므로 비중립적이다. 즉, 토지세가 부과되면, 개발시기가 빠른 용도를 선호하게 되며, 그럼으로써 토지이용 양태의 변화를 초래하므로 토지세는 비중립적이라고 말할 수도 있다.

4. 토지가치세의 비중립성에 대한 그림 설명

<그림 13-1>에서 실선으로 나타낸 선분 dd와 ss는 각각 과세 전 수요가격 $P_n(0)$과 공급가격 $P_s(0)$을 나타내는 선분이다. 선분 dd와 선분 ss의 교점에서는 $P_n(0) = P_s(0)$이며, 따라서 그림에서 이 교점에 대응한 수평축의 점 x_0의 왼쪽에서는 $P_n(0)>P_s(0)$이므로, 원점에서 x_0까지의 토지는 현재 개발용으로 이용될 것이며, x_0의 오른쪽에서는 반대로 $P_n(0)<P_s(0)$이므로 점 x_0부터 L까지의 토지는 투기용으로 보유될 것이다. $P_n(0) = P_s(0)$인 토지, 즉 점 x_0의 토지는 이용한계의

토지이다.

토지가치세의 부과는 앞에서 보았듯이 모든 용도에서의 토지가치를 일제히 하락시킬 것이므로 <그림 13-1>에서 공급가격을 나타내는 곡선과 수요가격을 나타내는 곡선을 모두 하방으로 이동시킬 것이다. 다만 어느 곡선이 얼마나 더 많이 아래쪽으로 이동하느냐가 문제다. 토지세가 중립적이라고 보는 전통적 견해에 따르면 두 곡선이 같은 폭으로 하방 이동하므로 두 곡선의 교점 역시 수직으로 하방 이동하여, 결과적으로 투기용 토지와 현재 개발용 토지의 면적은 과세 전에나 과세 후에나 변하지 않을 것이다. 그러나 본문에서 설명하였듯이 공공부문의 크기는 민간부문으로부터 징수한 조세수입에 크게 의존하므로 지방재정의 규모는 해당 지역사회의 민간부문의 규모에 따라 결정될 가능성이 크다. 이 토지가치세의 부과는 $P_n(t)$보다 $P_s(t)$를 더 큰 폭으로 떨어뜨린다.[52] 그래서 토지가치세의 부과 결과 수요가격을 나타내는 곡선과 공급가격을 나타내는 곡선이 <그림 13-1>에서 선분 $d'd'$와 $s's'$의 위치까지 떨어졌다고 가정해 보자. 그러면 이 두 선분의 교점은 종전의 균형점인 x_0의 오른쪽에 나타날 것이다. 이 새로운 균형에 상응하는 x'를 중심으로 x'의 왼쪽에서는 수요가격이 공급가격보다 더 크므로 결국 $0x'$만큼의 토지가 현재 개발용으로 이용될 것이다. 다시 말해서 토지가치세를 부과한 결과 x_0x'만큼의 토지가 투기용으로부터 현재 개발용으로 전환되어 현재 개발용 토지가 증가한다는 것이다. 그러므로 요컨대 토지가치세는 토지개발을 촉진하는 비중립적 조세라는 얘기가 된다.

그림 13-1 토지세(토지가치세)가 토지이용에 미치는 효과

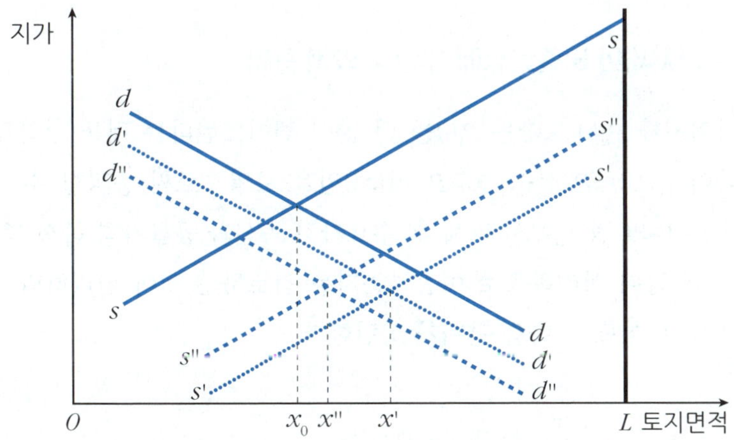

그런데 만일 토지가치세를 부과한 결과, 새로 개발되는 토지의 양이 현저히 많아지면(다시 말해서 x_0x'의 값이 현저하게 크면) 추가적으로 모든 용도에서 토지의 가격이 따라서 변할 가능성이 크다. 이렇게 되면 토지세의 효과가 상당히 복잡하게 나타난다. 수요-공급의 법칙상 현재 개발용 토지가 크게 늘어나므로, 현재 개발용 토지의 가격이 떨어질 것이며, 투기용 토지의 양이 감소하므로 투기용 토지의 가격은 올라갈 것이다. 이렇게 토지개발이 촉진된 결과, 지가 변동이 수반되는 경우에는 $P_n(t)$은 떨어지고 $P_s(t)$는 상승한다. 이 말은 <그림 13-1>에서 수요가격을 나타내는 곡선은 $d'd'$보다 약간 더 하락하고 공급가격을 나타내는 곡선은 $s's'$보다 약간 더 위로 올라간다는 것이다. 그래서 최종적으로 공급가격을 나타내는 곡선과 수요가격을 나타내는 곡선이 <그림 13-1>에서 각각 곡선 $s''s''$와 곡선 $d''d''$처럼 되었다고 하자. 그러면 이 새로운 두 곡선의 교점에 상응한 점 x''의 왼쪽에 있는 토지는 현재 개발용으로 이용되고 오른쪽에 있는 토지는 투기용으로 이용될 것이다. 이런 가격변동으로 인한 부차적 파급효과까지 고려

하면 토지가치세는 x_0x'' 만큼의 토지를 투기용으로부터 현재 개발용으로 전환하는 효과를 초래한다.[53]

5. 토지가치세의 비중립성에 대한 수학적 증명

토지가치세가 $P_n(0)$보다는 $P_s(t)$를 더 많이 떨어뜨린다는 것을 수학적으로는 다음과 같이 $\{[P_s(0)-P_s(t)]-[P_n(0)-P_n(t)]\}>0$임을 보임으로써 증명할 수 있다. 우선, <그림 13-1>의 점 x_0에서 과세 후 수요가격 곡선과 공급가격 곡선 중에서 어느 곡선이 더 많이 아래쪽으로 이동하는지를 검토하는 것이 편리하다. 점 x_0에서는 $P_n(0)=P_s(0)$이므로, 다음 관계가 성립한다.

$$\frac{z}{(r-a)(1+r)^h} = \frac{y}{r-a} \text{ 혹은 } z = (1+r)^h y$$

이 관계식을 위의 $\{[P_s(0)-P_s(t)]-[P_n(0)-P_n(t)]\}$에 대입하고 정리하면,

$$\frac{y}{r-a+t} = \left[1-\frac{(1+r)^h}{(1+r+t)^h}\right] > 0$$

따라서 $[P_s(0)-P_s(t)] >[P_n(0)-P_n(t)]$이므로 공급가격이 더 많이 하락함을 알 수 있다. 한편, 토지가치세의 부과가 현재 개발용 토지의 면적을 증가시킨다는 것은 다음과 같이 증명할 수 있다. 즉, 균형 조건식 $P_n(t)=P_s(t)$을 정리하고 t에 대하여 미분하면 다음과 같은 관계식을 얻을 수 있다.

$$\frac{dx}{dt} = \frac{h(1+r+t)^{h-1}y(x)}{dz/dx-(1+r+t)^h dy/dx} > 0 \quad (\because dz(x)/dx>0\text{이고 } dy(x)/dx<0)$$

토지증가세 역시 현재 개발용 토지의 면적을 증가시킴으로써 투기를 억제하

는 효과를 수반한다는 것은 같은 요령으로 증명할 수 있다. 즉, $P_n(t)=P_s(t)$를 정리하고 이를 t에 대하여 미분하고 정리한 결과는 다음과 같다.

$$\frac{dx}{dt} = \frac{[(1+r)^h - 1](r-a)}{(1-t)^2[dy/dx - (1+r)^h dy/dx]} > 0$$

다음, 토지가치세가 토지개발의 시기를 앞당긴다는 것은 다음과 같이 증명할 수 있다. 토지증가세가 부과되었을 때의 균형 조건식 $P_n(t)= P_s(t)$으로부터 개발 시기 임계치 $h^*(t)$를 구하면 다음과 같다.

$$h^*(t) = \frac{1}{\log(1+r)} \cdot \log\left\{\frac{z-t[z-(r-a)w]}{y-t[y-(r-a)w]}\right\}$$

이를 $h^*(0)=[\log(z/y)]/\log(1+r)$와 비교해 보면,

$$\frac{x}{y} > \frac{z-t[z-(r-a)w]}{y-t[y-(r-a)w]}$$

이므로 $h^*(t)< h^*(0)$. 토지가치세의 경우와 비교해볼 때 공한지세가 현재 개발용보다 미래 개발용의 상대적 가치, 다시 말해서 수요가격에 비해서 공급가격을 더욱 큰 폭으로 떨어뜨린다는 것은 수학적으로 다음과 같이 증명할 수 있다. 즉, $P_n(0)=P_s(0)$인 상태에서는 $(1+r)^h \cdot y=z$이므로, 토지가치세의 경우 수요가격과 공급가격의 차이를 d', 공한지세의 경우 수요가격과 공급가격의 차이를 d''로 표시하면 이들의 값은 다음과 같다:

$$d' = \frac{y}{r-a+t}\left[1-\left(\frac{1+r}{1+r+t}\right)^h\right];\ d'' = \frac{y}{r-u}\left[1-\left(\frac{1+r}{1+r+t}\right)^h\right]$$

따라서 $d'>d''$이다.

이상에서는 지대소득이 매년 일정함을 가정하였는데, 매년 지대소득이 달라진다고 가정하고 i년의 현재 개발용 토지와 미래 개발용 토지의 지대소득을 각각 $y_i(x)$, $z_i(x)$라고 표기하자. 이 지대소득은 토지가치의 자연적 상승을 포함한 평당 지대소득이다. 그러면 현재 개발용과 미래 개발용을 더 일반화한 다음과 같은 두 용도를 상정할 수 있다.

용도 1: $y_1(x), y_2(x), y_3(x), \cdots, y_i(x), \cdots$
용도 2: $z_1(x), z_2(x), z_3(x), \cdots, z_i(x), \cdots$

만일 처음 h년 동안에는 $z_i(x)$의 값이 0이거나 혹은 $y_i(x)$보다 현저히 적고 h년 이 후에는 그 반대이면 용도 2는 미래 개발용이라고 할 수 있다. 왜냐하면, 순전히 미래 개발용 토지라도 개발 이전까지는 낮은 수준의 지대를 발생시키는 임시 용도로 이용됨이 보통이기 때문이다. 만일 i년의 할인율을 r_i라고 하면 이 두 용도에 결부된 토지가치 $P_1(0)$와 $P_2(0)$는 다음과 같이 계산된다.

$$P_1(0) = \frac{y_1(x)}{(1+r_1)} + \frac{y_2(x)}{(1+r_1)(1+r_2)} + \frac{y_3(x)}{(1+r_1)(1+r_2)(1+r_3)} + \cdots$$

$$= \sum_{i=1}^{H} \prod_{j=1}^{i} \frac{y_i(x)}{(1+r_j)}$$

$$P_2(0) = \frac{z_1(x)}{(1+r_1)} + \frac{z_2(x)}{(1+r_1)(1+r_2)} + \frac{z_3(x)}{(1+r_1)(1+r_2)(1+r_3)} + \cdots$$

$$= \sum_{i=1}^{H} \prod_{j=1}^{i} \frac{z_i(x)}{(1+r_j)}$$

이 경우에도 앞에서와 마찬가지로 $P_1(0)$와 $P_2(0)$ 중 어느 것이 큰가에 따라 해당 토지의 용도가 결정될 것이다. 토지세(토지가치세)가 부과된다고 하면 토지가치가 어떻게 변할 것인가? i년의 토지가치세 세율을 t_i라고 하면, $P_1(t)$와 $P_2(t)$ 그리고 이 두 용도에 있어서 경제성의 차이는 다음과 같이 계산된다.

$$P_1(t) = \frac{y_1(x)}{(1+r_1)(1+t_1)} + \frac{y_2(x)}{(1+r_1)(1+r_2)(1+t_1)(1+t_2)} + \cdots$$

$$= \sum_{i=1}^{H} \prod_{j=1}^{i} \frac{y_i(x)}{(1+r_j)(1+t_j)}$$

$$P_2(t) = \sum_{i=1}^{H} \prod_{j=1}^{i} \frac{z_i(x)}{(1+r_j)(1+t_j)}$$

이상의 4공식으로부터 $[P_1(0)-P_2(0)]$와 $[P_1(t)-P_2(t)]$를 구해보면, 일반적으로 다음과 같이 됨을 알 수 있다: $[P_1(0)-P_2(0)] \neq [P_1(t)-P_2(t)]$. 그러므로 토지가치세의 비중립성은 더 일반적인 경우에도 성립함을 알 수 있다.

이같이 발생주의에 따라 과세하지 않고 실현주의에 따라 과세하더라도 토지가치세의 비중립성이 여전히 성립한다. 이 경우 $P_1(t)$와 $P_2(t)$를 구해보면 다음과 같다:

$$P_1(t) = \frac{(1-t_1)y_1(x)}{(1+r_1)} + \frac{(1-t_2)y_2(x)}{(1+r_1)(1+r_2)} + \frac{(1-t_3)y_3(x)}{(1+r_1)(1+r_2)(1+r_3)} + \cdots$$

$$P_1(t) = \frac{(1-t_1)z_1(x)}{(1+r_1)} + \frac{(1-t_2)z_2(x)}{(1+r_1)(1+r_2)} + \frac{(1-t_3)z_3(x)}{(1+r_1)(1+r_2)(1+r_3)} + \cdots$$

그리면 과세 진 이 두 용도의 경제성 차이 $[P_1(0)-P_2(0)]$와 과세 후 경제성 차이 $[P_1(t)-P_2(t)]$는 다음과 같이 될 것이다.

$$P_1(0) - P_2(0) = \frac{y_1(x) - z_1(x)}{(1+r_1)} + \frac{y_2(x) - z_2(x)}{(1+r_1)(1+r_2)} + \frac{y_3(x) - z_3(x)}{(1+r_1)(1+r_2)(1+r_3)} + \cdots$$

$$P_1(t) - P_2(t) = \frac{(1-t_1)[y_1(x) - z_1(x)]}{(1+r_1)} + \frac{(1-t_2)[y_2(x) - z_2(x)]}{(1+r_1)(1+r_2)} + \cdots$$

이 두 식의 결과를 비교해 보면, $[P_1(0)>P_2(0)]$이라고 해서 $[P_1(t)>P_2(t)]$가 되라는 보장은 없다. 일반적으로 $[P_1(0) - P_2(0)] \neq [P_1(t) - P_2(t)]$일 것이며 따라서 비중립적일 수 있다.

6. 기타 다른 종류의 토지세의 비중립성

이같이 토지가치세가 토지의 용도와 토지개발 시기에 영향을 주는 비중립적 조세라고 하면, 토지증가세는 어떤가? 토지증가세는 토지가치의 증가분에 대하여 과세하는 조세이다. 개발이익에 과세되는 소위 개발이익세 혹은 개발가치세는 토지증가세의 범주에 속한다고 볼 수 있다.

증가(增價)되기 전의 토지가치 W라고 하면, 현재 개발용 토지에 있어서 토지가치의 증가분은 $[P_n(0) - W]$이므로, 세율이 t일 때, 조세 부과액은 $t[P_n(0) - W]$가 될 것이다. 미래 개발용의 경우에는 개발된 이후에 가치증가가 이루어진다고 보면, 토지가치 증가분은 $[V(0) - W]$가 되므로 개발 시점에서의 조세 부과액은 $t[V(0) - W]$가 되므로 이것을 현가로 환산하면 $t[V(0) - W]/(1+r)^h$. 이런 결과를 바탕으로 $P_n(t)$와 $P_s(t)$를 구하면 다음과 같은 관계식을 얻을 수 있다:

$$P_n(t) - P_s(t) = (1-t)[P_n(0) - P_s(0)] + t \cdot W\{1 - [1/(1+r)^h]\}$$

이것을 보면, $[P_n(t)-P_s(t)] \neq [P_n(0)-P_s(0)]$임을 금방 알 수 있다. 즉, 토지증가세 부과 전의 토지 용도가 부과 후에는 다른 용도로 바뀔 가능성이 크다. 그러므로 토지증가세 역시 비중립적이다. 이런 주장을 좀 더 구체적으로 뒷받침하기 위해서 토지증가세가 개발시기를 앞당기는 효과 혹은 토지증가세가 현재 개발용 토지의 면적을 늘리는 효과가 있음을 수학적으로 증명해 보일 수도 있는데, 이런 증명은 토지증가세가 토지투기를 억제한다는 주장으로 이어진다. 즉, 토지증가세가 부과되기 전의 개발시기 임계치를 $h^*(0)$, 부과 후의 개발시기 임계치를 $h^*(t)$라고 하면, $h^*(t)<h^*(0)$임을 증명함으로써 토지증가세가 토지개발을 촉진한다는 것을 알 수 있다. 이에 대한 수학적 증명은 15장의 부록에서 설명하기로 한다. 한편, 위에서 구한 $P_n(t)$와 $P_s(t)$의 균형식, 즉 $[P_n(t)=P_s(t)]$을 정리하고 이를 t에 대하여 미분하고 정리하면 $dx/dt>0$ 임을 증명할 수 있으니, 토지증가세 역시 현재 개발용 토지의 면적을 증가시킴으로써 투기를 억제하는 효과를 수반한다는 것을 알 수 있다.

7. 토지가치세 제도의 세입 충분성

일반재산세 아래에서 지역 전체의 토지가치를 V_o, 이 토지에 부착된 건물 및 기타 인공구조물을 포함한 개량공사물의 자산가치를 B_o, 그리고 평균 재산세율을 t_o라고 표시하자. 한편, 토지가치세 제도가 실행될 경우, 지역 전체의 토지가치를 V_s, 그 세율을 t_s라고 표시하면, 일반재산세 아래에서의 세수는 $t_o(V_o+B_o)$이고 토지가치세 제도하에서 세수는 t_sV_s가 될 것이다. 토지가치세제도가 조세 행정의 측면에서 설득력이 있으려면, 이 제도의 실행 이후 세수의 감소가 없어야 할 것이다. 달리 말하면 다음 조건식이 충족되어야 할 것이다.

$$t_sV_s - t_o(V_o+B_o) \qquad \cdots\cdots(13\text{-}5)$$

만일 토지가치세제도 실시 후에도 전체 토지가치에 아무런 변화가 없다면

(즉, $V_o=V_s$ 이면), 위의 식에서 다음과 같은 관계식을 얻는다.

$$t_s = \frac{V_o + B_o}{V_s} \cdot t_o$$

이 결과는, 세제 변경 후 세원 감소를 보충하여 종전과 똑같은 세수를 올리기 위해서는 토지가치 세율 t_s를 적절히 인상하여야 함을 의미한다. 토지분의 자산가치 V_o가 전체 재산의 가치 (V_o+B_o)에서 차지하는 비율(토지가치 비중)을 L이라고 하면 토지가치 세율은 종전의 재산세율 t_o에 L의 역수를 곱한 만큼 인상되어야 한다. 토지가치 비중이 낮을수록, 토지가치세율의 인상폭이 커지므로, 토지가치세제도의 실시는 그만큼 조세 행정의 부담을 안게 된다.

종전의 일반재산세 제도 아래에서의 토지지대 총액이 Y_o이었다고 할 때, 앞의 조건식(13-5)을 약간 변형하면 다음 관계식을 얻는다.

$$Y_o = (r' + t_o) V_o$$

여기에서 $r'=(r-a)$. 토지소유자들에게 어느 정도의 경제적 수익을 보장하면서 토지가치세제도가 실시되기 위해서는 이 토지지대 총액이 종전 재산세 부담액보다 충분히 커야 할 것이다. 즉, $(r'+t_o)V_o > t_o(V_o+B_o)$. 이를 달리 고쳐 쓰면 다음 부등식을 얻는다.

$$K = \frac{t_o(V_o + B_o)}{(r' + t_o) V_o} < 1$$

만일 이 K의 값이 1보다 충분히 작다고 하면, 이는 곧 토지지대 소득이 토지분에 대한 세금뿐 아니라 건축물분에 대한 세금까지 부담할 수 있을 만큼 충분히 크다는 것을 의미하므로, 비록 토지가치세제도의 실시로 인해 세율이 인상되더라도 큰 무리가 없을 가능성을 시사한다. 따라서 K값이 이 제도의 실행 가능성에 대한 또 하나의 지표가 될 수 있다. 그러나 이 K값을 실제로 추정해본 한 연구에 의하면, 대체로 이 K값이 1보다 작지만, 충분히 작지는 않은 것으로 나타났다.[54] 만일 그렇다고 하면 토지가치세제도의 실시는 토지지대 소득의 많은 부분을 세금으로 흡수함을 의미하므로, 그 실행 가능성에 큰 회의를 던지게 된다.

이 제도의 시행으로 인해서 지대소득이 종전의 Y_o에서 $\triangle Y$만큼 변하여 Y_s가 되었다고 하면 다음 관계식이 성립한다.

$$Y_s = (r'+t_o)V_o + \triangle Y$$

한편 $Y_s = (r'+t_s)V_s$일 것이므로 이를 고려하여 위의 식과 세수 불변의 조건식인 앞의 (13-5)을 결합하고 정리하면 다음 관계식을 얻는다.

$$V_s = V_o + \frac{\triangle Y - t_o B_o}{r'}$$

이 결과에서 알 수 있듯이 만일 토지가치세 제도 실행 이후 토지지대 소득의 총액이 종전 일반재산세 아래에서의 비토지 재산분에 대한 세금, 즉 $t_o B_o$ 만큼만 증가해준다면 전체 토지가치에는 변함이 없게 된다. 즉 $V_o = V_s$이다. 다시 말하면 토지가치세 제도의 실행으로 인해 토지분에 추가되는 비토지 재산분에 대한 세금 $t_o B_o$를 토지지대 소득의 증가분 $\triangle Y$에서 부담하고 나면 토지소유자는 이 제도 시행 전이나 후에나 다름없이 r'%의 순수익률을 토지로부터 누리게 된다는 것이다.

8. 헨리 조지의 정리

예를 들어 총면적 A만큼의 토지에 L만큼의 인구가 거주하는 어느 지역사회의 총생산을 Y라고 표시하자. 인구를 노동력에 대한 지표로 보고, 이 Y를 토지면적 A와 인구 L의 함수로 보아 다음과 같은 지역 총생산함수를 상정하기로 하자.

$$Y = f(L, A)$$

이 지역총생산 Y는 크게 사적재와 지방공공재의 두 가지로 구성될 것인 바, 이 지방공공재의 총소비량을 G, 사적재의 인당 소비량을 c로 표기하자. 이 G의 값이 곧 지방재정의 규모를 나타내며, 사적재의 총소비량 $c \cdot L$의 값은 민간부문의 규모를 반영한다. 즉,

$$Y = c \cdot L + G$$

이 지역사회에서 사적재와 공공재 각각의 수요와 공급이 균형을 이룬다고 하면, 다시 말해서 이 지역사회의 경제가 균형 상태에 있다고 하면, 이 지역사회의 총공급은 총수요와 일치할 것이다. 즉,

$$c \cdot L + G = f(L, A)$$

따라서 사적재의 1인당 소비량은 다음과 같이 나타낼 수 있다.

$$c = \frac{f(L, A) - G}{L}$$

이 지역사회의 총 토지면적 A는 고정되어 있으므로 사적재의 인당 소비량 c는 인구 L의 함수가 된다. 이 인구가 너무 적으면 사적재의 생산이 너무 적어서, 사적재의 소비도 적을 것이며, 인구가 너무 많아도 인당 사적재 소비량이 감소할 것이다. 따라서 위에서 설명한 바와 같이 인당 사적재 소비량이 최대한 달성

되는 수준에서 이 지역사회의 적정규모가 결정되는 것으로 생각한다면, 위 식을 L에 대해서 미분하고 정리하면 다음과 같은 식을 얻는다.

$$\frac{\partial c}{\partial L} = \left\{L \cdot \frac{\partial c}{\partial L} - [f(L, A) - G]\right\} / L^2 = 0$$

$$L \cdot \frac{\partial c}{\partial L} = f(L, A) - G$$

이 식을 정리하면 이 지역사회의 적정규모를 결정하기 위한 조건식을 얻는다.

$$c = \frac{f(L, A) - G}{L} = MP_L$$

여기에서 MP_L은 노동의 한계생산을 나타낸다. 균형 상태에서 노동의 한계생산은 임금수준과 일치하므로, 임금수준을 w라고 표기하고 위 식을 정리하면 다음 관계식을 얻는다.

$$G = f(L, A) - w \cdot L$$

지역총생산에서 총임금 지급액을 뺀 나머지는 지대의 총액이므로 이 식은 지방재정의 규모가 이 지대의 총액과 같아짐을 보인다. 설명의 편의상 여기에서는 자본을 고려하지 않았으나 자본의 양을 또 하나의 변수로 고려해도 똑같은 결론에 이르게 된다.

미주

1 소병희(2004), 『공공부문의 경제학』, 서울: 박영사.

2 국민이 혈세의 용도에 대하여 정부를 비교적 잘 감시하고 있는 미국에는 초과부담의 크기에 관한 연구가 꽤 많이 보인다. 연구마다 차이가 나지만 최근의 한 연구에 의하면, 미국 정부가 걷어 들이는 근로소득세 1 달러 당 초과부담은 0.3 달러 내지 0.5 달러로 추정되고 있다. 법인세의 경우에는 1 달러 당 0.6 달러내지 1.2 달러의 초과부담이 발생하는 것으로 추정되고 있다. 이에 대한 구체적 논의는 다음 문헌 참조: 이정전(1995), "환경세에 대하여", 한국환경경제학회, 「환경경제연구」 제4권 제1호.

3 Tideman, N. (1994), "The Economics of efficient taxes on Land", in Tideman, N. ed., Land and Taxation, London: Shepheard-Walwyn Ltd. p.130.

4 이에 대한 자세한 논의는 다음 문헌 참조: 이정전(2015), 『왜 우리는 정부에게 배신당할까?』, 서울: 민음사출판그룹 반비.

5 노영훈(2005), "부동산세제와 부동산시장", 서울대학교 한국행정연구소 주최 제208회 「정책&지식」 포럼에서 2005년 10. 11 발표된 논문.

6 이정우(2016), "한국경제와 부동산: 불평등의 뿌리", 부동산포커스, vol. 92. 2016년 1월.

7 예를 들면, 이 법을 이론적으로 뒷받침하기 위한 기초연구인 「토지공개념연구위원회 연구보고서」의 개발이익환수제도에 관한 부분에는 전가의 가능성에 대해서는 한 줄의 언급도 없었다.

8 Mill, J. S. (1921), Principles of Political Economy(Ashyley ed.), London: Longmans, Green, and Co.

9 Pigou, A. C. (1962), A Study in Public Finance, London: MacMillan Co. Ltd. pp.147-153.

10 이 수익을 소비를 위한 소득으로 즉시 전환하려는 사람은 예외이다. 구체적 내용은 다음 문헌 참조: Pigou, A. C. (1962), A Study in Public Finance, London: MacMillan Co. Ltd. p.160.

11 이러한 견해를 받아들이는 대표적인 학자로 R. S. Smith는 Dick Netzer, Daniel M. Holland, Arthur Becker, Ralph Turvey, Max Neutze 등을 꼽았다. 구체적인 내용은 다음 문헌 참조: Smith, R. S. (1978), "Land Prices and Tax Policies: A Study of Fiscal Impact", American Journal of Economics and Sociology, Vol.57, No.1, pp.51-69.

12 Prest, A. R. (1981), The Taxation of Urban Land, Manchester: Manchester

University Press. p.21.

13 Seligman, E. R. A. (1927), Incidence of Taxation, New York: Columbia University Press, p.281.

14 Marshall, A. (1959), Principles of Economics(8th edition), London: MacMillan & Co. Ltd. pp.661-662.

15 Prest, A. R. (1981), The Taxation of Urban Land, Manchester: Manchester University Press. p.12.

16 Seligman, E. R. A. (1927), Incidence of Taxation, New York: Columbia University Press, p.281.

17 "놀라운"이라는 표현은 그의 논문 제목에 나타난 표현이다. 펠드스타인의 연구에 대한 구체적 내용은 다음 문헌 참조: Feldstein, M. (1977), "The Surprising Incidence of a Tax on Pure Rent: A New Answer to an Old Question", Journal of Political Economy, Vol.85, No.2, pp.349-360.

18 즉, 자본의 한계생산과 저축자에 대한 대가 사이에 아무런 괴리가 발생하지 않는다는 것이다.

19 이 4원칙이란, 평등의 원칙, 명확성의 원칙, 납세편의의 원칙, 징수비절약의 원칙을 말한다. 평등의 원칙이란 국민 각자의 지불 능력에 따라 조세를 징수하여야 함을, 명확성의 원칙은 모든 국민이 이해할 수 있도록 납세의무가 명백하며, 그것을 임의로 조작·변경해서는 안됨을, 납세편의의 원칙이란 납세가자 지불하기 편리한 시기와 방법으로 모든 조세를 징수하여야 함을, 그리고 징수비절약의 원칙이란 징수비가 최소화되도록 모든 조세를 징수하여야 함을 각각 의미한다. 이 네 번째 원칙 속에는 조세로 인한 초과부담을 되도록 회피해야 한다는 내용을 포함하는 것으로 이해된다. 다음 문헌 참조:

Smith, A. (1837), An Inquiry into the Nature and Causes of the Wealth of Nations, E Cannon ed., New York: Random House, Inc. pp.777-779.
김동건(2005), 『현대경제학』, 서울: 박영사, 245쪽.

20 위에서 인용한 Smith의 논문 참조.

21 이에 대한 구체적인 내용은 다음 문헌 참조: 이현재(1986), 『재정경제학』, 서울: 박영사, 296~299쪽.

22 김경환 · 손재영(2010), 『부동산경제학』, 서울: 건국대학교 출판부, 80쪽.

23 앞의 주장은 A. P. Becker의 주장이고, 뒤의 주장은 D. M. Holland의 주장이다. 이에 관한 구체적인 내용은 다음 문헌 참조:

Becker, A. P. (1969), "Principles of Taxing Land and Buildings for Economic

Development", in A. P. Becker ed., Land and Building Taxes, Madison: The University of Wisconsin Press. pp.32-33.

Holland, D. M. (1970), "Introduction", in D. M. Holland ed., The Assessment of Land Value, Madison: The University of Wisconsin Press, pp.3-8.

24 구체적인 증명은 14장의 부록과 다음 문헌 참조: Skouras A. (1978), "The Non-neutrality of Land Taxation", Public Finance, Vol.XXXIII, No.1-2. pp.113-133.

25 예를 들면, Brueckner는 일반균형적 접근방법에 따라 토지세의 효과를 분석한 바 있다. 이에 관한 구체적 내용은 다음 문헌 참조: Brueckner, Jan K. (1986), "A Modern Analysis of the Effects of Site-value Taxation", National Tax Journal, Vol.XXXIX, No.1, pp.49-58.

26 이런 주장을 대변하는 연구로서 다음 문헌 참조: Tideman, T. N. (1982), "A Tax on Land Value is Neutral", National Tax Journal, Vol.XXXV, No.1, pp.100-112.

27 Pogue, T. F. and L. G. Sgontz(1978), Government & Economic Choice, Boston: Houghton Mifflin Co. pp.200-202.

28 여러 나라의 토지세 실시현황에 대해서는 다음 문헌 참조: Smith, R. S. (1979), "The Effects of Land Taxes on Development Timing and Rates of Charges in Land Prices", in Roy W. Bahl ed., The Taxation of Urban Property in Less Developed Countries, Madison: The Wisconsin University Press, pp.137-162. OECD(1983), Taxes on Immovable Property, Paris: OECD.

29 Netzer, D. (1966), Economics of the Property Tax, Washington D. C.: The Brookings Institution. pp.202-204.

30 예를 들면, R. S. Smith도 이런 주장을 한 학자들중의 하나이다. 이에 대한 구체적 내용은 다음 문헌 참조: Smith, R. S. (1979), "The Effects of Land Taxes on Development Timing and Rates of Charges in Land Prices", in Roy W. Bahl ed., The Taxation of Urban Property in Less Developed Countries, Madison: The Wisconsin University Press.

31 Netzer, D. (1966), Economics of the Property Tax, Washington D. C.: The Brookings Institution, pp.3-8.

32 Prest, A. R. (1981), The Taxation of Urban Land, Manchester: Manchester University Press. p.21.

33 이에 대한 구체적 내용은 다음 문헌 참조. Douglas Jr. R. W. (1978), "Site Value Taxation and Manvel's Land Value Estimates", American Jouranl of Economics and Sociology, Vol.37, No.2(Apr.). pp.217-223.

34 이에 대한 구체적 내용은 다음 두 문헌 참조: 김현옥(1987), "우리나라 재산세에 있어서 지가세의 적용가능성에 관한 연구", 서울대학교 환경대학원 석사학위논문.

Grosskopf, S. P. and M.B. Johnson(1982), "Land Value Tax Revenue Potentials: Methodology and Measurement", in Land Value Taxation, ed. by R. W. Lindholm and A. D. Lynn Jr., Madison: The Wisconsin University Press. pp.41-68.

35 비관적 견해를 가진 학자로는 James Heilbrun과 R. W. Douglas가 꼽히는데, 이에 관한 구체적 논의는 다음 문헌 참조: Grosskopf, S. P. and M. B. Johnson(1982), "Land Value Tax Revenue Potentials: Methodology and Measurement", in Land Value Taxation, ed. by R. W. Lindholm and A. D. Lynn Jr. Madison: The Wisconsin University Press, pp.41~68.

36 이에 대한 구체적 내용은 다음 문헌 참조: Heilbrun, J. (1969), "Reforming the Real Estate Tax to Encourage Housing Maintenance and Rehabilitation", in A. P. Becker ed. Land and Building Taxes, Madison: The University of Wisconsin Press. pp.64-80.

37 Gaffney, M.(1970), "Adequacy of Land as a Tax Base", in D. M. Holland, ed., The Assessment of Land Value, Madison: The University of Wisconsin Press. pp.157-212.

38 이에 대한 구체적 내용은 다음 문헌 참조: Netzer, D. (1966), Economics of the Property Tax, Washington D. C.: The Brookings Institution, pp.209-210.

39 Netzer, D. (1966), Economics of the Property Tax, Washington D. C.: The Brookings Institution, p.206.

40 Prest, A. R. (1981), The Taxation of Urban Land, Manchester: Manchester University Press. p.8.

41 록크는 지주에 부과되니 토지세는 전가되지 않고 오직 지주에 귀착되는 반면 토지 이외의 것에 대한 조세는 어떠한 조세이든 간에 어떠한 형태로든 일단 전가되었다가 궁극적으로는 지주에 귀착되기 마련이라고 보았다. 기업가나 상인은 조세를 전가하게 되어 있고, 노동 계층은 원래 조세를 지불할 경제력이 없으므로, 결국 모든 형태의 조세는 경제력을 가진 지주에게 귀착될 수밖에 없다는 것이 록크의 견해이다. 이에 대한 자세한 설명은 다음 문헌 참조. Seligman, E. R. A. (1927), Incidence of Taxation, New York: Columbia University Press. pp.101-103.

42 Roll, E. (1956), A History of Economic Thought, Englewood Cliffs: Prentice-Hall, Inc. pp.128-137.

43 Seligman, E. R. A. (1927), Incidence of Taxation, New York: Columbia University

Press. pp.125-128, pp.137-139.

44 Musgrave, R. A. and P. B. Musgrave(1967), Public Finance in Theory and Practice(2nd ed.) New York: McGraw-Hill Book Co. pp.6-21.

45 이에 대한 자세한 논의는 다음 문헌 참조: Heilbrum, J. (1981), Urban Economics and Public Policy(2nd ed.), New York: St. Martin's Press. pp.421-430.

46 이에 관한 자세한 논의는 다음 문헌 참조: Goldberg, M. and P. Chinloy(1984), Urban Land Economics, New York: John Wiley & Sons. pp.198-205.

47 이 정리에 관한 자세한 내용은 다음 문헌 참조: Arnott, R. J. and J. E. Stiglitz, "Aggregate Land Rents, Expenditure on Public Goods, and Optimal City Size," Quarterly Journal of Economics 93(1979), pp.471-500.

48 Steiner, P. O. (1963), "The Non-neutrality of Corporate Income Taxation-with and without Depletion", National Tax Journal, Vol.XVI, No.3(Sept.). pp.238-251.

49 이에 관한 구체적 내용은 다음 문헌 참조: Davie, B. F. and B. F. Duncombe(1972), Public Finance, New York: Holt, Rinehart & Inc. pp.108-110.

Pogue, T. F. and L. G. Sgontz(1978), Government & Economic Choice, Boston: Houghton Mifflin Co. pp.200-201.

50 $P_n(0)=P_s(0)$이면, $y/(r-a)=z/(r-a)(1+r)^h$. 이를 정리하면, $(1+r)^h=z/y$. 이 등식의 양변에 log를 취하면 h의 임계치를 나타내는 공식을 얻는다.

51 구체적인 증명은 14장의 부록과 다음 문헌 참조: Skouras A. (1978), "The Non-neutrality of Land Taxation", Public Finance, Vol.XXXIII, No.1-2. pp.113-133.

52 이에 관한 더 구체적인 내용은 다음 문헌 참조: Mills, D. E. (1981), "The Non-neutrality of Land Value Taxation", National Tax Journal, Vol.XXXIV, No.1.

53 이에 대한 구체적 내용은 다음 문헌 참조. Douglas Jr. R. W. (1978), "Site Value Taxation and Manvel's Land Value Estimates", American Journal of Economics and Sociology, Vol.37, No.2(Apr.). pp.217-223.

54 이에 관한 구체적 내용은 다음 문헌 참조: Douglas Jr. R. W. (1978), "Site Value Taxation and Mandel's Land Value Estimates", American Journal of Economics and Sociology, Vol. 37, No. 2(April), pp.217~223.

14

경제적 타당성 분석

1. 비용-편익 분석
   만장일치원칙(혹은 파레토 원칙) / 편익과 비용의 개념 /
   유무 검증과 전후 검증 / 용지의 기회비용
2. 비용과 편익의 판별과 금전화
   경제분석과 재무분석 / 합산의 문제 / 편익의 종류 / 편익의 금전화
3. 경제적 타당성 판정의 기준
   순현가(Net present value)에 의한 판정 / B/C율에 의한 판정 /
   내부수익률(IRR)
4. 할인율의 문제
   할인율은 0이거나 매우 낮아야 한다는 주장 / 할인율의 근거
5. 환경가치의 추정
   환경가치의 성격과 추정의 필요성 / 환경가치 추정 방법의 유형 /
   지불 용의액에 대한 설문조사 / 여행비용에 의한 추정 / 속성(屬性)가격기법

주요용어

- 편익
- 기회비용
- 시간선호율
- 직접 편익(주편익)
- 부차적 편익(파생된 편익)
- 금전적 편익
- 비금전적 편익
- 유무검증
- 전후검증
- 경제분석
- 재무분석
- 잠재가격
- 파레토기준
- 매몰비용(sunk cost)
- 비용-편익분석(Cost-Benefit Analysis)
- 칼도-힉스기준(보상의 원칙)
- 순현가
- B/C율
- 내부수익률
- 사회적 할인율
- 조건부가치추정방법
- 가상시장
- 속성가격기법
- 여행비용방법
- 대체비용방법
- 헤도닉가격

14 경제적 타당성 분석

1 비용-편익 분석

만장일치원칙(혹은 파레토 원칙)

간척, 도로 건설, 공항 건설 등 공공사업은 정부의 주요 토지정책 수단의 하나이지만, 엄밀한 타당성 검토 과정을 거쳐서 추진되어야 한다. 왜냐하면, 국민의 혈세가 쓰이기 때문이다. 민간부문에서 추진하는 사업의 타당성은 시장에서 검증된다. 수익성이 없는 상품을 개발한 기업은 망하고 수익성이 높은 상품을 개발한 기업은 돈방석에 앉게 된다. 다만, 이 수익성에는 공익이나 환경파괴로 인한 사회적 손실이 잘 고려되지 않는다는 점이 문제가 되는데, 이 문제는 앞장에서 설명한 외부효과의 내부화 방법을 통해서 조정해 주면 된다는 것이 경제학의 기본 입장이다. 반면에, 정부나 공기업이 수행하는 공공사업의 타당성은 시장을 통해서 검증되지 않는다. 따라서 별도의 검증 과정을 거쳐야 하는데, 시장에서처럼 수익성의 잣대에 따라 평가해서는 안 된다. 이를테면, 계속 적자를 내는 사업이 시장에서 허용되지 않지만, 공익을 위해서는 허용되어야 할 경우도 있다. 지하철과 같은 대중교통수단이 그 좋은 예다. 비록 적자가 나는 일이 있더라도 저렴한 요금으로 대중에게 봉사함이 타당하다. 적자를 면하기 위해서 비싼 요금을 부과한다면 대중교통의 명분이 훼손된다.

비록 공익성이 매우 중요하다고 해도, 이것만을 이유로 공공사업을 추신하는 것은 곤란하다. 과거 공익의 명분 아래 국민의 혈세를 낭비하는 각종 공공사업이 강행되는 경우가 적지 않았다. 새만금 간척사업이나 4대강 사업("4대강 살리기")과 각종 도로 건설 사업들이 그래서 많은 빈축을 샀다. 아무리 공익을 위한 것이라고 하더라도 정부가 국민의 세금으로 공공사업을 추진하기 위해서는 모든 국민이 수긍할 수 있는 어떤 원칙이나 기준에 비추어 볼 때 그것이 타당하다는 판정이 있어야 한다. 과연 그 원칙이나 기준은 무엇일까? 타당성 여부의 판정은 결국 가치판단의 문제다. 경제학자들은 경제학이 가치중립을 지향하는 과학이라고 생각하기 때문에 이런 가치판단의 문제를 다루기를 꺼린다. 다만, 만장일치를 이룰 때는 예외다. 만일 어떤 공공사업의 추진에 모든 국민이 동의한다면, 그 사업은 국민의 이름으로 타당하다고 보아 무방할 것이다. 만장일치의 지지를 얻는 공공사업을 사회적으로 타당한 사업으로 판정한다는 원칙에 모든 국민이 수긍할 것이다. 경제학도 이 원칙을 인정한다.

어떤 공공사업이 타당하다고 인정하는 것은, 그 사업의 추진이, 추진하지 않을 때보다 더 좋다고 보는 것이다. 만일 모든 사람이 x보다는 y가 더 좋다고 생각하거나, 최소한 한 사람은 그렇게 생각하지만, 그 반대로 생각하는 사람은 없다고 하면, x는 사회적으로도 y보다 더 바람직하다고 생각할 수 있다. 이런 식의 가치판단을 파레토 원칙이라고 한다. 경제학도 이 원칙까지는 인정한다. 파레토 원칙을 인정한다는 것은, 오직 모든 이해당사자가 동의하는 사업만 사회적으로 용인함을 의미한다. 그러나 현실적으로 모든 이해당사자가 동의하는 사업은 생각하기 어렵다. 거의 모든 공공사업이나 정부 정책은 특정인들에게 불이익을 준다. 이같이 어떤 사람들에게는 이익을 주고 어떤 사람들에게는 불이익을 주는 사업에 대해서는 뭐라고 말할 것인가? 이 사업을 바람직하다고 말하는 것은, 이 사업으로 이익을 얻는 사람의 편을 드는 셈이요, 바람직하지 않다고 말하는 것은 불이익을 당하는 사람들의 손을 들어주는 셈이다. 그러므로 사람과 사람을 비교하는 문제가 발생한다. 경제학이 파레토 원칙까지만을 인정하는 이유는 이 원칙을 넘어서는 순간 사람과 사람을 비교하는 문제에 봉착하기 때문이다.

그렇다고 파레토 원칙만을 곧이곧대로 고집하다가는 만장일치를 이룰 수 없는 공공사업이나 정책에 관해서 경제학자들은 꿀 먹은 벙어리가 될 수밖에 없다. 모든 사람이 지지하는 공공사업이나 정책은 현실에서 거의 없다고 보면, 파레토 원칙은 현실성이 없는 원칙이라고 할 수 있다. 그래서 현실을 고려한 실용적 타협안들이 고안되었다. 만일 어떤 공공사업을 실행한다고 했을 때 이익을 얻는 사람들이 불이익을 당하는 사람들을 충분히 보상하고도 남을 만큼 충분히 큰 이익을 남긴다면, 이 사업은 파레토 원칙에 부합할 잠재력을 가진 사업이요, 만장일치를 유도할 잠재력을 가진 사업이다. 왜냐하면, 이 사업으로 이익을 보는 사람들이 불이익을 당하는 사람들을 충분히 보상함으로써 반대를 찬성으로 바꾼다면 만장일치를 끌어낼 수 있기 때문이다. 예를 들어서 수질오염을 초래하는 공장을 어느 지역에 유치한다고 하자. 만일 이 공장이 수질오염 피해를 보는 지역주민에게 피해보상을 해주고도 남을 만큼 충분히 많은 돈을 번다고 하면, 모두가 이익을 얻는 방향으로 타협이 이루어질 수 있고, 결과적으로 만장일치로 이 기업의 유치가 용인된다. 이같이 파레토 원칙에 부합할 잠재력을 가진 사업, 즉 만장일치를 얻어낼 잠재력을 가진 사업도 사회적으로 바람직하다고 보자는 주장이 소위 '보상의 원칙' 혹은 칼도-힉스(Kaldor-Hicks) 원칙인데, 이 원칙은 파레토 원칙을 간접적으로 적용하는 편법이라고 볼 수도 있다. 사실상 경제학자들이 이 보상의 원칙까지는 눈감아 준다.

어떻든 일단, 이 보상의 원칙을 받아들이면, 공공사업이나 국가 정책에 대한 경제적 타당성을 전문적으로 검증할 길이 열린다. 특정 금액(이를테면, 500억 원)을 초과하는 대규모 예산이 소요되는 공공사업에 관해서는 법적으로 경제적 타당성 검토 과정을 거치게 되어 있는데, 이때 가장 흔히 이용되는 비용-편익 분석(Cost-Benefit Analysis)은 바로 보상의 원칙에 바탕을 두고 타당성을 검증하는 기법이다. 비용-편익 분석이란 정부나 공기업이 수행하는 사업이나 정책의 사회적 이익(편익)과 사회적 손실(비용)을 바탕으로 그 경제적 타당성을 타진하는 기법이다.

편익과 비용의 개념

비용-편익 분석은 편익과 비용을 양적으로 비교하는 작업이므로 자연히 편익의 개념과 비용의 개념이 절대적으로 중요하다. 과연 무엇을 편익으로 보고 또한 무엇을 비용으로 보느냐에 따라 평가 대상 사업의 경제적 타당성이 달라질 것은 뻔하다. 원래 비용-편익 분석에서 말하는 편익과 비용의 핵심은 국민의 복지다. 즉, 국민의 복지가 늘어나면, 늘어난 부분이 편익이요, 감소하면 감소한 부분이 비용이다. 그러나 복지라는 개념이 양적으로 잘 표현이 되지 않은 추상적 개념이다. 그래서 비용-편익 분석은 복지를 양적으로 잘 나타내주는 일종의 대리변수를 편익의 근거로 삼게 되는데, 재화와 서비스의 생산이 그것이다. 즉, 공공사업으로 인해서 창출되는 재화와 서비스의 증가는 편익이요, 감소는 비용이다. 이때 중요한 것은 양적 변화이지 단순한 가격의 변화가 아니라는 점이다. 양이 늘어나면 편익으로 간주하지만, 양은 늘어나지 않았는데 가격만 높아졌다면 편익으로 간주하지 않는다. 마치 명목소득이 아닌, 실질 소득이 늘어나야 복지가 증진되었다고 말하는 것과 같다. 이런 점에서 보면, 부동산가격에서 거품의 부분은 편익이라고 보기 어렵다.

비용-편익 분석은 경제학 이론에 근거한 기법이므로 이 분석에서 말하는 비용 역시 원칙적으로는 기회비용이다. 우리는 순간순간 선택하면서 살아가는데 어떤 것을 선택하면 다른 것을 포기하게 된다. 이때 포기된 선택(정확하게 말하면, 포기된 최선의 선택)과 결부된 이익을 기회비용이라고 한다. 예를 들어서, 정부가 5조 원의 돈을 투자하여 간척사업을 추진한다고 하자. 만일 정부가 이 사업을 수행하지 않으면, 이 5조 원의 돈은 민간 부분에서 다른 용도로 사용되었을 것이다. 따라서 이 간척사업의 시행은 그 5조 원이 민간부문에서 사용되지 못함을 의미하며, 민간부문에서 최선의 용도로 이용되었을 때 발생할 편익의 포기를 의미한다. 민간부문에서 그 5조 원을 사용한다고 했을 때 최선의 용도가 라면의 생산이며, 라면을 생산했을 때 총 6조 원의 순이익이 발생한다고 하자. 그런데도 간척사업을 추진한다면, 이 6조 원어치의 편익을 포기해야 한다. 그러면 우리 국민의 누군가 6조 원어치의 손해를 입는다. 이 6조 원이 바로 간척사업의 기회비용이 된다. 그러므로 이 간척사업이 경제적 타당성을 가지려면 최소한 6조 원보다 더 많은 편익을 창출해야 한다. 예컨대, 간척사업으로 7조 원어치의 편익이 창출된다고 하면, 우리 국민 누군가 7조 원어치의 이익을 얻게 되는데 이 금액은 간척사업 수행으로 손해 보는 사람들의 손실을 보상하고도 남는 금액이다. 따라서 보상의 원칙에 따르면, 이 간척사업은 경제적으로 타당하다는 판정을 받게 된다. 즉, 민간부문에서 5조 원을 뽑아서 간척사업으로 전용하는 것이 경제적으로 타당하다는 판정을 받게 된다는 것이다. 원칙적으로 비용-편익 분석은 이같이 공공사업이나 정부 정책의 실행으로부터 '기대되는 미래의 편익'과 '포기된 미래의 편익'을 비교하는 작업이다. 따라서 편익과 비용은 같은 개념이다. 다만 부호만 다를 뿐이다. 하나는 플러스이고 다른 하나는 마이너스다.

공공사업의 기회비용을 추정하기 위해서는 그 공공사업에 투입되는 돈 혹은 자원이 민간부문에서 사용되지 못함으로 인해서 우리 국민이 무엇을 얼마나 잃게 되는가를 면밀하게 짚어봐야 한다. 하지만, 말이 그렇지, 우리 국민이 무엇을 얼마나 잃게 되는가를 알아내기는 매우 어렵다. 예를 들어서 간척사업에 배정된 5조 원이 민간부문에 남아 있었더라면 과연 이것이 자동차 생산에 이용되었을지, 라면 생산에 이용되었을지, 컴퓨터생산에 이용되었을지, 사전에 파악하기는 매우 어렵다. 물론, 그 구체적인 용도는 시장에서 결정된다. 만일 시장이 완전경쟁시장이라면 그 5조 원이 최선의 용도에 이용된다고 경제학자들은 주장할 것이다. 다만, 그 용도가 구체적으로 무엇일지를 공공사업 계획 단계에서 알기는 어렵고, 따라서 구체적으로 무엇이 얼마만큼 생산될 것인지도 알기 어렵다. 그래서 많은 경우 간척사업의 기회비용을 정확하게 알아내는 것은 사실상 불가능하다고 보아야 한다. 그런데도, 굳이 비용-편익 분석을 실행해야 한다면, 편법을 동원할 수밖에 없다. 한 가지 많이 쓰이는 편법은, 시장에서 그 5조 원이 사용될 경우, 총 5조 원어치의 재화와 서비스가 생산될 것이라고 가정하고 이것을 기회비용으로 간주하는 것이다. 달리 말하면, 공공사업이나 정책의 실행에 드는 실제 지출액(Out-of-pocket money), 즉 통상 말하는 실제 사업비를 그대로 기회비용으로 간주한다는 것이다. 이 경우 비용-편익 분석은 사업의 편익과 사업비를 비교하는 것으로 단순화된다. 만일 간척사업으로부터 기대되는 총편익이 5조 원보다 더 크면 경제적 타당성이 있다고 판단하게 된다.

이같이 실제 사업비를 기회비용으로 간주하는 편법이 비록 현실적인 어려움 때문에 불가피하다고 하더라도 오류의 가능성을 안고 있음에 항상 유의하여야 한다. 만일 간척사업을 시행하지 않을 경우, 풀려난 5조 원이 시장에서 7조 원어치의 편익을 창출하는데도, 5조 원어치가 창출된다고 보고 간척사업으로부터 기대되는 총편익을 이 5조 원과 비교하여 판단한다면 그만큼 오류를 범하게 된다. 비용-편익 분석을 실행하는 데에는 여러 가지 편법들이 관례화 되어 있는데, 실제 사업비를 기회비용처럼 보고 사업의 편익과 비교하는 것도 그중의 하나다. 그러나 이것은 편법일 뿐이다.

유무 검증과 전후 검증

비용-편익 분석에서 편익과 비용을 판별할 때, 중요한 것은 사업을 했을 때와 하지 않았을 때, 그 차이를 비교해야지 사업을 하기 전과 사업을 한 후의 차이를 비교해서는 안 된다는 것이다. 왜냐하면, 수행하였을 경우와 하지 않았을 경우를 비교해야만 진정한 기회비용을 알 수 있기 때문이다. 예를 들어서 논을 밀어버리고 상가를 건설하는 개발 사업이 있다고 하자. 지난 수년간 논의 연간 평균 순수익이 평당 10만 원이었는데, 상가를 건설하면 연간 평균 순수익이 평당 20만 원이 된다고 하자. 이렇게 전과 후만을 비교해 보면, 상가 건설의 경제성이 상당히 높아 보인다. 그러나 이런 식의 접근방법은 미래를 내다보지 못함으로 인한 오류를 범하게 된다. 예를 들어서, 머지않은 장래에 중국이 '세계의 공장'이 되면서 국제시장에서 쌀을 대량 수입하게 된다고 하자. 그래서 쌀 가격이 크게 오르고, 이 결과 논의 연간 순수익이 평당 30만 원이 될 것으로 예상된다고 하자. 그런데도, 논을 없애고 상가를 건설하면 평당 30만 원의 순소득을 올릴 기회를 포기하게 된다. 즉, 이 30만 원이 기회비용이 되므로, 20만 원의 수익을 올리는 상가 건설 사업은 경제성을 잃게 된다.

미래의 쌀 가격에 큰 변동이 없다고 하자. 그러나 앞으로 소득수준과 교육수준이 높아지면, 논의 경관 가치, 논의 수자원 함양 기능 및 홍수방지 기능, 논의 생태적 가치 등 환경가치가 급속히 높아진다. 비록 과거에는 환경가치가 미미했지만, 미래에 환경가치가 급속히 높아진 결과 논의 환경가치까지 합치면 평당 연간 순수익이 평당 20만 원이 아니라, 40만 원이 된다고 하자. 그런데도 상가를 건설한다면 이 40만 원을 포기하게 되므로, 바로 이 40만 원이 상가 건설의 기회비용이 된다. 그렇다면, 20만 원의 상가 수입으로는 기회비용을 감당할 수 없으므로 상가 건설 사업은 경제성을 잃는다. 이같이 사업을 실행하였을 때의 이익 평당 10만 원과 사업을 실행하지 않았을 때의 이익, 평당 40만 원을 비교하지 않고, 단순히 사업을 수행하기 전의 평당 10만 원과 후의 평당 20만 원을 비교하는 접근방법은 경제적 타당성이 없는 사업을 타당성이 있는 사업으로 둔갑시키는 오류를 범할 가능성을 안고 있다.

물론, 미래를 예측하는 것은 매우 어려운 일이다. 그러다 보니 사업 시행 전과 후의 차이에 초점을 두고 편익과 비용을 판별하는 방법이 흔히 사용되는데, 이런 방법을 전후 검증이라고 한다. 이와 대조적으로, 사업을 수행할 경우와 수행하지 않을 경우, 그 차이에 초점을 두고 편익과 비용을 판별하는 방법을 유무 검증이라고 한다. 경제학은 항상 기회비용의 개념에 입각하고 있으므로 비용-편익 분석에서 편익과 비용의 판별은 유무 검증을 거쳐야 한다. 이것이 원칙이지만, 통상 유무 검증이 대단히 어렵기 때문에 전후 검증을 하는 것이 비용-편익 분석의 관례처럼 되어 있는 것이 사실이다. 하지만, 이것은 어디까지나 편법이지 원칙은 아니다. 특히 환경문제와 관련되는 경우, 전후 검증은 심각한 오류를 범하게 된다. 실제로 최근까지도 비용-편익 분석이 이런 오류를 범하는 경우가 적지 않았고, 이 결과 환경 파괴적 공공사업들이 남발되었다. 설령, 환경가치를 고려해서 비용-편익 분석을 수행한다고 해도 전후 검증에서는 환경을 보존함으로 인한 미래의 편익이 충분히 고려되지 못할 수가 있다.

예를 들어서 덕유산의 수려한 산림을 밀어버리고 관광위락시설을 건설하면, 빽빽한 삼림으로부터 뿜어 나오는 산소, 산림이 제공하는 수자원 함양 기능과 수질정화 기능, 자연 상태의 경관, 과학적 연구 대상으로서 자연 생태계 동·식물의 가치, 등 수없이 많은 사회적 이익(환경가치)들을 포기해야 한다. 소득수준과 교육 수준이 낮았던 과거에는 환경가치를 무시해도 그런대로 넘어갈 수 있었다. 환경가치가 무시할 정도로 작았던 탓이다. 1970년대까지만 해도 서울시 어디에서나 깨끗한 공기와 깨끗한 물이 곳곳에 널려있었다. 이럴 때는, 사람들은 깨끗한 물이나 깨끗한 공기를 별로 귀하게 여기지 않는다.

그러나 오늘날 우리 주위 곳곳에서 보듯이, 환경파괴가 계속되고 환경오염이 심해지면 깨끗한 공기나 깨끗한 물, 아름다운 경관이 점차 귀해진다. 이제는 서울은 고사하고 지방 도시에서도 깨끗한 물과 깨끗한 공기가 귀해졌다. 무엇이든지 귀해지면 그 가치가 올라간다. 이제는 환경가치가 매우 높아졌고 앞으로는 급속도로 높아질 것이다. 그러니 이제는 환경문제도 예상하고, 앞을 내다보고 비용-편익 분석을 실행해야 한다. 다시 말해서 반드시 유무 검증해야 한다는 것이다. 국민의 환경 의식이 높아지면서 우리 정부도 틈만 나면 경제개발과 환경보전을 조화시켜야 한다고 강조해 왔다. 이제는 실질적으로 경제개발과 환경보전의 조화를 이루어야 한다. 거시적으로 경제개발과 환경보전을 실질적으로 조화시키는 한 가지 효과적인 방법은 환경친화적으로 조세 구조를 개혁하는 것이고, 미시적으로는 미래의 환경가치를 충분히 고려하여 개발 사업의 경제성을 엄밀하게 검증하는 것이다.

용지의 기회비용

과거에는 농경지나 자연녹지의 용도를 변경해서 개발하는 일이 빈번하였다. 이 결과 자연녹지가 너무 많이 감소하고 도시환경이 피폐해지고 환경오염이 심해졌다는 비판이 제기되었으며, 이에 따라 자연녹지 보전을 위한 환경운동이 활발해졌다. 이렇게 된 중요한 요인 중의 하나는, 자연녹지의 환경가치를 충분히 고려하지 못한 무분별한 개발이었다. 이 환경가치가 자연녹지 개발의 주된 기회비용이다. 대체로 보면, 자연녹지에서는 토지이용 행위가 법적으로 극히 제한되어 있다. 따라서 자연녹지의 시장가격은 매우 낮은데, 그 이유는 공공재의 성격을 가진 환경가치가 반영되지 않기 때문이다. 따라서 자연녹지의 경우, 시장가격은 기회비용에 대한 대리변수가 될 수 없다. 결국, 자연녹지의 기회비용을 제대로 산정하기 위해서는 환경가치를 별도의 방법으로 추정해야 하는데, 이에 관해서는 뒤에서 자세히 살펴보기로 한다.

토지개발에는 많은 시간이 필요하므로, 그 경제적 타당성 검토에서 여러 가지 미묘한 문제가 제기될 수 있다. 예를 들면, 일단 용지를 확보한 다음 상당한 시간이 흐른 뒤에 본격적으로 개발 사업을 시행하는 사례를 우리 주위에서 흔히 보게 되는데, 이 경우 확보된 공공 토지의 유지와 관리에 드는 비용을 어떻게 볼 것인가? 그러나 이 경우 두 가지 별개의 문제를 명확하게 구분할 필요가 있다. 적지 않은 용지 유지관리비에도 불구하고 용지를 미리 매입해두는 것이 경제적으로 타당한가를 판단하는 문제가 있고, 일단 매입한 용지를 어떻게 이용하는 것이 경제적으로 타당한가를 판단하는 문제가 있다. 용지 유지관리비가 너무 비싸면 미리 용지를 매입해두는 것이 경제적으로 타당하지 않게 된다. 그러나 일단 확보된 용지를 어떻게 이용하는 것이 가장 바람직한지를 결정할 때는 과거의 용지 유지관리비는 생각할 필요가 없다. 설령, 유지관리비가 너무 비싸서 용지를 미리 매입해두는 것이 경제적으로 타당하지 않았다고 하더라도 일단 매입했으면 과거의 과오에 구애됨이 없이 최선의 용도를 모색해야 한다. 다시 말하면, 과거의 용지 유지관리비는 이미 확보된 용지를 앞으로 어떻게 이용할 것인지의 결정에 영향을 주어서는 안 된다는 것이다. 경제학적으로 말하면, 개발 사업의 타당성이 현안일 때는 과거의 용지 유지관리비가 매몰 비용(sunk cost)이다. 그러므로 이미 지출된 용지 유지관리비는 개발 사업의 기회비용에 포함하지 않는 것이 원칙이다.[1]

이미 확보된 용지를 개발하는 사업의 기회비용은 원칙적으로 그 용지를 다른 최선의 용도로 이용한다고 가정했을 때 기대되는 순편익이다. 그러나 앞에서도 언급하였듯이 다른 최선의 용도를 알기가 쉽지 않다. 따라서 한 가지 편법은 그 용지를 시장에 매각할 경우, 받을 수 있는 땅값을 기회비용으로 간주하는 것이다. 물론, 이 경우 토지시장이 완전경쟁시장에 가깝다는 전제가 성립해야 한다. 이 전제가 성립하지 않을 경우, 시장가격을 참조해서 사회적으로 적정하다고 판단되는 가격(잠재가격)을 별도로 추정해야 한다. 과거에 매입해둔 땅을 개발할 때는 용지매입을 위한 지출이 없으므로, 그 땅을 공짜로 간주해야 한다는 주장, 달리 말하면 용지에 관한 한 기회비용을 생각할 필요가 없다는 주장은 국민경제 전체의 시각이 아닌, 개발사업 주체의 시각에서 볼 때나 통용되는 주장이다. 아무리 공짜로 얻은 땅이라도 그 땅을 어떤 특정 용도로 이용하면, 다른 용도에 이용할 기회를 포기하게 되므로 국민경제 전체의 시각에서 보면 기회비용이 발생한다. 따라서 공짜로 간주해서는 안된다.

통상 토지시장은 완전경쟁시장이 아니므로, 시장가격을 받아들이기도 어렵고 잠재가격을 추정하기도 어렵다. 이 경우 사용할 수 있는 또 하나의 편법은, 용지매입 시의 가격에 물가를 고려한 값을 기회비용으로 간주하는 것이다. 실제로 이와 비슷한 편법이 흔히 사용된다. 하지만, 어디까지나 이 방법은 편법이요,

궁여지책에 불과하다. 이미 확보된 용지에 대한 최선의 용도를 생각할 때는, 용지매입비 역시 일종의 매몰 비용이기 때문이다.

강이나 바다를 매립하고 토지를 조성하는 사업, 이른바 간척사업의 기회비용을 산정할 때도. 같은 논리가 적용된다. 매립사업 그 자체가 타당한가를 결정하는 문제와 일단 매립해서 조성된 토지를 어떻게 이용할 것인가를 결정하는 문제를 분리해서 생각할 필요가 있다. 간척사업의 경우에는 매립비가 상당히 큰 비중을 차지함이 보통이다. 그러나 매립비의 규모는 매립 여부를 결정할 때 중요한 고려사항이다. 일단 매립된 토지를 놓고 최선의 용도를 헤아릴 때 매립비는 매몰 비용에 불과하다. 이미 확보된 용지의 개발사업을 평가할 때는 다른 최선의 용도로부터 기대되는 미래의 순소득을 기회비용으로 간주하는 것이 원칙이다. 이것이 어려울 때, 매립된 용지를 시장에 매각한다고 했을 때 기대되는 땅값을 기회비용으로 간주하는 편법에 의존할 수 있다. 하지만, 토지시장이 완전경쟁시장이 아니라면 별도로 잠재가격을 추정하여야 한다.

간척사업을 실행하는 도중에 사업을 포기할 것인지 계속할 것인지를 결정해야 하는 사태가 발생할 수 있다. 과거 사회적으로 큰 물의를 일으켰던 새만금 간척사업도 그 타당성에 의문이 제기되면서 한동안 중지되었고 결국 재검토가 이루어졌다. 그때에도 이미 많은 돈이 매립에 투입되었으므로 사업을 계속해야 한다는 주장에 제기되었다. 그러나 이미 지출된 매립비는 매몰 비용으로 처리하는 것이 원칙이다. 이미 막대한 매립비가 지출되었으니 사업을 계속해야 한다고 주장하는 것은, 마치 도박에서 거금을 잃었다는 이유로 계속 도박해야 한다고 주장하는 것과 같다. 경제학은 과거를 묻지 않는다. 다만, 이미 지출된 매립비의 규모가 간접적으로 기회비용에 영향을 미칠 수는 있다. 예컨대, 이미 지출된 매립비가 크다는 것은 잔여 매립비가 적다는 것을 의미한다.

그러므로 만일 매립 후 조성된 용지의 시장가격에서 잔여 매립비를 제외한 값을 기회비용으로 삼는다고 하면, 잔여 매립비가 적을수록(다시 말해서, 이미 지출된 매립비가 클수록) 기회비용은 커진다. 다시 말해서, 사업을 중지함으로써 포기해야 하는 이익이 커진다는 것이다. 그러나 이 경우, 애당초 의도된 간척사업으로부터 기대되는 순편익도 그만큼 커지므로, 사업의 경제적 타당성은 변하지 않는다.

기회비용은 포기된 선택에 관련되므로, 애당초 어떤 선택들이 열려 있었느냐에 따라 기회비용의 내용도 달라진다. 아파트의 재건축을 예로 들어보자. 이 경우, 재건축할 것인지 아닌지 그 여부만이 논의의 대상이라고 하자. 재건축하지 않는다면 현상을 유지하게 되니, 오직 두 가지 선택만 열려 있다. 만일 재건축을 선택하면 현상 유지로부터 기대되는 순편익을 포기하게 되므로 이것이 기회비용이 될 것이다. 그러나 만일 현재의 아파트를 완전히 밀어버리고 새로운 용도로 바꾸는 재개발도 하나의 대안이고 이것이 유력하다고 하면, 재개발된 용지의 시장가격을 재건축의 기회비용으로 간주할 수 있다. 그러나 이 경우 기회비용의 산정 과정에서 약간 복잡한 문제가 발생할 수 있다. 통상 재개발할 경우, 기존 아파트를 해체하면서 재활용 가능 자재나 용품들을 회수하게 된다. 이렇게 회수된 자원의 가치에서 해체 비용을 뺀 나머지를 자원회수 순편익이라고 하자. 재개발하지 않고 재건축할 경우, 재개발된 용지를 판매할 기회뿐만 아니라 회수된 자원을 판매할 기회도 함께 포기하게 된다. 따라서 재개발 용지의 시장가격에 자원회수 순편익을 더한 값이 기회비용이 될 것이다. 만일 자원회수 편익이 충분히 크면, 재건축의 기회비용이 너무 커지기 때문에 재건축이 경제적으로 타당하지 못할 수도 있다.

공공기관 이전의 경우에도 자원회수 편익과 비슷한 성격의 편익이 중요한 변수가 될 수 있다. 예를 들어서 국토의 균형발전 차원에서 대도시에 있는 공공기관을 지방으로 이전한다고 하자. 그리고 이전 대상 토지가 농지라고 하자. 그렇다면, 농지로부터 기대되는 미래의 순편익을 공공기관 이전 때문에 포기하게 된다. 이 순편익은 농지의 시장가격에 앞에서 언급한 농지의 환경가치를 합친 값으로 추정할 수 있다. 그러나 이것을 공공기관 이전의 기회비용을 삼기에 앞서 또 한 가지 중요한 사항을 고려해야 한다. 공공기관이 옮겨진 후 현 부지를 상업용지로 매각할 수 있다고 하자. 이 부지 매각대금은 공공용지로 묶여 있던 토지가 공공기관 이전 덕분에 민간부문에 이양됨으로써 국민이 누리게 될 편익을 반영한 것으로서, 위에서 예로 든 아파트 재개발의 자원회수 편익과 비슷한 것이다. 물론, 토지시장이 완전경쟁시장이 아니거나 땅값에 거품이 잔뜩 끼어 있다면, 그 매각대금이 국민에게 귀속되는 편익을 과대평가한 값일 수도 있다. 이럴 경우, 국민에게 귀속되는 편익을 제대로 반영한, 올바른 부지매각대금을 별도로 추정해야 할 것이다.

적정 부지매각대금이 추정되면, 농지로부터 기대되는 미래의 순편익에서 이 부지매각대금을 뺀 나머지를 기회비용으로 삼아야 할 것이다. 부지매각대금이 충분히 크면 기회비용이 적어지므로 공공기관 이전의 경제적 타당성이 그만큼 높아질 것이다. 물론, 이 부지매각대금을 다르게 처리할 수도 있다. 즉, 공공기관을 이전함으로 인한 편익의 한 부분으로 보는 것이다. 이럴 경우, 농지로부터 기대되는 미래의 순편익을 기회비용으로 계상하고, 그 대신 공공기관 이전의 순편익 속에 부지매각대금을 포함하게 된다. 그 어떤 방법을 사용하든 공공기관 이전의 경제적 타당성에 변화가 없다.

② 비용과 편익의 판별과 금전화

경제분석과 재무분석

비용-편익 분석은 대략 다음과 같은 세 과정을 거쳐 공공사업이나 정부 정책의 경제적 타당성을 검토하게 된다. 첫 번째 과정은 편익과 비용의 판별과정으로서, 해당 공공사업으로 인해서 발생하는 각종 편익과 비용의 구체적인 종류들을 알아내는 과정이다. 두 번째 과정은 판별된 편익과 비용을 계량화하고 금전으로 환산하는 과정이다. 세 번째 과정은 금전으로 나타낸 각종 편익과 비용을 합산한 다음, 평가 기준에 따라 경제적 타당성을 판정하는 과정이다. 이런 세 가지 과정 각각이 여러 가지 어려움과 문제들을 안고 있는 까닭에 자연히 갖가지 편법들이 사용된다. 이는, 비용-편익 분석이 이론적으로 많은 취약점을 안고 있는 기법임을 시사한다. 그런데도 아무런 문제의식 없이 관례화된 편법에 따라 기계적으로 비용-편익 분석을 수행하는 경우가 허다하다. 그러다 보니 타당성이 없는 공공사업, 특히 환경을 훼손하고 파괴하는, 많은 개발 사업이 비용-편익 분석 과정을 무난히 통과하여 합법적으로 추진되는 일이 적지 않았다.

공공사업의 타당성을 보는 시각에 두 가지가 있을 수 있다. 국민의 시각에서 타당성 여부를 따질 수도 있고, 사업을 추진하는 공공기관의 시각에서 타당성 여부를 따질 수도 있다. 그래서 이른바, 경제분석(economic analysis)이 있고, 이와는 별도로 재무분석(financial analysis)이 있다. 경제분석은 국민경제 전체의 시각에서 편익과 비용을 판별하고 타당성을 판단하는 반면, 재무분석은 사업수행 주체의 시각에서 편익과 비용을 판별하고 타당성을 판단한다. 따라서 경제분석에서 말하는 편익 및 비용이 재무분석에서 말하는 그것과 다를 수밖에 없다. 예를 들어서 어떤 공기업이 강 상류에 공단을 조성한 결과 10억 원어치의 순수익이 발생하였으나, 이 공단에서 배출되는 오염물질로 강 하류의 어민들이 15억 원어치의 피해를 보았다고 하자. 환경오염에 대한 규제가 미흡해서 어민에 대한 피해보상을 하지 않는다고 하면, 이 공기업은 그 15억 원어치의 피해를 무시할 것이다. 아무런 지출행위가 발생하지 않기 때문이다. 따라서 재무분석을 한다면, 이 공단 조성사업은 10억 원어치의 순편익을 낳는 사업으로 평가된다. 하지만 국민경제 전체의 시각에서 보면, 어민의 피해도 엄연히 사회적 손실이다. 경제분석을 한다면 어민의 피해를 비용으로 간주해야 한다. 따라서 공단 조성은 경제성이 없는 사업으로 평가된다. 비용-편익 분석은 물론 경제분석이다.

재무분석은 사업 주체의 시각에서 모든 것을 판단하므로, 편익과 비용의 개념이 비교적 간단하다고 할 수 있다. 즉, 사업 주체의 호주머니로 들어간 것은 편익이고 호주머니에서 나간 것은 비용이다. 하지만, 경제분석에서는 편익과 비용의 개념이 그렇게 간단하지 않다. 국민경제 전체의 시각에서 판단해야 하기 때문이다. 예를 들어서 어떤 공기업이 사업을 수행해서 얻은 100억 원의 수입에서 10억 원의 세금을 냈다고 하자. 이 공기업의 시각에서 보면 10억 원이라는 돈이 공기업의 호주머니로부터 나갔으므로 그 세금은 비용으로 처리된다. 따라서 재무분석을 한다면 이 공기업의 수입은 90억 원이 된다. 그러나 국민 전체의 시각에서 보면, 세금으로 낸 그 10억 원은 하늘로 솟아 없어지거나, 땅으로 꺼져 없어지는 돈이 아니라 정부의 손을 거쳐 결국 국민의 손으로 되돌아올 돈이다. 그러므로 경제분석을 한다면, 그 세금은 비용으로 처리되지 않는다. 다만, 편익의 한 부분일 뿐이다. 따라서 비용-편익 분석에서는 해당 사업이 100억 원의 편익을 발생시켰다고 본다. 달리 말하면, 이 사업은 10억 원의 세금을 낼 수 있을 만큼 경제성이 높은 것으로 간주된다.

비용-편익 분석에서 이같이 세금을 편익의 한 부분으로 간주한다면, 세금의 반대인 정부의 보조금은 비용으로 간주한다. 정부의 보조금은 국민의 세금으로 충당되는 까닭에 보조금이 투입된 만큼 민간부문이 쓸 돈이 감소한다. 민간부문이 쓸 돈을 축내면서까지 어떤 공공사업이 추진된다면 이 사업으로부터의 이익이 그 보조금을 갚고도 남을 만큼 충분히 커야만 경제적 타당성을 인정받을 수 있을 것이다. 어떻든, 이같이 비용-편익 분석할 때는 편익과 비용의 판별을 국민경제 전체의 시각에서 파악해야 한다는 점을 명심해야 한다.

합산의 문제

공공사업의 편익과 비용은 공간적으로 퍼진다. 경부고속전철의 건설로 인한 편익은 서울 사람과 충청도, 경상도 사람들뿐만 아니라 전라도와 강원도 사람들에게도 떨어진다. 이들 각자에게 귀속된 편익을 어떻게 합칠 것인가. 예를 들어서, 어떤 공공사업이 갑과 을의 소득을 각각 5백만 원씩 증가시킨다고 하자. 그러면 총 얼마만큼의 편익이 발생한다고 보아야 하는가? 아마도 천만 원이라고 대답하기 쉬울 것이다. 만일 갑은 극빈자이고 을은 재벌총수라고 해도 그렇게 할 것인가. 갑에게 5백만 원은 1년 먹고사는 데 큰 보탬이 되는 돈이지만 을에게 5백만 원은 하루 저녁 고급술집 술값 정도의 푼돈에 불과할지도 모른다. 극빈자에게 무척 크게 느껴지는 500만 원을 재벌총수는 5만 원 정도의 가치밖에는 없다고 하자. 이래도 그 공공사업이 천만 원의 소득을 발생시켰다고 할 것인가? 혹은 재벌총수에게 귀속되는 5백만 원을 100분의 1로 줄여서 5만 원으로 간주하고, 이것을 극빈자의 5백만 원에 합쳐서 총 5백 5만 원의 소득이 발생했다고 볼 것인가? 부자에게 귀속되는 소득과 가난한 사람에게 귀속되는 소득을 1 대 1로 합쳐서는 안 된다고 생각하는 사람들도 많을 것이다. 빈부격차의 문제를 심각하게 생각하는 사람들은 각각의 소득에 각기 다른 가중치를 곱하고 나서 합산해야 한다고 주장할 것이다. 하지만, 구체적으로 어떤 가중치를 택할 것인지에 대해서는 정답이 없다. 그런데도 통상 비용-편익 분석에서는 누구에게 귀속된 소득인가를 따지지 않고 무조건 그냥 합친다. 다시 말해서 모든 사람의 소득에 똑같은 가중치를 부여한다는 것이다. 만일 똑같은 가중치가 아닌, 다른 가중치를 부여한다면, 그 이유를 분명하게 밝혀야 할 부담을 져야 한다.

공공사업의 편익과 비용은 시간적으로도 확산된다. 공공사업의 대상이 되는 도로, 교량, 발전소, 댐, 철도 등은 수십 년에 걸쳐 편익을 낳는다. 이를테면, 댐 건설로 인한 용수공급의 편익은 10년 후에도 발생하고 20년 후에도 발생하며 30년 후에도 발생할 수 있다. 그래서 현재의 사람들에게 10억 원어치 편익이 발생하고, 30년 후의 사람들에게도 10억 원어치의 편익이 발생한다면, 합쳐서 총 얼마의 편익이 발생한다고 보아야 하는가? 만일 모든 사람에게 귀속되는 소득에 똑같은 가중치를 부여하는 위의 논리를 여기에까지 확대 적용하면 현존하는 사람에 귀속되는 10억 원과 30년 후에 나타날 사람에게 귀속되는 10억 원을 1대 1로 합쳐서 20억 원어치의 이익이 발생한다고 말해야 옳다. 왜냐하면 이 지구에 현재에 존재하는 사람이나 30년 후에 존재하는 사람이나 똑같은 인간이기 때문이다. 그런데도 통상 비용-편익 분석에서는 이렇게 1대 1로 합산하지 않고, 미래에 발생할 편익은 일정한 비율로 할인하여 현재의 가치로 환산한 후에 현재의 편익에 합친다. 예를 들어서, 할인율이 10%라고 하자. 그러면 내년의 100만 원을 현재가치로 환산한다는 것은 이 100만 원을 (1+0.1)로 나눈다는 뜻이다. 그러면 약 90만 원 정도가 된다. 3년 후의 100만 원의 현재가치를 알기 위해서는 이것을 (1+0.1)로 세 번 나누어 주어야 한다. 다시 말해서 100만 원에 $1/(1+0.1)^3$를 곱해 주어야 한다. 그러면 대략 75만 원 정도 된다. 결국 똑같은 100만 원인데 현재의 100만 원은 그냥 100만 원이고 3년 후의 100만 원은 75만 원으로 본다.

왜 이렇게 미래의 금액을 할인하는가? 사람들 대부분이 미래의 100만 원보다 현재의 100만 원을 더 선호하기 때문이다. 여기에도 여러 가지 이유가 있다. 아마도 가장 큰 이유는 불확실성일 것이다. 현재 내 손안의 100만 원은 확실한 것이지만, 3년 후의 100만 원은 내 손에 들어올지 아닐지 불확실하다. 그래서 사람들 대부분은 3년 후의 100만 원을 현재의 100만 원보다 더 낮게 평가한다.

일단 이런 불확실성이 전혀 없다고 가정하자. 그래도 사람들은 미래의 돈을 할인하게 되는데, 그 한 가지 이유는 물가상승이다. 물가가 비싸지면, 명목상 똑같은 100만 원이라도 3년 후의 100만 원은 현재의 100만 원보다 구매력이 떨어진다. 그러니 미래의 100만 원을 깎아 볼 수밖에 없다. 두 번째 이유는 투자 기회이다. 물가상승이 전혀 없더라도 예컨대 지금 100만 원 받겠는가, 아니면 3년 후에 100만 원 받겠는가를 물으면 누구나 지금 받겠다고 말한다. 지금의 100만 원을 은행에 저금해 놓거나 하다못해 송아지라도 사 놓으면 3년 후에는 100만 원보다 더 큰 금액으로 불릴 수 있다. 이런 점에서 지금의 100만 원은 3년 후의 100만 원과는 근본적으로 다르다. 물가상승도 없고 투자 기회도 없다고 하더라도 성격 탓이든, 취향 때문이든, 생리적이든 어떻든 간에, 사람들 대부분은 미래의 소비보다는 현재의 소비를 더 값지게 혹은 더 중요하게 느끼며, 따라서 현재의 100만 원을 미래의 100만 원보다 더 높게 평가한다. 이같이 사람들이 미래의 소비에 비하여 현재의 소비를 더 중요하게 여기는 정도를 보통 '시간 선호율'이라고 한다.

그러면 미래의 편익을 몇 %의 할인율을 적용해서 현재가치로 환산하는 것이 옳은가? 이 문제는 마치 위의 예에서 갑과 을의 소득에 각각 얼마씩 가중치를 둘 것인가의 문제와 매우 흡사해서 정답이 없다고 할 수 있다. 그냥 적당하다고 생각되는 할인율을 적용할 뿐이다. 문제는, 대부분의 공공사업의 타당성이 할인율에 무척 민감해서 할인율이 약간만 달라져도 타당성이 왔다 갔다 한다는 것이다. 그렇다고 꼭 이 할인율은 되고, 저 할인율은 안 된다는 강력한 논리도 없다. 결국 어떤 할인율을 적용할 것인가의 문제는 다분히 분석자의 자의적 판단에 의존하게 된다. 할인율에 대해서는 학자들 사이에 논란이 매우 많으므로, 뒤에서 다시 자세히 살펴보기로 한다.

편익의 종류

실제 사업비, 즉 사업의 실행에 드는 각종 경비의 합계를 기회비용으로 간주하는 관례를 따른다면, 이 경비는 대부분 가시적이고, 측정할 수 있으며, 기술적으로 결정된다. 예를 들면, 고속도로 건설 사업의 경우 노반 조성비, 굴착비, 건설비, 인건비, 자재비 등의 경비는 공사 기술에 따라 대부분 기계적으로 결정된다. 하지만 편익의 판별과 추정에는 고도의 경제적 판단이 필요하다.

보통 공공사업의 편익은 크게 직접 편익과 부차적 편익으로 나뉜다. 직접 편익이란 말 그대로 공공사업의 수행으로 인해서 제1차적으로 직접 발생하는 편익을 말하는데, 주로 사업이 목적으로 삼는 편익을 의미한다. 부차적 편익이란 직접 편익으로부터 파생된 편익을 말한다. 그래서 부차적 편익을 흔히 파생된 편익이라고도 한다. 예를 들어보자. 어느 지역에 쌀을 생산하기 위해서 대규모 저수지를 건설하였다고 하자. 이 경우 쌀 생산은 직접 편익에 해당한다. 하지만, 대부분 경우 저수지 건설로 인한 영향이 쌀 생산으로 그치지 않는다. 왜냐하면, 쌀 생산에 관련된 여러 가지 경제활동들이 나타나기 때문이다. 쌀이 많이 생산되는 곳에 정미소가 들어서게 되고, 정미소에서 나온 쌀을 이용해서 술을 만드는 양조장이 들어서게 되며, 그러면 술집과 노래방도 생기게 된다는 것은 쉽게 예상할 수 있다. 또한 쌀 생산을 직, 간접적으로 지원하는 경제활동들, 이를테면 농기구 상점, 농약상, 비료 상점, 등도 나타날 것으로 예상된다. 이 모든 경제활동으로부터의 순수익은 쌀 생산에서 파생된 편익이기 때문에 부차적 편익이 된다. 흔히 이런 편익을 지역개발효과로 간주하기도 한다. 똑같은 부차적 편익이지만 정미소, 양조장, 술집, 노래방 등과 결부된 순수익은 쌀 생산에서부터 소비자 사이에서 발생하는 편익이므로 전방연쇄효과라고 하며, 농기구 상점, 농약상, 비료 상점 등의 순수익은 쌀 생산을 후방에서 지원하는 과정에서 생기는 편익이므로 후방연쇄효과라고 한다.

그러면, 이같이 쌀 생산을 주목적으로 하는 저수지 건설 사업의 경제적 타당성을 따질 때 이 모든 파생된 편익까지 포함해서 총편익을 계산해야 하는가? 대답하기 매우 어려운 질문이다. 한 가지 관례는, 대부분의 생산요소가 거의 완전고용 상태에 있는 사회에서는 부차적 편익을 무시하고 오직 직접 편익만 고려하는 것이다. 완전고용 상태라면 부차적 편익을 낳는데 동원된 생산요소들은 다른 지역의 경제활동에 고용되었다가 이 지역으로 옮겨왔다고 보아야 하는데, 그렇다면 분명히 다른 지역의 생산에 손실이 발생하였을 것이다. 정확하게 얼마나 손실이 발생하였을지는 알기 어렵지만, 아마도 이 지역에서 발생한 부차적 편익만큼 다른 지역에 손실이 초래되었을 것이라고 가정할 수 있다. 이 가정이 옳다면, 국민경제 전체적으로는 부차적 편익은 다른 지역의 손실과 상쇄되어 버린다. 비용-편익 분석은 국민경제 전체의 차원에서 타당성을 따지기 때문에 완전 고용 상태일 경우 부차적 편익을 따로 계산할 필요가 없다는 결론이 나온다. 이것이 원칙이기 때문에 만일 부차적 편익까지 포함해서 타당성을 판단한다면 그 이유를 분명히 밝혀야 한다. 그러나 경제성장이 저조하고 실업률이 매우 높다면 얘기가 좀 달라진다. 이런 상황에서는 고용 창출에 기여하는 파생적 편익의 일부를 타당성 평가 항목에 포함할 수도 있다. 구체적으로 어떤 것들을 편익으로 보느냐의 문제는 다분히 분석자의 재량 사항이다. 그러다 보니 분석자의 재량에 따라 분석 대상 사업의 타당성이 크게 달라지는 경우가 적지 않다. 이것이 비용-편익 분석이 안고 있는 한 가지 심각한 문제이기도 하다.

흔히 편익을 금전적 편익과 비금전적 편익으로 분류하기도 한다. 금전적 편익은 돈으로 환산할 수 있는 편익을 말하고, 비금전적 편익은 그렇지 못한 편익을 말한다. 그러나 경제학에서는 이런 분류는 별 큰 의미가 없다. 이론상 거의 모든 편익은 금전으로 나타낼 수 있을 뿐만 아니라 실제로 사람들은 거의 모든 편익을 은연중에 금전으로 환산한다고 많은 경제학자가 생각한다. 누구나 인간의 생명은 존엄하고 돈으로 따질 수 없이 고귀하다고 말한다. 그러면서도 비행기가 추락해서 사람이 죽으면 유가족이나 항공사 그리고 공무원들은 죽은 사람의 생명을 돈으로 환산하기 바쁘다. 인명에 관해서 과거 정부나 기업이 취한 각가지 조치나 결정들을 분석해 보면, 생명의 가치를 대략 추정해낼 수 있다. 환경문제에 관해서 정부가 취한 각종 결정을 분석해 보면 환경에 정부가 얼마나 많은 가치를 부여하는지 대략 알아낼 수 있다.

편익의 금전화

설령, 국민경제 전체의 차원에서 편익과 비용을 판별해 냈다고 하더라도, 이것을 돈을 환산하는 어려운 일이 남아 있다. 공공사업의 산출물 중에는 시장에서 거래되는 것이 있고, 그렇지 않은 것이 있다. 원래 비용-편익 분석은 농업경제학에서 발전된 기법이다. 예로부터 치수(治水)가 국가적 토목사업의 주요 대상이었고, 치수의 주된 목적 중의 하나가 농산물 생산이었다. 농산물 대부분은 시장에서 거래되는 상품이다. 이같이 시장에서 거래되는 산출물의 금전적 편익은 산출물의 양에 시장가격을 곱해서 산정한다. 시장에서 자연스럽게 형성되는 가격은 해당 상품에 대한 국민의 평균 지불 용의액을 반영하며, 각 개인의 지불 용의액은 각자의 행복 혹은 효용을 반영한다고 보기 때문이다. 이같이 공공사업의 산출물이 시장에서 거래되는 상품일 경우에는 편익을 금전으로 나타내기 쉽다고 말할 수 있다. 그러나 문제가 그리 간단하지 않다.

우선, 가격이 문제가 된다. 실제로 시장에서 자연스럽게 형성되는 가격의 정당성에 대한 시비가 끊이지 않는다. 2008년 세계 경제 위기 전만 해도, 우리나라 아파트 가격은 '미친 가격'이라고 했다. 세계 경제 위기 이후에는 전세가 역시 미친 가격이라는 비난이 터지면서 정부가 전세가를 잡기 위한 각종 대책을 쏟아냈다. 어떻든, 시장에서 형성된 가격을 둘러싸고 늘 시비가 벌어난다는 것은 그것이 사회적 적정가격이 아니라고 많은 사람이 생각하기 때문이다. 비용-편익 분석은 국민경제 전체의 시각에서 타당성을 검토하기 때문에 사회적으로 적정하다고 판단되는 가격을 곱해야 함은 물론이다. 그렇다면, 어떤 가격이 사회적 적정가격인가? 경제학에서 말하는 사회적 적정가격은 시장에서 적정량만 거래되었을 때, 형성되는 가격을 의미한다. 좀 더 정확하게 말하면, 완전경쟁시장에서 형성되는 가격을 뜻한다. 제3장에서 말했듯이, 완전경쟁시장에서 수요와 공급이 균형을 이루는 수준에서 결정된 생산량은 소비의 효용에서 공급 비용을 뺀 사회적 순이익이 극대화되는 생산량이다. 이 생산량을 사회적 적정생산량이라고 하며, 완전경쟁시장에서 결정된 가격은 바로 이 사회적 적정생산량에 대응한 가격이다. 좀 더 정확하게 말하면, 이 사회적 적정생산량을 유도한 가격이다.

하지만, 현실의 시장은 완전경쟁시장과 거리가 멀다. 우선, 독과점이 판을 치고 있는데, 독과점 가격은 사회적 적정가격이 아니다. 그러니 현실의 시장에서 형성된 가격을 그대로 국가적 사업의 타당성 검증에 이용해서는 곤란하다. 예를 들면, 발전용 댐에서 공급되는 전력의 가치를 계산할 때 한국전력이 책정한 전기가격을 곱해야 하는가? 현재 한국전력이 우리나라 전력공급을 거의 독점하고 있다. 보통 독점 상태에서의 가격은 왜곡되어 있다고 말한다. 물론 한국전력은 공기업이므로 한국전력이 책정한 가격이 독점가격이 아니라고 주장할 수도 있다. 오히려 우리나라의 전기가격이 너무 싸서 탈이라고 말하는 전문가도 있었다. 한국전력에서 책정한 전기가격에는 발전과정에서 발생하는 외부효과, 예컨대 환경오염물질의 배출로 인한 피해를 충분히 반영하지 못했기 때문에 사회적으로 보아 올바른 가격이 아니라고 말할 수도 있다. 그렇다면 농산물 가격은 어떤가? 무역장벽 덕분에 우리나라 농산물의 가격, 예컨대 쌀의 가격은 국제 시세에 비해서 훨씬 비쌌던 것으로 알려져 있다. 그러면, 새만금 간척사업으로 조성된 농토에서 생산된 쌀의 가치를 계산할 때 국내 가격을 곱해야 하는가, 국제가격을 곱해야 하는가? 경제학자들 사이에서도 이것이 큰 논쟁거리였다.

이 경우, 분석자는 두 가지 방법 중에서 하나를 선택해야 한다. 현실의 시장이 완전경쟁시장에 비교적 가깝다고 보고 관례대로 국내시장에서 형성된 가격을 기준으로 삼던가, 아니면 분석자가 나름대로 적정하다고 생각하는 가격을 따로 추정하던가 해야 한다. 이렇게 사회적으로 적정하다고 추정한 가격을 잠재가격(shadow price)이라고도 한다. 환경오염과 같은 외부효과, 독과점, 관세나 보조금 등의 요인으로 시장에서 형성된 가격이 현저하게 왜곡되어 있다고 판단되는 경우 잠재가격을 별도로 추정해야 한다. 잠재가격 추정의 대상이 되는 가격 중에는 임금이 포함된다. 흔히 말하는 하방경직성 탓으로, 실업이 심한데도 임금이 신속하게 떨어지지 않는 경우가 많다. 이같이 현실의 임금이 고용상황을 적절히 반영하지 못하고 있다고 판단될 때는, 사회적으로 적정하다고 여겨지는 임금을 별도로 추정해야 한다.

예를 들어서, 어떤 공공사업에 월 100만 원의 임금으로 실업자가 대량 고용되었다고 하자. 이 경우 이들에게 지급되는 인건비를 어떻게 처리할 것인가가 고민거리가 된다. 재무분석에서는 고민할 필요가 없다. 그 100만 원은 분명히 사업 주체의 금고에서 빠져나갔으니 이것을 비용으로 처리하면 그뿐이다. 하지만, 경제분석에서는 얘기가 달라진다. 어차피 놀던 사람이므로, 이들을 고용함으로 인한 기회비용은 영이다. 이들을 고용함으로 인해서 국민경제의 다른 부문에 아무런 지장이 초래되지 않기 때문이다. 따라서 이들의 임금은 0으로 처리해야 옳다.

시장에서 거래되지만, 가격이 잘 알려지지 않은 상품도 있다. 예를 들면 토지가 그렇다. 우리나라 대부분의 토지 가격은 잘 알려지지 못한다. 정부가 해마다 막대한 예산을 투입하여 전국의 지가를 조사해서 소위 공시지가로 발표하지만, 이 가격은 시세와 많은 차이가 있다는 비판이 있다. 그러므로 많은 경우 분석자는 지가를 별도로 추정해야 한다는 것이다. 그러면, 깨끗한 공기, 자연경관, 사람의 목숨 등과 같이 시장에서 거래되지 않는 것들은 어떻게 할 것인가? 이런 것들에 대해서도 가격이 형성되어 있지 않으므로 별도로 그 가치를 추정해야 한다.

완전경쟁시장에서 결정된 가격이라고 해서 무조건 사회적 적정가격으로 간주하기 곤란한 때도 있다. 외부효과와 공공재의 문제는 접어두고라도 현실적으로는 소득분배의 문제가 걸려 있다. 완전경쟁시장에서 결정되는 가격은 소득분배 양태의 함수다. 다른 조건은 똑같더라도, 소득분배 양태가 달라지면 완전경쟁시장에서 결정되는 가격도 다르게 된다. 국민 모두 골고루 잘 사는 상황에서 결정되는 시장의 가격은 빈부격차가 매우 큰 상황에서 결정되는 시장의 가격과 매우 다를 것이다. 만일 심한 빈부격차 탓으로 혹은 또 다른 이유 탓으로, 현재의 소득분배 양태가 매우 바람직하지 못하다고 판단되면, 이를 배경으로 완전경쟁시장에서 결정된 가격을 국가적 사업의 타당성 검증에 이용할 권위 있는 가격으로 받아들이기는 어렵다.

3 경제적 타당성 판정의 기준

순현가(Net present value)에 의한 판정

편익과 비용을 판별하고 이를 금전으로 환산한 다음에는 [표 14-1]과 같이 편익과 비용의 종류를 나열한 다음 종류별로 금전으로 환산된 값을 기입하여, 일목요연하게 편익과 비용의 종괄표를 작성하게 된다. 그런 다음 연도별로 각종 비용과 편익들을 합산한다. 대체로 초기 수년 동안에는 비용만 큰 규모로 발생하고 편익은 발생하지 않는다. 어떻든 t년의 편익과 비용을 각각 B_t와 C_t로 표기하자. 초기 3년 동안 편익은 전혀 발생하지 않는다고 하면, $B_0 = B_1 = B_2 = 0$이다. 할인율을 i%라고 하자. 그러면 k 연도 편익의 현재가치(줄여서 현가)는 $B_k/(1+i)^k$ 가 되고 k연도 비용의 현재가치는 $C_k/(1+i)^k$가 된다. 이렇게 각 연도의 편익을 현재가치로 환산한 다음 이들을 전부 합친 값을 편익의 총현가, 각 연도의 비용을 현재 가치로 환산한 다음 이들을 전부 합친 값을 비용의 총현가라고 하며, 편익의 총현가에서 비용의 총현가를 뺀 값을 순현가(Net present value)라고 한다. 즉,

$$편익의\ 총현가 = \sum_{t=0} B_t/(1+i)^t,$$

$$비용의\ 총현가 = \sum_{t=0} C_t/(1+i)^t$$

$$순현가 = \sum_{t=0} B_t/(1+i)^t - \sum_{t=0} C_t/(1+i)^t = \sum_{t=0} (B_t - C_t)/(1+i)^t$$

표 14-1 비용-편익 총괄표

	연도					합계
	0	1	2	…	30	
편익의 종류 ○○○ ○○○ ⋮						
합계	B_0	B_1	B_2		B_{30}	$\sum_{t=0} B_t/(1+i)^t$
비용의 종류 □□□ □□□ ⋮	C_0	C_1	C_2		C_{30}	
합계						$\sum_{t=0} C_t/(1+i)^t$

순현가를 바탕으로 공공사업의 타당성을 판정할 때는 다음 두 가지 원칙에 따르는데, 이 원칙을 순현가 원칙(Net Present Value Rule)이라고 부른다.

첫째: 평가 대상 사업이 하나일 때에는 순현가가 0보다 클 때만 해당 사업은 경제적으로 타당하다고 판정한다.

둘째: 평가 대상 사업이 다수일 때에는 순현가가 더 큰 사업에 더 높은 우선순위를 부여한다. 단, 순현가가 0보다 적은 사업은 제외한다.

예 첫해에 1,000만 원을 투자하면, 두 번째 해에 500만 원, 세 번째 해에 1,000만 원, 네 번째 해에 200만 원의 수입을 가져다주는 사업, 즉, 비용과 편익의 흐름이 다음과 같은 사업이 있다고 하자:

-1,000만 원, 500만 원, 1,000만 원, 200만 원

할인율이 5%라고 하면,

편익의 총현가 = $500/(1+0.05) + 1{,}000/(1+0.05)^2 + 200/(1+0.05)^3$
= 1,556만 원
비용의 총현가 = 1,000만 원
순현가 = (=1,556-1,000) = 556만 원

순현가가 0보다 크므로 이 사업은 경제적 타당성을 가진다.

순현가란 쉽게 말해서 돈을 빌려서 사업을 했을 때 원금과 이자를 갚고 남은 순이익이다. 위의 사례에서 순현가가 556만 원이라는 것은 1,000만 원을 빌려서 이 사업을 하면 향후 3년 동안의 사업 수입으로 원금 1,000만 원뿐만 아니라 이자를 갚고도 556만 원이 남는다는 뜻이기도 하고, 아예 1,556원을 빌린 다음 556만 원을 지금 쓰고, 나머지 1,000만 원으로 사업을 하면 향후 3년 동안의 사업 수입으로 원금과 이자를 완전히 청산할 수 있다는 뜻이기도 하다. [표 14-2]는 1,000만 원을 빌려서 사업을 하는 경우, 순현가를 계산하는 과정을 보여준다. 1년 후에는 원금과 이자를 합쳐서 총부채가 1,050만 원이 되는데, 이 중 첫해의 사업 수입 500만 원으로 이 부채를 탕감하면, 나머지 550만 원이 둘째 해에 빚으로 넘어간다. 둘째 해에는 28만 원의 이자가 붙어서 총부채가 578만 원이 되는데, 이 해의 사업 수입 1,000만 원에서 이 빚을 갚고 나면 422만 원이 남는다. 이 422만 원의 현재가치 그리고 세 번째 해의 사업 수입 200만 원의 현재가치를 합치면 556만 원이 된다.

[표 14-3]은 처음부터 1,556만 원을 빌리는 경우, 돈의 흐름을 보여준다. 이

경우 1년 후 원금과 이자를 합친 총부채가 1,643만 원이 된다. 첫해의 사업 수입 500만 원으로 이 빚의 일부를 갚고 나면 1,134만 원이 두 번째 해에 빚으로 넘어간다. 두 번째 해에는 이자까지 합쳐 총부채가 1,190만 원으로 불어나는데 두 번째 해의 사업 수입 1,000만 원으로 빚을 갚고 나면 190만 원의 빚이 남는다. 이 빚에 이자를 합친 200만 원의 총부채는 마지막 해의 사업 수입 200만 원으로 완전히 청산된다. 이렇게 보면, 어떤 사업의 순현가란 이 사업을 직접 수행하지 않고 다른 사람에게 이 사업의 아이디어를 판다고 했을 때 최대한 요구할 수 있는 금액이라고 할 수도 있다. 왜냐하면, 사업을 직접 수행하지 않고 다른 사람에게 넘기면 556만 원의 순현가를 포기하는 셈이기 때문이다.

표 14-2 1,000만 원을 빌려서 사업을 하는 경우(이자율=5%)

(단위: 만 원)

연도	개시 부채	이자	총부채	사업 수입	남은 빚	순소득
1년 후	1,000	50	1,050	500	550	-
2년 후	550	28	578	1,000	0	422(383)
3년 후	-	-	-	200	-	200(173)

주: ( )안의 숫자는 현재가치임.

표 14-3 1,556만 원을 빌려서 사업을 하는 경우(이자율=5%)

(단위: 만 원)

연도	개시 부채	이자	총부채	사업 수입	남은 빚	순소득
1년 후	1,556	78	1,634	500	1,134	556
2년 후	1,134	56	1,190	1,000	190	-
3년 후	190	10	200	200	0	-

B/C율에 의한 판정

순현가의 개념을 이용한 타당성 판정은 경제학자들이 가장 많이 추천하는 방법이기는 하지만, 이 방법을 고집하다 보면 이상한 결론을 내릴 수가 있다. 대체로 보아 규모가 큰 사업의 순현가는 크고 규모가 작은 사업의 순현가는 적은 경향이 있다. 그러므로, 대안들이 많이 있을 때, 순현가에 따라 우선순위를 정한다면, 비록 규모는 작으나 수익률이 높은 사업이 탈락하고, 규모는 크지만, 수익률은 낮은 사업이 높은 점수를 받을 수가 있다. 예를 들어서 세 가지 사업 *X*, *Y*, *Z*가 있고 이들 각각의 편익과 비용의 총현가가 [표 14-4]와 같다고 하자. 비용으로는 초기 투자비만 필요하다고 하자. 따라서 비용의 총현가는 사실상 초기 투자비뿐이다. *X*의 경우, 편익 총현가는 200억 원이고 투자비는 100억 원이며, 따라서 순현가는 100억 원이 될 것이다. *Y*의 순현가는 60억 원이고 *Z*의 순현가는 70억 원이 된다. 순현가에 따라 우선순위를 정한다면, *X*가 1위, *Y*가 2위, *Z*가 3위이다. 만일 투자자금이 100억 원밖에 없다면 *Y*와 *Z*는 기각되고 *X*가 뽑히게 된다. 그러나 *Y*와 *Z*를 함께 수행한다면 똑같은 100억 원의 돈으로 총 130(=60+70)억 원의 순현가를 얻을 수 있다. 즉, 30억 원의 돈을 더 벌 수 있음에도 불구하고 순현가에 따라 우선순위를 정해서 사업을 선정하다 보면 이같이 더 많은 수입을 올릴 기회를 날리게 된다.

표 14-4 순현가 방법의 문제점

(단위: 억 원)

사업	초기 투자비	편익의 총현가	순현가	순현가에 따른 순위	B/C율	B/C율에 따른 순위
X	100	200	100	1	2.0	3
Y	50	110	60	3	2.2	2
Z	50	120	70	2	2.4	1

순현가의 이러한 문제를 보완하기 위한 대안이, 편익의 비용에 대한 비율을 이용하는 것이다. 이 비율을 흔히 *B/C*율이라고 하는데, *B/C*율이란 편익의 총현가를 비용의 총현가로 나눈 값이다. 즉,

$$\text{B/C율} = \frac{\sum_{t=0} B_t/(1+i)^t}{\sum_{t=0} C_t/(1+i)^t}$$

B/C율에 의한 판정의 원칙은 다음과 같은데, 이 원칙을 흔히 *B/C*율 원칙(the

B/C Ratio Rule)이라고 부르기도 한다.

> 첫째 원칙: 타당성 판정의 대상 사업이 하나일 때에는 B/C율이 1보다 클 때만 해당 사업은 경제적으로 타당하다고 판정한다.
>
> 둘째 원칙: 타당성 판정의 대상이 되는 사업이 다수일 때에는 B/C율이 높은 사업에 더 높은 우선순위를 부여한다. 단, B/C율이 1보다 적은 사업은 제외한다.

단일한 사업에 대하여 타당성을 따질 때는, 순현가에 의한 판정이나 B/C율에 의한 판정은 똑같은 결론에 이른다. 순현가가 0보다 크다는 것은 B/C율이 1보다 크다는 뜻이요, B/C율이 1보다 크다는 것은 순현가가 0보다 크다는 뜻이다. 다만, 다수의 사업을 놓고, 우선순위를 정할 때, [표 14-4]에서 보듯이 순현가 원칙에 따른 판정과 B/C율 원칙에 따른 판정이 달라진다. [표 14-4]의 경우 B/C율에 의한 판정은 올바른 결론을 낳는다. Z의 B/C율이 2.4로 제일 높고 Y의 B/C율이 2.2로 그다음 높으며 순현가가 제일 큰 X의 B/C율은 2.0으로 제일 낮다. 따라서 B/C율 원칙에 의하면 100억 원을 투입하여 우선순위가 높은 Z와 Y를 수행하고 X는 탈락시킴으로써 순현가 원칙보다 30억 원 더 많은 이익을 획득하게 된다.

그렇다고, B/C율을 바탕으로 한 판정이 항상 옳은 것은 아니다. B/C율에 의한 판정에도 문제는 있다. 우선, B/C율의 공식을 보면, 편익은 분자에 올라가 있고 비용은 분자에 내려가 있는데, 이는 편익과 비용이 명확하게 갈림을 전제한다. 그러나 편익과 비용이 명확하게 갈리지 않는 경우도 흔히 있다. 그 대표적인 예가 환경오염피해이다. 흔히 환경오염피해는 사회적 비용이라고 말한다. 그렇다면 환경오염피해를 비용의 일종으로 간주할 수 있다. 하지만 우리는 흔히 비용이라고 하면 인건비, 재료비 등 경비지출로 이해하는데 환경오염피해는 경비지출은 아니다. 그러면 환경오염피해를 부(負)의 편익(마이너스 편익)으로 간주할 수도 있다. 과거 새만금 간척사업이 엄청난 수질오염 피해를 초래한다는 비난이 거세게 일어났었는데, 이 사업의 타당성을 B/C율에 의해서 판정한다고 하면, 수질오염 피해를 부(負)의 편익으로 간주하여 분자에서 뺄 수도 있고, 비용으로 간주하여 분모에 더할 수도 있다. 어떤 방법을 택하는가는 해석하기 나름이다. 하지만, 어떤 방법을 택하는가에 따라 B/C율의 값은 달라질 수가 있다. 즉, 수질오염 피해의 규모를 E라고 하면,

$$\frac{\sum_{t=0} B_t/(1+i)^t - E}{\sum_{t=0} C_t/(1+i)^t} \neq \frac{\sum_{t=0} B_t/(1+i)^t}{\sum_{t=0} C_t/(1+i)^t + E}$$

특히 다수의 대안을 놓고, B/C율에 따라 판정할 경우, 환경오염피해를 어떻게 해석하느냐에 따라 우선순위가 바뀔 수가 있다. 그러나 순현가를 이용할 경우, 이런 문제는 없다. 환경오염피해를 편익에서 빼주던, 혹은 비용에 더해주던 순현가는 다음처럼 똑같아지기 때문이다.

$$[\sum_{t=0} B_t/(1+i)^t - E] - \sum_{t=0} C_t/(1+i)^t = \sum_{t=0} B_t/(1+i)^t - [\sum_{t=0} C_t/(1+i)^t + E]$$

내부수익률(IRR)

순현가에 의한 판정이 대체로 규모가 큰 사업을 선호하는 쪽으로 편향되는 문제가 있다고 했는데, 반대로 B/C율에 의한 판정은 소규모 사업을 선호하는 쪽으로 치우치는 경향이 있다. 그러나 이런 문제는 사소한 문제이고, 순현가에 의한 판정이나 B/C율에 의한 판정이 안고 있는, 공통적인 치명적 약점은 판정 이전에 할인율을 알아야 할 뿐만 아니라, 할인율에 매우 민감하다는 것이다. 대부분의 경우, <그림 14-1>에서 보듯이 할인율이 높을수록 순현가는 급속하게 감소한다. 이 그림에서 절편 y는 할인율이 0일 때의 순현가이다. 그러면 순현가와 B/C율에 의한 판정이 할인율에 얼마나 민감할까? 과거 미국 중앙정부가 수행한 수자원개발 공공투자 사업들이 할인율에 얼마나 민감한가를 조사한 연구가 흥미를 끈다. 이 조사에 따르면, 할인율이 2.625%일 때는, 91%가 경제적 타당성을 가지지만, 할인율을 4%로 약간만 올리면, 64%가 경제적 타당성을 잃게 되며, 할인율을 6%로 올리면 80%가 경제성이 없어서 탈락한다. 말하자면 할인율을 약간만 올리면 대부분의 공공투자 사업들은 경제성을 크게 위협받게 된다

는 것이다. 그러면 어떤 할인율이 옳은 할인율인가? 문제는, 뒤에서 살펴보겠지만, 정답이 없다는 것이다.

그림 14-1 **할인율과 순현가의 관계**

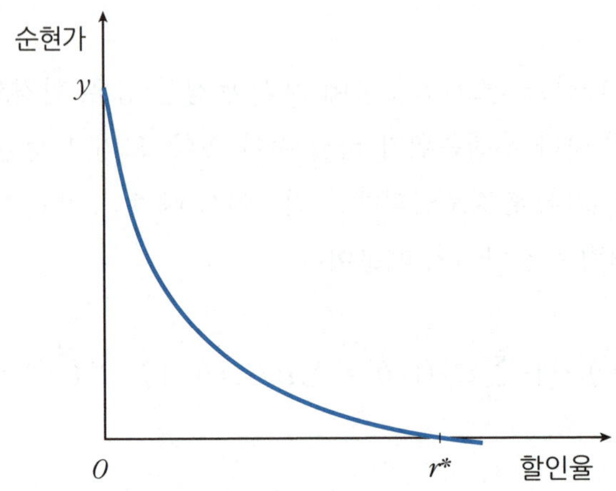

순현가를 적용하느냐 혹은 B/C율을 적용하느냐에 따라 사업들의 순위가 바뀌듯이, 할인율을 몇 %로 하느냐에 따라 순위도 바뀔 수 있음은 물론이다. 그러면 할인율을 알지 않고도 사업의 우선순위를 정하는 방법은 없을까? 이른바, 내부수익률(Internal rate of return)에 의한 방법이 그것이다. <그림 14-1>이 보이듯이 순현가는 할인율의 함수인데, 내부수익률이란 순현가를 0으로 만드는 할인율, 즉 총편익의 현가와 총비용의 현가를 같게 만드는 할인율을 말한다. 달리 말하면, 어떤 사업의 내부수익률이란 그 사업이 감당할 수 있는 최대 이자율이라고 할 수도 있다. <그림 14-1>에서 r^*가 바로 내부수익률이다. 위에서 예로 든 투자사업(비용과 편익의 흐름이 -1,000만 원, 500만 원, 1,000만 원, 200만 원인 사업)의 내부수익률은 35%이다. 즉, 이 할인율을 적용하면 이 사업의 순현가가 영이 된다는 것이다. 따라서 이 사업은 최대 35%의 이자를 지급할 능력이 있지만 그 이상으로 이자율이 높으면, 순현가가 마이너스가 된다.

내부수익률은 할인율과 관계없이 사업의 수익성을 손쉽게 짐작할 수 있게 하며, 다수의 사업이 있을 때, 일목요연하게 이들의 우선순위를 정할 수 있게 해준다는 장점이 있다. 예를 들어서, 어떤 사업의 내부수익률이 20%라고 하면, 일단은 은행 금리보다 상당히 높은 수익을 올린다고 생각할 수 있다. 다수의 사업을 놓고, 우선순위를 정할 때는 내부수익률이 높을수록 높은 순위를 부여하게 된다. 예를 들어서 첫해에만 비용이 들어가는 5개 사업의 비용과 편익의 흐름이 [표 14-5]와 같다고 하자. 사업 *A*는 첫해에 100억 원 투입하면 두 번째 해에 110억 원의 수익을 발생시킨다. 그러면 사업 *A*의 내부수익률은 10%가 된다. 나머지 사업들에 대해서도 내부수익률을 구해보면 [표 14-5]와 같다. 이 내부수익률을 보면 *A*, *B*, *C*, *D*, *E*의 순으로 순위를 일목요연하게 매길 수가 있다. 참고로 순현가에 따라 순위를 정하려면 우선 할인율을 알아야 하는데 만일 할인율을 3%로 잡으면, 사업 *B*의 순현가가 제일 크기 때문에 순위 매김에서 1위를 차지하게 된다. 표를 보면 순현가에 의한 순위가 내부수익률에 의한 순위와 달라지는 것을 알 수 있다. 할인율을 달리하면 순현가에 의한 순위도 달라질 수 있음은 물론이다.

표 14-5 내부수익률에 의한 투자우선순위 결정의 예

(단위: 억 원)

사업	첫해의 투자비	둘째 해의 편익	셋째 해의 편익	내부수익률 (순위)	순현가 (순위)
A	100	110	0	10%(1)	7(2)
B	100	0	115	7%(2)	8(1)
C	100	106	0	6%(3)	3(3)
D	50	52	0	4%(4)	1(4)
E	200	2	208	2%(5)	-2(5)

이같이 할인율을 알지 않아도 내부수익률을 구해서 사업의 우선순위를 일목요연하게 정할 수 있다는 장점은 있지만, 내부수익률 그 자체는 사업의 수익성에 대한 감을 잡게 해 줄 뿐 사업의 경제적 타당성을 딱 부러지게 말해주지는 못한다. 예컨대 어떤 사업의 내부수익률이 8%라면 추진해야 하는가 말아야 하는

가? 다른 어떤 객관적 정보의 도움이 없으면, 판단하기 어렵다. 또 한 가지 문제점, 한 사업에 대하여 두 개 이상의 내부수익률이 나올 때도 있다는 것이다. 이론상 이럴 가능성은 항상 존재한다. 위에서 말했듯이 내부수익률은 할인율을 변수로 놓았을 때 순현가를 0으로 만드는 할인율이다. 따라서 내구연한이 n년인 사업의 순현가는 할인율에 대한 $(n-1)$차 방정식이고, 정의상 이 방정식의 근이 곧 내부수익률이다. 이론상 $(n-1)$차 방정식은 $(n-1)$개의 근을 가진다. 다시 말해서 $(n-1)$개의 내부수익률이 나올 수 있다. 물론 이렇게 다수의 내부수익률이 존재할 가능성은 적지만 어떻든 한 사업에 대하여 두 가지 내부수익률이 있다고 하면, 어떤 것이 진짜인지 알 수가 없다. 예를 들어서 어떤 사업의 내부수익률이 하나는 5%이고 다른 하나는 18%라고 하자. 과연 어떤 내부수익률이 올바른 내부수익률인가? 대답하기 난처한 일이 아닐 수 없다.[2]

이렇게 보면, 순현가에 의한 판정, B/C율에 의한 판정, 내부수익률에 의한 판정 각각이 치명적인 약점을 안고 있음을 알 수 있는데, 그런데도, 경제학자들은 순현가에 의한 판정을 제일 많이 추천하는 편이다. 그러나 실제에 있어서는 순현가, B/C율, 내부수익률 모두를 계산하고, 그 세 가지를 적절히 참작하여 타당성을 판정하는 것이 비용-편익 분석의 관례이다.

4 할인율의 문제

할인율은 0이거나 매우 낮아야 한다는 주장

위에서 자세히 설명하였듯이, 사람들은 여러 가지 이유로 미래의 소득을 할인해서 현재가치로 환산하는데, 어떻든 할인한다는 것은 미래의 소득을 현재의 소득에 비해서 낮게 평가한다는 얘기다. 예를 들어서 할인율이 10%라고 하면, 50년 후 100만 원의 현재가치는 만 원에 불과하다. 이것이 무엇을 의미하는가? 비근한 예를 하나 들어보자. 대학교 축제 기간에 어느 학생회에서 100만 원의 회비를 걷어서 행사를 치르기로 했다고 하자. A안과 B안, 두 가지 대안이 거론되었는데, [표 14-6]에 예시하였듯이 A안은 남학생들에게는 100만 원어치의 편익을, 여학생들에게는 40만 원어치의 편익을 주는 반면, *B*안은 여학생들에게 90만 원어치의 편익을, 남학생들에게는 30만 원어치의 편익을 준다고 하자. *A*안은 학생들에게 총 140만 원어치의 편익을 주고, *B*안은 120만 원어치의 편익을 준다. 그렇다면 당연히 *A*안이 *B*안 보다 더 타당해 보이지만 *A*안은 남학생들에게 매우 유리한 대안이다. 이 자료를 놓고 학생회장단 측은 총편익을 계산하는 과정에서 여학생들에게 돌아가는 편익은 그대로 두고 남학생들에게 돌아가는 편익에는 일률적으로 0.5를 곱해서 총편익을 계산했다고 하자. 그러면 조정된 총편익을 구하면, *A*안이 90만 원이 되고 *B*안은 105만 원이 된다. 그래서 학생회장단이 *A*안의 순현가는 -10만 원이고, B안의 순현가는 5만 원이므로, *B*안의 채택을 결정했다고 발표했다고 하자. 아마도 남학생들은 거세게 항의하면서 왜 남학생들의 편익에 0.5를 곱했느냐고 물을 것이다. 학생회장단은 "무슨 특별한 이유가 있어서 그런 것은 아니고 그저 그러는 것이 좋을 것 같아서 그랬다"고 답변한다면 아마도 누구나 어처구니없어 할 것이다.

표 14-6 할인율을 적용하는 관례의 의미

(단위: 만 원)

대안	투자비	편익		총편익	조정된 총편익(근거)
		여학생	남학생		
A	100	40	100	140	90(= 40 + 0.5x100)
B	100	90	30	120	105(= 90 + 0.5x30)

어떻든 이같이 남학생들에게 돌아갈 편익을 절반으로 깎아본다고 하면, 당연히 여학생들에게 유리한 사업만 경제적 타당성을 가지게 될 것이다. 타당성 판정이 구조적으로 여학생들에게 유리하게 되어 버린다. 즉, 남학생에 대한 차별이 구조화된다는 것이다. 공공사업에 할인율을 적용하는 관례에 반대하는 사람들은, 이 관례가 구조적으로 사람들을 차별한다고 비난한다. 즉, 논리상 할인율의 적용은 똑같은 인간인 미래세대를 차별하는 짓이라는 것이다. 할인율을 적용한다는 것은, 미래세대에게 돌아갈 편익을 깎아버리는 것이다. 위의 예에서 여학생을 현재세대로 그리고 남학생을 미래세대로 바꾸어 놓은 것과 똑같은 결과

를 초래한다. 그래서 환경세의 도입을 제창하였던 경제학자 피구도 할인율을 적용하는 관례는 인간을 차별하는 것이므로 철폐되어야 한다고 주장하였다.

요즈음에도 특히 환경 보전론자나 환경운동가 중에는 할인율 적용에 반대하는 사람이 적지 않다. 높은 할인율의 적용은 자연 자원의 고갈을 촉진하는 요인이 된다는 것이 반대하는 이유의 하나이다. 할인율이 높으면 먼 미래보다는 가까운 장래에 가시적 이익을 많이 창출하는 사업의 타당성이 높아진다. 그러므로 비록 0의 할인율까지는 아니더라도 매우 낮은 할인율을 적용하게 함으로써 자원고갈을 최대한 늦추자는 주장이 설득력을 가진다.

하지만, 그렇다고 무작정 낮은 할인율을 고집하는 것은 환경보전에 좋을 것이 별로 없다. <그림 14-1>에서 보듯이 할인율이 높을수록 순현가와 B/C율은 감소하고, 할인율이 낮을수록 순현가와 B/C율은 증가하는 경향이 있다. 그러므로 할인율이 낮을수록 개발 사업의 타당성이 높아지게 된다. 실제로 개발 사업을 추진하는 공기업들은 가능하면 낮은 할인율을 적용해서 자신들의 개발 사업을 정당화하려고 노력한다. 그래서 개발 사업들이 무더기로 타당성을 인정받아 추진되면 환경파괴가 가속화될 우려가 있다. 환경보전의 측면에서 보면, 과연 낮은 할인율이 도움이 되는지 혹은 높은 할인율이 도움이 되는지 쉽게 판단이 서지 않는다.

어떻든 할인율의 적용 관례를 철폐하자는 주장이나, 낮은 할인율을 적용하자는 주장은 도덕적으로는 그럴듯해 보이지만, 현실론에 많이 밀리고 있다. 이를테면, 할인율의 적용이 현재세대와 미래세대를 차별 대우하는 처사라는 주장에 대하여 현실론자들은 여러 가지 반론을 편다. 현재 우리만 할인율 적용의 관례를 가지는 것은 아니다. 과거 우리 선조들도 모든 공공사업에 할인율을 적용했다. 할인율 적용이 인간차별이라고 하지만, 과거 우리 선조의 할인율 적용 관례 탓에, 결과적으로 현재의 우리가 선조보다 더 손해를 본 것이 뭐가 있는가. 오히려 현재 우리는 선조보다 훨씬 더 잘 살지 않으냐고 현실론자들은 묻는다. 할인율의 적용으로 자연 자원이 많이 고갈되었다고는 하지만, 선조들이 자연 자원을 이용하는 과정에서 터득한 각종 지식과 신기술이 오히려 우리 세대에게 더욱더 풍족한 생활을 할 수 있는 여건을 조성하였다는 반론도 있다.

할인율의 근거

만일 0이 아닌 할인율을 적용한다면 구체적으로 어떤 할인율을 택할 것인가? 여러 가지 주장이 있는데, 대략 다음과 같이 세 줄기로 정리해볼 수 있다. 그 첫째는, 사회적 적정할인율은 실제 소비자들이 느끼는 이자율, 즉 소비이자율 혹은 시간선호율을 반영해야 한다는 주장이다. 각 개인은 현재의 소비를 미래의 소비보다 더 중요하게 생각하는 것이 현실이다. 사회란 결국 각 개인으로 구성된 집합에 불과하다. 사회적 결정은 각 개인의 선호를 반영해야 한다는 것이 후생경제학의 기본 입장이다.

둘째는, 자본의 기회비용을 강조하는 일련의 주장들이 있다. 공공사업을 추진한다는 것은 민간부문에서 이용될 자금을 공공부문으로 전용하는 것이므로 공공사업이 사회적 타당성을 인정받으려면 민간부문에서 상실된 손실을 충분히 보상할 만큼 수익률이 높아야 한다. 이렇게 높은 수익률을 올리는 공공사업만이 타당성을 인정받도록 하려면, 공공사업에 적용되는 할인율이 최소한도 민간부문의 평균 투자수익률만큼은 되어야 한다는 것이다. 실제에 있어서는 세금이니 위험에 대한 보상 등의 요인 탓으로, 공공사업에 사용되는 자본의 기회비용은 민간부문의 평균수익률보다 더 높다. 이 기회비용의 추정은 민간 기업이 자본시장에서 돈을 빌릴 경우, 실질적으로 치러야 할 대가를 기준으로 삼는다. 아주 개략적으로만 계산해 보자. 자본시장에서 자본의 공급자는 안전한 정부의 채권을 살 수도 있다. 정부 채권의 차입이자율(정부 채권의 수익률)을 m%라고 하자. 정부에 돈을 빌려주면 떼일 가능성이 별로 없지만, 민간 기업에 돈을 빌려주면 떼일 가능성을 생각해야 한다. 그러므로 민간 기업이 돈을 끌어다 쓰려면 이런 위험에 대한 프리미엄을 얹어 주어야 한다. 이 프리미엄의 비율이 s%라고 하자. 그러면 $(m+s)$가 곧 민간 기업이 돈을 끌어 쓰기 위해서 치러야 하는 최소한의 가격이다. 그러면 $(m+s)$만큼 치를 수 있으려면 민간 기업이 실질적으로 얼마만큼의 수익률을 올려야 할까? 민간 기업의 평균 투자수익률을 r%, 민간 기업에 부과되는 세금의 평균세율을 t%라고 하자. 그러면 민간 기업의 순수익률은 $r(1-t)$가 될 것이다. 이 순수익률에서 $(m+s)$를 지급해야 하므로, 민간 기업의 평균 투자수익률은 최소한도 나음의 등식을 충족해야 한다.

$$r(1\text{-}t) = m+s$$

이 등식을 충족하는 r값은 다음과 같다:

$$r = (m+s)/(1\text{-}t).$$

즉, $(m+s)/(1\text{-}t)$가 민간 기업이 투자유치를 위해서 달성해야 하는 최소한도의 수익률이며 이것이 곧 공공사업에 투입되는 자본의 기회비용이다. 그러므로 공공사업에 적용해야 할 할인율은 $(m+s)/(1\text{-}t)$이어야 한다는 결론에 이른다. 물론 실제에 있어서는 자본의 기회비용 계산은 이 보다 훨씬 더 복잡할 것이다.

할인율에 관한 주장에서 세 번째 줄기는, 시장이자율을 강조하는 주장이다. 우선 시장이자율은 금방 알 수 있는 객관적 지표이기도 하지만, 만일 자본시장이 완전경쟁시장이라면 모든 소비자의 시간선호율과 모든 민간 기업의 투자수익률은 평준화되면서, 이 시장이자율과 같아진다. 다시 말해서 시장이자율은 시간선호율과 투자수익률을 반영하는 객관적 지표가 된다는 것이다(이에 대한 자세한 내용은 본 장의 부록에서 다루기로 한다). 어떻든, 그렇다면 시간선호율과 투자수익률의 기둥이 되는 시장이자율을 공공사업의 할인율로 채택해야 한다는 주장은 상당히 강력한 이론적 근거를 가진다. 하지만, 온갖 불확실성이니 정보의 불완전성 등으로 인해서 현실의 자본시장 역시 완전경쟁시장과 거리가 멀다. 자본시장이 완전경쟁시장이 아니라면 사회적 적정규모의 자본이 공급되고 이용되지도 못할 뿐만 아니라 시간선호율, 투자수익률, 시장이자율이 일치한다는 보장이 없다. 우선, 현실에서 흔히 보듯이 시장이자율부터가 여러 가지이다. 저축 금리와 대출금리가 다르고, 사채이자율과 공공금리가 상당히 다르며, 장기금융 이자율과 단기금융 이자율이 다르다. 자본시장이 불완전경쟁시장이라서 시장이자율, 시간선호율, 투자수익률이 각각 다르다면, 공공사업의 할인율을 과연 어디에 정초시켜야 할지 난감하다.

그렇다면 구체적으로 어떤 할인율을 적용할 것인가? 물론 딱 부러진 대답은 없다. 다만, 나라마다 지역마다 그리고 대상 사업에 따라 신축성 있게 결정하되, 대체로 보아 정부가 돈을 빌려 쓸 때의 이자율, 예컨대 정부 채권의 수익률을 기본으로 삼고, 민간부문의 투자수익률 등 여러 가지 요소들을 종합적으로 고려해서 경제 여건에 알맞게 적절히 책정해야 한다는 지극히 막연한 대답이 있을 뿐이다.

5 환경가치의 추정

환경가치의 성격과 추정의 필요성

공기가 깨끗해지고 물이 깨끗해지는 등 환경이 개선되는 것은, 확실히 좋은 일이지만, 좋음을 아는 것만으로는 부족하다. 그것이 얼마나 좋은지, 즉 얼마나 가치가 있는지를 알아야 할 필요성이 절실히 요구되는 경우가 매우 많다. 환경을 깨끗하게 하는 데에는 많은 돈이 요구되는데, 예산은 한정되어 있고 돈 쓸데가 많기는 개인이나 정부나 마찬가지다. 그러므로 환경을 깨끗이 한다고 할 때 과연 돈을 들여서 그렇게 할 만한 가치가 충분히 있는지, 또는 환경을 보존한다고 했을 때, 과연 그럴 만한 가치가 충분히 있는지를 꼼꼼히 따져 볼 필요가 있다. 그러자면 깨끗한 공기, 깨끗한 물, 아름다운 경관, 등 개선된 환경이 얼마나 값어치가 있는지를 알아내야 한다. 경제학자들이 여러 가지 기법들을 이용해서 환경의 가치, 좀 더 정확하게 말하면 환경의 경제적 가치를 추정하기 위해서 노력하는데, 그 주된 목적은 사람들이 자연환경 혹은 그것의 구성 요소들을 다른 것보다 얼마나 더 중요하게 생각하는가에 관하여 감을 잡음으로써, 환경보전에 얼마나 많은 노력을 투입할 것인가를 합리적으로 결정하기 위함이다. 아무리 환경보전이 중요하다지만 이것 하나에만 매달릴 수는 없다. 먹고사는 것도 중요하다. 그렇다고 환경파괴 및 환경오염을 전혀 외면할 수도 없다. 결국 먹고살기와 환경보전, 이 두 가지를 잘 조화하는 절충점을 찾아야 하는데, 그러자면 환경의 가치를 알아야 한다.

환경보전론자나 환경운동가들은 흔히 경제학자들이 주로 금전적인 것만 생각하기 때문에 환경의 참된 가치를 과소평가할 수밖에 없다고 비판한다. 이런 주장에 충분히 일리가 있지만, 전적으로 옳은 것은 아니다. 물론, 경제학자들이 추정해내는 가치란 결국 환경의 경제적 가치이다. 경제적 가치라고 하면 흔히 금전적인 가치만을 연상하기 쉬운데 그렇지는 않다. 시장에서 거래되지 않는 정서적인 것, 심미적인 것들의 가치도 경제적 가치에 포함된다. 환경가치의 상당한 부분은 비금전적 가치이며, 따라서 경제이론에 바탕을 둔 가치추정 기법이 추정해내는 경제적 가치도 그런 비금전적 가치를 반영한다.

한 가지 더 지적해둘 것은, 경제적 가치라고 해서 개인적 이익만을 반영한 가치는 아니라는 점이다. 물론 시장에서 거래되는 것들의 가격 대부분은 사적 이익을 주로 반영한다. 예를 들면, 라면의 가격은 라면이 소비자 각 개인의 식욕을 평균적으로 얼마나 잘 충족시켜 주는가를 반영하면서, 또한 라면 생산자 개인이 생산비를 얼마나 많이 치렀는가를 반영한다. 물론, 사람들 대부분은 자연환경이 어떤 특정인의 개인적 이익을 위한 것이 아니라, 공익에 관계된다고 생각한다. 예를 들면, 많은 사람이 자신들뿐만이 아니라 우리 후손들을 위해서 희귀 동식물들은 보존되어야 한다고 생각하고, 이를 위해서 기꺼이 돈을 치를 용의가 있음을 표명한다. 이런 지불 용의액은 개인의 이익뿐 아니라 후손의 이익을 포함한 공익을 반영하는 것이다. 따라서 환경의 경제적 가치를 추정할 때는, 이런 공익도 충분히 고려해야 한다.

환경의 가치를 정확하게 계산하는 것은, 환경보전을 위한 노력을 설득력 있게 만드는 데에도 매우 긴요하다. 환경을 개발했을 때의 이익은 돈으로 환산되지만, 환경을 보전했을 때의 이익은 대부분 돈으로 환산되지 않는다. 금전적 이익은 당장 눈에 보이는 것이고 비금전적 이익은 눈에 잘 보이지 않는다. 보통 눈에 보이는 이익이 눈에 보이지 않는 이익보다 더 커 보이게 마련이다. 그뿐만 아니라 금전적 이익은 특정인에게 귀속되지만, 비금전적인 이익은 불특정 다수에게 분산되는 경향이 있다. 예를 들어서 삼림을 벌채해서 목재를 생산하면, 그 이익은 금전으로 환산되어 금방 눈에 띌 뿐만 아니라, 누군가의 손에 쥐어 진다. 따라서 개인들에게는 삼림을 목재공급에 이용하려는 강력한 경제적 동기가 존재하게 되지만, 자연환경을 위해서 삼림을 보존하려는 동기는 그리 강하지 않다.

삼림을 벌채하지 않고 그냥 내버려 둔다고 했을 때, 예를 들면 깨끗한 공기가 공급됨으로 인한 이익이라든가 수자원을 함양하고 물을 깨끗하게 해줌으로 인한 이익 등 삼림의 환경정화 기능으로 인한 이익은 돈으로 환산되지 않으니까 무시되기 쉽고, 또한 이러한 이익은 어느 특정인에게 귀속되지 않기 때문에 아무도 나서서 이러한 이익을 지키려고 하지 않는다. 그러나 목재공급을 위해 삼림을 개발할 경우, 그러한 환경정화 기능으로 인한 이익은 사라진다. 이 사라진 이익은 분명히 삼림개발에 따른 사회적 손실이므로 정확하게 삼림개발의 비용에 포함되어야 한다. 그러기 위해서는 삼림을 보전함으로 인한 이익, 예컨대 삼림의 정화기능에 따른 이익의 가치가 정확하게 추정되어야 한다.

환경가치 추정 방법의 유형

환경가치를 추정하는 방법에는 여러 가지가 있는데, 그중에서도 가장 많이 이용되는 방법은, 사람들이 환경에 부여하는 가치 혹은 환경개선에 대한 지불 용의액을 직접 물어보는 방법이다. 그 대표적인 방법이 조건부 가치추정 방법(contingent valuation method)인데 간혹 영어 머리글자만 따서 CVM이라고도 불리기도 한다. 때로는, 이렇게 사람들에게 직접 묻지 않아도 간접적으로 이 지불 용의액을 표명하기도 한다. 예를 들면, 많은 사람이 비싼 돈을 들여가며 경치 좋고, 공기 깨끗하고, 물 좋은 곳을 찾아다닌다. 이같이 돈을 쓰는 이유는 그만큼 환경에 가치를 부여하고 있기 때문이다. 따라서 여행자들이나 관광객들의 여행비를 분석함으로써 환경가치를 추정할 수도 있는데, 이 방법을 여행비용방법(Travel Cost Method: TCM)이라고 한다.

환경의 가치는 시장에서 거래되는 상품에 묻어 있는 경우도 많다. 누구나 더러운 환경보다는 깨끗한 환경을 더 좋아한다. 따라서 사람들은 은연중에 깨끗한 물이나 깨끗한 공기, 아름다운 경치 등에 대해서 가치를 부여하는데, 이러한 가치가 특정 상품의 가격에 내포되는 경우가 많다. 예를 들면, 사람들이 공기 좋은 곳에 살고 싶어 하다 보니, 다른 조건이 같다면 공기 좋은 곳의 부동산값은 공기가 나쁜 곳의 부동산값에 비해서 비싸다. 즉, 깨끗한 환경의 가치가 땅값이나 집값 속에 포함된다는 것이다. 소득수준이 높은 선진국에서는 부동산뿐만 아니라 임금에도 환경의 가치가 묻어 있는 경우가 많다. 사람들은 이왕이면 물 좋고, 공기 좋고, 쾌적한 곳에서 직장생활하고 싶어 한다. 그래서 환경이 나쁜 곳은, 임금수준이 충분히 높지 않으면, 사람들이 잘 가지 않으려고 할 것이며, 환경이 좋은 곳은 임금이 좀 저렴하더라도 가려고 한다. 따라서 지역별 임금의 차이를 분석해서 환경의 가치를 추정해낼 수도 있다. 이같이 시장에서 거래되는 상품에 묻어 있는 환경의 가치를 훑어내는 대표적인 방법이 속성가격기법(Hedonic Price Technique)이다. 앞에서 설명한 여행비용 방법이 사람들의 실제 행태를 직접 관찰함으로써 환경의 가치를 추정하는 방법이라면, 속성가격기법은 실제로 시장에서 유통되는 상품의 가격을 바탕으로 환경의 가치를 추정하는 방법이라고 할 수 있다.

이같이 시장에서 거래되는 상품에 환경의 가치가 묻어 있다는 것은 이 상품과 환경의 질 사이에 상관관계가 있음을 암시한다. 만일 환경의 질과 시장거래 상품 사이에 아무런 관계가 없다면 환경의 질의 변화가 시장에서 거래되는 상품에 반영되지 않을 것이다.[3] 시장에서 거래되는 상품에 환경의 가치가 묻어 있지 않으면, 상품에서 환경의 가치를 추정해낼 수 없을 것이다. 하지만 위에서 예를 들었듯이 환경의 질이 좋아진 지역의 부동산이 비싸진다는 것은 환경의 질이 높아지면 그만큼 그런 부동산에 대한 사람들의 선호도 높아짐을 의미한다. 이 경우 환경의 질과 부동산 사이에는 보완관계가 있다고 말한다. 수질이 좋아지면 사람들이 물놀이를 더 많이 나가게 되는데, 이 경우에도 수질개선과 물놀이 사이에는 보완관계가 있다고 할 수 있다. 위에 소개한 속성가격기법이라든지 여행비용 방법은 환경개선과 시장거래 상품 사이의 이러한 보완관계를 이용한 가치추정 방법이라고 할 수 있다.

그러나 환경의 질과 시장에서 거래되는 상품 사이에 보완관계만 있는 것은 아니다. 예를 들어서 대기오염이 심해지면 공기청정기 구매가 늘어나고, 강물이 더러워지면 정수기 구매가 늘어나게 되는데, 이 경우 공기청정기는 대기오염으로 인해서 상실될 깨끗한 공기에 대한 대체품이요, 정수기는 수질오염으로 인해서 사라질 깨끗한 물에 대한 대체품이라고 할 수 있다. 다시 말해서 이 상품들은 환경의 질과 대체 관계에 있다고 할 수 있다. 시장에서 거래되는 상품과 환경의 질 사이에 존재하는, 이런 대체 관계를 이용해서 환경가치를 추정하는 방법을 회피비용 방법이라고 하는데, 사람들이 오염피해를 회피하기 위해서 대체품에 얼마나 많이 지출하는가를 알아내서 환경가치를 간접적으로 추정하는 방법이다.

이같이 경제학이 환경가치를 추정하는 여러 가지 방법들을 개발하였지만, 이들을 우리의 현실에 적용하는 데에는 많은 애로가 있다. 무엇보다도 자료의 부족이 큰 애로사항이다. 경제학이 개발한 기법들을 응용하려면, 대부분 경우, 방대한 자료가 있어야 한다. 그러나 지역별 환경의 질에 대한 구체적이고 신빙성 있는 자료라든지, 지역별 소득에 대한 자료, 환경오염과 관련된 기업 및 소비자들의 행태에 관한 구체적인 자료, 등과 같이 환경의 가치추정에 매우 유용한 자료들이 제대로 축적되어 있지 못한 경우가 많다. 이럴 경우, 환경가치를 아주 개략적으로 추정할 수밖에 없다. 한 가지 빈번히 이용되는 편법은, 환경개선에 들어간 비용이 대략 환경개선의 사회적 편익과 비슷하다고 가정하고, 환경개선 투자비를 추정하고 이를 환경가치의 대리변수로 삼는 것이다. 이런 방법을 대체비용법이라고도 한다. 다른 방법에 비해서 대체비용법은 비교적 간단하므로, 보편적으로 많이 이용되지만, 환경가치의 하한선을 개략적으로 삼아보는 일종의 편법이라고 할 수 있다.

지불 용의액에 대한 설문조사

환경의 가치를 추정하는 가장 기본적이면서 보편적인 방법은, 환경개선에 대한 사람들의 지불 용의액을 직접 물어보는 방법이다. 예를 들어 어느 지역의 대기를 깨끗하게 개선하는 사업을 추진하기로 한다면, 이 사업의 혜택을 받으리라고 예상되는 사람들이 그 혜택에 최대한 얼마나 많은 금액을 기꺼이 치를 용의가 있는지를 물어서 알아낸 다음, 이 지불 용의액을 전부 합친 값을 개선되는 대기의 총가치로 간주하는 방법이다. 그래서 이 지불 용의액이 투자비에 비해서 충분히 크면, 그 지역의 대기 개선 사업은 경제적 타당성을 인정받게 된다.

그러나 지불 용의액을 직접 묻는 방법이 말 같이 그리 쉽지는 않다. 사람들에게 불쑥 얼마나 많은 돈을 치를 용의가 있느냐고 물으면, 어떻게 응답할지 몰라 당황할 것이다. 예를 들어서 서울의 한강에서 마음 놓고 수영할 수 있을 정도로 깨끗하게 만든다면, 얼마를 치를 용의가 있느냐고 묻는다면, 아마도 사람들 대부분은 우물쭈물할 것이다. 공공재에 대하여 자발적으로 가치를 부여하는 경험이 부족한 사람들로부터 정확한 지불 의사를 유도하기란 쉽지 않다. 일반적으로 환경개선 사업에 대한 응답자의 지불 용의액은 해당 사업에 대한 사전 지식의 많고 적음에 따라 크게 영향을 받는다. 따라서 보다 더 정확한 지불 용의액을 추정하기 위해서는, 해당 사업에 대한 자세한 정보를 미리 응답자에게 알려주고 나서 질문해야 한다. 이런 방법을 조건부 가치추정 방법이라고 하는데, 최근에 많이 쓰이는 방법이다.[4]

조건부 가치추정 방법은 설문지를 통한 면접조사를 원칙으로 한다. 다만, 부득이한 경우에는 우편조사나 전화 면담을 실행한다. 설문지는 정확한 지불 용의액을 대답하도록 특별히 고안되어야 하므로, 조건부 가치추정 방법의 핵심이 된다. 조건부 가치추정 방법에서 가장 중요한 부분은, 수질, 대기질 등 환경의 질에 관하여 응답자가 구체적으로 이해할 수 있도록 자세히 묘사하는 것이다. 전형적인 CVM 설문지는 환경의 질을 묘사할 뿐만 아니라 이것을 상품처럼 포장하고 응답자가 시장에서 이를 매입하는 “가상 시장”을 설정함으로써 응답자가 지불 용의액을 쉽게 대답하도록 치밀하게 짜인다.[5] 이같이 가상 상황을 설정한다고 해서 조건부 가치추정 방법을 가상가치평가법이라고도 한다.

지불용의액을 묻는 형식은 여러 가지이다. 가장 원시적인 방법은 단순히 “당신은 최대한 얼마를 지불 하시겠습니까?”라고 직접 묻는 방법이다. 하지만 사람들 대부분 환경의 질을 화폐로 나타내는 데에 익숙하지 못하기 때문에 이런 질문을 받으면 당황해서 대답을 회피하거나, 혹은 대답하더라도 터무니없는 금액을 제시하는 경우가 많다. 그래서 직접 질문 대신 경매법을 많이 이용한다. 이 방법은 우선 일정 금액을 응답자에게 제시하면서 이 금액을 지불할 의사가 있는지를 묻는다. 응답자가 “예”라고 대답하면 좀 더 높은 금액을 제시하며, 반대로 “아니오”라고 대답하면 좀 더 낮은 금액을 제시하면서, 다시 지불 용의액을 묻는다. 이런 과정을 반복하다가 마치 경매에서처럼 제시된 금액에 응답자가 합의할 때, 이 금액을 응답자의 지불 용의액으로 간주한다. 비록 이 방법이 가장 오래되고 많이 이용되는 방법이라고는 하지만, 단점도 있다. 가장 큰 단점은, 처음에 제시된 금액이 응답자의 지불 용의액의 크기를 결정하는 데에 상당한 영향을 준다는 점이다. 다시 말해서 결정을 어느 한쪽으로 쏠리게 한다는 것이다. 이런 쏠림 현상으로 인한 오류를 ‘출발점 편의(偏倚, bias)’라고 부른다. 최초에 제시된 금액이 높을수록 최종 합의된 지불 용의액이 커지고, 반대로 낮을수록 최종 합의된 지불 용의액이 낮아질 것으로 짐작된다. 실제로 이런 짐작을 확인시켜주는 연구 결과도 있다.[6]

그래서 이런 출발점 편의를 완화하기 위해서 고안된 지불 의사 유도 방법이 지불카드법이다. 이 방법에서는 우선 정부의 각종 공공사업에 대하여 세금, 또는 기타 형식으로 사람들이 실제로 치른 평균지출액을 일목요연하게 알려주는 자료 카드를 만든다. 대체로 보면 공공사업에 대한 평균지출액은 소득계층 별로 다르므로, 소득계층 별로 자료 카드를 만드는 것이 좋다. 응답자들은 여러 장의 자료 카드를 참고하여 환경의 질에 대한 지불 용의액을 적어내게 된다. 여기에서 주의해야 할 것은 자료 카드에 적힌 공공사업은 현재 지불 용의액을 알아보려고 하는 환경의 질과 관계없는 사업이어야 한다는 것이다. 만일 밀접한 관계가 있다면, 응답자들은 그 밀접한 관계가 있는 사업의 평균지출액에 따라 지불 용의액을 표명할 가능성이 있다. 이같이 설문조사 대상 사업과 밀접한 관계가 있는 다른 사업에 대한 정보가 지불 용의액에 미치는 영향을 '고정점 편의'라고 한다.[7]

이상의 여러 가지 방법들의 한 가지 단점은, 무응답자나 응답 회피자가 많이 발생한다는 것이다. 또한 직접 면접조사에 의존해야 한다는 단점도 있다. 이런 단점을 다소나마 보완하기 위해서 개발된 방법이 양자 선택형 질문법이다. 이 방법은 경매법과 같이 응답자에게 예/아니오의 형식으로 대답할 것을 요구하는데, 다만 경매법과 달리 단 한 번만 묻는다. 이 방법에서는 우선 사전 조사를 통하여 응답자들이 제시하리라고 예상되는 지불용의액의 범위를 개략적으로 알아보는 순서를 밟는다. 이를 바탕으로 여러 개의 예상치를 뽑아낸다. 이 예상치의 수에 대응해서 응답자들을 소집단을 나누어 놓고, 소집단 별로 하나의 예상치를 제시한 다음, 이 예상치를 치를 용의가 있는지 아닌지를 묻는다. 소집단이 다르면 묻는 금액도 달라진다. 응답자는 단 한 번만 '예' 혹은 '아니요'라고 대답만 하면 그만이므로, 응답자의 부담이 적어서 응답률이 높아진다는 장점은 있지만, 응답 결과로부터 직접 지불 용의액을 알 수 없는 까닭에 응답 결과를 계량 분석함으로써 간접적으로 지불 용의액을 추정해야 하는 번거로움이 있다. 물론 이 계량 분석을 수행하기 위해서는 적절한 효용함수(환경의 질과 효용 사이의 관계식)를 상정해야 한다는 문제도 있다.

이렇게 여러 가지 방법으로 지불 용의액을 묻는 방법이 있지만, 어떻든 이렇게 지불 용의액을 직접 묻는 방법의 유용성에 관해서는 경제학계에서도 오래전부터 많은 회의가 있었던 것도 사실이다. 조건부 가치추정 방법이 학계에서 어느 정도 인정받게 된 중요한 계기는 아마도 1989년 유조선 좌초로 인한 알래스카 해양오염 사건(이른바 엑슨 발데스호 사건)일 것이다. 이때 조건부 가치추정 방법을 이용한 해양오염 피해액 추정이 과연 신빙성이 있는가를 판단하기 위한 조사단(NOAA위원단)이 만들어졌고 애로(Kenneth Arrow), 솔로(Robert M. Solow), 등 저명한 경제학자들이 이 조사단에 포함되었다. 이 조사단 보고서는 몇 가지 조건을 제시하면서, 이 조건을 충족시키면서 적절히 수행된다면 조건부 가치추정 방법이 환경가치 추정에 이용될 수 있다는 결정을 내린 바 있다.

그런데도, 조건부 가치추정 방법에 대하여 많은 이의가 제기되고 있는 것도 사실이다. 이에 대해서는 뒤에서 다시 언급하기로 하겠으나, 환경보전론자나 환경운동가들이 항상 제기하는 근원적인 문제점은, 조사하는 경제학자나 조사받는 응답자들이 조사 대상인 환경의 가치를 정확하게 알고 있느냐이다. 설령 응답자들이 환경의 가치를 정확하게 알고 있다고 하더라도 이를 정직하게 대답하리라는 보장도 없다. 응답자들의 대답은 환경개선 사업에 드는 비용을 부담하는 방법에 따라 달라질 가능성도 매우 크다. 환경개선 사업을 전적으로 중앙정부의 부담으로 실행한다고 하면, 지역주민들은 이런 사업들을 자기들 거주지역에 유치하려고, 지불 용의액을 크게 부풀려서 응답할 수도 있다. 만일 각 응답자가 표명한 지불 용의액에 해당하는 금액을 각자로부터 징수해서 환경개선 사업을 실행한다고 하면, 응답자들은 저마다 지불 용의액을 낮추어서 부를 것이다. 이런 전략적 거짓 의사 표명의 문제가 현실적으로는 그리 심하지 않다는 연구 결과도 있지만, 이 문제를 해결하기 위한 방책들이 이론적으로는 많이 개발되어 있다.[8] 현실 적용이 쉬운 가장 간단한 방책의 하나는 응답자들이 표명한 지불 용의액의 평균값이 각 응답자에게 부과된다는 것을 응답자들에게 미리 알려주는 방법이다. 이렇게 하면, 각 응답자가 거짓 의사 표명을 통해서 결과에 영향을 줄 가능성이 매우 적어질 것이다. 물론 그렇다고 거짓 의사 표명의 가능성이 완전히 없어지는 것은 아니다.

여행비용에 의한 추정

환경의 가치를 추정하는 또 하나의 고전적인 방법은 여행비용 방법(Travel cost method)이다.[9] 이 방법은 간단히 말하면, 자연환경을 찾아가 즐기는 사람들이 실제로 지출하는 비용을 환경가치에 대한 추정치로 삼는 방법을 말한다. 예를 들어서, 여러 지역의 사람들이 즐겨 찾는 자연경관이 있다고 하자. 대체로 보면, 먼 지역의 사람들보다는 가까운 지역의 사람들이 이 자연경관을 더 자주 여행하게 될 것이다. 왜냐하면, 대체로 보아 가까울수록 금전적, 시간적 비용이 덜 들기 때문이다. 예를 들어, 제일 가까운 A 지역의 사람들을 조사해 보니 이들은 이 자연경관을 1인당 연간 평균 X_A회 여행한다고 하자. X_A는 A 지역 사람들 전체의 총 여행 횟수를 A 지역의 인구로 나눈 값으로서 말하자면 1인당 여행 횟수이다. 그리고 A 지역 사람들이 1회 여행에 치르는 경비는 1인당 평균 P_A라고 하자. 이 경비에는 여행시간에 쓰이는 시간을 금전으로 환산한 시간비용도 포함된다. 그다음, 가까운 B 지역 사람들을 조사해 보니 1인당 여행 횟수는 X_B이고, 1회 여행에 드는 경비는 1인당 평균 P_B라고 하자. B 지역보다 더 먼 C 지역 사람들을 조사해 보니 이 지역의 1인당 여행 횟수는 X_C이고 1회 여행에 드는 경비는 1인당 평균 P_C라고 하자. 그러면 가까울수록 여행비용은 적을 것이므로 $P_A < P_B < P_C$이며, 멀수록 여행 횟수가 적을 것이므로 $X_A > X_B > X_C$ 일 것이다.

<그림 14-2>에서 1인당 여행비용을 세로축에 나타내고, 1인당 여행 횟수를 가로축에 나타내면 세 가지 조합 (P_A, X_A), (P_B, X_B), (P_C, X_C)에 대응한 세 점 A, B, C가 관측될 것이다. 이 세 지역뿐만 아니라, 다른 모든 지역에 대해서 여행비용과 여행 횟수의 조합을 찾아서 이들을 모두 연결하면 그림에서 보듯이 우하향하는 곡선을 얻을 수 있을 것이다. 이 우하향하는 곡선은 마치 수요곡선과 같은 성격을 가진다. 즉, A 지역의 사람들은 한 번에 P_A의 대가를 치르면서, 1인당 연간 X_A회 여행하며, B 지역의 사람들은 한 번에 P_B의 대가를 치르면서 1인당 연간 X_B회 여행하고, C 지역 사람들은 한 번에 P_C의 대가를 치르면서 1인당 연간 X_C회

여행하는 것으로 생각할 수 있다. 이같이 <그림 14-2>의 곡선을 수요곡선과 같이 해석하면, A 지역 사람들은 1인당 사각형 OP_AAX_A의 넓이에 해당하는 만큼의 여행비용을 치르면서, 사다리꼴 $OYAX_A$의 넓이만큼 여행으로 인한 총 혜택을 누리는 것으로 해석된다. 따라서 *A* 지역 사람들은 1인당 세모꼴 P_AYA의 넓이에 해당하는 만큼의 소비자 잉여를 누리는 셈이다. 이 소비자 잉여에 *A* 지역의 인구를 곱하면 *A* 지역주민 전체의 소비자 잉여가 계산된다. 마찬가지 방법으로, *B* 지역의 주민들은 1인당 사각형 OP_BBX_B의 넓이에 해당하는 총 여행비용을 치르면서, 사다리꼴 $OYBX_B$의 넓이에 해당하는 만큼의 총 혜택을 누리므로 1인당 소비자 잉여는 삼각형 P_BYB의 넓이에 해당하는 만큼이 된다. 이 소비자 잉여에 *B* 지역의 인구를 곱하면 *B* 지역의 주민 전체가 누리는 소비자 잉여가 계산된다. 이런 식으로 모든 지역의 소비자 잉여를 전부 합친 금액이 곧 해당 자연경관의 총가치에 대한 추정액이 될 것이다.

그림 14-2 자연경관에 대한 수요곡선의 유도

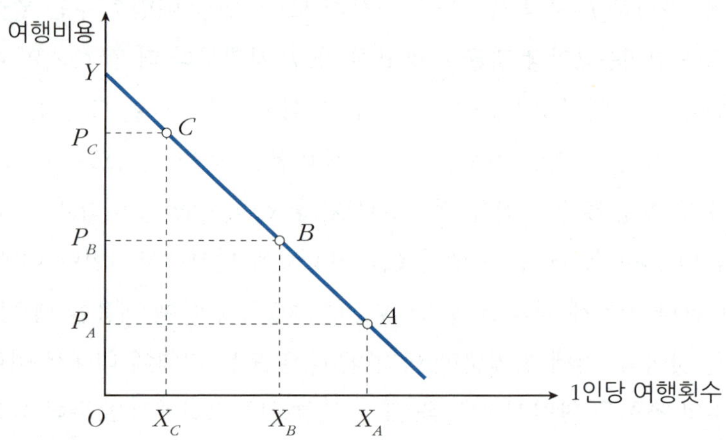

이상에서 설명한 여행비용 방법은 지극히 원론적인 것임은 물론이다. 그러나 어떻든 여행비용 방법은 사람들의 실제 행태에 근거하고 있다는 점에서 허구성이 좀 덜 하다고 하겠으나, 또한 여러 가지 문제점을 안고 있기도 하다. 예를 들면, 여행에 쓰이는 시간을 여행비용에 포함하는 것에 많은 시비가 있을 수 있다. 예를 들어 주말에 또는 휴가철에 설악산에 여행한다고 했을 때 시원하게 뚫린 영동고속도로를 자동차로 달리는 시간을 공장에서 일하는 시간과 똑같이 지겨운 시간으로 취급하는 것은 무리인지도 모른다. 여행비용 방법의 더욱 큰 문제는 공공재로서 환경의 가치를 충분히 반영하지 못한다는 점이다. 여행비용에는 예를 들면 존재가치나 선택가치가 포함되지 않는다. 따라서 여행비용 방법은 공공재로서 환경의 가치를 과소평가할 우려가 있다.

속성(屬性)가격기법

환경의 가치를 추정하는 또 다른 방법의 하나는 속성가격기법인데, 특성가격기법 또는 헤도닉가격기법 등 여러 가지 이름으로 불리는 방법이다. 앞에서 말했듯이 환경의 질에 대하여 사람들이 느끼는 가치가 시장에서 거래되는 상품, 예컨대 부동산에 묻어 있다고 하더라도 문제는 부동산의 가격에 영향을 주는 요인들이 너무 많다는 것이다. 환경의 질은 그런 여러 가지 요인 중의 하나이며, 다른 요인들과 복합적으로 얽혀 있으므로, 환경의 질이 부동산가격에 미치는 순수한 효과만을 추려낸다는 것은, 쉬운 일이 아니다. 부동산의 가격은 부동산이 가지고 있는 여러 가지 속성, 예를 들어 주택의 경우 건평, 학군, 중심지로부터의 거리, 주변의 환경 등이 복합적으로 어우러져서 결정된다. 건평이 넓은 집은 적은 집에 비해서 비싸며, 학군이 좋은 집은 그렇지 못한 집에 비해서 비싸기 마련이다. 이런 속성들이 부동산가격에 영향을 미치는 이유는 물론 이 속성들 자체가 가치를 가지고 있기 때문이다.

상품의 속성들이 가진 가치를 속성가격이라고 한다. 예를 들어, 주택의 가격을 P, 건평을 w, 학군을 s, 중심지로부터의 거리를 d, 주변 환경의 질을 e, 기타의 요소를 u로 표시하면, 이 주택가격은 다음과 같이 이런 속성들의 함수로 나타낼 수 있다:

$$P = f(w, s, d, e, u)$$

이 함수를 속성가격함수라고 하는데, P, w, s, d, e 등에 대한 방대한 자료를 수집하여 회귀분석을 통해서 이 함수의 구체적 형태를 추정해내는 것이 속성가격기법의 첫 번째 작업이다. 일단 이 함수의 구체적인 형태가 추정되면, 이 추정된 함수를 e(환경의 질을 나타내는 변수)로 편미분한다. 편미분 값, 즉 $\partial f/\partial e$는 환경의 질이 한 단위 높아짐에 따라 주택가격이 얼마나 변하는가를 나타낸다. 그러므로 이 편미분 값이 곧 환경의 가치를 나타내는 속성가격인 셈이다. 이 편미분 값 역시 다음과 같이 다른 속성들의 함수일 것이다:

$$\partial f/\partial e = g(w, s, d, e, v).$$

여기에서 v는 기타의 요소들을 나타낸다. 그러나 이 함수는 그 자체가 환경에 대한 수요함수라고 보기는 어렵다.[10] 따라서 이 속성가격을 개인의 소득이라든가 기타 수요에 관련된 변수에 대한 회귀분석을 통해서 수요함수를 추정하는 것이, 속성가격 기법의 두 번째 작업이 된다. 일단, 이 함수만 추정되면 $\partial f/\partial e$와 e 사이의 관계, 즉 환경의 가치와 환경의 질 사이의 관계가 밝혀지므로 환경의 질에 대한 수요곡선을 유도할 수 있고 이어서 환경의 가치를 추정할 수 있게 된다. 근래 우리나라에서도 속성가격 기법을 이용한 환경가치의 추정에 관한 연구가 활발히 진행되었다.[11]

이상으로 환경가치를 추정하는 대표적인 기법들을 간략하게 소개하였는데, 이미 지적하였듯이 이런 기법들은 각각 치명적인 결점을 안고 있다. 공통적인 문제점은, 환경가치에 관해서 사람들이 알고 느끼면서 시장에서 겉으로 표현하는 부분만 추정한다는 것이다. 환경가치 중에는 사람들이 실제로 알거나 느끼지 못하는 부분도 있다. 예를 들면 사람들 대부분은 녹지의 생태적 가치나 의학적 가치를 잘 모른다. 따라서 이런 가치들이 가치추정 과정에서 누락 되기 쉽다. 기법들 대부분 존재가치를 충분히 추정하지 못한다는 문제도 안고 있다. 특히 여행비용 방법이나 속성가격기법의 경우에는 선택가치와 존재가치가 누락될 가능성이 매우 크므로, 참된 환경가치를 크게 과소평가할 우려가 있다. 그러나 이런 문제는 기존의 여러 가지 추정기법들을 잘 조합해서 최대한 활용한다면 상당한 정도로 해결될 수도 있다.

앞에서 잠시 언급하였지만, 경제학자의 환경가치 추정에 대하여 많은 환경보전론자들이나 환경운동가들은 심한 거부감을 보인다. 그러나 이들이 말하는 환경가치와 경제학자들이 말하는 환경가치가 상당히 다른 경우가 많다. 환경보전론자나 환경운동가는 환경의 본질적 가치, 내재적 가치, 궁극적 가치, 혹은 환경 그 자체로서의 가치를 많이 거론한다. 일반적으로 경제학자들이 추정하려고 하는 어떤 사물의 가치란 그 사물 자체의 궁극적 가치라든가 또는 본질적 가치 따위가 아니다. 많은 경제학자가 이런 가치들이 실제로 있는지, 의심스러워한다. 설령 있다고 하더라도 그런 가치의 추정은 경제학의 범위 밖의 일이다. 경제학자들이 추정하는 가치, 즉 경제적 가치란 어디까지나 인간이 환경의 유용성에 관하여 부여하는 가치요 다른 것과 비교한 상대적 가치다. 어떤 사물의 경제적 가치란 그 사물이 다른 사물에 비해서 얼마나 소중한가, 다시 말해서 이 사물을 얻기 위해서 다른 것을 얼마나 희생할 용의가 있는가를 나타낸다. 그러므로 경제학자들이 말하는 환경의 가치란 어떤 한정된 범위 안의 가치라는 점을 우선 이해할 필요가 있다.

부록

시장이자율의 의의

시장이자율은 자본시장에서 적정량의 자본이 공급되고 이용되도록 유도하며, 시간선호율과 투자수익률을 반영하는 객관적 지표가 된다. 따라서 복잡하게 시간선호율이나 자본의 기회비용을 따로 계산할 필요 없이 시장이자율을 이용하면 그만이다. 그러면 왜 시간선호율과 민간 기업의 투자수익률이 시장이자율과 같아지는가? 이것은 가격으로서의 시장이자율의 역할 때문이다.

보통 자본이라고 하면 밑천으로서의 목돈을 의미한다. 기계, 용구, 공장건물, 원자재, 등 소위 자본재(資本財)란 이 밑천으로서 목돈이 실물로 구체화된 것이다. 그래서 밑천 형태의 자본을 화폐자본, 자본재 형태로의 자본을 실물 자본이라고도 한다. 실제 생산요소의 역할을 하는 것은 목돈으로서의 자본이 아니라 자본재이다. 국민경제의 차원에서 볼 때, 자본재가 생산에 이용되어서 올린 수익이 화폐자본과 결부된 소득 즉 이자의 원천이다. 경제학의 고전적 틀에서는 이 이자 역시 자금의 수요와 공급에 따라 결정되는 일종의 가격이다.

자본은 저축이 모여서 마련된다. 즉 저축이 자본의 공급원이다. 경제학에서 저축이라고 하면 더 많은 미래의 소비를 기대하고, 현재의 소비를 희생하는 행위를 의미한다. 경제학의 틀에서 보면, 저축은 결국 총효용이 극대화되도록 현재로부터 미래의 여러 시점에 걸쳐 소비를 적정수준으로 유지하는 문제이며, 이는 곧 현재의 소비를 희생함으로 인한 효용의 손실과 미래의 소비를 증가시킴으로 인한 효용의 증가를 비교하는 문제로 요약된다. 그러면 현재의 소비를 희생함으로 인한 손실이 얼마나 많은 미래의 웃돈으로 보상받아야 총효용이 극대화될지는 사람들의 시간선호율에 달려 있다. 앞에서, 미래의 소비에 비해 현재의 소비를 더 중요하게 여기는 정도를 시간선호율이라고 말했는데, 비유적으로 표현한다면 저축하는 사람이 마음속으로 적당하다고 생각하는 이자율 즉 주관적 이자율이다. 대체로 보아 젊은이보다 노인들이 현재의 소비에 대한 애착이 더 크다면, 즉 시간선호율이 높다면, 노인들이 현재 소비의 희생에 대해서 더 많은 대가를 요구할 것이다.

그러나 시간선호율이란 어디까지나 저축하는 사람이 마음속으로 바라는 이자율이지 실제로 보상받는 이자율은 아니다. 그러면 현재의 소비를 희생시키는 대가로 미래의 소비는 얼마나 증가할 수 있을 것인가? 금융기관에 저축하면 미래의 소비는 통상 시장이자 만큼 증가하게 될 것이다. 현실적으로 저축에 대해서 사회가 평균적으로 제공하는 보상은 시장이자율만큼이다. 저축하는 개인의 시각에서 보면, 이 시장이자율은 다른 상품의 가격과 마찬가지로 주어진 것으로 느껴진다.

노인과 젊은이의 예에서 보듯이 시간선호율은 사람마다 다르겠지만 또한 저축액에 따라 달라질 것이다. 소득 중에서 저축되는 부분의 비중이 클수록, 추가 저축은 현재 소비의 희생에 따른 고통을 누적적으로 크게 하며, 따라서 시간선호율을 누적적으로 증가시키는 경향이 있다. 예를 들어 500만 원 소득에서 10만 원을 저축하고 있을 때, 1만 원 더 저축함으로 인한 심적 부담은 이미 90만 원 저축하고 있는 상태에서 똑같은 1만 원 더 저축함으로 인한 심적 부담보다 더 적을 것이다. 이같이 저축액이 증가함에 따라 시간선호율이 누적적으로 증가한다면, 총효용을 극대화하기 위해서는 시간선호율이 시장이자율보다 더 높아질 정도로 과다한 저축을 해서는 안 된다.

자본시장이 완전경쟁시장이라면, 모든 경제주체는 시장에서 결정된 이자율을 주어진 것으로 본다. 저축을 하는 사람들이나, 돈을 꾸어다 쓰는 사람들 모두 시장에서 형성된 이자율을 상수로 보고, 이것에 따라 각자의 저축액이나 차입액의 규모를 합리적으로 결정한다. 일단, 시장이자율이 i%로 주어졌다고 하자. 경제학의 이론에 의하면, 총효용을 극대화하는 저축액은 시간선호율이 주어진 시장이자율과 같아지는 수준에서 결정된다.[12] 즉 저축할 때, 효용 극대화 조건은

시간선호율 = 시장이자율.

너무 많이 저축하면, 시간선호율이 시장이자율보다 더 높아지게 된다. 이는 현재의 소비를 희생함으로 인한 효용의 손실이 미래 소비 증가로 인한 효용증가보다 더 커져서 오히려 총 효용이 감소함을 의미한다. 따라서 이럴 경우, 저축을

적절히 줄임으로써 총효용을 크게 할 수 있다. 그러나 저축을 지나치게 줄이면, 시간선호율이 너무 낮아져서 오히려 총효용이 감소한다. 따라서 일단 시장이자율이 주어지면, 효용을 극대화하려는 모든 저축자는 자신의 시간선호율이 시장이자율과 일치하도록 저축액을 조정할 것이다. 이 결과 모든 저축자의 시간선호율이 시장이자율 수준으로 평준화될 것이다. 즉, 시장이자율을 i, 저축자 A, B, C, 등의 시간선호율을 ρ_A, ρ_B, ρ_C, 등으로 표시하면 다음과 같은 결과를 얻는다.

$$\rho_A = \rho_B = \rho_C = \cdots = i$$

이 등식이 성립하는 상태에서 모든 저축자의 저축액을 합친 것이, 이 주어진 시장이자율 i에 상응하는 경제 전체의 총저축액이 된다.

한편, 자본에 대한 수요자는 주로 화폐자본으로 자본재를 매입하여 생산에 투입하려는 기업이다. 기업이 노리는 것은 자본재의 생산성으로부터 기대되는 수익이다. 수확체감의 법칙 때문에 이 수익률은 대체로 투자액에 반비례하는 경향을 보인다. 기업의 시각에서 보면, 이자는 치러야 할 비용인데, 너무 방대하게 투자를 많이 하다 보면, 수익률이 지나치게 떨어진 결과 이자율보다도 더 낮아질 수가 있다. 이래서는 이윤을 극대화할 수 없을 것이다. 그래서 수익률이 너무 낮아지지 않도록 투자액을 적정수준으로 조정해 주어야 하는데, 이윤극대화를 위한 투자액은 투자수익률이 시장이자율과 같아지는 수준, 즉 투자수익률 = 시장이자율의 등식이 성립하는 수준에서 결정된다. 지금 어떤 수준의 투자를 실행했을 때, 수익률이 시장이자율보다 더 높다고 하면, 이는 투자액을 더 늘림으로써 더 많은 이윤을 얻을 여지를 남기고 있음을 의미한다. 반대로 수익률이 시장이자율보다 더 낮다는 것은 지나치게 투자를 많이 했음을 의미한다. 그 어느 경우든 투자수익률이 시장이자율과 다른 상태는 비효율적인 상태이다. 경제학적으로 말하면, 파레토최적의 상태가 아니다. 따라서 모든 기업이 주어진 시장이자율에 적응해서 이윤극대화를 이룬 상태에서는 결국 모든 기업의 수익률이 시장이자율의 수준에서 평준화된다. 즉, k 번째 기업의 수익률을 r_k라고 하면, 이 상태는 다음과 같이 표현된다.

$$r_1 = r_2 \cdots = r_k \cdots \ = i$$

이 등식이 성립한 상태에서 결정된 각 기업의 투자액을 전 기업에 걸쳐 총합계한 값이 곧 그 주어진 시장이자율 i에 상응한 총투자이다. 그리하여 일단 시장이자율이 예컨대 i^o로 주어지면, 한편으로는 모든 저축자는 이 주어진 시장이자율에 각자의 시간선호율을 적응시키는 과정을 거쳐 총저축이 결정되고, 다른 한편으로는 모든 기업이 각자의 투자수익률을 그 주어진 시장이자율에 적응시키는 과정의 결과로 총투자가 결정되는데, 그렇다고 이같이 결정된 총저축과 총투자가 일치하란 법은 없다. 만일 시장이자율 i^o에서 총저축이 총투자보다 더 크다고 하면 이는 자본의 공급이 수요를 초과하는 것이므로 수요 · 공급의 법칙에 의해서 시장이자율은 하향 조정될 것이다. 이 결과 시장이자율이 낮아졌다면, 이 새로운 시장이자율에 맞추어 모든 저축자는 저축을 줄이는 방향으로 각자의 시간선호율을 하향 조정하고, 다른 한편으로는 모든 기업은 투자액을 늘리는 방향으로 각자의 수익률을 하향 조정할 것이다. 이 결과 오히려 총저축이 총투자보다 더 적어졌다면, 시장이자율은 오르는 쪽으로 반전될 것이다. 이같이 총저축과 총투자가 조정되는 과정을 거쳐서 이 양자가 일치하는 수준에서 결정되는 이자율이 균형이자율이 된다. 이 균형이자율을 i^*라고 하면 다음과 같이 모든 저축자의 시간선호율 그리고 모든 기업의 수익률이 i^*와 같아지면서 평준화될 것이다.

$$\rho_A = \rho_B = \cdots = \ i^* \ = r_1 = r_2 \cdots$$

시장이자율의 역할 역시 다른 자원에 대한 가격과 마찬가지로 두 가지 역할을 한다. 즉, 저축자들에게 현재 소비의 희생에 대한 대가를 치름으로써 생산에 필요한 자본을 원활하게 공급하게 하는 경제적 유인의 역할이 그 첫째요, 자본을 충분히 잘 이용하여 높은 수익률을 올릴 수 있는 기업들만 가려 뽑아서 국민경제 전체로서 한정된 자본을 배분하는 신호등의 역할이 그 둘째이다.[13]

미주

1 Boardman, A. E. and Others(2006), Cost-Benefit Analysis(third edition), New Jersey: Pearson Prentice Hall, p.63.

2 대부분의 공공투자사업에서는 초기에 집중적으로 비용이 투입되고 나머지 기간에는 큰 비용이 소요됨이 없이 편익만 계속 발생하게 된다. 이런 전형적인 경우에는 내부수익율이 하나만 존재하게 된다. 그러나 사업 기간 말기에 또 한 번의 큰 비용이 소요되는 경우, 예컨대 막대한 철거비용이 소요되는 경우, 내부수익율이 두 개 이상 존재할 가능성이 높다.

3 효용함수가 환경의 질에 관하여 분리 가능(separable)한 경우를 생각해볼 수 있다. 예를 들어서 X를 시장에서 거래되는 상품의 벡타라고 하고 환경의 질을 E라고 표기하자. 효용함수 u(·)가 다음과 같은 꼴을 취하면 분리가능하다고 말한다.

$u(X, E) = F(X) + G(E)$

이럴 때는 E의 변화가 상품들 사이의 한계대체율에 아무런 영향을 주지 않는다.

4 이에 대한 자세한 설명은 다음 문헌 참조.

곽승준 · 전영섭(1995), 『환경의 경제적 가치』, 서울: 학현사.

윤여창 · 김성일(1992), "산림자원의 휴양가치 산출을 위한 경제적 평가방법론 비교연구", 환경경제학회 「환경경제연구」, 제1권 제1호, pp.155-184.

곽승준(1994), "조건부 가치측정방법을 통한 수질개선에 관한 편익추정", 국토연구원 「국토연구」, 제21권, pp.24-37.

5 조건부가치측정방법에 대한 이하의 내용은 다음 문헌을 집중 참조한 것임. 곽승준 · 전영섭(1995), 『환경의 경제적 가치』, 서울: 학현사.

6 곽승준 · 전영섭(1995), 『환경의 경제적 가치』, 서울: 학현사, 78-80쪽.

7 곽승준 · 전영섭(1995), 『환경의 경제적 가치』, 서울: 학현사, 82쪽.

8 이에 관한 자세한 논의는 다음문헌 참조: 곽승준 · 전영섭(1995), 『환경의 경제적 가치』, 서울: 학현사, 57~68쪽.

9 이 방법에 대한 가장 고전적인 논의 다음 문헌 참조. Clawson, M. and J. K. Knetsch(1966), Economics of Outdoor Recreation, Baltimore: The Johns Hopkins Press,1966. pp.43-110.

10 물론, 모든 사람이 똑같은 효용함수를 가지고 있으며 소득수준도 똑같다고 하면 편미분에 관한 위의 식이 수요함수라고 말할 수 있다. 이에 대한 구체적인 논의는 다음 문헌 참조: 곽승준 · 전영섭(1995), 『환경의 경제적 가치』, 서울: 학현사, 41-42쪽.

Freeman III, A. M.(1979), The Benefits of Environmental Improvement, Baltimore: the Johns Hopkins University Press.

11 속성가격 기법의 구체적인 응용 방법과 응용사례에 대해서는 다음 문헌 참조. 임영식·전영섭(1993), "헤도닉가격기법을 이용한 대기질 개선 시의 편익추정", 한국자원경제학회 「자원경제학회지」 제3권 제1호.

12 이에 대한 자세한 설명은 다음 문헌 참조: 이정전(1993), 『두 경제학 이야기: 주류경제학과 마르크스경제학』, 서울: 박영사. 제2부, 제1장.

13 이에 관한 구체적인 내용은 위에서 인용한 문헌 참조.

15 과거 우리나라 토지정책의 역사

주요용어

- 재산세
- 양도소득세
- 종합토지세
- 공한지세
- 토지공개념법
- 부동산보유세
- 개발부담금제
- 토지초과이득세
- 종합부동산세
- 과표현실화
- 공시지가
- 토지등록제도
- 부동산실명제
- 농지소유상한제
- 신도시 개발
- 선계획-후개발의 원칙
- 관리지역
- 개발진흥지구
- 기반시설연동제
- 토지적성평가
- 토지수용법
- 개발밀도관리구역제
- 개발제한구역
- 계획입지
- 산업단지
- 새만금간척사업
- 4대강 살리기 사업

15 과거 우리나라 토지 정책의 역사

1 우리나라의 토지세 및 토지 관련 준조세

지가안정과 투기 억제를 겨냥한 토지세의 시작

우리나라 토지정책의 과거 역사에서 볼 수 있는 하나의 특이한 양상은, 토지 문제가 사회문제로 비화하면 곧이어 각종 토지 관련 긴급 조치들이 급조되어 발표되고, 그 이후에 문제점을 보완하는 과정이 반복되었다는 것이다. 따라서 이런 긴급 조치들은 우리나라 토지제도의 변천 과정에서 중요한 획을 그어 왔는데, 2008년 이전까지 수십 년 동안 이 조치들은 "일관되게 지가의 안정과 투기 억제를 기본목표로 천명하고" 있었다.[1] 다음 두 인용문은 과거 우리나라 토지정책의 기본성격을 잘 표현하고 있다.

> 정부의 토지정책들은 지가의 빠른 상승 그 자체를 나쁘다고 보고, 지가 상승을 인위적으로 통제하려는 데에 목표를 두고 있는 것들이 대부분이다.[2]

> 지난 20여 년의 토지정책은 투기를 억제하기 위한 끝없는 노력이라고 특징지을 수 있으며 오늘에 이르기까지 투기 억제정책이 토지정책의 핵심 목표가 되고 있다.[3]

이같이 우리나라 토지정책의 핵심과제가 되어온 지가안정과 투기 억제의 목표를 달성하기 위하여 동원된 한 가지 강력한 정책 수단이 바로 각종 토지세 및 토지 관련 조세 및 준조세였다.

해방 당시 우리나라는 농업이 가장 큰 비중을 차지하는 산업이었으므로 자연히 토지에 관련된 조세의 비중이 높았다. 국세로 지세(地稅)와 등록세, 그리고 지방세로 가옥세, 부동산취득세 및 각종 부가세가 부동산 관련 조세이었는데, 당시의 지세는 토지의 임대가격을 과세표준으로 부과되었기 때문에 오늘날 대표적인 토지보유과세인 종합토지세와는 약간 성격을 달리하는 토지세라고 할 수 있다. 1951년에 공포된 임시토지수득세법에 따라 도입된 토지수득세는 농민에게 부과되던 종전의 지세, 소득세, 호별세, 등을 통폐합한 조세로서, 농지에 대해서는 현실적 토지수입액을 과표로 부과되었고, 농지가 아닌 토지에 대해서는 종전의 지세와 같이 임대가격을 과표로 부과되었다. 토지수득세는 당시 국가재정의 20%~30%를 담당하는 중요한 세원이었지만, 농민에게 과중한 부담을 지움으로써 농촌경제의 파탄을 가져온 요인으로 지적되었다.[4]

1961년에는 제1차 경제개발 5개년계획의 추진을 뒷받침하는 개발재정의 틀을 마련하기 위해서 대대적인 세제개혁이 단행되었는데, 이때 국세인 대지세와 지방세인 가옥세를 통합하여 재산세가 신설되었다. 재산세의 부과 대상은 전답을 제외한 토지와 가옥, 광구, 선박 등이었고, 토지에 대한 재산세의 과표는 임대가격에 재무부 장관이 지역별, 지목별로 정하는 소정의 배율을 곱하여 산출한 금액이었다. 이때 재산세의 신설로 훗날 종합토지세로 이어지는 보유과세의 기본 틀이 구축되었다고 할 수 있다.

1961년 세제개혁 이후, 가장 대대적인 세제개혁이 1967년에 단행되었다. 조세제도의 원래 목적은 국가 경비 조달이지만, 근대에 와서는 경제적 유인, 소득재분배 등 경제를 바람직한 방향으로 유도하기 위한 수단으로 조세제도를 활용하는 경향이 특히 선진국에서 두드러지게 나타나고 있었다. 1967년의 조세개혁도 이런 경향을 크게 의식한 개혁이었다. 이때 「부동산투기억제에 관한 임시조치법」에 따라 도입된 부동산투기억제세는 투기를 억제하는 반면, 생산적 용도에 이용되는 토지 및 실수요자를 보호한다는 명분 아래 시장에 개입하는 최초의 제도이었고, 그런 의미에서 상당히 획기적인 제도로 평가되고 있다. 즉, 부동산투기억제세는 토지세제 중에서 의도적으로 경제적 유인을 통하여 시장에 개입하려는 정부의 의지를 강력하게 반영한 최초의 제도라는 점에 큰 의의가 있었다는 것이다.[5] 이 조세는 지가 상승과 투기가 우려되는 대도시지역의 토지를 대상으로 하며, 납세의무자는 과세 대상 지역에 있는 토지를 양도한 사람 혹은 공한지를 소유한 사람이었다. 과표는 토지의 양도로 인하여 획득한 양도차익이지만, 공한지에 대하여는 2년마다 2년 전의 과표가 되는 금액을 공제한 차익이다. 예컨대, 2년 전에 평당 200만 원 하던 공한지가 현재 300만 원이 되었다면, 이 토지를 팔든 팔지 않든 관계없이 지가 차이인 100만 원에 대하여 부동산투기억제세가 부과되었다. 세율은 50%의 비례세율이었다. 이같이 실현된 자본이득뿐만 아니라 실현되지 않은 자본이득도 부과 대상이었다는 점에서 이 조세는 이론적으로도 주목할 만한 조세이다. 공한지를 선별적으로 과세 대상으로 삼음으로써, 공한지는 토지를 효율적으로 이용하는 방법이 아님을 우리나라 토지정책에 공식화하는 계기를 마련하였다.

1973년「물가안정대책」및 1974년「국민생활안정을 위한 대통령긴급조치」(소위 1·14조치)는 공단 조성 지역을 중심으로 성행하던 투기행위를 억제하기 위하여 부동산투기억제세의 과세 대상 지역을 확대하였고, 이 1·14조치를 뒷받침하기 위하여 시행된 지방세법개정은 재산세에 법인의 비업무용토지의 요건을 강화하면서 공한지에 대한 중과세 규정을 신설하였다. 그러나 1974년에는 부동산투기억제세가 폐지되고 그 대신 양도소득세가 신설되었고, 법인이 부동산 양도로 획득한 양도차익에 대해서는 법인세 및 법인세 특별부과세가 신설되었다. 양도소득세의 과세표준은 총 양도 차액에서 필요경비, 장기보유 특별공제, 소득공제 등 각종 공제액을 빼고 남은 금액이다.

1980년대 초반은 제2차 오일쇼크, 정치 불안 등의 여파로 경기가 극도로 위축되었던 어려운 시기였으며, 각종 경기활성화대책이 양산되면서 부동산에 대해서도 양도소득세율의 인하를 포함하여 건설경기를 활성화하려는 조치들이 잇달아 발표되었다. 이러한 조치들은 70년대 말까지의 지가 안정화 및 투기 억제 대책과 반대 방향의 조치들인데, 1983년에 경기가 다시 활성화되면서 부동산시장이 과열 기미를 보이자 정책 방향이 다시 지가안정과 투기 억제 쪽으로 선회하였다. 이런 가운데 1986년에 토지과다보유세가 신설되었다. 이 조세는 종전의 공한지와 법인의 비업무용 토지에 대한 재산세를 더 무겁게 함으로써 대토지 소유자의 보유과세를 대폭 올리려는 취지에서 도입되었다. 이 조세는 개인이 전국 각지에 분산 보유한 공한지 및 비업무용 토지를 인별 합산하여 과세하는 인별 종합누진과세라는 점에서 세계적으로도 사례를 찾아보기 힘든 획기적인 조세로 평가받았다.[6] 그러나 과세 대상이 극히 한정되었고 특정 토지가 토지과다보유세의 대상인지 아닌지를 명확하게 가려내기 위한 행정수요가 가중되는 등 많은 문제점을 드러내자, 1989년의 지방세법개정으로 도입된 종합토지세로 대체되었다.

종합토지세는 기존의 재산세 중 토지분에 대한 것과 토지과다보유세를 통합하여 다음과 같은 효과를 노린 우리나라의 대표적인 토지 보유에 대한 조세였다. 첫째, 누진세율을 적용함으로써 과다한 토지 보유를 억제하여 토지공급을 원활하게 하고, 겸하여 토지 소유 편중을 완화한다. 둘째, 주거용 토지, 자경농지 등 꼭 필요한 생산적 토지에 대해서는 가벼운 세금을 부과함으로써 각 개인의 토지 소유 규모를 적정화한다. 셋째, 투기적 용도에 중과함으로써 투기행위를 억제한다.

종합토지세제도는 과세 대상 토지를 세 가지로 나누고 별도의 세율을 적용하였다. 나대지, 부재지주 소유농지 등 불필요하게 보유되고 있다고 생각되는 토지, 일정 기준 이상의 공장용지나 목장 용지, 등 비업무용 성격이 강한 토지, 그리고 도시계획구역 안의 농지, 임야 등 용도가 적합하지 않은 토지와 주거용 토지 등이었다. 이 세 가지 토지는 종합누진과세의 대상이 되었다. 일반 영업용 건축물에 딸린 토지에 대해서는 별도의 누진과세를 하며, 종전의 재산세에서 낮은 세율의 적용을 받던 자경농지, 공장용지 등은 기준 면적 이하이면 여전히 낮은 세율로 정률 과세 되었지만, 골프장이나 별장, 고급오락장용 토지나 기준 면적을 초과한 주거용 토지는 분리 비례 과세 대상으로서 5%의 높은 세율이 적용되었다. 그러나 보통 주거용 토지는 종합누진과세 대상 속에 포함되었지만, 보통 사람들의 경우에는 종전에 비해서 부담이 늘어나지 않도록 최저세율의 적용을 받았다.[7]

토지공개념법

80년대 전반 지가앙등이 약간 진정되는 듯하였으나 1987년 하반기부터 지가 및 주택가격이 다시 폭등하기 시작하였다. 지가폭등과 전세가 폭등이 사회 안정을 크게 위협하기에 이르자 이제는 종전과 같은 긴급조치만으로 지가앙등과 투기 열풍을 잡기에는 역부족이라는 인식과 함께, 장기적인 관점에서 토지문제의 근원적 해결을 위한 제도개혁이 필요하다는 인식에 따라 정부는 1988년 「8·10부동산대책」에서 "토지공개념에 바탕을 둔 토지제도의 근본적 개선방침"을 발표하기에 이르렀다. 토지공개념 제도란 "토지의 개인적 소유권 그 자체는 인정하되, 그 이용을 공공복리에 적합하게 규제하여야 한다는 뜻"을 살린 제도이다.

이런 취지의 토지공개념에 따라 1989년 12월 정기국회에서 토지공개념 제도가 입법화되었는데, 토지공개념 제도란 택지소유상한제, 개발부담금제, 토지초과이득세, 이 세 가지를 골자로 한 제도를 말한다.[8] 이 세 가지 제도를 구체적으로 규정한 「택지소유상한에 관한 법률」, 「개발이익환수에 관한 법률」, 「토지초과이득세법」 등을 흔히 토지공개념 3법이라고 부른다. 택지소유상한제와 개발부담금제는 토지공개념연구위원회의 연구 결과를 제도화한 것이지만, 그동안 많은 물의를 빚어왔던 토지초과이득세는 당시 재무부가 독자적으로 구상해낸 제도였다. 토지공개념 3법과 함께 「부동산등기에 관한 특별 조치법」을 제정하여 부동산등기 의무제를 도입하고, 「지가공시 및 토지 등의 평가에 관한 법률」을 제정하여 정부의 각종 행정업무에 사용되는 공적 지가의 기준을 하나로 통일하는 공시지가제도를 도입하였다. 어떻든, 1988년부터 1990년까지 토지공개념 제도와 이 제도의 취지를 뒷받침하는 일련의 제도가 도입되는데 이런 점에서 이 시기는 우리나라 토지제도의 발전과정에서 한 큰 획을 긋는 시기였다고 할 수 있다.

토지공개념 제도는 개발이익의 사회적 환수를 위한 제도적 장치를 마련했다는 데에 큰 의의가 있다는 평가를 받고 있다.[9] 어떤 지점의 토지를 개발하면, 개발된 토지의 지가만이 상승하는 것이 아니라 그 인근 지역의 지가도 덩달아 상승하기 마련이다. 원래, 토지초과이득세와 개발부담금은 모두 개발이익을 나누어 환수하기 위하여 하나의 짝으로서 구상된 제도이다. 개발부담금이 개발된 토지에서 발생하는 개발이익을 개발사업 수행자로부터 환수하는 준조세인 반면에, 토지초과이득세는 개발사업 장소 인근에서 발생하는 개발이익을 해당 토지 소유자로부터 환수하는 제도적 장치이다.

그러나 실제 내용상으로 토지초과이득세는 이러한 개발이익을 환수하는 장치라고 보기 어려운 측면을 내포하고 있다. 왜냐하면, 토지초과이득세는 정상적인 지가 상승을 초과한 지가상승분에 대하여 부과되는 세금이기 때문이다.[10] 이렇게 산출된 과세표준이 과세 대상 지역의 개발이익을 반영한 값이라고 명확하게 단정하기 어렵다. 또 한 가지 문제점은, 토지초과이득세가 양도소득세나 법인세 특별부과세와 같이 자본이득을 과세 대상으로 삼고 있다는 점에서 이중과세의 여지를 안고 있다는 것이다. 다만 토지초과이득세는 미 실현 상태의 자본이득을 환수한다는 점만이 다를 뿐이다. 달리 말하면 토지초과이득세는 양도소득세를 미리 내는 세금이라는 것이다. 물론 양도소득세 부과 때 토지초과이득세 납부액을 공제해 주는 장치가 있지만 100% 공제해 주는 것이 아니기 때문에 이중과세의 소지는 여전히 남아 있고 이것이 헌법재판소의 헌법불합치 판정받게 된 한 요인이 되었다.

한편, 개발부담금은 택지개발사업을 비롯한 28개 종류의 토지개발 사업에 대하여 부과되는데, 개발이익의 50%가 부담금으로 징수되었다. 개발부담금의 납부 의무자는 택지개발사업을 시행하는 사업자이다. 개발이익이라고 간주되는 부과기준금액의 50%가 개발부당금으로 환수되었다.[11] 택지소유상한제는 개인이나 법인이 소유할 수 있는 택지 면적의 한도를 법으로 정하고 이를 초과하는 택지에 대해서는 초과소유부담금을 부과함으로써 토지의 처분이나 이용, 토지개발을 촉진하여 택지공급을 원활하게 하려는 취지의 제도이다.

이상에서 설명한 종합토지세, 양도소득세 및 법인세 특별부가세, 토지초과이득세 등은 1997년까지 우리나라 토지세의 대종을 이루었다. 개발부담금 및 초과소유부담금은 토지 관련 주요 준조세에 해당한다. 물론 이 밖에도 토지 관련 조세 및 준조세가 많이 있었다. 예컨대, 토지매입 시에는 취득세나 등록세가 부과되며, 농지와 산림을 다른 용도로 전용하거나 훼손할 경우, 대체농지 조성비, 대체조림비, 농지전용 부담금, 산림 전용 부담금 등이 부과되었고, 초지를 전용할 때는 대체초지조성비가 부과되며, 서울시의 행정구역 안에서 신축이나 증축 그리고 토지 용도를 변경하는 경우 수도권 과밀부담금이 부과되었다.

[표 15-1]은 1980년부터 95년까지 우리나라의 토지세 및 토지 관련 조세의 종류와 세수 규모를 보여주고 있다. 이것을 보면, 토지 관련 지방세에는 취득세, 등록세, 종합토지세, 도시계획세 등이 있고, 토지 관련 국세에는 양도소득세, 상속세, 자산재평가세, 개발부담금, 토지초과이득세 등이 있었다. 지방세 세수에서 토지세 및 토지 관련 조세가 차지하는 비중은 1980년에는 44%로 상당히 높았으나 1995년에는 32%로 낮아졌던 반면, 국세에서 토지세 및 토지 관련 조세가 차지하는 비중은 1980년대에는 5% 안팎으로 상당히 낮은 편이었으나 1995년에는 11% 정도로 높아졌다. 우리나라의 대표적인 토지보유세인 종합토지세가 지방세에서 차지하는 비중은 대체로 8%에서 10% 사이에 불과하였다. 그러나 1995년 토지 관련 지방세 세수의 26.9%가 종합토지세로서 토지 관련 지방세 중에서는 가장 세수 규모가 큰 조세가 되었다.

토지공개념의 퇴조

1997년 IMF 구제금융 조치 이래 우리 경제가 매우 어려워지자 1998년에 택지소유상한제가 폐지되면서 초과소유부담금도 폐지되었고, 개발부담금제도는 한시적으로 중단되었다. 이같이 이 조세들이 폐지되기 이전에도, 우리나라의 토지세 부담은 외국에 비하면 상당히 가벼운 편이었던 것으로 알려져 있다. [표 15-2]는 토지보유세 납부액을 국제적으로 비교해본 자료이다. 이 표에서 보듯이 우리나라 토지 보유과세의 평균세율 0.02%는 다른 나라와 비교가 안 될 만큼 월등하게 낮은 수준이다. 이웃 나라 일본만 하더라도, 토지 보유과세의 평균세율이 0.39%로 우리나라에 비해서 상당히 높다. 1인당 토지보유세의 납부액도 다른 대부분의 나라에 비하여 우리나라가 현저하게 낮다. 예를 들면, 미국과 영국의 1인당 토지보유세 납부액은 우리나라의 약 20배에 가깝고, 이웃 나라 일본은 약 13배, 대만도 우리나라의 약 2.7배나 된다. 단위 토지 면적당 토지 보유과세 납부액 역시 우리나라가 다른 대부분의 나라에 비해서 무척 낮은 편이다. 단위 토지 면적당 토지보유세 납부액에 있어서 일본이 우리나라의 10배 정도 되

표 15-1 토지세 및 토지관련세의 세수 실적

(단위: 억 원, %)

	1980	1985	1990	1995
지방세(A)	7,677	16,546	63,674	153,160
토지관련지방세(B)	3,376	5,023	18,329	49,446
취득세	923	1,354	5,863	13,018
등록세	1,156	1,127	4,554	12,835
종합토지세(C)	753	1,349	4,477	13,300
도시계획세	294	631	1,457	4,332
방위세 및 교육세	250	562	1,978	5,961
국세(D)	58,077	118,764	268,474	567,745
토지관련국세(E)	2,766	5,957	22,343	63,257
양도소득세(F)	2,616	5,594	19,871	50,886
상속세	37	276	1,991	7,819
자산재평가세	113	84	481	647
개발부담금				257
토지초과이득세				280
토지관련총조세/총조세 [(B+E)/(A+D)]	9.3	8.1	12.2	15.6
토지분지방세/지방세(B/A)	44.0	30.4	28.8	32.3
토지관련국세/국세(E/D)	4.8	5.0	8.3	11.1
종합토지세/지방세(C/A)	9.8	8.1	7.0	8.7
종합토지세/토지관련지방세(C/B)	22.3	26.9	24.4	26.9

자료: 정의남 김창현(1997), 거시경제정책이 토지시장에 미치는 영향, 국토연구원, 50쪽.

고, 대만이 우리나라의 4배 정도, 심지어 광활한 땅덩어리를 가진 미국도 우리나라보다 많다. 이것을 보면, 앞에서 보았듯이 우리나라는 토지 소유의 극심한 편중이나 토지이용의 규제에 매우 관대할 뿐만 아니라 토지소유자의 세 부담에 대해서도 지나치게 관대하였다는 것을 알 수 있다.

이와 관련하여 자주 지적되었던 과거 우리나라 토지세 제도의 문제점은, 토지거래에 부과되는 조세의 비중이 지나치게 큰 반면, 토지 보유에 부과되는 조세의 비중이 상대적으로 낮다는 것이다. 예를 들면, 총조세 징수액에서 부동산

취득 과세의 비중은 우리나라가 7.2%이었음에 반해서, 일본과 독일은 0.7%, 프랑스가 1.6%이며, 미국과 영국에서는 과세하지 않는다고 알려졌다. 그러나 부동산 보유에 부과되는 조세의 비중은 우리나라가 약 4.0%로 외국에 비해 매우 낮은데, 일본이 9.7%, 미국이 14.7%, 영국이 8.1%이다. 경상 국내총생산(GDP) 대비 부동산 보유과세의 비중도 우리나라가 0.8%, 일본이 1.9%, 미국이 3.0%, 영국이 2.4%, 프랑스가 0.9%로서 다른 나라에 비해서 상당히 낮은 편이었다.[12] 이같이 토지거래에 상대적으로 중과하고, 토지 보유에 상대적으로 가볍게 세금을 부과한다는 것은, 토지거래의 경제적 부담을 무겁게 하면서, 토지 소유의 경제적 부담을 가볍게 하는 것이므로, 자연히 그만큼 토지공급을 위축시키는 반면, 토지를 더 많이 소유하도록 부추기는 결과를 낳았다는 지적이 있었다. 따라서 토지거래에 경과하고 토지 보유에 중과하는 방향으로 토지세의 구조를 전환해야 한다는 진단이 나왔다.

부동산정책 기조의 급선회와 비상 대책의 남발

IMF 경제위기 후 안정세를 유지하는 듯 보였던 부동산가격이 2000년대에 들어와 급등세를 보이기 시작하였다. 이 우려스러운 현상에 관하여 원인을 규명한 연구에 따르면, IMF 경제위기를 극복하기 위한, 주택 및 건설경기 활성화 정책을 너무 오랫동안 지속한 결과 그 후유증이라는 진단이 나왔다. 이 진단에 따라 2003년을 분수령으로 정부 부동산정책의 기조가 종래의 '활성화'에서 '안정화'로 급선회하게 된다.[13] 경기 활성화를 위해서 동원되었던 양도소득세 감면 혜택들이 취소되고, 부동산 보유에 대한 재산세 부담을 대폭 올리기 시작하였다. 2003년 한 해 동안에만 5차례(1.8, 3.6, 8.9, 9.4, 10.29)에 걸친 강경 대책들이 발표되었다.

그런데도, 부동산가격과 투기가 좀처럼 시원하게 가라앉지 않았다. 오히려 특정 지역을 중심으로 국지적 부동산가격 상승이 지속되었다. 이런 현상은 부동산 보유세율이 낮은 탓이라는 주장에 큰 힘을 불어넣었다. 사실, 그동안 우리나라의 부동산 보유세에 대해서 여러 가지 문제점들이 지적되었다.

표 15-2 토지보유세의 국제 비교: GDP와 지가총액 대비 토지 보유세액의 비율: 1인당 납부액, 단위 토지 면적당 납부액

	GDP 대비 (%)	지가총액 대비 (%)	1인당 납부액 (%)	단위토지면적당 납부액($)
오스트렐리아	1.42	2.54	-	-
덴마크	1.10	0.92	-	-
프랑스	0.85	0.45	171.3	17.4
독일	0.40	0.19	76.7	18.9
아일랜드	2.08	10.4	-	-
일본	1.21	0.39	391.8	127.2
네덜란드	0.58	0.58	-	-
뉴질랜드	2.08	1.00	274.6	3.3
스페인	0.27	0.18	1.9	0.1
스웨덴	0.43	0.40	-	-
스위스	0.19	0.10	-	-
영국	3.16	1.80	576.0	134.7
미국	3.41	1.73	536.8	14.1
한국	0.22	0.02	29.6	12.8
대만	1.09	-	79.3	44.3

자료1: GDP와 지가총액 대비 비율은 다음 자료로부터 인용한 것임.
Boone, P. (1989) Perspectives on the High Price of Japanese Land, Economic Research Institute, Economic Planning Agency, Japan; 이진순(1993)에서 재인용.
자료2: 1인당 납부액 및 단위토지면적당 납부액은 다음 문헌에서 인용한 것임.
손재영(1993), 「토지시장의 분석과 정책과제」, 한국개발연구원, 287쪽.

부동산 보유세는 크게 토지분과 건물분으로 나누어진다. 토지분 보유세는 종합토지세를 중심으로 하였고, 여기에 지방교육세, 농어촌특별세, 도시계획세 등 3개의 세목이 추가되었다([표 15-3] 참조). 지방교육세와 농어촌특별세는 부가세(附加稅)로서 종합토지세 세액에 각각 20% 및 10%~15%의 세율이 적용되었다. 그런데 농어촌특별세는 지방세가 아니라 국세이므로 중앙정부와 지방정부가 똑같은 토지 과표에 중복과세하는 문제점이 지적되었다. 건물분 보유세는 재산세를 중심으로 하고, 여기에 지방교육세, 도시계획세가 추가되었으며, 농어촌특별세 대신에 공동시설세가 덧붙었다. 지방교육세는 재산세액을 과표로 하는 부가세이다. 지방교육세, 도시계획세, 공동시설세의 세수는 재산세의 18.4%, 45.3%, 40.7%를 각각 차지하여 재산세 관련 조세의 세수가 재산세 세수와 비슷할 정도로 컸다([표 15-4] 참조).

[표 15-5]는 1998년 이래 부동산 보유세 세수의 추세를 보인다. 이것을 보면, 보유세가 지방세에서 차지하는 비중이 해마다 떨어져서 1998년 17%이었으나 2003년에는 11.9%에 불과하다. 지방세의 부동산 관련 조세에서 보유세가 차지하는 비중 역시 1998년 33%에서 2003년에는 23.2%로 크게 떨어졌다. 반면에 거래세 세수는 해마다 대폭 늘어나서, 2003년 세수는 1998년 대비 122.4%가 증가하였다. 2003년 종합토지세 세수는 1조 6,511억 원이었는데 이 해의 지가총액 1,059조 원과 비교하면 실효세율은 0.16%에 불과하였다. 개인에 대한 종합토지세 실효세율은 0.11%이고 법인의 경우 0.34%였다. 종합토지세에 토지 관련 세목을 모두 합쳐도 토지보유세 실효세율은 종합토지세의 실효세율의 1.54배인 0.25%였다. 2003년 건물분 재산세 세수가 9,034억 원으로 이 해 건물 가치 총액 994조 원의 0.09%였다. 즉, 재산세 실효세율은 0.09%이다. 재산세 관련 조세를 전부 합친 건물 보유세의 실효세율은 0.18%였다. 종합토지세 세수와 재산세 세수는 세율을 높이지 않더라도 과표 현실화율을 높이는 것만으로 단기간에 크게 늘릴 수 있었다. 종합토지세의 과표 현실화율은 공시지가 대비 과표의 비율로 정의되는데, 1998년 평균 과표 현실화율은 29.2%이었으나 해마다 조금씩 높아져서 2004년에는 39.1%로 약 10% 정도 높아졌다. 재산세의 과표 현실화율은 2003년에 약 27.1%인 것으로 알려졌다.[14]

표 15-3 토지분 보유세 세목 및 징수현황

구분	종합토지세	지방교육세	농어촌특별세	도시계획세
과세대상	토지	종합토지세	종합토지세	도시계획구역내 토지
과세 표준	공시지가x36.1%	종합토지세액	종합토지세액	종토세 과표
세율	- 종합합산:0.2-5% - 별도합산:0.3-2% - 골프장, 별장 등:5%	20%	10-15%	0.2%
세수	1조 6,511억 원	2,909억 원	953억 원	5,054억 원

주: 2003년 토지분 보유세 세목 및 징수현황임.

자료: 한국조세연구원(2004), 「중앙정부 및 지방자치단체의 기능과 보유세 세원의 연계를 위한 부동산 보유세제 개편방안」

표 15-4 건물분 보유세 세목 및 징수현황

구분	재산세	지방교육세	도시계획세	공동시설세
과세대상	건축물, 선박, 항공기	재산세	도시계획구역 건축물	소방시설
과세 표준	시가표준액	재산세액	시가표준액	시가표준액
세율	-주택: 0.3-7% -일반건물: 0.3% -기타: 5%	20%	0.2%	누진과세
세수	9,034억 원	1,691억 원	4,172억 원	3,749억 원

주: 재산세 부과 대상에서 기타는 골프장, 별장, 고급오락장용 건축물 등임.
2003년 건물분 보유세 세목 및 징수현황임.

자료: 한국조세연구원(2004), 「중앙정부 및 지방자치단체의 기능과 보유세 세원의 연계를 위한 부동산 보유세제 개편방안」

표 15-5 연도별 보유세 비중

(단위: 10억 원, %)

	1998	2001	2003	증가율 ('03/'98)
지방세	17,149	26,664	33,132	93.2
부동산세(①+②)	8,762	12,699	17,014	94.1
① 보유세	2,893	3,330	3,963	36.9
- 재산세	640	763	903	41.0
- 종합토지세	1,190	1,365	1,651	38.7
- 공공시설세	301	350	411	36.5
- 도시계획세	752	851	998	32.7
② 거래세(취득 등록)	5,868	9,369	13,051	122.4
비율				
보유세/지방세	17.0	12.5	11.9	-30.0
보유세/부동산세	33.0	26.2	23.2	-29.7

자료: 한국조세연구원(2004), 「중앙정부 및 지방자치단체의 기능과 보유세 세원의 연계를 위한 부동산 보유세제 개편방안」

종합부동산세

이같이 부동산 보유세의 실효세율이 매우 낮고 그 비중 역시 점차 감소하다 보니, 강력한 부동산 대책에도 불구하고 부동산가격이 안정화되지 않았다는 진단이 나왔다. 이런 진단은 곧 보유세 부담을 대폭 인상하는 방향으로 그 기본 틀을 바꾸어야 한다는 정치적 결단으로 이어졌다. 그래서 결국 2005년 지방 재산세 전면 개편과 국세로서 부동산 보유세의 신설을 골자로 하는 새로운 부동산 조세제도가 탄생하게 되었다.

<그림 15-1>은 2005년 이후와 이전의 부동산 보유세 내용을 비교하고 있다. 2005년 이전에 부과되던 건물분 재산세제도는 주택에 딸린 부속 토지를 제외한 건축물만을 대상으로 하면서도 '재산세'라는 명목으로 과세함으로써, 불공평이 문제를 일으켰다. 따라서 2005년 개편 조치에서는 주택과 부속 토지를 통합한 주택분 재산세가 신설되었다. 종전 부속 토지와 일반토지에 부과되던 종합토

지세와 상가 및 업무용 빌딩에 딸린 부속 토지에 부과되던 종합토지세는 토지분 재산세로 바뀌게 되었고, 상가 및 업무용 빌딩에 부과되던 재산세는 건물분 재산세로 바뀌게 되었다. 이로써 2004년은 토지공개념 세제개편 이후 15년간 실시되던 종합토지세가 마지막으로 부과되는 해가 되었다.

그림 15-1 2005년 부동산 보유세 체계의 개편 내용

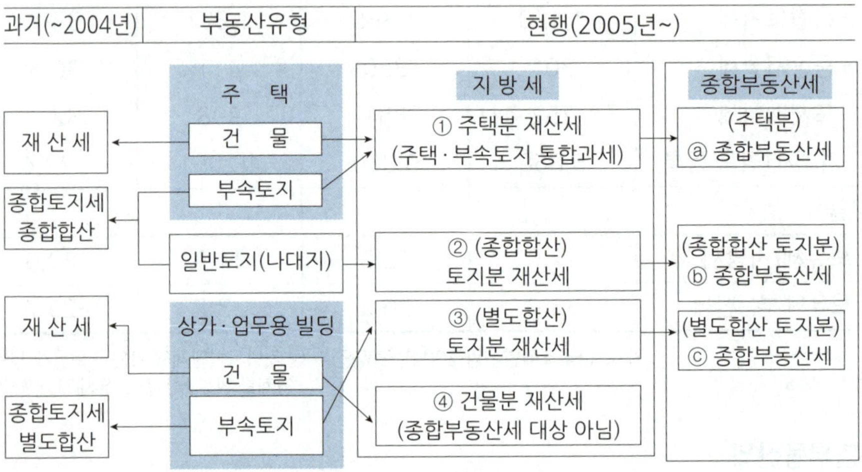

자료: 노영훈(2005), "부동산세제와 부동산시장", 한국행정연구소 주최 제208회「정책 & 지식」포럼, 2005년 서울대학교 행정대학원.

2005년 부동산 보유세 개편에서 특히 주목받았던 새로운 조세는 속칭 '종부세'라고 불리는 종합부동산세이다. 조세부담의 형평성을 높이고 부동산가격의 안정화를 목적으로 도입된 종합부동산세는 전국에 흩어진 부동산을 세대 별로 합산하여 일정 규모(예컨대 주택의 경우 6억 원)를 초과할 경우, 초과분에 0.5~2%의 세율을 적용하여 중앙정부가 징수하는 부동산 보유세다. 이 새로운 조세의 도입으로 부동산보유세제가 지방세인 재산세와 국세인 종합부동산세로 이원화되었다. 종합부동산세의 도입으로 일부 지방자치단체의 재산세 세수가 감소할 것으로 예상되었는데, 이에 대한 대책으로 정부는 종부세 세수를 재원으로 삼아 한편으로는 지방자치단체의 재산세 감소분을 보전하고 다른 한편으로는 재정력이 취약한 지방자치단체를 지원하는, 부동산 교부세 제도를 신설하였다. 종부세의 도입과 함께 주택과 토지의 양도소득세를 실제 거래가격을 기준으로 부과함으로써 사실상 과표를 인상하는 한편, 개인 간 주택거래 때 취득세와 등록세를 0.5%씩 인하하는 조치가 있었다.[15]

종합부동산세는 전국 여러 곳에 고액 부동산을 소유한 부유층 가구를 대상으로 부과되기 때문에 일종의 '부유세'로 여겨졌다.[16] 따라서 종합부동산세는 도입 초부터 고액 부동산 소유계층의 끊임없는 조세저항을 불러일으켰고, 위헌 시비에 말려들게 되었다. 드디어 2008년 개인 소유 부동산을 세대별로 합산하여 과세하는 것이 위헌이라는 판정이 내려지면서 종합부동산세 과세 방식이 세대별 합산방식에서 개인별 합산방식으로 바뀌었다. 때마침 세계적 경기침체의 바람이 불면서 부동산경기를 살리려고 애를 쓰던 당시 이명박 정부는 종합부동산세 부과 기준금액을 6억 원에서 9억 원으로 상향 조정하는 등 종합부동산세의 내용을 수차례에 걸쳐 완화하였다. 재산세 제도 역시 수차례에 걸쳐 완화 내지는 개정되었다. 2010년에는 기존 재산세아 도시계획세를 합쳐서 재산세로 일원화했으며, 공동시설세와 지역개발세를 지역자원시설세로 통합하였다.

2011년 기준으로 부동산취득세는 지방세의 26%를 차지하는 13.8조 원의 규모이었으며, 양도소득세는 국세의 4%인 7조 원으로, 거래과세의 규모는 20.8조 원이었다. 반면에 보유과세의 경우, 재산세가 지방세의 14.6%인 7.6조 원이며, 종합부동산세는 국세의 0.1%인 1조 원으로 총 8.6조 원이었다. 따라서 부동산에 부과되는 부동산 과세는 총세수의 13%에 달하는 약 30조 원 규모이었다.[17] 이유야 어떻든 완화가 거듭되면서 종합부동산세는 애당초 의도했던 소득재분배와 부동산 과다 보유의 억제 등 정책 세제로서 기능을 거의 상실한 상태라는 평가를 받았다.[18]

② 공시지가제도 및 기타 토지관련 정보제도

우리나라의 지가조사는 공공 부분에 의한 지가조사와 금융기관을 중심으로 한 민간부문에 의한 지가조사로 이원화되어 있다.[19] 정부나 공공기관이 특정 행정 목적을 위해서 평가한 토지의 가치를 보통 공적 지가라고 한다. 우리나라에서 본격적인 공적 지가 조사제도는 1972년 국토이용관리법의 제정으로 도입된 기준지가제도로부터 시작했다고 볼 수 있다.

기준지가는 주로 공공용지 매수 및 수용 시의 보상기준, 토지거래 허가 시의 가격심사의 기준으로 이용되었다. 1989년 「지가공시 및 토지 등의 평가에 관한 법률」이 제정되기까지 우리나라에서는 세 가지 공적 지가가 있었다. 건설교통부 주관 아래 토지평가사들이 조사하는 기준지가 외에, 내무부가 주관하는 과세시가표준액이 있었고, 국세청이 조사하는 기준시가가 있었다. 과세시가표준액은 1973년에 지방세법의 개정으로 지가 등급제와 함께 도입되어 취득세, 등록세, 재산세 등 지방세의 과세표준을 산정하는 기준으로 이용되었고, 기준시가는 1978년 소득세법이 개정되면서 도입되어 국세청장이 지정하는 특정 지역 내의 양도소득세 등의 과세표준을 산정하는 기준으로 이용되었다.

이같이 공적 지가가 다원화되다 보니 각 기관의 사용 목적에 따라 각각 다른 기준에 의하여 지가가 조사되고 평가됨으로써 공적 지가 상호 간의 연계성이 없어서, 객관적 지가 수준을 제시하지 못하였다. 또한 똑같은 토지에 관한 공적 지가가 담당 부처별로 달라서, 공적 지가에 대한 국민의 불신이 초래되었으며, 정부와 기관별로 지가를 조사하고 평가하는 데에 따른 인력 및 재정의 낭비가 초래되는 등, 여러 가지 문제가 발생하였다.[20] 토지공개념제도의 성공적 추진을 위해서 1989년 「지가공시 및 토지 등의 평가에 관한 법률」이 제정되면서, 공시지가제도가 도입됨으로써, 과거 다원화되었던 공적 지가가 일원화되었다. 공시지가란 연 1회 전국을 대상으로 하여 대표성이 높다고 인정하여 선정한 토지, 즉 표준지에 대한 적정가격을 감정평가사가 평가하고, 건설부 장관이 공시한 표준지의 단위면적 당 가격이었다. 표준지의 수는 30만 필지였는데, 이들의 가격을 표준지 공시지가라고 하였다. 이 30만 필지에 대한 표준지 공시지가가 공표되면, 표준지 이외의 토지가격은 소위 '토지가격 기준표'를 기초로 해당 토지와 표준지와 비교해서 별도로 평가하되 건설교통부, 행정자치부, 국세청 등 여러 관련 부처가 합동으로 조사·평가하고 지방자치단체가 결정 공고한다. 이렇게 평가된 가격을 개별 공시지가라고 한다. 말하자면 공시지가에는 표준지 공시지가와 개별 공시지가의 두 가지가 있는 셈이다.

「지가공시 및 토지 등의 평가에 관한 법률」에 의해 도입된 공시지가는 국토이용관리법상의 기준지가제도를 개선한 것으로 그 주요 내용은 다음과 같다. 첫째, 1년마다 한 번씩 정기적으로 지가를 조사하여 공시하도록 제도화함으로써 공시지가와 시가(時價) 간의 괴리를 줄인다. 둘째, 전국의 지가를 동일 시점에서 평가하여 공시함으로써 지가의 활용성을 높인다. 셋째, 종래에 공인감정사와 토지평가사로 이원화되어 있던 평가자격제도를 감정평가사로 통일함으로써 부동산평가 분야의 전문화를 높인다. 넷째, 감정평가사가 표준지 이외의 토지를 개별적으로 평가하는 경우, 유사한 특성의 공시지가를 기준으로 평가하도록 함으로써 공시지가가 모든 토지평가의 기준이 되도록 한다. 다섯째, 공시지가를 기초로 하여 표준지가 아닌 개별 토지가격도 쉽게 산정할 수 있도록 표준지 평가와 개별 필지 평가의 연계 장치를 마련하여 공시지가 체계 내에 대량 평가를 위한 기틀을 마련한다.

공시지가제도와 더불어 또 하나의 중요한 제도는 토지등록제도이다. 토지등록제도란 토지의 현황과 이해관계를 명확하게 나타내어 권리의 보호와 거래의 안전을 도모하기 위한 제도이다. 현재 우리나라의 토지등록제도는 지적제도와 등기제도로 이원화되어 있다. 지적제도란 토지에 대한 물권이 미치는 경계와 면적 등 토지에 대한 사실관계, 즉, 토지의 위치, 형태, 용도, 면적, 소유관계 등을 공부에 등록, 공시하는 제도를 말한다. 우리나라의 지적제도는 1950년 「지적법」의 제정을 계기로 그 기틀이 확립되었다. 한편, 등기제도는 토지에 대한 무형적 권리관계를 등기부에 기재하여 공시하는 제도이다. 우리나라에서 현대적 의미의 등기제도는 1960년 「부동산등기법」의 발효로 정착되었다고 할 수 있다. 현재 지적업무는 행정자치부의 주관 아래, 각급 지방자치단체가 수행하고 있고, 등기업무는 사법부에 속한 법원행정처의 주관 아래, 그 산하 기관인 등기소가 수행하고 있다.

1995년에는 「부동산 실권리자 명의 등기에 관한 법률」이 제정되면서 실권리자 명의의 등기를 의무화하여 부동산거래가 실수요자 중심으로 이루어지도록 하였다. 부동산실명제는 기존의 타인 명의로 등기한 것은 실명으로 전환하고,

향후의 명의신탁은 금지하는 제도로서 실권리자 명의로 등기하지 않을 때는 이행 강제금이 부과된다. 2005년 종합부동산세를 주된 내용을 한, 8 · 31부동산 종합대책에서 가장 획기적인 부분은, 공시지가가 아닌 실제 거래가격에 따라 양도소득세를 부과한다는 점일 것이다. 2006년부터는 모든 거래에서 실제 가격을 시 · 군 · 구에 반드시 신고하게 되어 있다. 실제 거래가에 따라 부동산세가 부과되면, 납세자의 세 부담은 많이 늘어난다. 그러나 부동산거래의 투명화와 부동산거래 자료, 특히 부동산 거래가격 자료의 축적이라는 큰 이점도 있다.

2018년경부터는 '프롭테크(proptech)'라는 용어가 부동산 업계에 조금씩 나돌기 시작하면서, 부동산 분야에서도 정보통신 기술(information technology: IT)이 주목받게 되었다. 프롭테크는 부동산(property)과 기술(technology)의 합성어인데, 기존의 부동산산업에 IT 기술을 접목해서, 새로운 서비스를 제공하는 산업 및 기업들을 지칭하는 용어이다. 흔히 부동산산업은 정보 및 자료가 특정인이나 특정 기업에 집중되는 '정보의 비대칭성'을 특징으로 할 뿐만 아니라 그 정보의 투명성도 낮은 대표적인 산업으로 알려져 있다.[21] 그래서 부동산 분야는 정보의 체계적인 수집과 확인이 어렵다는 문제점이 있었다. 실제, 사회적 문제로 야기되고 있는 전세 사기의 경우도 부동산의 분양 및 임대 때 필요한 부동산 관련 정보의 부족이 주요 원인으로 꼽히고 있다. 프로테크는 그런 부동산산업을 정보기술 기반 산업으로 전환함으로써 더 많은 사람이 부동산 정보에 쉽게 접근할 수 있게 하는 혁신이다.

3 토지 관련 규제

1980년대 이전의 토지이용규제

1960년대 초까지만 하더라도 우리나라에는 개별경제주체의 토지이용을 사후적으로 기록 · 관리하는 지적제도가 있었을 뿐, 토지의 효율적 이용을 유도하거나 무질서한 개인의 토지이용을 통제하기 위한 규제제도는 거의 없었다.[22] 그래서 「국토 50」년은 1960년 이전의 시기를 "자유방임적 토지이용시기"로 분류하고 있다. 이같이 토지이용을 자유방임 한 결과 특히 6 · 25동란 이후 인구의 폭발적인 도시 유입과 산업화의 진척으로 무질서한 토지개발과 토지이용이 자행됨에 따라 이를 통제하기 위한 제도적 장치의 필요성이 절실히 요구되기 시작하였다. 1961년에는 보안림의 지정과 행위 제한 등 산지 이용을 규제하는 「산림법」이 제정되었고, 「수도법」의 제정으로 상수도 보호구역의 지정과 행위 제한이 제도화되었다. 도시지역 안에서는 1934년에 공포된 조선시가지계획령에 따라 1939년부터 주거지역, 상업지역, 공업지역 및 혼합지역을 지정하는 지역·지구제가 우리나라에서 처음으로 시행되었지만, 급격한 도시화와 사회변화로 그 규제내용이 현실과 부합하지 않았다. 따라서 1962년에 「도시계획법」과 「건축법」이 제정됨으로써 실질적인 의미에서 토지이용규제를 위한 제도적 기반이 구축되었다고 할 수 있다. 이때 제정된 「도시계획법」은 종전의 혼합지역을 폐지하는 대신 준주거지역과 준공업지역을 추가함으로써 도시지역의 토지 용도를 세분화하였고, 「건축법」은 지역·지구 안에서 개별 건축행위에 관한 내용을 구체적으로 규정함으로써 새로운 지역·지구제를 정착시켰다.

그러나 1970년대에 들어와서 전국적으로 도시화와 산업화가 빠른 속도로 진척됨에 따라 국지적 토지이용규제보다는 중앙정부가 주도하는 국토 개발상에 맞추어 전국적으로 토지이용을 통제할 필요성이 제기되었고, 이러한 취지에 따라 1972년에 「국토이용관리법」이 제정되었다. 이 법에 따라 국토이용계획 제도가 도입되었는데, 이 제도는 전 국토를 기능과 적성에 따라 가장 적합하게 이용·관리하기 위하여, 용도지역 또는 용도지구로 구분하여 지정하는 토지이용계획을 그 주된 내용으로 하는 제도이다. 이 제도에 따라 전 국토를 도시지역, 농업지역, 산림지역, 공업지역, 자연 및 문화재 보전지역, 유보지역의 6가지로 나누어 지정하고, 도시지역 및 유보지역을 제외한 나머지 지역을 다시 11개 지역 혹은 지구로 세분화하여 지정할 수 있게 되었다. 이렇게 국토이용계획에 의하여 결정된 토지이용계획은 다른 법령에 따른 토지이용계획의 기본이 되도록 하였다. 이 국토이용계획 제도의 도입으로 국토이용계획에서 도시지역으로 지정한 지역은 도시계획법과 건축법에서 정한 바에 따라 토지이용이 이루어지도록 하고, 비도시지역에서는 국토이용관리법에 따라 용도지역·지구제를 도입하되 개별행위는 산림법, 수도법 등 개별법에서 정한 대로 토지이용이 이루어지도록 함으로써 이원적 토지이용계획 체계가 확립되었다.

70년대에는 「국토이용관리법」의 제정과 함께 「도시계획법」도 수차례에 걸쳐 개정되면서 도시지역 안의 토지를 크게 용도지역, 지구, 구역의 세 가지로 분류하여 지정하고 규제함으로써 오늘날에 보는 지역·지구제의 골격을 완성하였다. 용도지역은 도시계획구역 전체를 대상으로 하여 주로 토지의 용도를 제한하는 것을 목적으로 하며, 주거지역, 상업지역, 공업지역, 녹지지역 등, 크게 네 가지로 도시지역의 토지이용을 지정할 수 있게 규정되었다. 지구는 특정 목적에 따라 필요한 지역에 부분적으로 제한을 가하는 것으로서 용도지역을 보완하는 성격을 지니고 있는데, 예를 들면 도시의 자연 풍치를 유지하기 위한 목적의 풍치지구, 도시의 미관을 유지하기 위한 목적의 미관지구, 건축물 높이의 최저 또는 최고 고도를 규제하기 위한 고도지구, 도시의 화재 및 기타 재해의 위험을 예방하기 위한 목적의 방화지구 등 여러 가지 특수 목적에 따라 도시지역의 토지를 14가지로 지정하여 규제할 수 있게 되어 있었다. 구역은 광역 차원의 도시개발 과정을 통제하기 위한 전략적 성격을 갖는 것으로서 지역이나 지구에 비하여 각종 계획, 규제, 사업을 연계시켜 개발행위나 토지이용을 총체적으로 제어할 수 있는 수단을 갖춘 것이라고 볼 수 있다. 예를 들면, 70년대에는 도시 외곽지역에 특정 건설제한정비구역, 개발제한구역, 도시개발예정구역, 시가화조정구역 등 네 가지 구역을 지정하여, 토지의 효율적 이용과 도시의 무질서한 확산 방지를 도모하였다.

이밖에 지역·지구제 보다도 더 세부적으로 토지이용을 규제하는 각종 제도가 70년대에 도입되었다. 1972년 「농지의 보전 및 이용에 관한 법률」이 제정되면서 절대농지의 지정, 절대농지의 전용 허가의 제한, 대리경작지의 지정 등에 관한 규제들이 도입되었고, 1977년에 제정된 「공업배치법」은 적정한 공장입지의 조성과 공장의 재배치를 촉진하려는 의도에 따라, 이전촉진지역, 제한정비지역, 공업정비특별구역 등의 지정에 관한 사항들을 규정하였다. 1978년 투기를 억제하기 위해서 내려진 소위 8·8조치는 유휴지가 토지투기의 온상이라는 인식 아래, 이를 억제하기 위한 여러 가지 강제조치를 담고 있었다. 예를 들면, 이 조치는 유휴지로 지정된 토지의 소유자에게 3개월 이내에 그 유휴지를 개발하고 이용하거나, 또는 처분하기 위한 계획서를 제출하고 이를 실천하도록 강제하였다.

1980년대에 들어와서 도시의 토지이용에 관한 중대한 변화는, 1981년 「건축법」에 '도심 내부의 건축물에 대한 특례규정'의 신설을 통한 '도시설계제도'의 도입과 「도시계획법」의 개정을 통한 도시기본계획제도의 도입이다. 이 제도는 장기적인 도시발전의 방향을 제시하고 개발행위에 관한 법적 구속력을 갖는 도시계획(재정비)의 입안에 세부적 지침을 제시하는 목적을 가진 제도이다. 기존의 토지이용규제 제도로는 지역 · 지구제가 있었지만, 이것은 환경의 최저수준만 규제함으로써 바람직한 도시환경을 적극적으로 조성하기에는 미흡했으며, 지역 특성과는 무관하게 획일적으로 적용된다는 한계를 가지고 있었다. 「도시계획법」 만으로는 개발사업 시행 후 건축행위의 유도나 규제가 어렵고, 「건축법」으로는 건축물 간 상호관계의 규제가 곤란하므로 이 두 법을 합리적으로 연결할 수 있는 중간단위의 규제 수단의 필요성이 대두되었는데, 이러한 필요성을 충족하기 위해서 도입된 제도가 도시설계제도이다. 그러나 1991년 「도시계획법」에도 이와 유사한 장치인 '상세계획제도'가 도입되었다.[23] 지역 · 지구제가 주로 거시적인 차원에서 토지이용계획을 실현하기 위한 규제 수단이라면, 도시설계제도나 상세계획 제도는 도시 기능과 미관을 증진하려는 목적 아래 좀 더 좁게 정의된 공간을 대상으로 개별적이며 미시적 차원에서 토지이용계획을 실행하기 위한 수단이라고 할 수 있다. 이 두 제도는 유사한 것임에도 불구하고 도시설계제도는 「건축법」에, 상세계획 제도는 「도시계획법」에 규정되어 있어서 병행 사용되었는데, 2000년 「도시계획법」이 전면 개정되면서 이 두 제도가 '지구단위계획'이라는 이름으로 통합되었다. 그러나 지구단위계획의 행위 제한이 기존의 용도지역지구제의 행위 제한과 별로 큰 차이가 없어서 지구단위계획이 제대로 활용되지 못하였다.

1982년에는 「국토이용관리법」이 개정됨으로써 국토이용계획 제도가 대폭 개편되었다. [표 15-6]에서 보는 바와 같이 종전에는, 전 국토를 6가지 용도지역으로 구분하고 이를 다시 11가지 용도지구로 세분하였으나, 이 법의 개정에 따라 10가지 용도지역으로 구분하여 일원화하고, 예외적으로 용도지역을 세분할 수 있게 하였다. 「국토이용관리법」의 시행령도 개정되었다. 그중의 하나는, 토지이용과 관련하여 시 · 도지사에 권한위임을 대폭 확대함으로써 지역 현실에 맞는 토지이용을 도모하는 방향으로 중앙정부와 지방정부 간의 권한 배분에도 조정이 있었다는 점이다. 예를 들면, 지방의 자율적 국토이용 관리의 폭을 넓힌다는 취지에서 과거 15만 평방미터 미만의 토지에 대해서 시·도지사에게 위임되어 있었던 국토이용계획 결정 및 변경권을 30만 평방미터(약 9만 평) 규모까지 확대하여 융통성을 부여하였다. 80년대에 수립된 또 다른 제도로는 수도권정비계획 제도의 도입이다. 이 계획의 골자는 수도권을 이전 촉진 권역, 제한 정비 권역, 등 5개 권역으로 구분하고, 권역별로 인구집중시설의 신설 및 집중을 억제하거나 촉진하는 등 토지이용 행위를 다르게 규제함으로써 수도권의 토지이용을 효율화한다는 것이다.

표 15-6 우리나라 지역 · 지구제의 변천 과정

1982년 이전	1982-1994	1998-2002
1.도시지역	1.도시지역ⓐ	1.도시지역(ⓐ,ⓗ)
2.농업지역		
-경지지역	2.경지지역	2.준도시지역(ⓓ,ⓖ,ⓙ)
-취락지역	-비농업진흥지역ⓑ	
	-농업진흥지역ⓒ	
	3.취락지역ⓓ	
3.산림지역		3.농림지역(ⓒ,ⓕ)
-산림보전지역	4.산림보전지역	4.준농림지역(ⓑ,ⓔ)
-개발촉진지역	-준보전임지ⓔ	
	-보전임지ⓕ	
	5.개발촉진지역ⓖ	
4.공업지역	6.공업지역ⓗ	
-공업전용지구		
-준공업지구		
5.자연 및 문화재 보전지역	7.자연환경보전지역ⓘ	5.자연환경보전지역 (ⓘ,ⓚ)
-자연환경보전지구		
-문화재보전지구		
-해안보전지구		
-관광휴양지구	8.관광휴양지역ⓙ	
-수자원보전지구	9.수산자원보전지역ⓚ	
6.유보지역	10.유보지역	

1990-2002년 토지이용규제

1990년대는 토지정책의 방향에 있어서 커다란 변화를 겪는 시기가 되었다. 그동안의 경제성장 과정에서 누적해서 불어난 토지이용 관련 제도들이 서로 중복·상충되고 있다는 비판이 제기되었고, 국제사회에서 무한경쟁의 시대를 맞아 토지이용의 효율성이 무엇보다도 중요하다는 인식이 힘을 얻게 되면서 기존의 토지이용계획 및 규제체계에 대한 근본적 재검토가 있었다. 이 과정에서 결정적 역할을 한 것은 두 가지 통계자료였다. 하나는, 우리나라에서 도시의 목적으로 이용되는 면적이 전 국토 면적의 4.4%에 불과하다는 통계이었고, 다른 하나는 전 국토의 15.6%에 해당하는 도시지역에서도 토지이용이 엄격하게 규제되는 녹지지역을 제외하면 개발이 가능한 면적으로 2.2%에 불과하다는 것이었다.[24] 그리하여 1994년에 토지이용규제에 대한 대폭적인 개편이 있었으니, 그 골자는 [표 15-7]에서 보듯이 당시 10개 지역으로 분류되었던 국토이용계획 상의 용도지역을 도시지역, 준도시지역, 농림지역, 준농림지역, 자연환경보전지역의 5개 지역으로 변경하는 것이었다. 새로 개발이 가능한 용도로 편입되는 토지에 대해서는 종전의 허용행위열거 방식으로부터 제한행위열거 방식으로 규제 방법도 바뀌었다.

이러한 개편에서 특히 주목되는 부분은 준농림지역의 지정이었다. 준농림지역은 환경오염 정도가 심한 시설이나 대규모 개발행위 등 반드시 규제가 필요한 토지이용 행위 이외의 행위들은 폭넓게 허용할 수 있도록 규제를 대폭 완화함으로써 토지의 이용과 개발을 촉진한다는 취지에서 새롭게 도입된 용도지역이다. 종전에 이용과 개발이 엄격하게 제한되었던 농업진흥지역 이외의 농지와 준보전임지가 준농림지역으로 변경되었다. 이같이 경지 지역과 산림 보전 지역 중에서 보전적 가치가 상대적으로 낮다고 인정되는 땅을 준농림지역으로 지정할 수 있게 함으로써 개발 가능지를 획기적으로 늘릴 수 있게 되었다. [표 15-7]에서 보듯이 이러한 지역·지구제의 개편 이전에는 전 국토의 84.5%가 보전용 토지이었고 개발용 토지는 15.5%에 불과하였으나, 개편 이후에는 농림지역과 자연환경보전지역만 보전 용도의 토지로서 그 비중이 58.3%로 줄어든 반면, 도시지역, 준도시지역, 준농림지역이 개발 및 개발가능 용도 토지로 바뀌면서 그 비중은 41.6%로 대폭 늘어났다.

표 15-7 국토이용관리법 개정에 따른 용도지역 구성비 변동

개정 이전		개정 이후	
용도지역	비율(%)	용도지역	비율(%)
개발용도		개발 및 개발가능용도	
도시지역	13.6	도시지역	13.6
공업지역	0.1		
취락지역	0.6	준도시지역	1.9
개발촉진지역	1.0		
관광휴양지역	0.2	준농림지역	26.1
소계	15.5		41.6
보전용도		보전용도	
경지지역	26.3	농림지역	51.2
산림보전지역	51.2		
자연환경보전지역	6.4	자연환경보전지역	7.3
수자원보전지역	0.5		
유보지역	0.01		
소계	84.5		58.3

자료: 강병주(1997), "토지개발 규제완화의 방향", 「토지연구」, 한국토지공사, 66쪽

이상에서 보듯이 2002년까지 우리나라의 토지이용규제 체제는 도시지역에 관한 사항과 비도시지역에 관한 사항으로 2원화 되어 있다. 도시지역에 대해서는 도시기본계획과 도시계획에 준하여 토지이용계획을 수립하게 되어 있고, 이 지역에서의 토지이용에 대한 행위 제한도 도시계획에 의해 구분되는 용도지역별로 건축법에 따라 이루어지고 있다. 도시계획법상 도시에서의 용도지역은 크게 주거지역, 상업지역, 공업지역, 녹지지역의 4 가지이다. 비도시지역에 대해서는 관광휴양 지역의 행위 제한을 관광진흥법이 규정하는 것을 제외하면, 국토이용계획이 모든 용도지역의 행위 제한을 직접 규정하고 있다. 예컨대, 준도시지역이나 준농림지역 등은 다시 취락지구, 휴양지구, 시설용지지구, 개발촉진지구 등으로 세분하고, 개별 법이 규정한 개발계획이 수립되면, 이에 따라 토지개발

이 일어나도록 함으로써 토지이용을 규제하고 있다. 따라서 비도시지역에서는 도시지역과는 달리 종합적인 토지이용계획이 없이 토지이용 행위가 이루어지고 있었다.[25]

앞에서 이미 자세히 살펴보았듯이 지역·지구제는 여러 가지 문제점을 안고 있지만, 이에 더하여 우리나라 지역·지구제는 또 다른 문제점을 안고 있다. 그중에서도 가장 빈번히 제기되는 것은 규제의 획일성이다. 즉, 각 지방·도시별 규모나 성격 그리고 여건 등의 차이에도 불구하고 전국적으로 획일적인 지역·지구를 지정하고, 이와 함께 똑같은 기준과 규제 조치가 적용됨으로써 지역별 구조적·기능적 특성을 반영한 토지이용을 유도하지 못하고 있다는 것이다.[26] 다시 말하면, 각각의 도시가 독자적 성격을 지니면서 특색 있는 시가지를 모색할 수 있는 선택의 여지를 박탈당하고 있다는 것이다. 이보다 더 심각한 문제는 그동안 지역·지구제에 지나치게 의존한 우리나라의 토지이용규제는 결과적으로 도시의 난개발을 막지 못했다는 것이다. 우리나라 지역·지구제 아래에서는 용도지역의 건폐율, 용적률, 최소대지면적, 도로 여건 등 몇 가지 요건만 만족시키면 건축행위에 대한 자유가 최대한 보장되어 있다.[27] 예컨대 도시화가 진행될 경우, 우선 공공시설을 선행적으로 정비한 다음, 개별 건축행위가 이루어져야 하는데도, 용도지역상 일단 주거지역으로 지정되면 1ha에 가까운 매우 넓은 주택지도 개별 필지 단위로 건축을 자유롭게 허용하니, 자연히 무질서한 시가지 확산이 진행된다. 왜냐하면, 도시계획 차원의 광역적인 토지이용계획은 있었지만, 집단적 건물 배치, 개별건물과 주변 환경을 연결한 종합적 도시공간 형성 등, 건물군을 체계적이고 입체적으로 규제함으로써 질서 있는 시가지와 도시경관을 창출해야 하는데, 이를 위한 제도적 장치가 갖추어져 있지 못하였기 때문이다. 요컨대, 우리나라의 토지이용규제는 제도적으로는 엄격한 지역·지구 지정이 틀을 갖추고 있으나, 조화된 도시개발을 적극적으로 유도할 만큼 상세하지 않다는 데에 그 맹점이 있다는 것이다. 그래서 도시계획전문가들은 우리나라의 지역·지구제에 대하여 "엄격하면서도 상세하지 않다."는 말을 자주 한다.[28] 엄격하면서도 상세하지 않은 토지이용규제는 단순히 도시의 난개발을 양산할 뿐만 아니라 개발권 양도제도와 같은 새로운 도시계획기법의 도입을 어렵게 하

고 있다는 지적도 있다.[29]

선 계획-후 개발 체계의 도입

일본은 지역 · 지구제의 이런 문제점에 착안하여 1980년 도시계획법을 개정하고 독일의 지구상세계획을 본받아 지구계획제도를 도입하였다. 독일의 지구상세계획이나 일본의 지구계획제도의 철학은 이른바 "계획 없이는 개발 없다"라는 원칙 아래, 공익을 위하여 개인의 건축 자유를 제한하는 데 있다.[30] 우리나라에도 도시설계기법을 바탕으로 한 지구계획제도 도입의 필요성이 강력하게 제기되고 있는 시점에서, 일본의 이 제도가 목조주택이 밀집한 기성시가지보다는 오히려 주거환경이 잘 보전된 교외 주택지에서 크게 환영받고 있다는 사실이 우리에게 시사하는 바가 컸다. 그래서 2002년 우리나라에서도 일본에서와 같이 국토관리정책에 큰 변화가 있었다. 즉, 독일의 지구상세계획의 취지를 도입하여 "선 계획-후 개발" 기조의 국토이용 체계를 구축함과 동시에, 종전 도시지역에 대한 것과 비도시지역에 대한 것으로 2원화 되어 있었던 국토관리 체계를 1원화하고, 준농림지역의 난개발로 촉발된 환경문제를 해결하기 위하여 정부는 2002년 「국토기본법」과 「국토의 계획 및 이용에 관한 법률」(약칭 「국토계획법」)을 제정하게 되었다. 종전 국토이용 관리의 핵심 법률인 「국토건설종합계획법」, 「국토이용관리법」, 「도시계획법」을 폐기하고 제정된 이 법률들은 다음과 같은 중요한 조치를 규정하고 있다.[31]

첫째, 도시지역과 비도시지역의 구분 없이 모든 시 · 군이 행정구역 전역에 대하여 종합적인 계획을 수립하도록 의무화하였다. 즉, 「국토기본법」에 의하여 전 국토를 대상으로 국토종합계획을 수립하고, 도에는 도종합계획을 수립하도록 하며, 종전의 국토이용계획과 도시계획을 통합하여 각 시 · 군이 행정구역 전역에 대하여 도시계획 및 군 계획을 수립하게 하였다.

둘째, 지역 · 지구제 체계를 개편하였는데, 종전에 난개발의 주 발생지였던 준농림지역과 준도시지역을 더 철저하게 관리할 기틀을 마련하였다. 이 「국토계획법」에 의한 새로운 용도지역 · 지구 지정 현황은 [표 15-8]과 같았다. 이 표에서 보듯이 종전의 도시지역, 준도시지역, 준농림지역, 농림지역, 자연환경보전지역의 5개 용도지역 체계가 도시지역, 관리지역, 농림지역, 자연환경보전지역의 4개 용도지역 체계로 개편되었으며, 국토이용관리법상의 취락지구, 산업촉진지구, 시설용지지구와 도시계획법상의 개발촉진지구도 개발진흥지구로 통합되었다([표 15-9] 참조). 새로운 용도지역 체계에서 가장 눈에 띄는 부분은 관리지역의 지정인데 이 지역은 "종전 준도시지역과 준농림지역을 통합한 것으로서, 도시지역의 인구와 산업을 수용하기 위하여 도시지역에 준해서 체계적으로 관리하거나 농림업의 진흥, 자연환경과 산림 보전을 위해 농림지역 또는 자연환경보전 지역에 준해서 관리가 필요한 지역"으로 정의된다.[32] 관리지역은 전체 용도지역 면적의 약 25%를 차지하였다([표 15-8] 참조). 관리지역은 다시 계획관리지역, 생산관리지역, 보전관리지역으로 세분되었는데, 생산관리지역과 보전관리지역은 농업생산과 자연환경보전을 위주로 관리되는 지역인 반면, 계획관리지역은 계획적인 개발사업이 가능한 지역이었다.

표 15-8 2002년 「국토의 계획 및 이용에 관한 법률」에 의한 용도지역

구분	지정면적(km^2, %)
도시지역	16,137.9(15.2)
주거지역(전용주거, 일반주거, 준주거)	1,929.1
상업지역(중심상업, 일반상업, 근린상업, 유통상업)	249.6
공업지역(전용공업, 일반공업, 준공업)	721.0
녹지지역(보전녹지, 자연녹지, 생산녹지)	12,047.2
관리지역	26,344.0(24.8)
보전관리	
생산관리	
계획관리	
농림지역	51,286.1(48.5)
자연환경보전지역	12,072.5(11.4)

주1: 건교부, 「국토의 계획 및 이용에 관한 연차보고서 2005」에서 정리한 것임.
주2: ( )안의 숫자는 총 지정면적에 대한 비율을 나타냄.

표 15-9 2002년 「국토의 계획 및 이용에 관한 법률」에 의한 용도지구와 구역

구분	지정면적(km^2)
용도지구	
경관지구	35.2
미관지구(중심지, 역사문화, 일반)	90.3
고도지구	415.6
방화지구	94.2
방재지구	1.1
보존지구(문화자원, 중요시설물, 생태계)	39.4
시설보호지구(학교시설, 공용시설, 항만시설, 공항시설)	166.6
취락지구	398.1
개발진흥지구	622.3
특정용도제한지구	-
용도구역	
개발제한구역	4,615.4
시가화조정구역	
수산자원보호구역	2,980.9

주: 건교부, 「국토의 계획 및 이용에 관한 연차보고서 2005」에서 정리한 것임.

셋째, 계획관리지역과 개발진흥지구를 계획적으로 개발·관리하고 개발에 따른 기반 시설 부족 및 환경훼손 등의 난개발을 방지하기 위해서 비도시지역에 제2종 지구단위계획 제도가 새로 도입되었다. 이로써 비도시지역 개발도 도시지역 개발과 유사한 수준으로 도로, 경관, 획지 규모 등에 대한 계획을 사전에 수립한 후 토지를 계획적으로 개발, 관리할 수 있게 하였다. 이에 따라 종전 도시지역에 적용되던 지구단위계획은 제1종 지구단위계획으로 명칭이 바뀌었다. 제2종 지구단위계획이 수립되는 계획관리지역은 계획적 개발을 유도하기 위해서 건폐율과 용적률의 상한선이 각각 40%와 100% 이하로 설정되었다. 법제상으로 본다면, 제2종 지구단위계획 제도의 도입으로 난개발의 진원지로 지탄받았던 종전의 준농림지역은 계획적으로 개발되는 지역으로 바뀌게 되었다.

넷째, 계획 중심의 국토관리 집행수단으로 개발행위허가제를 전국으로 확대하였고, 허가기준을 더욱더 구체화하였다. 개별적인 개발행위에 관하여 적용되

는 이 제도는 도시계획 차원의 타당성, 기반 시설의 공급 여부, 주변의 환경 및 경관과의 조화 등을 검토하여 개발의 허용 여부를 결정하는 제도다. 종전에는 도시지역에 대해서만 토지형질변경, 건축물의 건축과 공작물 설치, 토석 채취, 토지분할 등 개발행위를 하는 경우, 시장 · 군수의 허가를 받도록 하였으나 이 제도가 도입되면서 비도시지역의 개발행위도 도시(군)계획위원회의 심의를 거쳐 해당 지방자치단체의 허가를 받게 되었다. 다만, 지구단위계획에 의한 개발행위, 환경·교통·재해영향평가를 받은 개발행위 등은 도시계획위원회의 심의를 거치지 않아도 되었다.

다섯째, 기반 시설 확충을 위한 기반시설연동제를 도입했다. 이 제도는 난개발 방지와 성장관리의 관점에서 토지개발을 기반 시설과 연계하는 제도로서, 기반 시설 부족이 예상되는 지역과 그 주변 지역을 대상으로 기반시설부담구역을 지정하고, 그 지역에서 개발하고자 하는 사업자에게 부담계획에 따른 기반 시설을 부납하게 하는 제도이다. 기반시설부담구역은 개발로 인해 도로, 상 · 하수도, 폐기물처리시설, 공원, 녹지, 학교 등의 기반 시설을 설치해야 하는 지역이며 기반 시설의 설치, 필요한 용지의 확보 또는 비용의 부담 방법을 정하는 기반 시설 설치계획 및 기반시설부담계획을 수립하여야 한다. 도시의 주거 · 상업 · 공업지역과 같이 개발이 이미 완료되어 더 이상 기반 시설의 추가적인 설치가 어렵거나, 기반 시설의 부족이 예상되는 지역에서는 개발밀도를 제한할 수 있도록 하였다. 이같이 개발밀도가 제한되는 지역을 개발밀도관리구역이라고 하였는데, 이 구역에서는 제1종 지구단위계획의 수립이 의무화되었다. 기반시설연동제는 계획관리지역 등 신규 개발지역에 적용되며, 기성시가지에는 개발밀도관리구역 제도가 적용되었다.[33]

여섯째, 토지적성평가제도를 도입하였다. 이 제도의 주된 목적은 대도시 주변 관리지역의 무분별한 난개발을 방지하면서 개발과 보전의 조화를 유도하고, 합리적 토지이용을 위한 기초자료를 제공하는 것이다. 종전에는 주로 토지이용 실태나 주민의 요구사항 등을 고려하여 토지의 용도를 지정하다 보니, 보전해야 할 곳이 개발되고 개발할 곳이 보전되는 일이 잦았다. 토지 적정성 평가제도는 토지의 물리적, 사회 · 경제적, 공간 · 입지적 제반 특성을 기초로 보전 가능성과

이용 가능성을 평가하고 계층화하기 위한 평가제다. 평가 방법은 필지별 개발적성 값, 농업적성 값, 보전적성 값을 합산하고 이를 표준점수 값으로 환산하여 보전적성 및 개발적성의 정도에 따라 5개 등급으로 구분하였다. 개발적성이 높은 지역은 계획관리지역으로 편입되고, 보전적성이 높은 지역은 토지이용 상황에 따라 생산관리지역 및 보전관리지역으로 편입되었다. 요컨대, 토지적성평가제도는 전 국토의 "환경친화적이고 지속가능한 개발"을 보장하고 개발과 보전이 조화되는 "선 계획, 후 개발"의 국토관리체계를 구축하기 위한 것이었다.

개발제한구역의 조정

그동안 많은 논란을 빚어왔던 개발제한구역(속칭 그린벨트)은 1971년부터 1977년까지 서울, 부산, 대구, 광주, 대전, 춘천, 청주, 전주, 울산, 마산, 진주, 충무, 제주, 여천 등 14개 도시권 주변에 지정되었다. 개발제한구역의 총면적은 국토 면적의 5.4%인 5,397km^{2}에 이르렀다.

개발제한구역의 지정목적은 첫째 도시의 인구집중을 방지하며, 둘째 대도시의 확산 및 연담화를 방지하고, 셋째 도시 주변의 자연환경을 보전하여 도시민에게 쾌적한 자연환경을 제공한다는 것이다.[34] 개발제한구역 안에서는 모든 토지이용 행위가 극도로 제한된다. 예컨대 대지가 조성되어 있어도 건물의 신축은 일절 금지되고, 기존 건축물의 증개축도 매우 제한되며, 일일이 정부의 허가를 받아야 한다. 이같이 행위 제한이 너무 심하여 그동안 민원이 끊이지 않았다. 1997년에 개발제한구역 안에는 27만 가구, 약 90만 명이 거주하고 있었으며, 이 중 52.7%가 수도권(서울, 인천, 경기도)에 거주하였다. 개발제한구역 안에는 20호 이상의 집단마을이 약 2,600개소(약 209km^2)에 달하였다. 이들의 민원 탓으로 그동안 규제가 수차례에 걸쳐 많이 완화되었다고는 하지만, 여전히 토지이용 행위가 엄격하게 제한되기 때문에 개발제한구역 안에 사는 주민들의 사유재산권 침해를 둘러싼 불만의 불씨는 꺼지지 않았다. 개발제한구역을 합리적으로 조정할 필요성에 대한 1998년 대통령의 의사 표명이 그 불만을 폭발시키는 계기가 되었다. 개발제한구역의 해제 여부에 대한 공방이 가열되는 가운데 1998년 말 헌법재판소는 개발제한구역 지정의 법적 근거를 이루는 도시계획법 제21조에 대하여 헌법불합치 판정을 내렸다. 이 판정에 따르면, 개발제한구역의 지정은 공익을 위한 조치로써 헌법에 어긋나지는 않지만, 재산권을 '과도하게' 침해하는 조치에 대하여 아무런 보상 규정을 두지 않은 것은 위헌이라는 것이다.[35]

1999년 개발제한구역 제도개선방안이 마련되면서 종전 성역처럼 여겨져 왔던 개발제한구역이 점차 해제되기에 이르렀다. 2003년까지 제주, 춘천, 청주, 여수, 전주, 진주, 통영 등 7개 중소도시의 개발제한구역은 전면 해제되었고 대도시의 개발제한구역에 대해서는 부분적으로 해제가 진행되었다. 2008년에는 「개발제한구역 조정 및 관리 계획」이 국무회의에서 심의 의결되었는데, 주요 기반 시설이 갖추어진 일부 지역에 대한 추가 해제를 허용함으로써 투자를 원하는 기업의 용지 수요에 부응하며, 지방의 역점 사업에 필요한 용지를 적기에 확보하고, 도시 접근성이 우수한 개발제한구역의 일부를 해제하여 주택지를 공급한다는 것이 이 계획의 주요 내용이었다. 이 결과 [표 15-10]에서 보듯이 애당초 5,397km²에 이르던 개발제한구역의 면적이 2012년에는 3,873.6km²로 거의 30%가 줄어들었으며, 그 이후에도 계속 해제가 진행되었다.[36]

표 15-10 개발제한구역 해제 내역(2012. 12. 31 현재)

(단위: km²)

	당초 지정(최초 지정 연도)	해제 면적	해제 비율(%)
대도시	4,294.0	420.2	9.8
수도권	1,566.8(1971-76)	149.0	9.5
부산권	597.1(1971)	174.2	29.2
대구권	536.5(1972)	19.9	3.7
광주권	554.7(1973)	35.8	6.5
대전권	441.1(1973)	12.2	2.8
울산권	283.6(1973)	13.7	4.8
창원권	314.2(1973)	15.5	4.9
중소도시	1,103(1971-76)	1,103	100.0
전국	5,397.1	1,523.5	28.2

자료: 국토교통부, 「2013년도 국토의 계획 및 이용에 관한 연차보고서」.

거래 및 소유에 대한 규제

이상에서 살펴본 바와 같이 정부는 개인이나 기업의 토지이용 양태를 규제할 뿐만 아니라 필요에 따라서는 개인과 법인의 토지거래 및 토지 소유 규모를 직접적으로 규제할 수도 있다. 지가안정과 투기 억제가 우리나라 토지정책의 주요 목표가 됨에 따라 이를 위한 정책 수단으로 토지세 및 토지 관련 조세 이외에 토지거래에 대한 규제가 자주 실행되었다. 1980년대 후반에 극심한 우리나라 토지편중의 실태가 일반국민들에게 밝혀지면서 토지제도의 개혁에 대한 여론이 비등하자, 이것이 1989년 토지공개념 제도의 도입을 촉진하였고 또한 토지편중의 시정이 우리나라 토지정책에 있어서 또 하나의 중요한 목표로 공식 추가되는 계기가 되었는데, 이 목표를 위한 유력한 정책 수단으로 주목받은 것이, 개인이나 법인의 토지 소유에 대한 제한이었다.[37]

우리나라에서는 매우 오래전부터 농지에 대한 거래 및 소유 규모 제한이 계속되었지만, 지가안정과 토지투기 억제를 겨냥한 토지거래 및 소유에 대한 규제는 1978년 「부동산투기억제 및 지가안정을 위한 종합대책」에 따라 본격화되었다고 볼 수 있다. 60년대와 70년대 전반까지의 토지 관련 긴급 조치들은 대부분 경제 전반에 관한 긴급조치이면서 토지문제를 부분적으로 다루었음에 반해서, 소위 8·8조치라고 알려진 이 「부동산투기억제 및 지가안정을 위한 종합대책」은 부동산 문제에 초점을 둔, 본격적인 부동산 대책의 효시로 알려져 있다.

이 조치의 주요 내용은 지가앙등 및 투기가 성행하거나 그럴 우려가 있는 지역의 토지를 사거나 판매할 경우, 토지거래를 정부에 신고하거나 혹은 허가받게 하며, 부동산중개업을 허가제로 전환한다는 것이었다. 토지거래가 규제되는 지역에서 일정 규모 이상의 토지거래를 할 때는 그 가격과 이용 목적에 관하여 정부의 심사를 받아야 하며, 이 심사에서 부적격하다고 판단되면, 정부는 거래계약체결의 중지를 권고하거나 불허가 처분을 내릴 수 있었다. 정부의 허가를 받지 않고 행한 거래는 물론 무효가 되었다. 그뿐만 아니라 일정 요건을 충족한 토지에 대해서는 정부가 다른 수요자에 우선하여 매입할 수 있는 소위 선매권을 보유하였다. 언뜻 보아 매우 강력해 보이는 이 토지거래허가 및 신고제도는 별로 실효성이 없는 제도라는 비판을 받았다. 우선 음성적인 거래, 미등기방법으로 매매하는 행위 등, 이 제도를 회피하기 위한 여러 가지 편법이 횡행하였음에 반해서 열악한 재정에 시달리고 있는 지방자치단체로서는 이를 막기에는 역부족이었다.[38]

정부는 개인의 토지거래를 제한할 뿐만 아니라 필요에 따라서는 거래를 강제하는 때도 있었다. 예를 들면, 강제로 개인이 소유한 토지를 매각하게 하는 것이다. 1989년 토지공개념 법안이 입법화되는데도, 90년대에 들어와서도 지가 상승과 투기가 계속되자 1990년에 정부는 「부동산투기 억제와 물가안정을 위한 특별보완대책」을 발표하기에 이르렀다. 소위 5·8 조치로 알려진 이 대책은 크게 두 가지 내용을 담고 있었는데, 그 첫째는 대기업이 보유한 비업무용 토지의 처분이다. 우선, 대기업이 너무 많은 토지를 보유할 경우, 과다 보유 토지를 자진 매각하게 하며, 이 중 비업무용 부동산은 의무적으로 매각처분토록 하였고, 공장용지, 주택건설 용지 등 기업의 생산 활동과 직접 관련된 토지를 제외하고는 계열기업군의 토지취득을 제한하며, 비업무용 토지에 관한 금융기관의 담보 취득을 금지하였다. 5·8조치의 두 번째 내용은 금융기관의 과다부동산 처분 및 신규 취득 억제에 관한 것이었다. 사실 우리 정부는 기업, 특히 대기업의 토지 과다 보유가 지가 앙등과 토지투기의 주된 원인이라고 보고, 꾸준히 기업의 비업무용 토지 보유를 억제해 왔다. 그러나 이런 억제정책이 과연 얼마나 본래의 목적을 달성하였는가에 관하여 많은 의문의 여지를 남겼다. 당장 문제가 되는 것은, 기업의 토지 용도에 관해서 업무용과 비업무용을 확연하게 판별한다는 것이 사실상 불가능하다는 것이다. 그러다 보니 여러 가지 편법과 불법이 횡행하게 되었고, 기준 불명확을 보완하기 위한 각종 면제 조치들이 정부의 조치를 사실상 무력화시켰다.

개인과 법인의 택지 소유 규모를 제한하는 대표적인 제도는 1989년 「택지소유상한에 관한 법률」에 따른 택지소유상한제이다. 이 제도는 가구 단위로 적용되었으며, 1 가구 구성원 전부가 소유할 수 있는 택지 총면적의 한계는 6대 도시의 경우 200평, 시급 도시의 경우 300평, 기타 도시의 경우 400평이었다. 여러 지역에 분산하여 소유하고 있는 택지는 모두 합산되어 상한의 적용을 받았다. 법인의 경우에는 종업원의 기숙사, 사택, 등 종업원의 주거용 건물이나 택지개발, 임대 등의 목적 이외에는 원칙적으로 택지 소유는 금지되었다. 법이 정한 상한선을 초과하여 소유하고 있는 택지에 관해서는 초과소유부담금이 부과되었다. 택지소유상한제는 택지의 과다 보유를 억제하는 효과를 달성하였으나, 시장 원리에 어긋난다는 비판을 끊임없이 받아왔다. 그러다가 1997년대 말 IMF 외환위기 이후, 지가의 급락이 부실채권을 대량 발생시켜 심각한 사회문제가 되자, 부동산시장의 활성화를 위하여 1998년에 폐지되었다. 경제 활성화를 명분으로 기업의 비업무용 토지 소유에 관한 규제 역시 여러 차례 완화되다가 드디어 2001년에 폐지되었다.

이밖에 토지 소유를 제한하는 제도로 농지소유 제한제도와 외국인 토지취득 제한이 있다. 경자유전(耕者有田)의 원칙을 근거로 단행된 농지개혁 이후 1949년 「농지개혁법」이 '농지소유 3정보 상한제'를 규정하면서 농지의 소유에 대한 제한이 오래전부터 실시되었다. 그러나 농지소유 상한제가 결과적으로 영농규모의 영세화를 초래하고 산업사회와 도시화의 진전에 걸림돌이 된다는 비판을 받으면서, 수차례에 걸쳐 완화를 거듭하다가 2002년에 폐지되었다.

외국인의 토지취득을 제한하는 법적 조치는 1961년 「외국인토지법」이 제정되면서 본격적으로 실시되었다. 그러나 이 제도가 통상마찰을 불러일으킨다는 문제점이 제기되면서 1994년에 「외국인 토지취득 및 관리에 관한 법률」이 제정되었는데, 이 법 역시 외국인의 국내 토지취득을 너무 강하게 제한한 결과 외국인의 투자 활성화에 장애가 되고 있다는 비판이 일었다. 1998년 IMF 외환위기 이후 외국인의 투자를 활성화하고, 토지시장에 외국 자본을 적극 유치해야 한다는 요구가 커지면서, 법률의 명칭을 바꾼 「외국인토지법」이 1998년에 제정되었다. 이 법의 제정으로 군사시설보호구역 등 토지취득을 특별히 제한할 필요가 있는 지역 외에는 토지취득에 대한 허가제를 신고제로 바꾸는 등 외국인의 토지취득 및 그 관리에 관한 제한을 전면적으로 폐지하게 되었다. 이렇게 보면, IMF 외환위기가 경제 활성화를 명분으로 토지 소유 및 거래에 관한 각종 규제를 대폭 완화하거나 폐지하는 중요한 계기가 되었음을 알 수 있다.

2003년부터 2012년까지 10년간 정부와 정부 투자기관의 토지취득이 급격히 증가하였다. 2009년 우리나라의 국·공유지의 면적은 전 국토의 25.2%

였는데, 2012년에는 국유지의 비율이 24.0%, 공유지의 비율이 8.58%, 합쳐서 국·공유지의 비율이 32.6%로 높아졌다. 이렇게 국·공유지 비율이 높아진 데에는 세종시 건설, 혁신도시건설 등 전국에 걸친 대규모 토지개발 때문이었던 것으로 알려져 있다.[39]

4 정부의 직접 개입: 각종 개발사업

토지구획정리사업과 공영개발

우리나라의 경우, 토지공급을 거의 전적으로 정부나 공공기관이 주도해왔다. 토지 관련 공공재나 준공공재의 공급이 주된 목적이기도 하지만, 토지개발로 인한 자본이득의 사유화가 특히 심각한 사회문제화되어왔기에, 이를 최소한도로 줄인다는 이유도 있었다.

1960년대에 들어서면서 경제개발계획이 수립되고 급속한 경제성장과 도시화의 진전에 따라 대규모 공업단지와 택지를 확보해야 하는 등, 경제개발을 뒷받침하는데 필요한 토지의 확보가 시급해지자 다양한 토지공급 사업들이 도입되기 시작하였다. 그중에서도 토지구획정리사업이 초기(특히 70년대와 80년대)에는 토지공급의 중요한 수단이 되었었다. 물론 우리나라가 해방되기 전, 예컨대 1928년에도 서울시에서 토지구획정리사업이 있었다고는 하지만, 1966년에 「토지구획정리사업법」이 「도시계획법」에서 분리 제정되면서 토지구획정리사업이 크게 활성화되었다. [표 15-11]에서 볼 수 있는 바와 같이 1996년까지 토지구획정리사업에 의하여 개발된 총 토지면적은 474개 지구에 453.1km^{2}가 완료되었다. 이 중 80% 이상이 70년대와 80년대에 이루어졌다. 1993년까지 완료된 토지구획정리사업 면적은 지목으로 전국 대지면적 2,039km^{2}의 21%에 달하는 엄청난 규모이었다. 토지구획정리사업은 도시화에 따른 택지 수요에 효과적으로 대처하기 위한 토지공급 수단이었으므로, 주로 대도시지역에 집중될 수밖에 없었으니, 1993년까지 완료된 토지구획정리사업 면적 428.4km^{2}의 67.6%가 서울, 부산, 대구, 인천, 광주, 대전, 등 5대 도시에서 조성되었다. 특히 서울시의 경우에는 시가지의 약 절반이라고 할 수 있는 133.4km^2의 택지가 토지구획정리사업에 의해서 조성되었다.[40]

토지구획정리사업은 토지의 효용을 높이기 때문에 이 사업으로 조성된 토지의 땅값은 당연히 비싸진다. 그러나 사업 완료 후 지가 상승이 지나치게 높아 개인들에게 지나친 개발이익을 허용한다는 비판이 강하게 제기되었다. 서울시의 경우 토지구획정리사업이 실시된 땅의 지가는 평균 7배 정도 뛰었으며, 평균 감보율은 40% 수준에 도달하였고, 그중 10%가 체비지이었던 것으로 나타났다. 환지를 둘러싸고 민원이 끊이지 않았고 감보율도 꾸준히 증가하였다. 80년대에 서울시가 수행한 토지구획정리사업에서는 감보율이 거의 60%나 되었다.[41] 토지구획정리사업이 한 때 우리나라에서 택지공급에 크게 기여하였지만, 이같이 개발이익의 사유화와 지가 상승을 조장하였다는 이유로 [표 15-11]에서 보듯이 90년대 이후 급격하게 퇴조하였다. 그 대신, 개발이익을 제대로 환수하고 토지공급을 파격적으로 확대할 수 있는 토지공급 대안으로 등장한 수단이 공영개발이었다.

[표 15-12]는 공영개발 사업 실적과 토지구획정리사업 실적을 비교한 자료인데, 이것을 보면, 80년대 초반까지는 토지구획정리사업이 단연 큰 비중을 차지하였고, 그 이후에는 공영개발의 비중이 크게 늘었음을 알 수 있다. 「택지개발촉진법」에 의하면, 공영개발을 위해서 택지 수급 계획이 정하는 바에 따라 도시계획구역과 그 주변 지역 중에서 필요한 지역을 택지개발예정지구로 지정하고 고시하게 되어 있다. 사업의 공공성을 유지하면서 저렴한 택지공급을 도모하고자 사업시행자를 지방자치단체, 대한토지 · 주택공사, 등 공공기관으로 제한하고 사업시행자는 사업의 시행을 위하여 필요한 토지를 전면 매수하게 되어 있었다. 1996년 말 현재 492개 지구에 329.6km^2의 면적이 공영개발 대상지의 사전확보를 위한 택지개발예정지구로 지정되었다.[42]

어떻든 오늘날 우리나라의 지배적인 토지개발방식은 공영개발이다. 비록 이 방법이 토지구획정리사업의 단점을 보완하기 위한 것이라고는 하지만 공영개발에도 문제가 없지 않다. 공영개발이라는 용어가 시사하듯이 우리나라에서는 사실상 지방자치단체나 공공기관만이 택지개발을 할 수 있게 되어 있다.[43] 그 주된 이유는 지방자치단체나 공공기관이 나서야 택지를 저렴하게 공급할 수 있고 토지개발에 결부된 개발이익을 환수할 수 있다는 점이었다. 그러면 과연 그런가? 물론 지방자치단체나 공공기관이 택지를 개발하면 개발부담금을 비롯한 여러 가지 공과금이 감면되기 때문에 구조적으로 택지개발비가 저렴해질 수밖에 없었고, 그래서 택지가 저렴한 가격으로 분양될 수 있었다. 하지만 이렇게 조성된 택지나 그 위에 세워진 주택이 과연 진정 저소득계층의 수중에 떨어지는가에 대해서는 의문이 제기되었다.[44] 계획적인 토지개발을 위해서 공영개발이 필요하다는 주장도 있다. 하지만 당시의 공영개발 방식은 기껏해야 조성되는 주택단지 안에서의 계획적인 개발을 유도할 수는 있어도 주변의 기존 시가지와 조화를 이루는 거시적인 의미에서의 계획적 개발을 유도하는 데에는 미흡하였다.[45]

표 15-11 시기별 토지구획정리사업 실적

	지구수	면적(km²)
50년대까지	9	13.8
60년대	65	38.9
70년대	163	175.5
80년대	144	190.0
90년대	93	34.8
계	474	453.1

자료: 건설교통부, 「1997년도 국토이용에 관한 연차보고서」, 109쪽.

표 15-12 토지공급 방식별 택지공급실적

(단위: km²)

	1962-66	1967-71	1972-76	1977-81	1982-86
공영개발사업 (비율, %)	1.11 (4.6)	3.02 (1.6)	2.74 (3.3)	10.47 (13.3)	54.67 (63.9)
토지구획정리사업 (비율, %)	23.00 (95.4)	187.88 (98.4)	79.69 (96.7)	68.49 (86.7)	30.94 (36.1)

자료: 권원용(1993), "토지이용규제체계의 개선방향",
손재영편 「토지시장의 분석과 정책과제」, 한국개발연구원, 231쪽.

1988년 올림픽 이후 주택난이 심해지고 부동산투기 바람이 불자 정부는 주택 200만 호 건설을 목표로 정하고, 그 일부로 수도권에 신도시 개발을 추진하게 되었다. 1989년부터 1996년 사이에 분당, 일산, 평촌, 산본, 중동 등 5개 지역에 신도시 개발이 완료되었는데, 이를 제1기 신도시라고 부른다. 이어서 제1기 신도시보다 녹지율을 높이고 인구밀도를 줄이는 등 보다 더 환경친화적인 제2기 신도시 개발이 시작되었다. 2001년부터 2013년까지 성남 판교, 위례, 화성 동탄, 수원 광교, 김포 한강, 파주 운정, 양주, 인천 검단, 평택 고덕 등 9개 지역에 신도시 개발이 완료되거나 진행 중이었다.

산업단지 조성

토지구획정리사업이나 공영개발은 주로 주거용 토지나 상업용 토지를 공급하기 위한 사업들이다. 그러나 우리나라에서는 산업용 토지, 특히 공업용 토지의 공급도 정부가 주도해온 중요한 사업 중의 하나이다. 중앙정부 주도하에 강력하게 추진되어온 경제성장 정책은 산업용 토지, 특히 공업용 토지에 대한 수요를 급속히 증가시켰다. 1960년대 이전에는 산업의 입지가 기업체들의 자유로운 선택에 따라 이루어진 결과, 대부분의 소규모 공업용 토지들이 서울을 비롯한 대도시와 그 주변 지역에 자생적으로 그러나 무질서하게 들어서게 되었다.

1960년대에 들어와서 제1차 경제개발 5개년 계획의 시행과 더불어 공업화 정책이 강력히 추진되면서 정부 주도로 공업용 토지를 계획적으로 조성할 필요성이 제기되었다. 1963년 「국토건설종합계획법」이 제정됨에 따라 산업입지의 선정과 조성의 목표 및 지침이 될 법적 근거가 최초로 마련되었고, 1965년에는 「수출산업공업단지 개발조성법」에 따라 서울과 인천에 6개의 수출산업공업단지가 조성되었다. 바로 이 사업이 정부가 대규모 공업단지를 조성하여 기업을 일정 장소에 집중시키려는 소위 '계획입지' 방식의 시초라고 할 수 있다.

산업화가 더욱더 빠른 속도로 진행되던 1970년대에는 「산업기지개발촉진법」, 「수출자유지역설치법」, 「공업배치법」 등, 공업용지의 계획적 공급을 위한 제도적 장치들이 입법화되면서 국가 차원에서 공업입지정책이 본격적으로 시행되었다. 이 결과 1960년대에 기업들의 '자유 입지'에 의한 대도시지역 집중 현상이 완화되면서 공업용지의 지역분포가 다양화되었다. 그러나 1960년대와 70

년대의 대규모 공업단지 조성은 1980년대에 들어와 공업단지의 유휴면적을 양산하는 결과를 초래하였다.[46] 그뿐만 아니라 과거의 대규모 공업단지 조성으로 인한 거점개발방식이 지역 간의 격차를 확대했다는 문제점도 지적되었다.

그래서 1982년에 만들어진 국토종합개발계획은 국토의 균형개발을 새로운 정책목표로 설정하고 이러한 목표 아래 중소규모의 공업단지를 전국에 고르게 배치한다는 계획을 구체화하였다. 이런 계획은 한편으로는 광주의 하남, 소촌공단, 진해의 마천공단 등을 비롯한 지방공단의 육성으로 구체화 되었고, 다른 한편으로는 수도권에 과도하게 집중된 인구 및 산업의 적정 배치를 유도하여 수도권의 질서 있는 정비와 국토의 균형발전을 도모하기 위한 「수도권정비계획법」의 제정으로 구체화 되었다. 1983년에는 「농어촌소득원 개발촉진법」이 제정되어 농촌지역에 소규모 농공단지 조성사업이 적극적으로 추진되었다.

1990년대에 들어와서 공업용지 공급에 관한 잡다한 제도를 정비하려는 조치의 한 부분으로, 기존의 「산업기지개발 촉진법」, 「지방공기업개발법」, 「농어촌소득원개발촉진법」 등, 흩어져 있던 공업입지 및 개발에 관한 제 법률을 「산업입지 및 개발에 관한 법률」로 통폐합하였고, 「공업배치법」, 「공업단지관리법」, 「수출자유지역설치법」 등을 「공업배치 및 공장설립에 관한 법률」로 통폐합하여 정리하였다. 「산업입지 및 개발에 관한 법률」은 공업단지를 개발주체에 따라 국가공단, 지방공단, 농공단지로 구분하여, 공업단지의 지정, 계획, 개발에 관한 기준들이 제시하였을 뿐만 아니라, 공업입지개발지침을 작성 · 고시하여 공단개발의 기준, 자유 입지 허용기준 등을 명시하고 있다. 「공업 배치 및 공장설립에 관한 법률」에 근거한 공업 배치 기본계획은 전국적인 차원에서 공업입지정책의 기본목표와 방향을 구체적으로 제시하였다. 1994년까지 전국의 공업용지는 약 400km^{2}에 이르렀고, 전체 공업용지 중에서 공업단지 조성에 의한 계획입지 면적이 절반이 넘는 204km^{2}이었다. 1993년 현재 전국의 산업단지는 421개소이었고 이 중 국가공단이 26개소, 지방공단이 117개소이며, 나머지 263개소는 농공단지이었다.[47] 그러나 면적 상으로는 국가공단이 공장용지의 약 50%를 차지하며, 지방공단이 약 30%를 차지하고 있으므로, 이 두 가지 유형의 공업단지가 계획입지에 의한 우리나라 공업용지의 주된 공급원이었음을 알 수 있다.

그간의 공업용지 공급정책은 규모의 경제와 집적경제를 추구함으로써 공업

생산을 효과적으로 지원하고 투자의 효율성을 높이는 긍정적인 측면을 보였다. 그러나 공업입지개발의 공공성이 지나치게 강조되고, 공단 조성에 의한 계획입지 위주로 토지가 공급되다 보니, 그 시기나 장소가 수요자가 원하는 시기와 장소와 달라짐으로써 수요와 공급이 제때 맞아떨어지지 못하는 등, 공업용지 수급상의 문제가 많이 발생하였다. 예를 들면, 정부의 계획입지정책은 기업들이 위치하고자 하는 수도권에서는 공단 개발을 억제하는 반면, 일부 지방에 조성된 공업단지의 경우 공업단지를 지정·조성하고도, 오랜 기간 개발이 이루어지지 않거나, 또는 미분양된 공업용지가 방치되고 있는 등, 지역 간 공업용지 수급불균형 문제를 낳았다.

1990년대 후반, 특히 2000년대부터 기술 진보가 급격히 확산하고, 첨단산업이 급부상하는 반면, 기존 도시 내 산업지역이 쇠퇴함에 따라 정부의 산업입지정책 역시 큰 변화를 겪게 되었다. 이런 추세에 부응하여 기존의 제조업 중심의 산업단지 개념 대신에 생산, 연구, 물류, 첨단과학, 복지 등에 걸친, 다양한 업종과 지원시설을 엮는 복합산업단지의 개념이 도입되었다. 이 새로운 개념에 맞추어 2005년 대덕과학특구를 국가산업단지로 편입한 이래 2009년까지 대구, 구미, 포항, 광주/전남, 장항, 익산 등에 6개 국가산업단지를 지정하였다. 2012년 말 현재 41개 국가산업단지(792.3km^2), 497개 일반산업단지(493.9km^2), 11개 도시첨단산업단지(2.3km^2) 등 총 1,355km^{2}에 이르는 993개 산업단지가 개발되었거나 개발 중이었다. 이와 더불어 산업단지에 입주하기 어려웠던 중소기업들을 위하여 조성원가의 1% 수준의 저렴한 임대료로 50년간 임대하는 임대 전용 산업단지도 조성되었다.

이상에서는 택지와 공업용지의 공급만을 살펴보았는데, 정부가 직접 공급하는 토지가 이 두 가지만 있는 것은 아니다. [표 15-13]은 1980년대와 90년대 우리나라의 토지개발방식을 정리하고 있다. 이것을 보면, 우리나라에는 토지공급을 위한 사업의 종류도 많고 또한 토지공급에 관한 법률이 대단히 많다는 것을 알 수 있다. 토지와 관련하여 또 하나의 중요한 정부의 직접 개입 수단은 각종 공공투자이다. 토지 관련 공공투자 사업의 종류는 매우 다양하다. [표 15-14]는 1982년부터 1994년까지 국토개발사업의 실적을 보여주고 있다. 이 국토개발 사업들이 내체로 토지 관련 공공투자 사업들인데, 1982년부터 1991년까지 국토개발 투자비는 약 188조 원으로써, 매년 평균 GNP의 14.2%, 국내 총자본형성의 약 41.8%에 이르렀고, 1992년부터 1994년까지 국토개발 투자비는 약 108조 원으로서 매년 평균 GNP의 16.4%, 국내 총자본형성의 약 45%에 해당하였다. 금액상으로 보면 주택건설이 단연 가장 큰 비중을 차지하였고, 그 다음이 교통시설건설 사업이었으며, 자원개발 사업이 세 번째로 큰 비중을 차지하였다. 물론 이 금액의 전부가 공공 투자비는 아니다. 대체로 보면 총투자비의 약 40%가 직접 정부 재원으로 조달되었다. 1983년에는 「농어촌소득원 개발촉진법」이 제정되어 농촌지역에 소규모 농공단지 조성사업이 적극적으로 추진되었다.

표 15-13 토지개발 방식

구분	토지개발사업	관련법규
주거, 상업 및 업무용지	일단의 주택지조성사업	도시계획법
	토지구획정리사업	토지구획정리사업법
	아파트지구지정에 의한 사업	도시계획법, 주택건설촉진법
	도시개발예정구역조성사업	도시계획법
	택지개발예정지구지정에 의한 사업	택지개발촉진법
	도심지재개발사업	도시재개발법
	주택개량재개발사업	도시재개발법
	토지형질변경에 의한 사업	도시계획법
공업용지	일단의 공업용지조성사업	도시계획법
	공업단지(국가, 지방, 농공)	
	개발사업,특수지역개발사업	산업입지및개발에 관한 법률
	중소기업협동화단지조성사업	중소기업진흥법
	수출자유지역조성사업	수출자유지역설치법
	공유수면매립사업	공유수면매립법
농업용지	농지개량사업	농촌근대화촉진법
	농지개발촉진지역지정에 의한 사업	농지확대개발촉진법
	초지조성지구지정에 의한 사업	초지법
	낙농지대지정에 의한 사업	낙농진흥법
관광용지	관광단지조성사업	관광진흥법
	도시개발예정지구지정에 의한 사업	도시계획법
	온천개발사업	온천법

자료: 국토연구원(1996), 「국토 50」, 790쪽.

표 15-14 국토개발 투자실적

(단위: 10억 원, 1990년 가격)

	1982-'91	1992-'94
국민총생산(A)	1,321,558	654,334
총자본형성(B)	449,306	239,206
국토개발투자(C)	187,928	107,634
-주택		49,315(45.8)
-교통		21,724(20.2)
-자원개발		16,112(15.0)
-환경보전		6,821(6.3)
-물류 정보통신		4,799(4.5)
-산업입지		3,377(3.1)
-국민여가공간		1,873(1.7)
-기타		
C/A(%)	14.2	16.4
C/B(%)	41.8	45.0

주: 교통은 도로, 철도, 항만, 공항, 지하철을 포함.
자원개발은 수자원, 상수도, 산림자원, 재해방지, 해양자원, 식량자원 등.
자료: 국토연구원(1995), 「제3차 국토종합개발계획 추진실적 평가(1)」.

공공투자 사업에는 통상 대량의 토지매입이 필요하므로, 공공기관이 토지를 공적으로 취득하는 과정을 거치게 된다. 우리나라에서 토지의 공적 취득은 수용과 선매의 두 가지 형식을 취한다. 수용은 특정 공익사업의 구체적 시행, 또는 복지행정의 목적을 달성하기 위해 손실보상을 조건으로 공익사업에 필요한 토지에 관하여 소유권과 같은 특정한 재산권을 법률의 힘에 의존해서 강제로 취득하는 행위로서, 일반적으로 공공수용이라고 부르며, 선매는 토지를 거래하려는 사람에 대하여 거래 전에 정부에 신고 의무를 부과함과 동시에 정부에게 당해 토지를 우선 취득할 기회를 부여하는 제도이다. 과거 일제시대와 해방 후 1950년대까지만 해도 국가가 토지를 수용하는 경우 보상을 극히 미미하였다. 그러나 1961년부터 경제개발 5개년계획이 본격 추진되면서 토지수용이 큰 폭으로 늘어나자, 국민의 재산권 보호 문제가 심각하게 제기되었다. 이에 따라 토지수용에 관한 법적 뒷받침이 필요하게 되어 1962년 「토지수용법」이 제정되었다. 이 법의 제정으로 최소한도 형식적으로나마 수용된 재산에 대한 적절한 보상이 이루어질 수 있는 제도적 장치가 마련되었다고 할 수 있다. 그 이후 토지수용법은 여러 차례에 걸쳐 개정되었는데, 1990년대에 들어와서, 토지공개념 제도의 법제화와 더불어 앞에서 설명한 공시지가제도가 도입되면서, 보상의 기준을 공시지가로 단일화하였다.

2000년대의 대규모 개발사업

2000년대에 들어와서 추진된 정부의 대규모 개발사업이라면 단연 새만금 간척사업과 4대강 사업(“4대강 살리기” 사업)을 꼽지 않을 수 없다. 이 두 사업은 사회적으로 큰 논란을 불러일으켰던 사업들이기도 하다. 사실, 새만금 간척사업은 1990년대부터 추진되었다. 이 사업은 1988년에 전문가들에 의한 타당성 검토를 거쳐서 확정되었다. 당시의 타당성보고서는 간척사업으로 조성되는 토지 일부만 농사로 이용하고 나머지는 도시용 토지로 이용할 때만 경제성이 있다고 판정했다. 따라서 애당초 이 사업은 원래 다용도 용지조성(농공 복합단지)을 목적으로 추진되었다. 그러던 차에 마침 시화호에 대형 수질오염사고가 터지면서 사업의 성격이 바뀌게 되었다. 시커멓게 썩은 시화호의 항공사진이 연일 TV와 신문에 대문짝만하게 보도되자 비난의 여론이 빗발치더니 급기야 그 비난이 새만금 간척사업으로 옮겨붙었다. 새만금 간척사업으로 조성되는 토지가 도시용으로 이용되면 새만금 인근의 하천과 호수(새만금호)도 심하게 오염되어 시화호 꼴 난다는 것이었다. 1988년의 타당성 검토에서 수질오염 가능성이 충분히 고려되지 않았다는 사실도 폭로되었다. 여론이 나빠지기 시작하자 정부도 사업을 일단 중단하고 1999년 각계의 전문가들을 중심으로 공동조사단을 결성하여 이 사업의 타당성을 재검토하게 되었다. 막상 공동조사단이 결성되고 타당성 검토 작업에 들어가자 당시 주관부서였던 농림부는 사업의 목적을 슬쩍 바꾸었다. 즉, 사업의 목적이 종래의 다용도 용지조성이 아니라 오직 쌀 생산을 위한 농경지 조성으로 바뀌었다. 여기에는 수질오염의 문제를 집중적으로 추궁하는 환경단체의 비난을 피해 가려는 의도가 깔려 있었다.

하지만, 간척사업으로 조성되는 토지를 오직 쌀 생산에만 이용한다면 경제적 타당성이 없다고, 1988년 타당성보고서가 이미 결론을 내린 바 있었다. 새만금 간척사업이 추진되던 당시에도 우리 국민의 쌀 소비가 매년 감소하는 통에 쌀이 남아돌아 골칫거리였다. 농업경제학자도 "매입가격의 변화가 뚜렷하지 않음에도 실질 소비지출이 감소하는" 부류에 속하는 대표적인 곡류로 쌀을 꼽았다.[48] 그래서 정부는 국민의 쌀 소비를 적극적으로 권장하는 정책을 폈다. 오랫동안 금지했던 쌀 막걸리의 생산을 오히려 장려하였다. 이런 판국에 순전히 쌀농사를 위하여 정부의 돈으로 대규모 논을 조성한다는 것은 상식적으로 도저히 이해할 수 없는 처사였다. 수십만 평 정도가 아니라 서울시 면적에 버금가는 광활한 지역에 논을 조성하는 사업이라고 일반시민들에게 설명해주면 모두 입을 다물지 못했다. 그러니 반대하는 여론이 비등할 수밖에 없었다. 그런데다가 간척사업으로 인하여 동양 최대의 천혜의 갯벌이 없어지는 문제 그리고 새로운 양상의 수질오염 문제가 새롭게 크게 부각되었다. 이 두 문제까지 고려한다면 새만금 간척사업은 전혀 경제성이 없는 사업이라는 비판이 나올 수밖에 없는 상황이었다.

어떻든, 많은 전문가의 반대에도 불구하고 농림부는 이 사업을 지지하는 학자들의 주장을 수용하면서 사업을 강행하였다. 하지만, 2008년 이명박 정부가 들어서면서 또다시 이 사업에 대한 재검토가 본격적으로 이루어졌고, 드디어 2010년 1월에 '새만금종합실천계획'을 발표하였다. 이 계획은 그동안 추진해왔던 새만금 간척사업의 내용을 홀딱 바꾸는 수정안이었다. 이 수정안이 나오기 전까지 새만금 간척사업의 목적은 분명히 미곡 증산을 위한 농경지의 조성이었지만, 수정안에 따르면 조성될 토지의 70%가 산업용(관광 · 산업단지)이고 농지는 30%에 불과하다. 이런 수정안을 내놓았다는 사실은 그동안 온갖 반대를 무릅쓰고 미곡 증산의 명분으로 농림부가 추진해왔던 새만금 간척사업이 타당하지 못했음을 스스로 인정한 셈이다. 사실, 새만금 간척사업은 애당초 정부의 속셈이 뻔히 들여다보이는 국책사업이었다. 2000년대 초반 새만금 간척사업의 목적을 미곡 생산을 위한 농지조성으로 바꾸어 강행할 당시에만 해도 일단 사업이 끝나면 산업단지로 슬쩍 용도변경 하려는 꼼수라는 의혹이 끊임없이 나돌았는데, 그 의혹이 사실이 되어 버렸다.

4대강 살리기 사업은 원래 이명박 정부가 야심 차게 내놓은 "한반도 대운하" 건설계획에서 시작되었다. 4대강을 운하로 연결한다는 내용을 골자로 하는 한반도 대운하 사업도 거센 반발에 직면하였다. 엄청난 환경파괴를 초래할 뿐만 아니라 경제성도 전혀 없다는 것이다. 워낙 반대가 심하다 보니 이명박 정부는 이 사업을 약간 축소하여 4대강 살리기 사업으로 슬쩍 바꾸어 추진하게 되었다. 사업의 목적도 홍수방지와 용수확보로 바뀌었다. 그러나 이 사업이 과연 이 두 가지 목적을 위한 적절한 수단인지에 관해서는 강한 의혹이 제기되었다. 홍수는 4대강 본류보다는 주로 지천에서 자주 발생하기 때문에 홍수로 인한 재해를 예방하기 위해서는 4대강이 아니라 지천을 다스려야 한다는 주장이 제기되었다. 용수확보를 위해서는 강바닥을 깊이 파고 보와 소형 댐을 많이 건설해야 하는데 그러면 유속이 느려져서 수질오염이 심해진다는 지적이 나왔다. 설령 그 두 가지 목적에 어느 정도 효과가 있다고 해도 10조 원 이상의 막대한 예산을 투입할 만큼 경제성이 있는가에 관해서도 강한 의혹이 제기되었다. 결국 이명박 정부는 4대강 살리기 사업을 경제적 타당성 검토 대상에서 제외할 수 있도록 법을 바꾸면서까지 이 사업을 강행하였다. 그러나 4대강 사업에 드는 막대한 자금의 조달이 문제가 되었다. 이미 정부부채가 눈덩이처럼 불어난 상황에서 정부 재정으로 4대강 사업을 추진하기 어려워졌다. 결국 수자원공사가 이 사업을 떠맡으면서 순식간에 8조 원의 부채를 지게 되었다.

경인 아라뱃길 사업도 수많은 우여곡절 끝에 강행된 대공사였다. 새만금 간척사업처럼 아라뱃길 사업도 여러 차례 지연되었고 경제적 타당성 검토도 여러 차례 겪었다. 결국 수자원공사가 이 사업을 떠맡게 되었다. 2012년 사업이 완료되었지만, 그 이후에도 애당초 의도한 관광 효과나 통행 효과가 거의 나타나고 있지 않은 부실 사업으로 치부되고 있다.

미주

1 손재영(1993), 「토지시장의 분석과 정책과제」, 한국개발연구원, 175쪽.

2 이진순(1991), "한국의 지가:토지투기와 시장실패", 손재영 편 「토지시장의 분석과 정책과제」, 한국개발연구원. 78쪽.

3 손재영편(1993), 「토지시장의 분석과 정책과제」, 한국개발연구원. 15쪽.

4 국토연구원(1996), 「국토 50년」, 805쪽.

5 국토연구원(1966), 「국토 50년」, 807쪽.

6 손재영(1993), 「토지시장의 분석과 정책과제」, 한국개발연구원. 190쪽.

7 종합토지세에 대한 보다 더 자세한 내용은 다음 문헌 참조:
손재영(1993), 「토지시장의 분석과 정책과제」, 한국개발연구원. 193쪽.
김정호(1997), 「토지세의 경제학」, 한국경제연구원.

8 국토연구원(1996), 「국토 50년」, 825쪽.

9 권원용(1993), "토지이용규제체계의 개선방향", 손재영 편 「토지시장의 분석과 정책과제」, 한국개발원. 217쪽.

10 구체적으로, 토지초과이득세의 과세표준은 다음과 같이 산정되었다.

과세표준 = 지가상승액 - (정상지가 상승분 + 토지개량비 등)

지가상승액 = 과세기간 종료일의 지가 - 과세기간 개시일의 지가.

여기에서 정상지가 상승분이란 과세 개시일의 지가에 정상지가 상승률을 곱한 것인데, 정상지가 상승률은 건설교통부 장관이 공표하는 전국평균지가 변동율과 정기예금 금리를 참작하여 정하는 이자율 중에서 높은 율이다. 더 구체적인 내용은 다음 문헌 참조: 김정호(1997), 「토지세의 경제학」, 한국경제연구원. 173쪽.

11 부과기준금액은 다음과 같이 산정되었다.

부과기준금액 = 개발사업 완료시점의 부과대상 토지가격 - 개발사업 착수시점의 부과대상 토지가격 - 개발사업 시행기간 중의 정상지가 상승분 - 개발비용

여기에서 정상지가 상승분은 토지초과이득세의 경우와 같으며, 개발비용은 순공사비, 조사비,설계비 등에 양도소득세와 기부채납금을 포함한다. 징수된 개발부담금은 개발이익을 발생시킨 토지가 속한 지방자치단체에 50% 귀속시키고, 나머지는 「토지관리 및 지역균형개발 특별회계」로 들어간다.

12 박헌주(1997), "토지개발 규제완화의 전제조건," 한국토지공사, 「토지연구」(11, 12월호), 26쪽.

13 노영훈(2005), “부동산세제와 부동산시장”, 한국행정연구소 주최 제208회「정책 & 지식」포럼, 2005년 10. 11 서울대학교 행정대학원.

14 한국조세연구원(2004),「중앙정부 및 지방자치단체의 기능과 보유세 세원의 연계를 위한 부동산 보유세제 개편방안」, 5쪽.

15 종전에는 양도소득세가 주택의 경우 기준시가(시가의 약 80%를 반영)에 따라, 토지의 경우 공시 지가에 따라 부과되었다. 2005년 10. 11 서울대학교 행정대학원.

16 노영훈(2005), “부동산세제와 부동산시장”, 한국행정연구소 주최 제208회「정책 & 지식」포럼, 2005년 서울대학교 행정대학원.

17 송상훈(2013), “지방세 합리화를 위한 부동산거래세제 개선방안”,「부동산포커스」, 한국감정원 부동산연구원, Vol.63.

18 정지선(2013), “부동산 관련 조세제도의 합리적인 정책방향”,「부동산포커스」, 한국감정원 부동산연구원, vol.63.

19 채미옥(1993),「공시지가 표준지의 적정규모 추정 및 배분 방법」, 국토연구원, 19쪽.

20 국도연구원(1996),「국토 50년」, 853쪽.

21 김진경(2023), “프롭테크 생태계 성장을 통한 부동산소비자 보호와 시장 혁신의 현황과 과제”,「부동산포커스」vol.123, 2023년.

22 국토연구원(1996),「국토 50년」, 763쪽.

23 대한국토 · 도시계획학회(2004) 편저,「토지이용계획론」(개정증보판), 서울: 보성각, 362쪽.

24 국토연구원(1996),「국토 50년」, 775쪽.

25 국토연구원(구 국토연구원)(1996),「국토 50년」, 780쪽.

26 이태일(1985), “용도지역 · 지구제”, 황명찬 편「토지정책론」, 서울: 경영문화원. 263쪽.

27 권원용(1993), “토지이용규제체계의 개선방향”, 손재영 편「토지시장의 분석과 정책과제」, 한국개발원. 225쪽.

28 권원용(1993), “토지이용규제체계의 개선방향”, 손재영편「토지시장의 분석과 정책과제」, 한국개발원. 241쪽.

29 손재영(1993),「토지시장의 분석과 정책과제」, 한국개발원. 261쪽.

30 권원용(1993), “토지이용규제체계의 개선방향”, 손재영편「토지시장의 분석과 정책과제」, 한국개발원. 239쪽.

31 건설교통부(2005),「국토의 계획 및 이용에 관한 연차보고서」, 47쪽.

32 구체적 내용은 다음 문헌 참조. 국토해양부(2010),「토지정책의 패러다임 재정립 방안

연구」.

33 박헌주(2003), “국토이용관리정책의 현안과 발전방향”, 국토연구원, 「국토」 1월호(통권 255호).

34 이 세 가지 외에도 애당초에는 군사적 목적도 있었던 것으로 알려져 있다.

35 개발제한구역 지정 전의 용도로 토지를 계속 사용하게 규제하는 것은 공익을 위해서 과도하게 재산권을 침해했다고 볼 수는 없지만, 지정 전의 용도로 계속 토지를 사용하지 못하게 하는 경우에는 이를 과도하게 재산권을 침해하는 것으로 보아, 이에 대해서는 응당 보상해야 한다는 것이 헌법재판소의 입장이다. 예컨대, 개발제한구역 지정 전에 어떤 토지를 대지로 이용할 권리를 확보하였는데, 지정 이후 이 권리를 행사할 수 없게 되었다면, 이는 재산권을 과도하게 침해당한 것으로 간주된다.

36 원광희(2015), “존폐의 기로에 선 개발제한구역제도와 국가균형발전의 위기, 토론문”, 국회의원 회관 제4 간담 회의실, 2015년 5월 19일.

37 토지편중 실태는 이미 앞에서 자세히 소개하였다. 손재영(1993), 「토지시장의 분석과 정책과제」, 한국개발연구원. 175쪽.

38 손재영(1993), 「토지시장의 분석과 정책과제」, 한국개발연구원, 176쪽.

39 국토해양부(2013), 「2013 국토의 계획 및 이용에 관한 연차보고서」, 24~25쪽.

40 국토연구원(1996), 「국토 50년」, 693쪽.

41 국토연구원(1996), 「국토 50년」, 694쪽.

42 건설교통부, 「1997년도 국토이용에 관한 연차보고서」, 309쪽.

43 택지개발촉진법 제7조에 의하면 택지개발사업의 주체가 될 수 있는 자는 국가나 지방 자치단체, 한국토지공사, 또는 대한주택공사뿐이다.

44 김정호(1997), 「한국법의 경제학I」, 한국경제연구원, 80쪽.

45 그 이유에 관해서는 바로 위에서 인용된 문헌 참조.

46 국토연구원(1996), 「국토 50년」, 138쪽.

47 국토연구원(1996), 「국토 50년」, 144쪽.

48 정영일 · 이경미(2000), “한국 식료소비패턴 변화의 분석(1975-1997)”, 「경제논집」, 101쪽.

저자약력

서울대학교 경제학과 졸업

미국 아이오아주립대학교 경제학과 졸업(경제학 박사)

미국 매릴랜드대학교 객원교수

한국자원경제학회 회장

한국공공선택학회 회장

환경부 중앙환경보전위원

건교부 국토이용심의위원

서울시 도시계획위원

대통령 지속가능발전위원회위원

환경정의 공동대표

녹색소비자연대 공동대표

현재 서울대학교 명예교수

주요 저서

『토지경제학』(박영사, 2013)

『환경경제학 이해』(박영사, 2011)

『경제학에서 본 정치와 정부』(박영사, 2005)

『토지경제론』(박영사, 1988)

『시장은 정말 우리를 행복하게 하는가』(한길사, 2002)

『두 경제학 이야기: 주류경제학과 마르크스경제학』(한길사, 1993)

정진기 언론문화 대상 수상

『시장은 정의로운가』(김영사, 2012)

2024전면개정판
토지경제학

초판발행 1999년 8월 30일
전정판발행 2006년 3월 15일
개정판발행 2009년 9월 10일
전면개정판발행 2015년 9월 10일
2024전면개정판발행 2024년 9월 13일

지은이 이정전
펴낸이 안종만·안상준

편 집 탁종민
기획/마케팅 조성호
표지디자인 이수빈
제 작 고철민·김원표

펴낸곳 (주) 박영사
서울특별시 금천구 가산디지털2로 53, 210호(가산동, 한라시그마밸리)
등록 1959.3.11. 제300-1959-1호(倫)
전 화 02)733-6771
f a x 02)736-4818
e-mail pys@pybook.co.kr
homepage www.pybook.co.kr
ISBN 979-11-303-2006-9 93320

정 가 37,000원